T0389413

OPERA OMNIA DESIDERII ERASMI

# OPERA OMNIA

# DESIDERII ERASMI ROTERODAMI

RECOGNITA ET ADNOTATIONE CRITICA INSTRVCTA
NOTISQVE ILLVSTRATA

ORDINIS QVARTI      TOMVS QVINTVS B

BRILL

LEIDEN • BOSTON

2024

Sous le patronage de
L'UNION ACADÉMIQUE INTERNATIONALE
et de L'ACADÉMIE ROYALE NÉERLANDAISE DES SCIENCES
ET DES SCIENCES HUMAINES

Copyright 2024 by Koninklijke Brill bv, Leiden, The Netherlands.
Koninklijke Brill bv incorporates the imprints Brill, Brill Nijhoff, Brill
Schöningh, Brill Fink, Brill mentis, Brill Wageningen Academic, Vandenhoeck &
Ruprecht, Böhlau and V&R unipress. All rights reserved. No part of this publication
may be reproduced, translated, stored in a retrieval system, or transmitted in any form
or by any means, electronic, mechanical, photocopying, recording or otherwise,
without prior written permission from the publisher. Requests for re-use and/or
translations must be addressed to Koninklijke Brill bv via brill.com or copyright.com.

Library of Congress Catalog Card Number: Library of
Congress Cataloging-in-Publication data are available
Library of Congress Catalog Card Number: 71 89942

ISBN: – Tomus IV-5B: 978-90-04-69064-6 (hardback)

CONSEIL INTERNATIONAL POUR L'ÉDITION DES ŒUVRES
COMPLÈTES D'ÉRASME

Mme M.E.H.N. Mout, Warmond, *Président*; R. Faber, Waterloo, *Vice-président*; J. Trapman,
Oegstgeest, *Secrétaire général*; A.A. den Hollander, Amsterdam, *Trésorier*; R. Bodenmann, Zürich;
K.A.E. Enenkel, Münster; A.H. van der Laan, Groningue; Mme M.L. van Poll-van de Lisdonk,
Voorhout; E. Rabbie, La Haye; Mme S. Seidel-Menchi, Florence; H. Vredeveld, Columbus OH

COMITÉ DE RÉDACTION

A.H. van der Laan, Groningue, *Président*; Mme M.L. van Poll-van de Lisdonk, Voorhout,
*Secrétaire*; G.J.M. Bartelink, Nimègue; J. Bloemendal, Amsterdam et Bochum; H.-J. van Dam,
Ilpendam; J. Domański, Varsovie; Mme A.W. Steenbeek, La Haye; L.H. Westra, Lollum.

SECRÉTARIAT DU CONSEIL
Huygens ING - KNAW
*Boîte Postale 10855, 1001 EW Amsterdam, Pays-Bas*

PRINTED BY DRUKKERIJ WILCO B.V. – AMERSFOORT, THE NETHERLANDS

# IN HOC VOLVMINE CONTINETVR
## APOPHTHEGMATVM LIBER VI

hrsg. von K.A.E. Enenkel (Münster)


APOPHTHEGMATVM LIBER SEXTVS                                        1

# INHALTSANGABE

## ASD IV, 5 A

EINLEITUNG I

I Die Quellen von Erasmus' *Apophthegmata* 5

 I.1 Die antike literarische Form des Apophthegmas und ihre Überschneidungen mit verwandten Kleinformen: Kurzdialog/Rede in der Historiographie, Gnome, Pamphlet/Apomnemoneuma/Enkomium 6

 I.2 Apophthegmata-Sammlungen von Philosophen, Gnomologien, Apomnemoneumata, Exempla, Chreiai, Gymnasmata und Progymnasmata 9

 I.3 Apophthegmata in den Philosophenbiographien des Diogenes Laertius und Lukians Biographie des Demonax 20

 I.4 Witzesammlungen (*urbanitas, sales, facetiae*) in Rhetorikhandbüchern und die Theorie des Witzes: Cicero und Quintilian 24

 I.5 Das Apophthegma als historisches *exemplum*: Valerius Maximus' Musterbuch für epideiktische Rhetorik 30

 I.6 Strategema und Apophthegma zwischen Kriegstechnik und Rhetorikschule: Valerius Maximus, Iulius Frontinus und der Rhetoriker Ps.Frontinus (4. Buch) 37

 I.7 Das Apophthegma als Quintessenz biographischer Charakterzeichnung: Plutarchs *Bioi paralleloi* und *Regum et imperatorum apophthegmata* 41

 I.8 Moderne *Memorabilia* und ein König als neuer Sokrates: Antonio Beccadellis *De dictis et factis Alphonsi Regis Aragonum* 49

 I.9 Ein Konkurrenzwerk von Erasmus' *Apophthegmata*: Brusonis Sammlung *Facetiarum exemplorumque libri VII* (1518) 53

II Kompositionspläne, Zielsetzung und Genese von Erasmus' *Apophthegmata* 61

 II.1 Der erste Plan (Buch I und II): die Edition einer als Fälschung entlarvten Schrift in lateinischer Übersetzung – „Apophthegmata Laconica secundum ordinem literarum Graecum" 66

 II.2 Der zweite Plan: Die „Apophthegmata Socratica" als Fortsetzung der „Apophthegmata Laconica" 77

II.3    Der dritte Plan, erste Phase: Die drei größten Spruch-Philosophen
        oder „Das Beste aus Diogenes Laertius"                                          81

II.4    Von der Sammlung „Die drei größten Spruch-Philosophen" zu
        den *Virorum illustrium (selectorum) apophthegmata* (Plan 3, zweite
        Phase)                                                                          83

II.5    Plan 3, zweite Phase: Zwei Bücher *Illustrium Graecorum
        apophthegmata* (III–IV)                                                         87

II.6    Plan 3, dritte Phase, Buch IV: *Graecorum et Romanorum illustrium
        apophthegmata parallela* oder das Beste aus Plutarchs *Regum et
        imperatorum apophthegmata*                                                      92

II.7    Der vierte Plan: *Apophthegmata* als *Institutio principum* oder
        das komplette Corpus der plutarchischen *Apophthegmata* (I–II,
        IV—V)                                                                           96

II.8    Der fünfte Plan: die umfassende *Apophthegmata*-Sammlung „*ex
        optimis quibusque vtriusque linguae autoribus ... excerpta*" mit
        dem abschliessenden Buch 6 „Apophthegmata varie mixta"                          103

III  Erasmus' Begriff und Definition von „apophthegma" in der „Epistola
     nuncupatoria" und im Spiegel der konkreten Texterstellung                         109

III.1   Die Profilierung des „apophthegma" in Richtung von *brevitas*
        und Witz                                                                        109

III.2   Erasmus' widersprüchliches Verhältnis zur Apophthegma-
        Definition Plutarchs                                                            115

III.3   Das Problem der Dubletten und Mehrfachzuschreibungen in den
        *Apophthegmata*                                                                 118

III.4   Die Profilierung des Begriffs „apophthegma" in Richtung
        absoluter Historizität                                                          123

III.5   Historische Personen und geschichtliche Wahrheit in Erasmus'
        *Apophthegmata*                                                                 128

III.6   Von Erasmus' textkritischer Ausgliederung der „strategemata"
        und „exempla" aus den plutarchischen *Regum et imperatorum
        Apophthegmata* zur Konzipierung der „ἄφωνα apophthegmata",
        „ἄφθογγα ἀποφθέγματα" bzw. „apophthegmata muta"                                138

III.7   Der Titel als fester Bestandteil des Apophthegmas (*sententia*,
        Inhalt, Kategorie). Die Übernahme eines Strukturelementes aus
        den *Adagia* und aus Valerius Maximus                                          145

III.8   Die Nummerierung als fester Bestandteil des Apophthegmas:
        Markierung zum Zweck der Textedition und als Sammlungsobjekt                   152

III.9   Kommentierende Erläuterungen als Bestandteil des
        Apophthegmas: (historische) Sachverhalte, Realien,
        altertumswissenschaftliche Philologie                                          158

III.10  Erasmus' philologische Leistung in den *Apophthegmata*                         175

III.11 Überschneidungen von Erasmus' *Apophthegmata* und *Adagia* und
die Adagisierung der *Apophthegmata* 182

III.12 *Erasmi Apophthegmata*: die Verwischung der Quellen, die
autorschaftliche Zueignung der *Apophthegmata* und der
Quellenkommentar der *ASD*-Ausgabe 190

Danksagung 203

Appendix 1 (zu Einleitung III.3): Liste der Dubletten in *Apophthegmata*,
Bücher V–VIII 205

Appendix 2 (zu Einleitung III.11): Überschneidungen zwischen den
*Apophthegmata* und den *Adagia* 211

CONSPECTVS SIGLORVM 226

LIBER V 227

## ASD IV, 5 B

LIBER VI                                                                    1

## ASD IV, 6

LIBER VII                                                                   1

LIBER VIII 363

ABKÜRZUNGSVERZEICHNIS 641

Konkordanz der *Apophthegmata* V–VIII *ASD* IV, 5 und 6 – *CWE* 38 671

Index der Titel (*Index sententiarum*) der *Apophthegmata* V–VIII 674

Index rerum et vocum selectarum 686

Index nominum 720

LIBER SEXTVS

# APOPHTHEGMATVM VARIE MIXTORVM LIBER SEXTVS

In his, quae sequuntur, clarissime adolescens, miraberis quaedam dicta nec Scythis nec Cyclopibus digna: sed memento tum, exceptis aliquot, non homines, sed mera portenta rerum summam tenuisse, siue quod tales militum temeritas asciceret, siue quod immodica potestas, nisi adsit animus philosophiae praesidiis diligenter praemunitus, tales reddat. Quanquam et ab illis prodigiose malis quaedam dicta gestaque sunt non indigna imitatione. Postremo turpitudinis alienae species, velut in theatrum producta, deterret a vitiis et ad virtutis studium extimulat ingenia non omnino deplorata.

Hunc igitur postremum librum puta esse mensae secundae bellaria, in quibus quaedam apponuntur, vt tollas, quaedam, vt gustes, nonnulla, vt spectes tantum. Malo enim te suauiter affectum quam saturum onustumque dimittere. Quod si quaedam apponentur leuia ridiculaque, mimorum, coquorum, equisonum, scurrarum ac meretricum, decet omne conuiuium hilaritas, sed praecipue mensas secundas. Quanquam et a leuissimis personis nonnunquam dicuntur, quae nemo sapiens contemnat. Nec ignoras olim moriones, saltatriculas et simios sub conuiuii finem induci solere. Non laboro, si adsit hilaritas, modo absit omnis obscoenitas. Fortassis existet, qui desideret ordinem: et hoc et, si quid aliud videbitur reprehensione dignum, excusabit secundarum mensarum libertas.

Im ersten Band des sechsten Buches setzt Er. die Fürstenspiegelselektion der *Apophthegmata* (VI, 1–182) fort, indem er sich nunmehr den Römischen Kaisern zuwendet. Zu diesem Zweck bearbeitet er sukzessive Suetons Kaiserbiographien, *De vita Caesarum* (VI, 1–90), weiter, für die Kaiser Nerva, Trajan und Hadrian, Giorgio Merulas lateinische Übersetzung der Epitome aus Cassius Dio (VI, 91–93), sodann die *Historia Augusta* (VI, 94–182). Von den zwölf Kaisern Suetons übergeht Er. Galba und Vitellius sowie die ersten beiden, Caesar und Augustus, da diese in den *Apophthegmata* Plutarchs figurierten und er sie in diesem Zusammenhang bereits im vierten Buch seiner *Apophthegmata* behandelt hatte (Caesar: IV, 200–235 [*ASD* IV, 4, S. 332–340; *CWE* 37, S. 401–410]; Augustus: IV, 133–199 [*ASD* IV, 4, S. 315–332; *CWE* 37, S. 377–400]). Der erste Apophthegmata-Spender in der Sektion der Römischen Kaiser ist daher Tiberius. Er. war mit den Kaiserviten Suetons hervorragend vertraut; u.a. hatte er bei Froben eine Edition des Textes besorgt, die 1518 zum ersten Mal erschienen war; 1533 besorgte Er. eine zweite Auflage. In *Apophth.* VI, 1–90 nennt Er. seine Quelle Sueton nicht, obwohl er nahezu ausschließlich nach ihm arbeitete. Es ist fraglich, ob die Leser der *Apophthegmata* sofort erkannten, daß die Sprüche aus Sueton stammten. Der Bearbeiter der *Apophthegmata*, Lycosthenes, hatte mehrfach Schwierigkeiten, in dem betreffenden Abschnitt Sueton als Quelle auszumachen. Die Idee, Suetons Kaiserviten für eine Spruchsammlung auszuwerten, war nicht neu: Diesbezüglich war Er. bereits Brusoni (1518) zuvorgekommen. Von der Hadrian gewidmeten Sektion an

(VI, 94 ff.) bearbeitet Er. die *Historia Augusta*, mit der er ebenfalls sehr gut vertraut war, weil er auch diese Biographiensammlung ediert hatte (Basel, J. Froben, 1518 und 1533). Wie schon im Fall des Sueton, nennt er sie im sechsten Buch nicht als Quelle, während er in *Apophth.* VI, 112–182 nahezu ausnahmslos aus ihr schöpft. Die *Hist. Aug.* umfasst die Kaiserbiographien von Hadrian bis Numerianus (117–285 n. Chr.). Er.' Abschnitt über die Kaiser der *Hist. Aug.* (VI, 94–182) enthält die Apophthegmata von Hadrian (117–138) bis Bonosus (gest. 281). Während Er. die Hadrian-Biographie gründlich auswertet, behandelt er die Antoninus-Pius-Biographie eher *en passant*; jedoch schrieb er merkwürdigerweise die Sprüche Mark Aurels dem Antoninus Pius zu (VI, 118–123); die Viten des Lucius Verus (Mark Aurels Mitregenten) und des Commodus (des Sohnes des Mark Aurel) lässt Er. aus, ebenso jene zweier Kaiser des „Zweiten Vierkaiserjahres" (193), des Helvius Pertinax und des Didius Iulianus, während sie in der *Historia Augusta* jeweils mit eigenen Biographien vertreten sind. Die Kaiser der Severischen Dynastie hingegen hat Er. ziemlich gründlich bearbeitet (VI, 124–162), besonders Alexander Severus, den er zu einem leuchtenden moralischen Vorbild erhebt. Den letzten Teil der *Historia Augusta*, vom jüngeren Gallienus an, bearbeitete Er. eher flüchtig, mit einer vergleichsweise geringen Ausbeute an Apophthegmen (nur 11: VI, 172–182). Den jüngeren Gallienus (in seiner eigenen Ausgabe, Basel 1518, S. 367–368) übergeht er. Von den „Dreissig Tyrannen", d.h. den Usurpatoren bzw. Soldatenkaisern aus der 2. H. d. 3. Jh., die in der *Hist. Aug.* in der Mehrfach-Biographie *Tyranni triginta* behandelt werden, nimmt Er. nur drei auf (Marius, Saturninus und Zenobia). Sodann übergeht Er. die folgenden Kaiser, die in der *Hist. Aug.* jeweils mit einer eigenen Biographie vertreten sind: Claudius Gothicus (in Er.' eigener Ausgabe, Basel 1518, S. 384–391); Florianus (vgl. ebd., S. 411–413), Proculus (S. 425–426), Carus (S. 427–429), Numerianus (S. 429–431) und Carinus (S. 431–432). Von dem bedeutenden Kaiser Aurelianus (270–275) nimmt Er. nur einen Ausspruch auf (VI, 175), obgleich in dessen *Vita* zahlreiche Sprüche enthalten waren, welche z. B. von Brusoni bereits als Apophthegmata gesammelt worden waren.

2–19 *In his … libertas* In der Vorrede zum sechsten Buch richtet sich Er., wie schon im Widmungsbrief (der dem ersten Buch vorangestellt worden war) wieder direkt an den Widmungsempfänger, Wilhelm, Herzog von Cleve, Jülich und Berg.

2–3 *nec Scythis nec Cyclopibus* Vgl. *Adag.* 969 (*ASD* II, 2, S. 466) „Cyclopia vita": „Κυκλώπειος βίος, id est *Cyclopica vita*, pro vita vehementer effera ac barbara, quae neque legibus neque disciplina ciuili constet neque religione deorum gubernetur"; *Adag.* 1235 (*ASD* II, 3, S. 244): „Scytharum oratio": „Scytharum feritas apud Graecos in prouerbium cessit, vt quicquid agreste, quicquid barbarum ac saeuum intelligi vellent, id Scythicum appellarent"; ebd.: „Sed vero proximum est quod refert Athenaeus libro duodecimo: Scythas olim opibus ac delitiis florentes in tantam venisse ferociam, vt quoscunque populos adissent, summas nares viris amputarent; … denique cunctis sub illorum dominatu lachrymosa fuerit seruitus, vt … et ἀποσκυθίσαι dicatur ferro caesariem amputare" (Athen. XII, 524D–E); *Adag.* 3885 (*ASD* II, 8, S. 218–219) „Scytha malus" (und für den unmäßigen Alkoholkonsum der Skythen *Adag.* 1217, *ASD* II, 3, S. 229–230: „Episcythizare"); die sprichwörtliche Redewendung „Scytha asperior" vermeldet Er. in *De cop. verb.* I, 46 (*ASD* I, 6, S. 106).

7 *turpitudinis alienae species* Dieselbe Argumentation findet sich mehrfach in *Inst. princ. christ.* (ed. pr. 1515).

10 *postremum librum* In der Vorrede zum sechsten Buch gibt Er. klar zu verstehen, daß dieses das letzte Buch der *Apophthegmata* sein werde. Freilich hat Er. in der Folge noch zwei weitere Bücher hinzugesetzt, die zuerst in der Ausgabe des Jahres 1532 (B) erschienen. In dieser Ausgabe und in jener von letzter Hand (C) hätte Er. daher die Angabe, daß das sechste Buch das letzte sei, ändern müssen. Auffälligerweise unterblieb dies: Die unrichtige Angabe findet sich sogar noch in den posthumen *Opera omnia* (BAS).

10 *bellaria* „bellaria, -orum", seltenes, erlesenes und gelehrtes Wort für „Nachtisch", „Dessert", das aus Quellen wie Varro, Sueton oder Fronto stammt (vgl. *DNG* I, Sp. 618, s.v.); es findet sich oben in *Apophth.* V, 223, wo es Er. Regios Übers. der *Reg. et imp. apophth.* entnommen hat.

16 *saltatriculas* Vgl. Ramminger, *Neulateinische Wortliste* s.v.; im klassischen Latein nur bei Gell. XV, 3.

20                                        TIBERIVS CAESAR

VI, 1                                       LIBERE     (Tiberius Caesar, 1, i.e. anonymus)

Tiberio Caesari contanter et aegre suscipienti delatum imperium quidam in os ausus
est dicere: „*Caeteri quod pollicentur, tarde praestant*; tu *quod praestas, tarde polliceris*".
[*B*] Notata est illius simulata contatio detrectantis, quod cupiebat.

25  VI, 2                          [*A*] MODESTE                    (Tiberius Caesar, 2)

Cuidam, *a quo* fuerat *Dominus appellatus, denunciauit, ne se amplius contumeliae
causa nominaret*. Quanta modestia in tanto principe! Nunc quidam nihil audire possunt nisi „Sacras Maiestates", „Gratiosas Celsitudines" et „Reuerendissimas Dominationes".

30  VI, 3                                MODESTE                    (Tiberius Caesar, 3)

Idem *dicentem* „*sacras* tuas *occupationes*" interpellauit iussitque non „*sacras*" *dicere*,
sed „*laboriosas*". *Rursum* alterum *dicentem se* ipso „*autore*" *adisse senatum* correxit,
„*autore*" *mutans* in „*suasorem*".

---

24  Notata est … quod cupiebat *B C*: *desunt in A.*          *1533 et Egnatio*, statuisse *Mommsen*
32  se ipso *A B LB*: seipso *C.*                             33  autore *B C*: autorem *A.*
32  adisse *A-C*: adiisse *Suet. edd. ab Erasmo 1518 ac*

**Tiberius Claudius Nero** (Tiberius Iulius Caesar Augustus, 42 v. Chr.–37 n. Chr.; zweiter Röm. Kaiser, reg. 14 n. Chr.–37); Sohn des gleichnamigen Tiberius Claudius Nero und der Livia Drusilla, die i.J. 38 v. Chr. von Octavianus-Augustus geehlicht wurde; Tiberius war in erster Ehe mit Vipsania Agrippina, der Tochter des Marcus Agrippa, verheiratet; seit 12 v. Chr. in zweiter Ehe mit Julia, der Tochter des Augustus. Seit der Verheiratung mit Julia war Tiberius Kandidat für die Nachfolge des Augustus. Herausragende militärische Karriere seit 26 v. Chr., mit erfolgreichen Feldzügen in Armenien, Rätien, Vindelizien, Germanien, Pannonien und Illyrien. Drang 4 n. Chr. mit den römischen Legionen bis zur Elbe vor; schlug 5 n. Chr. die Langobarden an der Unterelbe und warf den pannonischen Aufstand nieder. Seit 4 n. Chr. durch Adoption von Augustus definitiv zum Nachfolger designiert. Tiberius war auch innenpolitisch beschlagen: Konsul zum ersten Mal 9 v. Chr.; Tiberius' letzte Regierungsjahre, in denen er sich nicht mehr in Rom aufhielt und sich zunehmend von Senat und Volk entfernte, waren von Unruhen und der Verschwörung des Sejanus gekennzeichnet. Tiberius' Ansehen bei der Nachwelt erlitt durch senatoriale Historiker schweren Schaden; z.B. Tacitus stempelte ihn zum Prototypen des Tyrannen. Das Tyrannenbild findet sich auch bei Sueton, insofern er es aus seinen Quellen übernommen hat, wird jedoch von anderen Charakterzügen kontrafakturiert (vgl. dazu M. Baar, *Das Bild des Kaisers Tiberius bei Tacitus, Sueton und Cassius Dio*, Stuttgart 1990). Er. arbeitet nach Sueton, sodaß sich bei ihm Apophthegmen finden, welche verschiedene Seiten von Tiberius' Charakter zeigen. Freilich reiht Er. Tiberius unter die übelsten Herrscher der Menschheitsgeschichte ein, Herrscher, die sich durch Despotismus, Arroganz, Gottlosigkeit, Irrwitz und Machtgier auszeichnen. Er. nennt Tiberius in einem Atemzug mit Dionysios d.Ä. von Syrakus, Ptolemaios, Julius Caesar, Nero, Caligula, Heliogabalus, Commodus und Domitian; vgl. *Adag.* 201 „Aut regem aut fatuum nasci oportere" (*ASD* II, 1, S. 306). Ein Nachzügler der Tiberius-Sprüche findet sich im achten Buch (VIII, 235). Zur historischen Gestalt des Tiberius vgl. insb. R. Seager, *Tiberius*, 2. Aufl., Malden, MA 2005; D.C.A. Shotter, *Tiberius Caesar*, 2. Aufl., London 2004; B. Levick, *Tiberius the Politician*, London 1999 (zuerst 1976); Z. Yavetz, *Tiberius. Der traurige Kaiser*, München 2002; W. Eck, *DNP* 12, 1 (2002), Sp. 532–535, s.v. „Tiberius", Nr. 1; M. Gelzer, *RE* X, 1 (1918), Sp. 478–536, s.v. „Iulius", Nr. 154.

20 *TIBERIVS CAESAR* In dieser Form auch im Index personarum; identisch mit der Überschrift in der Suetonausgabe des Er., Basel, Froben, 1518, S. 57.

*Apophth.* VI, 1 bezieht sich auf die Thronfolge aus dem Jahr 14 n. Chr., insbesondere auf die *recusatio imperii*, die Tiberius demonstrativ an den Tag legte. Faktisch war Tiberius durch *imperium proconsulare maius, tribunicia potestas* und Adoption klar zum Nachfolger designiert. Seinem Zögern lag ein politisches Kalkül zugrunde, das dazu diente, seine Machtstellung abzusichern.

23 *Caeteri … polliceris* Im Spruchteil wörtliche Übernahme von Suet. *Tib.* 24, 1: „Alter coram exprobraret ceteros, quod polliciti sint, tarde praestare, sed (sed *ed. Ihm, text. recept.*: se *ed. Er. 1518 et 1533; ed. Egnat.*) ipsum, quod praestet, tarde polliceri".

23 *tu* entsprechend der Lesart „seipsum" in Er.' Suetonausgaben d.J. 1518 und 1533.

26–27 *a quo … nominaret* Suet. *Tib.* 27, 1: „Dominus appellatus a quodam denuntiauit, ne se amplius contumeliae causa nominaret".

26 *Dominus appellatus* Tiberius lehnte den *Do-minus*-Titel konsequent und nachdrücklich ab; vgl. dazu Tac. *Ann.* II, 87, 2: „acerbe increpuit (sc. Tiberius) eos, qui diuinas occupationes ipsumque Dominum dixerant". Dem lag ein politisches Kalkül zugrunde, bei dem Tiberius seinem Vorgänger Augustus folgte (Suet. *Aug.* 53, 1). Der *Dominus*-Titel hätte der herkömmlichen Herrscherverehrung des Ostens entsprochen, war im Westen des Reiches jedoch problematisch.

27–29 *Quanta … Dominationes* Kommentar des Er., bei dem dieser dem Tiberius ausnahmsweise Lob spendet.

31–33 *dicentem … suasorem* Suet. *Tib.* 27, 1: „Alium dicentem ‚sacras' eius occupationes, et rursus alium, ‚auctore' eo senatum se adisse (adisse *ed. Ihm*: adiisse *ed. Er. 1518 et 1533; ed. Egnat. 1516 et aliae edd. vett.*), verba mutare et pro ‚auctore' ‚suasorem', pro ‚sacris' ‚laboriosas' dicere coegit".

31–32 *dicentem sacras … laboriosas* Der erste Teil des Lemmas bezieht sich auf die Tatsache, daß Tiberius nach seinem Amtsantritt 14 n. Chr. Verehrungen seiner Person als Gott ablehnte und verbot. Nach dem Tod eines ‚Kaisers' war jedoch göttliche Verehrung nicht nur erlaubt, sondern sogar erwünscht: So beantragte Tiberius mit Erfolg, daß Augustus göttliche Ehren zugesprochen wurden.

32–33 *Rursum … suasorem* Der zweite Teil des Lemmas bezieht sich auf das heikle Verhältnis zwischen *princeps* und Senat. Tiberius wollte den Eindruck vermeiden, daß er dem Senat ‚Aufträge erteile', über dem Senat stehe.

32 *se ipso* Die von *C* und *BAS* angebotene aneinandergeschriebene Lesart „seipso" ist unrichtig: Der Akkusativ „se" bezieht sich auf den Schmeichler, der Ablativ „ipso" auf Tiberius.

VI, 4                                    LENITER                              (Tiberius Caesar, 4)

35   Quum iocis, *conuiciis, famosis carminibus ac rumoribus* frequenter impeteretur, ami-
     cis ad vltionem hortantibus respondit *in ciuitate libera linguam mentemque liberas esse*
     *debere.*

VI, 5                                    LENITER                              (Tiberius Caesar, 5)

     Quin *et senatu de huiusmodi criminibus ac reis flagitante „Non tantum“*, inquit, „habe-
40   *mus ocii, vt implicare nos pluribus negociis debeamus. Si hanc fenestram aperueritis, nihil*
     *aliud agi sinetis“.*

VI, 6                                    CIVILIS VLTIO                        (Tiberius Caesar, 6)

     *Diogenes grammaticus sabbatis Rhodi disputare solitus* Tiberium ad se *venientem, vt*
     ipsum *extra ordinem audiret, non admisit*, sed *per seruulum suum in septimum distulit*
45   *diem.* Is quum *Romam* venisset et *pro* Caesaris *foribus adstaret* cupiens illum *salutare*,
     Tiberius iussit, *vt post septimum annum rediret*, nec alia poena tantam grammatici
     superbiam vltus est.

VI, 7                                    EXACTIO MODERATA                     (Tiberius Caesar, 7)

     *Praesidibus onerandas tributo prouincias suadentibus rescripsit boni pastoris esse tondere*
50   *pecus, non deglubere*, [B] hoc est: lanam, non pellem detrahere.

---

49  rescripsit *A ut in Suet. edd. ab Erasmo 1518 ac*        50  hoc … detrahere *B C: desunt in A.*
*1533 et Adag. 2612:* scripsit *B C.*

Die *Apophthegmata* VI, 4 und 5 beziehen sich          mentemque liberas esse debere“; vgl. Cass.
auf die erste Zeit von Tiberius' Regierungsperi-        Dio LVII, 9, 2. Eine vereinfachte Version fin-
ode (etwa 14–20 n. Chr.), in welcher der *prin-*       det sich bei Brusoni I, 16: „Tyberius [sic] in ini-
ceps* einen übertrieben sorgfältigen, fast repu-        tio principatus in conuiciatores dicere solebat
blikanisch anmutenden Kurs fuhr. Diese Hal-            in ciuitate libera linguam quoque liberam esse
tung wird von den antiken Historikern, insbes.         debere“.
Tacitus, in Frage gestellt, die ihm die Durch-      39–41  *et senatu … sinetis* Wörtliche Wiedergabe
führung von *maiestas*-Prozessen anlasten, in           von Suet. *Tib.* 28, 1: „Et quondam senatu
denen verbale Beleidigungen des *princeps* mit          cognitionem de eius modi criminibus ac reis
Hochverrat gleichgesetzt wurden. Während               flagitante ‚Non tantum‘, inquit, ‚otii habemus,
Tiberius tatsächlich vor 24 n. Chr. keinen              vt implicare nos pluribus negotiis debeamus;
*maiestas*-Prozess initiiert hat, behauptet Taci-        si hanc fenestram aperueritis, nihil aliud agi
tus, er habe dies seit 15 n. Chr. massiv betrie-        sinetis‘“.
ben.                                               40  *fenestram aperueritis* Vgl. *Adag.* 303 „Fene-
35–37  *conuiciis … debere* Suet. *Tib.* 28, 1: „Sed    stram aperire et similes metaphorae“ (*ASD* II,
et (et *om. Erasmus in ed. 1518 et 1533; om. Egna-*     1, S. 410–411): *„Aperire fenestram* pro eo, quod
*tius*) aduersus conuicia malosque rumores et           est: occasionem ac velut ansam ministrare …
famosa de se ac suis carmina firmus ac pati-            Verum hoc non nisi in malam partem“; *Collect.*
ens, subinde iactabat in ciuitate libera linguam        484 „Fenestram aperire“ (*ASD* II, 9, S. 188):

„Similis huic metaphora, pro eo quod est occasionem atque aditum ministrare".

*Apophth.* VI, 6 bezieht sich auf Tiberius' Aufenthalt auf Rhodos; dabei geht es um dessen
siebenjähriges, freiwilliges Exil auf der Insel,
wohin er sich in den Jahren um Christi Geburt
zurückzog, nachdem er sich in der Nachfolge-
frage übergangen fühlte. Für Tiberius' Exil
vgl. W. Jakob-Sonnabend, „Tiberius auf Rhodos: Rückzug oder Kalkül?", in: Ch. Schubert
und K. Brodersen (Hrsg.), *Rom und der griechische Osten. Festschrift für Hatto H. Schmitt
zum 65. Geburtstag*, Stuttgart 1995, S. 113–116.
Gaius und Lucius Caesar starben jedoch überraschend in jungen Jahren, Lucius 2 n. Chr.,
Gaius 4 n. Chr. Nachdem es keine Konkur-
renz von Seiten der Agrippa-Söhne mehr gab,
kehrte Tiberius wieder nach Rom zurück.

43 *Diogenes* Diogenes, Grammatiker, der auf
Rhodos lehrte, während Tiberius dort lebte.
Diogenes behandelte Tiberius damals respekt-
los, was ihm dieser zu einem späteren Zeitpunkt mit gleicher Münze zurückzahlte. Zu
dem Grammatiker Diogenes vgl. A. Stein, *RE*
V, 1 (1903), Sp. 736, s.v. „Diogenes", Nr. 24. Er.
interpretiert die Rache des Tiberius an Diogenes als Milde und Bürgersinn; dies erscheint
jedoch fragwürdig: Tiberius verübelte mangelnden Respekt gerade während seines Exils
auf Rhodos. Man vgl. den Fall des Arche-
laos, des Königs von Kappadokien, für dessen
damalige Respektlosigkeit sich Tiberius noch
i.J. 14 n. Chr. rächte.

43–46 *Diogenes grammaticus … rediret* Wörtliche Wiedergabe von Suet. *Tib.* 32, 2: „Diogenes grammaticus, disputare sabbatis Rhodi
solitus, venientem eum (eum *om. Erasmus in
ed. 1518 et 1533, om. Egnatius*), vt se extra ordinem audiret, non admiserat ac per seruulum
suum in septimum diem distulerat; hunc
Romae salutandi sui causa pro foribus adstan-
tem nihil amplius quam, vt post septimum
annum rediret, admonuit".

*Apophth.* VI, 7 ist ein Gegenstück von *Adag.*
2612 „Boni pastoris est tondere pecus, non
deglubere" (*ASD* II, 6, S. 430–432; 430):
„Hodieque vulgo celebratum durat, vbi quis
est exactor durior atque instantior: ‚Quid?
Num et pellem vis?' quasi conueniat lana contentum esse. Id adagii Tiberius Caesar autore
Suetonio aut reperit aut certe vsurpauit …";
Otto 1354. Der Spruch des Tiberius wurde
auch von Cass. Dio LVII, 10, 5 überliefert, in
der latein. Übers. des Giorgio Merula: „Tibe-

rius Caesar cum deprehendisset Aemylium
Rectum, quem Aegypto praefecerat, nimium
a populo exegisse, super ea re iratus rescrip-
sisset se tonderi velle suas oues, non deglubi".
Nach Brusonis Sammlung d.J. 1518 geht der
Spruch des Tiberius auf ein bei Xenophon
überliefertes Apophthegma des Kyros zurück:
„Tyberius … rescripsit: ‚Boni pastoris est tondere pecus, non deglubere'. Xenophon scribit
Cyrum dicere solitum similia esse opera boni
pastoris et boni regis. Vnde mutuatus Tyberius" (III, 13).

49 *Praesidibus* Begriff „praesidibus" bezieht
sich auf alle Provinzstatthalter (Prokonsuln,
Proprätoren) bzw. die mit ähnl. Machtbe-
fugnissen ausgestatteten *legati Caesaris*. Vgl.
Komm. von J.R. Rietstra, Paris – Amsterdam
1928, S. 30. Nach Cass. Dio LVIII, 10, 5 soll
Tiberius damit konkret Aemilius Rectus, den
Statthalter Ägyptens, ermahnt haben.

49–50 *Praesidibus … deglubere* Wörtliche Wiedergabe von Suet. *Tib.* 32, 2; vgl. *Adag.*
2612 „Boni pastoris est tondere pecus, non
deglubere" (*ASD* II, 6, S. 430–432; 430): „Id
adagii Tiberius Caesar autore Suetonio aut
reperit aut certe vsurpauit. Nam is admonitus
ab amicis, vt prouincialibus augeret vectigalia,
rescripsit *Boni pastoris esse tondere pecus, non
deglubere* … Nam lana detonsa renascitur, cute
detracta nihil est, quod deinde possis auferre".

49 *rescripsit* „rescripsit", wie es sowohl in *A* als
auch in dem von Er. zitierten und von ihm
selbst edierten Suetontext steht, ist vorzuziehen. Es geht um ein *Antwort*schreiben des
Kaisers auf Anfragen von Provinzstatthaltern.
*Rescripta* ist auch der offizielle Terminus für
derartige Schreiben des Kaisers; vgl. Komm.
von J.R. Rietstra, Paris – Amsterdam 1928,
S. 30. „re" wurde in *B* wohl irrtümlich ausgelassen – „scripsit" scheint nicht in den Errata
von *A* auf.

50 *deglubere* Das seltene Wort „deglubere", „die
Haut abziehen", „abhäuten", versah Er. in
*Adag.* 2612 (*ASD* II, 6, S. 431) mit einer lexi-
kalischen Erklärung: „Est autem deglubere
detrahere pellem. Tractum a rusticis, qui deglubere vocant siliquam aut folliculum excu-
tere et granum sua nudare tunica; vnde Catullus in obscoenum sensum detorsit, vt dicat
virum a muliere deglubi … Tondent igitur, qui
ita spoliant, vt sortem relinquant, vnde res possit crescere. Deglubunt, qui nihil reliqui faciunt"; vgl. *DNG* II, Sp. 1540, s.v. „deglubo".

VI, 8                              [*A*] Iocvs ex depravatione          (Tiberius Caesar, 8, i.e.
                                                                         anonymi milites Tiberii)

Quoniam *tyro in castris auidius* bibebat *vinum*, militari ioco *pro Tiberio Claudio Nerone* dictus est *Biberius Caldius Mero*.

55   VI, 9                              Crvdelitas tecta                (Tiberius Caesar, 9, i.e.
                                                                         Theodorus Gadareus)

*Theodorus Gadareus, Tiberii in rhetoricis praeceptor*, animaduertens *in puero* sanguinarium ingenium sub specie lenitatis *latitans, subinde in*ter *obiurgand*um *appellauit* illum πηλὸν αἵματι συμπεφυρμένον, *id est, lutum sanguine maceratum*. Hic initio prin-
60   cipatus miram lenitatem prae se tulit, sed progressu temporis ad immanem crudelitatem deuenit.

VI, 10                              Crvdeliter                      (Tiberius Caesar, 10)

*Quum audisset* quendam *e reis nomine Carnulium* sibi mortem conscisse, priusquam esset damnatus, *exclamauit*: „*Carnulius me euasit*". *Adeo leue supplicium esse* iudicabat
65   *mortem.*

VI, 11                              Crvdeliter                      (Tiberius Caesar, 11)

Quum *custodias recognoscentem quidam* rogaret, vt supplicium *maturaret, respondit*: „*Nondum tecum redii in gratiam*", humanitatis officium ducens, si damnatum cito occidisset.

---

51 Iocus ex deprauatione *A-C*: *scribendum erat* Iocus ex deprauatione nominis.

59 συμπεφυρμένον *A-C Suet. edd. ab Erasmo 1518 et 1533*: πεφυρμένον *plures Suet. edd. vett.*, πεφυραμένον *Suet. text. recept.*

63 Carnulium *scripsi sec. Suet. edd. Erasmianas 1518 et 1533*: Caruilium *A-C*, Carnulum *Suet. edd. recentiores.*

64 Carnulius *scripsi sec. Suet. edd. Erasmianas 1518 et 1533*: Caruilius *A-C*, Carnulus *Suet. edd. recentiores.*

---

51 *Iocus ex deprauatione* Es handelt sich hierbei um einen Soldatenwitz, wie Er. richtig verstanden hat („militari ioco"). Derartige Witze waren keineswegs abschätzig gemeint, sondern gereichten dem Verspotteten sogar zur Ehre. So war es durchaus als Lob gemeint, daß ein Feldherr anständig ‚saufen' konnte. Daher liegt es nicht auf der Hand, daß der Titel des Er., „Iocus ex deprauatione", „Making a joke about a bad trait of character" bedeutet (*CW* 38. S. 600). Eher geht es um die *deprauatio nominis*, also Verballhornung von Tiberius'

Namen. Vgl. dazu Lycosthenes' Einordnung von *Apophth.* VI, 8 unter die Kategorie mit dem Titel „De nominum varia interpretatione et mutatione" (S. 787). Zum Typus des Titels von VI, 8 vgl. jenen von VI, 31: „Iocus ex nomine".

53–54 *tyro … Mero* Wörtliche Wiedergabe von Suet. *Tib.* 42, 1: „In castris tiro etiam tum propter nimiam vini auiditatem pro Tiberio Biberius, pro Claudio Caldius, pro Nerone Mero vocabatur".

54 *Caldius* Das Wortspiel bezieht sich auf „cal-

dum", die normale Bezeichnung für heißen, stark gesüßten Wein.

54 *Mero* nach „merum", das Wort für puren, nicht mit Wasser gemischten Wein. Gegenüber dem normalen Weingenuss in verwässerter Form wurde in röm. Zeit das Trinken von purem Wein als ungewöhnlich angesehen.

*Apophth.* VI, 9 ist das Gegenstück zu *Adag.* 1939 „Lutum sanguine maceratum" (*ASD* II, 4, S. 300); *Apophth.* VI, 9–11 entnahm Er. dem Lemma, welches Sueton dem grausamen Charakter des Tiberius widmete (*Tib.* 57–62). Die darin enthaltenen Aussprüche wurden von Sueton chronologisch dem letzten Abschnitt der Regierungsperiode des Tiberius zugeordnet (nach dem Tod des Seianus im Okt. d.J. 31), in der die Grausamkeit des Tyrannen voll zum Ausbruch gekommen sein soll. Vgl. *Tib.* 61, 1: „Post cuius (i.e. Seiani) interitum vel saeuissimus extitit (sc. Tiberius)".

57 *Theodorus* **Theodoros von Gadara**, geb. ca. 73 v. Chr. in Gadara (Umm Qais im heutigen Jordanien), Lehrer der Rhetorik; 33/2 v. Chr. wurde er aufgrund eines gewonnenen Redewettstreits in Rom zum Redelehrer des damals vierzehnjährigen Tiberius ernannt. Nach dem Aufenthalt in Rom begab er sich (frühestens 27 v. Chr.) nach Rhodos, wo er eine Rhetorikschule eröffnete und dort bis an sein Lebensende wirkte; auf Rhodos Konkurrent und intellektueller Gegner des Rhetorikers Apollodoros von Pergamon. Von seinen zahlreichen rhetorischen Schriften sind nur geringe Fragmente erhalten. Vgl. G. Lippold, *RE* V, A2 (1934), Sp. 1847–1859, s.v. „Theodoros", Nr. 39; M. Weißenberger, *DNP* 12, 1 (2002), Sp. 327–328, s.v. „Theodoros", Nr. 16. Zu Theodoros als Lehrer des Tiberius vgl. auch Sen. *Suas.* 3, 7.

57–59 *Theodorus Gadareus … maceratum* Suet. *Tib.* 57, 1: „Saeua ac lenta natura ne in puero quidem latuit; quam Theodorus Gadareus rhetoricae praeceptor et perspexisse (perspexisse *ed. Er. 1518*: prospexisset *ed. Egnat. 1516*: prospexisse *ed. Er. 1533*) primus sagaciter et assimilasse aptissime visus est, subinde in obiurgando appellans eum πηλὸν αἵματι πεφυραμένον (συμπεφυρμένον *ed. Er. 1518 et 1533, ed. Egnat.*), id est lutum a sanguine maceratum". Vgl. *Adag.* 1939 (*ASD* II, 4, S. 300) „Lutum sanguine maceratum": „Theodorus Gadareus Tiberii Caesaris in arte rhetorica praeceptor

perspiciens in eo adhuc adulescente saeuitiam quandam cum ingenii stupore coniunctam inter obiurgandum illum subinde vocare solet πηλὸν αἵματι συμπεφυρμένον, *id est lutum sanguine maceratum*, luto tarditatem innuens, sanguine crudelitatem".

59 *συμπεφυρμένον* Alle drei Lesarten sind sprachlich zulässig; für die Lesart συμπεφυρμένον, die Er. aus der Edition des Egnatius übernommen hat, vgl. Eur. *Med.* 1199: „αἷμα συμπεφυρμένον πυρί". Im Laufe der Textgeschichte hat sich die Ansicht Casaubons durchgesetzt, vgl. seinen Komm. zur Stelle: „πεφυραμένον] ita omnino legendum est, non πεφυρμένον".

59 *id est … maceratum* Diese Übers. des Griech. stammt vielleicht von Sueton, jedenfalls nicht von Er.; die Übers. ist nur in einem Teil der Handschriften und älteren Ausgaben Suetons vorhanden, u.a. in jenen des Er.; Casaubon tilgte sie als spätere Interpolation.

59–61 *initio … deuenit* Er.' Erklärung der ,Charakterentwicklung' des als Tyrannen abgestempelten Tiberius geht auf Sueton zurück, insb. *Tib.* 57–62.

63 *Quum audisset … mortem* Suet. *Tib.* 61, 5: „Nam mortem adeo leue supplicium putabat, vt, cum audisset vnum e reis, Carnulum (Carnulum *ed. Ihm, textus receptus*: Carnulium *ed. Er. 1518 et 1533; ed. Egnat.*) nomine, anticipasse eam, exclamauerit: ,Carnulus (Carnulum *ed. Ihm, textus receptus*: Carnulius *ed. Er. 1518 et 1533; ed. Egnat.*) me euasit' ".

63 *Carnulium* Das in den Baseldrucken überlieferte „Caruilium" ist wohl ein Übertragungsfehler, der bei der Übernahme des Textes aus Er.' eigener Ausgabe zustande kam.

63 *Carnulium* Gemeint ist Carnulus, der unter Tiberius angeklagt war und seiner Verurteilung durch Selbstmord zuvorkam. Jener Carnulus ist sonst nicht näher bekannt. Vgl. A. Stein, *RE* III, 2 (1899), Sp. 1600, s.v. „Carnulus".

64–65 *Adeo … mortem* Nach dem gebräuchlichen Muster der *Apophthegmata* wirkt dies wie ein Kommentar des Er.; er stammt in diesem Fall jedoch von Sueton (a.a.O.).

67–68 *custodias … gratiam* Im einleitenden Teil paraphrasierende, im Spruchteil wörtliche Wiedergabe von Suet. *Tib.* 61, 5: „Et in recognoscendis custodiis precanti cuidam poenae maturitatem, respondit: ,Nondum tecum in gratiam redii' ".

70   VI, 12                          INDOLES MALEFICA                    (Tiberius Caesar, 12)

Tiberius *perspecto* Caligulae ingenio fero ac malefico, subinde *praedicabat se natricem*
reipublicae *et Phaethontem orbi terrarum educare. Natrix serpentis genus est.*

VI, 13                               MEDICINA                           (Tiberius Caesar, 13)

*Tiberius Caesar* et illud *dixisse* fertur eum *hominem* sibi videri *ridiculum, qui sexage-*
75   *simum praetergressus annum manum porrigeret medico*, sentiens hominem tam grandem oportere iam scire, quomodo sibi mederi debeat. Porrigunt manum medico, qui
consulunt illum explorantem pulsus venarum.

## C. CALIGVLA

VI, 14                             SVRDVS DELATORI                        (C. Caligula, 1)

80   ⟨*C. Caligula*⟩ *commentarios ad matris fratrumque suorum* calumnias *pertinentes, ne*
*cui postmodum delatori testiue maneret vllus metus, conuectos in forum, et ante clare*

---

70 *Indoles malefica* Konträr zu Er.' Titel
druckte Lycosthenes das Apophthegma in der
Kategorie „De indole excelsa" ein (S. 493).

71–72 *perspecto … est* Suet. *Cal.* 11: „Quod
sagacissimus senex ita prorsus perspexerat, vt
aliquotiens praedicaret exitio suo omniumque
Gaium viuere et se natricem [serpentis id
genus] (*ea verba del. in edd. pluribus: adsunt
in edd. Er. 1518 et 1533, et in ed. Egnat.)*
populo Romano, Phaethontem orbi terrarum
educare".

71 *Caligulae* Zu Caligula vgl. unten Komm. zu
VI, 14 (Caligula, 1).

72 *Natrix … est* Kein erklärender Kommentar
des Er., sondern die Wiedergabe einer erläu-
ternden Marginalie, die unglücklicherweise in
Suetons Text Eingang gefunden hatte; sie findet sich u.a. in Er.' Ausgabe d.J. 1518. In den
späteren Suetonausgaben wurde sie zurecht
getilgt, da sie nicht von Sueton stammen kann:
Für jeden lateinischen Muttersprachler war
klar, daß die Natter eine Schlange ist.

73 *Medicina* Er.' Titel entsprechend druckt
Lycosthenes *Apophth.* VI, 13 im Kapitel „De
medicina" (S. 680).

74–75 *Tiberius Caesar … medico* Plut. *De tuenda sanitate praecepta*, 26, *Mor.* 136E. Er. wiederholte im Wesentlichen die latein. Übers., die

er selbst angefertigt hatte: „Equidem Tiberium
Caesarem aliquando dicentem audiui ridiculum hominem esse, qui sexagesimum praetergressus (praetergressus *ed. Froben Basel 1514*:
pretergressus *ASD*) annum manum porrigeret
medico" (*ASD* IV, 2, S. 211). Vgl. den griech.
Text: „Ἤκουσα Τιβέριόν ποτε Καίσαρα εἰπεῖν
ὡς ἀνὴρ ὑπὲρ ἑξήκοντα γεγονὼς ἔτη καὶ προ-
τείνων ἰατρῷ χεῖρα καταγέλαστός ἐστιν". Plutarchs Angabe, daß Tiberius Leute verspottet
haben soll, die nach ihrem 60. Lebensjahr
Ärzte konsultierten, erscheint widersinnig. Es
ist bekannt, daß Tiberius Ärzte verachtete und
für Unabhängigkeit von der Schar des Asklepios eintrat. Jedoch lässt sich nicht erklären,
warum das letzte erst nach dem 60. Lebensjahr
der Fall sein sollte. Wahrscheinlich hat sich
Plutarch (oder die plutarchische Textüberlieferung) in der Jahreszahl geirrt. Nach Tacitus
und Sueton ging es um die Hälfte der Jahre:
Verächtlich sei derjenige, welcher nach seinem 30. Lebensjahr noch Ärzte konsultiere;
vgl. Tac. *Ann.* VI, 46, 5: „… solitusque eludere medicorum artes atque eos, qui post tri-
cesimum aetatis annum ad internoscenda cor-
pori suo vtilia vel noxia alieni consilii indi-
gerent". Tiberius erfreute sich bis ins hohe
Alter einer guten Gesundheit; seit seinem 30.

Lebensjahr soll er sich nach Sueton nicht mehr um Ratschläge der Ärzte gekümmert haben: vgl. Suet. *Tib.* 68, 4: „Valitudine prosperrima vsus est, tempore quidem principatus paene toto prope inlaesa, quamuis a tricesimo aetatis anno arbitratu eam suo rexerit sine adiumento consilioue medicorum".

78 *C. CALIGVLA* In dieser Form auch im Index personarum sowie in Er.' Suetonausgaben (1518 und 1533). Er. bezeichnet Caligula jeweils als „C. Caligula", während sein gebräuchlicher Name „C. Caesar" war; wenn einmal unversehens der Name „C. Caesar" auftaucht, vermag ihn Er. nicht als Caligula zu identifizieren: vgl. VIII, 234 mit Kommentar.

78 *C. CALIGVLA* Kaiser **Caligula**, i.e. Gaius Caesar Augustus Germanicus (12 n. Chr.–41; reg. 37–41); Sohn des Germanicus und der Agrippina d.Ä., Urenkel des Augustus und der Livia. Caligulas Amtszeit begann hoffnungsvoll, war jedoch durch zunehmende Gewalt gegen Senat und Volk geprägt; mit seinem despotisch-orientalischen Regierungsstil, verbrämt durch bizarre Aktionen oder Sprüche, brüskierte er die senatoriale Elite; manche hielten ihn für wahnsinnig. Caligula konnte sich nicht lange als Kaiser halten, schon nach vier Jahren fiel er einer Verschwörung zum Opfer, an der die Prätorianergarde maßgeblich beteiligt war. Vgl. A. Winterling, *Caligula. Eine Biographie*, München 2003; S. Wilkinson, *Caligula*, London – New York 2005; A. Ferrill, *Caligula, Emperor of Rome*, London 1991; A.A. Barrett, *Caligula. The Corruption of Power*, London 1989; W. Eck, *DNP* 2 (1996), Sp. 937–939, s.v. „Caligula"; M. Gelzer, *RE* X, 1 (1918), Sp. 381–423, s.v. „Iulius", Nr. 133; D.W. Hurley, *An Historical and Historiographical Commentary on Suetonius' Life of C. Caligula*, Oxford 1993; D. Wardle, *Suetonius' Life of Caligula. A commentary*. Collection Latomus, Brüssel 1994; M.H. Dettenhofer, „Gaius' populare Willkürherrschaft", in: *Latomus* 61 (2002), S. 643–665; Z. Yavetz, „Caligula. Imperial Madness and modern Historiography", in: *Klio* 78 (1996), S. 105–129.

Er. reiht Caligula einerseits unter jene schlechten Herrscher ein, die er als Verbrecher gegen die Menschheit und als das Gegenteil des von ihm propagierten *princeps Christianus* brandmarkt. Caligula steht dabei auf einer Stufe mit Tiberius, Nero, Heliogabalus, Domitianus, Commodus usw.; vgl. *Adag.* 201 (*ASD* II, 1, S. 306) und 2601 (*ASD* II, 6, S. 402). Andererseits schätzt Er. Caligula als Apophthegma-Spender; als solcher

tritt Caligula u. a. in *Adag.* 1257 „Harena sine calce" (*ASD* II, 3, S. 276) auf, wo ihn Er. für sein richtiges Urteil lobt: „Quamquam autem Caligula multa parum integrae mentis dedit argumenta, tamen in hoc iudicio minimum aberrauit a scopo". In *Adag.* 3326 (*ASD* II, 7, S. 196) präsentiert Er. Caligula als Exemplum eines größenwahnsinnigen Bauherrn, auf welchen sich das Sprichwort „Isthmum perfodere" beziehe. Caligula figuriert weiter als Apophthegma-Spender in VIII, 119 (eine Dublette von VI, 21). Im Komm. zu *Apophth.* VIII, 120 vergleicht Er. Neros mit Caligulas Regierung: „Nam Domitius Nero primis annis quinque summa cum laude gessit, priusquam ad Caligulae auunculi sui crudelitatem appelleret animum". In VIII, 234 bringt Er. noch einen weiteren Spruch des Caligula, jedoch ohne den bei Quintilian genannten „C. Caesar" als Caligula zu identifizieren.

79 *Surdus delatori* Er. bezog den Titel „Surdus delatori" aus dem Schlussteil der zitierten Suetonstelle (*Negauit se delatoribus aures habere*); in seiner Suetonausgabe hat Er. diesen Satz durch die Marginalnote mit „bracteata sententia" („goldener Ausspruch") markiert.

80–84 *commentarios ... habere* Wörtliche Wiedergabe von Suet. *Cal.* 15, 4: „Commentarios ad matris fratrumque suorum causas pertinentes, ne cui postmodum delatori aut testi maneret vllus metus, conuectos in forum, et ante clare obtestatus Deos neque legisse neque attigisse quicquam, concremauit; libellum de salute sua oblatum non recepit, contendens nihil sibi admissum, cur cuiquam inuisus esset, negauitque se delatoribus aures habere".

80 *calumnias* Mit den Papieren, die Caligula verbrannt haben soll, sind die Geheimdossiers bzw. geheimen Prozessakten gemeint, die anlässlich der Verurteilung seiner Mutter Agrippina d.Ä. (14 v. Chr.–33 n. Chr.) und seines Bruders Nero Caesar (6–30 n. Chr.) i.J. 29 angelegt worden waren, sowie jene Akten, die die Verurteilung seines zweiten Bruders, Drusus Caesar (8–33 n. Chr.), dokumentierten. Nero Caesar war 23 n. Chr. von Tiberius zum Thronfolger durch Adoption designiert worden, Drusus Caesar zum Thronfolger Nr. 2. Dem Prätorianerpräfekten Seianus gelang es i.J. 27, Tiberius davon zu überzeugen, daß Agrippina d.Ä. eine Verschwörung plane, die ihrem Sohn Nero Caesar zum Thron verhelfen solle. Das von Seianus zusammengestellte Geheimdossier veranlasste Tiberius, Agrippina und Nero unter Hausar-

*testatus deos neque legisse* se *neque attigisse quicquam, concremauit.* Quin et *libellum de sua salute oblatum non recepit; contendens sibi nihil admissum, cur cuiquam inuisus esset, negauit se delatoribus aures habere.* Haec boni principis videri poterant, nisi
85    fingerentur.


VI, 15                              TYRANNICA VOX                         (C. Caligula, 2)


*Quum audiret forte reges, qui officii causa in Vrbem aduenerant,* inter *se super coenam de nobilitate generis concertantes, exclamauit* Caligula „De coelo venit nobis rex", et adiecit carmen Homericum:

90        εἷς κοίρανος ἔστω, εἷς βασιλεύς, id est

        „Vnus dominus sit, vnus rex".

*Nec multum abfuit, quin statim diadema sumeret speciemque principatus in regni formam conuerteret.*


VI, 16                                VERSVTIA                             (C. Caligula, 3)


95    *Liuiam Augustam proauiam* suam *appellare* consueuit *Vlyssem stolatum,* vafriciem ac fraudulentiam illius notans; hoc tantum interesse, quod vt foemina stolam gestaret.


VI, 17                               IMPVDENTIA                           (C. Caligula, 4)


*Dicebat se nihil magis in sua natura probare quam* ἀδιατρεψίαν, *hoc est, inuerecundiam.* Pudor enim vt multis ad honestas actiones obstat, ita nonnunquam improbae mentis
100    homines a turpibus reuocat. Vox carnifice quam Imperatore dignior.


rest zu stellen; i.J. 29 wurde ihnen der Prozess gemacht, Tiberius selbst verfasste die Anklageschrift. Sie wurden zu Staatsfeinden erklärt und mit schwerer Verbannung (*ablegatio in insulam*) bestraft. Beide kamen in Inselgefängnissen ums Leben, Nero Caesar i.J. 30, Agrippina 33. Drusus Caesar wurde i.J. 30 der Prozess gemacht. Aufgrund der Anklageschrift des Lucius Cassius Longinus wurde auch Drusus zum Staatsfeind erklärt: Er starb i.J. 33 im Gefängnis. Daraus resultierte, daß von den männlichen Nachkommen des Germanicus nur Caligula überlebte. Es ist klar, daß die Zeugen und Handlanger des Seianus nach dem Regierungsantritt des Caligula in Angst lebten und befürchten mussten, daß dieser Rache üben werde. Dieser zeigte sich jedoch betont milde. Um die damaligen Zeugen zu beruhi-

gen, behauptete er, daß er die Akten nicht gelesen, ja nicht einmal eingesehen habe. Im Übrigen hat Caligula die Prozessakten, um die es ging, nicht gänzlich vernichtet. Aus Suet. *Cal.* 30 geht hervor, daß er sie später plötzlich wieder hervorholte.

87–93 *Quum audiret … conuerteret* Größtenteils wörtliche Wiedergabe von Suet. *Cal.* 22, 1: „Compluribus cognominibus adsumptis – nam et Pius et Castrorum filius et Pater exercituum et Optimus Maximus Caesar vocabatur – cum audiret forte reges, qui officii causa in Vrbem aduenerant, concertantis (*concertantes ed. Er. 1518 et 1533, ed. Egnat.*) apud se super cenam de nobilitate generis, exclamauit: ‚εἷς κοίρανος ἔστω, εἷς βασιλεύς'. Nec multum afuit, quin statim diadema sumeret speciemque principatus in regni formam conuerteret".

88 *De coelo … rex* „De coelo venit nobis rex“ findet sich nicht in Sueton, sondern ist ein Zusatz des Er., der an den lateinischen Hymnus „Hodie nobis celorum rex“ erinnert: „Hodie nobis celorum rex de virgine nasci dignatus est is vt hominem perditum ad regna celestia reuocaret; gaudet exercitus angelorum, quia salus eterna humano generi apparuit“. Er. hat die Formulierung wohl bewußt so konstruiert, daß sie eine blasphemische Wirkung erzeugt.

90 εἰς κοίρανος … βασιλεὺς Hom. *Il.* II, 204–205: „… εἰς κοίρανος ἔστω, / εἰς βασιλεύς, ᾧ δῶκε Κρόνου πάις ἀγκυλομήτεω“.

92 *diadema sumeret* Das Diadem fungiert als Machtsymbol der orientalischen Könige, Alexanders d.Gr. und der Diadochen.

95 *Liuiam Augustam* Livia, die letzte Ehefrau des Augustus, war die Urgroßmutter des Caligula, die Großmutter von dessen Vater Germanicus und die Mutter des Drusus.

95 *Liuiam Augustam … stolatum* Suet. *Cal.* 23, 2: „Liuiam Augustam proauiam Vlyssem (*ed. Ihm, ed. Er. 1518 et 1533:* Vlixem *quaedam edd. vett.*) stolatum identidem appellans, etiam ignobilitatis quadam ad senatum epistula arguere ausus est, quasi materno auo Decurione Fundano ortam, cum publicis monumentis certum sit Aufidium (Aufidium *textus receptus, ed. Egnat., ed. Er. 1533:* Aufudium *ed. Er. 1518*) Lurconem (Lurconem *ed. Er. 1533:* Lirgonem *ed. Er. 1518;* Lingonem *ed. Egnat. 1516, lectio varia in ed. Er. 1518*) Romae honoribus functum“.

95 *stolatam* Die *stola* war das lange Damenkleid, besonders der röm. Patrizierinnen; vgl. *DNG* II, Sp. 4509, s.v.

97 *Impudentia* Er.’ Titel „Impudentia“ geht auf eine irrige Interpretation von ἀδιατρεψία zurück (siehe Komm. unten). Lycosthenes hat diese Fehlinterpretation übernommen und, davon ausgehend, *Apophth.* VI, 17 in dem Kapitel „De impudentia“ gedruckt (S. 488–489).

98 *Dicebat … inuerecundiam* Suet. *Cal.* 29, 1: „Immanissima facta augebat atrocitate verborum. Nihil magis in natura sua laudare se ac probare dicebat quam, vt ipsius verbo vtar, ἀδιατρεψίαν, hoc est (ἀδιατρεψίαν, hoc est *del. Egnatius*) inuerecundiam“.

98 *hoc est, inuerecundiam* Die Übersetzung des griechischen Wortes, „hoc est, inuerecundiam“, geht nicht auf das Konto des Er., sondern stammt aus der handschriftlichen Tradition des Suetontextes. Giovanni Battista Egnazio athetierte in seiner Suetonausgabe (Venedig, Aldus, 1516) „hoc est“ und das

griech. Wort, sodaß in seinem Text „inuerecundia“ als Caligulas Originalwortlaut aufschien; Er. übernahm hingegen in seine Ausgabe (1518) den griech. Begriff. Die Übersetzung von ἀδιατρεψία mit „inuerecundia“ ist merkwürdig: ἀδιατρεψία bedeutet „Beharrlichkeit“, „Unbeugsamkeit“ oder negativ konnotiert „Hartnäckigkeit“, „Störrigkeit“, „Trotzigkeit“, jedoch nicht „Schamlosigkeit“ oder „Frechheit“ (vgl. Passow I, 1, S. 32, s.v.). Adäquate latein. Übers. wären (positiv konnotiert) „constantia“ oder „firmitas animi“ bzw. (negativ konnotiert) „pertinacitas“ bzw. „rigor animi“. Caligulas Aussage über sich selbst ist somit keineswegs so verrückt, wie die Übersetzung „inuerecundia“ suggerieren mag. ἀδιατρεψία – „constantia“ bzw. „firmitas animi“ sind Tugenden, die insbesondere für Staatsmänner, Feldherren und stoische Philosophen vorteilhaft sind. Er. übernahm die nicht sehr glückliche Übersetzung „hoc est, inuerecundiam“ auf unkritische Weise, wie sein Kommentar auf den Ausspruch und der Titel des Apophthegmas, „Impudentia“, zeigen. Vgl. den Kommentar des Laevinus Torrentius ad loc.: „Quaedam editiones addunt, *hoc est inuerecundiam*, velut interpretamentum, scilicet. Quae mihi liquet a mala manu esse meritoque a Pulmanno sunt expuncta. Nam ἀδιατρεψία toruum nescioquid et rigidum potius quam inuerecundiam significat“. Pullman, Graevius (1672) u.a. tilgten die irreführende Übersetzung. Im Kontext der Suetonstelle folgen in der Tat Aussprüche des Caligula, aus denen seine Hartnäckigkeit bzw. Trotzigkeit hervorgeht, die vor nichts zurückscheute. Dabei ergibt sich, daß Caligula sogar gegen Familienmitglieder rücksichtslos vorging, gegen seine Großmutter Antonia und seinen Neffen Tiberius Gemellus, die er beide in der ersten Zeit seiner Regierungsperiode aus dem Weg räumen ließ. Insofern könnte die sperrige Übersetzung „inuerecundia“ authentisch sein. Wenn dies zutrifft, dann muß Sueton bei „inuerecundia“ freilich eine andere Bedeutung vor Augen gehabt haben als „Schamlosigkeit“; dies könnte der Aspekt der Rücksichtslosigkeit sein, der dazu führte, daß er seine Familienmitglieder ermordete (vgl. die Bedeutung „rücksichtslos“ für „inuerecundus“ in *DNG* II, 2710, s.v.).

99–100 *Pudor … reuocat* Erklärung des Er., die von der irrigen Interpretation von ἀδιατρεψία ausgeht.

100 *Imperatore* „Imperator“, als Titel des Kaisers.

| VI, 18 | Vox tyrannica | (C. Caligula, 5) |

*Antoniae auiae* pro sua autoritate *monenti*, vt quaedam secus ageret, „*Memento*", ait, „*mihi omnia in omnes licere*".Talia portenta tum principum titulo pertulit mundus. Quae non commemorarem, nisi vt ex his principibus prodigiosae feritatis horror incutiatur.

105

| VI, 19 | Crvdeliter et impie | (C. Caligula, 6) |

Quum destinasset interficere *fratrem* suum eumque *suspicaretur* sese *medicamentis praemunire*, ita locutus est: „*Antidotum aduersus Caesarem?*". Timebat ille venenum, quasi Caesar non posset alio quouis modo trucidare, quem vellet extinctum.

110　VI, 20

| | Crvdeliter | (C. Caligula, 7) |

*Vir* quidam *praetorius valetudinis causa secesserat in Anticyram, petito* a Caesare *commeatu*. Is *quum saepius peteret prorogari commeatum, mandauit* interfici et *adiecit necessariam sanguinis esse missionem, cui tam diu non profuisset helleborum.* Solent enim medici in morbis validioribus venarum incisione vti. Et in *Anticyram nauiga*-
115　*bant*, quibus opus erat purgatione.

---

103  pertulit *B C*: protulit *A.*
112  prorogari *A-C sicut quaedam Suet. edd. vett.*:

propagari *Suet. edd. Erasmianae 1518 ac 1533, edd. recentiores.*

101  *Vox tyrannica*  Der Titel ist identisch mit jenem von *Apophth.* VIII, 119, in dem ebenfalls Caligula als Spruchspender auftritt. Lycosthenes druckte *Apophth.* VI, 18, Er.' Titel entsprechend, im Kap. „De tyrannide" (S. 1050).
102  *Antoniae*  **Antonia die Jüngere** (36 v. Chr.–37 n. Chr.), Ehegattin des älteren Drusus (38–9 v. Chr.), des zweiten Sohnes der Livia, Mutter des Germanicus (sowie der Livilla und des Claudius), somit Großmutter des Caligula. Antonia beschäftigte sich intensiv mit der Erziehung der Kinder des Germanicus. Nachdem Caligula zum Kaiser ernannt worden war, verlieh er ihr den Ehrentitel Augusta, trieb sie jedoch kurz darauf in den Selbstmord. Vgl. H. Stegmann, *DNP* 1 (1996), Sp. 800–801, s.v. „Antonia", Nr. 4; P. Groebe, *RE* I, 2 (1893), Sp. 2640, s.v. „Antonius", Nr. 114; N. Kokkinos, *Antonia Augusta. Portrait of a Great Roman Lady*, London u. a. 1992; W. Trillmich, *Familienpropaganda der Kaiser Caligula und Claudius. Agrippina Maior und Antonia Augusta auf Münzen*, Berlin 1978.
102–103  *Antoniae auiae … licere*  Im einleiten-

den Teil durch einen Verständnisfehler entstellte, im Spruchteil wörtliche Wiedergabe von Suet. *Cal.* 29, 1: „Moneti Antoniae auiae tamquam parum esset non oboedire: ‚Memento', ait, ‚omnia mihi et in omnis (omnes *ed. Er.; ed. Egnat.*) licere'".
102  *vt … ageret*  Er. hat den Sinn der Stelle nicht richtig verstanden; Antonia ermahnte Caligulia nicht, daß er sich in manchen Angelegenheiten anders verhalten sollte („vt quaedam secus ageret", cf. *CWE* 38, S. 603: „to behave differently in some matters"), sondern sie tadelte ihn dafür, da er sich zugute hielt, nicht nur ungehorsam zu sein, sondern zudem noch Schlimmeres auszuhecken.
103  *Talia portenta … mundus*  Moralisierender Kommentar des Er., redupliziert in *Apophth.* VIII, 119: „C. Caligula frequenter exclamare solet, ‚Vtinam vniuersus populus Romanus vnicam ceruicem haberet'. Talia portenta tulit olim mundus pro monarchis. Eutropius refert". Der Kommentar stammt jedoch nicht, wie VIII, 119 suggerieren mag, von Eutropius, sondern von Er. selbst.

106 *Crudeliter et impie* Lycosthenes ordnete das
Apophthegma dem Kapitel „De crudelitate"
zu (S. 222), jedoch nicht der Kategorie „De
impietate" (S. 487–488), obwohl Er.' zweiteili-
ger Titel durchaus zutreffend ist: Eine Verlet-
zung oder gar Tötung eines Familienmitglie-
des war für den Römer eine *impietas* ersten
Ranges.

107–108 *fratrem ... Caesarem* Wörtliche Wiedergabe von Suet. *Cal.* 29, 1: „Trucidaturus
fratrem, quem metu venenorum praemuni-
ri medicamentis suspicabatur: ‚Antidotum',
inquit, ‚aduersus Caesarem?'".

107 *fratrem suum* „frater" ist eine missverständ-
liche Angabe Suetons, verstärkt durch Er.'
unglücklichen Zusatz „suum" („seinen eigenen"). Gemeint ist Tiberius Gemellus (19–37/8
n. Chr.), Sohn von Drusus d.J. (13 v. Chr.–14 n.
Chr.) und der Iulia Livilla. Tiberius Gemellus
war jedoch nicht ein Bruder, sondern ein *Vet-
ter* Caligulas (*filius sororis*). Caligulas eigentliche, leibliche Brüder (Nero Caesar und Drusus Caesar) waren zur Zeit seiner Regierungsperiode bereits tot. Die Blutsverwandtschaft
des Caligula mit Tiberius Gemellus beruht auf
Iulia Livilla, der Tante des Caligula und Mutter des Gemellus. Bei der Tötung des Tiberius Gemellus handelt es sich um einen politisch motivierten Mord. Tiberius hatte i.J. 31
die damals zwölfjährigen Prinzen Caligula und
Tiberius Gemellus zu Haupterben und potentiellen Thronfolgern ernannt. Für Gemellus
vgl. V. Gardthausen, *RE* X, 1 (1918), Sp. 536–
537, s.v. „Iulius", Nr. 156.

110 *Crudeliter* Gemäß dem Titel, den Er.
*Apophth.* VI, 20 gab, druckte es Lycosthenes im
Kapitel „De crudelitate" (S. 221).

111–113 *Vir ... helleborum* Leicht variierende
Wiedergabe von Suet. *Cal.* 29, 2: „Praetorium
virum ex secessu Anticyrae, quam valitudinis
causa petierat, propagari sibi commeatum
saepius desiderantem cum mandasset interimi
(interemi *ed. Er. 1518*), adiecit necessariam
esse sanguinis missionem, cui tam diu non
prodesset (profuisset *lectio altera marginalis in
ed. Er. 1518*) elleborum (helleborum *ed. Er. 1518
et 1533, ed. Egnat.*)".

111 *Anticyram* Anticyra (Ἀντίκυρα im heutigen Griechenland) war ein Hafenstädtchen
am Golf von Korinth, gegenüber Kirra, dem
Hafen Delphis, gelegen, woraus sich sein
ursprünglicher Name, Ἀντίκιρρα, ableitete;
später wurde Ἀντίκιρρα zu Ἀντίκυρρα, was
zu „Anticyra" latinisiert wurde. Bereits in
der Antike dachte man sich eine alternative
Etymologie aus: Es sollte von „Antikyreos"
oder „Antikyreus" abstammen, einer mythischen Gestalt, die den dem Wahnsinn verfal-
lenen Herakles mit dem Nieswurz (Hellebo-
rus) geheilt haben soll. Das Hafenstädtchen
war in der Antike für den Handel mit schwar-
zem und weissem Nieswurz bekannt, der im
Oite-Gebirge wuchs und in der griechischen
Medizin als Purgativum für Gicht, Wahnsinn
und Epilepsie verwendet wurde (Pausan. X, 3,
1 und X, 36, 5; Ptolemaios, *Geographia* II, 184,
12). Vgl. A. Sideris, „Antikyra: An ancient Pho-
kian City", in: *Emvolimo* 43–44 (2001), S. 110–
125; H. Kramolisch, *DNP* I (1999), Sp. 758, s.v.
„Antikyra", Nr. 1.

112 *prorogari* Dadurch, daß Er. die Lesart „prorogari" wählte, wich er von seiner eigenen Suetonausgabe d.J. 1518 ab, die die Lesart „propagari" aufwies. Er. versah diese Lesart dort
*in margine* mit der Erklärung: „‚Propagari'
commeatum, pro ‚producere' siue ‚proferre'"
(S. 88), ebenso in der Suetonausgabe d.J. 1533
(S. 79).

113 *necessariam ... missionem* Der Aderlass war
ein weiteres Mittel der antiken Medizin zur
Purgation. Er.' Erklärung „Solent ... incisione
vti" bezieht sich darauf.

114–115 *Anticyram nauigabant ... purgatione* Er.
zitiert hier *Adag.* 752 „Nauiget Anticyras"
(*ASD* II, 2, S. 276–278), S. 276: „Πλεύσειν
εἰς Ἀντικύρας, id est *Nauiget Anticyras*. Horatius eleganter nouauit adagii quasi faciem, cum
ait in Sermonibus *Nauiget Anticyras*. Quibus
verbis stoicus insanum significat, quique mentis morbo laboraret essetque sapientis indignus
nomine, cum nemo sapiens nisi sanus"; Hor.
*Serm.* II, 3, 166. Vgl. weiter *Adag.* 751 „Bibe
elleborum" (*ASD* II, 2, S. 274–276), S. 274:
„Quo dicto significat insanire quempiam".

VI, 21                              HOSTIS POPVLI                    (C. Caligula, 8)
                              (= Dublette von VIII, 119)

*Illud e tragoedia subinde iactabat*:

„*Oderint, dum metuant*“.

120 Hanc ne quis miretur, eiusdem vox fuit: „*Vtinam populus Romanus vnicam ceruicem
   haberet!*“. Hanc emisit *infensus turbae fauenti* Venetae aurigarum factioni, quum ipse
   faueret Prasinae.

VI, 22                                PROFVSIO                       (C. Caligula, 9)

   *Luxu prodigioso vtens, vt calidis frigidisque vnguentis lauaretur, preciosissimas marga-*
125 *ritas aceto liquefactas sorberet, conuiuis ex auro panes et obsonia apponeret, nummos non*
   *mediocris summae e fastigio Basilicae Iuliae per aliquot dies spargeret in plebem, liburni-*

---

116 *Hostis populi* Der Titel „hostis populi“ ist
   im Rahmen von Er.' Fürstenspiegel *Inst. princ.*
   *christ.* der übelste, der einem Herrscher zuteil
   werden kann, da dort als seine Hauptauf-
   gabe angegeben wird, unausgesetzt dem Wohl
   des Volkes zu dienen. In dem Fürstenspiegel-
   Apophthegma V, 21 vereint Er. zwei Aussprüche des Caligula, die aus demselben Kapitel
   Suetons (*Cal.* 30) stammen. In Bezug auf den
   ersten ist *Apophth.* VI, 21 das Gegenstück von
   *Adag.* 1862 (*ASD* II, 4, S. 252–253) „Oderint dum metuant“, ein Adagium, das Er. auch
   in seinem Fürstenspiegel hervorhebt; vgl. *Inst.*
   *princ. christ.* (*ASD* IV, 1, S. 173): „Absit procul ab animo principis vox .... Ac multo magis
   illa, quae iam in publicam execrationem abiit:
   ‚Oderint, dum metuant‘“. Den zweiten Ausspruch brachte Er. im achten Buch der *Apo-*
   *phthegmata* versehentlich noch einmal (VIII,
   117), wobei er als Quelle irrtümlich Eutropius
   angab („Eutropius refert“). Es handelte sich
   tatsächlich um Orosius VII, 5 (vgl. *CWE* 38,
   S. 905). Die beiden Aussprüche von VI, 21 fanden sich vereint bereits auch in der Sammlung des Fulgosus VI, 11: „Caligula Imperator, vt alia omni in re, ita verbis quoque sceleratus fuit, persaepe repetens ‚Oderint, dum
   metuant‘. Optabat etiam populum Romanum
   vnam habere ceruicem, vt vno ictu omnes
   interficere simul posset“.
   *Apophth.* VI, 21 stellt eine Dublette von VIII, 119
   dar.

118–121 *Illud ... haberet* Suet. *Cal.* 30, 1–2: „Tragicum illud subinde iactabat: ‚Oderint, dum
   metuant‘ ... Infensus turbae fauenti aduersus studium suum exclamauit: ‚Vtinam Populus Romanus vnam ceruicem haberet!‘ “; *Adag.*
   1862 (*ASD* II, 4, S. 252–253) „Oderint dum
   metuant“, S. 252: *Oderint, dum metuant.*
   Tyrannica vox sumpta e tragoedia et a nemine
   scriptorum non vsurpata, praecipue M. Tullio familiaris; quam etiam in vulgi sermonem
   processisse satis indicat Seneca libro De clementia secundo, scribens *multas voces magnas,*
   *sed detestabiles in vitam humanam peruenisse*
   *celebresque vulgo fieri, vt illam: ‚Oderint, dum*
   *metuant. Cui Graecus‘*, inquit, ‚*versiculus simi-*
   *lis est, qui se mortuo terram misceri ignibus*
   *iubet‘* “; Otto 1277; vgl. weiter Orosius, *Histo-*
   *riae* VII, 5: „Hic, vt breuiter magnitudinem
   crudelitatis eius expromam, exclamasse fertur:
   ‚Vtinam populus Romanus vnam ceruicem
   haberet‘“, zitiert in der Dublette von VI, 21,
   VIII, 119.

118 *e tragoedia* Der Vers stammt aus Tragödie
   *Atreus* des röm. Trauerspieldichters Lucius
   Accius (170–ca. 85 v. Chr.): vgl. Cic. *Sest.* 102;
   *Off.* I, 97; Ribbeck, *TRF*, S. 187; Suet. *Cal.*
   30, 1–2: „*Tragicum* illud“; *ASD* II, 4, S. 252:
   „vox sumpta e *tragoedia*“. Den zitierten Vers
   spricht in der Tragödie Agamemnons Vater
   Atreus. Von Accius' Tragödien haben sich
   nur kurze Fragmente erhalten; von diesen ist
   der hier zitierte Vers wohl der berühmteste.

Vgl. die kritischen, kommentierten Ausgaben der Fragmente von J. Dangel (Hrsg.), *Accius: Œuvres (fragments)*, Paris 1995 und V. D'Antò (Hrsg.), *L. Accio: I frammenti delle tragedie*, Lecce 1980; W.-L. Liebermann, *DNP* 1 (1999), Sp. 50–53, s.v. „Accius, L.".

121 *Hanc emisit* Er. ordnet den Ausspruch richtig den römischen Wagenrennen zu, die im Circus Maximus am Fuß des Palatin stattfanden; der Kaiser fungierte als Ausrichter der Rennen. Manche Kaiser hatten ein ausgeprägtes Interesse an den Wagenrennen, u. a. Caligula, Nero, Vespasian und Domitian. An einem Rennen nahmen vier Gespanne teil; jedes Gespann trug eine der vier Farben: rot, weiss, blau und grün.

121 *Venetae aurigarum factioni* Vgl. Suet. *Vit.* 7, 1: „per communem factionis Venetae fauorem"; 14, 3: „quosdam et de plebe ob id ipsum, quod Venetae factioni clare male dixerant, interemit …". Die *factio Veneta* waren „die Blauen". Er.' Erklärung ist vortrefflich, da aus der Suetonstelle *Cal.* 30, 2 weder hervorgeht, welche Farbe die Leute aus dem Volk, die Caligula nervten, vertraten, noch, welcher Farbe Caligula selbst anhing. Er. bezog sich richtig auf Suet. *Cal.* 55, 2, woraus hervorgeht, daß Caligula ein Fan der ‚Grünen' war. Auch wusste Er. offenbar, daß die Faktion der Grünen in einem besonderen Konkurrenzverhältnis zu den Blauen stand; vgl. A. Cameron, *Circus Factions: Blues and Greens at Rome and Byzantium*, Oxford 1976.

124–128 *vt calidis … Caesarem* Im einleitenden Satzteil stark gekürzte und paraphrasierende, sonst wörtliche Wiedergabe von Suet. *Cal.* 37, 1–2: „Nepotatus (Nepotatus *ed. Ihm, lectio varia in ed. Er. 1518*: Nepotinis *ed. Er. 1518 et 1533, ed. Egnat.*) sumptibus omnium prodigiorum ingenia superauit, commentus nouum balnearum vsum, portentosissima genera ciborum atque cenarum, vt calidis frigidisque vnguentis lauaretur, pretiosissima margarita (pretiosissimas margaritas *ed. Er. 1518 et 1533, ed. Egnat.*) aceto liquefacta (liquefactas *ed. Er. 1518 et 1533, ed. Egnat.*) sorberet, conuiuis ex auro panes et obsonia apponeret, aut frugi hominem esse oportere dictitans aut Caesarem. Quin et nummos non mediocris summae e fastigio basilicae Iuliae per aliquot dies sparsit in plebem. Fabricauit et deceris (de cedris *ed. Er. 1518 et 1533*; *ed. Egnat.*) liburnicas, gemmatis puppibus, versicoloribus velis".

124–125 *preciosissimas … liquefactas* Er. verwendet hier die weiblichen grammatischen Formen wie in seinen Suetonausgaben.

125 *ex auro … apponeret* Der springende Punkt ist, daß Caligula bei den von ihm organisierten

Gastmählern sogar billige und gewöhnliche Speisen, wie Brot und Zuspeisen, in goldenen Schalen auftischen ließ.

126 *Basilicae Iuliae* Die fünfschiffige Basilica Iulia war eine zentrale Markt- und Gerichtshalle (ca. 100 m lang, ca. 50 m breit) am Forum Romanum in Rom, die von Iulius Caesar 54/55 v. Chr. erbaut und von Augustus vollendet worden war; ihr Mittelschiff war dreistöckig, die Seitenschiffe zweistöckig. Diese Markt- und Gerichtshalle war auch als gesellschaftlicher Treffpunkt beliebt. Caligula gebärdete sich durch das Geldgeschenk als Wohltäter. Die Angabe, daß der Kaiser die Münzen ausgerechnet „vom Dach" („e fastigio") der Basilica Iulia herabgeworfen habe, mag bizarr und unverständlich erscheinen. Man muss jedoch die Architektur der Basilica Iulia berücksichtigen: Das Mittelschiff erhebt sich mit einem zusätzlichen Obergeschoss mit Giebeldach über die Seitenschiffe, welche mit einem Flachdach abgeschlossen wurden. Über das Obergeschoss des Mittelschiffes konnte man leicht auf das Flachdach gelangen, welches am Rande von Statuen umsäumt war. Ein derart erhabener Punkt mitten auf dem Forum mag der Kaiser als geeignete Stelle betrachtet haben, sich dem Volk zu zeigen. Zu berücksichtigen ist weiter, daß es einen direkten Verbindungsweg zwischen der Basilica Iulia und dem Kaiserpalast gab, was das Erscheinen des Kaisers vor dem Volk erleichtert haben mag. Für die Basilica Iulia vgl. R. Förtsch, *DNP* 2 (1999), s.v. „Basilica Iulia", Sp. 472; S. Ball Platner und Th. Ashby, *A Topographical Dictionary of Ancient Rome*, Oxford – London 1929, S. 78–80; T. Claridge, A. Cubberley und T. Judith, *Rome: An Oxford Archaeological Guide*, Oxford 1998, S. 89–90.

126–127 *Liburnicas* Die Liburne war der gebräuchlichste Schiffstyp der röm. Kriegsflotte: ein langes (ca. 33 m), nur etwa 5 m breites, relativ niedriges Ruderschiff, meist mit zwei übereinander gelagerten Ruderbänken von je 18 Ruderern an beiden Seiten, versehen mit Zusatzsegeln, sodaß bei günstigem Wind auch gesegelt werden konnte. Der springende Punkt ist, daß es sich dabei um gewöhnliche Nutzschiffe handelte, deren Zweck Caligula durch eine bizarre Luxusausstattung pervertierte: Statt zwei, ließ er zehn Ruderbänke übereinander bauen (wenn die Lesart des *textus receptus*, „deceris", richtig ist), sodaß eine Art schwimmender Wolkenkratzer entstand, der jeden Augenblick umzukippen drohte, während das riesige, turmhohe Heck durch glitzernde, mosaikartige Steineinlagen

*cas* naues *gemmatis puppibus, versicoloribus velis fabricaretur*, subinde *dicebat aut frugi hominem esse oportere aut Caesarem.*

VI, 23                                     IOCVS INSANVS                      (C. Caligula, 10)

130    In auctione *Aponius* quidam, *vir praetorius, dormitans capitis motu nutabat.* Id anim-
       aduertens Caligula *praeconem admonuit, ne* illum *sibi nutantem praeteriret*; *nec* hoc
       monere desiit, donec *ignoranti tredecim gladiatores sestertium nonagies addicerentur.*

VI, 24                                     RAPACITAS                         (C. Caligula, 11)

       *Aleam ludens plus mendacio atque etiam periurio lucrabatur; et* quodam tempore
135    *proximo collusori demandata vice sua progressus in atrium domus, quum praetereuntes
       duos equites Romanos locupletes sine mora corripi confiscarique iussisset, exultabundus* in
       domum *rediit, glorians se nunquam prosperiore alea vsum.*

## CLAVDIVS CAESAR

VI, 25                                     LIBERE                         (Claudius Caesar, 1, i.e.
140                                                                      anonymus Graecus) [12]

*Graeculus* quidam causam agens apud Claudium Caesarem *inter altercandum* per
calorem hanc *vocem* in illum emisit: „καὶ σὺ γέρων εἶ καὶ μωρός", id est, „*Et tu senex*

---

130 Aponius *scripsi sec. Suet. edd. Erasmianas 1518
   et 1533*: Apronius *A-C.*

zu einem wahren Kunstwerk umgestaltet war. Die insgesamt ca. 360 übereinandergeschach-telten Ruderer hatten die größten Schwierig-keiten, einander mit den langen Rudern nicht in die Quere zu kommen. Schillernde, vielfar-bige Segel haben bei einem Kriegsschiff natür-lich ebenfalls keinen Nutzen. Für die Liburne vgl. O. Höckmann, *Antike Seefahrt*, München 1985, S. 110–114; J.S. Morrison und J.F. Coa-tes, *Greek and Roman Warships 399–30 B.C.*, Oxford 1996, S. 171; C.G. Starr, *The Roman Imperial Navy 31 BC–AD 324*, 3. Aufl., Chicago 1993, S. 54; L. Casson, *Ships and Seamanship in the Ancient World*, Princeton 1971, S. 141.

127  *naues* Ein überflüssiger erklärender Zusatz des Er., da der Schiffstypus der „Liburnica" in der latein. Literatur sattsam bekannt ist (z. B. Plin. min. *Epist.* VI, 16, 7; Suet. *Aug.* 17, 3; *Ner.* 34, 2; Tac. *Hist.* V, 23).

129  *Iocus insanus* Lycosthenes betrachtete dies nicht als üblen, verrückten Scherz, wie der Titel des Er. angibt, sondern als Beleg der Habsucht („auaritia", S. 105) des Kaisers, wobei Lycosthenes anscheinend davon aus-ging, daß der Eigentümer der Gladiatoren Caligula selbst war.

130  *Aponius* Es handelt sich um M. Apponius Saturninus, einen reichen Senator, den Cali-gula um viel Geld brachte; vgl. W. Eck, *DNP* 1 (1999), Sp. 907, s.v. „Apponius", Nr. 7; wahr-scheinlich identisch mit dem in Ios. *Ant. Iud.* XIX, 264 genannten Aponius, der nach der Ermordung des Caligula von Soldaten insul-tiert wurde.

130–132  *Aponius vir praetorius … addicerentur* Leicht gekürzte und variierende Wiedergabe von Suet. *Cal.* 38, 4: „Nota res est, Aponio (Aponio *ed. Ihm, textus receptus, ed. Er. 1518 et 1533, ed. Egnat.*) Saturnino (Saturnino *textus receptus, ed. Egnat., Er. 1533*: Saturnio *ed. Er. 1518*) inter subsellia dormitante monitum a Gaio praeconem, ne praetorium virum crebro capitis motu nutantem sibi praeteriret, nec licendi finem factum, quoad tredecim gladiatores sestertium nonagies ignoranti addiceren-tur".

130 *Aponius* Da Er. in seinen beiden Suetonausgaben, sowohl 1518 als auch 1533, „Aponius" druckte und dieses noch zusätzlich durch die Vorlage der Ausgabe Egnazios abgesichert ist, ist diese Lesart vorzuziehen. Bei dem in *A, B* und *C* überlieferten „Apronio" handelt es sich wohl um einen Übertragungsfehler.

132 *sestertium nonagies* 9 Millionen Sesterzen war ein ungeheurer Preis für dreizehn Gladiatoren; der ‚Kauf' bedeutete für Aponius, daß er ruiniert war. Suetonius präsentiert ihn als Beispiel für diejenigen, die, durch Caligula an den Bettelstab gebracht, aus Verzweiflung Selbstmord begingen.

133 *Rapacitas* Lycosthenes konstruierte aus dem Titel, den Er. dem *Apophth.* VI, 24 gab, ein Kapitel („De rapacitate", S. 928–929).

134–137 *Aleam … vsum* Größtenteils wörtliche Wiedergabe von Suet. *Cal.* 41, 2: „Ac ne ex lusu quidem aleae compendium spernens plus mendacio atque etiam periurio lucrabatur. Et quondam proximo collusori demandata vice sua progressus in atrium domus, cum praetereuntis (praetereuntes *ed. Er. 1518 et 1533, ed. Egnat.*) duos equites Romanos locupletis (locupletes *ed. Er., Egnat.*) sine mora corripi confiscarique iussisset, exultans rediit gloriansque numquam se prosperiore alea vsum".

135 *proximo … sua* Die etwas obskur formulierte Stelle ist wie folgt zu verstehen: Caligula unterbrach seine Teilnahme an einem Würfelspiel, indem er seine aktuelle Partie dem neben ihm sitzenden Spieler übergab; sodann verließ er den Raum, in dem gespielt wurde. Im Atrium des Hauses sah er zwei reiche römische Ritter, die er verhaften und deren Vermögen er einziehen ließ. Dann kehrte er an den Spieltisch zurück und übernahm die vom Mitspieler verwaltete Partie wieder. Inzwischen war er aber durch die gewaltsame Konfiszierung reicher geworden. Unter Bezugnahme auf diese Tatsache sagte er im Scherz, er habe nie eine bessere Partie gespielt.

135 *praetereuntes* Wie in Er.' Suetonausgaben von 1518 und 1533.

136 *locupletes* Wie in Er.' Suetonausgaben von 1518 und 1533.

136–137 *in domum redit* Ein etwas irreführender

erklärender Zusatz des Er.; nach römischem Verständnis gehörte das Atrium, der Innenhof, zum Haus (*domus*), d.h., Caligula hatte das Haus nicht verlassen. Sueton meinte mit „rediit" lediglich, daß Caligula an den Spieltisch bzw. ins Spielzimmer zurückkehrte.

**Claudius Caesar**: Tiberius Claudius Caesar Augustus Germanicus (10 v. Chr.–54 n. Chr., reg. 41–54), Sohn des älteren Drusus, des Bruders des Kaisers Tiberius, und der Antonia minor; Onkel des Caligula. Dieser machte ihn nach seinem Regierungsantritt 37 n. Chr. zum Konsul; aufgrund seiner körperlichen Gebrechen galt Claudius lange Zeit als aussichtsloser Anwärter auf das Kaiseramt. Seine Herrschaftszeit war jedoch durchaus erfolgreich: Er erwies sich als fähiger Administrator, gerechter und kundiger Richter, zielstrebiger Organisator eines kaiserlichen Beamtenapparates, fortschrittlicher Bildungspolitiker, Kulturmäzen und eifriger Bauherr; auch in der Außenpolitik konnte er, obwohl er kein Feldherr war, Erfolge verbuchen: Die Eroberung Britanniens bedeutete die erste Gebietserweiterung des Imperium Romanum seit der Zeit des Augustus. Andererseits litt er unter aufständischen und untreuen Ehefrauen, insbesondere seiner dritten Frau Valeria Messalina, und den zahlreichen Intrigen, die am Kaiserhof von seinen einflußreichen Freigelassenen Narcissus, Callistus, Pallas und Polybius gesponnen wurden; Polybius wurde 47 n. Chr. wegen Hochverrates hingerichtet. Messalina verschwor sich gegen ihren Ehemann und wurde ebenfalls hingerichtet (48 n. Chr.). Letztenendes wurde Claudius von seiner vierten Frau, Agrippina d.J., vergiftet, die dadurch ihrem leiblichen Sohn Nero zum Kaiseramt verhalf. Vgl. J. Osgood, *Claudius Caesar. Image and Power in the Early Roman Empire*, Cambridge 2011; B. Levick, *Claudius*, London 1993; A. Momigliano, *Claudius. The Emperor and his Achievement*, 2. Aufl., Cambridge 1961; W. Eck, *DNP* 3 (1997), Sp. 22–26, s.v. „Claudius", Nr. III, 1; A. Gaheis, *RE* III, 2 (1899), Sp. 2778–2839, s.v. „Claudius", Nr. 256; G. Webster, *Rome Against Caratacus. The Roman Campaigns in Britain AD 48–58*, London 2003.

141–142 *Graeculus … μωρός* Suet. *Claud.* 15, 4: „Ac ne cui haec mira sint, litigatori Graeculo vox in altercatione excidit: ‚καὶ σὺ γέρων εἶ καὶ μωρός'".

142–143 *id … stultus* Diese Übersetzung des griech. Ausspruchs gehört nicht zum Originaltext Suetons, sondern geht auf das Konto des Giovanni Battista Egnazio; Egnazio hat sie in

*es et stultus"*. *Vsque eo* summa potestas ob stultitiam et *passim et propalam euiluerat,* vt haec in os dixerit non senator, sed ignotus Graeculus, et dixerit impune.

145    VI, 26                              PATER IVDEX            (Claudius Caesar, 2) [13]

Quum censor *equites recognosceret* et in his reperisset iuuenem *probris* coopertum, *sed quem pater probissimum affirmabat, sine ignominia dimisit*. Id amicis mirantibus „*Habet*", inquit, „*censorem suum*". Autoritatem suam in parentem transtulit.

       VI, 27                              LENITAS PRAVA         (Claudius Caesar, 3) [14]

150    *Alium corruptelis adulteriisque famosum nihil* aliud *quam monuit, vt aut parcius aeta-tulae indulgeret aut certe cautius, addiditque: „Quare enim ego scio, quam habeas ami-cam?"*. O censorem grauem!

       VI, 28                              PECVLATVS DISSIMVLATVS   (Claudius Caesar, 4, i.e.
                                                                   Anonymus) [15]

155    *Narcissum ab epistolis et Pallantem a rationibus* sic adamauit, vt eos *non solum* amplis-simis *praemiis*, verum etiam *quaestoriis praetoriisque ornamentis* decreto senatus *or-nari libenter passus sit;* ad haec, *tantum rapere et acquirere, vt* illi *querenti de fisci exigui-tate* quidam *non absurde dixerit abundaturum* fiscum, *si a duobus libertis in consortium reciperetur*. [C] Hos Plinius fatetur et *Crasso* fuisse *ditiores*.

---

156–157  ornari *A–C* ut in *Suet. ed. Erasmiana 1533*: honorari *Suet. ed. Erasmiana 1518*.

157  querenti *A–C*: quaerenti *Suet. edd. Erasmia-nae 1518 ac 1533, et ed. Egnatiana*.

159  Hos … fuisse ditiores *C: desunt in A B*.

diesem Wortlaut („Et tu senex es, et stultus") in einer separaten Liste seiner Griechischübersetzungen aus Sueton drucken lassen, die er dem Text seiner Suetonedition voranstellte (Venedig, Off. Aldina, 1516). Er. ließ diese Liste im Vorspann zu seiner eigenen Suetonausgabe (Basel, 1518) erneut drucken (fol. ⟨ε 6⟩ʳ⁻ᵛ). In seinen Suetontext selbst hat Egnazio die Übers. jedoch korrekterweise nicht aufgenommen, anders als Er. in seiner Ausgabe d.J. 1518, in die er einfügte „id est, et tu senex et tu stultus es" (ebenso in Er.' Ausgabe d.J. 1533).

143  *Vsque eo … euiluerat  Suet. Claud*. 15, 4: „Propter quae vsque eo euiluit (sc. Claudius), vt passim ac propalam contemptui esset".

146–148  *equites … censorem suum*  Leicht vari-ierende, v.a. wörtliche Wiedergabe von Suet. *Claud*. 16, 1: „Recognitione equitum iuuenem probri plenum (plenum probri *ed. Er. 1518 et*

*1533, ed. Egnat.*), sed quem pater probatissi-mum sibi affirmabat, sine ignominia dimisit, habere dicens censorem suum".

149  *Lenitas praua*  Während Er. den Ausspruch schon durch den Titel „Lenitas praua" nega-tiv beurteilt, bewertet ihn Lycosthenes positiv, indem er ihn der Herrschertugend der *clemen-tia* zuordnet (S. 158; „De clementia").

150–152  *Alium … amicam*  Wörtliche Wieder-gabe von Suet. *Claud*. 16, 1: „Alium corruptelis adulteriisque famosum nihil amplius quam monuit, vt aut parcius aetatulae indulgeret aut certe cautius, addiditque: ‚Quare enim ego scio, quam amicam habeas?' ".

155  *Narcissum*  Narcissus (Tiberius Claudius Narcissus, ?–54 n. Chr.), einer der mächtigen Freigelassenen am Hof des Claudius; führte das Amt *ab epistulis*. Zum Lohn für seine tatkräftige Unterstützung des Kaisers bei der

Verschwörung der Messalina i.J. 48 verlieh ihm Claudius die *ornamenta quaestoria*, eine für einen Freigelassenen bis dahin unerhörte Ehrbezeigung. Nachdem Agrippina Claudius vergiftete, ließ sie auch Narcissus töten. Vgl. W. Eck, *DNP* 8 (2000), Sp. 710–711, s.v. „Narcissus", Nr. 1; A. Stein, *RE* XVI, 2 (1935), Sp. 1701–1705, s.v. „Narcissus", Nr. 1.

155–159 *Narcissum … reciperetur* Suet. *Claud.* 28, 1: „Sed ante omnis (omnes *ed. Er., ed. Egnat.*) Narcissum ab epistulis et Pallantem a rationibus, quos decreto quoque senatus non praemiis modo ingentibus, sed et quaestoriis praetoriisque ornamentis honorari (honorari *ed. Er. 1518*: ornari *ed. Egnat. 1516, ed. Er. 1533*) libens (libenter *ed. Er. 1518 et 1533, ed. Egnat.*) passus est; tantum praeterea adquirere et rapere, vt querente (quaerente *ed. Er. 1518 et 1533, ed. Egnat.*) eo quondam de fisci exiguitate non absurde dictum sit (sit dictum *ed. Er., ed. Egnat.*) abundaturum, si a duobus libertis in consortium reciperetur".

155 *Pallantem* M. Antonius Pallas (?–62 n. Chr.), Freigelassener der Antonia, unter Claudius für die kaiserlichen Finanzen zuständig (*a rationibus*); arrangierte die Heirat von Claudius mit Agrippina d.J.; Pallas scheint ein Verhältnis mit Agrippina gehabt zu haben, auch nach der Heirat mit Claudius; in der Folge half er ihr, Claudius zu beseitigen und Nero auf den Kaiserthron zu bringen. Nero war ihm jedoch nicht günstig gesinnt, sodaß der bis dahin allmächtige Pallas i.J. 55 sein Amt niederlegen musste. Verlor i.J. 62 das Leben, weil Nero es auf seine Reichtümer abgesehen hatte. Vgl. V. Nutton, *DNP* 1 (1996), Sp. 814–815, s.v. „Antonius", Nr. II, 10; P. v. Rohden, *RE* I, 2 (1894), Sp. 2634–2635, s.v. „Antonius", Nr. 84.

156 *quaestoriis … ornamentis* Dies bezieht sich auf Narcissus, dem Claudius i.J. 48 die *ornamenta quaestoria* verlieh; vgl. dazu A. Stein, *RE* XVI, 2 (1935), Sp. 1703.

156 *praetoriisque ornamentis* Dies bezieht sich auf Pallas: Der Senat bewilligte ihm im Januar 52 n. Chr. die *ornamenta praetoria* (Suet. *Claud.* 28).

156–157 *ornari* Hier hat Er. seine Suetonausgabe des Jahres 1518 korrigiert, indem er die Lesart „ornari" aus der Ausgabe des Egnatius übernahm (statt „honorari"); dementsprechend druckte Er. in seiner zweiten Suetonausgabe von 1533 „ornari".

157 *libenter* Wie in Er.' (1518) und Egnatius' (1516) Suetonausgaben.

157 *querenti* Dadurch, daß Er. „querenti" schrieb, könnte er versucht haben, seine eigene Suetonausgabe d.J. 1518 („quaerenti") zu verbessern; wenn dem so war, so fand das jedenfalls keinen Eingang in die zweite Suetonausgabe von 1533. Es könnte sich aber bei „querenti" auch um eine Verschreibung für „quaerenti" handeln. In diesem Fall müsste man im Text von *Apophth.* VI, 28 „quaerenti" drucken. Lycosthenes schrieb in seiner Ausgabe von *Apophth.* VI, 28 „quaerenti" (S. 844).

158–159 *abundaturum fiscum … ditiores* Die Freigelassenen am Hof des Claudius, besd. Narcissus und Pallas, zählten zu den reichsten Männern der Antike. Vgl. den Katalog bei Plin. *Nat.* XXXIII, 134; nach Cass. Dio besaß Narcissus ein Vermögen von 400 Millionen Sesterzen; Iuv. 14, 329 spricht von den sagenhaften „diuitiae Narcissi" (vgl. Stein, *RE* XVI, 2 (1935), Sp. 1704): Im Vergleich dazu besaß Crassus „Dives" nur die Hälfte, etwa 200 Millionen (vgl. Plut. *Crass.* 2).

159 *Hos … ditiores* Er. hat das Plinius-Zitat in der dritten Ausgabe d.J. 1535 hinzugefügt.

159 *Plinius* Plin. *Nat.* XXXIII, 134: Plinius teilt dort mit, daß die drei Freigelassenen am Hofe des Claudius, Callistus, Pallas und Narcissus, reicher gewesen seien als die reichsten Römer bis zu dieser Zeit.

159 *Crasso* Zu M. Licinius Crassus (115–53 v. Chr.), der wegen seines sprichwörtlichen Reichtums den Beinamen „Dives" trug, vgl. oben Komm. zu V, 457.

159 *Crasso … ditiores Adag.* 574 (*ASD* II, 2, S. 80–81): „Croeso, Crasso ditior": „Apud Graecos opulentia Croesi, Lydorum regis, in prouerbium abiit praesertim nobilitata dicto Solonis. Apud Romanos item M. Crassi, cui cognomentum etiam diuitis additum est. Hic *negabat diuitem esse, nisi qui reditu annuo legionem tueri posset. In agris suis sestertium vicies mille possedit.* Commemorantur et alii nonnulli apud Plinium libro tricesimotertio, capite decimo et item tertio, qui immodicas opes possederunt atque in his est Aristoteles, sanctus ille philosophus ac nostratium theologorum pene deus, cuius haeredes in auctione septuaginta patinas venum produxisse leguntur".

160   VI, 29              [*A*] Infamia non deletvr      (Claudius Caesar, 5) [16]

*Quum cuidam notam appositam* deprecantibus *familiaribus* ademisset, „Litura tamen", *inquit*, „extat", sentiens etiam remissa culpa manere tamen infamiae prioris
vestigium; alludens ad scripturam, quae licet spongia deleatur aut graphio radatur,
relinquitur tamen liturae rasuraeque vestigium.

165   VI, 30                   Ebrietas loqvax          (Claudius Caesar, 6) [17]

Hic *temulentus* aliquando dixit *sibi fatale* esse, *vt coniugum flagitia ferret, deinde
puniret*. Ea *vox* terrorem non mediocrem *iniecit* Agrippinae.


SEXTVS [i.e. CLAVDIVS] NERO

VI, 31                        Iocvs ex nomine               (Sextus Nero, 1, i.e.
170                                                          L. Licinius Crassus])

*In Cn. Domitium* Sexti [i.e. Claudii] Neronis *atauum*, cui cognomen fuit Aenobarbo,
L. *Crassus orator dicebat non esse mirandum, quod aeneam haberet barbam, cui os
ferreum, cor plumbeum esset, os ferreum* obiiciens propter summam impudentiam, cor

---

168  Sextus Nero *A-C*: Domitius Nero *BAS LB*,
     Nero Claudius Caesar *Suet. edd. Erasmianae
     1518 ac 1533, ed. Egnatiana.*
171  Sexti *A-C*: *del. BAS LB. scribendum erat*
     Claudii.

172  L. *A-C*: Lucius *BAS LB*, Licinius *Suet. edd.
     Erasmianae 1518 et 1533, ed. Egnatiana Suet.
     textus recept.*

Auch bei *Apophth.* VI, 29 geht es – wie schon
bei VI, 27 und 28 – um Claudius' Auftreten als Censor. Claudius hatte als Censor in
der Censusliste bei dem betreffenden Namen
bereits einen rügenden Vermerk hinzugesetzt.
Auf Fürbitte von dessen Familienmitgliedern
strich Claudius den Vermerk jedoch wieder.
161–162  *Quum cuidam notam … extat*  Im ein-
     leitenden Teil variierende, im Spruchteil wört-
     liche Wiedergabe von Suet. *Claud.* 16, 1: „Et
     cum orantibus familiaribus dempsisset cui-
     dam appositam notam: ‚Litura tamen', inquit,
     ‚extet'".
166–167  *temulentus … puniret*  Variierende, je-
     doch auch wörtliche Wiedergabe von Tac.
     *Ann.* XII, 64, 2: „Sed in praecipuo pauore
     Agrippina vocem Claudii, quam temulentus
     iecerat, fatale sibi, vt coniugum flagitia ferret,
     dein puniret …".

167  *Agrippinae*  Iulia Agrippina (minor) (15/
     16–59 n. Chr.), Frau des Kaisers Claudius,
     Schwester des Kaisers Caligula, Mutter des
     Kaisers Nero. Vgl. W. Eck, *DNP* I (1996),
     Sp. 297–298, s.v. „Agrippina", Nr. 3; J. Hase-
     broeck, *RE* X, 1 (1918), Sp. 909–915, s.v.
     „Iulius", Nr. 556.
168  *SEXTVS NERO*  Im Abschnitt VI, 31–62
     findet sich die fehlerhafte Namensform „Sex-
     tus Nero", die zweifellos auf Er. selbst zurück-
     geht, da sie nicht nur in der Überschrift, son-
     dern auch immer wieder im Text einzelner
     *Apophthegmata* aufscheint. Auch im Index per-
     sonarum findet sich die falsche Namensform
     „Sextus Nero", in *B* (1532) wohlgemerkt s.v.
     „Sextus". Daß Er. diese falsche Namensform
     verwendet, ist insofern merkwürdig, als sie
     nicht zum Erscheinungsbild (Buchüberschrif-
     ten, Kapitelregister) der gedruckten Sueton-
     texte gehört. Sie ist weder in Giannantonio

Campanos Erstausgabe (Rom, 1470), noch in Er.' Vorlage, der Ausgabe des Giovanni Battista Egnazio d.J. 1516, noch in Er.' eigenen Suetonausgaben von 1518 und 1533 vorhanden; in der Buchüberschrift seiner Suetonausgaben gibt Er., der Textüberlieferung der Kaiserbiographien entsprechend, als Neros *nomen gentile* jeweils richtig „Claudius" an: „C. SVETONII TRANQVIL⟨LI⟩ NERO CLAVDIVS CAESAR"; ebenso lautete die Buchüberschrift in Giovanni Battista Egnazios Ausgabe d.J. 1516. In *Adag.* 1160 (*ASD* II, 3, S. 174) bezeichnet Er. den Kaiser als „Nero Caesar", mit dem Hinweis auf „autore Suetonio", in *Adag.* 3326 (*ASD* II, 7, S. 196) als „Domitius Nero", wobei er die Namensform aus Plin. *Nat.* IV, 4, 10 übernahm; ebenso „Domitius Nero" in *Apophth.* VIII, 120 nach der Quelle Ps. Aur. Vict. *Epitome de Caesaribus* V, 2. CWE 38, S. 606 erklärt den Fehler damit, daß sich Er. verlesen hätte: Er hätte „Suetonii … liber sextus. Nero" als „Suetonii … liber, Sextus Nero" gelesen. Man muss jedoch die Tatsache berücksichtigen, daß Er.' Vorlagen für seine Suetonausgabe diese Überschrift nicht aufwiesen, sowie daß Er. in seinen eigenen Suetonausgaben (1518 und 1533) „Nero Claudius Caesar" druckte, nicht „Sextus Nero". *BAS* korrigierte das fehlerhafte „Sextus Nero" zu „Domitius Nero", was *LB* übernahm. Die Korrektur ist jedoch abzulehnen, da Domitius nicht zu Neros Kaisernamen gehörte („Nero Claudius Caesar Augustus Germanicus"). Die fehlerhafte Namensform „Sextus Nero" hat sich auch in der Mehrzahl der späteren *Apophthegmata*-Ausgaben durchgesetzt. Kurioserweise hat sie auch Lycosthenes kritiklos übernommen (u.a. S. 88: „Sextus Nero a mathematicis audierat …").

168  *SEXTVS … NERO* Kaiser **Nero** (Lucius Domitius Ahenobarbus, 37–68 n. Chr.; reg. als Nero Claudius Caesar Augustus Germanicus 54–68). W. Eck, *DNP* 8 (2000), Sp. 850–854, s.v. „Nero", Nr. 1. Nero zählt für Er. zu den verwerflichsten Herrschern, die es je gab; cf. *Adag.* 201 (*ASD* II, 1, S. 306); 2601 (*ASD* II, 6, S. 401); 3326 (*ASD* II, 7, S. 196). Er. schreibt Nero auch Gräueltaten zu, die er nicht begangen hat, wie etwa den Mord an seinem Adoptivvater Claudius, bzw. die ihm gerüchteweise angelastet wurden, wie den Großbrand Roms i.J. 64; vgl. *Adag.* 280 (*ASD* II, 1, S. 384): „alludens (sc. Nero) ad vrbis incendium, quod paulo post effecit"; als Adagia-Spender vgl. *Adag.* 280, ebd., „Me mortuo terra misceatur incen-

dio". Weiter fungiert er als Apophthegmata-Spender in *Apophth.* VI, 424; in VIII, 120 thematisiert Er. das sog. „Quinquennium Neronis".

171  *Cn. Domitium*  **Cn. Domitius Ahenobarbus** Cn. fil. Cn. nep. (gest. vor 89 v. Chr.), Volkstribun 103/4, Konsul 96, Censor 92. Vgl. Münzer, *RE* V, 1 (1903), Sp. 1324–1327, s.v. „Domitius", Nr. 21; K.-L. Elvers, *DNP* 3 (1997/9), Sp. 752, s.v. „Domitius", Nr. I, 4. Nicht identifiziert in *CWE* 38, S. 606.

171  *Cn. Domitium … atauum* Suet. *Ner.* 2, 1.

172  *L. Crassus*  Im hier zitierten Text Suetons, auch in Er.' eigenen Ausgaben (1518 und 1533), steht „Licinius Crassus". Wenn die Lesart „L. Crassus" (= „Lucius Crassus") von Er. so beabsichtigt war, dann müßte er das *nomen gentile* durch den Vornamen ersetzt haben, der im Suetontext fehlte. Dies ist jedoch fraglich. Es könnte sich auch um einen Textübertragungsfehler handeln.

172  *L. Crassus*  Für den bedeutenden röm. Redner **Lucius Licinius Crassus** (140–91 v. Chr.) vgl. Komm. unten zu VI, 326. Licinius Crassus bekleidete i.J. 92 gemeinsam mit Cn. Domitius Ahenobarbus das Zensoramt, jedoch mochten sich die Amtskollegen nicht leiden (Plin. *Nat.* XXVII, 2–4). Er. widmete Licinius Crassus im sechsten Buch die Sprüche VI, 202–203 und 326–332.

172–173  *Crassus … plumbeum esset* Wörtliche Wiedergabe von Suet. *Ner.* 2, 2: „In hunc dixit Licinius Crassus orator non esse mirandum, quod aeneam barbam haberet, cui os ferreum, cor plumbeum esset (cui … esset *ed. Ihm, Suet. text. receptus, ed. Egnat.*: cui esset os ferreum, cor plumbeum *ed. Er. 1518 et 1533*)".

173–174  *os ferreum … stuporem* Er. gibt hier eine eigenständige Interpretation des Spruches, die nicht ganz mit Suetons Darstellung übereinstimmt. Sueton hat in seiner Beschreibung des Charakters des Domitier (*Ner.* 1–5) deren Grausamkeit, Gewalttätigkeit, Rücksichtslosigkeit, Rüpelhaftigkeit, Überheblichkeit und Arroganz hervorgehoben. Zweifellos bezog Sueton „cor plumbeum" auf deren Grausamkeit und Rücksichtslosigkeit und „os ferreum" auf deren Überheblichkeit und Arroganz. Das „Herz von Blei" bedeutet also nicht „Dummheit" („ingenii stupor") – wie Er. meint, sondern Grausamkeit und Gewalttätigkeit, das „Gesicht von Eisen" zuvorderst Überheblichkeit, Arroganz und Rüpelhaftigkeit, was zwar mit dem Begriff der „Unverschämtheit" verwandt, jedoch nicht identisch

plumbeum ob ingenii stuporem. Quidam *illum pro Nerone Aenobarbum appellarunt,*
175  atque hoc erat vnum e duobus conuitiis, quae indignissime tulit; alterum erat, *quod*
*increpitus esset malus citharoedus.*

VI, 32                          CLEMENTER          (Sextus [i.e. Claudius] Nero, 2)

*Quum ex more cuiusdam capite damnati* causae *subscripturus* esset Sextus [i.e. Clau-
dius] Nero, „Vtinam", inquit, „*literas nescirem*". Vox parsimoniam humani sanguinis
180  promittens, si ex animo prodisset. [*C*] Seneca libro De clementia secundo refert
fuisse *Burrum,* cohortium *praefectum,* qui, quum esset *animaduersurus in duos ⟨latro-*
*nes⟩,* petiit, vt Nero subscriberet. Qui quum contaretur et recrastinaret, Burrus
*instans protulit chartam*; tum Nero „*Vellem*", inquit, „*nescire literas*". At haec indoles clementiam pollicens in prodigiosam crudelitatem euasit.

---

178  Sextus *A–C*: Domitius *BAS LB scribendum*          180–184  Seneca … euasit *C*: *desunt in A B.*
erat Claudius.                                          181–182  latrones *supplevi sec. Sen. locum citatum.*

ist. Ähnlich schrieb Cicero in seiner Invek-
tive (§ 26) Piso ein „ferreum os" zu, was in *DNG* II,
Sp. 3451, s.v. „os" als „dreiste Stirn" aufgefasst
wird.
174  *Quidam … appellarunt*  Hinter den nicht
namentlich genannten „gewissen Leuten"
(„quidam") des Er. verbergen sich Neros Halbbruder Britannicus und Gaius Iulius Vindex, der Statthalter Galliens. Britannicus soll
seinen Halbbruder einmal unversehens mit
„Ahenobarbus" begrüßt haben, was ihm dieser angeblich so verübelte, daß er sich rächte
(Suet. *Ner.* 7, 1). Nach der Adoption durch
Kaiser Claudius (am 25. 2. d.J. 50), hieß Nero
offiziell nicht mehr „Lucius Domitius Ahenobarbus", sondern „Nero Claudius Caesar".
Weiter beleidigte der aufständische Statthalter
Galliens, Gaius Iulius Vindex, Nero einerseits,
indem er ihn „Ahenobarbus" nannte, andererseits dadurch, daß er ihn als schlechten Kitharöden bezeichnete (Suet. *Ner.* 41, 1).
174  *illum … appellarunt*  Suet. *Ner.* 7, 1: „Namque Britannicum fratrem, quod se post adop-
tionem Ahenobarbum ex consuetudine salutasset, vt subditiuum apud patrem arguere
conatus est …".
175–176  *hoc erat … citharoedus*  Suet. *Ner.* 41, 1:
„Nihil autem aeque doluit, quam vt malum
se citharoedum increpitum ac pro Nerone
Ahenobarbum appellatum". Vgl. *Adag.* 633
(II, 2, S. 160): „Idem (sc. Nero) nullo conuicio
magis offensus est quam quod quidam illum
malum citharoedum appellasset".

*Apophth*. VI, 32 bezieht sich auf die ersten fünf
Regierungsjahre Neros, das sog. Quinquennium Neronis, in dem sich der junge Prin-
zeps, unter dem Einfluss von Seneca, nachhal-
tig mittels der Herrschertugend der *clementia*
präsentierte. Nicht zufällig hat Seneca das in
diesem *Apophthegma* demonstrierte Verhalten
in seinem Fürstenspiegel, den er für Nero 55 n.
Chr. verfasste, *De clementia*, gepriesen (*Clem.*
II, 1, 2). Wie die Vermeldung in *De clemen-*
*tia* zeigt, datiert das *Apophthegma* auf die Zeit
zwischen 51 und 54 n. Chr.; Lycosthenes ordnet, dem Titel des Er. entsprechend, das Apophthegma dem Kapitel „De clementia" zu (S.
158–159).
178–179  *Quum ex … nescirem*  Leicht paraphrasierende, zum Teil wörtliche, jedoch durch
einen Verständnisfehler entstellte Wiedergabe
von Suet. *Ner.* 10, 2: „Et cum de supplicio cuiusdam capite damnati vt ex more subscriberet,
admoneretur: ‚Quam vellem', inquit, ‚nescire
litteras' ".
178  *causae*  Dadurch, daß Er. Suetons „supplicio" durch „causae" ersetzte, trübte er den
Sinn des Lemmas. Gemeint war bei Sueton,
daß Nero ein fertiges Todesurteil vorgelegt
wurde, welches er als Princeps unterzeichnen
(„subscribere"), d.h. bestätigen, sollte; „causae subscribere" bedeutet jedoch entweder,
eine Anklageschrift einbringen, d.h. als Kläger in einem Prozeß auftreten, oder sich einer
Anklage anschließen, d.h. in dem betreffenden Prozeß als Mitankläger auftreten; vgl.

*DNG* II, Sp. 4557, s.v. „subscribere", I, B, 3, a
und b: „vom Kläger oder Mitkläger, die ihre
Namen unter die Anklageschrift setzen"; a.
vom Kläger, „unterschreiben = förmlich kla-
gen, eine Klage einreichen", b. vom Mitkläger „sich mit unterschreiben = Mitkläger sein".
Diese Bedeutung von „subscribere" hat ihre
Berechtigung unten, in Bezug auf die von
Er. angeführte Stelle aus Senecas *De clementia*. Möglicherweise hat die Parallelstelle aus
Sen. *Clem.* II, 1, 2 zu dem Mißverständnis
geführt.

181 *Burrum* **Sextus Afranius Burrus** (ca. 1–62
n. Chr.), aus dem Ritterstand, geb. in Vaison
la Romaine (Vasio) in der Provinz Gallia Narbonensis; zunächst Militärtribun, dann kaiserl. Vermögensverwalter; bekleidete das Amt
des Präfekten der Prätorianergarde unter den
Kaisern Claudius und Nero (51–62). Seine
Ernennung zum Prätorianerpräfekten hatte er
Agrippina d.J. zu verdanken; Burrus war seitdem die wichtigste Stütze ihrer politischen
Machenschaften, nicht zuletzt bei der Beseitigung des Claudius und der Erhebung Neros
zum Kaiser i.J. 54. Burrus war einer der Architekten der sog. Quinquennium Neronis, der
fünf ‚guten Jahre' von Neros Regierungsperiode. Im März 59 lehnte er die Beteiligung
der Prätorianer bei der von Nero angeordne-
ten Ermordung Agrippinas ab und verlor seitdem seinen politischen Einfluss. I.J. 62 widersetzte er sich erfolglos der Verstoßung, Verurteilung, Verbannung und Ermordung Octavias. Noch im selben Jahr verlor er sein Leben,
wobei unklar ist, ob durch Kehlkopfkrebs oder
durch einen von Nero in Auftrag gegebenen
Giftmord. Vgl. W. Eck, *DNP* 1 (1996), Sp.
215, s.v. „Afranius", Nr. 3; P. v. Rhoden, *RE*
I, 1 (1893), Sp. 712–713, s.v. „Afranius", Nr.
8.

181 *cohortium* Ein erklärender Zusatz des Er.,
der gleichwohl unbestimmt ist. Burrus war
nicht der Präfekt von irgendwelchen Kohorten, sondern der kaiserlichen Leibwache, d.h.
der Prätorianer. Augustus bestimmte, daß sich
die Prätorianer aus neun Kohorten zu 500
Mann zusammensetzen sollten; 6 Kohorten
wurden außerhalb der Stadtmauern unterge-
bracht, 3 in der Stadt, jedoch an mehreren verschiedenen Stellen. Tiberius zog die 9 Kohorten in ein großes Militärlager zusammen, daß
er am Stadtrand Roms errichten ließ; für die
Prätorianergarde vgl. S. Bingham, *The Praeto-
rian Guard*, London 2013; M. Jallet – Huant,
*La garde prétorienne dans la Rome antique*,
Charenton – le-Pont 2004; R. Pogorzelski, *Die
Prätorianer – Folterknechte oder Elitetruppe?*,
Mainz 2014.

181–183 *praefectum … literas* Paraphrasierende,
teilweise verkürzte Wiedergabe von Sen. *Clem.*
II, 1, 2: „Animaduersurus in latrones duos Burrus praefectus tuus, vir egregius et tibi principi natus, exigebat a te, scriberes, in quos
et ex qua causa animaduerti velles; hoc saepe
dilatum vt aliquando fieret, instabat. Inuitus inuito cum cartam protulisset traderetque,
exclamasti: ‚Vellem litteras nescirem' ". Durch
einen Textübertragungsfehler (Auslassung von
„latrones") und durch einseitige Wiedergabe
der Rolle des Burrus trübte Er. den Sinn der
Stelle. Bei Er. hat es den Anschein, als wäre
Burrus der unerbittliche Antreiber des Prozesses, während bei Sueton klar zum Ausdruck
gebracht wird, daß Burrus selbst „inuitus"
handelte.

181–182 *in duos ⟨latrones⟩* An dieser Stelle fehlt
im lateinischen Text offensichtlich ein Wort;
aus dem Suetontext, den Er. zitierte, ist „latrones" zu ergänzen, entweder nach oder vor
„duos".

185    VI, 33                                          (Sextus Nero, 3, i.e. Anonymus)

*[A] Puerum Sporum exectis testibus in muliebrem naturam transfigurare conatus est.*
Addita *dos*, additum *flammeum*, addita *celeberrima nuptiarum solennitas.* Quid multis? Palam *pro vxore habuit.* Hinc fertur *cuiusdam non inscitus iocus, bene agi potuisse*
*cum rebus humanis, si Domitius* Neronis *pater talem habuisset vxorem,* sentiens exi-
190   tio totius orbis natum Neronem. Is nunquam fuisset natus, si pater Spori similem
habuisset vice coniugis.


       VI, 34                         Rapacitas        (Sextus [i.e. Claudius] Nero, 4)

Nunquam cuiquam *officium delegauit,* nisi haec *adiiceret „Scis, quibus mihi est opus",*
et *„Hoc agamus, ne quis quid habeat".* Vox praedone quam principe dignior.


195   VI, 35                         Crvdeliter       (Sextus [i.e. Claudius] Nero, 5)

*Quodam in* colloquio proferente Graecum versiculum

       „ἐμοῦ θανόντος γαῖα μιχθήτω πυρί", id est,

       *„Me mortuo terra misceatur incendio"*

subiecit, *„imo",* „ἐμοῦ καὶ ζῶντος", id est, *„me* etiam *viuo".* Quibus portentis aliquando
200   committitur respublica!

---

197 μιχθήτω *A Suet. ed. Erasmiana 1533 (ut plures*
*Suet. edd. vett.) LB:* μιχθείτο *B C BAS,* μιχθύτο
*Suet. ed. Erasmiana 1518, ed. Egnatiana,* μει-
χθήτο *Suet. edd. recentiores.*

199 καὶ *A-C: deest in Suet. edd. Erasmianis 1518 et*
*1533.*

186–189 *Puerum … vxorem* Weitgehend wörtliche, leicht variierende Wiedergabe von Suet.
*Ner.* 28, 2: „Puerum Sporum exectis (ex sec-
tis *ed. Egnat.*) testibus etiam in muliebrem
naturam transfigurare conatus (conatus *ed.*
*Ihm:* conatus est *ed. Er. 1518 et 1533, ed. Egnat.*),
cum dote et flammeo per sollemni⟨a⟩ (persol-
enni *ed. Er. 1518, ed. Egnat.:* per solenne *ed.*
*Er. 1533)* nuptiarum celeberrimo officio deduc-
tum ad se pro vxore habuit; extatque cuiusdam
non inscitus iocus, bene agi potuisse cum rebus
humanis, si Domitius pater talem habuisset
vxorem".

186 *Sporum* Sporus (Nero Claudius Sporus,
ca. 49/51–69 n. Chr.), Freigelassener und Lust-
knabe Neros; Sporus sah der i.J. 65 verstorbenen zweiten Ehefrau Neros, Poppaea Sabina,
aufs Haar ähnlich. Nero ließ den damals erst

14–16 Jahre alten Knaben kastrieren und verwendete ihn fortan in seinem sexuellen Leben
als Surrogat für Poppaea. Im Zuge der Grie-
chenlandreise d.J. 66–68, auf die Nero den
Sporus mitnahm, organisierte er sogar eine
zeremonielle Eheschließung, nahm den Kas-
traten zur Ehegattin und gab ihm den Namen
seiner verstorbenen Frau, „Sabina" (Cass. Dio
62, 28, 2–3; 63, 12–13; Suet. *Ner.* 28–29). Als
Vitellius die Macht ergriff, beging Sporus-
Sabina Selbstmord. Vgl. W. Eck, *DNP* 11
(2001), Sp. 857; A. Stein, *RE* III, A2 (1960) Sp.
1886–1887, beide s.v. „Sporus".

186 *conatus est* „conatus est" statt „conatus", wie
in den Suetonausgaben des Er.

187 *flammeum* Durch die Regelung der Mitgift und die traditionelle Tracht der röm.
Braut wird angegeben, daß es um eine offizi-

elle Hochzeitszeremonie nach röm. Ritus ging. Das *flammeum* ist der römische Brautschleier. Der Ritus sah den folgenden Ablauf der Hochzeit vor: Am Tag der Heirat wurde eine Eingeweideschau abgehalten; waren die Vorzeichen günstig, konnte die Heirat stattfinden. In Anwesenheit des Brautpaares wurde zuerst der Ehevertrag verlesen, der die Regelung der Mitgift (*dos*) enthielt. Die Braut trug eine weisse *tunica*, eine gelbrote Stola (*palla*) und den gelben Brautschleier (*flammeum*). Eine ältere, in erster Ehe sich befindende Frau nahm dem Hochzeitspaar das Heiratsgelübde ab. Während sich die Ehepartner die Hände reichten, sagte die Frau zeremoniell: „Vbi tu Gaius ego (tibi) Gaia". Vgl. I. König, *Vita romana*, Darmstadt 2004, S. 29–42. Eine offizielle Eheschließung mit einem Lustknaben nach römischem Ritus war natürlich ein Skandal ersten Ranges. Nero trieb seine Verspottung der offiziellen römischen Lebensordnung noch weiter: Ebenfalls in einer offiziellen Ehezeremonie trat er als Frau auf, die einen anderen seiner Lustknaben und Freigelassenen zum Ehe*mann* nahm. Bei dieser Zeremonie war es Nero, der den Brautschleier, das *flammeum*, trug. Nach Cass. Dio (LXII, 28; LXIII, 12.–13) hieß der glückliche Ehemann Neros Pythagoras, nach Suet. *Ner.* 29 Doryphorus.

189 *Neronis* Ein erklärender Zusatz des Er.

189–191 *sentiens ... coniugis* Eine überflüssige Erklärung des Er., die den Effekt des Witzes zunichtemacht.

192 *Rapacitas* Lycosthenes bringt das Apophthegma, Er.' Titel entsprechend, in der Kategorie „De rapacitate" unter (S. 928).

193–194 *officium ... habeat* Wörtliche Wiedergabe von Suet. *Ner.* 32, 4: „Nulli delegauit officium, vt non adiceret (adiiceret *ed. Er., ed. Egnat.*): ‚Scis, quid mihi opus sit', et: ‚Hoc agamus, ne quis quicquam habeat'".

*Apophth.* VI, 35 bezieht sich auf den kurz bevorstehenden Brand Roms vom 19. 7. 64, den Nero gelegt haben soll, und ist ein Gegenstück zu *Adag.* 280 „Me mortuo terra misceatur incendio" (*ASD* II, 1, S: 384). Für die Schuldzuweisung des Brandes an Nero vgl. auch Tac. *Ann.* XV, 38 ff.; Cass. Dio LXII, 16 ff.; Plin. *Nat.* XXVII, 5.

196–199 *Quodam in ... ζῶντος* Suet. *Ner.* 38, 1: „Dicente quodam in sermone communi: ‚ἐμοῦ θανόντος γαῖα μειχθήτω (μιχθύτο *ed. Er. 1518 et 1533, ed. Egnat.*) πυρὶ, ‚immo', inquit, ἐμοῦ (καὶ *deest in ed. Er. et Egnat.*) ζῶντος', planeque ita fecit"; vgl. Er. *Adag.* 280 „Me mortuo terra misceatur incendio" (*ASD* II, 1, S. 384): „Extat Graecus senarius παροιμιώδης apud Suetonium Tranquillum in vita Neronis: Ἐμοῦ θανόντος γαῖα μιχτήθω πυρί, id est ‚Me mortuo conflagret humus incendiis'. Quod cum a quodam sermone communi diceretur, Nero respondens ‚Imo', inquit, ‚ἐμοῦ ζῶντος', id est ‚Me viuo', alludens ad vrbis incendium, quod paulo post effecit".

197 *ἐμοῦ ... πυρί* Sc. fr. trag. adespota 513, 1; *Nauck*, fr. 513 (*TrGF* II, S. 145): „ἐμοῦ θανόντος γαῖα μιχθήτω πυρὶ"; vgl. Sen. *Clem.* II, 2, 2: „Graecus versus ..., qui se mortuo terram misceri ignibus iubet". Der Autor der griech. Tragödie, aus der das Fragment stammt, ist unbekannt.

197 *ἐμοῦ ... πυρί* In *Adag.* 280 (*ASD* II, 1, S. 384) erklärte Er. den griech. „sprichwörtlichen" Vers wie folgt: „Quin eadem sententia hodieque vulgo durat inter mortales: ‚Mihi', inquiunt, ‚morienti mundus vniuersus moritur'. Qua significant nihil sua referre, quid posteris accidat vel boni vel mali, cum ipsi tollantur e vita nequaquam sensuri".

198 *Me ... incendio* Die Übersetzung des griech. Verses stammt nicht aus Sueton, sondern geht auf das Konto des Er.; dieser hatte den Vers bereits zuvor übersetzt, für *Adag.* 280 (*ASD* II, 1, S: 384) „Me mortuo terra misceatur incendio". Die Übersetzung in *Apophth.* VI, 35 stimmt mit dem Titel des Adagiums wörtlich überein. Bei dieser Übersetzung hat sich Er. von Senecas lateinischer Übertragung anregen lassen (*Clem.* II, 2, 2). Allerdings übersetzte Er. im Fließtext desselben Adagiums den Vers ein zweites Mal, diesmal mit „Me mortuo conflagret humus incendiis". Egnatius hatte den Vers in den „Graeca in Latinum versa" mit „Me mortuo terra igne pessum eat" übertragen.

199 *καὶ* Er. hat hier den Text im Vergleich zu seinen eigenen Suetonausgaben von 1518 und 1533 um καὶ erweitert.

VI, 36                          Licentia principis              (Sextus [i.e. Claudius]
                                                                             Nero, 6)

Quum nihil flagitiorum sibi non permitteret, *elatus tanto* rerum *successu* dicebat
neminem *principum* ante ipsum *scisse, quid sibi liceret*. Verum qui hoc dixit, sensit
205  tandem, quid vicissim liceat populo in malum principem.

VI, 37                                                          (Sextus [i.e. Claudius] Nero, 7)

Quum *incendisset Vrbem*, spectabat dicens se *flammae pulchritudine* delectari atque
interim suam canebat *Halosin* ⟨*Ilii*⟩, hoc est, „Troianae vrbis excidium“, quod
descripserat.

210  VI, 38                          Libere                     (Sextus Nero, 8, i.e. Isidorus
                                                                             Cynicus)

*Isidorus Cynicus transeuntem in publico clara voce corripuit, quod Naupli mala bene
cantaret, sua bona male disponeret.* Naupl⟨i⟩us erat Palamedis pater, qui filii praeter
meritum damnati necem magno Graecorum exitio est vltus. Solebat autem Nero
215  tragoedias cantare.

---

208  Halosin Ilii *scripsi coll. Suet. loco cit.*: ἅλωσιν
     Ilii *Suet. ed. Erasmiana 1533*, ἅλωσιν illi *Suet. ed.
     Erasmiana 1518*, Ilii *om. A-C.*

212  Naupli *A-C ut in Suet. edd. Erasmianis 1518 et
     1533*: Nauplii *LB.*
213  Nauplius *corr. LB*: Nauplus *A-C.*
214  Solebat *LB*: Solet *A-C.*

203–204  *permitteret … liceret*  Weitgehend
     wörtliche, leicht variierende Wiedergabe von
     Suet. *Ner.* 37, 3: „Elatus inflatusque tantis
     velut successibus negauit quemquam princi-
     pum scisse, quid sibi liceret …“.
*Apophth*. VI, 37 datiert auf d.J. 64; in den Basel-
     drucken ist kein eigener Titel überliefert. Viel-
     leicht war eine Weiterführung des Titels des
     vorhergehenden Lemmas, „Licentia princi-
     pis“, vorgesehen.
207  *incendisset vrbem*  Suet. *Ner.* 38, 1: „Nam
     quasi offensus deformitate veterum aedificio-
     rum et angustiis flexurisque vicorum, incendit
     vrbem …“.
*Apophth*. VI, 37 handelt vom Brand Roms, der
     am 19. 7. und an den folgenden sechs Tagen
     wütete und ein riesiges Gebiet zerstörte, das
     an das Forum und den Palatin grenzte, wobei
     insgesamt drei Bezirke Roms völlig und sieben
     teilweise verwüstet wurden. Auf einem Teil des
     freigewordenen Gebietes neben Forum und
     Palatin, am Fuß des Esquilin, errichtete Nero

in der Folge eine Stadtvilla von ungeheurem
     Umfang, seinen „Goldenen Palast“ (*Domus
     aurea*), was ihm den Hass der Bevölkerung
     Roms eintrug. Für den Brand vgl. Tac. *Ann.*
     XV, 40, 1–3; Cass. Dio LXII, 16–18; Mart. *Ep.*
     I, 117; Iuv. 3; J. Beaujeu, *L'incendie de Rome
     en 64 et les Chrétiens*, Brüssel 1960 (*Collection
     Latomus* 49); A. Kurfess, „Der Brand Roms
     und die Christenverfolgung im Jahre 64 n.
     Chr.“, in: *Mnemosyne* (3. Ser.), 6 (1938), S. 261–
     272; E. Radius, *L'incendio di Roma. I primi
     passi del christianesimo*, Mailand 1962. Gegen
     die Beschuldigung, Nero selbst habe das Feuer
     legen lassen (*Ner.* 38), spricht, daß sein erst
     vor kurzem errichteter Palast (mitsamt sei-
     ner riesigen Kunstsammlung) eines der ersten
     Gebäude war, das dem Feuer zum Opfer fiel.
207  *spectabat*  Nach Suet. *Ner.* 38 und Cass.
     Dio LXII, 18, 1 beobachtete Nero den Brand
     Roms von der turmartigen Villa des C. Cilnius
     Maecenas aus, die sich mitten in den Gärten
     desselben auf dem Esquilin befand. Nach Tac.

*Ann.* XV, 5, 39 rezitierte Nero seine *Halosis Ilii* auf der sich in seinem Hause befindenden Privatbühne.

207–208 *spectabat … Halosin* Suet. *Ner.* 38, 2: „Hoc incendium e turre (turri *ed. Er. 1518 et 1533, ed. Egnat.*) Maecenatiana (Mecoenatica *ed. Er. 1518, ed. Egnat.*: Mecoenatiana *ed. Er. 1533; lectio varia in ed. Er. 1518*) prospectans laetusque flammae, vt aiebat, pulchritudine, *Halosin* (ἅλωσιν *ed. Er. 1518 et 1533, ed. Egnat.*) *Ilii* (*ed. Ihm, ed. Er. 1533:* illi *ed. Er. 1518, ed. Egnat.*) in (decantauit in *ed. Er. 1518 et 1533, ed. Egnat.*) illo suo scaenico habitu decantauit".

208 *Halosin* Der Text des *Er.* ist hier lückenhaft. Der Titel des griech. Werkes, das Nero rezitierte, war ἅλωσις Ἰλίου, teillatinisiert *Halosis Ilii*, „Die Eroberung Ilions". In *Er.*' Text fehlt das unverzichtbare „Ilii". Nach Eutropius zündete Nero Rom nur an, um sich ein Bild vom Untergang des brennenden Trojas machen zu können; Eutrop. VII, 14: „Vrbem Romam incendit, vt spectaculi eius imaginem cerneret, quali olim Troia capta arserat".

208 *hoc est … excidium* Die Übers. stammt von *Er.*; sie ist nicht ganz richtig: Der Titel des Werkes lautete „Die Eroberung Ilions", nicht „Die Zerstörung Ilions".

212 *Isidorus* Isidorus (1. Jh. n. Chr.), kynischer Philosoph, der es wagte, Kaiser Nero öffentlich zu verspotten, wofür er zur Strafe verbannt wurde. Vgl. E. Fabricius, *RE* IX, 2 (1916), Sp. 2062, s.v. „Isidoros", Nr. 9; nicht in *DNP*, nicht identifiziert in *CWE* 38, S. 608.

212–213 *Isidorus Cynicus … disponere* Wörtliche Wiedergabe von Suet. *Ner.* 39, 3: „Transeuntem eum Isidorus Cynicus in publico clara voce corripuerat, quod Naupli (Naupli *text. receptus, sic etiam ed. Er.*) mala bene cantitaret, sua bona male disponeret".

212 *transeuntem* Sc. Neronem.

212 *Naupli* Nauplios (Ναύπλιος), Gründungsheros von Nauplia auf Euboia, Sohn des Poseidon und der Amymone, berühmter Seemann, als Herrscher von Euboeia bekannt; Vater des griech. Helden Palamedes, der von Odysseus und Diomedes für vermeintlichen Hochverrat hingerichtet wurde. Vgl. L. Käppel, *DNP* 8 (2000), Sp. 755, s.v. „Nauplios", Nr. 1; E. Wüst, *RE* XVI, 2 (1935), Sp. 2004–2008, s.v. „Nauplios".

212 *Naupli mala* „Naupli mala", d.h. die Schandtaten des Nauplios: Damit war gemeint, daß er die griech. Flotte dem Untergang preisgab, indem er sie bei Euboea mit einem Leuchtfeuer, das einen sicheren Hafen vorspiegelte, in untiefes, klippenreiches Gewässer lockte. Das war die Rache des Nauplios für die Tötung seines Sohnes.

213 *sua bona* Damit waren wohl Neros Talente gemeint: Isidoros hielt ihm vor, er wende sie schlecht, d.h. nicht zum Wohle des Staates, an.

213 *Naupl⟨i⟩us* Bei dem von den Baseldrucken einhellig überlieferten „Nauplus" muß es sich um einen Textübernahmefehler handeln. *Er.* müßte den Namen „Nauplius" in der richtigen Form aus den ihm vorliegenden mythologischen Kompendien, z.B. Hyg. *Fab.* 116 und 249, weiter Sen. *Ag.* 557–570 oder Val. Fl. *Arg.* 1370–1372 gekannt haben.

213 *Palamedis* Palamedes, Sohn des Nauplios und der Klymene, Teilnehmer am Trojanischen Krieg. Seine Aufgabe bestand zunächst darin, Odysseus aus Ithaka abzuholen und ihn dazu zu überreden, daß er die Griechen bei dem Angriff auf Troja unterstützte. Odysseus hatte dazu keine Lust und mimte den Verrückten; Palamedes gelang es aber, ihn zu überlisten und seine Kooperation gewissermaßen zu erzwingen. Odysseus verübelte ihm dies. Vor Troja ersann er eine List, wodurch Palamedes plötzlich als Überläufer und Verräter dastand. Er wurde vom Kriegsrat zum Tode verurteilt und von Diomedes und Odysseus höchstpersönlich hingerichtet. Vgl. E. Wüst, *RE* XVIII, 2 (1942), Sp. 2500–2512, s.v. „Palamedes", Nr. 1; L. Käppel, *DNP* 9 (2000), Sp. 167, s.v. „Palamedes", Nr. 1. Euripides hatte eine Tragödie mit dem Titel *Palamedes*, Sophokles eine mit dem Titel *Nauplios pyrikaes* verfasst. Palamedes oder Nauplios wurden von Nero vermutlich in seinem (nicht erhaltenen) Troja-Zyklus besungen; vielleicht hatte Nero auch ein separates Stück mit dem Titel *Palamedes* oder *Nauplios* geschrieben. Vgl. Casaubons Kommentar: „Alludit ad tragoediam aliquam de Nauplio vel Palamede, quam Nero, inter caetera fabularum argumenta, de quibus in genere dictum in cap. XXI, saltauit. *Palamedem* scripserant certatim multi Graeci Latinique tragici …".

VI, 39                          Libere      (Sextus Nero, 9, i.e. Datus histrio)

*Notatus est et a Dato Atellanarum histrione,* qui recitans *canticum quoddam,*

     „ὑγίαινε πάτερ, ὑγίαινε μῆτερ"

*ita demonstrauit, vt bibentem natantemque faceret, exitium* C. [i.e. Tib.] *Claudii et*
220    *Agrippinae significans.* Nam Nero C. [i.e. Tib.] Claudium veneno sustulit, Agrippinam naufragio. *Et in clausula* cantici recitans

     „*Orcus vobis ducit pedes*",

*gestu senatum notauit* histrio, subindicans illis a Nerone imminere perniciem.

---

218  ὑγίαινε *A-C Suet. ed. Erasmiana 1533 et Egna-*
*tius in „Graeca in Latinum versa":* ὑγίαινε *Suet.*
*ed. Erasmiana 1518 et ed. Egnatiana.*
218  ὑγίαινε *A-C Suet. ed. Erasmiana 1533 et Egna-*
*tius in „Graeca in Latinum versa":* ὑγίαινε *Suet.*
*ed. Erasmiana 1518 et ed. Egnatiana.*

219  C. *A-C (cf. Suet. ed. Erasmianam 1518):*
*secluserunt BAS LB Erasmus in Suet. ed.*
*1533, scribendum erat* Tib.
220  C. *A-C (cf. Suet. ed. Erasmianam 1518):*
*secluserunt BAS LB Erasmus in Suet. ed. 1533,*
*scribendum erat* Tib.

*Apophth.* VI, 39 datiert auf die Zeit nach der
Ermordung der Agrippina i.J. 59.
217–223 *Notatus est … notauit*  Suet. *Ner.* 39, 3:
„Et Datus Atellanarum histrio in cantico quodam ‚ὑγίαινε πάτερ, ὑγίαινε μῆτερ‘ ita demon-
strauerat, vt bibentem natantemque faceret,
exitum scilicet (scilicet *om. Erasmus in ed. 1518*
*et 1533, om. Egnatius*) Claudi (C. Claudii *ed.*
*Er. 1518, ed. Egnat.:* C. *om. Erasmus in ed.*
*1533*) Agrippinaeque significans, et, in nouis-
sima clausula, ‚Orcus vobis ducit pedes‘, senatum gestu notarat (notaret *ed. Er. 1518 et 1533,*
*ed. Egnat.*)".
217 *a Dato* **Datus** (1. Jh. n. Chr.), Verfasser
und Schauspieler von Schmierenkomödien;
in einer seiner Atellanen beleidigte er Nero,
wofür er mit Verbannung bestraft wurde. Vgl.
A. Stein, *RE* IV, 2 (1958), Sp. 2230, s.v. „Datus",
Nr. 1.
218–222 „ὑγίαινε … μῆτερ " und „*Orcus vobis ducit*
*pedes*" *CRF, Fabula Atellana: incerti nominis*
*reliquiae 5.*
218 „ὑγίαινε … μῆτερ "  Er. hat den griech. Text an
vorl. Stelle nicht übersetzt; vgl. Egnazio in der
separaten Rubrik „Graeca in Latinum versa":
„Bene valeas, pater, bene valeas, mater".
218 ὑγίαινε πάτερ  Der zynische Witz wird dadurch erzeugt, daß die griechische Gruss-
formel ὑγίαινε wörtlich „sei gesund" bzw.
„Gesundheit" bedeutet; „sei gesund" kontra-
stiert auf grelle Weise mit dem Trinken des

Giftbechers, was der Atellendichter durch
die Bewegung des Trinkens suggeriert; gleiches
gilt für die Schwimmbewegung der Agrippina,
die um ihr Leben kämpft.
219 *C. Claudii*  Hier liegt ein Fehler vor: Kaiser Claudius hatte nicht den Vornamen Gaius
(C.), sondern Tiberius. Der Fehler in den *Apo-*
*phthegmata* geht auf Er.' Konto, was u.a. daraus hervorgeht, daß er auch in dem von Er.
selbst verfassten Kommentartext auftritt. Des
Weiteren findet sich der Fehler in Er.' Suetonausgabe d.J. 1518; Er. hatte ihn gleichsam
automatisch von Egnazios Suetontext übernommen, dem er folgte. Ursprünglich erklärt
sich der Fehler aus einer Dittographie von
„C". In seiner zweiten, verbesserten Suetonausgabe d.J. 1533 hat Er. den Fehler bereinigt.
In der *Apophthegmata*-Ausgabe d.J. 1535 blieb
der Fehler allerdings bestehen. Nach Er.' Tod
wurde er zwar in der Gesamtausgabe *BAS* korrigiert, jedoch nicht in den meisten späteren
*Apophthegmata*-Ausgaben.
220 *Nam Nero C. Claudium veneno sustulit*  Der
begründende Kommentar des Er. ist unrichtig. Die Mehrzahl der antiken Historiker
bezeichnen Agrippina als Anstifterin des Gift-
mordes, niemand jedoch Nero. Er. wurde zu
der Behauptung, daß Nero „Claudius mit Gift
aus dem Wege räumte", vermutlich durch
Suetons Darstellung in jenem Satz, der den
Abschnitt über die Verwandtenmorde (*Ner.*

33–36) einleitete, *Ner.* 33,1: „Parricidia et caedes a Claudio exorsus est", verleitet. Freilich setzte Sueton sofort hinzu, daß Nero nicht der Auftraggeber, sondern nur Mitwisser war: „cuius necis etsi non auctor, at conscius fuit …". Diesen Zusatz hat Er. offensichtlich übersehen. Für die Wirkung des Witzes ist es natürlich unerheblich, was tatsächlich vorgefallen war. Durch die Gestik suggeriert der Atellanendichter, daß Claudius einen Giftbecher trank, während die antiken Historiker überliefern, Claudius sei durch ein vergiftetes Pilzgericht ums Leben gekommen.

220–221 *Agrippinam naufragio* Der noch sehr junge Nero wurde in den ersten Regierungsjahren von seiner Mutter Agrippina d.J. (15/16–59 n. Chr.), der Witwe des Claudius, stark beeinflusst und gegängelt. Innerhalb von wenigen Jahren überwarf sich Nero gänzlich mit seiner Mutter; i.J. 59 ließ er sie töten. Sueton beschreibt den Muttermord in *Ner.* 34. Für Julia Agrippina d.J. vgl. A.A. Barrett, *Agrippina. Mother of Nero*, London 1996; M. Vogt – Lüerssen, *Neros Mutter*, Mainz – Kostheim 2002; W. Eck, *DNP* 1 (1996), Sp. 297–298, s.v. „Agrippina", Nr. 3; J. Hasebroeck, *RE* X, 1 (1918), Sp. 909–915, s.v. „Iulius", Nr. 556. Wiederum ist der Kommentar des Er. nicht ganz richtig. Nero hat seine Mutter nicht „durch Schiffbruch ums Leben gebracht": Wie in Suet. *Ner.* 34 und in den parallelen Stellen Tac. *Ann.* XIV, 1–8 und Cass. Dio LXII, 12–13 genau beschrieben wird, misslang der Mordanschlag mit dem Boot. Es ist gerade der Witz der Gestik des Atellanendichters, daß er durch die Schwimmbewegung zeigt, daß Agrippina sich schwimmend zu retten versuchte. Nero schickte ihr jedoch sodann einen Soldaten, der sie tötete, wobei er vorzuschützen versuchte, Agrippina habe Selbstmord begangen (Suet. *Ner.* 34).

222 *Orcus* Datus muss auf irgendeine Weise, durch Mimik oder Gestik, dem Publikum suggeriert haben, den Gott der Unterwelt mit Nero zu identifizieren.

VI, 40                        *ARS ALIT VBIQVE*                        (Sextus [i.e. Claudius]
225                                                                    Nero, 10)

*A mathematicis* audierat *fore, vt aliquando* deiiceretur imperio, eoque Graecum iambicum dimetrum identidem vsurpabat:

> „*τὸ τεχνίον πᾶσα γῆ τρέφει*", id est,

> „*Terra quaeuis artem alit*",

230   putans se tantum profecisse in arte canendi, vt etiam, si exigeretur, in quauis regione
ob musices peritiam posset haberi in precio. Quumque imminentibu*s*, qui illum

---

226–227 Graecum iambicum dimetrum *B C*: Graecam sententiam *A*.

228 τεχνίον *LB Suet. edd. Erasmianae 1518 et 1533*: τέχνιον *A-C*.

228 πᾶσα γῆ *A-C*: πᾶσα γαῖα *Suet. edd. Erasmia*-nae *1518 et 1533, ed. Egnatiana*, ἡμᾶς *Suet. text. recept.*

229 Terra quaeuis artem *B C*: artem quaeuis terra *A*.

230 tantum *A-C*: tam *BAS LB*.

---

*Apophth.* VI, 40 ist ein Gegenstück zu VII, 59, III, 162 (*ASD* IV, 4, S. 235; *CWE* 37, S. 270) und *Adag.* 633 „Artem quaeuis alit terra" (*ASD* II, 2, S. 158–160): „Τὸ τεχνίον πᾶσα γαῖα τρέφει, id est *Artem quaeuis alit regio*. Prouerbia-lis sententia, qua significatum est certissimum viaticum esse eruditionem aut artificium ali-quod … Suetonius scibit aliquando Neroni praedictum a mathematicis fore vt imperio destitueretur. Vnde vocem illam Neronis cele-berrimam extitisse Τὸ τεχνίον πᾶσα γαῖα τρέ-φει, *quo maiore venia meditaretur citharoedi-cam artem principi gratam, priuato necessariam.* Itaque cum intelligeret sibi pereundum, illud identitem dictitabat: ‚*Qualis artifex pereo*' …". Er. hat den Spruch Neros mit dem latein. Sprichwort „Sua cuique ars pro viatico est" identifiziert, vgl. a.a.O., S. 160: „Qui scrip-sit Cornucopiae, Latinum citat simillimum huic prouerbium, opinor, vulgo citatum: ‚*Sua cuique ars pro viatico est*'". Was die Bedeu-tung betrifft, ist bemerkenswert, daß sowohl *Apophth.* VI, 40 als auch *Adag.* 633 „Artem quaeuis alit terra" auf einer Lesart des griech. Spruches beruhen, die nicht authentisch ist. Der Spruch besagte im ursprünglichen Wort-laut, daß im Fall, daß Nero seine kaiserli-che Macht verlieren werde, ihn (ἡμᾶς) seine wenngleich ‚geringe Kunst' (τεχνίον) ernäh-ren werde: Davon, daß „die Kunst den Mann überall ernährt", wie der Titel von *Apophth.* VI, 40 angibt („Ars alit vbique"), war in Neros Spruch nicht die Rede, und schon gar

nicht davon, „daß jeder Ort auf der Erde die Kunst (bzw. das Handwerk) ernährt", wie der Titel von *Adag.* 633 besagt („Artem quaeuis alit terra"). Der erste Ausspruch des *Apophth.* VI, 40 datiert aufgrund der Angabe Suetons („olim", *Ner.* 40, 2) auf einen frühen Zeit-punkt in der Regierungsperiode Neros (54–68); Cassius Dio datiert ihn jedoch auf das Jahr 68, als Neros Macht einstürzte (LXIII, 27, 2). Das zweite Apophthegma, „Quantus [i.e. qua-lis] artifex pereo", datiert auf die Zeit unmittel-bar vor Neros Selbstmord. Er. führt die beiden unterschiedlichen Aussprüche in *Apophth*. VI, 40 zusammen, wie schon in *Adag.* 633 (*ASD* II, 2, S. 158–160).

226–228 *A mathematicis … τρέφει* Im einleiten-den Teil variierende, jedoch durch ein Mißver-ständnis verzerrte Wiedergabe von Suet. *Ner.* 40, 2: „Praedictum a mathematicis Neroni olim erat fore, vt quandoque destitueretur; vnde illa vox eius celeberrima: τὸ τεχνίον ἡμᾶς δίατρέφει (τὸ τεχνίον πᾶσα γαῖα τρέφει *ed. Er. 1518 et 1533, ed. Egnat.*), quo maiore scilicet (sci-licet *om. Erasmus in ed. 1518 et 1533, om. Egna-tius*) venia meditaretur citharoedicam artem, principi sibi gratam, priuato necessariam". Er. nahm irrtümlich an, daß Nero den Ausspruch immer wieder wiederholt hätte, während „illa vox eius celeberrima" lediglich bedeutet, daß der Spruch weithin bekannt war. Vgl. Till, S. 369 „jene bekannte Äußerung"; Martinet, S. 705 „jene Äußerung, die in aller Munde war".

226 *mathematicis* In der römischen Literatur
gängige Bezeichnung für Astrologen und
Wahrsager; die in Rom tätigen *mathematici*
stammten meist aus den östlichen Provinzen
des Reiches, wurden daher auch „Chaldaei"
genannt. Vgl. unten *Apophth.* VI, 54.

226–227 *Graecum iambicum dimetrum* Die Angabe, daß ein jambischer Dimeter vorliege,
ist nicht richtig und stimmt nicht mit dem
gedruckten Text des griech. Verses überein.
Während Er. in *Apophth.* VI, 40 den Vers
als „Graecum Iambicum dimetrum" identifiziert, bezeichnet er ihn in *Adag.* 633 (*ASD*
II, 2, S. 160) als jambischen Senar (×–, ×–,
×–, ×–, ×–, ‿≃): „Apparet autem senarium
esse, quem citat Suetonius, sed paucarum syl-
labarum commutatione deprauatum; fortassis
sic restituetur: Τὸ τέχνιόν γε πᾶσα γαῖα ἐκτρέφει". Was Er. in *Adag.* 633 vorschlägt, ist faktisch eine von ihm ‚verbesserte' Version jener
Rekonstruktion des Verses, die er in seinen
Suetonausgaben druckte (τὸ τεχνίον πᾶσα γαῖα
τρέφει). In der maßgeblichen Überlieferung,
sowohl bei Sueton als auch bei Cassius Dio,
lautete der Vers in einem wesentlichen Punkt
anders: τὸ τεχνίον **ἡμας** διατρέφει (Suet. *Ner.* 40,
2) bzw. ἀλλὰ τὸ γε τεχνίον **ἡμας** ἐκεῖ διατρέψει
(Cass. Dio LXIII, 27, 2). Die bei Sueton überlieferte Form τὸ τεχνίον **ἡμας** διατρέφει könnte
einen jambischen Dimeter (×–, ‿– | ×–, ‿≃)
darstellen, nicht jedoch die Form τὸ τεχνίον
γε πᾶσα γαῖα ἐκτρέφει, die klar als jambischer
Senar zu identifizieren ist. Die Form, in der Er.
den Vers in *Apophth.* VI, 40 anbietet (τὸ τεχνίον
πᾶσα γῆ τρέφει), stellt jedoch weder einen jambischen Dimeter noch einen jambischen Senar
dar. Dasselbe gilt für die latein. Übers., die Er.
im zweiten Druck so veränderte, daß sie einen
trochäischen Dimeter repräsentiert (–‿, –≃ |
–‿, –≃).

227 *identidem* Weder aus Suetons noch aus
Cassius Dios Wiedergabe der Stelle geht hervor, daß Nero den Ausspruch oft wiederholt
hätte; vielmehr macht das Narrativ klar, daß
es sich um eine *einmalige* Reaktion Neros auf
eine Prophezeiung der Chaldäer handelte. Er.
hat anscheinend Suetons Angabe, daß es sich
um eine „vox eius celeberrima" handle, mißverstanden.

228 τεχνίον Die Akzentuierung von τεχνίον
fluktuiert; die Form τέχνιον kommt ebenfalls

vor, während die allgemeine Regel Paroxyto-
nierung, die Akzentsetzung auf die vorletzte
Silbe, erfordert. Vgl. Passow II, 2, S. 1878, s.v.
τεχνίον.

229 *Terra ... alit* In *Adag.* 633 (*ASD* II, 2,
S. 158) (i.J. 1508) übersetzte Er. den Vers
mit „Artem quaeuis alit terra" und „Artem
quaeuis alit regio"; in der ersten Ausgabe der
*Apophthegmata* (1531) mit „Artem quaeuis terra
alit", in der zweiten (1532) und dritten (1535)
mit „Terra quaeuis artem alit" und in der
Lemma-Überschrift der ersten Ausgabe der
*Apophthegmata* (die in der zweiten und dritten
irrtümlich ausgelassen wurde), mit „Ars alit
vbique". Egnatius hatte in seinen „Graeca in
Latinum versa" die Sentenz mit „Exiguam
artem omnis terra nutrit" übersetzt.

231–233 *Quumque imminentibus ... pereo* Er.
bezieht Neros ‚letzte Worte' „Quantus [i.e.
qualis] artifex pereo" auf sein anderes *dictum*
τὸ τεχνίον πᾶσα γῆ τρέφει, obwohl es keinen
schlüssigen Zusammenhang gibt. Die Zusammenlegung der Aussprüche stellt eine Wiederholung von *Adag.* 633 (*ASD* II, 2, S. 158–
160; vorhanden seit 1508) dar. Dort erklärt
Er. Neros ‚letzte Worte' damit, daß es der
Kaiser als ungerecht empfunden habe, daß er
nunmehr, da er seine Macht verloren hatte,
nicht als Privatmann und Kitharöde weiter-
leben dürfe, obwohl er aufgrund seines erha-
benen Könnens ohne weiteres dazu in der
Lage wäre; a.a.O., S. 160: „Itaque cum intellegeret (sc. Nero) sibi pereundum, illud identitem dictitabat ,Qualis artifex pereo', velut
indignum esset, qui tantus esset musicus,
vt vbiuis gentium viuere posset, nunc fame
ad mortem adigi". Er. war sich der Tatsache bewußt, daß dies eine eigenwillige, von
anderen Kommentatoren nicht geteilte Interpretation war, vgl. seine Anmerkung a.a.O.:
„Nec enim assentior hoc loco interpretum
sententiae, qui locum apud Suetonium hunc
secus enarrant". Beroaldo etwa betrachtete –
wohl richtiger als Er. – Neros letzte Worte
als eine Äußerung von Selbstmitleid: „Qualis artifex cum miseratione pronunciandum,
sicut a Nerone flente dictum est, suas fortunas miserante, quod ex Imperatore maximo
factus esset sui funeris curator miserabilis"
(ed. 1506, fol. 245ʳ; vgl. Komm. *ASD* II, 2,
S. 160).

insequebantur, de salute desperans cogitaret sibi vim adferre, subinde *dicebat* „Quantus *artifex pereo*".

VI, 41                          SCENICVS PRINCEPS              (Sextus [i.e. Claudius]
235                                                            Nero, 11)

Quondam *theatro clam illatus*, *scenico cuidam* populo *placenti* inuidit eique *nuncium misit*, qui diceret *illum abuti* Caesaris *occupationibus*.

VI, 42                          MONOPOLIA FOEDA               (Sextus Nero, 12, i.e.
                                                              Anonymus)

240   Quoniam *ex annonae caritate* quidam ditescebant aulici, multum et hinc *inuidiae* Neroni conflatum est. Quum *forte accidisset, vt in publica fame* diceretur *Alexandrina nauis* appulisse, iactatum est illam *aduexisse puluerem luctatoribus aulicis*. Quo dicto simul notatum est in Caesare rerum scenicarum studium et monopolia quorundam per Caesaris fauorem publico damno lucrantium.

232–233 Quantus *A-C BAS LB*: Qualis *Sueton. edd. vett. (ita et edd. Erasmianae) et recent., scribendum erat* Qualis.

232–233 *dicebat … pereo* Stark gekürzte, den Hergang der Ereignisse verschleiernde, im Spruchteil fehlerhafte Wiedergabe von Suet. *Ner.* 49, 1: „Tunc vno quoque hinc inde instante, vt quam primum se impendentibus contumeliis eriperet, scrobem coram fieri imperauit, dimensus ad corporis sui modulum, componique simul, si qua inuenirentur, frusta marmoris et aquam simul ac ligna conferri curando mox cadaueri, flens ad singula atque identidem dictitans: ‚Qualis artifex pereo!'". Er. hat in diesem Fall die Suetonstelle wohl aus dem Stegreif zitiert. Der Spruch findet sich (auf Griech.) auch bei Cass. Dio LXIII, 29, 2.

232–233 *Quantus* Er. zitiert hier den Ausspruch Neros falsch; bei Suet. *Ner.* 49, 1 steht „Qualis artifex pereo". In *Adag.* 633 (*ASD* II, 2, S. 160) hatte Er. den Ausspruch noch richtig zitiert.

236–237 *theatro … occupationibus* Wörtliche, jedoch mit erklärenden Zusätzen versehene Wiedergabe von Suet. *Ner.* 42, 2: „Ac spectaculis theatri clam inlatus cuidam scaenico (scenico *ed. Er. 1518 et 1533*) placenti nuntium misit, abuti eum occupationibus suis".

236 *scenico* Für „scaenicus" = „Schauspieler" vgl. *DNG* II, 4281, s.v., B.

236 *populo* Ein erklärender Zusatz des Er. zu dem sehr gedrängt formulierten Text Suetons.

237 *illum … occupationibus* Der Sinn des in kryptischer Kürze formulierten Berichtes ist, daß der neiderfüllte Künstler Nero dem Schauspieler zu verstehen gibt, er habe jetzt nur deshalb so großen Erfolg, weil Nero im Augenblick nicht auftreten konnte, da er von seinen politischen Aufgaben („occupationes") abgehalten worden sei. Nero bezichtigt den Schauspieler, er „missbrauche" („abuti") die anderwärtigen Verpflichtungen des Kaisers. Er. hat den Sinn des Ausspruchs richtig verstanden; er versuchte den etwas obskuren Wortlaut dadurch zu erhellen, daß er „suis" durch „Caesaris" ersetzte und Neros Motiv für das *dictum* durch den Zusatz „inuidit" zum Ausdruck brachte.

240–242 *ex annonae … aulicis* Paraphrasierende Wiedergabe, jedoch mit wörtlichen Übernahmen, von Suet. *Ner.* 45, 1: „Ex annonae quoque caritate lucranti[a] (lucranti *ed. Ihm*: luctantium *ed. Er. 1518 et 1533, ed. Egnat.*: lucrantium *lectio varia in ed. Er. 1518 et 1533*) adcreuit inuidia. Nam et forte accidit, vt in publica fame Alexandrina nauis nuntiaretur puluerem luctatoribus aulicis aduexisse. Quare omnium odium in se concitato nihil contumeliarum defuit, quin subiret …". Die Lesart „luctantium" ist eine Konjektur des Sabellicus, die Egnazio in seine Ausgabe d.J. 1516 und Er. von Egnazio übernahm.

240 *quidam ditescebant aulici* „quidam ditescebant aulici" ist ein freier, erklärender Zusatz des Er., wobei er von der Textvariante „lucrantium" ausging, die er in seinen Suetonausgaben von 1518 und 1533 *in margine* druckte, während er jeweils „luctantium" im Haupttext wiedergab. Daß Neros „Höflinge" („aulici") von der Hungersnot profitiert haben sollen, ist eine freie Erfindung des Er., die er aus der genannten Variante ableitete. Dem *textus receptus* zufolge war es Nero selbst, dem man vorwarf, er profitiere von der Hungersnot; dieser Vorwurf rührt wohl daher, daß die Getreidekammer des Römischen Reiches, Ägypten, kaiserliche Provinz war, der Kaiser also frei über die Getreidelieferungen bestimmen konnte und der Kaiser zudem das Recht hatte, den Getreidepreis nach seinem Gutdünken festzustellen.

242 *aduexisse puluerem luctatoribus aulicis* Von einem Transport von Sand aus Alexandrien berichtet Plin. *Nat.* XXXV, 168; eine solche Sandlieferung soll Neros Freigelassener Patrobius besorgt haben. Es ist möglich, daß sich Suet. *Ner.* 45, 1 auf dieselbe Sandlieferung bezieht. Der feine Nilsand wurde als Boden für den Ring verwendet, in dem Neros Athleten miteinander kämpften. Es ist verständlich, daß im Kontext einer Hungersnot das Heranbringen von Sand von Übersee als zum Himmel schreiendes Luxusverhalten bewertet wurde, wobei es sicherlich eine große Rolle spielte, daß der Nilsand, wie das bitter notwendige Getreide, aus dem Hafen Alexandriens herbeigeschafft wurde. Man wird also Nero vorgeworfen haben, er bringe aus Alexandrien statt Getreide Sand herbei.

245  VI, 43                       PRINCEPS AVRIGA                  (Sextus Nero, 13, i.e.
                                                                          Anonymus)

*Statuae eius a vertice currus appositus est cum inscriptione Graeca: „Nunc demum agon est, trahe tandem".* Notatum est in Caesare aurigandi studium simulque denunciatum periculum.

250  VI, 44                    PARRICIDIVM EXPROBRATVM              (Sextus Nero, 14, i.e.
                                                                          Anonymus)

*Alteri* cuidam statuae et *ascopera alligata* est cum hoc *titulo: „Ego quid potui? Sed tu culleum meruisti".* Solebant olim parricidae culleo insui, et Nero matrem occiderat. Culleus itaque sese excusans dicit: „Ego quid potui? Paratus, si quis te insuat; sed

---

247 currus *A-C Suet. edd. Erasmianae 1518 et 1533, plures Suet. edd. vett.:* cirrus *Suet. edd. recentiores.*
252 ascopera *A-C ut in Suet. edd. Erasmianis 1518 ac 1533, ed. Egnatiana, quaedam Suet. edd.*

vett. secundum coniecturam Politiani: ascopa sive escopa ut plures Suet. mss.
253  Solebant *LB*: Solent *A-C.*

*Apophth.* VI, 43 Bei dem Lemma handelt es sich um einen spöttisch gemeinten Grafito auf einer nicht näher bekannten Statue Neros. Die Lemma-Aufschrift des Er. zeigt an, daß er den Grafito nicht richtig verstanden hat; dieses Missverständnis geht auf seine fehlerhafte Suetonausgabe zurück, deren falsche Lesarten sie allerdings mit zahlreichen älteren teilte („currus" und „traderet"). Der (richtige) Grafito verspottet Nero nicht als Wagenlenker, sondern als Kitharöden: Nero war als Kitharöde bekannt, nicht als Wagenlenker. Abgesehen davon ließe sich nicht leicht erklären, wie man auf den Scheitel der Kaiserstatue einen Rennwagen mit Pferdegespann platziert haben sollte (vgl. *CWE* 38, S. 609: „A chariot was placed on the head of one of his statues …"). Eine Locke („cirrus") lässt sich jedoch leicht auf den Scheitel einer Statue kleben. Die gelockte Haartracht bezeichnete den Kitharöden. Zudem gab es zahlreiche Porträts Neros, die ihn auf seinem Hinterkopf mit längeren Locken wiedergaben.
247–248 *Statuae … tandem* Wörtliche Wiedergabe von Suet. *Ner.* 45, 2: „Statuae eius a vertice cirrus (currus *ed. Er. 1518 et 1533, ed. Egnat.*) appositus est cum inscriptione Graeca: nunc demum agona esse, et traderet (traheret *ed. Er. et Egnat.*; raderet *Turnebus*) tandem".

247–248 *Nunc demum agon est* Der erste Teil des Grafito, „Nunc demum agon est", stellt eine lateinische Übersetzung des griechischen Sprichwortes „νῦν γὰρ ἔστιν ἀγών" dar. Vgl. Warmingtons Kommentar (Suetonius, *Nero* …, Bristol 1977), S. 111. Er. scheint das Sprichwort nicht zu kennen. Die lateinische Übersetzung desselben stammt von Sueton. Wie dieser a.a.O. mitteilt, war das Sprichwort auf Griechisch auf die Statue geschrieben worden, auf ihr stand somit: νῦν γὰρ ἔστιν ἀγών.
248 *trahe tandem* Wenn man, wie Er., von der Lesart „currus" ausgeht, so müsste der Sinn von „trahe tandem" wohl sein „so zieh endlich an", d.h. „zieh endlich die Zügel an", „lass endlich deine Pferde schneller laufen". Wenn man von der wahrscheinlicheren Lesart „cirrus" ausgeht, macht „trahe" kaum Sinn; vorzuziehen wäre in diesem Fall das ebenfalls überlieferte „trade". Der Sinn wäre demnach: „Jetzt haben wir endlich einen echten Wettkampf. Gib endlich auf", was dieselbe Bedeutung hätte wie „Trete endlich ab". Wenn man, wie Turnebus, „cirrus" und „raderet" liest, ergibt sich der Sinn: „Jetzt haben wir endlich einen echten Wettkampf (nämlich einen anderen als den harmlosen Gesangswettstreit der Kitharöden). Scher also endlich die Locken (des Kitharöden) ab!", d.h. „Kämpfe wie ein Mann!".

248–249 *Notatum … periculum* Die kommentierende Erklärung des Er. ist unrichtig. Vgl.
Komm. oben.

*Apophth.* VI, 44 gestaltete Er. zu einem Adagium um, das zum ersten Mal in der Ausgabe
des Jahres 1533 (*H*) erschien: *Adag.* 3818 „Culleo dignus aut non vno culleo dignus“ (*ASD*
II, 8, S. 186–188): „Quum hominem enormi-
ter scelerosum significare volumus, eum *culleo
dignum* dicimus … Quanquam apud priscos
parricidium dicebatur, quoties homo hominem occidisset, hoc est par parem … Dein,
quum coepisset esse vulgare vt homo occideret
hominem, parricidii vox ad summae impietatis significationem deflexa est … Proin Iuuenalis impietatem cuiusdam exaggerans negat illi
satis esse serpentem vnum aut culleum vnum.
Narrat Suetonius quosdam statuae Neronis
apposuisse culleum cum elogio: ‚Merueras, sed
ego quid possum?‘ “. Vgl. Iuv. 8, 214.

252–253 *Alteri … meruisti* Suet. *Ner.* 45, 2:
„Alterius collo ascopa (ascopera *ed. Er. 1518 et
1533, ed. Egnat.*) deligata simulque titulus: ‚Ego
quid potui? Sed tu culleum meruisti‘ “.

252 *ascopera* Er. verwendete in *Apophth.* VI,
44 dieselbe Lesart wie in seiner Suetonausgabe. Dabei handelt es sich um eine Konjektur Polizians, die davon ausgeht, daß Sueton das griech. Wort ἀσκοπήρα (= Mantel-
sack) in latein. Lettern geschrieben wiedergab. Jedoch ist „ascopera“ in keiner einzigen
Sueton-Handschrift belegt. Die Mehrzahl der
HSS. weist die Lesart „ascopa“ („schlauchar-
tiger Ledersack“, vgl. *DNG* I, Sp. 474, s.v.)
auf, manche auch „escopa“, das eine Korruptel von „ascopa“ ist. Aufgrund des Handschrif-
tenbelegs ist „ascopa“ vorzuziehen, wie dies in
den modernen kritischen Ausgaben auch der
Fall ist. Inwiefern lässt sich „ascopa“ mit dem
Grafito reimen? Der zweite Teil des Grafitos
lautet: „Du hast den Sack verdient“, d.h. „Du
hast es verdient, gesäckt zu werden“ (als Strafe
für den Mord an der Mutter Agrippina). Das
bezieht sich auf die altehrwürdige Strafe für
(Verwandten)mörder, daß sie in einen Ledersack eingenäht im Meer ertränkt wurden (vgl.
unten). Sowohl die röm. Blasebälge als auch
die zur Hinrichtung bestimmten Säcke waren
aus Leder; Blasebälge hatten die Form eines
länglichen Sackes. Vielleicht hat der Spaßvogel der Nero-Statue den Blasebalg nur im
Hinblick auf den Vorwurf des Muttermor-
des umgehängt, vielleicht auch weil ein Blasebalg ein leicht greifbarer, immer vorrätiger
Gegenstand war. Es könnte jedoch auch der
Fall sein, daß der Spaßvogel mit dem „Blase-

balg“ noch eine weitere, spezifische Bedeutung
ins Auge faßte. Vielleicht sollte man den Blasebalg mit dem ersten Teil des Grafitos verbinden: Er könnte auf Nero den ‚Brandstifter‘
hindeuten. Die Aufschrift auf dem Blasebalg,
„Ego quid potui?“, würde in diesem Fall entweder bedeuten „Wozu war ich (= Nero) im
Stande?“ (nämlich den Großbrand zu stiften;
= Identifikation von Blasebalg mit Nero) oder
„Was konnte ich (= Nero) dafür?“ (nämlich
für dem Brand; Implikation: krasser Gegensatz zwischen vorgeschützter Unschuld und
demonstriertem Gegenstand). In jedem Fall
würde die Antwort „Aber du hast es verdient,
gesäckt zu werden“ passen.

253 *culleum meruisti* Der Sinn des zweiten
Teils des Grafitos („culleum meruisti“) ist
im Gegensatz zum ersten ganz klar. „Du
hast den Sack verdient“ bedeutet „Du hast
es verdient, gesäckt zu werden“. *Parricidae*
wurden (zusammen mit einer Schlange und
einem Skorpion) in einen Ledersack einge-
näht und im Meer ertränkt. Während diese
Strafe aus der Republik stammte (ca. 2. Jh. v.
Chr.), war sie auch in der Kaiserzeit durchaus
gebräuchlich; insbesondere Kaiser Claudius,
Neros Stiefvater, hat sie verstärkt angewendet.
Für die Strafe des Säckens vgl. M. Radin, „The
Lex Pompeia and the *Poena Cullei*“, in: *The
Journal of Roman Studies* 10 (1920), S. 119–130;
O.F. Robinson, *Penal Practice and Penal Policy
in Ancient Rome*, Oxford 2007; E. Cantarella,
*I supplizi capitali in Grecia e a Roma*, Mailand
1991, S. 264–305; D.C. Kyle, *Spectacles of Death
in Ancient Rome*, Oxford 2012; Ch. Bukow-
ska, „Die Strafe des Säckens – Wahrheit und
Legende“, in: *Forschungen zur Rechtsarchäolo-
gie und rechtlichen Volkskunde* 2 (1979), S. 145–
162. Er. war mit der römischen Strafe des
Säckens vertraut; vgl. *Adag.* 3818: „Culleo dignus aut non vno culleo dignus“ (*ASD* II, 8,
S. 186–188): „Hoc supplicium erat parricidis,
id est qui parentem occidissent … Culleus
autem erat saccus coriaceus, cui insuebatur
parricida simul immissa vipera, simia et gallo
gallinaceo, atque ita proiiciebatur in profluen-
tem“.

254 *Culleus itaque* Er.’ Interpretation des Grafitos ist nicht überzeugend. Er meinte, daß der
zum Säcken bestimmte Ledersack selbst rede;
er sage, daß er selbst die Strafe nicht vollziehen habe können; jedenfalls aber habe Nero
sie verdient. Ebenso interpretiert Er. den Grafito in. *Adag.* 3818, wo er ihn zudem unrichtig zitiert, vgl. *ASD* II, 8, S. 187–188: „Nar-

255  siue insuaris siue non, tu tamen culleum meruisti". Potest hoc et ad Reipublicae
personam accommodari.

VI, 45                          SALSE        (Sextus Nero, 15, i.e. Anonymus)

*Columnis* statuarum illud *asscriptum* erat: „*Galli* te *cantando excitarunt*". Indignissime tulerat Galliarum defectionem: proinde decreuerat *Gallos* omnes Romae agen-
260  tes *contrucidare* prouinciamque *exercitui diripiendam* tradere.

VI, 46                          SALSE        (Sextus Nero, 16, i.e. Anonymi
                                                               Romani)

*Noctu* quidam *simulabant* se saeuire in *seruos*, petebantque „*vindicem*". Vindex autem
erat defectionis in Neronem dux. Et hoc ioco notabatur iam non ferenda Caesaris
265  tyrannis.

VI, 47                          AMBIGVE DICTVM      (Sextus Nero, 17, i.e. patres
                                                               conscripti)

*Quum ex oratione* Neronis, *qua in Vindicem perorabat, recitaretur in senatu, daturos
poenas sceleratos ac breui dignum exitium facturos, exclamatum est ab vniuersis:* „*Tu
270  facies, Auguste*". Quae vox bifariam potest accipi: „Tu facies, vt dent poenas" aut „Tu
dabis poenas".

---

258   erat *scripsi cum Lycosthene*: est *A-C.*

rat Suetonius quosdam statuae Neronis apposuisse culleum cum eloquio: ‚*Merueras, sed ego
quid possum?*' ".

255–256  *Reipublicae personam* i.e. die Personifikation des Römischen Staates. Daß diese in
dem Grafito auf dem Sack als sprechende Figur
aufgetreten sein soll, ist ebenso wenig plausibel.

*Apophth.* VI, 45 bezieht sich auf den Aufstand
des Gaius Iulius Vindex, des Statthalters der
Provinz Gallia Lugdunensis, im Frühling d.J.
68. Der Statthalter der spanischen Provinzen, Servius Sulpicius Galba, schloss sich der
Revolte an, griff aber zunächst nicht in die
Kampfhandlungen ein. Der Aufstand der Gallier wurde in der Schlacht bei Vesontio niedergeschlagen, leitete aber dennoch Neros Untergang ein. Zu Vindex vgl. Komm. unten zu VI,
46.

258  *Columnis … excitarunt* Versuchte wörtliche, jedoch durch zwei Verständnisfehler
entstellte Wiedergabe von Suet. *Ner.* 45, 2:

„Ascriptum et columnis, etiam (iam *ed. Er. 1518
et 1533, ed. Egnat.*) Gallos eum cantando exci-
tasse".

258  *statuarum* Ein erklärender Zusatz des Er.,
der jedoch auf einem Mißverständnis beruht;
der ätzende Grafito wurde auf mehrere Säulen eines Porticos oder Tempels geschrieben.
Er. verkehrte aber in der irrigen Annahme, daß
es um Nero-Statuen ging, die auf säulenähnli-
chen Postamenten standen. Abgesehen davon,
daß im Text Suetons keine Rede von derar-
tigem ist, hat Er. wohl nicht daran gedacht,
daß es ein Ding der Unmöglichkeit ist, daß
mehrere Statuen von ein und demselben Kaiser in einer Reihe nebeneinander aufgestellt
waren. Lycosthenes verschlimmerte Er.' Irrtum, indem er „eiusdem" (näml. Neros) einfügte.

258  *Galli te cantando excitarunt* Er. hat, wie
seine Übertragung des Textes in die direkte
Rede zeigt, den Sinn des Grafitos mißverstanden, der besagt, daß „Nero … mit sei-

nem Gesang sogar die gallischen Hähne aufgeweckt" habe; damit ist der vielgeschmähte ki-
tharödische Gesang Neros gemeint, sein „Krähen", sein eingebildetes, schräges Künstler-
tum, das sich mit dem Decorum eines Kaisers nicht vertrug. Vgl. Till a.a.O.: „Auch auf
die Säulen schrieb man: Selbst die Hähne
hat er durch sein Singen aufgeweckt"; Martinet: „Auch auf Säulen fand man Gekritzeltes:
‚Sogar die Hähne hat er mit seinem Gesang
aufgeweckt'". In der AcI-Konstruktion Suetons verwechselte Er. das Subjekt mit dem
Objekt. Die Mitteilung, daß „sogar die Hähne
durch ihr Krähen Nero aufgeweckt hätten" ist
nicht sehr sinnvoll.

258–260  *Indignissime … tradere*  Kommentierende Erklärung des Er., in der er einen weiteren Textabschnitt Suetons miteinbezieht, diesen aber irreführend wiedergibt.

259–260  *proinde decreuerat … diripiendam tradere*  Schlampige, ungenaue Wiedergabe von
Suet. *Ner.* 43, 1–2: „Initio statim tumultus
(sc. Gallici) multa et inmania, verum non
abhorrentia a natura sua (sua natura *ed. Er.
1518 et 1533, ed. Egnat.*) creditur destinasse:
… Quidquid (quicquid *ed. Er. et Egnat.*) vbique exulum, quidquid (quicquid *ed. Er. et
Egnat.*) in Vrbe hominum Gallicanorum esset,
contrucidare …; Gallias exercitibus diripien-
das permittere; Senatum vniuersum veneno
per conuiuia necare; Vrbem incendere feris
in populum immissis … (2) Sed absterritus
non tam paenitentia quam perficiendi despe-
ratione … solus iniit consulatum …". War-
mington betont in seinem Komm. *ad loc.*
zurecht, daß es sich dabei nur um Gerüchte
handelte: „However, the list is undoubtedly a
compilation made up from rumours circula-
ting at various times in Nero's last months or
even after his death and it is difficult to believe
that they had much basis in fact" (Suetonius,
*Nero …*, Bristol 1977, S. 110). Er. stellt diese
Gerüchte zu Unrecht als historische Fakten
dar.

259  *decreuerat*  Historisch inkorrekte Angabe
des Er.: Der Kaiser hatte kein Dekret („decreuerat") mit diesem Inhalt ausgefertigt.

*Apophth.* VI, 46 datiert auf das Frühjahr 68;
Lycosthenes druckt es in der Kategorie „De
tyrannide" (S. 1049).

263  *Noctu … vindicem*  Suet. *Ner.* 45, 2: „Iam
noctibus iurgia cum seruis plerique simulantes
crebro Vindicem poscebant".

263  *petebantque vindicem*  In Rom gab es einen
Sklavenbüttel – einen Exekutivbeamten, dessen Aufgabenbereich spezifisch auf Sklaven-
sachen ausgerichtet war. Der *vindex* konnte
ungehorsame Sklaven zur Ordnung rufen,
weggelaufene arrestieren, der Strafe zuführen usw. Der Witz des Lemmas ist, daß, als
die Revolte des Vindex ausbrach, zahlreiche
Bürger Roms „vindex" herbeiriefen, was zwar
klang, als ob sie den Sklavenbüttel brauch-
ten, während sie tatsächlich den aufständischen Statthalter Galliens, Gaius Iulius Vindex, meinten, d.h., ihn auffforderten, mit seinen Truppen nach Rom zu ziehen, um Nero
aus dem Weg zu räumen.

263  *Vindex*  C. Iulius Vindex (25–68 n. Chr.);
stammte aus dem Königsgeschlecht Aquitani-
ens; i.J. 67 Statthalter der Provinz Gallia Lugdunensis; zettelte im Frühjahr 68 eine Revolte
gegen Nero an; zog mit einem großen Heer
Richtung Süden mit dem Ziel, Nero zu stürzen; unterlag jedoch in der Schlacht bei Vesontio und beging Selbstmord. Vgl. E. Hohl, *RE*
X, 1 (1918), Sp. 879–881, s.v. „Iulius (Vindex)",
Nr. 534; W. Eck, *DNP* 6 (1999), Sp. 44–45, s.v.
„Iulius", Nr. II, 150.

*Apophth.* VI, 47 datiert ebenfalls auf das d.J. 68,
als die Revolte des Vindex ausgebrochen war.

268–270  *Quum ex oratione … Auguste*  Wörtliche Wiedergabe von Suet. *Ner.* 46, 3: „Cum
ex oratione eius, qua in Vindicem perorabat, recitaretur in senatu daturos poenas
sceleratos ac breui dignum exitum facturos,
conclamatum est ab vniuersis: ‚Tu facies,
Auguste'".

VI, 48                     Omen exitii     (Sextus [i.e. Claudius] Nero, 18)

In *Oedipode fabula,* quam Nero *nouissimam* recitauit, *in hoc versu decidisse* legitur:

„ϑανεῖν μ᾽ ἄνωγε σύγγαμος μήτηρ, πατήρ", id est,

275        „Iussit mori me mater, vxor et pater".

Nam et Oedipus patrem occiderat insciens, matrem vxorem duxerat. Ita Nero sciens Claudium patrem occiderat, matrem constupratam interfecerat, et Octauiam vxorem indignis tractarat modis.

VI, 49                     Destitvtvs vndiqve     (Sextus [i.e. Claudius]
280                                                      Nero, 19)

Desperatis rebus noctu *adiit hospitia singulorum* de fuga consulturus; quum *fores omnium occlusas* reperisset, reuersus *in cubiculum* comperit *et custodes diffugisse, direp-*

---

274  μήτηρ *scripsi:* μητὴρ *A-C Suet. edd. Erasmia-*          275  mater, vxor et pater *B C:* cum vxore mater et
*nae 1518 et 1533.*                                            pater *A.*

*Apophth.* VI, 48 datiert auf die letzten Wochen vor
Neros Tod am 11. 6. 68.
273–274  *Oedipode … πατήρ* Suet. *Ner.* 46, 3:
„Obseruatum etiam fuerat nouissimam fabulam cantasse eum publice Oedipodem exu-
lem atque in hoc desisse (decidisse *ed. Er. 1518
et 1533, ed. Egnat.*) versu: θανεῖν μ᾽ (μὲ *ed.
Egnat.*) ἄνωγε σύγγαμος, μήτηρ, πατήρ". Vgl.
Cass. Dio LXIII, 28, 5: Νέρων μὲν δὴ τοιαῦτα
ἐτραγῴδει, καὶ τὸ ἔπος ἐκεῖνο συνεχῶς ἐνενόει,
„οἰκτρῶς θανεῖν μ᾽ ἄνωγε σύγγαμος πατήρ".
273  *Oedipode* Er. gibt den Titel der griech. Tragödie, in der Nero offenbar zum letzten Mal
als Schauspieler auftrat, unvollständig wieder;
dieser lautete, von Suet. *Ner.* 46, 3 ins Latein.
übersetzt: *Oedipus exul.* Es ist unbekannt,
wer der Autor dieser Tragödie war. Aus dem
Titel ergibt sich, daß der Inhalt der Tragödie
dem letzten Abschnitt der Lebensgeschichte
des mythischen Helden Ödipus gewidmet ist.
Sophokles hatte in seiner Tragödie Οἰδίπους
Τύραννος die bekannten Ereignisse des Helden
von seiner Aussetzung als neugeborenes Kind
bis zu seiner Selbstblendung beim Anblick
der Leiche seiner Mutter geschildert. Über
den weiteren Verlauf der Lebensgeschichte des
Ödipus gibt es mehrere Versionen. Nach einigen dieser Versionen wird der Held aus Theben
verbannt. Ins Exil begleiten ihn entweder seine
Tochter Antigone oder seine beiden Töchter

(Ismene und Antigone) oder nach anderer Version niemand. Diesem Thema hatte Sophokles
seinen *Oedipus Colonus* gewidmet, das Schluß-
stück seines Thebanischen Zyklus. Im *Oedipus Colonus* begibt sich der von Kreon, dem
neuen Stadtherrn Thebens, verbannte Held
nach Attika, wo er versucht, im Städtchen
Kolonos sesshaft zu werden. Begleitet wird
er von seiner Tochter Antigone; seine zweite
Tochter Ismene reist nach. Der König Attikas, Theseus, nimmt Ödipus freundlich auf
und bietet ihm eine Bleibe und eine Grab-
stätte an. Plötzlich trifft Kreon aus Theben ein,
um Ödipus aus dem Exil zurückzuführen. Als
sich dieser weigert, raubt Kreon kurzerhand
die Töchter, um ihn zur Rückkehr zu zwingen. Doch Theseus schreitet zur rechten Zeit
ein. Da trifft Ödipus' älterer Sohn Polyneikes ein, der von seinem Bruder Eteokles, dem
neuen Herrn Thebens, verbannt wurde. Nach
dem Gespräch mit Polyneikes fällt ein Blitz
aus dem Himmel zum Zeichen, daß Ödipus'
letzte Stunde gekommen sei. Theseus und die
Töchter begleiten ihn zum Grabe. Der Tod
des Ödipus wird jedoch nicht auf der Bühne
dargestellt, sondern von einem Boten berichtet: Theseus hatte Ödipus an einen abgelege-
nen Ort gebracht, wo er urplötzlich vom Erdboden verschwand und sich in Luft auflöste.
Zum Ödipus-Mythos vgl. L. Edmunds, *Oedi-*

pus: *the Ancient Legend and Its Later analogues*, Baltimore 1985; ders., *Theatrical Space and Historical Place in Sophocles' Oedipus at Colonus*, Lanham u. a. 1996; W. Pötscher, „Die Ödipus-Gestalt", in: *Eranos* 71 (1973), S. 12–44; A. Henrichs, *DNP* 8 (2000), Sp. 1129–1132, s.v. „Oidipus"; H. Hühn und M. Vöhler, *DNP*, Supplemente, V (2008), Sp. 500–511, s.v. „Oidipus".

273 *decidisse* „decidisse", wie es sich in Er.' und Egnatius' Suetonausgaben findet; während die meisten *edd. vett.* die Lesart „decidisse" aufweisen, haben die *edd. recentiores* „desisse". Die letzte Lesart ist wohl die richtige: Sie bedeutet, daß diese Verszeile die letzte war, die zu Neros Rolle, d.h. der des Ödipus, gehörte; Nero schloss seinen Part also mit diesen Worten ab. Damit stimmt überein, daß es sich um einen typischen Schlussvers handelt, der die ganze Tragik der Figur des Ödipus in einer einzigen Verszeile auf den Punkt bringt (= die letzten Worte des Ödipus, der in der Verbannung stirbt). Die Lesart „decidisse" würde bedeuten, daß Nero bei der Rezitation dieses Verses zusammengebrochen bzw. ohnmächtig geworden wäre. Es ist jedoch kaum glaublich, daß so etwas just nach dem Aussprechen des Schlussverses passiert wäre. Es geht hier jedoch in jedem Fall um einen Bühnentod des Nero. Der Bühnentod, in Kombination mit dem Inhalt des Verses, konnte natürlich als schlechtes Omen aufgefasst werden, das Neros kurz bevorstehenden Tod ankündigte.

274 ϑανεῖν … πατήρ *TGF*, *adespota* fr. 8 Nauck: οἰκτρῶς ϑανεῖν μ' ἄνωγε σύγγαμος πατήρ. Nauck druckt den von Cassius Dio überlieferten Text, der überzeugender wirkt als der bei Sueton zitierte. Als Ödipus' letzte Worte wäre die blosse Mitteilung, daß seine Schuld ihn zwinge, zu sterben, nicht signifikant. Das ist schon in der Mitte des Stückes klar. Der springende Punkt ist das bei Cassius Dio überlieferte οἰκτρῶς ϑανεῖν – „erbärmlich sterben", d.h. nicht in der Heimaterde begraben zu werden, sondern im Exil.

275 *Iussit … pater* Die latein. Übers. des Verses stammt von Er.; in der ersten Ausgabe *A* lautete sie: „Iubet mori cum vxore mater et pater" – „Zu sterben gebietet mir die Mutter zusammen mit der Ehefrau und der Vater"; in *B* verbesserte sie Er. zu: „Iussit mori me mater, vxor et pater".

276–277 *Ita Nero … occiderat* Für Er.' unrichtige Behauptung, Nero habe Kaiser Claudius getötet, vgl. *Apophth.* VI, 39 mit Komm. *ad loc.*

277 *Octauiam* Octavia (40 n. Chr.–62), die Tochter des Claudius und der Messalina. Octavias Ehe i.J. 53 im noch minderjährigen Alter (13) mit dem damals erst sechzehnjährigen Nero war durch Agrippina arrangiert worden und lief auf ein Trauerspiel hinaus. Nero hasste sie, wagte es zu Lebzeiten der Agrippina jedoch nicht, sich von ihr scheiden zu lassen. Auf den Muttermord (59) folgte die Scheidung i.J. 62, wobei Nero Octavia des Ehebruchs beschuldigte und zur Verbannung verurteilen ließ, wonach sie noch im selben Jahr unter ungeklärten Umständen den Tod fand. Den Ereignissen, die die Scheidung und die Verbannung der Octavia begleiteten, widmete Er. unten *Apophth.* VI, 585 Vgl. M. Strothmann, *DNP* 8 (2000), Sp. 1096, s.v. „Octavia", Nr. 3; W. Eck, „Die iulisch-claudische Familie. Frauen neben Caligula, Claudius und Nero", in: H. Temporini-Gräfin Vitzthum (Hrsg.), *Die Kaiserinnen Roms. Von Livia bis Theodora*, München 2002, S. 103–163.

277–278 *vxorem indignis tractarat modis* Nero hat seine Ehefrau Octavia in der Tat mehr als unanständig behandelt. Von Anfang an wies er sie ab, missachtete sie und gab sich zahlreichen Liebschaften, u.a. mit Poppaea Sabina, hin. Nach der Thronbesteigung ließ er ihren Bruder Britannicus durch Gift ermorden. Octavia bezichtigte er der Unfruchtbarkeit, jedoch auch der Abtreibung. I.J. 62 beschuldigte er sie fälschlich des Ehebruchs mit einem Sklaven. Trotz öffentlicher Proteste setzte er ihre Verbannung nach Kampanien durch, ließ sie jedoch auch dort nicht in Ruhe, sondern ‚überführte' sie mit Hilfe der falschen Zeugenaussage seines Freigelassenen Anicetus, wohlgemerkt des Mörders seiner Mutter Agrippina, eines weiteren ‚Ehebruchs'. Zur Strafe ließ er sie auf die Insel Pandataria verbannen und noch im selben Jahr ermorden. Vgl. auch unten *Apophth.* VI, 585.

279 *Destitutus vndique* Lycosthenes ordnet das Apophthegma der Kategorie „De tyrannide" zu (S. 1049).

*Apophth.* VI, 49 datiert auf unmittelbar vor dem 11. 6. 68 n. Chr., Neros Todestag.

281–285 *adiit … inimicum* Anfänglich paraphrasierende und gekürzte, im Weiteren jedoch wörtliche Wiedergabe von Suet. *Ner.* 47, 3: „Sic … ad mediam fere noctem excitatus (sc. Nero) … prosiluit e lecto misitque circum amicos. Et quia nihil a quoquam renuntiabatur, ipse cum paucis hospitia singulorum adiit."

*tis etiam stragulis et amota veneni pyxide*, quam in extremum casum parauerat. Mox
*mirmillonem* nomine *Spiculum requisiuit vel alium quemlibet, cuius manu periret;* ac
285    *nemine reperto „Ergo ego"*, inquit, *„nec amicum habeo, nec inimicum"*. Decretum erat
eam beluam publico orbis odio immolare.

VI, 50                          Sepvltvra vivi  (Sextus [i.e. Claudius] Nero, 20)

In fuga quum *Phaon libertus hortaretur, vt in specum egesta harena conderetur, negauit
se viuum sub terram iturum.*

290    VI, 51                     Delitiae versae in amarorem      (Sextus [i.e. Claudius]
                                                                        Nero, 21)

*Aquam e lacuna villae* cuidam *subiecta potaturus manu hausit, et „Haec est"*, inquiens,
*„Neronis decocta"*. Nam repererat, vt *aqua decocta* gratiam haberet crudae, immissa
in poculum *niue*.

---

284  mirmillonem *scripsi ut in Suet. ed. Erasmiana
    1518*: Mirmillonem *A-C Suet. ed. Erasmiana
    1533*: murmillonem *Suet.edd. recentiores.*
284  Spiculum *A B BAS LB (cf. lectionem Philippi
    Beroaldi in comm. Suet.)*: spiculum *C*, Spicil-

Verum clausis omnium foribus, respondente
nullo, in cubiculum rediit, vnde iam et custodes diffugerant, direptis etiam stragulis, amota
et pyxide veneni; ac statim Spiculum (Spicil-
lum *ed. Er. 1518 et 1533*: Spectillum *ed. Egnat.,
lectio varia in ed. Er. 1518, deest in ed. 1533*) murmillonem (Mirmillonem *ed. Er. 1533*: mirmillonem *ed. Er. 1518, ed. Egnat.*) vel quemlibet
alium percussorem, cuius manu periret, requi-
siit (requisiuit *ed. Er. 1518 et 1533, ed. Egnat.*),
et nemine reperto ‚Ergo ego‘, inquit, ‚nec amicum habeo nec inimicum‘ procurritque quasi
praecipitaturus se in Tiberim (Tiberim *ed. Er.
1533*: Tyberim *ed. Er. 1518, ed. Egnat.*)".
283  *quam … parauerat*  Nicht im Text Suetons,
    ein erklärender Zusatz des Er.
284  *mirmillonem*  Die Schreibweise dieses Gla-
    diatorentyps ist variabel: *murmillo, myrmillo,
    mirmillo, mormillo*. Er hat seinen Namen von
    dem Seefisch *murma* erhalten, den er als Abzei-
    chen auch auf seinem Helm trägt. Der *mur-
    millo* war ein schwerbewaffneter Gladiator,
    der mit einem scharfen und spitzen Kurz-
    schwert, einem Eisenhelm, dem Schild der
    römischen Legionäre sowie Hand-, Arm- und

lum *Suet. edd. Erasmianae 1518 et 1533, plures
edd. vett.*: Spectillum *lectio varia in Suet. ed.
Erasmiana 1518, ed. Egnatiana.*
292  haec *scripsi cum BAS et LB, collatis Suet. edd.
    Erasmianis*: hic *A-C.*

Beinschutz ausgerüstet war. Er kämpfte in der
Regel gegen den *thraex* oder den *retiarius.*
Der mit Netz und Dreizack ausgerüstete *retiarius* versuchte dem *murmillo* das Netz über
den Kopf zu werfen, um ihn bewegungsun-
fähig zu machen und ihn mit dem Dreizack
zu erledigen; der *murmillo*, den ungeschütz-
ten *retiarius* mit dem Schwert zu verwunden.
Der *thraex* war ähnlich bewaffnet wie der *murmillo*, nur war sein Kurzschwert krumm (*sica,
falx*) und sein Schild kleiner und gewölbter
(*parma*).
284  *Spiculum*  Er. hat hier die Lesart seiner Sue-
    tonausgabe d.J. 1518, „Spicillum" berichtigt,
    dadurch, daß er die Korrektur Filippo Beroal-
    dos d.Ä. (gest. 1505), die sich in dessen Sueton-
    kommentar findet, übernahm; „Spectillum",
    die unrichtige Lesart der Ausgabe des Egnazio
    von 1516, hatte Er. 1518 zugunsten von „Spi-
    cillum" hintenangestellt, aber noch als *lectio
    varia* verzeichnet; in der Ausgabe d.J. 1533 ver-
    zichtete er allerdings auf diese *lectio varia*. Die
    Verbesserung von *Apophth*. VI, 49, „Spicu-
    lum" (seit 1531), übernahm er allerdings nicht
    in seine zweite Suetonausgabe d.J. 1533.

284 *Spiculum* Tiberius Claudius Spiculus, *decurio* der Leibwache Neros. Vgl. *CIL* X, 6690; A. Stein, *RE* III, 2 (1899), Sp. 2871, s.v. „Claudius“, Nr. 355. Es handelt sich um denselben Spiculus, der in Suet. *Ner.* 30, 2 vermeldet wird: „Menecratem citharoedum et Spiculum murmillonem triumphalium virorum patrimoniis aedibusque donauit (sc. Nero)“. An dieser Stelle überliefern die meisten Handschriften „speculum“, das Beroaldo zu „Spiculum“ korrigierte. Nicht identifiziert in *CWE* 38, S. 611.

284 *requisiuit* „requisiuit“, wie in Er.' Suetonausgaben.

287 *Sepultura uiui* Lycosthenes druckt das Apophthegma, Er.' Titel entsprechend, in der Kategorie „De sepultura“ (S. 990).

*Apophth.* VI, 50 datiert auf Neros Todestag, den 11. 6. 68.

288 *Phaon* **Phaon**, Freigelassener im Dienst Neros, bekleidete das Amt des Schatzmeisters (*a rationibus*). Im Juni 68, als Neros Lage aussichtslos geworden war, nahm ihn Phaon auf sein Landgut zwischen der Via Salaria und der Via Nomentana auf, wo Nero schließlich Selbstmord beging. Für Phaon vgl. Stein, *RE* XIX, 2 (1938), Sp. 1795–1796, s.v. „Phaon“, Nr. 2; W. Eck, *DNP* 9 (2000), Sp. 736–737, s.v. „Phaon“.

288–289 *Phaon libertus … iturum* Größtenteils wörtliche Wiedergabe von Suet. *Ner.* 48, 1 und 3: „Et offerente Phaonte liberto suburbanum suum inter Salariam et Nomentanam (Nomentanam *ed. Er. 1518 et 1533, ed. Egnat.*) viam circa quartum miliarium, … (3) Ibi hortante eodem Phaonte, vt interim in specum egestae harenae concederet (conderetur *lectio varia in Suet. ed. Er. 1518 et 1533*), negauit se viuum sub terram iturum“.

288 *conderetur* Er. korrigiert an dieser Stelle seine Suetonausgabe d.J. 1518, indem er statt, wie dort, „concederetur“, die *lectio varia* „conderetur“ wählt; Ignazio hatte ebenfalls „concederetur“. Die Korrektur von *Apophth.* VI, 50

wurde jedoch nicht in Er.' zweite Suetonausgabe d.J. 1533 übernommen.

*Apophth.* VI, 51 datiert auf Neros Todestag, den 11. 6. 68 n. Chr.

292–293 *Aquam … decocta* Suet. *Ner.* 48, 3: „Ibi …, dum clandestinus ad villam introitus pararetur, aquam ex subiecta lacuna poturus (potaturus *ed. Er. 1518 et 1533, ed. Egnat.*) manu hausit et ‚Haec est‘, inquit, ‚Neronis decocta‘“.

292 *cuidam* Ein merkwürdiger Zusatz des Er. Es handelte sich natürlich um die Villa des Phaon, den Er. gerade noch im vorhergehenden Apophthegma mit Namen genannt hat. Dies geht auch unmissverständlich aus dem Suetontext hervor, den Er. zitiert.

292 *potaturus* „potaturus“, wie in den Suetonausgaben des Er. In einer Marginalnote kommentiert Er.: „potaturus pro bibiturus“.

293 *decocta* sc. aqua: Nero hatte ein neues Getränk erfunden: Durch sorgfältiges Abkochen wurde Wasser weicher gemacht, sodaß es einen seidigen Charakter bekam; dann wurden Essenzen aus Kräutern hinzugefügt.

293–294 *repererat … niue* Paraphrasierende, falsch verstandene Wiedergabe von Plin. *Nat.* XXXI, 40: „Neronis principis inuentum est decoquere aquam vitroque demissam in niues refrigerare; ita voluptas frigoris contingit sine vitiis niuis“.

293 *crudae* Ungekochtes Wasser; vgl. *DNG* I, Sp. 1369, s.v. „crudus“, Nr. I, 1, a.

293–294 *immissa in poculum niue* Die Erklärung des Er. ist falsch und widerspricht gerade der Methode des Abkühlens, die Nero bei seiner Erfindung anwendete. Er warf nicht Schnee ins abgekochte Wasser, sondern sorgte dafür, daß der leicht schmutzige oder grobe Schnee sich nicht mit diesem vermischte. Der Schnee befand sich in einer Art Weinkühler, einem Gefässtyp, der schon im alten Griechenland gebräuchlich war: In den mit Schnee gefüllten Weinkühler setzte man ein gläsernes Gefäss mit dem abgekochten Wasser. Vgl. Plin. *Nat.* XXXI, 40.

295   VI, 52                    ⟨Neronis extremae voces⟩        (Sextus [i.e. Claudius]
                                                                Nero, 22)


Vbi *sensit equites appropinquare, quibus* mandatum *erat, vt illum viuum attraherent,*
versum Homericum protulit:

ἵππων ὠκυπόδων ἀμφὶ κτύπος οὔατα βάλλει,

300   simulque *ferrum iugulo adegit.*


VI, 53                    Neronis extremae voces          (Sextus [i.e. Claudius]
                                                          Nero, 23)


Ingressus *centurio* quum *semianimem* reperisset *et penula ad vulnus apposita simularet
se venisse in auxilium,* nihil *aliud respondit* [sc. Nero] *quam „sero“, et „Haec est fides“.*
305   Sermo ambiguus est: potest ⟨et⟩ intelligi *sero venisse,* qui iam ad morientem venerat,
et *sero venit,* qui in hoc venit, vt viuum attraheret. Item *„Haec est fides“* potest esse
expostulantis de fide amicorum; a⟨u⟩t Nero sensit se nihil illius verbis credere,
eiusque rei argumentum esse vulnus in iugulo letale.


VI, 54                    Ambitio         (Sextus Nero, 24, i.e. Agrippina
310                                                        minor, 1)


Quum genethliaci *Chaldaei* Agrippinae matri Neronis *respondissent imperaturum*
quidem filium, sed *occisurum matrem, „Occidat“,* inquit, „modo *imperet“.* Tam impotens erat in foemina dominandi sitis; et habuit, quod optauit.


305  et *supplevi.*                          311  Chaldaei *C*: Chaldei *A B.*
307  aut *scripsi*: at *A-C.*

*Apophth.* VI, 52 datiert auf den 11. 6. 68. In den
  Baseldrucken fehlt ein Titel. Vermutlich war
  der Titel identisch mit jenem des nächstfolgenden Spruches: „Neronis extremae voces“
  (VI, 53).
297–300 *sensit equites … adegit* Suet. *Ner.* 49,
  3: „Iamque equites appropinquabant, quibus
  praeceptum erat, vt viuum eum adtraherent.
  Quod vt sensit, trepidanter effatus ἵππων ὠκυπόδων ἀμφὶ κτύπος οὔατα βάλλει ferrum iugulo
  adegit iuuante Epaphrodito a libellis“.
299 ἵππων … βάλλει Hom. *Il.* X, 535. Das μ᾽ ist
  zum Verständnis des Verses erforderlich. Die
  Auslassung des μ᾽ (= με) in Er.᾽ Suetonausgabe
  ist durch Haplographie des μ in Bezug auf das
  vorhergehende ν (von ἵππων) zu erklären; das
  ν wurde in den Baseldrucken als μ geschrieben.

299 ἵππων … βάλλει Er. hat den Vers, entgegen seiner Gewohnheit in den *Apophthegmata,*
  nicht übersetzt; in der Übers. des Egnatius lautete er: „Equorum citatorum aures circumso-
  nat strepitus“.
303–304 *centurio … fides* Größtenteils wörtliche Übernahme von Suet. *Ner.* 49, 4: „Semi-
  animisque adhuc irrumpenti centurioni et
  paenula (penula *ed. Er. 1518 et 1533, ed. Egnat.*)
  ad vulnus adposita in auxilium se venisse simu-
  lanti non aliud respondit quam ‚sero‘, et ‚Haec
  est fides‘ “.
303 *penula* Die *paenula* ist ein römischer halbrunder Überziehmantel oder Umhang aus
  Leder, Leinen oder Wolle, der besonders bei
  schlechtem Wetter oder auf Reisen getragen
  wurde, also auch für Soldaten geeignet war;
  es sind zahlreiche Grabsteine römischer Sol-

daten überliefert, auf denen sie diesen Mantel tragen. Ausgebreitet war die Form der *paen-ula* oval, mit einem Ausschnitt für den Kopf, ähnelt insofern dem ‚Wetterfleck' der Alpen-länder, dem südamerikanischen Poncho oder der Pelerine. Die *paenula* war mit einer ange-nähten Kapuze ausgestattet, wie dies auch beim ‚Wetterfleck' der Fall ist. Diese Art von Überziehern gehörte seit der frühen Republik zur traditionellen Kleidung. Allerdings wurde die *paenula* ursprünglich v.a. von den unte-ren Schichten und den Soldaten, ab der frü-hen Kaiserzeit jedoch auch von der Ober-schicht getragen. Vgl. R. Hurschmann, *DNP* 9 (2000), Sp. 142, s.v. „Paenula"; F. Kolb, „Die paenula in der *Historia Augusta*", *Bonner His-toria Augusta Colloquium* 1971, Bonn 1974. Er. war bekannt, um welchen Typus eines Klei-dungsstückes es bei der *paenula* ging, welche Funktion er hatte (Schlechtwetter- bzw. Win-termantel) und von welchen Leuten er insbe-sondere getragen wurde: vgl. *Adag.* 1000 (*ASD* II, 2, S. 496) „Aestate penulam deteris" (etwa: „Du zerreisst dir im Sommer den Wintermant-tel"): „Nam χλαῖνα summa vestis est, quae pro tempore sumitur ad ventos, pluuiam frigusue depellendum, quasi Latine dicas penulam … Nonius indicat esse genus vestis militaris, quae sit omnium extima veluti chlamys, pallium et penula"; Ep. 1479 (Basel, 1524): „Penulam hybernam nouerunt omnes". Er. interessierte sich für die römischen und griechischen Klei-dungsstücke und war von dem einschlägigen Traktat *De re vestiaria*, welchen Lazare de Baïf i.J. 1526 herausbrachte, sehr beeindruckt. Vgl. Komm. *ASD* II, 2, S. 496.

305 *Sermo ambiguus est* Nach *CWE* 38, S. 612 soll Er.' Kommentar suggerieren, daß die bei-den letzten Worte Neros eigentlich von dem *centurio* gesprochen wurden: „Erasmus' com-ment suggests that he thought these words may have been said by the centurion, but Sue-tonius gives them to Nero, as does Er.' mar-ginal heading". Diese Angabe erscheint nicht stimmig. Jede einzelne der vier Deutungen läßt sich aus Neros Perspektive verstehen.

307 *a⟨u⟩t* Das in den Baseldrucken einhel-lig überlieferte „at" ergibt keinen Sinn. Es liegt mit ziemlicher Sicherheit ein Textüber-tragungsfehler vor: Das handschriftliche aut-Abkürzungszeichen (= „at" mit Kürzelzeichen über „a") wurde von dem Setzer oder Amanu-ensis irrtümlich als „at" (ohne Kürzelzeichen) verstanden.

Ab *Apophth.* VI, 54 verlässt Er. seine Haupt-quelle Sueton, wobei er seine Sammlung v.a. mit Stellen aus Tacitus' *Annales* ergänzt und sich dabei vornehmlich anderen Personen als Apophthegma-Spendern zuwendet, die mit Nero auf verschiedene Weise verbunden sind: dessen Mutter Agrippina (VI, 54–55), dem Prä-torianerpräfekten Burrus (VI, 56), den Zen-turionen Subrius Flavus (VI, 58–59) und Sulpi-cius Asper (VI, 60) und dem gallischen Redner Iulius Africanus (VI, 62). Zu der Arbeitsweise, wonach in Fürstenspiegel-Apophthegmata in den jeweiligen Sektionen auch andere Perso-nen als Spruchspender auftreten, vgl. Einlei-tung.

311 *genethliaci* Die Nativitätssteller, Ersteller von Geburtshoroskopen; vgl. Gell. XIV, 1; Aug. *Civ.* XXII, 28; *DNG* I, Sp. 2245–2246, s.v. „genethliacus"; die Nativitätsstellerei hieß „genethliace" (ebd.). Er.' Verbindung von „genethliaci" mit „Chaldaei" (etwa: „Wahrsa-ger") ist tautologisch. Es gab keine bestimmte Gruppe von Chaldäern, die sich nur auf die Erstellung von Geburtshoroskopen be-schränkte. Geburtshoroskope anzufertigen, gehörte freilich zu ihren Hauptaufgaben. Zu den Chaldäern vgl. oben Komm. zu VI, 40.

311–312 *Chaldaei … imperet* Variierende Wie-dergabe von Tac., *Ann.* XIV, 9, 3: „Nam con-sulenti super Nerone (sc. Agrippinae) respon-derunt Chaldaei fore, vt imperaret matrem-que occidat; atque illa ‚occidat', inquit, ‚dum imperet'".

311 *Agrippinae* Zu Neros Mutter Julia Agrip-pina d.J. (15/16 n. Chr.–59) vgl. oben Komm. zu VI, 30.

312–313 *Tam impotens … optauit* Kommentar nicht des Tacitus, sondern des Er., in dem ein-mal mehr seine Frauenfeindlichkeit hervor-tritt.

VI, 55                          FORTITER          (Sextus Nero, 25, i.e. Agrippina
315                                                          minor, 2)

Eadem quum iussu Neronis occideretur ac *centurio ferrum in mortem distringeret,*
*ventrem* ostendens *clamabat*: „Hunc percute, *hic est ferro fodiendus, qui* portentum
illud genuit“.

VI, 56                          LENITER           (Sextus Nero, 26, i.e. Burrus)

320  Nero in magna erat inuidia, quod *Burrum* principem virum crederetur occidisse
veneno faucibus *illito, quasi remedium adhiberetur.* Ad hunc *quum* Nero *visendi* gratia
*venisset, auersatus est illum Burrus,* cui *scelus* iam erat *intellectum,* multaque percontanti nihil aliud *respondit* quam *„Ego bene me habeo“.* Mira etiam in moriente lenitas.

VI, 57                    IOCVS IN MORTVVM         (Sextus [i.e. Claudius]
325                                                         Nero, 27)

Ille [sc. Nero] in Claudii *stultitiam* subinde *iocabatur* [*productione syllabae*], quum
diceret „posteaquam *desiit inter* viuos *morari“,* prima *syllaba producta.* ‚Moros‘ enim
Graece ‚fatuum‘ sonat. Inde finxit ‚morari‘ pro ‚stultum agere‘, quemadmodum nos
a ‚poeta‘ ‚*poetari‘,* a ‚iuuene‘ ‚*iuuenari‘.*

---

319  Leniter *C*: Fortiter *A B*.
323  bene me *A-C*: *dubito ne scribendum sit* me
      bene *(cf. Tac. Ann. loc. cit.).*
326  ille *scripsi*: idem *A-C*.

326  productione syllabae *seclusi*.
327  morari *A C BAS LB Suet. edd. Erasmianae*
      *1518 et 1533*: mɷrari *B (cf. De pronunt., ASD I,*
      *4, p. 68).*

*Apophth.* VI, 55 Der richtige Titel lautet „Forti-
      ter“. Dieser Titel wurde im ersten und zweiten
      Basel-Druck irrtümlich dem nächstfolgenden
      Lemma V, 56 zugeordnet, wobei zugleich der
      richtige Titel von V, 56, „Leniter“, unterging.
      In *C* wurden diese Fehler korrigiert. Lycosthe-
      nes, der V, 55 in dem Kapitel „De crudeli-
      tate“ druckte, schrieb die Worte der Agrip-
      pina fälschlich dem Zenturio zu („Centurio-
      nis, de Nerone“) und gab, obwohl er nur
      Er. wiedergab, als Quelle fälschlich Sueton an
      (S. 221).
316–318 *centurio …genuit* Tac. *Ann.* XIV, 8, 5:
      „Circumsistunt lectum percussores et prior
      trierarchus fusti caput eius adflixit. Iam in
      mortem centurioni ferrum destringenti pro-
      tendens vterum ‚ventrem feri. [hic est, hic
      est fodiendus ferro, monstrum qui tale tulit]‘
      exclauuit multisque vulneribus confecta
      est“. Er. benutzte eine der älteren Ausgaben

des Tacitus, in denen die heute im *textus recep-*
*tus* athetierten Worte „hic est, hic est fodiendus ferro, monstrum qui tale tulit“ im Text
standen. Sie stammen tatsächlich aus Ps. Sen.
*Octavia* 371–372: „‚Hic est, hic est fodiendus‘ ait, / ‚ferro, monstrum qui tale tulit‘“.
Wie in *CWE* 38, S. 613 richtig dargestellt
wird, handelt es sich um einen späteren Einschub in den Text des Tacitus, der dadurch
zustande gekommen ist, daß irgendjemand
den Ausspruch aus *Octavia* 371–372 in die
Margo einer Tacitushandschrift geschrieben
hat. Beim erneuten Abschreiben des Textes
gelangten die Worte in den Text.
319 *Leniter* Zum Titel vgl. Komm. ad V, 55.
*Apophth.* VI, 56 Der Spender ist abermals nicht
      Nero selbst, sondern Burrus, und wiederum
      geht es um letzte Worte eines der beteilig-
      ten Akteure in der Regierungsperiode des
      Nero.

320 *Burrum* Zur Person des Prätorianerpräfekten Burrus (ca. 1–62 n. Chr.) vgl. Komm. oben
zu *Apophth.* VI, 32.

320–323 *Burrum … habeo* Tac. *Ann.* XIV, 51, 1:
„Plures iussu (vis *quaedam edd. vett.*) Neronis,
quasi remedium adhiberetur, inlitum palatum
eius noxio medicamine adseuerabant, et Burrum intellecto scelere, cum ad visendum eum
princeps venisset, adspectum eius auersatum
sciscitanti hactenus respondisse ‚Ego me bene
habeo‘“; vgl. dazu Cass. Dio LXIII, 13, 2–3.

322–323 *multaque percontanti* Die Angabe
„multaque percontanti“ beruht auf der freien
Erfindung des Er.

323 *Ego bene me habeo* Er. gibt den Ausspruch
des Burrus im Vergleich zur Quelle Tacitus
(‚Ego me bene habeo‘) mit geänderter Wortfolge wieder; die Wortfolge in Tac. *Ann.* XIV,
51, 1 ist natürlicher. Wenn Er. diese Änderung
bewusst vorgenommen hat, wollte er möglicherweise das Wort „gut“ betonen, etwa: „Gut
geht es mir“ statt des formalisierten „Es geht
mir gut“. Es kann sich auch um ein Versehen
auf Seiten des Er. handeln.

326 *Ille* Das in den Baseldrucken überlieferte
„idem“ ist irreführend, da die letztgenannte
Person (zugleich der Spruchspender von VI,
56) Burrus ist.

326–327 *stultitiam … producta* Leicht gekürzte
Wiedergabe von Suet. *Ner.* 33, 1: „Certe omnibus rerum verborumque contumeliis mortuum insectatus est, modo stultitiae modo
saeuitiae arguens; nam et *morari* eum desisse
inter homines (*inter homines desiisse ed. Er.
1518 et 1533, ed. Egnat.*) producta prima syllaba
iocabatur multaque decreta et constituta, vt
insipientis atque deliri, pro irritis habuit …“.
Vgl. Er., *De copia, ASD* I, 6, S. 48–49, Z. 446–

447: „Primi generis (sc. eorum, quae finguntur
noua) exemplum fuerit, quod Nero ‚morari‘
dixit prima producta pro ‚fatuum esse‘“; *De
pronunt., ASD* I, 4, S. 68, Z. 973–976: „Suetonius indicat Neronem Caesarem mortuo
Claudio stultitiam exprobrare solitum vnius
vocalis productione. Quotiens enim incideret,
vt diceret illum esse mortuum, ita loquebatur:
‚Desiit inter viuos morari, porrecta prima syllaba‘“. *De pronunt.* erschien 1528; in *De copia*,
a.a.O., hatte Er. das Beispiel ‚morari‘ erst in der
vierten Ausgabe, die 1534 von Froben heraus-
gebracht wurde, hinzugesetzt, d.h. nach der
Arbeit an *De pronuntiatione* und an den *Apophthegmata*. Vgl. auch Komm. *CWE* 38, S. 613.

326 *productione syllabae* Er. ist hier bei der
Übernahme des Textes irrtümlich eine Redu-
plikation unterlaufen, vgl. unten „prima syllaba producta“. Eine der beiden Angaben ist zu
streichen, wohl am besten die erste.

327 *desiit* „desiit“, wie in Er.’ Suetonausgaben
von 1518 und 1533.

329 *poetari* Für ‚poetari‘ vgl. *DNG* II, 3712, s.v.
‚poetor‘ (Enn. *Sat.* 64).

329 *iuuenari* Vgl. *Adag.* 3083 (*ASD* II, 7, S. 88):
„Iuuenari“: „*Iuuenari*‘ dixit Horatius, tum
noue tum prouerbialiter, in Arte poetica. Graeci item νεάζειν, νεανίζειν, νεαν⟨ι⟩εύειν consimili
modo vsurpant, pro eo, quod est ‚iuuenum
more iactantius, inconsideratius, inconsultius
agere‘, aut si quid aliud ei aetati peculiare
videtur“; Hor. *Ars* 246; vgl. auch *Adag.* 128
(*ASD* II, 1, S.244): „Horatius ‚*iuuenari*‘ dixit
pro νεανίζειν“; *De copia* (*ASD* I, 6, S. 42, Z.
338–340): „apud Horatium … ‚iuuenari‘ pro
‚iuueniliter lasciuire‘, quae vox ad Graecum
efficta est νεανίζειν et νεανιεύειν“.

330  VI, 58                          SALSE                (Sextus Nero, 28, i.e. Subrius
                                                                          Flauus, 1)

Sunt qui putent hoc clam et inscio etiam Seneca fuisse decretum, *vt occiso Nerone*
*occideretur et Piso*, mox *imperium Senecae* deferretur. Interea *vulgabantur verba Flauii*
[i.e. Flaui], qui dixerat ad *dedecus* nihil *referre, si citharoedus dimoueretur, et tragoedus*
335  *succederet. Nero cithara, Piso tragico ornatu canebat.* Sensit vtrunque pariter indignum
imperio.

VI, 59                          LIBERE               (Sextus Nero, 29, i.e. Subrius
                                                                          Flauus, 2)

Quum de coniuratis agerentur quaestiones, *Subrius Flauius* [i.e. Flauus] *tribunus*
340  *interrogatus a Nerone, quibus causis* adductus *ad obliuionem sacramenti processisset,*
„*Oderam te*“, inquit, „*Nec quisquam tibi fidelior militum fuit, dum amari meruisti;*
*odisse coepi, postquam parricida matris et vxoris, auriga et histrio et incendiarius extitis-*
*ti*“. Negant *in ea coniuratione* quicquam *accidisse Neroni grauius, qui, vt* ad patranda
*facinora promptus erat, ita audiendi*, quae pataret, *insolens.*

---

334  Flauii *A-C ut in Tac. edd. veteribus*: Flaui *Tac.*            339  Flauius *A-C: scribendum erat* Flauus *ut in*
    *edd. recentiores.*                                                   *Tac. edd. recentioribus*
                                                                     340  processisset *B C*: procedisset *A*.

Apophth. VI, 58 und 59 datieren auf die Zeit der
    Pisonischen Verschwörung im April 65. Nach
    dem Tod des Burrus, der Entmachtung Sene-
    cas und der Ermordung der Octavia – Ereig-
    nisse, die sämtlich i.J. 62 stattfanden – ver-
    schlechterte sich die Lage in zunehmendem
    Maße. Eine sehr unterschiedlich zusammen-
    gesetzte Gruppe von Senatoren und einfluss-
    reichen Leuten, zu der neben Gaius Calpur-
    nius Piso auch Plautius Lateranus, Claudius
    Senecio, Lucius Faenius Rufus und Subrius
    Flavus gehörten, verschwor sich gegen Nero.
    Es ist unklar, ob Piso in der Tat die führende
    Rolle spielte. Das Attentat auf Nero war auf
    den 19. 4. d.J. 65 angesetzt, scheiterte aber,
    weil die Verschwörung verraten wurde. 19 Ver-
    schwörer fanden den Tod, 13 wurden verbannt.
    Vgl. W. Eck, „Neros Freigelassener und die
    Aufdeckung der Pisonischen Verschwörung“,
    in: *Historia* 25 (1976), S. 381–384.
332  *et … decretum*  Er.’ Textwiedergabe („et
    inscio etiam Seneca fuisse decretum“) besagt
    kurioserweise das genaue Gegenteil von dem,
    was in der Quelle Tacitus’ steht. In den älte-
    ren wie auch den neueren Ausgaben sagt Taci-

tus klipp und klar, daß Seneca die Pläne
    der Pisonischen Verschwörung bekannt waren
    („neque tamen ignorante Seneca, destinauisse
    …“). Er. war anscheinend nicht aufgefallen,
    daß die bloße Tatsache, daß Seneca als neuer
    Prinzeps vorgesehen war, voraussetzt, daß er
    von der Verschwörung gewußt haben muß.
332–335  *occiso … canebat*  Im Anfangsteil durch
    ein Mißverständnis entstellte Wiedergabe von
    Tac. *Ann.* XV, 65, 1: „Fama fuit Subrium
    Flauum (Flauium *edd. vett.*) cum centurio-
    nibus occulto consilio, neque tamen igno-
    rante Seneca, destinauisse, vt post occisum
    opera (ope *edd. vett.*) Pisonis Neronem Piso
    quoque interficeretur tradereturque imperium
    Senecae, quasi insonti (insonti *ed. Beroaldus*
    *Rom. 1515, text. recept.*: insontibus *quaedam*
    *edd. vett.*) et claritudine virtutum ad summum
    fastigium delecto. Quin et verba Flaui (Flauii
    *edd. vett.*) vulgabantur, non referre dedecori,
    si citharoedus demoueretur (demoueretur *text.*
    *recept.*: dimoueretur *edd. vett., etiam ed. Beru-*
    *aldi 1515*) et tragoedus succederet, quia, vt Nero
    cithara, ita Piso tragico ornatu canebat“. Vgl.
    Cass. Dio LXII, 24.

333 *Piso* C. Calpurnius Piso (?–65 n. Chr.), aus dem röm. Hochadel; von Caligula schwer benachteiligt (Frauenraub) und i.J. 41 verbannt; Suffektkonsul unter Claudius (41–54); zeichnete sich durch großen Reichtum, Prachtliebe, Kulturmäzenat, hohe Bildung, rhetorische Fähigkeiten und schriftstellerische Begabung aus. Nachdem die nach ihm benannte ‚Pisonische Verschwörung‘ gescheitert war, beging er Selbstmord. Vgl. W. Eck, *DNP* 2 (1996), Sp. 946, s.v. „Calpurnius“, Nr. II, 13; E. Groag, *RE* III, 1 (1897), Sp. 1377–1379, s.v. „Calpurnius“, Nr. 65.

334 *Flauii* **Subrius Flauus** (?–65 n. Chr.), Militärtribun, einer der tapfersten und entschlossensten Teilnehmer an der Pisonischen Verschwörung. Ertrug die Todesstrafe standhaft und mutig (Tac. *Ann.* 67). Vgl. A. Stein, In *RE* IV, A.1 (1931), Sp. 488–489, s.v. „Subrius“, Nr. 2. Für Subrius Flavus vgl. Tac. *Ann.* XV, 49–50; 58; 65; 67; nicht in *DNP*, keine Identifizierung in *CWE* 38.

335 *Nero … canebat* Die Erklärung des Witzes stammt von Tacitus. Die spöttische Bemerkung besagt, daß die Schande eines sich offen als Schauspieler und Sänger gebärdenden und öffentlich auftretenden Kaisers sich nicht verringern würde, wenn Piso zum Nachfolger Neros erhoben werden würde. Denn Piso betätigte sich als Redner, Schriftsteller und Dichter; nach den Juvenal-Scholien trat er zudem als Schauspieler in Tragödien auf: „scaenico habitu tragoedias actitauit“ (Schol. ad 5, 109). Im Hinblick auf die Tatsache, daß der Apophthegma-Spender Subrius Flauus Seneca als neuen Herrscher bevorzugte, mag der Witz insofern verwundern, als Seneca als Tragödiendichter viel bekannter als Piso war. Der springende Punkt war jedoch wohl das öffentliche Auftreten als Schauspieler, das als schwerer Decorum-Verstoß empfunden wurde. Piso trat, wenn die Nachricht der Juvenal-Scholien stimmt, öffentlich als Schauspieler in Tragödien auf, während dies für Seneca nicht überliefert ist.

*Apophth*. VI, 59 datiert auf die Zeit unmittelbar nach der Aufdeckung der Pisonischen Verschwörung im April 65.

339–344 *Subrius Flauius tribunus … insolens* Im einleitenden Teil stark gekürzte, im Hauptteil wörtliche Wiedergabe von Tac. *Ann.* XV, 67, 1–3: „Mox eorundem indicio Subrius Flauus (Flauuius *edd. vett., e.d. Berualdus Rom. 1515*) tribunus peruertitur …; dein, postquam vrgebatur, (2) confessionis gloriam amplexus. Interrogatusque a Nerone, quibus causis ad obliuionem sacramenti processisset, ‚Oderam te‘, inquit, ‚Nec quisquam tibi fidelior militum fuit, dum amari meruisti; odisse coepi, postquam parricida matris et vxoris, auriga et histrio et incendiarius extitisti‘. (3) … nihil in illa coniuratione grauius auribus Neronis accidisse constitit, qui vt faciendis sceleribus promptus, ita audiendi, quae faceret, insolens erat“.

339 *Flauius* Damit ist Subrius Flauus gemeint, dessen Namen Er. wie schon im vorhergehenden *Apophth*. nach der verderbten Überlieferung, die sich in den älteren Tacitus-Ausgaben findet, mit „Flauius“ wiedergibt. Zu seiner Person vgl. Komm. zu VI, 58.

340 *obliuionem sacramenti* Dies bezieht sich auf den Treueeid, den die Soldaten auf den Kaiser schwören mussten.

342 *parricida matris* Nero ließ seine Mutter Agrippina i.J. 59 ermorden. Vgl. dazu oben *Apophth*. VI, 39, 44, 54 und 55 mit Komm.; zur Person Agrippinas d.J. vgl. oben Komm. zu VI, 30.

342 *parricida … vxoris* Seine Frau Octavia ließ Nero i.J. 62 töten. Zur Person der Octavia vgl. oben, Komm. zu VI, 48.

342 *incendiarius* Der Großbrand Roms, dessen man Nero beschuldigte, fand i.J. 64 statt. Zu dem Brand vgl. oben *Apophth*. VI, 35, 37 und 44.

343–344 *Negant … insolens* Der Kommentar zum *Apophthegma* stammt nicht von Er., sondern von Tacitus.

345 VI, 60                          LIBERE                (Sextus Nero, 30, i.e. Sulpitius
                                                                                 Asper)

Eodem tempore *Sulpitius Asper centurio percontanti Neroni, cur in caedem suam
conspirasset, „Non aliter",* inquit, *„tot flagitiis tuis subueniri poterat".*

VI, 61                          IOCVS CRVDELIS    (Sextus [i.e. Claudius] Nero, 31)

350 Vestinus consul, quum *eo*[dem] *die omnia munia consularia* obisset [i.e. comple-
uisset], e conuiuio repente ad mortem raptus est. Conuiuae nihil aliud quam exitium expectabant. *Horum pauorem irridens Nero* dixit illos *satis supplicii luisse pro
epulis consularibus.* Dicas hoc a clemente dictum, si caetera Neronis facinora spectes.

355 VI, 62                                         (Sextus Nero, 32, i.e. Iulius Africanus)

*Nero matrem* occiderat. Vnde *Africanus* quidam ita consolatus est hominem: „Orant
*te, Caesar, Galliae tuae, vt felicitatem tuam fortiter feras".*

---

347  Sulpitius *A-C Tac. edd. vett.*: Sulpicius *LB*
     *Tac. text. recept.*

Apophth. VI, 60  Wie das vorhergehende, datiert
     *Apophth.* VI, 60 auf die Zeit unmittelbar nach
     der Aufdeckung der Pisonischen Verschwö-
     rung im April d.J. 65.
347–348  *Sulpitius… poterat* Wörtliche Wieder-
     gabe von Tac. *Ann.* XV, 68, 1: „Proximum con-
     stantiae exemplum Sulpicius (Sulpitius *edd.
     vett.*) Asper centurio praebuit, percunctanti
     Neroni, cur in caedem suam conspirauisset,
     breuiter respondens non aliter tot flagitiis eius
     subueniri potuisse".
347  *Sulpitius Asper* Der Zenturio **Sulpicius As-
     per**, der zur Prätorianergarde gehörte, war
     neben Subrius Flauus einer der entschlossens-
     ten Teilnehmer an der Pisonischen Verschwö-
     rung; wie sein Vorgesetzter Subrius Flauus
     wurde er zum Tode verurteilt (Tac. *Ann.* XV,
     49–50). Vgl. Münzer, *RE* IV.A, 1, Sp. 744, s.v.
     „Sulpicius", Nr. 25. Keine Identifizierung in
     *CWE* 38.
Apophth. VI, 61 datiert auf den letzten Tag d.J.
     65, das Jahr von Vestinus Atticus' Konsulat,
     genau auf dessen letzten Amtstag, den er mit
     einem feierlichen Gastmahl beging; an die-
     sem Tag wurde er zum Selbstmord gezwun-
     gen.

350  Vestinus *A-C Tac. loc. cit.*: Vectius *BAS LB.*
350  eo *scripsi coll. Tac. loco cit.*: eodem *A-C.*

350  *Vestinus consul* Marcus Iulius Vestinus Atti-
     cus (?–65 n. Chr.), Sohn von Lucius Iulius
     Vestinus, des praefectus Aegypti unter Clau-
     dius; Konsul 65; Nero, der Vestinus Atticus
     zu Unrecht als Teilnehmer an der Pisonischen
     Verschwörung betrachtete, zwang ihn zum
     Selbstmord. Vgl. W. Eck, *DNP* 6 (1999), Sp.
     44, s.v. „Iulius", Nr. II, 147; *Prosopographia
     Imperii Romani* (PIR) [2] I, 624.
350  *obisset* Gemeint war nicht, daß Vestius an
     dem nämlichen Tag alle Aufgaben des Konsuls
     in Angriff genommen hatte, sondern daß er sie
     vollendet hatte – er hatte gerade seinen letzten
     Amtstag beendet.
352–353  *pauorem … consularibus* Stark ge-
     kürzte, paraphrasierende, teilweise mißver-
     ständliche, in der unmittelbaren Spruchumge-
     bung jedoch wörtliche Wiedergabe von Tac.
     *Ann.* XV, 69, 2–3: „Cuncta eo die munia con-
     sulis impleuerat conuiuiumque (conuiuium-
     que *text. recept.*: conuiuium *edd. vett., e.g.
     ed. Berualdus Rom.* 1515) celebrabat (celebra-
     rat *quaedam edd. vett., e.g. ed. Berualdus Rom.
     1515*), nihil metuens an (aut *edd. vett., e.g.
     ed. Berualdus Rom.* 1515) dissimulando metu,
     cum ingressi milites vocari eum a tribuno

dixere. Ille nihil demoratus exsurgit, et omnia simul properantur: clauditur cubiculo, praesto est medicus, abscinduntur venae … (2) Circumdati interim custodia, qui simul discubuerant, nec nisi prouecta nocte omissi (emissi *edd. vett., e.g. ed. Berualdus Rom. 1515*) sunt, postquam pauorem eorum, ex mensa exitium opperientium, et imaginatus et inridens Nero satis supplicii luisse ait pro epulis consularibus". Lycosthenes gibt bei seinem Druck von *Apophth.* VI, 61 fälschlich Suetons Nero-Vita als Quelle an: „Sueton. in Nerone" (S. 221).

*Apophth.* VI, 62 bezieht sich auf die Zeit unmittelbar nach der Ermordung Agrippinas (59 n. Chr.) und setzt voraus, daß der Apophthegma-Spender eng mit Gallien verbunden war. Zu Neros Muttermord vgl. oben *Apophth.* VI, 39, 44, 54 und 55 mit Komm.; zur Person Agrippinas d.J. Komm. zu VI, 30. In *A, B* und *C* wurde dem *Apophth.* VI, 62 kein eigener Titel beigegeben, vielleicht, weil man es inhaltlich dem Titel des vorhergehenden Lemmas zuordnete.

Quint. *Inst.* VIII, 5, 15 präsentiert den Ausspruch des Africanus als Beispiel eines überraschenden Paradoxons (felicitatem – fortiter ferre).

356–357 *Nero … feras* Im Spruchteil wörtliche Wiedergabe von Quint. *Inst.*VIII, 5, 15: „Et insigniter Africanus apud Neronem de morte matris: ‚Rogant te, Caesar, Galliae tuae, vt felicitatem tuam fortiter feras'".

356 *Africanus* Es handelt sich um den gallischen Redner (**Sextus**) **Iulius Africanus**, der 59 n. Chr. anlässlich des Todes der Agrippina eine Glückwunschadresse an Nero richtete. Vgl. Gerth, *RE* X, 1 (1918), Sp. 114–116, s.v. „Iulius", Nr. 45; P.L. Schmidt, *DNP* 6 (1999), Sp. 45–46, s.v. „Iulius", Nr. IV, 1; *PIR* I, 120. Quintilian betrachtete Iulius Africanus als einen der bedeutendsten Redner seiner Zeit, obwohl er dessen Stil bemängelte. Vgl. Quint. *Inst.* X, 1, 118; XII, 10, 10–11; *Dial.* 15, 3. Wie der Zusatz „quidam" zeigt, wusste Er. offensichtlich nicht, um wen es sich handelt.

# OTHO

VI, 63                                    Omen exitii                                    (Otho, 1)

360    Otho Syluius [i.e. Saluius] Imperator, quum *in augurando tempestas* esset *orta* atque ipse *grauiter prolapsus, identidem obmurmurasse* dicitur, „Τί ⟨γάρ⟩ μοι καὶ μακροῖς αὐλοῖς", id est, *„Quid mihi cum longis tibiis?"*, sentiens se frustra sacrificiis et

---

360  Syluius *A-C*: Siluius *Suet. ed. Erasmi 1518,*
     Saluius *Suet. ed. ab Erasmo 1533, plures edd. vett.*
     *et recc. LB.*
361  Τί γάρ μοι καὶ *scripsi sec. Suet. ed. Erasmianam*
     *1533*: Τί γὰρ μοὶ καὶ *Suet. ed. Egnatiana, Eras-*
     *miana 1518*, Τί μοι καὶ *A-C.*

361  γάρ *supplevi sec. Suet. ed. Erasmianam 1518,*
     *ipsius epist. dedicatoriam in Suet. ed. 1518 et*
     *Adag. 497: deest in A-C BAS LB.*

---

**Marcus Salvius Otho** (32 n. Chr.–69 n. Chr.), Röm. Kaiser vom 15. 1.–16. 4. 69 n. Chr. (Marcus Salvius Otho Caesar Augustus); Othos Vater Lucius, Konsul unter Tiberius und Provinzstatthalter unter Caligula, wurde von Claudius in den Patrizierstand erhoben; Marcus Otho gehörte in jungen Jahren dem Kreis um Nero an, heiratete 58 Poppaea Sabina, die bald Neros Geliebte wurde; seit 59 Provinzstatthalter von Lusitania. 68 erhob er sich mit dem Statthalter der benachbarten Provinz Hispania Tarraconensis, Servius Sulpicius Galba, gegen Nero und zog gegen Rom. Otho unterstützte Galbas Ernennung zum Kaiser, erwartete aber, daß dieser ihn im Gegenzug zum Nachfolger ernennen würde. Nachdem Galba jedoch Lucius Calpurnius Piso Frugi Licinianus bevorzugte, putschte Otho am 15. 1. 69 mit der Prätorianergarde gegen Galba. Galba und Calpurnius Piso wurden getötet, der Senat gezwungen, Otho als Kaiser zu bestätigen. In seinem Regierungsstil versuchte Otho bei Nero anzuknüpfen, wobei er sich auf Neros alte Vertraute und die Prätorianergarde stützte. Der Provinzstatthalter Germaniens, Vitellius, erkannte Otho jedoch nicht als Kaiser an und marschierte mit seinen Legionen nach Italien. Bei Cremona erlitten die Truppen Othos eine Niederlage, die dieser als entscheidend empfand: Am 16. 4. erdolchte sich Otho im Heereslager in Brixellum (Brescia). Vgl. W. Eck, *DNP* 9 (2000), Sp. 107–108, s.v. „Otho"; A. Nagl, *RE* I, A2 (1920), Sp. 2035–2055, s.v. „Salvius", Nr. 21; K. Wellesley, *The year of the four emperors*, 3. Aufl., London 2000. Die Apophthegmata Othos, die Er. aufnimmt, vermitteln ein auffällig positives Bild des Kai-

sers, der nur drei Monate regierte und keine Zeit hatte, einen eigenen Regierungsstil herauszubilden. In der Darstellung des Er. treten besonders die Herrschertugenden der *moderatio* (Mäßigung, Zurückhaltung), Selbstlosigkeit und der Hingabe an den Staat hervor, die in der *Inst. princ. christ.* angepriesen werden. Er. bewunderte Othos Haltung im Angesicht des Todes; diese übersteige alles, was man von einem Heiden und erst achtunddreißig Jahre alten Mann erwarten könne. Im Kommentar zu einem Ausspruch Othos, der als Nachzügler im achten Buch der *Apophthegmata* aufscheint (VIII, 122), ruft Er. aus: „Quis non miretur hunc animum in principe ethnico, eoque triginta octo annos nato!". In VI, 63 und 64 verwendet Er. Suetons Kaiserviten als Quelle, in VI, 65 und 66 Plutarchs Otho-Biographie, in VIII, 122 Eutrop. In *Apophth.* VI, 63 gibt Er. den Namen des Kaisers, Salvius Otho, fälschlich mit „Otho Sylvius" wieder. Dieser Fehler stammt aus jenem Teil der Tradition des Suetontextes, der auch die Vorlage von Er.' Suetonausgabe, Giovanni Battista Egnazio, angehört. Offensichtlich hat Er. den Namen nicht mit seinen übrigen Quellen abgeglichen, die den Kaisernamen richtig mit „Salvius Otho" angeben. In VIII, 122 (*B*, S. 377; *C*, S. 808) verwendet Er. jedoch die Namensform „Otho Salvius", ebenso in seiner zweiten Suetonausgabe (1533). Während Er. in VIII, 122 in *B* und *C* die richtige Namensform „Otho Salvius" druckt, scheint im *Index personarum* jeweils noch stets die falsche Form „Otho Sylvius" auf. Die Verwendung der unrichtigen Namensform in VI, 63 ff. war folgenreich: Sie hat in so gut wie allen folgenden Ausgaben der *Apo-*

*phthegmata* Eingang gefunden, ebenso wie in Lycosthenes' Sammlung (z. B. S. 713; 803; 805; 815; 902).

360–362 *in augurando … αὐλοῖς* Suet. *Oth.* 7, 2: „Dicitur ea nocte per quietem pauefactus gemitus maximos edidisse repertusque a concursantibus humi ante lectum iacens per omnia piaculorum genera Manes Galbae, a quo deturbari expellique se viderat, propitiare temptasse; postridie quoque in augurando tempestate orta grauiter prolapsum identidem obmurmurasse: τί γάρ μοι καὶ μακροῖς αὐλοῖς'". Vgl. *Adag.* 497 (*ASD* II, 1, S. 566): „„Quid opus erat longis canere tibiis?'" … „Meminit huius et Suetonius in vita Othonis. *Postridie quoque,* inquit (sc. Suetonius), *in augurando tempestate orta grauiter prolapsum, identidem obmurmurasse:* 'Tί γάρ μοι καὶ μακροῖς αὐλοῖς;', id est *Quid mihi cum longis tibiis?*'".

361–362 *Tί … αὐλοῖς* Der Suetonkommentar des Filippo Beroaldo brachte Er. auf den Gedanken, den Ausspruch Othos als Sprichwort aufzufassen. Nach Beroaldo stelle dieser ein „prouerbium" dar, das vor Unternehmungen warne, die keinen Nutzen bringen: „Hoc autem ad prouerbium tendit aduersus facientes sibi inutilia et praepostera" (Suetonausgabe, Bologna 1506, fol. 265ʳ). In der Tat hatte Er. bereits für seine erste Ausgabe der *Adagia* d. J. 1508 Othos Ausspruch zu dem *Adagium* „Quid opus erat longis canere tibiis?", *Adag.* 497 (*ASD* II, 1, S. 566), umgebildet: „Dion libro primo huiusmodi quoddam adagium refert: Tί γάρ με ἔδει μακροῖς αὐλοῖς αὐλεῖν, id est *Quorsum attinebat me longis tibiis canere?* Idque aiunt conuenire in eos, qui sumpsissent inanem operam aut sumptum. Ductum ab Othone, qui post caesum Galbam fecerat sacrum, in quo exta inauspicatos exitus portendebant. Itaque poenitens sumptus et operae frustra sumptae fertur ita dixisse: Tί με ἔδει μακροῖς αὐλοῖς αὐλειν; Quae verba deinde in vulgi fabulam abierunt". Vgl. Komm. *ASD* II, 1, S. 566.

361–362 *Tί … αὐλοῖς* Diese Form des Ausspruchs, die aus der Tradition des Suetontextes stammt, bevorzugte Er. gegenüber der bei Cassius Dio überlieferten Version: τί γάρ με ἔδει μακροῖς αὐλοῖς αὐλειν (Cass. Dio LIII, 7, 1). In diesem Punkt richtete sich Er. explizite gegen Filippo Beroaldos (1506) und Giovanni

Battista Egnazios Suetonausgaben (1516). Wie Beroaldo in seinem Kommentar angibt, erschien ihm Dios Version des Ausspruchs als die maßgebliche und er übernahm sie schließlich in seinen Suetontext, statt der bei Sueton überlieferten Version. Egnazio folgte ihm darin. Vgl. Er., *Ep.* 648, Z. 21–24: „Caeterum quod in Othone Egnatius legendum putat τί γάρ με δεῖ καὶ μακροῖς αὐλοῖς αὐλειν, ab illo dissentio, quod haec fere verba Beroaldus ab erudito quodam admonitus ex Dione huc transtulerit. Neque variant hic quae viderim exemplaria … legendum igitur haud dubie: Tί γάρ μοι καὶ μακροῖς αὐλοῖς".

361 *γάρ* „γάρ" wurde durch einen Übertragungsfehler von Suetons Text versehentlich weggelassen, entweder von Er., dessen Amanuensis oder dem Setzer. Wie die Ausführungen in *Adag.* 497 und im Widmungsbrief der Suetonausgabe zeigen, hat sich Er. mit der philologisch richtigen Wiedergabe des griechischen Ausspruchs eingehend befasst, die er an den angegebenen Stellen wie folgt festlegte: Tί γάρ μοι καὶ μακροῖς αὐλοῖς (vgl. Ep. 648, Z. 21–24).

362 *Quid mihi cum longis tibiis* Die Übers. des Ausspruchs stammt von Er.: Er wiederholt an dieser Stelle jene Übers., die er bereits für das 1508 zum ersten Mal gedruckte *Adag.* 497 angefertigt hatte (vgl. *ASD* II, 1, S. 566).

362–364 *sentiens … Chiliadibus* Die Interpretation, die Er. an dieser Stelle gibt, ist plausibel. Er verweist jedoch diesbezüglich auf *Adag.* 497; die dort angeführte Version, nach der bei einer Eingeweideschau Otho sein jähes Ende vorhergesagt worden sei („Ductum ab Othone, qui post caesum Galbam fecerat sacrum, in quo exta inauspicatos exitus portendebant"), ist jedoch nicht schlüssig. Im vorliegenden *Apophth.* VI, 63 findet sich diese Interpretation nur im Titel („Omen exitii"). Otho veranstaltete keine Eingeweideschau, um sich die Zukunft vorhersagen zu lassen. Es ging um ein Sühneopfer, um die Manen des von ihm getöteten Galba zu besänftigen. Wie bei anderen Opfern auch, wurden zunächst Vorzeichen eingeholt, ob die Opferhandlung wohlgefällig sei. Die Omina waren doppelt negativ (Gewitter und Ausrutschen), weshalb Otho den Schluss ziehen musste, daß das Opfer zu diesem Zeitpunkt keinen Sinn habe.

*piaculis* conari placare *Manes Galbae.* Sed de hoc plura nobis dicta sunt in Chiliadibus.

365   VI, 64                  MORS DESTINATA             (Otho, 2)

Idem vbi iam mori destinasset, *sensit eos, qui* ab ipso deficere *et abire coeptabant, pro desertoribus corripi* ac *detineri. Vetuit,* ne *cuiquam fieret* iniuria, dicens „*Adiiciamus vitae et hanc noctem*", *et* in profundam vesperam *vsque patente cubiculo, si quis adire vellet, potestatem sui* conueniendi fecit.

370   VI, 65                  FIDES IN MILITE     (Otho, 3, i.e. quidam miles
                                                              Othonis)

Multis Othonem rogantibus, ne deposito imperio exercitum ac rempublicam desereret, *quidam e gregariis militibus sublato ense dixit: „Scito, Caesar, sic pro te omnes* animatos *esse*", moxque *se ipsum iugulauit.*

375   VI, 66                  MODERATE              (Otho, 4)

Otho iam destinata morte *Cocceium* [i.e. Cocceianum] *fratris filium* ad se vocatum sic *adhortatus* est extremis verbis: „*O fili, habuisse te patruum Caesarem nec prorsus obliuiscaris nec admodum memineris*". Noluit illum prorsus obliuisci, ne desereret curam suorum; rursum noluit valde meminisse, ne mortem patrui vlcisceretur.
380

---

363 Galbae *B C*: Gallae *A.*
373 Scito *A-C*: Scio *BAS LB.*

376 Cocceium *A-C ut in Plut. Othone*: Cocceianum *sec. Tac. Hist. II, 48, 2.*

363 *Galbae* Servius Sulpicius Galba (3 v. Chr.–69 n. Chr.), Röm. Kaiser von 68–69, Nachfolger Neros; Otho machte zunächst mit Galba gegen Nero gemeinsame Sache; nachdem Galba zum Kaiser ausgerufen worden war und sich nicht bereit zeigte, Otho zu seinem Nachfolger zu ernennen, putschte Otho gegen seinen früheren Kampfgefährten und brachte ihn ums Leben. Vgl. W. Eck, *DNP* 4 (1998), Sp. 746–747, s.v. „Galba", Nr. 2; M. Fluss, *RE* IV, A1 (1931), Sp. 772–801, Nr. 63.
363–364 *de hoc plura ... in Chiliadibus Adag.* 497 (*ASD* II, 1, S. 566). Vgl. Komm. oben.
*Apophth.* VI, 64 datiert auf den 16. 4. 69 n. Chr., Othos Todestag, worauf auch der Titel, den Er. dem Spruch beigab, hinweist. Lycosthenes ordnet den Ausspruch der Kategorie „De moderatione animi" (S. 713) zu, obwohl er

eine Kategorie „De morientium monitis et doctrinis" führte (S. 743).
366–369 *sensit ... potestatem sui* Suet. *Oth.* 11, 1: „Atque ita paratus intentusque iam morti, tumultu inter moras exorto vt eos, qui discedere et abire coeptabant (*sic ed. Er.;* captabant *lectio varia in ed. Er. 1518*), corripi quasi desertores detinerique sensit: ‚Adiiciamus', inquit, ‚vitae et hanc noctem'. His (iis *ed. Er. 1518, ed. Egnat.;* his *ed. Er. 1533*) ipsis totidemque verbis vetuitque vim cuiquam fieri et in serum vsque patente cubiculo, si quis adire vellet, potestatem sui praebuit".
373–374 *quidam ... iugulauit* Paraphrasierende Wiedergabe von Plut. *Otho* 15, 3 (*Vit.* 1073): εἰς δὲ τῶν ἀφανεστέρων ἀνατείνας τὸ ξίφος καὶ εἰπών, „ἴσθι, Καῖσαρ, οὕτως ὑπὲρ σοῦ παρατεταγμένους ἅπαντας, ἀπέσφαξεν ἑαυτόν" (ed. Ald. fol. 342ʳ). Vgl. Francesco Filelfos Übers.:

„Vnus autem ex obscurioribus vbi sustulisset ensem dixissetque ‚Scito, Caesar, sic omnis esse pro te instructos‘, se ipsum iugulauit" (*ed. Bade 1514, fol. CCCLVII*ᵛ).

*Apophth.* VI, 66 datiert auf den 16. 4. 69, Othos Todestag. Dem Titel des Er. Folge leistend druckt es Lycosthenes in der Kategorie „De moderatione animi" (S. 713).

376 *Cocceium* Damit ist Lucius Salvius Otho Cocceianus (um 55–83/96; Konsul 82) gemeint, der Sohn von Othos Bruder Lucius Salvius Otho Titianus (vor 32 n. Chr. – nach 69; Konsul 52) und der Cocceia, der Schwester des späteren Kaisers Marcus Cocceius Nerva (reg. 96–98). Kaiser Otho selbst hatte keinen Sohn, dem er seinen letzten Willen mitteilen konnte. Otho Cocceianus kämpfte in der entscheidenden Schlacht an der Seite seines Vaters für seinen Onkel. Anscheinend plante Otho ursprünglich, Otho Cocceianus zu adoptieren und zum Nachfolger aufzubauen (Plut. *Otho* 16, 2). Für Otho Cocceianus vgl. Nagl, *RE* I.A, 2, Sp. 2031, s.v. „Salvius", Nr. 18; W. Eck, *DNP* 10 (2001), Sp. 1274, s.v. „Salvius", Nr. II, 10; für dessen Vater Otho Titianus ders., ebd., Nr. II, 10.

376 *Cocceium* Die Verwechslung des Namens geht auf Plutarch zurück, der den jungen Otho Cocceianus versehentlich Κοκκήιος nennt (*Otho* 16, 2); dies übernahm auch Filelfo in seiner Übers. („Cocceius"). Er. war die Stelle Tac.

*Hist.* II, 48, 2 wohl nicht geläufig. „Cocceius", was sich auf den späteren Kaiser Marcus Cocceius Nerva beziehen würde, wurde von *CWE* 38, S. 616 nicht als falsche Namensform identifiziert. „Cocceius" (= Nerva) kann nicht stimmen: Weder war der 30 n. Chr. geborene Nerva i.J. 69 ein ängstlicher Knabe, den man beschwichtigen musste, noch spielte er für Otho jene wichtige Rolle als „Erbe", die dieser dem Cocceianus zuteilte. Außerdem bezeichnet ihn Plutarch selbst a.a.O. als „fratris filius".

377–378 *O fili … memineris* Stark gekürzte und frei zusammenfassende, im Spruchteil jedoch wörtliche Wiedergabe von Plut. *Otho* 16, 2 (*Vit.* 1074): „ἐκεῖνο δέ", εἶπεν, „ὦ παῖ, παρεγγυῶμαί σοι τελευταῖον, μήτε ἐπιλαθέσθαι παντάπασι μήτε ἄγαν μνημονεύειν ὅτι Καίσαρα θεῖον ἔσχες" (ed. Ald. fol. 342ʳ). Im Spruchteil übernahm Er. Filelfos Übers.: „‚Illud autem‘, inquit, ‚o fili, ad postremum tibi praecipio: vt neque omnino obliuiscaris nec admodum memineris, quod Casarem patruum habueris‘" (vgl. ed. Bade 1514, fol. CCCLVIIIʳ).: Derselbe Ausspruch findet sich auch in Tacitus' *Hist.* II, 48, 2: „mox Saluium Cocceianum fratris filium … solatus est …; erecto animo capesseret vitam, neu patruum sibi Othonem fuisse aut obliuisceretur vmquam aut nimium meminisset"; vgl. Lycosthenes, S. 713 und 743, der als Quelle des Ausspruchs allerdings fälschlich Sueton angibt.

## VESPASIANVS PATER

VI, 67                    Vngventvm olere          (Vespasianus pater, 1)

Flauio Vespasiano *quum adolescens* quidam *gratias ageret pro impetrata praefectura*,
quoniam *vnguento fragrabat*, et *nutu* contemptus est et grauiter *increpitus*: *„Mallem"*,
385   inquit Vespasianus, *„allium oboluisse"*. Mox *et literas* concessas *reuocauit*.

VI, 68                    Venia lacessito          (Vespasianus Pater, 2)

*De iurgio quodam* inter *senatorem* et *equitem Romanum ita pronunciauit*, vt diceret
*non oportere maledici senatoribus, remaledici ciuile fasque esse*. Praerogatiuam enim
dignitatis ipse sibi ademit, qui lacessiuit.

390   VI, 69                    Leniter          (Vespasianus Pater, 3)

Idem de *Licinio Mutiano, notae impudicitiae* viro, *clam apud communem amicum
conquerens addidit clausulae „Ego tamen vir sum"*, notans obtrectatorem esse parum
virum. Simile est illud Maronis:

    *Parcius ista viris tamen obiicienda memento.*

391 Mutiano *A-C (cf. Suet. edd. Erasmianas 1518
et 1533)*: Muciano *plures Suet. edd. vett. et text.
recept.*

**Titus Flavius Vespasianus** (9 n. Chr.–79), Röm.
Kaiser (69–79, Imperator Caesar Vespasianus Augustus); stammte aus dem Ritterstand;
Quaestor der Provinz Kreta und Kyrene unter
Tiberius, Aedil und Praetor unter Caligula;
nahm unter Claudius als Legionskommandant an der Eroberung Britanniens teil; 51
cons. suff.; seine polit. Karriere wurde zwi-
schenzeitlich von Agrippina d.J. gebremst, erst
nach ihrem Tod kam er wieder zu bedeutenden Ämtern: 62 Statthalter der Provinz
Africa; sodann Oberkommandant im Jüdischen Krieg. Vespasian ging als Sieger aus
dem Vierkaiserjahr hervor; begründete die fla-
vische Dynastie (Vespasian, Titus, Domitianus). Als Kaiser reformierte er das Heer, stabilisierte und konsolidierte das durch Nero
stark verschuldete und durch den Bürgerkrieg mitgenommene Kaiserreich politisch
und finanziell; betrieb eine erfolgreiche Baupolitik; trieb die Romanisierung der linksrhei-
nischen Gebiete voran bei gleichzeitiger Ent-
machtung der Rheinlegionen, auf die sich sein

Bürgerkriegsgegner Vitellius gestützt hatte;
sicherte die Ostgrenze zu den Parthern durch
die Aufstellung neuer Legionen ab. Durch die
Einführung neuer Steuern und die Einrich-
tung dreier neuer Spezialkassen (*fiscus Iudai-
cus, fiscus Alexandrinus* und *fiscus Asiaticus*)
gelang ihm die Sanierung des Staatshaushalts;
war betont sparsam, vermied ostentativ die
Ausschweifungen eines Caligula oder Nero.
Vgl. B. Levick, *Vespasian*, London – New
York 1999; R. Weynand, *RE* VI, 2 (1909), Sp.
2623–2695, s.v. „Flavius", Nr. 206; M. Griffin,
„The Flavians", in: A.K. Bowman – P. Garnsey (Hrsg.), *The Cambridge Ancient History
11. The High Empire, A.D. 70–192*, Cambridge
2000, S. 1–83; S. Pfeiffer, *Die Zeit der Fla-
vier. Vespasian, Titus, Domitian*, Darmstadt
2009; Vespasian figuriert weiter in *Apophth.*
VI, 349 als Zielscheibe eines Witzes; in VIII,
125 taucht er als Apophthegma-Spender auf.
Im Abschnitt VI, 67–83 greift Er. sämtliche
Eigenschaften auf, die Sueton dem Vespasian zugeschrieben hatte, u.a. Milde (69–70),

Gerechtigkeitssinn (68), Sinn für Humor (73–76), betont jedoch vor allem seinen Geiz und seine Geldgier.

**381** *VESPASIANVS PATER* Die Bezeichnung „Vespasianus pater" (so auch im Index personarum) wählte Er. wohl, weil auch dessen Nachfolger und Sohn Titus „Vespasianus" im Namen trug: Imperator Titus Caesar Vespasianus Augustus. In Er.' Suetonausgaben von 1518 und 1533 lautete die Überschrift jedoch: „D.[IVVS] VESPASIANVS AVGVSTVS", wobei Er. die Überschrift der Ausgabe des Egnazio kopierte. Dem Kaiser Titus gab Er. den Namen „Vespasianus filius" (vgl. unten).

**383–385** *quum adolescens … reuocauit* Etwas gekürzte, leicht variierende Wiedergabe von Suet. *Vesp.* 8, 3: „Ac ne quam occasionem corrigendi disciplinam praetermitteret, adulescentulum fragrantem vnguento, cum sibi pro impetrata praefectura gratias ageret, nutu aspernatus, voce etiam grauissima increpuit: ‚Maluissem allium oboluisse', litterasque reuocauit".

**385** *literas concessas reuocauit* Der Kaiser zog die Ernennungsurkunde ein (was schwer glaublich ist); „concessas" ist ein erklärender Zusatz des Er.

**387–388** *De iurgio … fasque esse* Wörtliche Übernahme von Suet. *Vesp.* 9, 2: „Atque vti notum esset vtrumque ordinem non tam libertate inter se quam dignitate differre, de iurgio quodam senatoris equitisque Romani ita pronuntiauit, non oportere maledici senatoribus, remaledici ciuile fasque esse".

**391–392** *Licinio … vir sum* Suet. *Vesp.* 13, 1: „Licinium Mucianum (Mutianum *ed. Er. 1518 et 1533, ed. Egnat.*) notae impudicitiae, sed meritorum fiducia minus sui reuerentem, numquam nisi clam et hactenus retaxare sustinuit, vt apud communem aliquem amicum querens adderet clausulam (clausulae *ed. Er. 1518 et 1533, ed. Egnat.*): ‚Ego tamen vir sum' ".

**391** *Licinio Mutiano* C. **Licinius Mucianus**, Staatsmann und General (gest. zw. 75 u. 77 n. Chr.), Konsul wschl. 64.; wichtigster Helfer Vespasians im Kampf um das Kaisertum gegen Vitellius; Oberkommandant der Vespasian ergebenen Legionen, die aus dem Osten nach Rom marschierten, um Vitellius zu stürzen; in Rom angekommen rief er Vespasian zum Kaiser aus und führte bis zur Ankunft desselben die Amtsgeschäfte. Vgl. W. Eck, *DNP* 7 (1999), Sp. 176–177, s.v. „Licinius", Nr. II, 14; A. Kappelmacher, *RE* XIII, 1 (1926), Sp. 436–443, s.v. „Licinius", Nr. 116a; G. de Kleijn-Eijkelestam, „C. Licinius Mucianus, Vespasian's Co-ruler in Rome", in: *Mnemosyne* 66 (2013), S. 433–459; ders., „C. Licinius Mucianus, Leader in Time of Crisis", in: *Historia* 58 (3), S. 311–324.

**391** *viro* Mit „impudicitiae" wird die Ausübung homosexueller Praktiken, besonders ‚passiver', bezeichnet; „viro" ist ein Zusatz des Er., der im Lichte von Vespasians Spruch „Ego tamen vir sum" etwas unglücklich ausfällt.

**392** *clausulae* „clausulae" wie in Er.' Suetonausgaben.

**394** *Parcius … memento* Verg. *Ecl.* 3, 7.

395 VI, 70         LENITER      (Vespasianus Pater, 4, i.e. Saluius
Liberalis)

*Saluius Liberalis* quum *in defensione diuitis rei* oblique mordens *dixisset „Quid ad Cae-sarem, si Hipparchus sestertium milies* possidet?"*, notans Vespasianum velut inhian-tem rei facultatibus, Caesar non modo non offensus est, verum etiam dictum appro-
400 bauit, quasi simpliciter prolatum.

VI, 71         RAPACITAS      (Vespasianus Pater, 5, i.e. populus
Romanus)

Quoniam *rapacissimum quenque promouere solebat*, vt *mox* ditatos *condemnaret, vulgo dictus est* officiarios suos habere *pro spongiis*: *quod* veluti spongias *et siccos madefaceret*
405 *et humentes exprimeret.*

VI, 72         AVARITIA IN PRINCIPE      (Vespasianus Pater, 6, i.e.
Anonymus rusticus)

Rusticus quidam quoniam *gratuitam libertatem suppliciter* petens a Caesare repulsus est, non veritus est clare dicere „*Vulpes pilos mutat, non mores*", exprobrans illi naturae
410 rapacitatem, quasi mercede data concessurus fuisset, quod gratuito *negabat.*

VI, 73         LEPIDE      (Vespasianus Pater, 7)

A *consulari* viro *Menstrio* [i.e. Mestrio] *Floro monitus ‚plaustra' potius quam ‚plostra' dicenda, postridie* illum pro ‚Floro' ‚Flaurum' salutauit, ciuiliter alludens ad illius curiosam admonitionem. Veteres in quibusdam pro ⟨‚au'⟩ diphthongo sonabant ‚o',
415 vt ‚Clodius' pro ‚Claudius'.

---

403 solebat *LB* (*cf. Suet.* solitus*)*: solet *A–C.*
412 Menstrio *scripsi ut in Suet. edd. Erasmianis 1518 et 1533*: Menstruo *A–C,* Mestrio *Suet. edd. recentiores, om. LB.*

414 au *supplevit LB.*

397–398 *Saluius … milies* Suet. *Vesp.* 13, 1: „Saluium Liberalem (*sic ed. Er. 1533;* liberalem *ed. Er. 1518*) in defensione diuitis rei ausum dicere: ‚Quid ad Caesarem, si Hipparchus sestertium (H-S *Er. ed. 1533*) milies (*sic Er. ed. 1533;* millies *ed. Er. 1518*) habet?', et ipse laudauit".
397 *Salvius Liberalis* **Gaius Salvius Liberalis Nonius Bassus** aus Dalmatien, abgekürzt Gaius Salvius Liberalis, aus der Stadt Salvia im Picenum; *homo novus*, bedeutender Red-ner, Senator und Heeresführer; Suffektkon-

sul unter Titus; Legionskommandant unter Iulius Agricola in Britannien; Statthalter (Pro-konsul) in der Provinz Macedonia (ca. 84). Behielt trotz seines freimütigen Auftretens das Wohlwollen des Vespasian. Vgl. W. Eck, *DNP* 10 (2001), Sp. 1273, s.v. „Salvius", Nr. II, 6; E. Groag, *RE* I, A2 (1920), Sp. 2026–2029, s.v. „Salvius", Nr. 15; vollst. Name überliefert auf Grabschrift *CIL* IX, 5533.
398 *Hipparchus* Tiberius Claudius Hipparchus (um 30–um 95 n. Chr.), einer der reichsten Personen seiner Zeit in Rom; er soll 100 Mil-

lionen Sesterzen besessen haben. Vgl. A. Stein, *RE* VIII, 2 (1913), Sp. 1665, s.v. „Hipparchos", Nr. 10; dazu vgl. auch *RE, Suppl.* Heft I, S. 319, s.v. „Claudius", Nr. 179.

*Apophth.* VI, 71 ist keinem bestimmten Spruchspender zuzuordnen und es ist auch kein Apophthegma im eigentlichen Sinn; die Metapher „pro spongiis vti" stellt vielmehr ein *proverbium* oder *adagium* dar; als solches wurde es von Otto, Nr. 1685 registriert: „pro spongiis vti" = „jemanden wie eine Zitrone auspressen". Er. hat das anschauliche *proverbium* überraschenderweise nicht in seine *Adagia*-Sammlung aufgenommen.

403–405 *rapacissimum ... exprimeret* Suet. *Vesp.* 16, 2: „Creditur etiam procuratorum rapacissimum quemque ad ampliora officia ex industria solitus promouere, quo locupletiores mox condemnaret; quibus quidem volgo pro spongiis dicebatur vti, quod quasi et siccos madefaceret et exprimeret vmentis (humentes *ed. Er. 1518 et 1533*)".

404 *officiarios* Für „officiarius" vgl. Niermeyer II, S. 960, s.v.; nicht in *DNG, LS, OLD*. Bei Niermeyer werden für „officiarius" die Bedeutungen „Diener im Haushalt", „Meier" und „Gerichtsdiener" verzeichnet. Es ist nicht ganz klar, was Er. an der vorl. Stelle unter „officiarius" verstand: möglicherweise einen kaiserlichen Beamten, vielleicht auch einen solchen mit gerichtlichen Befugnissen, vielleicht auch einen nicht näher bestimmten Amtsinhaber.

*Apophth.* VI, 72 ist das Gegenstück zu *Adag.* 2219 (*ASD* II, 5, S. 200): „Lupus pilum mutat". Der Apophthegma-Spender ist nicht Vespasian, sondern ein unbekannter Kuhhirte, den Er. verallgemeinernd als „bäurischen Menschen" bezeichnet. Lycosthenes druckte VI, 72, dem Titel des Er. entsprechend, unter der Kategorie „De auaritia" (S. 105). Das Apophthegma hatte bereits Brusoni in seine Sammlung d.J. 1518 aufgenommen: „Eiusdem Vespasiani bubulcus iam senex, quum post adeptum imperium, vt gratuita libertate donaretur, peteret

atque exoraret, prouerbialiter exclamauit vulpem pilum mutare, non mores" (I, 1 „De auaritia").

408–409 *quidam ... mores* Suet. *Vesp.* 16, 3: „Quidam natura cupidissimum tradunt, idque exprobratum ei a sene bubulco, qui negata sibi gratuita libertate, quam (quam *ed. Er. 1533*; *lectio varia in ed. Er. 1518*: qua *ed. Er. 1518, ed. Egnat.*) imperium adeptum suppliciter orabat, proclamauerit vulpem pilum mutare, non mores".

409 *Vulpes pilos mutat, non mores* Vgl. *Adag.* 2219: „Lupus pilum mutat" (*ASD* II, 5, S. 200): „Ὁ λύκος τὴν τρίχα, οὐ τὴν γνώμην ἀλλάττει, id est ,*Lupus pilum, non ingenium mutat*'. Senecta caniciem adfert improbis, non item aufert malitiam. Canescunt enim lupi, velut et equi, more hominum per aetatem"; Otto, Nr. 1940. Er. verwendete für sein *Adagium* nicht Suet. *Vesp.* 16, 3 als Quelle, sondern Apostolius 12, 66.

*Apophth.* VI, 73, ein philologisches Apophthegma, von Er. lobend als „geistreich" („lepide") affichiert, datiert auf die Zeit zwischen 75 (das Jahr, in dem Mestrius Florus den Suffektkonsulat bekleidete) und 79.

412–413 *consulari ... salutauit* Suet. *Vesp.* 22, 1: „Mestrium (Menstrium *ed. Er. 1518 et 1533, ed. Egnat.*) Florum consularem, admonitus ab eo ,plaustra' potius quam ,plostra' dicenda, postero die ,Flaurum' salutauit".

412 *Menstrio* Die Baseldrucke überliefern einhellig „Menstruo" (Monatsblutung), ein Wort, das keinen römischen Gentilnamen darstellt. „Menstruo" ist wohl ein Textübertragungsfehler von „Menstrio", der Lesart von Er.' Suetonausgaben.

412 *Menstrio* **L. Mestrius Florus** (geb. um 35 n. Chr.), *homo novus*, 75 Suffektkonsul, 88/9 Statthalter der Provinz Asia; Mäzen und Freund Plutarchs; figuriert als Gesprächspartner in Plutarchs *Quaestiones conuiuales*; war auch mit Vespasian befreundet. Vgl. M. Fluß, *RE* XV, 1 (1931), Sp. 1292–1294; W. Eck, *DNP* 8 (2000), Sp. 65, beide s.v. „Mestrius", Nr. 3.

VI, 74                          FESTIVE                     (Vespasianus Pater, 8)

Mulier *quaedam* dixerat se *deperire amore* Vespasiani. Ei *perductae quum pro concubitu sestertia quadraginta* [i.e. quadringenta] *donasset*, roganti *dispensatori*, quo titulo *vellet* eam *summam rationibus inferri*, dixit: „*Vespasiano adamato*".

420   VI, 75                       IOCVS EX HOMERO              (Vespasianus Pater, 9)

In *quendam procerae staturae,* sed *improbius natum,* torsit illud carmen Homericum,

μακρὰ βιβὰς κραδάων δολιχόσκιον ἔγχος, id est,

‚longam hastam quatiens, diductis passibus ibat'.

VI, 76                          LEPIDE                      (Vespasianus Pater, 10)

425   In *Cerylum libertum,* sed prae*diuitem, qui,* vt *aliquando subterfugeret ius fisci* imperialis, *coepit se pro ingenuo ferre* eoque *mutato nomine* pro Cerylo dici voluit *Laches,*
torsit versiculos ex fabula quapiam, vt opinor,

ὦ Λάχης, Λάχης,
ἐπ᾽ ἄν ἀποθάνης, αὖθις ἔσσῃ Κήρυλος", id est,

430   „O Laches, Laches,
Vbi mortem obieris, rursum eris tum Cerylus",

significans illi nihil profuturum immutatum nomen.

---

418 quadraginta *A-C (lapsu ut in Suet. edd. Erasmianis 1518 et 1533)*: quadringenta *Suet. edd. vett., text. recept.*

425 Cerylum *A-C (sec. Erasmi praefationem in Suet. ed. 1518) Suet. text. recept.*: Coerulum *sive* Cerulum *sec. Suet. edd. Erasmianas et Egnatianam.*

426 Cerylo *A-C (sec. Erasmi praefationem in Suet. ed. 1518) Suet. text. recept.*: Coerulo *sive* Cerulo *sec. Suet. edd. Erasmianas et Egnatianam.*

429 ἐπ᾽ ἄν *BAS LB (cf. CAF III):* ἐπ᾽ ἄμ *A-C,* ἐπᾶν *Suet. edd. Erasmianae 1518 et 1533, edd. recentiores,* ὅταν *Erasmus in praefatione ed. Suet.*

(Ep. 648, r. 51), *vetus codex Suet. in manibus Erasmi (ibid., r. 48).*

429 αὖθις *A-C Suet. ed. Erasmiana 1518:* ὡς *lectio varia in ed. Erasmiana 1518,* αὖθις ὡς *ed. Erasmiana 1533, ed. Egnatiana.*

429 ἔσσῃ *A-C BAS LB, Erasmus in praefatione Suetonii 1518 (Ep. 648, r. 51):* εἰρήσῃ *siue* εἰρήσῃ *Suet. edd. Erasmianae 1518 et 1533, Suet. vetus codex in manibus Erasmi (Ep. 648, r. 48),* εἰρήσει *Suet. ed. Egnatiana,* εἰρήσῃ *ed. Graevius,* ἔσει *Suet. edd. recentiores.*

429 Κήρυλος *scripsi:* κήρυλος *C. Suet. edd. Erasmianae 1518 et 1533,* κέρυλος *A B,* Κηρύλος *Suet. edd. rec.*

417–419 *quaedam … adamato* Suet. *Vesp.* 22, 1: „Expugnatus autem a quadam, quasi amore suo (sui *ed. Er.; corr. Sabellicus*) deperiret, cum perductae pro concubitu sestertia (sestertia *ed. Er. 1533;* H-S *ed. Er. 1518*) quadringenta (quadraginta *ed. Er. 1518 et 1533, ed. Egnat.*)

donasset, admonente dispensatore, quem ad modum summam rationibus vellet inferri, ‚Vespasiano', inquit, ‚adamato'".

418 *quadraginta* Er. macht hier eine ganz fal-sche Angabe bezüglich des Lohnes, den das Freudenmädchen erhielt. 40 Sesterzen, wie Er.

angibt, wäre nicht der Rede wert gewesen. Es ging jedoch um 400.000 Sesterzen, eine ungeheure Summe, auf die sich Vespasians Witz bezieht. Derselbe Fehler findet sich in Er.' Suetonausgaben von 1518 und 1533; Er. hat den Fehler von Egnazios Ausgabe, die er abschrieb, mitübernommen. Andere ältere Suetonausgaben haben richtig 400.000 Sesterzen, z. B. jene Casaubons, Torrentius' oder Graevius'.

418 *dispensatori* Mit „dispensator"/ „Zahlmeister" bzw. „Kassenverwalter" ist der kaiserliche Amtsträger *a rationibus* gemeint, der für die Rechnungsbücher bzw. die Finanzbuchhaltung des Fiskus zuständig war.

419 *rationibus* „rationes", i.e. die kaiserlichen Rechnungsbücher.

419 *inferri* t.t. für das Eintragen von Beträgen in die Rechnungsbücher, in diesem Fall in die Ausgabenliste.

419 *Vespasiano adamato* Als Ausgabeposten sollte, witzelte Vespasian, eingetragen werden: „Aus Liebe zu Vespasian".

421–422 *quendam … ἔγχος* Suet. *Vesp.* 23, 1: „Vtebatur et versibus Graecis tempestiue satis, et de quodam procerae staturae improbiusque nato μακρὰ βιβὰς, κραδάων δολιχόσκιον ἔγχος".

421 *improbius natum* Euphemistische Formulierung für einen Mann mit einem überlangen Glied. Da Er. entgegen seiner Gewohnheit in *Apophth*. VI, 75 die erklärende Kommentierung schuldig bleibt, ist es fraglich, ob er den Witz verstanden hat.

422 *μακρὰ … ἔγχος* Hom. *Il.* VII, 213: ἦϊε μακρὰ βιβάς, κραδάων δολιχόσκιον ἔγχος.

423 *longam … ibat* Die lateinische Übersetzung der Verszeile stammt von Er.

425 *Cerylum* Cerylus, reicher Freigelassener, der seinen Namen änderte, um die Erinnerung an seine Freilassung zu tilgen, dies in der Absicht, sich den damit zusammenhängenden finanziellen Auflagen zu entziehen. Vgl. A. Stein, *RE* III, 2 (1899), Sp. 1994, s.v. „Cerulus"; nicht in *DNP*, nicht identifiziert in *CWE* 38.

425–429 *Cerylum libertum … Κηρύλος* Suet. *Vesp.* 23, 1: „Et (maxime *add.* Erasmus in ed. 1518 et 1533, Egnatius in ed. 1516) de Cerylo (Coerulo *ed. Er. 1518, ed. Egnat.*: Cerulo *ed. Er. 1533*) liberto, qui diues admodum ob subterfugiendum quandoque ius fisci ingenuum se et Lachetem mutato nomine coeperat ferre (efferre *ed. Er. 1518 et 1533, ed. Egnat.*): ,ὦ Λάχης, Λάχης, ἐπὰν ἀποθάνης, αὖθις (αὖθις *ed. Er. 1518*; ὡς *lectio varia in ed. Er. 1518*; αὖθις ὡς *ed. Er. 1533*) ἐξ ἀρχῆς (ὑπαρχῆς *ed. Er. 1518*: ἐξ ἀρχῆς *lectio varia in ed. Er. 1518*: ἐξαρχῆς *ed. Er. 1533,*

*ed. Egnat.*) ἔσει (εἰρήσει *ed. Egnat.*: εἰρήση *ed. Er. 1518 et 1533*: εἰρήση *ed. Graevius*) σὺ (σὺ *om.* Erasmus in ed. 1518 et 1533, *om.* Egnatius) Κηρύλος (κήρυλος *ed. Er. 1518 et 1533, ed. Egnat.*)'".

425 *aliquando* Er. verschlimmbesserte hier ohne triftigen Grund den Text Suetons.

425–426 *imperialis* Ein Zusatz des Er., der überflüssig ist.

426 *ferre* Er. verwendet hier „ferre", wie es in der Mehrzahl sowohl der älteren als in der neueren Suetonausgaben zu finden ist, während er in seinen Suetonausgaben von 1518 und 1533, in der Nachfolge Giovanni Battista Egnazios, „efferre" druckte. „ferre" könnte man als eine Berichtigung der Suetonausgabe d.J. 1518 auffassen; sie wurde jedoch nicht in die zweite Suetonausgabe d.J. 1533 aufgenommen.

427 *ex fabula quapiam* Es war Er. nicht bekannt, daß es sich um eine Komödie Menanders handelte. Er vermutete nur, daß die Stelle aus einem „Schauspiel" („fabula") stamme. Wie er im Vorwort an den Leser zu seiner Suetonausgabe von 1518 angibt, meint er in dem überlieferten griechischen Text einen jambischen Trimeter erkannt zu haben, das Metrum von sowohl Komödie als auch Tragödie (Vgl. Ep. 648, Z. 54–55).

428–429 *ὦ Λάχης … Κήρυλος* Menander, *Theophoroumene* (*CAF* III, fr. 223): ὦ Λάχης, Λάχης,/ ἐπ' ἂν ἀποθάνης, αὖθις ἔσση – κήρυλος; vgl. Stob. 106, 8 (Meineke IV, 30). In der Vorlage zu seiner Suetonausgabe traf Er., wie er im Vorwort an den Leser mitteilt, folgenden Text an: ὦ λάχης, λάχης, ὅταν δ' ἀποθάνης, αὖθις ἐξ ὑαραρχῆς εἰρήση Κήρυλος (vgl. Ep. 648, Z. 47–48). Es ist an dieser Stelle unklar, welche Vorlage Er. meint, die Ausgabe des Egnazio, nach der arbeitete, oder die vermeintlich ,uralte' Suetonhandschrift. Dieser Text erschien Er. korrekturbedürftig zu sein, weil er metrisch nicht passt. Er verbesserte ihn, wie er im selben Vorwort angibt, zu: ὅταν δ' ἀποθάνης, αὖθις ἔσση κήρυλος. Die konjizierte Form, in der er das Zitat in *Apophth*. VI, 76 darbietet, entspricht (abgesehen von ἐπ' ἂν) Er.' textlicher Korrektur des Verses in der *praefatio* des Suetontextes.

431 *Vbi … Cerylus* Die latein. Übers. der griech. Verse stammt von Er.; er hatte diese bereits 1518 im Vorwort seiner Suetonausgabe übersetzt; die Übers. lautete dort wie folgt: „O Laches, Laches,/ At vbi mortuus fueris, rursus eris Cerylus". Für *Apophth*. VI, 76 arbeitete Er. den zweiten Vers zu einem jambischen Trimeter um.

VI, 77                                AVARE                        (Vespasianus Pater, 11)

*Quidam e charis* Vespasiani *ministris* apud ipsum pro *quodam*, quem *fratrem* suum
435 esse simulabat, intercedebat, vt illi procuratio committeretur. Id sentiens Caesar, *candidatum* solum *ad se vocauit exegitque pecuniam*, quam *ille suffragatori suo pepigerat*,
ea⟨que⟩ accepta mox *ordinauit*. Huius rei ignarus *minister* rursus *interpellauit* pro
fratre. Cui Vespasianus, „*Alium*", inquit, „*tibi fratrem quaere; hic, quem tuum putas,
meus est*".

440 VI, 78                                SORDIDE                      (Vespasianus Pater, 12)

*In itinere quodam mulio desiliit,* quasi *calceaturus mulas*, sed re vera, *vt adeundi litigatori spatium moramque praeberet*. At Caesar dolum suspicatus, *interrogauit* mulionem, *quanti calceasset, pactus*que *est lucri partem*. Hoc si fecit, vt suos corrigeret,
ciuilitas fuit; sin vt eo emolumento fieret ditior, sordidum erat.

445 VI, 79                                SORDIDE                      (Vespasianus Pater, 13)

Instituerat *vectigal e lotio*. Super hoc a *filio* monitus dissimulauit, donec *prima pensio*
esset soluta. Eam *pecuniam admouit ad* filii *nares, sciscitans, num odore offenderetur*.
Negante illo „*Atqui* haec", inquit, „*e lotio est*".

VI, 80                                AVARE                        (Vespasianus Pater, 14)

450 *Legatis nunciantibus decretam* illi *publice non mediocris summae statuam, iussit*, vt
eam *continuo ponerent*, et *cauam ostendens manum*, „*Ecce*", inquit, „*parata basis*",
significans, vt eam pecuniam, quam in statuam decreuissent impendere mortuo,
viuo darent in manum.

---

437 que *supplevi (cf. Suet. loc. cit.)*: *deest in A-
C.*
442 moramque *A B BAS LB, Suet. loc. cit.*:
moremque *C.*
448 atqui *A-C ut Suet. edd. Erasmianae 1518 et
1533*: atquin *Suet. edd. recentiores.*

450 legatis nunciantibus *A-C ut Suet. edd. Erasmianae 1518 et 1533*: legatos nuntiantes *Suet.
edd. plures.*
451 ponerent *A-C Suet. edd. Erasmianae 1518 et
1533*: poneret *Suet. codd. plures*, ponere *Suet.
text. recept.*

434–439 *Quidam … meus est* Suet. *Vesp.* 23,
2: „Quendam e caris ministris dispensatio-
nem cuidam quasi fratri petentem cum dis-
tulisset, ipsum candidatum ad se vocauit;
exactaque pecunia, quantam is cum suffra-
gatore suo pepigerat, sine mora ordinauit;
interpellanti mox ministro: ,Alium tibi', ait,
,quaere fratrem; hic, quem tuum putas, meus
est'".

435 *procuratio* Es ging wahrscheinlich um eine
Stelle als Verwalter am kaiserlichen Hof, deren
Vergabe Vespasians Alleinrecht war. Aus Suetons Text, der das Amt „dispensatio" nennt,
könnte man schließen, daß es um das Amt
*a rationibus* ging bzw. um eine Stelle, die
dem kaiserlichen Finanzverwalter *a rationibus*
direkt untergeordnet war. Wie daraus hervorgeht, kreierte Vespasian zusätzliche Einkünfte,

indem er Stellen verkaufte. Für Vespasians
Geldgier vgl. oben VI, 71 und 72.

441–443 *In itinere … partem* Suet. *Vesp.* 23, 2:
„Mulionem in itinere quodam suspicatus ad
calciandas mulas desiluisse (desilisse *ed. Er.
1518 et 1533, ed. Egnat.*), vt adeunti litigatori
spatium moramque praeberet, interrogauit,
quanti calciasset, ⟨et⟩ (et *deest in ed. Er. 1518
et 1533, Egnat.*) pactus (pactusque *ed. Er. 1518 et
1533; edd. vett.*) est lucri partem“.

441–442 *litigatori* ,Prozessmeier‘, eine jener
zahlreichen unliebsamen Figuren, die im damaligen Rom durch ständiges Anstrengen von
Rechtshändeln Einkünfte generierten.

*Apophth.* VI, 79 ist ein Gegenstück zu *Adag.*
2613 „Lucri bonus est odor ex re qualibet“
(*ASD* II, 6, S. 432): „Faceta quidem, sed
tamen pestilens illa vox Vespasiani, qui cum
ex lotio vectigal faceret, homo turpiter auidus, superque eo facto a filio admoneretur,
quod e re tam putida lucrum faceret, paulo
post collectam pecuniam filii naribus admouit
rogauitque, ecquid illa puteret. Vnde Iuuenalis: ,Lucri bonus est odor ex re/ Qualibet‘ (Iuv. 14,
204)“. Die bekanntere Version des Sprichwortes, „pecunia non olet“ – „Geld stinkt nicht“
ist nicht antiken Ursprungs, geht jedoch in
der Sache auf Suet. *Vesp.* 23, 3 zurück. Bei
Vespasians neuer Erfindung, der Urinsteuer,
ging es nicht um eine Art Abwassersteuer, sondern um eine *Einkommenssteuer*. Die Besitzer
öffentlicher Urinoirs verkauften den Urin an
Ledergärber, Walker und Färber, die Ammo-
niak benötigten. Darauf, daß der Urin den
Walkern verkauft wurde, hatte schon Beroaldo in seinem Kommentar *ad loc.* hingewiesen (1506); Casaubon bestätigte diese Erklärung *ad loc.*: „Probo valde Beroaldi sententiam existimantis exactum hoc vile vectigal
a fullonibus, quod plurimum vrina vti solitos testantur multi veterum loci“. In dem
Fürstenspiegel-Adagium 2601 (*ASD* II, 6)
„Scarabaeus aquilam quaerit“, S. 406, zählt
Er. Vespasian zu den habsüchtigen Fürsten,

denen jedes Mittel recht ist, Geld einzutrei-
ben: „Negligit, si qua praeda videatur regiis
vnguibus indigna, nisi si quae sint cognatae
Vespasiano, cui visus est ,lucri *bonus odor ex re
qualibet*‘. Sunt enim et degeneres aquilae, quae
piscatu viuunt et quas non pudeat cadauer alienum tollere“; S. 415: „Imperatorem Romanum nihil offendebat lotii putor cum emolumento coniunctus: cur scarabeum a tantis
commoditatibus tam leue deterreat incommodum …?“; In seiner *Inst. princ. christ.* präsentiert Er. Vespasian als Musterbeispiel eines
schlechten Herrschers, das dennoch heilsam
sei: „Quin pessimorum principum exempla
nonnunquam magis accendunt ad virtutem
quam optimorum aut mediocrium. Quem
enim non auocet ab auaricia Titi Vespasiani
vectigal e lotio collectum et foedissimo facto
par dictum: *Lucri bonus odor ex re qualibet*
…“ (*ASD* IV, 1, S. 181).

446–448 *vectigal … lotio est* Im ersten Teil
frei paraphrasierende, im Spruchteil wörtliche
Wiedergabe von Suet. *Vesp.* 23, 3: „Reprehen-
denti filio Tito, quod etiam vrinae vectigal
commentus esset, pecuniam ex prima pen-
sione admouit ad nares, sciscitans, num odore
offenderetur; et illo negante: ,Atquin‘ (atqui
*Suet. ed. Er.*), inquit, ,e lotio est‘“.

446 *filio* Wie aus Sueton a.a.O. hervorgeht,
handelt es sich um Titus. Für diesen s. unten
Komm. unten zu VI, 84.

*Apophth.* VI, 80 druckte Lycosthenes, dem Titel
des Er. entsprechend, unter der Kategorie „De
auaritia“ (S. 104).

450–451 *Legatis … basis* Suet. *Vesp.* 23, 3: „Nun-
tiantis legatos (Nuntiantes legatos *ed. Egnat.*:
Nunciantibus legatis *ed. Er. 1518 et 1533*) decretam ei publice non mediocris summae statuam colosseam, iussit vel continuo ponere[t]
(ponere *ed. Ihm*: ponerent *ed. Er. 1518 et 1533,
ed. Egnat.*), cauam manum ostentans et para-
tam basim dicens“.

450 *Legatis nunciantibus* Wie in Er.’ Suetonausgaben von 1518 und 1533.

VI, 81                    Ostentorvm interpretatio        (Vespasianus Pater, 15)

455   *Quum Caesarum Mausoleum repente patuisset ⟨et⟩ tum stella crinita apparuisset,* aliis
      interpretantibus Caesaris interitum portendi, ille facete interpretatus est prius osten-
      tum *ad Iuliam* [i.e. Iuniam] *Caluinam pertinere,* quod ea esset de *gente Augusti*; poste-
      rius *ad Parthorum,* siue, vt Aurelius Victor tradit, Persarum *regem, qui capillatus
      esset.*

460   VI, 82                         Iocvs in morte            (Vespasianus Pater, 16)

      Quum *morbus* ingrauesceret, dixit *„Puto, deus fio“,* significans se moriturum. Solent
      enim extincti Caesares publicis ceremoniis in deorum coetum referri.

---

455   et *suppleui sec. Suet. loc. cit.*                    461   solent *A-C:* solebant *LB.*
457   Iuliam *A-C:* Iunia *Suet. edd. Erasmianae 1518
      ac 1533 et quasi omnes Suet. edd.*

455–459  *Quum … capillatus est* Suet. *Vesp.* 23,      jan ließ seine Asche im Fuße seiner Ehrensäule
4: „Nam cum inter cetera prodigia (prodigia          beisetzen; Hadrian errichtete – ebenfalls am
caetera *ed. Er. 1518 et 1533, ed. Egnat.*) Mauso-   Tiberufer – ein neues Mausoleum, das spä-
leum (Caesarum *add. Egnatius, ita ed. Er. 1518      tere Castel S. Angelo. Da Hadrians Mauso-
et 1533*) derepente patuisset et stella crinita in   leum erst zwischen 134 und 139 n. Chr. erbaut
caelo (in caelo crinita *ed. Er. 1518 et 1533, ed.*  wurde, mag zum Zeitpunkt der Abfassung von
*Egnat.*) apparuisset, alterum ad Iuniam Calui-      Suetons *De Caesaribus* „mausoleum" ausge-
nam e (a *ed. Er. 1518 et 1533*) gente Augusti per-  reicht haben, um das Mausoleum des Augus-
tinere dicebat, alterum ad Parthorum regem,          tus und seiner Familie zu bezeichnen. Daß
qui capillatus esset".                               die Asche Vespasians tatsächlich dort beige-
                                                     setzt wurde, konnte nicht nachgewiesen wer-
455  *Caesarum Mausoleum*  „Caesarum mauso-           den, ist jedoch annehmlich. Zum Mausoleum
leum", wie in Er.' Suetonausgaben von 1518           des Augustus vgl. H. von Hesberg und S. Pan-
und 1533 und in deren Vorlage (Egnazio), sowie       ciera, *Das Mausoleum des Augustus: der Bau
in der Mehrzahl der älteren Ausgaben, wäh-           und seine Inschriften,* München 1994.
rend in den neueren Ausgaben „Caesarum" als
Interpolation getilgt wurde. Gemeint ist das         455  ⟨et⟩  Das syntaktisch notwendige „et" wur-
Mausoleum des Augustus am Tiberufer, das             de versehentlich weggelassen, wohl aufgrund
der Princeps, der im Begriff war, eine Dynas-        einer Haplographie.
tie zu stiften, für sich und seine Familie i. J. 28 v.
Chr. hatte erbauen lassen. Die erste dort beige-     457  *Iuliam Calvinam*  Gemeint ist, wie der rich-
setzte Person war Marcus Marcellus, Augustus'        tig überlieferte Sueton-Text zeigt, Iunia Cal-
Schwiegersohn (23 v. Chr.); weiter ruhte dort        vina (gest. nach 79 n. Chr.), die Tochter des
die Asche von fünf Kaisern (Augustus, Tibe-         M. Iunius Silvanus Torquatus (Konsul 19 n.
rius, Caligula, Claudius und Nero) sowie die         Chr.) und der Aemilia Lepida, einer Urenkelin
der meisten Mitglieder des julisch-claudischen       des Augustus. I. J. 48 fiel Iunia Calvina zusam-
Hauses. Daß man beim spontanen Aufschla-            men mit ihrem Bruder L. Iunius Silanus einer
gen der Türen des Mausoleums an Vespasians          Intrige der Agrippina d. J. i. j. 49 zum Opfer.
Tod dachte, liegt insofern nahe, als er anschei-     Im Grunde ging es darum, L. Iunius Silanus
nend selbst dort beigesetzt werden wollte. Er        auszuschalten, der mit Octavia verlobt war.
gehörte durch seinen Kaisernamen Impera-            Denn Agrippina und Claudius waren über-
tor Caesar Vespasianus Augustus auch zu den          eingekommen, Nero mit Octavia zu verheira-
„Caesares"; Nerva ließ sich noch im Mauso-          ten. L. Iunius Silanus wurde des Inzestes mit
leum des Augustus begraben. Erst Trajan und          seiner Schwester Iunia Calvina beschuldigt,
Hadrian wichen von diesem Brauch ab: Tra-           Iunius beging Selbstmord und seine Schwes-
                                                     ter wurde verbannt. Iunia Calvina lebte zehn

Jahre in der Verbannung, bis Nero sie zurück-
rief (59). Zum Zeitpunkt des Omens muss sie
schon ziemlich betagt gewesen sein. Daß Vespasian bei dem mysteriösen Aufschlagen der
Pforten des Augustus-Mausoleums spontan an
Iunia Calvina dachte, ist sicherlich der Tatsache geschuldet, daß sie damals die letzte noch
lebende Blutsverwandte des Augustus war. Zu
Calvina vgl. E. Hohl, *RE* X, 1 (1921), Sp. 1111–
1112, s.v. „Iunius (Iunia)“, Nr. 198; M. Strothmann, *DNP* 6 (1999), Sp. 56, s.v. „Iunia“, Nr.
4.

457 *Iuliam* Er. hat hier den Text des Sueton
bewusst geändert, indem er für (das im Übrigen völlig korrekt überlieferte) „Iunia“ „Iulia“
einsetzte. Er. konnte sich nicht recht erklären,
auf welche Weise eine gewisse „Iunia Calvina“
zur Familie des Augustus gehört haben soll,
während es möglich war, sich „Iunia“ als Verlesung von „Iulia“ vorzustellen. Er. war nicht
der Einzige, der auf diesen Gedanken kam,
vgl. Torrentius' Bemerkung in seiner Suetonausgabe *ad. loc.*: „Interpretes ,Iuliam' suppo-
suere, non recte. Quasi vero feminae gentis
nomen seruent, et non in aliam familiam tran-
seant. Sed et Tacitus initio libri XIII *Anna-
lium* Iunium Silanum Diui Augusti abnepo-
tem nominat, … . Et haec igitur Iunia e gente
Augusti venisse potuit“.

458 *Parthorum … regem* Mit „Parthorum regem“ muss Vespasian König Vologaises I.
(reg. 51–79), gemeint haben. Vologaises I., der
Widersacher der Römer im Parthischen Krieg
58–63 n. Chr., trug, wie auf seinen Münzen kenntlich wird, in der Tat fast schulter-
langes, gewelltes Haar, das hinten mit einer
Schleife wie eine Art Rossschwanz zusammen-
gehalten wurde. Das Omen muss auf den letzten Abschnitt von Vespasians Regierungsperiode datieren, wohl zwischen 76–79: Vologaises I., der insgesamt 27 Jahre über die Parther regierte, befand sich damals, wie Vespasian, in den letzten Lebensjahren. Vermutlich
starb er im selben Jahr wie Vespasian. Vespasian kannte ihn gut, war mit ihm zeitweilig
sogar befreundet. Als Vespasian i.J. 69 nach
der Kaiserkrone griff, bot ihm Vologaises I. an,
ihn mit 40.000 Bogenschützen zu unterstützen. Vgl. M. Schottky, *DNP* 12, 2 (2003), Sp.
309, s.v. „Vologaises“, Nr. 1.

458 *Aurelius Victor* Es handelt sich um Ps. Aurelius Victor, *Epitome de Caesaribus*, cap. 9 (ed.
Froben 1518, S. 438): „Quippe primo cum

crinitum sidus apparuisset, ,Istud', inquit, ,ad
Regem *Persarum* pertinet, cui capillus effu-
sior'. Deinde ventris elluuie fessus et assurgens,
,stantem', inquit, ,imperatorem excedere terris decet'“. Dem unbekannten Autor der *Epitome* war hier ein häufig vorkommender Fehler unterlaufen, die Verwechslung von „Parthi“
mit „Persae“. Aurelius Victor selbst erwähnt
in seinem Werk *De Caesaribus* die Anekdote
nicht (vgl. cap. 9), jedoch bezeichnet er ebd.
Vologaises korrekt als „Rex Parthorum“ (9,
11). Er.' Zeitgenossen schrieben die *Epitome de
Caesaribus*, die zwischen 395 und 408 verfasst
worden waren und die die Röm. Kaiser von
Augustus bis Theodosius (gest. 395) behandeln, dem Historiker Sextus Aurelius Victor
(um 320–um 390 n. Chr.) zu, der von Kaiser Julianus Apostata gefördert worden war.
Er. hatte an der Historiker-Edition, in der
das Werk 1518 bei Froben erschien (S. 433–
456), mitgewirkt; wie die Titelseite zeigt, fungierte Er. als Autorisierungsinstanz aller in dieser Sammeledition dargebotenen Texte. In dieser Ausgabe trugen die *Epitome de Caesaribus* den Titel: *De vita et moribus Imperatorum
Romanorum excerpta ex libris Sexti Aurelii Victoris, a Caesare Augusto ad Theodosium Imperatorem* (S. 433). Wie dieser Titel zeigt, wurden die *Epitome de Caesaribus* als Auszug oder
Kurzfassung von Aurelius Victors *De Caesaribus* aufgefasst (vgl. auch das Kolophon S. 456:
„Sexti Aurelii Victoris De Caesaribus com-
pendii finis“). Diese Auffassung ist im Übrigen unhaltbar: Die Epitome stellen zwar einen
ähnlich kurzen, jedoch ganz anderen Text als
*De Caesaribus* dar.

*Apophth.* VI, 82 datiert auf den 23. 6. 69, Vespasians Todestag.

461 *morbus … fio* Im einleitenden Teil paraphrasierende, im Spruchteil wörtliche Wiedergabe von Suet. *Vesp.* 23, 4: „Prima quoque
morbi accessione: ,Vae‘, (vt *ed. Er. 1518 et 1533,
ed. Egnat.*) inquit, ,puto, deus fio‘“.

461 *Puto, deus fio* Dadurch, daß Er., übrigens
wiederum in der Nachfolge seiner Vorlage, der
Edition des Egnazio, statt „vae“ „vt“ schreibt
(Basel 1518, S. 156), fällt ein Teil des Scherzes
weg. Vespasians Tod wurde von einem schweren Durchfall mit heftigen Bauchschmerzen
eingeleitet. „vae“ ist der Schmerzenslaut, den
der geplagte Princeps von sich gab, der also –
wenn die Anekdote stimmt – gesagt haben soll:
„O weh, ich glaube, ich werde ein Gott“.

VI, 83        Sᴛᴀɴᴛᴇᴍ ᴍᴏʀɪ        (Vespasianus Pater, 17)

*Quum* vehementer angeretur *vitiatis intestinis*, nihilo secius *imperatoriis muneribus*
465 *fungebatur*, adeo *vt* lecto *decumbens audiret legationes*, et amicis hortantibus, vt sibi
parceret, respondit *Imperatorem stantem mori oportere*.

## TITVS VESPASIANI FILIVS

VI, 84        Cᴀᴇsᴀʀɪs ᴀꜰꜰᴀʙɪʟɪᴛᴀs        (Titus Vespasiani filius, 1)

Vespasianus filius quum *admoneretur* ab amicis, quod *plura polliceretur* interpellan-
470 tibus *quam praestare posset*, respondit: „*Non oportet quenquam a* Caesaris colloquio
*tristem discedere*".

VI, 85        Bᴇɴɪɢɴɪᴛᴀs        (Titus Vespasiani filius, 2)

*Super coenam* aliquando *recordatus, quod* eo *die* nemini *quicquam praestitisset, memo-*
*randam illam meritoque laudatam vocem aedidit*: „*Amici, diem perdidi*".

475 VI, 86        Dᴇxᴛᴇʀɪᴛᴀs        (Titus Vespasiani filius, 3)

Idem dicere solet *se maximum falsarium esse potuisse*, quod omnium *chirographa, quae*
*vidisset*, facillime *imitaretur*.

VI, 87        Cᴀᴇsᴀʀ ɪɴɴᴏᴄᴇɴs        (Titus Vespasiani filius, 4)

*Quum febre* correptus *lectica* a loco, in quo tum erat, *transferretur, dimotis plagulis*
480 *coelum suspexit questus*que est *sibi immerenti vitam eripi*, quum nullum per omnem
vitam *extaret factum*, cuius *poeniteret, vno duntaxat excepto. Id* cuiusmodi *fuerit*,
*nec ipse prodidit nec quisquam* coniectare potuit. O Caesarem longissima vita
dignum!

467 TITVS VESPASIANI FILIVS *C*: VESPA-
SIANVS FILIVS *A B*.

470 praestare *A-C BAS*: om. *LB*.
476 solet *A-C*: solebat *LB*.

464–466 *vitiatis intestinis… oportere* Suet. *Vesp.*
24, 1: „Hic cum super vrgentem (vrgentem
*ed. Ihm, ed. Er. 1533*: superurgentem *ed. Er.*
*1518, ed. Egnat.*) valitudinem creberrimo fri-
gidae aquae vsu etiam (et *ed. Er. 1518 et 1533,*
*ed. Egnat.*) intestina vitiasset nec eo minus
muneribus imperatoriis ex consuetudine fun-
geretur, vt etiam legationes audiret cubans,
aluo repente vsque ad defectionem soluta
(soluta *ed. Ihm, ed. Er. 1533*: soluto *ed. Er.*

*1518, ed. Egnat.*), imperatorem ait stantem mori
oportere; dumque consurgit ac nititur, inter
manus subleuantium extinctus est VIIII. Kal.
Iul(ii) annum agens (gerens *ed. Er. 1518 et 1533,*
*ed. Egnat.*) aetatis sexagensimum ac nonum
superque mensem ac diem septimum".
465–466 *et… parceret* Ein narrativer Zusatz des
Er., um den Ausspruch plausibler zu gestalten.
**Titus Flavius Vespasianus** (39 n. Chr.–81 n.
Chr.), Röm. Kaiser 79–81 (Imperator Cae-

sar Titus Vespasianus Augustus); 69 beendete er als militärischer Oberbefehlshaber siegreich den Jüdischen Krieg, wofür er mit einem Triumph und Triumphbogen („Titusbogen") geehrt wurde; unter seiner Herrschaft wurde das vom Vater begonnene Colosseum vollendet. Titus setzte die Politik seines Vaters eher unauffällig fort; trotz seiner nur kurzen, kaum markanten Regierungszeit wurde er in der römischen senatorischen Historiographie durchweg überaus positiv beurteilt, als umgänglicher, gütiger, wohltätiger, freundlicher und gebildeter Herrscher und „Liebling des Menschengeschlechts", dies alles wohl vornehmlich wegen der geschickten Art, in der er mit dem Senat umging. Die hundert Tage andauernden Spiele zur Einweihung des Colosseums stellten nach außen hin den Höhepunkt seiner Regierungsperiode dar. Er starb unerwartet an einem Fieber. Vgl. B.W. Jones, *The Emperor Titus*, London 1984; M. Griffin, „The Flavians", in: A.K. Bowman, P. Garnsey und D. Rathbone (Hrsg.), *The Cambridge Ancient History*, Bd. 11, Cambridge 2000, S. 1–83; W. Eck, *DNP* 12.1 (2002), Sp. 633–634, s.v. „Titus", Nr. 3; R. Weynand, *RE* VI, 2 (1909), Sp. 2695–2729, s.v. „Flavius", Nr. 207. Titus figuriert weiter als Apophthegma-Spender in *Apophth*. VIII, 126–127. Er. übernimmt das übertrieben positive Urteil Suetons, indem er ihm die Herrschertugenden der Umgänglichkeit, Güte, Wohltätigkeit, Milde und Gewissenhaftigkeit zuschreibt und den Abschnitt VI, 84–87 mit dem pathetischen Ausruf beendet: „O Caesarem longissima vita dignum!".

467   *TITVS VESPASIANI FILIVS*   Er. verlieh dem Abschnitt ursprünglich den Titel „VESPASIANVS FILIVS", entsprechend der vorhergehenden Sektion, „VESPASIANVS PATER" (VI, 67–83). Titus trug zwar „Vespasianus" in seinem Kaisernamen, war jedoch allgemein unter seinem Vornamen bekannt. Der betreffende Abschnitt in Giovanni Battista Egnazios Suetonausgabe trägt den Titel „DIVVS TITVS"; Er. übernahm diesen Titel in seinen Editionen d.J. 1518 und 1533.

469–471   *admonerentur ... discedere*   Variierende Wiedergabe von Suet. *Tit*. 8, 1: „In ceteris vero desideriis hominum (desideriis hominum *ed. Er. 1533*; desyderiis animum *ed. Er. 1518*; desyderiis hominum *ed. Egnat*.) obstinatissime tenuit, ne quem sine spe dimitteret; quin et admonentibus domesticis, quasi plura polliceretur quam praestare posset, non oportere ait

quemquam a sermone principis tristem discedere". Vgl. *Adag*. 1584 (*ASD* II, 4, S. 76) „Charetis pollicitationes": „Narrant et de Vespasiano filio: Quum admoneretur, ne tam facilis esset ad pollicendum, quod longe *plura* promitteret, *quam praestare posset*, respondit *non oportere quenquam* ab imperatoris conspectu *tristem discedere*". In den *Adagia* scheint der Spruch des Titus zuerst in der Ausgabe des Jahres 1533 auf.

473–474   *Super coenam ... perdidi*   Größtenteils wörtliche Wiedergabe von Suet. *Tit*. 8, 1: „Atque etiam recordatus quondam super cenam, quod nihil cuiquam toto die praestitisset, memorabilem illam meritoque laudatam vocem edidit (aedidit *ed. Er. 1518*; edidit *ed. Er. 1533*): ‚Amici, diem perdidi' ".

474   *aedidit*   „aedidit", wie in Er.' Suetonausgabe d.J. 1518.

476   *se*   „se" ist, wie in Er.' Suetonausgaben von 1518 und 1533 und ihrer Vorlage, der Edition des Giovanni Battista Egnazio, vorhanden, jedoch nicht in den neueren Suetoneditionen.

476–477   *maximum ... imitaretur*   Suet. *Tit*. 3, 2: „E pluribus comperi, notis quoque excipere velocissime solitum, cum amanuensibus suis per ludum iocumque certantem, imitarique (que *om. Egnatius, Erasmus in ed. 1518 et 1533*,) chirographa, quaecumque vidisset, ac saepe profiteri (profiteri saepe *ed. Er. 1518 et 1533, ed. Egnat*.) maximum (se maximum *ed. Er. 1518 et 1533, ed. Egnat*.) falsarium esse potuisse".

479–482   *Quum febre ... nec quisquam*   Leicht variierende Wiedergabe von Suet. *Tit*. 10, 1: „Deinde ad primam statim mansionem febrim nanctus (nactus *ed. Er. 1518 et 1533, ed. Egnat*.), cum inde lectica transferretur, suspexisse dicitur dimotis pallulis (plagulis *ed. Er. 1518 et 1533, ed. Egnat.; palulis *lectio varia in ed. 1518 et 1533*) caelum, multumque conquestus eripi sibi vitam immerenti; neque enim extare vllum suum factum paenitendum excepto dum taxat vno. Id quale fuerit, neque ipse tunc prodidit neque cuiquam facile succurrat (succurrit *ed. Er. 1518 et 1533, ed. Egnat*.)".

479   *plagulis*   „plagulis", wie in Er.' Suetonausgaben von 1518 und 1533 und ihrer Vorlage, Giovanni Battista Egnazios Edition, während rezentere Ausgaben „pallulis" (für „pallula", „Mäntelchen" vgl. *DNG* II, Sp. 3482, s.v.) haben. „plagulis" erscheint plausibler; es würde bedeuten, daß Titus den Vorhang seiner Sänfte zur Seite schlug, um freie Sicht auf den Himmel zu haben.

## DOMITIANVS

485  VI, 88                    Lepide                (Domitianus, 1, i.e. Vibius
                                                      Crispus) [5]

Domitianus Caesar *initio principatus quotidie sibi secretum horarium sumere* consueuit, *nec* interim aliud *quam muscas captare* easque *stilo praeacuto configere; vt cuidam
interroganti, esset ne quis intus cum Caesare, Vibius Crispus* lepide *responderit „Ne*
490  *musca quidem“.*

VI, 89                    Minae in principem                (Domitianus, 2, Euenus
                                                            Ascalonites et Anonymus) [6]

Iusserat *edicto excidi vineas*, quod *studio* colendi *vineta negligerentur arua*. Hoc *edic-*
*tum* reuocauit ob *sparsos libellos*, in quibus habebantur *hi versiculi*

495      κἄν με φάγῃς ἐπί ῥίζαν ὅμως ἔτι καρποφογήσω,
         ὅσσον ἐπισπεῖσαι Καίσαρι θυομένῳ.

Hoc epigramma fertur in hircum arrodentem vitem. Hircus autem Baccho immo-
labatur, quod admorsu laedat vineam. Ad Caesarem accommodarunt, pro σοι τράγε
mutantes Καίσαρι.

---

487  horarium *A-C Suet. edd. Erasmianae 1518 et*
*1533*: horarum *Suet. text. recept.*
490  musca *A-C Suet. edd. Erasmianae 1518 et 1533,*
*edd. vett.*: muscam *Suet. text. recept.*
495  κἄν *C* (κᾶμ *A B*), *Suet. text. recept.*: κῆν *Suet.*
*edd. Erasmianae 1518 et 1533, ed. Egnatiana et*
*edd. vett.*

496  καίσαρι θυομένῳ *A-C Suet. edd. Erasmianae*
*1518 et 1533, ed. Egnatiana, edd. vett.*: σοί, τράγε
θυομένῳ *Suet. text. recept.*
499  Καίσαρι *LB*: καίσαρι *A-C BAS*

---

**Titus Flavius Domitianus** (51–96 n. Chr.), Röm.
Kaiser 81–96 (Imperator Caesar Domitianus
Augustus); an sich fähiger und kluger Herrscher, war jedoch nicht imstande, mit dem
Senat respektvoll umzugehen; ließ sich in orientalischer Weise als „Dominus et Deus" verehren; 85 verlieh er sich das Amt des Zensors
auf Lebenszeit und sprach sich dadurch das
Recht zu, Senatoren nach seinem Gutdünken
aus dem Senat zu stoßen bzw. neue zu ernennen. Man schrieb ihm einen Hang zu Überheblichkeit, Gewalttätigkeit und Grausamkeit zu, jedoch lassen sich die diesbezüglichen
Berichte kaum von dem Klischee des Tyrannen
unterscheiden, nach dem ihn die vornehmlich
senatorischen Schriftquellen darstellen. Vgl.
B.W. Jones, *The Emperor Domitian*, London
u. a. 1992; ders., *Domitian and the senatorial*
order. *A prosopographical study of Domitian's*
*relationship with the Senate, A.D. 81–96*, Phil-
adelphia 1979; P. Southern, *Domitian. Tragic*
*Tyrant*, London 1997; J. Gering, *Domitian,*
*dominus et deus? Herrschafts- und Machtstruk-*
*turen im Römischen Reich zur Zeit des letzten*
*Flaviers*, Rahden 2012 (Diss. Osnabrück 2011);
Ch. Urner, *Kaiser Domitian im Urteil antiker*
*literarischer Quellen und moderner Forschung.*
Diss. Augsburg 1994; W. Eck, *DNP* 3 (1997)
Sp. 746–750 s.v. „Domitianus", Nr. 1; A. Stein,
*RE* VI, 2 (1909), Sp. 2541–2597, s.v. „Flavius",
Nr. 77. Er. übernimmt die weitgehend nega-
tive Darstellung Domitians, die sich in Suetons Vita findet.
484  *DOMITIANVS* Die Baselausgaben über-
liefern einhellig die Überschrift „DOMITI-
ANVS"; im Index personarum wird der Name

des Kaisers allerdings mit „Fl⟨auius⟩ Domitianus" angegeben. Dies stimmt mit Er.' Suetonausgaben von 1518 und 1533 überein, wo die betreffende Vita den Titel „FLAVIVS DOMITIANVS" aufweist.

*Apophth.* VI, 88 ist das Gegenstück zu *Adag.* 1084 (*ASD* II, 3, S. 106) „Ne musca quidem": „Huc allusit Vibius Crispus, orator *delectationi natus*, vt ait Fabius, *cuius erant mores, qualis facundia*, quemadmodum scripsit Iuuenalis, cum rogatus, ecquis esset cum Caesare in conclaui, respondit *ne muscam quidem intus esse*, ancipiti ioco Domitiani consuetudinem notans, cui mos erat quotidie sibi secretum horarium captare, nec interim aliud fere agebat, nisi quod muscas captas stilo configeret". Vgl. weiter *Collect.* 525; *De cop. verb.* I, 159 (*ASD* I, 6, S. 176): „Ne musca quidem adest"; Otto, Nr. 1180.

487–490 *initio … musca quidem* Suet. *Dom.* 3, 1: „Inter initia principatus cotidie secretum sibi horarum (horarium *ed. Er. 1518 et 1533, ed. Egnat.*) sumere solebat nec quicquam amplius quam muscas captare ac stilo praeacuto configere, vt cuidam interroganti, essetne quis intus cum Caesare, non absurde responsum sit a Vibio Crispo, ne muscam (musca *ed. Er. 1518 et 1533, ed. Egnat.*) quidem".

487 *horarium* Das von Er. verwendete „horarium" ergibt keinen Sinn. „horarium" ist das Wort für die Wasseruhr (vgl. *DNG* I, Sp. 2368, s.v.). Gemeint ist natürlich nicht, daß sich Domitian insgeheim eine Wasseruhr schnappte, sondern daß er die Gewohnheit hatte, sich täglich einige Stunden abzusondern. Das Adjektiv mit der Bedeutung „eine Stunde lang" ist „horalis" (vgl. *DBG* I, ebd.), nicht „horarius". Die korrupte Lesart „secretum horarium" findet sich auch in Er.' Suetonausgaben d.J. 1518 und 1533.

489 *Vibius Crispus* **Lucius Iunius Quintus Vibius Crispus** (um 12 n. Chr.–92), bedeutender röm. Politiker und Redner; dreimal Suffektkonsul (unter Nero 61, Vespasian 74, und Domitian); *legatus* in der Provinz Hispania citerior um 72/3 n. Chr. Vgl. W. Eck, *DNP* 12, 2 (2002), Sp. 175, s.v. „Vibius", Nr. II, 3; W. Enßlin, *RE* VIII, A2 (1958), Sp. 1968–1970, s.v. „Vibius", Nr. 28.

493–496 *edicto … ϑυομένῳ* Suet. *Dom.* 14, 2: „Quare pauidus semper atque anxius minimis etiam suspicionibus praeter modum commouebatur. Vt edicti de excidendis vineis propositi gratiam faceret (facere *ed. Er. 1518 et*

*1533, ed. Egnat.*) non alia magis re compulsus creditur (credatur *ed. Er. 1518 et 1533, ed. Egnat.*), quam quod sparsi libelli cum his versibus erant: κἄν (κήν *ed. Er. 1518 et 1533, ed. Egnat.*) με φάγῃς ἐπὶ ῥίζαν, ὅμως ἔτι καρποφορήσω,/ ὅσσον ἐπισπεῖσαι σοί, τράγε, (ἐπισπεῖσαι καίσαρι *ed. Er. 1518 et 1533, ed. Egnat.*) ϑυομένῳ".

493 *excidi vineas* Er. gibt den Inhalt des Edikts hier nicht richtig wieder. Domitian hatte keinen allgemeinen Befehl ausgefertigt, daß man Weingärten kurzerhand roden sollte. Wegen des Getreidemangels verbot er jedoch, daß in Italien neue Weingärten angelegt würden, die alten durften bleiben; nur in den Provinzen sollte ein Teil der Weingärten zugunsten des Getreideanbaus aufgegeben werden. Vgl. Suet. *Dom.* 7, 2.

493 *studio … vineta negligerentur arua* Suet. *Dom.* 7, 2: „Ad summam quondam vbertatem vini, frumenti vero inopiam existimans nimio vinearum studio negligi arua, edixit, ne quis in Italia nouellaret vtque in prouinciis vineta succiderentur …".

495–496 *κἄν … ϑυομένῳ* *Anth. Pal.* IX, 75. Das berühmte Epigramm stammt von Euenos von Askalon; in dem Gedicht spricht der vom Bock benagte Weinstock; er droht dem Bock, er werde sich bald rächen: Der Bock werde dem Gott des Weines geopfert und mit Wein besprengt werden. Zu „Euenos" als Epigrammdichter im *Kranz des Philippos* vgl. *DNP* 4 (1999), Sp. 227, s.v. „Euenos", Nr. 2.

496 *καίσαρι* Die an dieser Stelle und in den Suetonausgaben des Er. von 1518 und 1533 wiedergegebene Form des Epigramms ist nicht der Originaltext, den Euenus von Askalon verfasst hatte, sondern die von einem Spaßvogel während der Regierungsperiode des Domitian humoristisch adaptierte Version, in der der böse Bock, der den Weinstock benagt, von dem bösen „Kaiser" (Καίσαρι) ersetzt wird, der es auf den Weinbau abgesehen hatte. Er. erklärt dies in seinem Kommentar.

497–498 *Hircus … vineam* Vgl. Ov. *Fast.* I, 355–360: „Quem spectans aliquis dentes in vite prementem, / talia non tacito dicta dolore dedit:/ ‚Rode, caper, vitem: tamen hinc, cum stabis ad aram, / in tua quod spargi cornua possit erit'./ Verba fides sequitur: noxae tibi deditus hostis/ spargitur adfuso cornua, Bacche, mero".

498 *Ad Caesarem* i.e. Domitianum.

500   VI, 90                          LEPIDE                          (Domitianus, 3) [7]

Notans Metium [i.e. Maecium] quendam sibi immodice placentem dicere solitus
est: „*Vellem tam formosus esse, quam Metius sibi videtur*".


## NERVA COCCEIVS

        VI, 91                          PRINCEPS          (Nerua Cocceius, i.e. Tiberius
505                                      INDVLGENS          Catius Caesius Fronto) [8]

Quoniam sub Nerua Cocceio bono Caesare *multorum nomina falso deferebantur,*
*Fronto consul palam dixisse fertur malum esse eum imperare, sub quo nemini quicquam*
*concessum sit, sed longe peius sub eo viuere, sub quo maxima sit licentia* quibuslibet.
Inhumanitatis est, si princeps nihil indulgeat amicis ac familiaribus, sed perniciosum
510   est, illis licere, quicquid libet.

---

502 Metius *A-C Suet. edd. Erasmianae 1518 et*
*1533, ed. Egnatiana*: Maecius *Suet. text. re-*
*cept.*

503  NERVA COCCEIVS *C (cf. Cass. Dionis ed.*
*1518)*: NERVAE COCCEI *A B.*

501 *Metium*  Die Schreibweise des von Er. angegebenen Namens ist nicht richtig. Es handelt
sich nicht um „Metius", sondern „Maecius",
ein Mitglied der Familie der „Maecii", die in
der Kaiserzeit zahlreich vertreten war. Es lässt
sich nicht mit Sicherheit bestimmen, welchen
Spross der Maecii Domitian verspottete; vielleicht meinte er Marcus Maecius Rufus, der
unter Vespasian Prokonsul in Bithynien und
Pontus und unter Domitian Prokonsul der
Provinz Asia war; vgl. K. Kroll, *RE* XIV, 2
(1928), Sp. 238, s.v. „Maecius", Nr. 22. In Frage
kämen vielleicht auch Lucius Maecius Postumus, der 79 n. Chr. das Amt des *quastor Augusti*
und später des Legionslegaten in der Provinz
Syrien bekleidete (für diesen vgl. Fluss, *RE*
XIV, 2 (1928), Sp. 237–238, s.v. „Maecius", Nr.
19) und Marcus Maecius Celer, der spätere Suffektkonsul (für diesen vgl. Fluss, *RE* XIV, 2
(1928), Sp. 234, s.v. „Maecius", Nr. 6). In *CWE*
38 „Metius", ohne weitere Angaben zu dessen
Person.

501–502 *solitus est*  Daß Domitian den Ausspruch stets wiederholt habe, ist eine Erfindung des Er.

502 *Vellem … videtur*  Suet. *Dom.* 20: „,Vellem',
inquit, ,tam formosus esse, quam Maecius
(Metius *ed. Er. 1518 et 1533*) sibi videtur'".

*Apophth.* VI, 91–92 In dem folgenden Abschnitt,
der den Kaisern Nerva und Trajan gewidmet
ist, bearbeitete Er. Giorgio Merulas lateinische Übersetzung der Cassius-Dio-Epitome
des Xiphilinus (des 68. Buches von Cass. Dio).
Die Quelle, die Er. benutzt, ist seine eigene
Edition, die zusammen mit seiner Sueton-
und *Hist.-Aug.*-Ausgabe 1518 bei Johannes Froben in Basel erschienen war. Merulas Übersetzung der Cassius-Dio-Epitome ist der erste
Text, der in Er.' Ausgabe nach dem Text der
zwölf Kaiser Suetons (S. 1–168) dargeboten
wird (S. 169–189, Titel des ersten Abschnitts:
DIONIS CASSII NICAEI NERVA COC-
CEIVS, GEORGIO MERVLA ALEXAN-
DRINO INTERPRETE). Er. bearbeitete im
sechsten Buch der *Apophthegmata* seine Quellen somit in derselben Reihenfolge, in der sie
in seiner Edition d.J. 1518 aufschienen.

**Marcus Cocceius Nerva** (30–98 n. Chr.), Röm.
Kaiser 96–98 (Imperator Nerva Caesar Augustus). Nerva war mit dem julisch-claudischen
Kaiserhaus entfernt familiär verbunden: Einer
seiner Onkel war mit Rubellia Bassa, der Tochter der Iulia Livia, der Urenkelin des Kaisers
Tiberius, verheiratet. Nerva bekleidete seine
ersten politischen Ämter unter Nero. Nero
verlieh ihm für seine Rolle bei der Aufdeckung

der Pisonischen Verschwörung die *ornamenta triumphalia*. Außerdem wurde eine Ehrenstatue Nervas auf dem Forum Romanum aufgestellt. Nach der Ermordung Neros kam Nerva mit seiner politischen Karriere dennoch weiter gut voran: 71 n. Chr. bekleidete er das Konsulat gemeinsam mit Kaiser Vespasian und i.J. 90 nochmals gemeinsam mit Kaiser Domitian. Seine Rolle bei der Verschwörung gegen Domitian ist nicht geklärt. Jedenfalls trugen ihn die Verschwörer nach dem erfolgreichen Attentat als Kaiserkandidaten vor, woraufhin ihn der Senat zum Kaiser ernannte. Nerva rief eine neue republikanische Freiheit aus, die er mit dem Prinzipat verband: „libertatem ac principatum". Aufgrund seiner Kinderlosigkeit und seines fortgeschrittenen Alters stellte sich von Anfang an die Frage der Nachfolge. Nach dem Aufstand der Prätorianergarde i.J. 97 gelang es Nerva, durch die Adoption des erfolgreichen Generals Trajans seine Herrschaft zu stabilisieren. Durch diese Maßnahme begründete er zugleich das sog. Adoptivkaisertum des zweiten Jh. n. Chr., unter dem Rom den Höhepunkt seiner Macht und seines Reichtums erlebte. Vgl. W. Eck, *DNP* 8 (2000), Sp. 856–857, s.v. „Nerva", Nr. 2; A. Stein, *RE* IV, 1 (1900), Sp. 133–154, s.v. „Cocceius", Nr. 16.

504–505 *Princeps indulgens* Durch den Titel und den Kommentar vermittelt Er. eine historisch unrichtige Einschätzung des zugrundeliegenden Sachverhaltes. Er. hat den Vorwurf Frontos so verstanden, daß der Kaiser seine Bekannten und Freunde hemmungslos protegiert und ihnen erlaubt hätte, ihre Gegner durch Prozesse auszuschalten und sich an deren eingezogenem Vermögen zu bereichern. Davon kann keine Rede sein. Fronto richtete sich gegen das Denunziantenwesen, das sich zu Anfang von Nervas Regierungsperiode entfaltete und das darauf ausgerichtet war, ehemalige Domitianus-Anhänger zu verurteilen. Die Denunzianten sind jedoch nicht mit den Freunden Nervas gleichzusetzen. Er. scheint nicht bewußt zu sein, daß es gerade Nerva war, der das Denunziantenwesen dezidiert verbot.

506–508 *multorum ... licentia quibuslibet* Xiphilinus/ Cass. Dio LXVIII, 1, 3. Er. bearbeitete die latein. Übers. des Giorgio Merula: „Multorum tamen nomina falso delata ... Deinde ... tumultus oritur, ... quia ex libidine quorundam multi iniuste accusarentur. Quare Fronto consul propalam dixisse fertur: malum esse eum imperare, sub quo nemini quippiam concessum sit, sed longe peius sub eo viuere, sub quo maxime liceat" (Basel, Froben, 1518, S. 169). Der griech. Text des Apophthegmas selbst lautet: ... λέγεται Φρόντωνα τὸν ὕπατον εἰπεῖν ὡς κακὸν μέν ἐστιν αὐτοκράτορα ἔχειν ἐφ' οὗ μηδενὶ μηδὲν ἔξεστι ποιεῖν, χεῖρον δὲ ἐφ' οὗ πᾶσι πάντα.

507 *Fronto consul* **Tiberius Catius Caesius Fronto**, sofort nach Nervas Machtübernahme Suffektkonsul (96); Catius Caesius Fronto zählte zu den bedeutendsten Rednern seiner Zeit; u. a. wurde er von Plinius d.J. wegen seiner Redekunst, insbes. seiner Fähigkeit, Mitleiden (*misericordia*) zu erzeugen („vir lacrimarum mouendarum"), hervorgehoben (Plin. d.J., *Epist.* II, 11, 3). Fronto betätigte sich nicht als Ankläger oder Denunziant, sondern zog es wie Cicero vor, seine Standesgenossen in Prozessen zu verteidigen, besonders in Repetundenprozessen: So verteidigte er i.J. 100 den früheren Statthalter Marius Priscus in einem Repetundenprozess gegen Plinius d.J. und Tacitus. Mit seinem freizügigen Auftreten gegenüber Nerva versinnbildlichte er die neue republikanische Gesinnung, die sich nach der Ermordung des „Tyrannen" Domitian, ganz besonders durch Nervas Proklamation „libertatem et principatum", breitmachte. Vgl. W. Eck, *DNP* 2 (1996), Sp. 928, s.v. „Caesius", Nr. II, 4; E. Groag, *RE* III, 2 (1899), Sp. 1792–1793, s.v. „Catius", Nr. 4.

# TRAIANVS

VI, 92                              VNVS EXIMIVS                        (Traianus, 1) [9]

Traianus aliquando *in conuiuio* proposuit *amicis, vt decem nominarent, quibus* crederent *rerum summam* recte delegari *posse.* Quum illi silerent, „*Decem*", *inquit, „a vobis*
posco; *ego vnicum habeo Seuerianum* [i.e. Seruianum]", solum illum imperio dignum
iudicans.

515

513–514  crederent *A-C*: crederet *BAS.*                *per Georgium Merulam*: Seruianum (Σερουια-
515  Seuerianum *A-C sec. Cass. Dionis Epit. versa*       νόν) *sec. Cass. Dionis textum Graec.*

**Marcus Ulpius Traianus** (53–117 n. Chr.; Röm. Kaiser 98–117). Vgl. W. Eck, *DNP* 12.1 (2002), Sp. 746–749, s.v. „Traianus", Nr. 1; W.H. Groß, *RE* Suppl. X (1965), Sp. 1035–1113, s.v. „Ulpius", Nr. 1a. Der Trajan gewidmete Abschnitt ist auffällig kurz (nur ein einziges Apophthegma) und steht im krassen Widerspruch zu der großen Bedeutung dieses Kaisers. Außerdem bezieht sich der Ausspruch auf den Thronprätendenten Servianus (von Er. fälschlich als „Seuerianus" bezeichnet), der in der Hadrian-Sektion der *Apophthegmata* (VI, 99) figuriert. Im achten Buch hat Er. noch drei Trajan-*Apophthegmata* hinzugefügt: VIII, 115, 120 und 124. Er.' Quellen sind dort die *Epitome de Caesaribus*, die Er. fälschlich Aurelius Victor zuschrieb (VIII, 115 und 120), und Eutropius (VIII, 124). In den *Adagia* figuriert Trajan nirgends als Exempel oder Spender einer Redewendung; nur ein einziges Mal wird er überhaupt erwähnt (*ASD* I, S. 144). Verglichen mit Trajan ist sein Adoptivsohn Hadrian in den *Apophthegmata* mit fast zwanzig Aussprüchen (VI, 93–111) auffällig stark vertreten.

513 *aliquando in conuiuio* Xiphilinus/ Cass. Dio LXIX, 17, 3; Er. bearbeitete die latein. Übers. des Giorgio Merula: „Nam in conuiuio olim quaesiuit (sc. Traianus) ab amicis, vt decem nominarent viros, quibus summa Rei-publicae et rerum fastigium demandari posset. Tum vero compresso aliquantulum sermone inquit: ,Nouem per vos discere cupio, vnum ego Seuerianum [sic] habeo'" (Basel, Froben, 1518, p. 187). Der griech. Text lautet: εἰπὼν γοῦν ποτε ἐν συμποσίῳ τοῖς φίλοις ἵνα αὐτῷ δέκα ἄνδρας μοναρχεῖν δυναμένους ὀνομάσωσιν, εἶτ᾿ ὀλίγον ἐπισχὼν ἔφη ὅτι „ἐννέα δέομαι μαθεῖν· τὸν γὰρ ἕνα, τοῦτ᾿ ἔστι Σερουιανόν, ἔχω".

515 *Seuerianum* Lucius Iulius Ursus Servianus (47–137 n. Chr.), einer der mächtigsten Männer des Röm. Reiches unter Kaiser Trajan, wurde mit Domitia Paulina, der Schwester des Hadrian, verheiratet. 90 Consul suffectus, in der Folge Statthalter in Germania superior (97) und Pannonien (98), Consul ordinarius (102); gehörte zum engsten Kreis der Ratgeber und Vertrauten Kaiser Trajans, auch unter Hadrian einflussreich. Servianus arbeitete darauf hin, daß der kinderlose Hadrian seinen Enkel Pedianus Fuscus, der zugleich ein Großneffe Hadrians war, zum Nachfolger bestimmen würde; als sich dieser jedoch 136 für Ceionius Commodus entschied, kam es zum Zerwürfnis. Servianus wurde beseitigt. Zu Servianus vgl. F. Münzer, *RE* X, 1 (1918), Sp. 882–891 s.v. „Iulius (Ursus)", Nr. 538; W. Eck, *DNP* 6 (1999), Sp. 43, s.v. „Iulius", Nr. II, 141. Zu dem Thronfolgestreit vgl. unten *Apophth.* VI, 99.

## ADRIANVS CAESAR

VI, 93                          Medicorvm tvrba                    (Adrianus Caesar, 1)

*Moriens dixit illud vulgatum*: „*Turba medicorum* Caesarem *perdidit*". Arbitror illum
520   huc detorsisse Graecum prouerbium, πολλοὶ στρατηγοὶ Καρίαν ἀπώλεσαν. Πολλοὶ δ᾽
ἰατροὶ τὸν βασιλῆ᾽ ἀπώλεσαν. Quanquam et hodie verum est, *turbam medicorum*
multis causam esse mortis.

520   Καρίαν *LB*: καρίαν *A-C*: τιαρίαν *Lycosthenes*
p. 682.

**P. Aelius Hadrianus** (76–138), Röm. Kaiser 117–
138 (Imperator Caesar Traianus Hadrianus
Augustus). Stammte aus der Provinz Hispania Baetica; sein Vater, P. Aelius Hadrianus
Afer, war der Cousin Kaiser Trajans. Hadrians
sehr erfolgreiche und effiziente Regierungs-
tätigkeit zeichnete sich u.a. durch die Politik der *Pax Romana*, durch innere und äußere
Stabilisierung des Reiches, Verbesserung der
Infrastruktur, Förderung des Handels, Grenzsicherung (Hadrian's Wall), Verzicht auf weitere militärische Expansion, Förderung der
Künste und Wissenschaften, Philhellenismus
und ein umfängliches Bauprogramm in Rom
und in den Provinzen aus. Vielseitige Persön-
lichkeit, betätigte sich in Philosophie, Wis-
senschaft, Literatur, Poesie und Architektur.
Vgl. A.R. Birley, *Hadrian. The Restless Emperor*,
London u.a. 1997, überarbeitet dt.: *Hadrian.
Der rastlose Kaiser*, Mainz 2006; A. Everitt,
*Hadrian and the Triumph of Rome*, New York
2009; Th. Opper, *Hadrian: Empire and Con-
flict*, London 2008; W. Eck, *DNP* 5 (1998),
Sp. 59–64, s.v. „Hadrianus"; P. v. Rohden,
*RE* I, 1 (1893), Sp. 493–520, s.v. „Aelius",
Nr. 64. Die beiden Hauptquellen für Hadrians Regierung sind das 69. Buch von Cassius Dios Geschichtswerk, das allerdings nur
in byzantinischen Auszügen erhalten ist, und
die Hadrian-Biographie in der *Hist. Aug.*, die
von einem unbekannten Autor gegen Ende des
4. Jh. n. Chr. verfasst worden ist; Er. war, wie
die meisten seiner Zeitgenossen, davon überzeugt, daß ihr Autor Aelius Spartianus sei. Vgl.
*Adag.* 698 (*ASD* II, 2, S. 226): „Narrat autem
fabulam Aelius Spartianus in Adriani imperatoris vita" (= *Hist. Aug.* I, 17, 6–7). Dementsprechend lautete der Titel in Er.' *Hist.-Aug.*-
Ausgabe: „AELII SPARTIANI HADRIANVS
IMPERATOR AD DIOCLITIANVM [sic]
AVGVSTVM" (1518, S. 193). Zu der Hadrian-

Biographie in der *Hist. Aug.* vgl. den ausführli-
chen Komm. von J. Fündling, *Kommentar zur
Vita Hadriani der Historia Augusta* (*Antiquitas*, Reihe 4, Bde. 4, 1 und 2), Bonn 2006.
    Der Titel, den Er. der Sektion verlieh, ist
„ADRIANVS CAESAR" (ebenso im Index
personarum); im Text der einzelnen Apophthegmata nennt ihn Er. jedoch meist nur
„Caesar" (VI, 97, 100, 103, 105 und 110).
„Caesar" war unter den Adoptivkaisern freilich nicht mehr Teil des Familiennamens,
sondern hatte sich bereits zu einer Art Titel
(wie „Imperator") entwickelt. Er.' Vorlagen,
seine eigene Edition von Merulas Cassius-
Dio-Übersetzung und jene der Hadrian-Bio-
graphie in der *Hist. Aug.* (1518 und 1533), ver-
wendeten als Kaisernamen „Adrianus" (1518,
S. 181) bzw. „Hadrianus Imperator" (1518,
S. 193). Auf die etwas seltsame Namensform
„Adrianus Caesar" kam Er. möglicherweise
durch die Kopfzeilen von Giovanni Battista
Egnazios Ausgabe von Merulas Cassius-Dio-
Übersetzung (Venedig, Aldus, 1517): „ADRI-
ANVS CAESAR" (dort: fol. 14–16, jeweils lin-
ke Seite „ADRIANVS", rechte Seite: „CAE-
SAR"). In *Adag.* 1569 (*ASD* II, 4, S. 68) nennt
Er. den Kaiser „Hadrianus Imperator", in
*Adag.* 698 (*ASD* II, 2, S. 226) „Adrianus imperator", in *Adag.* 3154 (*ASD* II, 7, S. 123) einfach „Hadrianus", wobei er ihn allerdings mit
Septimius Severus verwechselt (vgl. Komm. *ad
loc.*). Bei *Adag.* 3154 fällt auf, daß Er. zwar in der
ersten Ausgabe „Adrianus" druckte, dies aber
korrigierte, sodaß in allen Ausgaben, von 1515
(= *B*) angefangen, „Hadrianus" steht. In *Adag.*
698 (*ASD* II, 2, S. 226) blieb allerdings „Adrianus" stehen.
    Er.' Urteil über Kaiser Hadrian war zwei-
schneidig. Er schrieb ihm zu etwa gleichen Teilen Tugenden und Laster zu. Vgl. *De lingua*
(*ASD* IA, S. 62): „Simile quiddam referunt de

Adriano Caesare, sic multis praeditus virtutibus, vt eas vitiis paene superauerit". Sicherlich bewunderte Er. Hadrian als klugen, scharfsinnigen und hochgebildeten Menschen. An den drei zitierten *Adagia*-Stellen fungiert er als *Adagium*-Spender. Abgesehen von der Serie *Apophth.* VI, 94–111 tritt Hadrian noch in VIII, 98 als Apophthegma-Spender auf. In Bezug auf seine Selbstlosigkeit und seinen Einsatz für den Staat (*Apophth.* VI, 94) entspricht Hadrian voll und ganz Er.' Fürstenideal der *Inst. princ. christ.* – diesem Apophthegma verleiht Er. dann auch den noblen und lapidaren Titel „Princeps". Überhaupt fällt auf, daß in der Hadrian gewidmeten Sektion der *Apophth.* fast ausschließlich positive Züge des Kaisers zum Tragen kommen. In den Aussprüchen spiegelt sich seine Milde (*clementia*) (VI, 95), Zugänglichkeit (VI, 96), Tugendhaftigkeit (VI, 103), Klugheit (VI, 93, 100–103, 107–108, VIII, 97), sein Gerechtigkeitssinn (VI, 98; 101; VIII, 97), Gefühl für Verantwortlichkeit (VI, 110), *honestas* (ebd.) und Humor (VI, 103), und besonders seine Gabe des Vorausblicks, ja der Vorherschung (VI, 102, 107–109); weiter erscheint der Kaiser als Förderer von Philosophen (VI, 97) und Autor von Gedichten (VI, 103–106). Als weniger günstige Züge merkt Er. Hadrians Neugierde (VI, 105), Grausamkeit (VI, 99) und Leichtfertigkeit in Bezug auf den Tod (VI, 106) an.

*Apophth.* VI, 93–111 In dem nun folgenden Abschnitt (VI, 93–111) bearbeitete Er. abwechselnd die Hauptquellen zur Regierung Hadrians, die Cassius-Dio-Epitome in der latein. Übers. des Giorgio Merula und die Hadrian-Biographie aus der *Hist. Aug.* Er. hatte diese Werke selbst herausgegeben, bei Johann Froben in Basel, 1518 und 1533.

518 *Medicorum turba* Für den Titel vgl. die Marginalnote in Er.' Ausgabe d.J. 1518, S. 189: „Medicorum turba noxia". *Apophth.* VI, 93 ist zudem ein Gegenstück zu *Adag.* 1607 (*ASD* II, 4, S. 92) „Multitudo imperatorum Cariam perdidit".

519 *Moriens ... perdidit* Xiphilinus/ Cass. Dio LXIX, 22, 4. Er. bearbeitete die latein. Übers. des Giorgio Merula: „Mortuus est tandem (sc. Adrianus) dicens illud in populo vulgatum: TVRBA MEDICORVM INTERFECIT REGEM" (nach Er.' eigener Ausgabe, Basel 1518, S. 189). Der griech. Text lautet: „ἐτελεύτησε, λέγων καὶ βοῶν τὸ δημῶδες, ὅτι πολλοὶ ἰατροὶ βασιλέα ἀπώλεσαν". Vgl. auch Plin. *Nat.* XXIX, 11: „Hinc illa infelicis monumenti inscriptio turba se medicorum periisse"; Menander *Com. Graec.* IV, 360.

519 *Caesarem* „Caesarem" ist eine Korrektur des Er. von Merulas Übersetzung; das griechische βασιλέα meint natürlich den Römischen Kaiser, nicht irgendeinen König („regem", wie Merula übersetzt).

519 *perdidit* „perdidit", wie im Titel von *Adag.* 1607 (*ASD* II, 4, S. 92).

520 πολλοὶ ... ἀπώλεσαν *CPG* I, Diogenianus 7, 72/ II, Apostolius 14, 51: „Πολλοὶ στρατηγοὶ Καρίαν ἀπώλησαν· ἐπὶ τῶν μὴ ὁμογνωμονούντων"; *Adag.* 1607 „Multitudo imperatorum Cariam perdidit" (*ASD* II, 4, S. 92): „Πολλοὶ στρατηγοὶ Καρίαν ἀπώλεσαν, id est, *Multi duces deperdidere Cariam*. Admonet senarius nihil esse perniciosius licentia multitudinis, dum nulli paretur, sed pro sua quisque libidine rem gerit".

520 *Καρίαν ἀπώλεσαν* Vgl. *Adag.* 1607 (*ASD* II, 4, S. 92): „Natum adagium a Caribus quondam florentissimis, postea per ciuiles seditiones eo redactis, vt etiam in vilitatis prouerbium abierint, quemadmodum alio docuimus loco"; *Adag.* 514 (*ASD* II, 2, S. 36–39) „In Care periculum": „Huic adagio Carum mores fecere locum. Hic populus est, vt auctor est Mela Pomponius (i.e. I, 83), incertae originis, vt quos alii ... *indigenas*, nonnulli Pelasgos, alii Cretas existiment, genus vsque adeo armorum pugnaeque amans, vt aliena etiam bella mercede conducti soliti sint agere. Vnde Theocritus in Encomio Ptolemaei φιλοπτολέμοις τε Κάρεσσι dixit, id est *Bellandique auidis Caribus* (Theocr. 17, 89). Item Herodotus in Euterpe ostendit Cares barbaro seruilique fuisse ingenio et ad quiduis malorum ferendum paratos mercede proposita (Hdt. II, 152) ... Strabo libro Geographiae decimoquarto narrat Cares tota quondam erasse Graecia passimque stipendiis meruisse (XIV, 2, 28) ... Suidas scribit Cares primos mortalium mercede militasse, vt qui vitam suam vilem haberent (1377 und 1378) ... Persae sua lingua Κάρδακας appellabant, qui rapto viuebant. Carum laudem his temporibus aemulari videntur Eluetii ...". Vgl. Komm. *Adag.* 1607 (*ASD* II, 4, S. 92). Bei den Karern handelte es sich um einen kriegerischen Stamm, der im Südwesten Kleinasiens ansässig war, der für seine Seeräuber und Söldner sowohl berühmt als auch berüchtigt war und dem man einen barbarischen Sprachgebrauch zuschrieb. Sie verdingten sich als Söldner u.a. für die ägyptischen Pharaonen, den persischen Großkönig, aber auch für griechische Mächte. Vgl. K. Karttunen, *DNP* 6 (1999), Sp. 271–277, s.v. „Kares, Karia".

VI, 94                                    Princeps                    (Adrianus Caesar, 2)

*In senatu* frequenter *dicere* solebat *se* sic *gesturum* principatum, *vt sciret rem populi esse,*
525   *non* suam priuatam. Nimirum attigit hoc, quod vnum distinguit regem a tyranno.

VI, 95                                    Clementia                    (Adrianus Caesar, 3)

*Imperator* creatus adeo contempsit *inimicos, vt vni, quem habuerat capitalem,* forte
obuio *dixerit: „Euasisti".* Principibus in priuatis offensis debet esse satis, potuisse
vlcisci.

530   VI, 96                                    Affabilitas                    (Adrianus Caesar, 4)

*In colloquiis etiam humillimorum* mire *ciuilis erat eosque detestari* solebat, *qui hanc
humanitatis voluptatem* ipsi *inuiderent* hoc praetextu, quod dicerent, *principis* maies-
tatem vbique *seruandam.*

VI, 97                                    Animi bona                    (Adrianus Caesar, 5, i.e.
535                                                                              Dionysius sophista, 1)

*Dionysius* Milesius, sophista insignis, *in Heliodorum, quem* Adrianus Caesar vnice
*amabat,* torsit hoc *dictum: „Caesar potest honorem ac pecunias* largiri, *rhetorem facere
non potest".* Caesar enim Heliodorum studio verius quam iudicio *fecerat* magistrum
*epistolarum.*

540   VI, 98                                    Ivste                    (Adrianus Caesar, 6)

*Romae quum in spectaculo populus clamore* flagitaret, *vt aurigam,* qui placuerat, *liberum esse* iuberet [sc. Adrianus], *per tabellam respondit iniquum esse, quod peterent.* Si
enim *seruum alienum* libertate donaret, *fieret iniuria domino.* Dicas hunc abhorruisse
ab omni violentia.

---

524  solebat *LB*: solet *A-C*.                         531  solebat *LB Lycosthenes (p. 26, 901)*: solet *A-C*.

*Apophth.* VI, 94 bietet eine Definition des Fürsten
ganz im Sinn von Er.' *Inst. princ. christ.* dar.
524–525  *In senatu … priuatam* Unvollständige
und variierende Wiedergabe von *Hist. Aug.*
(Aelius Spartianus), *Hadr.* 8, 3: „et in contione et in senatu saepe dixit ita se rem publicam gesturum, vt scirent (scirent *Ellis:* sciret
*ed. Er. 1518, p. 196*) populi rem esse, non pro-
priam". Lycosthenes gibt als Quelle fälschlich
Cassius Dio an (S. 901). Er. läßt zu Unrecht

aus, daß Kaiser Hadrian die zitierten pro-
grammatischen Worte wiederholt nicht nur
bei Senats –, sondern auch bei Volksversammlungen sprach. „frequenter dicere sole(ba)t"
ist eine tautologische Wiedergabe von „saepe
dixit"; da Er.' Text der *Hist. Aug.* verderbt war,
verstand er das Apophthegma in einem anderen als dem urspr. vorgesehenen Sinn. Urspr.
war gemeint, daß die Senatoren bzw. das Volk
wissen (i.e. verstehen) sollten, daß Hadrian

seine Kaiserherrschaft auf das Gemeinwohl, nicht auf seinen eigenen Vorteil ausrichte. Die verderbte Lesart „sciret" bedeutet, daß der Kaiser dies selbst verstehen sollte, was eine sinnlose Mitteilung ist.

526 *Clementia* Er.' Titel entsprechend druckte Lycosthenes das Apophthegma in der Kategorie „De clementia" (S. 159).

527–528 *Imperator ... euasisti* Größtenteils wörtliche Wiedergabe von *Hist. Aug.* (Aelius Spartianus), *Hadr.* 17, 1: „Quos in priuata vita inimicos habuit, Imperator tantum neglexit, ita vt vni, quem capitalem habuerat, factus Imperator diceret: ‚euasisti'" (vgl. Er.' Ausgabe, Basel 1518, S. 200). Lycosthenes gab als Quelle des Apophthegmas fälschlich Cassius Dio an (S. 159).

527 *Imperator creatus* I.J. 117 n. Chr.

530 *Affabilitas* Lycosthenes druckt *Apophth.* VI, 96 Er.' Titel entsprechend in der Kategorie „De affabilitate" (S. 26).

531–533 *In colloquiis ... seruandam Hist. Aug.* (Aelius Spartianus), *Hadr.* 20,1: „In conloquiis etiam humillimorum ciuilissimus fuit, detestans eos, qui sibi hanc voluptatem humanitatis quasi seruantes *ed. Er. 1518, p. 200*) fastigium principis inuiderent". Lycosthenes hat sich bei der Quellenangabe, welche er dem Apophthegma beigab, geirrt, indem er es fälschlich Cassius Dio zuschrieb: „Recitat Dion in eius vita" (S. 26).

536–537 *Dionysius ... potest* Dio Cass. LXIX, 3, 5; leicht variierende Wiedergabe der latein. Übers. des Giorgio Merula: „Nam Dionysius aduersus Heliodorum, quem ille supreme amabat et epistolarum magistrum fecerat, talia dixisse fertur: POTEST Caesar pecunias et honorem tribuere, Rhetorem facere non potest" (Text nach Er.' Ausgabe, Basel, 1518, S. 182). Vgl. den griech. Text: ὅτι Διονύσιος πρὸς τὸν Ἀουίδιον Ἡλιόδωρον, τὸν τὰς ἐπιστολὰς αὐτοῦ διαγαγόντα, εἰπεῖν λέγεται ὅτι „Καῖσαρ χρήματα μέν σοι καὶ τιμὴν δοῦναι δύναται, ῥήτορα δέ σε ποιῆσαι οὐ δύναται".

536 *Dionysius Milesius* **Dionysios von Milet** (Tiberius Claudius Flavianus Dionysius), Schüler des Isaios von Syrien, Vertreter der Zweiten Sophistik, Redekünstler, Rhetoriklehrer, Verf. von Deklamationen; als Rhetoriklehrer in Ephesos tätig. Kaiser Hadrian erhob ihn für seine Deklamationskunst in den Ritterstand. Später scheint Hadrian andere Red-

ner und Sophisten vorgezogen zu haben, u.a. den hier genannten Heliodorus, der im Übrigen ein Schüler des Dionysios war. Sein Sarkophag befindet sich in Ephesos, unweit der Bibliothek des Celsus. Vgl. Philostr. *Soph.* I, 22, 521–522; W. Schmid, *RE* V, 2 (1905), Sp. 975, s.v. „Dionysios", Nr. 126; E. Bowie, *DNP* 3 (1999), Sp. 644, s.v. „Dionysios", Nr. 40 und G.W. Bowersock, *Greek Sophists in the Roman Empire*, 1969, S. 51–53. Er. widmet dem Dionysios von Milet weiter *Apophth.* VIII, 17.

536 *Heliodorum* C. Avidius Heliodorus (ca. 100–nach 142 n. Chr.), griechischer Redner und epikureischer Philosoph aus Kyrrhos (heute Nebi Huri in Nordsyrien), Schüler des Dionysios von Milet; Kaiser Hadrian verlieh ihm das Amt *ab epistulis*; Antoninus Pius machte ihn sogar zum Statthalter der Provinz Ägypten (*praefectus Aegypti*, 137–142 n. Chr.). Er heiratete Iulia Cassia Alexandra, die Prinzessin von Judaea. Vgl. P. v. Rohden, *RE* II, 2 (1896), Sp. 2383–2384, s.v. „Avidius", Nr. 3; W. Eck, *DNP* 2 (1999), Sp. 369, s.v. „Avidius", Nr. 2. Die Cassius-Dio-Epitome überliefern das *nomen gentile* Avidius; dieses fehlt bei Er., weil er nur nach der latein. Übers. des Merula gearbeitet hat, welche „Auidius" irrtümlich ausgelassen hatte.

538–539 *Caesar ... epistolarum* In seinem Kommentar geht Er. etwas naiv davon aus, daß das abschätzige Urteil des neidischen Lehrers Dionysios von Milet mit der Wirklichkeit übereinstimme.

538–539 *magistrum epistolarum* Vgl. *Not. dign. or.* 19,8: „Magister epistolarum legationes ciuitatum, consultationes et preces tractat".

541–543 *Romae ... domino* Dio Cass. LXIX, 16, 3. Er. bearbeitete die latein. Übers. des Giorgio Merula: „Romam cum venisset atque in quodam spectaculo aurigam quendam liberum fieri cum clamore populus rogaret, respondit per tabellam, docens iniquum a se hoc peti, vt alienum seruum liberum faceret, ne domino eius vis et iniuria fiat" (Text nach Er.' Ausgabe, Basel 1518, S. 187). Vgl. den griech. Text: ἐς δὲ τὴν Ῥώμην ἐλθών, ἐπεὶ ἔν τινι θέᾳ βοῶν ὁ δῆμος ἁρματηλάτην τινὰ ἐλευθερωθῆναι ἐδεῖτο, ἀντεῖπε διὰ πινακίου γραφῆς, εἰπὼν ὅτι ‚οὐ προσήκει ὑμῖν οὔτε παρ᾽ ἐμοῦ αἰτεῖν ἵνα ἀλλότριον δοῦλον ἐλευθερώσω, οὔτε τὸν δεσπότην αὐτοῦ βιάζεσθαι τοῦτο ποιῆσαι.

545   VI, 99                              Vota morientis                        (Adrianus Caesar, 7)

*Seuerianum* [i.e. Seruianum] *et Fuscum, huius nepotem, eo quod moleste ferre viderentur*
*Commodum Lucium* imperii *successorem designatum, iussit occidi: quorum ille nonage-*
*narius erat,* hic *annos natus decem et octo.* Senex autem quum esset *iugulandus, poposcit*
*ignem, incensoque thure dixit, „Vos, dii, testor me nihil* sceleris *commisisse,* nec aliud
550  *imprecor Adriano, nisi vt, quum volet mori, non possit".* Idque euenit adeo, vt *barbarus*
[i.e. Barbarus] conductus, qui ferro mortem pro beneficio daret, *aufugerit.*


VI, 100                               Lepide                                (Adrianus Caesar, 8)

*Quidam canescens* ab eo [sc. Adriano] *quiddam* petierat et repulsus est. Is quum
aliquanto post *idem peteret, sed capillitio* nigro – nam id tinctura fecerat –, Caesar
555  agnoscens faciem, *„Iam istuc",* inquit, *„negaui patri tuo".*


VI, 101                          Servi principvm elati                        (Adrianus Caesar, 9)

*Quodam tempore quum seruum suum videret inter duos senatores ambulantem, misit,*
*qui* illi *colaphum* impingeret *diceretque „Noli inter eos ambulare, quorum adhuc potes*
*esse seruus",* simul senatoriae dignitati consulens et serui castigans insolentiam, quam
560  de Caesare hero sumpserat.

---

546  Seuerianum *A-C sec. Cass. Dionis Epit. versa*
     *per Georgium Merulam*: Seruianum (Σερουια-
     νόν) *sec. Cass. Dionis textum Graec.*
547  Commodum Lucium *A-C (cf. Dionis Epit.*
     *versam ab Georgio Merula)*: Lucium Commo-
     dum *LB.*

550  barbarus *A-C: scribendum erat* Barbarus *ut in*
     *Cass. Dionis Epit. versa ab Georgio Merula.*
555  istuc *A-C:* istud *LB.*

545  *Vota morientis*  Zu Er.' Titel vgl. den Hin-
     weis „Imprecatio Seueri [sic] in Adrianum"
     (Marginalnote) in der von Er. selbst betreuten
     Ausgabe von Giorgio Merulas Cassius-Dio-
     Übersetzung, Basel 1518, S. 187. Es geht dabei
     um die letzten Worte des Servianus, der im
     Zusammenhang mit einem Thronfolgestreit
     von Hadrian aus dem Weg geräumt wurde.
     Vgl. dazu oben Komm. ad VI, 92; zur Thron-
     folgefrage, in der sich Hadrian für Ceionius
     Verus entschied, vgl. unten VI, 102.
546  *Seuerianum*  Gemeint ist Lucius Iulius Ur-
     sus Servianus (47–137 n. Chr.); zu seiner
     Person vgl. oben VI, 92.
546  *Seuerianum*  Die unrichtige Namensform
     „Seuerianus" geht auf Merulas latein. Cassius-
     Dio-Übersetzung zurück; sie findet sich auch
     in der von Er. edierten Ausgabe, Basel 1518, S.
     187, sowie in jener des Giovanni Battista Egna-

     zio, Venedig 1517, fol. 19ʳ⁻ᵛ. In Er.' Ausgabe,
     a.a.O., wird der Name des Servianus *in mar-*
     *gine* fälschlich mit „Seuerus" wiedergegeben.
546–550  *Seuerianum et … non possit*  Cass. Dio
     LXIX, 17, 1. Er. gab die latein. Übers. des Gior-
     gio Merula wieder: „Commodum Lucium
     successorem sibi et Romanis Caesarem desi-
     gnauit. Seuerianum (*ita et in ed. Basel 1518,*
     *p. 187*) vero et Fuscum nepotem eius, quod
     illud aegre ferre viderentur, suspectos et inu-
     isos, iussit occidi; quorum alter nonagena-
     rius, alter vero decem et octo annos natus
     erat. Sed Seuerianus, priusquam iugularetur,
     ignem poposcit, atque incenso thure, ‚Vos',
     inquit, ‚o Dei, testor me nihil mali commisisse;
     de Adriano hoc tantum imprecor, vt, cum
     mori cupiet, non possit'. Et sic (sic *om. Eras-*
     *mus in ed. 1518*) quidem mortuus est Adrianus
     post morbum largum, saepius frustra inuocata

morte. Saepe etiam se ipse (ipse *ed. Er. 1518, p. 187*) occidere voluit …".

546 *Fuscum* Gnaeus Pedanius Fuscus Salinator II. (ca. 113–136 n. Chr.), Sohn des gleichnamigen Konsuls d.J. 118 und der Iulia Paulina, der Nichte Hadrians, somit Großneffe Hadrians. Pedianus Fuscus machte sich begründete und vom kinderlosen Kaiser Hadrian selbst bestätigte Hoffnungen auf die Thronfolge. Jedoch änderte Hadrian nach einer schweren Krankheit i.J. 136 seine Meinung. Statt Pedianus Fuscus erkor er Lucius Ceionius Commodus zum Thronfolger, den er im selben Jahr durch Verleihung der *tribunicia potestas* und des *imperium proconsulare* sowie durch Adoption zum Nachfolger designierte. Nachdem sich Pedianus Fuscus widersetzte, ließ ihn der Kaiser töten. Vgl. W. Eck, *DNP* 9 (2000), Sp. 465, s.v. „Pedanius", Nr. 2; E. Groag, *RE* XIX, 1 (1937), Sp. 19–20, s.v. „Pedanius", Nr. 4; E. Champlin, „Hadrians's Heir", *Zeitschrift für Papyrologie und Epigraphik* 21 (1976), S. 80–89; A. Birley, *Hadrian. The Restless Emperor*, London u. a. 1997, S. 202, 291, 309.

547 *Commodum Lucium* Damit ist Lucius Ceionius Commodus (geb. ca. 103) gemeint, den Hadrian i.J. 136 durch Adoption und Verleihung des Konsulamtes zum Nachfolger designierte (vgl. unten VI, 102). Nach der Adoption führte Ceionius den Namen **Lucius Aelius Caesar**. Dieser starb jedoch noch vor Hadrians Tod an Tuberkulose (schon am 1.1.138). Er war der Vater des Lucius Verus, des späteren Mitregenten des Kaisers Mark Aurel. Zu Lucius Ceionius Commodus/ Lucius Aelius Caesar vgl. W. Eck, *DNP* 2 (1999), Sp. 1046, s.v. „Ceionius", Nr. 3; P.V. Rohden, *RE* III, 2 (1899), Sp. 1830–1832, s.v. „Ceionius", Nr. 7; T.D. Barnes, „Hadrian and Lucius Verus", *Journal of Roman Studies* 57 (1967), S. 65–79.

547 *Commodum Lucium* Die etwas kuriose Namensform „Commodum Lucium" hat Fr. aus seiner Vorlage, Merulas Übers. der Epitome Dios, übernommen; die Verbesserung von *LB* ist nicht erforderlich.

551 *barbarus* Die Baseldrucke überliefern einhellig das kleingeschriebene „barbarus" (= „ein Barbar"); gemeint ist jedoch der Soldat Barbarus Mastor. In Er.' Ausgabe von Merulas Dio-Übers. war „Barbarus" großgeschrieben, somit als Name gekennzeichnet. Es läßt sich nicht mit letzter Sicherheit klären, ob das kleingeschriebene „barbarus" in *Apophth.* VI, 99 auf

einen bewußten Emendationsversuch des Er. oder auf einen Textübertragungsfehler zurückgeht.

551 *barbarus … aufugerit* Damit ist **Barbarus Mastor** („Mastorem quendam Barbarum nomine") gemeint, den Hadrian anheuerte, damit er ihm den tödlichen Dolchstoß versetze. Dieser weigerte sich aber, die Tat zu verrichten, und floh. Er. bezog die Geschichte aus Merulas latein. Übers. von Cass. Dio LXIX, 22: „Postquam igitur morbus auctus est et vtcunque adhibitis remediis in dies deficiebat, mori decreuit (sc. Hadrianus). Saepe aut venenum aut gladium postulabat. Et frustra quidem: nullus enim porrigebat. Posteaquam autem promissa pecunia et data venia nemo ei obtemperabat, *accersit* Mastorem quendam Barbarum nomine, genere Iazigem, quo homine propter robur et audaciam plerunque in venationibus vsus fuerat. Hunc partim minis, partim magnis pollicitationibus impulit atque coegit, vt caedem sibi inferret … Sed vbi hoc ei non successit – nam Mastor tanto facinore perterritus atque attonitus aufugit – multum in graui morbo de se conquerebatur, quod nullam potestatem haberet nec sibi mortem consciscere posset …" (Text nach der Ausgabe des Er., 1518, S. 189).

553–555 *Quidam canescens … patri tuo* Frei variierende Wiedergabe von *Hist. Aug.* (Aelius Spartianus), *Hadr.* 20, 8: „Ioca eius plurima extant … Vnde illud quoque innotuit, quod, cum cuidam canescenti quiddam negasset, eidem iterum petenti, sed infecto capite, respondit: ‚Iam hoc patri tuo negaui'" (vgl. Er.' Ausgabe, Basel 1518, S. 202).

554 *capillitio* Kollektiv für „Haar", eher selten, vgl. *DNG* I, Sp. 754, s.v.; insb. verwendet, wenn es um das Färben des Haars ging; vgl. Apul. *Met.* II, 2, wo die Dame Salvia für ihr „ungefärbtes" blondes Haar („flauum et inadfectatum capillitium") gepriesen wird.

554 *nigro* Er. gibt den Farbton an, mit dem sich der unglückliche Bittsteller das Haar färben ließ („schwarz"), während das in der Quelle nicht der Fall war.

557–559 *Quodam tempore … seruus* Größtenteils wörtliche Wiedergabe von *Hist. Aug.* (Aelius Spartianus), *Hadr.* 21, 3: „Nam cum quodam tempore seruum suum inter duos senatores e conspectu ambulare vidisset, misit, qui ei colaphum daret diceretque (daret diceretque *Mommsen*: daret et diceret *ed. Er. 1518, p. 202*): ‚Noli inter eos ambulare, quorum esse adhuc potes seruus'".

VI, 102                                    IMPAR PRINCIPATVI                              (Adrianus Caesar, 10)

*Commodum Aelium Verum* iterum *consulem* fecerat eumque imperio destinauerat.
Quem quum cerneret nec animo nec corpore satis validum, *dicere* solebat „*In caducum parietem nos inclinauimus et perdidimus quater milies sestertium, quod populo ac
565    militibus pro adoptione dedimus*". Vere praesensit Commodum inutilem imperio, sed
sero.

VI, 103                                    HONESTI LABORES                               (Adrianus Caesar, 11)

*Florus* hos versiculos *scripserat* in [i.e. ad] Caesarem:

       „*Ego nolo Caesar esse,*
570    *Ambulare per Britannos,*
       ⟨…⟩
       *Scythicas pati pruinas*".

Cui Caesar respondit:

---

563  solebat *LB*: solet *A-C*.
564  et *scripsi coll. Vita Hadriani ed. ab Erasmo
       1518 et Adag. 1569*: ac *A-C*.

564  sestertium *scripsi (cf. Adag. 1569)*: H-S *A-C
       Hist. Aug. ed. Erasmiana 1518, p. 203*: HS *LB*.
564  ac *A-C BAS LB*: dubito ne scribendum et ut in
       Vita Hadriani ed. ab Erasmo 1518 et Adag. 1569.

---

*Apophth.* VI, 102 datiert auf die Zeit zwischen
dem 19. 6. 136 (Ceionius' Erhebung zum
Thronfolger) und dem 1. 1. 138 (Ceionius'
Tod). Es ist ein Gegenstück zu *Adag.* 1569
„In caducem parietem inclinare" (*ASD* II, 4,
S. 68), welches bereits in der Erstausgabe d.J.
1508 aufschien.

562–565 *Commodum … dedimus* Im erzählenden Teil stark gekürzte, paraphrasierende,
durch die Kontamination des Namens und
durch einen historischen Irrtum entstellte, im
Spruchteil wörtliche Wiedergabe von *Hist.
Aug.* (Aelius Spartianus), *Hadr.* 23, 11–14:
„Adoptauit ergo Ceionium Commodum Verum inuitis omnibus et Helium (et Helium
*ed. Magie*: eumque Aelium *ed. Er. 1518, ed.
Egnat.*) Verum Caesarem appellauit … (13:) …
eundem Commodum secundo consulem designauit. (14:) Quem cum minus sanum videret, saepissime dictitauit: ‚In caducum parietem nos inclinauimus, et perdidimus quar-
ter milies sestertium (H-S *ed. Er. 1518*), quod
populo et militibus pro adoptione Commodi
dedimus'".

562 *Commodum Aelium Verum* Die *Hist. Aug.*
nennt den Namen des designierten Thronfol-

gers *vor* (Ceionius Commodus Verus, recte
L. Ceionius Commodus) und *nach* der Adoption (Helius Verus Caesar, recte L. Aelius Caesar). Er. kontaminierte in seiner Textwiedergabe beide Namen zu der kuriosen, historisch unmöglichen Hybridform „Commodus
Aelius Verus". Der Namensteil „Verus" wird
nur von *Hist. Aug.* überliefert und beruht wohl
auf einem Irrtum, wschl. der Verwechslung
des L. Aelius Caesar mit seinem Sohn Lucius
Verus, dem designierten Mitregenten Mark
Aurels (vgl. Komm. v. Magie in *The Scriptores Historiae Augustae*, Cambridge, MA 1960,
S. 72–73). Lycosthenes verbesserte in seinem
Druck des *Apophth.* Er.' Hybridform des
Namens zu „Ceionium Commodum", also
zum bürgerlichen Namen des Thronpräten-
denten vor der Adoption (S. 342). Zu L. Aelius
Commodus vgl. oben Komm. zu VI, 99.

562 *iterum consulem fecerat eumque imperio destinauerat* Die Angabe des Er. stimmt nicht mit
den historischen Fakten überein: Die Verleihung des zweiten Konsulats (137 n. Chr.) war
nicht mit der Designation des L. Ceionius
zum Nachfolger Hadrians verbunden. Diese
hatte bereits ein Jahr zuvor stattgefunden (19.

6. 136) und war mit der Verleihung des ersten Konsulats symbolisch verbunden. Er.' Quelle, die *Historia Augusta*, bringt keinen direkten Zusammenhang zwischen der Ernennung des L. Ceionius zum Thronfolger und der Verleihung des zweiten Konsulats an; jedoch macht sie die irrtümliche Angabe, daß die Designation des Ceionius mit der Verleihung der Praetura und der Ernennung zum Statthalter Pannoniens verbunden gewesen sei. Er. verfügte nicht über die erforderlichen Kenntnisse, diesen Irrtum zu beseitigen, übernahm aber überdies die Angaben seiner Quelle nicht auf korrekte Weise, sodaß es zu einer Verschlimmbesserung kam.

563 *nec animo … satis validum*  Daß die geistigseelische Konstitution des Ceionius nicht gesund bzw. kräftig genug gewesen sei, um den Prinzipat zu bekleiden, ist eine Erfindung des Er.; seine Quelle, die *Historia Augusta* (*Hadr.* 23, 10–16), vermeldet ausschließlich die körperliche Schwäche, die Kränklichkeit des Ceionius.

563–564 *In caducum … inclinauimus*  Vgl. *Adag.* 1569 (*ASD* II, 4, S. 68) „In caducum parietem inclinare": „Prouerbiali figura *in caducum parietem inclinare* dicimur, cum nitimur confidimusque rei parum firmae, ducta metaphora ab aedificiis. Hadrianus imperator de Commodo adoptato et imperii successioni destinato dictitare consueuit: ,*In caducum parietem inclinamus et perdidimus quater millies sestertium, quod populo et militibus pro adoptione Commodi dedimus*'. Caducum autem parietem vocabat, quod esset valetudinarius et rebus gerendis inhabilis esse videretur. Item qui senis praesidio nititur, qui *forma superbit*, qui in caducis fortunae bonis vitae praesidia collocat, recte dicetur in caducum inclinare parietem". Vgl. Otto 1344.

568 *Florus*  Es handelt sich um den Dichter und Redner **Annius** (oder Annaeus) **Florus** (geb. ca. 64–74 n. Chr.), der mit Hadrian befreundet war und sich bereits unter Kaiser Domitian als junger Mann an den kapitolinischen Dichterwettkämpfen (86–94) beteiligt hatte. Im Dialog *Virgilius orator an poeta* trägt er den Vornamen „Publius"; aus derselben Quelle geht hervor, daß er aus der Provinz Africa stammte und daß ihm aufgrund von Vorurteilen gegen diese Provinz der Dichterpreis vorenthalten wurde. Nach weitläufigen Reisen als sophistischer Wanderredner nach Sizilien, Ägypten, Kleinasien und Gallien wurde er in Tarragona (Tarraco) sesshaft,

wo er zwischen 97 uns 102 eine Rhetorikschule eröffnete. Nach der *communis opinio* ist er der Autor der im vorliegenden Apophthegma zitierten und Verse (vgl. *Anth. Lat.* Nr. 238–246). Vgl. P.L. Schmidt, *DNP* I (1999), Sp. 566–567, s.v. „Florus", Nr. 1; F. Marx, *RE* I, 2 (1894), Sp. 2266–2268, s.v. „Annius", Nr. 47; A. Cameron, „Poetae Novelli", in: *Harvard Studies in Classical Philology* 84 (1980), S. 127–175; F. Eyssenhardt, *Hadrian und Florus*, Ber2lin 1882. Für die Gedichte des Annius Florus vgl. S. Mattiaci, *I frammenti dei „poetae novelli"*, Rom 1982, S. 54–63; Courtney, S. 375–386. Der Annius Florus des Gedichtaustausches mit Kaiser Hadrian ist mit dem Autor des Dialoges *Virgilius orator an poeta* identisch. Möglicherweise ist er auch der Autor der seit Petrarca viel benutzten *Epitome*. *CW* 38, S. 625 schlägt vor, den in *Apophth.* 103 zitierten Florus mit Lucius Mestrius Florus (geb. um 35 n. Chr.), dem röm. Politiker in Flavischer Zeit, zu identifizieren. Dieser Florus (vgl. *Apophth.* VI, 73), kann jedoch schon aus chronologischen Gründen nicht mit dem in VI, 103 angeführten Florus identisch sein.

568–577 *Florus … rotundos*  *Hist. Aug.* (Aelius Spartianus), *Hadr.* 16, 3: „Floro poetae scribenti ad se ,Ego nolo Caesar esse, / Ambulare per Brittanos (Britanos *ed. Egnat. 1517, fol. 29ʳ*), / ⟨Latitare per⟩ (Latitare per *ed. Magie; nihil suppleuit Erasmus in ed. 1518*) ⟨barbaros⟩ (barbaros *coniecit Enenkel*)/ Scythicas pati pruinas', rescripsit: ,Ego nolo Florus esse, / Ambulare per tabernas, / Latitare per popinas, / Culices pati rotundos'" (vgl. *ed. Er. 1518*, S. 200).

568 *hos versiculos*  Es handelt sich um das Versmaß des trochäischen Quaternars: –×, –×, –×, –⌣. In seiner *Hist.-Aug.*-Ausgabe vermeldet Er. überraschenderweise, daß die Verse katalektische jambische Trimeter seien (1518, S. 200, in margine): „Trimetri, Iambici, Catalectici, sicut ,Cultor dei memento'". Anscheinend vergaß Er., die Silben zu zählen: Ein jambischer Trimeter hat 12, die hier zitierten Verse jedoch nur 8 Silben. Die falsche Angabe bezüglich des Versmaßes findet sich auch in Er.' verbesserter *Hist.-Aug.*-Ausgabe d.J. 1533, S. 175.

568 *in Caesarem*  In Er.' Quelle, *Hist. Aug.* (Aelius Spartianus), *Hadr.* 16, 3, steht, daß Florus das Gedicht „an" („ad") Kaiser Hadrian adressierte, nicht „auf" oder „gegen" („in") Hadrian schrieb.

569–572 *Ego … pruinas*  Hier fehlt eine Verszeile, vgl. oben Text von *Hist. Aug.* (Aelius Spartianus), *Hadr.* 16, 3.

„*Ego nolo Florus esse,*
575     *Ambulare per tabernas,*
    *Latitare per popinas,*
    *Culices pati rotundos*“,

sentiens se honestas occupationes praeferre inutili turpique ocio.

VI, 104                Princeps nvlli molestvs          (Adrianus Caesar, 12)

580 *Dicere* solitus ⟨est⟩ sibi molestum esse, *si quem videret tristem*: quum *tamen omnes* doctos vexaret *quaesti*unculis, sed vexatos donauit aliquo munere.

VI, 105                    Cvriositas         (Adrianus Caesar, 13, i.e.
                                                   anonymus legatus siue praetor)

*Cuidam vxor sua* per literas exprobrarat, *quod lauacris ac voluptatibus detentus ad*
585 *se redire nollet.* Id *per frumentarios* resciuerat Imperator. Itaque *commeatum petenti* exprobrauit [C] et [A] *lauacra et voluptates.* Tum *ille,* „*Numet tibi,* o Caesar, *scripsit vxor mea, quod mihi?*“, notans curiositatem principe indignam.

VI, 106                  Lvsvs in morte          (Adrianus Caesar, 14)

Sub mortem *his versibus* lusisse *dicitur*:

590     „*Animula, vagula, blandula,*
    *Hospes comesque corporis,*
    *Quae nunc abibis in loca*
    *Pallidula, rigida, nudula,*
    *Nec, vt soles, dabis iocos*“.

---

580 solitus est *scripsi*: est solitus *Lycosthenes (p. 901)*, solitus *A-C.*
586 et *C: deest in A B.*

580–581 *Dicere … munere* Bis zur Unverständlichkeit gekürzte, frei paraphrasierende, verworrene Wiedergabe von *Hist. Aug.* (Aelius Spartianus), *Hadr.* 16, 8–9: „Sed quamuis esset in reprehendendis musicis, tragicis, comicis, grammaticis, rhetoribus facilis, tamen omnes professores et honorauit et diuites fecit, licet eos quaestionibus semper agitauerit. Et cum ipse auctor esset, vt multi ab eo tristes recederent, dicebat se grauiter ferre, si quem tristem videret“ (Text so auch in Er.’ Ausgabe, Basel 1518, S. 200).

586 Num *A-C (ut in Vita Hadriani ed. ab Egnatio)*: Non *Vita Hadriani ed. ab Erasmo 1518.*

580–581 *si quem … munere* Da Er. im einleitenden Teil nicht angibt, auf wen sich Hadrians Spruch bezieht, bleibt das Lemma unverständlich. Dieser Effekt wird dadurch verstärkt, daß Er. die richtige Reihenfolge des Erzählten, die er in seiner Quelle antraf, durcheinanderbrachte. Tatsächlich ging es um Hadrians Verhältnis zu Musikern, Schauspieldichtern und Sprachgelehrten; auf diesen Gebieten war der Kaiser selbst bewandert und er liebte es, die Fachspezialisten dieser Gebiete in tiefschürfende Diskussionen zu verstricken, in denen er sein eigenes Wissen voll ausschöpfte und die Werke der Künstler, Dichter und Gelehrten unverhohlen und hart kritisierte. Damit, so überliefert der Bericht in der *Historia Augusta*, brachte er die betreffenden Fachspezialisten häufig zur Verzweiflung. Da Er. diese notwendigen Angaben ausläßt, bleibt die Bedeutung des Lemmas im Dunkeln.

*Apophth.* VI, 104 ist kein einfach verständliches Lemma, das im Übrigen auch kein Apophthegma im eigentlichen Sinn, sondern ein witziges Briefzitat darstellt. Mit *frumentarii* sind die Proviant- bzw. Kammermeister im Dienst des Kaisers gemeint, die für die Bevorratung des Heeres sowie der in den kaiserlichen Provinzen tätigen Beamten zuständig waren. Der in *Apophth.* VI, 13 nicht mit Namen genannte Mann muss, da er beim Kaiser ein Gesuch um Proviantierung einreichte („commeatum petenti"), eine führende Stellung in einer kaiserlichen Provinz bzw. beim römischen Heer eingenommen haben. Daraus erklärt sich auch die Abwesenheit des Mannes in Rom, über die sich seine Frau brieflich beschwert. Da die Proviantmeister ständigen Briefverkehr mit den Provinzen und dem Heer unterhielten, konnten sie die Kaiser nebenher auch als Informationszuträger bzw. Spitzel einsetzen. Mit den zitierten Worten beschwert sich der namentlich unbekannte Amtsträger auf indirekte, elegant formulierte Weise darüber. Ein tatsächliches Gespräch zwischen dem Beamten und Kaiser Hadrian fand nicht statt, sondern ein Briefverkehr: Das schriftliche Gesuch um Proviantierung beantwortete der Kaiser wohl nicht mit einer einfachen Gewährung, sondern er machte Abstriche, indem er dem Beamten seinen luxuriösen Lebensstil vorhielt. Dieser verteidigte sich dadurch, daß er die Unterstellung, er führe ein ausschweifendes Leben, auf die Vorwürfe seiner eifersüchtigen Frau zurückführte.

584–587 *Cuidam vxor sua ... mihi Hist. Aug.* (Aelius Spartianus), *Hadr.* 11, 6: „Nam cum ad quendam scripsisset vxor sua, quod voluptatibus detentus et lauacris ad se redire nollet, atque hoc Hadrianus per frumentarios cognouisset, petente illo commeatum Hadrianus ei lauacra et voluptates exprobrauit. Cui ille: ‚Num (num *ed. Erasmus 1533*: non *ed. Er. 1518*) et tibi vxor mea, quod et mihi, scripsit?'".

586 *et* Er.' Einschub von „et" in *C* stellt einen Verbesserungsversuch dar, da dadurch die Kombination von „lauacra" und „voluptates" im Brief Hadrians hervorgehoben wird, die den Provinz- bzw. Heeresbeamten stutzig machte und ihn vermuten ließ, der Kaiser kenne den Inhalt des Briefes seiner Ehegattin.

586 *Num* Eine Emendation des Er. im Hinblick auf seine eigene Ausgabe der *Historia Augusta* d.J. 1518; dieselbe Emendation findet sich in Er.' *Hist.-Aug.*-Ausgabe d.J. 1533 (S. 174).

588 *Lusus in morte* Das Gedicht soll zeitnahe zu Hadrians Todestag entstanden sein, der auf den 10. 7. 138 n. Chr. fällt. Es handelt sich dabei um kein Apophthegma im eigentlichen Sinn, sondern um ein literarisches Werk, ein lyrisches Gedicht. Die Art und Weise, in der der Autor der Hadrianus-Biographie das Gedicht präsentiert, lädt jedoch dazu ein, dieses als Apophthegma zu verstehen. Der Hadrianus-Biograph versucht damit zu belegen, daß der Kaiser sowohl leichtfertig mit dem Tod umging als auch ein schlechter Dichter war. Er. greift die moralische Empörung des Hadrianus-Biographen in dem Spruchtitel „Lusus in morte" auf.

589–594 *His versibus ... iocos* Wörtliche Wiedergabe von *Hist. Aug.* (Aelius Spartianus), *Hadr.* 25, 9: „Et moriens quidem hos versus fecisse dicitur: ‚Animula vagula blandula / hospes comesque corporis, / quae nunc abibis in loca / pallidula rigida nudula / nec vt soles dabis iocos!'. Tales autem nec multo meliores fecit et Graecos" (so auch in Er.' Ausgabe d.J. 1518, S. 204). Lycosthenes gibt als Quelle dieser Verse fälschlich Cassius Dio an (S. 742).

595   VI, 107                         Praescientia                         (Adrianus Caesar, 15)

Aiunt illum *ex matheseos peritia praescisse futura*, ac *Verum* [i.e. Lucium Aelium
Caesarem] non fore longaeuum Vergiliano carmine *praedixisse*,

> *Ostendent terris hunc tantum fata, neque vltra*
> *Esse sinent.*

600   VI, 108                         Brevis aevi                         (Adrianus Caesar, 16)

Cuidam illos Vergilii *versus* ad *Verum* [i.e. Lucium Aelium Caesarem] accommodanti
*„Manibus date lilia plenis"* etc., *cum irrisione* respondit: *„Ego mihi diuum adoptaui,
non filium"*, huc alludens, quod Imperatores referri sole⟨b⟩ant in numerum diuorum, sed a rogo.

603  solebant *scripsi*: soleant *A-C.*

In *Apophth.* VI, 107–109 (Adrianus Caesar, 15–
17) hat Er. eine zusammenhängende Textpassage aus der *Hist. Aug., Aelius* 3, 9–4, 6
in drei Lemmata verschnitten. Dabei ging
der Zusammenhang verloren; Er. hat diesen
durch seine irreführenden bzw. fehlerhaften
Kommentare weiter verwischt. Er.' Präsentation ist auch insofern irreführend, als es sich
vor allem um ein gelehrtes Spiel mit *Aeneis*-
Zitaten handelte, das Hadrian mit den an seinem Hof anwesenden Gelehrten und Dichtern spielte, nicht um einen Beleg von Hadrians vermeintlicher Gabe, die Zukunft vorher-
zusagen.

596  *Aiunt*  Er. verwischte hier die klare Quellenangabe der Aelius-Biographie, die angibt,
daß diese Information von Marius Maximus
(Lucius Marius Maximus Perpetuus Aurelianus, um 160–um 230 n. Chr.) stammt, ein Historiker, der eine Serie von Kaiserbiographien
(von Nerva bis Elagabal) in der Nachfolge Suetons verfasst hatte, welche u. a. von den *Scriptores Historiae Augustae* und von Ammianus
Marcellinus verwendet wurde.

596–599  *ex matheseos … sinent  Hist. Aug.* (Aelius Spartianus), *Aelius* 3, 8: „Fuisse enim
Hadrianum peritum matheseos Marius Maximus vsque adeo demonstrat, vt eum dicat
cuncta de se scisse, sic, vt omnium dierum
vsque ad horam mortis futuros actus ante per-
scripserit. Satis praeterea constat eum de Vero
saepe dixisse: ,Ostendent terris hunc tantum
fata neque vltra/ esse sinent' " (Vgl. Er.' eigene
Ausgabe, Basel 1518, S. 206). Für Hadrians

Gabe der Weissagung vgl. auch *Hist. Aug.*
(Aelius Spartianus), *Hadr.* 16, 7.

596  *Verum*  Gemeint ist L. Aelius Caesar, den
Hadrian i.J. 136 zum Thronfolger erhob, der
jedoch schon am 1.1.138 starb. Zu der irrtüml.
Wiedergabe seines Namens in der *Hist. Aug.*
als „Verus" durch Verwechslung mit seinem
Sohn vgl. oben Komm. zu VI, 102; zur Person L. Aelius Caesar (L. Ceionius Commodus)
vgl. oben Komm. zu VI, 99. Lycosthenes hat in
seiner Wiedergabe des Apophthegmas dessen
Sinn ganz missverstanden, indem er meinte,
Hadrian habe damit seinen eigenen Tod vor-
ausgesagt (S. 569: „Hadrianum Imperatorem
Vergiliana lectione mirum in modum delec-
tatum legimus, quod mortem suam Vergiliano
carmine praedixerit, ,Ostendent terris hunc
tantum fata, neque vltra/ Esse sinent …' Cuius
rei testis est Dion Cassius in vita Hadr.").

597  *non fore longaeuum*  Lucius Aelius Caesar
starb frühzeitig an Tuberkulose, am 1. 1. 138,
noch bevor er das Kaiseramt antreten konnte.

598–599  *Ostendent … sinent*  Verg. *Aen.* VI,
867–870: „Tum pater Anchises lacrimis ingressus obortis:/ ,O gnate, ingentem luctum ne
quaere tuorum;/ Ostendent terris hunc tantum fata neque vltra/ Esse sinent' ". Vergils
Verse stammen aus der Unterweltreise des
sechsten Buches der *Aeneis* und beziehen sich
auf Marcus Marcellus (42–23 v. Chr.), den früh
verstorbenen Neffen, Schwiegersohn und aus-
erkorenen Nachfolger des Kaisers Augustus.
Vergil hat die berühmten Verse dem Schatten des Anchises in den Mund gelegt, der sei-

nem Sohn Aeneas die Zukunft des von ihm gegründeten Volkes offenbart. In der betreffenden Textpassage singt Anchises mit Tränen in den Augen einen rührenden Nachruf auf Marcus Marcellus. Es lag nahe, Marcus Marcellus mit dem ebenfalls jung verstorbenen Lucius Aelius Caesar zu identifizieren. Mit „ostendent" ist gemeint, daß die Parzen den Marcellus in Zukunft nur für eine ganz kurze Zeitspanne der Menschheit zeigen würden, um ihn sofort wieder von der Erde hinwegzunehmen. Was für Marcellus galt, mochte in gewisser Weise auch für Aelius Caesar aufgehen, obwohl Marcellus nur 19, Aelius jedoch jedenfalls etwa 33–36 Jahre alt wurde.

Die Wiedergabe des *Apophth.* VI, 108 ist verworren und falsch, wobei Er. die Sprecher verwechselt. Siehe dazu den Komm. unten. Lycosthenes übernahm die verworrene und fehlerhafte Wiedergabe des Er. wörtlich, wobei er jedoch den Ausspruch auch noch fälschlich dem Cassius Dio zuschrieb („Dion in Hadriano", S. 456).

601 *Cuidam illos Vergilii versus ad Verum accommodanti* Die Weise, in der Er. das Folgende einleitet, ist unrichtig und irreführend. Es ist keineswegs der Fall, daß der mit Hadrian im Garten spazierende Literat die Verse „*Manibus date lilia plenis …*" (= *Aen.* VI, 883–886) zitiert hätte – der Sprecher dieser Verse ist vielmehr, wie die *Hist.-Aug.*-Stelle zeigt, Hadrian selbst. Der Literat antwortete auf Hadrians Versvorgabe mit „*Ostendent terris hunc tantum fata, neque vltra/ Esse sinent*" (= *Aen.* VI, 869–870), die Er. im vorhergehenden Apophth. zitiert hatte, mit jener Stelle, die bei Vergil direkt folgte, nämlich die Verse VI, 870–871, sowohl, um Hadrians Spiel fortzusetzen als auch um diesem mit einem Lob des Thronfolgers zu behagen: „*Nimium vobis Romana propago/ Visa potens, superi, propria haec si dona fuissent*". Die Zielrichtung dieser beiden Verse, die Er. zu Unrecht ausließ, ist bei Vergil, nachrufartig die ungeheure Bedeutung des Marcellus hervorzuheben: Wenn Marcellus am Leben geblieben wäre, wenn er den Thron des Römischen Kaisers bestiegen hätte, wäre das Römische Reich zu unermesslicher Macht emporgestiegen. Hadrian antwortete darauf mit der trockenen, in Prosa gesprochenen Bemerkung:

„Diese Verse (näml. VI, 870–871) passen nicht auf das Leben des Verus (= Aelius Caesar)" („Hos versus vita non capit Veri"). Damit gab Hadrian unmissverständlich zu verstehen, daß ihm das pathetische übertriebene Lob missfiel und daß seiner Meinung Aelius Caesar mit Sicherheit nicht zu den größten Kaisern zählen könne, da sein bisheriger Lebenslauf nicht auf derartiges hinweise. Er. hat den trockenen Kommentar Hadrians nicht verstanden; er meinte, daß Hadrian in Versen antwortete; dementsprechend druckte er in seiner *Hist.-Aug.*-Ausgabe, 1518, S. 206: „Hadrianus dixisse fertur hos versus ‚Vita non capit Veri'". „‚Vita non capit Veri'" repräsentiert freilich keinen Hexametervers: Die rythmische Sequenz „hos versus" gehört zum Ausspruch Hadrians.

601–603 *versus … filium* Verworrene, durch die Verwechslung der Sprecher entstellte Wiedergabe von *Hist. Aug.*, *Aelius* 4, 2–4: „Quos versus cum aliquando in hortulo spatians cantitaret atque adesset vnus ex litteratis, quorum Hadrianus speciosa societate gaudebat, velletque addere ‚Nimium vobis Romana propago/ Visa potens, superi, propria haec si dona fuissent', Hadrianus dixisse fertur: ‚hos versus vita non capit Veri', illud addens: ‚Manibus date lilia plenis;/ Purpureos spargam flores animamque nepotis/ His saltim (saltem *ed. Er. 1518, p. 206 et 1533, p. 181*) accumulem donis et fungar inani/ Munere'. Cum quidem etiam illud dicitur, cum risione (irrisione *ed. Er. 1518 et 1533*) dixisse: ‚Ego mihi diuum adoptaui, non filium'".

601 *Verum* Zu dem fehlerhaft überlieferten Namen vgl. Komm. zum vorhergehenden *Apophth.*

602 *Manibus … plenis* Verg. *Aen.* VI, 883–886: „Manibus date lilia plenis, / Purpureos spargam flores animamque nepotis / His saltem adcumulem donis et fungar inani / Munere".

603–604 *huc alludens … a rogo* Er.' Erklärung von Hadrians zynischem Witz ist richtig: Es geht um die Vergöttlichung der Römischen Kaiser nach ihrem Ableben. Allerdings hat Lucius Aelius Caesar keine göttlichen Ehren erhalten, was schon deshalb nicht in Frage kam, weil er das Kaiseramt nicht einmal angetreten hatte.

605    VI, 109                        Principis delectvs                (Adrianus Caesar, 17)

Ad alterum ipsum *consolari* volentem hoc argumento, quod *diceret* genesim Veri [i.e.
Lucii Aelii Caesaris] *non esse recte collectam*, eoque spem *esse* illum diu *victurum*,
„Istuc“, inquit, „*tu facile dicis, qui patrimonii tui, non reipublicae quaeris haeredem*“,
sentiens magni referre, vt bonus princeps quam diutissime viuat.

610    VI, 110                               Libere                    (Adrianus Caesar, 18, i.e.
                              (= Dublette von IV, 31)                         anus anonyma)

*Transeuntem mulier quaedam appellauit:* „Audi me, Caesar“. *Is quum respondisset*
„*Non est ocium*“, *illa clamauit:* „*Noli ergo imperare*“. Ad hanc vocem *restitit et audiuit*
mulierem. Hoc et alii tribuitur, neque quicquam vetat idem a pluribus vel dici vel
615    fieri. [Hoc superius tribuitur Philippo Macedoni pa. 312. apoph. 31.]

       VI, 111                           Mors principis               (Adrianus Caesar, 19)

Quum *morbo grauaretur* [sc. Adrianus, non Aelius Caesar], *saepe dicere* solebat *principem sanum mori debere, non debilem*, quod superiores Imperatores plerique violenta
morte perissent. Eamque mortem, vt breuem simul et inexpectatam, C. Caesar opta-
620    uit et obtinuit.

---

608  istuc *A-C*: istud *LB*.
615  Hoc superius … apoph. 31. *seclusi ut BAS*
     *LB; ea verba inseruit C in margine: desunt in A*
     *B.*

606–608  *consolari… haeredem*  Im einleitenden
     Teil frei paraphrasierende, durch ein Mißver-
     ständnis entstellte, im Spruchteil jedoch wört-
     liche Wiedergabe von *Hist. Aug.* (Aelius Spar-
     tianus), *Aelius* 4, 4: „Hunc (hunc *ed. Magie*:
     nunc *edd. plures*: eum *ed. Er. 1518 et 1533*)
     tamen, cum eum (eum *om. Erasmus in ed. 1518
     et 1533*) consolaretur vnus de litteratis, qui ade-
     rat, ac diceret ,Quid? Si non recte constella-
     tio eius collecta est, quem credimus esse vic-
     turum?‘, Hadrianus dixisse fertur: ,Facile ista
     dicis tu, qui patrimonii tui, non rei publicae
     quaeris haeredem‘“ (vgl. Er.' Ausgabe, Basel
     1518, S. 206; 1533, S. 181).
606  *genesim*  Mit „genesis“ meint Er. das Ge-
     burtshoroskop, die Nativität oder Genitura,
     welche Wahrsager oder Nativitätssteller anfer-
     tigten. Vgl. oben *Apophth.* VI, 54, wo Er. die
     Nativitätssteller als „genethliaci“ bezeichnet.
607  *eoque … diu victurum*  In dem Satzteil
     „eoque spem esse illum diu victurum“ gibt

616–620  Mors … obtinuit *transposui quod dic-
     tum est Adriani imperatoris, non Lucii Aelii
     Caesaris.*
617  solebat *LB*: solet *A-C*.

     Er. den Sinn der Quelle verdreht wieder, der
     besagte, daß in dem Fall, daß eine Nativität
     falsch berechnet wurde, ihre Aussage nichtig
     sei. Der Literat hatte nicht ausgesagt, daß
     „Aelius Caesar noch lange leben werde“.
607  *diu*  Ein Zusatz des Er. zum Text der *Hist.
     Aug.*, welcher als solcher den Sinn der Quelle
     bereits stark abändert.
*Apophth.* VI, 110 ist eine Dublette zu IV, 31.
     Vgl. *Apophth.* IV, 31 (*CW* 38, S. 346; *ASD* I,
     4, S. 293): „Anui cuidam pauperculae Phil-
     ippum appellanti, vt causam ipsius cognosce-
     ret, quum hac flagitione frequenter obstrepe-
     ret illi, respondit sibi non esse ocium; quum-
     que anus inclamasset ,Proinde ne rex quidem
     esse velis‘, Philippus admiratus aniculae libe-
     ram vocem non illi solum praebuit aures, ver-
     umetiam alios audiuit. Hoc idem Latini tribu-
     unt Adriano imperatori“. In IV, 31 gab Er. dem
     Spruch den aussagekräftigeren Titel „Regum
     est audire omnes“.

612–614 *Transeuntem … mulierem* Dio. Cass.
LXIX, 6, 3. Er. bearbeitete die latein. Übers.
des Giorgio Merula: „Transeuntem quondam
mulier rogauit, vt se audiret; cui cum ille
respondisset, ‚Ocium mihi non est‘, illa deinde
clamans ait: ‚Noli ergo imperare‘. Tum conuersus eam audiuit“ (ed. Er., Basel 1518, S. 183).
Der griech. Text lautet: ἀμέλει γυναικὸς παριόν-
τος αὐτοῦ ὁδῷ τινι δεομένης, τὸ μὲν πρῶτον εἶπεν
αὐτῇ ὅτι ‚οὐ σχολάζω,‘ ἔπειτα ὡς ἐκείνη ἀνακρα-
γοῦσα ἔφη ‚καὶ μὴ βασίλευε,‘ ἐπεστράφη τε καὶ
λόγον αὐτῇ ἔδωκεν.

614 *Hoc et alii tribuitur* Damit meint Er. Philipp von Makedonien (*Apophth.* IV, 31, nach
Plut. *Reg. et imp. apophth., Mor.* 179 C–
D); jedoch wurde die Anekdote, wie Er. im
nämlichen Kommentar andeutet, noch weiteren Herrschern zugeschrieben, näml. Antigonos I. Monophthalmos (nach Plut. *Demetr.*
42) und Antipater (Stobaeus XIII, 28 [Mei-
neke I, 262]). Vgl. *Apophth.* IV, 31 (*ASD* I,
4, S. 293; *CWE* 38, S. 346); *Lingua, ASD*
IA, S. 62: „… tamen feliciter cessit (sc. libertas) anui, quae, quum frequenter interpellaret
Philippum regem, vti causam suam cognosceret atque ille fatigatus respondisset sibi non
vacare, ‚Ergo‘, inquit, ‚nec rex esse velis‘. Philippus eo dicto tactus audiuit causam. Simile
quiddam referunt de Adriano Caesare …“.
Sowohl in *Apophth.* IV, 31 als auch in *De lingua* (S. 62) (Basel, Joh. Froben, 1525) und
*Apophth.* VI, 110 vermeldet Er. die doppelte
Zuschreibung des Ausspruchs. In der Serie der
Aussprüche des Antigonos I. Monophthalmos
(IV, 103–132; *ASD* IV, 4, S. 309–315; *CWE* 38,
S. 366–376) fehlt der nämliche, von Plutarch
überlieferte Ausspruch, während Er. mit Plutarchs Demetrios – Biographie vertraut war
und sie im fünften Buch der *Apophthegmata*
auswertete.

615 *Hoc superius … apoph. 31.* Es handelt sich
dabei um eine Randnotiz, die bei der Lektüre der Druckfahnen wohl von einem Lektor
gemacht wurde: Sie verweist auf den tatsächlichen *locus* des parallelen Spruchs in *C* mit
Seitenangabe (S. 312) und Apophthegmata-
Zählung (der 31. Spruch Philipps von Makedonien). Diese Randnotiz war nicht zur Publikation vorgesehen. Das geht u. a. daraus hervor, daß die Mitteilung, daß der Spruch
auch Philipp von Makedonien zugeschrieben

wurde, bereits im Haupttext stand („Hoc et alii
tribuitur“).

Er. hat *Apophth.* VI, 111 fälschlich dem Aelius
Caesar zugeschrieben, während der richtige
Apophthegma-Spender Kaiser Hadrian ist.
Vgl. Komm. *CWE* 38, S. 628. Aufgrund der
unmittelbaren Nähe sowohl der Spruchsektio-
nen als auch der betreffenden Apophthegmen
selbst war eine Umstellung möglich, ohne die
Anordnung der folgenden Apophthegmen des
sechsten Buches weiter zu ändern.

617–618 *Morbo … debilem* Weitgehend wörtliche Wiedergabe von *Hist. Aug., Aelius* 6, 10:
„Nec diutius vixit (sc. Hadrianus) grauatus
languore ac diuerso genere morborum, saepe
dicens sanum principem mori debere, non
debilem“ (der Text findet sich in dieser Form
auch in Er.’ Ausgabe d.J. 1518, S. 208).

618–619 *quod … morte perissent* Die Erklärung,
die von Er. stammt, ist sowohl kurios als
auch ein Zeichen seiner Belesenheit in Bezug
auf Suetons *De vita Caesarum.* Zunächst
ist nicht leicht nachvollziehbar, warum sich
Hadrian hätte wünschen sollen, einem Staats-
streich zum Opfer zu fallen. Die Grundlage seines Ausspruchs liegt vielmehr in seiner philosophischen Lebenshaltung, die Aut-
arkie und Selbstbestimmung voraussetzte und
somit vorsah, daß das Individuum bei schwerer Krankheit, die eine würdige oder lebens-
werte Existenz nicht mehr ermöglichte, seinem Leben selbst ein Ende machen solle. Als
Hadrian schwer erkrankte, versuchte er in der
Tat mehrere Male, sein Leben zu beenden (vgl.
Cass. Dio LXIX, 22). Auf den Gedanken, daß
ein gewaltsamer Tod besser sei, kam Er. durch
seine Lektüre von Suet. *Caes.* 87: Es war der
Diktator selbst, der kurz vor dem Attentat
gesagt haben soll, ein plötzlicher und unerwar-
teter Tod wäre vorzuziehen.

619 *Eamque mortem* Vgl. Suet. *Caes.* 87: „Illud
plane inter omnes fere constitit talem ei (sc.
Caesari) mortem paene ex sententia obtigisse.
Nam et quondam, cum apud Xenophontem
legisset Cyrum vltima valitudine mandasse
quaedam de funere suo, aspernatus tam len-
tum mortis genus subitam sibi celeremque
optauerat; et pridie quam occideretur, in sermone nato super cenam apud Marcum Lepidum, quisnam esset finis vitae commodissi-
mus, repetinum inopinatumque praetulerat“.

## COMMODVS AELIVS VERVS [i.e. LVCIVS AELIVS CAESAR]

VI, 112                                    Vxoris reverentia   (Commodus Aelius Verus, i.e.
                                                                    Lucius Aelius Caesar, 1)

      Aelius quum esset peregrinis *voluptatibus* deditus, *vxori conquerenti dixit: „Patere me*
625   *per alias exercere cupiditates meas. Vxor enim dignitatis nomen est, non voluptatis".*

vide supra VI, 111                         Mors principis   (Commodus Aelius Verus, i.e.
                                                                    Adrianus Caesar, 19)

## ANTONINVS PIVS

[*CWE* VI, 113]                                (Antoninus Pius, i.e. Aurelius Commodus) [3]

630   [*Aurelius Commodus* M. *Antonini filius, quum in extremis a parente moneretur, ne*
   *barbaros iam attritos sineret vires recipere, respondit ab incolumi quamuis paulatim*
   *negocia perfici posse, a mortuo nihil.* Vera quidem sententia, sed impia vox erat parentis
   extrema monita contemnentis ac morienti velut insultantis. Refert Sex. Aurelius
   Victor. ]

---

626  Mors … obtinuit (*cf. supra VI, 111*) *transposui*
   *quod dictum est Adriani imperatoris, non Lucii*
   *Aelii Caesaris.*

630–634  Aurelius … Victor (*C: desunt in A B*)
   *transposui quod dictum est Commodi imperato-*
   *ris, non Antonini Pii (vide infra VI, 123B).*

621  *COMMODVS AELIVS VERVS*  In dieser
   kontaminierten und irreführenden Form auch
   im Index personarum. Der Name des Thronfolgers war vor der Adoption Lucius Ceionius
   Commodus, nach ihr Lucius Aelius Caesar. Zu
   Er.' kurioser Kontamination des Namens vgl.
   oben Komm. zu VI, 102; zu Aelius Caesars
   Person Komm. zu VI, 99. In Er.' *Hist.-Aug.-*
   Ausgabe d.J. 1518 (S. 205) trägt die ihm gewidmete Biographie den Titel „Aelius Verus",
   ebenso wie in den meisten älteren Ausgaben.
624  *peregrinis*  Eine etwas seltsam anmutende
   Variation des Er. von „extraneis" aus *Hist. Aug.*
   *Aelius* 5, 11. Gemeint ist lediglich, daß Aelius
   Caesar außereheliche Verhältnisse hatte; „peregrinis" suggeriert entweder ausgefallene
   sexuelle Praktiken oder Verhältnisse mit aus-
   ländischen Frauen.
624–625  *voluptatibus … voluptatis Hist. Aug.,*
   *Aelius* 5, 11: „Idem vxori conquerenti de extraneis voluptatibus dixisse fertur: ,Patere me per

alias exercere cupiditates meas: vxor enim
dignitatis nomen est, non voluptatis'" (der
Text findet sich in derselben Form in Er.' Ausgabe d.J. 1518, S. 207).
**Antoninus Pius**, urspr. T. Aurelius Fulvus Boio-
nius Arrius Antoninus (86–161 n. Chr.), Röm.
Kaiser 138–161 (Imperator Caesar Titus Aelius
Hadrianus Antoninus Pius); Sohn des Konsuls
Titus Aurelius Fulvus (cos. 89) und der Arria
Fadilla; verheiratet mit Annia Galeria Faustina maior (105–vor 140); Prätor 117, cos. 120,
Prokonsul von Asia; von Hadrian im Januar
138 zum Nachfolger ausersehen, mit dem Cae-
sar – Titel ausgestattet und adoptiert. Vierter in der Reihe der Adoptivkaiser. Wie sein
Adoptivvater Hadrian pflegte er ein gutes, ent-
spanntes Verhältnis mit dem Senat; führte die
Friedens-, Wohlfahrts-, Wirtschafts-, Verwal-
tungs-, Kultur-, Religions- und Baupolitik
seines Vorgängers weiter; konsolidierte das
Reich, verzichtete im großen und ganzen auf

Expansion (schob allerdings die Grenze des Reiches in Britannien ca. 160 km vor: Antoninuswall). Kümmerte sich intensiv um Verwaltung des Reiches, blieb aber, im Gegensatz zu Hadrian, in Rom. Vgl. W. Hüttl, *Antoninus Pius*, 2 Bde., New York 1975 (urspr. 1933/6); P. v. Rohden, *RE* II, 2 1896), Sp. 2493–2510, s.v. „Aurelius", Nr. 138; M. Grant, *The Antonines. The Roman Empire in Transition*, London 1994; S. Walentowski, *Kommentar zur Vita Antoninus Pius der Historia Augusta*, Bonn 1998. Antoninus Pius bleibt in der ihm gewidmeten Sektion der *Apophthegmata* (VI, 114–117) einerseits eher blass, andererseits wird er als Friedenskaiser (VI, 114), würdiger Nachfolger des hehren moralischen Exempels Scipio Africanus d.Ä. (ebd.), als Musterbeispiel der Menschlichkeit und Milde (VI, 116) sowie der Nachsichtigkeit (VI, 117) gepriesen. Dieses positive Bild ist von Er.' Hauptquelle, der *Hist. Aug.*, abhängig, die eine Art panegyrischen Lobgesang auf diesen Kaiser liefert. In *Apophth.* tritt Antoninus Pius noch zweimal als Spruchspender auf (in VIII, 18 und 38). In diesen Fällen wird er als bildungsbeflissener, jedoch kritischer Hörer von Sophisten präsentiert.

Die Sektion des Antoninus Pius (VI, 113–123) ist von Verwechslungen geprägt und fängt verworren an, da gleich das erste Lemma nichts mit Antoninus Pius zu tun hat und der Spruchspender Kaiser Commodus ist (L. Aurelius Commodus, 161–192 n. Chr.; reg. 180–192). Ganz besonders aber sticht hervor, daß in den *Apophth.* VI, 117–123 Kaiser Mark Aurel mit Antoninus Pius verwechselt wird, d.h. Sprüche Mark Aurels werden dem Antoninus Pius zugeschrieben. Das mag dem Umstand geschuldet sein, daß beide Kaiser den Namen Antoninus tragen. Dennoch ist die Verwechslung kurios. Als Texteditor der *Hist. Aug.* müsste Er. gewusst haben, daß es mehrere Antonini gibt und daß die nämlichen Antonini sich auch in der Namensform voneinander unterscheiden. Die Antoninus Pius-Vita trägt die Überschrift „ANTONINVS PIVS" (ed. Eras. 1518, S. 208), die Mark-Aurel-Vita hingegen den Titel: „M. ANTONINVS PHILOSOPHVS" (ebd., S. 213).

In *Apophth.* *CWE* VI, 113 liegt ein komplizierter Fall einer Verwechslung vor, da das *Apophthegma* erst in der Ausgabe des Jahres 1535 hinzugefügt wurde und der Apophthegma-

Spender weder Antoninus Pius noch der Philosoph Marcus, sondern dessen Sohn Commodus ist. Vielleicht hat zu der irrtümlichen Anordnung beigetragen, daß das vorhergehende Lemma (in unserer Ausg. VI, III) dem designierten Kaiser L. Aelius Caesar (vor der Adoption: Lucius Ceionius Commodus) gewidmet war und daß Er. dieser Person den kontaminierten, irreführenden Namen „Commodus Aelius Verus" gab (VI, 102 mit Komm.). Es wäre möglich, daß die Verwechslung zweier Commodi dazu führte, den Spruch an der bewußten Stelle (*C*, S. 567) einzufügen; der Setzer wäre dann für die weitere Fehlzuordnung in die Sektion des Antoninus Pius verantwortlich, indem er das Lemma statt *vor* der Überschrift „ANTONINUS PIUS" *nach* derselben einschob. Die Sache wird allerdings dadurch weiter kompliziert, daß erstens Er. in V, III Ceionius Commodus und Kaiser Hadrian durcheinanderbrachte, indem er einen Spruch Hadrians dem Ceionius zuschrieb (vgl. Komm. oben), und daß sich die Namen, die Er. den beiden Commodi zuteilt, unterscheiden: Den Adoptivsohn Hadrians nennt er „Aelius" (VI, 112) oder „Commodus Aelius Verus" (VI, 102), den Sohn Mark Aurels jedoch „Aurelius Commodus" (so in *CWE* VI, 113 = VI, 123). Der Name „Aurelius Commodus" stimmt mit Er.' Quelle, Ps. Aurelius Victor, *Epitome de Caesaribus* 17, überein. Das Zitat entnahm Er. der nur wenige Sätze langen *Vita* des Kaisers Commodus: Die *Vita* trug den Titel „Lucius Aurelius Commodus" und fing wie folgt an: „Aurelius Commodus, Antonini filius, Antoninus et ipse dictus, imperauit annos tredecim" (*Epitome de Caesaribus* 17, 1). Da Commodus keine eigene Sektion hat, gehört es chronologisch und dem Sinn gemäß jedenfalls an das Ende der Mark-Aurel-Apophthegmen, die zwar fälschlich unter der Überschrift „ANTONINVS PIVS" laufen, jedoch die letzten Worte Mark Aurels wiedergeben. In diesem Sinn wurde in dieser Ausgabe verfahren: Der Commodus-Ausspruch findet sich unten als *Apophth.* VI, 123.

630 *M. Antonini* M. Antoninus, i.e. Marcus Aurelius, der als Kaiser den Namen Marcus Aurelius Antoninus Augustus trug. Zu seiner Person vgl. unten Komm. zu *Apophth.* VI, 118.

630–632 *a parente … a mortuo nihil* Ps. Aur. Vict. *Epitome de Caesaribus* 17, 1–2.

635    VI, 113                                                          (Antoninus Pius, 1) [4]

Adamabat illam *Scipionis* celebratissimam *sententiam*, subinde *dicens se malle vnum*
*seruare ciuem quam mille hostes occidere*, pacem videlicet bello praeferens, et in ipso
bello sentiens hanc oportere primam esse ducis curam, vt quam minima ciuium
iactura paretur victoria.

640    VI, 114                        MAGNILOQVENTIA IRRISA            (Antoninus Pius, 2) [5]

*Quum Apollonius* rhetor [i.e. philosophus] *e Chalcide accitus, ad Tiberinam* [i.e. Tibe-
rianam] *domum, in qua* tum Caesar *habitabat*, a Caesare *vocatus, vt* illi [sc. Apol-
lonio] *M. Antoninum traderet* instituendum, *dixisset „Non magister ad discipulum,*
*sed discipulus ad magistrum venire debet"*, *risit* [sc. Antoninus Pius] hominis magni-
645    loquentiam, *dicens: „Facilius fuit Apollonio e Chalcide venire Romam quam* ex aedibus *suis in Palatium"*. Merces Apollonium attraxerat Romam, non reipublicae studium.

---

641  Tiberinam  *A-C (ut in Vita Ant. Pii edita*        (cf. *Vitam Antonini Pii editam ab Erasmo 1533,*
     *ab Erasmo 1518): scribendum erat* Tiberinam        *eiusdem Vitae text. recept.*).

Er. vergaß, dem *Apophth.* VI, 113 einen Titel        Krieges, zugeschriebene Spruch in *Apophth.* V,
beizugeben. Der Ausspruch bezieht sich auf          436: „Lucullus imperator ad direptionem inci-
die Friedenspolitik des Antoninus Pius, der auf       tantibus *dixit se malle vnum militem Roma-*
größere militärische Operationen verzichtete;         *num ex hostium manibus eripere quam vni-*
vgl. Komm. oben ad VI, 113.                           *uersas hostium* fortunas *sibi vindicare"* (nach
636–637  *Adamabat ... occidere*  Etwas gekürzte,     Plut. *Luc.* 8 (*Vit.* 496)). Die historische Situa-
im Spruchteil wörtliche Wiedergabe von *Hist.*        tion, in der sich Lucullus befand, läßt die
*Aug., Anton. Pius* 9, 10: „Tantum sane aucto-        Zuschreibung authentisch erscheinen: Lucul-
ritatis apud exteras gentes nemo habuit, cum         lus hatte den Sieg über den Feind praktisch
semper amauerit pacem, eo vsque, vt Scipionis        schon in der Tasche, als er sich gegen den
sententiam frequentarit, qua ille dicebat malle      Wunsch der Soldaten dafür entschied, in die
se vnum ciuem seruare quam mille hostes occi-        andere Richtung zu ziehen und zuerst das ein-
dere" (vgl. ed. Er. S. 212).                          gekesselte römische Herr unter M. Aurelius
636  *Scipionis*  Daß dieser Ausspruch von Sci-       Cotta zu entsetzen. Vgl. auch Komm. *CWE* 38,
pio stammt, ist scheinbar nur in *Hist. Aug.,*       S. 628.
*Anton. Pius* 9, 10 überliefert. Nicht näher ange-    *Apophth.* VI, 114 bezieht sich auf die Zeit, in
geben wird allerdings, um welchen Scipio es          der die jungen Prinzen Marcus Aurelius (geb.
sich handle; Er. hat sowohl Scipio Africanus         121) und Lucius Verus (geb. 130) im Palast
d.Ä. als auch d.J. im fünften Buch Sektio-           des Antoninus Pius (vgl. unten) wohnten und
nen gewidmet, wobei er den hier zitierten            noch Unterricht benötigten, d.h. auf die ersten
Spruch nicht aufgenommen hat. Allerdings             Regierungsjahre des Antoninus Pius (138 ff.).
erscheint fraglich, ob die Angabe in der *His-*      Mark Aurel zog in der Tat mit 17 Jahren, gleich
*toria Augusta* stimmt; immerhin besitzt der         nach dem Regierungsantritt des Antoninus
Spruch die Qualität eines Wanderapophtheg-           Pius, in dessen Palast, die *Domus Tiberiana*,
mas, d.h. sein Inhalt ist so beschaffen, daß er      um. Bereits Brusoni hatte den Spruch in seine
verschiedenen Personen in den Mund gelegt            Sammlung d.J. 1518 aufgenommen (V, 2).
werden kann. Sehr ähnlich ist der L. Lici-           641  *Apollonius*  **Apollonios aus Chalkis**, Chal-
nius Lucullus (117–56 v. Chr.), dem erfolg-          kedon oder Nikodemia, stoischer Philosoph,
reichen General des Dritten Mithridatischen          der von Antonius Pius als Lehrer für seine

Adoptivsöhne Marcus (den späteren Kaiser Mark Aurel) und Lucius Verus nach Rom gerufen wurde. Mark Aurel gedenkt seiner in den *Selbstbetrachtungen* mit Lob (I, 8; I, 17, 10); stammte entweder aus Chalkis (*Hist. Aug., Anton. Pius* 10, 4; Eus. *Chron.* anno a. Abr. 2165), Chalkedon (*Hist. Aug., Marc. Aur.* 2, 7. Eutrop. VIII, 12) oder Nikomedia (Cass. Dio LXXI 35, 1). Die Herkunft des Philosophen Apollonios ist unklar; abgesehen von den angeführten Alternativen gab es in der Antike mehrere Städte mit dem Namen Chalkis. Die Hafenstadt Chalkedon liegt an der kleinasiat. Küste Bithyniens (auf dem Gebiet des heutigen Istanbul), Nikomedia am Marmarameer (heute Izmit in der Türkei). Zu Apollonios vgl. P. von Rohden, *RE* II, 1 (1895), Sp. 125, s.v. „Apollonios", Nr. 64; nicht aufgenommen in *DNP*.

641 *rhetor* Ein Irrtum des Er., der Apollonius hier kurioserweise als „rhetor" bezeichnet, während er ein stoischer Philosoph war und als solcher auch als Erzieher des Mark Aurel angestellt war, wie aus der *Historia Augusta* klar hervorgeht, vgl. *Hist. Aug., Marc. Aur.* 2, 7: „vsus est (sc. Marcus) etiam Commodi magistro, … *Apollonio Chalcedonio Stoico philosopho*". Er. war diese Stelle offensichtlich nicht geläufig. Zudem sind die Namen der Rhetoriklehrer Mark Aurels sattsam bekannt: Aninius Macer, Caninius Celer und Herodes Atticus in der griech. und Marcus Cornelius Fronto in der latein. Rhetorik (vgl. ebd. 2, 4–5).

641–646 *e Chalcide … in Palatium* Syntaktisch verworrene, stilistisch holprige, durch einen sachlichen Fehler und einen Überlieferungsfehler entstellte Wiedergabe von *Hist. Aug., Anton. Pius* 10, 4: „Cum Apollonium, quem e (e *om. Erasmus in ed. 1533*) Chalchide (Chalcide *text. recept., ed. Er. 1533, p. 186*: Calchide *ed. Er. 1518, p. 212*) acciuerat, ad Tiberianam (Tiberianam *text. recept., ed. Er. 1533*: Tiberinam *ed. Er. 1518*) domum, in qua habitabat, vocasset, vt ei Marcum Antoninum traderet, atque ille dixisset ‚Non magister ad discipulum debet venire, sed discipulus ad magistrum', risit eum dicens: ‚Facilius fuit Apollonio a Calchide (Chalcide *text. recept., ed. Er. 1533*: Calchide *ed. Er. 1518*) Romam venire quam a domo sua in Palatium'".

641 *Tiberinam* Er. druckt hier die Lesart „Tiberinam", wie auch in seiner *Hist.-Aug.*-Ausgabe (Basel 1518, S. 212). Diese Lesart ist jedoch abzulehnen: Sie würde bedeuten, daß der Palast des Antoninus Pius sich am Ufer des Tibers befunden hätte. Sein Palastgebäude

war jedoch Teil des Palatin-Komplexes, wo die Kaiser traditionell wohnten. Es handelt sich dabei um den ehemaligen Palast des Tiberius, die *Domus Tiberiana*, die an der Nordseite des Palatin, d.h. zum Forum hin, gelegen ist (i.J. 80 n. Chr. einem Brand zum Opfer gefallen, von Domitian prächtig wiedererbaut). Dafür, daß Antoninus Pius im früheren Palast des Tiberius wohnte vgl. *Hist. Aug., Marc. Aur.* 6, 3 und *Ver.* 2, 4. Nach *Hist. Aug., Marc. Aur.* 6, 3 trug Antoninus Pius sofort nach seinem Regierungsantritt dem Marcus auf, zu ihm in den Palast des Tiberius zu ziehen („in Tiberianam domum transgredi iussit") – Mark Aurel war damals 17 Jahre alt; er wohnte dort fortan 23 Jahre lang, bis zum Ableben des Antoninus Pius; vgl. ebd. 7, 2: „deinde per vinginti et tres annos in domo patris … versatus …". In Bezug auf Lucius Verus berichtet die *Hist. Aug.*, daß er ebenfalls in der *Domus Tiberiana* erzogen wurde („educatus erat in domo Tiberiana", *Ver.* 2, 4). In seiner *Hist.-Aug.-Ausgabe Marc. Aur.* 6, 3 hat Er. ebenfalls das falsche „Tiberina" (S. 215), in *Ver.* 2, 4 jedoch das richtige „Tiberiana". Er. unternahm offensichtlich keinen Versuch, die verschiedenen Lesarten gleichzuziehen. Zur *Domus Tiberiana* siehe C. Krause, „Domus Tiberiana I. Gli scavi", in: *Bollettino di Archeologia* 25–27 (1994/98), S. 1–228; ders., „Domus Tiberiana", in: *Lexicon topographicum Urbis Romae*, Rom 1995, Bd. II., S. 189–197, s.v. „Domus Tiberiana"; ders., „Die Domus Tiberiana. Vom Wohnquartier zum Kaiserpalast", in: A. Hoffmann und U. Wulf (Hrsg.), *Die Kaiserpaläste auf dem Palatin in Rom*, Mainz 2004. S. 34–61.

642 *Caesar habitabat, a Caesare* Die unschöne Wortwiederholung Caesar … Caesare geht auf das Konto des Er.

642–643 *illi … instituendum* Hier gerät die syntaktische Struktur von Er.' Wiedergabe vollends aus dem Lot. Er. hatte den Satz der *Hist. Aug.* umgebaut, indem er ihn von einer aktiven Konstruktion mit Antoninus Pius als Subjekt zu einer passiven mit Apollonius als Subjekt umstrukturierte; in dem Nebensatz vergaß Er. seine Vorgehensweise plötzlich, sodaß die syntaktische Zuordnung trübe wird.

645–646 *ex aedibus suis* Stammt aus der Feder des Er.; diese Ausdrucksweise war der sehr einfachen und biederen Behausung des Lehrers nicht ganz angemessen, sondern eher das neutrale „domus", wie die *Hist. Aug.* hier und in *Marc. Aur.* 2, 7 angibt.

646–647 *Merces … studium* Eine kuriose Erklärung des Er., die zum Verständnis des

VI, 115                                    HVMANE                          (Antoninus Pius, 3) [6]

*Quum M.* Antoninus *fleret educatorem suum mortuum* et adolescens *ab aulicis mini-*
650  *stris reuocaretur a* declaratione *pietatis* erga nutricium, „*Permittite*", *inquit* Antoninus
Pius, „*illi, vt homo sit. Neque enim vel philosophia vel imperium tollit affectus*".

VI, 116                                    LIBERE                          (Antoninus Pius, 4, i.e.
                                                                           M. Valerius Homullus) [7]

Quondam, *quum Omuli visens domum* ac *miratus columnas porphyreticas quaesisset,*
655  *vnde eas haberet, Omulus ei* respondit: „*Quum in aedes alienas veneris, et surdus et*
*mutus esto*", sentiens eum in alieno priuato non oportere esse curiosum. Hoc tam
libero ioco non est offensus Imperator.

---

651  Pius *correxi*: prius *A-C BAS LB*.
654  Omuli *A-C ut in Vita Antonini Pii edita ab
     Erasmo 1518*: Homulli *Vit. Ant. Pii text. recept.*

Witzes, den Antoninus Pius macht, nichts bei-
trägt. Der springende Punkt ist, daß Antoninus Pius davon ausging, daß der Unterricht
im kaiserlichen Palast stattzufinden hatte (aus
Gründen der Sicherheit und des Status), während sich der Philosoph auf den philosophischen Brauch des *contubernium* berief, d.h.
daß der Schüler bei seinem Lehrmeister woh-
nen sollte, um von seiner Lebensweise, seinem
lebendigen Vorbild selbst die richtige Lebens-
einstellung zu erlernen. Es ging Apollonius
somit v.a. um philosophische Didaktik. Im
Übrigen hat sich Mark Aurel freiwillig dem
Wunsch des Philosophen gefügt; vgl. *Hist.
Aug., Marc. Aur.* 2, 7: „Tantum autem studium
in eo (sc. Marco Antonino) fuit, vt adscitus
iam ad imperatoriam, tamen ad domum Apol-
lonii discendi causa veniret".
649–651  *fleret … affectus* Weitgehend wörtliche Wiedergabe von *Hist. Aug., Anton. Pius* 10,
5: „Inter argumenta pietatis eius et hoc habetur, quod, cum Marcus mortuum educatorem
suum fleret vocareturque ab aulicis ministris
ab ostentatione pietatis, ipse dixerit: ‚Permittite', inquit, ‚illi, vt homo sit. Neque enim vel
philosophia vel imperium tollit affectus'" (so
auch in Er.' Ausg. Basel 1518, S. 212).
649  *educatorem suum* Dabei handelte es sich
wahrscheinlich um denselben Lehrmeister wie
im vorhergehenden Apophth., den stoischen
Philosophen Apollonius, da die beiden Berichte in der Quelle, *Hist. Aug., Anton. Pius*

655  Omulus *A-C ut in Vita Ant. Pii edita ab
     Erasmo 1518*: Homullus *Vit. Ant. Pii text. recept.*

10, 5, verknüpft werden. Offensichtlich starb
Apollonius, als sich Mark Aurel noch in jungen
Jahren befand. Für die glühende Weise, in
der Mark Aurel seine Lehrer verehrte, vgl.
*Hist. Aug., Marc.* 3, 3–5. Mark Aurel soll
eine Hauskapelle errichtet haben, in welcher
er goldene (oder vergüldete) Statuen seiner
Lehrmeister aufstellte. Auch soll er ständig
die Gräber seiner verstorbenen Lehrmeister
aufgesucht, sie mit Blumen geschmückt und
für sie Opfer gebracht haben. Vgl. ebd. 5:
„Tantum autem honoris magistris suis detulit,
vt imagines eorum aureas in larario haberet
ac sepulchra eorum aditu, hostiis, floribus
semper honoraret".
654  *Omuli*  **M. Valerius Homullus**, Konsul 152
n. Chr.; vgl. D. von Lunzer, *RE* VIII, A1 (1955),
Sp. 42, s.v. „Valerius", Nr. 202. Homullus hatte
eine scharfe Zunge und er nahm kein Blatt vor
den Mund. Als er einmal sah, wie Mark Aurels
Mutter Lucilla vor einer Apollo-Statue betete,
flüsterte er dem Antoninus Pius zu: „Illa nunc
rogat, vt diem tuum claudas et filius imperet"
(*Hist. Aug., Marc.* 6, 9).
654–656  *Omuli visens … esto Hist. Aug., Anton.
Pius* 11, 8: „Inter alia etiam hoc ciuilitatis
eius praecipuum argumentum est, quod, cum
domum Homulli (Omuli *ed. Er. 1518, p. 212 et
1533, p. 187*) visens miransque columnas por-
phyreticas (Porphyriticas *ed. Er. 1518*: Porphyreticas *ed. Er. 1533*) requisisset, vnde eas haberet, atque Homullus (Omulus *ed. Er. 1518 et*

*1533*) ei dixisset, ‚Cum in domum alienum veneris, et mutus et surdus esto‘, patienter tulit. Cuius Homulli (Omuli *ed. Er. 1518 et 1533*) multa ioca semper patienter accepit“.

654 *porphyreticas* „porphyreticus“, „aus rotem Marmor“; vgl. *DNG* II, Sp. 3736, s.v.; „por-phyreticas“ in *Apophth*. VI, 116 ist eine Korrektur des Er. Im Hinblick auf seine erste Ausgabe der *Historia Augusta*, wo er „Porphyri-ticas“ druckte; dieselbe Verbesserung findet sich in seiner zweiten Ausgabe des Werkes von 1533.

## ⟨M. ANTONINVS PHILOSOPHVS⟩

VI, 117                              DOS REGNVM                       (Antoninus Pius, i.e.
660                                                                        M. Antoninus philosophus, 1) [8]

M. Antonini vxor Faustina male audiebat vulgo. Itaque hortantibus amicis, *vt eam repudiaret, si* nollet *occidere*, respondit: „*Si vxorem*", inquit, „*dimittimus, reddamus et dotem*", *dotis* nomine signans *imperium, quod ab socero volente Adriano adoptatus acceperat.*

**Marcus Antoninus,** i.e. **Kaiser Marcus Aurelius** (121–180; Marcus Annius Catilius Severus), als Kaiser Marcus Aurelius Antoninus Augustus (reg. 161–180). Sohn des Konsuls M. Annius Verus, 138 von Antoninus Pius adoptiert; bereits mit 18 Jahren zum ersten Mal Konsul (140), wurde früh in die Regierungsgeschäfte eingearbeitet. Schon seit seiner Kindheit in der Philosophie unterrichtet; als Philosoph Anhänger der Stoa. Verfasser eines Hauptwerkes der Jüngeren Stoa, Τὰ εἰς ἑαυτόν. Zu seiner Person vgl. A.R. Birley, *Marcus Aurelius. A Biography*, London 1987; J. Fündling, *Marc Aurel. Kaiser und Philosoph*, Darmstadt 2008; P. Grimal, *Marc Aurèle*, Paris 1991; M. van Ackeren (Hrsg.), *A Companion to Marcus Aurelius*, Oxford u. a. 2012; W. Eck, *DNP* 7 (1999), 870–875, s.v. „Marcus", Nr. 2; H. von Arnim, *RE* I, 2 (1894), Sp. 2279–2309, s.v. „Annius", Nr. 94. Der vorl. Abschnitt (VI, 117–122), wird, abgesehen davon, daß Mark Aurel mit Antoninus Pius verwechselt wurde, dem großen Kaiser und Philosophen nicht gerecht. Die geeignete Hauptquelle für die Sprüche Mark Aurels wäre seine Aphorismen-Sammlung Τὰ εἰς ἑαυτόν gewesen, aus der man einige hundert Sprüche hätte schöpfen können. Er. scheint dieses Werk jedoch nicht zu kennen. Jedenfalls zitiert er kein einziges Mal daraus. Darin finden sich z.B. Sprüche wie „Wer nicht weiß, was der Kosmos ist, weiß nicht, wo er sich befindet. Wer nicht weiß, wozu er geschaffen worden ist, weiß nicht, wer er ist, und auch nicht, was der Kosmos ist. Wer aber eines dieser beiden nicht versteht, der vermöchte auch nicht sagen, wozu er da ist" (Τὰ εἰς ἑαυτόν VIII, 52); „Hoffe nicht auf Platons Staat, sondern sei damit zufrieden, wenn auch nur die kleinsten Fortschritte gemacht werden, und denke daran, daß das eben keine Kleinigkeit ist. Wer kann schon die Prinzipien ändern, nach denen die Menschen ihr Leben gestalten?" (ebd. IX, 29); „Nicht im passiven Verhalten, sondern im Tätigsein liegt das Wohl und Wehe des vernünftigen und politisch aktiven Lebewesens, wie auch seine guten und schlechten Eigenschaften nicht im passiven Verhalten, sondern im Tätigsein wirksam werden" (ebd., IX, 16); „Nimm stets den kurzen Weg. Kurz ist aber der Weg, der mit der Natur übereinstimmt; das hat zur Folge, daß du alles auf die gesündeste Art sagst und tust. Denn ein solcher Vorsatz bewahrt dich vor Großsprecherei, Übertreibung, ungenauem Formulieren und Spitzfindigkeit" (ebd. IV, 51); „Wie dir das Baden, das Öl, der Schweiß, der Schmutz, das fettige Wasser und alles sonst ekelhaft erscheint, so auch jeder Teil des Lebens und jeder Gegenstand" (ebd. VIII, 24).

Die folgenden sechs *Apophth.* VI, 117–122 werden in den Baseldrucken und auch *LB* fälschlich Antoninus Pius zugeordnet; vgl. oben Komm. zu VI, 113. Die Verwechslung ist im Lichte der Tatsache besonders kurios, daß Er. mit seiner eigenen Ausgabe der *Hist. Aug.* d.J. 1518 gearbeitet hat: Dort waren die Biographien des Antoninus Pius und des Marcus Aurelius leicht erkennbar voneinander getrennt, was durch unterschiedliche, klare Titelaufschriften betont wird.

661 *M. Antonini* Er. hätte an sich wissen müssen, daß damit der Kaiser Mark Aurel und nicht Antoninus Pius gemeint ist, der den Vornamen Titus trug. Allerdings waren sowohl Mark Aurel als auch Antoninus Pius mit einer Gattin namens Faustina verheiratet, der letzte mit Faustina d.Ä., der erste mit Faustina d.J.; aus dem zitierten Kap. der *Hist. Aug., Marc. Aur.* 19 (2) ging im Übrigen hervor, daß es sich um die Ehefrau des Marcus Aurelius und die Tochter des Antoninus Pius handelte, also um Faustina d.J.

661 *Faustina* Annia Galeria Faustina d.J. (130–176) war zunächst auf Hadrians Anweisung hin mit Lucius Verus verlobt (Feb. 138); später, nach dem Tod des Hadrian, löste Antoninus Pius diese Verbindung wieder auf und verlobte seine Tochter mit Mark Aurel; Faustina war jedenfalls seit 145 mit diesem verheiratet. Die Ehe war sehr fruchtbar: Faustina schenkte Mark Aurel zwischen 147 und 170 nicht weniger als 14 Kinder. Nach der Geburt ihres ersten Kindes (Domitia Faustina) wurde sie zur Augusta erhoben. Auf Münzen wurde in den Folgejahren die Fruchtbarkeit der Faustina d.J. gefeiert. Sie begleitete Mark Aurel bei längeren auswärtigen Aufenthalten, u.a. während des Feldzuges gegen die Markomannen und Quaden an der Donau und in Kappadokien. 174 erhielt sie in Carnuntum den Titel *Mater castrorum*. Während des Aufenthaltes in Kappadokien starb sie Anfang 176 in einem Dorf (Halala), das Mark Aurel ihr zu Ehren in Faustinopolis umbenannte. Zu Faustina minor vgl. B. Levick, *Faustina I and II: Imperial Women of the Golden Age*, Oxford 2014; S. Priwitzer, *Faustina minor – Ehefrau eines Idealkaisers und Mutter eines Tyrannen. Quellenkritische Untersuchungen zum dynastischen Potential, zur Darstellung und zu Handlungsspielräumen von Kaiserfrauen im Prinzipat*, Bonn 2009; P. von Rhoden, *RE* I, 2 (1894), Sp. 2313–2314, s.v. „Annius", Nr. 121.

661 *Faustina male audiebat vulgo* Der römische Klatsch sagte ihr ehebrecherisches Verhalten nach; sie soll es mit Gladiatoren, Matrosen und Pantomimen getrieben haben; Commodus soll nicht von Mark Aurel, sondern von einem Gladiator gezeugt worden sein (siehe *Hist. Aug., Marc. Aur.* 19, 1–8; 23, 7; 29, 1–3; Ps. Aur. Vict. *Epitome de Caesaribus* 16, 2). Den Namen nach sind als ihre Liebhaber Tertullus, Tutilius, Orfitus und Moderatus bekannt (*Marc. Aur.* 29, 1–3). Mark Aurel warf man vor, daß er sie in Ämter befördert habe.

661–663 *vt eam repudiaret ... dotem* Hist. Aug., *Marc. Aur.* 19, 8: „De qua (sc. Faustina) cum diceretur Antonino Marco, vt eam repudiaret, si non occideret, dixisse fertur: ,Si vxorem dimittimus, reddamus et dotem'. Dos autem quid habebatur nisi imperium, quod ille ab socero, volente Hadriano, adoptatus acceperat. Tantum sane valet boni principis vita, sanctitas, tranquillitas, pietas, vt eius famam nullius proximi decoloret inuidia" (so auch in Er.' Ausg. d.J. 1533, S. 195).

663–664 *dotis nomine signans ... acceperat* Der für *Apophth.* habituelle Kommentarteil setzt sich ausnahmsweise nicht aus Er.' eigenen Worten zusammen, sondern findet sich bereits in der benutzten Quelle *Hist. Aug., Marc. Aur.* 19, 8.

663–664 *ab socero volente Adriano adoptatus acceperat* Gemeint ist, daß Mark Aurel das Kaisertum durch die Adoption von seinem Schwiegervater, näml. Antoninus Pius, empfangen hat, und zwar nach dem Willen des Kaisers Hadrian. Hadrian hatte in der Tat, als er i.J. 138 Antoninus Pius zum Nachfolger designierte, zur Bedingung gemacht, daß dieser Mark Aurel und Lucius Verus adoptiere, wie es auch geschah. Antoninus Pius' Tochter Faustina war zunächst mit Lucius Verus verlobt; Antoninus löste diese Verlobung jedoch wieder auf und gab sie dem etwa zehn Jahre älteren Mark Aurel zur Frau. Der prägnant formulierte Satz der *Hist. Aug.* hätte eventuell mißverstanden werden können in dem Sinn, daß die betreffende Person von ihrem Schwiegervater Hadrian adoptiert worden sei: Antoninus Pius war von Hadrian adoptiert worden; Hadrian war zwar nicht der Vater der Faustina d.Ä., sondern ihr Schwager – Faustina d.Ä. war die Halbschwester von Hadrians Gattin Vibia Sabina. Da Er. an dieser Stelle die *Hist. Aug.* wörtlich zitiert, läßt sich nicht ausmachen, wie er die Stelle verstanden hat.

665  VI, 118                            CONSILIVM MVLTORVM        (Antoninus Pius, i.e. M.
                                                                Antoninus philos., 2) [9]

Nihil solitus est agere nec *in bellicis* negociis nec *in ciuilibus*, de quo non prius
conferret cum grauibus viris, dicens *„Aequius est, vt ego tot talium amicorum consilium*
*sequar, quam vt tot tales amici meam vnius sequantur voluntatem"*, multum abhorrens
670  a quorundam ingenio, qui consulto pileo suo dicunt: „Vos sedulo consulitis, sed aliud
mihi suadet pileum meum".

VI, 119                                   CLEMENTER            (Antoninus Pius, i.e. M.
                                                                Antoninus philos., 3) [10]

*Cassium* senatorium virum *occidi passus est, non iussit occidi.* Post etiam *extinctum*
675  *doluit, dicens voluisse se sine senatorio sanguine imperium transigere.* Mira clementia
in affectatorem imperii.

668–669  *Aequius … voluntatem*  Im einleitenden Teil paraphrasierende, im Spruchteil wörtliche Wiedergabe von *Hist. Aug., Marc. Aur.*
22, 3–4: „Semper sane cum optimatibus non
solum bellicas res, sed etiam ciuiles, priusquam
faceret aliquid, contulit. Denique sententia
illius praecipua semper haec fuit: ‚Aequius est,
vt ego tot et (et *ins. Erasmus in ed. 1533, p. 196,*
*sed nullo modo in ed. 1518, p. 222*) talium amicorum consilium sequar, quam vt tot tales amici
meam vnius voluntatem sequantur' ".

668  *tot talium*  Er. reproduziert den Text seiner
Ausg. d.J. 1518; in der Ausg. d.J. 1533 hatte er
„et" hinzugesetzt („tot et talium").

670–671  *consulto pileo … pileum meum*  „pileum
consulere" entspricht nicht dem Sprachgebrauch des antiken Latein; Er.' Gedankengang
und Formulierung scheint auf das Nieder-
ländische zurückzugehen, in dem die Mütze
(„muts") sprichwörtlich war: „Hoe de muts
staat" bezeichnet die Stimmung, in der jemand
sich befindet. Die Redewendung „daar staat
hem de muts niet naar" bedeutet, daß jemand
zu etwas keine Lust hat; „welgemutst zijn"
oder „goed gemutst zijn" bedeutet „sich in
einer guten Stimmung befinden", „slecht"
oder „kwaad gemutst zijn", „sich in einer
schlechten Stimmung befinden". Er.' Formulierung besagt, daß die zeitgenössischen Herrscher, die er kritisiert, nicht wie Mark Aurel
weise Ratschläge annehmen, sondern einfach
tun, was ihnen die Stimmung jeweils ein-

gibt. Für die sprichwörtliche Verwendung von
„muts" vgl. Tuinman I, 65; Joos, 86; Rutten,
149.

*Apophth.* VI, 119 bezieht sich auf die Ereignisse
im Juli 175, als die Revolte des Avidius Cassius
durch Verrat scheiterte. Dem Titel des Er. entsprechend druckte Lycosthenes das *Apophth.*
VI, 120 im Kap. „De clementia" (S. 159), wobei
er es, der Textpräsentation von *Apophth.* folgend, dem Antoninus Pius zuschrieb („Antoninus Pius Cassium senatorium virum occidi
passus est, non iussit …", S. 159) und als Quelle
fälschlich die Antoninus-Pius – Biographie des
Iulius Capitolinus angibt.

674  *Cassium*  C. Avidius Cassius (130–175),
Sohn des *praefectus Aegypti* C. Avidius Heliodorus und der Iulia Cassia Alexandra; der
Stammbaum seiner Mutter ging sowohl auf
Kaiser Augustus (über ihre Urgroßmutter
Iunia Lepida) als auch auf Herodes d.Gr. (über
ihren Vater Gaius Iulius Alexander Berenicia-
nus) zurück. Avidius Cassius war ein bedeutender röm. General: in jungen Jahren unter
Antoninus Pius bereits *legatus legionis* in der
Provinz Moesia inferior (ca. 159–161), unter
dem Oberkommando des Lucius Verus *lega-*
*tus legionis* i.J. 164 im Krieg gegen die Parther, in dem er sich auszeichnete: Er besiegte
mit seiner *legio III Gallica* die Parther bei
Dura Europos, eroberte deren Haupstadt Cte-
siphon, zerstörte den Palast des Vologaises
und machte Seleukia dem Erdboden gleich.

Zur Belohnung für seine militärischen Erfolge in den Senat aufgenommen, 166 Suffektkonsul. 166 erneuter Feldzug (wieder unter Verus) gegen die Parther, in Medien; im selben Jahr zum Statthalter Syriens ernannt. Das vorl. *Apophth.* bezieht sich auf den letzten Lebensabschnitt des Avidius Cassius, in dem dieser gegen Kaiser Mark Aurel in Aufstand kam. Auf die unrichtige Nachricht vom Tod des Mark Aurel, der sich in Pannonien aufhielt, ließ er sich von den Truppen zum Kaiser ausrufen (März/Mai 175). Als sich herausstellte, daß es sich nur um ein Gerücht handelte, zog er sich nicht zurück, sondern ging als Usurpator den Streit mit Mark Aurel an. Mit sieben Legionen verfügte Avidius Cassius über eine beachtliche Streitkraft, beherrschte Syrien, Lykien, Palästina und Ägypten und machte Alexandria zu seinem Standort. Es gelang ihm jedoch nicht, den gesamten Osten des Reiches unter seiner Herrschaft zu vereinigen; nach 3 Monaten wurde er von einem Zenturio enthauptet. Am 28. 7. 175 erkannte Alexandria wieder Mark Aurel als Kaiser an. Zu dem Aufstand vgl. J. Spiess, *Avidius Cassius und der Aufstand des Jahres* 175, München 1975; zur Person des Avidius W. Eck, *DNP* 2 (1996), Sp. 369; P. v. Rohden, *RE* II, 2 (1896), Sp. 2378–2383, beide s.v. „Avidius", Nr. 1.

674  *Cassium … iussit occidi*  *Hist. Aug., Marc. Aur.* 26, 10: „Ipsum Cassium pro clementia occidi passus est, non occidi iussit" (Text so auch in Er.' Ausg. d.J. 1518, S. 224).

674–675  *extinctum … transigere*  *Hist. Aug., Marc. Aur.* 26, 13: „Doluit denique Cassium exstinctum, dicens voluisse se sine senatorio sanguine imperium transigere" (Text so auch in Er.' Ausg. d.J. 1518, S. 224). Mark Aurel tätigte diesen Ausspruch im Rahmen der Senatssitzung, die nach der Niederschlagung der Revolte des Avidius Cassius im Juli d.J. 175 stattfand. Der Senat beantragte strengste Bestrafung aller Mitschuldigen. In diesem Zusammenhang sagte Mark Aurel, daß man von der Hinrichtung von Männern senatorialen Ranges absehen möge, weil er seine Regierung nicht durch vergossenes Senatorenblut besudeln wolle, vgl. ebd. 25, 5–6: „In conscios defectionis vetuit (sc. Marcus Antoninus) senatum grauiter vindicare. Simul petiit, ne senator tempore principatus sui occideretur, ne eius pollueretur imperium". In diesem Zusammenhang steht sein Schwur, niemals das Blut eines Senators vergossen zu haben, ebd. 29, 4: „Ante tempus sane mortis … in Capitolio iurauit (sc. Marcus Antoninus) nullum senatorem se sciente occisum, cum etiam rebelliones dixerit se seruaturum fuisse, si scisset".

VI, 120                    Filivs solativm mortis        (Antoninus Pius, i.e. M.
                                                          Antoninus philos., 4) [11]

*Biduo,* priusquam moreretur, *admissis amicis* aperuit *sententiam* suam *de filio, eandem*
680    *quam Philippus de Alexandro*, dicens, se aequo animo *mori*, quum *filium relinqueret*.

VI, 121                    Mors peregrinatio            (Antoninus Pius, i.e. M.
                                                          Antoninus philos., 5) [12]

Alio quodam *die dixit amicis:* „*Quid me fletis* ac *non magis de communi morte pesti-*
*lentiaque cogitatis?*". Philosophia docuerat hominem et *mortem contemnere* et *res*
685    *humanas ridere*. Parantibus autem abire *dixit* „*Si iam me dimittitis, vale vobis dico, vos*
*praecedens*". Facete petiit ab amicis discedendi veniam, ac veluti peregre profecturus
iussit illos valere, submonens interim fore, vt illi praecedentem sequerentur.

VI, 122                    Modeste                      (Antoninus Pius, i.e. M.
                                                          Antoninus philosophus, 6) [13]

690    Rogatus, *cui filium commendaret*, „*Vobis*", inquit, „*si* promeretur, *et diis immortali-*
*bus*". Fauorem noluit suae autoritati tribui, sed filii meritis.


## [C] ⟨AVRELIVS COMMODVS⟩

VI, 123                                                  (Antoninus Pius, i.e. Aurelius
                                                                            Commodus)

695    [C] *Aurelius Commodus* M. *Antonini filius, quum in* extremis *a parente moneretur,*
*ne barbaros iam attritos* sineret *vires recipere, respondit ab incolumi quamuis paulatim*
*negocia perfici posse, a mortuo nihil*. Vera quidem sententia, sed impia vox erat parentis
extrema monita contemnentis ac morienti velut insultantis. Refert Sex. Aurelius
Victor.

---

692  AVRELIVS COMMODVS *supplevi*                     *transposui quod dictum est Commodi imperato-*
695–699  Aurelius … Victor (*C: desunt in A, B*)       *ris, non Antonini Pii* (cf. *supra* VI, 113).

*Apophth.* VI, 120 datiert zwei Tage vor dem 17.      lassen, sondern daß er es besonders bedaure,
3. 180, an dem Mark Aurel in Vindobona das           daß ihn sein Sohn überlebe. Das Mißverständ-
Zeitliche segnete. Wie der Titel „Filum sola-        nis beruht auf Problemen der Textüberliefe-
tium mortis" zeigt, hat Er. den Ausspruch des        rung der *Hist. Aug.*: Die Lesarten, die Er.'
Mark Aurel in einem Sinn verstanden, der             eigene Ausgaben (1518 und 1533) aufweisen,
dem ursprünglich gemeinten diametral entge-          erzeugen den von Er. angegebenen, konträ-
gengesetzt ist: Mark Aurel sagte nicht, daß es       ren Sinn. Allerdings hätte der Vergleich mit
für ihn ein Trost sei, einen Sohn zu hinter-         Philipp, der von seinem Sohn Alexander keine

hohe Meinung hatte, Er. stutzig machen müssen: Daraus geht klar hervor, daß das Urteil des Mark Aurel über seinen Sohn nicht günstig ausgefallen sein konnte. Lycosthenes ordnet das Apophth. in der Nachfolge des Er. irrtümlich Antoninus Pius zu und gibt als Quelle fälschlich die Antoninus-Pius-Biographie der *Hist. Aug.* an (S, 363).

679–680 *Biduo … relinqueret* Durch Textüberlieferungsprobleme völlig mißverstandene Wiedergabe von *Hist. Aug., Marc. Aur.* 27, 11: „Ante biduum, quam exspiraret (expirasset *ed. Er. 1518, p. 224 et 1533, p. 198*), admissis amicis dicitur ostendisse sententiam de filio eandem, quam Philippus de Alexandro, cum de hoc male sentiret, addens nimium (nimium *ed. Magie, Peter, cum Salmasio*: minime *Novak, ed. Er. 1518 et 1533*) se aegre ferre (⟨quod discederet⟩ *Novak*) filium superstitem relinquentem (relinquentem *ed. Magie, Casaubonus*: relinquens *ed. Er. 1518 et 1533*); nam iam Commodus turpem se et cruentum ostentabat".

679 *filio* Commodus; zu seiner Person vgl. unten Komm. zu VI, 123B.

*Apophth.* VI, 121 datiert auf den 16. 3. 180, einen Tag vor Mark Aurels Tod. Lycosthenes schreibt dessen letzte Worte fälschlich Antoninus Pius zu (S. 742): „Antoninus Pius quodam die dixit amicis: ‚Quid me fletis? …‘".

683 *Alio quodam die* Dabei handelt es sich nicht um irgendeinen Tag, wie Er. suggeriert. In der Quelle, *Hist. Aug., Marc. Aur.* 28, 4, steht, daß der Kaiser diese Worte am sechsten Tag sprach, nachdem er angefangen hatte, die Nahrungsaufnahme zu verweigern, und genau einen Tag vor seinem Tod.

683–686 *die … praecedens Hist. Aug., Marc. Aur.* 28, 4–5: „Sexta die vocatis amicis et ridens res humanas, mortem autem contemnens, ad amicos dixit: ‚Quid (de *ins. Jordan, ed. Peter,*

*ed. Magie*) me fletis et non magis de pestilentia et communi morte cogitatis?‘. Et cum illi vellent recedere, ingemescens (ingemiscens *ed. Er. 1518, p. 225 et 1533, p. 198*) ait: ‚Si iam me dimittitis, vale vobis dico, vos praecedens‘".

*Apophth.* VI, 122 Lycosthenes schreibt den Spruch irrtümlich Antoninus Pius zu („Antoninus Pius rogatus, cui filium commendaret …", S. 169) und gibt als Quelle fälschlich die Antoninus-Pius-Biographie der *Hist. Aug.* an.

690–691 *cui filium … immortalibus* Teilweise wörtliche Wiedergabe von *Hist. Aug., Marc. Aur.* 28, 6: „Et cum ab eo quaereretur, cui filium commendaret, ille respondit: ‚Vobis, si dignus fuerit, et dis (diis *ed. Er. 1518, p. 225 et 1533, p. 198*) immortalibus‘".

695 *M. Antonini* M. Antoninus, i.e. Marcus Aurelius, der als Kaiser den Namen Marcus Aurelius Antoninus Augustus trug. Zu seiner Person vgl. Komm. zu *Apophth.* VI, 117.

695–697 *a parente … a mortuo nihil* Weitgehend wörtliche Wiedergabe von Ps. Aur. Vict. *Epitome de Caesaribus* 17, 1–2: „Aurelius Commodus, Antonini filius, … Hic qualis futurus esset, in ipso primordio ostendit. Nam cum in supremis moneretur a parente attritos iam barbaros ne permitteret vires recipere, responderat ab incolumi quamuis paulatim negotia perfici posse, a mortuo nihil" (Text in dieser Form auch in Er.' Ausg. d.J. 1518, S. 443).

697 *impia* Ähnlich wurde der Ausspruch des Commodus in der Quelle, Ps. Aur. Vict., *Epitome de Caesaribus* 17, 2, moralisch verurteilt: „Hic, qualis futurus esset, in ipso primordio (sc. principatus) ostendit".

698–699 *Refert Sex. Aurelius Victor* Es handelt sich um die *Epitome* des Ps. Aur. Vict., die Er. gleichwohl dem Aurelius Victor zuschrieb.

[A] SEVERVS IMPERATOR

VI, 124                               NATVRA VARIA                    (Seuerus Imperator, 1)

*De* Seuero *sic iudicauit illum aut nasci non debuisse aut non debuisse mori, quod,* quum *crudelis* esset, tamen *reipublicae videretur* admodum *vtilis* ob alias virtutes.

**Septimius Severus** (L. Septimius Severus Pertinax, 146–211), als Röm. Kaiser Imperator Caesar Marcus Aurelius Severus Alexander Augustus (reg. 193–211); gründete die Dynastie der Severer. Geb. in der Provinz Africa (Leptis Magna) als Sohn des Ritters Publius Septimius Geta und der Fulvia Pia; auf Veranlassung eines Verwandten des Mark Aurel in den Senatorenstand aufgenommen; 178 Prätor, 190 Suffektkonsul, wobei ihm Commodus den Oberbefehl über die Legionen in Pannonien übertrug. Seit 187 in zweiter Ehe mit der syrischen Aristokratin Julia Domna verheiratet. Septimius Severus wurde am 9. 4. 193 in Carnuntum von den pannonischen Legionen zum Kaiser ausgerufen und zog mit seinen Truppen nach Rom. Didius Iulianus, der nach der Ermordung des Pertinax die Macht übernommen hatte, fiel selbst einem Mordanschlag zum Opfer. Die Legionen Syriens riefen Pescennius Niger zum Kaiser aus, jene Britanniens favorisierten Clodius Albinus. Severus arrangierte sich mit Albinus, indem er ihn zum Caesar und Nachfolger ernannte, und zog nach Syrien. 194 schlug er Pescennius Niger entscheidend am Issos, Pescennius wurde zuerst gefangen genommen, dann getötet. Anschließend führte Severus Krieg gegen die Parther, errichtete die neue röm. Provinz Mesopotamia. 195 kam es zum Krieg mit Clodius Albinus, der von der Mehrheit des Senats unterstützt wurde. 197 schlug ihn Severus bei Lyon entscheidend, Albinus beging Selbstmord. Severus' schlechtes Verhältnis mit dem Senat geht auf diese Zeit zurück: Er griff rücksichtslos durch und beseitigte die Senatoren, die Albinus unterstützt hatten. Das Heer bildete Severus' Machtbasis, die er stabilisierte und vergrößerte: Er erhöhte den Sold, verteilte großzügige Geldgeschenke, räumte den Soldaten mehr Rechte ein, erleichterte den Aufstieg von Legionären in den Ritterstand und vergrößerte die Armee um drei Legionen; die Prätorianergarde alten Stils löste er auf, stattdessen stationierte er ständig eine Legion (*II Parthica*) in der Umgebung Roms. Trotz der zahlreichen kriegerischen Auseinandersetzungen 193–198 brachte seine Regierung Stabilität und Prosperität nach den Wirren des Commodus-Prinzipats und des Zweiten Vierkaiserjahres. Vgl. A. R. Birley, *Septimius Severus. The African Emperor*, 2. Aufl., London 1988; A. Lichtenberger, *Severus Pius Augustus: Studien zur sakralen Repräsentation und Rezeption der Herrschaft des Septimius Severus und seiner Familie (193–211 n. Chr.)*, Leiden u. a. 2011; J. Spielvogel, *Septimius Severus*, Darmstadt 2006; Th. Franke, *DNP* 11 (2001), Sp. 431–435, s.v. „Septimius", Nr. II, 7; M. Fluss, *RE* II, A2 (1923), Sp. 1940–2002, s.v. „Severus", Nr. 13.

701 *SEVERVS IMPERATOR* Nachdem Er. Marcus Aurelius' Mitregenten Lucius Verus sowie Avidius Cassius ausgelassen und Commodus kaum gestreift hat, übergeht er zwei Kaiser des „Zweiten Vierkaiserjahres" (193), Publius Helvius Pertinax (reg. vom 1. 1. bis zum 28. 3. 193) und Didius Iulianus (Marcus Didius Severus Iulianus, reg. vom 28. 3. bis zum 2. 6. 193), obwohl sie in der *Historia Augusta* mit einschlägigen Biographien vertreten waren. Vgl. in der Basler Ausgabe d.J. 1518, welche Er. besorgte: „Verus Imperator" (Iulius Capitolinus zugeschrieben, S. 225–230); „Avidius Cassius" (Vulgatius Gallicanus zugeschrieben, S. 248–253); „Commodus Antoninus" (Aelius Lampridius zugeschrieben, S. 234–241); „Didius Iulianus" (S. 230–233) und „Pertinax Imperator" (Iulius Capitolinus zugeschrieben, S. 242–247). Von allen diesen Kaisern sind Aussprüche überliefert, die in die Sammlung der Apophthegmen aufgenommen hätten werden können.

702–703 *De Seuero … vtilis* Wörtliche Wiedergabe von *Hist. Aug., Sept. Sev.* 18, 7: „De hoc senatus ita iudicauit illum aut nasci non debuisse aut mori, quod et nimis crudelis et nimis vtilis reipublicae videretur" (Text so auch in Er.' Ausg. d.J. 1518, S. 260).

Das *Apophth.* VI, 124 bezieht sich auf das problematische Verhältnis des Severus mit dem Senat nach der Beseitigung seiner Kontrahenten, besonders des Albinus. Severus ging mit brutaler Härte vor und ließ Senatoren, die einen seiner Kontrahenten unterstützt hatten, rücksichtslos töten. Wegen des Blutbades, das er anrichtete, wurde er „punischer Sulla" oder „punischer Marius" genannt (vgl. *Hist. Aug., Pesc. Niger* 6, 3–4). A.a.O. berichtet die *Hist. Aug.*, daß er „unzählige" („innumeri") Senatoren tötete.

VI, 125                                 AVTORITAS                        (Seuerus Imperator, 2)

705    Quum milites *Bassianum* Seueri *filium*, [C] qui post Antoninus Caracallus dictus
       est, [A] *Augustum* consalutassent, eo quod pater *pedibus aeger bellum moraretur, iussit
       se deferri ad tribunal,* simulque *adesse omnes tribunos, centuriones, duces et cohortes,
       quibus autoribus* hoc *acciderat, sisti deinde et filium, qui Augusti nomen* non recusarat.
       Hic *quum in omnes* eius *facti autores iussisset animaduerti,* excepto *filio, omnesque ante*
710    *tribunal prostrati rogarent* veniam, Seuerus *manu caput contingens,* „*Tandem*", inquit,
       „*sentitis caput imperare, non pedes*".

VI, 126                                 OMNIA EXPERTVS                   (Seuerus Imperator, 3)

       Celebratur et hoc illius *dictum* „*Omnia fui,* sed *nihil expedit*", sentiens sese *ex humili
       per literarum* ac *militiae officia plurimis gradibus* fauore *fortunae ad imperii* fastigium
715    *fuisse perductum,* sed nihil feliciter cessisse aut nulla in re sibi placuisse.

VI, 127                                 VIRTVS PRINCIPIS                 (Seuerus Imperator, 4)

       *Vltima verba dicuntur haec fuisse:* „*Turbatam rempublicam vbique accepi, pacatam
       etiam Britannis relinquo, senex et pedibus aeger, firmum imperium Antoninis meis
       relinquens, si boni erunt, imbecillum, si mali*".

---

705–706   qui … dictus est *C: desunt in A B.*

*Apophth.* VI, 125 datiert auf die letzten Jahre der
Regierungsperiode des Severus, in denen er
einen großen Britannienfeldzug unternahm
(208–211), der sich gegen die nördlichsten Völker, die Kaledonier und Mäaten (Schottland),
richtete und auf dem ihn die beiden Söhne
Geta und Caracalla begleiteten. Der Witz mit
dem Kopf und den Füßen bezieht sich auf die
Tatsache, daß Severus damals schwer an der
Gicht litt und nur mehr mit grosser Mühe
gehen konnte. Aus diesem Grunde übertrug er
dem älteren Sohn Caracalla den militärischen
Oberbefehl, der 210 ebenso wie sein Bruder, der jedoch kein militärisches Kommando
führte, den Siegernamen Britannicus Maximus annahm. Nachdem Severus Caracalla
schon 198 durch die Verleihung des Augustus-
Titels zum Mitregenten erhoben hatte, folgte
209 Geta nach. Aufgrund des schlechten
Gesundheitszu-
stands des Vaters und der Tatsache, daß er
nicht mehr als alleiniger Thronfolger vorgesehen war, intrigierte Caracalla; so scheint er
die Ärzte angegangen zu haben, den Tod des

Severus zu beschleunigen (vgl. den Bericht bei
Herodian. III, 15, 2; zurückhaltender Cass. Dio
77 (76), 14, 1–4 und 15, 2).

705  *Bassianum* **Bassianus**, urspr. Name Caracallas (188–217; Lucius Septimius Bassianus)
nach dem Großvater mütterlicherseits, eines
Elagabal-Priesters aus Emesa (Syrien); jedoch
verlor dieser Name bald seine Bedeutung.
Schon i.J. 196, mit nur 7 Jahren, verlieh ihm
Severus den Caesar-Titel, um ihn als Thronfolger zu designieren: Er hieß seitdem Marcus Aurelius Antoninus oder Marcus Aurelius
Septimius Bassianus Antoninus (vgl. Dessau,
*ILS* 419, 442, 445, 446, 466; *Hist. Aug., Sept.
Sev.* 10, 3); als Kaiser (211–217) trug Caracalla
den Namen Marcus Aurelius Severus Antoninus Augustus. Zu seiner Person vgl. Komm.
unten zu VI, 136.

705–711  *Bassianum … pedes*  Größtenteils
wörtliche, nur leicht variierende Wiedergabe
von *Hist. Aug., Sept. Sev.* 18, 9–10: „Idem, cum
pedibus aeger bellum moraretur idque milites anxie ferrent eiusque filium Bassianum,
qui vna erat (erant *ed. Er. 1518, p. 260; 1533,*

*p. 230*), Augustum fecissent, tolli se atque in (in *om. Erasmus in ed. 1518, sed adest in ed. 1533*) tribunal ferri iussit; adesse deinde omnes tribunos, centuriones, duces et cohortes, quibus autoribus id acciderat; sisti deinde filium, qui Augusti nomen acceperat. Cumque animaduerti in omnes autores facti praeter filium iuberet rogareturque omnibus ante tribunal prostratis, caput manu contingens ait: ‚Tandem sentitis caput imperare, non pedes‘ ". Vgl. *Ps. Aur. Vict.* Epitome de Caesaribus 20, 25–26.

705 *Caracallus* Der Spitzname des Kaisers, „Caracalla" oder „Caracallus", leitet sich von der Bezeichnung für den knöchellangen keltischen Kapuzenmantel, den er gerne trug und in Rom einführte, ab. Er ließ für sich eine spezielle Luxusausführung dieses an sich gewöhnlichen gallischen Kleidungsstückes anfertigen. Vgl. *Hist. Aug., Car.* 9, 7–8; *Diad.* 2, 8; *Aur. Vict. Caes.* 21,1; *Ps. Aur. Vict. Epitome de Caesaribus* 21. In der *Hist. Aug.* wird der Mantel auch „caracalla Antoniniana" genannt. Caracalla war in Gallien geboren, als sein Vater das Amt des Statthalters der Provinz Gallia Lugdunensis bekleidete. Für den Kapuzenmantel „caracalla" vgl. J. Kramer, „Zu Bedeutung und Herkunft von *caracalla*", in: *Archiv für Papyrusforschung und verwandte Gebiete* 48 (2002), S. 247–256; *DNG* I, Sp. 768, s.v. „caracalla" und „caracallis", b. Der Name „ANTONINVS CARACALLVS" stimmt mit dem Titel und den Kopfzeilen der *Hist.-Aug.*-Biographie in den von Er. besorgten Ausgaben überein (1518, S. 268; S. 269–275; 1533, S. 237–241). Jedoch ist die Angabe des Er. in *Apophth.* VI, 125, daß der Kaiser „später" den Namen „Antoninus Caracallus" trug, irreführend. Caracalla nannte sich tatsächlich nie so: Den Namen ANTONINVS nahm er seit seiner Ernennung zum Caesar 196 an, jedoch nie in Kombination mit „Caracalla". Nach seinem Regierungsantritt nannte er sich: Marcus Aurelius Severus Antoninus Augustus.

706 *Augustum consalutassent* Da Caracalla den Augustus-Titel bereits seit 198 trug, ist die For-

mulierung des Er. nicht eindeutig; gemeint ist jedenfalls, wie die Quelle zeigt, daß die Soldaten Caracalla zum Kaiser ausriefen (während sein Vater noch am Leben war).

713–715 *dictum … perductum* Leicht variierende Wiedergabe von *Hist. Aug., Sept. Sev.* 18, 11: „Huius dictum est, cum eum ex humili per litterarum et militiae officia ad imperium plurimis gradibus fortuna duxisset, ‚Omnia‘, inquit, ‚fui, et nihil expedit‘ " (so auch der Text in Er.' Ausg. d.J. 1518, S. 260 und 1533, S. 230).

*Apophth.* VI, 127 ist den letzten Worten des Septimius Severus gewidmet, datiert somit auf den 4. 2. 211, als der Kaiser in Eboracum (heute York) starb. Lycosthenes nimmt den Titel des Er. zum Anlass, das *Apophth.* in der Fürstenspiegelkategorie „De principe bono ac eius in regni administratione officio" zu drucken (S. 900).

717–719 *Vltima … mali* Wörtliche Wiedergabe von *Hist. Aug., Sept. Sev.* 23, 3: „Vltima verba eius dicuntur haec fuisse: ‚Turbatam rem publicam vbique accepi, pacatam etiam Brittannis relinquo senex et pedibus aeger, firmum imperium Antoninis meis relinquens, si boni erunt, inbecillum, si mali‘ " (so auch der Text in Er.' Ausg. d.J. 1518, S. 262 und 1533, S. 232).

718–719 *firmum … si mali* Der Ausspruch des Septimius Severus bezieht sich auf die erwünschte und erforderliche Eintracht der Brüder, die damals bereits sehr zerstritten waren. Severus sah eine Art des Doppelkaisertums vor, in dem Geta und Caracalla gemeinsam regieren sollten, ähnlich, wie dies bei Mark Aurel und Lucius Verus der Fall war. Nach dem Tod des Severus traten die Brüder gemeinsam das Erbe an, jedoch führte die Tatsache, daß die Machtbefugnisse nicht klar verteilt waren, sofort wieder zum Streit. Nach ihrer Rückkehr nach Rom formierten sie de facto zwei Kaiserhöfe und schotteten sich argwöhnisch gegeneinander ab. Im Dezember 211 lockte Caracalla Geta in einen Hinterhalt und ließ ihn ermorden.

720   VI, 128                         Indvstria                    (Seuerus Imperator, 5)

Symbolum *tribuno dari iussit „Laboremus"*. *Pertinax* ad *imperium ascitus dederat*
*„Militemus"*. Illi placuit belli omen, huic pacis. Sublato nanque bello reditur ad
agricolationem et opificia. Ocium in pace delitias alit et omne flagitiorum genus.

      VI, 129                          Moderate                     (Seuerus Imperator, 6)

725   *Epigramma*, quod in laudem Pescenni[n]i Nigri fuerat asscriptum illius statuae ad
viuum effictae, *quum praefecti* suaderent *eradendum, Seuerus noluit*, dicens: *„Si talis*
*fuit, sciant omnes, qualem vicerimus: si talis non fuit, putent nos omnes talem vicisse"*.


## PESCENNI[N]VS NIGER

      VI, 130                          Integre                     (Pescennius Niger, 1)

730   Pescenni[n]us Niger *consiliariis addidit salaria, ne grauarent eos, quibus assidebant,*
*dicens iudicem nec dare debere nec accipere.* Vtinam hoc exemplum imitentur hi, qui
vendentes officia spoliant iudicem. Assessoribus interim rapto viuendum est.

---

725  Pescennii *scripsi coll. Vitae Pescennii editioni-*
     *bus ab Erasmo 1518 et 1533, Adag. 416:* Pescen-
     nini *A-C.*
728  PESCENNIVS *scripsi coll. Vitae Pescennii*
     *editionibus ab Erasmo 1518 et 1533, Adag. 416:*
     PESCENNINVS *A-C.*

730  Pescennius *scripsi coll. Vitae Pescennii editio-*
     *nibus ab Erasmo 1518 et 1533, Adag. 416:* Pescen-
     ninus *A-C.*

*Apophth.* VI, 128 enthält die Parole zur Macht-
übergabe, datiert somit auf den Todestag des
Kaisers, den 4. 2. 211.

721–722  *tribuno … Militemus  Hist. Aug., Sept.*
*Sev.* 23, 4: „Iussit deinde signum tribuno
dari ‚Laboremus', quia Pertinax, quando in
imperium adscitus est, signum dederat ‚Militemus'" (so auch der Text in Er.' Ausg. d.J. 1518,
S. 262 und 1533, S. 232); vgl. *Hist. Aug., Pert.* 5,
7: „Ad Palatium ergo Pertinax profectus, quod
tunc vacuum erat, quia Commodus in Vecti-
lianis occisus est, petenti signum prima die tribuno dedit ‚militemus', exprobrans vtique seg-
nitiem temporum superiorum. Quod quidem
etiam ante in omnibus ducatibus dederat".
Pertinax erteilte die Parole bei seinem Regierungsantritt; nach *Hist. Aug., Pert.* 6, 1 sollen ihm die Prätorianer dies übelgenommen
haben, indem sie die Parole als Vorwurf inter-
pretierten, sie hätten sich in der vergangenen

Zeit nicht als Soldaten betragen. Freilich handelte es sich um nichts weiter als um jene
Parole, die Pertinax bei allen seinen militärischen Unternehmungen benutzt hatte. Pertinax wurde zwar am 28. 3. 193 von den Prätorianern ermordet, jedoch wohl nicht als Folge der
vermeintlich irritierenden Parole.

721  *Pertinax*  **Publius Helvius Pertinax** (126–
193), Röm. Kaiser vom 1. 1.–28. 3. 193, erster
Kaiser des „Zweiten Vierkaiserjahres". Sohn
eines Freigelassenen, machte über den Mili-
tärdienst Karriere; wurde zunächst in den Ritterstand aufgenommen, dann, protegiert von
dem Schwiegersohn des Mark Aurel, Tiberius
Claudius Pompeianus, in den Senatorenstand
(169); in der Folge *legatus legionis* in der Provinz Pannonia superior z.Z. der Markoman-
nenkriege, wo er sich durch militärische Leistungen auszeichnete; Suffektkonsul 175; Statthalter in den Provinzen Moesia, Dacia, Syria,

später auch Britannia (185–187) und Africa (188–189); 190 Stadtpräfekt von Rom. Der Prätorianerpräfekt Aemilius Laetus veranlasste am 31.12.192 die Ermordung des Commodus und die Ausrufung des Pertinax zum Kaiser. Die Prätorianer meuterten im März desselben Jahres und metzelten Pertinax in seinem Palast nieder. Zu Pertinax vgl. A. Lippold, „Zur Laufbahn des P. Helvius Pertinax", in: J. Straub (Hrsg.), *Bonner Historia-Augusta Colloquium. 1979/1981*, Bonn 1983, S. 173–191; K. Strobel, „Commodus und Pertinax. „Perversion der Macht" und „Restauration des Guten"?", in: H. Heftner und K. Tomaschitz (Hrsg.), *Ad Fontes! Festschrift für Gerhard Dobesch zum 65. Geburtstag*, Wien 2004, S. 519–532. Er. beurteilte Pertinax negativ, als Hypokriten oder χρηστολόγος, wie eine Anmerkung in den Adagien zeigt: *Adag.* 954 (*ASD* II, 2, S, 458): „Χρηστολόγοι dicebantur atque hodie quoque vulgo dicuntur, qui probe loquuntur et improbe faciunt. Dictum autem peculiariter in Pertinacem imperatorem, quemadmodum in huius vita testatur Iulius Capitolinus". Dementsprechend beurteilt er hier auch seine Parole ‚militemus' durchaus negativ.

*Apophth.* VI, 129 datiert nach dem Sieg des Heeres des Septimius Severus über Pescennius Niger im März 194 bei Issos. Lycosthenes ordnet es Er.' Titel entsprechend dem Kap. „De moderatione animi" zu (S. 712). Das milde Verhalten (vgl. „moderate") des Severus, welches im vorl. Apophthegma hervorgehoben wird, steht im Widerspruch zu den historischen Fakten: Severus ließ Pescennius und seine Söhne töten und verhängte über ihn die *damnatio memoriae*.

725–727 *Epigramma … vicisse* Stark gekürzte und frei paraphrasierende, im unmittelbaren Spruchteil jedoch wörtliche Wiedergabe von *Hist. Aug., Pesc. Niger* 12, 4–7: „Domus eius hodie Romae visitur in Campo Iouis, quae appellatur Pescenniana (Pescenniana *ed. Magie, textus receptus, cod. P, ed. Er. 1533, p. 237*: Pescenniani *ed. Er. 1518, p. 269*). In qua simulacrum eius in trichoro consistit, positum (constitit, positum *ed. Peter, ed. Magie*: constituit statim post annum *P, ed. Er. 1518 et 1533*) ex Thebaico marmore, quod ille ad similitudinem sui factum a grege (grege *ed. Lumbroso, ed. Magie*: rege *cod. P, ed. Peter ed. Er. 1518 et 1533*) Thebaeorum acceperat (5:) Exstat etiam epigramma Graecum, quod Latine hanc habet sententiam: (6:) ‚Terror Aegyptiaci Niger astat militis ingens,/ Thebaidos socius, aurea saecla volens. / Hunc reges, hunc gentes amant, hunc

aurea Roma,/ Hic Antoninis carus et imperio,/ Nigrum nomen habet, nigrum formauimus ipsi,/ Vt consentiret forma, metalle (Metalle *ed. Er. 1518*: metalla *ed. Er. 1533*), tibi' (7:) Quos quidem versus Seuerus eradi noluit, cum hoc ei et praefecti suggererent et officiorum magistri, addens: ‚Si talis fuit, sciant omnes, qualem vicerimus; si talis non fuit, putent omnes nos talem vicisse; immo sic sit, quia fuit talis'".

**Pescennius Niger** (135/140–194), Röm. Kaiser/Usurpator 193–194 (Imp. Caesar C.P. Niger Iustus Augustus). Stammte aus dem Ritterstand; von Commodus in den Senat aufgenommen; unter diesem Suffektkonsul; 191–193 Statthalter der mächtigen ‚Doppelprovinz' Syria-Palaestina, die mit vier Legionen ausgestattet war. Nach der Ermordung des Kaisers Pertinax am 28. 3. 193 wurde Pescennius von den Legionen Syriens zum Kaiser ausgerufen und fand breite Unterstützung im Osten des Reiches, während in Rom Didius Iulianus zum Kaiser ernannt wurde. Am 9. 4. wurde Septimius Severus in Carnuntum von den Donaulegionen zum Kaiser ausgerufen, am 1. 6. 193 in Rom anerkannt. Dessen Truppen zogen nunmehr gegen Pescennius Niger zu Felde, der sich in Kleinasien verschanzt hatte. Dieser konnte die Landung der Truppen des Severus in Kleinasien nicht verhindern; nach Niederlagen seiner Heere bei Kyzikos und Nikaia und zog er sich nach Antiocheia zurück. Im März 194 verlor er die Entscheidungsschlacht von Issos. Pescennius versuchte zu dem Partherkönig Vologaises zu fliehen, wurde jedoch ergriffen und enthauptet. Vgl. Th. Franke, *DNP* 9 (2000), Sp. 657–658, s.v. „Pescennius"; W. Reusch, *RE* XIX, 1 (1937), Sp. 1086–1102, s.v. „Pescennius", Nr. 2. In der untenstehenden Sektion zeichnet Er. ein durchaus positives Bild von Pescennius, während das Bild, das in seiner Quelle *Hist. Aug., Pesc. Niger* überliefert wird, viel Negatives miteinschließt.

730–731 *consiliariis … accipere Hist. Aug., Pesc. Niger* 7, 6: „Addidit praeterea consiliariis salaria, ne eos grauarent, quibus adsidebant, dicens iudicem nec dare debere nec accipere" (Text so auch in den Ausg. d. Er. 1518, S. 266 und 1533, S. 235).

730 *consiliariis* i.e. *assessoribus*, untergeordnete Gerichtsbeamte. Bereits Antoninus Pius hatte den *assessores* ein Gehalt zuerkannt (vgl. *Digesta* I, 13, 4). Für die *assessores* und deren Entlohnung vgl. unten *Apophth.* VI, 147 mit Komm.

731–732 *Vtinam hoc … iudicem* Er. richtet sich gegen den zeitgenössischen Brauch von

VI, 131                          AQVA PRO VINO                    (Pescennius Niger, 2)

*In Aegypto quum limitanei milites vinum ab* Imperatore *peterent, „Nilum“,* inquit,
735   *„habetis, et vinum quaeritis?“.* Aiunt enim aquam Nili *tantae* esse *dulcedinis, vt accolae*
*vina non* desiderent.

VI, 132                             SEVERE                       (Pescennius Niger, 3)

Quum milites, *qui a Saracenis victi fuerant, dicerent „Vinum non accepimus, pugnare*
*non possumus“, „Erubescite“,* inquit Caesar, *„Illi, qui vos vincunt, aquam bibunt“.*
740   Nam Saracenis etiam hodie gustare vinum nefas est.

VI, 133                              DVRE                        (Pescennius Niger, 4)

*Palaestinis rogantibus, vt* ipsorum *censitio leuaretur,* eo *quod* regio *esset grauata,* satis
inclementer *respondit: „Vos terras vestras leuare vultis; ego etiam aerem vestrum censere*
cuperem“.

---

738   accepimus *scripsi cum A (cf. Vitam Pesc. Nigri*
      *editam ab Erasmo):* accipimus *B C.*

Fürsten, Ämter mit richterlichen Vollmachten
zu verkaufen. Für solche Stellen bezahlte man
gerne etwas, weil sie – durch die usuelle Kor-
ruptionspraxis – oft sehr lukrativ waren. In seiner Ausgabe der *Hist. Aug.* d.J. 1518 brachte
Er. zur zitierten Stelle eine Marginalnote an
(S. 266), die ebenfalls eine zeitkritische Bemerkung enthält: „Nunc vtrumque faciunt, cum
emunt a principe magistratum, et expilant liti-
gatores“. Lycosthenes ersetzt in seiner Wiedergabe des Apophthegmas den zeitkritischen
Kommentar des Er. durch einen historischen:
„Et sic suorum iudicum consuluit et consila-
riorum integritati“ (S. 508).
Da *Apophth.* VI, 131 sich mit den Angelegenheiten
der röm. Provinz *Aegyptus* beschäftigt, datiert
der Ausspruch auf die Zeit, in der Pescennius den Titel des Röm. Kaisers trug (April
193–März 194); zuvor beschränkte sich sein
Machtbereich auf die Provinz *Syria-Palaestina*
(191–April 193). Das Apophth. war bereits von
Brusoni in seine Sammlung d.J. 1518 aufgenommen worden (IV, 15).
734–736   *In Aegypto … vina non*   Leicht variierende, im Spruchteil wörtliche Wiedergabe
von *Hist. Aug., Pesc. Niger* 7, 7: „Hic erga milites tanta fuit censura, vt, cum apud Aegyptum ab eo limitanei (limitanei *ed. Magie, textus*

*receptus*: limitanei milites *ed. Er. 1518, p. 266*
*et 1533, p. 235*) vinum peterent, responderit:
‚Nilum habetis, et vinum quaeritis (quaeritis *textus receptus, ed. Er. 1533*: queritis *ed. Er.*
*1518*)?‘. Siquidem tanta fuit (fuit *om. Erasmus*
*in ed. 1533*) illius fluminis dulcitudo (dulcedo
*ed. Er. 1518 et 1533*), vt accolae vina non qua-
erant“.
734   *limitanei milites*   Er. schreibt in VI, 131
„limitanei milites“, wie in seinen Ausgaben
von 1518 und 1533, während in anderen Ausgaben sowie im text. recept. nur „limitanei“
steht. Bei „milites“ handelt es sich wohl um
eine Glosse, die in den Text geraten war.
Für das seltene Wort „limitaneus“, „Grenzer“,
„Soldat zur Bewachung der Reichsgrenze“,
vgl. *Hist. Aug., Alex. Sev.* 58, 4; *DNG* II, Sp.
2889, s.v. Die Römer mussten im Osten eine
lange Grenze (über 1500 km) zur *Arabia deserta*
hin verteidigen, die von Beduinenstämmen
(„Saraceni“, vgl. Komm. unten zu VI, 132)
zu Raubzügen immer wieder überschritten
wurde. An der zitierten Stelle *Pesc. Niger* 7,
7 geht es jedoch um die Grenzsicherung der
Provinz *Aegyptus*, die aufgrund ihrer natürlichen Grenzen (Ostgrenze: Rotes Meer; Nordgrenze: Mittelmeer, Westgrenze: Sahara) vergleichsweise einfach war: Eine effektive Grenz-

bewachung war im Grunde nur im Süden (über die Breite des Niltales) und im Nordosten zum Sinai hin erforderlich. Sonst wurde Ägypten zunächst von zwei, später von nur einer Legion gehalten, die nicht an einer Grenze, sondern in der Nähe der Hauptstadt Alexandreia stationiert war.

735 *Aiunt enim aquam Nili ... dulcedinis* Für die „Süsse", d.h. den Wohlgeschmack des Nilwassers vgl. Sen. *Nat.* IV, 2: „Nulli flumini dulcior gustus est". Für die Vorstellung, daß sich die Anwohner des Nils mit Wasser zufriedengaben und auf Wein verzichteten, vgl. Achilles Tatius IV.

735 *dulcedinis* „dulcedinis", nach „dulcedo" in Er.' Ausgaben der *Hist. Aug.* d.J. 1518 und 1533, während andere Ausgaben sowie der *textus receptus* das seltenere „dulcitudo" aufweisen.

738 *milites* Dabei handelt es sich wiederum um Grenzsoldaten, wie im vorhergehenden Apophthegma.

738 *Saracenis* In der Spätantike ist „Saraceni" ein Kollektivbegriff für einige arabische, nomadisch lebende Beduinenstämme (z.B. die Safaites und Tamudeni), die im Norden der arabischen Halbinsel (*Arabia deserta*) umherzogen (vgl. Amm. XIV, 4, 1; Σαρακηνοί bei Zos. IV, 22) und mit schnellen Kamelreiterverbänden immer wieder Angriffe auf das von den Römern besetzte Gebiet (v.a. die Provinz Arabia Petraea) lancierten. Septimius Severus und sein Sohn Caracalla verstärkten die Grenzbefestigung der Provinz Arabia Petraea durch die Errichtung von Forts entlang des *limes Arabicus*. Der *limes Arabicus* verlief vom südlichsten Punkt Jordaniens an der Küste des Roten Meeres (gegenüber der Südspitze des Sinai) in den Norden, den größten Teil des heutigen Jordaniens miteinschließend, neben dem Libanon und Syrien her, im nördlichsten Teil die Provinzen Osrhoe und Mesopotamia abschirmend. Zu den Sarazeneneinfällen und dem *limes Arabicus* vgl. D.F. Graf, „The Saracens and the Defence of the Arabic Frontier", in: *Bulletin of the American Schools of Oriental Research* 229 (1978), S. 1–26; Ph. Mayerson, „Saracens and Romans", in: ebd. 274 (1989), S. 71–79; H.-P. Kuhnen, *DNP* I (1999), Sp. 52, s.v. „Saraceni"; S. Dörper, „Zum Problem der Herkunft des Völkernamens Sara-

ceni", in: *Berliner Romanistische Studien*, Sonderheft 14 (1993), S. 91–107. Daß die arabischen Beduinen als „Wassertrinker" bezeichnet wurden, ergibt sich daraus, daß es in der *Arabia deserta* keinen Weinbau gab. In seinem Kommentar identifiziert Er. zu Unrecht den antiken Begriff „Saraceni" mit dem mittelalterlichen und interpretiert das Wassertrinken als ein religiöses Verbot, Wein zu trinken. Für den mittelalterlichen Begriff von „Saraceni", der umfassend für Moslime verwendet wurde, vgl. J.V. Tolan, *Saracens. Islam in the Medieval European Imagination*, New York 2002; ders., G. Veinstein und H. Laurens, *Europe and the Islamic World: A History*, Princeton 2013; H. Timani, „Saracens", in: C. Fitzpatrick und A. Walker, *Muhammad in History, Thought, and Culture: An Encyclopedia of the Prophet of God*, 2 Bde., Santa Barbara 2014, Bd. II, S. 538–542.

*Apophth.* VI, 133 datiert wohl auf Pescennius' Amtszeit als Statthalter der Provinz Syrien (191 – April 193; im April 193 wurde er zum Kaiser ausgerufen). Seit Hadrian war die alte Provinz *Syria* mit *Judaea* zu der Provinz *Syria Palaestina* vereinigt worden (zu den Statthaltern der Provinz Syria vgl. E. Dabrowa, *The Governors of Roman Syria from Augustus to Septimius Severus*, Bonn 1998). Im vorl. Fall geht es um ein Ansuchen der Vertreter der Teilprovinz Palaestina, um die Abgaben an die Römer zu senken. Bei der Ablehnung des Ansuchens äußert Pescennius Niger spielerisch den Gedanken, er wolle am liebsten eine „Luftsteuer" einführen. Vgl. dazu J. Straub, „Pescennius Niger und die Luftsteuer", in: H. Braunert (Hrsg.), *Studien zur Papyrologie und antiken Wirtschaftsgeschichte. Friedrich Oertel zum achtzigsten Geburtstag gewidmet*, Bonn 1964, S. 175 ff.

742–743 *Palaestinis ... censere* Hist. Aug., Pesc. Niger 7, 9: „Idem Palaestinis rogantibus, vt eorum censitio leuaretur, idcirco (iccirco *ed. Er. 1533, p. 235*) quod esset grauata, respondit: ,Vos terras vestras leuari censitione vultis: ego vero etiam aerem vestrum censere vellem'" (Text ebenso wie in Er.' Ausgabe d.J. 1518, S. 266).

742 *censitio* Für das seltene Wort „censitio" für Steuer vgl. *DNG* I, Sp. 830, s.v.

745　VI, 134　　　　　　　VIVI DOCENDI, NON LAVDANDI　　　(Pescennius Niger, 5)

*Imperatori* creato *quum quidam* ei *panegyricum* in ipsius laudem conscriptum *recitare vellet, dixit: „Scribe Marii laudes vel Annibalis* aut alterius *ducis* egregii *vita functi, vt eum nos imitemur. Nam viuos laudare irrisio est*, praesertim *Imperatores, a quibus speratur, qui timentur, qui possunt necare, qui* possunt *proscribere".* Adiecit illud, *se viuum placere velle, mortuum etiam laudari.*

750

VI, 135　　　　　　　　　　　GRAVITER　　　　　　　　(Pescennius Niger, 6)

*Rogatus, quid sentiret de Scipionibus,* respondit *illos* sibi videri *felices magis quam fortes*, quod *vterque domi iuuentutem* parum sancte transegerat, sentiens imperatorem per omnem *vitam* in reipublicae negociis versari debere, nec a domesticis delitiis ad
755　imperium accersi.

## ANTONINVS CARACALLVS

VI, 136　　　　　　　　LICENTIA PRINCIPVM　　(Antoninus Caracallus, 1) [7]

Antonini Caracalli *nouerca, quum esset pulcherrima,* veluti *per* imprudentiam *corpus magna ex parte nudauit quumque dixisset* Caracallus „Vellem, si liceret", „Si libet",
760　inquit illa, *„licet. An nescis te Imperatorem esse et leges dare, non accipere?".* Ea mulieris vox Caracallum ad detestabile facinus pertraxit.

*Apophth.* VI, 134 datiert auf April 193.

746　*Imperatori creato* Pescennius Niger wurde im April d. J. 193 zum Kaiser ausgerufen.

746–750 *panegyricum … laudari* Weitgehend wörtliche Wiedergabe von *Hist. Aug., Pesc. Niger* 11, 5–6: „Denique cum imperatori facto quidam panegyricum recitare vellet, dixit ei: ‚Scribe laudes Marii vel Annibalis vel cuiusuis (cuiusuis *ed. Magie, ed. Baehrend, ed. Peter*: alicuius *ed. Er. 1518, p. 267 et 1533, p. 237*) ducis optimi vita functi et dic, quid ille fecerit, vt eum nos imitemur. Nam viuentes laudare inrisio est, maxime imperatores, a quibus speratur, qui timentur, qui praestare publice possunt, qui possunt necare, qui proscribere'. Se autem viuum placere velle, mortuum etiam laudari".

746 *in ipsius laudem conscriptum* „in … conscriptum" ist ein erklärender Zusatz des Er.

747 *Marii* Gaius Marius (157–86 v. Chr.), einer der größten Feldherren der röm. Republik; zu

seiner Person vgl. oben Komm. zu V, 426. Er. widmete ihm ebd. eine Sektion.

747 *Annibalis* Für Hannibal (um 247–183 v. Chr.), den größten punischen Feldherren, vgl. oben Komm. zu V, 281.

751 *Grauiter* Lycosthenes druckt VI, 135 als Fürstenspiegel-Apophthegma in der Kategorie „De imperio administrando" (S. 486).

752–754 *Rogatus … domesticis Hist. Aug., Pesc. Niger* 12, 2: „Interrogatus autem, quid de Scipionibus sentiret, dixisse fertur felices illos fuisse magis quam fortes; idque probare domesticam vitam et iuuentutem, quae in vtroque minus speciosa domi fuisset (fuisse *ed. Er. 1518, p. 268 et 1533, p. 237*) apud omnes constat".

752 *Rogatus … respondit* Der Ausspruch des Pescennius Niger über die Scipionen, i.e. Scipio Africanus d. Ä. (236–183 v. Chr.) und d. J. (185/4–129 v. Chr.) ist erklärungsbedürftig. Die Scipionen sollen eher vom Glück begüns-

tigt gewesen sein denn sich durch ihre eigene Leistung ausgezeichnet haben; belegt würde dies durch ihre Jugend „zu Hause", von der wenig Großartiges zu berichten sei. Die Frage ist, was Pescennius mit „zu Hause" („domi") meint und was er diesbezüglich bemängelt. Pescennius kann kaum gemeint haben, daß die beiden Scipionen sich in ihrer Jugend nicht für den Staat eingesetzt und keine großen Taten verrichtet hatten. Die historischen Fakten weisen aus, daß Scipio d.J. schon als 17-Jähriger in der Entscheidungsschlacht von Pydna 168 v. Chr. mitgekämpft hatte, und daß Scipio d.Ä. mit nur 24 Jahren das prokonsularische *imperium* in Spanien und den Oberbefehl über die römischen Legionen übernommen (213 v. Chr.) und anschließend den 2. Punischen Krieg erfolgreich beendet hatte; nach dem entscheidenden Sieg gegen Hannibal in der Schlacht bei Zama (202 v. Chr.) hatte er triumphiert, nur etwa 34 Jahre alt. Mit „zu Hause" meint Pescennius Niger wohl die röm. Innenpolitik: Auf diesem Gebiet hatten die Scipionen, während sie militärisch reüssierten, nur wenig zu verzeichnen. Er. hat dies, wie seine Erklärung zeigt, nicht recht verstanden: Er behauptet, daß sich die Scipionen in ihrer Jugend nicht für den Staat eingesetzt, sondern sich den Genüssen des Privatlebens (*otium*) hingegeben hätten, was für einen „imperator" verwerflich sei.

**Caracalla** (188–217), Röm. Kaiser (211–217) unter dem Namen Marcus Aurelius Severus Antoninus Augustus; Sohn des Kaisers Septimius Severus und der Julia Domna; 195/6 erhielt er den Caesar –, 197/8 den Augustus-Titel; als Fünfjähriger begleitete er seinen Vater bei militärischen Operationen im Osten (193–196); erhielt früh eine militärische Ausbildung; als Zehnjähriger zum Mitregenten erhoben, als Vierzehnjähriger verheiratet (mit Fulvia Plautilla); 208–211, noch zu Lebzeiten seines Vaters, führte er den Oberbefehl im Britannienfeldzug. Nachdem Severus während dieses Feldzuges in Eboracum (heute: York) starb (Feb. 211), trat Caracalla zusammen mit seinem Bruder Geta als Mitregenten die Nachfolge an. Caracallas relativ kurze Regierungsperiode stand im Zeichen der Gewalt, des Verbrechens und des Krieges. Sie fing mit Ermordung seines Bruders Geta und einer großen Anzahl von dessen Anhängern an (wohlgemerkt 20.000 nach Cassius Dio 78, 4, 1). Seit 213 profilierte sich Caracalla ideologisch als neuer Alexander, der die Eroberung Asiens und die Einverleibung des Partherreiches anstrebte. Für die milit. Operationen im Osten vgl.

unten Komm. zu VI, 137. Durch einen einmaligen Erlass (*Constitutio Antoniniana*) verlieh er allen freien Untertanen des Imperium Romanum das römische Bürgerrecht. Hintergrund der Maßnahme war jedoch der Versuch, eine möglichst große Klientel zu gewinnen und die Steuereinkünfte zu erhöhen (besonders über die Erbschaftssteuer, die verdoppelt wurde und die nun für alle Neubürger galt). Auf dem Partherfeldzug, auf dem Caracalla einen Teil des parthischen Reiches (Mesopotamien, vgl. unten) durchquerte, jedoch keine Feldschlacht gewann, Gebiete besetzte, jedoch auch wieder räumen mußte, wurde er 2017 von einem Mordkommando, das der Prätorianerpräfekt Macrinus entsandt hatte, getötet. Vgl. V. Binder, *DNP* 2 (1997/9), Sp. 980–982, s.v. „Caracalla"; P. v. Rohden, *RE* II, 2 (1896), Sp. 2434–2453, s.v. „Aurelius", Nr. 46; M.L. Meckler, *Caracalla and his late-antique biographer*, Ann Arbor 1994.

756 *ANTONINVS CARACALLVS* Die kontaminierte Namensform „Antoninus Caracallus" findet sich so auch im Index personarum sowie als Titel in Er.' Ausgaben der Caracalla-Vita der *Hist. Aug.* von 1518 (S. 268) und 1533 (S. 237). Diese kontaminierte Namensform wurde von Caracalla selbst nie verwendet. „Antoninus" nannte er sich seit seiner Erhebung zum Caesar i.J. 196; Caracalla war lediglich ein Spitzname, der sich von seinem langen gallischen Kapuzenmantel herleitete. Vgl. Komm. oben ad VI, 125.

758–760 *nouerca … accipere* Weitgehend wörtliche Übernahme von *Hist. Aug., Anton. Carac.* 10, 2: „Interest scire, quemadmodum nouercam suam Iuliam vxorem duxisse dicatur. Quae cum esset pulcherrima et quasi per neglegentiam se maxima corporis parte nudasset dixissetque Antoninus ‚Vellem, si liceret', respondisse fertur: ‚Si libet, licet. An nescis te imperatorem esse, et leges dare, non accipere?'. Quo audito furor inconditus ad effectum criminis roboratus est nuptiasque eas celebrauit, … Matrem enim (non alio dicenda erat nomine) duxit vxorem, ad parricidium iunxit incestum" (Text ebenso in den Ausg. des Er. von 1518, S. 272 und 1533, S. 241).

758 *nouerca* Aus *Hist. Aug., Anton. Carac.* 10, 2 geht hervor, daß damit Iulia, d.h. Iulia Domna, gemeint war. Diese war jedoch nicht die Stiefmutter, sondern die leibliche Mutter Caracallas; eine Stiefmutter hatte er im Übrigen nicht. Den Irrtum übernahm Er. aus der von ihm benutzten Quelle *Anton. Carac.* 10, 2, die davon ausging, daß Caracallas leibliche Mutter Paccia Marciana (um 155–186),

VI, 137                              SALSE                    (Antoninus Caracallus, 2) [8]

*Quum* Antoninus Caracallus ambitiose sibi multa cognomina assereret, *Germanici, Parthici, Arabici, et Aleman⟨n⟩ici nomen ascriberet, Heluius Pertinax, filius Pertinacis* 765 belle iocatus fertur: *„Adde etiam"*, inquit, *„si placet, Geticus Maximus"*, quod Getam fratrem occidisset.

764 Alemannici *scripsi cum Anton. Carac. Vita
ed. ab Erasmo 1533*: Alemanici *A-C*, Alamanici
*Anton. Carac. Vita ed. ab Erasmo 1518.*

Severus' erste Ehefrau (i.d.J. 175–186), war. Dieser Irrtum tritt in den historischen Quellen mehrfach im Verein mit der Inzestanschuldigung auf, vgl. Eutrop. VIII, 20; Ps. Aur. Vict. *Epitome de Caesaribus* 21, 5: „Fuit impatientis libidinis (sc. Caracalla), quippe qui nouercam suam duxit vxorem"; *Hist. Aug., Sept. Sev.* 20, 2 und 21, 7: „Antoninum scilicet Bassianum quidem ex priore matrimonio susceperat (sc. Seuerus) et Getam de Iulia genuerat … quid Septimio Seuero, si Bassianum nec genuisset? … Qui (sc. Bassianus) nouercam suam – et quid nouercam? Matrem quin immo, in cuius sinu Getam filium eius occiderat, vxorem duxit". Daß Caracalla seine Mutter geheiratet hätte, ist nichts weiter als eine Legende, die jedoch von christl. Autoren (Orosius, Hieronymus) übernommen wurde und das Caracalla-Bild des Mittelalters prägte. Zu Julia Domna vgl. B. Levick, *Julia Domna. Syrian Empress*, London 2007.

*Apophth*. VI, 137 thematisiert die Ermordung Getas (Dez. d.J. 211); zu dem Bruderzwist zwischen Caracalla und Geta vgl. Komm. oben ad VI, 127. Da in beiden Quellen des Ausspruchs, *Hist. Aug., Anton. Carac*. 10, 6 und *Geta* 6, 6–9, der Siegername „Parthicus" erwähnt wird, müßte der Spruch auf die Zeit nach der Einnahme von Arbela im Frühjahr 201 datieren.

763–766 *Quum … occidisset Hist. Aug., Anton. Carac*. 10, 6: „Nam cum Germanici (Germanici *textus receptus, ed. Er. 1533, p. 241, ed. Egnat. 1516, p. 93*: Germani *ed. Er. 1518, p. 272*) et Parthici et Arabici et Alamannici (Alamannici *textus receptus*: Alamanici *ed. Er. 1518*: Alemannici *ed. Egnat. 1516, Er. 1533*) nomen adscriberet – nam Alamannorum (Alamannorum *textus receptus*: Alamanorum *ed. Er. 1518*: Alemannorum *ed. Egnat. 1516, Er. 1533*) gentem deuicerat, Heluius Pertinax, filius Pertinacis, dicitur ioco dixisse: ,Adde, si placet,

etiam Geticus Maximus', quod Getam occiderat fratrem et Gothi (Gotthi *ed. Egnat. 1516*: Gotti *ed. Er. 1518 et 1533*) Getae dicerentur, quos ille, dum ad orientem transit, tumultuariis proeliis deuicerat". Das Apophthegma ist auch in *Hist. Aug., Geta* 6–8 überliefert. Nach *Anton. Carac*. 10, 6 sprach Helvius Pertinax die Worte: „Adde, si placet, etiam Geticus Maximus" zu Caracalla selbst, nach *Geta* 6–8 zu dem Prätor Faustinus: „Quo quidem tempore Heluius Pertinax, qui postea est ab eodem Bassiano interemptus, recitanti Faustino praetori et dicenti ,Sarmaticus maximus et Parthicus maximus' dixisse dicitur ,Adde et Geticus maximus', quasi ,Gothicus'. Quod dictum altius in pectus Bassiani descendit, vt postea nece Pertinacis est adprobatum, nec solum Pertinacis, sed et aliorum, vt supra dictum est, passim et inique. Heluium autem etiam suspectum habuit adfectatae tyrannidis, quod esset in amore omnium et filius Pertinacis imperatoris".

763 *Germanici* Den Siegernamen „Germanicus maximus" verlieh sich Caracalla nach einem Sieg gegen die Germanen bei Mainz i.J. 213. Für den Feldzug vgl. A. Hensen, „Zu Caracallas *Germanica Expeditio*. Archäologisch-topographische Untersuchungen", in: *Fundberichte aus Baden – Württemberg* 19/1 (1994), S. 219–254. Daß er einen tatsächlichen militärischen Erfolg darstellte, wird von P. Kneißl, *Die Siegestitulatur der römischen Kaiser*, Göttingen 1969, S. 160–161, und G. Wirth, „Caracalla in Franken. Zur Verwirklichung einer politischen Ideologie", in: *Jahrbuch für Fränkische Landesforschung* 34/35 (1975), S. 66 und 68–69, angenommen. Jedoch der Verfasser der Caracalla-Biographie in der *Hist. Aug.* hält die Verleihung dieses Siegernamens für unpassend und bezeichnet Caracalla diesbezüglich für verrückt; vgl. Hist. Aug., *Anton. Carac.* 5, 6: „Et cum Germanos subegisset, ,Germani-

cum' se appellauit vel ioco vel serio, vt erat stultus et demens, adserens, si Lucanos vicisset, Lucanicum se appellandum". In 6, 5 behauptet derselbe Autor allerdings, daß Caracalla den Siegernamen Germanicus schon zu Lebzeiten des Vaters (gest. 211) innehatte. Für die Titel Caracallas vgl. A. Mastino: *Le titolature di Caracalla e Geta attraverso le iscrizioni*, Bologna 1981.

763 *Germanici* „Germanici" stellt eine Verbesserung des Er. gegenüber seiner eigenen Edition der Caracalla-Vita aus dem Jahr 1518 dar; diese Verbesserung findet sich auch in seiner Ausg. d. J. 1533.

764 *Parthici* Dieser Siegername bezieht sich auf den großen Feldzug in den Osten des Reiches, den Caracalla 214 in Angriff nahm und in dem er sich ideologisch mit Alexander d. Gr. identifizierte (vgl. D. Baharal, „Caracalla and Alexander the Great: A Reappraisal", in: C. Deroux (Hrsg.), *Studies in Latin Literature and Roman History*, Bd. 7, Brussel 1994, S. 524–567). Caracalla brach von Antiocheia am Orontes auf und besetzte kampflos das parthische Klientelkönigreich von Edessa, dessen Hauptstadt Edessa (heute Sanliurfa im Südosten der Türkei) einst Alexander d. Gr. erobert hatte. Caracalla setzte König Abgar IX. ab, ließ ihn töten und machte das Königreich zur Römischen Provinz. Sodann zog er sich nach Antiocheia zurück. 215 besuchte er die Provinz Aegyptus und richtete in Alexandria ein Blutbad unter vermeintlich feindlich gesinnten Bürgern an. Im Frühjahr 216 marschierte er wiederum in das parthische Reich ein. Die Römer überquerten kampflos den Tigris und zogen quer durch Nord-Mesopotamien bis Arbela (Erbil, im heutigen Nordirak), der Hauptstadt des parthischen Klientelfürstentums Adiabene, die sie besetzten. Mit der Einnahme Arbelas trat Caracalla in die Fußspur seines Vaters Septimius Severus, der die Stadt 195 erobert und sich dafür den Siegernamen „Parthicus Adiabenicus" verliehen hatte. In einem Brief an den Senat beantragte Caracalla den Siegernamen „Parthicus"; vgl. *Hist. Aug., Anton. Carac.* 6, 5: „Datis ad senatum quasi post victoriam litteris Parthicus appellatus est".

764 *Arabici* Den Siegernamen „Arabicus" hat Caracalla wohl 213/4 angenommen. Vgl. P. v. Rohden, *RE* II, 2 (1896), Sp. 2437, s.v. „Aurelius", Nr. 46. Auf welche militärischen Leistungen sich der Siegername beziehen soll, ist unklar. 213/4 zog Caracalla von der Provinz-

hauptstadt Syriens, Antiocheia, nach Alexandrien. Wahrscheinlich berief sich Caracalla darauf, daß er entlang des *limes Arabicus* die „Sarazenen" zurückgeworfen habe. Zu den „Saraceni" und dem röm. *limes Arabicus* vgl. oben Komm. zu VI, 131 und 132.

764 *Aleman⟨n⟩ici* Dies muss sich auf den Germanenfeldzug d. J. 213 mit einer gewonnenen Feldschlacht bei Mainz beziehen. Daß Caracalla tatsächlich den Siegernamen „Alemannicus" angenommen hat, ist unwahrscheinlich und durch inschriftliche Quellen nicht belegt. Es handelt sich wohl um eine ad-hoc-Erfindung im Rahmen der spöttischen Bemerkung, die Publius Helvius Pertinax zugeschrieben wurde, vergleichbar mit dem ebenfalls von Caracalla nie verwendeten Siegernamen „Sarmaticus Maximus", der in der Parallelüberlieferung des Apophthegmas, *Geta* 6, 6, auftaucht.

764 *Heluius Pertinax* **Publius Helvius Pertinax iunior** (Caesar) (um 180–vor 217), Sohn seines gleichnamigen Vaters (der als Röm. Kaiser vom 1. 1. bis 28. 3. 193 regierte) und der Flavia Titiana; mit 13 Jahren war er durch die Verleihung des Caesar-Titels zum Nachfolger als Kaiser ausersehen worden. Er überlebte den Sturz seines Vaters, da Septimius Severus sich ideologisch als legitimen Erben des Kaisers Pertinax darstellte; in diesem Sinn förderte Severus Pertinax iunior, machte ihn 193 zum *flamen* seines nunmehr divinisierten Vaters; freilich wird Severus ihm nicht gestattet haben, den Caesar-Titel weiterhin zu führen. In der Anfangszeit von Caracallas Prinzipat bekleidete Publius Helvius Pertinax Caesar das Suffektkonsulat. Später ließ Caracalla den ihm lästigen früheren Thronfolger hinrichten. Wenn der ihm zugeschriebene Ausspruch authentisch ist, so hat Helvius Pertinax i. J. 216 noch gelebt, als Caracalla den Siegernamen „Parthicus" annahm. Zu seiner Person vgl. M. Fluß, *RE* S III (1918), Sp. 904, s.v. „Helvius", Nr. 15b; zum Caesar-Titel A. von Sallet, „Pertinax Caesar, der Sohn des Kaiser Pertinax", in: *Zeitschrift für Numismatik* 1 (1874), S. 314–318.

764 *Pertinacis* P. Helvius Pertinax d. Ä. (126–193), Röm. Kaiser von 1. 1. bis zum 28. 3. 193, vgl. oben Komm. zu VI, 128.

765 *Geticus Maximus* Vgl. *Hist. Aug., Geta* 6, 6–7.

765 *Getam* Zu Geta vgl. unten Komm. zu VI, 139; zu dem Bruderzwist vgl. oben Komm. zu VI, 127.

VI, 138               IMPIE            (Antoninus Caracallus, 3) [9]

Bassianus [i.e. Flauius Iuuenalis] praefectus suadebat Caracallo, vt *ad mitigandam* inuidiam *parricidii fratrem* Getam *appellaret diuum, „Sit"*, inquit, *„diuus, dum non* 770  *sit viuus"*, et fratrem *in diuos retulit*. Nescit pietatis iura regnandi cupiditas.

## ANTONINVS GETA

VI, 139              PRVDENTER         (Antoninus Geta, 1) [10]

*Quum* Antonini Getae pater *Seuerus* destinasset omnes *diuersarum partium occidere, inter suos dicere* solitus est, *„Hostes vobis eripio"*, *adeo consentiente Bassiano, vt libe-* 775  *ros etiam illorum suaderet* necari. *Geta* puer *interrogauit, quantus esset occidendorum numerus;* eum *quum pater* aedidisset, *rogauit*, num *isti haberent parentes* ac *propinquos; quum responsum esset, habere*, et quidem multos, *„Plures ergo"*, inquit, *„in ciuitate tristes futuri sunt quam laeti, quod vicimus"*. Valuisset cordatum pueri dictum, nisi quorundam crudelitas obstitisset.

780  VI, 140             LIBERE           (Antoninus Geta, 11) [10]

Bassiano tum *ioco* tum *serio dicenti omnes cum liberis occidendos*, Geta puer *dixit: „Tu qui nulli parcis, potes etiam fratrem occidere"*. Id dictum tunc contemptum est; post cognitum est fuisse vaticinium. Nam parricidium postea commisit.

---

772  Prudenter *A B BAS*: Prudentius *C*.

768 *Bassianus praefectus* Hier liegt ein doppelter Irrtum des Er. vor. In der zitierten Quelle, *Hist. Aug., Geta* 2, 6–9, ist zunächst von einem Gespräch die Rede, das der Kaiser Septimius Severus mit dem Präfekten der Prätorianergarde, Flavius Iuvenalis, führte. Dabei geht es um das Geburtshoroskop des Geta, das zwar anzeigt, daß dieser ein Gott werden, jedoch nicht, daß er herrschen würde. Im Weiteren übernimmt Caracalla (in der Darstellung des zitierten Textes) den Rat, den von ihm ermordeten Geta zu vergöttlichen. Der in der Quelle genannte Prätorianerpräfekt hieß somit Iuvenalis, nicht Bassianus; Bassianus war der frühere Name des Caracalla (vgl. Komm. zu VI, 128). Außerdem war es nicht der Prätorianerpräfekt, der Caracalla den Rat gab, Geta zu vergöttlichen. Die Quelle des Ratschlags wird in *Geta* 2, 8–9 nicht namentlich genannt. Er. hat offenbar den Text, der in der von ihm betreuten Ausgabe korrekt überliefert wird, nur flüchtig gelesen und anscheinend nicht recht verstanden.

768–770 *ad mitigandam ... retulit* Durch Verwechslung der Person entstellte Wiedergabe von *Hist. Aug., Geta* 2, 6–9: „De hoc eodem (sc. Geta) Seuerus gnarus geniturae illius, cuius, vt plerique Afrorum, peritissimus fuit, dixisse fertur ‚Mirum mihi videtur, Iuuenalis, amantissimus Geta noster diuus futurus, cuius nihil imperiale in genitura video'. Erat enim Iuuenalis praefectus eius praetorii. Nec eum fefellit. Nam Bassianus, cum eum (sc. Getam) occidisset ac vereretur tyrannicam ex parricidio notam audiretque posse mitigari facinus, si diuum fratrem appellaret, dixisse fertur: ‚Sit diuus, dum non sit viuus'. Denique eum inter diuos retulit atque ideo vtcumque redit (rediit cum *ed. Er. 1518, p. 274 et 1533, p. 242*) fama in gratiam parricida".

769 *fratrem Getam* Zur Person des Geta vgl. unten Komm. zu VI, 139; zu dem Bruderzwist zwischen Caracalla und Geta vgl. oben Komm. zu VI, 127.

770 *et fratrem in diuos retulit* Die Behauptung, die Er. aus seiner Quelle *Hist. Aug., Geta* 2, 9 übernimmt, ist historisch unrichtig. Caracalla ließ seinen Bruder Geta nicht vergöttlichen, sondern verpasste ihm eine *damnatio memoriae*, die mit Konsequenz und Härte betrieben wurde: Nicht nur wurde sein Name in allen Inschriften usw. ausgemeißelt, sondern auch alle Bilder beseitigt und sogar die Münzen mit seinem Bildnis oder Namen eingeschmolzen; vgl. F. Krüpe, *Die Damnatio memoriae. Über die Vernichtung von Erinnerung. Eine Fallstudie zu Publius Septimius Geta (189–211 n. Chr.)*, Gutenberg 2011; E.R. Varner, *Mutilation and Transformation. Damnatio Memoriae and Roman Imperial Portraiture*, Leiden 2004, S. 170–184.

**Publius Septimius Geta** (189–Dez. 211), Mitregent Caracallas Feb.–Dez. 211 (Imperator Caesar P. Septimius Geta Augustus), geb. am 7. 3. 189 in Rom als jüngerer Sohn des Kaisers Septimius Severus und der Julia Domna; trug den Namen seines Großvaters väterlicherseits; 197/8 zum Caesar erhoben auf dem Feldzug des Septimius Severus gegen die Parther; mit 17 Jahren zum ersten Mal Konsul (205), gemeinsam mit seinem Bruder Caracalla; Konsul zum zweiten Mal 208; begleitete seinen Vater im selben Jahr auf dem Britannienfeldzug; erhielt 209 den Augustus-Titel (den sein Bruder Caracalla schon seit 197 trug); wurde im Dez. desselben Jahres ermordet. Vgl. M. Fluss, *RE* II, A2 (1923), Sp. 1565–1571, s.v. „Septimius", Nr. 32; Th. Franke, *DNP* 4 (1998), Sp. 1024–1025, s.v. „Geta", Nr. 2; G. Alföldy, „Der Sturz des Kaisers Geta und die antike Geschichtsschreibung", in: ders., *Die Krise des Römischen Reiches. Geschichte, Geschichtsschreibung und Geschichtsbetrachtung*, Stuttgart 1989, S. 179–216; B. Levick, *Julia Domna. Syrian Empress*, London 2007.

*Apophth.* VI, 139 datiert auf die Zeit, in der Septimius Severus als Sieger über seine Kontrahenten hervorging, nachdem er Pescennius Niger besiegt und getötet (März 194) und die Revolte des Clodius Albinus niedergeschlagen hatte (195). Sowohl Caracalla als auch sein Bruder Geta waren zu diesem Zeitpunkt noch junge Knaben. Das Lemma stellt kein Apophthegma

im eigentlichen Sinn dar, sondern gibt ein Gespräch zu dritt wieder, das nach der Geta-Vita zwischen Septimius Severus, Caracalla und Geta stattgefunden haben soll. Die letzten Worte des Gesprächs gehören Geta zu; sie sind nicht sehr auffällig oder schneidig, eigentlich der Bezeichnung „Apophthegma" nicht wert.

773–778 *diuersarum … vicimus* Leicht variierende, größtenteils wörtliche Wiedergabe von *Hist. Aug., Geta* 4, 2: „Huius illud pueri fertur insigne, quod, cum vellet partium diuersarum viros Seuerus occidere et inter suos diceret (diceret *textus receptus, ed. Er. 1533, p. 243*: dicere *ed. Er. 1518, p. 274*): ‚Hostes vobis eripio' consentiretque adeo vsque Bassianus, vt eorum etiam liberos, si sibi consuleret (consulerent *ed. Er. 1518*), diceret occidendos, Geta interrogasse fertur, quantus esset interficiendorum numerus; cumque dixisset pater, ille interrogauit: ‚Isti habent parentes, habent propinquos?'. Cum responsum esset habere, ait: ‚Tum plures (habere, ait: ‚Tum plures *ed. Er. Magie*: habere complures *ed. Er. 1518 et 1533*) ergo in ciuitate tristes erunt quam laeti, quod vicimus'. Et optinuisset eius sententia, nisi Plautianus (Plautianus *textus receptus, ed. Er. 1533*: Plantianus *ed. Er. 1518*) praefectus vel Iuuenalis, institissent (institissent *textus receptus, ed. Er. 1533*: instituissent *ed. Er. 1518*) spe proscriptionum, ex quibus ditati sunt".

773 *diuersarum partium* Mit „diuersarum partium" sind die übrigen Bürgerkriegsparteien gemeint, mit denen Septimius Severus um die Macht kämpfte, somit die Anhänger des Helvius Pertinax, Didius Julianus, Pescennius Niger und Clodius Albinus.

774 *solitus est* „solitus est" wurde von Er. hinzuerfunden; nach der Quelle *Geta* 4, 2 ging es um ein einmaliges Gespräch.

774 *Bassiano* i.e. Caracalla, dazu vgl. oben Komm. zu VI, 125.

775 *puer* Ein Zusatz des Er., der der Sache nach richtig ist; Er. vermeldet allerdings nicht, daß auch Caracalla zu diesem Zeitpunkt noch ein kleiner Knabe war, gerade einmal ein Jahr älter als Geta.

781–782 *ioco … occidere* Wörtliche Wiedergabe von *Hist. Aug., Geta* 4, 5: „Qui (sc. Bassianus) cum contenderet et diceret quasi ioco quasi serio omnes cum liberis occidendos partium diuersarum, Geta ei dixisse dicitur: ‚Tu qui nulli parcis, potes et (et *textus receptus*: etiam *ed. Er. 1518, p. 274 et 1533, p. 243*) fratrem occidere (occidere? *ed. Er. 1518 et 1533*)'".

## ANTONINVS HELIOGABALVS

785   VI, 141                                    Tyrannice     (Antoninus Heliogabalus, 1) [12]

*Senatum* adeo *contempsit, vt* eos interdum *appellaret togata mancipia*, veluti qui
pristinae dignitatis praeter togas nihil retinerent.

VI, 142                                         Chara        (Antoninus Heliogabalus, 2) [13]

*Amabat sibi precia rerum, quae mensae apparabantur, maiora dici* quam essent, *hanc*
790   *esse* dicens *conuiuio orexim*, quod *„magis illa iuuant, quae pluris emuntur"*, vt ait
Satyricus.

790   orexim *A-C Vita Ant. Heliog. ed. ab Erasmo
      1518 et 1533*: orexin *LB, Vitae Ant. Heliog. edd.
      recentiores.*

*Apophth.* VI, 141 ff. Wie in den von Er. besorgten Ausgaben der *Hist. Aug.* von 1518 und
1533 auf die Geta-Biographie unmittelbar die
des Heliogabalus folgte (S. 277–288 bzw. 244–
255), so fährt Er. in den *Apophthegmata* nach
der Geta-Sektion mit jener des Heliogabalus fort. Die Biographien des Antoninus Dia-
dumenus und des M. Opellius Macrinus folgen in Er.' Ausgabe erst nach jener des Heliogabalus, in den *Apophthegmata* jedoch werden sie
von Er. übergangen.

**Elagabalus/ Heliogabalus** (urspr. Varius Avitus
Bassianus, 203/4–222); Röm. Kaiser 218–222
(Imp. Caesar M. Aurelius Antoninus Pius Felix
Augustus Heliogabalus). Der Name Elagabalus oder Heliogabalus wurde erst lange nach
seinem Tod bestimmend. Der Name bezieht
sich darauf, daß der Kaiser, der seit 217 Priester des syrischen Gottes Elagabal war, sich für
die Einführung des Kultes in Rom einsetzte.
Heliogabalus wurde von den Soldaten bevorzugt, nachdem er sich als unehelicher Sohn
des früheren Kaisers Caracalla ausgab. Die Soldaten fühlten sich Caracalla verpflichtet und
wünschten eine Fortsetzung der Dynastie der
Severer. Jedoch war Heliogabalus kein Sohn
des Caracalla, sondern das Kind des syrischen
Ritters und späteren Senators Sextus Varius
Marcellus und der Iulia Saemias Bassiana, der
Tochter der Julia Maesa und Nichte der Julia
Domna. Zum Zeitpunkt seiner Ernennung
zum Kaiser war Heliogabalus noch minderjährig; die meisten Entscheidungen wurden
von seiner Großmutter Iulia Maesa getroffen.

In Rom machte sich Heliogabalus durch sein
Auftreten als Elagabal-Priester bald unmöglich; seine Eheschließung mit einer Vestalin
führte zu einem Skandal. 222 wurde er von
meuternden Soldaten getötet, seine Leiche
geschändet und in den Tiber geworfen; der
Senat verhängte über ihn die *damnatio memoriae.* Vgl. M. Icks, *The crimes of Elagabalus. The
life and legacy of Rome's decadent boy emperor*,
London – New York 2011; L. de Arrizabalaga
y Prado, *The Emperor Elagabalus: Fact or Fic-
tion?*, Cambridge 2010; M. Lambertz, *RE* VIII,
A1 (1955), Sp. 391–404, s.v. *„Varius Avitus"*, Nr.
10; M. Frey, *Untersuchungen zur Religion und
zur Religionspolitik des Kaisers Elagabal*, Stuttgart 1989.

Er. zählte Heliogabalus zu den großen Verbrechern unter den Herrschern und stellte ihn
auf eine Stufe mit Alexander d. Gr., Iulius Caesar, Caligula und Nero; vgl. das Fürstenspiege-
ladagium 201 (*ASD* II, 1, S. 306): „Vt ne
commemorem interim Dionysios, Ptolemaeos,
Iulios, Nerones, Tiberios, Caligulas, Helioga-
balos, Commodos, Domitios, quorum alius
sibi dei nomen vindicauit, cum esset hominis
vocabulo indignus, alius se totum assentatori-
bus deridendum propinauit, alius ambitione
praeceps vniuersum orbem insanissimis rerum
tumultibus concussit". Er. kreidete Heliogabalus an, daß er seinen Eunuchen und Höf-
lingen zu viel Macht zubilligte und daß ihr
Einfluss bei Hofe zur Handelsware wurde (vgl.
*Adag.* 241 „fumos vendere" *ASD* II, 1, S. 354–
355), ein Phänomen monarchischer Regierun-

gen, gegen das Er. mit besonderer Blickrichtung auf zeitgenössische Höfe fulminierte (vgl. unten *Apophth.* VI, 159 „Fumi venditor"). Er. schenkte auch der bizarren Behauptung des Autors der Elagabal-Vita in der *Hist. Aug.* Glauben, daß Heliogabalus die Gewohnheit gehabt haben soll, zu jedem seiner Gelage genau acht glatzköpfige, acht schielende, acht gichtkranke, acht taube, acht farbige, acht riesig große und acht fettleibige Männer einzuladen. Das würde bedeuten, daß an jedem seiner Gelage 56 überflüssige Gäste teilgenommen hätten (*ASD* II, 2, S. 153). Auch übernimmt Er. das angebliche Urteil des Alexander Severus, daß Heliogabalus „das verdorbenste Wesen nicht nur unter den Zweifüßern, sondern sogar unter den Vierfüßern" gewesen sei. Heliogabalus ist für Er. die Verkörperung der sprichwörtlichen Redensart „bipedum nequissimus" (*Adag.* 642, *ASD* II, 2, S. 170). Weiter bezeichnet er Heliogabalus als den größten Weichling unter den Kaisern („effoeminatissimum"), stellt ihn mit dem assyrischen König Sardanapal auf eine Stufe, ja nennt ihn den „römischen Sardanapal" („Romanum Sardanapalum", ebd.). Damit meint Er. den Archetyp eines verweichlichten orientalischen Herrschers: ein Herrscher, der Frauenkleidung trägt, sich das Gesicht schminkt, sich ganz der sinnlichen Lust hingibt, einschließlich der homosexuellen Liebe. Er. hatte „Sardanapalus" sogar versprichwörtlicht, vgl. *Adag.* 2627 „Sardanapalus", *ASD* II, 6, S. 439–440: „*Sardanapalus. Huius cognomen ob insignem hominis molliciem abiit in prouerbium …* Fuit autem Sardanapalus Anacyndaraxis filius, rex Nini Persicae regionis, qui eodem die Tarsum pariter et Anchialem, duas Ciliciae ciuitates, obtinuit, caeterum delitiis vsque adeo effoeminatus, vt inter eunuchos et puellas ipse puellari cultu desidere sit solitus". Wie seine Angaben zeigen, war Er. von der Historizität des „Sardanapal" überzeugt, während es sich um eine mit fiktiven Zügen ausgestattete Negativgestalt der griech. Historiographie handelt, die denselben als letzten König

der Assyrer darstellt, der durch seinen orientalischen und verweichlichten Lebensstil das Reich in den Untergang geführt habe (während es tatsächlich keinen assyrischen König dieses Namens gibt und der letzte König des Assyrischen Reiches Assur-Uballit II. [611–610/9 v. Chr.] war). Ein damit übereinstimmendes Bild zeichnet Er. in der folgenden Sektion der *Apophthegmata*: eines orientalischen Tyrannen (VI, 141), der ganz seinem verschwenderischen Luxusleben hingegeben ist (VI, 142–143).

784 *ANTONINVS HELIOGABALVS* In dieser Form auch im Index personarum und als Überschrift der Elagabal-Vita in den Ausg. des Er. von 1518 (S. 277) und 1533 (S. 244).

786 *Senatum … mancipia* Hist. Aug., Ant. Hel. 20, 1: „Senatum nonnumquam ita contempsit, vt mancipia togata appellaret, populum (populum vero *ed. Er. 1518, p. 282 et 1533, p. 250*) Romanum vnius fundi cultorem, equestrem ordinem in nullo loco habens".

786 *Senatum* Heliogabalus stand zum röm. Senat in einem gespannten Verhältnis durch seine demonstrative, ideologische Anbindung an den beim Senat verhassten Caracalla und durch sein Auftreten als orientalischer Herrscher. Gewöhnlich erschien er im Senat in orientalischer Priestertracht. Auch erweckte er dadurch Anstoß, daß er den Elagabal-Kult zum Staatsgottesdienst erhob.

In Ael. *Var. Hist.* X, 9, wird dasselbe Apophthegma dem Geizkragen Philoxenus zugeschrieben; vgl. Komm. *CWE* 38, S. 636.

789–790 *Amabat … orexim* Hist. Aug., Ant. Hel. 29, 9: „Amabat sibi pretia (pretia *ed. Magie, textus receptus*: precia rerum *ed. Er. 1518, p. 286 et 1533, p. 253*) maiora dici earum rerum, quae mensae parabantur, orexin (orexim *ed. Er. 1518 et 1533*) conuiuio hanc esse adserens".

789–790 *hanc … conuiuio orexim* Für das seltene Wort „orexis", „Appetit", vgl. *DNG* II, Sp. 3442, s.v.; Iuv. 11, 127.

790 *magis … emuntur* Iuv. 11, 16: „Attendas, magis illa iuuant, quae pluris ementur".

VI, 143                        Profvsio      (Antoninus Heliogabalus, 3) [14]

*Huic priuato quum quidam* luxum illius admirans *diceret „Non times, ne fias pauper?",*
*„Quid", inquit, „melius, quam vt ipse mihi haeres sim et vxori meae?"*.


795                          ALEXANDER SEVERVS

VI, 144                   Svpervacva officia              (Alexander Seuerus, 1)

Et Vrbem et prouincias et *aulam suam purgauit hominibus non necessariis, dicens*
*malum pupillum esse Imperatorem, qui ex visceribus prouincialium homines non neces-*
*sarios nec reipublicae vtiles* aleret.


798  pupillum *A-C ut in Vita Alex. Sev. edita ab*
     *Erasmo 1518 et 1533*: publicum *Vitae Alex. Sev.*
     *text. recept.*

*Apophth.* VI, 143 datiert vor der Thronbesteigung
des Heliogabalus im Juni 218. Das in der Anekdote dargestellte verschwenderische Luxusverhalten ist umso bemerkenswerter, als Heliogaba-
balus zu diesem Zeitpunkt noch ein Kind war.
Bereits Brusoni hatte das Apophth. in seine
Sammlung d.J. 1518 aufgenommen (III, 33).

793–794  *Huic priuato … vxori meae* Hist. Aug.,
         *Ant. Hel.* 31, 2: „Huic eidem priuato cum
         quidam diceret ‚Non times pauper fieri?',
         dixisse dicitur: ‚Quid melius, quam vt ipse
         mihi heres sim et vxori meae? (sim et vxori
         meae? *textus receptus, ed. Er. 1533, p. 253*: sim. Et
         vxori meae? *ed. Er. 1518, p. 286*)' ".

793  *priuato*  Noch vor der Thronbesteigung, als
     Heliogabalus noch Privatmann war.

**Alexander Severus** (208–235), Röm. Kaiser 222–
235 (Imperator Caesar M. Aurelius S. Alexander Augustus); wurde 221 von Heliogabalus adoptiert; wie dieser war auch er bei seinem Regierungsantritt zu jung, um die Regierungsgeschäfte selbständig ausüben zu können; Entscheidungen wurden oft von seiner
Mutter Julia Mammaea getroffen; mit seiner
Ermordung in einer Soldatenmeuterei endet
die Dynastie der Severer und fängt die Zeit
der Soldatenkaiser an. Vgl. A.R. Birley, *DNP*
11 (2001), Sp. 486–487 s.v. „Severus", Nr. 2;
P. Groebe, *RE* II, 2 (1896), Sp. 2526–2541, s.v.
„Aurelius", Nr. 221; Fara Nasti, *L'attività nor-*
*mativa di Severo Alessandro.* Band 1: *Politica*
*di governo, riforme amministrative e giudizi-*

arie, Napoli 2006. Er. präsentiert Alexander
Severus in der vorl. *Apophthegmata*-Sektion als
idealen Herrscher, dessen Verhalten er mehrfach mit jubelnden Kommentaren versieht
und als Vorbild für die Machthaber seiner Zeit
darstellt. Wie Er. hervorhebt, ist das Tugend-
ideal des noch jungen Heiden geeignet, die
Fürsten des 16. Jh. vor Scham erröten zu
machen. Das einseitig positive Urteil des Er. ist
seiner Quelle, der Alexander-Severus-Vita in
der *Hist. Aug.* geschuldet, die als hemmungs-
loser Panegyricus angelegt ist. Die Art und
Weise, wie Er. diese lobhudelnde Schrift
benutzt, weisen ihn nicht eben als kritischen
Leser aus. Sogar legendenhaften Erzählungen
wie jener von der vermeintlichen Hinrichtung des Verconius Turinus auf dem Brandstapel, die wohlgemerkt auf dem Forum des
Nerva stattgefunden haben soll, glaubt Er. (VI,
159 „Fumi venditor"). Er. zeichnet Alexander als beherzten und unbeugsamen Bekämp-
fer der Korruption sowohl am Kaiserhof als
auch im gesamten Reich. Seine Maßnahmen
würden im 16. Jh. ein Segen für die Staa-
ten sein, z.B. wenn es um den üblen Brauch
der Amtsvertretung und den Weiterverkauf
von Ämtern geht; vgl. VI, 147: „Prudentissi-
mus iuuenis sensit, hoc esse praecipuum hul-
cus omnium rerumpublicarum, quod omnia
munia per vicarios administrantur, interdum
alteros ac tertios. Praefectus vrbis habet vicarium, et is vicarius rursus alterum vicarium,

et hic rursus alium. Ac frequenter is, qui et
honore et salario fruitur, minime omnium idoneus est ad functionem obeundam. Annotent
hoc principes, qui subinde coguntur exactio-
nibus grauare populum". Durchaus auffällig
ist, dass Er. einmal so weit geht, daß er Alexander Severus als christlichen Herrscher darstellt: In *Apophth.* 153 behauptet er, daß Alexander nach dem christlichen Grundsatz „Was
du nicht willst, das man dir tu, das füg' auch
keinem andern zu" gehandelt habe. Dabei
streicht Er. die Angabe der Quelle, daß Alexander Severus dies von den Juden gelernt haben
könne. Diebe waren dem Kaiser genauso ver-
haßt wie Jesus Christus. In seiner Ausgabe
der Alexander-Severus-Vita d.J. 1518 legte Er.
dem Kaiser – angesichts eines schlimmen Die-
bes – sogar die christliche Anrufung der Mutter Gottes, „Maria", in den Mund (vgl. unten
Komm. zu VI, 156).

795 *ALEXANDER SEVERVS* In dieser Form
im Index personarum sowie in den Überschrif-
ten der Alexander-Severus-Vita in Er.' *Hist.-
Aug.*-Ausgaben von 1518 und 1533.

796 *Superuacua officia* Am Anfang von Alexander Severus' Regierungsperiode stand eine
groß angelegte Säuberungsaktion, die nicht
von dem erst Vierzehnjährigen, sondern von
seiner Großmutter Iulia Maesa und Mutter
Iulia Mamaea gelenkt wurde: Sie war darauf ausgerichtet, den Staat und den kaiserlichen Hof von unliebsamen Personen zu säu-
bern, d.h. v.a. den Anhängern des verhaß-
ten Heliogabalus bzw. jenen, denen dieser ein
Amt oder eine Stelle oder ein Privilegium
besorgt hatte. Er. hat diesen politischen Hintergrund und historischen Kontext offensichtlich nicht recht verstanden. Wie seine Interpretation zeigt, hat er all dies auf die notwendigen Maßnamen eines guten Fürsten enge-
führt, der überflüssige Beamte entläßt, um seinen Untertanen keine zu hohen Lasten auf-

zubürden. Diese Interpretation spiegelt sich
auch in seiner Ausgabe der Vita des Alexander
Severus d.J. 1518, S. 308. Dort markiert Er. die
Maßnahmen des Alexander Severus als wün-
schenswertes Verhalten des *princeps Christianus*: „Audi, princeps Christiane".

797–799 *aulam suam ... vtiles* Stark gekürzte,
inhaltlich verstümmelte sowie durch ein Textüberlieferungsproblem entstellte Wiedergabe
von *Hist. Aug., Alex. Sev.* 15, 1–3: „Vbi ergo
Augustum agere coepit (sc. Alexander Seuerus) (imperium *ins. Erasmus in ed. 1518, p. 308
et 1533, p. 273*), primum remouit omnes iudices
(iudices omnes *ed. Er. 1518 et 1533*) a re publica
et a ministeriis atque muneribus, quos impu-
rus ille (Heliogabalus *ins. Erasmus in ed. 1518
et 1533*) ex genere hominum turpissimo prouexerat. Deinde et (et *om. Erasmus in ed. 1518
et 1533*) senatum et equestrem ordinem purgauit. Ipsas deinde tribus et eos, qui militaribus
vtuntur (nituntur *ed. Er. 1518 et 1533*) praero-
gatiuis, purgauit; et Palatium suum comitatu-
mque omnem abiectis ex aulico ministerio
cunctis obscenis et infamibus, nec quenquam
passus est esse in Palatinis nisi (nisi *textus receptus, ed. Er. 1518 et 1533*: nisi *om. cod. P*) necessarium hominem. Iure iurando deinde se (se
*om. Erasmus in ed. 1518 et 1533*) constrinxit, ne
quem adscriptum, id est vacantiuum (vagan-
tium *ed. Er. 1518 et 1533*), haberet, ne annonis
rempublicam grauaret, dicens malum publicum (publicum *ed. Casaubonus, ed. Jordan, ed.
Magie*: pupillum *ed. Er. 1518 et 1533, cod. P*:
populi villicum *ed. Salmasius, ed. Peter*) esse
Imperatorem, qui ex visceribus prouincialium
homines non necessarios nec rei publicae vtiles
pasceret".

798 *pupillum* Er. übernimmt die Lesart „pupillum" aus seinem *Hist.-Aug.*-Druck (1518), die
jedoch keinen rechten Sinn ergibt. Zu lesen ist
„publicum malum", das erst Casaubonus eta-
blierte.

800     VI, 145                         AVRVM IN TEMPLIS                    (Alexander Seuerus, 2)

*In templis argenti* minimum, *auri ne guttulam quidem aut bracteolam posuit*, subinde repetens illud *Persianum*:

> „*Dicite pontifices, in sanctis quid facit aurum?*“.

        VI, 146                            CONSTANTER                        (Alexander Seuerus, 3)

805     Negabat se passurum, vt ipsius *dispositiones ab aulicis suis venderentur*, id, quod solent aliorum principum liberti et eunuchi. Eoque *nunquam* illud *fefellit, quod proposuerat.*

        VI, 147                          VICARII GRAVES                      (Alexander Seuerus, 4)

*Assessoribus* designauit sua *salaria*, quanquam *dicebat illos* potissimum *promouendos,*
810     *qui per se rempublicam gerere possent, non per assessores; vnumquenque hoc agere debere,*
        *quod nosset.* Prudentissimus iuuenis sensit, hoc esse praecipuum hulcus omnium
        rerumpublicarum, quod omnia munia per vicarios administrantur, interdum alte-
        ros ac tertios. Praefectus vrbis habet vicarium, et is vicarius rursus alterum vicarium,
        et hic rursus alium. Ac frequenter is, qui et honore et salario fruitur, minime omnium
815     idoneus est ad functionem obeundam. Annotent hoc principes, qui subinde cogun-
        tur exactionibus grauare populum.

        VI, 148                             BENIGNE                          (Alexander Seuerus, 5)

*Descriptum habebat, quid cui praestitisset; qui nihil* aut minimum *petissent, eos* appellabat, *dicens:* „*Quid est, quur nihil petis? An me tibi vis fieri debitorem? Pete, ne priua-*
820     *tus de me queraris*“. Agnoscebat principem debere recte suo fungentibus officio; nec aequum iudicabat, vt probe suo defunctus officio priuatus egeret.

        VI, 149                          MILITVM CVRAE                       (Alexander Seuerus, 6)

*Militibus* diligenter prospexit de commeatu, *dicens se magis seruare milites quam seip-*
*sum, quod in his* sita *publica salus esset.* Facilius est enim inuenire nouum Imperatorem
825     quam nouum et exercitatum militem.

---

803  sanctis *A-C Vita Alex. Seu. ed. ab Erasmo 1518*       806  illud *scripsi coll. Vita Alex. Seu. ed. ab Erasmo*
     *et 1533*: sancto *Persii text. recept.*                     *1518 et 1533*: illum *A-C.*
                                                             811  hulcus *A-C*: vlcus *LB.*

801–803  *In templis ... aurum* Wörtliche Wie-              templis sane nunquam praeter quattuor aut
        dergabe von *Hist. Aug., Alex. Seu.* 44, 9: „In     quinque argenti libras, auri ne guttulam qui-

dem aut bratteolam posuit, susurrans versum Flacci (Flacci *om. Erasmus in ed. 1518, p. 309 et 1533, p. 283*) Persi (Persii *ed. Er. 1518 et 1533*): ‚In sanctis quid facit aurum?‛ ". In seiner Ausg. d.J. 1518 (S. 309–313) ordnet Er. den Text von *Alex. Sev.* 44, 9–58,1 („… apud populum lectis") nach *Alex. Sev.* 15, 5 ein; S. 313 fährt er im *Alex. Sev.*15, 6 fort. Wie aus einer Marginalnote auf S. 309 hervorgeht, kannte Er. damals die heute übliche Anordnung der Textstücke: „Alius historiae ordo in quibusdam exemplaribus ponitur, sequitur enim: ‚Negocia et causas‛ etc. [= 15, 7] pag. 313 ver. vlt. vsque: ‚omnibus nominibus‛, pa. 323, ver. 32. Hinc sequitur hic textus: ‚In iocis‛ etc.". In der Ausgabe d.J. 1533 entscheidet sich Er. sodann für diese andere Textanordnung, die mit den modernen *Hist.-Aug.*-Ausgaben übereinstimmt. Als Er. *Apophth.* VI, 145 verfaßte, arbeitete Er. nach seiner Ausgabe d.J. 1518. Dieses Textanordnungsproblem bestimmt die Reihenfolge in der vorl. *Apophthegmata*-Sektion: VI, 145–155 entstammen der genannten vorgeschobenen Textpassage *Alex. Sev.* 44, 9–58,1. VI, 155 enthält ein Zitat von *Alex. Sev.* 53, 2–11 und 54, 1–6; VI, 156 fährt fort mit einem Zitat von *Alex. Sev.* 17, 3–4.

803 *Dicite … aurum* Pers. 2, 69: „Dicite, pontifices, in sancto quid facit aurum?". Er. zitiert den Vers vollständig, während die *Hist. Aug.* die ersten beiden Worte ausließ.

Lycosthenes ordnete *Apophth.* VI, 146 der Kategorie „De aulica vita" (S. 112) zu.

805–807 *dispositiones … proposuerat Hist. Aug., Alex. Sev.* 45, 4: „Certum est autem eum numquam id, quod proposuerat, fefellisse, cum diceret nolle ab aulicis suas vendi dispositiones, quod factum fuerat sub Heliogabalo, cum ab eunuchis omnia venderentur" (Text in dieser Form in auch Er.' Ausg. d.J. 1518, S. 309 und 1533, S. 283).

806 *aliorum principum* Ein unglücklicher Zusatz des Er., der den Sinn des Lemmas trübt; in seiner Quelle, *Hist. Aug., Alex. Sev.* 45, 4, geht es spezifisch um die allmächtigen

und käuflichen Eunuchen unter Heliogabalus. Unter den Vorgängern des Heliogabalus spielten Eunuchen jedoch keine wichtige Rolle. Heliogabalus förderte sie als Hohepriester des Elagabal-Kultes.

808 *Vicarii graues* Alexander Severus' Vorbehalt gegenüber untergeordneten Beamten veranlaßt Er. zu einem Rundumschlag gegen das zeitgenössische System der Amtsvertretungen.

809–811 *Assessoribus … nosset Hist. Aug., Alex. Sev.* 46, 1: „Adsessoribus salaria instituit, quamuis saepe dixerit eos esse promouendos, qui per se rem publicam gerere possent, non per assessores, addens militares habere suas administrationes, habere litteratos, et ideo vnumquenque hoc agere debere, quod nosset" (Text so auch in Er.' Ausg. d.J. 1518, S. 309 und 1533, S. 283).

809 *Assessoribus* „Beisitzer", untergeordnete Beamte, eine Art Assistenten der eigentlichen Amtsträger. Vgl. oben *Apophth.* VI, 130.

818–820 *Descriptum … queraris* Weitgehend wörtliche Wiedergabe von *Hist. Aug., Alex. Sev.* 46, 3: „Cogitabat secum et descriptum habebat, cui quid praestitisset, et, si quos sciret vel nihil petisse vel non multum, vnde sumptum suos augerent, vocabat eos et dicebat: ‚Quid est, cur nihil petis? An me tibi vis fieri debitorem? Pete, ne priuatus de me queraris‛ " (Text so auch in Er.' Ausg. d.J. 1518, S. 309–310 und 1533, S. 283–284). Bereits Brusoni hatte den Spruch in seine Sammlung d.J. 1518 aufgenommen (III, 13).

823–824 *Militibus … salus esset* Im erzählenden Teil stark gekürzte und paraphrasierende, im Spruchteil wörtliche Übernahme von *Hist. Aug., Alex. Sev.* 47, 1: „Milites expeditionis tempore sic disposuit, vt in mansionibus annonas acciperent nec portarent cibaria decem et septem, vt solent, dierum nisi in barbarico, quamuis et illic mulis eosdem atque camelis adiuuerit, dicens milites se magis seruare quam se ipsum, quod salus publica in his esset" (Text so auch in Er.' Ausg. d.J. 1518, S. 310 und 1533, S. 284).

VI, 150                              CLEMENTER                    (Alexander Seuerus, 7)

*Ouinius Camillus, antiquae familiae senator*, homo *delicatissimus, rebellionem* molie-
batur *tyrannidem affectans*. Id quum Alexandro *renunciatum esset statimque proba-*
*tum, ad Palatium eum rogauit eique gratias egit, quod reipublicae curam, quae bonis*
830   viris *recusantibus imponi* solet, *sponte reciperet*. Mox *ad senatum processit ac tanti* sceleris *conscientia* trepidum, consortem *imperii appellauit, in Palatium recepit, ornamen-*
*tis imperialibus, et melioribus, quam vtebatur ipse*, decorauit, profectionis comitem
adhibuit. *Quumque* Imperator *ipse pedibus iter faceret, inuitauit* et Ouinium delitiis
assuetum *ad laborem, quem post quinque milia* passuum *cunctantem equo sedere iussit.*
835   *Quumque post duas mansiones equo etiam fatigatus esset, carpento imposuit. Hoc quo-*
*que respuentem* ac *imperium* taedio laborum recusantem, denique *et mori paratum,*
*dimisit* ac *militibus, a quibus* Caesar praecipue diligebatur, *commendatum ad villas*
*suas tuto abire* iussit. Sic illi commonstrauit, quid esset gerere imperium.

VI, 151                                SANCTE                     (Alexander Seuerus, 8)

840   *Honores iuris et gladii nunquam vendi passus est, dicens:* „*Qui emit, et vendat necesse*
*est*". Hoc ethnicus et iuuenis. Quid iam decet principes Christianos?

---

840   et *A-C*: *deest in Vita Alex. Sev. ed. ab Erasmo*
         *1518 et 1533.*

*Apophth.* VI, 150 ist kein Apophthegma im eigentlichen Sinn, sondern ein in der Form einer kurzen, fiktiven Erzählung inszeniertes morali-
sches Lehrstück. Der in dieser Kurzgeschichte
figurierende „Senator … delicatissimus" „von
altem Adel" ist ebenfalls ein Teil der literarischen Fiktion. Vgl. E. Groag, *RE* XVIII, 2
(1942), Sp. 1994, s.v. „Ovinius", Nr. 4. Wir
haben keinen Hinweis darauf, daß Er. des fiktiven Charakters der Geschichte bewusst gewesen wäre.
827–832 *Ouinius … vtebatur ipse*  Weitgehend
wörtliche, nur leicht variierende Wiedergabe
von *Hist. Aug., Alex. Sev.* 48, 1–5: „Cum quidam Ouinius Camillus, senator antiquae familiae, delicatissimus, rebellare voluisset tyrannidem adfectans eique nuntiatum esset ac statim probatum, ad Palatium eum rogauit eique
gratias egit, quod curam rei publicae, quae
recusantibus bonis imponeretur, sponte reciperet. (2) Deinde ad senatum processit et
timentem ac tantae conscientiae tabe confec-
tum participem imperii appellauit, in Palatium (palatium *ed. Er. 1533, p. 284*) recepit,
conuiuio adhibuit, ornamentis imperialibus,

et melioribus, quam ipse vtebatur, adfecit. (3)
Et cum expeditio barbarica esset nuntiata, vel
ipsum, si vellet ire, vel vt secum proficisceretur,
hortatus est. (4) Et cum ipse pedes iter faceret,
illum inuitauit ad laborem, quem post quinque milia cunctantem equo sedere iussit; cumque post duas mansiones equo etiam fatigatus
esset, carpento imposuit. (5) Hoc quoque seu
timore seu vere respuentem, abdicantem quin
etiam imperium et mori paratum dimisit com-
mendatumque militibus, a quibus Alexander
vnice amabatur, tutum ad villas suas ire praecepit, in quibus diu vixit" (Text so auch in Er.'
Ausg. d.J. 1518, S. 310 und 1533, S. 284).
840–841 *Honores … necesse est*  Versuchte wörtliche, jedoch durch ein Textüberlieferungsproblem verworrene Wiedergabe von *Hist. Aug.,*
*Alex. Sev.* 49, 1: „Honores iuris (et *add. Egnat.*
*1516, Er. in ed. 1518, sed del. Er. in ed. 1533*) gladii nunquam vendi passus est, dicens: ‚Necesse
est, vt qui emit, et (et *om. Er. in edd. 1518 et 1533,*
*Egnatius in ed. 1516*) vendat' ".
840 *Honores iuris et gladii*  Er. hat den Inhalt
der Stelle nicht richtig verstanden. Gemeint
ist das „Recht des Schwertes" oder „Schwert-

recht" (*ius gladii*), d.h. das Recht, außerhalb Roms die *Todesstrafe* zu verhängen und zu vollziehen, somit die Vollmacht der Kapitaljurisdiktion außerhalb Roms. Diese Vollmacht kam im Römischen Reich prinzipiell nur dem Senat und dem Kaiser zu, seit Augustus insbesondere dem Kaiser als obersten Herrn der Gerichtsbarkeit. Der Kaiser verlieh das Schwertrecht den jeweiligen Statthaltern der kaiserlichen Provinzen für ihre Amtszeit; den Statthaltern der senatorischen Provinzen kam für die Amtszeit die Vollmacht von Senats wegen zu, jedoch hatten römische Bürger das Appellationsrecht, welches, auch wenn in einer senatorischen Provinz ein Todesurteil über einen römischen Bürger ausgesprochen wurde, im Appellationsfall wieder zum Kaiser hinführte und bei diesem endete. Untergeordnete Instanzen hatten prinzipiell nicht das Recht der Kapitaljurisdiktion, was mit sich brachte, daß sie alle desbetreffenden Fälle an die höheren Instanzen weiterleiten mussten. Diese Situation hatte auch noch im 3. Jh. n. Chr. Gültigkeit, wobei das Appellationsrecht seit der *Constitutio Antoniniana* Caracallas sehr an Bedeutung zugenommen hatte. Alexander Severus ging somit zurecht davon aus, daß die Vollmacht der Kapitalgerichtsbarkeit unveräußerlich ist, keinesfalls an Dritte „verkauft" oder generell auf Dritte übertragen werden durfte. Vgl. dazu Mommsen, *St. R.* II, I. 270–271; D. Liebs, „Das *ius gladii* der römischen Provinzgouverneure in der Kaiserzeit", in: *Zeitschrift für Papyrologie und Epigraphik* 43 (1981), S. 217–223. Er., der einen verworrenen Text darbietet („honores iuris et gladii", vgl. *CWE* 38, S. 638 „the privilege of law and the sword"), verstand die zitierte Stelle nicht ganz recht, nämlich in dem erweiterten Sinn, daß überhaupt alle Ämter gemeint wären, die mit der richterlichen Macht und der Exekutive verbunden waren. Das Verständnisproblem ist einer Korruptel geschuldet, die sich in Er.' *Hist.-Aug.*-Ausgabe d.J. 1518 und in der Vorlage, der Ausg. des Egnatius, findet: „et" zwischen „iuris" und „gladii" hätte getilgt werden müssen. Er. selbst kam später zu dieser Einsicht: In seiner *Hist.-Aug.*-Ausgabe d.J. 1533 strich er das irrige „et". Das war jedoch noch nicht der Fall, als er den Text von *Apophth.* VI, 151 erstellte. Er. fulminierte überhaupt gerne gegen den Kauf von Ämtern; vgl. seinen Kommentar in *Apophth.* VI, 147 „Vicarii graues". Wenn Er. verstanden hätte, daß es bei dem Ausspruch des Alexander Severus nur um die Vollmacht zur Verhängung der Todesstrafe ging, hätte er sich des jubelnden Lemmatitels („Sancte") und Kommentars („Hoc ethnicus et iuuenis. Quid iam decet principes Christianos?") enthalten. Interessanterweise hat Brusoni, der das Apophthegma in seine Sammlung d.J. 1518 aufahm (IV, 5), dieses in einem ähnlichen Sinn wie Er. mißverstanden: „Alexander Seuerus Imperator magistratus nunquam vendi passus est, addens illud: ,necesse est, vt qui emit, vendat'".

840   *et vendat* „et" stellt eine richtige Textemendation des Er. in Bezug auf seine *Hist.-Aug.*-Ausgabe d.J. 1518 dar. Auffällig ist allerdings, daß er sie nicht in seine Ausg. d.J. 1533 eingetragen hat.

VI, 152                                          Pie                         (Alexander Seuerus, 9)

*Quum Christiani locum quendam, qui publicus fuerat, occupassent, contra popinarii dicerent eum sibi deberi, rescripsit melius esse, vt quomodocunque illic deus coleretur*
845  *quam popinariis dederetur.*

VI, 153                                   Miles innoxivs                    (Alexander Seuerus, 10)

*In expeditionibus si quis de via in alicuius possessionem deflexisset, pro qualitate loci fustibus aut virgis* caedebatur *aut* alioqui *condemnabatur; si dignitas* personae tales poenas non recipiebat, *grauissimis contumeliis* afficiebatur, *quum diceret:* „Velles*ne*
850  *hoc in agro tuo fieri, quod facis in alieno?".* Clamabat saepius, quod a Christianis audierat, idque per praeconem, quoties *aliquem emendabat, dici iubebat:* „Quod tibi fieri nolis, alteri ne feceris". Quid nunc dicemus de militibus Christianis, qui siue quo eant siue redeant, furantur, rapiunt, constuprant, pulsant, abigunt pecora, pertusis vasis sinunt effluere uinum? Quid multis? Crudelius tractant suos quam hostes. Et
855  hoc hodie, si superis placet, appellatur ius militare, et ad haec conniuent principes.

VI, 154                                   Militvm cvra                     (Alexander Seuerus, 11)

Vigilanter prouidit, ne *tribuni ducesue quicquam* fraudarent *de stipendiis militum,* dicens „Miles non timet, nisi vestitus, armatus, calceatus, et satur, et habens aliquid in

---

844  quomodocunque *A-C ut in Vita Alex. Sev.*
     *ed. ab Erasmo 1518 et 1533:* quemadmodum-
     cumque *Vitae Alex. Sev. edd. recentiores, ed.*
     *Magie.*

848  aut *A-C ut in Vita Alex. Sev. ed. ab Erasmo*
     *1518 et 1533:* ac *BAS LB.*
852  fieri *A-C: om. Erasmus in Vita Alex. Sev. 1518*
     *et 1533.*

*Apophth.* VI, 152–153 Nachdem Er. im vorhergehenden Lemma dem Alexander Severus „hei-
liges" Betragen zuschrieb, stellt er ihn im
*Apophth.* VI, 152 und dem folgenden *Apophth.*
als Verteidiger, Fürsprecher und Anhänger des
Christentums dar. Alexander Severus respek-
tierte die Juden und duldete den christlichen
Glauben (vgl. *Hist. Aug., Alex. Sev.* 22, 4:
„Iudaeis priuilegia reseruauit. Christianos esse
passus est"). Auch brachte er den beiden Reli-
gionen ein gewisses Interesse entgegen, vgl.
*Alex. Sev.* 29, 2; 43, 6–7; 45, 7; 51, 7. Wie seine
Mutter Iulia Mamaea, die mit dem Chris-
ten Origenes befreundet war, hing er einer
synkretistischen Religionsauffassung an; auch
insofern vertrat er eine tolerante Religionspolitik; vgl. E. dal Covolo, „La politica reli-
giosa di Alessandro Severo", in: *Salesianum*
49 (1987), S. 359–375. Nach *Alex. Sev.* 29, 2

soll Alexander in seinem Lararium neben dem
Lar familiaris, den Porträtbüsten der vergött-
lichten Kaiser und des Philosophen Apollonius von Tyana auch Statuen von Abraham
und Christus aufgestellt gehabt haben. Nicht
sehr glaubwürdig ist die Behauptung ebd. 43,
6, daß Alexander den Bau einer christlichen
Kirche vorhatte (der Verf. der Vita behauptet
an derselben Stelle, daß dies auch für Kaiser
Hadrian gelte). In VI, 152 handelt es sich um
einen richterlichen Bescheid des Kaisers im
Rechtsstreit zwischen einer Vereinigung von
Imbissbudenbetreibern und der christlichen
Gemeinde Roms um die Nutzungsrechte eines
bestimmten Grundstückes aus öffentlichem
Besitz. Die Garköche wollten dort ihre Imbiss-
buden aufstellen, die christliche Gemeinde
einen Versammlungsort zum Zweck gemein-
schaftlicher Feiern einrichten. Vgl. G. Alföldy,

„Der Rechtsstreit zwischen der römischen Kirche und dem Verein der Popinarii", in: *Klio* 31 (1938), S. 249 ff. Aus dem Bescheid, den Alexander Severus erteilt, lässt sich im Übrigen keine spezifische Vorliebe für das Christentum erkennen.

843–845 *Quum Christiani … dederetur* Wörtliche Wiedergabe von *Hist. Aug., Alex. Sev.* 49, 6: „Cum Christiani quendam locum, qui publicus fuerat, occupassent, contra popinarii dicerent sibi eum deberi, rescripsit melius esse, vt quemadmodumcumque (quomodocumque *ed. Er. 1518, p. 309 et 1533, p. 284, ed. Egnat. 1516, fol. 137ᵛ*) illic deus colatur, quam popinariis dedatur".

844 *quomodocunque* „quomodocunque", wie in Er.' *Hist.-Aug.*-Ausgaben von 1518 und 1533.

847–852 *In expeditionibus … feceris* Ansehnlich gekürzte, zum Teil wörtliche, zum Teil paraphrasierende Wiedergabe von *Hist. Aug., Alex. Sev.* 51, 5–7: „In procinctu atque in expeditionibus apertis papilionibus prandit atque cenauit, cum militarem cibum cunctis videntibus atque gaudentibus sumeret, circumiret prope tota tentoria, a signis abesse neminem pateretur. (6) Si quis de via in alicuius possessionem deflexisset, pro qualitate loci aut fustibus subiciebatur in conspectu eius aut virgis aut condemnationi aut, si haec omnia transiret dignitas hominis, grauissimis contumeliis, cum diceret: ‚Visne hoc in agro tuo fieri, quod alteri facis?'. (7) Clamabatque saepius, quod a quibusdam siue Iudaeis siue Christianis audierat et tenebat, idque per praeconem, cum aliquem emendaret, dici iubebat: ‚Quod tibi fieri (fieri *om. Erasmus in ed. 1518, p. 311 et 1533, p. 285*) non vis, alteri ne feceris'. Quam sententiam vsque adeo dilexit, vt et in Palatio et in publicis operibus perscribi iuberet".

847 *de via* i.e. „abseits der militärischen Marschroute".

847 *pro qualitate loci* „loci", „Rang", d.h. die Art der Bestrafung richtete sich nach dem jeweiligen Rang des Soldaten: Stockschläge waren für den untersten, Rutenschläge für den nächsthöheren Rang, Geldbußen für Zenturionen bestimmt. Noch höhere Ränge wurden durch eine Reprimande des Feldherrn bestraft.

848 *alioqui* „alioqui" ist ein Zusatz des Er., aus dem hervorgeht, daß er nicht verstanden hat, daß es bei „condemnatio" um eine Geldbuße ging.

850–851 *quod a Christianis audierat* Er. streicht in VI, 153 bewusst den Hinweis auf das Judentum, der in der Quelle vorhanden ist, und nimmt stattdessen eine Engführung des

Grundsatzes auf das Christentum vor. Bereits in seiner *Hist.-Aug.*-Ausgabe d.J. 1518 markierte Er. die nämliche Stelle durch eine Marginalnote als genuin christlichen Grundsatz: „Christiana lex" (S. 311; ebenso in der Ausg. d.J. 1533, S. 285). Es ist zwar richtig, daß es um einen für das Christentum wichtigen Grundsatz geht, der z.B. von Jesus in der Bergpredigt vertreten wird (*Matth.* 7, 12: „omnia ergo quaecumque vultis, vt faciant vobis homines, et vos facite eis. Haec est enim lex …"; *Luc.* 6, 31: „Et prout vultis vt faciant vobis homines, et vos facite similiter"), jedoch war dieser Grundsatz bereits im Judentum vorhanden, vgl. *Tob.* 4, 16: „Quod ab alio odis fieri tibi, vide ne alteri tu aliquando facias"; Hilel, Shabat 31a. Auf der wörtlichen Ebene scheint die von Alexander Severus übernommene *lex* direkt bei *Tob.* 4, 16 anzuschließen. Zudem handelt es sich um einen Rechtsgrundsatz, der vielfach als zum natürlichen Recht gehörig empfunden wurde, insofern also nicht spezifisch christlich oder jüdisch ist.

851–852 *Quod tibi fieri nolis, alteri ne feceris* Vgl. Er.' Wiedergabe des Spruchs in *Eccles.* IV, 24: „quod tibi nolis fieri, alteri ne feceris"; *Tob.* 4, 16: „Quod ab alio odis fieri tibi, vide ne alteri tu aliquando facias".

852 *fieri* In Er.' *Hist.-Aug.*-Ausgabe von 1518 fehlt „fieri"; die Ergänzung von „fieri" in *Apophth.* VI, 153 stellt eine Textemendation des Er. mit Bezug auf seine *Hist.-Aug.*-Ausgabe von 1518 dar.

857–860 *tribuni … armatum* Im erzählenden Teil stark gekürzte, aufgrund eines Textüberlieferungsproblems völlig mißverstandene Wiedergabe von *Hist. Aug., Alex. Sev.* 52, 3: „Seueritatis autem tantae fuit in milites, vt saepe legiones integras exauctorauerit ex militibus Quirites appellans nec exercitum vmquam timuerit, idcirco, quod in vitam suam dici nihil posset, quod vmquam tribuni vel duces de stipendiis militum quicquam accepissent, dicens: ‚Miles non timendus, si (non timendus si *emend. Peter, ed. Magie*: non timet nisi *ed. Er. 1518, p. 311 et 1533, p. 285*) vestitus, armatus, calciatus et satur et habens aliquid in zonula', idcirco, quod mendicitas militaris ad omnem desperationem vocaret armatum".

858 *Miles non timet, nisi* Der in den Handschriften überlieferte Text der *Hist. Aug.* ist verderbt, wodurch sich ein innerer Widerspruch in der Gedankenführung ergibt. Peter suggerierte die inhaltlich wohl in die richtige Richtung gehende Emendation „Miles non timen-

*zonula"*, sentiens militem, quum aliquid habet, metuere, ne perdat. Sed *mendicitas*
860   *ad omnem desperationem vocat armatum.*

VI, 155                            SEVERE                    (Alexander Seuerus, 12)

*Quum Antiochiam venisset ac milites,* qui *lauacris* ac *muliebribus deliciis vacauerant,*
*in vincula* duci *iussisset,* orta *seditione ab* ea *legione, cuius socii erant in vinculis, tri-*
*bunal ascendit* ac *vinctis omnibus ad tribunal adductis, circumstantibus militibus et*
865   *quidem armatis,* grauiter illos admonuit, vt meminissent *Romanae disciplinae.* Quum
loquentem milites *tumultu* interpellarent, nihil conterritus, iussit, vt tales *voces* ede-
rent aduersus *hostes, non* aduersus *Imperatorem,* minatus exauorationem, nisi quie-
scerent. Ad haec *quum vehementius* etiam *fremerent ac ferro quoque minarentur,*
„*Deponite*", inquit, „*dextras contra hostem erigendas, si fortes* estis. *Me ista non terrent".*
870   *Quum* non desinerent *fremere, exclamauit: „Quirites, discedite atque arma deponite".*
Mox *omnes* non *armis* tantum, sed et *sagulis militaribus depositis recesserunt, non in*
*castra, sed* in *varia diuersoria.* Post tamen eius legionis militibus fidelissimis vsus
est.

---

871  sagulis *B C*: stragulis *A*.                 872  in varia diuersoria *A-C*: varia in diuersoria
                                                      *BAS LB*.

dus si". Vielleicht sollte man, weil dies paläo-
graphisch besser erklärbar wäre, „Miles non
timetur si" lesen. Er. druckte in seinen Ausgaben von 1518 (S. 311) und 1533 (S. 285) den verderbten Text.

859  *sentiens militem ... perdat* Wie die Erklärung zeigt, hat Er. die Stelle vollkommen falsch
verstanden. Gemeint war, daß, wer sich um
eine gute Ausstattung, Versorgung und Besol-
dung seiner Soldaten kümmert, keine Meute-
rei zu befürchten braucht.

861  *Seuere* Den Lemmatitel hat Er. aus den
einleitenden Worten des Quellentextes bezogen, vgl. *Hist. Aug., Alex. Sev.* 53, 1: „Et vt
seueritas eius agnosci posset, vnam contio-
nem militarem indendam putaui …". VI,
155 bildet kein Apophthegma im eigentlichen
Sinn, sondern fasst die Schilderung einer Meu-
terei und ihrer Unterdrückung durch Alexander Severus zusammen, einschließlich von
Teilen einer Ansprache an die meuternden
Soldaten. Das ungewöhnlich lange Lemma
datiert auf den Perserfeldzug, den Alexander Severus, aufgeschreckt durch die Expansi-
onsbestrebungen des Sassanidenkönigs Arda-
schir I., der ein neues persisches Reich gegründet und die römische Provinz Mesopotamia
überrannt hatte, in den Jahren 231–233 unternahm. Antiocheia bildete dabei jeweils die

Ausgangsbasis und das Winterlager des Kaisers. Da die Erzählung des Lemmas mit den
Worten anfängt „Als er (sc. der Kaiser) nach
Antiochien kam …" und in *Alex. Sev.* 54, 7
explizite vermeldet wird, daß das Ereignis vor
dem Aufbruch ins Perserreich stattfand, muß
sich die Geschichte im Winter 231/2 abgespielt
haben, als Alexander mit seiner Mutter Iulia
Mamaea von Rom nach Antiocheia gereist
war. Es gehört zur Psychologie der Geschichte,
daß die schwergeprüften Donaulegionäre, die
sich ständig mit den rauen aufständischen ger-
manischen Völkern herumschlagen mussten,
den sinnlichen Verlockungen des Orients nur
allzu leicht erlagen. Es ist fraglich, ob der Kaiser in dieser Situation in der Tat so hart durch-
gegriffen hat, wie uns der Text glauben macht.
Es scheint eher, daß der Verf. der Vita des
Alex. Sev. ein artifizielles, hochgeschraubtes
*exemplum* der „seueritas" des „Seuerus" konstruiert, in das viel literarische Darstellungs-
kunst einfließt. Der Wortlaut und der Inhalt
der Rede, die der Verf. der Vita wiedergibt,
sind jedenfalls frei erfunden, wie es auch sonst
dem Gebrauch der römischen Historiographie
entspricht.

862–872  *Quum Antiochiam ... diuersoria* Paraphrasierende und ansehnlich gekürzte, in Bezug auf das Schlußwort des Alexander Severus

jedoch wörtliche Wiedergabe von *Hist. Aug., Alex. Sev.* 53, 2–11; 54, 1–6: „Nam cum Antiochiam venisset ac milites lauacris, muliebribus et deliciis vacarent eique nuntiatum esset, omnes eos comprehendi iussit et in vincula conici (coniici *ed. Er. 1518, p. 312 et 1533 p. 285*). (3) Quod vbi compertum est, mota seditio est a legione, cuius socii erant in vincula coniecti. (4) Tum ille tribunal ascendit vinctisque omnibus ad tribunal adductis, circumstantibus etiam militibus et quidem armatis, ita coepit: (5) ,Commilitones, si tamen ista vobis, quae a vestris facta sunt, displicent, disciplina maiorum rem publicam tenet; quae si dilabitur, et nomen Romanum et imperium amittemus. (6) Neque enim sub nobis ista facienda sunt, quae sub impura illa bestia nuper facta sunt. (7) Milites Romani, vestri socii, mei contubernales et commilitones, amant, potant, lauant et (et *om. Erasmus in ed. 1518 et 1533, p. 286*) Graecorum more (et *ins. Er. in ed. 1518*: etiam *ins. Erasmus in ed. 1533*) quidem se instituunt. Hoc ego diutius feram? Et non eos capitali dedam supplicio?'. (8) Tumultus post hoc ortus est. Atque iterum: ,Quin continetis vocem, in (Qui in concione estis, vocem in *ed. Er. 1518 et 1533*) bello contra hostem, non contra imperatorem vestrum necessariam? (emittete *ins. Erasmus in ed. 1533*) (9) Certe campidoctores (campidoctores *ed. Magie*: campi doctores *ed. Er. 1518*: campiductores *ed. Er. 1533*) vestri hanc vos docuerunt contra Sarmatas et Germanos ac Persas emittere, non contra eum, qui acceptam a prouincialibus anno-

nam, qui vestem, qui stipendia vobis attribuit. (10) Continete (Continete *textus receptus, ed. Er. 1533*: Continere *ed. Er. 1518*) igitur vocem truculentam et (et *om. Erasmus in ed. 1518 et 1533*) campo ac bellis necessariam, ne vos hodie omnes vno ore atque vna voce Quirites dimittam, et incertum, an Quirites. (11) Non enim digni estis, qui vel Romanae plebis sitis, si ius Romanum non agnoscitis'". (54, 1) „Et cum vehementius fremerent ac ferro quoque minarentur: ,Deponite', inquit, ,dexteras contra hostem erigendas, si fortes sitis. Me enim ista non terrent. (2) Si enim vnum hominem occideritis, non vobis deerit res publica, non senatus, non populus Romanus, qui me (me *om. Erasmus in ed. 1518 et 1533*) de vobis vindicet'. (3) Cum nihilo minus post ista fremerent, exclamauit: ,Quirites, discedite atque arma deponite'. (4) Mirando exemplo depositis armis, depositis etiam sagulis militaribus omnes non ad castra, sed ad deuersoria (diuersoria *ed. Er. 1518 et 1533*) varia recesserunt". Durch seine zusammenfassende, paraphrasierende Wiedergabe schafft es Er., den zahlreichen Textproblemen, die in der nämlichen Textpassage der *Hist. Aug.* in seiner eigenen Edition auftraten, aus dem Wege zu gehen.

872–873  *Post … vsus est*  In diesem Satz fasst Er. das in *Hist. Aug., Alex. Sev.* 54, 7 Beschriebene kurz zusammen: Dreißig Tage vor dem Anfang des Feldzuges setzte Alexander Severus die von ihm aufgelöste Legion wieder ein; ihrer Kampfkraft verdankte er es, daß er den Perserfeldzug siegreich beendete.

VI, 156                          ODIVM FVRVM                     (Alexander Seuerus, 13)

875   Furti suspitione infames nec intueri sustinebat, adeo vt, *quum Septimius Arabinus*
       [i.e. Arabianus], *qui famosus crimine furtorum sub Heliogabalo* fuerat *liberatus, inter*
       *senatores principem salutatum venisset, exclamarit*: „*O numina, o Iupiter, o dii immor-*
       *tales! Arabinus* [i.e. Arabianus] *non solum viuit,* sed *etiam in senatum venit, fortassis de*
       *me sperat: tam fatuum, tam stultum me esse iudicat*".

880   VI, 157                          CORRVPTELA                     (Alexander Seuerus, 14)

       Dicere solet *solos fures de paupertate conqueri, dum* ita student *scelera vitae suae tegere.*
       Iactabat et *sententiam notam de furibus*:

              ὁ πολλὰ κλέψας, ὀλίγα δοὺς ἐκφεύξεται, id est,
              „*Qui multa* tulerit, *pauca dederit*, effugit",

885   notans quosdam, qui tantum furantur, vt sit, quo corrumpant iudicem aut actorem.

---

877   numina *A-C, lectio varia in Vita Alex. Sev. ed.*
       *ab Erasmo 1518*: Maria *Erasmus in Vita Alex. Sev.*
       *ed. 1518*, Marna *Vitae Alex. Sev. text. recept. et ed.*
       *Magie.*

881   solet *A-C*: solebat *LB Lycosthenes (p. 424).*
882   de *scripsi cum A (cf. Vitam Alex. Sev. ed. ab*
       *Erasmo 1518 et Adag. 1172)*: om. *B C LB.*

874   *Odium furum* Dem Titel des Er. entspre-
       chend druckte Lycosthenes *Apophth.* VI, 156
       in der Kategorie „De furto" (S. 424–425). Vgl.
       das inhaltlich gleichläufige, bei Brusoni (1518)
       im Kap. „De furtis et rapinis" (II, 40) auf-
       geführte Apophthegma: „Alexander Seuerus
       Imperator adeo vindex furti fuit, vt per praeco-
       nem saepe edixerit: ‚Nemo salutet principem,
       qui se furem esse nosset'" (*Hist. Aug., Alex. Sev.*
       18, 2).
875–879   *quum Septimius … iudicat* Größten-
       teils wörtliche Wiedergabe von *Hist. Aug.,*
       *Alex. Sev.* 17, 3–4: „Nam cum quidam Septi-
       mius Arabianus (Arabinus *ed. Er. 1518, p. 314*
       *et 1533, p. 274, ed. Egnat. 1516, fol. 124ʳ*), famo-
       sus crimine furtorum et sub Heliogabalo iam
       liberatus, inter senatores principem salutatum
       venisset, exclamauit: ‚O Marna (Maria *ed. Er.*
       *1518*: numina *ed. Er. 1533, lectio varia in ed. Er.*
       *1518, ed. Egnat. 1516*), o Iupiter, o di (dii *ed.*
       *Er. 1518 et 1533, ed. Egnat. 1516*) inmortales, Ara-
       bianus (Arabinus *ed. Er. 1518 et 1533, ed. Egnat.*
       *1516*) non solum viuit, verum etiam in sena-
       tum venit, fortassis etiam de me sperat: tam
       fatuum, tam stultum esse me iudicat' ".
875   *Septimius Arabinus* **Septimius Arabianus**
       war ein Senator, der unter Kaiser Heliogaba-

lus das Amt eines Provinzstatthalters beklei-
       det hatte. Bei der Anklage wegen „Diebstahls"
       handelt es sich wahrscheinlich um ein Repe-
       tundenverfahren. Vgl. A. Klingenberg, *Sozia-*
       *ler Abstieg in der Römischen Kaiserzeit. Risiken*
       *der Oberschicht in der Zeit von Augustus bis zum*
       *Ende der Severer*, Paderborn 2011, S. 197; *PIR*
       S 442. Die falsche Namensform „Arabinus"
       findet sich auch in Er.' *Hist.-Aug.*-Ausgabe von
       1518.
876   *Heliogabalo* Zu Heliogabalus, Röm. Kaiser
       218–222, vgl. oben Komm. zu VI, 141.
877   *numina* „numina" stellt eine Textemenda-
       tion des Er. in Bezug auf seine *Hist.-Aug.*-
       Ausgabe d.J. 1518 dar. Dort hatte Er. „Maria"
       gedruckt. Offensichtlich hielt es Er., jeden-
       falls 1518, für möglich, daß der Römische Kai-
       ser Alexander Severus im Senat die Mutter
       Gottes angerufen habe. Das reimt sich mit
       den sonstigen Bestrebungen des Er., Alex-
       ander Severus als Christenfreund bzw. quasi
       christlichen Kaiser zu betrachten. Letztes ist
       auch in der vorl. Sektion der *Apophtheg-*
       *mata* der Fall. Dennoch kam ihm i.J. 1531
       die Lesart „Maria" nicht mehr überzeugend
       vor. Stattdessen druckte er nunmehr die *lectio*
       *varia* „numina". Zu lesen ist jedoch „Marna";

Marnas ist eine semitische männliche Gottheit aus Palästina, die u. a. für Fruchtbarkeit, Regen und Erntesegen zuständig war und in der röm. Kaiserzeit mit Zeus/ Jupiter identifiziert wurde; das Heiligtum der Gottheit befand sich in Gaza; der in der Kaiserzeit aktuelle Marna-Tempel, das Marneion, ein Rundbau mit Kuppel, soll von Kaiser Hadrian i. J. 129 errichtet worden sein. Das Marneion wurde 402 von den Christen zerstört. Für Marna vgl. G. Mussies, „Marnas, God of Gaza", in: *ANRW* 18, 4 (1990), S. 2412–2457; K. Preisendanz, *RE* XXVIII (1930), Sp. 1899–1906, s.v. „Marna, Marnas". Wenn der spontane Ausruf, den Alexander Severus gemacht haben soll, authentisch ist, so könnte er für den religiösen Synkretismus dieses Kaisers bezeichnend sein. Während man einkalkulieren muss, daß die palästinische Gottheit im Westen des Reiches kaum Anklang fand (vgl. u. a. H.J.W. Drijvers, „Die Dea Syria und andere syrische Gottheiten im Imperium Romanum", in: M.J. Vermaseren [Hrsg.], *Die orientalischen Gottheiten im Römerreich*, Leiden 1981, S. 250–251), so kann die Anrufung des Marnas dennoch kaum als Affront für die aus dem Westen des Reiches stammenden Senatoren gemeint gewesen sein, da der betreffende Gott ja bereits von Hadrian sanktioniert worden war.

878   *non solum viuit … venit*   Der Text der *Vita Alex. Seueri* enthält an dieser Stelle eine Anspielung auf Cic. *Cat.* I, 2: „Viuit? Immo vero etiam in senatum venit …".

*Apophth.* VI, 157 ist ein Gegenstück zu *Adag.* 1172 „Qui multa rapuerit, pauca suffragatoribus dederit, salus erit" (*ASD* II, 3, S. 186), das ebenfalls *Hist. Aug., Alex. Sev.* 18, 5 aufbereitet. Vgl. auch *Adag.* 3729: „Pecuniosus damnari non potest" (*ASD* II, 8, S. 144).

881–884   *solos … dederit*   *Hist. Aug., Alex. Sev.* 18, 4–5: „Erat praeterea haec illius sententia, solos fures de paupertate conqueri, dum volunt scelera vitae suae tegere. Item (*Idem ed. Er. 1518, p. 314 et 1533, p. 274*) addebat sententiam de furibus notam, et Graece quidem, quae Latine hoc significat: ‚Qui multa rapuerit, pauca suffragatoribus dederit, saluus erit'. Quae Graece talis est: Ὁ πολλὰ κλέψας ὀλίγα δοὺς ἐκφεύξεται". Vgl. *Adag.* 1172 (*ASD* II, 3, S. 186): „[A] Aelius Lampridius in vita Alexandri Seueri: *Idem*, inquit, *addebat sententiam de furibus notam, et Graece quidem, quae Latine hoc significat: Qui multa rapuerit, pauca suffragatoribus dederit, saluus erit.* [E] *Quae Graece talis est:* Ὁ πολλὰ κλέψας, ὀλίγα δούς, ἐκφεύξεται, id est *Qui multa tollit, pauca dat, seruabitur*"; Otto 1652.

885   *notans … actorem*   Vgl. dazu Er.' kommentierende Erklärung in *Adag.* 1172 (*ASD* II, 3, S. 186): „[A] Admonet adagium id, quod nostris quoque temporibus vulgo factitant fures non omnino stupidi: non nisi magnis praedis iniciendam manum, vt supersit, quo iudicem, si forte sit opus, corrumpant atque exoculent. Caeterum qui parua tollunt, deprehensi pendent, vtpote quibus nihil sit, quod impertiant praefectis".

VI, 158                                    REGNI STABILITAS                          (Alexander Seuerus, 15)

*Quum Mammea mater vxorque Memmia obiicerent*, quod *nimia ciuilitate* redderet *potestatem molliorem, respondit „sed securiorem atque diuturniorem"*, significans
malum diuturnitatis custodem esse metum.

890    VI, 159                                   *FVMI VENDITOR*                           (Alexander Seuerus, 16)

*Vetronium* [i.e. Verconium] *Turinum familiarem*, quod his, qui petebant aliquid
a Caesare, *vendidisset* suum patrocinium, *mentiens* interim *multa*, conuincendum

---

887  Mammea *A-C Vita Alex. Sev. ed. ab Erasmo 1518 et 1533*: Mammaea *LB*: Mammia *Lycosthenes p. 160.*

891  Vetronium *A-C Vita Alex. Sev. ed. ab Erasmo 1518*: Verconium *Vitae Alex. Sev. text. recept.*

891  Turinum *scripsi sec. Vitam Alex. Sev. editam ab Erasmo 1518 et 1533*: Thurinum *A-C.*

887  *Mammea* **Iulia Avita Mamaea** (um 280/5–235) aus Emesa (Syrien); in zweiter Ehe verheiratet mit dem Senator Gessius Marcianus, dem sie als Sohn den späteren Kaiser Alexander Severus schenkte. Leitete die Regierungsgeschäfte in der ersten Zeit von Alexanders Prinzipat; trug schon bei dem Amtsantritt des Sohnes den Titel „Augusta"; erhielt in der Folge die Ehrentitel „Mater castrorum", „Mater Senatus" und „Mater patriae". Zusammen mit ihrem Sohn 235 in Mainz bei einem Soldatenaufstand ermordet. Vgl. H. Stegmann, *DNP* 6 (1999), Sp. 3–4, s.v. „Iulia", Nr. 9; G. Herzog, *RE* X, 1 (1918), Sp. 916–923, s.v. „Iulius (Avita)", Nr. 558; R.L. Cleve, *Severus Alexander and the Severan Women*, Los Angeles 1982; E. Kettenhofen, *Die syrischen Augustae in der historischen Überlieferung. Ein Beitrag zum Problem der Orientalisierung*, Bonn 1979; E. Kosmetatou, „The Public Image of Julia Mamaea. An Epigraphic and Numismatic Inquiry", in: *Latomus* 61 (2002), S. 398–414.

887–888  *Mammea … diuturniorem*
Leicht variierende Wiedergabe von *Hist. Aug., Alex. Sev.* 20, 3: „Denique cum ei ob (obiicerent *ed. Er. 1518, p. 315 et 1533, p. 275*) nimiam ciuilitatem et Mamaea (Mammea *ed. Er. 1518 et 1533*) mater et vxor Memmia, Sulpicii (Sulpitii *ed. Er. 1518 et 1533*) consularis viri filia, Catuli neptis, (et *ins. Erasmus in ed. 1518 et 1533*) saepe dicerent: ‚Molliorem tibi potestatem et contemptibiliorem imperii fecisti', ille respondit: ‚sed securiorem atque diuturniorem'".

887  *Memmia* Daß eine gewisse „Memmia" die Ehefrau des Alexander Severus gewesen sein

soll, ist eine falsche Angabe der *Hist. Aug.* 20, 3. Vgl. Groag, *RE* III, 2 (1899), Sp. 1796, s.v. „Catulus", Nr. 1: „Memmia ist sonst nicht bekannt und hat wohl auch nie existiert". Alexander Severus war nur einmal verheiratet, und zwar mit Gnaea Seia Herennia Sallustia Barbia Orbiana (225–227); ihr Vater hieß Seius Sallustius, nicht „Sulpicius". Für Orbiana vgl. R.L. Cleve, *Severus Alexander and the Severan Women*, Los Angeles 1982, S. 246–252; M. Heil, „Severus Alexander und Orbiana. Eine Kaiserehe", in: *Zeitschrift für Papyrologie und Epigraphik* 135 (2001), S. 233–248.

887  *obiicerent* wie die spezifische Lesart von Er.' *Hist.-Aug.*-Ausgaben von 1518 und 1533 lautet. Der *textus receptus* hat stattdessen „ob".

*Apophth.* VI, 159 „Fumi venditor" ist ein Gegenstück zu *Coll.* 659 „Fumos vendere" (*ASD* II, 9, S. 228) und *Adag.* 241: „Fumos vendere" (*ASD* II, 1, S. 354–356). Der Titel „Fumi venditor" rührt von einer verderbten Textüberlieferung der *Hist. Aug., Alex. Sev.* 36, 2 her, wo „fumi venditor" steht, während der richtige Text „fumis venditis" ist; vgl. Er.' eigene Ausgabe d.J. 1518, S. 320; vgl. *Inst. princ. christ.* (*ASD* IV, I, S. 176) „fumi venditorem". Er. erklärte die von ihm hochgeschätzte sprichwörtliche Redensart in *Adag.* 241 (S. 354): „Nimis quam elegans adagium extat apud Martialem: *Fumos vendere* pro eo, quod est: principum beneuolentiam simulato commendationis officio per occasionem familiaritatis precio vendere. Nam fumus initio quidem magnum quiddam esse videtur, verum euanescit ilico …" Zur spätantiken Praxis des *suffragium*, der Unterstützung durch einflußreiche Persönlichkeiten bei Anträgen an den Kaiser, vgl. J.-U. Krause, *Spätantike Patronatsformen im Westen des Römischen Reiches*, München 1987. In *Adag.* 241, S. 356 preist Er. die Bestrafung des Turinus durch Alexander Severus als leuchtendes Vorbild für die Fürsten und kirchlichen Würdenträger seiner Zeit, das sie lehren sollte, den Missbrauch, der von Einfluss bei Hofe ständig gemacht wurde, abzustellen: „Atque vtinam non etiam hodie, non principum modo, verumetiam episcoporum aulae passim hoc teterrimo hominum genere scaterent ac non complures haberent Thurinos atque adeo plus quam Thurinos, quippe qui non officium modo falso promissum vendunt, verumetiam ipsum silentium videlicet Demosthenicum quiddam referentes, imo (quod est vtroque sceleratius) linguae venenis officiunt iis, a quibus officii pacti mercedem acceperunt; vtinamque nostri temporis principes Alexandrum Seuerum curent imitari, qui cum esset ethnicus, praeterea Syrus genere, postremo vehementer adolescens, tamen adulatoribus, delatoribus, iudicibus furacibus, fumi venditoribus atque id genus aulae pestibus vsqueadeo erat infensus, vt vir alioqui moribus placidissimis his demum esset implacabilis". Ebenso hat Er. die harte Strafe, die Alexander Severus angeblich verhängt haben soll, in seinem Fürstenspiegel gepriesen, *Inst. princ. christ.* (*ASD* IV, I, S. 176). Zu der sprichwörtlichen Redensart „fumos vendere" vgl. auch *Adag.* 3783, *ASD* II, 8; Otto 730; Mart. IV, 5, 7–8; im ersten Druck der *Collectanea* schrieb Er. die Anekdote noch Alexander d. Gr. zu (vgl. Komm. zu *ASD* II, 9 ad loc.).

891  *Vetronium Turinum*   Der angeblich auf diese Weise mit dem Tode bestrafte „**Verconius Turinus**" ist, abgesehen von der Alexander-Severus-Vita der *Hist. Aug.*, unbekannt (er wird dort noch ein zweites Mal vermeldet, 67, 2: „occiso Turino"). In den *Gesta Karoli Magni imperatoris* des Dietrich von Nieheim, in der *Hist. Aug., Alex. Sev.* 35,5–36,2 als *exemplum* gegen die Simonie präsentiert wird, trägt der vermeintlich so bestrafte den Namen „Veterinus Curinus", vgl. *MGH, Staatsschriften des späteren Mittelalters*, V, 2, S. 363. Er. kannte dem Namen „Turinus" als solchem eine sprichwörtliche Bedeutung zu; vgl. *Adag.* 241: „complures … Thurinos atque adeo plus quam Thurinos". Die Historizität der anekdotischen Geschichte erscheint allerdings zwei-

felhaft, erstens aufgrund der Art der Bestrafung (Tod durch Ersticken auf dem Brandstapel), zweitens aufgrund des Ortes, an dem die Strafe vollzogen worden sein soll (i.e. am Forum des Nerva oder Forum Transitorium). Die religiös besetzten und mit Tempeln ausgestatteten Kaiserforen wurden keinesfalls als Hinrichtungsstätten benutzt, was eine krasse Form der Entheiligung bedeutet hätte. Das Nerva-Forum setzte sich aus dem Minerva-Tempel und einem länglichen umliegenden Platz mit einer Kolonnade zusammen. Es ist undenkbar, daß man dort einen Brandstapel von nassem Holz entzündet hätte, auf dem man durch heftige Rauchentwicklung einen einflussreichen *familiaris* des Kaisers und römischen Bürger zu Tode gebracht hätte.

891  *Turinum*   Das in den Baseldrucken einhellig überlieferte „Thurinum" scheint ein Textübernahmefehler aus Er.' eigener Ausg. d.J. 1518 zu sein, nach der er in *Apophth.* VI, 159 arbeitete. Allerdings ist die Möglichkeit nicht auszuschließen, daß Er. sich an die irrige Namensform „Thurinus" seit seiner Arbeit an den *Collectanea* und *Adagia* gewöhnt hatte, zumal er der Person einen sprichwörtlichen Charakter zuschrieb.

891–894  *familiarem … vendidit*   Stark gekürzte, zusammenfassende und paraphrasierende, im Spruchteil jedoch wörtliche Wiedergabe von *Hist. Aug., Alex. Sev.* 35, 5–36, 2: „Solos (Solos *ed. Magie sequens Lessing, Lenze*: Solus *ed. Er. 1518, p. 320 et 1533, p. 279, cod. P, edd. vett.*) post meridiem vel matutinis horis idcirco numquam aliquos videbat, quod ementitos de se multa cognouerat, speciatim Verconium (Vetronium *ed. Er. 1518 et 1533*) Turinum (Turinum *textus receptus et ed. Er. 1518 et 1533*). (6) Quem cum familiarem habuisset, ille omnia vel fingendo sic vendiderat, vt Alexandri, quasi stulti hominis et quem ille in potestate haberet et cui multa persuaderet, infamaret imperium; sicque omnibus persuaserat, quod ad nutum suum omnia faceret (sc. Alexander) … (36, 2) Cum … Turinus … ab illo, qui meruerat, fumis venditis (fumis venditis *textus receptus, ed. Magie*: fumi venditor *ed. Er. 1518 et 1533*) ingentia praemia percepisset, accusari eum Alexander iussit probatisque per testes omnibus, et quibus praesentibus quid accepisset et quibus audientibus quid promisisset, in foro Transitorio ad stipitem illum adligari (adligari *ed. Magie sequens Jordan et Peter*: ligari *ed. Er. 1518 et 1533*) praecepit et fumo adposito, quem ex stipulis atque vmidis lignis fieri curauit et conuictum damnatumque in *stipite alligari iussit, supposito* igni ex *humida* materia, *praecone* clamante, *„Fumo punitur, qui fumos vendidit".*

895  VI, 160                    Cvltvs Avgvstarvm              (Alexander Seuerus, 17)

*Gemmas* omnes, quas reperit in Palatio, *vendidit et aurum in aerarium contulit, dicens viris gemmas vsui non esse, matronas autem regias contentas esse debere vno reticulo atque inauribus, et baccato monili et corona, in qua sacrificarent, et vnico pallio auro sparso, et cyclade, quae plus sex vnciis auri non haberet.* Hic cultus hodie vix sufficit
900 negociatorum vxoribus.

     VI, 161                            Dignitas                   (Alexander Seuerus, 18)

*Cursore nunquam* vtebatur *nisi seruo suo, dicens ingenuum currere nisi in sacro certamine non debere;* item *cocos, piscatores, fullones et balneatores non habuit nisi seruos suos,* nolens quenquam ingenuum sordidis ministeriis dehonestare.

905  VI, 162                   Reipvblicae prima cvra            (Alexander Seuerus, 19)

*Amicos et* cognatos, *si malos comperisset, puniebat.* Id *si vetus amicitia* aut *necessitudo non* patiebatur, *a se dimittebat, dicens „His charior est mihi tota respublica",* significans priuatos affectus vtilitati publicae posthabendos.

903   item cocos *scripsi*: cocos item *A-C.*

iusserat, necauit, praecone dicente: ‚Fumo punitur, qui vendidit fumum'". Vgl. *Adag.* 241 (*ASD* II, 1, S. 355–356): „Fumos vendere": „Caeterum adagium fecit insignius Thurini Verconii supplicium, quod quidem in vita Alexandri Seueri idem Helius (i.e. Aelius Lampridius) refert ad hunc modum: *Solus,* inquit, *post meridiem vel matutinis horis idcirco nunquam aliquos videbat, quod ementitos de se multa cognouerat, speciatim Verconium Thurinum; quem cum familiarem habuisset, ille omnia vel fingendo sic vendiderat, vt Alexandri, quasi stulti hominis et quem ille in potestate haberet et cui multa persuaderet, infamaret imperium. Sicque omnibus persuaserat, quod ad nutum suum omnia faceret. Denique hac illum arte deprehendit, vt quendam immitteret, qui a se quiddam publice peteret … Thurinus autem ab illo qui meruerat, fumi venditor ingentia praemia percepisset; accusari eum Alexander iussit. Probatis per testes omnibus, et quibus praesentibus quid accepisset, et quibus audientibus quid promisisset, in Foro Transitorio ad stipitem illum*

*ligari praecepit et fumo apposito, quem e stipulis et lignis humidis fieri iusserat, necauit praecone dicente:* ‚Fumo punitur qui vendidit fumum'"; *Coll.* 659 (*ASD* II, 9, S. 228): „Fumos vendere … A Thurino quodam natum, quem Alexander Seuerus imperator Romanus enecari iussit, quod simulatum apud herum suum gratiam et officium commendationis cuidam subornato ad hoc ipsum a Caesare vendidisset, proinde praecone iusso dicere ‚Fumo perit, qui fumos vendidit', quemadmodum scribit Spartianus [sic] in eius imperatoris vita"; *Inst. princ. christ.* (*ASD* IV, I, S. 176): „Tametsi Alexander Romanus imperator Thurinum fumi venditorem palo alligatum subiectis viridibus lignis fumo necari iussit".

893  *alligari*  „alligari" stellt eine Textemendation des Er. im Hinblick auf seine eigene *Hist.-Aug.*-Ausgabe d.J. 1518 dar, die „ligari" aufweist; in *Adag.* 241 schrieb Er. ebenfalls „ligari", in seiner *Inst. princ. christ.* (*ASD* IV, I, S. 176) findet sich jedoch „alligatum".

894 *fumos vendidit* Der Plural *fumos* wie in der in den Adagien festgeschriebenen Form „Fumos vendere", der Titel von *Adag.* 241 (*ASD* II, 1, S. 354–356).

896–899 *Gemmas ... haberet* Wörtliche Wiedergabe von *Hist. Aug., Alex. Sev.* 41, 1: „Gemmarum quod fuit, vendidit et aurum in aerarium contulit dicens gemmas viris vsui non esse, matronas autem regias contentas esse debere vno reticulo atque inauribus et bacato (bacato *textus receptus*: baccato *ed. Er. 1518, p. 322 et 1533, p. 282*) monili et corona, cum qua sacrificium facerent, et vnico pallio auro sparso, et cyclade, quae sex vncias (vnciis *ed. Er. 1518 et 1533*) auri plus non haberet".

897 *vno* Die Zahl eins, die in Bezug auf das prunkvolle Haarnetz als Restriktionsmaß angegeben wird, bezieht sich auch auf alle im Folgenden genannten Schmuckstücke: Ohrgehänge, Collier und Krone.

897 *reticulo* „reticulum", ein Haarnetz bzw. eine Netzhaube aus Gold bzw. anderem Edelmetall und Edelsteinen; vgl. Iuv. 2, 96 „reticulum comis auratum ingentibus implet"; *DNG* II, Sp. 4168, s.v., Nr. d.

898 *inauribus* „inaures" (plur.), „Ohrgehänge", das sich aus zwei Ohrringen zusammensetzt; vgl. Isid. *Orig.* XIX, 31, 10; *DNG* II, Sp. 2496, s.v. „inauris", Nr. b.

898 *baccato* Er. benutzt die Schreibweise „baccato" wie in seinen *Hist.-Aug.*-Ausgaben d.J. 1518 und 1533.

899 *cyclade* Tunikartiges, prunkvolles, langes, bis zu den Knöcheln herabreichendes, unten mit Brokat- bzw. Goldstickereien verziertes Rundkleid, das von den Edelfrauen Roms, insbesondere den weiblichen Mitgliedern des Kaiserhofes getragen wurde; vgl. *DNG* I, Sp. 1483, s.v. „cyclas", Nr. I; Iuv. 6, 259; Prop. IV, 7, 40: „haec nunc aurata cyclade signat humum".

899 *vnciis* „vnciis" (statt „vncias"), wie in Er.' *Hist.-Aug.*-Ausgaben d.J. 1518 und 1533.

902–904 *Cursore ... seruos suos* Wörtliche Wiedergabe von *Hist. Aug., Alex. Sev.* 42, 2: „Cursorem numquam nisi seruum suum, dicens ingenuum currere nisi in sacro certamine non debere, cocos, pistores (pistores *textus receptus, ed. Magie sequens Peter*: piscatores *ed. Er. 1518, p. 323 et 1533, p. 282, cod. P*), fullones et balneatores non nisi seruos suos habuit, ita vt, si quis deesset, emeret".

902 *Cursore* „cursor", „Briefbote"; vgl. O. Hirschfeld, *Die kaiserlichen Verwaltungsbeamten bis auf Diocletian*, 2. Aufl., Berlin 1905, S. 200 ff.; W. Riepl, *Das Nachrichtenwesen des Altertums mit besonderer Rücksicht auf die Römer*, Leipzig – Berlin 1913, S. 139 ff.

902–903 *sacro certamine* Kultische Wettkämpfe, bei denen ein Wettlauf oder mehrere Wettläufe Teil des Programmes waren, wie z.B. bei den Ludi Capitolini oder den Ludi Megalenses.

903 *piscatores* „piscatores", wie in Er.' *Hist.-Aug.*-Ausgaben d.J. 1518 und 1533. Diese, auf die Handschrift *P* zurückgehende Lesart kann jedoch nicht stimmen, da am römischen Kaiserhof keine Fischer angestellt waren. Gemeint sind wohl Die „Hofbäcker", „pistores", wie Peter den Text emendierte.

*Apophth.* VI, 162 Aus der Erklärung des Er. („significans priuatos affectus vtilitati publicae posthabendos") leitete Lycosthenes eine Apophthegmata-Kategorie ab („De publicis negotiis priuatis anteponendis"), in welcher er VI, 162 druckte (S. 922).

906–907 *Amicos ... respublica Hist. Aug., Alex. Sev.* 67, 3: „His accessit, quod amicos et parentes Alexander si malos repperit, aut puniuit aut, si vetus vel amicitia vel necessitudo non siuit puniri, dimisit a se dicens: ‚His carior est mihi tota (totis *Peter*: tota *ed. Er. 1518*) res publica'" (vgl. ed. Er. 1518, S. 326).

## MAXIMINVS ⟨THRAX⟩

910    VI, 163                                  INDVSTRIA                        (Maximinus Thrax, 1)

Maximinus *accepta legione* nullum laborem defugere solet, dum *milites exercet* eisque *prospicit*. Quum autem *tribuni quidam eum reprehenderent dicerentque „Quid tantopere laboras, quum eius loci iam sis, vt ducatum possis accipere?"*, „*Ego vero*", inquit, „*quo maior fuero*, hoc magis *laborabo*".

915    VI, 164                                  ROBVR CORPORIS                   (Maximinus Thrax, 2)

*Exercebat lucta milites* suos, multos *ad terram prosternens*. Itaque *cunctis inuidentibus tribunus* quidam vasti *corporis notaeque virtutis, atque ob hoc ferocior, dixit*: „Quid *magni facis, si tribunus tuos milites vincis?"*. Tum Maximinus: „*Visne congrediamur?"*. *Quum* prodisset, *palma pectori* impacta *supinum reiecit continuoque dixit: „Date*
920    *alium, sed tribunum"*.

**Maximinus Thrax** (172/3–238), Röm. Kaiser 235–238 (Imperator Caesar C. Iulius Verus Marcus Augustus); der erste der sog. „Soldatenkaiser"; von ihm wurde fälschlich behauptet, er sei ein Barbar oder „Gote", während er tatsächlich dem Ritterstand entstammte. Seinem Namen Verus ist zu entnehmen, daß seine Familie schon vor 165 n. Chr. das Bürgerrecht besessen haben muss; Maximinus war mit Caecilia Paulina aus dem Senatorialadel verheiratet, und hatte mit ihr einen Sohn, Gaius Iulius Verus Maximus (216/20–238), der in der *Hist. Aug.* fälschlich den Namen Maximinus iunior erhielt. Die *Hist. Aug.* schildert Maximinus Thrax als Riesen, der fast 3 Meter lang gewesen sein soll und dessen Fußsohlen ca. 70 cm gemessen hätten. Machte Karriere im Heer; wurde 235 von den aufständischen Rheinlegionen, die Alexander Severus und seine Mutter erschlagen hatten, bei Mainz zum Kaiser ausgerufen. Feierte im selben Jahr einen bedeutenden Sieg gegen die Germanen in der „Schlacht im Moor", auf dem Gebiet Württembergs, woraufhin er den Siegernamen Germanicus Maximus annahm. 236 ernannte der Senat seinen gerade erst mit der *toga virilis* bekleideten Sohn Gaius Iulius Verus Maximus zum Mitkaiser (Caesar) und designierte ihn damit zu seinem Nachfolger. Maximinus führte erfolgreiche Feldzüge gegen die Jazygen (in Sarmatien) und die Daker. Im sog. Sechs-

kaiserjahr 238 wurde Maximinus zusammen mit seinem Sohn bei der Belagerung Aquileias von den eigenen Soldaten erschlagen. Vgl. K. Haegemans, *Imperial Authority and Dissent. The Roman Empire in AD 235–238*, Löwen 2010; H. Börm, „Die Herrschaft des Kaisers Maximinus Thrax und das Sechskaiserjahr 238. Der Beginn der „Reichskrise"?", in: *Gymnasium* 115 (2008), S. 69–86; K.-H. Dietz, *Senatus contra principem. Untersuchungen zur senatorischen Opposition gegen Kaiser Maximinus Thrax*, München 1980; Th. Franke, *DNP* 7 (1999), Sp. 1072–1073, s.v. „Maximinus", Nr. 2; E. Hohl, *RE* X, 1 (1918), Sp. 852–868, s.v. „Iulius (Verus)", Nr. 526; J. Burian, „Maximinus Thrax. Sein Bild bei Herodian und in der Historia Augusta", in: *Philologus* 132 (1988), S. 230–244; A. Lippold, *Kommentar zur Vita Maximini Duo der Historia Augusta*, Bonn 1991.

Das Bild, das Er. von Maximinus hatte, war v.a. negativ: Er betrachtete ihn als Barbaren ohne Bildung, Kultur, Manieren und Lebensart („moribus barbaris ac feris"), von niedriger sozialer Herkunft und tatsächlich als Thraker sowie grobschlächtigen Riesen ohne Verstand. Dem Historiker Cordus und dem Verf. der Doppelvita der „Maximini" in der *Hist. Aug.* folgend bildete Er. aus dem Namen des Maximinus ein Adagium, „Caliga Maximini". Damit meinte er Leute mit einem riesigen Körper, jedoch einem „Spatzenhirn"; siehe *Adag.* 21 (*ASD* II, 1, S. 132): „*Caliga Maximini* vulgo dictitatum est in homines insulsos et immodicae proceritatis. Id adagii refert Iulius Capitolinus in vita Maximini imperatoris: *Nam cum esset,* inquiens, *Maximinus pedum, vt diximus, octo et prope semis, calciamentum eius, id est campagium regium, quidam in luco qui est inter Aquileiam et Aritiam, [G] (Arziam legunt quidam, alii malunt inter Anagniam et Aritiam) [A] posuerunt, quod constat pede maius fuisse hominis vestigio atque mensura. Vnde etiam vulgo tractum est, cum de longis atque ineptis hominibus diceretur: Caliga Maximini.* Hactenus Iulius. Ergo prouerbium rectius vsurpabitur, si cum odio contemptuue dicatur, propterea quod is Maximinus (vnde natum esse constat) inuisissimus esset pariter et populo Romano et senatui, quippe Thrax natione, deinde sordido genere, postremo moribus barbaris ac feris. Quinetiam nunc homines insignitae proceritatis vulgo male audiunt, tanquam socordes atque inertes". Dasselbe negative Bild des dummen, grobschlächtigen Riesen ergibt sich aus *Apophth.* VI, 164 und 165; jedoch bescheinigt Er. dem Maximinus in der Sektion auch Fleiß (VI, 163) und Mäßigung (VI, 166).

909　*MAXIMINVS*　In dieser Form im Index personarum. Der Zusatz Thrax ist jedoch erforderlich, um ihn von dem späteren Kaiser Maximinus Daia (gest. 313) zu unterscheiden.

911–914　*accepta legione … laborabo*　Im erzählenden Teil stark gekürzte und paraphrasierende, im Spruchteil jedoch wörtliche Wiedergabe von *Hist. Aug., Maximini duo* 6, 1–4: „Accepta igitur legione eam exercerere coepit.

(2) Quinta quaque die iubebat milites decurrere, in se (inter se *ed. Magie sequens Madvig*: in se *ed. Er. 1518, p. 328, cod. P*: in se *del. Erasmus in ed. 1533, p. 292, cod. P*) simulachra bellorum agere: gladios, loricas, galeas, scuta, tunicas et omnia arma illorum cotidie circumspicere; (3) calciamenta quin etiam ipse prospiciebat, prorsus autem (autem *om. Erasmus in ed. 1518, p. 329 et 1533*) vt patrem (patrem *ed. Magie, textus receptus*: se parem *ed. Er. 1518 et 1533*) militibus praeberet. (4) Sed cum eum quidam tribuni reprehenderent dicentes, ‚Quid tantum laboras, cum eius loci iam sis, vt ducatum possis accipere?'. Ille (ille *om. Erasmus in ed. 1518 et 1533*) dixisse fertur: ‚Ego vero, quo maior fuero, tanto plus laborabo'".

911–912　*eisque prospicit*　Wie *Hist. Aug., Maximini duo* 6, 3 berichtet, soll Maximinus das Schuhwerk der Soldaten aus eigener Tasche bezahlt haben.

913　*loci*　Damit ist der Rang gemeint.

916–920　*Exercebat … tribunum*　Im einleitenden Teil etwas gekürzte, sonst wörtliche, nur leicht variierende Wiedergabe von *Hist. Aug., Maximini Duo* 6, 5–7: „Exercebat cum militibus ipse luctamina (luctamina *textus receptus, ed. Er. 1518, p. 329*: luctam *ed. Er. 1533, p. 292*), quinos, senos et septenos iam grandaeus ad terram prosternens. Denique inuidentibus cunctis, cum quidam tribunus superbior, magni corporis, virtutis notae atque ideo ferocior, ei dixisset ‚Non magnam rem facis, si tribunus tuos milites vincis', ille ait: ‚Visne congrediamur?'. Cumque aduersarius adnuisset, venientem contra se palma in pectus percussum supinum reiecit et continuo dixit: ‚Date alium, sed tribunum'".

VI, 165                          LIBERE                    (Maximinus Thrax, 3, i.e.
                                                                         mimus anonymus)

*Quum* nimium fideret *corporis* viribus, *quidam in theatro* ipso *praesente Graecos versus*
recitauit, *quorum haec est sententia*:

925          „*Elephas grandis est, et occiditur,*
             *Leo fortis est, et occiditur,*
             *Tigris fortis est, et occiditur.*
             *Caue multos, si singulos non times.*
             *Qui ab vno non potest occidi, a multis occiditur*".

930   VI, 166                         MODESTE                    (Maximinus Thrax, 4)

*Maximinus senior nunquam* ad *oscula pedum* quenquam admisit, *dicens*: „*Dii prohi-*
*beant, vt quisquam ingenuorum pedibus meis oscula figat*". Et vbi sunt interim, qui
non solum ingenuos, verum etiam summos monarchas ad oscula non pedum, sed
calceorum, non dicam admittunt, sed inuitant et quodammodo cogunt?

929  Qui … occiditur *eum versum, qui in Hist.*
     *Aug. primo redditus est loco, Er. VI, 165 transpo-*
*suit in finem, cum in ipsius editione Hist. Aug.*
*primum locum retinuerit.*

*Apophth.* VI, 165 stellt kein Apophthegma im
eigentlichen Sinn dar, sondern gibt einen Ausschnitt eines von einem Mimen-Schauspieler
vorgetragenen griechischen Gedichtes in lateinischer Übers. wieder. Die latein. Übers.
stammt nicht von Er., sondern wurde bereits
von dem Verfasser der Doppelbiographie der
Maximini in der *Hist. Aug.* mitgeliefert. Er.
hat die erste Verszeile ans Ende montiert,
aller Wahrscheinlichkeit nach um das Gedicht
pointierter zu gestalten.

923–925 *corporis … occiditur Hist. Aug., Maxi-*
*mini Duo* 9, 3–4: „Denique cum immortalem
se prope crederet ob magnitudinem corporis
(corporis sui *ed. Er. 1518, 330 et 1533, p. 293*)
virtutisque, mimus (virtutisque munus *ed. Er.
1518 et 1533*) quidam in theatro praesente illo
dicitur versus Graecos dixisse, quorum haec
erat Latina sententia: ‚Et qui ab vno non potest
occidi, a multis occiditur./ Elefans grandis est,
et occiditur;/ Leo fortis est, et occiditur;/ Tigris
fortis est, et occiditur;/ caue multos, si singulos
non times'. Et haec imperatore ipso praesente
iam dicta sunt".

923 *quidam in theatro* Er. macht die vage
Angabe „jemand im Theater" habe die Verse
rezitiert, während es ein Mimen-Schauspieler
(„mimus") war, der vortrug. Der Fehler ist

dem verderbten Text der *Hist. Aug.* geschuldet, den Er. in seiner eigenen Ausgabe d.J. 1518
druckte (statt „mimus quidam" „munus, quidam").

931 *Maximinus senior* i.e. derselbe Kaiser Maximinus Thrax der vorl. Sektion; Er. übernimmt
den Zusatz „senior" aus der Quelle, *Hist. Aug.,
Maximini Duo* 28, 7, der dort erforderlich
war, weil die zitierte Textstelle in der *Vita*
des dort sogenannten „jüngeren Maximinus"
steht. Da Er. jedoch den jüngeren Maximinus nicht erwähnt, wirkt der Zusatz irreführend und hätte deshalb unterbleiben sollen.
Zudem ist die Annahme des Verfassers der
Doppelvita, daß der Sohn des Kaisers Maximinus Thrax ebenfalls Maximinus hieß, unrichtig, sein Name war Gaius Iulius Verus Maximus.

931–932 *Maximinus senior … figat Hist. Aug.,
Maximini Duo* 28, 7–8: „Nam in salutationi-
bus superbissimus erat (sc. Maximinus iunior,
i.e. Verus Maximus) et manum porrigebat
et genua sibi osculari patiebatur, nonnumquam etiam pedes; quod numquam passus
est senior Maximinus, qui dicebat: ‚Di (Dii
*ed. Er. 1518, p. 337 et 1533*) prohibeant, vt
quisquam ingenuorum pedibus meis osculum
figat'".

932–934 *Et vbi … cogunt?* Er.' scharfer Kommentar richtet sich gegen den eigenzeitlichen Fußkuss als symbolischer Unterwerfungsgestus bei herrscherlichen Zeremonien, ganz besonders gegen den Papst, der bei offiziellen Treffen den Fußkuss von weltlichen Herrschern entgegennahm. Um 1530 wurde in protestantischen Landen der päpstliche Fußkuss in Pamphleten und karikierenden Holzschnitten vielfach angeprangert und verspottet.

935　　　　　　　　　　　　　　　GALIENVS

VI, 167　　　　　　　REIPVBLICAE NEGLECTVS　　　　　(Galienus, 1)

Galienus prouinciarum defectionem *quasi* leuissimarum rerum iacturam *ioco* solebat
eludere. *Quum* enim *nunciatum esset Aegyptum* defecisse, *„Quid?"*, inquit, *„Sine
lino Aegyptio esse non possumus?"*. *Quum vastatam Asiam Scytharum incursionibus*
940　accepisset, *„Quid?"*, inquit, *„Sine aphronitris esse non possumus?"*. *Perdita Gallia arrisit
dixit*que: *„*Non *sine trabeatis sagis tuta respublica est?"*. Pessimi principis voces, cui

---

935　GALIENVS *A-C*: GALLIENVS *Vita Galli-*
　　*enorum ed. ab Erasmo 1518 et 1533.*

937　solebat *LB Lycosthenes (p. 906)*: solet *A-C.*

Nach der Sektion, die Maximinus Thrax gewidmet war, übergeht Er. eine Reihe von Röm.
Kaisern zwischen 238 und 253/60, u.a. die
übrigen Kaiser des „Sechskaiserjahres" 238,
Gordianus I. (um 159–238), dessen Sohn Gordianus II. (um 192–9. 4. 238, Mitkaiser vom
19. 3.–9. 4. 238), Pupienus (um 167 – Juli
238), der in Rom regierte, dessen Mitregenten Balbinus und Gordianus III. (225–244,
reg. vom Juli 238–244 als Marcus Antonius
Gordianus); weiter Philippus Arabs (reg. 244–
249), dessen Sohn und Mitregenten Philippus
Caesar (237–249), Decius (reg. 249–251), Tre-
bonianus Gallus (reg. 251–253), Valerianus I.
(reg. 253–260) und Valerianus II. (gest. 258).
Von sieben dieser Kaiser waren Biographien
in der *Historia Augusta* überliefert: von den
drei Gordiani, Pupienus, Balbinus und von
den zwei Valeriani; vgl. in Er.' Ausgabe d.J.
1518 S. 339–350 (*Gordiani tres*), 351–357 (*Maximus et Balbinus*) und 358–360 (*Valerianus pater
et filius*). Dem mangelnden Interesse des Er.
an diesen Kaisern entspricht, daß er keinen
von ihnen in den *Adagia* vermeldet oder als
Spender eines Ausspruchs anführt. Die Vorgehensweise des Er. in den *Apophthegmata* mag
auch dadurch zu erklären sein, daß er bei der
Bearbeitung der *Historia Augusta* schnell vor-
ankommen wollte und von daher einige Viten
ausließ.

**Gallienus I.** (um 218–268), Röm. Kaiser 253–268
unter dem Namen Imperator Caesar Publius
Licinius Egnatius Gaius Augustus; Sohn des
Valerianus I. und der Egnatia Mariniana; Valerianus I. ernannte ihn 253 zuerst zum Caesar, dann zum Augustus und Mitregenten;
seit 260 Alleinherrscher. Nachdem Gallienus
anfänglich in der Krisenbewältigung Erfolge
verbuchte, schlitterte das Reich i.J. 260 in eine

tiefe Krise, von der es Gallienus nicht mehr
befreien konnte. 254–258 schlug er erfolgreich
die Germanen und Karpen an der Donau,
wofür er den Siegernamen Germanicus Maximus erhielt; weiter triumphierte er über die
Daker, was ihm den Ehrennamen Dacicus
Maximus eintrug; 259 feierte er einen entscheidenden Sieg über die Alamannen und Jut-
hungen, die in das Reich eingefallen und bis
Mailand vorgedrungen waren; 260 besiegte er
die Germanen ein weiteres Mal bei Augsburg.
Jedoch drangen 260 die Franken ins Reich ein:
Große Teile Galliens wurden überrannt, wobei
fränkische Stämme bis nach Spanien (Tarra-
cona) gelangten; im selben Jahr verlor Gallienus auch die rechtsrheinischen Gebiete an
die Alamannen und kamen Regalianus und
Ingenuus an der Donau in Aufstand und ließen sich zu Kaisern ausrufen; noch stets i.J.
260 tötete ein General Postumus seinen Sohn
und designierten Nachfolger Salonius Valerianus und ließ sich selbst zum Kaiser ausrufen, wobei er ein gallisches Sonderreich gründete; zudem fielen die Sassaniden ins Reich
ein, wobei sie die römischen Provinzen Kleinasiens überrannten und bis Antiocheia gelangten; kamen der General Macrianus und sein
Sohn Macrianus minor in Aufstand, ließen
sich zu Kaisern ausgerufen und gründeten ein
Reich im Osten, dem u. a. die Provinzen Syrien
und Ägypten zugehörten. Vgl. Th. Franke,
*DNP* 4 (1998), Sp. 770–772, s.v. „Gallienus";
L. Wickert, *RE* XIII, 1 (1926), Sp. 350–369, s.v.
„Licinius", Nr. 84. Die *Hist. Aug.* schildert von
Gallienus I. ein durchaus negatives Bild, das
sich auf die nachfolgende Sektion von Sprü-
chen auswirkt.

935　*GALIENVS*　In dieser Form auch im Index
　　personarum.

*Apophth.* VI, 167 bezieht sich auf das Katastrophenjahr 260, in welchem Gallienus' General Postumus abfiel und das gallische Sonderreich errichtete; die Sassaniden Kleinasien eroberten und Gallienus' Vater Valerianus gefangen nahmen, und außerdem ein weiteres Sonderreich im Osten unter der Führung des Generals Macrianus und seiner Söhne entstand. Wie der Titel „Reipublicae neglectus" zeigt, übernahm Er. unkritisch die sehr tendenziöse Darstellung der *Hist. Aug.*, die Gallienus als unfähigen und moralisch verwerflichen Herrscher darstellt, der sich nicht im geringsten um die Staatsangelegenheiten gekümmert haben und dem der Verlust von großen Teilen des Reiches gleichgültig gewesen sein soll. Dieses Bild entspricht im Übrigen nicht den historischen Fakten: Tatsächlich versuchte Gallienus alles, um die verlorengegangenen Gebiete zurückzubekommen. Unter der Leitung seiner Feldherren Macrianus maior und Callistus landete er einen entscheidenden Sieg gegen den sassanidischen Perserkönig Schapur I. bei Korykos: Die Perser zogen daraufhin wieder hinter die Euphrat-Grenze zurück. Weiter eroberte Gallienus' General Odenthatus zwischen 262 und 267 große Teile Mesopotamiens von den Persern zurück. Auch nahm Gallienus den Aufstand der Ostprovinzen unter den Macriani keineswegs tatenlos hin: Seine Legionen besiegten das Heer der Aufständischen 261 auf dem Balkan, Macrianus und sein Sohn wurden getötet.

938–941 *nunciatum … respublica est Hist. Aug., Gallien.* 6, 3–6: „Pudet prodere (numerare *ed. Er. 1518, p. 362 et 1533, p. 322*) inter haec tempora, cum ista gererentur, quae saepe Gallienus malo generis humani quasi per iocum dixerit. (4) Nam cum ei nuntiatum esset Aegyptum desciuisse, dixisse fertur: ,Quid? Sine lino Aegyptio esse non possumus?'. (5) Cum autem vastatam Asiam et elementorum concussionibus (concursionibus *ed. Er. 1518 et 1533, p. 323*) et Scytharum incursionibus comperisset, ,Quid?', inquit, ,Sine aphronitris esse non possumus?'. (6) Perdita Gallia risisse (risisse *rextus receptus*: arrisisse *ed. Er. 1518 et 1533*) ac dixisse perhibetur: ,Num sine Atrebaticis (Non sine trabeatis *ed. Er. 1518 et 1533*) sagis tuta res publica est?' ".

938 *Aegyptum defecisse* Dabei handelt es sich um den Aufstand des Macrianus gegen Ende d.J. 260.

939 *Scytharum incursionibus* Die römische Provinz Asia wurde nicht von den Skythen, sondern von den sassanidischen Persern (latein. „Persae") verheert (i.J. 260). Die unrichtige Angabe geht nicht auf das Konto des Er., sondern des Verfassers der Biographie der beiden Gallieni in der *Hist. Aug.*, der die Perser mehrfach als „Scythae" bezeichnet (vgl. z.B. *Gallien.* 7, 3).

940 *aphronitris* Aphronitrum oder ἀφρόνιτρον ist eine Art Soda (älter „Schaumsalpeter", „Mauersalz"), engl. „Sodium carbonate", das man schon in der röm. Antike hin und wieder als Salz zum Backen verwendete (vgl. das heutige „Backsoda", „Speisesoda" oder „Natron", dessen wiss. Name Natriumhydrogencarbonat lautet); vgl. z.B. *Stat. Silv.* IV, 9, 37: „panes viridantis aphroniti". Der an vorl. Stelle verwendete Plural ist vielleicht als „mit Soda fabriziertes Backwerk" zu deuten; vgl. Georges I, Sp. 493 und *DNG* I, Sp. 381, jeweils s.v. „aphronitrum", wo der Plural „aphronitra" unter Bezugnahme *Gallien.* 6, 5 mit „aus Schaumsalpeter bereitete Küchelchen" (Kekse) übersetzt wird. Wenn diese Deutung richtig ist, so lässt sich Gallienus' Spruch in dem Sinn verstehen, daß man auf ein solches Luxusprodukt, das keine Lebensnotwendigkeit darstellt, in der Tat leicht verzichten könnte. Jedenfalls bezieht sich Gallienus' (vermeintlicher) Spruch auf die Tatsache, daß Soda v.a. in der Provinz Asia gewonnen wurde (vgl. Plin. *Nat.* XXXI, 113).

941 *trabeatis sagis* Die Lesart „trabeatis sagis" liefert einen unverständlichen Text: Die *trabea* war der weiße, lange Festmantel der römischen Ritter, welcher mit Purpurstreifen verziert war; „trabeatus" bedeutet „mit dem weißen langen Festmantel bekleidet", als „trabeati", „Trabea-Träger" bezeichnete man die röm. Ritter (vgl. Georges II, Sp. 3162 und *DNG* II, Sp. 4773, jeweils s.v. „trabeatus"); „sagum" hingegen war die Bezeichnung für den kurzen, über die Schulter geworfenen, groben, für raue Witterung, Kälte und Regen bestimmten Wollmantel, welcher insbesondere von Kelten und Soldaten getragen wurde. „saga trabeata" stellt eine Art absurde Wortmetastase dar, etwa „lange rittermanteltragende Wetterflecke" oder „ritterbemäntelte Plaids". Diese korrupte Lesart druckte Er. in seinen *Hist.-Aug.*-Ausgaben d.J. 1518 und 1533. Zu lesen ist jedoch a.a.O. „Atrebaticis sagis": Damit sind keltische Mäntel aus Atrebas (heute Arras im nördl. Frankreich), einem Zentrum der damaligen gallischen Textilindustrie, gemeint. Gallienus' Argument, daß man keltische Mäntel

quicquam charius est republica. *Aphronitrum* autem est *spuma nitri*, quod *in Asia* laudatissimum concrescebat.

VI, 168          LIBERTAS EXITIABILIS      (Galienus, 2, i.e. scurrae

945                                                                                   quidam)

Iunior *patris* mortem *inultam reliquit*. Itaque *quum rex Persarum quasi captiuus per pompam duceretur, quidam scurrae miscuerunt se Persis, diligentissime scrutantes omnia* et *cuiusque vultum mira inhiatione* contemplantes. Qui interrogati, *quid agerent*, „*Patrem*", inqui⟨un⟩t, „*principis quaerimus*", notantes a Galieno neglectum fuisse.

950 Id vbi *delatum est ad principem, scurras viuos exuri iussit*. Exemplum impietatis in Caesare, periculosae libertatis in scurris.

VI, 169                      LEPIDE                      (Galienus, 3)

*Quum taurum ingentem in arenam misisset prodissetque ad eum feriendum venator, neque productum decies potuisset occidere*, Caesar *coronam venatori misit; mussitantibus*

955 *cunctis, quid rei esset, quod homo* ignauissimus *coronaretur*, Galienus *per curionem dici iussit: „Taurum toties non ferire difficile est"*. Ludens significauit graue discrimen toties tauro occurrere, etiam si non ferias.

VI, 170                   POENA RIDICVLA              (Galienus, 4)

*Quidam* huius *vxori gemmas vitreas pro veris vendiderat. Re* comperta mulier flagitauit

960 *vindictam.* Caesar *iussit* hominem *corripi, quasi leoni* obiecturus. *Dein* in *caueam,*

---

949 inquiunt *scripsi*: inquit *A-C*.
949 Galieno *C*: Galeno *A B*.

954 productum *A-C*: perductum *Vita Gallieno-rum ed. ab Erasmo 1518 et 1533*.

in Rom Reich lieber missen sollte, weil ohne sie der Staat sicherer sein, beruht darauf, daß der keltische Mantel als Soldatenmantel verwendet wurde: Soldaten in Rom/ Zentrum des Reiches bedeuten Bürgerkrieg, Aufstand und Unruhen.

942–943 *Aphronitrum … concrescebat* Ein Erklärung des Er., die dieser aus Plin. *Nat.* XXXI, 112–113 ableitete: Spumam nitri, quae maxume laudatur, antiqui negabant fieri nisi cum ros cecidisset, praegnantibus nitrariis, sed nondum parientibus … (113:) Proxuma aetas medicorum aphronitrum tradidit in Asia colligi in speluncis mollibus destillans, … dein siccant sole".

*Apophth.* VI, 168 datiert auf das Jahr 262, als Gallienus in Rom seine Dezennalien feierte.

946 *Iunior* „iunior" von Er. hier als Variation von „filius" aus *Hist. Aug., Gallien.* 9, 2 verwendet.

946 *patris mortem inultam reliquit Hist. Aug., Gallien.* 9, 2: „Inter haec ingens querella (querela *ed. Er. 1518, p. 363 et 1533, p. 323*) de patre, quem inultum filius liquerat (liquerat *textus receptus, ed. Magie*: relinqueret *ed. Er. 1518 et 1533*), et quem externi vtcumque vindicauerant". „Mortem" ist ein Zusatz des Er. Das genaue Todesdatum Valerians ist nicht bekannt. Die Perser hielten ihn längere Zeit in Gundischapur gefangen, sicherlich auch in der Absicht, ihn als Erpressungsmittel zu benutzten. Zu Valerianus vgl. M. Schottky, *DNP* 12.1 (2002), Sp. 1089–1090, s.v. „Valerianus", Nr. 2; L. Wickert, *RE* XIII, 1 (1926), Sp. 488–

495, s.v. „Licinius", Nr. 173. Für den Tod des Vaters vgl. unten *Apophth.* VI, 171. Dort hat Er. ebenfalls den Inhalt der in seiner Quelle vermittelten Information geändert: Er behauptet, daß dem Kaiser der *Tod* des Valerianus berichtet wurde, während in der Quelle klar steht, daß ihm die Nachricht von der *Gefangennahme* des Vaters überbracht wurde. Vgl. Komm. unten.

**946** *reliquit* „reliquit" nach der Lesart von Er.' Ausgaben der *Hist. Aug.* d.J. 1518 und 1533.

**946–950** *quum rex … exuri iussit* Wörtliche, jedoch durch einen Überlieferungs- und Verständnisfehler entstellte Wiedergabe von *Hist. Aug., Gallien.* 9, 5–7: „Praetereundum non est haud ignobile facetiarum genus. Nam cum grex (grex *textus receptus*: rex *ed. Er. 1518, p. 363 et 1533, p. 324, cod. P*) Persarum quasi captiuorum per pompam (rem ridiculam) duceretur, quidam scurrae miscuerunt se Persis, diligentissime scrutantes omnia atque vnius cuiusque vultum mira inhiatione rimantes (rimantes *ed. Magie sequens Ellis, Walter et Damsté*: mirantes *ed. Er. 1518p. 364, cod. P, ed. Peter*). (6) A quibus cum quaereretur, quidam agerent (agerent *textus receptus, ed. Er. 1518*: ageret *cod. P, ed. Peter*) illa insollentia (solertia *ed. Er. 1518 et 1533*), illi responderunt: ,Patrem principis quaerimus'. (7) Quod cum ad Gallienum peruenisset, non pudore, non maerore, non pietate commotus est scurrasque iussit viuos exuri".

**946–947** *quum rex Persarum quasi captiuus per pompam duceretur* An dieser Stelle ist ein widersinniger Text entstanden. Es handelt sich um den triumphalen Umzug, der zur Feier von Galliens Dezennalien i.J. 362 in Rom stattfand. Es ist keineswegs der Fall, daß Gallienus im Triumphzug den König der Perser („rex Persarum") vorführen konnte: Schapur I. weilte vielmehr sicher in Persien. Jedoch nahmen an dem Festzug Schauspieler teil, die die von Gallienus unterworfenen Völker sinnbildlich darstellten: Gothen, Sarmaten, Franken und Perser (*Gallien.* 8,7). Jede Völkerschaft wurde dabei durch eine Abteilung von 200 Schauspielern vertreten. Die Witzbolde mengten sich nun in die Abteilung („grex") der Perser und taten so, als ob sie den Vater des Gallienus suchten, der ja von den Persern gefangengenommen worden und nie wieder aufgetaucht war. Er. druckte in seinen Ausgaben der *Hist. Aug.* d.J. 1518 und 1533 a.a.O. jeweils die Korruptel „rex".

**949** *notantes … fuisse* Ein erklärender Zusatz des Er.

**953–956** *Quum taurum … difficile est* Wörtliche Wiedergabe von *Hist. Aug., Gallien.* 12, 3–4: „Nam cum taurum ingentem in arenam misisset exissetque ad eum feriendum venator neque productum (perductum *ed. Er. 1518, p. 365 et 1533, p. 325*) decies potuisset occidere, coronam venatori misit, mussantibusque (mussantibusque *textus receptus, ed. Er. 1533*: mussantibus quoque *ed. Er. 1518*) cunctis, quid rei esset, quod homo ineptissimus coronaretur, ille per curionem dici iussit: ,Taurum totiens (toties *ed. Er. 1518 et 1533*) non ferire difficile est' ".

**954** *productum* „productum" stellt eine Textemendation des Er. im Hinblick auf seine eigene *Hist.-Aug.*-Ausgabe d.J. 1518 dar.

**955** *curionem* Für „curio", das in der Bedeutung von „Herold" eher selten verwendete Wort, vgl. Georges, I, Sp. 1831 und *DNG* I, jeweils s.v. „curio" 1, Nr. II, *OLD*, I, S. 475, s.v. „curio" 1, Nr. 2. Vgl. auch die erneute Verwendung im nächstfolgenden Apophthegma.

**956–957** *Ludens … ferias* Die Erklärung des Er. ist sowohl überflüssig als kurios; gemeint ist natürlich einfach, daß es eine Kunst ist, ein so riesenhaftes Tier so oft zu verfehlen.

**959–962** *Quidam … passus est* Im einleitenden Teil variierende, im Spruchteil wörtliche Wiedergabe von *Hist. Aug., Gallien.* 12, 5: „Idem, cum quidam gemmas vitreas pro veris vendidisset eius vxori, atque illa re prodita vindicari vellet, subripi quasi ad leonem venditorem iussit, deinde e (e *om. Erasmus in ed. 1518, p. 365 et 1533, p. 325*) cauea caponem emitti (emitti *ed. Magie, textus receptus*: emittit *ed. Er. 1518 et 1533*); mirantibusque cunctis rem tam ridiculam, per curionem dici iussit: ,Imposturam fecit, et passus est'. Deinde negotiatorem dimisit"; *Adag.* 89 (*ASD* II, 1, S. 196): „Illud perquam festiuum, quod in vita Gallieni imperatoris refertur. Cum quidam vitreas gemmas pro veris imperatrici vendidisset atque ea re deprehensa vindicari flagitaret, ille venditorem rapi iussit tanquam leonibus obiiciendum; deinde caponem emittit ac cunctis rem tam ridiculam admirantibus per praeconem denunciari iussit: *Imposturam fecit et passus est*, atque ita negociatorem dimisit".

**959** *huius vxori* Gallienus war mit Iulia Cornelia Salonina Chrysogone verheiratet, die ihm drei Söhne schenkte (Valerianus Caesar, Saloninus und Marinianus). Zu ihr vgl. B. Klein, *Tranquillina, Otacilia, Etruscilla, Salonina. Vier Kaiserinnen des 3. Jahrhunderts n. Chr.*, Saarbrücken 1998, S. 178–250.

dum impostor et populus expectat terribilem leonem, prosiliit *capus*. *Cunctis rem tam ridiculam mirantibus per curionem dici iussit: „Imposturam fecit, et passus est".* Eadem opera fefellit impostorem, et irrisit vxorem.

VI, 171                              IMPIE                              (Galienus, 5)

965    Quum *patrem Valerianum* audisset extinctum, vocem laudatissimam sine laude vsur-
       pauit, dicens: *„Sciebam patrem meum esse mortalem".*

MARIVS

VI, 172                         IMPERIVM BREVE                    (Marius imperator)

De Mario, tyrannorum septimo, dictum est, quod *vno die factus est Imperator*, altero
970    *visus est imperare, tertio interemptus est a milite*, qui percussurus illum dixerit: *„Hic est
       gladius, quem ipse fecisti".* Fuerat enim *opifex ferrarius*. Allusit autem *interemptor* ad
       illud prouerbium: *„Tuo te gladio iugulo".*

---

967  MARIVS *B C*: MARINVS *A*.                967  Mario *B C*: Marino *A*.

961  *capus* Kapphahn oder Masthahn, d.h. ein        Quelle vermittelten Nachricht: Er. behauptet,
     besonders fetter, kastrierter und von daher     daß der Tod des Valerianus berichtet wurde,
     auch zahmer Hahn, was seinen Auftritt ‚in       während in *Hist. Aug., Gallien*. 17, 1 nur von
     der Löwengrube' umso lächerlicher macht. Er.    der Gefangennahme desselben die Rede ist.
     ersetzt das in seiner Quelle vorhandene „capo"  *Apophth*. VI, 172–182 Er. wählt im Schlußab-
     durch die gebräuchlichere Form „capus". Vgl.    schnitt der Kaiserapophthegmen (VI, 172–
     Georges I, Sp. 982, s.v. „capo" und 989, s.v.   182), in dem er das letzte Drittel der *Hist.
     „capus"; in *Adag. 89* (*ASD* II, 1, S. 196)     Aug*. bearbeitet, nur mehr wenige Kaiser und
     verwendete Er. noch „capo".                     Sprüche aus, vielleicht weil er meinte, daß das
962  *curionem* Vgl. Komm. oben zu VI, 169; in       Material weniger hergab, vielleicht weil er mit
     *Adag. 89* (*ASD* II, 1, S. 196) ersetzte Er. das  Arbeit rasch zu Ende kommen wollte. Den
     seltene „curionem" durch das gebräuchliche      jüngeren Gallienus (in seiner eigenen Ausgabe,
     „praeconem".                                    Basel 1518, S. 367–368) übergeht er. Von den
*Apophth*. VI, 171 behandelt dasselbe Thema wie      „Dreißig Tyrannen", d.h. Usurpatoren und
     VI, 168, die vermeintliche *impietas* des Gal-  Soldatenkaisern aus der 2. H. des 3. Jh., die
     lienus gegenüber seinem Vater. Der Spruch       in der *Hist. Aug*. behandelt werden, kom-
     kommt mit dem des Anaxagoras überein. Für       men in den *Apophthegmata* nur drei zu Wort:
     den Spruch vgl. *Apophth*. VII, 126 (Anaxagoras „Marius" (Marcus Aurelius Marius), der i.J.
     bei u.a. Cic. *Tusc*. III, 30 und 58).          269 kurzfristig über das Gallische Sonderreich
965–966  *patrem … mortalem Hist. Aug., Gal-*       herrschte (VI, 172), ein gewisser „Saturninus",
     *lien*. 17, 1: „Vbi de Valeriano patre compe-   der in seinen Konturen nicht recht mit dem
     rit, quod captus esset, id quod philosophorum   historischen Saturninus übereinstimmt (VI,
     optimus de filio amisso dixisse fertur, ‚Sciebam 173), und Septimia Zenobia, die von 267/8–
     me genuisse mortalem', ille sic dixit (dixit ille 272 über das Reich von Palmyra herrschte (VI,
     *ed. Er. 1518, p. 367 et 1533, p. 326*): ‚Sciebam 174). In der *Hist.-Aug*.-Ausgabe, die Er. 1518
     patrem meum esse mortalem' ".                   besorgte, scheinen die jeweiligen Herrscher in
965  *extinctum* Ebenso wie in *Apophth*. VI, 168    gesonderten Kapiteln auf, die jeweils durch
     ändert Er. in VI, 171 den Inhalt der von der    Überschrift/ Titel und Initiale eigens hervor-

gehoben waren (S. 369–384), d.h. das Material war gut benutzbar. Die Usurpatoren/ Kaiser traten dort in der folgenden Kapitelanordnung auf: 1. Cyriades (369); 2. Posthumus (senior) (S. 369–370); 3. Posthumus iunior (S. 370); 4. Lollianus (S. 370–371); 5. Victorinus (senior) (S. 371); 6. Victorinus iunior (beide S. 371); 7. Marius (S. 371–372); 8. Ingenuus (S. 371–372); 9. Regillianus (S. 372); 10. Aureolus (S. 374); 11. Macrianus (senior) (S. 374–375); 12. Macrianus iunior (S. 375–376); 13. Quietus (S. 376); 14. Odenatus (i.e. Odanathus) (S. 376–377); 15. Herodes; 16. Maeonius (beide S. 377); 17. Balista (i.e. Ballista) (S. 377–378); 18. Valens; 19. Piso (beide S. 378); 20. Aemilianus (S. 379); 21. Saturninus (S. 379); 22. Tetricus senior; 23. Tetricus iunior (beide S. 380); 24. Trebellianus (S. 380–381); 25. Herennianus; 26. Timolaus; 27. Celsus (alle drei S. 381); 28. Zenobia (S. 381–383); 29. Victoria ([?], S. 383: „tricesima“); 30. Titus (S. 383–384); 31. Censorinus (S. 384). Im Vergleich zu anderen (neueren) Ausgaben fehlt in Er.' Edition d.J. 1518 Valens Superior (zu den „dreißig“ Tyrannen vgl. G. Zecchini [Hrsg.], *I Tyranni Triginta, Atti dei Convegni Internazionali sulla „Historia Augusta"* 1994, Bari 1997). Weiter übergeht Er. den für die konstantinische Geschichtsschreibung wichtigen Kaiser Claudius Gothicus (268–270), zu dem die *Hist. Aug.* eine eigene Biographie anbot (in Er.' Ausgabe d.J. 1518, S. 384–391), sowie auch die folgenden Kaiser, die ebenfalls in der *Hist. Aug.* mit einer eigenen Biographie bedacht worden waren: Florianus (vgl. ebd., S. 411–413), Proculus (S. 425–426), Carus (S. 427–429), Numerianus (S. 429–431) und Carinus (S. 431–432). Von dem bedeutenden Kaisern Aurelianus (270–275) nimmt Er. nur einen Spruch auf (VI, 175), obgleich in dessen *Vita* zahlreiche Aussprüche enthalten waren. Nur ein Apophthegma räumt Er. auch den Kaisern Tacitus (reg. 275–276) (VI, 177) und Diocletianus (reg. 284–305) ein (VI, 176), der immerhin der Architekt der Tetrarchie war.

**Marius**, von niedriger Abstammung, roh und ungebildet: ursprünglich Lagerschmied, hatte im Heer Karriere gemacht. Nachdem Postumus 269 bei der Belagerung von Mainz von den unzufriedenen Soldaten erschlagen worden war, riefen diese Marius zum Kaiser aus; dieser regierte einige Monate von Trier aus über den gallischen Sonderstaat und wurde noch im selben Jahr von den Prätorianern ermordet. Vgl. A.R. Birley, *DNP* 7 (1999), Sp. 906–907, s.v. „Marius“, Nr. II, 1; W. Henze, *RE* II, 2 (1896), Sp. 2511–2512, s.v. „Aurelius“, Nr. 164.

*Apophth.* VI, 172 ist ein Gegenstück zu *Adag.* 51 „Suo sibi hunc gladio, suo telo“ (*ASD* II, 1, S. 166–168): Der Titel des Kapitels „Imperium breue“ geht auf eine Marginalnote in Er.' *Hist.-Aug.*-Ausgabe d.J. 1518 zum Marius-Kapitel zurück (S. 371: „Breue imperium“). Er. übernimmt in VI, 172 die märchenhafte Geschichte aus der *Hist. Aug.*, nach der Marius nur drei Tage geherrscht haben soll. Aus Münzprägungen ergibt sich, daß Marius mindestens zwei bis drei Monate amtiert haben muss.

969   *tyrannorum septimo*   „Dem siebenten der Tyrannen“ bezieht sich nicht auf die chronologische Reihenfolge der Usurpatoren, sondern auf deren Anordnung in der *Hist. Aug.*; vgl. den Zwischentitel in Er.' Ausg. von 1518, S. 371: „MARIVS SEPTIMVS“.

969–971   *vno die … fecisti*   Vgl. *Hist. Aug., Tyran. Trig. (Marius)* 8, 1–7: „Victorino, Lolliano et Postumo (Posthumo *ed. Er. 1518, p. 371*) interemptis Marius ex fabro, vt dicitur, ferrario triduo tantum imperauit. (2) … De hoc etiam dici posse videatur (videtur *ed. Er. 1518*), qui vna die factus est imperator, alia die visus est imperare, tertia interemptus est. (3) … quem plerique Mamurium, nonnulli Vecturium, opificem vtpote ferrarium, nuncuparunt … (6) Occisus est a quodam milite, qui cum eius quondam operarius in fabrili officina fuisset, contemptus est ab eodem … (7) Addidisse ver[b]o (haec verba *ed. Er. 1518*) dicitur interemptor: ‚Hic est gladius, quem ipse fecisti‘“.

970–971   *Hic est … fecisti*   Anspielung auf die Tatsache, daß Marius früher Lagerschmied gewesen war.

972   *Tuo te gladio iugulo*   *Adag.* 51 „Suo sibi hunc iugulo gladio, suo telo“ (*ASD* II, 1, S. 166–168, 166): „*Suo gladio suoue telo iugulari* dicitur, qui suis ipsius dictis reuincitur aut qui suopte inuento doloue capitur … (S. 168:) Marius vnus e triginta tyrannis a milite quodam interemptus narratur a Trebellio Pollione, qui adoriens dixerit: *Hic est gladius, quem ipse fecisti*; nam Marius ante imperium faber ferrarius fuerat et eius militis opera in fabrili officina vsus. Hunc igitur vere suo gladio dixeris iugulatum“.

## SATVRNINVS

VI, 173                          INGENVE                          (Saturninus) [2]

975   *Saturninus* tyrannorum *vigesimusprimus* quum *milites* illi *peplum imperiale* impo-
suissent, aduocata *concione* de se ipso *dixit*: „*Commilitones, bonum ducem perdidistis,
et malum principem fecistis*". Ante fuerat dux egregius, sed quoniam *in imperio fuit
seuerior, ab iisdem, a quibus* Imperator *factus fuerat, interemptus est*. Non quiuis ad
quoduis munus idoneus est.

980                                      ZENOBIA

VI, 174                          ANIMOSE                          (Zenobia) [3]

Zenobia, ⟨tyrannorum⟩ vigesimaoctaua, mulier variis hominibus merito laudata,
*quum ab Aureliano capta in conspectum* illius *ducta fuisset* isque dixisset, „*Quid,* o
*Zenobia, ausa es* nobis *insultare Romanis imperatoribus?*", „*Imperatorem*", inquit, „*te
985   agnosco, qui viceris: Galienum, Aureolum* reliquosque *principes non putaui*".

---

977   fuit *scripsi cum A*: fuerat *B C*.
982   tyrannorum *suppleui (cf. supra VI, 172 et 173)*.
982   hominibus *scripsi*: nominibus *A-C*.

985   agnosco *A-C*: cognosco *Vita Zenob. ed. ab
Erasmo 1518 et 1533*.

*Apophth*. VI, 173. Der in *Hist. Aug., Tyr. Trig.
(Saturninus)* Kap. 23 behandelte **Saturninus**
deckt sich schon chronologisch nicht recht mit
dem historischen Saturninus. Er rangiert in
der *Hist. Aug.* vor Tetricius d.Ä. (reg. 271–
274), während der historische Saturninus – als
Gegenkaiser gegen Probus – erst 281 ausgerufen wurde. In der Darstellung der *Hist. Aug.*,
die nur eine halbe Seite in Anspruch nimmt
und zudem um eine einzige Anekdote grup-
piert ist, wird wenig historisch Relevantes über
den dort beschriebenen „Saturninus" fassbar.
Dieser wird auch in *Firm*. 11, 1 vermeldet, wo er
allerdings von dem Saturninus, der sich gegen
Probus erhob, unterschieden wird. Vgl. die
Anm. von Magie, S. 122: „In the lack of any
evidence for his existence he may be suppo-
sed to be merely an invention of the biographer's". Der historische Saturninus war mauri-
scher Abstammung und zum Statthalter Syriens ernannt worden; dort wurde er 281 von
den syrischen Legionen zum Kaiser ausgerufen (Imperator Caesar Gaius Iulius Saturninus
Augustus; vgl. den Aureus, der im nämlichen

Jahr in Antiocheia geprägt worden ist), jedoch
wenig später (während der Belagerung durch
Probus) von seinen eigenen Soldaten ermordet. Vgl. Th. Franke, *DNP* 11 (2001), Sp. 115,
s.v. „Saturninus", Nr. 4; E. Stein, *RE* II, A1
(1921), Sp. 213–215, s.v. „Saturninus", Nr. 6.
973   *SATVRNINVS*   In dieser Form im Index
personarum.
975   *vigesimusprimus*   Saturninus ist der einund-
zwanzigste der dreißig Tyrannen in der Zählung von Er.' *Hist.-Aug.*-Ausgabe d.J. 1518 (vgl.
Überschrift S. 379: „SATVRNINVS VIGE-
SIMVSPRIMVS"); in neueren Ausg. wird er
jedoch als der dreiundzwanzigste präsentiert
(ed. Magie, S. 122–123).
975–978   *quum milites … interemptus est*   Variierende, jedoch im Spruchteil wörtliche Wiedergabe von *Hist. Aug., Tyr. Trig. (Saturninus)* 23,
3–4: „Hic ea die, qua est amictus a militibus
peplo imperatorio, contione adhibita dixisse
fertur: ‚Commilitones, bonum ducem perdidistis, et malum principem fecistis'. Denique
cum multa strenue in imperio fecisset, quod
esset seuerior et grauior militibus, ab iisdem

ipsis, a quibus factus fuerat, interemptus est" (Text in dieser Form in Er.' Ausg. d.J. 1518, S. 379 und 1533, S. 337).

975 *peplum imperiale* „peplum imperiale", griech. Lehnwort für den purpurnen, mit kostbarem Brokat bestickten Feldherrenmantel der Römischen Kaiser.

**Zenobia** (um 240 – nach 274), um d.J. 255 verheiratet mit dem röm. General Odaenathus, der während der Regierung des Gallienus von Palmyra aus über die östlichen Provinzen herrschte (260–267); hatte mit ihm drei Söhne, Vaballathus, Herennianus und Timolaus. Nach der Ermordung ihres Gatten i.J. 267 trat sie als unabhängig agierende Herrscherin des Reiches von Palmyra auf (267–271/2), das sich zunächst auf die Provinzen Syria und Palaestina, später auch auf die Provinz Aegyptus erstreckte; Zenobia war als Feldherrin beschlagen und eroberte 270/1 die röm. Provinzen Arabia Petraea und Aegyptus. Während sie, wie Münzprägungen ausweisen, 267–270 offiziell noch Gallienus und Claudius Gothicus als Röm. Kaiser anerkannte, nahm sie nach 270 den Titel Augusta an und rief sich somit zur Kaiserin aus; ihren Sohn Vaballathus designierte sie als ihren Nachfolger durch die Verleihung des Augustus-Titels; durch ihr nunmehr völlig unabhängiges Auftreten kam sie in Konflikt mit dem 270 zum Kaiser ernannten Aurelianus. Diesem waren jedoch 270–271 durch Germaneneinfälle und diverse Aufstände die Hände gebunden; erst nach Beseitigung dieser Bedrohungen konnte er die Eroberung des „Reiches von Palmyra" in Angriff nehmen. Zenobia zog sich nach Palmyra zurück, wo sie von Aurelianus belagert wurde. Bei einem Fluchtversuch wurde sie gefangengenommen, nach Rom gebracht und im Triumphzug des Aurelian mitgeführt. Vgl. N.J. Andrade, *Zenobia. Shooting Star of Palmyra*, Oxford 2018; Y. Zahran, *Zenobia Between Reality and Legend*, Oxford 2003; U. Hartmann, *Das palmyrenische Teilreich*, Stuttgart 2001; A. Wieber, „Die Augusta aus der Wüste – die palmyrenische Herrscherin Zenobia", in: Th. Späth und B. Wagner-Hasel (Hrsg.), *Frauenwelten in der Antike*, Stuttgart 2006, S. 281–310; M. Schottky, *DNP* 12.2 (2002), Sp. 730–734 und R. Hanslik und K. Wegenast, *RE* X, A (1972), Sp. 1–8, jeweils s.v. „Zenobia", Nr. 2.

982 ⟨*tyrannorum*⟩ „tyrannorum" war an dieser Stelle irrtümlich ausgelassen worden, ist aber unabkömmlich, da sich sie Ordnungszahl „vigesimaoctaua" darauf bezieht; „vigesimaoc-

taua" stimmt mit der Zählung in Er.' *Hist.-Aug.*-Ausgabe d.J. 1518 überein (vgl. die Überschrift S. 381: „ZENOBIA VIGESIMAOCTAVA").

982 *variis hominibus merito laudata* Z.B. durch die anerkennenden Worte des Kaisers Aurelian, *Hist. Aug., Tyr. Trig. (Zenobia)* 30, 4–12; 12 („haec oratio indicat, quid iudicii Aurelianus habuerit de Zenobia"), und die *laudatio* des Verf. der *Tyranni triginta* (ebd., 30, 12–22).

982 *hominibus* Das in den Baseldrucken einhellig überlieferte „nominibus" ist ein Textübernahmefehler, der wohl auf das Konto des Setzers geht.

983–985 *quum ab Aureliano capta … putaui* Hist. Aug., Tyr. Trig. (Zenobia) 30, 23: „Cum illam Aurelianus cepisset atque in conspectum suum adductam sic appellasset ‚Quid est, Zenobia? Ausa es (Quid, o Zenobia, ausa es *ed. Er. 1518, p. 382*) insultare Romanis imperatoribus?', illa dixisse fertur: ‚Imperatorem te esse cognosco, qui vincis, Gallienum et Aureolum et ceteros principes non putaui' ".

983 *Aureliano* Für Aurelianus, Röm. Kaiser 270–275, vgl. Komm. unten zu *Apophth.* VI, 175.

983–984 *Quid, o Zenobia, ausa es* Wie in Er.' Hist.-Aug.-Ausgaben von 1518 und 1533. Der textus receptus lautet: „Quid est, Zenobia? Ausa es …".

984 *nobis* Ein erklärender Zusatz des Er.

985 *agnosco* Versuch des Er., den Text seiner Hist.-Aug.-Ausgabe d.J. 1518 zu emendieren.

985 *te agnosco … putaui* Die Aussage, die in der *Hist. Aug.* Zenobia in den Mund gelegt wird, steht im krassen Widerspruch zu den historischen Fakten: Zenobia hatte Gallienus sehr wohl anerkannt, wie die von ihr geprägten Münzen mit dem Bild des Gallienus zeigen; gerade Aurelianus hatte sie jedoch niemals anerkannt. Vgl. Th. Fleck, „Das Sonderreich von Palmyra. Seine Geschichte im Spiegel der römischen Münzprägung", in: *Geldgeschichtliche Nachrichten* 199 (2000), S. 245–252.

985 *Aureolum* Aureolus (gest. 268), einer der bedeutendsten Generäle des Gallienus (253–268); besiegte i.J. 260 zu Gunsten des Gallienus den Usurpator Ingenuus bei Mursa; 261 zwang er auf dem Balkan die beiden Usurpatoren Macrianus d.Ä. und d.J. in die Knie; jedoch kam es in der Folge zu einem Zerwürfnis mit Gallienus, wobei Aureolus die Seiten wechselte und Postumus unterstützte. In den nachfolgenden Wirren wurde Aureolus i.J. 268 bei Mailand von Soldaten der Prätorianergarde erschlagen. Es ist historisch nicht

## AVRELIANVS

VI, 175                    CLEMENTER                    (Aurelianus) [4]

*Quum Tyanam venisset eamque occlusam reperisset, iratus dixit „Canem in hoc oppido non relinquam".* Hac voce *milites* erecti sunt in *spem praedae, et Heraclamon* Tya-
990    nensis metu, *ne cum caeteris occideretur, prodidit ciuitatem.* Qua *capta* Aureli⟨an⟩us
*Heraclamonem patriae proditorem occidit. Militibus* ex Caesaris promisso direptionem oppidi flagitantibus *respondit:* „Agite, *canem me negaui relicturum: canes omnes
occidite".* Hoc pacto et proditori mercedem rependit et militum auaritiam elusit.
Videtur autem hic sermonis color sumptus ab Hebraeis, in quorum literis reges,
995    qui minantur internecionem, negant se quenquam relicturos *vsque ad mingentem ad
parietem,* canem hac periphrasi significantes.

## DIOCLETIANVS

VI, 176                  *IMPERARE DIFFICILE*                  (Diocletianus) [5]

*Diocletianus* adhuc *priuatus dicere* solet *nihil esse difficilius quam bene imperare.* Id Fla-
1000   uius Vopiscus in *Aureliano* tradit se *audiuisse a patre suo*; et addit [sc. Diocletianus]
causam: „*Colligunt*", inquit, „*se quatuor* aut *quinque*; simul *consilium ad decipiendum imperatorem capiunt; dicunt, quid probandum sit. Imperator, qui domi clausus est,
vera non nouit, cogitur hoc tantum scire, quod illi loquuntur: facit iudices, quos fieri non*

---

988  Tyanam *A-C*: Thyanam *Vita Aureliani ed. ab
     Erasmo 1518 et 1533.*
989  Heraclamon *scripsi sec. Vitam Aureliani ed.
     ab Erasmo 1518 (*Heraclammon *1533)*: Herada-
     mon *A-C*.

990  Aurelianus *BAS, LB*: Aurelius *A-C*.
991  Heraclamonem *scripsi sec. Vitam Aureliani
     ed. ab Erasmo 1518*: Heradamonem *A-C*.
999  solet *A-C*: solebat *LB*.
1000 addit *scripsi*: addunt *A-C*.

sicher belegt, daß er sich selbst zum Kaiser ausrief. Vgl. A.R. Birley, *DNP* 2 (1997/9), Sp. 324,
s.v. „Aureolus"; W. Henze, *RE* II, 2 (1896), Sp.
2545–2546, s.v. „Aureolus".
**Aurelianus** (L. Domitius Aurelianus, 214–275),
Röm. Kaiser 270–275; stammte aus Illyrien,
machte Karriere im Heer; schlug 268 gemeinsam mit Claudius Gothicus den Aufstand des
Aureolus gegen Gallienus bei Mailand nieder,
verschwor sich jedoch mit demselben gegen
Gallienus. Kämpfte 268–270 im Dienst des
neu ausgerufenen Kaisers Claudius Gothicus; nachdem dieser 270 an der Pest gestor-
ben war, wurde Aurelian zum Kaiser erhoben. Musste sich während seiner Regierungsperiode gegen Germanen-, Goten- und Sar-

mateneinfälle und zahlreiche innere Aufstände
und Meutereien zur Wehr setzen. In d.J. 270–
271 erlitt er bei Placentia gegen die Germanen eine schwere Niederlage, besiegte sie aber
bei Pavia und Fano; 272 unterwarf er das Sonderreich von Palmyra, das Zenobia errichtete
hatte, eroberte somit die Provinzen Cappadocia, Syria, Palaestina, Arabia Petraea und
Aegyptus zurück. Nachdem er in der Folge
auch das Gallische Sonderreich auf seine Seite
gebrachte hatte, indem der gallische Herrscher
Tetricus zu ihm übergelaufen war, war ihm das
schier unmögliche gelungen, die Reichsein-
heit wiederherzustellen. Im Inneren führte er
eine Münzreform durch, indem er eine hoch-
wertige neue Münze einführte (den „Aurelia-

nus"), und er betrieb eine aktive Religions-
politik, indem er Sol Invictus zum Reichs-
gott erhob. Um Rom ließ er einen starken
Mauerring errichten (Aurelianische Mauer).
Vgl. E. Groag, *RE* V, 1 (1903), Sp. 1347–
1419, s.v. „Domitius", Nr. 36; A.R. Birley,
*DNP* 2 (1996), Sp. 317–319, s.v. „Aurelianus",
Nr. 3.

*Apophth.* VI, 175 bezieht sich auf d.J. 272, als
Aurelian gegen Zenobia und das Reich von
Palmyra zu Felde zog. Die Stadt Tyana und
Kappadokien hatten sich damals der Zenobia
angeschlossen.

988–990 *Quum Tyanam … capta*  Leicht variierende, größtenteils wörtliche Wiedergabe von
*Hist. Aug., Aurelian.* 22, 5–6: „Nam cum Tyanam (*Thyanam ed. Er. 1518, p. 398 et 1533, p. 355*)
venisset eamque occlusam repperisset, iratus
dixisse fertur: ‚Canem in hoc oppido non
relinquam'. Tunc et militibus acrius incum-
bentibus spe praedae et Heraclammone (Heraclammone *textus receptus, ed. Er. 1533*: Hera-
clamone *ed. Er. 1518*) quodam timore, ne inter
ceteros occideretur, patriam suam prodente
ciuitas capta est".

988 *Tyanam*  Hellenistisch-römische Stadt in
der röm. Provinz Cappadocia (heute Kemerhi-
sar, Türkei); Aurelians Angriff auf Tyana fand
im Rahmen des Feldzuges statt, den er i.J.
272 gegen Zenobia und das Reich von Palmyra führte. Wie die Anekdote zeigt, ergab
sich die Stadt widerstandslos; zu Belohnung
verschonte sie Aurelian. In *CWE* 38, S. 645
wird Tyana zu Unrecht mit „Tyre" wiedergegeben.

988 *Tyanam*  Die Schreibweise „Tyanam" stellt
möglicherweise eine Textemendation des Er.
in Bezug auf seine *Hist.-Aug.*-Ausgabe d.J.
1518 dar, in der er „Thyanam" gedruckt hatte;
wenn dies nicht der Fall ist, so liegt ein
Textübernahmefehler vor.

989 *Heraclamon*  Das in den Baseldrucken einhellig überlieferte, jedoch fehlerhafte „Hera-
damon" stellt einen Textübernahmefehler dar,
der wohl nicht auf das Konto des Er. geht; Er.
druckte in seiner *Hist.-Aug.*-Ausgabe d.J. 1518
„Heraclamon", in jener d.J. 1533 „Heraclammon".

989 *Heraclamon*  Heraclammon, Bürger von
Tyana, durch dessen Verrat an der Stadt erst
die Eroberung durch Aurelian gelang. Vgl.
E. Groag, *RE* V, 1 (1903), Sp. 1383, s.v. „Domitius", Nr. 36.

991–993 *Heraclamonem … occidite*  Gekürzte,
variierende Wiedergabe von *Hist. Aug., Aurelian.* 23, 2: „Nam et Heraclammonem (Hera-

clammonem *textus receptus, ed. Er. 1533, p. 355:*
Heraclamonem *ed. Er. 1518, p. 398*) proditorem patriae suae sapiens victor occidit er, cum
milites iuxta illud dictum, quo canem se relicturum apud Tyanos (*Thyaneos ed. Er. 1518 et
1533*) negarat (negarat *ed. Magie*: negaret *ed.
Er. 1518 et 1533*), euersionem vrbis exposcerent,
respondit his (iis *ed. Er. 1518 et 1533*): ‚Canem',
inquit, ‚negaui in hac vrbe me relicturum:
canes omnes occidite'".

994–996 *sumptus ab Hebraeis … parietem*  1
*Sam.* 25, 34: „alioquin viuit Dominus Deus
Israhel qui prohibuit me malum facere tibi nisi
cito venisses in occursum mihi non remansis-
set Nabal usque ad lucem matutinam mingens
ad parietem"; 2 *Reg.* 16, 11; vgl. Komm. *CWE*
38, S. 646.

**Diocletianus** (244–313), Röm. Kaiser 284–305
unter dem Namen Gaius Aurelius Valerius
Diocletianus; stammte aus einfachen Verhältnissen, machte Karriere im Heer; 284 zum
Kaiser ausgerufen; hervorragender militärischer Taktiker und Politiker; stabilisierte das
Reich, Architekt der Tetrarchie. Trat, als er der
Ansicht war, daß sein neues politisches System
funktionierte, 305 freiwillig ab und zog sich
ins Privatleben zurück. Vgl. B. Bleckmann,
*DNP* 3 (1997), Sp. 577–587, s.v. „Diocletianus"; W. Enßlin, *RE* VII, A2 (1948), Sp. 2419–
2495, s.v. „Valerius", Nr. 142. Er. zitiert Diokletian auch in den *Adagia* in nur einem Lemma,
*Adag.* 432 (*ASD* II, 1, S. 506).

998 *Imperare difficile*  Er. leitete den Titel des
Lemmas aus dem Ausspruch des Diokletian
ab. Das Lemma datiert auf die Zeit vor Dio-
kletians Erhebung zum Kaiser i.J. 284.

999–2 *Diocletianus … imperator*  Weitgehend
wörtliche Wiedergabe von *Hist. Aug., Aurelian.* 43, 2–4: „Sed ego a patre meo audiui
Diocletianum principem iam priuatum dixisse
nihil esse difficilius quam bene imperare. (3)
Colligunt se quattuor vel quinque atque vnum
consilium ad decipiendum imperatorem capiunt; dicunt, quid probandum sit. (4) Imperator, qui domi clausus est, vera non nouit. Cogitur hoc tantum scire, quod illi loquuntur: facit
iudices, quos fieri non oportet, amouet a re
publica, quos debeat optinere" (Text in dieser
Form auch in Er.' Ausg. d.J. 1518, S. 405 und
1533, S. 361).

999–1000 *Flauius Vopiscus*  Flavius Vopiscus als
Autor der Aurelianus-Biographie (vgl. auch
Er.'
*Hist.-Aug.*-Ausgabe d.J. 1518, S. 391 ff. und 1533,
S. 348 ff.).

*oportet; amouet a republica, quos debebat retinere". „Ita", vt dixit Diocletianus, „bonus,*
5   *cautus, optimus venditur imperator".* At vulgus ad imperatoris titulum satis esse putat
nasci aut eligi: nasci vtcunque, eligi emptis suffragiis, ac solennibus ceremoniis con-
firmari.


## TACITVS

VI, 177                              Leniter                       (Tacitus Imperator) [6]

10  Tacitus imperator *fratri petierat consulatum nec impetrauit.* Ea repulsa adeo non
fuit offensus, vt vehementer etiam *laetatus* sit, dicens: „*Scit senatus, quem principem
fecerit".*


## PROBVS

VI, 178                              Sancte                              (Probus, 1) [7]

15  Probus quum multa *barbarorum loca* purgasset latrociniis, vbi peruenisset ad *Isauros,*
*dixit ab* illis *locis facilius arceri latro*cinia *quam tolli,* sentiens esse dandam operam, ne

---

4–5  *vt … imperator*  Wörtliche Wiedergabe von
   *Hist. Aug., Aurelian.* 43, 4: „Quid multa?
   Vt Diocletianus ipse dicebat, bonus, cautus,
   optimus venditur imperator".
Tacitus (um 200–276), Röm. Kaiser 275–276
   unter dem Namen Imp. Caesar Marcus Claudius Tacitus Augustus; stammte aus dem
   Senatorenstand, Konsul 273 und 276; nach
   der Ermordung Aurelians wurde der damals
   bereits Fünfundsiebzigjährige im Dez. d.J. 275
   vom Senat zum Kaiser gewählt. Der ehemalige
   Senator Tacitus präsentierte sich als „Senatskaiser", mit einem „republikanischen" Pro-
   gramm (eine Art *restitutio reipublicae*). Trotz
   seiner vornehmlich innenpolitischen Profilierung stand seine Amtszeit im Zeichen der Ein-
   fälle der Goten und Heruler in Kleinasien,
   bei denen der Kaiser als Feldherr gefordert
   war. Nach erfolgreichen militärischen Gegen-
   operationen nahm er i.J. 276 den Siegernamen Gothicus Maximus an. Vgl. Th. Franke,
   *DNP* 11 (2001), Sp. 1214–1215, s.v. „Tacitus",
   Nr. 2; E. Stein, *RE* III, 2 (1899), Sp. 2872–
   2881, s.v. „Claudius", Nr. 361; K.-P. Johne,
   „Der „Senatskaiser" Tacitus", in: ders. (Hrsg.),

*Die Zeit der Soldatenkaiser*, Bd. 1, Berlin 2008,
   S. 379–393.
8  *TACITVS*  In dieser Form im Index personarum.
*Apophth.* VI, 177 datiert auf d.J. 275; das Ansuchen, seinen Bruder Florianus zum Konsul zu ernennen, richtete Tacitus in seiner
   Antrittsrede an den Senat im Dez. dieses Jahres (zusammengefaßt wiedergegeben in *Hist.
   Aug., Tac.* 9, 1–6). Das Apophth. ist vom Autor
   der *Hist. Aug.* als exemplarischer Beleg für
   die „republikanische" Gesinnung dieses Kaisers gedacht. Auch Er. faßte es in diesem Sinn
   auf, obwohl er den formalpolitischen Hintergrund aufgrund eines Textüberlieferungsproblems nicht recht verstand. Er. ließ für
   den politischen Kontext wichtige Information
   weg, z. B. daß der Kaiser das Ansuchen in seiner Antrittsrede vornahm und daß der vorge-
   sehene Begünstigte der spätere Kaiser Florianus war.
10–12  *fratri … fecerit*  Ansehnlich gekürzte
   Wiedergabe von *Hist. Aug., Tac.* 9, 6, bei
   der Kontextinformation ausgelassen wird: „In
   eadem oratione fratri suo Floriano consula-

tum petiit et non impetrauit, idcirco quod iam senatus omnia nundinia (nundina *ed. Er. 1533, p. 466*: inuidia *ed. Er. 1518, p. 410*) suffectorum consulum clauserat. Dicitur autem multum laetatus senatus libertate, quod ei negatus est consulatus, quem fratri petierat. Fertur denique dixisse: ‚Scit senatus, quem principem fecerit'".

10 *fratri* Er. verschweigt dessen Namen, obwohl er in der Quelle *Hist. Aug., Tac.* 9, 6 klar benannt wird. Es handelt sich um Tacitus' Halbbruder Marcus Annius Florianus (gest. 276), den späteren Kaiser Florianus. Tacitus beförderte ihn gleich nach seinem Amtsantritt zum Präfekten der Prätorianergarde; Florianus unterstützte Tacitus bei seinem Feldzug gegen die Goten; nach dem plötzlichen Tod des Tacitus noch während der Kampagne ließ er sich selbst zum Kaiser ausrufen. Bei dem Versuch, die Revolte des Probus zu unterdrücken, wurde er noch im selben Jahr von seinen eigenen Soldaten, die zu Probus überliefen, ermordet. Vgl. P. von Rhoden, *RE* I, 2 (1894), Sp. 2266, s.v. „Annius", Nr. 46.

10 *repulsa* Er. hat den Grund, weshalb der Senat Tacitus' Ansuchen nicht bewilligte, nicht verstanden: Er verkehrte in der Meinung, daß es einfach „Abgunst" gewesen sei – in seiner *Hist.-Aug.*-Ausgabe d.J. 1518 druckt er a.a.O. „inuidia". Die richtige Lesart ist allerdings „nundinia" („Konsularfrist", vgl. *DNG* II, Sp. 3311, s.v. „nundinium"). Was Tacitus für seinen Bruder beantragte, war mit Sicherheit ein Suffektkonsulat. Diese Konsulate waren eng befristet (auf 3, 4 oder 6 Monate) und traditionell standen im Dezember die Konsuln für das nächstfolgende Jahr fest. Der Senat hat sich also darauf berufen, daß alle Fristen (Zeitfenster) für Suffektkonsulate des folgenden Jahres bereits besetzt waren. Kurios ist allerdings, daß Tacitus den Senat um ein Konsulat für seinen Bruder ersuchte: Seit Tiberius war es der Kaiser, der die Konsulernennungen vornahm.

**Probus** (232–282), Röm. Kaiser 276–282, unter dem Namen Marcus Aurelius Probus Augustus; Sohn eines Militärtribunen, machte Karriere im Heer, ausgezeichneter Feldherr. In seiner Regierungsperiode folgte ein Feldzug auf den anderen; Probus schloss die meisten seiner Kampagnen erfolgreich ab: In Pannonien, Moesien und Thrakien kämpfte er gegen die Goten (i.J. 277), was ihm den Siegernamen Gothicus Maximus einbrachte, und gegen die Franken am Rhein; sodann überschritt er den Neckar, drängte die Alamannen und Longioner zurück, schlug zudem die

Burgunden, wonach er den Siegernamen Germanicus Maximus trug. 278 bekämpfte er die Vandalen in der Provinz Illyrien; 279 ordnete er die Verhältnisse in den römischen Provinzen des Ostens. Seine letzten Regierungsjahre waren der Niederschlagung der Revolten des Saturninus in der Provinz Syria, des Proculus in Gallien und des Bonosus in Köln gewidmet. Soll nach der *Hist. Aug.* einen allgemeinen Kaiserfrieden im Röm. Reich in Aussicht gestellt haben. Nach der Erhebung des Aurelius Carus zum Gegenkaiser wurde Probus im Sept./Okt. d.J. 282 von seinen eigenen Soldaten getötet. Vgl. G. Kreucher, *Der Kaiser Marcus Aurelius Probus und seine Zeit*, Stuttgart 2003; A.R. Birley, *DNP* 10 (2001), Sp. 361, s.v. „Probus", Nr. 1; W. Henze, *RE* II, 2 (1896), Sp. 2516–2523, s.v. „Aurelius", Nr. 194.

*Apophth.* VI, 178 datiert auf d.J. 279, als Probus im Osten des Reiches tätig war, die aufständischen Isaurer besiegte und die Banden der Palfuerius beseitigte. Er. lobt die Maßnahmen des Probus in den höchsten Tönen („sancte") und hebt sie von dem zeitgenöss. Heereswesen ab, in dem seiner Meinung nach Krieg und Räuberei identisch seien.

15–17 *barbarorum … discerent* Anfänglich stark geraffte und paraphrasierende, sodann versuchte wörtliche Wiedergabe von *Hist. Aug., Prob*, 16, 4–6: „His gestis orientem petiit atque itinere (itinere *ed. Magie, textus receptus*: in itinere *ed. Er. 1518, p. 419 et 1533, p. 375*) potentissimo quodam latrone Palfuerio capto et interfecto, omnem Isauriam liberauit, populis atque vrbibus Romanis legibus restitutis. Barbarorum, qui apud Isauros (Isauros *textus receptus, ed. Er. 1533*: Isaurios *ed. Er. 1518*) sunt, vel per terrorem vel vrbanitatem (vrbanitatem *Magie, textus receptus, lectio varia in ed. Er. 1518*: per voluntatem *ed. Er. 1518 et 1533*) loca ingressus est, quae cum peragrasset, hoc dixit: ‚Facilius est ab istis latrones arceri quam tolli'. Veteranis omnia illa, quae anguste adeuntur loca, priuata donauit, addens, vt eorum filii ab anno octauo decimo, mares dumtaxat, ad militiam mitterentur, ne latrocinare vnquam discerent (ne ante latrocinari quam militare discerent *ed. Er. 1518 et 1533*)".

15 *Isauros* „Isauros" stellt eine Korrektur des Er. im Hinblick auf seine *Hist.-Aug.*-Ausgabe d.J. 1518 dar, in der er „Isaurios" gedruckt hatte (S. 419); in der *Hist.-Aug.*-Ausgabe d.J. 1533 wurde der Fehler ebenfalls behoben.

15 *Isauros* Als kriegerisch und räuberisch bekannte Völkerschaften im südl. Kleinasien, die

latronibus illuc esset aditus *neue iuuenes latrocinari discerent*. Itaque *loca omnia, quae angustum* haberent aditum, *veteranis* concessit, *addens, vt eorum filii ab anno decimo octauo ad militiam mitterentur, ne ante latrocinari discerent quam militare*. Hoc tum
20 recte Probus, quum multum interesset inter militiam et latrocinium: nunc friuolum est.

VI, 179                                    MILES OCIOSVS                                    (Probus, 2) [8]

*Non patiebatur militem esse ociosum*, sed *multa opera militari manu perfecit, dicens, annonam gratuitam militem comedere non debere*.

25 VI, 180                                                                                   (Probus, 3) [9]

Idem dixisse fertur, „*Breui milites necessarios non* habebimus“. Sperabat tantam pacem, vt nihil opus esset exercitu. Hanc mentem vtinam deus immittat omnibus nostri seculi principibus!


FIRMVS

30 VI, 181                                    VINI PATIENS                                    (Firmus) [10]

Firmus imperator vini patientissimus fuisse legitur, citra ebrietatem. Quondam a Barbaro *vexillario prouocatus ad bibendum duas* vini *situlas* hausit, *et postea toto conuiuio sobrius fuit. Quum* vero Barbarus *diceret* „Quur *non* et *fecem ebibisti?*“, „*Stulte*“, inquit, „*terra non bibitur*“.


35                                              BONOSVS

VI, 182                                                                                   (Bonosus) [11]

Bonosus imperator prodigiose bibax fuisse legitur, *de* quo *Aurelianus saepe dicere* solebat: „*Non vt viuat natus est, sed vt bibat*“. Sobrietas in primis decet principem.

---

21  est *A-C: om. BAS LB*.
32  Barbaro *A-C LB: scribendum erat* Burburo *ut in Vita Firmii ed. ab Erasmo 1518*.

33  Barbarus *A-C LB: scribendum erat* Burburus *ut in Vita Firmii ed. ab Erasmo 1518*.
38  solebat *LB:* solet *A-C*.

im Bergland zwischen Kilikien und Lykaonien ansässig waren; vgl. K. Feld, *Barbarische Bürger. Die Isaurier und das Römische Reich*, Berlin u. a. 2005. Jedenfalls seit Gordian III. (238–244) gab es eine röm. Provinz Isauria; die größ-

ten Unruheherde befanden sich wohl in den gebirgigen, zur Küste hinführenden Randzonen der Provinz. Probus versuchte das Gebiet dadurch in den Griff zu bekommen, daß er dort Veteranen ansiedelte.

19   *ne … militare*   Nach Er.' divergierendem Text seiner *Hist.-Aug.*-Ausgabe, Basel 1518.

In *Apophth.* VI, 179 präsentiert Er. Probus als Vorbild eines guten Herrschers, der für Disziplin bei seinen Soldaten sorgt. In diesem Zusammenhang läßt er die nicht unwesentliche Information in seiner Quelle aus, daß die große Strenge des Kaisers seine Soldaten veranlaßte, ihn zu ermorden (*Hist. Aug., Prob.* 20, 2).

23–24   *Non patiebatur … debere*   Hist. Aug., *Prob.* 20, 2: „Causae occidendi eius haec (haec *ed. Magie, textus receptus*: hae *ed. Er. 1518, p. 420 et 1533, p. 376*) fuerunt: primum, quod nunquam militem otiosum esse perpessus est. Siquidem multa opera militari manu perfecit, dicens annonam gratuitam militem comedere non debere …".

*Apophth.* VI 180 In dem letzten diesem Kaiser gewidmeten *Apophth.* preist Er. Probus als Friedenskaiser, der plante, einen allgemeinen Frieden zu verkünden. Vgl. dazu R. von Haehling, „Die Friedensverheißungen des Kaiser Probus in der *Historia Augusta*", in: *Gymnasium* 119 (2012), S. 371–395. Diese Vorstellung sprach Er. als Vertreter eines frühneuzeitlichen Pazifismus natürlich sehr an. Die Darstellung in der *Hist. Aug.* gibt zu dieser Schlußfolgerung jedoch zu wenig her: Er. „vergißt" zu vermelden, daß der Ausspruch des Probus seine Soldaten veranlaßte, ihn zu töten.

26   *Breui … habebimus*   Hist. Aug., *Prob.* 20, 5: „,Breui', inquit, ,milites necessarios non habebimus'" (so auch in den *Hist.-Aug.*-Ausgaben des Er. von 1518 et 1533).

**Firmus** (hist. Person?) soll nach *Hist. Aug.* ein reicher Handelsmann mit Macht und Einfluss gewesen sein, der in der Provinz Ägypten eine Revolte anzettelte; der Kaiser Aurelian soll den Aufstand niedergeschlagen und Firmus getötet haben. Jedoch ist die Historizität der Person „Firmus" nicht gesichert. Vgl. A. Stein, *RE* VI, 2 (1909), Sp. 2382–2383, s.v. „Firmus", Nr. 6; Th. Franke, *DNP* 4 (1998), Sp. 525, s.v. „Firmus", Nr. 2.

29   *FIRMVS*   In dieser Form im Index personarum.

32   *Barbaro*   Bei den in den Baseldrucken einhellig überlieferten „Barbaro" handelt es sich um einen Textübertragungsfehler: In seiner *Hist.-Aug.*-Ausgabe d.J. 1518 hatte Er. „Burburus", ebenso in jener d.J. 1533.

32–34   *Barbaro vexillario … bibitur*   Im einlei-

tenden Teil gekürzte, paraphrasierende Wiedergabe von *Hist. Aug., Firm.* 4, 2–4: „Vini non multum bibit, aquae plurimum, mente firmissimus, neruis robustissimus … (3) Fuit tamen ei (ei *om. Erasmus in ed. 1518, p. 423, sed adest in ed. 1533, p. 379*) contentio cum Aureliani ducibus ad bibendum, si quando eum temptare voluissent. (4) Nam quidam Burburus nomine de numero vexillariorum, notissimus potator, cum ad bibendum eundem prouocasset, situlas duas plenas mero duxit, et toto postea conuiuio sobrius fuit; et cum ei Burburus diceret: ,Quare non faeces bibisti?', respondit ille: ,Stulte, terra non bibitur' ".

32   *duas vini situlas*   Eine riesige Menge Wein, mehrere Liter; das Wort „situla" ist kein Flüssigkeitsmaß, sondern bezeichnet normalerweise einen Wassereimer (vgl. *DNG* II, Sp. 4422 und *OLD* II, S. 1775, jeweils s.v. „situla"). Die gesamte Firmius-Biographie ist voll von verrückten Übertreibungen: z.B. soll der Fleischliebhaber Firmus an einem einzigen Tag einen ganzen Straußenvogel (*struthio*) aufgegessen haben (*Hist. Aug., Firm.* 4, 2), was natürlich ganz und gar unmöglich ist: Ein Strauß bringt ca. 90–110 kg auf die Waage.

**Bonosus**, zusammen mit Proculus im Jahr 280 n. Chr. in Köln zum Kaiser erhoben, bald danach von Probus besiegt. Seine *Vita* in der *Hist. Aug.* ist weitgehend fiktiv. Vgl. A.R. Birley, *DNP* 2 (1996), Sp. 746, s.v. „Bonosus", Nr. 1; W. Henze, *RE* III, 1 (1897), Sp. 713–714, s.v. „Bonosus", Nr. 1; G. Kreucher, *Der Kaiser Marcus Aurelius Probus und seine Zeit*, Stuttgart 2003, S. 166–168; D. Salzmann, „Die Münzprägung des Bonosus – eine moderne Fiktion?", in: Th. Fischer und P. Ilisch (Hrsg.), *Lagom. Festschrift für Peter Berghaus zum 60. Geburtstag*, Münster 1981, S. 49–58.

37–38   *Aurelianus … bibat*   Vgl. Hist. Aug., *Bon.* 14, 2–3: „Dux limitis (limitis *textus receptus, ed. Er. 1533, p. 382*: militis *ed. Er. 1518, p. 426*) Raetici (Rhaetici *ed. Er. 1533*: Rhoetici *ed. Er. 1518*) fuit, bibit quantum hominum nemo. (3:) De hoc Aurelianus saepe dicebat, ,Non vt viuat, natus est, sed vt bibat', quem quidem diu in honore habuit causa militiae".

37   *Aurelianus*   Für Kaiser Aurelianus (reg. 270–275) vgl. Komm. oben zu VI, 175; Aurelian wird in der Biographie des Bonosus mehrfach genannt, z.B. *Hist. Aug., Bon.* 13, 1.

38   *Sobrietas … principem*   Erklärung des Er., die den Witz Aurelians im Keim erstickt.

## APOPHTHEGMATA VARIE MIXTA

40                              MILES TARENTINVS

VI, 183                          DEXTRE      (Anonymus miles Tarentinus) [1]

Milites aliquot *Tarentini inter coenandum multa* liberius dixerant in *Pyrrhum regem.*
Res ad eum delata est. Acciti sunt *iuuenes* ac periclitabantur omnes, *quum factum nec
negari posset nec defendi.* Tum *vnus* illorum dexterioris ingenii „*Imo*“, inquit, „rex, et
45  ista diximus et longe acerbiora dicturi fueramus, *nisi* nos *lagena defecisset*“, linguae
petulantiam in temulentiam reiiciens. Ac mox *ira* principis *in risum versa* dimissi
sunt. Quis neget hoc dictum fuisse bene collocatum?

Nach den Aussprüchen der römischen Kaiser (VI,
1–182) betitelt Er. die nächste große Abteilung
des sechsten Buches mit „APOPHTHEG-
MATA VARIE MIXTA“, etwa „Vermischte
Apophthegmata“ (VI, 183–372). Diesem Abschnitt liegt, wie Er. im Titel schon suggeriert,
kein vom Inhalt oder von den Personen vor-
gegebenes Ordnungsprinzip zugrunde. Dies
ist jedoch insofern etwas trügerisch, als Er.
über weite Strecken der „Vermischten Apophthegmata“ *de facto* einen Abschnitt „Witze“
zusammengestellt, in dem er die einschlägigen Abhandlungen in den Rhetorikhandbüchern Quintilians (*Institutio oratoria*, Buch VI,
Kapitel 3, „De risu“) und Ciceros (*De oratore*, Buch II, 216–290) ausschlachtet. In dieselbe Richtung · weist eine andere wichtige
Quelle des Abschnitts „varie mixta“, Macrobius' *Saturnalia*. Tatsächlich präsentiert Er.
also in dem Abschnitt eine ausführliche
Sammlung von „APOPHTHEGMATA RI-
DICVLA“. Aus der Beschaffenheit der Quellen ergibt sich, daß ein Großteil der Spruchspender dieses Abschnittes sich aus Römern
zusammensetzt, v.a. Anwälten und Politikern.
In dem Abschnitt der „Apophthegmata varie
mixta“ fängt Er. (*A, B, C, BAS;* in *C* S. 584)
mit einer neuen Zählung an, die bis 103 (= VI,
285, Romani; in *C* S. 608) reicht und danach
unvermittelt wieder bei 1 (= VI, 286, M. Attilius Regulus) beginnt, ohne daß dort eine
neue Kategorie von Apophthegmen ihren Ausgang nehmen würde. Sodann läuft die neue
Zählung weiter von 1 bis 87 (= Q. Fabius
Maximus), womit die Kategorie „varie mixta“
abgeschlossen wird. Darauf folgt die neue
Abteilung mit dem Titel „DIVERSORVM

GRAECORVM APOPHTHEGMATA“ (VI,
373–594). Dazu siehe Komm. unten zu VI,
373. Im nun folgenden Abschnitt der „APO-
PHTHEGMATA VARIE MIXTA“ fehlen in
den Baseldrucken die Zwischentitel mit den
Namen der betreffenden Spruchspender. Sie
werden in der vorliegenden Ausgabe, gemäß
dem bisher angewandten Usus des fünften und
sechsten Buches der *Apophthegmata*, ergänzt.
Die Namen der Spruchspender ergeben sich
einerseits aus dem Haupttext der jeweiligen
Apophthegmata, andererseits aus dem Index
personarum der Baseldrucke. Im Index personarum wurden dabei hin und wieder Fehler
gemacht; wenn dies der Fall ist, wird dies im
Kommentar angegeben.

*Apophth.* VI, 183 Die Anekdote bezieht sich
Pyrrhos' Feldzug in Italien (281–275 v. Chr.),
wobei der König i.J. 281 von der griechischen
Stadt Tarent gegen die Römer, die damals im
Begriff waren, die Magna Graecia zu erobern,
zu Hilfe gerufen wurde. Der König landete i.J.
280 mit seinen Truppen in Tarent und schlug
die Römer in der Schlacht von Heraclea.

42  *Milites* Daß es sich um Soldaten gehandelt
habe, ist eine Erfindung des Er.; die Quelle,
Quint. *Inst.*, redet lediglich von Jünglingen
(„iuuenes“).

42–45 *Tarentini … defecisset* Freie, die Anekdote ausschmückende Wiedergabe von Quint.
*Inst.* VI, 3, 10: „Documento sunt iuuenes
Tarentini, qui multa de rege Pyrrho (Pyrrho
*rege ed. Bas. 1529, fol. 93D*) sequius (securius
*ed. Campan. 1470, fol. 131ʳ, ed. Bas. 1529 et plu-
res edd. vett.*) inter cenam locuti, cum rationem
facti reposcerentur et neque negari res neque
defendi posset, risu sunt et opportuno ioco

elapsi. Namque vnus ex iis ‚Immo‘, inquit, ‚nisi lagona (lagena *ed. Bas. 1529*) defecisset, occidissemus te‘, eaque vrbanitate tota est inuidia criminis (criminis inuidia *ed. Campan. 1470*) dissoluta“. Quintilian brachte die Anekdote als Beispiel für die starke, nahezu automatische Wirkungskraft des Humors, der sich die Menschen kaum entziehen können und die fähig ist, sogar aufwallenden Zorn zu besänftigen. Er. hat in seiner Wiedergabe des Apophthegmas die Schärfe des Witzes sehr herabgemildert: Bei Quintilian sagt der Jüngling, „wir hätten dich getötet, wenn uns nicht der Wein ausgegangen wäre“, bei Er. lediglich „wir hätten noch schlimmeres gesagt …“. Zu dieser milderen Version liess sich Er. wohl von Valerius Maximus anregen, der die Geschichte als Exempel von Milde und Vergebung (*clementia*) brachte, V, 1, ext. 3: „Aeque mitis animus Pyrri regis. Audierat quodam in conuiuio Tarentinorum parum honoratum de se sermonem habitum: accersitos, qui ei interfuerant, percontabatur an ea, quae ad aures ipsius peruenerant, dixissent. Tum ex his vnus ‚Nisi‘, inquit, ‚vinum nos defecisset, ista, quae tibi relata sunt, prae eis, quae de te locuturi eramus, lusus ac iocus fuissent‘. Tam vrbana crapulae excusatio tamque simplex veritatis confessio iram regis conuertit in risum. Qua quidem clementia et moderatione adsecutus est, vt et sobrii sibi Tarentini gratias agerent et ebrii precarentur“. Wie die Wortwahl des Apophthegmas zeigt, war Quint. *Inst.* VI, 3, 10 Er.' Hauptquelle; Val. Max. hat er wschl. nebenher benutzt; *CWE* 38, S. 648 gibt Val. Max. V, 1, ext. 3 als einzige Quelle an. Die Anekdote findet sich auch in Plut. *Reg. et imp. apophth.* (Pyrrhus, 6), *Mor.* 184D und Plut. *Pyrrh.* 8, 5 (*Vit.* 387F); jedoch hat Er. diese beiden Stellen in VI, 183 nicht benutzt, da dort nicht vermeldet wird, daß es um Leute aus Tarent geht. Bei seiner Bearbeitung der Sprüche des Pyrrhos in *Apophth.* V, 119–131, wo Er. von Plut. *Reg. et imp. apophth.* (Pyrrhus, 6), *Mor.* 184D ausging, hatte er die Anekdote aus ungeklärten Gründen ausgelassen.

42 *liberius* Er. traf in der von ihm benutzten Basel-Ausgabe Quintilians die Lesart „securius“ (statt „sequius“ im mod. *textus receptus*) an, welche er seiner Textgestaltung mit „liberius“ wiedergab.

42 *Pyrrhum regem* Zu Pyrrhos I. (ca. 319/8–272 v. Chr.), König von Epeiros 306–302 und 297–272, vgl. oben Komm. zu *Apophth.* V, 119. Er. widmete Pyrrhos in den *Apophth.* die Sektion V, 119–131.

45 *lagena* lagoena, auch *lagaena, lagona, laguna, laguena* oder *laguina*, griech. λάγυνος: die breite, flache Weinflasche mit Henkeln und hohem, engem Hals, vgl. I. Scheibler, *DNP 6* (1999), Sp. 1065, s.v. „Lagynos“; zu der Schreibweise vgl. Lewis-Short 1030, s.v. „lagena“, Georges II, Sp. 543 und *DNG* II, Sp. 2802, jeweils s.v. „lagoena“.

## DOMITIVS AFER

VI, 184                                RETORTVM                        (Domitius Afer) [2]

50   *Longus Sulpitius,* insigniter *ipse foedus, eum, contra quem* in *iudicio liberali aderat,*
*dixit ne faciem quidem habere liberi hominis. Cui respondens Domitius Afer,* „Ne *tu*",
⟨*inquit*⟩, „*ex animi* mei *sententia, Longe. Qui malam faciem habet, liber non est*". Si
ideo liber non erat, cuius agebatur causa, quod deformis esset, nec ipse Sulpitius
habendus erat pro libero, quum esset foedissimus.

55                                         QVIDAM

VI, 185                            *ALBVS ASINVS*              (Anonymi de Iunio Basso) [3]

*Iunium Bassum hominem cum primis dicacem* vulgus *Asinum Album* appellabat, quod
felicite esset stupidus ac ridiculus. Alba enim veteres felicia vocabant.

---

50   Sulpitius *A-C ut Quint. ed. Bas. 1529 et plures*
*edd. vett.*: Sulpicius *LB.*
51   Ne *correximus*: nae *A-C.*
51–52   nae tu ex animi mei sententia *A-C*: et tu,
inquit, ex animi sententia *Quint. ed. Bas. 1529*
*et plures edd. vett.*, ex tui, inquit, animi sententia *Quint. text. recept.*

52   inquit *supplevi ex Quint. loco cit. (cf. ed. Bas.*
*1529).*
53   Sulpitius *A-C ut Quint. ed. Bas. 1529 et plures*
*edd. vett.*: Sulpicius *LB.*

*Apophth.* VI, 184 Nach dem Index personarum
wurde das *Apophth.* irrtümlich dem „Longus
Sulpitius" zugeschrieben, während es tatsächlich dem **Gnaeus Domitius Afer** zugehört.
Unten im selben Buch widmet Er. dem aus
Nemausus stammenden Redner und Anwalt
Gnaeus Domitius Afer (ca. 15 v. Chr.–59
n. Chr.), dem Lehrmeister Quintilians, eine
eigene, längere Sektion von Apophthegmen
(VI, 229–236). Zu dessen Person vgl. unten
Komm. zu VI, 229. *Apophth.* VI, 184 datiert auf
die erste H. d. 1. Jh. n. Chr. (jedenfalls vor 59 n.
Chr., Domitius Afers Todesjahr).
50–52 *Longus Sulpitius … liber non est* Leicht
gekürzte, sonst weitgehend wörtliche, jedoch
durch ein Verständnisproblem entstellte Wiedergabe von Quint. *Inst.* VI, 3, 32: „Quod
fecit Longus Sulpicius (Sulpitius *ed. Bas. 1529,*
*fol. 94D et plures edd. vett.*), qui, cum ipse
foedissimus esset, ait eum (ad eum *ed. pr. Cam-*
*pan. 1470, fol. 132ᵛ; ed. Bas. 1529*; ait *quod in div.*
*mss. traditur, expunctum erat ab Raph. Regio*),
contra quem iudicio liberali aderat, ne faciem

quidem habere (haberet *ed. Bas. 1529*) liberi
hominis (hominis dixit *ed. Reg.*, dixit *additum*
*est ab Regio*; dixit *deest in ed. Bas.*). Cui respondens Domitius (Domitius *ed. Bas. 1529, text.*
*recept.*: Domicius *ed. Campan.*) Afer ‚Ex tui',
inquit, (Et tu, inquit *ed. Bas. 1529, et plures edd.*
*vett.*: tu, inquit *ed. Campan.*), animi (ex animi
*ed. Bas. 1529, ed. Campan., et plures edd. vett.*)
sententia, Longe, qui malam faciem habet,
liber non est?' ".
50 *Longus Sulpitius* In dieser Form auch im
Index personarum (s.l. „L"). Für **Sulpicius**
**Longus** vgl. A. Stein, *RE* IV, A1 (1931), Sp. 813,
s.v. „Sulpicius", Nr. 74.
50 *in* „in" ist ein überflüssiger, stilistisch ungelenker Einschub des Er. (*adesse* sollte mit Dativ
konstruiert werden) gegenüber dem korrekten
Text Quintilians.
50 *iudicio liberali* Eine sog. *causa liberalis*, ein
römischer Prozesstypus, in dem verhandelt
wurde, ob eine bestimmte Person den Status eines freien Mannes in Anspruch nehmen durfte. Sulpicius Longus, der hier dem

Angeklagten den Status eines freien Mannes in Abrede stellte, war der Ankläger, Domitius Afer der Verteidiger. Vgl. auch A. Stein, *RE* IV, A1 (1931), Sp. 813, s.v. „Sulpicius (Longus)", Nr. 74. Sulpicius Longus versetzte dem Angeklagten einen Schlag unter die Gürtellinie, indem er auf dessen hässliches Gesicht hinwies, mit dem Argument: Die Sache ist ja ohnehin klar – er hat ja nicht einmal das Gesicht eines freien Mannes.

51 *dixit* Er. übernahm diesen Zusatz der älteren Quintilian-Ausgaben, die nach der Ausg. des Aldus Manutius erschienen; dort war „dixit" nach „hominis" eingeschoben worden.

51 *habere* Die von Er. verwendete Quintilian-Ausgabe hatte an dieser Stelle das syntaktisch holprige „haberet"; Er. korrigierte dieses *ex ingenio* oder unter Zuhilfenahme eines anderen Textträgers zu „habere".

51 *Ne* Das in den Baseldrucken überlieferte „nae" ist zu „ne" zu korrigieren, das Er. als Wiederholung des „ne" in der Äußerung des Sulpicius konzipierte. „Ne" ist ein Zusatz des Er. zu dem ihm vorliegenden Quintilian-Text.

52 ⟨*inquit*⟩ Das syntaktisch erforderliche „inquit" wurde von Er. bei der Übertragung des Quintilian-Textes irrtümlich ausgelassen: „inquit" ist in Er.' Textvorlage, der Basler Quintilian-Ausgabe d.J. 1529, vorhanden (fol. 94D). Der Umstand, daß Er. an dieser Stelle den Quintilian-Text weitgehend wörtlich übernahm, verstärkt die Annahme, daß ein Textübertragungsfehler vorliegt.

52 *ex animi mei sententia* Indem Er. „mei" dem überlieferten und von ihm benutzten Quintilian-Text (Basel 1529) hinzufügte, verdrehte er den Sinn und Witz der Antwort des Domitius Afer. Sulpicius hatte versucht, den Angeklagten zu diskreditieren, indem er sagte „Er hat ja nicht einmal das Gesicht eines freien Mannes". Der Verteidiger Domitius konterte mit der Frage: „Also du würdest eidlich bestätigen, daß der, der ein hässliches Gesicht hat, kein freier Mann ist?", indem er mit der Hand auf Sulpicius hinwies, der ein besonders hässliches Gesicht hatte. Der subtile, demaskierende Witz der Retourkutsche lag gerade darin, daß diese als Frage formuliert war. Mit seiner verdrehten Textwiedergabe erstickte Er. den Witz im Keim. Bei ihm antwortet Domitius: „Du auch nicht, das bestätige ich eidlich. Wer ein hässliches Gesicht hat, ist kein freier Mann". Natürlich kann Domitius das letzte nicht gesagt haben: Damit hätte er zugleich seinem eigenen Klienten geschadet.

56 *Albus asinus* Der Titel ist identisch mit dem Spitznamen des Redners Iunius Bassus; das Apophthegma datiert auf die Zeit zwischen ca. 43–50 n. Chr., als Quintilian, der um 35 n. Chr. geboren war, sich noch im Knabenalter befand.

57 *Iunium Bassum … Album* Quint. *Inst.* VI, 3, 57: „Sed ea non ab hominibus modo (ab hominibus modo non *ed. Campan. 1470*) petitur, verum etiam ab animalibus; vt nobis pueris Iunius Bassus, homo in primis dicax, ‚Asinus albus' vocabatur".

57 *Iunium Bassum* Iunius Bassus, Redner und Politiker, fl. um 45/50 n. Chr., von Zeitgenossen als „der weiße Esel" verspottet. Vgl. A. Stein, *RE* X, 1 (1918), Sp. 966, s.v. „Iunius (Bassus)", Nr. 38. Er. widmet ihm unten VI, 215 ein Apophth. (vgl. Komm. ad loc.).

57–58 *quod feliciter … vocabant* Die Erklärung des Er., der er die metaphorische Verwendung von „alba" als „gut, gelungen, glücklich" gegenüber „niger" als „schlecht, misslungen, unglücklich" zugrundelegt, kann nicht stimmig sein, da es in der nämlichen Quintilian-Stelle um eine Kategorie von Witzen geht, die von der „similitudo rerum" ausgehen und sich auf das Aussehen bestimmter Personen beziehen, welches mit Gegenständen oder Tieren verglichen wird, die zu den betreffenden Personen irgendeine Ähnlichkeit im Hinblick auf das äussere Erscheinungsbild haben. Das geht klar aus dem dem Esel-Ausspruch nachgeordnetem Witz hervor, in dem ein dunkelhäutiger, magerer und buckliger Mann „Eisenspange" („fibula ferrea") genannt wird. Der Tiervergleich mit dem weissen Esel muss also ebenfalls auf das Aussehen des Bassus Bezug genommen haben. Vielleicht erinnerte der Schädel oder das Gesicht des Mannes an einen Eselskopf (z. B. länglich und schief vorgezogen, mit überlanger und grosser Nase und vorgeschobenem Kinn); die Farbe Weiß könnte sich auf die Toga beziehen oder vielleicht auch auf weisses Haupthaar. Die Standardeigenschaften, die man einem Esel zuschrieb, trugen natürlich zur Wirkung des Witzes bei.

58 *Alba … vocabant* Vgl. *Adag.* 454 „Creta notare. Carbone notare" (*ASD* II, 1, S. 528): „Vnde et felicia alba dicimus, infames nigros"; *Adag.* 78 (*ASD* II, 1, S. 188–190): „Albae gallienae filius": „…, feliciter natum albae gallinae filium dicimus. Iuuenalis: Quia tu gallinae filius albae. Vel quod laeta atque auspicata Latini alba vocant vel quod prouerbium alludit ad fatalem illam gallinam … Conueniet igitur adagium in eos, qui rara et fatali quadam felicitate successuque rerum vtuntur".

## PHILIPPVS ORATOR

60　VI, 186　　　　　　　　　MALEOLVS　　　　(Philippus orator, i.e. Lucius
　　　　　　　　　　　　　　　　　　　　　　　Marcius Philippus, 1) [4]

*Philippus* orator *in male olentem „Video"*, inquit, *„me a te circumueniri"*, sentiens se
malo odore vndique oppleri, quum circumuenire dicatur, qui dolo fallit.

## CAESELLIVS [i.e. CASCELLIVS]

65　VI, 187　　　　　　　　　LEPIDE　　　　(Caesellius, i.e. Cascellius, 1) [5]

*Caesellius* [i.e. Cascellius] *consultori dicenti „Nauim diuidere volo"*, *„Perdes"*, inquit.
Ille de precio nauis mercibusque consulebat, hic aliud respondit. Nam ipsam diuidere nauim est *nauim perdere*. Macrobius ita refert, *„Si diuidis, nec tu nec socius habebitis"*. Erat autem duorum negociatorum communis nauis.

---

62　male olentem *sec. err. C BAS LB*: maleolentem
　　*A-C*.
66　Caesellius *A index pers. A-C*: Cesellius *B C
　　BAS LB*: Casselius *Quint. ed. Bas. 1529*, Case-
　　lius *siue* Casellius *plures Quint. edd. vett.*, Cas-

sius Celio *Quint. ed. Campan. 1470*, C. Celio
*lectio varia in Quint. ed. Bas. 1529*, Cascellius
*Quint. text. recept.*
66　consultori *A-C ut in Quint. ed. Bas. 1529*:
　　consultatori *plures Quint. edd. vett., text. recept.*

---

**Lucius Marcius Philippus**, bedeutender popularer Politiker und Redner, 104 v. Chr. Volkstribun, 91 Konsul; i.J. 91 Gegner der Reformgesetze des M. Livius Drusus, deren Aufhebung
er erwirkte. Im Bürgerkrieg stand er auf der
Seite des Marius, jedoch trat er i.J. 82 zu Sulla
über. Als Redner war er durch seine Wortwitze
bekannt (Cic. *Brut.* 173). Vgl. K.-L. Elvers,
*DNP* 7 (1999), Sp. 859, s.v. „Marcius", Nr. I, 13;
F. Münzer, *RE* XIV, 2 (1939), Sp. 1562–1568, s.v.
Marcius (Philippus), Nr. 75. Er. widmet ihm
unten *Apophth.* VI, 204.
59　*PHILIPPVS ORATOR*　In dieser Form auch
　　im Index personarum.
62　*Philippus … circumueniri*　Cic. *De or.* II, 249:
　　„At in male olentem: ‚Video me a te circu-
　　mueniri' subridicule Philippus; at vtrumque
　　genus continet verbi ad litteram immutati
　　similitudo"; *ORF* S. 269, Nr. 17.
62–63 *sentiens … oppleri*　Er.' Erklärung des
　　Witzes ist nicht ausreichend; wie der Kon-
　　text der Cicero-Stelle ausweist, muss ein Wort-
　　spiel vorliegen, bei dem einzelne Buchstaben
　　verdreht werden. Möglicherweise hat Phil-
　　ippus das Wort „circumueniri" als „chircu-

mueniri", „hircumueniri" oder „hircoueniri"
ausgesprochen, sodaß er einen Doppelsinn
von „ich sehe, daß ich von dir hinters Licht
geführt werde" und „ich sehe, daß ich von
dir ver*bockt* werde", dh. „mit Bocksgestank
überzogen werde", herstellt. Der Ziegenbock
war in der röm. Antike für seinen Gestank
sprichwörtlich; „hircus" wurde im Lateinischen als Synonym für „Gestank", „unange-
nehmer Körpergeruch", insb. „Achselgeruch",
verwendet. Vgl. *TLL* 2822, 19 ff., s.v. „hircus". Für den Ziegenbock als Synonym für
unangenehmen Körpergeruch vgl. Horazens
sprichwörtlich gewordenes „hirsutis cubet hircus in alis" (*Epod.* 12, 5). Für die Erklärung von
Philippus' Witz vgl. Leeman-Pinkster-Rabbie,
Komm. zu Cic. *De oratore*, Bd. 3, Buch II,
S. 264–265.
**Gaius Aulus Cascellius** (geb. ca. 104 v. Chr.),
bekannter röm. Jurist, Schüler des Volcatius;
Autor des *Iudicium Cascellianum* (Gai. *Inst.*
4,166a); noch in augusteischer Zeit berühmt;
verfasste neben jurist. Schriften ein (verloren
gegangenes) Buch mit witzigen Aussprüchen
(*Bene dicta*). Vgl. P. Jörs, *RE* III, 2 (1899), Sp.

1634–1637, s.v. „Cascellius", Nr. 4; H.E. Dirksen, *Der Rechtsgelehrte Aulus Cascellius, ein Zeitgenosse Ciceros*, Berlin 1858; T. Giaro, *DNP* 2 (1999), Sp. 1001, s.v. „Cascellius". Er. widmet ihm unten *Apophth.* VI, 200 und 300.

64 *CAESELLIVS* „Caesellius" ist die für Er. massgebliche Form des Namens, so auch im Index personarum.

66 *Caesellius* Bei der Lesart von *A*, „Caesellius", handelt es entweder um eine Korrektur der Basler Quintilian-Ausgabe d.J. 1529, wo Er. „Casselius" antraf, oder um einen Textübertragungsfehler aus der näml. Ausgabe. „Ceselius" (*B, C, BAS*) ist wohl ein Übertragungsfehler, der bei der Drucklegung von *B* aufgetreten ist. Unten VI, 200, verwendet Er. auch in *C* die Schreibweise „Caeselius", während seine Textvorlage, die Macrobius-Ausgabe des Aldus, „Casellius" hatte; in VI, 300 hingegen schrieb Er. „Ceselius" (wo er nach der Textvorlage des Val. Max. arbeitete). Die Form „Ceselius" findet sich jedoch nicht im Index personarum.

66 *Caesellius consultori … inquit* Quint. *Inst.* VI, 3, 87: „Cui sine dubio frequentissimam dat occasionem ambiguitas, vt Cascellio (Casselius *ed. Bas. 1529, fol. 97C*; Cassus Celio *ed. Campan. 1470, fol. 136ᵛ*; C. Celio *lectio varia in ed. Bas.*), qui consultatori (consultori *ed. Bas. 1529 et plures edd. vett.*) dicenti ‚Nauem diuidere volo' ‚Perdes' (pedes *ed. Bas. 1529*), inquit".

66 *consultori* Er. schrieb „consultor", das er in der von ihm benutzten Basler Quintilian-Ausgabe von 1529 antraf (fol. 97C); andere ältere Quintilian-Editionen hatten „consultator". Sowohl „consultor" als auch „consultator" bezeichnet eine Person, die bei einem Rechtsgelehrten einen Rat einholt (Georges I, Sp. 1579–1580, s.vv.); in Macrobius' Wiedergabe des Apophthegmas (*Sat.* II, 6, 2) steht, daß es sich um einen Kaufmann (*mercator*) handelte.

67 *mercibusque* „mercibusque" ist ein Zusatz des Er., der jedoch den Sinn des Ausspruchs des Juristen Cascellius entstellt: Der Kaufmann wollte ein Seeschiff, das Eigentum der von ihm und einem Kollegen gegründeten Handelsgesellschaft war, eigentumsmässig verteilen; natürlich fragte er den Juristen nicht um Rat in Bezug auf die Fracht; Waren konnte man problemlos verteilen.

68–69 *Si diuidis … habebitis* Macr. *Sat.* II, 6, 2: „Mercatori deinde, quem ad modum cum socio nauem diuideret, interroganti, respondisse traditur: ‚Nauem si diuidis, nec tu nec socius habebitis'" (vgl. *ed. Ald. 1528* fol. 162ʳ).

70

# VECTIVS [i.e. VETTIVS] VALENS

VI, 188                          Periculum praevisum                          (Vectius Valens) [6]

*Vectius Valens,* quum a Claudio Caesare immineret periculum atque interim *Silius*
cum *Messalina domi vindemiae simulacrum* omnium *lasciuiarum* genere *celebrarent,*
conscendit *praealtam arborem,* et in *ea* prospectantis *specie* stabat; *interrogantibus,*
75    *quid aspiceret, respondit*: „*Tempestatem ab Ostia atrocem*". Id *siue* ioco dixit *siue forte
lapsa vox est, in praesagium vertit.* Mox adsunt a Caesare nuncii, qui vindictam parant.
[*C*] Is *Silius* erat adulter, cui clam *nupserat Messalina,* quam Caesar dissimulanter
confirmatis nuptiis supplicio affecit. [*A*]

---

72  Vectius *A-C ut quaedam Tac. edd. vett.*: Vecius          73  omnium *C*: omni *A B.*
    *aliae Tac. edd. vett.*, Vettius *Tac. text. recept.*          77–78  Is … affecit *C*: *desunt A B.*
72  a Caesare *C*: Caesari *A B.*

**Vettius Valens,** Leibarzt und Liebhaber der Messalina, der mit ihr i.J. 48 n. Chr. hingerichtet wurde (Tac. *Ann.* XI, 35, 3). Als Arzt Lehrer in der Medizin und Autor einiger überlieferter Rezepte, bei denen Opiate verwendet
wurden. Vgl. R. Hanslik, *RE* VIII, A2 (1958),
Sp. 1869, s.v. „Vettius Valens", Nr. 51; A. Touwaide, *DNP* 12, 2 (2002), Sp. 151–152, s.v. „Vettius", Nr. II, 10; F.P. Moog, „Vettius Valens.
Kaiserlicher Leibarzt und einziger römischer
Schulgründer", in: *Würzburger medizinhistori-
sche Mitteilungen* 20 (2001), S. 18–35.
70  *VECTIVS VALENS*  In dieser Form scheint
    der Name auch im Index personarum auf.
*Apophth.* VI, 188 Die Anekdote datiert auf den
    11. Okt. d.J. 48 n. Chr., kurz vor der Hin-
    richtung der Messalina und des Vettius Valens.
    Die Weinlese (*vindemiae*) fand vom August bis
    Ende September statt, das ländliche Weinle-
    sefest, *Vinalia rustica,* am 19. August, und ein
    weiteres römisches Weinlesefest, die *Medit-
    rinalia,* am 11. Oktober. Tacitus datiert die
    Begebenheit auf „adulto autumno", also „im
    fortgeschrittenen Herbst", was sich wohl am
    ehesten auf den 11. Oktober bezieht. Vgl.
    G. Dumézil, *Fêtes romaines d'été et d'automne,*
    Paris 1975, S. 87–107; C.R. Phillips, *DNP* 12,2
    (2002), Sp. 225–226, s.v. „Vinalia"; A. Mastro-
    cinque, DNP 7 (1999), Sp. 1103, s.v. „Meditri-
    nalia".
72–76 *Vectius Valens … vertit*  Im einleiten-
    den Teil stark gekürzte und frei zusammen-
    fassende, im Spruchteil jedoch wörtliche Wie-
    dergabe von Tac. *Ann.* XI, 31, 2–3: „At Mes-
    salina (Messalina qua *edd. vett.*) non alias

(alia *edd. vett.*) solutior luxu, adulto autumno,
simulacrum vindemiae per domum celebrabat
(celebrat *edd. vett.*): vrgeri prela, fluere lacus;
et feminae pellibus accinctae adsultabant vt
sacrificantes vel insanientes Bacchae; ipsa crine
fluxo thyrsum (thirsum *quaedam edd. vett.*)
quatiens, iuxtaque (iuxta quam *edd. vett.*)
Silius hedera vinctus, gerere cothurnos (cotur-
nos *edd. vett.*), iacere caput, strepente circum
procaci choro. Ferunt Vettium (Vectium *siue*
Vecium *edd. vett.*) Valentem lasciuia in praealtam arborem connisum (connixum *edd. vett.*),
interrogantibus quid adspiceret, respondisse
,tempestatem ab Ostia atrocem', siue coeperat ea species, seu forte lapsa vox in praesagium vertit". Die Quelle für VI, 188 ist, wie
aus wörtlichen Übernahmen hervorgeht, die
zitierte Tacitus-Stelle; *CWE* 38, S. 649 gibt
Suet. *Claud.* 29, 3 als erste Quelle an, wo
die vorl. Anekdote jedoch nicht vorhanden
ist.
72  *Claudio Caesare*  Für Kaiser Claudius (reg.
    41–54) vgl. oben Komm. zu VI, 25: dort auch
    die ihm gewidmete Sektion VI, 25–30.
72  *Silius*  C. Silius, Patrizier, der sich von seiner
    Frau trennte, um Messalina, die Frau des Kai-
    sers Claudius, heiraten zu können, mit der er
    eine Affäre hatte. Im Herbst d.J. 48 n. Chr.
    sollen er und Messalina in einer heimlichen
    Zeremonie geheiratet haben, wobei Messa-
    lina die Herrschaftsinsignien in das Haus des
    Silius bringen ließ. Auf die Nachricht über die
    Hochzeit und die Ankündigung, Silius werde
    sich der Herrschaft bemächtigen, ließ Clau-
    dius ihn gefangen nehmen und hinrichten.

Vgl. W. Eck, *DNP* 11 (2001), Sp. 556–557, s.v. „Silius", Nr. II, 1; A. Nagl, *RE* III, A1 (1927), Sp. 69–71, s.v. „Silius", Nr. 4.

73  *Messalina* Valeria Messalina (vor 20 n. Chr.– 48 n. Chr.), ab 38/39 dritte Gattin des Claudius, der sie noch vor seiner Ernennung zum Kaiser heiratete (41 n. Chr.); von ihm Mutter zweier Kinder, Octavia und Britannicus; in der antiken Historiographie als Nymphomanin, kaiserliche Hure und zu exzessiven Ausschweifungen neigende Person beschrieben. Vgl. H. Stegmann, *DNP* 8 (2000), Sp. 41, s.v. „Messalina", Nr. 2; G. Herzog-Hauser, *RE* VIII, A1 (1955), Sp. 246–258, s.v. „Valeria", Nr. 403; A. Simonis, „Messalina", in: P. von Möllendorff, A. Simonis und L. Simonis (Hrsg.), *Historische Gestalten der Antike. Rezeption in Literatur, Kunst und Musik* (= *Der Neue Pauly. Supplemente*. Bd. 8), Stuttgart-Weimar 2013, Sp. 677–682.

73  *vindemiae simulacrum … celebrarent* Silius feierte in seinem Hause das röm. Weinlesefest der *Meditrinalia*, das am 11. Okt. begangen wurde. Bei diesem Fest wurde der neue Most verkostet; dabei wurde dieser mit einjährigem Wein gemischt, wodurch ein haltbares und, wie man meinte, der Gesundheit besonders förderliches Getränk hergestellt wurde. Tac. *Ann*. XI, 31, 2 stellt das im Privatbereich stattfindende Fest einerseits als dekadente Nachahmung eines eigentlich ländlichen Festes, andererseits als eine aus dem Ruder geratene Dionysos-Feier mit rasenden Bacchantinnen dar; Er. übernimmt diese Bewertung, streicht aber die beschreibenden Elemente.

75  *ab Ostia* Das bezieht sich darauf, daß sich Claudius zu diesem Zeitpunkt in Ostia aufhielt. Als der Kaiser nach Ostia abreiste, war Messalina unter dem Vorwand einer Krankheit in Rom geblieben (vgl. Cassius Dio 60, 31, 4). Dadurch, daß Er. fast die gesamte einleitende Beschreibung des Tacitus strich, verliert der Spruch jeden Witz.

77–78  *quam Caesar … supplicio affecit* Nach der Darstellung des Tacitus, die Er. in dem vorl. Apophthegma zitierte, fertigte der Freigelassene Narcissus den Todesbefehl ohne Mitwissen des Kaisers aus (*Ann*. XI, 37, 2).

## FAVORINVS PHILOSOPHVS [i.e. SOPHISTA]

80   VI, 189                    [*A*] Obsoletorvm affectatio                    (Fauorinus, 1) [7]

*Fauorinus philosophus in adolescentem priscarum* et iam obsoletarum vocum affectatorem, „*Curius*", inquit, „*et Fabritius dilucide cum suis fabulati sunt, neque Auruncorum,
Sicanorum, aut Pelasgorum, qui primi Italiam incoluisse* leguntur, *sed aetatis suae verbis locuti sunt: tu* vero *perinde quasi cum matre Euandri nunc loquaris, verbis iam
85   olim desitis* vteris. *Quod si intelligi non vis, quae* loqueris, *non hoc abunde consequeris
tacens?*".

**Favorinus** (um 80/90–um 160. Jh. n. Chr.) aus
Arles (Arelate) in Gallien. Vertreter der zweiten Sophistik und der akademischen Skep-
tik; vielseitiger Gelehrter, berühmter Redner, Verfasser zahlreicher philosoph. Schriften,
Reden, besonders epideiktischer Deklamationen, weiter einer Philosophiegeschichte mit
dem Titel ἀπομνημονεύματα (*Denkwürdigkei-
ten*) sowie einer Enzyklopädie mit dem Titel
παντοδαπὴ ἱστορία (*Omnigena historia*), zum
Teil philosophiegeschichtlichen Inhalts; Schüler des Dion Chrysostomos, mit dem er die
akademische Skepsis teilte. Philostratos verfasste eine panegyrische *Vita* des Favorinus.
Vgl. E.-G. Schmidt, *DNP* 4 (1998) Sp. 450–451
s.v. „Favorinus"; W. Schmid, *RE* VI, 2 (1909),
Sp. 2078–2084; T. Scheer, *DNP* 4 (1998), Sp.
450–451, s.v. „Favorinus"; W. Schmid, *RE* VI, 2
(1909), Sp. 2078–2084, s.v. „Favorinus"; S. Fol-
let, „Favorinus d'Arles, in: R. Goulet (Hrsg.),
*Dictionnaire des philosophes antiques*, Bd. 3,
Paris 2000, S. 418–422; E. Menschnig (Hrsg.),
*Favorin von Arelate: Der erste Teil der Frag-
mente. Memorabilien und Omnigena historia*,
Berlin 1963. Er. widmet ihm in den *Apophth.*
noch zwei weitere Sprüche (VIII, 8–9).
79 *FAVORINVS PHILOSOPHVS* In dieser
Form auch im Index personarum. Der Index
von *C* vermeldet neben dem „Fauorinus philosophus" auch noch einen „Favorinus sophista
777" (= VIII, 8–9); dieser ist freilich mit dem
„Fauorinus philosophus" identisch. Im Index
von *B* fehlt ein Verweis auf VIII, 8–9 bzw.
„Fauorinus sophista".
Den Titel von VI, 189 hat Er. der ersten Zeile
des von ihm erstellten Textes entnommen.
Der aufgeklärte Intellektuelle Favorinus richtet sich mit seinem Spruch gegen den in seiner Zeit (2. Jh. n. Chr.) zur Mode gewor-

denen lateinischen Spracharchaismus, den er
als dekadent darstellt und dem Sprachver-
halten der römischen Helden des 3. Jh. v.
Chr. (also eigentlich der Sprachvorbilder der
Archaisten) gegenüberstellt, die sich ganz im
Gegenteil bemüht hätten, klar und verständlich („dilucide") und *im Sprachidiom ihrer Zeit*
zu reden. Es hätte ihnen ferngestanden, sich
in Sprachidiomen von italischen Uraltspra-
chen zu äußern, wie jenen der Aurunker, Sikanen oder Pelasger. Die kritische Anmerkung
des Favorinus besitzt einen satirischen Charakter; insofern ist sein historischer Vergleich
stark übertrieben: Denn weder die Aurunker
noch die Sikanen noch die Pelasger noch die
„Mutter des Euander" sprachen Latein. Das
Aurunkische gehörte der umbrisch-oskischen
Sprachfamilie zu, während das Sekanische und
das „Pelasgische" überhaupt keiner bekannten Sprachgruppe zugeordnet werden können (vgl. P. Poccetti, „Language Relations in
Sicily. Evidence for the Speech of the Σικα-
νοί, the Σικελοί and others", in: O. Tribu-
lato (Hrsg.), *Language and Linguistic Contact
in Ancient Sicily*, Cambridge 2012, S. 65ff.).
Von Euander stellte man sich vor, daß er
Pelasgisch sprach. Sowohl Sekanen als Pelasger gehörten bereits in der Betrachtungsweise
der griechisch-römischen Intellektuellen einer
unbestimmten mythischen Vergangenheit zu;
für ihre Existenz gab es im 2. Jh. n. Chr. keine
konkrete Evidenz, auch waren keine Texte als
Sprachzeugnisse überliefert. Favorinus selbst
kümmerte sich nicht einmal ansatzweise um
altertümelnde Tendenzen des Lateinischen. Er
verfasste seine Werke in der Koine der gelehrten Welt seiner Zeit, auf Griechisch.
82–85 *Curius inquit … vteris* Weitgehend
wörtliche Wiedergabe von Gell. I, 10, 1–2:

„Fauorinus philosophus adolecenti veterum verborum cupidissimo et plerasque voces nimis priscas et ignotas (ignotissimas *edd. vett.*) in quotidianis communibusque sermonibus expromenti ‚Curius', inquit, ‚et Fabricius et Coruncanius, antiquissimi viri nostri, et his antiquiores Horatii illi trigemini, plane ac dilucide cum suis fabulati sunt neque Auruncorum aut Sicanorum aut Pelasgorum, qui primi coluisse (incoluisse *edd. vett.*) Italiam dicuntur, sed aetatis suae verbis locuti sunt. [2] Tu autem proinde quasi cum matre Euandri nunc loquare, sermone abhinc multis annis iam desito vteris, quod scire atque intellegere (intelligere *edd. vett.*) neminem vis, quae dicas. Nonne, homo inepte, vt quod vis, abunde consequaris, taces (taceres *edd. veteres*)? ‘ “; vgl. auch Macrobius, der die bei Gellius überlieferte Anekdote in den *Saturnalia* wörtlich zitierte, dabei jedoch den Spruch dem lateinischen Dichter Avienus (2. H. d. 4. Jh. n. Chr.) in den Mund legte, der diese Worte zu dem Grammatiker und Vergilkommentator Servius gesprochen haben soll (Macr. *Sat.* I, 5, 1).

82 *Curius* Mit „Curius" ist der röm. Konsul und Feldherr Manius Curius Dentatus (gest. 270 v. Chr.) gemeint, der 290 die Samniten und Sabiner und 275 König Pyrrhos schlug. Manius Curius galt als Paradebeispiel altrömischer Tugend, Siegeswillens, Tüchtigkeit, Bescheidenheit, Selbstlosigkeit und Unbestechlichkeit. Favorinus führt ihn als Beispiel eines nationalen Helden an, der nach der Art der alten Römer sprach. Für Manius Curius siehe oben Komm. zu V, 263. Er. hat ihm im fünften Buch der *Apophth.* eine Sektion (V, 263–264) gewidmet.

82 *Fabritius* Es handelt sich um Gaius Fabricius Luscinus (Konsul 282 und 278 v. Chr.), den berühmten röm. Helden, der über die Samniten, Bruttier und Lukaner entscheidende Siege feierte und trotzdem seinen Lebensstil beibehielt. Er. betrachtete ihn als vorbildlichen Staatsmann im Sinn seiner *Inst. princ. christ.* Er hatte ihm bereits im fünften Buch der *Apophth.*, dem Buch der Könige und militärischen Führer, eine Sektion gewidmet (V, 265–269); unten läßt er noch zwei weitere seiner Sprüche (VI, 321 und 350) nachfolgen. Zur Person des Fabricius vgl. oben Komm. zu V, 265.

82–83 *Auruncorum, Sicanorum* Völkerschaften, die man den Ureinwohnern Italiens zuzählte: Die Aurunker waren ein altitalisches Volk, das in vorröm. Zeit im westl. Süditalien, im Süden Latiums und im nördl. Kampanien sesshaft war; sein Hauptort war Suessa (heute Suessa Aurunca). Im 4. Jh. v. Chr. geriet es unter röm. Herrschaft. Vgl. Ch. Hülsen, *RE* II, 2 (1896), Sp. 2554, s.v. „Aurunci"; Ch.J. Smith, „The Aurunci and Sidicini", in: G.D. Farney und G. Bradley (Hrsg.), *The Peoples of Ancient Italy*, Boston – Berlin 2017. Die Sikanen galten in der Antike als autochthone Ureinwohner Siziliens. Z.Z. der griechischen Kolonisation im 8. Jh. v. Chr. scheinen sie sich v.a. in mittleren Teil Siziliens aufgehalten zu haben.

83 *Pelasgorum* Die Pelasger waren die sagenhaften Ureinwohner Griechenlands und der Ägäis, bevor die indogermanischen Griechen einwanderten.

84 *matre Euandri* Die Mutter des Euander ist noch mehr ins Dunkel des Mythos gehüllt als Euander selbst: Sie soll entweder die arkadische Quellnymphe Themis (die Tochter des Flussgottes Ladon) oder die Nymphe Nikostrate (in beiden Fällen wird Hermes als Vater angegeben) oder Carmenta, der italischen Göttin der Geburt und der Prophetie, oder der italischen Sibylle Tiburtis oder der Timandra, der Tochter des Helden Tyndareos (als Vater wird in diesem Fall Echemos aus Tegea angegeben) gewesen sein. Vgl. E.-G. Schmidt, *DNP* 4 (1998), Sp. 204, s.v. „Euandros", Nr. 1.

84 *Euandri* Der mythische arkadische König und Kulturstifter Euandros (oder lateinisch Euander), ein Pelasger, der nach der Überlieferung 60 Jahre vor dem Trojanischen Krieg aus Mittelgriechenland, aus dem arkadischen Pallantion, nach Italien gekommen sein soll (Dion. Hal. *Ant.* I, 31–33). Er wurde von dem autochthonen italischen König Faunus freundlich empfangen, der ihm Land zur Bewohnung schenkte. Dort soll Euander die erste Siedlung auf dem Palatin gegründet haben, der er nach seiner Vaterstadt Pallantion den Namen „Pallantium" → Palatium gab. Euander soll die Grundbausteine der Kultur, die Buchstabenschrift (Alphabeth), Religion (z.B. Kulte von Ceres, Consus, Neptunus Equester, Lupercus, des lykäischen Pan, Victoria) und Musik (Gebrauch von Musikinstrumenten) nach Italien gebracht haben. Vgl. E.-G. Schmidt, *DNP* 4 (1998), Sp. 204, s.v. „Euandros", Nr. 1; J. Escher, *RE* VI, 1 (1907), Sp. 839, s.v. „Euandros", Nr. 1.

# PHILEMON

VI, 190                    Risvs interimens                    (Philemon) [8]

*Ficus Philemoni paratas* et *in conspectu* eius *positas asellus comedebat*; *puer inclamatus,*
90    *vt* asinum *abigeret*, sero venit. Itaque *consumptis omnibus „Quoniam"*, inquit, *„tam
tardus fuisti, da nunc merum asello"*. Interim risus obortus hominem senem praefo-
cauit.

## C. IVLIVS [i.e. C. IVLIVS CAESAR STRABO]

VI, 191                                            (C. Iulius Caesar Strabo, 1) [9]

95    *C. Iulius Hel⟨u⟩io mancipi* [i.e. Manciae] *saepius obstrepenti sibi dixit „Et iam ostendam, qualis sis"*, et Hel⟨u⟩io *instanti, vt ostenderet, qualis esset*, Iulius *digito demon-*

---

95  Heluio *scripsi ut in Quint. ed. Bas. 1529*: Helio
    *A-C*: Eluio *Quint. ed. Campan. et aliae edd.
    priscae*, Helmio *plures Quint. edd. vett.*
95  mancipi *A-C ut in Quint. ed. Bas. 1529*: Man-
    ciae *plures Quint. edd. vett.*

95  et iam *scripsi*: etiam *A-C Quint. ed. Campan.,
    iam Quint. ed. ab Regio et plures edd. post
    Regium, ita et ed. Bas. 1529.*
96  Heluio *scripsi sec. Quint. ed. Bas. 1529*: Helio
    *A-C*, Eluio *Quint. ed. Campan. et edd. priscae*,
    Helmio *plures edd. vett.*

**Philemon der Ältere** (4./3. Jh. v. Chr., erster Dio-
nysiensieg 327), gefeierter Dichter der attischen Neuen Komödie, Vater Philemons d.J.,
der ebenfalls Komödiendichter war; galt zu
Lebzeiten als wichtigster Dichter der Attischen
Komödie und hatte sogar mehr Erfolg als
Menander, wurde später jedoch von diesem
überflügelt. Von seinen Werken sind nur Fragmente erhalten; jedoch lebte er in Sammlun-
gen von Sentenzen weiter. Vgl. A. Körte, *RE*
XIX, 2 (1938), Sp. 2137–2145, s.v. „Philemon",
Nr. 7; H.-G. Nesselrath, *DNP* 9 (2000), Sp.
784–786, s.v. „Philemon", Nr. 2.
87  *PHILEMON*  In dieser Form auch im Index
personarum.
89–91  *Ficus ... merum asello*  Zunächst weitgehend wörtliche, im auswertenden Teil jedoch
stark gekürzte und freie Wiedergabe von Val.
Max. IX, 12, ext. 6: „Philemonem autem vis
risus inmoderati abstulit. Paratas ei (enim *ed.
Bade 1510*) ficus atque in conspectu positas
asello consumente puerum, vt illum abigeret,
inclamauit. Qui cum iam comestis omnibus
superuenisset, ‚Quoniam', inquit, ‚tam tardus
fuisti, da nunc merum asello'. Ac protinus
vrbanitatem dicti crebro anhelitu cachinno-

rum prosecutus, senile guttur salebris spiritus
angustia praegrauauit".
91  *merum*  Er. bleibt in diesem Fall eine Erklärung des Apophthegmas schuldig. Diese lieferte Badius Ascensius in seinem Valerius-
Kommentar: Nach dem Genuss von Feigen
sollte man vermeiden, Wasser zu trinken, da
man annahm, dies würde Blähungen verur-
sachen; stattdessen sollte man sich in dem
Fall an reinen Wein halten (ed. Bade 1510,
fol. CCCXCIᵛ).
**C. Iulius Caesar Strabo Vopiscus** (ca. 130–87 v.
Chr.), Politiker und Dichter, verwandt mit
dem Diktator Iulius Caesar; bewarb sich (i.J.
88) um das Konsulat, ohne zuvor das Prätor-
amt bekleidet zu haben; wurde in den Konflikt zwischen Sulla und Marius hineingezogen und, als Marius 87 Rom eroberte, getötet.
Figuriert als Dialogperson in Ciceros Rhetorikhandbuch *De oratore*. Vgl. E. Diehl, *RE* X,
1 (1918), Sp. 428–431, s.v. „Iulius (Caesar)", Nr.
135; K.-L. Elvers, *DNP* 6 (1999), Sp. 21–22, s.v.
„Iulius", Nr. I, 11.
93  *C. IVLIVS*  In dieser Form auch im Index
personarum von *A, B* (s.l. „C") und *C* (s.l.
„I"). Der Namensform nach unterscheidet Er.

diesen „C. Iulius" von dem Diktator, den er in der Titulatur und im Index personarum mit „C. Iulius Caesar" angibt.

*Apophth.* VI, 191 datiert auf die Zeit zwischen d.J. 101 (Schlacht von Vercellae) und 87 v. Chr. Die Anekdote mit der Darstellung „eines Galliers mit heraushängender Zunge" auf dem kimbrischen Kampfschild wird, abgesehen von Quint. und Cic. *De or.* auch von Plin. *Nat.* XXXV, 25 erzählt, der ihr einen wichtigen Stellenwert in der Geschichte der Malerei in Rom zuteilte. Dabei schrieb er sie jedoch dem L. Licinius Crassus (140–191 v. Chr.), dem Konsul d.J. 95, zu. Plinius muß Ciceros *De or.* als Quelle benutzt haben und die Worte „vt meum illud" fälschlich dem Licinius Crassus zugeschrieben haben, der sonst Hauptredner in *De oratore* ist. Von besonderem Interesse ist, daß er den kimbrischen Kampfschild für ein Gemälde hielt, das seiner Meinung nicht bei den „Neuen", sondern bei den „Alten Läden", also auf der Südseite des Forums, ausgestellt war. Plinius bringt die Anekdote im Kontext der Kunstgeschichte, der das 35. Buch der *Nat.* gewidmet ist. Er präsentierte den Gallier mit heraushängender Zunge für eines der frühesten Gemälde, die in Rom öffentlich (d.h. auf dem Forum) ausgestellt wurden. Älter scheint nach Plinius nur das Dionysos-Gemälde des Aristeides gewesen zu sein, das Mummius 146 als Teil der korinthischen Kriegsbeute mit nach Rom gebracht und dort im Ceres-Tempel (in der Nähe des Circus Maximus) zur Schau gestellt hatte.

95 *Hel⟨u⟩io* Da Er. von der Basler Quintilian-Ausgabe ausgegangen ist, stellt „Helio" wohl einen Textübertragungsfehler dar; in Er.' Quelle stand „Heluio", das hier wieder eingesetzt wurde.

95 *Hel⟨u⟩io mancipi* **Helvius Mancia** (geb. um 130-nach 55/0 v. Chr.) aus Formiae (einem Küstenstädtchen in Latium); Prozeßredner und Advokat. Er muss um 130 geboren sein, da er sich um 55 in sehr hohem Alter befand und einen schon in der äußeren Erscheinungsform auffällig gebrechlichen Körper aufwies, dessentwegen ihn Pompeius als einen „von den Toten Auferstandenen" verspottete. Aus vorl. Apophth. geht hervor, daß er ein häßliches, etwas verzerrtes Gesicht mit Hängebacken hatte und unter der üblen Gewohnheit litt, immer wieder seine Zunge herauszustecken. Vgl. F. Münzer, *RE* VIII, 1 (1912), Sp. 229, s.v. „Helvius", Nr. 15. Im vorliegenden Fall trat Helvius Mancia als Advokat in einem

Prozeß gegen Gaius Caesar Strabo auf, der die Gegenpartei vertrat. Er widmete Helvius Mancia zwei *Apophthegmata*, VI, 357 und VIII, 159.

95 *mancipi* Eine Korruptel, die Er. aus der Basler Quintilian-Ausgabe übernahm. Helvius war kein „Pächter" oder „Unternehmer öffentlicher Leistungen" (vgl. *DNG* II, Sp. 2986, s.v. „manceps"), sondern Redner und Advokat.

95–98 *Et iam ostendam … fluentibus* Er. hat seinen Text kollageartig sowohl aus Quintilians als auch aus Ciceros Wiedergabe der Anekdote zusammengestellt. Im ersten Teil von „C. Iulius …" bis „… digito demonstrabat" folgt er der Darstellung Quintilians, im folgenden von „in Mariano scuto …" bis „… buccis fluentibus" jener Ciceros, von „cui manceps …" bis „… gratia positum" wiederum Quintilian, um im vorletzten Satz noch einmal Cicero als Vorlage zu nehmen. Vgl. Quint. *Inst.* VI, 3, 38: „Rarum est, vt oculis subicere contingat, vt fecit C. Iulius: qui cum Heluio (Heluio *ed. Bas. 1529, fol. 95A*: Eluio *ed. Campanus 1470, fol. 133ʳ*: Helio *siue* Elio *quaedam edd. vett.*: Helmio *quaedam aliae edd. vett.*) Manciae (mancipi *ed. Bas. 1529, ed. Campan.*: Manciae *quaedam edd. vett.*) saepius obstrepenti sibi diceret ‚Iam ostendam (iam ostendam *ed. Bas.*: ostendam etiam iam *ed. Campan.*, et expunxit *Regius 1493*), qualis sis‘, isque plane instaret interrogatione, qualem tandem se (se tandem *ed. Bas. 1529*; tandem *om. Campan.*) ostensurus esset, digito demonstrauit imaginem Galli (galli *ed. Bas. 1529*) in scuto Cimbrico (Cimbrico *ed. Bas.*; cymbrico *ed. Campan.*) pictam, cui Mancia (manceps *ed. Bas. 1529, ed. Campan.*) tum (quam *lectio varia in ed. Bas. 1529*) simillimus est (esset *ed. Bas. 1529*) visus. Tabernae autem erant circa forum ac scutum illud signi gratia positum"; Cic. *De or.* II, 266 (es trägt die Dialogperson C. Iulius Strabo vor): „Valde autem ridentur etiam imagines, quae fere in deformitatem aut in aliquod vitium corporis ducuntur cum similitudine turpioris; vt meum illud in Heluium Manciam: ‚Iam ostendam, cuius modi sis‘; cum ille: ‚Ostende quaeso‘, demonstraui digito pictum Gallum in Mariano scuto Cimbrico sub Nouis (nodis *in edd. priscis*), distortum, eiecta lingua, buccis fluentibus; risus est commotus. Nihil tam Manciae simile est".

96 *Iulius* Die unschöne, stilistisch ungelenke Wiederholung von „Iulius" geht auf das Konto des Er.

strabat Gallum in Mariano scuto Cimbrico depictum, nodis distortum, eiecta lingua,
buccis fluentibus, cui manceps [i.e. Mancia] tum simillimus est visus. Taberna autem erat
apud forum, ac scutum illud signi gratia positum. Ingens omnium risus consequutus
est. Expectarant enim, vt aliquid in mores illius obiiceret.

**IVBA**

| VI, 192 | IOCOSE | (Iuba, i.e. Iuba II) [10] |
|---|---|---|

Iuba querenti, quod ab illius equo esset aspersus, „Quid tu?", inquit, „An me hippocentaurum putas?", deridens eum, qui quod equus commiserat, domino sessori imputa-
ret, quasi idem animal esset equus et sessor, quales finguntur hippocentauri.

**C. CASSIVS**

| VI, 193 | MILES SINE GLADIO | (C. Cassius) [11] |
|---|---|---|

C. Cassius militem videns sine gladio currentem, „Heus", inquit, „commilito, pugno
bene vteris", festiuiter taxans inermem militem, cui pro gladio pugno sit vtendum.

---

97  Gallum A-C: gallum Quint. ed. Bas. 1529, ed.
Campan. 1470.
98  manceps A-C ut in Quint. ed. Bas. 1529:
Mancia Quint. text. recept.
103  querenti A B ut in Quint. ed. Bas. 1529:
quaerenti C BAS.

108  Cassius scripsi cum A et sec. indicem pers. A-
C (cf. Quint. ed. Bas. 1529): Crassus B C BAS
LB.
108  currentem A-C: discurrentem Quint. ed.
Bas. 1529, decurrentem Quint. ed. Campan.

97  *Gallum in Mariano scuto Cimbrico depictum*
Es handelt sich um einen kimbrischen Schild,
der im Jahr 101 v. Chr. erbeutet worden war,
als Marius die Kimbern bei Vercellae in einer
Feldschlacht vernichtete. Ein Inhaber der sog.
„neuen Buden" auf dem Forum muss in den
Besitz dieses Schildes gelangt sein; entweder
hatte er selbst an der Schlacht von Vercellae teilgenommen oder den Schild einem früheren Soldaten als Zeche abgeknöpft. Jedoch
war auf dem Schild sicherlich nicht ein Kopf
oder gar Porträtkopf eines Galliers oder eines
Kimbers abgebildet, sondern es handelt sich
um ein kimbrisches Gorgoneion, ein dämo-
nisches Fratzengesicht mit herausgestreckter
Zunge, so konzipiert um den Gegner in der
Schlacht in Angst und Schrecken zu ver-
setzen. Vgl. den Komm. zu *De oratore* von
Leeman-Pinkster-Rabbie II, S. 296. Er. traf

in der von ihm benutzten Basler Quintilian-
Ausgabe „gallum" kleingeschrieben an, was
bedeutet hätte, daß auf dem Schild ein krä-
hender Hahn abgebildet war; aufgrund des
Vergleichs mit der *De-oratore*-Stelle muss Er.
jedoch verstanden haben, daß es um ein
menschliches Gesicht ging; aufgrund dessen
schrieb er in seinem Apophthegma-Text „Gallus" groß.
97  *nodis* Die Lesart „nodis" findet sich in frühen Editionen von *De oratore*. Das gemalte
Gesicht eines Galliers, das von „Knoten" entstellt sein soll, ergibt jedoch keinen nachvollziehbaren Sinn. Der richtige Text ist „sub
Nouis" (sc. tabernis). Dabei handelt es sich
um die in Holzbau errichteten Läden an der
Nordseite des Forums; sie wurden „die Neuen"
genannt, weil sie im Jahr 210 v. Chr. abge-
brannt und neu aufgebaut worden waren, im

Gegensatz zu den „Veteres", den alten Tavernen an der Südseite des Forums. Vgl. den Komm. zu *De oratore* von Leeman-Pinkster-Rabbie II, S. 296.

*Apophth.* VI, 192 Die Anekdote datiert auf die Zeit zwischen 35 und 25 v. Chr., als sich Iuba II. in Rom aufhielt.

103–104 *Iuba quaerenti quod … putas* Quint. *Inst.* VI, 3, 90: „Alienam (alienam *text. recept.,* ed. Radermacher: aliena *ed. Bas. 1529, plures edd. vett.*) finxit Iuba (Iuba *text. recept., ed. Bas.*: verba *ed. Campan.*), qui querenti, quod ab equo sputo (suo *ed. Bas.*; sputos *ed. Campan.*) esset adspersus, ‚Quid? Tu', inquit, ‚me Hippocentaurum putas?'".

103 *Ibua* Es handelt sich um Iuba II. (ca. 50 v. Chr.–23 n. Chr.), den Sohn des Numidierkönigs Iuba I (ca. 85–46 v. Chr.), den Caesar bei Thapsus i.J. 46 vernichtend schlug; Iuba I. verlor das Leben und sein Sohn wurde mit nach Rom genommen, wo er in Caesars Triumphzug vorgeführt wurde; er wuchs in der Folge in Rom am Hof des Augustus auf, genoß eine hervorragende Ausbildung und entwickelte sich zum Schriftsteller (Historiker, Geograph, Ethnograph); 25 v. Chr. verlieh ihm Augustus das römische Bürgerrecht und setzte ihn als König von Mauretanien ein. War mit Kleopatra Selene, der Tochter der berühmten Kleopatra (VII,) verheiratet. Vgl. J. Fündling, *DNP* 5 (1998), Sp. 1185–1186, s.v. „Iuba", Nr. 2; F. Jacoby, *RE* IX, 2 (1916), Sp. 2384–2395, s.v. „Iuba", Nr. 2; W. Ritter, *Rom und Numidien*, Lüneburg 1987, S. 137–142; J.-M. Camacho Rojo und P.P. Fuentes González, „Iuba (Juba) II de Maurétanie", in: R. Goulet (Hrsg.), *Dictionnaire des philosophes antiques*, Bd. 3, Paris 2000, S. 940–954.

103 *ab illius equo* Er. ging von der ihm in der Basler Ausgabe d.J. 1529 vorl. Lesart „ab equo suo" aus, die jedoch den Witz im Keim erstickt. Vorzuziehen ist die in Handschriften überlieferte Lesart „ab equo sputo", die auch in den modernen *text. recept.* aufgenommen wurde. Die Antwort Iubas II. ist nur witzig, wenn sich der Passant darüber beklagte, daß „er von dem Pferd bespuckt" worden sei („ab equo sputo esset aspersus"). In seiner Antwort tut Iuba so, als ob der Passant gemeint hätte, er selbst hätte gespuckt. Wenn der Passant sich hingegen lediglich darüber beklagt hätte, daß ihn das Pferd angespritzt hätte, schiesst die Pointe Iubas ins Leere.

106 *C. CASSIVS* In dieser Form auch im Index personarum.

Er. leitete den Titel des *Apophth.* VI, 193 aus dem zitierten Quintilian-Text ab. Der so konstruierte Titel kommt einer sprichwörtlichen Redensart gleich; vgl. Dio Chrys. *Hom.* 6, in latein. Übers.: „Oratio sine ieiunio *miles sine gladio*, rosa sine spina, chorda sine cithara" oder das Apophthegma des Benediktinerabtes Paulus Neccarus; „Monachum sine libris et librorum studiosa lectione eundem esse qui miles sine gladio".

108 *C. Cassius* Es ist unklar, um welchen **C. Cassius** es geht: u. a. kommen in Frage C. Cassius Longinus, der Konsul d.J. 73 v. Chr., der i.J. 72 als Prokonsul in Gallien gegen Spartacus kämpfte; dessen gleichnamiger Sohn (vor 85– 42 v. Chr.), der Mörder Caesars, der im Bürgerkrieg ein Heer befehligte; weiter C. Cassius Longinus (gest. 69 n. Chr.; Suffektkonsul 30), der als Statthalter Syrien regierte (45–49 n. Chr.); oder C. Cassius Parmensis, ein weiterer Caesarmörder, der als Proquästor 42 nach der verlorenen Schlacht von Pharsalus die Truppen sammelte. Alle vier genannten Personen befehligten Heere und wohnten militärischen Übungen bei (vgl. die richtige Lesart „decurrere" im zitierten Quintilian-Text). Für die ersten beiden vgl. K.-L. Elvers, *DNP* 2 (1996), Sp. 1008–1010, s.v. „Cassius" I, 9 und 10; für C. Cassius Longinus W. Eck, ebd., *1012–1013*, s.v. „Cassius", Nr. II, 14; für C. Cassius Parmensis K.-L. Elvers, ebd., 1011, s.v. „Cassius", Nr. I, 18.

108 *Cassius* In *A* wurde der Name richtig aus der von Er. benutzten Basler Quintilian-Ausgabe d.J. 1529 übernommen. Bei der Drucklegung der zweiten Ausgabe kam es zu dem Fehler „Crassus", der sich fortan bis zu *LB* durchsetzte.

108–109 *militem … vteris* Quint. *Inst.* VI, 3, 90: „Suam (suam *text. recept., ed. Campan.*: sua *ed. Bas. 1529, fol. 97D*) C. Cassius, qui militi sine gladio decurrenti (decurrenti *text. recept., ed. Campan.*: discurrenti *ed. Bas. 1529*) ‚Heus commilito, pugno bene vteris', inquit".

108 *currentem* Er.' Textvorlage, die Basler Quintilian-Ausgabe d.J. 1529, hatte hier den verderbten Text „discurrentem" („hin und herlaufend"). Er. versuchte, den Text zu verbessern, indem er „dis" tilgte. „currentem" ist nicht überzeugend. Er. nahm wohl an, daß der weiter unbekannte Soldat in die Schlacht lief. Die richtige Lesart, die gleichwohl bereits in der *ed. pr.* Campanos vorrätig war, ist „decurrentem", das *verbum proprium* für das Exerzieren bei Truppenübungen.

110                                          PVBLIVS [?]

VI, 194                              INVIDIA                    (Publius [?]) [12]
                               (= Dublette von VII, 212)

Publius *videns* [Publium] *Mutium,* hominem *maleuolum* et inuidum, *solito tristio-*
*rem,* „*Aut Mutio*", inquit, „*aliquid accidit* mali, *aut* alteri cuipiam *aliquid boni*", sen-
115    tiens illum non minus alienis commodis quam suis incommodis vri.


                              PVBLIVS [i.e. PVBLILIVS] SYRVS

VI, 195                            HYDROPICVS              (Publius natione Syrus, i.e.
                                                              Publilius Syrus, 1) [13]

*Publius* [i.e. Publilius] *natione Syrus,* quum herus ipsius *seruum hydropicum in area*
120    *iacentem increpans* interrogaret, *quid* illic ageret, lepide pro seruo *respondit*: „*Aquam*
*calefacit*".

VI, 196                           OCIVM MOLESTVM            (Publius natione Syrus, i.e.
                                                              Publilius Syrus, 2) [14]

Idem quum *super coenam esset orta iocosa quaestio, quodnam esset molestum ocium,*
125    et *alius aliud opinaretur,* respondit, „*Podagrici pedes*". Ocium vt rem suauissimam
expetunt omnes, sed ocium podagrici cum summo cruciatu coniunctum est.


---

113  Publium *seclusi.*
113  Mutium *A-C (cf. Macrobii ed. Ald.)*: Mucium
        *Macrobii text. recept.*
114  Mutio *A-C (cf. Macrobii ed. Ald.)*: Mucio
        *Macrobii text. recept.*

119  Publius *A-C (cf. Macrobii ed. Ald.)*: Publilius
        *Macrobii text. recept.*
121  calefacit *B C (cf. Macrobii ed. Ald.)*: calfacit
        *A.*


110  *PVBLIVS*  Mit dieser Namensform verwei-
      sen die Basel-Ausgaben im Index personarum
      auf das vorl. Lemma. Aus dem Index per-
      sonarum geht weiter hervor, daß die Person
      mit dem Namen „Publius" von jener mit dem
      Namen „Publius natione Syrus" unterschie-
      den wurde.
*Apophth.* VI, 194 repräsentiert eines der ‚Wan-
      derapophthegmen'. Es stellt eine Dublette von
      VII, 212 dar, das denselben Titel wie VI, 194
      trägt, dort jedoch dem akademischen Philo-
      sophen Bion von Borysthenes zugeschrieben
      wird.
113  *Publius*  Ein röm. Vorname stellt keine aus-
      reichende Namensangabe dar, wenn nicht der

Kontext zusätzliche Namensteile aufweist. An
der zitierten Macrobius-Stelle *Sat.* II, 2, 8
ist nur „Publius" überliefert, während der
Kontext nicht erkennen lässt, um welchen
Publius es geht. Es ist fraglich, ob der tradierte Macrobius-Text richtig ist. Z. B. überliefern die älteren Macrobius-Ausgaben in *Sat.*
II, 7 die Sentenzen und Aussprüche eines
„Publius mythographus", womit der Mimenautor Publilius Syrus gemeint ist; dazu siehe
Komm. unten zu VI, 195.
113–114  *videns … aliquid boni* Macr. *Sat.* II,
2, 8: „Eustathius deinde: ‚Publius Mucium
(Mutium *ed. Ald. 1528, fol. 155ʳ*) in primis mali-
uolum (maleuolum *ed. Ald. 1528*) cum vidis-

set solito tristiorem, „Aut Mucio (Mutio *ed.*
*Ald. 1528*)“, inquit, „nescio quid incommodi
accessit aut nescio cui aliquid boni“‘“. Vgl.
*Apophth.* VII, 212: „Conspiciens quendam
tristi vultu, qui habebatur inuidus, ‚Nescio‘,
inquit (sc. Bion), ‚vtrum tibi aliquid acciderit
mali, an alteri boni quippiam‘“. Inuidus enim
non minus discruciatur aliena felicitate quam
suo infortunio“.

113 *Publium* Publium ist ein merkwürdiger
Einschub des Er., der wahrscheinlich einem
mechanischen Textübertragungsfehler (Dittographie) geschuldet ist. Da eine mechanische
Ursache auf der Hand liegt, ist „Publium“ zu
tilgen.

113 *Mutium* Das plebejische Geschlecht der
Mucii hatte zahlreiche Familienmitglieder.
Für die republikanische Zeit führt *DNP* zehn
an, *RE* noch weitere; abgesehen von *DNP* 8
(2000), s.v. „Mucius“, Sp. 424–425, Nr. I, 1 und
I, 2 kommen die meisten in Frage; von den in
*RE* angeführten die meisten nach Nr. 1; vgl.
E. Fabricius, *RE* XVI, 1 (1935), Sp. 414 ff., s.v.
„Mucius“, Nr. 2 ff.

**Publilius Syrus** (1. Jh. v. Chr.), Mimendichter;
kam im Knabenalter als Sklave aus Antiocheia
in Syrien nach Rom, dort später freigelassen. Sein eigentlicher, syrischer Name ist
unbekannt, Syrus war sein Sklavenname; den
Namen Publilius erhielt er erst bei seiner Freilassung, er war der Name seines letzten Herren. Sein Erfolg als Mimendichter und Mime
datiert nach seiner Freilassung, als er aller-
orts auftreten konnte. In den von dem Diktator Caesar organisierten Spielen siegte er
gegen den römischen Ritter Decimus Labe-

rius (46 v. Chr.). Seine Mimen sind verlo-
rengegangen; jedoch ist eine Sammlung seiner Sprüche (*Sententiae*) erhalten. Macrobius
hat in den *Sat.* II, 7 eine Sammlung der
Sprüche des Publilius Syrus überliefert. Vgl.
O. Skutsch, *RE* XXIII, 2 (1959), Sp. 1920–
1928, s.v. „Publilius“, Nr. 28; L. Benz, *DNP*
10 (2001), Sp. 582–583, s.v. „Publilius“, Nr. I,
4. Für seine Sprüche s. H. Beckby (Hrsg.),
*Die Sprüche des Publilius Syrus. Lateinisch-*
*Deutsch*, München 1969; O. Friedrich (Hrsg.),
*Publilii Syri Mimi Sententiae*, Hildesheim 1964
(Nachdr. von Berlin 1880). Indem er seiner
Quelle Macr. *Sat.* II, 7, 6 nachfolgt, bezeich-
net Er. den Publilius Syrus als „Publius Syrus“.
Dieser Name ist grundsätzlich falsch, weil
er ein Vorname statt eines *nomen gentile* ist.
Es war jedoch gerade das *nomen gentile*, das
den Freigelassenen auszeichnete und das er
von demjenigen, der ihn freiließ, übernehmen
durfte.

119–121 *seruum ... calefacit* Paraphrasierende
Wiedergabe von Macr. *Sat.* II, 7, 6: „Is Publilius (Publius *ed. Ald. 1528, fol. 163ʳ*) natione
Syrus cum puer ad patronum domini (domum
*ed. Ald. 1528*) esset adductus, promeruit eum
non minus salibus et ingenio quam forma.
Nam forte cum ille seruum suum hydropicum
iacentem in area vidisset increpuissetque, quid
in sole faceret, respondit: ‚Aquam calefacit‘“.

124–125 *super coenam ... pedes* Wörtliche Übernahme von Macr. *Sat.* II, 7, 6: „Ioculari deinde
super cena exorta quaestione, quodnam esset
molestum otium, aliud alio opinante, ille
‚Podagrici pedes‘ dixit. Ob haec et alia manu
missus ...“ (vgl. ed. Ald. fol. 163ʳ).

## FAVSTVS SYLLAE FILIVS

VI, 197                          Iocvs ex nominee          (Faustus Syllae filius, i.e.
                                                           Faustus Cornelius Sulla) [15]


130   *Faustus Syllae filius, in sororem,* quae *eodem tempore cum duobus* adulteris *haberet*
      consuetudinem, *Fuluio Fullonis* [i.e. fullonis] *filio et Pompeio cognomine Macula,*
      facetissime lusit: „*Miror*", inquit, „*sororem meam habere maculam, quum fullonem*
      *habeat*".


## LVCIVS MALLIVS

135   VI, 198                       Pingere fingere         (Lucius Mallius pictor, 1) [16]


*Seruilius Geminus coenans apud Lucium Mallium, qui Romae pictor* insignis *habe-*
*batur, quum videret filios illius deformes,* „Haud *similiter*", inquit, „*Malli, fingis ac*
*pingis*". *Et Mallius,* „Non mirum", inquit, „*In tenebris enim fingo, luce pingo*".


130 Syllae *A-C (cf. Macrobii ed. Ald.):* Sullae       131 Fullonis *A-C ut in Macrobii ed. Ald.*: fullonis
    *Macrobii edd. recentiores.*                            *Macrobii text. recept.*
                                                        136 Geminus *A-C*: Geminius *Macrobii ed. Ald.*

**Faustus Cornelius Sulla** (vor 86–46 v. Chr.),          *1528)* filium et Pompeium cognomine Macu-
    Sohn des Diktators Lucius Cornelius Sulla             lam, „Miror", inquit, „sororem meam habere
    Felix (Zwillingsbruder der Cornelia Fausta),          maculam (Maculam *ed. Ald. 1528),* cum fullo-
    verlobt mit der Tochter des Pompeius, Pom-            nem (Fullonem *ed. Ald. 1528)* habeat"'".
    peia; Militärtribun i.J. 63, Quästor 54; im Bür-  130 *sororem* Cornelia Fausta, für sie vgl. H. Steg-
    gerkrieg i.J. 49 als Prätor militärischer Füh-        mann, *DNP* 3 (1996), Sp. 167, s.v. „Cornelia",
    rer grösserer Truppenkontingente des Pom-            Nr. I, 5. Zu ihren Liebhabern soll auch der His-
    peius; begleitete Pompeius nach Griechen-            toriker Sallustius Crispus gehört haben, der
    land. Setzte sich nach der Niederlage der Pom-       ertappt wurde, als er sie einmal als Sklave ver-
    peianer bei Pharsalus nach Africa ab; nach           kleidet besuchte.
    Caesars Sieg bei Thapsus versuchte er nach       131 *Fuluio* Fulvius, Sohn eines Walkers, Liebha-
    Spanien zu entkommen, wurde aber gefangen-           ber der Fausta Cornelia. Vgl. F. Münzer, *RE*
    genommen und getötet (46 v. Chr.). Vgl. K.-          VII, 1 (1910), Sp. 229, s.v. „Fulvius", Nr. 2.
    L. Elvers, *DNP* 3 (1997/8), Sp. 185, s.v. „Corne-  131 *Fullonis* Er. hielt „Fullonis" für einen Ei-
    lius", Nr. I, 87; F. Münzer, *RE* IV, 1 (1900), Sp.   gennamen: „Fulvius, der Sohn von Herrn
    1515–1517, s.v. „Cornelius", Nr. 377.                Fullo". In dem Apophthegma ist aber gemeint:
127 *FAVSTVS SYLLAE FILIVS* In dieser Form              „Fulvius, der Sohn eines Walkers". Das Miss-
    auch im Index personarum.                            verständnis rührt davon her, daß Er. die Gross-
130–133 *Faustus Syllae filius … habeat* Im einl.        schreibung von „Fullo" bereits in seiner Text-
    Teil leicht variierende, im Spruchteil wört-         vorlage, der Macrobius-Ausgabe des Aldus,
    liche Wiedergabe von Macr. *Sat.* II, 2, 9:          antraf.
    „Inde Auienus: ,Faustus Sullae (Syllae *ed. Ald.*  131 *Pompeio* Pompeius Macula, einer der Lieb-
    *1528, fol. 155ʳ)* filius, cum soror eius eodem       haber von Sullas Tochter Cornelia Fausta. Vgl.
    tempore duo (duos *ed. Ald. 1528)* moechos            M. Lambertz, *RE* XXI, 2 (1952), Sp. 2062, s.v.
    haberet, Fuluium fullonis (Fullonis *ed. Ald.*       „Pompeius", Nr. 30.

134 *MALLIVS* Im Index personarum wird VI, 198 irrtümlich dem Servilius Geminus zugeschrieben, der jedoch nur als Dialogpartner figuriert. Der Apophthegma-Spender Mallius scheint dagegen im Index nicht auf. **Lucius Mallius** (um 225–175 v. Chr. in Rom tätig), römischer Maler. Vgl. F. Münzer, *RE* XIV, 1 (1928), Sp. 910, s.v. „Mallius", Nr. 5; R. Vollkommer, „Mallius", in: R. Vollkommer (Hrsg.), *Künstlerlexikon der Antike*, Hamburg 2007, S. 485. In *CWE* 38, S. 652 nicht identifiziert.

136 *Seruilius Geminus* Bei dem hier genannten **Servilius Geminus** handelt es sich um einen Zeitgenossen des Malers Mallius, der ca. 225–175 v. Chr. in Rom arbeitete. Somit könnte es sich entweder um Gaius Servilius Geminus (†180ᵛ. Chr.), den Konsul von 203 und Diktator von 202, handeln (vgl. F. Münzer, *RE* II, A2 [1923], Sp. 1792–1794 s.v. „Servilius",

Nr. 60) oder auch um dessen jüngeren Bruder, Marcus Servilius Pulex Geminus (†167 v. Chr.), den Konsul von 202 (vgl. A. Stein, *RE*, ebd., 1805–1807). Wahrscheinlicher ist wohl der ältere Bruder.

136–138 *Seruilius … luce pingo* Leicht variierende Wiedergabe von Macr. *Sat.* II, 2, 10: „Hic Euangelus: ‚Apud L. (Lucium *ed. Ald. 1528, fol. 155ᵛ*) Mallium, qui optimus pictor Romae habebatur, Seruilius Geminus (Geminius *ed. Ald. 1528*) forte cenabat, cumque filios eius deformes vidisset, „Non similiter", inquit, „Malli, fingis et pingis", et Mallius „In tenebris enim fingo", inquit, „luce pingo"'".

136 *Geminus* Er. traf in der Aldus-Ausgabe, die er benutzte, die Namensform „Geminius" an; er hat sie offensichtlich korrigiert, möglicherweise unter Zuhilfenahme eines weiteren Macrobius-Textes.

## VOTACILIVS [siue OTACILIVS] PITHOLAVS

140    VI, 199                          BREVIS POTESTAS          (Votacilius Pitholaus) [17]

*M. Votacilius Pitholaus* in C. Seruilium [i.e. Caninium Rebilum], qui *vno tantum die consul fuit*, ita lusit: „*Ante Flamines, nunc Consules Diales fiunt*". Abusus est voce „Diales", quasi a „die" deducta sit, ac non magis a „Ioue", cui Flamines instituebantur.

145                          CAESELLIVS [i.e. CASCELLIVS]

VI, 200                          NVX PINEA    (Caesellius, i.e. Cascellius, 2) [18]

*Lapidatus a populo Vatinius gladiator⟨i⟩um munus aediturus*, impetrarat ab *aedilibus edictum*, *ne quis* quid *in harenam mitteret nisi pomum*. Per id tempus *forte Caeselius* [i.e. Cascellius] *consultus a quodam*, num *nux pinea pomum esset*, „*Si in Vatinium*",
150    inquit, „*missurus es, pomum est*". Nam ea nux et dura et grauis pro lapide esse poterat. Martialis pineam nucem appellat pomum hoc disticho:

> „*Poma sumus Cybeles: procul hinc discede viator,*
> *Ne cadat in miserum nostra ruina caput*".

141  Votacilius *scripsi sec. Macrobii editionem Ald.*
     *(cf. BAS LB)*: Votacillus *A-C*, Otacilius *Macro-*
     *bii text. recept.*
141  C. Seruilium *A-C*: Caninium Reuilum *sec.*
     *Macrobii editionem Ald.*, Caninium Rebilum
     *Macrobii text. recept.*
142  *Consules Diales A-C BAS LB.*

147  gladiatorium *scripsi sec. Macrobii editionem*
     *Ald.*: gladiatorum *A-C BAS LB.*
147  aedilibus *A-C LB*: aedibus *BAS.*
148  edictum *C*: aedictum *A B.*
148  Caeselius *A-C*: Casellius *Macrobii ed. Ald.*,
     Cascellius *Macrobii text. recept.*

**M. Otacilius Peitholaus** (oder **M. Votacilius Pitholaus**), Verfasser von bissigen Spottepigrammen auf Caesar. Vgl. W. Peek, *RE* XIX, 1 (1937), Sp. 218 s.v. „Peitholaos", Nr. 2; kein Lemma in *DNP*.
*Apophth*. VI, 199 bezieht sich auf d.J. 45 v. Chr., als am letzten Tag des Jahres der amtierende Konsul plötzlich starb und der Diktator Caesar für die verbleibenden Stunden noch einen Nachfolger ernannte. Siehe Komm. unten. Er., der die falsche Lesart „C. Servilius" anstatt der in Aldus' Macrobius-Ausgabe fast richtigen Lesart „Caninius Revilus" einsetzte, war offensichtlich mit dem politischen Kontext des Apophthegmas nicht vertraut.
141–142  *M. Votacilius Pitholaus … Diales fiunt* Macr. *Sat.* II, 2, 13: „„M.', inquit, ,Otacilius

(Votacilius *ed. Ald. 1528, fol. 155ᵛ, codd.*: Octacilius *cod. T*) Pitholaus, cum Caninius Rebilus (Caninius Revilus *ed. Ald. 1528*; Maius Servilius *Macrobii cod. N, D, P*; Gaius Servilius *codd. cett.*) vno tantum die consul fuisset, dixit: „Ante flamines, nunc consules diales fiunt'"'".
141  *Votacilius*  Es liegt hier ein Übertragungsfehler aus der benutzten Macrobius-Ausgabe des Aldus vor, der wahrscheinlich auf die Kappe des Er. geht. Er. schrieb „Votacillus" statt des in der Aldus-Ausgabe gedruckten „Votacilius".
141  *C. Seruilium*  Nach der Aldus-Ausgabe des Macrobius, die Er. verwendete, hätte der Name des Mannes „Caninius Revilus" lauten müssen. „Gaius Servilius" steht jedoch in der Mehrzahl der Macrobius-Handschriften und

in div. Inkunabeldrucken. Aus dieser Stelle geht hervor, daß Er. noch eine andere Textvorlage mit den Saturnalien des Macrobius zur Verfügung gestanden haben muss, in der diese Lesart vorkommt.

Die Zielscheibe des Witzes war nicht C. Servilius, sondern tatsächlich C. Caninius Rebilus (vgl. auch *RE* XIX, 2 (1938), Sp. 218). C. Caninius Rebilus war dafür berühmt, in der römischen Geschichte der Konsul mit der kürzesten Amtszeit gewesen zu sein. C. Caninius war ein treuer Anhänger Caesars und diente ihm als Legat im Gallischen (51 v. Chr.) und Spanischen Krieg (45 v. Chr.). Als am letzten Tag d.J. 45 plötzlich der amtierende Konsul Q. Fabius Maximus verstarb, ernannte ihn der Diktator für die verbliebenen Stunden dieses letzten Tages zu dessen Nachfolger. Vgl. F. Münzer, *RE* III, 2 (1899), Sp. 1478–1479, s.v. „Caninius", Nr. 2; W. Will, *DNP* 2 (1996), Sp. 963, s.v. „Caninius", Nr. 5. Die Anekdote wird in Macr. *Sat.* VII, 3, 10 Cicero zugeschrieben: „Sunt alia scommata minus aspera, quasi edentatae beluae morsus, vt Tullius in consulem, qui vno tantum die consulatum peregit: ,Solent', inquit, ,esse flamines diales; modo consules diales habemus'" (vgl. auch Komm. *CWE* 38, S. 652). Cicero, der ja dem Zerstörer der Republik Caesar nicht unbedingt wohlwollend gegenüberstand und der dessen Diktatur als tyrannische Willkürherrschaft betrachtete, riss über die Massnahme auch einen anderen zynischen Witz. In *Fam.* VII, 30, 10 bemerkte er ironisch, unter dem Konsulat des Caninius Rebilus habe niemand gefrühstückt. Ein „Gaius Servilius", auf den ähnliches zutreffen würde, findet sich nicht in der römischen Geschichte. Im dafür in Frage kommenden Zeitfenster der römischen Republik gibt es überhaupt keinen Servilius, der den Vornamen Gaius getragen und das Konsulat bekleidet hätte.

142   *Ante Flamines, nunc Consules Diales fiunt* Etwa: „Früher ernannte man *Flamines Diales*, heutzutage *Consules Diales*". Es geht natürlich zunächst einmal um das Wortspiel „dies" – „Dis", wie Er. richtig angibt. Jedoch hat der Witz eine scharfe politische Spitze, die sich gegen die Diktatur Caesars (46–44 v. Chr.) richtet. Es handelt sich um eine ironi-

sche Bemerkung der Kategorie ,o tempora, o mores'. Welche Zeiten, wenn man heutzutage schon Konsuln für einen Tag ernennt! Dazu kommt eine darunterliegende zweite Schicht, die den Witz noch bissiger macht. Denn der *Flamen Dialis* (einer der drei *Flamines maiores*, die den Kult der Staatsgötter Jupiter, Mars und Quirinus betreiben) wurde gewissermassen monarchisch vom Pontifex Maximus ernannt. Der aktuelle *Pontifex maximus* des Jahres 45 v. Chr. war jedoch niemand anderer als der Diktator Caesar. Das will sagen: Caesar beträgt sich politisch wie der *Pontifex maximus*: Er ernennt willkürlich die Konsuln, und zwar sogar täglich.

145   *CAESELLIVS* In dieser Form auch im Index personarum. Von dem berühmten röm. Juristen C. Aulus Cascellius (geb. um 104 v. Chr.), der ein ein (verloren gegangenes) Buch mit witzigen Aussprüchen (*Bene dicta*) verfasst hatte, hat Er. bereits oben (VI, 187) einen Ausspruch gebracht. Für Cascellius vgl. oben Komm. ad VI, 187.

*Apophth.* VI, 200 datiert auf das Jahr 56 v. Chr., in welchem Vatinius das bewusste Gladiatorenspiel gegeben hatte. Vgl. *RE* III, 2 (1899), Sp. 1636, s.v. „Cascellius", Nr. 2. Cascellius war Vatinius offensichtlich nicht freundlich gesinnt.

147–150   *Lapidatus … pomum est* Wörtliche Wiedergabe von Macr. *Sat.* II, 6, 1: „Lapidatus a populo Vatinius, cum gladiatorium munus ederet, obtinuerat, vt aediles edicerent, ne quis in harenam nisi pomum misisse vellet. Forte his diebus Cascellius (Casellius *ed. Ald. 1528, fol. 161ᵛ*) consultus a quodam, an nux pinea pomum esset, respondit: ,Si in Vatinium missurus es, pomum est'".

147   *Vatinius* Für den populären Politiker und Caesarianer Publius Vatinius (ca. 95–42 v. Chr.), den Praetor von 55 v. Chr., siehe unten Komm. zu VI, 210, wo Vatinius als Apophthegma-Spender auftritt.

147   *gladiator⟨i⟩um* Er. übernimmt an dieser Stelle den Text des Macrobius wörtlich; dabei trat wohl (durch Verlesung oder Verschreibung) ein Textübernahmefehler auf; statt wie bei Macrobius „gladiatorium" schrieb Er. „gladiatorum".

152–153   *Poma … caput* Martial. XIII, 25.

# P. CLODIVS

155    VI, 201    MORSVS TECTVS    (P. Clodius, i.e. Publius
Clodius Pulcher) [19]

*Quum Publius Clodius diceretur iratus Decimo Valerio* [i.e. Laberio], *quod* ipsi mutuum *petenti non dedisset, „Quid", inquit, „mihi amplius facturus es, nisi vt Durachium
eam* ac *redeam?",* exprobrans illi *Ciceronis exilium,* ab ipso procuratum, quod tamen
160    populi ac bonorum virorum studio breuius fuit, quam volebat Clodius.

---

157    Valerio *A-C ut in Macrobii ed. Ald.*: Laberio
*Macrobii text. recept.*

158    Durachium *A-C*: Dyrrhachium *Macrobii ed.
Ald.*

**Publius Clodius Pulcher** (um 93–52 v. Chr.),
Volkstribun (58); persönlicher Feind Ciceros;
i.J. 52 bei einem Strassenkampf von Milo und
seiner Bande ermordet. Vgl. W. Eck, *DNP*
3 (1997), Sp. 27–29, s.v. „Clodius", Nr. I, 4;
F. Fröhlich, *RE* IV, 1 (1900), Sp. 82–88, s.v.
„Clodius", Nr. 48.

154    *P. CLODIVS* In dieser Form auch im Index
personarum von *A, B* (s.l. „P", 274) und *C* (s.l.
„C", 589).

*Apophth.* VI, 201 datiert auf die Zeit von Anfang
Dezember und Februar 59 v. Chr., als sich
Cicero etwas mehr als zwei Monate auf der
Rückkehr aus seinem Exil (er lebte damals in
Thessaloniki) in Dyrrhachion (heute Durrës
in Albanien) aufhielt, um von dort aus per
Schiff nach Italien zurückzukehren. Cicero
war durch einen Senatsbeschluss vom 4. 8. 58
rehabilitiert worden. Er reiste zunächst über
Land, quer durch Griechenland. Am 28. 10.
befand er sich noch in Thessaloniki, am 25.
11. 58 traf er in Dyrrhachion an der West-
küste des Balkans ein. Er hielt sich in dieser
Stadt so lange auf, weil in der Zeit der Winter-
stürme vom November bis zum Februar keine
Seefahrt möglich war und er so lange auf die
Überfahrt warten musste. Gerade wegen dieser langen Zeitspanne wusste man in Rom,
daß er dort verblieb, was auch offensichtlich seinem Erzfeind Publius Clodius Pulcher
bekannt war. Die genauen Datierungen ergeben sich aus Ciceros damaliger Korrespon-
denz mit Atticus (*Att.* III, 22–27). Clodius
war darüber verärgert, daß ihm sein Bekannter Decimus Laberius eine bescheidene Bitte
abschlug; er wirft ihm vor, daß er ihn mit seiner schroffen Abweisung genauso hart getroffen habe wie wenn er Clodius dazu gezwungen

haben würde, nach Dyrrhachion zu reisen und
von dort wieder zurückzureisen. Damit meint
Clodius: um aus Dyrrhachion seinen Erzfeind
abzuholen und ihm das Geleit nach Rom zu
geben. In der Tat ist dieser Witz nicht leicht zu
verstehen, weswegen ihn Er. mit „morsus tec-
tus" betitelt.

157–159    *Quum Publius Clodius diceretur ... exilium* Macr. *Sat.* II, 6, 6: „Cum iratus esse
P. Clodius D. (Decimo *ed. Ald. 1528, fol. 162ʳ*)
Laberio (Valerio *ed. Ald. 1528*) diceretur, quod
ei mimum (nummum *ed. Ald. 1528*) petenti
non dedisset, ,Quid amplius', inquit, ,mihi
facturus es, nisi vt Dyrrhachium eam et
redeam?', alludens ad Ciceronis exilium".

157    *Laberio* Für den röm. Ritter D. Laberius
(106–43 v. Chr.), der als der grösste Mimendichter seiner Zeit galt, siehe Komm. unten zu
VI, 430. Bei dem Apophthegma, das Er. a.a.O.
dem Laberius widmete, benutzte er ebenfalls
Macrobius' *Saturnalia* als Quelle. Er. schätzte
Laberius auch sonst für seine gesalzenen Aussprüche; in den *Adagia* bastelte er aus diesen mehrere Sprichwort-Lemmata; vgl. unten
Komm. zu VI, 430. Er. war nicht imstande,
das vorl. *Apophth.* VI, 201 dem Laberius zuzuordnen. Der Grund liegt in der fehlerhaften Textüberlieferung: Die von ihm benutzte
Macrobius-Ausgabe des Aldus hatte a.a.O.
„Valerio" statt „Laberio".

157–158    *mutuum petenti* Er. sagt, daß Clodius
den Laberius gebeten habe, ihm einen Geld-
betrag zu leihen. Dies war jedoch nicht der
Fall; Clodius bat ihn vielmehr um Zusendung
eines seiner Mimen. Die Stücke des gefeier-
ten Mimenautors waren sehr im Schwang.
Sie waren gut geschrieben, zeichneten sich
durch eine fesselnde Wortwahl aus und eig-

neten sich deshalb auch gut zur Lektüre, im Gegensatz zu den Mimen des Publilius Syrus, der keine geschriebenen Stücke hinterliess und dessen Vorführungen Improvisationsstücke waren. Er. traf in der Macrobius-Ausgabe des Aldus die falsche Lesart „nummum" an; „nummum petere" („um Geld bitten") interpretierte er als Versuch, Geld zu leihen.

## L. CRASSVS ORATOR

VI, 202                          Profvsio                    (Crassus, i.e. L. Licinius
                                                            Crassus orator, 1) [20]

Quum Brutus iunior fundos aedesque paternas luxu prodegisset et in his etiam *bal-*
165 *neas*, et in sermone quodam *diceret se* frustra *sudare*, „Non mirum“, *inquit* Crassus,
„Nuper *enim existi e balneis*“. Lusit ex ambiguo: exit e balneo qui lauit, et exit qui
vendit alterique cedit.

---

167   vendit *scripsi cum A et B*: vendidit *C LB*.

Lucius Licinius Crassus (140–91 v. Chr.), einer
der größten Redner der röm. Republik, Anwalt und Politiker, durchlief den kompletten
*cursus honorum*; bereits in jungen Jahren hielt
er die ersten Gerichtsreden und bekleidete das
Amt des Quaestors der Provinz *Asia*, wo er
bei diversen griech. Redelehrern Rhetorik stu-
dierte; 100 v. Chr. Ädil; Konsul 95; 96 Prokonsul in der Prov. Gallia; Censor 92. Stand
polit. auf der Seite der gemäßigten Optimaten;
91 verteidigte er das Gesetzespaket des Volkstribunen M. Livius Drusus, das auf eine Aus-
söhnung der Stände abzielte, gegen den radikalen Konsul Gaius Marcius Philippus und
starb infolge der Aufregung bei den heftigen
Debatten; in den 90er Jahren gab er M. Tullius Cicero und seinem Bruder Quintus Pri-
vatunterricht in seinem Palast auf dem Palatin;
Cicero verewigte ihn in seinem Rhetorikhandbuch *De oratore*, wo er als Hauptredner und
Lehrer der Rhetorik figuriert. Vgl. Ch. Walde,
*DNP* 7 (1999), Sp. 158–161, s.v. „Licinius“, Nr.
I, 10; N. Häpke, *RE* XIII, 1 (1926), Sp. 252–
267, s.v. „Licinius“, Nr. 55; T.R.S. Broughton,
*The Magistrates Of The Roman Republic*, Bd. II
(*99 B.C. – 31 B.C.*), New York 1952, S. 4–5, 11
und 17; W. Suerbaum, „L. Licinius Crassus“,
in: idem (Hrsg.), *Die archaische Literatur. Von
den Anfängen bis Sullas Tod* (= *Handbuch der
lateinischen Literatur der Antike*. Bd. 1), München 2002, S. 510–514; M. Ducos, „Crassus
(L. Licinius)“, in: R. Goulet (Hrsg.), *Dictionnaire des philosophes antiques*, Bd. 2, Paris 1994,
S. 485–486. Er. widmete ihm abgesehen von
vorl. Spruch die *Apophth*. VI, 202, 326–332
und VI, 364.

161   *L. CRASSVS ORATOR*  Im Index personarum wurde *Apophth*. VI, 202 irrtümlich „Brutus iunior“, d.h. dem Ankläger M. Iunius Bru-

tus (filius) zugeschrieben, während dieser nur
als Zielscheibe von Crassus' Spott fungiert.
Unten, *Apophth*. VI, 326–332 widmet Er. dem
Redner L. Licinius Crassus eine Sektion von
Sprüchen: Dort bezeichnet er ihn im Text der
Apophthegmen als „Cassus orator“ und im
zugehörigen Indexlemma als „L. Crassus“. Der
Zusatz „orator“ hat den Vorteil, daß er damit
leicht von dem gleichnamigen Triumvir unter-
schieden werden kann.

*Apophth*. VI, 202 datiert auf d.J. 91 v. Chr., in dem
L. Licinius Crassus seine Verteidigungsrede
*Pro Planco* hielt, die Cicero noch unversehrt
vorlag und von der er einige Höhepunkte in
*De oratore* und *Pro Cluentio* überlieferte. Für
die Datierung vgl. Komm. Leeman-Pinkster-
Rabbie II, S. 217.

164   *Brutus iunior*  Es handelt sich um **Marcus
Iunius Brutus** (F. Münzer, *RE* X, 1 (1918), Sp.
971–972, s.v. „Iunius“, Nr. 50), einen gewerbs-
mässigen Ankläger, wohl aus dem Ritterstand,
den Sohn des gleichnamigen Juristen, der als
einer der Begründer der römischen Rechtswis-
senschaft gilt und eine (verloren gegangene)
Dialogschrift *De iure civili* verfasste (für diesen s. T. Giaro und W. Will, *DNP* 6 (1999),
Sp. 70, s.v. „Iunius“, III, 1). L. Licinius Crassus
war mit Marcus Iunius Brutus filius, der zwischen 130 und 120 v. Chr. geboren sein muss,
verfeindet, wie aus Cic. *De or.* (II, 223: „...
sic in Bruto, quem oderat et quem dignum
contumelia iudicabat [sc. Brutus]) und Quint.
*Inst.*hervorgeht. U.a. prallten sie im Prozess
um Gnaeus Plancus aufeinander, wobei Brutus als Ankläger, Licinius Crassus als Verteidiger auftrat. In diesem Prozess warf Crassus
dem Brutus vor, daß er die Besitzungen seines Vaters verspielt habe, wobei er mit spielerisch inszenierter und übertriebener juristi-

scher Präzision schriftliche Belege für den Verlust jedes einzelnen Landguts beibringt (vgl. Cic. *De or.* II, 223–224 und Quint. *Inst.* VI, 3, 44). Er. gibt diesen Teil der Prozessrede des Crassus im nächstfolgenden Apophthegma *in extenso* wieder. Vorl. Apophthegma ist derselben Prozessrede entnommen.

164  *luxu prodegisset*   Die Behauptung, daß M. Iunius Brutus filius die ererbten Villen und Landgüter aufgrund seines ausschweifenden Luxuslebens verloren habe, übernahm Er. aus einem anderen Teil der Rede des Crassus, der *personificatio*, bei der Crassus die verstorbene Tante seines Kontrahenten, Iunia, aus der Unterwelt heraufruft, um ihrem missratenen Neffen eine strenge Sittenpredigt zu halten (*De or.* II, 225–226). Die Tante fragt den Neffen, was sie denn dem Vater (der ebenfalls in der Unterwelt verblieb) Gutes berichten könne; was hat der Neffe geleistet? Vielleicht den ererbten Besitz vermehrt? – So etwas braucht ein Edelmann nicht zu tun. –

Aber gesetzt, dies wäre der Fall: Nichts vom väterlichen Besitz ist mehr übrig. „Deine ausschweifenden Lüste haben alles vergeudet" (II, 26: „libidines totum [sc. patrimonium] dissipauerunt"). Crassus legte diese Darstellung bewusst der Tante in den Mund; denn er selbst war für sein ausferndes Luxusleben bekannt. Brutus verpasste ihm deshalb spöttisch den Namen „Venus vom Palatin" (*Nat.* XXXVI, 7).

164–166  *balneas ... balneis*   Cic. *De or.* II, 223: „Quam multa de balneis, quas nuper ille vendiderat, quam multa de amisso patrimonio dixit (sc. Licinius Crassus)! Atque illa breuia, cum ille (sc. M. Brutus) diceret se sine causa sudare, ‚Minime', inquit, ‚modo enim existi de balneis'".

165  *in sermone quodam*   „bei irgendeinem Gespräch": Ein unglücklicher Zusatz des Er., dem offensichtlich nicht klar war, daß dieser Wortwechsel ebenfalls dem Prozess um Plancus zugehört. Vgl. das nächstfolgende *Apophth.*

VI, 203                           ⟨PROFVSIO⟩                    (L. Crassus = L. Licinius
                                                                Crassus orator, 2) [21]

170   Idem *Brutus quum* in accusatione C⟨n⟩. Planci *duos lectores excitasset et alteri De*
      *Colonia Narbonensi* Lucii *Crassi,* qui reo Bruti aderat, *orationem legendam dedisset,*
      *alteri De lege Seruilia,* ex his demonstrans illum sibi pugnantia scribere, Crassus
      vicissim *tres Bruti patris De iure ciuili* libros *tribus legendos dedit,* in quorum *primo*
      erat: „*Forte euenit, vt in Priuernate essemus …*“. Hic Crassus: „Audis, *Brute, pater*
175   *testificatur se tibi fundum Priuernatem reliquisse*“. In *secundo libro* scriptum erat:
      „*In Albano eramus ego et Marcus filius*“. Hic rursum Crassus: „*Norat hunc gurgitem,*
      *metuebat, ne quum is nihil haberet, nihil esse ei relictum putaretur*“. *Tum ex tertio*
      recitatum est: „Quum *in Tiburti assedimus ego et Marcus filius. …*“. Tum Crassus:
      „*Vbi sunt hi fundi, Brute, quos tibi pater publicis commentariis consignatos reliquit?*
180   *Quod nisi puberem te iam haberet, quartum librum composuisset, et se etiam in balneis*
      *lotum cum filio scriptum reliquisset*“. Ita *Crassus duos lectores aduersum se a Bruto*
      *excitatos tribus aduersus ipsum productis* vltus est. Hoc vrbanitatis exemplum refert
      M. Tullius, quod non adstringitur paucis verbis, sed per orationem fusum est.

168   Profusio *suppleui.*
170   Cn. *scripsi*: C. *A-C.*

170   duos *A-C ut in De or. edd. vett.*: duo *De or.*
      *text. recept.*

Apophth. VI, 203 ist im Grunde eine Fortsetzung
des vorhergehenden und datiert wie dieses auf
das Jahr 91 v. Chr., in dem der Prozess von
Gnaeus Plancus stattfand. In vorl. *Apophth.*
gibt Er. eine längere Textpassage aus Crassus'
Rede *Pro Planco* wieder. In diesem Teil der
Rede setzt sich Crassus mit der Person des Ver-
teidigers auseinander, um ihn zu diskreditieren. Er. traf die Einzelheiten der Argumentation, mit der Crassus die Person des Marcus Brutus zerpflückt, in Cic. *De or.* II, 223–
226 an. Als witzige Retourkutsche gegen Marcus Brutus, der etwas ähnliches versucht hatte,
lässt Crassus nun – im Rahmen einer humoristisch inszenierten juristischen Beweisführung,
bei der Schriftstücke von Zeugen verlesen wurden – gleich drei Vorleser auftreten, die gewisse
Textpassagen aus dem Dialogwerk des Vaters
des Brutus, *De iure civili,* vorzutragen hatten.
Der Dialog setzte sich aus drei Büchern zusammen: Crassus übertrug in seiner sorgfältigen
Präsentation der Zeugnisse jedem der drei Vorleser exakt ein Buch des Dialogs, in concreto:
Sie mussten aus jedem Buch genau einen selek-
tierten Satz vorlesen, der die Dialogszenerie
des jeweiligen Buches kurz und bündig wiedergab. Die Szenerien waren die Landgüter
und Villen des Vaters Iunius Brutus. Cras-

sus verwendet damit den bereits seit einiger
Zeit verstorbenen Vater als Zeugen gegen den
Sohn: Durch seine „Aufzeichnungen“ bezeugt
der Vater öffentlich, daß er die Villa X, Y und
Z besessen habe, was weiter belegt, daß sie
der Sohn verspielt hat, da sie sich ja nicht
mehr in seinem Besitz befindet. Die Szene-
rie von Buch 1 war das Landgut des Vaters in
Privernum, die des zweiten dessen Villa auf
dem ager Albanus (dem Gebiet des alten Alba
Longa), die des dritten dessen Villa in Tibur.
Die Albanerberge und Tibur, unweit Roms,
waren bevorzugte Villenorte der Römer. Nach
jedem einzelnen Zeugnis eines Villenbesitzes
stellte Crassus dem Brutus die peinliche Frage:
„Wo sind denn diese Landgüter heute?“.

Apophth. VI, 203 wurde, wie schon das vorhergehende, im Index personarum fälschlich jenem
„Brutus“, d.h. dem Ankläger Marcus Iunius
Brutus (filius), zugeschrieben, obwohl dieser
in dem Lemma nur als Zielscheibe von Crassus' Spott fungiert. Für diesen M. Iunius Brutus siehe den Komm. zum vorhergehenden
Apophthegma.

170–181 *Brutus … reliquisset* Größtenteils
wörtliche Wiedergabe von Cic. *De or.* II, 223–
224: „Cum enim Brutus duo (duos *edd. vett.*)
lectores excitasset et alteri *De colonia Nar-*

*bonensi Crassi* orationem legendam dedisset, alteri *De lege Seruilia*, et cum contraria inter sese de re publica capita contulisset, noster hic facetissime tris (tres *edd. vett.*) patris Bruti *De iure ciuili* libellos tribus legendos dedit. Ex libro primo: ‚Forte euenit, vt in Priuernati essemus‘. – ‚Brute, testificatur pater se tibi Priuernatem fundum reliquisse‘. Deinde ex libro secundo: ‚In Albano eramus ego et M. filius‘. ‚Sapiens videlicet homo cum primis nostrae ciuitatis norat hunc gurgitem; metuebat, ne, cum is nihil haberet, nihil esse ei relictum putaretur‘. Tum ex libro tertio, in quo finem scribendi fecit – tot enim, vt audiui Scaeuolam dicere, sunt veri Bruti libri: ‚In Tiburti forte adsedimus ego et M. filius‘. ‚Vbi sunt hi fundi, Brute, quos tibi pater publicis commentariis consignatos reliquit? Quod nisi puberem te‘, inquit, ‚iam haberet, quartum librum composuisset et se etiam in balneis lotum cum filio scriptum reliquisset‘“; vgl. Cic. *Cluent.* 141; *ORF*, 4. Aufl., 241.

170 *C⟨n⟩.* In den Baseldrucken steht „C. Planci“. Da auch die älteren *De oratore*-Ausgaben „Cn. Planci“ haben und Er. in vorl. Apophthegma nach der Vorlage Ciceros arbeitete, handelt es sich bei „C.“ wahrscheinlich um einen Fehler, der bei der Übertragung des Textes entstanden ist. Im Übrigen kommt die Verwechslung von C. und Cn. in der handschriftlichen und sonstigen Textüberlieferung sehr häufig vor.

170 *C⟨n⟩. Planci* Cn. Munatius Plancus (1.–2. Jh. v. Chr.). Abgesehen von der Tatsache, daß er ca. 91 v. Chr. von M. Iunius Brutus angeklagt und von L. Licinius Crassus verteidigt wurde, ist über ihn nichts bekannt. F. Münzer, *RE* XIV, 2 (1930), Sp. 544, s.v. „Munatius, Nr. 27.

170–171 *De colonia Narbonensi De colonia Narbonensi* und *De lege Seruilia* sind die Titel zweier Reden des Crassus, die M. Iunius Brutus in seiner Rede *In Plancum* kritisierte. Die Rede *De colonia Narbonensi* (*ORF*, 4. Aufl., 241) hielt Crassus i.J. 118 v. Chr. mit 22 Jahren. Sie ist Teil der damaligen politischen Debatte im röm. Senat, ob an der französischen Mittelmehrküste des Languedoc die *colonia Narbo* (heute: Narbonne) gegründet werden solle oder nicht. Crassus plädierte in seiner Rede dafür, wobei es ihm gelang, die Meinungsbildung in seinem Sinn zu beeinflussen und selbst mit der Koloniegründung beauftragt zu werden. Vgl. Komm. Leeman-Pinkster-Rabbie II, S. 221.

172 *De lege Seruilia* Die *Lex Servilia* beinhaltet, daß die Richtergremien fortan aus Rittern und Senatoren zusammengestellt werden sollten, gegenüber dem herkömmlichen Monopol der Ritter; vgl. Münzer, *RE* IIA (1923), Sp. 1783–1786 und Leeman-Pinkster-Rabbie ad loc.

174 *in Priuernate* Das Landgut in Privernum (heute Priverno) im südl. Latium, am Fuße des Monte Saiano (mons Lepinus), ca. 90 km südöstlich von Rom, bequem an der Via Appia gelegen (noch heute mit bedeutenden archäolog. Resten). Das Gebiet um das Städtchen eignet sich für Weinbau, *villegiatura* und Sommerfrische. Vgl. M.M. Morciano, *DNP* 10 (2001), Sp. 355; M. Cancellieri, *Privernum: L'area archeologica*, Rom 1998.

179 *publicis commentariis consignatos* Es ist eine witzige Übertreibung, wenn Crassus die Lehrschrift des Vaters über das Zivilrecht als „mit Siegel beglaubigte öffentliche Protokolle“ über seine Villenbesitze bezeichnet.

## PHILIPPVS ORATOR

185  VI, 204                    Iocvs ex ambigvo         (Philippus, i.e. L. Marcius
                                                              Philippus, 2) [22]

Philippus causam agens, quum *pusillus testis* prodisset, „*Licet* ne", inquit, „*rogare?*".
Quum quaestor [i.e. quaesitor] *properans* dixisset, „*Licet, modo breuiter*", *hic* Philippus: „*Non accusabis, perpusillum rogabo*". Primum in testem *risus* obortus *est, sed* mox
190  *in iudicem Lucium Aurificem conuersus*, qui *sedebat ipso teste breuior*.


## VARGVLA

VI, 205                         Mvscas abige                        (Vargula) [23]

*Vargula, quum eum candidatus Aulus Sempronius cum Marco fratre suo complexus esset,*
„*Puer*", inquit, „*abige muscas*", leuitatem ac molestiam complectentium significans,
195  sed ridicule magis quam vrbane.

---

188  quaestor *A-C* (Quaestor *LB*): quaesitor *De*         189  Primum *A-C*: Primum vt *BAS LB*.
or. textus recept.                                                      190  Aurificem *A B BAS LB*: auríficem *C*.

Für **Lucius Marcius Philippus** (geb. ca. 136,
Konsul 91 v. Chr.) siehe oben Komm. zu
*Apophth.* VI, 186, das ebenfalls Marcius Philippus gewidmet ist. Er. betrachtete den „Philippus orator" von VI, 186 und den „Philippus" von VI, 204 als ein und dieselbe Person, wie auch der Index personarum ausweist;
Index von *C, s.l.* „P": „Philip. orator 586,
590". Jedoch hielt Er. den „L. Philippus" von
*Apophth.* VI, 329 fälschlich für eine andere Person, die durch eine separate Eintragung im
Index personarum auch als solche markiert
wurde, siehe Index von *C*, ebd.: „L. Philippus
620".
184  *PHILIPPVS ORATOR* In dieser Form auch
im Index personarum.
187–190  *pusillus ... breuior* Cic. *De or.* II,
245: „Pusillus testis processit. ‚Licet‘, inquit,
‚rogare?‘ Philippus. Tum quaesitor properans
‚Modo breuiter‘; hic ille: ‚Non accusabis. Perpusillum rogabo‘. Ridicule. Sed sedebat iudex
L. Aurifex breuior ipse quam testis etiam:
omnis est risus in iudicem conuersus; visum est
totum scurrile, ridiculum".
188  *quaestor* „quaestor" ist eine in der Überlieferung des *De oratore*-Textes häufiger vorkom-

mende falsche Lesart für „quaesitor". Strebae-
us' Text (1540) hat bereits das richtige „quaesitor" (fol. 37ᵛ). Die Lesart „quaestor" ist mit
Sicherheit falsch: Ein *quaestor* hat in einem
Zivilprozess keine Funktion, während „quaesitor" die Bezeichnung für den Vorsitzen-
den in Gerichtsverhandlungen der Kategorie *quaestiones perpetuae* ist. Dieser hatte das
Recht in den Prozess korrigierend einzugrei-
fen, so etwa im Zeugenverhör. Der Vorsit-
zende in diesem Prozess war etwas unge-
duldig und mahnte deswegen zur Eile. Vgl.
Komm. Leeman-Pinkster-Rabbie II, S. 253–
254. E. Klebs, *RE* II, 2 (1896), Sp. 2548, s.v.
„Aurifex", Nr. 1, hielt zu Unrecht Lucius Marcius Philippus für den *quaesitor* dieses Prozesses, während dieser als Advokat auftrat und
gerade mit dem *quaesitor* einen kleinen Dialog
eingeht.
190  *Lucium Aurificem* **Lucius Aurifex**, Richter in einem unbekannten Prozess, in dem
Marcius Philippus als Anwalt auftrat. Vgl.
E. Klebs, *RE* II, 2 (1896), Sp. 2548, s.v. „Aurifex", Nr. 1; nicht in *DNP*.
190  *Aurificem* In *C* hat sich der Fehler der
Kleinschreibung von „aurificem" eingeschli-

chen, wodurch es scheint, als ob ein Richter namens „Lucius" von Beruf Goldschmied gewesen wäre.

**Vargula** oder **Vargulla**, weiter unbekannter Zeitgenosse des A. Sempronius Musca. Vgl. F. Münzer, *RE* II, A2 (1923), Sp. 1435, s.v. „Sempronius", Nr. 71.

191    *VARGVLA*    So auch im Index personarum.

193–194    *Vargula quum eum candidatus … muscas* Cic. *De or.* II, 247: „Quid enim est Vargula adsecutus, cum eum candidatus A. Sempronius cum M. suo fratre complexus esset: ‚Puer abige muscas?'.

193    *eum candidatus … complexus esset*   Dem Apophthegma liegt der Brauch der römischen Bewerbung um ein Amt zugrunde. Der Bewerber trug die weisse Toga (*candida*), wurde von daher als „candidatus" bezeichnet; weiter war es üblich, daß man bsd. in der Zeit der Bewerbung Allianzen schmiedete bzw. alte Beziehungen bestätigte, um durch die Unterstützung mächtiger Verbündeter bei der Wahl die Stimmen der Klientel derselben zu bekommen. A. Sempronius Musca stattet dem Vargula einen solchen Besuch ab, bei dem ihm sein Bruder beistand. Auch dies war üblich, daß man bei der Vorbereitung der Wahl von seinen Familienmitgliedern und Freunden unterstützt wurde. Wie das Apophthegma zeigt, war Vargula von dem Besuch der beiden Sempronii nicht sehr angetan. Hochherzig betrachtete er sie als Fliegen, Parasiten oder Bettler, die man besser wegjagen konnte. Der Witz mit „Sklave, jage die Fliegen weg!" wird natürlich davon gespeist, daß das cognomen der beiden Sempronii „Musca" war. Ohne diese Information fehlt dem Apophthegma der Witz. Cicero führte das *cognomen* der Sempronii bei seiner Wiedergabe der Anekdote nicht an; zu seiner Zeit war dieses wohl noch den meisten geläufig, Späteren jedoch nicht mehr. Für den Brauch der Amtsbewerbung vgl. Mommsen, *Römisches Strafrecht* I–III, Leipzig 1887, Bd. I, S. 478: „die älteste und eigentlich selbstverständliche (Form der Bewerbung) ist die, daß der Bewerber bei seinen Bekannten und wohl auch Unbekannten herumgeht und, indem er jedem die Hand drückt, ihn um seine Stimme bittet", wobei hinzuzufügen ist, daß es bei der

Begrüssung der Leute, die der Bewerber um Unterstützung bittet, nicht um die germanische und moderne westliche Sitte des Händedrucks geht, sondern um Formen des Am-Arm-Packens bis zur Umarmung (*complecti*) hin, wie in vorl. Apophthegma. Die enge, vollständige Umarmung ist der Ausdruck einer vorhandenen oder erwünschten engen Beziehung; wahrscheinlich ging auch diese dem Vargula auf die Nerven. Die Sempronii waren eine alte, weitverzweigte Familie, die auch plebejische Zweige aufwies. Diesen zählten die Sempronii Muscae zu, aus denen kein einziger Träger eines wichtigen Staatsamtes überliefert ist. In *DNP* hat kein Mitglied dieses Zweiges der Sempronii eine Eintragung bekommen. Es war wohl auch die geringe Bedeutung dieses Familienzweiges, die Vargula abweisend stimmte.

193    *Aulus Sempronius*   A. Sempronius Musca bewarb sich um 91 v. Chr., unterstützt von seinem Bruder M., um eines der niederen Ämter. Vgl. F. Münzer, *RE* II, A2 (1923), Sp. 1435, s.v. „Sempronius", Nr. 71; idem, *RE*, VIII A (1958), Sp. 2392, s.v. „Vargula".

193    *Marco fratre suo*   M. Sempronius Musca, Bruder des A. Sempronius Musca. Vgl. F. Münzer, *RE* II, A2 (1923), Sp. 1435, s.v. „Sempronius", Nr. 71.

194    *Puer*   Ein Sklave, der mit einem Fächer oder Wedel (*flabellum*) ausgerüstet neben seinem Herren stand, um ihm ständig kühle Luft zuzuwedeln oder eben Insekten wegzujagen.

194    *leuitatem … significans*   In seiner Erklärung fasst Er. „Sklave, jage die Fliegen weg!" metaphorisch auf, in dem Sinn, daß man eine Person oder eine Sache, die einem unwichtig oder lästig ist, wegscheucht wie Fliegen. Eine verwandte metaphorische Bedeutung von Fliegen (für Parasiten) präsentiert Er. in *Adag.* 3643 „Muscae" (*ASD* II, 8, S. 92). In *Apophth.* VI, 205 spielt jedoch der Doppelsinn die zentrale Rolle, der dadurch entsteht, daß die beiden Sempronii das cognomen „Musca" trugen (vgl. Komm. oben). Er. war freilich das nämliche *cognomen* nicht bekannt (vgl. auch Komm. *CWE* 38, S. 654). Hätte er es gekannt, so hätte er das Apophthegma als „Iocus ab nomine" verstehen können, wie z.B. der Titel von VI, 197 lautet.

## NERO QVIDAM

VI, 206　　　　　　　　FVRAX　　　　　　　　(Nero quidam) [24]

Nero quidam *in seruum furacem* ita iocatus est, vt diceret *solum esse, cui domi nihil sit nec signatum nec occlusum.* Id si de *frugi seruo* dicas, laus est; *si* de furaci, *iocus.* Intel-
200　　ligimus enim illi nec seras nec signa obstare, quo minus furetur. Scrinia claudimus, olim [*B*] et [*A*] cadi lagenaeque solebant obsignari.

## MATER SPVRII CARVILII

VI, 207　　　　　　　CLAVDICATIO HONESTA　　　(Mater Spurii Caruilii) [25]

*Spurio Caruilio grauiter claudicanti ex vulnere ob rempublicam accepto et ob* claudica-
205　　tionis vitium *in publicum prodire verecundanti mater dixit „Quin prodis, mi Spuri?“* et
„*Quotiescunque gradum facis, toties tibi tuarum virtutum veni⟨a⟩t in mentem*“.

## QVIDAM [i.e. SERVILIVS GLAVCIA]

VI, 208　　　　　　　CLODICARE　　　　　　(quidam, i.e. C. Seruilius
　　　　　　　　　　　　　　　　　　　　　　Glaucia, 1) [26]

210　　De *Caluino Glaucia claudicante* dixit quidam [i.e. Glaucia]: „Non *claudicat*, sed *clodicat*“. Veteres Clodium dixere pro Claudio. Hinc iocus in eum, qui Clodio fauebat.

---

201　et *B C deest in A.*
201　solebant *LB:* solent *A-C.*

206　veniat *scripsi:* venit *A-C.*

196　*NERO QVIDAM* In dieser Form im Index personarum von *B* (275) und *C* (591).
198　*Nero quidam* Nach dem Komm. von Leeman-Pinkster-Rabbie (II, S. 260) handelt es sich um C. Claudius Nero, den Konsul d.J. 207 v. Chr.; vgl. Münzer, *RE* III (1899), Sp. 2774–2776, s.v. „Claudius“, Nr. 246. Diese Zuschreibung ist jedoch nicht sicher.
198–199　*in seruum furacem … iocus* Cic. *De or.* II, 248: „Tantum interest, quod grauitas honestis in rebus et seueris, iocus in turpiculis et quasi deformibus ponitur; velut isdem verbis et laudare frugi seruum possimus et, si est nequam, iocari. Ridiculum est illud Neronianum vetus in furace seruo: solum esse cui domi

nihil sit nec obsignatum nec obclusum; quod idem in bono seruo dici solet“.
201　*obsignari* Bei dem „Versiegeln“ von Weinflaschen und grossen Krügen (mit Wein oder Öl) handelt es sich allerdings um eine Verschlusstechnik, die auch zu anderen Zwecken (Konservierung, Transport) vorgenommen wurde.
202　*MATER SPVRII CARVILII* Im Index personarum von *B* wurde das Apophthegma irrtümlich dem „Spurius Caruilius“ zugeschrieben, während die Apophthegma-Spenderin Carvilius' Mutter ist; im Index personarum von *C* fehlt jeglicher Verweis.
204　*Spurio Caruilio* Der hier genannte Spurius

Carvilius lässt sich nicht mit letzter Sicherheit, jedoch mit einiger Wahrscheinlichkeit identifizieren. Für die verschiedenen Möglichkeiten vgl. Komm. Leeman-Pinkster-Rabbie II, S. 260; am ehesten bezieht sich das Apophthegma auf den Kriegshelden Spurius Carvilius Maximus Ruga (Konsul 234 und 228 v. Chr., gest. 211 v. Chr.), der einen Triumph gegen die Korsen und Sarden feierte. Für ihn vgl. K.-L. Elvers, *DNP* 2 (1996), Sp. 1001, s.v. „Carvilius", Nr. 4; F. Münzer, *RE* III, 2 (1899) Sp. 1630–1631, s.v. „Carvilius", Nr. 10. Auch *CWE* 38, S. 655 identifiziert den Spurius Cavilius dieses Apophthegmas mit Spurius Carvilius Maximus Ruga.

204–206 *Spurio … in mentem*  Größtenteils wörtliche Wiedergabe von Cic. *De or.* II, 249: „Nam quod Sp. Caruilio grauiter claudicanti ex volnere ob rem publicam accepto et ob eam causam verecundanti in publicum prodire mater dixit: ‚Quin prodis, mi Spuri? [vt] Quotienscumque gradum facies, totiens tibi tuarum virtutum veniat in mentem!' ".

*Apophth.* VI, 208 datiert auf die Zeit zwischen ca. 110 und 100 v. Chr. Der Apophthegma-Spender Servilius Glaucia fand in diesem Jahr aufgrund eines *Senatus consultum ultimum* den Tod.

210  *De Caluino Glaucia claudicante*  Er. ordnete die beiden Namen irrtümlich ein und derselben Person zu: der hinkende Mann soll „Caluinus Glaucia" geheissen haben; die von Er. konstruierte Person hat einen ironischen Beigeschmack, weil es um zwei miteinander verfeindete Politiker geht. In Ciceros Text war „Glaucia" als Nominativform gemeint: Der radikale Popular Glaucia ist der Apophthegma-Spender, während der konservative Senator Calvinus die Zielscheibe seines Spottes ist. Bei Glaucia handelt es sich um **C. Servilius Glaucia** (ca. 145–100 v. Chr.), ein populärer Politiker, der zu radikalem Vorgehen gegen den Senat und die Nobiles neigte; i.J. 101 v. Chr. Volkstribun, 100 Prätor; entscheidend war seine Allianz mit dem ebenfalls radikalen Volkstribunen L. Appuleius Saturninus, mit dem zusammen er gegen den Widerstand des Senats (jedoch mit dem Einverständnis des Marius) eine Reihe von Gesetzesänderungen durchsetzte. I.J. 100 eskalierten die Auseinandersetzungen der radikalen Popularen Glaucia und Appuleius Saturninus mit dem Senat: Am 10 12. wurde Appuleius erneut zum Volkstribunen gewählt, Glaucia wollte sich für das Konsulat bewerben (was gesetzlich wegen einer Wartezeit von zwei Jahren nach der Prätur

nicht möglich war); trotz Ablehnung durch Marius versuchten Glaucia und Saturninus die Kandidatur durchzusetzen: Sie liessen den Kandidaten Gaius Memmius von Handlangern wohlgemerkt bei der Wahl selbst töten. Daraufhin verfügte der Senat das *consultum ultimum* – Glaucia, Saturninus und einige ihrer Anhänger fanden den Tod. Cicero stand dieser Sorte popularer Politiker, die er auch als Redner nicht hoch einschätzte, ablehnend gegenüber; über Glaucia fällt er das vernichtende Urteil, er wäre „der übelste (*improbissimus*) von allen" gewesen; jedoch erkennt er an, Glaucia wäre schlagfertig, schlau und witzig gewesen („peracutus et callidus cum primisque ridiculus", Cic. *Brut.* 224). Vgl. K.-L. Elvers, *DNP* 11 (2001), Sp. 467, s.v. „Servilius", Nr. I, 22; F. Münzer, *RE* II, A2 (1923), Sp. 1796–1798, s.v. „Servilius", Nr. 65; F.W. Robinson, *Marius, Saturninus und Glaucia*, Jena 1912; E. Badian, „The Death of Saturninus", in: *Chiron* 14 (1984), S. 101–147; Komm. Leeman-Pinkster-Rabbie II, S. 262; Glaucia nicht identifiziert in *CWE* 38, S. 655.

**C. Sextius Calvinus** (fl. 100–90 v. Chr.), röm. Politiker und Redner, Gegner der Popularen Appuleius Saturninus und des Glaucia; Cicero schätze ihn als Redner. Sextius Calvinus fiel durch sein Äusseres auf: Er hatte ein Auge verloren und laborierte Zeit seines Lebens an einem schweren Fußleiden. Sein Vater war der gleichnamige Kriegsheld (Konsul 124 v. Chr.), der über die Stämme des südlichen Frankreichs triumphierte und Aquae Sextiae gründete. Vgl. K.-L. Elvers, *DNP* 11 (2001), Sp. 491, s.v. „Sextius", Nr. I, 4; F. Münzer, *RE* II, A2 (1923), Sp. 2045–2046, s.v. „Sextius", Nr. 21; nicht identifiziert in *CWE* 38, S. 655.

210  *De Caluino Glaucia claudicante … clodicat*  Cic. *De or.* II, 249: „Praeclarum et graue est, quod Caluino Glaucia claudicanti: ‚Vbi est vetus illud „Num claudicat?"? At hic clodicat'. Hoc ridiculum est; et vtrumque ex eo, quod in claudicatione animaduerti potuit, est ductum".

211–212  *Clodium dixere … fauebat*  In der Erklärung, die Er. hier abgibt, setzt sich sein Missverständnis des Apophthegmas fort: Er. meinte, daß der von ihm konstruierte „Calvinus Glaucia" der Freund eines gewissen Clodius gewesen sei, und daß der anonyme Sprecher des Apophthegmas somit auf den Doppelsinn „hinken" (*claudicare*) und „Freund-des-Clodius-Sein" (*clodicare*) abgezielt habe. Als Nebenargument führt Er. an, daß die „Veteres", womit er wohl die Römer der

## P. BLESSVS

VI, 209                              RESVPINI                         (P. Blessus) [27]

215  *Publius Blessus Iunium hominem nigrum,* macilentum *et* re*pandum, fibulam ferream*
appellauit ob colorem, duriciem et incuruati corporis similitudinem.


## VATINIVS

VI, 210                              DELICATVS REVS                    (Vatinius) [28]

*Vatinius reus a Caluo accusatore in inuidiam vocatus,* quod *candido sudario frontem*
220  *tergeret*, „*Quanquam"*, inquit, „*sum reus,* tamen *et panem candidum edo"*, ita crimen
diluens, vt duplicaret. Solent autem rei prodire squalidi.

---

215  Blessus *A–C ut in Quint. ed. Bas. 1529:* Blesus *Quint. ed. Campan.,* Blaesus *LB Burmannus,* Blaesius *Quint. ed. Rademacher, Rahn.*

frühen Republik ins Auge fasst, „claudicare" als „clodicare" ausgesprochen hätten (was ebenfalls nicht stimmt; Ciceros Darstellung zeigt ja das gerade Gegenteil, nämlich daß „Num claudicat?" der alten Zeit zugehört [„vetus illud ‚Num claudicat?'"]). Die präzise Bedeutung des Apophthegmas entzieht sich unserem Verständnis. Der Doppelsinn von „hinken" – „nicht taugen" muss dabei irgendeine Rolle gespielt haben. Vgl. Komm. Leeman-Pinkster-Rabbie II, S. 262–263.

213  *P. BLESSVS* In dieser Form im Index personarum von *C* (s.l. „B", 591); in jenem von *B* (s.l. „P", 275) jedoch als „P. Bessus" (wohl ein Druckfehler). Im Text von VI, 209 steht in *B*: „Blessus". Der Name des Apophthegma-Spenders wird in den Quintilian-Handschriften in unterschiedlichen Formen überliefert, als Blessus oder Blesus (*P, V*), Blesis (*M*) oder Blessius (*A, G*); die Er. vorliegende Basler Ausgabe von 1529 sowie die Mehrzahl der älteren Ausgaben hat „Blessus". „Blessus" hat sich noch in die Ausgabe von Spalding und Dussault (1822) hinübergerettet, während bereits Burmannus „Blaesus" vorschlug; Rademacher und Rahn drucken „Blaesius". Die Form „Blaesius" lässt eine überzeugende Identifizierung der Person nicht zu, weil sich in der sonstigen literarischen

215  Iunium *A–C ut in Quint. ed. Bas. 1529:* Iulium *Quint. text. recept.*

216  colorem, duriciem *C:* coloris duriciem *A B.*

Überlieferung kein „Publius Blaesius" nachweisen lässt. Wahrscheinlich ist die richtige Form des Namens „Blaesus". Wenn dies der Fall ist, so könnte der Apophthegma-Spender **Publius Sallustius Blaesus**, ein Zeitgenosse Quintilians, Suffektkonsul i.J. 89 n. Chr., Mitglied der *Fratres Arvales* 78–91, sein. „Blaesus" ist ein relativ häufig vorkommendes Cognomen, bsd. in den Familien der Iunier, Sempronier und Pedier. Jedoch ist in diesen Familien keine Person überliefert, die zugleich den Vornamen Publius und das Cognomen Blaesus trug. In *CWE* 38, S. 655 wird als Name des Apophthegma-Spenders „Blessius" angegeben, dieser jedoch nicht identifiziert. Die Namensform „Blessius" wird in den *Complete Works of Quintilian* (Delphi Classics), 2015, gedruckt.

214  *Resupini* „Resupini", „Die „Zurückgelehnten", „Die Zurückgebogenen" (auch „Die auf dem Rücken liegenden", „Die sich Ausruhenden") ist ein irreführender Titel, da er, was die Körperhaltung betrifft, das genaue Gegenteil dessen besagt, was der spöttische Spruch beschreibt: In der Haltung „resupinus" hat man die Schultern (und den Kopf) zurückgeworfen und den Rücken hohl. Vgl. Georges II, Sp. 2360, s.v. „resupinus". Der im Apophthegma verspottete Iulius (oder Iunius)

hatte aber einen Buckel, d.h. natürlich einen nach vorne gekrümmten Rücken. Er. nahm offensichtlich an, daß sich der Spruch auf einen Mann bezieht, der mit zurückgeworfenen Schultern und hohem Rücken herumspazierte (eine Haltung, die einen arroganten, „hochnäsigen" Menschen charakterisieren könnte). Daß Er. den Spruch missverstanden hat, geht daraus hervor, daß er Quintilians „pandus" („bucklig", „mit nach vorne gekrümmten Rücken", „mit einem Katzenbuckel") in seinem Text zu „repandus" („rückwärts gebogen", „rückwärts gekrümmt") abänderte; „repandus" wird z.B. für Schnabelschuhe (Cic. *Nat. deor.* I, 82 „repandi calceoli") oder den aufwärts gekrümmten „Schnabel" der Delphine verwendet (vgl. Georges II, Sp. 2317, s.v. „repandus"); „pandus" hingegen für den „Buckel" der Delphine, einen Bergrücken oder den Henkel eines Kruges; vgl. Georges II, Sp. 1457, Lewis-Short, S. 1297, jeweils s.v. „pandus".

215 *Publius ... ferream* Quint. *Inst.* VI, 3, 57: „... sicut P. Blaesius (Blessus *ed. Bas. 1529, fol. 96A*: Blesus *ed. Campan. 1470*) Iulium (Iunium *ed. Bas., ed. Campan. et plures edd. vett.*), hominem nigrum et macrum (Marcum *ed. Campan.*) et pandum (pandum *text. recept., ed. Bas.*: Pandum *ed. Campan.*), ‚Fibulam ferream' dixit".

215 *Iunium* Nach *RE* X, 1, die den rezenteren Textausgaben folgt, ist nicht Iunius zu lesen (die Variante Iunius scheint im Quintilian-Text durch den im selben Paragraphen vorangehenden Namen Iunius Bassus beeinflusst zu sein), sondern Iulius. Für diesen Iulius vgl. A. Stein, *RE* X, 1 (1918), Sp. 107, s.v. „Iulius", Nr. 1.

216 *duriciem* Auch diese Erklärung des Er. ist nicht richtig: Das Apophthegma spricht nicht die „Härte", sondern die „hagere, magere" („macrum") Gestalt des Iunius (oder Iulius) an.

**P. Vatinius** (ca. 95–nach 42 v. Chr.), röm. populärer Politiker, Quaestor i.J. 63, Volkstribun 59, Praetor 55, 51–48 Legat Caesars in Gallien, Konsul i.J. 47; Gefolgsmann Caesars und Gegner Ciceros; war mit Antonia, der Nichte des L. Iulius Caesar, verheiratet; politischer Aufstieg unter der Ägide des Iulius Caesar. Vatinius setzte mittels eines Volksbeschlusses durch, daß Caesar die Gallia Cisalpina als Provinz zugeteilt wurde. Nach seiner Prätur wurde Vatinius von C. Licinius Macer Calvus wegen Amtsmissbrauch angeklagt, jedoch trotz der grossartigen Rede des Anklägers frei-

gesprochen, wahrscheinlich da die Triumvirn die Richter bestochen hatten. Vgl. J. Bartels, *DNP* 12.1 (2002), Sp. 1151–1152, s.v. „Vatinius", Nr. I, 2; H. Gundel, *RE* VIII, A1 (1955), Sp. 495–520, s.v. „Vatinius", Nr. 3. Vatinius figurierte bereits oben in *Apophth.* VI, 200; in IV, 287 präsentierte Er. einen Ausspruch Ciceros, der dessen negative Bewertung des Vatinius zum Ausdruck bringt (*ASD* IV, 4, S. 353; *CWE* 37, S. 428).

217 *VATINIVS* In dieser Namensform auch im Index personarum.

218 *Delicatus reus* Der Titel, den Er. dem Apophthegma gab, „Ein verzärtelter Angeklagter", geht von seiner irrigen Interpretation des Spruches aus christlicher Perspektive aus; s. dazu Komm. unten.

219–220 *Vatinius reus ... edo* Im einleitenden Teil gekürzte, sonst wörtliche Wiedergabe von Quint. *Inst.* VI, 3, 60: „Sunt quaedam †vi† similia (etiam verisimilia *ed. Bas. 1529, fol. 96B*), vnde Vatinius dixit hoc dictum: cum reus agente in eum Caluo frontem candido (candido frontem *ed. Bas. 1529*) sudario tergeret idque ipsum accusator in inuidiam vocaret: ‚Quamuis reus sum', inquit, ‚et panem item (item *add. Haupt, deest in edd. vett.*) candidum edo'".

219 *Caluo* C. Licinius Macer Calvus (82–ca. 50 v. Chr.), Redner und neoterischer Dichter; Freund und Bewunderer Catulls, dessen Stil er in seinen Dichtungen nachahmte; jüngerer Zeitgenosse und Konkurrent Ciceros. 21 Reden sind von den überlieferten Titeln oder Frgm. her bekannt; die im vorl. Apophth. vermeldete Rede betrifft Licinius Macers Anklage gegen Vatinius (*In Vatinium*); für diese vgl. Tac. *Dial.* 21, 12; 34, 7; Catull. 14, 1–5 und 14, 53; die Rede *In Vatinium* war noch in der Spätantike berühmt. Vgl. P.L. Schmidt, *DNP* 7 (1999), Sp. 169–170, s.v. „Licinius", Nr. I, 31; F. Münzer, *RE* XIII, 1 (1926) Sp. 428–435, s.v. „Licinius", Nr. 113; für die Fragm. seiner Reden vgl. *ORF* I, 3. Aufl. 1967, 492–500; für die Frgm. der Gedichte *FPL* 206–216.

220 *tamen* „tamen" ist ein Zusatz des Er.

220–221 *crimen ... vt duplicaret* In seiner Erklärung faßt Er. den Spruch des Vatinius zu Unrecht als unglückliche und misslungene Retourkutsche auf. Zwar verstand Er. richtig, daß Licinius Macer dem Vatinius vorhielt, er habe sich nicht an den Brauch, nach dem die Angeklagten in Trauerfarben vor Gericht zu erscheinen hatten, gehalten. Mit seiner Antwort „und doch esse ich Weissbrot"

## CHRYSIPPVS [i.e. VETTIVS CHRYSIPPVS]

VI, 211                                                                (Vettius Chrysippus) [29]

*Quum in triumpho* C. *Caesaris oppida eburnea fuissent* circum*lata* ac *paucis post diebus*
225  in triumpho *Fabii Maximi lignea* deportarentur, *Chrysippus* ludens *dixit* eas *esse thecas*
*oppidorum Caesaris.* Solent enim res preciosae ligneis thecis muniri.

brachte Vatinius freilich nicht zum Ausdruck,
er wäre ein verzärtelter, luxuriöser Schlemmer,
sondern vielmehr machte er Licinius Macers
Anwurf lächerlich, im Sinn von: „Soll ich
jetzt etwa auch Schwarzbrot essen, weil ich
angeklagt bin?" D.h. er gab damit zu verstehen, daß sich Licinius mit lächerlichen Neben-
sächlichkeiten abgebe. Man wird als Angeklagter doch noch ein Taschentuch mitnehmen dürfen, ohne es vorher schwarz gefärbt
zu haben? Der Konsum von Weissbrot hatte
im Rom des 1. Jh. v. Chr., namentlich in
den Kreisen der Oberschichte, nichts Unge-
wöhnliches an sich. Auch Quintilian hat nicht
daran gedacht, daß man dem Angeklagten den
Verzehr von Weissbrot zum Vorwurf machen
könnte, vielmehr führte Vatinius' Spruch als
gelungenes Beispiel dafür auf, wie man witzige Äusserungen mit Hilfe von *Vergleichen*
(*parabolae*) herstellen könne. Er. kam zu seiner Einschätzung wohl durch eine von christlicher Askese gefärbte Verurteilung des (im
Vergleich zum Schwarzbrot) feineren Weiss-
brots.

**Vettius Chrysippus**, in Rom weilender Grieche, Architekt, Freigelassener des Architekten
Cyrus; war für Cicero als Baumeister tätig
und stand mit diesem auf so vertraulichem
Fuss, daß ihn Cicero als „homo prope domesti-
cus", Fast-Hausgenossen, bezeichnete (VII,
14, 1). Aufgrund der Tatsache, daß Chrysippus
zum Kreis Ciceros gehörte, wird er den Triumph Caesars kritisch betrachtet haben. Vgl.
H. Gundel, *RE* VIII, A2 (1958), Sp. 1851, s.v.
„Vettius", Nr. 12; J. Bartels, *DNP* 12, 2 (2002),
Sp. 148, s.v. „Vettius", Nr. I, 3; Cic. *Att.* XIII,
29, 1; XIV, 9, 1; *Fam.* VII, 14, 1.

222  *CHRYSIPPVS*  Der Index personarum
führt vorl. *Apophth.* unter „Chrysippus", wobei kein Unterschied zwischen dem berühmten Stoiker Chrysippos von Soloi und Vettius
Chrysippus, dem Freund des Cicero, gemacht

wird (*C*: „Chrysippus 591.763"). Im Titel zu
der Sektion im siebenten Buch, die dem Stoiker gewidmet ist, verwendet Er. allerdings
die Namensform „CHRYSIPPVS SOLEN-
SIS" (*C*: S. 763).

*Apophth.* VI, 211 weist in den Baseldrucken keinen eigenen Titel auf. Es datiert auf den fünften Triumph Caesars Anfang Oktober d.J.
45 v. Chr. für seinen Sieg im Bürgerkrieg in
Spanien, in dem er die Pompeianer nieder-
geworfen hatte, sowie auf den Triumph seines Legaten Fabius Maximus am 13.10. desselben Jahres. Für den Spanischen Triumph Caesars vgl. Vell. Pat. II, 56 und Suet. *Div. Iul.*
37.

224–226  *Quum in triumpho … oppidorum Cae-*
*saris*  Quint. *Inst.* VI, 3, 61: „Ea dicatur sane
fictio, vt Chrysippus: cum in triumpho Caesaris eborea (eburnea *ed. Bas. 1529, fol. 96B*: Epo-
lytea *ed. Campan. 1470*) oppida essent trans-
lata et post dies paucos Fabi (Fabii *ed. Bas.*
*1529*) Maximi (Maximi *ed. Bas. 1529*: maximi
*ed. Campan.*) lignea, thecas esse oppidorum
Caesaris dixit".

224  *oppida eburnea*  i.e. *simulacra eburnea oppi-*
*dorum*: Es handelt sich um symbolische Darstellungen der eroberten Städte, die im Triumphzug Caesars mitgetragen wurden. Derartige symbolische Darstellungen von Städten hatte Caesar bereits bei seinem Vierfach-
triumph i.J. 46 verwendet, u.a. in seinem
ersten Triumph, über Gallien (vgl. Cic. *Off.*
II, 28, der das Bild von Marseille [Massilia]
erwähnt: „portari in triumpho Massiliam vidimus"). Nach Vell. Pat. II, 56 waren die symbolischen Kunstwerke des Gallischen Triumphes
sämtlich aus Zitrusholz angefertigt; nach dem
vorl. Apophthegma jene des Spanischen Triumphes aus Elfenbein (vgl. aber unten). Dabei
handelte es sich nicht etwa um Miniaturmo-
delle eroberter Städte, in denen charakteristische Gebäude dargestellt wurden, sondern

um die Skulpturen von weiblichen Symbol-
gestalten, Stadtgöttinnen, die auf dem Kopf
eine Mauerkrone trugen und in den Händen
gewisse allegorisch zu deutende Gegenstände
hielten. Für derartige symbolische Stadtgöttinnen (als Fortuna oder Kybele) gab es i.J. 46
v. Chr. bereits zahlreiche ikonographische Beispiele. Da die Skulpturen aus Elfenbein angefertigt waren, muss es sich um Kleinplastiken
gehandelt haben. Nach dem Apophthegma
musste sich Fabius Maximus bei seinem (Spanischen) Triumph, was die Repräsentationsge-
stalten „seiner" Städte anging, mit dem billi-
geren Material Holz begnügen, was aber wohl
mit sich brachte, daß „seine" allegorischen
Statuen größer waren. Genau darauf bezieht
sich der Witz des Vettius Chrysippus. Chrysippus sagte, die grösseren Holzstatuen sollten wohl als Aufbewahrungsorte („thecas") für
Caesars kleinere, aber wertvollere Elfenbeinstatuen dienen. θήκη bezeichnet ganz allgemein das Behältnis, wo etwas aufbewahrt wird,
vgl. Passow I, 2, S. 1408, s.v. θήκη. In seiner
Erklärung faßte Er. „thecas" als Holzkistchen
bzw. Schmuckschatullen auf, in denen Klein-
odien herkömmlicherweise „geschützt" aufbewahrt („muniri") werden konnten. Jedoch
kann Chrysippus damit kaum Kistchen oder
Schmuckschatullen gemeint haben. Vielleicht
meinte er, daß die Holzstatuen wie Abstell-
podeste der wertvollen Elfenbeinstatuen wirk-
ten. Dabei ist zu bedenken, daß es stets um
dieselben Städte gegangen sein muss, d.h. von
jeder dieser Städte gab es eine große Holz- und
eine kleine Elfenbeinstatue. Darauf bezieht
sich auch der Witz des Chrysippus, etwa in
dem Sinn, daß Fabius Maximus in Spanien
der Handlanger Caesars war. Nach Vell. Pat.
II, 56 waren die mitgetragenen Symbolstatuen
von Caesars Spanischem Triumph im Übrigen nicht aus Elfenbein, sondern aus Silber-

blech („argento rasili"); jedoch sei Elfenbein
im Afrikanischen Triumph verwendet worden. Die Darstellung des Velleius ist plausibler: Für Spanien ist Silber passend wegen der
für das Land charakteristischen Silberminen,
für Afrika hingegen das Elfenbein wegen der
charakteristischen Elefanten.

224–225 *paucis post diebus in triumpho Fabii
Maximi* Der Triumph des Fabius fand am
13. 10. 45 v. Chr. statt, der Caesars einige
Tage vorher. Er war deshalb noch in frischer
Erinnerung.

225 *Fabii Maximi* Q. Fabius Maximus († 45
v. Chr.), röm. Politiker, loyaler Caesarianer, General Caesars und gemeinsam mit
Q. Pedius Legat in Spanien während des Bürgerkrieges (46/45). Caesar erschien i.J. 45 selbst
in Spanien, um das Oberkommando zu übernehmen. Caesar belohnte den loyalen Fabius
Maximus bei seiner Rückkehr nach Rom i.J.
45 mit einem Suffektkonsulat (1. 10.–31. 12. 45)
und erfüllte dem ahnenstolzen Mann, der es
seinem Großvater gleichtun wollte, der über
die Allobroger triumphiert hatte, den Traum
seines Lebens: einen Triumph. Für den Triumph vgl. Cass. Dio XL, 42, 1–2. Über Fabius'
Triumph wurden Witze gerissen (Dio ebd.),
u. a., da er als General eine Feldschlacht gegen
die Pompeianer nicht gewagt und stattdessen
Caesar zu Hilfe gerufen hatte, der damals erst
aus Rom anreisen musste. In Schlacht, die den
Kampf um Spanien entschied, bei Munda (in
Südspanien) am 17. 3. 45 v. Chr. führte Caesar
persönlich die Truppen an, nicht Fabius Maximus, und der Sieg war Caesars Strategie zu verdanken. Vgl. W. Kierdorf, *DNP* 4 (1998), Sp.
368–370, s.v. „Fabius", Nr. I, 22; F. Münzer, *RE*
VI, 2 (1909), Sp. 1791–1794, s.v. „Fabius", Nr.
108.

225 *thecas* θήκας, denn Chrysippus machte den
Witz wohl ursprünglich in der griech. Sprache.

## EMPEDOCLES [i.e. PEDO]

VI, 212                                                         (Empedocles, i.e. Pedo) [30]

Empedocles [i.e. Pedo] quum in harena *mirmillonem retiarius sequeretur nec feriret,*
230   *„Viuum“, inquit, „capere vult“.* Sic in venatu, qui capit animal viuum, cauet, ne
vulneret.


## AVGVSTVS

VI, 213                       Libere             (Augustus et anonymus eques
                                                         Romanus) [31]

235   *Augustus* videns *equitem in spectaculis bibentem misit, qui* illi suis verbis *diceret: „Ego
si prandere volo, domum eo“.* Respondit eques, *„Tu enim non times, ne perdas locum“.*
Augustus sensit indecorum esse illic in publico bibere. Eques per iocum sic interpretatus est, Caesarem sine damno posse discedere e theatro, quod locus ipsi seruetur,
non item equiti.

---

229 mirmillonem *scripsi*: Mirmillonem *A-C*          230 capit *correxi*: cupit *A-C.*
*Quint. ed. Bas. 1529,* myrmillonem *Quint. text.*
*recept.*

227 *EMPEDOCLES* Mit dieser Namensform verweist der Index personarum auf den Spender des vorl. Apophthegmas, der dort mit dem berühmten vorsokratischen Philosophen zusammengelegt wird (*C:* „Empedocles 592. 765“). Im Titel der Empedokles-Sektion im siebenten Buch vermeldet Er. zudem dessen Stadtzugehörigkeit (*C,* S. 765). Tatsächlich ist der Spruchspender jedoch der Römer Pedo aus augusteischer Zeit.

229 *Empedocles* Es handelt sich hier um eine kuriose Fehlzuschreibung. Der Spender des Apophthegmas kann unmöglich der vorsokratische Philosoph Empedokles (ca. 495–435 v. Chr.) oder sein Neffe gewesen sein (diese sind zugleich die einzigen bekannten Träger des Namens), da sich der Spruch auf einen römischen Gladiatorenkampf bezieht; öffentliche Gladiatorenkämpfe fanden erst gegen Ende des 2. Jh. v. Chr. mit einiger Frequenz statt. Bereits in der Erstausgabe Campanos (1470), fol. 134ᵛ, und auch in der Basler Quintilian-Ausgabe d. J. 1529, die Er. benutzte, wurde der richtige Name des Apophthegma-Spenders

überliefert: Pedo. Es ist nicht klar, von welchem Textträger Er. diese falsche Lesart übernommen hat. „Empedocles“ geht letztenendes auf verderbte Lesarten in diversen Quintilianhandschriften zurück, die statt „Et Pedo de“ entweder „Et pedocle“ oder „et peclode“ schrieben; „Empedocles“ ist bereits eine versuchte ‚Korrektur‘ dieser verderbten Lesarten, die vielleicht auf das Konto des Er. geht, der dann jedoch die richtige, in der von ihm benutzten Basler Quintilian-Ausgabe vorhandene Lesart „Pedo“ ignoriert haben muß. Bei Pedo handelt es sich wohl um den augusteischen Dichter **Pedo Albinovanus**, einen Freund des Dichters Ovid. Zu Pedo Albinovanus vgl. O. Haube, *Beitrag zur Kenntnis des Albinovanus Pedo,* Fraustadt 1880; V. Tandoi, „Albinovano Pedone e la retorica giulio-claudia delle conquiste“, in *Studi Italiani di Filologia Classica* 36 (1964), S. 1–29. Für die Apophthegmata des Empedocles vgl. unten zu VII, 360 ff.

229–230 *mirmillonem … vult* Quint. *Inst.* VI, 3, 61: „Et Pedo (Pedo *ed. Bas. 1529, fol. 96B, ed.*

*Campan. 1470*) de myrmillone (Mirmillone *ed. Bas.;* mirmillone *ed. Campan.*), qui retiarium consequebatur nec feriebat: ‚Viuum‘, inquit, ‚capere vult‘ “.

229 *retiarius sequeretur nec feriret*  Der zynische Witz bezieht sich zuvorderst darauf, daß der Apophthegma-Spender Pedo dem *retiarius* unterstellt, er habe nicht kapiert, worum es in einem Gladiatorenkampf geht (nml. um Leben und Tod). Er tut so, als habe er den Auftrag erhalten, er solle seinen Gegner lebend fangen (wie etwa ein Tier) anstatt ihn zu töten. Die zynische Bemerkung passt besonders auf einen *retiarius*, weil dieser mit einem Netz ausgerüstet war. Der Witz unterstellt, daß der Gladiator irrtümlich glaubte, das Netz wäre dazu da, seinen Gegner lebend zu fangen, wie man etwa Tiere fing. Gladiatorenkämpfe waren standardmässig einer

solchen Kritik ausgesetzt. Die Besitzer von Gladiatorenställen waren Unternehmer, die nicht darauf aus waren, ihre Mitarbeiter möglichst bald zu verlieren. Das Publikum aber wollte Blut und Kämpfe auf Leben und Tod sehen.

232 *AVGVSTVS*  Im Index personarum wird das Apophthegma Kaiser Augustus zugeschrieben, während nur der erste Spruch von ihm stammt, das diesen übertreffende Bonmot jedoch von einem namentlich nicht bekannten römischen Ritter.

235–236 *Augustus … perdas locum*  Wörtliche Wiedergabe von Quint. *Inst.* VI, 3, 63: „Hinc eques Romanus, ad quem in spectaculis bibentem cum misisset Augustus, qui ei diceret ‚Ego si prandere volo, domum eo‘: ‚Tu enim (omnium *lectio varia in ed. Bas. 1529, fol. 96B*)‘, inquit, ‚non times, ne locum perdas‘.

240

# CAMPATIVS

VI, 214                    IOCVS AB ABSVRDO                    (Campatius) [32]

Manius Curius [i.e. Titius Maximus] *Campatium de theatro exeuntem interrogauit,*
num *spectasset. Campatius stultitiam* hominis sic irrisit, *„Non"*, inquiens, *„sed in
orchestra pila lusi"*. Quid aliud fecisset in theatro, nisi vt spectaret? Quasi quis e balneo
245  exiens rogetur, an lauisset. Sed multo absurdius est, in orchestra pila ludere.

# IVNIVS BASSVS

VI, 215                    CONVICIVM MVTATVM IN PEIVS                    (Iunius Bassus) [33]

*Iunius Bassus Domitiae Passanii* [i.e. Passieni] *querenti, quod ei sordes* obiiciens *dixisset*
illum [i.e. eam] *veteres calceos vendere,* „Nunquam *mehercule"*, inquit, „istuc *dixi, sed*
250  *dixi emere solere"*. Multo sordidius est emere quam vendere veteres calceos. Sic irrisit
mulierem, vt pro eo, quod obiiciebatur, subiiceret aliud illo molestius.

242  Manius Curius *scripsi cum A (cf.* Manius
      Curius *Apophth. VI, 244)*: Manius Curtius *B-
      C,* Curius Manius *lectio varia in Quint. ed.
      Bas. 1529,* Tytius Maximus *Quint. ed. Bas. 1529,*
      Titius Maximus *sive* Tytius Maximus *quasi
      omnes Quint. edd. vett.*
242  Campatium *A-C (cf. Quint. ed. ab Ioan.
      Andrea 1471)*: Carpathium *Quint. ed. Bas. 1529,*
      Carpatium *Quint. ed. Campan.*

248  Passanii *A-C ut in Quint. ed. Campan. et
      pluribus edd. vett. ante Ald.*: Passieni *ed. Bas.
      1529 Ald. 1514 text. recept.*
248  querenti *scripsi cum A et B (cf. Quint. ed.
      Campan., BAS LB)*: quaerenti *C ut in Quint.
      ed. Bas. 1529.*

240  *CAMPATIVS* So lautet auch die Namens-
      form des Apophthegma-Spenders im Index
      personarum von *C* („Campatius 592"). Im
      Index personarum von *B* war der Spruch noch
      irrtümlich „Manius Curtius" (s.l. „M") zuge-
      schrieben worden, der nicht der eigentliche
      Apophthegma-Spender, sondern nur der ein-
      fältige Fragesteller ist, dem Campatius mit sei-
      nem Bonmot antwortete. Der hier genannte
      **Campatius** ist nur von dieser Anekdote Quin-
      tilians her bekannt. Stein nennt noch einen
      Sextus Campatius, einen „praefectus C. Caesa-
      ris", der möglicherweise ein Enkel des Augustus
      ist. O. Stein, *RE* 3, 2 (1889), Sp. 1442–1443, s.v.
      „Campatius". Nr. 1 und 2.
242  *Manius Curius* Die Lesart von *A,* „Manius
      Curius", stellt einen misslungenen Textver-
      besserungsversuch des Er. in Bezug auf die
      Basler Quintilian-Ausgabe d.J. 1529 dar. Dort
      steht im Haupttext das grundsätzlich richtige

      „Tytius Maximus", während „Manius Curius"
      als *lectio varia* am Textrand angegeben war
      (fol. 96D „Curius Manius"). Er. zog jedoch
      die *lectio varia* vor, wobei er zudem die Wort-
      folge änderte, wohl weil Manius ein Vorname
      ist. Für die Entscheidung, die Variante vor-
      zuziehen, ist wohl ausschlaggebend gewesen,
      daß der Spender des nächstfolgenden Apo-
      phthegmas im Quintilian-Text eben „Manius
      Curius" heißt (Quint. *Inst.* VI, 3, 72 „... ridi-
      cule negauit Manius Curius"). Er. verkehrte
      offensichtlich in der Annahme, daß in den bei-
      den benachbarten Apophthegmen dieselben
      Personen figurieren. Manius Curius war ein
      berüchtigter Würfelspieler um die Mitte des
      1. Jh. v. Chr. (vgl. Cic. *Phil.* V, 5, 3). Über
      Titus Maximus ist nichts näheres bekannt. Als
      Namen des naiven Fragestellers gab Er. in der
      Ausgabe letzter Hand „Manius Curtius" an;
      diese Namensform ist einem Übertragungs-

fehler geschuldet, der bereits in der zweiten Auflage (*B*) unterlaufen war.

242 *Titius Maximus*   Für den hier genannten **Titius Maximus** als törichten Frager, über den wir sonst keine Information besitzen, vgl. A. Stein, *RE* VI, A 2 (1937), Sp. 1568, s.v. „Titius“, Nr. 32; nicht in *DNP*.

242 *Campatium*   Er. ignoriert hier die in der Basler Quintilanausgabe d.J. 1529 überlieferte Namensform.

242–244 *Campatium de theatro … lusi*   Quint. *Inst.* VI, 3, 71: „Stulte interrogauerat exeuntem de theatro Campatium (Campatium *text. recept.*: Carpathium *ed. Bas. 1529, fol. 96D*: Carpatium *ed. Campan. et quaedam edd. vett.*) Titius Maximus (Tityus Maximus *ed. Bas. 1529*: Curius Manius *lectio varia in ed. Bas.*), an spectasset? Fecit Campatius (Campatium *text. recept.*: Carpathius *ed. Bas. 1529*: Carpatius *ed. Campan. et quaedam edd. vett.*) dubitationem eius stultiorem, dicendo: ‚⟨Non⟩ (non *ed. Bas.*; non *add. recte Regius*: non *deest in ed. Campani et in edd. priscis ante Regium*), sed in orchestra pila lusi‘ “.

**Iunius Bassus**, römischer Redner und Politiker, dessen Akme um 45/50 n. Chr. zu datieren ist; er war allgemein unter dem Spottnamen „der weiße Esel“ bekannt. Vgl. oben Komm. zu II, 185; A. Stein, *RE* X, 1 (1918), Sp. 966, s.v. „Iunius (Bassus)“, Nr. 38.

246 *IVNIVS BASSVS*   In dieser Form im Index personarum.

*Apophth.* VI, 215 datiert vor 41 n. Chr., das Jahr, in dem die Ehe von Domitia und Passienus geschieden wurde.

248–250 *Iunius … solere*   Versuchte wörtliche, jedoch durch einen Textübertragungsfehler entstellte Wiedergabe von Quint. *Inst.* VI, 3, 74: „Belle (velle *ed. Campan. 1470*) interim subicitur (subiicitur *ed. Bas. 1529, fol. 96D*) pro eo, quod neges, aliud mordacius, vt Iunius Bassus, querente (querente *ed. Campan.*: quaerente *ed. Bas. 1529*) Domitia Passieni (Passieni *text. recept., ed. Bas. 1529*: Passanii *ed. Campan.*), quod (qui *ed. Campan.*) incusans eius sordes, calceos eam veteres diceret vendere solere: ‚Non mehercules‘, inquit, ‚hoc vmquam dixi, sed dixi emere te (te *deest in ed. Campan.*) solere‘ “. Er.’ Mißverständnis der Anekdote ist nicht verzeichnet in Komm. von *CWE* 38, S. 656–657.

248 *Domitiae*   **Domitia** (†59 n. Chr.), Tante des Kaisers Nero väterlicherseits, Gattin des C. Sallustius Crispus Passienus, der sich i.J. 41 von ihr trennte, um Iulia Agrippina d.J.

zu heiraten, die später wieder die Gattin des Claudius wurde. Domitia starb i.J. 59, angeblich von Nero vergiftet, der sich ihr Vermögen zuzueignete. Siehe W. Eck, DNP 3 (1996), Sp. 743, s.v. „Domitia“, Nr. 1; A. Stein, *RE* V, 1 (1903), Sp. 1509–1510, s.v. „Domitius“, Nr. 91.

248 *Passanii*   Er. ignoriert an dieser Stelle den in der Baselausgabe d.J. 1529 richtig überlieferten Text („Passieni“), um den verderbten Namen „Passanii“ aus der *ed. pr.* oder einer der älteren Ausgaben zu übernehmen. C. Sallustius Crispus Passienus, röm. Senator, bekleidete das Amt des Quästors und des Prätors, verheiratet mit Neros Tante Domitia; heiratete später Agrippina entweder i.J. 41 n. Chr., nachdem diese von dem neuen Kaiser Claudius aus dem Exil zurückgerufen worden war, oder in der unmittelbaren Folgezeit; später wurde seine Ehe mit Agrippina d.J. wieder geschieden, da diese i.J. 49 n. Chr. Kaiser Claudius heiratete. Vgl. R. Hanslik, *RE* IX, 2 (1942), Sp. 2097–2098, s.v. „Passienus“, Nr. 2; nicht in *DNP*.

248 *querenti*   Das fehlerhafte „quaerenti“ trat bei der Drucklegung von *C* auf und geht wohl auf das Konto des Setzers.

249 *illum*   Er. hat die Anekdote missverstanden: Domitia hat sich nicht darüber beklagt, daß Iunius Bassus *ihren Mann* bezichtigt habe er verkaufe seine abgetragenen Schuhe, sondern *sie selbst verkaufe ihre abgetragenen Frauenstiefel*. Der Irrtum ist wohl einem Textübertragungsfehler geschuldet, wobei Er. versehentlich „eum“ statt „eam“ las. Sowohl die Basler Quintilian-Ausgabe als auch die *ed. pr.* Campanos haben jedoch „eam“. Vielleicht hat die Omission von „te“ am Ende des Spruches in Campanos Ausgabe zu dem Mißverständnis beigetragen: Denn aus „te“ geht unmißverständlich hervor, daß die Tante selbst gemeint ist. In der Basler Quintilian-Ausgabe d.J. 1529 war „te“ freilich vorhanden, woraus man schließen muß, daß Er., was die vorl. Stelle betrifft, diese Ausgabe ignoriert hat.

249 *calceos*   Der calceus war der hohe (mindestens knöchelhohe), stiefelähnliche lederne Ausgehschuh der römischen Bürger und Bürgerinnen. Der *calceus* bestand aus einer Ledersohle und Lederbändern, die um den Knöchel gewickelt waren. *Calcei* von Patriziern und Patrizierinnen galten als Rangabzeichen, sie waren höher und schöner als die der gewöhnlichen Bürger und waren mit einer Agraffe aus Elfenbein verziert. Frauenstiefel

## EQVES ROMANVS QVIDAM

VI, 216            Libere     (Anonymus eques Romanus) [34]

*Eques Romanus obiicienti Augusto, quod patrimonium* deuorasset, *„Meum"*, inquit,
255 *„putaui"*, simulans errore factum, quod criminabatur, ac sentiens interim non esse
crimen, si quis sua suo profundat arbitrio.

## CASSIVS SEVERVS

VI, 217                             (Cassius Seuerus, 2) [35]

*Cassius Seuerus, quum obiurgaretur a praetore, quod eius aduocati Lucio Varo* [i.e.
260 Vario] *Epicureo, Caesaris amico, conuicium fecissent, „Nescio"*, inquit, *„qui conuiciati
sint, et puto Stoicos fuisse"*, huc alludens quod inter Epicureos et Stoicos maximum
dissidium est. Nam Epicurei felicitatem hominis voluptate metiuntur, Stoici praeter
honestum nihil ducunt in bonis.

VI, 218            Salse            (Cassius Seuerus, 3) [36]

265 Idem *cuidam obiicienti, quod Proculeius ei domo interdixisset, „Nunquid"*, inquit, *„ego
illuc accedo?"*. Elusit obiectionem: nam in ius vocari solent, qui contra praetoris inter-
dictum adeunt locum, non is, qui paret interdicto; [B] simul innuens se nequaquam
teneri domus illius desiderio.

---

261 Stoicos *A-C Quint. ed. Bas. 1529*: Stoicum *BAS LB.*

265 ego *A-C ut in Quint. ed. Bas. 1529*: ergo *Quint. text. recept.*
267–268 simul … desiderio *B C: deest in A.*

waren aus besonders weichem, buntgefärb-
tem (rotem) Leder verfertigt. In vorliegendem
Apophthegma geht es um die Frauenstiefel der
Domitia, also einer Patrizierin.
254–255 *Eques … putaui* Quint. *Inst.* VI, 3,
74: „Defensionem imitatus est eques Romanus
(Romanus *om. Campanus*; Romanus *adest
in ed. Bas. 1529*), qui obicienti (obiicienti
*ed. Bas. 1529*) Augusto, quod patrimonium
comedisset, ‚Meum', inquit, ‚putaui' ".
**Cassius Severus** (40 v. Chr.–32 n. Chr.), bekannter Ankläger, der sich durch einen leidenschaftlichen Vortrag, Improvisationskunst,
Ironien und Zynismen sowie durch eine unge-
bremste Aggressivität auszeichnete; obwohl er
als Anwalt in der Sache nicht immer erfolg-

reich war, genoss er als Redner Ruhm, der
dadurch verstärkt wurde, daß er seine Reden
publizierte. Aggressivität, Leidenschaftlich-
keit und ein Beharren auf absoluter Redefreiheit kennzeichneten auch seine Haltung
gegenüber dem Prinzipat des Augustus. Cassius Severus nahm sich kein Blatt vor den
Mund und er scheute sich nicht, Augustus zu
beleidigen und zu beschimpfen. Das führte
dazu, daß ihn Augustus gegen Ende seiner
Regierungszeit per Senatsbeschluss nach Kreta
verbannen ließ. Cassius Severus zeigte keine
Reue und war zum Einlenken nicht bereit.
Im Exil verfasste er weiterhin Schriften, die
Schmähungen gegen den Princeps enthiel-
ten. Cassius Severus betrat niemals mehr den

Boden Roms. Tiberius verschärfte seine Verbannung, indem er ihn auf die Strafinsel Seriphos überbringen liess, wo er i.J. 32 starb. Vgl. Ch. Walde, *DNP* 2 (1996), Sp. 1017–1018, s.v. „Cassius", Nr. III, 8; J. Brzoska, *RE* III, 2 (1899), Sp. 1744–1749, s.v. „Cassius", Nr. 89. Er. widmete ihm mehrere Sprüche: VI, 218; 313; VIII, 55; 244; 254 und 320.

257 *CASSIVS SEVERVS* In dieser Form im Index personarum von *A* und *B*, „Seuerus Cassius" in jenem von *C*.

*Apophth.* VI, 217 datiert auf die Zeit zwischen ca. 20 und 15 v. Chr.; i.J. 15 starb Lucius Varus.

259–261 *Cassius … Stoicos fuisse* Wörtliche Wiedergabe von Quint. *Inst.* VI, 3, 78: „Transtulit crimen Cassius Seuerus (seuerus *ed. Campan.*); nam cum obiurgaretur a praetore, quod aduocati eius (eius vt *ed. Campan.*) L. Varo (Varro *ed. Campan.*) Epicurio (Epicureo *ed. Bas. 1529, fol. 97A et plures edd. vett.*: Epicuro *ed. Campan.*), Caesaris amico, conuicium fecissent, ‚Nescio', inquit, ‚qui conuiciati sint, et puto Stoicos fuisse'".

259 *Lucio Varo* Lucius Varius Rufus (ca. 70–15 v. Chr.), augusteischer Dichter, gehörte zum Kreis des Maecenas; befreundet mit Vergilius und Horatius; verf. u. a. epische Gedichte, eine Tragödie (*Thyestes*), einen Panegyricus auf Kaiser Augustus (Hor. *Epist.* II, 1, 245–250); Mitherausgeber der posthumen Ausgabe der *Aeneis* Vergils; zu den triumphalen Feierlichkeiten anlässlich des Sieges bei Actium i.J. 29 v. Chr. liess Augustus Varius' Tragödie *Thyestes* aufführen und belohnte ihn dafür mit 1 Mio. Sesterzen. Sein in Fragmenten erhaltenes Lehrgedicht *De morte* bekämpft in epikureischer Tradition die Angst vor dem Tod. Vgl. J. Rüpke, *DNP* 12, 1 (2002), Sp. 1127–1128, s.v. „Varius", II, 2; R. Helm, *RE* VIII, A1 (1955), Sp. 410–413, s.v. „Varius", Nr. 21.

259 *Varo* Das unrichtige „Varo" steht auch in den neueren Quintilian-Ausgaben; in der *ed. pr.* Campanos (1470) und in den meisten älteren Ausgaben steht das ebenfalls unrichtige „Varro", in manchen „Varo". Er.' Textvorlage, die Basler Quintilian-Ausgabe d.J. 1529, hatte „Varo".

260 *Caesaris* i.e. Augusti.

265–266 *cuidam obiicienti … accedo* Quint. *Inst.* VI, 3, 79: „Elusit Cassius Seuerus obiciente (obiiciente *ed. Bas. 1529, fol. 97B*) quodam, quod ei domo sua Proculeius interdixisset, respondendo ‚Numquid ergo (ego *ed. Bas. 1529, ed. Campan.*) illuc accedo?'".

265 *Proculeius* Proculeius, sehr reicher römischer Ritter und Freund des Augustus, der den aggressiven Streithahn Cassius Severus seines Hauses verwies. Vgl. R. Hanslik, *RE* XXIII, 1 (1957), Sp. 72–74, s.v. „Proculeius", Nr. 2.

266 *nam in ius vocari solent* Die Erklärung des Er. ist kurios: Er sagt, Cassius Severus wäre der Anklage entgangen, indem er erklärte, daß er sich nicht an einen Ort begebe (nicht begeben werde), der ihm vom Praetor untersagt worden sei. Er. verkehrte offensichtlich in der Annahme, daß Proculeius ein röm. Praetor sei. Das ist nicht richtig: Der Ritter Proculeius hat niemals ein Staatsamt bekleidet, obwohl er mit Augustus befreundet war (vgl. Hanslik in *RE* XXIII). Proculeius hatte den Cassius Severus einfach privat seines Hauses verwiesen, wahrscheinlich wegen dessen Neigung zu Beleidigungen und Beschimpfungen. Er. kam auf diese irrige Interpretation, weil er die Severus-Apophthegmata VI, 217 und 218 als zusammengehörig betrachtete. Im vorhergehenden Apophth. hatte Severus von einem Praetor eine Rüge erhalten; daraus schloss Er., daß Proculeius von VI, 218 und der Praetor von VI, 217 ein und dieselbe Person wären.

## TRACHALVS

270     VI, 219                                [*A*] Irrisio              (P. Galerius Trachalus) [37]

*Trachalus Suellio* cuidam inter argumentandum *dicenti „Si hoc ita est, is in exilium"*,
per iocum subiecit: *„Si non est, redis"*.

## CATVLVS [i.e. LVCTATIVS CATVLVS]

        VI, 220                                Retortvm dictvm           (Catulus, i.e. Q. Lutatius
275                                                                       Catulus, 2) [38]

*Catulus Philippo* oratori *dicenti „Quid latras?"*, respondit *„Furem video"*, conuitium
latrandi in ipsum retorquens, notans hominis rapacitatem.

        VI, 221                                Depravatvm                (Catulus, i.e. Q. Lutatius
                                                                          Catulus, 3) [39]

280     *Catulus, quum orator quidam malus, qui in epilogo se putabat mouisse misericordiam,*
        *postquam assedit, rogaret hunc, videretur ne mouisse misericordiam: „Ac magnam qui-*
        *dem"*, inquit: *„Neminem enim esse puto tam durum, cui non oratio tua* miseranda *visa*
        *sit"*.

---

271  Trachalus *A-C Quint. text. recept.*: Tracallus
     *Quint. ed. Bas. 1529*, Trachal latus *Quint. ed.*
     *Campan.*, Tracallatus *plures edd. vett.*

**P. Galerius Trachalus** (geb. ca. 20/25 n. Chr.)
aus Rimini, Politiker und Advokat der nero-
nischen und flavischen Zeit; Konsul i.J. 68;
Proconsul der Provinz Africa 78/79; Anhänger von Otho; war mit Galeria Fundana, der
Frau des späteren Kaisers Vitellius, verwandt;
war im Senat als bedeutender Redner geschätzt
(Quint. *Inst.* XII, 5, 5). Bekannt v.a. wegen
seiner Rede gegen den Prokonsul von Asia,
P. Suillius Rufus. Vgl. W. Eck, *DNP* 4 (1999),
Sp. 757, s.v. „Galerius", Nr. 4; A. Kappelmacher, *RE* VII, 1 (1910), Sp. 599–600, s.v. „Galerius", Nr. 8.
269  *TRACHALVS*  In dieser Form auch im
     Index personarum.
*Apophth.* VI, 219 datiert auf die unmittelbare
     Folgezeit nach der Rückkehr des Suillius aus
     der Provinz Asia, wo er 54/55 n. Chr. Statt-

271  Suellio *A-C ut in Quint. ed. Bas. 1529*: Suelio
     quaedam *Quint. edd. vett.*, *ed. Radermacher*,
     Sudio *Quint. ed. Campan.*, *lectio varia in ed.*
     *Bas. 1529*.

halter gewesen war und jedenfalls vor d.J.
58, als Suillius auf die Balearen verbannt
wurde.
271–272  *Trachalus Suellio … redis* Quint. *Inst.*
     VI, 3,78: „Repercutiendi multa sunt genera,
     venustissimum (vetustissimum *ed. Campan.*),
     quod etiam similitudine aliqua verbi adi-
     uuatur, vt Trachalus (Trachalus *ed. Burman-*
     *nus*: Tracallus *ed. Bas. 1529, fol. 97A–B*: Tra-
     chal latus *ed. Campan. et plures edd. vett.*)
     dicenti Suelio (Suellio *ed. Bas.*: Sudio *ed.*
     *Campan.*, *lectio varia in ed. Bas.*) ,Si hoc ita
     est, is in exilium', ,Si non est ita, redis',
     inquit".
271  *Suellio*  **P. Suillius Rufus** (geb. 15/10. v.
     Chr.), Politiker, Redner, bekannter Ankläger,
     besonders erfolgreich während der Regierung
     des Kaisers Claudius; ca. 53/4 Prokonsul der

Provinz Asia; nach Claudius' Tod verlor er seinen Einfluss; durch Senecas Intervention wurde er i.J. 58 auf die Balearen verbannt. Vgl. M. Fluss, *RE* IV, A1 (1931), Sp. 719–722, s.v. „Suillius"; W. Eck, *DNP* 11 (2001), Sp. 1092–1093, s.v. „Suillius", Nr. 3.

271 *cuidam* „cuidam" ist ein unglücklicher Zusatz des Er. zum Quintilian-Text. Suillius war ein bekannter Politiker, der die höchsten Staatsämter (Konsulat, Prokonsulat) bekleidet hatte und auch als Anwalt berühmt war.

271 *Si hoc ita est, is in exilium* Die Bedeutung des Spruches erschliesst sich nicht unmittelbar dem Verständnis, hat jedoch mit der Sachlage des Prozesses zu tun. Der Anwalt Galerius Trachalus hatte den gerade zurückgekehrten Provinzstatthalter Suillius wegen Amtsmissbrauches verklagt. Dabei hielt ihm Trachalus seine Vergehen im einzelnen vor. So ist der Spruch zu verstehen: Wenn diese Fakten (ev. auch Zeugenaussagen, Berichte, Beschuldigungen) stimmen, dann musst du ins Exil gehen, d.h. wirst du dazu verurteilt. So ist auch die Retourkutsche des Suillius zu verstehen: und wenn dies *nicht* stimmt, gehst *du* ins Exil.

273 *CATVLVS* Diese Namensform wird für VI, 220–221 auch im Index personarum angegeben, jedoch nicht für *Apophth.* V, 432, auf das mit „Catulus Luctatius" verwiesen wird (so auch im Haupttext und in der Überschrift von V, 432 (*C*, S. 530)). Für **Quintus Lutatius Catulus** (ca. 150–87 v. Chr.), Prätor i.J. 109, Konsul 102, vgl. oben Komm. zu V, 432. Er hatte ihm im fünften Buch, in der Riege der Feldherren (*imperatores*), dieses Apophthegma gewidmet, das ihn bei seinem Kampf gegen die Kimbern (101) zeigt. Politisch gehörte Lutatius Catulus dem (gemäßigt) konservativen Teil des Senats zu; er beteiligte er sich am Kampf des Senats gegen populare Radikalpolitiker wie den Volkstribunen Appuleius Saturninus (i.J. 100) und gemäßigte Popularen wie Marcius Philippus (91). Vgl. W. Kierdorf, *DNP* 7 (1999), Sp. 524–525, s.v. „Lutatius", Nr. 3;

F. Münzer, *RE* XIII, 2 (1927), Sp. 2072–2082, s.v. „Lutatius", Nr. 7.

*Apophth.* VI 220 Lutatius Catulus und Marcius Philippus waren politische Gegner. Das vorl. *Apophth.* VI, 220 bezieht sich auf eine politische oder gerichtliche Konfrontation zwischen den beiden, in der Lutatius dem Philippus etwas vorwarf, woraufhin dieser mit der Frage: „Was kläffst du mich an?" reagierte. „Latrare" wurde als Standardmetapher für aggressive Ankläger verwendet, die ihre Gegner mit allerlei Anwürfen und Beschimpfungen überhäuften. Die Frage hatte insofern eine witzige Dimension, als das cognomen des Lutatius, Catulus, „Hündchen" bedeutet. Lutatius aber reagierte gefasst, indem er antwortete: „Ich sehe den Dieb", womit er die dem Philippus angelasteten Vergehen humoristisch erhärtete.

276 *Catulus … video* Wörtliche Wiedergabe von Quint. *Inst.* VI, 3, 81: „Cum et id palam falsum est et inde materia bene respondendi datur, vt Catulus (Catulus *text. recept., ed. Bas. 1529:* Catullus *ed. Campan.*) dicenti Philippo ‚Quid latras?', ‚Furem video', inquit".

276 *Philippo* Für den gemässigten popularen Politiker und Redner Lucius Marcius Philippus, 104 v. Chr. Volkstribun, 91 Konsul, vgl. oben Komm. zu *Apophth.* VI, 186, das ihm gewidmet ist. Marcius Philippus lavierte längere Zeit zwischen Marius und Sulla; i.J. 91, im Jahr seines Konsulats, kam er in einen heftigen Konflikt mit dem konservativen Teil des Senats.

280–283 *Catulus … visa sit* Wörtliche Wiedergabe von Cic. *De or.* II, 278: „In eodem genere est, quod Catulus dixit cuidam oratori malo; qui cum in epilogo misericordiam mouisse se putaret, postquam adsedit, rogauit hunc, videreturne misericordiam mouisse, ‚Ac magnam quidem', inquit, ‚Hominem enim nullum puto esse tam durum, cui non oratio tua misericordia digna visa sit' ".

# THEODOTVS

285   VI, 222                     *Mortvi non mordent*     (Theodotus, regis Aegyptii
                                                                     praeceptor 1) [40]

Theodotus, regis Aegypti praeceptor, aliis censentibus esse recipiendum Pompeium,
aliis non recipiendum, neutris assentiens dixit recipiendum, sed occidendum, *addens*
iocum *mortuos non mordere*. Atque huius sententia vicit, tuta suadens magis quam
290   honesta.

# SCIPIO

VI, 223                     Iocvs ex nomine     (Scipio, incertum quis sit) [41]

*Scipio* in Neuium quendam „*Quid hoc*", inquit, „*Neuio ignauius?*". Lusit e contrario
mutata literula.

---

293  Neuium *A-C*: Naeuium *LB*.                293  Neuio *A-C*: Naeuio *LB*.

**Theodotos von Chios** (43/2 v. Chr. hingerichtet), Redner und Rhetoriklehrer des ägypt.
Königs Ptolemaios XIII.; spielte eine wichtige Rolle im Regierungsrat des unmündi-
gen Königs. Der Regierungsrat setzte alles
daran, die Regierung des Ptolemaios gegen
den Thronanspruch seiner älteren Schwester
Kleopatra VII durchzusetzen. 49 v. Chr. wurde
Kleopatra aus Ägypten vertrieben. Im Jahr des
Apophthegmas, 48 v. Chr., wurde Theodotos
in den Strudel der politischen und militärischen Ereignisse hineingezogen (vgl. Komm.
unten), aus dem er sich nicht mehr befreien
konnte. Theodotos, der seine Hoffnungen auf
Caesar gesetzt hatte, musste im Zuge des Alexandrinischen Krieges aus Ägypten flüchten
und wurde 43 oder 42 v. Chr. von den Caesarmördern Brutus und Cassius in der Provinz
Asia ergriffen und hingerichtet. Vgl. F. Münzer, *RE* V, A2 (1934), Sp. 1956–1957, s.v. „Theodotos", Nr. 14.

284  *THEODOTVS*  In dieser Form im Index
personarum.

*Apophth*. VI, 222 ist ein Gegenstück zu *Adag.* 2541
„Mortui non mordent", *ASD* II, 6, S. 365, das
Er. dort auf denselben Apophthegma-Spender
zurückführt, den er in *Adag.* 2541 allerdings
als „Theodorus Chius" bezeichnet: „Οἱ τεθνη-
κότες οὐ δάκνουσιν, id est *Mortui non mor-*

*dent*. Id etiam hac tempestate dictitant. Natum
arbitror ex apophthegmate Theodori Chii, qui
fuit Ptolemaei regis in arte rhetorica praeceptor. Hic enim in consilium adscitus, cum deli-
beraretur, vtrum Pompeius ab Aegypto repel-
lendus esset an admittendus, censuit recep-
tum occidendum addens hoc dictum: [*H*],
Νεκροὺς οὐ δάκνειν id est [*A*] *Mortuos non
mordere*. [*H*] Refert Plutarchus in vita Pompei"; vgl. Apost. 12, 4A: Νεκρὸς οὐ δάκνει. Er.
latinisierte das ursprünglich griech. Sprichwort. Das Apophthegma datiert auf Sept. d.J.
48 v. Chr. und bezieht sich auf einen heik-
len Moment im Römischen Bürgerkrieg zwischen Caesar und Pompeius: Pompeius hatte
die entscheidende Schlacht bei Pharsalus, am
9. 8. 48, verloren und war auf der Flucht
Richtung Ägypten, wo er bei Ptolemaios XIII.
Aufnahme erbat. Ptolemaios und die Seinen
waren zu dieser Zeit ihrerseits in einen Bürgerkrieg verwickelt, gegen seine Schwester Kleopatra VII., die vertrieben worden war und
nunmehr mit einem Söldnerheer von Palästina
aus versuchte, Ägypten zu erobern und ihre
Ansprüche auf den Thron geltend zu machen.
Der König zog ihr entgegen, um ihren Einfall
in Ägypten zu verhindern, und erwartete sie
mit seinem Heer in der Grenzstadt Pelusion.
Dort trafen die Boten des Pompeius ein. Der

König und sein Reichsrat standen vor einer schwierigen Entscheidung angesichts der unsicheren Lage. Schliesslich setzte sich Theodotos mit seinem radikalen Vorschlag durch, Pompeius aufzunehmen, ihn aber zu töten, um Caesar einen Gefallen zu erweisen. So wurde Pompeius ermordet (am 28. 9. d.J.). Es war Theodotus, der Caesar bei seiner Ankunft in Ägypten das Haupt des Pompeius überreichte. Caesar bezeigte sich jedoch keineswegs dankbar, sondern besetzte den Palast des Ptolemaios XIII. und beanspruchte die Entscheidung über den ägyptischen Thronstreit. Er ernannte Kleopatra in der Folge zur Mitregentin, was zu dem für Caesar risikovollen Alexandrinischen Krieg (Sept. 48-Jan. 47 v. Chr.) führte, den er letztenendes für sich entschied und bei dem Ptolemaios XIII. das Leben liess. Caesar ging mit Kleopatra ein Verhältnis ein, erhob sie zur Königin von Ägypten und bekam von ihr einen Sohn, Ptolemaios XV. Kaisarion. Vgl. H. Heinen, *Rom und Ägypten von 51 bis 47 v. Chr.*, Tübingen 1966, S. 92–142.

287 *regis Aegypti* Ptolemaios XIII. (61–47 v. Chr.), ältester Sohn des Ptolemaios XII. Neos Dionysos, minderjähriger König und Pharao von Ägypten seit 51 v. Chr. Vgl. H. Volkmann, *RE* XXIII, 2 (1959), Sp. 1756–1759.

287 *Pompeium* Cn. Pompeius Magnus (106–48 v. Chr.), der berühmte Triumvir und Gegner Caesars im Bürgerkrieg. Er. widmete ihm in den *Apophth.* eine längere Sektion in Buch IV, 236–256, *ASD* IV, 4, S. 340–345; *CWE* 37, S. 411–418.

288–289 *addens … mordere* Er. bezog die Information, wie schon in *Adag.* 2541, aus Plut. *Pomp.* 77, 4, eine Stelle, die er auswertend kurz zusammenfasst, jedoch nicht wörtlich wiedergibt; der Text des darin enthaltenen Spruchteils lautet: Θεόδοτος … προσεπεῖπε δὲ διαμειδιάσας, ὥς φασιν, ὅτι νεκρὸς οὐ δάκνει; in der latein. Übers. des Antonio Pacini: „Ad quae Theodotus eloquentiae vim ostentans … addidit praeterea subridens, vt aiunt, *hominem mortuum non mordere*" (ed. Bade, Paris, 1514, fol. 243ʳ).

*Apophth.* VI, 223–228. Es folgt nunmehr ein Abschnitt, der den Aussprüchen diverser Personen, die den Namen Scipio tragen, gewidmet ist. Die hier präsentierten 6 Apophthegmen gehören mindestens vier verschiedenen

Scipionen zu. Er. war bei der Identifikation der diversen Scipiones in der Zuordnung der Apophthegmen nicht sattelfest: So verwechselte er in V, 422 Caecilius Metellus Scipio (100/98–46 v. Chr.) mit Scipio Africanus d.J. (†129 v. Chr.), in V, 421 den Römer Afranius aus dem 1. Jh. v. Chr. mit demselben Scipio Africanus d.J.; in V, 304 und 305 jedoch Scipio Africanus d.J. mit Scipio Africanus d.Ä. (vgl. Komm. oben *ad loc.*).

291 *SCIPIO* Aus dem Index personarum geht nicht hervor, welcher Scipio gemeint ist. Ob der Spender des *Apophth.* VI, 223 Scipio Africanus d.Ä. ist, bleibt fraglich, da auch der von ihm verspottete Naevius nicht sicher identifiziert werden kann. Vgl. dazu Komm. Leeman-Pinkster-Rabbie II, S. 263–264.

293 *Neuium* Die Identifikation desselben ist nicht völlig geklärt; er ist am ehesten entweder der Dichter Gnaeus Naevius (ca. 265–ca. 201 v. Chr.), der am ersten Punischen Krieg teilnahm, oder der Volkstribun M. Naevius (für den letzteren s. T. Schmitt, *DNP* 8 [2000], Sp. 689, s.v „Naevius", Nr. I, 2; F. Münzer, *RE* XVI, 2 [1935], Sp. 1558–1559, s.v. „Naevius", Nr. 3). Vgl. Komm. Leeman-Pinkster-Rabbie II, S. 263–264. „Gnaeus Naevius" könnte den Vorteil haben, daß dadurch das alliterierende Wortspiel besser funktioniert („Gnaeus Naeuius → ignauius").

293 *Quid hoc … ignauius* Wörtliche Wiedergabe von Cic. *De or.* II, 249: „„Quid hoc Naeuio (Naeuio *text. recept., plures edd. vett.*: Neuius *quaedam edd. vett.*) ignauius?' seuere Scipio".

293 *Neuio* Das Wortspiel, daß vom Gleichklang ausgeht, funktioniert jedoch nur dann richtig, wenn der Name „Naeuius" oder, wie der Familienname auch häufig geschrieben wurde, „Nauius" (nauius-ignauius) lautet. Der Diphthong wurde in römischer Zeit als Mittelklang zwischen a und e gehört. Wenn Er. das richtig verstanden hat, sollte er „Naeuius" geschrieben haben. Die Baseldrucke überliefern jedoch einhellig „Neuius", was allerdings auch einem Textübertragungsfehler geschuldet sein kann. Zu textkritischen Problemen in Bezug auf die Namensform „Naevius" vgl. Komm. von Leeman-Pinkster-Rabbie ad loc., S. 263.

295

# M. SCIPIO MALVGINENSIS

VI, 224                                                              (Scipio Maluginensis) [42]

*M. Scipio Maluginensis ex sua centuria renunciarat Acidinum consulem; quumque*
*praeco dixisset „Dic de L. Manlio“, „Ego“, inquit Scipio, „virum bonum egregiumque*
*ciuem esse arbitror“.* Praeco expectabat suffragium pro Manlio, Scipio respondit,
300  quasi de moribus illius interrogatus. Nescio, an hic Acidinus nomine et praenomine
dictus sit L. Manlius, quumque Scipio postremum adnomen tantum expressisset,
praeco admonu⟨er⟩it et illa addenda. Hinc Scipio iocandi occasionem arripuit.

# SCIPIO MAIOR

VI, 225                                    Tvrmales                       (Scipio maior, 14) [43]

305  *Scipio maior Corinthiis pollicentibus* se illi *statuam* posituros *eo loco*, quo *erant aliorum*
*imperatorum*, respondit sibi *displicere turmales*, sentiens in turba occultari, quod
additur. Turma proprie equitum est in bello. Id transtulit ad statuas armatas.

---

301  adnomen *A-C*: agnomen *LB*.                    302  admonuerit *scripsi*: admonuit *A-C*.

**Marcus Cornelius Scipio Maluginensis**, 176 v.
Chr. Praetor; sollte anschließend die Provinz
Spanien verwalten. Das Nicht-Antreten des
Amtes hatte eine zensorische Rüge zu Folge.
Vgl. F. Münzer, *RE* IV, 1 (1901) Sp. 1493–1494,
s.v. „Cornelius“, Nr. 348; K.-L. Elvers, *DNP* 3
(1997), Sp. 184, s.v. „Cornelius“, Nr. I, 80.
295  *M. SCIPIO MALVGINENSIS*  In dieser
Form im Index personarum.
*Apophth.* VI, 224 hat in den Baseldrucken keinen Titel zugeteilt bekommen. Die Anekdote
datiert auf das Jahr 180 v. Chr., in dem L. Manlius Acidinus Fulvianus zum Konsul für das
Jahr 179 gewählt wurde, und bezieht sich auf
die Konsulwahl selbst, die üblicherweise im
Dezember stattfand.
297–299  *M. Scipio … arbitror*  Cic. *De or.*
II 260: „Ex eodem hoc vetus illud est, quod
aiunt Maluginensem illum [M.] (M. *in edd.*
*vett., sic et in Er. apophthegmate*: M. *secl.*
*Friedrich*) Scipionem, cum ex centuria sua
renuntiaret Acidinum consulem praecoque
dixisset ‚Dic de L. Manlio‘, ‚Virum bonum‘,
inquit ‚egregiumque ciuem esse arbitror‘.
297  *Acidinum*  L. Manlius Acidinus Fulvianus,
Sohn des Q. Fulvius, durch Adoption in die

patrizische *gens Manlia* übergetreten; Prätor
und Prokonsul in Hispania Citerior 188–185
v. Chr., Konsul 179, kurioserweise gemeinsam mit seinem leiblichen Bruder Q. Fulvius
Flaccus. Vgl. K.-L. Elvers, *DNP* 7 (1999), Sp.
823, s.v. „Manlius“, Nr. I, 7; M. Fluß, *RE*
XIV, 1 (1928), Sp. 1164–1165, s.v. „Manlius“,
Nr. 47. In seiner Erklärung des Spruches gibt
Er. zu verstehen, daß er nicht genau wisse,
ob die Namen „Adcidinus“ und „L. Manlius“
ein und dieselbe Person bezeichnen, vermutete
dies aber. Da diese Vermutung richtig war, ist
auch der Rest von Er.’ Erklärung stimmig.
298  *Dic de L. Manlio*  „Dic de + Name des Kandidaten“ lautet die Formel, mit der der *rogator*
der Wahlveranstaltung den Verantwortlichen
einer bestimmten Wahlzenturie aufforderte,
ihm die Anzahl der Stimmen, die auf den
betreffenden Kandidaten fielen, bekannt zu
geben. Der altehrwürdige Brauch der mündli-
chen Stimmenabgabe wurde 139 v. Chr. durch
eine schriftliche ersetzt, was durch die *lex*
*Gabinia tabellaria de magistratibus mandandis*
bestimmt wurde; vgl. Komm. von Leeman-
Pinkster-Rabbie II, S. 183.
300  *nomine*  „nomine“, i.e. „nomine gentili“.

301   *adnomen* Das in den Baseldrucken einhellig überlieferte „adnomen" ist eine seltene Nebenform von „agnomen" (urspr. = ad + nomen), cf. z. B. *Hist. Aug., Ver.* 3, 5; *DNG* I, Sp. 201, s.v. „agnomen". Die Korrektur von *LB* erscheint nicht zwingend erforderlich.

*Apophth.* VI, 225 Die Sektion von Sprüchen im fünften Buch, die Er. Scipio Africanus d.Ä. (236–183 v. Chr.) widmete, trägt denselben Titel (*Apophth.* V, 293–307). Zu dessen Person vgl. Komm. oben zu V, 293.

*Apophth.* VI, 225 datiert auf das Jahr 189 v. Chr., als Scipio d.Ä. und sein Bruder L. Cornelius Scipio Asiaticus nach ihrem Sieg in der Schlacht bei Magnesia (im Dez. 190) gegen den Seleukidenkönig Antiochos III. (reg. 222–187) nach Rom zurückreisten; das militärische Oberkommando über die Truppen in Kleinasien war den neuernannten Konsuln d.J. 189 übertragen worden; Lucius und Publius Scipio blieb nichts anderes übrig als nach Rom zurückzukehren. Jedoch war der Sieg, den sie errungen hatten, ausserordentlich. Auf ihrer Rückreise durch Griechenland, für die sie sich reichlich Zeit liessen, heimsten die Brüder zahlreiche Ehrungen ein. Die griechischen Städte, denen Antiochos III. als Besetzer Griechenlands i.J. 192 noch in frischer, schlechter Erinnerung war, feierten die Niederwerfung des asiatischen Tyrannen durch die bei-

den römischen Helden. Vgl. A. Acimovic, *Scipio Africanus*, Lincoln 2007, S. 122: „By this time Scipio and his brother made their return trek to Rome. During their journey, the Scipios passed through and were honoured in several Greek cities, including Delos and Corinth". Das Aufrichten einer Reiterstatue bedeutete eine ausserordentliche Ehrung, die Scipio in Rom nie zuteil geworden wäre. Das Apophthegma besagt dann auch nicht, daß Scipio die Ehrung abgelehnt hätte – er war nur mit dem Ort, an dem die Statue aufgestellt werden sollte, nicht einverstanden: Er wollte nicht neben anderen Reiterstatuen stehen, sondern einen Platz für sich alleine. Leeman-Pinkster-Rabbie datieren (Komm. II, S. 286) die Ehrung durch eine Reiterstatue auf die Hinreise der Brüder nach Asien, was jedoch weniger plausibel ist. Der Asienfeldzug wird auch in *Apophth.* V, 134 vermeldet, in einem Spruch des besiegten Antiochos III., den Er. jedoch fälschlich dem Antiochos VII. zuschreibt (vgl. Komm. ad loc.), weiter in V, 299 und 313.

305–306   *Scipio … turmales* Weitgehend wörtliche Übernahme von Cic. *De or.* II, 262: „Ex translatione autem, vt cum Scipio ille maior Corinthiis statuam pollicentibus eo loco, vbi aliorum essent imperatorum, turmalis dixit displicere".

## SCIPIO MINOR

VI, 226                          CONTVMELIOSE              (Scipio minor, 22) [44]

310  *Scipio* [C] *Aemylianus* [A] *apud Numantiam* iratus C. Metello dixit: „*Si quintum pareret mater eius, asinum fuisse parituram*", tarditatem mentis ac deformitatem corporis
illi fratribusque eius exprobrans.

## SCIPIO NASICA SERAPIO

VI, 227                          EXCVSATVM IN PEIVS         (Scipio Nasica Serapio) [45]

315  Scipio, *quum ei M. Flaccus multis probris obiectis P. Mutium iudicem tulisset, „Eiero",
inquit, „Iniquus est".* Huic voci *quum esset admurmuratum, „Ah", inquit, „patres
conscripti, non ego mihi illum iniquum eiero, sed omnibus".* Expectabatur, vt purgaret,
quod dixerat, sed aggrauauit. Licet reiicere iudicem reo inimicum seu iniquum, hoc
est, male volentem, sed multo magis eum, qui nulli aequus est.

---

310  Aemylianus *C*: Aemilianus *BAS LB, deest in
A B.*

315  Mutium *A-C ut in De or. edd. vett.*: Mucium
*De or. text. recept.*

308  *SCIPIO MINOR*  Nach dem Titel der Scipio Africanus d.J. gewidmeten Sektion im
fünften Buch, „SCIPIO MINOR" (V, 400–
422). Zur Person des Zerstörers von Karthago (146 v. Chr.) vgl. oben Komm. zu V,
400.
*Apophth.* VI, 226 datiert auf die Zeit der Belagerung Numantias durch Scipio d.J. (134/3 v.
Chr.).
310–311  *Scipio … parituram*  Wörtliche Wiedergabe von Cic. *De or.* II, 267: „Quod Scipio
apud Numantiam, cum stomacharetur cum
C. Metello, dixisse dicitur: ‚Si quintum pareret mater eius, asinum fuisse parituram'".
310  *Aemylianus*  In C setzte Er. „Aemylianus"
zur Identifizierung von „Scipio" hinzu; die
Identifizierung ist in diesem Fall nicht zweifelhaft, da das für Scipio Africanus d.J. charakteristische Numantia namentlich angeführt
wird.
310  *Numantiam*  Numantia, das von Avarus verteidigt wurde, war die keltiberische Hauptstadt Spaniens. Scipio fing mit der Belagerung Numantias i.J. 134 v. Chr. an, wobei er es
durch eine Circumvallation hermetisch einschloss: Durch Hunger und Entbehrungen geschwächt musste die Bevölkerung im Sommer

des folgenden Jahres aufgeben. Die Belagerten zündeten die Stadt an, Scipio d.J. liess die
Reste der Gebäude, die den Brand überstanden hatten, mit dem Erdboden gleichmachen.
310  *C. Metello*  Q. Caecilius Metellus Caprarius
(geb. um 160 v. Chr.), der jüngste Sohn des
berühmten Kriegshelden und Politikers Quintus Caecilius Metellus Macedonicus; diente als
junger Mann unter Scipio Aemilianus in dem
Spanienfeldzug (132–134). In der Folge durchlief Metellus Caprarius den *cursus honorum*
bis zum Konsulamt i.J. 113. Vgl. K.-L. Elvers,
*DNP* 2 (1996), Sp. 888, s.v. „Caecilius", Nr. I,
21; F. Münzer, *RE* III, 1 (1897), Sp. 1208, s.v.
„Caecilius", Nr. 84.
310–311  *Si quintum pareret mater eius*  Q. Caecilius Metellus Macedonicus hatte vier Söhne;
Quintus (*RE*, III, 1 (1897), Sp. 1208, s.v. „Caecilius", Nr. 82)), Lucius (*RE*, Nr. 93), Marcus (*RE*, Nr. 77) und Gaius; des Metellus
Söhne kann man, was ihre politische Karriere,
ihr öffentliches Auftreten und ihre militärischen Erfolge betrifft, kaum als dumm oder
faul betrachten: Alle vier erreichten das Konsulat – Quintus, der älteste, i.J. 123 v. Chr.;
Lucius, der zweite, 117; Marcus, der dritte, 115
und der in vorl. *Apophth.* vermeldete Gaius 113.

Drei von ihnen wurde für bedeutende Siege ein Triumph zuerkannt: Quintus vernichtete die balearischen Seeräuber, triumphierte 121 und trug den Namen Baliaricus; Marcus feierte militärische Erfolge als Prokonsul in Sardinien und Korsika und triumphierte i.J. 111; Gaius hatte bedeutende militärische Erfolge in Makedonien und Thrakien, für die er ebenfalls mit einem Triumph belohnt wurde. Die gehässige Bemerkung des Scipio Africanus, der mit dem Vater des Gaius Metellus, Q. Caecilius Metellus Macedonicus, eine Fehde hatte, geht natürlich von dem *cognomen* des Sohnes, Caprarius („Ziegenhirt", „ziegen-", „zur Ziege gehörig", vgl. *DNG* I, Sp. 761, s.v.), aus. Es ist unklar, wie Q. Caecilius Metellus zu dem *cognomen* kam bzw. worauf es sich ursprünglich bezog. Wie ist die Steigerungsstufe, die Scipio in seinem Witz ansprach, zu verstehen? Nach Er. habe er damit sowohl die Dummheit als auch die körperliche Hässlichkeit aller Brüder angeprangert wollen („tarditatem mentis ac deformitatem corporis illi fratribusque eius exprobrans"). Nach Leeman-Pinkster-Rabbie ging es um die Eigenschaft der Dummheit: „Einerseits war Caprarius anscheinend dümmer als seine Brüder, andererseits wird auf sein Cognomen angespielt: Ein Esel ist dümmer als ein Ziegenbock" (Komm. II, S. 298). Diese Erklärung erscheint nicht plausibel, weil Ziegen in der röm. Antike keineswegs als dumme, sondern im Gegenteil als *schlaue* und *kluge* Tiere betrachtet wurden. Ebenso wenig wahrscheinlich ist, daß sich Scipio auf das Äußere des Metellus Caprarius bezog; er muß sich als Feldherr an einer negativen Eigenschaft des ihm Subordinierten geärgert haben. Was Ziegen, Esel und subordinierte Soldaten betrifft, kann es in Bezug auf das *Tertium comparationis* nur um eine Eigenschaft gehen: „störrisch"; der General mag darüber verärgert gewesen sein, daß Metellus Caprarius seine Befehle nicht schnell genug, nicht beflissen oder nicht akkurat befolgte. Die Fehde zwischen Scipio d.J. und dem Macedonicus löste sich schließlich in Wohlgefallen auf: Macedonicus bezeigte sich nach dem Tod Scipios d.J. vergebungsgesinnt, indem er seinen vier Söhnen auftrug, die Bahre Scipios zum Grabe zu tragen. Er. hatte diese Anekdote in *Apophth.* V, 425 präsentiert.

*Apophth.* VI, 227 datiert auf das Jahr 133 v. Chr., auf die Zeit der politischen Wirren nach der Ermordung des Tiberius Gracchus.

314 *Scipio* Wie die kommentarlose Weiterführung des Namens „Scipio" zeigt, war Er. offen-

sichtlich nicht klar, um welchen Scipio es ging. Es handelt sich um **Publius Cornelius Scipio Nasica Serapio** (* um 183–132 v. Chr.), den Konsul d.J. 138 und Führer der Optimaten im Kampf gegen den Volkstribunen Tiberius Gracchus i.J. 133, für dessen Tötung er verantwortlich war; der Senat entsandte ihn anschliessend mit einem Kommando in die Provinz Asia, um ihn vor der Rache der Popularen zu schützen. Scipio Nasica Serapio starb auf dieser Mission in Pergamon i.J. 132. Den Beinamen Serapio hatte er wegen seiner Ähnlichkeit mit einem gewissen Serapio, einem Händler in Opfergaben, erhalten. Vgl. K.-L. Elvers, *DNP* 3 (1996), Sp. 185, s.v. „Cornelius", Nr. I, 84; F. Münzer, *RE* IV (1901), Sp. 1501–1504, s.v. „Cornelius", Nr. 354. Eine sich direkt auf *Apophth.* VI, 227 beziehende Eintragung im Index personarum fehlt. Möglicherweise wurde der in VI, 227 angeführte Scipio mit Scipio Africanus d.J. verwechselt.

315–317 *quum ei M. Flaccus … sed omnibus* Cic. *De or.* II, 285: „Placet mihi illud etiam (Placet etiam mihi illud *edd. vett.*) Scipionis illius, qui Ti. (T. *quaedam edd. vett.*) Gracchum perculit. Cum ei M. Flaccus multis probris obiectis P. Mucium (Mutium *edd. vett.*) iudicem tulisset: ‚Eiero', inquit, ‚iniquus est'. Cum esset admurmuratum, ‚A' (Ah *edd. vett.*), inquit, ‚patres conscripti, non ego mihi illum iniquum eiero, verum omnibus'".

315 *M. Flaccus* **Marcus Fulvius Flaccus**, römischer popularer Politiker, Anhänger der Gracchen; Konsul 125 v. Chr., Volkstribun 122; im Zuge der gewalttätigen Auseinandersetzungen um Gaius Gracchus i.J. 121 getötet. Vgl. K.-L. Elvers, *DNP* 4 (1998), Sp. 704, s.v. Fulvius, Nr. I, 9. Die Ermordung von Tiberius Gracchus 133 war der Anlass für die hier erwähnte Attacke auf Scipio. Vgl. *CWE* 38, S. 659.

315 *P. Mutium* Quintus Mucius Scaevola (Konsul 133 v. Chr.), der Vater des bekannten Quintus Mucius Scaevola pontifex (gest. 82 v. Chr.); Mucius Scaevola der Vater war Tiberius Gracchus günstig gesonnen; als dieser i.J. 133 seine Bewerbung auf das Volkstribunat gewaltsam durchsetzen wollte, griff Mucius Scaevola der Vater, obwohl er als amtierender Konsul dazu die Macht gehabt hätte, bewusst nicht ein. Zu ihm vgl. F. Münzer, RE XVI (1935), Sp. 425–428; Komm. Leeman-Pinkster-Rabbie II, S. 326.

318–319 *Licet reiicere … aequus est* Wie seine Erklärung zeigt, war Er. mit dem röm. gerichtlichen Brauch der *eiuratio* oder *eieratio* (Ablehnung eines Richters wegen Parteilichkeit bzw.

320                                    SCIPIO MAIOR

VI, 228                        APTE                    (Scipio maior, 15) [46]

*Quum Africano illi* maiori *corona saepius in conuiuio* imposita *rumperetur, Licinius Varus accommodanti* dixit *„Noli mirari, si non conuenit. Caput enim magnum est"*, sentiens hominem esse praepotentem, cui non quaeuis corona congrueret.

325                                    DOMITIVS AFER

VI, 229                   AGERE, SATAGERE              (Domitius Afer, 1) [47]

Domitius *Afer Manlium Suram, multum in agendo discursantem, salientem, manus iactantem, togam deiicientem* ac *reponentem,* non *„agere"* dixit, sed *„satagere"*. Actio enim oratoris est. Satagit autem, qui frustra misereque conatur.

321 Apte *scripsi cum BAS*: Apta *A-C.*

Befangenheit) vertraut. Für die *eiuratio* vgl. Komm. Leeman-Pinkster-Rabbie II, S. 326.

322–323 *Quum Africano … magnum est* Wörtliche Wiedergabe von Cic. *De or.* II, 250: „Africano illi superiori coronam sibi in conuiuio ad caput adcommodanti, cum ea saepius rumperetur, P. Licinius Varus: ‚Noli mirari', inquit ‚si non conuenit; caput enim magnum est'; et laudabile et honestum".

322–323 *Licinius Varus* **Publius Licinius Varus,** Aedil i.J. 210 v. Chr., Praetor Urbanus 208. Vgl. Ch. Müller, *DNP* 7 (1999), Sp. 173, s.v „Licinius", Nr. I, 47; F. Münzer, *RE* XIII, 1 (1927), Sp. 496, s.v. „Licinius", Nr. 175.

325 *DOMITIVS AFER* Im Index personarum wird auf vorl. Apophth. sowohl mit „Afer orator" als auch mit „Domitius Afer" verwiesen. Dem Redner **Cn. Domitius Afer** (um 15 v. Chr.–59 n. Chr.), der während der Regierungszeit des Tiberius (14 n. Chr.–37), Caligula und Claudius (41–54) in Rom als Anwalt tätig war, hatte Er. bereits oben ein Apophthegma zubeteilt (VI, 184). Nunmehr widmet Er. ihm eine längere Sektion von acht Sprüchen (VI, 229–236), die er sämtlich Quintilians Kapitel „De risu" in *Instit.* VI, 3 entnahm. Domitius Afer war in der Provinz Gallia Narbonensis, in Nimes (Nemausus), geboren und stammte aus einfachen Verhältnissen. Als *homo novus* gelang es ihm, in den röm. Senat aufgenommen zu werden und Staatsäm-

ter zu bekleiden; i.J. 25 n. Chr. Prätor; unter Caligula Suffektkonsul; am Anfang seiner Karriere (unter Tiberius) scheint er sich v.a. als Ankläger (Tac. *Ann.* IV, 52 und 66), später (unter Claudius) als Verteidiger hervorgetan zu haben. Er galt als einer der besten Redner seiner Zeit, verfügte über eine bemerkenswerte stilistische und argumentative Bandbreite und er lehnte die neumodische Deklamationssitte ab. Für seinen Schüler Quintilian, der seine witzigen und geistreichen Sprüche überlieferte, von denen zu seiner Zeit bereits eine Sammlung zirkulierte, galt er als Musterbeispiel der ursprünglichen, noch „unverdorbenen" römischen Redekunst, wie sie zu Zeiten der Republik florierte, ebenso für Tacitus im *Dialogus de oratoribus.* Vgl. P.L. Schmidt, *DNP* 3 (1997/9), Sp. 760, s.v. „Domitius", Nr. III, 1; Vgl. A. Kappelmacher, *RE* V, 1 (1903), Sp. 1318–1320, s.v. „Domitius", Nr. 14; S.H. Rutledge, *Imperial inquisitions. Prosecutors and informants from Tiberius to Domitian*, London 2001, S. 220–223. Für die Fragmente des Afer vgl. H. Meyer, *ORF* (2. Aufl. 1842), 563–570.

327–328 *Afer Manlium … satagere* Wörtliche Wiedergabe von Quint. *Inst.* VI, 3, 54: „Afer enim venuste Manlium Suram, multum in agendo discursantem, salientem, manus iactantem, togam deiicientem et reponentem, non ‚agere' dixit, sed ‚satagere'. Est enim dictum (hoc dictum *ed. Bas. 1529, fol. 96A*) per se vrbanum, ‚satagere‘, etiam si nulla subsit alterius verbi similitudo"; vgl. Weiter ibid. XI, 3, 126. Inhaltlich gleichläufig ist *Apophth.* VIII, 319: „Vrbane Flauius Virginius [sic, i.e. Flauus Verginius] antisophistam quendam suum interrogauit, quot milia passuum declamasset, taxans eum, quod in declamando discurreret nimiumque crebras, longas ac tumultuarias haberet ambulationes, quum M. Tullius oratori non concedat procursiones nisi raras, moderatas ac breues. Eandem ob causam Sura Manlius Domitio Afro dictus est non agere, sed satagere. Vtrunque refert Fabius capite de pronunciatione".

327 *Manlium Suram* Manlius Sura, Anwalt des 1. Jh. n. Chr. Vgl. W. Kroll, *RE* XIV, 1 (1928), Sp. 1191, s.v. „Manlius (Sura)", Nr. 67; nicht in *DNP.*

328 *non agere dixit, sed satagere* „agere" ist das bekannte, häufig verwendete *verbum proprium* für „als Anwalt einen Prozess führen" bzw. „als Advokat in einem Prozess auftreten" (vgl. auch den t.t. *actio*); „satagere" oder „satis agere" bedeutet „alle Hände voll zu tun haben", „vollauf beschäftigt sein" (Georges II, Sp. 2496; *DNG* II, Sp. 4269, jeweils s.v. „satago"), „to have one's hands full", „to have enough to do" (Lewis-Short, S. 1634, s.v. „satis"), bzw. „to fuss", „to busy oneself" (*OLD*, S. 1692, s.v. „satago"). Der Wortwitz gibt an, daß der Anwalt Sura mit seiner Art der Prozessführung in der Tat „alle Hände voll zu tun hat". Was Domitius Afer hier verspottet, ist der übertriebene Körpereinsatz des Sura. Von einem röm. Redner wurde erwartet, daß er seinen Vortrag mit Gesten und Gebärden unterstütze und damit lebendiger und eindrucksvoller gestalte. Jedoch war diese Gebärdensprache standardisiert und ritualisiert und beschränkte sich v.a. auf Kopf, Gesicht, den rechten Arm und die rechte Hand, während der Einsatz der linken Hand auf ein Minimum beschränkt war. Übertriebene, ungewöhnliche, ‚wilde‘ und auch zu häufige Gebärden wurden als unelegant und kontraproduktiv betrachtet. Sura „rennt" wie ein Wilder „hin und her" („discursare"), er springt und tanzt („salire") beim Vortrag und gestikuliert wild mit beiden Händen, die er in unkontrollierten Gebärden immer wieder nach allen Seiten hin „hinausschleudert" („iactare"). Quintilian hat dem Thema der Gebärdensprache in seinem Rhetorikhandbuch einen längeren Abschnitt gewidmet (*Inst.* XI, 3, 1–184). Dort erklärt er genau, wie die von Domitius Afer geäusserte Kritik an Suras Vortrag zu verstehen ist (XI, 3, 126): „(Beim Vortrag) über

mässig die Beine zu spreizen ist schon im Stehen unschön und, wenn noch Bewegung dazukommt, fast obszön. Vorwärtsschreiten ist erlaubt, aber nur, wenn es ein paar Schritte betrifft, und es maßvoll und selten geschieht. Wenn das Publikum dem Redner tosenden langanhaltenden Applaus spendet, kann auch eine bestimmte Art des Hin- und Herschreitens passend sein, obwohl Cicero das Schreiten des Redners nur selten und nur über eine kurze Distanz zulässt. *Das Herumrennen aber und das ‚satagere‘, wie es Domitius Afer in Bezug auf Manlius Sura genannt hat, ist völlig lächerlich*, und mit feinem Witz hat Verginius Flavus einem seiner sophistischen Rivalen die Frage gestellt, wie viele Kilometer er denn abdeklamiert hätte" („discursare vero et, quod Domitius Afer de Sura Manlio dixit, ‚satagere‘ ineptissimum, vrbaneque Flauus Verginius interogauit de quodam suo antisophiste, quot milia passuum declamasset", vgl. auch Quint. *Inst.* III, 1, 21). Gleiches gilt *mutatis mutandis* für Handgebärden: Die Hände durften nicht über die Augenhöhe des Vortragenden erhoben werden (vgl. Suras frequentes ‚Hinausschleudern‘ der Arme), der linke Arm bzw. die linke Hand durfte nie eine Bewegung alleine machen (sondern diente nur zur Unterstützung der Rechten), ein weites Ausstrecken der rechten Hand als bittende Gebärde war verboten ebenso wie die Rechte mit einer drohenden Faust nach oben zu erheben (Quint. *Inst.* XI, 3, 112–117); ebd. 118: „Jedoch daß man durch ein weites Aushohlen des Arms seine Seite entblösst, daß … ein anderer die Hand vorschiebt, soweit der Arm nur reicht oder daß man sie bis zum Dach hochreckt oder, indem er die Gebärde bis über die linke Schulter zurückführt, so über den Rücken peitscht, daß es schon wirklich gefährlich ist, hinter ihm zu stehen, oder daß einer mit dem Arm einen ganzen weiten Kreis nach links macht … oder … mit den beiden Ellenbogen nach beiden Seiten rudert, das kommt, wie ich weiss, oft vor … (121) Denn jeder hat seine eigenen Fehler" (Übers. nach H. Rahn). Er. hat diesen rhetorik- und kulturgeschichtlichen Hintergrund, jedenfalls in vorl. Apophthegma, nicht recht verstanden. Er erklärt Afers Witz damit, daß dieser „satagere" in der Bedeutung von „sich erfolglos mit einer Sache abquälen" verwendet habe („Satagit autem, qui frustra misereque conatur"). Anscheinend hat Er. Quintilians Kapitel „Über den Vortrag" nicht mit grossem Interesse gelesen, sonst wäre für ihn die Erklärung von Domitius Afers Witz ein leichtes gewesen.

330   VI, 230                          IRONIA                    (Domitius Afer, 2) [48]

*Afer Didio Gallo, qui prouinciam ambitiosissime petierat*, mox *impetrata ea querebatur*, quasi *coactus esset, „Age", inquit, „aliquid et* pro *republica elabora"*. Iocus est ab ironia, simulque allusum illuc est, quod magistratum magno studio ambisset.

VI, 231                          SALSE                     (Domitius Afer, 3) [49]

335   *Afer* orator *egerat* causam aduersus *libertum Claudii Caesaris. Quidam ex* aduerso *conditionis eiusdem, cuius erat litigator*, cui aduersabatur Afer, *exclamauit* „Itane *tu semper in libertos Caesaris dicis"*, videlicet illi metum iniicere cupiens ex nomine Caesaris; subiecit Afer: *„Nec mehercule quicquam proficio"*, notans post illum alios libertos existere, contra quos dicere cogeretur.

340   VI, 232                    AB INEXPECTATO                  (Domitius Afer, 4) [50]

Idem in quendam patronum imperitum, sed splendido vestitu se venditantem litigatoribus, lepide dixit: *„Homo in agendis causis* bene *vestitus"*. Lusit ab inexpectato. Nam auditor pro „vestitus" expectabat „instructus" aut „exercitatus".

VI, 233                       DISSIMVLANTER                 (Domitius Afer, 5) [51]

345   Idem, *quum* qui diuersam partem agebant, *subinde* repeterent *Celsinam* hoc *dicere*, quum⟨que⟩ probe nouisset *foeminam* prae*potentem*, tamen *simulans* se credere Cel-

---

338  post illum *scripsi*: illum post *A-C.*
339  quos *scripsi*: quem *A-C.*

346  quumque *scripsi*: cum *A-C.*
346  tamen *A-C: om. BAS LB.*

In *Apophth.* VI, 230 wird nicht mitgeteilt, um welche Provinz Didius Gallus sich mit grossem Einsatz bewarb. Moesien scheidet aus, weil es erst 86 zur römischen Provinz gemacht wurde, Britannia ebenfalls, weil sich Didius um eine kaiserliche Provinz nicht zu bewerben brauchte (es war der Kaiser, der den Statthalter ernannte). Es bleiben somit nur die Provinzen Sicilia und Asia übrig. D.h. das *Apophthegma* muss entweder auf das Jahresende von 35 oder jenes von 48/49/50 datieren (jeweils auf Dezember, die Zeit, in der die Amtsträger des Folgejahres ernannt wurden). Beide Provinzen wurden als sehr attraktiv betrachtet, *Asia* galt als die reichste und für einen Prokonsul lukrativste Provinz. In beiden Fällen wäre plausibel, daß Didius die betreffende Provinz ergattern wollte.

331–332  *Afer … republica* Quint. *Inst.* VI, 3, 68: „Qua vrbane vsus est Afer, cum Didio Gallo, qui prouinciam ambitiosissime petierat, deinde impetrata ea, tamquam coactus querebatur: ‚Age', inquit, ‚aliquid et rei publicae causa'" (elabora *add. ed. Bas., fol. 96C*: labora *add. Andrea*).

331  *Didio Gallo* **Aulus Didius Gallus** (geb. um II v. Chr.), Politiker, der sowohl in kaiserlichem als auch senatorialem Dienst stand; i.J. 19 n. Chr. Quaestor; 36 Prokonsul in Sizilien, Suffektkonsul 39, Legat des Claudius bei der Invasion Britanniens 43; 44/45 kaiserlicher Legat in Moesien; zwischen 49 und 52 Prokonsul der Provinz Asia; 52–57 kaiserlicher Statthalter in Britannien. Vgl. W. Eck, *DNP* 3 (1996), Sp. 541–542, s.v. „Didius", Nr. II, 2; E. Groag, *RE* V, I (1903), Sp. 410–412, s.v. „Didius", Nr. 6.

332 *elabora* Er. druckt hier den verderbten Quintilian-Text der Basler Ausgabe d.J. 1529, der an dieser Stelle den Zusatz „elabora" aufweist.

*Apophth.* VI, 231 datiert auf die Regierungsperiode des Kaiser Claudius (42–54), jene Zeit, in der seine Freigelassenen, bsd. die „grossen vier" (Narcissus, Callistus, Pallas und Polybius), zu den mächtigsten Männern des Reiches zählten; von diesen starb Polybius i.J. 47, Narcissus 54. In dem vorl. Prozess trat Afer wohl als Verteidiger auf.

335–338 *Afer … proficio* Größtenteils wörtliche Wiedergabe von Quint. *Inst.* VI, 3, 81: „Sic Afer, cum ageret contra libertum Claudi (Claudii *ed. Bas. 1529, fol. 97B*) Caesaris, et ex diuerso quidam condicionis eiusdem, cuius erat litigator, exclamasset (fertur *add. ed. Bas. 1529*) ‚Praeterea tu semper in libertos Caesaris dicis', ‚Nec mehercule', inquit, ‚quidquam proficio' ".

335 *libertum Claudii Caesaris* Es geht aus dem Apophthegma nicht hervor, welcher Freigelassene des Claudius gemeint war und welcher andere Freigelassene (wohl ebenfalls des Claudius) diesem vor Gericht beistand, vielleicht einer der vier bekannten Freigelassenen Narcissus, Callistus, Pallas und Polybius. Die Rolle der Freigelassenen des Claudius wurde oben in *Apophth.* VI, 28 thematisiert. Vgl. Komm. ad loc.

335 *Claudii Caesaris* Zu Kaiser Claudius, vgl. oben Komm. zu VI, 25. Er widmete ihm dort eine Sektion von Sprüchen (VI, 25–30).

338 *Nec mehercule quicquam proficio* Die genaue Bedeutung von Afers Spruch („Und bei Gott, ich erreiche nichts" bzw. „Und bei Gott, ich komme keinen Schritt weiter") ist etwas dunkel. Grundlage ist wahrscheinlich die Tatsache, daß Afers Kontrahent einer der mächtigen Freigelassenen am Hofe des Claudius war. Afers Spruch wäre in dem Fall eine witzige Retourkutsche für die unterschwellige Drohung des zweiten Freigelassenen, der Afers Kontrahenten vor Gericht beistand. Afer würde damit auf die bis dahin ungekannte Machtfülle hingewiesen haben, die die Freigelassenen besassen und gegen die nicht leicht etwas auszurichten war. Z. B. seinem Sekretär Narcissus (gest. 54 n. Chr.) verlieh Claudius sogar die *ornamenta quaestoria*, setzte ihn also mit dem Träger eines der offiziellen römischen Staatsämter gleich.

341–342 *splendido vestitu se venditantem litigatoribus* Daß der Anwalt sich selbst mittels seiner schmucken Kleider Streithähnen „verkauft" hätte, ist ein ausschmückender Zusatz, der der Phantasie des Er. entsprungen ist.

342 *Homo … vestitus* Quint. *Inst.* VI, 3, 84: „Superest genus decipiendi opinionem (opinione *ed. Bas. 1529, fol. 97C*) aut dicta aliter intelligendi, quae sunt in omni hac materia venustissima. Inopinatum et a lacessente poni solet, quale est … illud Afri: ‚Homo in agendis causis optime vestitus' ".

342 *Lusit ab inexpectato* Er.' richtige Erklärung geht von Quintilians Definition dieser Witzart ebd. aus („genus decipiendi opinionem"). Diese Art der Ambiguität läßt sich im Deutschen nachempfinden: „Ein Mann, im Führen von Prozessen vorzüglich gewandet" (Rahn) – „gewandet", wo man „gewandt" erwarten würde.

345 *Celsinam* Celsina, mächtige Frau z.Z. des Redners Domitius Afer, von der jedoch nichts weiter bekannt ist. Vgl. W. Groag, *RE* III, 2 (1899), Sp. 1882, s.v. „Celsinus", Nr. 8; nicht in *DNP*.

345 *Celsinam hoc dicere* Durch „*Celsinam* hoc dicere" und durch die Erklärung „vt illius dicta toties citarent pro testimoniis" scheint es, daß Er. den Text Quintilians („de re cognouisse") nicht recht verstanden habe. „De re cognouisse" bedeutet kaum, daß es um eine Zeugenaussage Celsinas, welche die Anwälte der gegnerischen Seite stets vortrugen, ging, sondern eher um eine Drohung der gegnerischen Anwälte, im Sinn von: „Pass auf, Celsina ist davon unterrichtet". Damit wollten sie wohl den Klienten des Domitius Afer (der hier anscheinend als Verteidiger auftrat), einschüchtern und aus Furcht vor dem Einfluss der mächtigen Dame zum Aufgeben zwingen. Er. geht jedoch unmissverständlich davon aus, daß eine Zeugenaussage gemeint war: „Celsinam hoc dicere", „pro testimoniis citare". Wahrscheinlich hatte Er.' Quintilian-Text „dicere" statt „cognovisse", eine *lectio varia*, die in den älteren Ausgaben häufig vorkommt.

346–347 *simulans … quis esset* Paraphrasierende Wiedergabe von Quint. *Inst.* VI, 3, 85: „Simulauit Afer, cum in causa subinde dicentibus Celsinam de re (de re *textus recept.*: dicere *ed. Bas 1529, fol. 97C*) cognouisse (cognouisset *ed. Bas. 1529*), quae erat potens femina: ‚Quis est', inquit, ‚iste?'. Celsinam enim videri sibi virum finxit".

sinam virum esse, rogauit, *quis esset ille* Celsina, obiter notans illorum ineptiam, qui tantum autoritatis opum gratia tribuerent foeminae, vt illius dicta toties citarent pro testimoniis.

350    VI, 234                        INGRATITVDO                    (Domitius Afer, 6) [52]

Domitius *Afer* quum haberet *ingratum litigatorem,* ipsius *conspectum vitanti,* ne cogeretur agnoscere patroni beneficium, *in foro per nomenclatorem* dixit illi *„Amas* ne *me, quod te non vidi?",* tecte exprobrans ingratitudinem, cui gratum esset non videri a bene merito, ne cogeretur illi gratias agere.

355    VI, 235                        ALIENA A CAVSA                  (Domitius Afer, 7) [53]

Idem *dispensatori, qui, quum ad reliqua non responderet, dicebat subinde „Panem non comedi et aquam bibo",* „*Pasce",* inquit, *„et redde, quod debes".* Non agebatur, quid edisset, aut bibisset, sed quid deberet. Permisit igitur vt se quomodo vellet pasceret, modo solueret quod debebat.

360    VI, 236                        CONFESSIO PER IRONIAM           (Domitius Afer, 8) [54]

*Idem candidato dicenti „Semper domum tuam coluï", „Credo", inquit, et „Verum est", quum posset palam negare.* Candidatus enim hoc ad gratiam fingebat.

---

351–353 *Afer … non vidi* Leicht variierende Wiedergabe von Quint. *Inst.* VI, 3, 93: „Iucundissima sunt autem ex his omnibus lenia et, vt sic dixerim, boni stomachi: vt Afer idem (idem *deest in ed. Bas. 1529, fol. 97D*) ingrato litigatori conspectum eius in foro vitanti (vitanti in foro *ed. Bas. 1529*) per nomenclatorem missum ad eum: ,Amas me', inquit, ,quod te non vidi?'".

351 *litigatorem* „litigatorem", i.e. einen Klienten.

352 *in foro* das Forum in Rom, der Ort, an dem die Gerichtsverhandlungen stattfanden.

352 *per nomenclatorem* Bedeutende Römer hatten bei ihrem Weg in der Öffentlichkeit, speziell wenn sie sich um ein Amt bewarben oder innehatten, einen privaten Sklaven bei sich, der ihnen die Namen der Personen, denen sie begegneten, einflüsterte, um immer den Eindruck zu vermitteln, sie kennten die Personen, denen sie begegneten. Vgl. W. Eck, *DNP* 8 (2000), s.v. „nomenclator"; J. Vogt, „Vom Lautspecher zum Namenverarbeiter", in *Gymnasium* 85 (1978), S. 327–338. Dieser Sklave

konnte natürlich auch als Überbringer von Nachrichten, Fragen oder Botschaften dienen.

356–357 *dispensatori … debes* Quint. *Inst.* VI, 3, 93: „Et dispensatori, qui cum reliqua non reponeret (ad reliqua non responderet *ed Bas. 1529, fol. 97*), dicebat subinde ,Non comedi, pane (panem *ed. Bas. 1529*) et aqua (aquam *ed. Bas. 1529*) viuo (bibo *ed. Bas. 1529*)': ,Passer (Pasce *ed. Bas. 1529*), redde (et redde *ed. Bas. 1529*), quod debes'".

*Apophth.* VI, 235 handelt von einem röm. Vermögensverwalter (*dispensator,* ab aere pendendo), der für die Finanzen eines Haushalts zuständig war; in der späten Republik und der Kaiserzeit erfüllten dieses Amt häufig Sklaven oder Freigelassene (vgl. G. Schiemann, *DNP* 3 [1996], Sp. 697, s.v. „Dispensator"). Der Vermögensverwalter des vorl. Apophthegmas konnte offensichtlich keine genaue und stichhaltige Buchhaltung vorlegen; auch konnte er dahingehende Fragen nicht recht beantworten. Stattdessen beteuerte er immer wieder: „Ich hab' es (das Vermögen) nicht aufgegessen". Im Quintilian-Text gibt es für diese Anekdote zwei sehr unterschiedliche Überlieferungen. Er hat seinen Text – im Hinblick auf alle textlichen *bivia* – nach der Baselausgabe d.J. 1529 gestaltet: Nach den Lesarten der Basilea sagt der Vermögensverwalter: „Ich habe das Brot nicht aufgegessen und ich trinke Wasser". Afer antwortet: „Nimm das zu dir, aber gib das (den Betrag) zurück, was du mir schuldest". In der Version des *textus receptus* sagt der Vermögensverwalter: „Ich hab' das Vermögen doch nicht aufgegessen. Ich lebe ja von Wasser und Brot"; woraufhin Afer sagt: „Ach du armer Spatz, gib doch einfach das zurück, was du mir schuldest".

361–362 *Idem candidato ... negare* Im Spruchteil wörtliche Wiedergabe von Quint. *Inst.* VI, 3, 94: „Est gratus iocus, qui minus exprobrat quam potest, vt idem dicenti candidato ‚Semper domum tuam colui', cum posset palam negare: ‚Credo', inquit, ‚[et] (et *ed. Bas. 1529, fol. 98A et edd. vett.*) verum est'".

361–362 *candidato dicenti ... fingebat* Es geht bei der Anekdote um die römische Ämterbewerbung, bei der der Kandidat herumging, seine alten Beziehungen pflegte und neue anknüpfte, wobei er um Unterstützung bei der Wahl bat. Vgl. oben *Apophth.* VI, 208 mit Komm. ad loc.

## L. GALBA PARASITVS [i.e. GABBA]

VI, 237                                   Ex ambigvo                            (L. Galba parasitus, i.e.
365                                                                                      Gabba, 1) [55]

*L. Galba* [i.e. Gabba] scurra cuidam *pilam negligenter petenti, „Petis“, inquit, „tan-quam Caesaris candidatus“.* Huius competitores [i.e. candidati] negligentius ambie-bant, vel quia metuebant Caesarem repulsae impatientem, vel quia desperabant se assequuturos tali competitore, vel quia sic illi blandiebantur. Iocus est ex ambiguo:
370   petitur pila, quae repercutitur, et petitur magistratus.

VI, 238                                   Ex absvrdo                            (L. Galba parasitus, i.e.
                                                                                      Gabba, 2) [56]

*Idem, cui coenaculum perpluebat,* cuidam *commodato roganti penulam dixit, „Non possum commodare. Nam domi maneo“,* significans domi maxime opus esse penula.
375   Solent alii secus excusare: „Non possum commodare penulam, ipse exeo“.

VI, 239                                   Excvsatio                            (L. Galba parasitus, i.e.
                                                                                      Gabba, 3) [57]

Idem alteri *roganti* vsum *penulae, „Si non pluit“,* inquit, *„non est [B] tibi [A] opus: si pluit, ipse vtar“.* Dilemmate excusauit officium.

---

366   L. Galba *A-C ut in Quint. ed. Bas. 1529 et pluribus edd. vett.*: Gabba *Quint. text. recept.*
367   competitores *A-C*: candidati *BAS LB.*
368–369   vel quia metuebant … blandiebantur *A-C*: freti ipsius fauore *BAS LB.*

375   exeo *A-C*: egeo *BAS LB.*
378   Idem *scripsi*: Item *A-C.*
378   tibi *B C ut in Quint. edd. quasi omnibus*: om. *A.*

363  *L. GALBA PARASITVS*  In dieser Form im Index personarum.
*Apophth.* VI 237–243 Es folgt nunmehr eine Sek-tion, die Personen, die mit dem Namen Galba bezeichnet werden, gewidmet ist (VI, 237–243). Der VI, 237 angeführte Name „L. Galba“ ist zunächst für die vier folgenden Sprüche gültig („L. Galba“ + dreimal „idem“). Dieser wird im Index personarum näher als „L. Galba parasitus“ definiert, wobei er von „Galba, dem Redner“ („Galba orator“) abgehoben wird. Bei dem Spruchspender von VI, 237–240 han-delt sich allerdings in Wirklichkeit um Gabba, den Hofnarren des Augustus (vgl. P. Maas, *RE* VII, 1 [1910], Sp. 418–419, s.v. „Gabba“; nicht in *DNP*), dessen Name zuweilen auch als „Galba“ überliefert wurde (vgl. Iuv. 5, 4

„Caesaris ad mensas … vilis Galba“). Auch in der Texttradition von Quintilians Kapi-tel „De risu“ (*Inst.* VI, 3) wurde der Name des Narren Gabba mit „Galba“ überliefert. Daß er den Vornamen „Lucius“ bekam, ist ebenfalls der Überlieferung des Quintilian-Textes geschuldet, wie sie sich u. a. in der von Er. benutzten Basler Ausgabe d.J. 1529 fin-det. Dort steht, fol. 96B, im Text selbst: „vt L. Galba“, wobei als *lectio varia* für „Lucius“ *in margine* „Aulus“ angegeben wird. „Aulus“ war versehentlich für „a“ gelesen worden, während mit „a“ ursprünglich nicht „A.“, die Abkür-zung für den Namen „Aulus“, gemeint war, sondern die Präposition „a“, die wohl den korrekten Text repräsentiert. Aufgrund dieser Überlieferungslage war es für Er. nicht leicht,

„Gabba" als den richtigen Namen zu eruie-
ren. Es war erst Bücheler, der durch seine Kon-
jekturen den Namen „Gabba" im Quintilian-
Text wiederherstellte. Jedoch zitiert Er. unter
den „L. Galba"-Apophthegmen auch die Plutarchstelle *Amatorius, Mor.* 759F–760A, deren
Spruchspender klar erkennbar Gabba ist. Diesen Gabba identifizierte Er. mit dem Narren der drei vorhergehenden Apophthegmen:
Sogar die einleitende Bezeichnung „scurra"
(VI, 237) bezog er aus der nämlichen Plutarch-
Stelle, wo Κάββας oder Γάββας als γελωτοποιός
(„Witzbold") charakterisiert wird. Daraus hat
Er. aber nicht den Schluss gezogen, daß der
richtige Name des Narren Gabba sei. Anscheinend lag Quintilian eine Sammlung von Sprüchen des Gabba vor (*Inst.* VI, 3, 27). Dem
„scurra" Galba (= Gabba) widmete Er. noch
ein weiteres Apophthegma, VIII, 232, bei dem
er ihn – wie das auch im Index personarum
der Fall ist – als „Galba parasitus" bezeichnete:
„Galba parasitus obiicientibus, quod in ocio
viueret …". Allerdings beruht diese Zuschreibung auf einem Irrtum des Er.: Tatsächlich
zitierte er Suet. *Galb.* 9,1 und handelt es sich
um Kaiser Galba. Dem Kaiser Galba widmet
Er. unten (VIII, 119) einen Spruch, wobei er
ihn statt „Servilius Galba" „Sergius Galba"
nennt.

366–367 *pilam … candidatus* Wörtliche Wiedergabe von Quint. *Inst.* VI, 3, 62: „Iungi-
tur amphiboliae (amphibologiae *ed. Bas. 1529,
fol. 96B*) similitudo, vt a (L. *ed. Bas. 1529*:
Aulus *lectio varia in ed. Bas.*) Gabba (Galba
*ed. Bas.1529, edd. vett.*), qui pilam neglegenter
petenti: ‚Sic', inquit, ‚petis, tamquam Caesaris
candidatus'. Nam illud ‚petis' ambiguum est,
securitas similis".

367 *Caesaris* i.e. Augusti.

367 *competitores* Die von Er. selbst besorgten
Ausgaben haben „competitores" (= Mitbewerber für ein Amt), *BAS* „candidati". Er. hatte
das Apophthegma gründlich missverstanden,
was in der posthumen *Opera-omnia*-Ausgabe
korrigiert wurde. Mit seinem Witz meint
Gabba nicht die Mitbewerber des Augustus
für ein Amt, wie Er. fälschlich annahm, sondern die *Kandidaten für ein kaiserliches Amt.*
Bei kaiserlichen Ämtern (z. B. Legatenstellen,
Präturen kaiserlicher Provinzen) gab es keinen
Wahlkampf, wie er bei den herkömmlichen
römischen Staatsämtern üblich war (*ambi-*

*tus*), schlicht weil der Kaiser die Beamten
selbst ernannte. Derjenige, den der Kaiser für
ein Amt aussah, brauchte sich nicht mehr
zu „bewerben" („petere") oder zu bemühen,
genauso wenig, wie sich der bewußte Spieler
bemühte, den Ball zu fangen.

368–369 *vel … blandiebantur* Alle drei Erklärungen des Er. sind irrig, weil er den Sinn von
„Caesaris candidatus" nicht verstanden hat.
*BAS* ersetzte diese durch die richtige Erklärung
„freti ipsius fauore".

373–374 *Idem, cui coenaculum … maneo* Variierende Wiedergabe von Quint. *Inst.* VI, 3, 64:
„‚… quo Gabba (Galbae *ed. Bas. 1529, fol. 96B*)
paenulam roganti ‚Non possum commodare,
domi maneo', cum cenaculum eius perplue-
ret".

373 *penulam* Sowohl das Kleidungsstück, die
*paenula*, als auch sein Gebrauch und die
Bezeichnung seines Speisezimmers als „coenaculum" (eine kleine, baufällige Bude mit
leckendem Dach) charakterisieren den
Apophthegma-Spender Gabba als „scurra"
(Possenreisser, Schelm, Parasit). Die *paenula*
war ein halbrunder Überziehmantel oder Umhang, der von den Unterschichten der Bevölkerung getragen wurde, insbesondere bei
schlechtem Wetter oder auf Reisen. Ausgebreitet war die Form der *paenula* oval, mit
einem Ausschnitt für den Kopf, ähnelt insofern dem ‚Wetterfleck' der Alpenländer, dem
südamerikanischen Poncho oder der Pelerine.
Zudem war die *paenula* mit einer angenäh-
ten Kapuze ausgestattet, wie dies auch beim
‚Wetterfleck' der Fall ist. Vgl. R. Hurschmann,
*DNP* 9 (2000), Sp. 142, s.v. „Paenula". Er. war
geläufig, um welches Kleidungsstück es bei der
*paenula* ging und welche Funktion sie hatte;
vgl. *Adag.* 1000 (*ASD* II, 2, S. 496) „Aestate
penulam deteris": „Nam χλαῖνα summa vestis est, quae pro tempore sumitur ad ventos,
pluuiam frigusue depellendum, quasi Latine
dicas penulam. ….". Vgl. oben Komm. zu VI,
53.

375 *exeo* Die Korrektur von *BAS*, „egeo", ver-
dirbt den Sinn. Er. meinte „exeo" und dieses
ist unverzichtbar.

378–379 *roganti … vtar* Wörtliche Wiedergabe
von Quint. *Inst.* VI, 3, 66: „Et partitione
Gabba (Galba *ed. Bas. 1529, fol. 96C*), cum
paenulam roganti respondit: ‚Non pluit, non
opus est tibi; si pluet, ipse vtar'".

380  VI, 240                          DISSIMVLATIO                    (L. Galba parasitus, i.e.
                                                                         Gabba, 4) [58]

Idem *Moecenatem acceperat conuiuio; quumque sentiret illum* velle *ad* ipsius *vxorem
ludere*, simulauit *se dormire*, quo magis liceret Moecenati, quod libebat. Interea quum
accessisset aliquis volens quaedam e mensa tollere, ibi Galba, „*Infelix*“, *inquit*, „Huic
385  dormio, non tibi“. De quo plura retulimus in Chiliadibus.

---

382  Moecenatem *scripsi (cf. Adag. 504)*: Mecoe-          383  Moecenati *scripsi (cf. Adag. 504)*: Mecoenati
     natem *A-C BAS*, Mecaenatem *LB*, Maecena-                 *A-C BAS*, Mecaenati *LB*, Maecenati *sec. Plut.*
     tem *sec. Plut. Amatorii text. Graecum (Μαιχή-*            *Amatorii text. Graecum (Μαιχήνᾳ).*
     *ναν).*

*Apophth.* VI, 240 ist ein Gegenstück zu *Collect.*
392 und *Adag.* 504 „Non omnibus dormire"
(*ASD* II, 2, S. 28): „[*A*] Non omnibus dormire
dicuntur, qui non omnibus inseruiunt neque
per omnia gerunt morem. Translatum putant
a maritis quibusdam nimis obsequentibus, qui
vxores suas adulteris scientes produnt, somnum interim inter pocula simulantes, vt adultero, quod libet liceat. ... [*B*] Plutarchus in
libro, cui titulum fecit Ἐρωτικῶι fabulam super
hac re non illepidam narrat. Cum Galba quispiam conuiuio Moecenatem accepisset ...";
*Collect.* 392 „Non omnibus dormio" (*ASD* II,
9, S. 164): „Merula translatum putat a maritis, qui vxores quaestus causa moechis prostitu-
unt, qui somnum adsimulant, vt adultero con-
cedant"; Otto 580; Polydor. Verg. 94.

382 *Moecenatem* Bei dem in den Baseldrucken
einhellig überlieferten „Mecoenatem" handelt
es sich – wie der Vergleich mit *Adag.* 504 zeigt –
um eine Verschreibung, die wohl nicht auf das
Konto des Er. geht, sondern dem Amanuensis
oder dem Setzer geschuldet ist.

382 *Moecenatem* Der berühmte Maecenas (ca.
70–8 v. Chr.), Freund des Augustus und
Förderer der Dichtkunst.

382–384 *Mecoenatem ... inquit* Frei paraphrasierende Wiedergabe von Plut. *Amatorius,*
*Mor.* 759F–760A: ὥσπερ καὶ ὁ Ῥωμαῖος ἐκεῖνος,
ὦ ἑταῖρε, Γάββας (Γάββας *ed. Helmbold*: Κάββας *ed. Ald. p. 919*) εἱστία Μαικήναν ὡς ἔοι-

κεν, εἶθ᾽ ὁρῶν διαπληκτιζόμενον ἀπὸ νευμάτων
πρὸς τὸ γύναιον, ἀπέκλινεν ἡσυχῇ τὴν κεφαλὴν
ὡς δὴ καθεύδων· ἐν τούτῳ δὴ τῶν οἰκετῶν τινος
προσρυέντος ἔξωθεν τῇ τραπέζῃ καὶ τὸν οἶνον
ὑφαιρουμένου, διαβλέψας, „Κακόδαιμον", εἶπεν,
„οὐκ οἶσθ᾽ ὅτι („οὐκ οἶσθ᾽ ὅτι *ed. Helmbold*:
οὐκ οἶσθα", εἶπεν, „ὅτι *ed. Ald.*) μόνῳ Μαικήνᾳ
καθεύδω; (καθεύδω; *ed. Helmbold*: καθεύδω. *ed.*
*Ald.*). ἦ γὰρ ὁ Γάββας (Κάββας *ed. Ald.*) γελωτοποιός; vgl. *Adag.* 504 „Non omnibus dormire"
(*ASD* II, 2, S. 28): „[*B*] Plutarchus in libro,
cui titulum fecit Ἐρωτικῶι, fabulam super hac
re non illepidam narrat. Cum Galba quispiam
conuiuio Moecenatem accepisset sentiretque
iam e nutibus hominem inflammatum in vxorem suam, sensim demisit caput, perinde quasi
dormiret. At cum interea famulus quispiam ad
mensam accedens vinum clam tolleret, ibi iam
vigil et oculatus, ‚Infelix', inquit, ‚An nesciebas
me soli Moecenati dormire?' ".

382 *conuiuio* Ebenso wie in Er.' eigener Übers.
der Plutarchstelle in *Adag.* 504.

384 *aliquis volens quaedam e mensa tollere* „als
jemand etwas vom Tisch nehmen wollte";
Er. hat diesen Teil der Anekdote in *Apophth.*
VI, 240 sehr vage gestaltet. Bei Plut. und in
der *Adagia*-Version steht, daß ein Diener im
Begriff war, eine Flasche Wein vom Tisch zu
stehlen.

385 *De quo ... Chiliadibus Adag.* 504 (*ASD* II, 2,
S. 28).

## GALBA QVIDAM

VI, 241                              A MENDACIO MANIFESTO                    (Galba quidam) [59]

*Galba quodam* iactante, quod *in Sicilia murenam quinque pedes longam emisset vic-*
*toriato, „Nihil", inquit, „mirum. Nam ibi tam longae nascuntur, vt* his *piscatores pro*
390   *restibus vtantur".* Mendacium euidentiore mendacio derisit.

---

390   vtantur *C*: cingantur *A B*.

386 *Galba qvidam* Der in *Apophth.* VI, 241
genannte „Galba" kann nicht mit jenem des
vorhergehenden Spruches (= Gabba) identisch sein. In der Quelle, dem überlieferten
Quintilian-Text *Inst.* VI, 3, 80, wurde er als
„Galba" (ohne weitere Angaben) bezeichnet,
so auch in allen Handschriften, mit Ausnahme
von Vat. Lat. 1762, einer jungen Handschrift d.
15. Jh., wo „Gabba" steht. Die Lesart „Gabba"
wurde jedoch in den neueren Quintilian-Text
von Radermacher übernommen. Somit würde
der Ausspruch von dem Hofnarren des Augustus, Gabba, stammen und auf die augusteische
Zeit datieren. Das kann jedoch nicht stimmen,
wie aus der Verwendung der altertümlichen
Währungseinheit des *victoriatus* hervorgeht,
dessen Prägung schon i.J. 168 v. Chr. eingestellt
worden war (s. Komm. unten). In augusteischer Zeit war der *victoriatus* kein gültiges
Zahlungsmittel mehr. Der *victoriatus* weist auf
die Datierung des Spruches in die Zeit der
Römischen Republik, zwischen 211 und ca. 150
v. Chr., hin. In dem relevanten Zeitfenster der
Römischen Republik (211–ca. 150 v. Chr.) gibt
es mehrere Personen, die als Spruchspender in
Frage kommen; diese Personen entstammen
sämtlich der *gens Sulpicia*: 1. P. Sulpicius Galba
Maximus, Konsul d.J. 211, der Rom gegen
Hannibal verteidigte und sich in den Make-
donischen Kriegen auszeichnete (T. Schmitt,
*DNP* II [2001], Sp. 1099, s.v. „Sulpicius", Nr.
I, 13); 2. Servius Sulpicius Galba (gest. 199 v.
Chr.), der i.J. 209 kurulischer Ädil und 203–
199 Pontifex Maximus war (J. Fündling, *DNP*
II [2001], Sp. 1098, s.v. „Sulpicius", Nr. I, 8;
F. Münzer, *RE* IV A, 1 [1931], Sp. 759, s.v. „Sul-
picius", Nr. 56); 3. Servius Sulpicius Galba, der
Prätor urbanus d.J. 187 (J. Fündling, *DNP* II
[2001], s.v. „Sulpicius", Nr. I, 9; F. Münzer,
*RE* IV A, 1 [1931], Sp. 759, s.v. „Sulpicius",
Nr. 57) oder 4. Servius Sulpicius Galba (geb.
ca. 190), der gegen König Perseus von Makedo-

nien kämpfte, i.J. 151 als Praetor gegen die Lusitaner zu Felde zog und 144 das Konsulat bekleidete (J. Fündling, *DNP* II [2001], s.v. „Sulpicius", Nr. I, 10; F. Münzer, *RE* IV A, 1 [1931],
Sp. 759–767, s.v. „Sulpicius", Nr. 58). Am ehesten handelt es sich von dem letzten, da über
diesen ungleich mehr Information als über die
übrigen Sulpicii Galbae überliefert ist, weiter
da dieser auch ein bekannter Redner war, dessen *orationes* noch in der Zeit Ciceros vorhanden waren, und insbesondere, da Cicero in *De*
*oratore* Sprüche von ihm überlieferte (z.B. II,
263). vgl. Komm. Leeman-Pinkster-Rabbie II,
S. 288–289. Einen Spruch dieses Galba, den
Cicero a.a.O. tradierte, nahm Er. unten in das
sechste Buch der *Apophth.* auf (VI, 344); allerdings gibt er dessen Namen dort fälschlich mit
„Servilius Galba" (statt „Servius Galba") wieder.

387 *A mendacio manifesto* Den Titel des Apophthegmas, „Von einer evidenten Lüge" leitete
Er. aus der Witzkategorie ab, die Quintilian
aufgestellt hatte (*Inst.* VI, 3, 79–80: „Sic elu-
ditur … mendacium mendacio"), eine Kategorie, bei der Gleiches mit Gleichem vergol-
ten wird, eine unwahre Aussage mit einer noch
lügenhafteren unschädlich gemacht wird. Der
Titel ist insofern problematisch, als Muränen
tatsächlich eine Länge von 5 Fuß erreichen
können. Vgl. unten.

388–390 *Galba quodam … restibus* Quint. *Inst.*
VI, 3, 80: „Mendacium quoque mendacio, vt
Galba (Galba *ed. Bas. 1529, fol. 97B, quasi omes*
*codd. et edd. vett. et rec.*: Gabba *ed. Rader-*
*macher*), dicente quodam, victoriato se vno
in Sicilia quinque pedes longam murenam
(Muraenam *ed. Bas. 1529*) emisse: ‚Nihil',
inquit, ‚mirum; nam ibi tam longae nascuntur,
vt iis (hiis *ed. Bas. 1529*) piscatores pro restibus
cingantur'".

388 *quinque pedes* 5 röm. Fuss (29,6 cm) sind
ca. 1.5 Meter. Mit einer Muränenart, die

sich in sizilianischen Gewässern findet, kann nur die Mittelmeer-Muräne (*Muraena helena*) gemeint sein; diese Art wird normalerweise zwischen 80–130 cm lang, jedoch wurden auch Exemplare von 150 cm (und mit einem Gewicht von 6.5 Kilogramm) gefangen (für ein Tier dieser Länge vgl. H. Göthel, *Fauna marina del Mediterráneo*, Barcelona 1992, S. 319). Die Angaben des Mannes, der in Sizilien eine ähnlich grosse Muräne gekauft haben will, sind also keineswegs grundsätzlich falsch bzw. ein „mendacium manifestum", wie es Er. in der Überschrift des Apophthegmas nennt. Er. war zoologisch nicht bewandert; wahrscheinlich wusste er nicht, wie eine Muräne genau aussieht oder welche Art von Fisch sie ist (obwohl bei Plin. *Nat.* IX, 72 ff. einige Information über Muränen zu finden war). Dem Kontext hat Er. jedoch wohl entnommen, daß es sich um einen langen und dünnen Fisch handeln muss, bei dem er sich wschl. eine Art Aal vorstellte.

388–389 *victoriato* „victoriato" ist eine Konjektur in der Ausgabe des Regius (die auf Valla zurückgeht), die den verderbten handschriftlich überlieferten Text („victoria id", „victoria ad" oder „victoria asse") heilt. Er. traf diese *coniectura palmaria* in der von ihm verwendeten Basler Ausgabe d. J. 1529 an, aus der er sie übernahm. Der *victoriatus*, eine röm. Silbermünze mit dem Wert eines ¾ Denars (vgl. Plin. *Nat.* XXXIII, 46), war z. Z. des Augustus bereits ein sehr altes Geldstück, das durch die lange Abnutzung an Gewicht und Wert eingebüsst hatte. Diese Silbermünze, die auf dem Avers das Haupt Jupiters und auf dem Revers eine ganzfigurige Darstellung der Siegesgöttin Victoria aufwies, wurde in Italien zwischen ca. 211–168 v. Chr. geprägt und hatte anfänglich ein Gewicht von 3,4 Gramm, wurde dann aber, wie auch der *denarius*, auf 2,9 Gramm reduziert, hatte somit das Gewicht von einem ¾ Denar; zusätzlich hatte sie einen geringeren Wert als der *denarius*, da dieser aus reinem Silber war, während der *victoriatus* eine Kupferbeimischung von ca. 20 % aufwies. I. J. 168 v. Chr., aufgrund der Kriegsbeute aus Makedonien, mit der riesige Mengen Silber nach Italien gelangten, wurde die Prägung des *victoriatus* eingestellt; stattdessen avancierte der Silberdenar zum wichtigsten Zahlungsmittel. Vgl. G. Stumpf, *DNP* 12,2 (2002), Sp. 190–191, s.v. „victoriatus".

390 *vtantur* Er. hat in der Ausgabe letzter Hand den Text des Quintilian („cingantur") durch eine Konjektur des Regius, die er einer anderen Quelle als der Baselausgabe von 1529 entnahm, zu verbessern versucht. Der Quintilian-Text mit der überlieferten Lesart „cingantur" besagt, daß in Sizilien die Muränen so lang sind, daß die Fischer sie als Gürtel verwendet hätten. Der durch die Konjektur des Regius geänderte Text behauptet, daß die Fischer in Sizilien die Muränen, weil sie so lang sind, als Taue verwendet hätten. In beiden Fällen handelt es sich natürlich um eine krasse Lüge. Es ist ebenso wenig denkbar, daß man Fische als Gürtel verwendet hätte, als daß sie als Taue dienten. Allerdings ist die Textverbesserung des Regius nicht erforderlich.

## M. LELIVS [i.e. M. LOLLIVS]

VI, 242                   Deformis ingeniosvs                (M. Lelius, i.e. M.
                         (= Dublette von IV, 152)            Lollius, 1) [60]

*In Galbam* oratorem *eloquentia clarum, sed gibbo deformem,* ita lusit *M. Lelius* [i.e.
395   Lollius], *vt diceret ingenium Galbae male habitare.* Nam animi domicilium est corpus.


## ORBILIVS

VI, 243                   Retortvm        (Galba orator, i.e. Orbilius) [61]

*In eundem acerbius* etiam *Orbilius grammaticus* ⟨*irrisit*⟩, qui *prodierat testis* contra
*reum,* cui Galba aderat. Hunc *vt Galba confunderet,* finxit se nescire, quod grammati-
400   cus esset, et conuitio iocum captans *interrogauit „Quid artium facis?". „In sole",* inquit
Orbilius, *„fricare gibbos soleo".*

---

394  Lelius *A-C*: Laelius *BAS LB*, Lollius *scriben-*     398  irrisit *supplevi sec. Macrobii ed. Ald.*: *om. A-*
dum erat sec. loc. cit. (Macrobii ed. Ald.).*                 *C.*
                                                          400  iocum *correxi*: locum *A-C BAS LB.*

391  *M. LELIVS*  Im Index personarum irrtüm-        ,ingenium Galbae male habitat'" (vgl. ed. Ald.
lich Galba orator zugeschrieben.                     1528, fol. 162$^r$); mit „vt supra dixi" bezieht sich
*Apophth.* VI, 242 ist eine Dublette; Er. hatte      Macrobius auf *Sat.* II, 4, 8: „Galbae, cuius
es bereits als Teil von IV, 152 (Augustus, 19)       informe gibbo erat corpus …".
„Salse" gebracht (*ASD* IV, 4, S. 320; *CWE* 37,    394  *oratorem*  „oratorem" ist ein Zusatz des Er.
S. 384): „Galba corpus habens gibbo deforme,         zum zitierten Macrobius-Text, der an vorl.
de quo vulgo iactatum est ingenium Galbae            Stelle jedoch nicht ganz glücklich ist, da Er.
male habitare, quum apud Caesarem causam             zudem die Charakterisierung der Person durch
agens subinde diceret ,Corrige me, Caesar, si        Macrobius übernimmt („eloquentia clarum"),
quid in me reprehendendum videris', ,Ego',           wodurch eine Tautologie entsteht.
inquit, ,Galba, monere te possum, corrigere         394  *gibbo deformem*  Macr. *Sat.* II, 4, 8.
non possum'. Corrigitur, quod reprehenditur;        394  *Lelius*  Die Baseldrucke überliefern einhel-
corrigitur, quod ex distorto fit rectum" (nach       lig „Lelius", während die von Er. benutzte
Macr. *Sat.* II, 4, 8 u. 6, 3). Vgl. Komm. *CWE*     Macrobius-Ausgabe von Aldus aus d.J. 1528
37, S. 384.                                           (die richtige Lesart) „Lollius" aufwies (fol.
394  *Galbam*  C. Sulpicius Galba (geb. ca. 50       162$^r$), andere Macrobius-Texte „Lolius", je-
v. Chr.), Suffektkonsul 5 v. Chr.; Vater des         doch nicht „Lelius". Der Name „M. Lelius"
späteren Kaisers Galba; röm. Politiker und           ist im Zusammenhang mit Sulpicius Galba,
Redner, erfolgreich als Anwalt und Senator.          dem Vater des späteren Kaisers und Konsul
Vgl. M. Fluß, *RE* IV, A1 (1931), Sp. 756–758,       d.J. 5 v. Chr., ein Adynaton; die bekannten
s.v. „Sulpicius (Galba)", Nr, 53; W. Eck, *DNP*      Laelii gehörten anderen Epochen zu: Gaius
11 (2001), Sp. 1104, s.v. „Sulpicius", Nr. II,       Laelius d.Ä., der Freund des älteren Scipio
6.                                                   Africanus, war Konsul i.J. 190 v. Chr.; Gaius
394–395  *Galbam eloquentia … habitare*  Macr.       Laelius d.J., der Freund des Scipio Aemilia-
*Sat.* II, 6, 3: „In Galbam eloquentia clarum,       nus, i.J. 140 v. Chr.; ein „Marcus Laelius" aus
sed quem habitus, vt supra dixi, corporis            der 2. H. d. 1. Jh. v. Chr. ist nicht überlie-
destruebat, M. Lollii vox circumferebatur:           fert.

394 *Lelius* Es handelt in Wirklichkeit um den röm. Politiker und Redner **M. Lollius** (ca. 65 v. Chr.–2 n. Chr.), einen *homo novus*, der i.J. 21 v. Chr. das Konsulat erreichte; er war Statthalter der kaiserlichen Provinz *Galatia* i.J. 25 und der kaiserlichen Provinz *Gallia comata* i.J. 17; Vertrauter des Augustus, ab 1 v. Chr. Prinzenerzieher von Augustus' Adoptivsohn Gaius Iulius Caesar und Begleiter auf dessen Reise in den Osten. Vgl. A. Stein, *RE* XIII, 2 (1927), Sp. 1377–1387, s.v. „Lollius", Nr. 11.

396 *ORBILIVS* Im Index personarum irrtümlich Galba orator zugeschrieben.

398–401 *In eundum … soleo* Macr. *Sat.* II, 6,4: „In eundem Galbam Orbilius grammaticus acerbius inrisit (irrisit *ed. Ald. 1528, fol. 162ʳ*). Prodierat Orbilius in reum testis. Quem Galba vt confunderet, dissimulata professione eius interrogauit: ‚Quid artium facis?'. Respondit:

‚In sole gibbos soleo fricare (fricare soleo *ed. Ald. 1528*)' ".

398 *In eundem* „In eundem", i.e. C. Sulpicium Galbam.

398 *Orbilius* **L. Orbilius Pupillus** (113–13 v. Chr.), stammte ursprünglich aus Benevent, aus ärmlichen Verhältnissen; i.J. 63 begab er sich nach Rom, wo er als Lehrer Bekanntheit erwarb; unterrichtete die Söhne der vornehmen Familien; auch Lehrer des Horaz; trotz seines Erfolges blieb er arm. C. Sulpicius Galba wollte ihn offensichtlich wegen seines schlecht bezahlten Berufs als armen Schlucker und schändlichen Lohndiener lächerlich machen. Zu Orbilius vgl. E. Bernert, *RE* XVIII, 1 (1939), Sp. 876–877, s.v. „Orbilius".

398 ⟨*irrisit*⟩ „irrisit" wurde von Er. bei der Übertragung des Textes versehentlich ausgelassen.

## MANIVS CVRIVS

VI, 244                                                    (Manius Curius aleae lusor) [62]

[*C*] *Manium Curium accusator eius* ad concitandam inuidiam *in sipario,* id est vela-
405 minis genus, *pinxerat omnibus locis aut in neruo nudum aut ab amicis redemptum ex
alea,* hoc agens, vt omnibus persuaderet, quam is esset perdite deditus aleae. Hoc crimen ridicule inficiatus est Manius, „*Ergo*", inquiens, „*nunquam vici*". Alter intelligi
volebat Curium assidue lusisse aleam, Curius eo torsit, quasi infelicitas esset oppro-
brata. Non est verisimile, qui frequenter ludit tesseris, nunquam vincere. Refert
410 Fabius.

---

404 Manium *scripsi sec. Quint. ed. Bas. 1529 et
ind. person. C:* Mannium *C.*
404–410 Manium Curium … refert Fabius *C:
desunt in A B.*

404 Curium *C:* Curtium *sec. ind. person. C.*
404 sipario *scripsi:* Sipario *C LB.*
407 Manius *scripsi sec. Quint. ed. Bas. 1529 et ind.
person. C (cf. BAS LB),* Mannius *C.*

**Manius Curius** war ein berüchtigter Würfelspie-
ler um die Mitte des 1. Jh. v. Chr. (vgl. Cic. *Phil.*
V, 5, 3; Komm. in *CWE* 38, S. 663); nicht vermeldet in *DNP.*
402 *MANIVS CVRIVS* Im Index personarum
von *C* fälschlich als „Manius Curtius" angeführt.
404 *Manium* Bei in dem in *C* überlieferten
„Mannius" handelt es sich um einen Textübertragungsfehler, der wahrscheinlich dem Setzer
unterlaufen ist.
404–407 *Manium Curium … numquam vici*
Quint. *Inst.* VI, 3, 72: „Refutatio cum sit
in negando, redarguendo, defendendo, eleu-
ando, ridicule negauit Manius Curius (Manius
Curius *ed. Bas. 1529, fol. 96D:* Curius Manius
*lectio varia in ed. Bas.;* Mannius Curius *quaedam edd. vett.*); nam cum eius accusator in
sipario omnibus locis aut nudum eum in neruo
aut ab amicis redemptum ex alea pinxisset:
‚Ergo ego', inquit, ‚numquam vici'".
404 *in sipario* „in sipario", „auf einer Leinwand". Es handelt sich um einen Ausnahmefall, in dem ein Redner Bildmaterial zu
Hilfe nahm, um einen Angeklagten anzu-
schwärzen. Der Ankläger des Manius Curius
hatte auf einer *Leinwand* ein kleines, epheme-
res Kunstwerk herstellen lassen, auf dem der
Reihe nach Szenen aus dem Leben des Angeklagten dargestellt waren: Alle diese Szenen
waren der Spielsucht des Angeklagten gewidmet. In der römischen Gerichtskultur war das
sog. Argument *de vita* von grösster Wichtig-

keit, selbst wenn die zur Last gelegten moralischen Mängel mit den konkreten Anklage-
punkten nichts zu tun hatten. Die Advokaten
betrachteten es daher als ihre Aufgabe, widrige
Vorfälle aus dem Leben ihres Kontrahenten
möglichst anschaulich darzustellen, womit das
theoretische rhetorische Konzept der *eviden-
tia* verbunden ist. Der Ankläger des Manius
Curius hatte diese Aufgabe offensichtlich allzu
wörtlich aufgefasst, sodaß etwas Ungewöhn-
liches und Auffälliges zustande kam. Es sieht
nicht danach aus, daß er mit dem Kunstwerk
Erfolg hatte; das überlieferte Apophthegma
deutet eher darauf hin, daß die Kugel nach
hinten losging. Das Gemälde wurde wahrscheinlich von den Richtern als eine kuriose
Aberration advokatischer Manipulationstech-
nik belächelt. Im Übrigen vertrug es sich nicht
gut mit den althergebrachten *mores* der römischen Gerichtspraxis und auch nicht mit dem
Ethos des *patronus.* Von einem *patronus,* der
*eo ipso* ein hervorragender Redner war, wurde
erwartet, daß er ‚mit Worten malen', also *evi-
dentia* mit verbalen Mitteln herstellen konnte.
Daher war ein derartiges Gemälde *infra dignitatem patroni.* Quintilian diskutiert den Ausnahmefall, der sich diesbezüglich im Prozess
gegen Manius Curius ereignete, in seinem
Rhetorikhandbuch ein zweites Mal, dort im
Zusammenhang mit visuell wahrnehmbarem
Beweismaterial, welches der Advokat zur Ver-
handlung mitnehmen und vorzeigen konnte,
etwa ein blutiges Schwert oder Knochensplit-

ter (*Inst.* VI, 1, 30–31). In diesem Zusammenhang erinnert sich Quintilian an das merkwürdige Kunstwerk des Curius-Prozesses; selbst betrachtet er das Hilfs- oder Beweismittel des Anklägers als Tat der Lächerlichkeit – Wie unbeholfen und unfähig muß ein Redner sein, der mit Worten nicht mehr vermag als ein ‚stummes Bild'? Vgl. *Inst.* VI, 1, 32: „Sed non ideo probauerim, quod factum et lego et ipse aliquando vidi, *depictam in tabula siparioue imaginem rei*, cuius atrocitate iudex erat commouendus. Quae enim est actoris infantia, qui mutam illam effigiem magis quam orationem pro se putet locuturam?".

In der latein. Literatur ist „siparium" ein sehr seltenes Wort, das auf das griech. σιπαρός zurückgeht, das für „Segel" (aus Leinen) verwendet wird; im Latein. ist damit v.a. der kleinere Theatervorhang gemeint, der in Komödien verwendet wurde, um einzelne Szenen voneinander abzugrenzen, somit ein Theatervorhang, der zuweilen auch die Funktion eines Bühnenbildes oder einer Kulisse übernahm (vgl. Georges II, Sp. 2690, s.v. „siparium"). Sowohl Georges als auch Lewis-Short (S. 1710) haben die Quintilianstellen *Inst.* VI, 1, 32 und VI, 3, 72 dahingehend interpretiert, daß mit „siparium" ein Leinenvorhang gemeint ist, der bei der Gerichtsverhandlung als Sonnenschutz diente: Der Advokat habe dann auf diesen Leinenvorhang spon-

tan Szenen aus dem Leben des Angeklagten gezeichnet. Auch Er. erklärt, daß es sich um eine Art Vorhang handelte („id est velaminis genus"). Diese Interpretationen sind sicherlich unrichtig. Die Quintilian-Stelle besagt, daß *eine Reihe von Szenen* dargestellt worden war. Der Advokat hatte bei seinem Vortrag natürlich keine Zeit, an Ort und Stelle ein paar Szenen zu malen. Das Gemälde muss also schon vorher fertiggestellt worden sein und es konnte auch unmöglich auf einem etwaigen Sonnenschutz-Vorhang des Gerichtshofes angebracht worden sein. Es handelte sich sicherlich um eine *Leinwand*, wie sie ab dem 16. Jh. in der europäischen Malerei gang und gebe werden sollte, jedoch bereits in der römischen Antike, wenngleich nur sporadisch, als Bildträger dient: Dabei wurde das Leinen, ebenso wie später im 16. Jh., auf einen Holzrahmen gespannt (vgl. Plin. *Nat.* XXXV, 51 und A. Pekridou-Gorecki, *DNP* 7 (1999), Sp. 36, s.v. „Lein, Flachs"). Das normale Trägermaterial für Gemälde war in der Antike die Holztafel, *tabula*. Ein derartiges Bild auf einer Holztafel vermeldet Quintilian an der nämlichen Stelle *Inst.* VI, 1, 32, woraus abzuleiten ist, daß dies den zweiten ihm bekannten Fall einer „Bilddemonstration" in einem Prozess darstellt, bei dem er, wie er angibt, persönlich zugegen war.

405   *in neruo nudum*   i.e. „nackt in Fesseln".

## QVIDAM

VI, 245                        [A] RIDICVLE        (Anonymus Romanus) [63]

Quidam *humiliori liberius aduersus* ipsum multa *loquenti*, „Colaphum", inquit, „tibi
dicam et formulam scribo, quod caput durum habeas". Pro „diem tibi dicam" dixit
415   „colaphum tibi dicam", et in „capite duro" lusit amphibologia. Siquidem „durum
caput" habet peruicax, et „durum caput" habet, qui offendit manum percutientis.
Allusit autem ad +morem eorum, qui quempiam in ius vocant, quorum est et diem
reo praescribere, et quur in ius vocetur, misso libello exprimere.

## QVIDAM

420   VI, 246                     AB INEXPECTATO       (Anonymus Romanus) [64]

*Quidam interrogatus, quid sentiret de eo, qui fuerat in adulterio deprehensus*, „Tardus",
inquit, „mihi *fuisse* videtur", ludens ab inexpectato significansque, quod non fugisset
in tempore.

## QVIDAM

425   VI, 247                     VXOR MOLESTA       (Anonymus Romanus) [65]
                                (= Dublette von VIII, 212)

Quidam deploranti, *quod vxor sua se* de *ficu suspendisset*, „Rogo", inquit, „des mihi
surculum ex illa arbore, vt inseram", per suspitionem ludens, quum vellet intelligi sibi
molestam esse vxorem.

430                              ## QVIDAM

VI, 248                                                  (Anonymus Romanus) [66]

*Quidam mirantibus, quod humile candelabrum emisset*, „Pransorium erit", inquit,
eludens iocoso mendacio, ne parcus videretur. In conuiuiis vtimur humilioribus
candelabris, vt exactius peruideamus, quae sunt apposita.

---

414   dicam *A-C*: ducam *Quint. ed. Bas. 1529.*        415   dicam *A-C*: ducam *Quint. ed. Bas. 1529.*

412   *Ridicule* Er. gibt mit seiner Überschrift zu            phthegma als „witzig" betrachtete. Quintilian
      verstehen, daß er das untenstehende Apo-             hingegen, Er.' Quellenautor, war gerade davon

nicht überzeugt. Er betrachtete den Ausspruch als eine eines freien Mannes unwürdige Entgleisung und stellte *ad loc.* fest: „Hic enim dubium est, vtrum ridere audientes an indignari debuerint". Jedoch hat Er. das Apophthegma mißverstanden. S. Komm. unten.

413–414 *humiliori … habeas* Quint. *Inst.* VI, 3, 83: „Illud vero, etiam si ridiculum est, indignum tamen est homine liberali (liberali *edd. vett.,* tolerabili *codd.*), quod aut turpiter aut potenter (impotenter *ed. Bas. 1529, fol. 97B*) dicitur: quod fecisse quendam scio, qui humiliori libere aduersus se loquenti: ‚Colaphon (Colaphum *ed. Bas. 1529*)', inquit, ‚tibi ducam et formulam scribes (scribam *ed. Bas. 1529*), quod caput durum habeas'. Hic enim dubium est, vutrum ridere audientes an indignari debuerint".

414 *dicam* „dicam" stellt einen Versuch des Er. dar., den ihm in der Basler Ausgabe überlieferten Text Quintilians zu korrigieren (vgl. auch sein „colaphum tibi dicam" eine Zeile unterhalb), was jedoch einer Verschlimmbesserung gleichkommt.

414 *formulam scribo* Er. schrieb „formulam scribo" in der Nachfolge des ihm in der Basler Ausgabe d.J. 1529 vorl. Quintilian-Textes („formulam scribam"). Jedoch sollte der korrekte Text „formulam scribes" lauten. Die Redewendung „scribere formulam" bedeutet „in ius vocare", „anklagen". Mit dem Apophthegma war folgendes gemeint: Ein römischer Mann aus den höchsten Kreisen sagte zu einem der Unterschichte angehörigen Zeitgenossen, der sich ihm gegenüber frech benommen hatte: „Ich werde dir (jetzt) eine Ohrfeige geben und daraufhin wirst du mich anklagen, weil du ja ein Dickschädel bist". In Er.' Version lautet das Apophthegma: „Ich sage dir eine Ohrfeige an (mit einer Anspielung auf den Ausdruck ‚jemanden einen Prozess ansagen') und daraufhin klage ich dich (wegen Körperverletzung) an, weil du einen so harten Schädel hast".

414–418 *Pro diem … libello exprimere* Ausführliche, jedoch völlig falsche Erklärung des Er.

421–422 *interrogatus … fuisse* Wörtliche Wiedergabe von Quint. *Inst.* VI, 3, 87: „Sed auerti intellectus et (etiam *ed. Bas. 1529, fol. 97C*) aliter solet, cum ab asperioribus ad leniora (leniora inde *ed. Bas. 1529*) deflectitur: vt qui interrogatus, quid sentiret de eo, qui in adulterio deprehensus esset, tardum fuisse respondit".

*Apophth.* VI, 247 stellte eine Dublette von VIII,

212 dar: „Pacuuius Ario vicino querebatur, quod in horto suo funestam haberet arborem, vnde prima vxor sese suspendisset, dein altera, postremo tertia. Cui salsissime respondisse fertur Arius: ‚Miror te in tot successibus inuenisse lachrymas'; item: ‚Deum immortalem, quot tibi dispendia arbor illa suspendit'; adiecit: ‚Amice, quaeso te, da mihi ex ista arbore, quos inseram surculos'. Hoc postremum a nobis ante relatum est. Arius μισογυνὴς fortunatum existimabat ab vxore liberari". Dort verwendete Er. als Quelle Ludovico Ricchieri, *Lectiones antiquae* XIV, 14. Vgl. Komm. *ad loc.*

427–428 *quod vxor … inseram* Quint. *Inst.* VI, 3, 88: „Ei confine est (est *om. Bas. 1529, fol. 97C*), quod dicitur per suspicionem, quale illud apud Ciceronem, querenti, quod vxor sua ex (e *ed. Bas. 1529*) fico se suspendisset: ‚Rogo, des mihi surculum ex illa arbore, vt inseram'; intellegitur (intelligitur *ed. Bas. 1529*) enim, quod non dicitur". Die Quelle für das Apophthegma, die Quintilian angibt, ist Cic. *De or.* II, 278; bei Cicero ist der Apophthegma-Spender ein Sizilianer, der diese Worte zu einem Freund spricht: „Salsa sunt etiam, quae habent suspicionem ridiculi absconditam, quo genere est Siculi illud, cui cum familiaris quidam quereretur, quod diceret vxorem suam suspendisse se de ficu, ‚Amabo te', inquit, ‚da mihi ex ista arbore, quos seram surculos'". Zur Witzkategorie „suspicio ridiculi abscondita" vgl. Komm. Leeman-Pinkster-Rabbie II, S. 315–316. Vgl. auch Brusoni IV, 1 (1518, Kap. „De mulieribus"): „Siculus quidam, dicente familiari vxorem suam suspendisse se de ficu facete ‚Amabo', inquit, ‚da mihi ex ista arbore quos seram surculos'".

432 *mirantibus quod … inquit* Quint. *Inst.* VI, 3, 99: „Subabsurda illa constant stulti simulatione (stultis simili imitatione et *ed. Bas. 1529, fol. 98B*): quae nisi fingantur, stulta sunt, vt, qui mirantibus, quod humile candelabrum emisset: ‚Pransorium erit', inquit".

433–434 *In conuiuiis … sunt apposita* Aus der Erklärung des Er. („In conuiuiis vtimur humilioribus candelabris, vt exactius peruideamus, quae sunt apposita") geht hervor, daß er das Apophthegma nicht richtig verstanden hat. Der nicht namentlich bekannte Witzbold meinte eben nicht ein „convivium", das bei den Römern mit der *cena* identisch war, sondern das „prandium" (Gabelfrühstück, Lunch). Er nahm an, daß „humile" „kurz" bzw. „niedrig" bedeute und dabei stellte er sich einen niedrigen Kerzenhalter vor, den

435                                      QVIDAM

VI, 249                    Exceptio iocosa        (Anonymus Romanus) [67]

Dignus erat nominari, qui de quodam illaudato veluti laudans dixit: *„Quid huic abest,*
*nisi res et virtus?“*. Similis iocus hodie apud Gallos vulgatissimus fertur, quum aiunt:
„Sum totus tuus, excepto corpore et bonis“.

440                    SYBARITA QVISPIAM [i.e. SYBARITAE]

VI, 250                                              (Anonymi Sybaritae) [68]

*Sybarita* quispiam *iter faciens per agros* quum videret quosdam *fodientes, dixit se spec-*
*tando illos fodientes rupturam capere.* Ad hanc vocem auditam quidam ita *respondit:*
*„At mihi te audienti latus dolet“.* Tanta erat Sybaritarum mollicies, vt *nullum opificium*
445  *in ciuitatem admitterent,* quod cum *strepitu exerceretur, quod genus sunt fabrorum, fer-*
*rariorum et lignariorum. Atque adeo ne gallum quidem* gallinaceum *in ciuitate fas erat*
*alere, ne quid esset, quod* illis somnum interrumperet. Iocus autem in hoc erat, quod
agricola probabilius dixit sibi ex tam stulta voce dolere latera, quam Sybarita dixerat se ex fossorum ligone sentire rupturam. Latera dolent loquenti, non audienti; et
450  rupturam patitur grauiter laborans, non spectator. Commemorat hoc Athenaeus in
duodecimo.

446  fas *LB*: phas *A-C*.

man beim Essen auf den Tisch stellte, um,
wie er sagt „genauer sehen zu können, welches Essen uns vorgesetzt wird“. Er. wußte
also offensichtlich auch nicht, daß die antiken Römer beim Essen nicht zu Tische saßen
wie die Europäer des 16. Jh. Als Gegenteil
eines niedrigen Kerzenhalters, den man im
16. Jh. auf den Tisch stellte, waren Er. hohe
Kerzenständer geläufig, wie sie in Kirchen
und Kapellen verwendet wurden. In dem von
Quintilian überlieferten Apophthegma geht es
jedoch *nicht* um den Gegensatz hoch-niedrig;
„humile“ bedeutet vielmehr „schäbig“, „billig“, und bezieht sich wohl v.a. auf billiges
Material, womit wahrscheinlich Ton gemeint
war. Dahingehend rechtfertigt sich der Unbekannte, indem er sagt: „Dieser Kerzenhalter ist
ja auch nur fürs Lunch bzw. Gabelfrühstück
(*prandium*) bestimmt“. Denn das *prandium*
war für die Römer unbedeutend; ihre Haupt-
mahlzeit war die *cena*, die am Abend einge-

nommen wurde. Für die *cena*, suggeriert der
Apophthegma-Spender, hätte er andere, teu-
rere und schönere Kerzenhalter vorgesehen. In
der römischen Alltagskultur verwendete man
Kerzenhalter (*candelabra*) in sehr unterschiedlichen Ausführungen: Es konnten ganz billige, einfache Objekte aus Ton sein, aber auch
künstlerisch anspruchsvolle, fein gearbeitete,
figürliche Kerzenhalter aus Bronze, Silber und
zuweilen sogar Gold.

437–438  *Quid huic … virtus* Wörtliche Wiedergabe von entweder Cic. *De or.* II, 281 („Ridentur etiam discrepantia: ‚Quid huic abest, nisi
res et virtus?‘“) oder Quint. *Inst.* VI, 3, 84:
„Inopinatum et a lacessente poni solet, quale
est, quod refert (fecit *varia lectio in Bas. 1529,
fol. 97C*) Cicero: ‚Quid huic abest, nisi res et
virtus?‘“.

439  *Sum … bonis* Er. behauptet, daß es sich
im Französischen seiner Zeit um eine gängige Ausdrucksweise gehandelt habe, die sich

jedoch in der von ihm angegebenen Form („Je suis tout à toi, sauf corps et biens") nicht leicht nachweisen läßt. Die witzige Redensart muß sich jedenfalls auf den allgemein bekannten Spruch „s'obliger à quelqu'un corps et biens" bezogen haben.

440 *SYBARITA QVISPIAM* Im Index personarum wird das Apophthegma einem „gewissen Sybariten" („Sybarita quispiam") zugeschrieben. Er. hat die Anekdote bei Athenaios jedoch nicht recht verstanden: Er glaubte, daß es um den Dialog zwischen einem Sybariten und einem Landarbeiter ging, was nicht stimmt, s. unten.

*Apophth.* VI, 250, dem in den Baseldrucken kein eigener Titel beigegeben wurde, ist ein Gegenstück zu *Adag.* 1165 „Sybaritica mensa", *ASD* II, 3, S. 180, Zeile 113–119, wo Er. von derselben Quelle ausing, die er dort in seiner eigenen latein. Übers. präsentierte: „De Sybaritarum tum luxu, tum interitu permulta commemorat et Athenaeus in Dipnosophistis. [G] Quum alibi, tum libro duodecimo, in quibus et illud: Sybaritas nullam artem recipere in suam ciuitatem, quae sine strepitu non potest exerceri, veluti fabrorum, aerariorum aut lignariorum ac similium, ne quid sit, quod dormientibus obstrepat. Ob eandem causam gallum gallinaceum fas non est in ciuitate ali. Alia praeterea deliciarum argumenta refert illic, si cui vacat legere". Er. hatte dieses Zitat erst in der Ausgabe der *Adag.* d.J. 1528 (*G*) aufgenommen. Aus den Eigenschaften, die den Sybariten zugeschrieben wurden, hat Er. mehrere *Adagia* konstruiert; u.a. bildete er unter Bezugnahme auf den Untergang der Sybariten sein *Adag.* 1166 „Sybaritica calamitas" (*ASD* II, 3, S. 180–181; S. 180: „… de Sybaritarum luxu deque calamitate permulta Athenaeus libro duodecimo [XII, 518C–522A], si cui haec non satis faciunt. Quadrabit adagium in eos, qui neglectu deorum aut ob intemperantem luxum sunuertuntur"), während ihr

Hochmut Gegenstand von *Adag.* 1167 „Sybaritae per plateas" (*ASD* II, 3, S. 182) ist und ihr Luxusverhalten in *Adag.* 1165 „Sybaritica mensa" (ibid. 178–180) thematisiert wird. Vgl. dazu auch *Apophth.* VII, 359 (Pythagoras, 4) mit Komm.

442–447 *Sybarita … alere* Athen. 518C–D: πρῶτοι δὲ Συβαρῖται καὶ τὰς ποιούσας ψόφον τέχνας οὐκ ἐῶσιν ἐπιδημεῖν τῇ πόλει, οἷον χαλκέων καὶ τεκτόνων καὶ τῶν ὁμοίων, ὅπως αὐτοῖς πανταχόθεν ἀθόρυβοι ὦσιν οἱ ὕπνοι· οὐκ ἐξῆν δ' οὐδ' ἀλεκτρυόνα ἐν τῇ πόλει τρέφεσθαι. ἱστορεῖ δὲ περὶ αὐτῶν Τίμαιος ὅτι ἀνὴρ Συβαρίτης εἰς ἀγρόν ποτε πορευόμενος ἔφη ἰδὼν τοὺς ἐργάτας σκάπτοντας αὐτὸς ῥῆγμα λαβεῖν· πρὸς ὃν ἀποκρίνασθαί τινα τῶν ἀκουσάντων „αὐτὸς δὲ σοῦ διηγουμένου ἀκούων πεπονεκέναι τὴν πλευράν" (vgl. ed. Ald., p. 213). Athenaios teilt mit, daß er die letzte Geschichte aus Timaios (= *F.H.G.* I, 205) bezogen hat; Er. ließ diese Quellenangabe weg.

447–450 *locus autem … spectator* Er.' Erklärung des Witzes ist kurios. Er hat den Witz nicht recht verstanden, weil er sich in der Zuordnung der sprechenden Personen vertan hat: Er. meinte, daß es um den Dialog eines Sybariten mit einem Landarbeiter („agricola") ging. Bei Athenaios steht jedoch, daß ein Sybarit die Geschichte von der Begegnung mit den Landarbeitern (ἰδὼν τοὺς ἐργάτας σκάπτοντας) irgendwelchen Zuhörern (τῶν ἀκουσάντων) erzählte, woraufhin einer von ihnen (τινα τῶν ἀκουσάντων) auf die nämliche Weise reagierte. Mit den Zuhörern waren andere Sybariten gemeint (nicht der Landarbeiter), da die Antwort ja darauf zugeschnitten ist, die Weichlichkeit der Sybariten steigernd vorzuführen: 1. Ein Sybarit, der Landarbeitern beim Graben zusieht, sagt „Bei Zusehen habe ich mir einen Bruch zugezogen"; 2. Ein anderer Sybarit, der dies hört sagt: „Wenn ich diese Geschichte nur höre, bekomme ich schon Seitenstechen (bzw. Rückenschmerzen)".

## QVIDAM PATRONVS

VI, 251                                             Salse   (Anonymus patronus Romanus) [69]

Quum *testis, qui se dicebat a reo vulneratum, interrogaretur, an cicatrices haberet, ingen-*
455   *tem in foemore cicatricem ostendit*; tum aduersarius „*Latus*", inquit, „erat *opportunius*",
significans illum vulnere letaliore dignum.

## QVIDAM SICVLVS

VI, 252                            Patronvs malvs          (Anonymus Siculus) [70]

*Siculo* cuidam *Scipio praetor patronum causae dederat hospitem suum, hominem nobi-*
460   *lem, sed* egregie *stultum.* Hic Siculus, „*Quaeso*", inquit, „*praetor, aduersario meo da*
hunc *patronum; deinde mihi neminem dederis*", sentiens illum tam insigniter stultum,
vt illo diuersam partem adiuuante posset etiam nullo patrocinante vincere.

## QVIDAM

VI, 253                            Obseqvivm hvmile          (Anonymus) [71]

465   Quidam videns Fauonium, *quum nulli adessent famuli Pompeio,* per omnia ⟨ei⟩
*inseruientem, vsque ad pedum lotionem,* pronunciauit Graecum versiculum:

φεῦτοῖσι γενναίοισιν ὡς ἄπαν καλόν, id est

Claris viris vt est decorum quidlibet!

---

454  cicatrices *A-C ut in Quint. ed. Bas. 1529*:
cicatricem *Quint. text. recept.*
455  foemore *A-C Quint. ed. Bas. 1529*: femore
*BAS LB,* femine *Quint. text. recept.*
455  opportunius *C BAS LB* (oportunius *A B*)
*Quint. edd. vett., lectio varia in Quint. ed. Bas.*

*1529,* oportuit *Quint. ed. Bas. 1529, Quint. text.
recept.*
465  Fauonius *A-C*: Phauonius *Plut. Pomp. vers.
ab Antonio Tudertino.*
465  ei *supplevi sec. versionem Antonii Tudertini.*

454–455  *Quum testis … opportunius* Quint. *Inst.*
VI, 3, 100: „Deprensi (deprehensi *ed. Bas.
1529, fol. 98B*) interim pudorem suum ridiculo
aliquo explicant, vt, qui testem dicentem se
a reo vulneratum interrogauerat, an cicatricem (cicatrices *ed. Bas. 1529*) haberet, cum ille
ingentem in femine (foemore *ed. Bas. 1529*)
ostendisset: ‚Latus', inquit, ‚oportuit (oportuit *ed. Bas*; opportunius *lectio varia in ed.
Bas.*)'".

455  *opportunius* Er. hat sich an dieser Stelle
für die *lectio varia* entschieden, die er in der
Basler Quintilian-Ausgabe *in margine* antraf.
In den Quintilian-Handschriften finden sich
beide Lesarten, Radermacher druckt „opor-
tuit". Von der Bedeutung her sind beide Les-
arten sinnvoll.
*Apophth.* VI, 252 datiert auf 193 v. Chr., das
Jahr von Scipio Asiaticus' Statthalterschaft in
Sizilien.

459–461 *Siculo … dederis* Wörtliche Wiedergabe von Cic. *De or.* II, 280: „Est (est *deest in edd. vett.*) etiam stultitiae salsa reprehensio, vt ille Siculus, cui praetor Scipio patronum causae dabat hospitem suum, hominem nobilem, sed admodum stultum: ‚Quaeso', inquit, ‚praetor, aduersario meo da istum patronum; deinde mihi neminem dederis'".

459 *Scipio praetor* Es handelt sich um einen Scipio, der Praetor in Sizilien war: Das trifft nur auf L. Cornelius Scipio Asiaticus (Asiagenus) zu, den Bruder des älteren Scipio Africanus; Scipio Asiaticus war i.J. 193 v. Chr. Praetor in Sizilien. Vgl. F. Münzer, *RE* IV (1901), Sp. 1471–1483, s.v. „Cornelius", Nr. 337; Komm. Leeman-Pinkster-Rabbie II, S. 318. Als nicht identifiziert angemerkt in *CWE* 38, S. 666 („This Scipio is unidentified").

*Apophth.* VI, 253 Die Anekdote datiert auf das Jahr 48 v. Chr., als Pompeius nach der verlorenen Schlacht von Pharsalos (vom 9. 8. 48) nach Ägypten floh und in der Hafenstadt Mytilene auf der Insel Lesbos Halt machte. Der republikanische Senator Favonius befand sich unter den Begleitern des Pompeius. Die Anekdote enthält kein Apophthegma; Er. verkehrte jedoch in der Meinung, daß ein solches vorliege, vgl. Komm. unten.

465–466 *Quidam videns … Graecum versiculum* Er. gibt die Anekdote aus Plutarchs Pompeius-Vita nicht richtig wieder. Dort steht *nicht*, daß ein gewisser Mann, der in dem Hause des Pompeius zugegen war, den nämlichen Euripides-Vers rezitierte, sondern Plutarch sagt: „Wer das gesehen hätte, hätte den folgenden Vers (des Euripides) zitiert …".

465 *Fauonium* Marcus Favonius (ca. 90–42 v. Chr.), konservativer Senator, republikanischer „Hardliner", Anhänger Catos d.J., Gegner Caesars und der Triumviri. Im Bürgerkrieg stellte er sich, wie die übrigen konservativen Senatoren, auf die Seite des Pompeius; Caesar begnadigte ihn nach dem Tod des Pompeius in Ägypten. Später aber schloss sich der Hardliner Favonius den Caesarmördern an. Bei der Schlacht von Philippi wurde er gefangengenommen und hingerichtet. Vgl. K.-L. Elvers, *DNP* 4 (1998), Sp. 449–450, s.v. Favonius, Nr. 1; F. Münzer, *RE* VI, 2 (1909), Sp. 2074–2077, s.v. „Favonius", Nr. 1.

465–467 *quum nulli … καλόν* Plut. *Pomp.* 73, 7. Er. benutzte die latein. Übers. des Antonio Pacini da Todi (ed. pr. 1470): „videns Phauonius Pompeium absque seruorum ministerio seipsum abluere, procurrit eumque abluit vnxitque. Deinde in posterum ei sedulo esse eique seruire quemadmodum serui dominis, vsque ad pedum purgationem coenaeque apparatum, haud destitit. Vnde liberalitatem ministerii nudi ac infecti aspiciens, ‚quiso', inquit, ‚generosis quam decora sunt omnia'" (ed. Bade, Paris 1514, fol. 242ᵛ). Vgl. den griech. Text, aus dem hervorgeht, daß niemand das geflügelte Wort aus Euripides sprach, es also kein Apophthegma gab: … καὶ τὸ λοιπὸν ἐκ τούτου περιέπων καὶ θεραπεύων ὅσα δεσπότας δοῦλοι, μέχρι νίψεως ποδῶν καὶ δείπνου παρασκευῆς, διετέλεσεν, ὥστε τὴν ἐλευθεριότητα τῆς ὑπουργίας ἐκείνης θεασάμενον ἄν (ἄν *deest in ed. Ald. fol. 215ᵛ*) τινα καὶ τὸ ἀφελὲς καὶ ἄπλαστον εἰπεῖν· „φεῦ τοῖσι γενναίοισιν ὡς ἅπαν καλόν". Der Irrtum des Er., daß ein damals im Haus des Pompeius Anwesender den nämlichen Vers des Euripides rezitiert habe, geht auf die falsche Übersetzung der Stelle durch Antonio Pancini zurück. Die richtige Übersetzung der Stelle wäre gewesen: „… ministrationem obiuit (sc. Fauonius), ita vt, si quis ministerii eius liberalitatem inspexisset, simplicis et ab omni simulatione puri, is vtique dicturus fuerit: ‚En, omnia ingenuos vt egregie decent'" (ed. Th. Doehner, Paris, 1877, S. 785).

465 *Pompeio* Der Triumvir Cn. Pompeius Magnus (106–48 v. Chr.).

467 *φεῦ … καλόν* Euripides Fr. Nauck *incerta* 961: Φεῦ, τοῖσι γενναίοισιν ὡς ἅπαν καλόν (aus Plut. *Pomp.* 73, 7, und idem, *Quomodo quis suos in virtute sentiat profectus*, Mor. 85, an der letzten Stelle jedoch ohne Bezug auf Pompeius und Favonius).

467 *φεῦ … καλόν* Er. trug den griech. Text aus seiner Aldus-Ausgabe von Plutarchs Pompeius-Biographie ein.

468 *Claris … quidlibet!* Die metrische Übers. des Euripides-Verses stammt von Er.; sie versteht sich als Verbesserung der Prosaübersetzung des Antonio Pacini („quiso, generosis quam decora sunt omnia").

468 *quidlibet!* Der Vers wird von *LB* richtig als Ausruf gekennzeichnet. *A, B, C* und *BAS* setzen einen Punkt.

## OBTRACTATORES SCIPIONIS MAIORIS

470   VI, 254                    Consiliarivs            (Anonymi obtrectatores
                                                          Scipionis Africani maioris) [72]

*Qui Scipionis gloriae inuidebant, dicere* solebant *illum esse* egregiorum *facinorum
histrionem, Lelium vero* collegam *illius gestorem,* alludentes huc, quod alius est actor
fabulae, alius autor. Sentiebant Scipionem praeclaras res gerere, sed Lelii consiliis.

475                                   QVIDAM

VI, 255                       Ardelio            (Anonymus poeta comicus
                                                          Atheniensis) [73]

In *Metiochum* nimis in republica sedulum nihilque non agentem illa *iactata* sunt:

---

472   solebant *LB*: solent *A-C*.
473   Lelium *A-C*: Laelium *LB*.

473   gestorem *A-C BAS*: actorem *LB*, poetam
      *Sagundinus.*
474   Lelii *A-C*: Laelii *LB*.

---

*Apophth.* VI, 254 datiert auf die Zeit nach Scipios militärischen Erfolgen im Spanienfeldzug gegen die Karthager unter Hasdrubal Barkas (210–206 v. Chr.) sowie im Afrikafeldzug
mit dem entscheidenden Sieg gegen die Karthager bei Zama (202). Die Kritik, die Scipio Africanus d.Ä. zuteil wurde, datiert auf die
Zeit nach seinem Triumph i.J. 199. Die grossen Ehrungen, die er einheimste, erweckten
den Neid der Römischen *nobiles*, die sich von
ihm überflügelt fühlten. Gaius Laelius d.Ä.
spielte bei beiden militärischen Grossoperatio-
nen eine bedeutende Rolle. Z.B. war er es,
der i.J. 209 die Nachricht von der Einnahme
Carthagenas nach Rom brachte; 203 besiegte
Laelius Syphax, den König von Westnumi-
dien; als Oberbefehlshaber der italischen Reiterei hatte er einen wichtigen Anteil am Sieg
bei Zama (202); auch war es wiederum er, der
die Siegesbotschaft über die Karthager nach
Rom brachte. Scipio betrachtete Laelius als
seinen engsten Vertrauten.

472–473  *Qui Scipionis … gestorem*  Plut. *Praec.
ger. reip.*, 11, *Mor.* 806A. Er. ging von der
latein. Übers. des Niccolò Sagundino aus:
„Verum qui Scipioni gloriam inuidebant eiusque obtrectabant laudibus, *actorem* illum quidem esse iactabant, *poetam* vero amicum Lae-

lium" (ed. Bade, Paris 1514, fol. IIII<sup>v</sup>; Basel,
Cratander, 1530, fol. 5<sup>r</sup>). Vgl. den griech. Text:
οἱ γοῦν Σκιπίωνι βασκαίνοντες ὑποκριτὴν αὐτὸν
ἀπεφαίνοντο τῶν πράξεων, ποιητὴν δὲ Λαίλιον
τὸν ἑταῖρον (vgl. ed. Ald. p. 584); fast identisch
ist die Wiedergabe des Spruches in Plut. *An
seni respublica gerenda sit, Mor.* 797D: Ὥστε
καὶ λέγειν ἐνίους ὑποκριτὴν τῶν πράξεων Σκιπί-
ωνα, ποιητὴν δὲ τὸν Γάιον (sc. Λαίλιον).

472  *gloriae*  Das Wort „gloria" steht nicht im
griech. Text Plutarchs; Er. übernahm es aus der
latein. Übersetzung des Niccolò Sagundino,
die ihm als Textvorlage diente.

473  *Lelium*  C. Laelius d.Ä. (235–183 v. Chr.),
General und Gesandter unter Scipio Africanus
maior; Konsul im Jahre 190 v. Chr. Vgl.
K.-L. Elvers, *DNP* 6 (1999), Sp. 1055, s.v.
„Laelius", Nr. I, 1; F. Münzer, *RE* XII, 1 (1924),
Sp. 400–404, s.v. „Laelius", Nr. 2.

473  *gestorem*  Mittels des seltenen Wortes „gestor" kompliziert Er. Sagundinos richtige
Übers. „poetam" und erschwert das Verständnis der Stelle. Im Originaltext des Plut. geht
es um den Gegensatz zwischen dem Schauspieldichter (ποιητής/poeta) bzw. dem Autor
des Textes (= Laelius) und dem Schauspieler
(ὑποκριτής/actor) bzw. dem den Text Vortragenden (= Scipio). Damit wird Laelius als Sci-

pios „Hirn" betrachtet, Scipio nur als der Ausführende von Laelius' strategischen *inventiones*. „Gestor" bedeutet im römischen Theater jedoch nicht den Textautor oder Dichter, sondern den „Boten" bzw. „Zuträger von Nachrichten" (z. B. Plaut. *Pseud.* 429, vgl. *DNG* I, Sp. 2259, s. v.). Jedoch zeigt die Erklärung des Er., daß er den Spruch dennoch richtig verstanden hat, nml. als Gegensatz zwischen „actor fabulae"/Schauspieler (= Scipio) und „autor fabulae"/Verfasser des Theaterstückes (= Laelius). Somit ergibt sich, daß Er. „gestor" in anderem Sinn verstanden hat, vermutlich als „Regisseur" eines Theaterstückes, denjenigen, der die Schauspieler *anleitet* und *führt*; dies würde auch mit der römischen Theaterpraxis übereinstimmen, in der der Regisseur häufig mit dem Verfasser des betreffenden Stückes identisch war. Möglicherweise dachte Er. bei „gestor" an Aug. *Civ.* II, 23, wo Marius als der „auctor"/Urheber und „gestor"/Führer/Anleiter des Bürgerkrieges bezeichnet wird. Jedenfalls ist klar, daß Er. in VI, 254 „autor" und „gestor" gleichsetzt (wie in der Augustinus-Stelle). Daher ist der Versuch in *LB*, die Stelle zu heilen, indem „gestorem" durch „actorem" ersetzt wird, sinnwidrig.

476 *Ardelio* „Ardalio" bzw. „ardelio" bezeichnet im Rom des 1. Jh. n. Chr. den Charaktertypus des geschäftigen Nichtstuers, dem jene Leute zugehören, die ständig hin- und herrennen, große Geschäftigkeit vorschützen, doch im Grunde gar nichts zustande bringen und als Parasiten ihr Leben fristen. Diesen Typus beschreibt Phaedrus prägnant in seiner Fabelsammlung II, 5, 1–4: „Est ardalionum quaedam Romae natio,/ Trepide concursans, occupata in otio,/ Gratis anhelans, multa agendo nil agens,/ Sibi molesta et aliis odiosissima"; die nachfolgende Fabel widmet er dem Typus des *ardalio*. Auch Martial war mit diesem Typus vertraut. In *Epigrammata* II, 7 wendet er ihn auf einen zeitgenössischen Dichterkollegen an, ebd. IV, 78 auf einen gealterten Politiker. Der Typus des *ardalio* hat jedoch ursächlich weder mit Dichtern noch

mit Greisen oder Politikern etwas zu tun. Es geht um Leute, die eine übertriebene Geschäftigkeit ostentativ vorschützen, während sie nichts schaffen und ein Schmarotzerleben führen. *Apophth.* VI, 255 gehört in seinem Hauptteil jedoch nicht in das Rom des 1. Jh. n. Chr., sondern in das Athen des 5. Jh. v. Chr., in dem es Verse eines unbekannten athenischen Komödienautors präsentiert, in denen dieser einen der Freunde des Perikles verspottet. Der Spott dieses Komödiendichters richtet sich freilich nicht gegen den oben definierten Charaktertypus der röm. Kaiserzeit, sondern sowohl gegen die korrupten Praktiken des Perikles als auch gegen die Tatsache, daß der Perikles-Freund Metiochos so gut wie alle athenischen Staatsaufgaben auf sich nimmt.

478 *Metiochum* Metiochos, Politiker aus dem Athen des 5. Jh. v. Chr.; Plutarch gibt an der zitierten Stelle *Mor.* 811E–F an, daß Metiochos ein politischer Freund (Hetairos) des Perikles war, der sich dessen Einfluss zunutze machte, um sich so viele Ämter wie möglich zuzueignen, womit er sich den Spott athenischer Komödiendichter zuzog. Vgl. E. Fabricius, *RE* XV, 2 (1932), Sp. 1408, s. v. „Metiochos", Nr. 3; nicht identifiziert in *CWE* 38, S. 666–667. Perikles war dafür bekannt, daß er diverse, oft auch unbedeutendere Aufgaben seiner Staatsämter immer wieder an seine politischen Freunde abgab, eine Praxis, die beim Volk nicht gut ankam. Metiochos war einer dieser schamlosen Leute, denen Perikles politische Aufgaben zukommen liess, zu denen sie das Volk nicht beauftragt hatte. Darauf richtet sich die Kritik des namentlich nicht bekannten Komödienautors der Verse *PCG* 8 *Adespota* Fr. 741. Nach Wallace und Leake war der Metiochos des Komödienfragments der Architekt, der das Metiocheion, ein Gerichtsgebäude auf der Agora, erbaute und der zugleich auch Redner und Politiker war. Vgl. R.W. Wallace, *Reconstructing Damon. Music, Wisdom Teaching, and Politics in Pericles' Athens*, Oxford 2015, S. 59. Für das Metiocheion vgl. M.W. Leake, *Topographie Athens*, 2. Aufl., Zürich 1844, S. 356.

Μητίοχος μὲν στρατηγεῖ, Μητίοχος δὲ τὰς ὁδούς,
480　Μητίοχος δ᾽ ἄρτους ἐπωπᾷ, Μητίοχος δὲ τ᾽ ἄλφιτα,
Μητίοχος δὲ πάντα κεῖται, Μητίοχος δ᾽ οἰμώξεται, id est:

Metiochus dux est, at idem *Metiochus curat vias*,
Metiochus molit *farinas*, Metiochus panes coquit,
Metiochus fit cuncta solus, Metiochus plorauerit.

485　Est aliquid pauca bene agere. Notat Martialis quendam *ardelionem, qui nihil non faciebat belle, quum nihil faceret bene.*


## QVIDAM ATHENIENSIS

VI, 256　　　　　FACERE PRAESTANTIVS QVAM DICERE　　　(Anonymus Athen.
　　　　　　　　　　　　　　　　　　　　　　　　　architectus) [74]

490　Quidam Atheniensis indisertus, sed factis strennuus et artis peritior, quum alius oratione facunda meditataque multa praeclare polliceretur, „*Viri*", inquit, „*Athenienses, quae iste* magnifice *disseruit, ego re efficiam*".


## SYLLA

VI, 257　　　　　　　　PATRIAE CHARITAS　　　　　　(Sylla, 9) [75]

495　*Sylla quum Praeneste oppidum* armis *cepisset* decreuissetque quicquid erat *ciuium trucidare, hospitem suum* iussit excipi, hoc beneficio pensare volens hospitii communicati gratiam. At *ille contra* libere, „*Nolo*", inquit, „*patriae meae extinctori* debere vitam", *simulque turbae ciuium sese admiscuit et cum illis trucidatus est.*

---

479 Μητίοχος *LB*: μητιοχος *A-C.*
479 Μητίοχος *LB*: μητιοχος *A-C.*
480 ἐπωπᾷ *scripsi (cf. Plut. ed. Fowler)*: ἐποπτᾶ *A-C ut Plut. ed. Ald.*, ἐπωπτᾷ *Plut. edd. vett.*

479–481 μητιοχος ... οἰμώξεται Plut. *Praec. ger. reip.*, 15, 8, *Mor.* 811E–F: τοιοῦτον τὸ / Μητίοχος μὲν γὰρ (γὰρ *Fowler*, γὰρ *deest in ed. Ald. p. 589*) στρατηγεῖ, Μητίοχος δὲ τὰς ὁδούς, / Μητίοχος δ᾽ ἄρτους ἐπωπᾷ (ἐπωπᾷ *Fowler*, ἐποπτᾶ *ed. Ald.*), Μητίοχος δὲ τἄλφιτα (τἄλφιτα *Fowler*, τὰ ἄλφιτα *Ald.*), / Μητίοχος δὲ πάντ᾽ ἀκεῖται (πάντ᾽ ἀκεῖται *Fowler* πάντα κεῖται *Ald.*), Μητίοχος δ᾽ οἰμώξεται. Vgl. die latein. Übers.

480 τ᾽ ἄλφιτα *A-C*: τὰ ἄλφιτα *Plut. ed. Ald.*, τἄλφιτα *Plut. text. recept., ed. Fowler.*
481 πάντα κεῖται *A-C ut Plut. ed. Ald.*: πάντ᾽ ἀκεῖται *Plut. text. recept., ed. Fowler.*

des Niccolò Sagundino: „Metiochus in ore omnium erat vulgo iactantium: ‚Metiochus ducit copias,/ Metiochus vias curat,/ Metiochus exercet panarium,/ Metiochus farinam tractat,/ Metiochus praeest omnibus:/ Metiochus ergo lugebit" (ed. Basel, Cratander, 1530, fol. 8ʳ).
479–481 Μητίοχος ... οἰμώξεται *Com. Adesp.* Fr. 1325 K; *PCG 8 Adespota* Fr. 741.

481 *πάντα κεῖται* Er. hat hier die Lesart, die er in der Aldus-Ausgabe der *Moralia* antraf (πάντα κεῖται), übernommen; diese ergibt jedoch keinen nachvollziehbaren Sinn („Metiochos liegt alles", von Er. auf fremde Weise mit „Metiochus fit cuncta solus" übersetzt). Zu lesen ist, wie im neueren *textus receptus*, πάντ᾽ ἀκεῖται, mit ἀκεῖται von ἀκέομαι, wodurch sich der richtige Sinn „Metiochos heilt bzw. repariert alles" ergibt.

483 *coquit* Er. las gegen die Lesart der Plutarch-Ausgabe des Aldus, ἐποπτᾷ bzw. ἐπωπτᾷ („M. beaufsichtigt die Brotproduktion"), an dieser Stelle ἐπωπᾷ bzw. ἐποπᾷ, wie seine Übersetzung „M. panes coquit", „Metiochos bäckt das Weizenbrot", klar zeigt. Diese Lesart wird auch von Fowler bevorzugt, während andere ἐπωπτᾷ lesen, das den gut nachvollziehbaren Sinn ergibt: „M. beaufsichtigt die Produktion von Brot, M. beaufsichtigt die Einfuhr bzw. Produktion von Gerste". Mit „M. panes coquit" versuchte Er. zugleich, die gestelzte Übersetzung Sagundinos, „panarium exercere", etwa „emsig den Brotkorb hantieren", die von derselben Lesart ἐπωπᾷ ausging, zu verbessern. Die Entscheidung für die Lesart ἐπωπᾷ bezieht sich auf den zweiten Satzteil Μητίοχος δὲ τ᾽ ἄλφιτα, den Er. folgerichtig mit „Metiochus molit farinas" übersetzt, was wiederum als eine Verbesserung von Sagundinos „Metiochus farinam tractat" gedacht ist.

485 *Martialis* Martial. II, 7: „Declamas belle, causas agis, Attale (Attale *edd. vett.*: Attice *ed. Friedländer*) belle,/ Historias bellas, carmina bella facis,/ Componis belle mimos, epigrammata belle,/ Bellus grammaticus, bellus es astrologus,/ Et belle cantas et saltas, Attale (Attice *ed. Friedländer*), belle,/ Bellus es arte lyrae, bellus es arte pilae./ Nil bene cum facias, facias tamen omnia belle./ Vis dicam, quid (qui *edd. vett.*) sis? Magnus es ardalio (ardelio *plures edd. vett.*)".

491–492 *meditataque … efficiam* Stark gekürzte Wiedergabe von Plut. *Praec. ger. reip.*, 5, *Mor.* 802A–B: ὥσπερ Ἀθήνησιν ἀρχιτεκτόνων ποτὲ δυεῖν ἐξεταζομένων πρὸς δημόσιον ἔργον ὁ μὲν αἱμύλος καὶ κομψὸς εἰπεῖν τινὰ διελθὼν περὶ τῆς κατασκευῆς μεμελετημένον ἐκίνησε τὸν δῆμον, ὁ δὲ βελτίων τῇ τέχνῃ λέγειν δ᾽ ἀδύνατος, παρελθὼν εἰς μέσον εἶπεν „ἄνδρες Ἀθηναῖοι (εἶπεν „ἄνδρες Ἀθηναῖοι ed. Fowler: „ἄνδρες", εἶπεν, „Ἀθηναῖοι ed. Ald.), ὡς οὗτος εἴρηκεν, ἐγὼ ποιήσω". Er. läßt den Kontext weg und gibt auch den Beruf der beiden Kontrahenten (Architek-

ten) nicht an, obwohl dieser zum Verständnis der Anekdote erforderlich ist. Im Spruchteil wiederholt Er. wörtlich die latein. Übers. des Sagundino: „… Alter vero arte quidem longe praestantior, caeterum dicendi imperitus verborumque inops, ,Viri', inquit, ,Athenienses, quae iste pulchre disseruit, equidem re efficiam'" (ed. Bade, Paris 1514, fol. IIIʳ; Basel, Cratander, 1530, fol. 3ʳ⁻ᵛ).

493 *SYLLA* Sulla, der Diktator L. Cornelius Sulla Felix (138–78 v. Chr.); zu ihm siehe oben Komm. zu V, 441. Er. hatte ihm im fünften Buch der *Apophth.* eine Sektion von acht Sprüchen gewidmet (V, 441–448). Wie schon im fünften Buch, verwendet Er. für Sulla durchgehend die Namensform „Sylla", wobei er seinen wichtigsten Textvorlagen, Plutarch (Σύλλας) und dessen Übersetzern, folgte.

*Apophth.* VI, 257 datiert auf das Jahr 82 v. Chr., als Sulla zum zweiten Mal nach Rom marschiert war und seine Gegner entscheidend geschlagen hatte. Nach dem Sieg Sullas an der Porta Collina im selben Jahr war Präneste das letzte Bollwerk seiner popularen Gegner; das Städtchen wurde vom Sohn seines Feindes Marius, C. Marius, verteidigt. Nachdem C. Marius nach einem gescheiterten Fluchtversuch Selbstmord begangen hatte, kapitulierten die Belagerten. Sulla ging mit äusserster Grausamkeit vor: Präneste wurde geplündert, fast alle Bewohner getötet.

495–498 *Sylla … trucidatus est* Plut. *Praec. ger. reip.*, 19, *Mor.* 816A. Im einleitenden Teil paraphrasierte Er., im Spruchteil gab er wörtlich die latein. Übers. des Niccolò Sagundino wieder: „Praenetum (sic, i.e. Praenestum) enim oppidum Sylla quum vi cepisset ciuesque ad vnum necandos constituisset, vnum illum, qui hospes eius fuerat, hospitii nomine exemtum voluit; ille contra ,Nolo', inquit, ,occisori patriae salutis acceptae gratiam habere!', simulque ciuium se turbae immisit, et vna cum reliquis trucidatus est" (ed. Bade, Paris 1514, fol. Xʳ; Basel, 1530, fol. 10ᵛ). Vgl. den griech. Text: ἐπεὶ γὰρ ἑλὼν Πραινεστὸν (Πραινεστὸν ed. Fowler, Πραίνετον ed. Ald. p. 593) ὁ Σύλλας ἔμελλε τοὺς ἄλλους ἅπαντας ἀποσφάττειν ἕνα δ᾽ ἐκεῖνον (ἐκεῖνον ed. Fowler, ἐκείνων ed. Ald.) ἠφίει διὰ τὴν ξενίαν, εἰπὼν ὡς οὐ βούλεται σωτηρίας χάριν εἰδέναι τῷ φονεῖ τῆς πατρίδος, ἀνέμιξεν ἑαυτὸν καὶ συγκατεκόπη τοῖς πολίταις. Plutarch erzählt dieselbe Geschichte mit anderen Details in *Sull.* 32, 1–2.

VI, 258                                                              (Sylla, 10) [76]

500  [C] Idem *quum* ipsi *libellum malus poeta de populo subiecisset, quod in eum epigramma
     fecisset tantummodo versibus alternis longiusculis, statim ex* his *rebus, quas tum vende-
     bat, iussit ei praemium tribui, sub* hac *conditione, ⟨ne⟩ quid postea scriberet.* Existima-
     bat ille etiam *mali poetae* operam aliquo *dignam praemio.* Simul autem et silentium
     redemit ab eo, qui scribere nesciret, quemadmodum facetus quidam apud nos, si
505  quando incidisset in malum tonsorem, dabat duplum precium, hac lege, ne rediret.


## SERVVS QVIDAM

VI, 259                   [A] Parsimonia sordida              (Anonymus seruus
                                                                fugitiuus, 1) [77]


*Seruus* quidam ab hero *Chio negociatore* pro*fugerat. Rogatus,* quur *fugisset,* „Quo-
510  niam", inquit, „quum *adsint bona, mala quaerit*". Solebat enim herus ille *vinum
     mu*stum *primaeque* suauitatis *vendere, ipse* interim non bibens nisi sub*acidum* ac
     *vapescens.*

---

500–505  Idem ... ne rediret *C: desunt in A B.*
502  ne *scripsi sec. Ciceronis loc. cit. (cf. LB): om. C.*
510  Solebat *LB:* Solet *A-C.*

511  mustum *A-C:* multum *Plut. De tranq. an.
     vers. a Budaeo.*

500–503  *quum ipsi libellum ... dignam prae-
mio*  Wörtliche Wiedergabe von Cic. *Arch.* 25:
„Quem (sc. Sullam) nos in contione vidimus,
cum ei libellum malus poeta de populo subiecisset, quod epigramma in eum fecisset tantum
modo alternis versibus longiusculis, statim ex
iis rebus, quas tum vendebat, iubere ei praemium tribui sub ea condicione, ne quid postea
scriberet".

501  *versibus alternis longiusculis*  Das Büchlein
(libellus) enthielt nur (tantummodo) ein einziges langes (longiusculis versibus) Gedicht
(epigramma) *auf Sulla* im elegischen Distichon (alternis versibus), sicherlich ein Lobge-
dicht voll mit Schmeicheleien und panegyrischen Redefigurationen. In *CWE* 38, S. 667
wird das Gedicht als „Pamphlet" bzw. Streit-
schrift aufgefasst, in der Sulla angegriffen
wurde („passed up to him a pamphlet – he'd
composed an epigram attacking Sulla"). Dies
ist nicht wahrscheinlich, da der Dichter dem
Diktator in diesem Fall kaum sein Büchlein
persönlich präsentiert haben würde, schon gar
nicht im Kontext der Proskriptionen mit den

vielen Todesurteilen, die an der Tagesordnung
waren. Ein „epigramma in Sullam" bedeutet nicht ein Gedicht „gegen", sondern „auf
Sulla", was in diesem Kontext nur in positivem
Sinn verstanden werden kann. „Longiusculis"
bezieht sich nicht auf Fehler in der Metrik
(etwa im Sinn von zu langen Versfüssen), wie
im Komm. von *CWE* 38, S. 667 suggeriert
wird („the alternate lines were slightly too
long") – Verse im elegischen Distichon konnte
jedermann schreiben! – sondern auf die Über-
druss verursachende Überlänge der Lobhude-
lei, welche einen abgeschmackten Eindruck
hinterlässt.

501–502  *ex his rebus, quas tum vendebat*  Mit
„den Sachen, die Sulla damals verkaufte",
sind wohl die Gegenstände und Besitzungen
gemeint, die er im Rahmen der Proskriptionen
versteigern liess.

502  ⟨ne⟩  „ne" wurde durch ein Versehen bei der
Übernahme des Quellentextes vergessen. Er.'
Erklärung zeigt, daß ihm der Text mit „ne"
vorlag und daß er das Apophthegma auch in
diesem Sinn verstand.

*Apophth.* VI, 259 ist ein Gegenstück zu dem Adagium „Vinum quum adsit, acetum bibit" (*Adag.* 2002, *ASD* II, 5, S. 42) bzw. „praesente vino bibere acetum maluit", dort nach Zenob. III, 98; vgl. Poll. VI, 65 (Eupolis Fr. 326 Kock).

509–511 *Seruus… vendere* Plut. *De tranq. an.*, 8, *Mor.* 469B–C. Paraphrasierende Bearbeitung, wobei Er. allerdings nur von der latein. Übers. des Guillaume Budé ausging: „… nihilo illo Chio negotiatore melior, qui quum vinum multum primaeque bonitatis venderet, ipse sibi acidum in vappamque deprauatum conquirebat. Cuius seruus quum ab eo forte aufugisset, sciscitareturque ab illo quispiam, qua causa inpulsus dominum reliquisset, ‚Quia quum in manibus', inquit, ‚ei bona essent, mala tamen conquirebat'" (ed. Bade, Paris 1514, fol. XXXV<sup>r</sup>; Basel, Cratander, 1530, fol. 121<sup>v</sup>). Vgl. den griech. Text: ἀλλ᾽ ὥσπερ αἱ σικύαι τὸ χείριστον ἐκ τῆς σαρκὸς ἕλκουσιν, οὕτω τὰ κάκιστα τῶν ἰδίων συνάγεις ἐπὶ σαυτόν, οὐδὲν τι τοῦ Χίου βελτίων γινόμενος ὃς παλαιὸν (παλαιὸν *ed. Ald. p. 469, Kronenberg, Helmbold*: πολὺν *codd., ed. Döhner*) καὶ χρηστὸν οἶνον ἑτέροις πιπράσκων ἑαυτῷ πρὸς τὸ ἄριστον ὀξίνην ἐζήτει διαγευόμενος (durchkosten), οἰκέτης δέ τις ἐρωτηθεὶς ὑφ᾽ ἑτέρου τί ποιοῦντα τὸν δεσπότην καταλέλοιπεν, „ἀγαθῶν", ἔφη, „παρόντων, κακὸν ζητοῦντα".

511 *mustum* Er. arbeitete hier mit der Plutarch-Übers. des Budé, wo er „vinum multum" antraf. Wahrscheinlich liegt hier ein Übertragungsfehler vor – Er. las Budés „multum" irrtümlich als „mustum" (das hochgestellte s und l ähneln einander im Schriftbild). Budé lag an dieser Stelle ein Plutarch-Text vor, der πολὺν (statt παλαιὸν) las. Die Plutarch-Ausgabe des Aldus, die Er. zur Verfügung stand, hatte jedoch παλαιὸν. Allerdings scheint sich Er. in diesem Fall nicht um den griech. Text gekümmert zu haben, sonst hätte er nicht „mustum" geschrieben. „Mustum" ist der ganz junge, most- und sturmähnliche, noch kaum gegorene Traubensaft, somit der genaue Gegensatz zum alten, lange gelagerten Wein (παλαιὸν). Dem Lesefehler des Er. mag auch förderlich gewesen sein, daß ihm ein möglichst süsser Wein offensichtlich am besten schmeckte. Bezeichnend dafür ist, daß er Budés „vinum … primae bonitatis" in „vinum … primae suauitatis" umänderte: Wein erster Güte war für Er. Wein „erster Süsse" und Most ist natürlich süß. Er.' Hochschätzung des „mustum" kommt auch in seinem Colloquium „Opulentia sordida" zum Ausdruck, wo der Geizkragen alten und von Absatz vollen Wein immer wieder aufs neue mischt, „sodaß man ihn für mustum hält". Der Komm. in *CWE* 38, S. 668, scheint davon auszugehen, daß Er. πολὺν mit „multum" übersetzt hat und daß „mustum" daher zu korrigieren sei. Er. lag aber die Lesart πολὺν nicht vor.

## SERVVS QVIDAM

VI, 260              Parsimonia sordida              (Anonymus seruus
515                                                          fugitiuus, 2) [78]

*Seruus* quidam *interrogatus, quid ageret dominus,* „Expectat", inquit, „donec vinum
fiat acidum". Habebat herum perparcum, qui non prius sinebat bibi vinum, quam
acuisset. Ita fiebat, vt familia semper acidis ac vapidis vinis vteretur.

## QVIDAM

520    VI, 261                                              (Anonymus ad seruum
                                                                fugitiuum, 3) [79]

*Quidam seruum fugitiuum insequens, quum ille in pistrinum se proripuisset,* „Vbi",
inquit, „alibi te reperire maluissem?". Serui maxime oderunt pistrinum eoque detru-
duntur ob grauissima peccata.

525            THESSALVS QVIDAM

VI, 262              Ocivm              (Anonymus Thessalus) [80]

*Thessalus quidam interrogatus, quinam essent Thessalorum* deterrimi, „Qui", inquit, „a
bellicis *negociis ocium agunt".* Barbari nesciunt vti pace.

527  quinam *scripsi coll. Plut. versione Guarini (cf.*
      *LB):* qui nam *A-C.*

*Apophth.* VI, 260 scheint eine Variation des vorhergehenden Spruchs zu sein, den Er. damit
weiterspinnt. Der Anfang des Apophthegmas („Seruus quidam interrogatus, quid ageret dominus") ähnelt jenem, der in der Quelle
des vorhergehenden vorhanden ist: οἰκέτης δέ
τις ἐρωτηθεὶς ὑφ᾽ ἑτέρου τί ποιοῦντα τὸν δεσπότην καταλέλοιπεν (Plut. *De tranq. an.*, 8, *Mor.*
469C). Obwohl Er. dies nicht explizite angibt,
scheint auch VI, 260 von einem *weggelaufenen*
Sklaven zu stammen und ist die ihm gestellte
Frage wohl nicht einfach als „quid ageret
dominus?" gemeint, sondern als „quid ageret dominus, vt ille (sc. seruus) ab eo aufugisset?". Dafür, daß das Apophthegma von einem
weggelaufenen Sklaven handelt, spricht wei-

ter die Tatsache, daß auch das folgende Apophthegma einem solchen gewidmet ist. Der
Unterschied zu dem vorhergehenden Spruch
ist, daß der filzige Herr nun nicht mit Vorliebe miesen, säuerlichen Wein kauft, weil er
so billig ist, sondern daß der Herr so vom
Geiz besessen ist, daß er kaum Wein kredenzt
und wenn überhaupt, nur alle heiligen Zeiten, was dazu führt, daß der Wein immer
schon so alt ist, daß er zu einem säuerlichen
Fusel mit reichlichem Satz verkommen ist. In
dem *Colloquium* „Opulentia sordida" führt
Er. ebenfalls mehrere Variationen der Filzigkeit im Weinkredenzen vor: Erstens, daß der
Gastherr des Gilbertus immerzu verdorbenen
Wein mit viel Satz kauft, weil dieser billiger

ist („nunquam enim emebat vinum nisi corruptum, quo minoris emeret“); daß er diesen nicht mehr guten Wein zudem 10 Jahre aufbewahrt und ihn dann immer noch beimischt, bis er auch das letzte Körnchen des Satzes verwendet hat. Es macht diesem filzigen Gastherren des Gilbertus auch nichts aus, daß seine Hausgenossen ständig Blasensteine bekommen, die durch den miesen Fusel entstehen. Das *Colloquium* „Opulentia sordida“ stellt aber nicht die Quelle, sondern eine Parallele zu dem Spruch von *Apophth.* VI, 260 dar. Eine andere Quelle als Plut. *De tranq. an.*, 8, *Mor.* 469C konnte für VI, 60 nicht ermittelt werden; vgl. Komm. *CWE* 38, S. 668.

522–523 *Quidam … maluissem* Plut. *Coniugalia praecepta*, 41, *Mor.* 144A. Er. gab die latein. Übers. des Carlo Valgulio weitgehend wörtlich wieder: „Fugitiuum seruum quidam persequens, vt se in pistrinum proripuisse conspexit, ‚Vbinam teʻ, inquit, ‚alibi inuenire maluissemʻ“ (ed. Bade, Paris 1514, fol. XXIIIIʳ; Basel, Cratander, 1530, fol. 24ᵛ). Vgl. den griech. Text: Ὁ τὸν δραπέτην ἰδὼν διὰ χρόνου καὶ διώκων, ὡς κατέφυγε φθάσας εἰς μυλῶνα, „Ποῦ δʻ ἄνʻʻ, ἔφη, „σὲ μᾶλλον (ἔφη, σὲ μᾶλλον *ed. Babbitt*; ἔφησε, μᾶλλον *ed. Ald. p. 125*) εὑρεῖν ἐβουλήθην ἢ ἐνταῦθα;ʻʻ.

523 *pistrinum* Die Mühlenarbeit wurde als eine der schlimmsten Strafen für Sklaven betrachtet; vgl. Ter. *Andr.* 199 und Komm. *CWE*, Bd. 38, S. 668.

*Apophth.* VI, 262 handelt von einer bestimmten, den Thessaliern klischeehaft zugeschriebenen Eigenschaft, die besagt, daß sie nicht imstande wären, im Frieden ein anständiges Leben zu führen. Er. hat den Thessaliern drei Adagia gewidmet: *Adag.* 210 „Thessalorum commentum“, 211 „Thessalorum alae“ und 212 „Thessala mulier“ (*ASD* II, 1, S. 323–326). Dort betrachtet Er. sie als Deserteure („eos qui in acie locum deserunt“), Leute, die einen starken Hang zum Luxusleben haben und wenig vertrauenswürdig sind. Die klischeehafte Vorstellung, daß die Thessalier dem Luxusleben zuneigten, ist für Er.ʼ Erklärung des Apophthegmas entscheidend. Allerdings hat er das Apophthegma falsch verstanden (vgl. Komm. unten).

527 *Thessalus … inquit* Plut. *De lib. educ.*, 4, *Mor.* 2F. Er. ging von der latein. Übers. des Guarino aus, die er übernahm und im Wortlaut leicht variierte: „Bene Thessalus ille, qui quum interrogaretur, quinam abiectissimi Thessalorum essent: ‚qui bellicarum quietem rerum aguntʻ, inquit“ (ed. Bade, Paris 1514, fol. XXVᵛ; Basel, Cratander, 1530, fol. 51ᵛ): εὖ δὲ καὶ ὁ Θετταλὸς ἐρωτηθείς, τίνες εἰσὶν οἱ ἠπιώτατοι Θετταλῶν, ἔφη „Οἱ παυόμενοι πολεμεῖνʻʻ (vgl. ed. Ald. p. 2).

527 *deterrimi* Wie das Wort „deterrimi“ (die „schlechtesten“, „übelsten“, „am meisten verwerflichen“) zeigt, hat Er. hier nur nach der Übers. des Guarino gearbeitet („abiectissimi Thessalorum“), ohne sich um den griech. Text zu kümmern. Guarino hatte allerdings an dieser Stelle den griech. Text falsch übersetzt. Dort steht nämlich nicht φαυλότατοι, κακιστοί, ἀποβλήτατοι, πονηρότατοι oder ein ähnliches Wort, sondern ἠπιώτατοι. ἤπιος bedeutet „mild“, „freundlich“, „sanft“, „wohlgesinnt“ (cf. Passow I, 2, S. 1356), ohne jegliche negative Konnotation. Die Frage war daher auch ganz anders gemeint, wie es im Übrigen auch der Kontext in Plutarchs *De lib. educ.* erfordert. Dort geht es um den günstigen, sanft machenden Einfluss der Erziehung, wobei Plutarch zunächst Beispiele aus der Tierhaltung gibt: Wie man Tiere durch Abrichten von frühester Jugend an zahm und sanft macht. Dann folgt das Beispiel mit den Thessaliern. Plutarch will damit sagen, daß die Voraussetzung, daß die Thessalier „mild“ und „freundlich“ (sprich: zivilisiert) werden, ist, daß sie mit dem ständigen Kriegführen aufhören. Der im Norden Griechenlands ansässige Stamm der Thessalier galt traditionell als wild und kriegerisch. Dem Thessalier wurde also die Frage gestellt: „Wer sind die freundlichsten (sanftesten, zivilisiertesten) Thessalier?“. Die Antwort ist: „Jene, die aufgehört haben, Krieg zu führen“.

528 *Barbari nesciunt vti pace* Wie Er.ʼ Erklärung „Barbari nesciunt vti pace“ zeigt, hat er das Apophthegma falsch verstanden. Es sollte eben nicht ein Beleg dafür sein, daß barbarische Völker nicht imstande sind, im Frieden zu leben, sondern als Beweis, wie wichtig die Gewöhnung an eine bestimmte Lebensweise für die Gesinnung ist.

## EQVISO QVIDAM

530    VI, 263                    DOMINI PRAESENTIA          (Anonymus equiso) [81]

Equiso quidam interrogatus, quid maxime saginaret equum, „*Oculus*", inquit, „*regis*", sentiens, equum optime curari, si dominus frequenter adsit. Idem vult illud celebre „*Frons occipitio prior est*".

## NESTOR

535    VI, 264                    VITIA PENSATA                   (Nestor) [82]

*Nestor apud Sophoclem ad Aiacem* se *conuiciis* incessentem ita loquitur:

„*Οὐ μέμφομαί σε, δρῶν γὰρ εὖ κακῶς λέγεις*", ⟨id est⟩

[*B*] „De te queror nil. Male loquens facis bene".

[*A*] Aliquid concedendum est viris fortibus deque republica bene meritis, et bene
540    pensat linguae vitium, qui factis egregius est.

## QVIDAM MILES AEGYPTIVS

VI, 265                    CRASSA VERITAS                  (Anonymus miles
                                                                      Aegyptius, 1) [83]

Quum *Aegyptii*, qui diu *fuerant in praesidio nec a quoquam dimittebantur*, conspiras-
545    sent, *vt in Aethiopiam* se conferrent, ac *Psammetichus* rex eo cognito, *consecutus eos*

---

535  Vitia *A-C*: Vita *BAS*.
537  μέμφομαί σε *C BAS LB*: μέμφομαίσε *A B*.

537  id est *supplevi*.
538  De te … facis bene *B C*: *deest in A*.

529  *EQVISO QVIDAM*  so auch im Index personarum.
*Apophth.* VI, 263 ist ein Gegenstück zu *Adag.* 119 „Frons occipitio prior" (*ASD* II, 1, S. 235–236) und zu *Apophth.* 379L.
531–532  *Oculus … regis*  Frei paraphrasierende Wiedergabe von Plut. *De lib. educ.*, 13, *Mor.* 9D: κἀνταῦθα δὴ τὸ ῥηθὲν ὑπὸ τοῦ ἱπποκόμου χάριεν, ὡς οὐδὲν οὕτω πιαίνει τὸν ἵππον ὡς βασιλέως ὀφθαλμός (ed. Ald. p. 8); in der latein. Übers. Guarinos: „Hoc in loco generosum illud lepidum vestabularii dictum, qui nulla alia ex re equum adeo pinguescere quam regis

oculo dixit" (ed. Cratander 1530, fol. 54ʳ). Plutarchs Quelle war das Traktat des Pferdezüchters Xenophon, *Oec.* 12, 20: Καλῶς δέ μοι δοκεῖ ἔχειν, ἔφη ὁ Ἰσχόμαχος, καὶ ἡ τοῦ βαρβάρου λεγομένη ἀπόκρισις, ὅτε βασιλεὺς ἄρα ἵππου ἐπιτυχὼν ἀγαθοῦ παχῦναι αὐτὸν ὡς τάχιστα βουλόμενος ἤρετο τῶν δεινῶν τινα ἀμφ᾿ ἵππους δοκούντων εἶναι, τί τάχιστα παχύνει ἵππον· τὸν δ᾿ εἰπεῖν λέγεται, ὅτι δεσπότου ὀφθαλμός. οὕτω δ᾿, ἔφη, ὦ Σώκρατες, καὶ τἄλλά μοι δοκεῖ δεσπότου ὀφθαλμὸς τὰ καλά τε κἀγαθὰ μάλιστα ἐργάζεσθαι.
533  *Frons … prior est*  „Frons occipitio prior est" bezieht sich sowohl auf *Apophth.* V, 379L (Cato

d.Ä., *Agr.* 6 [4]) als auch auf *Adag.* 119, das diesen Titel trägt: „Frons occipitio prior" (*ASD* II, 1, S. 235–236); s. S. 235: "Priscis agricolis celebratum adagium …: *Frons occipitio prior.* Quo significauit antiquitas rectius geri negocium, vbi praesens ac testis adest, cuius agitur negocium. ‚Prior' dictum est pro ‚potior' ‚melior'que. Alioqui quis ignorabat frontem priorem esse capitis partem, occipitium posteriorem? Tametsi haec amphibologia commendat nonnihil dicti gratiam, quod ob antiquitatem oraculi instar habebatur. Extat autem apud Catonem libro De re rustica, capite quarto: ‚*Si bene*', inquit, ‚*aedificaueris, libentius et saepius venies, fundus melior erit minusque peccabitur, fructi plus capies, frons occipitio prior*'. Plinius item in eandem fere sententiam, libro Historiae mundi decimooctauo, capite quinto, ‚*Eum tamen*', inquit, ‚*qui bene habitet, saepius ventitare in agrum, frontemque domini plus prodesse quam occipitium non mentiuntur*'. Rursus eiusdem libri capite sexto: ‚*Et ideo maiores fertilissimum in agro oculum domini esse dixerunt*'" (Plin. *Nat.* XVIII, 43). Vgl. oben Komm. zu V, 379L.

536–537 *Nestor … λέγεις* Plut. *Praec. ger. reip., Mor.* 810C: Πολιτικῶς δὲ καί ὁ Νέστωρ ὁ τοῦ Σοφοκλέους ἀποκρίνεται λοιδορούμενος ὑπὸ τοῦ Αἴαντος, Οὐ μέμφομαί σε· δρῶν γὰρ εὖ κακῶς λέγεις (ed. Ald. p. 588). Vgl. Sophokles Nauck *incerta* fr. 771; *De garrulitate, Mor.* 504C: (ed. Ald. p. 499): Ὁ μὲν γάρ Σοφοκλέους Νέστωρ τόν Αἴαντα τραχυνόμενον τῶι λόγωι πραΰνων, ἠθικῶς τοῦτο εἴρηκεν, Οὐ μέμφομαί σε· δρῶν γὰρ εὖ κακῶς λέγεις.

536 *Nestor* **Nestor**, der griech. Held im Trojanischen Krieg, der sich durch sein hohes Alter, das sprichwörtlich wurde, sowie seine grosse Erfahrung und Weisheit auszeichnete.

536 *Aiacem* Aiax, der griech. Held vor Troja, der Sohn des Telamon, Kontrahent des Odysseus.

544–547 *Aegyptii … fore* Hdt. II, 30, 2–4. Leicht variierende Wiedergabe von Lorenzo Vallas latein. Übers.: „Cum igitur triennium in praesidio fuissent Aegyptii neque illinc ab aliquo dimitterentur, communi vsi consilio a Psammeticho (Psammieticho *ed. Paris. 1510, fol. 31ʳ*) ad Aethiopiam sibi transeundum putauerunt. Quos re audita Psammeticus (Psammieticus *ed. Paris. 1510*) insecutus vbi est assecutus, multis verbis obsecrabat vetabatque (dehortabatur *ed. Valkenarius*) patrios deos ac liberos vxoresque deserere. Ibi quidam illorum fertur ostenso veretro dixisse, vbicumque id esset, ibi (id sibi *ed. Paris. 1510*; illic *ed. Valkenarius*) sibi et vxores (sibi et vxores *ed. Paris. 1510*: etiam

sibi vxores *ed. Valkenarius*) et liberos fore". Vgl. den griech. Text: τοὺς ὦν δὴ Αἰγυπτίους τρία ἔτεα φρουρήσαντας ἀπέλυε οὐδεὶς τῆς φρουρῆς: οἳ δὲ βουλευσάμενοι καὶ κοινῷ λόγῳ χρησάμενοι πάντες ἀπὸ τοῦ Ψαμμητίχου ἀποστάντες ἤισαν ἐς Αἰθιοπίην. Ψαμμήτιχος δὲ πυθόμενος ἐδίωκε: ὡς δὲ κατέλαβε, ἐδέετο πολλὰ λέγων καί σφεας θεοὺς πατρωίους ἀπολιπεῖν οὐκ ἔα καὶ τέκνα καὶ γυναῖκας. τῶν δὲ τινὰ λέγεται δέξαντα τὸ αἰδοῖον εἰπεῖν, ἔνθα ἂν τοῦτο ἦ, ἔσεσθαι αὐτοῖσι ἐνταῦτα καὶ τέκνα καὶ γυναῖκας. Vgl. B. Lloyd, *Herodotus, Book II. Commentary*, 1988, ad loc.

544 *Aegyptii, qui diu fuerant in praesidio* Es handelt sich um die ägyptischen Soldaten in der Grenzfestung in Elephantine, die Oberägypten gegen das Äthiopische Königreich absichern sollte. Elephantine liegt auf einer ausgestreckten Flussinsel im Mittellauf des Nils, unterhalb des ersten Katarakts.

545 *Psammetichus* Psammetichos I. (reg. 664–610 v. Chr.), aus Libyen stammender Pharao Ägyptens, Sohn des Necho, Begründer der Saïten-Dynastie (= 26. Dyn.); zum König Unterägyptens gekrönt im Januar 664 v. Chr., jedoch zunächst in Abhängigkeit von dem assyrischen König, als dessen Vasall er anfänglich in zähe Kämpfe gegen die Nubier verstrickt war, zeitweise war er sogar des Landes vertrieben. 660 v. Chr. machte sich Psammetichos I. vom Assyrerkönig unabhängig. 651 gelang es ihm, Unter- und Oberägypten zu vereinen; errichtete zur Konsolidation seines Herrschaftsgebietes starke Grenzfestungen in Daphnae, Marea und Elephantine, mit zahlenmässig starken, permanent anwesenden Garnisonen, die sich vielfach aus Söldnern griechischer und jüdischer Herkunft zusammensetzten. Die in *Apophth.* VI, 265 erzählte Anekdote bezieht sich auf eine Rebellion in der Grenzfestung Elephantine in Oberägypten. In der Zeit der persischen Herrschaft setzte sich die Besatzung der Grenzfeste von Elephantine v.a. aus jüdischen Söldnern zusammen, die eine eigene jüdische Gemeinde mit einem jüdischen Tempel bildeten. Grund der Rebellion war wohl, daß der Sold ausblieb. Unmittelbar vor der in *Apophth.* VI, 265 zitierten Textpassage nennt Herodot die Grenzfestungen mit Namen, so auch Elephantine; Herodot kannte sie aus eigener Anschauung, da er Ägypten bereist hatte. Allerdings waren zu seiner Zeit die Festungen in Händen der Perser. Zu Psammetichos I. vgl. K. Jansen-Winkeln, *DNP* 10 (2001), Sp. 504, s.v. „Psammetichos", Nr. 1; W. Helck, *RE* XXIII, 2 (1959), Sp. 1305–

*obtestaretur, ne patrios deos, vxores ac liberos desererent, quidam illorum ostenso* membro genitali, *respondit, vbicunque hoc esset, ibi et liberos et vxores fore.*

## QVIDAM AEGYPTIVS

VI, 266                                 Mortis memoria    (Anonymus Aegyptius, 2) [84]

550   Olim in *diuitum epulis* apud Aegyptios vnus quispiam *cadauer ligneum*, sed quam *proxime ad verum effictum ostendit* singulis *dicens, „In hunc intuens pota et oblecta te, talis post mortem futurus“.* Dubites, quo animo id fecerint: vtrum vt moderatius fruerentur voluptatibus conditionis suae memores, an auidius, vtpote mox abituris.

## PVER QVIDAM

555   VI, 267                           Assvescendvm optimis              (Anonymus Platonis
                                                                              discipulus) [85]

*Puer* quidam *apud Platonem educatus, quum* ad patrem ex interuallo redisset eumque *vidisset* effusius ridentem [i.e. vociferantem], admiratus dixit se tale nihil vnquam *apud Platonem vidisse.* Tanta res est, iam inde a teneris virtuti assuescere.

1308, s.v. „Psammetichos“, Nr. 1; T. Schneider, *Lexikon der Pharaonen*, München 1996, S. 310–311.

546–547 *membro genitali* Er. gefiel „membrum genitale“ besser als Vallas wörtliche Übers. von αἰδοῖον („Schamglied“) mit „veretrum“ (von *vereri*).

550–552 *diuitum … futurus* Im einleitenden Teil gekürzte und paraphrasierende, im Spruchteil wörtliche Wiedergabe von Hdt. II, 78, 1: ἐν δὲ τῇσι συνουσίῃσι τοῖσι εὐδαίμοσι αὐτῶν, ἐπεὰν ἀπὸ δείπνου γένωνται, περιφέρει ἀνὴρ νεκρὸν ἐν σορῷ ξύλινον πεποιημένον, μεμιμημένον ἐς τὰ μάλιστα καὶ γραφῇ καὶ ἔργῳ, μέγαθος ὅσον τε πηχυαῖον ἢ δίπηχυν, δεικνὺς δὲ ἑκάστῳ τῶν συμποτέων λέγει „ἐς τοῦτον ὁρέων πῖνέ τε καὶ τέρπευ· ἔσεαι γὰρ ἀποθανὼν τοιοῦτος“. ταῦτα μὲν παρὰ τὰ συμπόσια ποιεῦσι. Im Spruchteil wiederholt Er. die latein. Übers. des Lorenzo Valla: „… ostendensque singulis conuiuarum ait: ‚in huc intuens pota et oblectare: talis post mortem futurus‘. Haec illi apud conuiuia faciunt“ (ed. Paris. 1510, fol. 38ʳ).

555 *Assuescendum optimis* Als sittenstrenger Erzieher junger Leute erscheint Platon auch unten, in *Apophth.* VII, 154, wo er gerade die erzieherische Bedeutung des „assuescere“ betont: „Adolescentem, quod lusisset aleam, grauiter increpuit. Qui quum dixisset ‚Sic obiurgas ob rem paruam?‘, ‚At paruum non est‘, inquit, ‚assuescere‘…“ (nach Diog. Laert. III, 38). *Apophth.* VII, 164 zeigt Platon als bewussten Erzieher, der mit seinem eigenen Verhalten den jungen Leuten ein Vorbild geben wollte. Er soll standardmässig, wenn er entdeckte, daß einer seiner Schüler etwas tat, das moralisch nicht einwandfrei war, an ihn die Frage gestellt haben: „Habe ich mich jemals so verhalten?“ „Habe ich dir das jemals gezeigt?“. Vgl. unten Komm. *ad loc.*

557–559 *Puer … vidisse* Sen. *De ira* II, 21, 10 (*Dial.* IV, 21, 10): „Apud Platonem educatus puer cum ad parentes relatus vociferantem videret patrem: ‚Numquam‘, inquit, ‚hoc apud Platonem vidi‘“. In *CWE* 38, S. 670 wurde die Quelle nicht identifiziert. Platon bemühte sich, affektbestimmtes Handeln zu unterdrücken, v. a. Wut- und Zornausbrüche. Er. hat in die *Apophth.* mehrere Anekdoten aufgenommen, die Platon bei der Unterdrückung des Affektes Zorn (ira) zeigen, z. B. VII, 156 (dort nach Diog. Laert. III, 38), eine Anekdote, die ebenfalls Seneca überliefert hatte, *De ira* III, 12, 6–7: „Itaque abstulit (sc. Plato) sibi in suos potestatem et ob peccatum quoddam commotior ‚tu‘, inquit, ‚Speusippe, seruulum istum verberibus obiurga; nam ego irascor‘ …“. Vgl. weiter Plut. *De lib. educ.* 10D; *De sera num. vind.* 551B und Val. Max. IV, 1, 15 ext. 2.

557  *Platonem*  Er. widmet Platon (428/7–348/7 v. Chr.) eine Sektion von Sprüchen unten im ‚Buch der Philosophen‘ (*Apophth.* VII, 150–171). Zu seiner Person s. Komm. zu VII, 150.

558  *effusius ridentem*  Er. änderte hier auf kuriose Weise den Text und Sinn seiner Quelle, Senecas *De ira*. Seneca schrieb „vociferantem“: Der junge Mann war erstaunt darüber, daß sein Vater so schrie. Aus dem Kontext der Schrift Senecas geht hervor, daß es um Schreien im Zorne geht. Konkret argumentiert er an dieser Stelle, daß es sinnvoll sei, Kinder und Jugendliche ruhigen, bedachtsamen Lehrern anzuvertrauen. Seneca war davon überzeugt, daß Individuen, wenn sie ruhiges und kontrolliertes Verhalten schon von Kindesbeinen lernen, sich auch als Erwachsene so verhalten werden. Seneca betrachtete Platon als einen solchen bedachtsamen Lehrer. Es geht bei der von Seneca erzählten Anekdote also um den Wert der guten Erziehung als effizientes Mittel zur Bekämpfung des Affektes Zorn. Es ist kurios, daß Er. die Zielrichtung des von Seneca überlieferten Apophthegmas geändert, es statt auf Zorn auf das Lachen bezogen hat. Wenn Er. das Apophthegma Senecas Traktat selbst entnommen hat, müsste ihm klar gewesen sein, daß es um *Schreien im Zorn* ging. Vielleicht hat er das Apophthegma aber aus einer Sammlung von Sprüchen, Exzerpten und *sententiae* bezogen, wo der Kontext der *ira* fehlte. In diesem Fall konnte er das im Text vorhandene „vociferare“/„Schreien“ (niederl. „gillen“) als „Schreien vor Lachen“ (niederl. „gillen van de lach“) bzw. lautes Lachen (niederl. „schaterlach“) auffassen. Die moralische Verurteilung des lauten Lachens hängt mit mönchischen Normen und Werten zusammen. Einem Mönch war nur ein Lächeln mit geschlossenen Lippen, *sine apparitione dentium*, erlaubt. Für Er.’ Verurteilung des lauten Lachens als unziemliches, unzivilisiertes Verhalten vgl. *Adag.* 1539, „Risus syncrusius“, *ASD* II, 4, S. 50–51: „Risum effusiorem Graeci συνκρούσιον vocant, quod hominem quatiat … (vgl. niederl. „schaterlach“). Putant autem, et recte putant, hunc risum graui viro vehementer indecorum esse, propterea quod videatur ab animo impotente proficisci. … ita (viro) gaudio immoderato in cachinnum effundi parum decorum est“. Für das Lächeln mit geschlossenen Lippen, *intra labia ridere*, vgl. *Adag.* 3960 „Intra labia risit“ (*ASD* II, 8, S. 252).

560                              RHODIVS QVIDAM

VI, 268                    Minae inanes              (Anonymus Rhodius) [86]

*Rhodius* quidam *ministro Romani imperatoris* multa *vociferanti ferociter, „Non curo“,*
inquit, „*quid tu dicas, sed quid ille taceat*“. Loquacitas caret effectu, taciturnitas habet
certiora consilia.


565                      QVIDAM AEGYPTIVS BAIVLVS

VI, 269                    Cvriositas                (baiulus Aegyptius) [87]

*Aegyptius* baiulus gestans quiddam velis opertum, cuidam *sciscitanti, quid portaret,*
„*Ideo*“, inquit, „*obuelatum est, ne scires. Tu vero cur curiose vestigas, quod occultatum*
*est?*“. Solent vectigalium redemptores explorare sarcinas. *Aegyptii autem dicti sunt*
570   ἀχθοφόροι.


569  Solent *A-C*: Solebant *LB*.

562–563 *Rhodius … taceat* Plut. *De cohibenda*
*ira*, 10, *Mor.* 458D. Leicht variierende, sonst
wörtliche Wiedergabe von Er.’ eigener, zuerst
1525 publizierter latein. Übers.: „Vnde non
male Rhodius ille, aduersus ministrum imperatoris Romani vociferantem ac ferocientem:
,Non curo‘, inquit, ,quid tu dicas, sed quid ille
taceat‘“ (*ASD* IV, 2, S. 276). Vgl. den griech.
Text: ὅθεν οὐ φαύλως ὁ Ῥόδιος πρὸς ὑπηρέτην τοῦ
Ῥωμαίων στρατηγοῦ βοῶντα καὶ θρασυνόμενον,
„οὐ μέλει μοι τί σὺ λέγεις, ἀλλὰ τί τῆνος σιγῇ“
(vgl. ed. Ald. p. 453).
562 *Rhodius quidam* Der Komm. von *ASD*
IV, 2, S. 277 suggeriert, daß der Name des
Rhodiers Hieronymus war.
562 *ministro* Er.’ „minister“ ist keine grundsätzlich falsche, jedoch nicht optimale Übers. für
ὑπηρέτης; gemeint ist der *stator*, i.e. der Ordo-
nanzdiener bzw. von Staates wegen beauftragte
militärische Diener von Prokonsuln, Proprätoren, Feldherren, Generälen oder anderen
hohen römischen Amtsträgern mit *imperium*.
Inschriftlich sind Individuen überliefert, die
diese Stelle bekleideten, z. B. ein „stator praetorius“ in *CIL* IX, 4923 und ebenfalls ein solcher *CIL* X, 1766; auch tauchen inschriftlich mehrere *statores Augusti* auf. Vgl. Georges II, 2789, s.v. „stator“, Nr. 2; W. Eck,

*DNP* 11 (2001), Sp. 929, s.v. „Statores“. Das
von Plutarch geschilderte Ereignis lässt sich
nicht präzise datieren. Rhodos gerät um 200
v. Chr. ins Blickfeld der in den Osten expan-
dierenden Römer und agiert in den folgenden Dezennien als loyaler militärischer Part-
ner, der insbesondere wegen seiner starken
Flotte wertvoll ist. Im Frieden von Apa-
meia (188 v. Chr.) belohnen die Römer Rhodos mit Gebietserweiterungen auf dem Fest-
land. Weniger loyal verhielt sich Rhodos im
dritten Römisch-Makedonischen Krieg (171–
168 v. Chr.), was zu Sanktionen, die die
Römer den Rhodiern auferlegten, führte. 164
v. Chr. wurde mit den Rhodiern ein neuer
Bündnisvertrag geschlossen, der fortan die
Grundlage der politischen und militärischen
Beziehungen zwischen Rom und Rhodos bildete. Im Röm. Bürgerkrieg zwischen Caesar und Pompeius lavierte Rhodos zwischen
den streitenden Parteien. 42 v. Chr. wurde
Rhodos von einer senatorialen Armee unter
Cassius eingenommen und geplündert, blieb
jedoch in der Folge weiterhin unabhängig:
Erst 71 n. Chr. wurde es dem Römischen
Reich eingegliedert, dabei der Provinz Lycia
und Pamphylia zugeordnet. Das von Plutarch beschriebene Ereignis wird sich, da von

röm. Seite Drohungen ausgesprochen wurden, am ehesten z.Z. der römischen Republik in einer Phase politisch-militärischer Spannungen zwischen Rom und Rhodos zugetragen haben. Für Rhodos während der röm. Zeit vgl. H. Sonnabend, *DNP* 10 (2001), Sp. 998, s.v. „Rhodos", Nr. III; R.M. Berthold, *Rhodes in the Hellenistic Age*, Ithaka und London 2009; H.H. Schmitt, *Rom und Rhodos. Geschichte ihrer politischen Beziehungen seit der ersten Berührung bis zum Aufgehen des Inselstaates im römischen Weltreich*, München 1957; V. Gabrielsen *et al.* (Hrsg.), *Hellenistic Rhodes: Politics, Culture, and Society*, Aarhus 1999.

562 *Romani imperatoris* i.e. ein römischer Feldherr, wenn στρατηγός im engeren Sinn zu verstehen ist, oder ein hoher römischer Beamter mit *imperium*.

567–568 *Aegyptius … obuelatum est* Verworrene, durch eine fehlerhafte Zuordnung entstellte und freie Assoziationen getrübte Wiedergabe von Plut. *De cur.*, 3, *Mor.* 516E. Er. griff dabei auf seine eigene Übers. d.J. 1525 zurück: „Atqui scitum est illud, quod Aegyptius respondit interroganti, quid ferret obuelatum: Ideo, inquit, obuelatum est. Tu vero, cur curiose vestigas, quod occultatum est? Si nihil esset mali, non fuisset occultatum. Et sane in alienas aedes non est mos ingrediendi quenquam …" (*ASD* IV, 2, S. 293; *ed. Cratander Basel 1520, fol. 210B*): καίτοι τό γε τοῦ Αἰγυπτίου χαρίεν πρὸς τὸν ἐρωτῶντα „τί φέρει συγκεκαλυμμένον", „διὰ τοῦτο συγκεκάλυπται. Καὶ σὺ δὴ τί πολυπραγμονεῖς τὸ ἀποκρυπτόμενον; Εἰ μή τι κακὸν ἦν, οὐκ ἂν ἀπεκρύπετο" (vgl. ed. Ald. p. 459).

567 *baiulus* Daß der ägyptische Spruchspender ein Lastenträger („baiulus") gewesen sei, ist der Phantasie des Er. entsprungen. Es findet sich erst in seiner Version der Anekdote in den *Apophth.*; bei Plut. (auch in Er.' Übers. d.J. 1525) handelt es sich um einen anonymen, nicht näher beschriebenen Ägypter. Bei Er. kam diese Assoziation auf, weil er aufgrund von sprichwörtlichen Erwähnungen der Meinung war, daß sich die Ägypter mit Vorliebe als Lastenträger verdingten. Vgl. *Adag.* 2448 „Aegyptius latrifer" („Ägyptischer Ziegelträger"), *ASD* II, 5, S. 324: „Admonuimus modo Aegyptios in vulgi fabulam ac risum abiisse,

quod asinorum ritu vectandis corpore oneribus quaestum facerent".

568–569 *Tu vero … occultatum est?* Er. hat sich in der Zuordnung dieser Worte als Teil des Spruches des Ägypters geirrt. Dieser endet bei „obuelatum est". „Tu vero cur curiose vestigas, quod occultatum est?" sind die Worte Plutarchs, der sich damit auf moralistisch zurechtweisende Art an den Leser wendet, und mit seiner Rüge aus dem soeben vorgetragenen Exempel die Schlußfolgerung zieht. Aus den alten gedruckten Ausgaben von Er.' Übers. von *De cur.* von 1525 und 1530 läßt sich nicht erkennen, wie Er. diese Worte dort zuordnete, genauso wenig wie aus *ASD* IV, 2, S. 293. Für die richtige Interpunktion vgl. die Ausgabe von J. Henderson mit der Übers. von W.C. Helmbold (Plut. *Mor.*, Loeb) vol. VI, S. 480–481.

569 *vectigalium redemptores* Daß der Gesprächspartner des Ägypters ein Steuerpächter bzw. Steuereintreiber gewesen sei, beruht ebenfalls auf der Phantasie des Er. In Plutarchs Text von *De cur.* 3 weist nichts darauf hin. Aufgrund der frechen, herausfordernden Art der Antwort des Ägypters kann man dies ausschließen.

569–570 *Aegyptii autem dicti sunt* ἀχθοφόροι Die kuriose kulturhistorische Erklärung, daß man in der Antike die Ägypter schlechtweg als „Lastenträger" ἀχθοφόροι bezeichnet habe, leitete Er. aus sprichwörtlichen Redensarten ab, die er in Suidas, in den *Collectanea dictionum rhetoricorum* des Eudemos und in Aristophanes' *Aves* antraf. Daraus konstruierte Er. zwei *Adagia*, 2447 „Quos non tollerent centum Aegyptii" (*ASD* II, 5, S. 322–323) und 2448 „Aegyptius latrifer" (ebd. S. 323–324). Die Ägypter wären zum Tragen von Lasten besonders geeignet gewesen, weil die Lehmziegel, die man aus dem Nilschlamm gewann, in Ägypten erfunden worden seien und die Ägypter somit von alters her an das Schleppen von Lehm und Lehmziegeln gewohnt gewesen wären. Vgl. *Adag.* 2447 (*ASD* II, 5, S. 322): „Inde ductum, quod Aegyptii plerique gestandis oneribus quaestum non satis honestum factitare consueruerint, *vnde et* ἀχθοφόροι *dicti in* iocum prouerbialem abierunt. Refertur adagium ab Eudemo in collectaneis dictionum rhetoricarum et item a Suida".

## BYZANTIVS QVIDAM

VI, 270                          ADVLTERIVM          (Anonymus Byzantius) [88]

*Byzantius quidam, quum moechum in vxore deformi deprehendisset, „Miser!", inquit,*
*„Quid opus erat Sapragorae dote?"*, significans foeminae tam deformi non futurum
575    fuisse, qui concumberet, nisi dote conductum. Nunc quum illa nacta esset gratis
adulterum, quid opus erat Sapragorae marito dare dotem, quum esset, qui gratis hoc
faceret?

## QVIDAM SOMNI CONIECTOR

VI, 271                          NIHIL DE VITELLO             (Anonymus somni
580                                                                    coniector) [89]

*Quidam somniarat se* videre *ouum ex lecti cubicularis fascia pendens* illigatum. Id
somnium retulit *ad coniectorem.* Is iussit, vt eo loco foderet; *defossum* enim *esse*
*thesaurum. Fodit* et *inuenit,* et *argenti* paululum detulit ad *coniectorem,* de auro
dissimulans. *Tum* coniector: „Quid? *Nihil ne de vitello?".* Somniator *inuenerat aurum*
585    *argento circumdatum* in oui speciem, nec id latuit coniectorem.

## PHILOSOPHVS QVIDAM PYTHAGORICVS

VI, 272                          LVCRI AVIDITAS            (Anonymus philosophus
Pythagoricus) [90]

Philosophus *quidam Pythagoricus a sutore emerat phecassia,* calceamenti genus, *non*
590    *praesentibus nummis.* Paucis *post diebus* redit *ad tabernam redditurus* precium, *quum-*

---

589  phecassia *A-C ut in Sen. Benef. edd. vett.*:
phaecasia *Sen. Benef. text. recept.*

573  *Byzantius ... inquit*  Plut. *De cupiditate diui-*          εἰπεῖν, „ὦ ταλαίπωρε, τίς ἀνάγκα; σαπρὰ γὰρ ἁ
*tiarum,* 5, *Mor.* 525D. Weitgehend wörtliche            τρύξ (τίς ἀνάγκα; σαπρὰ γὰρ ἁ τρύξ *ed. De Lacy-*
Wiedergabe von Er.' eigener latein. Übers.:            *Einarson:* τίς ἀνάγκη σαπραγόρα προὶξ *ed. Ald.*
„Narrant Byzantinum (Bicantium *ed. Froben*            *p. 511;* σαπρὰ γὰρ ἁ προὶξ *ed. Döhner).*
*1514, fol. 24ʳ*) quendam, quum moechum
in deformi vxore deprehendisset, dixisse: ‚O       574  *quid opus erat Sapragorae dote*  Er.' Verständ-
miser, quid opus est Sapragorae (Sapragorae            nis und Erklärung des Spruches sind von der
*ed. Cratander 1530, fol. 197D:* sapragorae *ed.*            (wohl) korrupten Lesart abhängig, die er in
*Froben 1514, ed. Koster ASD)* dote?'" (*ASD* IV,            Aldus' Ausgabe des griech. Textes der *Mora-*
2, S. 254). Vgl. den griech. Text: Βυζάντιόν τινα            *lia* antraf: τίς ἀνάγκη σαπραγόρα προὶξ statt
λέγουσιν ἐπὶ δυσμόρφῳ γυναικὶ μοιχὸν εὑρόντα            τίς ἀνάγκα; σαπρὰ γὰρ ἁ τρύξ bzw. τίς ἀνάγκα;
σαπρὰ γὰρ ἁ προὶξ. Das gilt sowohl für Er.'

Plutarch-Übersetzung d.J. 1514 als auch für das vorl. *Apophth.*; in der Kommentierung der Plutarch-Übers. gibt Koster an, daß Er. den richtigen griech. Text falsch gelesen habe, indem er die Wörter σαπρὰ γὰρ ἁ zu Unrecht für ein Wort ansah – σαπραγόρα (Komm. in *ASD* IV, 2, S. 255). Das ist nicht der Fall, Er. lag in der von ihm benutzten Aldus-Ausgabe σαπραγόρα προὶξ vor. Erasmus faßte σαπραγόρα als Eigennamen auf, und zwar als jenen des Vaters der Ehebrecherin. Der betrogene Byzantiner stellt sich in dem Fall selbst die Frage: „Wozu war die Mitgift des Sapragoras (= des Schwiegervaters) notwendig?". Er. setzt dabei voraus, daß dieser Sapragoras eine außerordentlich hohe Mitgift ausbezahlt hatte, um die Häßlichkeit seiner Tochter zu kompensieren. Der Ehebruch zeige nun, daß eine so hohe Summe nicht erforderlich gewesen ist, da sich ja ein Mann freiwillig bereit gefunden hatte, mit ihr das Bett zu teilen. Der letzte Teil der Erklärung des Er. kann allerdings nicht stimmen, da der Kontext von Plutarchs *De cupiditate diuitiarum*, 5 erfordert, daß von Geldgier und Streben nach Reichtümern die Rede sein muss, welche für den Reichen selbst nachteilige Folgen zeitigt. Daher ist der Spruch, was immer der genaue Wortlaut sein möge, sicherlich in dem Sinn zu deuten, daß der Byzantiner *es bereut, die hohe Mitgift angenommen zu haben.* Auch in der Lesart, die Er. vorlag, ließ sich der Spruch in diesem Sinn verstehen. τίς ἀνάγκη σαπραγόρα προὶξ könnte man lesen als „Wozu war es notwendig, die Mitgift des Sapragoras zu anzunehmen?". Freilich wirkt die Nennung des Namens unvermittelt und fremd. Klarer kommt der vom Kontext her erforderliche Sinn in der Lesart τίς ἀνάγκα; σαπρὰ γὰρ ἁ προὶξ („Du Elender! War das notwendig? Die Mitgift stinkt") zum Ausdruck.

581–585 *Quidam somniarat ... oui* Cic. *Div.* II, 134: „Defert ad coniectorem quidam somniasse se ouum pendere ex fascea (fascea *text. recept., ed. Pease*; fascia *edd. vett.*) lecti sui cubicularis (est hoc in Chrysippi libro somnium); respondit coniector thesaurum defossum esse sub lecto. Fodit; inuenit auri aliquantum, idque circumdatum argento; misit coniectori, quantulum visum est, de argento. Tum ille: ,nihilne', inquit, ,de vitello?'. Id enim ei ex ouo videbatur aurum declarasse, reliquum argentum"; für dieselbe Geschichte vgl. Phot. *Lex.* s.v. „νεοττός"; *SVF* II, Nr. 1202; Suidas, s.v. „νεοττός"; Apost. 12, 7 (Paroemiogra-

phi Graeci II, 543); Arsen. 37, 15. Cicero gibt an, daß er die hier erzählte Anekdote Chrysippos' Buch „Über Träume" entnommen habe; die griechischen Quellen vermelden jedoch, daß sie aus dem Buch „Über Orakel" desselben Autors stamme. Vgl. Komm. Pease, ad loc., S. 563.

581 *fascia* „fasciae" sind die Gurten oder Taue, die über das Bettgestell gespannt sind und auf denen die Matratze liegt.

584 *vitello* „vitellum", Eidotter, vgl. „ouorum vitella" Apic. 4, 116; *DNG* II, 5047, s.v. „vitellum".

585 *in oui speciem* Zur Erklärung des Spruchs führt Er. an, daß der Schmuck eiförmig gewesen sei („in oui speciem"). Diese Angabe steht nicht in der Quellenvorlage, ist unsinnig und erstickt den Witz im Keim. Daß versilberte Goldeier gemeint waren, ist auszuschließen.

589–598 *quidam Pythagoricus ... alieno* Wörtliche, mit einigen Explizierungen angereicherte und mit einer ausgezeichneten Konjektur verbesserte Wiedergabe von Sen. *Benef.* VII, 21, 1–2: „Pythagoricus quidam emerat a sutore phaecasia (phecasia *edd. vett., e.g. Venet. 1492, fol. CXXIᵛ*), rem magnam, non praesentibus nummis. Post aliquot dies venit ad tabernam redditurus et, cum clusam (clausam *plures edd. vett., e.g. Venet. 1492*) diu pulsaret, fuit qui diceret: ,Quid perdis operam (tuam *add. edd. vett., e.g. Venet. 1492*)? Sutor ille, quem quaeris, elatus (electus *edd. vett., e.g. Venet. 1492*: elatus *Erasmus*), conbustus est; quod nobis fortasse molestum est, qui in aeternum nostros amittimus, tibi minime, qui scis futurum, vt renascatur', iocatus in pythagoricum. At philosophus noster tres (tres *edd. vett.*) aut quattuor denarios non inuita manu domum rettulit, subinde concutiens; deinde, cum reprehendisset hanc suam non reddendi tacitam voluptatem, intellegens adrisisse illud lucellum sibi (illud lucellum sibi *text. recept.*: sibi illud lucellum *edd. vett., e.g. Venet. 1492*) redit ad eandem tabernam et ait: ,Ille tibi viuit; redde (redde *text. recept.*: tu redde *edd. vett., e.g. Venet. 1492*), quod debes'. Deinde per clostrum (clostrium *ed. Venet. 1492*), qua se conmissura laxauerat, quattuor denarios in tabernam inseruit ac misit, poenas a se exigens inprobae cupiditatis, ne alieno adsuesceret".

589 *phecassia* „phecassia", wie in den älteren Seneca-Ausgaben, i.e. „phaecasia" (von φαικάσιον): weisse Schuhe wie sie in Athen die Priester trugen; vgl. Georges II, Sp. 1676; *DNG* II, Sp. 3653; Lewis-Short, S. 1366, jeweils s.v.

*que clausam diu pulsaret* ianuam, *fuit qui diceret: „Quid perdis operam tuam? Sutor ille, quem quaeris:* elatus, *combustus est"*. Et addidit *iocum in Pythagoricum: „Id nobis* quidem *molestum est, qui in aeternum nostros amittimus: tibi minime, qui scis futurum, vt renascatur"*. His auditis Pythagoricus *treis denarios non inuita manu domum* 595 *retulit, subinde* manu *concutiens*, velut de lucro gestiens. Post *quum hunc* animi affectum *reprehendisset, redit ad tabernam et ait* sibi: *„Ille tibi viuit; tu redde, quod debes"*, simulque *per clostrum, qua se commissura laxauerat*, treis *denarios in tabernam* immisit, *poenas a se* ipse *exigens improbae cupiditatis, ne assuesceret alieno*. Prudenter ille quidem, qui morbo suppullulanti statim occurrit.


600                                SCVRRA QVIDAM


VI, 273                        Bonorvm pavcitas            (Anonymus scurra) [91]


Vopiscus in *Diuo Aureli⟨an⟩o* refert apophthegma *scurrae cuiusdam, qui dixerit, in vno anulo bonos principes* omnes sculpi *posse*, sentiens, esse magnum imperatorum numerum, sed in his perpaucos bonos.


605                        REX QVIDAM [i.e. SELEVCVS]


VI, 274                     Principatvs sollicita res           (Anonymus rex, i.e.
                           (= Dublette von VIII, 91)                  Seleucus) [92]


*Rex* quidam, cuius nomen supprimitur, nominari alioqui dignissimus, quum ipsi porrigeretur *diadema*, tenuit aliquandiu manu *dixit*que: *„O nobilem magis quam* 610 *felicem pannum, quem si quis penitus cognoscat, quam multis periculis, solicitudinibus* ac *miseriis sit refertus, ne humi quidem iacentem tollere* dignetur".

---

598  se ipse *scripsi*: seipse *A-C*, seipso *BAS*, se ipso *LB*.

602  Aureliano *correxi*: Aurelio *A-C BAS LB*.

„phaecasium"; vgl. Sen. *Ep.* 113, 1, wo ein griechischer Philosoph in weissem Mantel und mit weissen Schuhen auftritt („phaecasiatus palliatus").

591  *tuam*   „tuam", wie in der älteren Seneca-Ausgaben.

592  *elatus*   Er. korrigierte hier die korrupte Lesart der älteren Seneca-Ausgaben „electus", eine *coniectura palmaria*, die sich durchgesetzt hat.

594  *treis*   Bei Seneca steht „drei oder vier Denare", was Er. vereinfachte. Er. bevorzugte

die seltenere, altertümelnde bzw. gräzisierende Schreibweise „treis", während die älteren Seneca-Ausgaben „tres" haben.

596  *tu redde*   „tu redde", wie in der älteren Seneca-Ausgaben.

602  *Vopiscus*   Flavius Vopiscus, einer der sechs mutmaßlichen Autoren der *Hist. Aug.*; vgl. K.P. Johne, *DNP* 5 (1998), Sp. 637–640; E. Diehl, *RE* VIII, 2 (1913), Sp. 2051–2110, jeweils s.v. „Historia Augusta".

602  *in Diuo Aureli⟨an⟩o*   Das von den Basel-Drucken einhellig überlieferte „Aurelio" be-

ruht auf einer Verlesung oder Verschreibung, da der zitierte Text aus der dem Vopiscus zugeschriebenen Aurelianus-Biographie stammt (42, 5) und sich auch auf diesen Kaiser bezieht, keinesfalls auf Marcus Aurelius. Der Irrtum geht wohl auf das Konto des Setzers oder des Amanuensis, kaum auf jenes des Er.

602–603 *scurrae … posse* Hist. Aug., Diu. Aurelian. 42, 5: „Vide (Vides *ed. Erasm. 1518, p. 404*), quaeso, quam pauci sint principes boni, vt bene dictum sit a quodam mimico (inimico *ed. Erasm. 1518, p. 405*) scurra Claudii huius temporibus in vno anulo bonos principes posse perscribi atque depingi".

*Apophth.* VI, 274 stellt eine Dublette von VIII, 90 dar. Dort ist der Apophthegma-Spender der Begründer der Seleukiden-Dynastie, Seleukos I., der die Schwere des Königsamtes betont, allerdings spezifisch im Hinblick auf die Administration. Er.' Quelle ist dort Plut. *An seni res publica gerenda sit, Mor.* 790A. Aller Wahrscheinlichkeit nach ist der Apophthegma-Spender von VI, 274 identisch mit jenem von VII, 90, also **Seleukos I. Nikator** (um 355–281 v. Chr.) Das *Apophthegma* datiert daher auf dessen Regierungszeit, 312/1–281 v. Chr. Zu Seleukos I. vgl. J.D. Grainger, *Seleukos Nikator. Constructing a Hellenistic Kingdom*, London u. a. 1990; A. Mehl, *Seleukos Nikator und sein Reich*, Bd. 1: *Seleukos' Leben und die Entwicklung seiner Machtposition* (= *Studia Hellenistica* 28), Löwen 1986; ders., *DNP* 11 (2001) Sp. 361–362 s.v. „Seleukos", Nr. 2; F. Stähelin, *RE* II, A1 (1921), Sp. 1208–1234, s.v. „Seleukos", Nr. 2. Badius Ascensius gibt in seinem Kommentar zur Valerius-Maximus-Stelle an, daß der nicht namentlich genannte Herrscher ein persischer König sei (ed. Bade 1510, fol. CCLXXIX<sup>v</sup>).

608–611 *Rex … tollere* Val. Max. VII, 2, 5: („De quodam Rege", Titel in *ed. Bade 1510*,

*fol. CCLXXIX<sup>v</sup>*) „Rex etiam ille subtilis iudicii, quem ferunt traditum sibi diadema, prius quam capiti imponeret, retentum diu considerasse ac dixisse: ,O nobilem magis quam felicem (foelicem *ed. Bade 1510*) pannum! Quem si quis (siquis *ed. Bade 1510*) penitus cognoscat, quam multis sollicitudinibus (solitudinibus *ed. Bade 1510*; sollicitudinibus *Badius in commento eiusdem editionis*) et periculis et miseriis sit refertus, ne humi quidem iacentem tollere velit (vellet *ed. Bade 1510 et plures edd. vett.*)‘". Vgl. Plut. *An seni res publica gerenda sit, Mor.* 790A, in der latein. Übers. des Gisbertus Longolius: „At vero regnum, quod inter reipublicae formas et perfectissimum maximumque est, quot labores et negocia exhibet? Sane multos, dices. Nam Seleucum saepissime dicere solitum ferunt: ,Si nouissent multi, quam sit operosum et molestum, tot duntaxat literas scribere legereque, diadema etiam abiectum ante pedes non subleuaret quidem‘" (ed. Vascosan, Paris 1544, p. 265).

608 *Rex quidam, cuius nomen supprimitur, nominari alioqui dignissimus* Er. führt, vielleicht angeregt durch die Paraphrase des Badius, breit aus, daß der Name des Königs unbekannt sei, daß dieser König jedoch aufgrund seines klugen Spruches es wert sei, vermeldet zu werden. Kurioserweise bringt Er. den nämlichen Spruch im achten Buch mit namentlicher Erwähnung des Spruchspenders (VIII, 90): „SELEVCVS Subinde dicere solet: „Si multi scirent, quantum sit negocii …, nec humi proiectum diadema tollerent".

608 *cuius nomen supprimitur* Die Paraphrase des Badius Ascensius lautete: „cuius nomen ignoratur" (Val. Max. *ed. Bade 1510, fol. CCLXXIX<sup>v</sup>*).

610 *pannum* Der König nennt sein Diadem eine „Binde", was mit dem Usus der Seleukiden übereinstimmt.

## SICVLVS QVIDAM

VI, 275                          Retortvs iocvs                    (Anonymus Siculus
                                                                   adolescens) [93]

615   Proconsul quidam Romanus in Sicilia conspicatus quendam adolescentem admo-
      dum sui similem, rogauit similitudinis causam, quum pater suus nunquam adisset
      Siciliam. „*At meus*“, *inquit* [sc. adolescens], „*Romam* frequenter *accessit*“. *Iocum* retor-
      sit Siculus, nihil veritus *secures ac virgas* proconsulis. Simillimum huic dictum in
      Augustum.


620                                             QVIDAM

VI, 276                          Largitio                          (Anonymus Romanus) [94]

      Quidam dixit eum, qui primus populo Romano dedit epulum et congiarium, exitii
      causam illi fuisse. Vnde Caesar Augustus cogitauit aliquando de tollendis huiusmodi
      largitionibus. Insincerus fauor est, qui donis emitur, quae si minuas, ingens murmur,
625   si tollas, seditio grauis oritur.


619   Augustum *scripsi*: Augusto *A-C.*

*Apophth.* VI, 275 datiert auf das Jahr 73 v. Chr., als
      Lentulus Sura die Provinz Sizilien verwaltete.
      Das *Apophthegma* bildet seinem Inhalt nach
      eine Parallele zu IV, 165 mit dem gleichläufigen
      Titel „Iocus in principem retortus“, wo im
      Grunde derselbe Witz in Bezug auf Kaiser
      Augustus gemacht wird.

615   *Proconsul quidam Romanus* Bei dem „pro-
      consul Romanus“ in Sizilien handelt es sich
      um P. Cornelius Lentulus Sura (um 114–63
      v. Chr.), Proprätor von Sizilien i.J. 73. Sura
      wurde i.J. 70 wegen seines Lebenswandels aus
      dem Senat ausgestossen, jedoch später wieder
      rehabilitiert. Er war ein Anhänger Catilinas;
      Cicero liess ihn im Dezember d.J. 63 hinrich-
      ten. Vgl. F. Münzer, *RE* IV, 1 (1900), Sp. 1399–
      1402, s.v. „Cornelius“, Nr. 240; *DNP* 3 (1996),
      Sp. 176, s.v. „Cornelius“, Nr. I, 56. Daß der
      bei Val. Max. nicht namentlich genannte Pro-
      prätor Lentulus Sura ist, geht aus Plin. *Nat.*
      VII, 55 und Solinus I, 83 hervor. Plinius berich-
      tet, daß der Sizilianer dem Lentulus Sura in
      der schlecht artikulierten Aussprache und der
      Art, wie er den Mund bewegte und die Zunge
      zurückzog, völlig glich: „Surae quidem pro-
      consulis etiam rictum in loquendo intractio-

nem linguae et sermonis tumultum, non ima-
      ginem modo, piscator quidam in Sicilia red-
      didit“. Vgl. den Komm. von R. König und
      G. Winkler in: Plinius, *Naturkunde*, Bd. VII,
      Kempten 1975, S. 177. Diese (sicherlich rich-
      tige) Identifikation findet sich bereits in frü-
      hen gedruckten Kommentaren zu Val. Max.,
      z. B. von Oliverius und Badius Ascensius, wel-
      che Er. vorlagen.

615   *quendam adolescentem* Plinius und Solinus
      überliefern a.a.O., daß der junge Mann ein
      Fischer (*piscator*) gewesen sein soll.

617–618 *At meus … virgas* Val. Max. IX, 14 ext.
      3 (Im Abschnitt „De similitudine formae“; der
      Titel der Anekdote lautet in *ed. Bade 1510*, fol.
      *CCCXCVIII*ʳ „De quodam praetore Romano
      simili cuidam Siculo“): „Ille vero, quem in
      Sicilia prouinciae rectoris (praetoris *ed. Bade
      1510, fol. CCCXCVIII*ʳ *et edd. vett.*) admodum
      similem fuisse constat, petulantis animi pro
      consule enim dicente mirari se quapropter
      sui tam similis esset, cum pater suus in eam
      prouinciam numquam accessisset, ‚At meus‘,
      inquit, ‚Romam (frequenter *add. ed. Bade* 1510
      *et edd. vett.*) accessit‘. Ioco namque lacessitam
      matris suae pudicitiam inuicem suspicione in

matrem eius reiecta audacius quam virgis et securibus subiecto conueniebat, vltus est".

618–619 *Simillimum huic dictum in Augustum* Damit weist Er. auf die inhaltlich parallele Anekdote hin, die er im vierten Buch bereits dargeboten hatte (IV, 165): „Quemadmodum Augustus iocis liberalibus in alios ludere, ita in se iactos aut retortos interdum liberius patientissime tulit. Adolescens quidam prouincialis Romam venerat oris similitudine tam mirifice referens Augustum, vt in se totius populi oculos conuerteret. Caesar hoc audito iussit ad se perduci eumque contemplatus hunc in modum percontatus est: ‚Dic, mihi, adolescens, fuitne aliquando mater tua Romae?‘. Negauit ille ac sentiens iocum retorsit, adiiciens ‚Sed pater meus saepe‘ …" (*ASD* IV, 4, S. 324, *CWE* 37, S. 389). Die Quelle desselben ist Macr. *Sat.* II, 4, 20: „Cuiusdam prouincialis iocus asper innotuit. Intrauerat Romam simillimus Caesari, et in se omnia ora conuerterat. Augustus perduci ad se hominem iussit visumque hoc modo interrogauit: ‚Dic mihi, adulescens, fuit aliquando mater tua Romae?‘ Negauit ille, nec contentus adiecit: ‚Sed pater meus saepe‘".

622 *qui primus populo Romano dedit … congiarium* Die von Er. verwendeten Begriffe „congiarium", „epulum" und „largitio" beziehen sich auf röm. Formen des Euergetismus. „Congiarium" bezeichnet in der röm. Republik Schenkungen von Politikern an das röm. Volk in der Form von Naturalien (Wein, Öl, Getreide); später schließt der Begriff auch Geldspenden ein. „Epulum" ist ein dem Volk spendiertes Festmahl, das Politiker zu bestimmten Anlässen (z. B. bei Triumphen) anrichten liessen (vgl. dazu J.F. Donahue, *The Roman Community at Table During the Principate*, Ann Arbor 2017). „Largitio" bezeichnet jegliche Form dieser Schenkungen, Spenden und Wohltaten. Der in der ersten Zeile des Apophthegmas geäusserte Gedanke gehört der Gedankenwelt der Übergangszeit von der röm. Republik zum Prinzipat (ab 59 v. Chr.) zu, als populare Politiker und starke Männer wie Caesar und Pompeius dem Volk immer mehr und immer grössere Geschenke machten, um dieses an sich zu binden. Caesar z. B. schenkte dem Volk 10 Scheffel Getreide, 10 Pfund Öl und ausserdem 300 Sesterzen pro Mann (Suet. *Iul.* 38); anlässlich seines vierfachen Triumphs i.J. 46 richtete er ein öffentliches Festmahl an, bei dem vier Sorten exquisiter Weine kredenzt wurden, nach seinem Spanischen Triumph im Folgejahr sogar zwei Festmähler, weil das erste nicht exquisit genug war

(Plin. *Nat.* 97). Was Getreideschenkungen an das Volk betrifft, tat sich besonders P. Clodius Pulcher hervor, der während seines Volkstribunats (59) gesetzlich bestimmte, daß jeder bedürftige erwachsene Mann des röm. Plebs monatlich 5 Scheffel Getreide gratis erhielt. Diese Massnahme verschlang ca. 1/5 des Staatshaushalts und brachte die Finanzen des Republikanischen Staates an den Rand des Abgrundes.

Die genaue Quelle von VI, 276 ließ sich nicht feststellen. Jedoch gibt es im Werk Ciceros mehrere Stellen, an denen er die popularen Getreideschenkungen kritisierte, insbesondere in seinen Reden *Pro Sestio* und *Pro Milone* und *Off.* (II, 21); er merkt dort an, daß im gegenwärtigen röm. Staat („in nostra re publica") die Bürger oft durch die Voraussicht auf Schenkungen („spe largitionis") „gefangen" oder überhaupt durch Geldbeträge „gekauft" würden. Es sei die schändlichste („sordidissima") Art der politischen Bindung, wenn „Könige oder Popularen irgendwelche Schenkungen in Aussicht stellen" („cum reges popularesue homines largitiones aliquas proponunt"). Cicero schrieb *De officiis* während der Diktatur Caesars, zu jener Zeit, als er davon überzeugt war, daß die römische Republik bereits untergegangen sei. Möglicherweise hat Er. die Stelle aus einer sekundären Quelle bezogen, in der der Name des Apophthegma-Spenders nicht angegeben war. Der Gedanke, daß die Getreidespenden und ähnliche Schenkungen an den *populus Romanus* den Untergang des republikanischen Staates bedeuten würden, kommt in jedem Fall aus der Ecke der antipopularen Optimaten bzw. der „Wohlgesinnten", der *boni*, wie sie Cic. in der Rede *Pro Sestio* anführt.

Der erste, der ein *congiarium* in Form einer Ölverteilung vornahm, war Scipio Africanus d.Ä. (i.J. 213 v. Chr., als er das Amt des Aedils bekleidete, vgl. Liv. XXV, 2, 8); frühzeitig auf der popularen Welle ritt Manlius Acilius Glabrio, der, wie Livius sagt, dem Volk „zahlreiche" *congiaria* schenkte und i.J. 189 v. Chr. die Früchte seiner Naturalia-Spenden einheimste: „in hunc (sc. Glabrionem) maxime, quod multa congiaria habuerat, quibus magnam partem hominum obligarat, fauor populi se inclinabat" (Liv. XXXVII, 57, 11). Der Volkstribun P. Clodius Pulcher war der erste, der Getreidespenden an das Volk institutionalisierte, von Staats wegen verteilte und gesetzlich festlegte (i.J. 59 v. Chr.).

623–624 *Vnde Caesar … largitionibus* Er. bezieht sich hier auf Suet. *Aug.* 42, 3, eine Stelle, die Augustus' Reaktion auf die verheerende

## QVIDAM

VI, 277                          Avro pvgnare        (Anonymi Graeci, detractores
                                                     Philippi regis) [95]

630 Philippus Macedonum rex, quoniam pleraque dando perfecit potius quam bellando,
iactatum est in illum, *non Philippum, sed Philippi aurum subegisse Graeciam.* Ita
Plutarchus in vita Pauli Aemilii.

## ROMVLVS

VI, 278                          Sobrietas                          (Romulus) [96]

*Romulus* primus, vrbis Romanae conditor, legitur vini fuisse parcissimus. Is *ad coe-*
635 *nam vocatus* quum *ibi* minimum *bibisset,* eo quod *postridie negocium haberet, dicunt*

Missernte d.J. 6 n. Chr. darstellt. Der sonst
spendierfreudige Augustus verzichtete in diesem Fall bewusst darauf, die Getreidespenden zu erhöhen; er befürchtete, wie er selbst
in einer von Sueton zitierten Stellungnahme
angibt, daß die Getreidespenden sich überhaupt negativ auf die landwirtschaftliche Produktion Italiens auswirken würden; Augustus
leitete stattdessen Sparmassnahmen ein (z. B.
verwies er die Fremden der Stadt). Er habe
den Versuch unternommen, sagt Augustus,
die Getreidespenden von öffentlicher Hand
fortan überhaupt abzuschaffen, obwohl er ver-
stehe, daß sich diese Massnahme auf lange
Sicht nicht durchsetzen werde: „… impetum
se cepisse scribit (sc. Augustus) frumentationes
publicas in perpetuum abolendi, quod earum
fiducia cultura agrorum cesserat".

*Apophth.* VI, 277 ist ein Gegenstück zu *Adag.*
1643 „Argenteis hastis pugnare/ ἀπγυραῖς λόγχαις μάχου" (*ASD* II, 4, S. 114), *Collect.* 140
„Argenteis hastis pugnare"/ ἀπγυραῖς λόγχαις
μάχου (*ASD* II, 9, S. 94) und zu *Apophth.*
IV, 13 „Auro nihil inexpugnabile" (Philippus
13, *ASD* IV, 4, S. 288). Der Titel des Spruches ähnelt jenen von *Adag.* 1643 und *Apophth.*
IV, 13. Das *Apophthegma* datiert auf den letzten Abschnitt der Regierungsperiode Philipps
nach der Eroberung Griechenlands, d.h. entweder vor oder nach der Schlacht bei Chaironeia (d.h. 338–336 v. Chr.). Nachdem Phil-

ipp 348 die griechischen Städte auf der Halbinsel Chalkidike erobert und 340 bereits ganz
Thrakien in seine Hände bekommen hatte,
drang sein Heer i.J. 339 schnell in Zentralgrie-
chenland ein, teilweise ohne auf nennenswer-
ten Widerstand zu stossen. Die im *Apophth.*
genannten Zungen gehören Griechen zu, die
dem makedonischen Eroberer nicht günstig gesinnt waren, vielleicht Athenern. Aus
Athen bekam Philipp insbesondere in den Jahren 341–338 viel Widerstand zu spüren; z. B.
wetterte Demosthenes mit seinen Philippi-
schen Reden gegen die Hegemonialpolitik des
Königs. Auch nach der Entscheidungsschlacht
von Chaironeia mögen böse Zungen in Athen
viel Stoff zu zynischen Äusserungen gefunden haben, wobei u. a. die undurchsichtigen
Gründe, weshalb der König Athen so milde
behandelte, oder die üble Rolle der promakedonischen Partei in Athen kommentiert werden konnten. Beides läuft auf den Vorwurf
der Bestechung hinaus. Nach Diodorus Siculus soll Philipp selbst der Urheber des Spruches gewesen sein, dadurch, daß er sich gebrüs-
tet habe, sein Reich sei mehr durch Gold als
durch Waffengewalt gewachsen (XVI, 53, in
der latein. Übers. des Laurentius Rhodoma-
nus: „… multos ad patrias sibi prodendas ine-
scauit, adeo vt ipse gloriari non dubitaret,
longe magis auro quam armis regnum suum
creuisse"). Im vierten Buch präsentiert Er. ein

Apophth., das der üblen Nachrede, die der König in Athen erfuhr, gewidmet ist, IV, 6 (*ASD* IV, 4, S. 287–288). Trotz seiner grossen Bewunderung für Philipp hat Er. dem Vorwurf, daß Philipp Griechenland mehr durch Bestechungen als mit Waffengewalt erobert habe, Glauben geschenkt. In *Apophth*. IV, 13 präsentiert Er. einen Spruch Philipps, das den König als notorischen Städtebestecher vorführt. Als er an einer stark befestigten Stadtburg anlangte und ihm seine Generäle von einer Stürmung derselben abrieten, angesichts der steilen Anhöhe und der starken Befestigung, soll der König gefragt haben, ob denn die Stadt etwa so hoch gelegen sei, daß nicht ein mit Gold beladener Esel hinaufklettern könne (*ASD* IV, 4, S. 288: „… percontatus est [sc. Philippus], num vsque adeo difficile esset, vt nec asinus auro onustus posset accedere, significans nihil esse tam munitum, quod auro non expugnetur … Vnde Flaccus: ‚Aurum per medios ire satellites/ Et perrumpere amat castra potentius/ Ferro‘ [Hor. *Carm*. III, 16, 9–11]“). Aus den notorischen Bestechungsversuchen des Königs schmiedete Er. *Adag*. 1643 „Argenteis hastis pugnare“ (*ASD* II, 4, S. 114): „*Argenteis hastis pugnare* dicuntur, qui negocium aliquo pacto confici nequit, muneribus et largitione perficiunt. Nihil autem tam arduum, quod pecunia non explicetur … Ortam aiunt paroemiam ab oraculo quodam Apollinis Phytii, qui Philippo regi consulenti, quo pacto possit victoria potiri, responderit in hunc modum: ‚… Argenteis pugna telis, atque omnia vinces‘, videlicet innuens, vt quosdam largitionibus ad proditionem sollicitaret atque ita consecuturum, quae vellet" (nach Suid. 3788); vgl. weiter *Adag*. 1694 „Pecuniarum cupiditas Spartam capiet, praeterea nihil", *ASD* II, 4, S. 142: „Pespondet (sc. adagium 1694) apophthegmati Philippi Macedonum regis, qui putauit nullam arcem tam munitam esse, quin capi posset, modo asino pateret accessus onusto auro. Respondet et Danaes fabulae, a qua nulla custodia auri insultum arcere potuit".

630 *non Philippum … Graeciam* Plut. *Aem*. 12, 10–11: ἐρρέθη γοῦν ὅτι τὰς πόλεις αἱρεῖ τῶν Ἑλλήνων οὐ Φίλιππος, ἀλλὰ τὸ Φιλίππου χρυσίον (χρυσίου *ed. Perrin*, χρυσίον *ed. Ald. fol. 83ᵛ*). Vgl. die latein. Übers. des Leonardo Bruni: „Dictum est enim apud antiquos: non Philippum, sed Philippi aurum Graeciam subuertisse" (ed. Bade, Paris 1514, fol. CXXXVʳ): vgl.

weiter Diod. Sic. XVI, 53, Plut. *Mor*. 178A–B und *Suid*. 3788.

630 *Philippi aurum* Böse Zungen behaupteten, Philipp habe sich die Hegemonie über die griechischen Städte erkauft. Dieser Anwurf geht an der Tatsache vorbei, daß Philipp eine Entscheidungsschlacht gegen ein unter athenischer Leitung stehendes Heer von 30.000 Mann vernichtet hat (338 v. Chr. bei Chaironeia). Richtig ist jedenfalls, daß Philipp über grosse Mengen von Gold und Silber verfügte, nachdem er i.J. 356 v. Chr. die thrakische Stadt Krenides erobert hatte, die er in Philippoi umbenannte. Damit verfügte er über die wertvollen Gold- und Silberminen des Pangaion-Gebirges, mit denen er seine zahlreichen Kriege der Folgejahre finanzierte.

*Apophth* VI, 278–282   Er. wendet sich nunmehr der frühesten römischen Geschichte, der Königszeit, zu, die er oben im fünften Buch, dem Buch der Könige und Heeresführer, nicht behandelt hatte.

633 *Sobrietas*   Er. leitete den Apophthegma-Titel von der Titelüberschrift des einschlägigen Kapitels bei Gellius (XI, 14, 2) ab: „Sobria et pulcherrima Romuli regis responsio circa vini vsum".

634–638 *Romulus … volui* Gell. XI, 14, 2: „Ea verba, quae scripsit (sc. L. Piso Frugi in primo annali), haec sunt: Eundem Romulum dicunt ad cenam vocatum ibi non multum bibisse, quia postridie negotium haberet. Ei dicunt ‚Romule, si istud (istuc *edd. vett.*) omnes homines faciant, vinum vilius sit‘. His (Is *edd. vett.*) respondit: ‚immo vero carum, si, quantum quisque volet, bibat; nam ego bibi, quantum volui‘". Gellius bezog diese Nachricht aus den *Annales* des Lucius Calpurnius Piso Frugi (um 180-nach 120 v. Chr.). Das nur fragmentarisch überlieferte Werk beschrieb die Geschichte Roms von der Gründung der Stadt bis auf Pisos eigene Zeit.

634 *Romulus primus* **Romulus**, der legendäre Gründer der Stadt (753 v. Chr.), wird von Er. (anders als in seiner Quelle) hier als „Romulus der erste" bezeichnet, wohl um ihn von dem späteren gleichnamigen Kaiser Romulus (Augustulus), dem letzten west-römischen Kaiser, zu unterscheiden. Zu König Romulus, über den nichts Stichhaltiges bekannt ist, vgl. A. Bendlin, *DNP* 10 (2001), Sp. 1130–1133; J.B. Carter, „Romulus, Romos, Remus", in: W.H. Roscher (Hrsg.), *Ausführliches Lexikon der griechischen und römischen Mythologie*, Bd. IV, Leipzig 1915, Sp. 164–209.

illi familiares: „*Si* ad *istum* modum bibant *omnes homines, vinum esset vilius*". Ille *respondit, „Imo vero char*ius, *si quantum quisque volet, bibat. Nam ego bibi, quantum volui*".

## PORSENA

640    VI, 279                         CLEMENTER                         (Porsena) [97]

*Porsena* demiratus egregium animum Mutii Sceuolae, qui iratus *dextrae suae, quod* in stringendo ferro errasset, *foculo* impositam eam *exuri passus est*, dixit illi: „*Reuertere ad tuos, Muti, eisque refer te, quum vitam meam petieris, a me vita donatum*".

## TARQVINIVS SVPERBVS

645    VI, 280                                              (Tarquinius Superbus) [98]

*Tarquinius* Superbus iam *exul* factus *dixisse fertur se tum* denique *cognouisse, quos habuisset amicos fidos, quos infidos, cum neutris gratiam referre posset*. Qui commodi gratia sunt amici, sublata commodi spe deserunt amicitiam. Sed *amicos secundae res parant, aduersae probant*.

641 Porsena *A-C ut in Val. Max. edd. vett*.: Porsenna *Val. Max. edd. recentiores.*
641 Mutii *A-C ut in Val. Max. edd. vett*.: Mucii *Val. Max. edd. recentiores.*

641 Sceuolae *A-C*: Scaeuolae *LB.*
643 Muti *A-C ut in Val. Max. edd. vett*.: Muci *Val. Max. edd. recentiores.*

**Lars (oder Laris) Porsenna** (reg. um 510 v. Chr.), etruskischer Herrscher von Clusium (heute Chiusi); Porsenna soll nach dem Tod des Tarquinius Superbus (510) Rom belagert und erobert haben. Von Rom aus soll Porsenna versucht haben, seine Herrschaft auf Latium auszudehnen; er wurde jedoch zurückgeschlagen, nachdem sein Sohn Aruns Porsenna vor der latinischen Stadt Aricia eine schwere Niederlage erlitt und den Tod fand (504/3 v. Chr.). Nach anderen Quellen gelang es Lars Porsenna nicht, Rom einzunehmen; vielmehr soll Rom von dem Helden Gaius Mucius Scaevola bzw. von der Heldin Cloelia gerettet worden sein. Vgl. T. Cornell, *The Beginnings of Rome*, London 1996; F. Prayon, *Die Etrusker. Geschichte, Religion, Kunst*, 5. Aufl., München 2010; L. Aigner-Foresti, *Die Etrusker und das frühe Rom*, Darmstadt 2003, S. 141–142; W. Eder, *DNP* 10 (2001), Sp. 182, s.v. „Por-

senna"; W. Ehlers, *RE* XXII, 1 (1953), Sp. 315–322, s.v. „Porsenna".
639 *PORSENA* In dieser Form auch im Index personarum.
641 *Mutii Sceuolae* Die Erzählung von Mucius Scaevola, der sich im Krieg der Römer mit Porsenna den Beinamen Scaevola (der Linkshänder) erwarb, gehört zum standardisierten Sagenkreis der frühen Republik: Während der Belagerung Roms durch Porsenna 508 v. Chr. soll Mucius heimlich in dessen Lager eingedrungen sein, um ihn zu töten, wurde jedoch ertappt, bevor er seinen Plan ausführren konnte. Als Porsenna ihm den Feuertod androhte, falls er nicht die Hintergründe seiner Tat preisgebe, verbrannte sich Mucius freiwillig die rechte Hand. Porsenna soll von dieser Probe der Standhaftigkeit so beeindruckt gewesen sein, daß er Scaevola freiliess und die Belagerung Roms abbrach. Vgl. F. Münzer, *RE*

XVI, 1 (1933), Sp. 416–424, s.v. „Mucius", Nr. 10; Ch. Müller, *DNP* 8 (2000), Sp. 424–425, s.v. „Mucius", Nr. I, 2.

641–643 *dextrae ... donatum*  Im erzählenden Teil stark gekürzte und paraphrasierende, im Spruchteil wörtliche Wiedergabe von Val. Max. III, 3, 1: „Cum a Porsenna (Porsena *edd. vett.*) rege Etruscorum vrbem nostram graui ac diutino bello vrgeri aegre ferret, castra eius clam ferro cinctus intrauit immolantemque ante altaria conatus occidere est (est occidere *ed. Bade 1510, fol. CVI^v*). Ceterum inter molitionem pii pariter ac fortis propositi oppressus nec causam aduentus texit et tormenta quantopere contemneret, mira patientia ostendit. Perosus enim, credo, dexteram suam, quod eius ministerio in caede regis vti nequisset, iniectam foculo exuri passus est. Nullum profecto, di inmortales, admotum aris cultum attentioribus oculis viderunt. Ipsum quoque Porsennam (Posenam *edd. vett.*), oblitum periculi sui, vltionem suam vertere in admirationem coegit: nam ‚Reuertere', inquit, ‚ad tuos, Muci (Muti *edd. vett.*), et eis refer te, cum vitam meam petieris, a me vita donatum' ".

646–647 *Tarquinius ... referre posset*  Wörtliche Wiedergabe von Cic. *Lael.* 53: „Quod Tarquinium dixisse ferunt exulantem tum se intellexisse quos fidos amicos habuisset, quos infidos, cum iam neutris gratiam referre posset".

**L. Tarquinius Superbus** (534–510/9 v. Chr.), der siebente König Roms, der in der röm. geschichtlichen Überlieferung nach der Tyrannentopik griech. Prägung dargestellt wird: Er soll gesetzeswidrig die Macht an sich gerissen, den Senat brüskiert, das Volk unmäßig belastet haben; seine Herrschaft soll von Willkür, Hinterlist und Grausamkeit geprägt gewesen sein. Vgl. J. Fündling, *DNP* 12. 1 (2002), Sp. 33–34, s.v. „Tarquinius", Nr. 12; F. Schachermeyer, *RE* IV, A2 (1932), Sp. 2380–2389, s.v. „Tarquinius", Nr. 7.

648–649 *amicos ... aduersae probant*  Ps. Sen. *De mor.* 51 „Amicos secundae res parant, aduersae probant" (= Walther, Nr. 54); Cic. *Off.* III, 129: „Etenim si amici secundae res amicos adiuuant ...“; cf. Cic. *Lael.* 64 „Ennius recte: Amicus certus in re incerta cernitur" (= Otto Nr. 92; Walther Nr. 60).

650                                              HORATIVS

VI, 281                           AMOR GLORIAE                         (Horatius) [99]

*Horatius* red*iens* ad suos trium Curiatiorum fratrum, quos occiderat, *spolia* gestabat,
quorum *vni desponsa fuerat* Horatii *soror virgo*. *Illa* agnoscens *sponsi paludamentum,*
*quod ipsa* manibus suis *confecerat*, soluit crines ac *fle*tu *sponsum mortuum* inclamat.
655  Horatius sororem *gladio transfigit*, dicens: „*Abi hinc cum tuo praepropero amore, oblita*
*fratrum mortuorum viuique, oblita patriae*". Tantum valuit amor laudis et patriae
gloria.


                                              LVCRETIA

VI, 282                         PVDICITIA CONIVGALIS                     (Lucretia) [100]

660  Quum Collatinus cum paucis familiaribus ad Lucretiam venisset a Sexto Tarquinio vi
stupratam, *quaerenti viro* ex more „*Satin saluae?*", „*Minime*", inquit Lucretia, „*Quid*
*enim salui mulieri amissa pudicitia? Vestigia alieni viri, Collatine, in lecto sunt tuo. Sed*
*corpus tantum violatum est, animus insons* est. *Mors testis erit*", his dictis *cultrum*, quem
*abditum habebat, in* corpore in*fixit*, et col*lapsa* est *moribunda*.


*Apophth.* VI, 281 Die Geschichte der **Horatii und**
**Curiatii** gehört zum Sagenkreis der römischen
Frühzeit. Unter König Tullus Hostilius soll ein
heftiger Streit zwischen Rom und Alba Longa
ausgebrochen sein. Statt einen offenen Krieg
zu führen entschied man sich für einen symbolischen Kampf drei gegen drei: die Drillinge der Horatier (Rom) gegen die Drillinge
der Curiatier (Alba Longa). Obwohl Publius
Horatius zwei seiner Brüder im Kampf verloren hatte, schaffte er es dennoch die drei
Curiatii aus Alba zu töten. Bei seiner Heim-
kehr nach Rom erkannte seine Schwester, die
mit einem der Curatier verlobt war, in der Sie-
gesbeute den von ihr gewebten Kriegsmantel
ihres Verlobten und brach in lautes Wehklagen
aus. Erzürnt darüber, daß sie um einen Feind
des Vaterlandes trauerte und weder an den Verlust der Brüder noch an den Sieg des Vaterlandes dachte, tötete er sie mit dem Schwert. Vgl.
Ch. Müller, *DNP* 5 (1999), Sp. 718, s.v. „Horatius", Nr. 1; F. Münzer, *RE* VIII, 2 (1913), Sp.
2322, s.v. „Horatius", Nr. 2. Für die Rezeption
der Geschichte vgl. L. Simonis, „Horatier und

Curiatier", in *DNP Suppl.* 8 (2013), Sp. 515–
524.
652–656 *Horatius … patriae* Im narrativen Teil
gekürzte und paraphrasierende, im Spruchteil wörtliche Wiedergabe von Liv. I, 26, 2–
4: „Princeps Horatius ibat trigemina spolia
prae se gerens; cui soror virgo, quae desponsa
vni ex Curiatiis fuerat, obuia (obuiam *ed.*
*Erasmi 1531 I, p. 12*) ante portam Capenam
fuit; cognitoque super vmeros fratris paluda-
mento sponsi, quod ipsa confecerat, soluit crines et flebiliter nomine sponsum mortuum
appellat. Mouet feroci iuueni animum con-
ploratio sororis in victoria sua tantoque gaudio publico. Stricto itaque gladio simul verbis increpans transfigit puellam. ‚Abi hinc cum
inmaturo amore ad sponsum', inquit, ‚oblita
fratrum mortuorum viuique, oblita patriae.
Sic eat quaecunque Romana lugebit hostem'";
zwei wörtliche Anklänge finden sich in Bezug
auf Val. Max. VI, 3, 6: „Horatius prius proelio
trium Curiatiorum, iterum condicione pugnae omnium Albanorum victor, cum ex illa
clarissima acie domum repetens sororem suam

virginem Curiati sponsi mortem profusius, quam illa aetas debebat, flentem vidisset, gladio, quo patriae rem bene gesserat, interemit, parum pudicas ratus lacrimas, quae praepropero amori dabantur". Für die Sage vgl. weiter Dion. Hal. *Ant.* III, 16–20.

652 *trium Curiatiorum fratrum* Vgl. K.-L. Elvers, *DNP* 3 (1997), Sp. 241, s.v. „Curiatius", der, wie auch andere, die Geschichte über die Familie Curiatius z.Z. des Tullus Hostilius als unhistorisch einstuft.

653 *paludamentum* „paludamentum", i.e. der Kampfmantel bzw. Waffenrock, der von Horatius als Siegeszeichen erbeutet wurde.

655–656 *Abi hinc … patriae* Er. gab die letzten Worte des Publius Horatius zu seiner Schwester nicht vollständig wieder; es fehlt: „Sic eat quaecunque Romana lugebit hostem".

655 *praepropero* „praepropero" hat Er. wahrscheinlich von Val. Max. VI, 3, 6 bezogen.

660 *Collatinus* **L. Tarquinius Collatinus**, am Ende d. 6. Jh. v. Chr. Herrscher über das Städtchen Collatia, Gatte der **Lucretia**. Sein Vater Egerius war von dessen Onkel, dem fünften röm. König Lucius Tarquinius Priscus, zum Statthalter von Collatia eingesetzt worden. Nach der Vertreibung der Tarquinier wurde er gemeinsam mit L. Iunius Brutus zum ersten Konsul der Römischen Republik ernannt (i.J.

509 v. Chr.). Vgl. F. Schachermeyer, *RE* IV, A2 (1932), Sp. 2389, s.v. „Tarquinius", Nr. 8.

660 *Sexto Tarquinio* Sextus Tarquinius, Sohn von Tarquinius Superbus. Nachdem er von Brutus und dessen Anhängern aus Rom vertrieben worden war, floh er nach Gabii, wo er getötet wurde. Vgl. Ch. Müller, *DNP* 12. 1 (2002), Sp. 32 s.v. „Tarquinius", Nr. 7; F. Schachermeyer, *RE* IV, A2 (1932), Sp. 2391, s.v. „Tarquinius", Nr. 14.

661–664 *quaerenti viro … moribunda* In den narrativen Teilen stark gekürzte und paraphrasierende, im Spruchteil jedoch wörtliche Wiedergabe von Liv. I, 58, 7–11: „Sp. Lucretius cum Valerio Volesi filio, Collatinus cum L. Iunio Bruto venit … Lucretiam sedentem moestam in cubiculo inueniunt. Aduentu suorum lacrimae obortae, quaerentique viro ‚Satin salue?' ‚minime' (minime *ed. Erasm. 1531 p. 26, text. recept.*: maxime *quaedam edd. vett.*), inquit; ‚Quid enim salui est mulieri amissa pudicitia? Vestigia viri alieni, Conlatine, in lecto sunt tuo; ceterum corpus est tantum violatum, animus insons: mors testis erit. Sed date dextras fidemque, haud impune adultero fore … nec vlla deinde impudica Lucretiae exemplo viuet". Cultrum, quem sub veste abditum habebat, eum in corde defigit prolapsaque in vulnus moribunda cecidit'.

665                                LEGATVS PRIVERNATVM

VI, 283                                LIBERE                    (legatus Privernatum) [101]

C. Plautius consul de *Priuernatibus,* qui a Romanis desciuerant, ad senatum retulit,
ac variantibus sententiis quidam *Priuernatum legatos* percontatus est, *quam poenam*
viderentur *meruisse. „Eam"*, inquit e legatis vnus, *„quam merentur, qui se libertate*
670  *dignos censent". Hic consul „Quid?"*, inquit, *„Si vobis poenam remittimus, qualem*
*vobiscum pacem habituri* sumus?*". „Si bonam dederitis"*, inquit ⟨legatus⟩, *„et fidelem*
*et perpetuam; si malam, haud diuturnam".*


                                   PAPYRIVS CVRSOR

VI, 284                                SEVERE                       (Papyrius Cursor) [102]

675  A Papyrio Cursore viro impigro *equites ausi sunt petere, vt pro re bene gesta* re*laxaret*
*aliquid laboris. Quibus ille, „Ne nihil"*, inquit, *„remissum dicatis, remitto, ne vtique*
*dorsum demulceatis, quum ex equis descenderitis".* Hoc non erat remittere laborem,
sed equo curando aliquid adimere. [C] Nisi forte sensit quosdam milites delicatiores
post equitandi laborem iubere solitos sibi defricari tergum. Hoc operae Papyrius suis
680  remisit. [A]

---

671  legatus *supplevi.*
675  Papyrio *A-C ut in Liv. ed. Erasmiana 1531:*
      Papirio *LB.*

665  *LEGATVS PRIVERNATVM*  Der Index
personarum gibt als Spruchspender C. PLAV-
TIVS CONSVL an; in Wirklichkeit ist der
Spruchspender jedoch der Gesandte aus Privernum.
*Apophth.* VI, 283 datiert auf das Jahr 329 v. Chr.,
das Jahr von Gaius Plautius' Konsulat.
667  *C. Plautius*  C. Plautius Decianus, gilt in
der röm. Historiographie als der Eroberer
von Privernum; soll im Jahr seines Konsulats
über die Priverner triumphiert haben. In der
Senatsverhandlung über den Friedensschluß
soll er dafür plädiert haben, daß man den
besiegten Privernern das röm. Bürgerrecht
verleihe (Liv. VIII, 21–22). Vgl. F. Münzer, *RE*
XXI, 1 (1951), Sp. 11–13, s.v. „Plautius", Nr. 18;
T. Schmitt, *DNP* 9 (2000), Sp. 1113–1114, s.v.
„Plautius", Nr. I, 5.
667–672  *Priuernatibus… diuturnam*  Im erzählenden Teil stark gekürzte und dadurch nicht
ganz klare, im Dialogteil jedoch wörtliche

Wiedergabe von Liv. VIII, 21, 1–3: „Cum ipsa
per sese res anceps esset, prout cuiusque ingenium erat atrocius mitiusue, suadentibus, tum
incertiora omnia vnus ex Priuernatibus legatis fecit, magis condicionis, in qua natus esset,
quam praesentis necessitatis memor, qui interrogatus a quodam tristioris sententiae auctore, quam poenam meritos Priuernates censeret, ,eam', inquit, ,quam merentur qui se
libertate dignos censent'. Cuius cum feroci re-
sponso infestiores factos videret consul eos, qui
ante Priuernatium causam inpugnabant, vt
ipse benigna interrogatione mitius responsum
eliceret, ,Quid? Si poenam', inquit, ,remitti-
mus vobis, qualem nos pacem vobiscum habi-
turos speremus?'. ,Si bonam dederitis', inquit,
,et fidam et perpetuam; si malam, haud diuturnam' ".
667  *Priuernatibus*  Die Einwohner von Privernum, der Hauptstadt der Volsker im südlichen
Latium, am Oberlauf des Amasenus; heute

678–680  Nisi … remisit C: *desunt in A B.*

Priverno in der Provinz Latina, ca. 90 km südöstl. von Rom, am Höhenrücken des Monte
Saiano gelegen. Die Privernates lieferten den
Römern harte Kämpfe, bei denen die Römer
jeweils siegten. Nach den militärischen Erfolgen d.J. 357 (durch L. Aemilius Mamerci-
nus) und 329 v. Chr. (durch Gaius Plautius
Decianus) feierten die Römer Triumphe (Liv.
VII, 16, 6 und VIII, 20, 7 ff.); in der Folge
wurde Privernum zu einer *praefectura*, sodann
zu einer *civitas sine suffragio* ernannt (Liv.
VIII, 21, 10), i.J. 160 v. Chr. jedoch zur *colonia* erhoben. Von dem Städtchen sind heute
noch bedeutende archäologische Reste erhalten. Vgl. M.M. Morciano, *DNP* 10 (2001), Sp.
355. Für Priverno als Villenort in der zweiten
Hälfte des 2. Jh. v. Chr. vgl. oben *Apophth*. VI,
203.

668 *quidam*    Er. setzt hier das nicht näher defi-
nierte „quidam" ein; bei Livius näher spezifiziert als einer jener Senatoren, die für eine
harte Bestrafung der Aufständischen eintra-
ten.

L. **Papirius Cursor**, bedeutender Politiker und
einer der größten röm. Feldherren; fünfmal
Konsul (326, 320, 319, 315 und 313 v. Chr.),
zweimal Diktator (325/4 und 309), dreimal
*magister equitum* (340, 320 und 319), dreimal
Triumphator (324, 319 und 309); 325 wurde er
zum Dictator ernannt, um den zweiten Samnitenkrieg zu führen. Papirius Cursor feierte
bedeutende militärische Siege über die Samniten und triumphierte zweimal über sie. Vgl.
Ch. Müller, *DNP* 9 (2000), Sp. 291–292, s.v.
„Papirius", Nr. I, 15; F. Münzer, *RE* XVIII,
3 (1949), Sp. 1039–1051, s.v. „Papirius", Nr.
52.

673 *PAPYRIVS CVRSOR*    In dieser Form im
Index personarum.

*Apophth*. VI, 284 bezieht sich auf eine der militärischen Kampagnen des Papirius Cursor gegen
die Samniten, entweder auf die Jahre 325 ff.
oder 316 ff. v. Chr.

675–677 *equites … descenderitis*    Liv. IX, 16,
15–16: „Equites etiam aliquando ausos ab
eo (sc. Papirio Cursore) petere, vt sibi pro
re bene gesta laxaret aliquid laboris; quibus ille: ‚ne nihil remissum dicatis, remitto',
inquit, ‚ne vtique dorsum demulceatis, cum ex
equis descendetis (descenderis ed. *Froben 1531
p. 205*)' ".

677 *dorsum demulceatis*    Mit „dorsum demul-
ceare", wörtlich „den Rücken weich machen/
glätten" ist die Fellpflege des Pferdes gemeint,

das ‚Striegeln' und Abreiben (*fricare*), wodurch Schmutz, Hautschuppen und ausfal-
lende Haare entfernt und zugleich die Rücken-
muskeln des Tieres massiert werden. Zuerst
wird mit dem Striegel (*strigillus*) das Fell
gegen den Strich abgerieben und grob gerei-
nigt, dann in Strichrichtung mit einer feinen Pferdebürste (Kardätsche) geglättet. Es
erscheint als eine etwas kuriose Anordnung,
daß die Reiter/Ritter nach einem Einsatz bei
ihrer Rückkehr ins Feldlager unverzüglich die
Pferdepflege durchführen mussten. Abgesehen davon, daß das auch zu einem anderen
Zeitpunkt stattfinden konnte, gab es dafür
Pferdeknechte (*equisones*). Die Fellpflege des
Pferdes konnte kaum von Reitern eingefordert werden, die den höchsten Ständen zugehörten. Genauso wie Pferdeknechte nicht in
hohem Ansehen standen, war das Abreiben
der Tiere keine Arbeit, die man einem *eques*
oder Patritzier zumuten konnte. Bei der Reiterei nicht-römischer Provenienz (Hilfstrup-
pen) lag dies natürlich anders. Auf Venti-
dius Bassus, 43 v. Chr. Suffektkonsul, wurde
der Spottvers gedichtet „Portentum inusi-
tatum conflatum est recens:/ Nam mulos
qui fricabat, consul factus est" (Gell. XV, 4,
3).

677–680 *Hoc non erat … suis remisit*    In seiner Erklärung des Spruches in *A* und *B*
hat Er. zunächst richtig verstanden, daß es
um Pferdepflege ging. In der Ausgabe letzter Hand setzte er jedoch die kuriose Alter-
nativerklärung hinzu, daß vielleicht auch ver-
weichlichte Soldaten („milites delicatiores")
gemeint sein könnten, die sich nach dem Rei-
ten den Rücken abreiben liessen. Auf diesen merkwürdigen Gedanken kam Er. wohl
durch ein Apophthegma des Scipio Aemilianus, das er aus Plut. *Mor*. 201B (Scipio Minor,
16) bezog. Zu den drakonischen Massnahmen,
mit denen Scipio die Disziplin der Truppen bei
Numantia wiederherzustellen versuchte (134
v. Chr.), gehörte, daß er verbot, daß sich die
Soldaten von Dienern einölen und massieren
liessen. Die Verordnung lautete, daß sich die
Soldaten fortan selbst einölen sollten. Denn
wozu hätten sie denn Hände? Er. präsentierte
die Verordnung in *Apophth*.V, 413 („Qui vnge-
rentur, iussit [sc. Scipio], vt ipsi sese fricarent.
Iumentis enim, quia manibus carent, opus esse
alio, a quo fricentur", vgl. Komm. ad loc.). Es
ist klar, daß hier Er.' zweite Erklärung nicht
zutreffen kann.

[„VI, 285" *CW* 38, S. 675]        [FACTA DICTIS POTIORA                (L. Volumnius)

Appius populo Romano … loqui didicissem]

## ROMANI

VI, 285                                [*A*] PRIMA COITIO                    (Romani) [103]

685   Romani dicebant *prima Gallorum proelia plus quam virorum esse, postrema minus quam foeminarum;* quod primo impetu feroces essent, mox demitterent animos.

## M. ATTILIVS

VI, 286                                   SEVERE                      (M. Attilius Regulus) [1]

Quum exercitus *Romanus terga* daret *Samnitibus,* M. Attilius *consul equo praeuectus* 690   *ad portam castrorum, edixit, vt quicunque* miles *ad vallum tenderet, siue Samnis esset siue Romanus, pro hoste haberetur. „Quo pergis", inquit, „miles? ⟨Et⟩ hic arma et viros inuenies, nec viuo consule tuo nisi victor castra intrabis. Proinde elige, cum ciue an cum hoste pugnare malis".*

## FABIVS MAXIMVS

695   VI, 287                                ANIMOSE                      (Q. Fabius, i.e. Fabius
                                                                                  Maximus, 12) [2]

*Sagunto* a Poenis contra foedus *oppugnato, Romani legatos misere Carthaginem,* in quibus erat Q. Fabius, exploraturos, an *id publico consilio factum esset.* Ad id quum

---

685  plus quam *LB (cf. paulo infra* minus quam*)*:          691  Et *scribendum sec. Liv. loc. cit. (cf. BAS LB)*:
        plusquam *A-C.*                                                    et *om. A-C.*
690  edixit *C*: aedixit *A B.*                               692  cum *A-C*: an cum *BAS LB.*

681  *Facta dictis potiora  A* und *B* drucken hier            hen; da sich dies nicht mit den klar ersicht-
        ein Apophthegma mit dem Titel „Facta dictis            lich so gewollten Massnahmen von *C* verträgt,
        potiora" (und dem Spruchspender L. Volum-              darf dieses Apophthegma nicht an dieser Stelle
        nius). Dieses Apophthegma wurde jedoch in              gedruckt werden. Aufgrund dessen ist auch
        *C* umgestellt: Der neue ,Standort' ist *nach*          die Zählung von *CWE* 38 nicht stimmig; sie
        VI, 438. In *CWE* 38, S. 675 wurde das Apo-           wird daher in der vorliegenden Edition ange-
        phthegma „Facta dictis potiora" dennoch an             passt (ab dieser Stelle *ASD*-Zählung = *CWE* 38
        der ,alten' Stelle von *A* und *B* wieder einge-        minus 1).
        gliedert und mit der Nummer VI, 285 verse-            685–686  *prima … foeminarum*  Liv. X, 28, 4:

„Gallorum quidem etiam corpora intolerantissima laboris atque aestus fluere primaque eorum proelia plus quam virorum, postrema minus quam feminarum esse" (ebenso ed. Froben 1531 p. 235).

**M. Atilius Regulus** führte als Konsul i.J. 294 Krieg gegen die Samniten und triumphierte über sie. Vgl. K.-L. Elvers, *DNP* 2 (1996), Sp. 212, s.v. „Atilius", Nr. I, 20; E. Klebs, *RE* II, 2 (1896), Sp. 2086, s.v. „Atilius", Nr. 50.

687 *M. ATTILIVS*  In dieser Form im Index personarum von *B* (s.l. „M") und *C* (s.l. „A"). Aus dem Index von *C* geht weiter hervor, daß dort M. Attilius, der Konsul von 294 v. Chr., zu Unrecht mit Atilius Crescens (um 100 n. Chr.), dem Jugendfreund Plinius d.J., identifiziert wurde.

*Apophth.* VI, 286 datiert auf d.J. Jahr 294, als M. Atilius Regulus (*DNP*, „Atilius", Nr. I, 20) das Konsulat bekleidete.

689–693 *Romanus … malis*  Im erzählenden Teil leicht variierende, im Spruchteil wörtliche Wiedergabe von Liv. X, 36, 6–8: „Hinc fuga coepta totam auertit aciem Romanam; iamque in terga fugientium Samnites pugnabant, cum consul equo praeuectus ad portam castrorum ac statione equitum ibi opposita edictoque, vt, quicumque ad vallum tenderet, siue ille Romanus siue Samnis esset, pro hoste haberetur, haec ipse (*ipsa ed. Erasmi 1531 I, p. 239 et plures edd. vett.*) minitans obstitit effuse (*profuse ed. Erasmi 1531 et edd. vett.*) tendentibus suis in castra. ‚Quo pergis', inquit, ‚miles? Et hic arma et viros inuenies nec viuo consule tuo nisi victor castra intrabis; proinde elige, cum ciue an hoste pugnare malis'".

689–690 *consul equo praeuectus ad portam castrorum*  „der Konsul, der zum Tor des Lagers vorausgeritten war", d.h. der Konsul, der zum Tor des römischen Feldlagers *zurück*geritten war und sich dort mit seiner Reiterei vor dem Tor aufstellte, um den römischen Soldaten, die im Begriff waren zu fliehen und ins Lager zurückzuströmen, den Einlass zu verweigern.

690 *ad vallum tenderet*  i.e. zum Wall des römischen Feldlagers.

691 ⟨*Et*⟩ *hic*  Bei der Übertragung des Livius-Textes wurde an dieser Stelle „et" zu Unrecht ausgelassen. „Et" ist jedoch unverzichtbar. Der Konsul sagte: „*Auch hier* trefft ihr auf bewaffnete Männer" (d.h. *auch hier*, wo ich mit der Reiterei stehe, nicht nur in der Schlachtreihe der Samniten). Für **Q. Fabius Maximus Verrucosus** (um 275–203 v. Chr.), den bedeutendsten röm. Feldherrn in der ersten und zweiten Phase des 2. Punischen Krieges (218–211), den sprichwörtlichen Cunctator, s. oben Komm. zu V, 270. Er widmete ihm im fünften Buch eine längere Sektion von Sprüchen (V, 270–280). Fabius führte die Gesandtschaft an, die in Karthago das röm. Ultimatum überbrachte.

694 *FABIVS MAXIMVS*  Diese Namensform verwendete Er. als Überschrift der dem Fabius gewidmeten Sektion von Apophthegmen im fünften Buch (V, 270–280); weitere Apophthegmata des Fabius Maximus bringt Er. in VI, 319 und 355.

*Apophth.* VI, 287 datiert auf das Jahr 218 v. Chr., als Hannibal Sagunt erobert hatte und die Römer den Puniern den Krieg erklärten, was zum Ausbruch des Zweiten Punischen Krieges führte.

697–698 *Sagunto … factum esset*  Gekürzte, vereinfachte Wiedergabe von Liv. XXI, 18, 1–3: „His ita comparatis … legatos maiores natu, Q. Fabium, M. Liuium, L. Aemilium (*Aemylium edd. vett.*), C. Licinium, Q. Baebium in Africam mittunt ad percunctandos (*percunctandos quaedam edd. vett.*) Carthaginienses, publico ne consilio Hannibal (*Annibal ed. Er. et plures edd. vett.*) Saguntum oppugnasset, et, si id, quod facturi videbantur, faterentur ac defenderent publico consilio factum, vt indicerent populo Carthaginiensi bellum".

698–699 *quum quidam ex Carthaginiensibus princeps*  Liv. XXI, 18, 4: „… tum ex Carthaginiensibus vnus: ‚Praeceps (*princeps ed. Erasm. et plures edd. vett.*) vestra, Romani, et prior legatio fuit …'".

quidam *Carthaginensium princeps* ferocius respondisset, *Romanus sinu ex toga facto,*
700   „En", *inquit, „vobis bellum et pacem apportamus: vtrum placet, sumite".* Quum Poeni
*ferocius* re*clamarent, daret vtrum vellet,* Romanus *effuso* sinu, *„Bellum",* inquit,
*„damus." Responderunt* Poeni *se accipere eoque animo gesturos,* quo ille daret.


## MARTIVS CORIOLANVS


VI, 288                           Victoria dvlcis       (Martius Coriolanus, 1) [3]


705   *Martius* Coriolanus in bello aduersus Volscos, quum rogaretur, *vt labore ac vulneribus*
*aeger sese in castra reciperet, „Non est",* inquit, *„victoris laborare",* moxque *hostem*
*fugientem* insectatus est. Victoriae dulcedo excutiebat omnem molestiae sensum.


VI, 289                           Honor potior mercede  (Martius Coriolanus, 2) [4]


Quum ob bene nauatam operam ante *praedae diuisionem* e singulis *rebus, equis et*
710   *captiuis denos sibi eligere iuberetur,* insuper *et equo pulcherrimo donatus a consule,*
„Laetor", inquit, *„a consule laudari equum*que *fortitudinis praemium* lubens ac*cipio,*
caetera *non* tam *decora quam mercedem* non accipiam", *fuitque* communi reliquorum
*sorte contentus.* Nec aliud extra ordinem petiit, quam vt *Volscus* quidam *vir* probus et
*aequus,* quo *hospite et amico* fuerat vsus Coriolanus, non venderetur captiuus, sed suae
715   libertati relinqueretur. Huic animo contemptori pecuniae et hospitis memori magis
applausum est quam victoriae.

---

699  princeps *A-C ut in Liv. ed. Erasmiana 1531:*
praeceps *Liv. text. recept.*

699  *princeps*  Livius berichtet, daß einer der
punischen Senatoren zu der römischen Gesandtschaft die folgenden Worte gesprochen
habe, „Voreilig (praeceps), war, Römer …". Er.
edierte seinen Livius-Text jedoch mit „princeps" statt „praeceps", sodaß es schien, als ob
ein punischer Prinz („tum ex Carthaginiensibus vnus princeps") gesprochen habe.

699  *ferocius respondisset*  „ferocius respondisset"
stimmt nicht mit der Darstellung überein,
die Livius von dem Empfang der römischen
Gesandtschaft in Karthago liefert. Vielmehr
hält der Sprecher der Karthager eine längere,
sorgfältig formulierte Rede (XXI, 18, 4–12).

699–702  *Romanus … gesturos*  Nach Auslassung der Rede des Puniers weitgehend wörtliche Wiedergabe von Liv. XXI, 18, 11–14: „(ex
Carthaginiensibus vnus) ,… Proinde omittite

705  Martius *A-C ut in versione Guarini:* Marcius
*sec. Plut. text. Graecum (Μάρχιον).*

Sagunti atque Hiberi (Iberi *plures edd. vett.*)
mentionem facere, et, quod diu parturit animus vester, aliquando pariat'. Tum Romanus
sinu ex toga facto ‚Hic', inquit, ‚vobis bellum
et pacem portamus: vtrum placet, sumite'.
Sub hanc vocem haud minus ferociter, daret,
vtrum vellet, succlamatum est. Et cum is
iterum sinu effuso bellum dare dixisset, accipere se omnes responderunt et, quibus acciperent animis, isdem se gesturo" (ebenso ed. Froben 1531).

699  *Romanus*  Bei Livius steht nicht, welcher
Gesandte diese Worte sprach. Er. ordnete sie
offensichtlich dem Fabius Maximus zu, da er
ihn in der Einleitung des Apophthegmas als
einzigen namentlich nennt.

**Cn. Marcius Coriolanus** (vor 527–ca. 488 v.
Chr.), röm. Patrizier und Feldherr, legendäre

Gestalt der frühen röm. Geschichte. Coriolanus zeichnete sich im Kampf der Römer gegen die Volsker aus, u. a. eroberte er Corioli (493 v. Chr.), wobei er in vorderster Schlachtreihe kämpfte und als einer der ersten in die Stadt eindrang. Für diese Heldentat bekam er den Beinamen Coriolanus. Bewarb sich daraufhin für das Konsulat, jedoch erfolglos, weil er offen als Gegner der Plebejer auftrat und das Amt des Volkstribunen nicht anerkannte. Für seinen Versuch, das Volkstribunat abzuschaffen, wurde von dem plebejischen Volkstribunen wegen Verfassungsbruch zum Tod verurteilt (491 v. Chr.); der Senat setzte das Todesurteil in eine lebenslängliche Verbannung um. Aus Rache lief Coriolanus zu den Volskern über, als deren Anführer er den Römern empfindliche Niederlagen beibrachte. Nachdem Versuche, ihn zurückzurufen, gescheitert waren, gelang es seiner Mutter Veturia und seiner Gattin Volumnia, ihn umzustimmen. Die Volsker vereitelten jedoch seine Rückkehr nach Rom und töteten ihn. Für die Überlieferung der Corolianus-Erzählung sind Liv. II, 33, 5–9; 34,8–35; 39–41; Dionysios von Halikarnassos *Antiquitates Romanae* VII, 21–67; VIII, 1–62 und Plutarchs Coriolanus-Biographie maßgeblich. Vgl. W. Eder, *DNP* 3 (1997), Sp. 164–165, s.v. „Coriolanus"; W. Schur, *RE* S V (1931), Sp. 653–660, s.v. „Marcius", Nr. 51.

703 *MARTIVS CORIOLANVS* In dieser Form auch im Index personarum.

*Apophth*. VI, 288 datiert auf das Jahr 493 v. Chr., als Coriolanus Corioli eroberte.

705–706 *Martius … laborare* Wörtliche Wiedergabe von Guarino da Veronas Übers. von Plut. *Coriol*. 9, 6.: „In quibus (sc. hostibus) persequendis intenti Martium orant, vt is labore ac vulneribus aeger sese in castra recipiat. Ille ‚Haud est', inquit, ‚laborare victoris', continuoque fugientes insectatus est" (Paris 1514, fol. XLVIIᵛ). Vgl. den griech. Text: … ἐγκείμενοι καὶ καταβιαζόμενοι τοὺς πολεμίους ἐώσαντο, καὶ τρεπόμενοι πρὸς δίωξιν αὐτῶν τὸν Μάρκιον ἠξίουν ὑπό τε καμάτου βαρὺν ὄντα καὶ τραυμάτων ἀναχωρεῖν ἐπὶ τὸ στρατόπεδον. εἶπων δ᾿ ἐκεῖνος ὅτι νικώντων οὐκ ἔστι τὸ κάμνειν, ἐφείπετο τοῖς φεύγουσιν (vgl. ed. Ald. fol. 70ʳ).

705 *Martius* Er. schrieb „Martius" ebenso wie in *Adag*. 25 (*ASD* II, 1, S. 118), an der vorl. Stelle wohl nach der lateinischen Übers. Guarinos, die er als Textvorlage benutzte; der griech. Text las Μάρκιος.

709–714 *equis et captiuis … aequus* Plut. *Coriol*. 10, 2–3. Er. bearbeitete die latein. Übers. des Guarino Guarini, die er kürzte und paraphrasierend wiedergab, wobei er die indirekte Rede in direkte, und die direkte in indirekte Rede übertrug: „Postmodum, quum ex omnibus tum rebus tum equis tum captiuis decem sibi, priusquam in alios praeda diuideretur, deligere iuberetur, praeterea ad eximiae fortitudinis praemium insigni donaretur equo, id Romanis approbantibus vniuersis procedens in medium Martius, consulis inquit laudibus exultare se equumque suscipere: alia vero non decus, sed mercedem ducere; proinde sua se, quemadmodum vnusquisque, sorte contentum fore. ‚Praecipue vero vnicam peto ac obsecro gratiam. Hospes mihi et amicus in Volscis erat vir aequitate ac modestia clarus. Is modo captus ex locuplete solutoque seruus factus est: ei quum magna malorum moles ingruat, vnum, ne vaenum detur, ammouisse (ammonuisse *ed. 1514*) sat erit'. Haec vbi dicta sunt, ingens Martio clamor obiicitur. Plures profecto inuictum magis pecuniis animum quam bellicam eius fortitudinem admirari" (Paris, 1514, fol. XLVIIᵛ). Vgl. den griech. Text: ἔπειτα, πολλῶν χρημάτων καὶ ἵππων γεγονότων αἰχμαλώτων καὶ ἀνθρώπων, ἐκέλευσεν αὐτὸν ἐξελέσθαι δέκα πάντα πρὸ τοῦ νέμειν τοῖς ἄλλοις. ἄνευ δὲ ἐκείνων (ἐκείνων *ed. Perrin*, ἐκείνου *ed. Ald. fol. 70ʳ*) ἀριστεῖον αὐτῷ κεκοσμημένον ἵππον ἐδωρήσατο. τῶν δὲ Ῥωμαίων ἐπαινεσάντων ὁ Μάρκιος προελθὼν τὸν μὲν ἵππον ἔφη δέχεσθαι καὶ χαίρειν τοῖς ἐπαίνοις τοῦ ἄρχοντος, τὰ δὲ ἄλλα μισθόν, οὐ τιμὴν ἡγούμενος ἐᾶν, καὶ ἀγαπήσειν ὡς εἷς ἕκαστος τὴν νέμησιν. „ἐξαίρετον δὲ μίαν αἰτοῦμαι χάριν", ἔφη, „καὶ δέομαι λαβεῖν. ἥν μοι ξένος ἐν Οὐολούσκοις καὶ φίλος, ἀνὴρ ἐπιεικὴς καὶ μέτριος· οὗτος ἑάλωκε νῦν καὶ γέγονεν ἐκ πλουσίου καὶ μακαρίου δοῦλος. πολλῶν οὖν αὐτῷ κακῶν παρόντων ἓν ἀφελεῖν ἀρκεῖ, τὴν πρᾶσιν." ἐπὶ τούτοις λεχθεῖσι βοή τε μείζων ἀπήντησε τῷ Μαρκίῳ, καὶ πλείονες οἱ θαυμάζοντες ἐγένοντο τὸ μὴ κρατούμενον ὑπὸ χρημάτων τἀνδρὸς ἢ τὴν ἐν τοῖς πολέμοις ἀνδραγαθίαν.

VI, 290                        Pietas                (Martius Coriolanus, 3) [5]

Quum Coriolanus merito iratus ingrato populo Romano exitium Vrbi moliretur nec
a *legatis* nec a *sacerdotibus* exorari posset, *Veturia mater* vna cum *vxore* filii *ac liberis*
720   *in castra* venit. In cuius *complexum* quum accurreret Coriolanus, „*Sine*", inquit *illa*,
„*prius sciam*, vtrum *ad hostem an ad filium venerim*, et vtrum *captiua* an *mater in castris
tuis sim*". Haec aliaque quum dixisset, *matrem complexus*, „*Expugnasti*", inquit, „*et
vicisti iram meam, patria;* te *mihi quamuis merito inuisam huius precibus dono*".


## ATTILIVS REGVLVS

725   VI, 291                Salvbritas ivncta foecvnditati      (Attilius Regulus) [6]

*Attilius Regulus*, qui fuit [*C*] primo [*A*] *bello Punico bis consul, aiebat neque foecundis-
simis locis agrum insalubrem parandum neque effoetis saluberrimum*". Frustra salubris
est locus, vbi peritur fame. Et frustra fertilis est, vbi non licet viuere.

---

726 Attilius *A–C ut in Plin. ed. Bas. 1525 et*        726  primo *C: deest in A B.*
*pluribus edd. vett.*: Atilius *Plin. text. recept.*

717  *Pietas*  Er. bestimmte den Titel gemäss der
Rubrizierung des Kapitels V, 4 bei Val. Max.:
„De pietate erga parentes et fratres et patriam".

718–720  *nec a legatis … castra venit*  Gekürzte
und paraphrasierende Wiedergabe von Val.
Max. V, 4, 1: „Missi ad eum (sc. Coriola-
num) deprecandum legati nihil profecerunt;
missi deinde sacerdotes cum infulis aeque
sine effectu redierunt. … Tunc Veturia Corio-
lani mater Volumniam vxorem eius et liberos
secum trahens castra Volscorum petiit".

719  *Veturia*  Veturia brachte ihren Sohn Marcius
Corolianus davon ab, seine Vaterstadt Rom zu
erobern und überzeugte ihn, daß er zu den
Römern zurückkehren müsse. Vgl. Ch. Müller, *DNP* 12,2 (2002), Sp. 154–155, s.v. „Veturia"; H. Gundel, *RE* VIII, A2 (1958), Sp. 1898–
1899, s.v. Veturius", Nr. 24.

720–723  *In cuius complexum … dono*  In den
erzählenden Teilen stark gekürzte und paraphrasierende, in den Spruchteilen wörtliche
Wiedergabe von Val. Max. V, 4, 1: „Quam (sc.
matrem Veturiam) vbi filius aspexit, propere
vt amens matris complexum petiit. Illa ex precibus in ira versa ait: ‚Sine, priusquam conplexum accipiam, sciam an ad hostem an ad
filium venerim, captiuane an mater in castris
tuis sim …' Multaque insuper addidit com-

plorando, quibus et vxoris et paruulorum fle-
tibus motus matrem complexus, ‚Expugnasti',
inquit, ‚et vicisti iram meam, patria, precibus huius admotis (admotis *ed. Kempf, text.
recept., pars edd. vett.*: admonitus *ed. Bade 1510
fol. CCIX*ᵛ*, quaedam edd. vett.*), cuius vtero te
quamuis merito mihi inuisam (cuius … inuisam *text. recept.*: cuius vtero conceptus sum,
tibi quamuis merito mihi inuisae *ed. Bade 1510,
edd. vett.*) dono', continuoque agrum Romanum hostilibus armis liberauit". Val. Max.
benutzte Liv. II, 40, 5: „Coriolanus prope
(prope *text. recept.*: propere *ed. Erasm. 1531,
I, p. 44*) vt amens consternatus ab sede sua
cum ferret matri obuiae conplexum, mulier
in iram ex precibus versa ‚Sine, priusquam
conplexum accipio, sciam', inquit, ‚ad hostem an ad filium venerim, captiua materne
in castris tuis sim …". Zum Abschluss der
Geschichte gibt Liv. (II, 40, 9) – anders als Val.
Max. – nicht die Worte des Coriolanus wieder, sondern fasst das Geschehene kurz zusammen.

724  *ATTILIVS REGVLVS*  In dieser Form auch
im Index personarum.

726  *Attilius Regulus*  Bei Plinius wird der Vorname nicht vermeldet (*Nat.* XVIII, 27), jedoch
bei Columella I, 4, 2: **Marcus Atilius Regu-**

lus. Dabei handelt es sich um jenen Helden Marcus Regulus, der in Karthago gefoltert und getötet wurde (*DNP* 2, Sp. 212, s.v. „Attilius", Nr. I, 21). Dieser bekleidete zweimal das Konsulat (267 und 256 v. Chr.), das erste Mal jedoch, bevor der Erste Punische Krieg ausgebrochen war. Plinius ist diesbezüglich eine Ungenauigkeit unterlaufen. Er. gab im Text von *Apophth.* VI, 291 – in der Nachfolge seiner Quelle Plinius – den Vornamen des Regulus ebenfalls nicht an. Jedoch suggeriert Er.' Zusatz in *C* („primo"), daß ihm – in zweiter Instanz – die Columella-Stelle I, 4, 2 ebenfalls vorlag, in der der Name komplett aufscheint. Damit stimmt überein, daß im Index personarum von *C* (s.v. „Attilius") der richtige Vorname Marcus („M.") angegeben wird. Im Index von *B* fehlte der Vorname noch. Oben VI, 286 brachte Er. ein Apophthegma, das ebenfalls einem „M. Attilius" gewidmet ist. Dabei handelt es sich jedoch nicht um dieselbe Person, sondern um jenen M. Atilius Regulus, der i.J. 294 als Konsul gegen die Samniten gekämpft hatte (= *DNP* 2, Sp. 212, s.v. „Attilius", Nr. I, 20).

*Apophth.* VI, 291 datiert vor 256 v. Chr., als Regulus mit einer Flotte gegen Karthago zog und in der Folge in Afrika Krieg führte. Ab diesem Zeitpunkt konnte sich Regulus nicht mehr mit dem Landbau beschäftigen. Er geriet während des Krieges in punische Gefangenschaft, wurde gefoltert und getötet. Das Apophthegma stellt eine Regel für römische Gutsbesitzer in der ersten Hälfte des 3. Jh. v. Chr.

für den Ankauf neuer Ländereien auf. Columella benutzte sie in seinem Handbuch über den Landbau, *De agricultura*, als Ausgangspunkt einer einschlägigen Diskussion über die Grundstückwahl (I, Kap. 4 „De salubritate regionum"). Der Villenbesitzer Regulus selbst hatte bei der Grundstückwahl keine glückliche Hand; jedenfalls hat er sich nicht an seine selbst aufgestellte Regel gehalten: Er kaufte bei Pupinia in Latium ein Stück Land, das unfruchtbar war und sich durch ein ungesundes Klima auszeichnete (Colum. I, 4, 2); vgl. Cic. *Agr.* II, 96; Liv. XXVI, 9, 12.

726–727 *Attilius … saluberrimum* Wörtliche Wiedergabe von Plin. *Nat.* XVIII, 27: „Atilius (Attilius *ed. Bas. 1525 et plures edd. vett.*) Regulus ille Punico bello bis consul aiebat neque fecundissimis locis insalubrem agrum parandum neque effetis saluberrimum"; Colum. I, 4, 2: „In vniuersum tamen … habeo, quod primo iam Punico bello dux inclytissimus M. Atilius Regulus dixisse memoratur: fundum sicuti ne fecundissimi quidem soli, cum sit insalubris, ita nec effeti, si vel saluberrimus sit, parandum; quod Atilius aetatis suae agricolis maiore cum auctoritate censebat, peritus vsu. Nam Pupiniae pestilentis simul et exilis agri cultorem fuisse eum locuntur historiae".

726 *primo* Ein Zusatz des Er. in der Ausgabe letzter Hand, zur näheren Erläuterung der historischen Situation. Er. fügte „primo" sicherlich aufgrund der Angabe bei Colum. I, 4, 2 „primo iam Punico bello" hinzu.

## T. MANLIVS TORQVATVS

730    VI, 292                Gʀᴀᴠɪᴛᴇʀ        (T. Manlius Torquatus) [7]

T. *Manlius* [*C*] Torquatus [*A*] *consulatum* magno *consensu* ⟨*delatum*⟩ *recusauit, excusans aduersam valetudinem oculorum.* Sed *instantibus cunctis, „Alium", inquit, „Quirites quaerite,* cui mandetis istum *honorem. Nam si me* suscipere *coegeritis, nec ego mores vestros ferre nec vos meum imperium perpeti poteritis".*

735                            C. FIGVLVS

VI, 293                Iɴɢʀᴀᴛɪᴛᴠᴅᴏ        (C. Figulus) [8]

C. Figulus in petitione *consulatus repulsam* passus est. Id *eo* grauius tulit, *quod patrem* haberet *bis* consulem. *Ad* hunc *quum postridie comitiorum* complures *venissent consulendi* gratia – nam erat *iuris ciuilis* peritissimus – *omnes dimisit,* ita *praefatus: „Omnes*
740    *consulere scitis, consulem facere nescitis".*

### M. DRVSVS

VI, 294                Aʀʀᴏɢᴀɴᴛɪᴀ ꜰᴇʟɪx     (M. Livius Drusus, 1) [9]

*M. Drusus tribunus plebis,* non contentus *L. Philippum consulem praecipitasse in carcerem,* quod *se* loquentem *ausus esset interpellare, quum senatus ad eum misisset, vt*
745    *veniret in curiam,* „Quur *non potius",* inquit, „senatus *ad me venit in Hostiliam rostris*

---

730 Grauiter *scripsi* (*cf. Val. Max. VI, 4 „De grauiter dictis et factis")*: Seuere *A-C,* Seueritas *BAS.*

**T. Manlius Torquatus,** Konsul d.J. 235 und 215 v. Chr. Schlug als Konsul i.J. 215 einen Aufstand in Sardinien nieder. 211 verzichtete er freiwillig auf ihm zuerkanntes drittes Konsulat. Vgl. T. Schmitt, *DNP* 7 (1999), Sp. 826, s.v. „Manlius", Nr. I, 19. *CWE* 38 (S. 1001) identifiziert ihn zu Unrecht mit dem gleichnamigen Spruchspender von VI, 297, der i.J. 165 v. Chr. das Konsulat bekleidete (vgl. Komm. S. 677 und 678).

729 *T. MANLIVS TORQVATVS* In dieser Form im Index personarum von *C* (s.l. „M"); in *A, B* „Manlius".

731 T. Manlius Torquatus *C*: Manlius *A B.*
731 delatum *supplevi ex Val. loco cit. ab Erasmo.*

730 *Grauiter* Er. stellte hier den Titel des Apophthegmas auf, indem er die Kapitelüberschrift von Valerius Maximus übernahm; diese lautete für Kap. VI, 4 „De grauiter dictis aut factis". Er. schrieb irrtümlich „seuere", was jedoch die Kapitelüberschrift des vorhergehenden Kapitels bei Valerius ist; d.h. Er. ordnete die Stelle dem falschen Kapitel von Valerius zu. Lycosthenes korrigierte den Fehler, indem er *Apophth.* VI, 292 richtig der Kategorie „De grauiter dictis" zuordnete (S. 442).

731–734 *Manlius ... poteritis* Größtenteils wörtliche, nur leicht variierende, jedoch durch eine Auslassung entstellte Wiedergabe von Val. Max. VI, 4, 1: „Par illius quoque Manli (Man-lii *ed. Bade 1510, fol. CCXLVIII^r, et plures edd. vett.*) grauitas, cui cum consulatus [cum] (cum *deest in ed. Bade. 1510*) omnium con-sensu deferretur eumque sub excusatione ad-uersae valitudinis oculorum recusaret, instan-tibus cunctis ‚Alium‘, inquit, ‚Quirites, quae-rite ad quem hunc honorem transferatis. Nam si me gerere eum coegeritis, nec ego mores vestros ferre nec vos meum imperium perpeti poteritis‘ “.

731 ⟨*delatum*⟩ Bei der Übernahme des Valerius-Textes vergass Er. dieses Wort; dieses ist jedoch unverzichtbar, da sonst die Satzkonstruktion nicht mehr stimmt und der löchrige Text kurioserweise besagen würde, daß Manlius Torquatus das Konsulat mit der Zustimmung aller zurückwies.

**C. Marcius Figulus**, Konsul 64 v. Chr.; unter-stützte Cicero bei der Niederwerfung der Cati-linarier. Vgl. J. Fündling, *DNP* 7 (1999), Sp. 858–859, s.v. „Marcius“, Nr. I, 12; F. Münzer, *RE* XIV, 2 (1930), Sp. 1559–1560, s.v. „Mar-cius“, Nr. 63.

735 *C. FIGVLVS* In dieser Form im Index personarum von *A, B* (s.l. „C“) und *C* (s.l. „F“).

*Apophth.* VI, 293 datiert wohl auf die Konsul-wahlen im Dezember d.J. 66 v. Chr.; Marcius Figulus hatte 67 das Praetoramt bekleidet und wurde im Dez. d.J. 65 zum Konsul für d.J. 64 gewählt.

737–740 *consulatus … nescitis* Frei paraphrasie-rende und vereinfachte Wiedergabe von Val. Max. IX, 3, 2: „C. autem Figulum mansueti-simum, pacato iuris ciuilis iudicio celeberri-mum, prudentiae moderationisque immemo-rem reddiderunt. Consulatus enim repulsae dolore accensus, eo quidem magis quod illum bis patri suo datum meminerat, cum ad eum postero comitiorum die multi consulendi causa venissent, omnes dimisit, praefatus ‚An vos (an vos *text. recept.*: omnes *ed. Bade 1510, fol. CCCLXVII^v, plures edd. vett.*) consulere sci-tis, consulem facere nescitis?‘ (nicht als Frage gekennzeichnet in ed. Bade 1510 und anderen älteren Ausgaben). Dictum grauiter et merito, sed tamen aliquanto melius non dictum“.

**M. Livius Drusus** (um 124–91 v. Chr.), röm. Politiker und Redner im Senat; Quästor 102, Ädil 94, Volkstribun 91 v. Chr.; im Jahr seines Volkstribunates stiess er auf massiven Wider-stand; noch vor Vollendung seiner Amtszeit wurde er ermordet. Livius Drusus spielt die Hauptrolle in *Apophth.* VI, 304, obwohl er dort nicht als Spruchspender agiert. Zu sei-ner Person und seinen Gesetzeseingaben vgl. unten Komm. zu VI, 304. VI, 341 widmet ihm Er. noch ein weiteres *Apophthegma*, nennt ihn dort jedoch irrtümlich „Iulius Drusus Publi-cola“ (vgl. Komm. ad loc.).

741 *M. DRVSVS* In dieser Form im Index personarum.

*Apophth.* VI, 294 datiert auf das Jahr 91 v. Chr., das Jahr, in dem Livius Drusus Volkstribun und Marcius Philippus Konsul waren. Er.‘ positive Qualifikation der Arroganz des Tribunen ist etwas merkwürdig („Arrogantia felix“) ange-sichts der Tatsache, daß sich Drusus durch sein Auftreten so verhasst machte, daß er noch während seiner Amtszeit ermordet wurde.

743–747 *M. Drusus tribunus plebis … paruit* Im narrativen Teil stark gekürzte und paraphrasie-rende, im Spruchteil wörtliche, jedoch durch ein Mißverständnis entstellte Wiedergabe von Val. Max. IX, 5, 2: „Quae (Quae amentia *ed. Bade 1510, fol. CCCLXXIII^v et plures edd. vett.*) a M. quoque Druso tribuno plebis per sum-mam contumeliam vexata est: parum enim habuit L. Philippum consulem, quia interfari (interfari *ed. Kempf, text. recept.*: se interpel-lari *edd. vett., ita et ed. Bade 1510*) se (se *deest in ed. Bade 1510*) contionantem ausus fuerat, obtorta gula, et quidem non per viatorem, sed per clientem suum, adeo violenter in carcerem praecipitem egisse, vt multus e naribus eius cruor profunderetur (perfunderetur *ed. Bade 1510*); verum etiam, cum senatus ad eum misis-set, vt in curiam veniret, ‚Quare non potius‘, inquit ‚ipse in Hostiliam curiam propinquam rostris, id est (id est *deest in ed. Bade 1510*) ad me, venit?‘. Piget adicere, quod sequitur: tri-bunus senatus imperium despexit, senatus tri-buni verbis paruit“.

743 *L. Philippum consulem* Der Popular und ehemalige Volkstribun Lucius Marcius Phil-ippus war i.J. 91 v. Chr. Konsul; er war ein entschiedener Gegner des M. Livius Drusus, der im J. seines Volkstribunates Reformgesetze durchzusetzen versuchte. Für Marcius Philip-pus s. oben Komm. zu VI, 286. Er. widmet ihm im sechsten Buch noch ein weiteres *Apo-phthegma* (VI, 204).

745 *in curiam* „in curiam“, hier „zur Senats-sitzung“: der Senat konnte auch an anderen Orten als in dem offiziellen Senatsgebäude tagen (z.Z. des Apophthegmas die Curia Hos-tilia).

745 *ad me venit in Hostiliam* Hier liegt ein Miss-verständnis vor. Er. verkehrte offensichtlich in der Annahme, daß der Volkstribun Livius

*propinquam?"*. Quid con*sequuutum? Tribunus senatus* autoritatem *despexit, senatus tribuni verbis paruit.*

## C. FIMBRIA

VI, 295                          CRVDELITER                          (Fimbria) [10]

750    *C. Fimbria* procurarat, *vt Scaeuola in funere C. Marii iugularetur, quem* vt cognouit *ex vulnere recreatum, apud populum* deferre *instituit. Rogantibus,* quid optimo *inno-centi*ssimoque viro *esset obiecturus,* „Obiiciam", inquit, *„quod parcius corpore telum recepit"*, quasi hoc ipsum crimen esset non perisse.

## CATILINA

755    VI, 296                          IMPROBITAS                          (Catilina) [11]

Quum M. Tullius *in senatu dixisset incendium a Catilina excitatum,* „Sentio", inquit Catilina, „idque *si aqua non potuero, ruina extinguam"*. Vox non hominis, sed Furiae.

Drusus in der Curia Hostilia residiere, bzw. dort die von ihm geleiteten Versammlungen abhielt. Die Curia Hostilia war jedoch der reguläre Tagungsort des Senats; sie befand sich auf dem Forum neben dem Comitium. Es war das Comitium, wo die Volksversammlungen tagten, somit der Ort, wo sich die Volkstribunen aufhielten. Drusus wollte eigentlich sagen: Warum tagt der Senat nicht in seinem eigenen Tagungsgebäude? Dann wäre ich schon an Ort und Stelle! Die altehrwürdige Curia Hostilia brannte unter Sulla ab; der Diktator errichtete an ihrer Stelle einen etwas grösseren Neubau (= Curia Cornelia); dieser brannte i.J. 52 v. Chr. bei den Unruhen im Zusammenhang mit der Ermordung des Clodius ab. Im Zuge der Neugestaltung des Forums unter Caesar (während seiner Diktatur) entstand in der Nähe der alten Curia Hostilia bzw. Cornelia die Curia Iulia, welche fortan der reguläre Versammlungsort des Senates war.

**Gaius Flavius Fimbria** (gest. 85 v. Chr.), röm. Feldherr auf Seiten des Marius, der im Bürgerkrieg Sulla unterlag. Bei der Einnahme Roms durch die Marianer i.J. 87 liess er eine Reihe von Optimaten töten; als im Jan. 86 Marius begraben wurde, plante er einen Mordanschlag auf Quintus Mucius Scaevola, den ehemaligen Pontifex maximus, welcher jedoch misslang. I.J. 86 begleitete er als Legatus den Konsul L. Valerius Flaccus in den Osten, wo er im Krieg gegen Mithridates erfolgreich kämpfte. Es gelang ihm sogar, Mithridates bei Pitane einzuschliessen, der nur entkam, weil ihm der Flottenkommandant des Sulla zur Flucht verhalf. Bei Thyateira in Lydien lief Fimbrias Heer jedoch zu Sulla über, woraufhin jener nach Pergamon floh und Selbstmord beging (85 v. Chr.). Vgl. K.-L. Elvers, *DNP* 4 (1998), Sp. 545, s.v. „Flavius", Nr. I, 6; F. Münzer, *RE* VI, 2 (1909), Sp. 2599–2601, s.v. „Flavius", Nr. 88.

748 *C. FIMBRIA* In dieser Form im Index personarum.

749 *Crudeliter* Er. ordnete das Apophthegma der Kategorie „Crudeliter (dicta/facta)" zu, obwohl es in der ursprünglichen Quelle, Val. Max. IX, 11, 2, unter der Kategorie „De improbe dictis aut factis" lief. Es könnte sein, daß Er. hier von Brusoni ausging, der das Apophthegma in seiner Sammlung d.J. 1518 in der Kategorie „De crudelitate" (II, 9) präsentiert hatte.

*Apophth.* VI, 295 datiert auf Januar 86 v. Chr., unmittelbar nach dem Begräbnis des Marius (am 13. 1.).

750–753 *C. Fimbria ... recepit* Val. Max. IX, 11, 2: „Non tam atrox C. Fimbriae est factum et dictum; sed si per se aestimetur, vtrunque audacissimum. Id egerat, vt Scaeuola in funere C. Mari (Marii *ed. Bade 1510 fol. 384ᵛ, plurimae edd. vett.*) iugularetur, postquam eum (quem postquam *ed Paris. 1510 et quasi omnes edd. vett.*; postquam eum *ed. Kempf*) ex vulnere recreatum comperit, accusare eum apud populum instituit; interrogatus deinde, quid de eo secus dicturus esset, cui pro sanctitate morum satis digna laudatio reddi non posset, respondit obiecturum se illi, quod parcius corpore telum recepisset‘ “; vgl. Brusoni II, 9 („De crudelitate“): „Caius Fimbria ... Scaeuolam in C. Marii funere ceu hostiam iussit iugulari; sed postquam ex vulnere audiit recreatum, illum accusare apud populum instituit. Interrogatus, quid de eo dicturus esset, cui pro sanctitate morum satis digna laudatio reddi non posset, respondit se obiecturum illi, quod parcius corpore telum recepisset“; Cic. *S. Rosc. Am.* 33.

750 *Scaeuola* Für den Politiker und Juristen Q. Mucius Scaevola den „Pontifex“ (ca. 140–82 v. Chr.) siehe unten Komm. zu VI, 352.

750 *C. Marii* C. Marius (ca. 157–86 v. Chr.), der röm. Feldherr und siebenmalige Konsul.

751 *Rogantibus* bezieht sich auf Fragen von Teilnehmern an der Volksversammlung, die Fimbria organisiert hatte.

**L. Sergius Catilina** (ca. 108–62 v. Chr.), Senator, schloß sich nach der Rückkehr aus dem Mithridatischen Krieg Sulla an. Nachdem seine Bewerbungen um das Konsulat für d.J. 64 und 63 gescheitert waren, versuchte er

einen Putsch. Er wurde zum Staatsfeind erklärt und fiel i.J. 62 bei Pistoria. Vgl. J. Ungern-Sternberg, *DNP* 2 (1996), Sp. 1029–1031, s.v. „Catilina“; M. Gelzer, *RE* II, A2 (1923), Sp. 1693–1711, s.v. „Sergius“, Nr. 23; Y. Maes, *DNP, Suppl.*, Bd. 8, Sp. 247–225, s.v. „Catilina“.

755 *Improbitas* Den Titel „Improbitas“ hat Er. aus der von ihm bearbeiteten Kategorie bei Valerius Maximus, „De improbe dictis aut factis“ (= Kap. IX, 11) bezogen.

*Apophth.* VI, 296 datiert auf den 7. 11. 63 v. Chr.

756 *M. Tullius in senatu dixisset* Es handelt sich um die erste Catilinarische Rede, die Cicero in der Senatssitzung am 7. 11. 63 v. Chr. im Tempel des Jupiter Stator (am Fuß des Palatins) hielt. Überraschenderweise stellte sich heraus, daß Catilina an dieser Versammlung teilnahm. Cicero stellte Catilina zur Rede und informierte den Senat über den Putschversuch.

756–757 *in senatu ... exstinguam* Größtenteils wörtliche Wiedergabe von Val. Max. IX, 11, 3: „L. vero Catilina, in senatu M. Cicerone incendium ab ipso excitatum dicente, ‚Sentio‘, inquit, ‚et quidem illud si aqua non potuero, ruina restinguam‘. Quem quid alius existimemus quam conscientiae stimulis actum a se incohati parricidii peregisse?“; vgl. Sall. *Cat.* 31, 8–9: „Ad hoc maledicta alia (sc. in Ciceronem) quom adderet (sc. Catilina), obstrepere omnes (sc. patres conscripti), hostem atque parricidam vocare. [9] Tum ille furibundus ‚Quoniam quidem circumuentus‘, inquit ‚ab inimicis praeceps agor, incendium meum ruina extinguam‘. Deinde se ex curia domum proripuit“; Brusoni II, 9 („De crudelitate“): „Lucius Catilina obiicienti Ciceroni incendium a se excitatum, ‚Sentio quidem‘, ait, ‚et si aqua illud non potero, ruina extinguam‘ “.

## T. MANLIVS TORQVATVS

VI, 297                      SEVERITAS            (T. Manlius Torquatus) [12]

760  Manlius Torquatus, *quum* e *Macedonia* venissent *legati* graues *querelas deferentes de*
*filio eius Decio Syllano* [i.e. Silano], *qui eam prouinciam obtinuerat, a senatu petiit,*
*ne quid ea de re statuerent, priusquam ipse causam* cognouisset. Quum senatus illi
*cognitionem* detulisset, *domi sedit solusque vtrique parti per totum biduum vacauit,*
*tertio die pronunciauit* in hanc formam: „*Quum Syllanum filium pecunias a sociis*
765  *accepisse probatum sit, et republica eum et domo mea indignum iudico protinusque e*
*conspectu meo abire iubeo*".

## AVLVS FVLVIVS

VI, 298                      SEVERITAS PATRIS            (Aulus Fuluius) [13]

*Aulus Fuluius filium ingenio, literis et forma* florentem, quoniam *in Catilinae castra*
770  properabat, *ex itinere retractum* occidit, dicens, „Ego te *non Catilinae aduersus patri-*
*am, sed patriae aduersus Catilinam genui*".

## M. CASTRICIVS

VI, 299                      FIDVCIA SENECTVTIS            (M. Castritius) [14]

*M. Castritius Placentiae magistratum gerens, Cn. Carboni consuli iubenti decretum fieri,*
775  *quo sibi obsides a Placentinis* redderentur, *non* paruit *atque* adeo minitanti *dicentique*

---

774  Castritius *A-C ut in Val. edd. vett.*: Castricius
     *Val. text. recept.*

758  *T. MANLIVS TORQVATVS*  So auch im
     Index personarum. Es handelt sich um
     **T. Manlius Torquatus**, den Konsul d.J. 165.
     Vgl. P.C. Nadig, *DNP* 7 (1999), Sp. 827, s.v.
     „Manlius", Nr. I, 20. In *CWE* 38, S. 677 fälsch-
     lich mit dem T. Manlius Torquatus von VI, 292
     identifiziert.
759  *Seueritas*  Er. leitete den Titel von der Kate-
     gorie des Val. Max., die er bearbeitete („De
     parentum seueritate", = Kap. V, 8) ab. Die
     Anekdote datiert auf d.J. 140 v. Chr.
760–766  *quum e Macedonia … iubeo*  Leicht
     gekürzte, größtenteils wörtliche Wiedergabe
     von Val. Max. V, 8, 3: „Nam cum ad sena-

tum Macedonia de filio eius Decio Silano (Syllano *ed. Bade 1510, fol. CCXXVʳ*), qui eam
prouinciam optinuerat, querelas (querellas *ed.*
*Kempf, ed. Shackleton Bailey*) per legatos detulisset (detulisset *ed. Shackleton Bailey*: detulis-
sent *ed. Kempf*: retulisset *ed. Bade 1510*), a patri-
bus conscriptis petiit, ne quid ante de ea re statuerent, quam ipse Macedonum (Macedonum
*text. recept.*: Macedonii *ed. Bade 1510*) filiique
sui causam inspexisset; summo deinde cum
(tum *ed. Bade 1510*) amplissimi ordinis tum
etiam eorum, qui questum venerant, consensu
cognitione suscepta, domi consedit solusque
vtrique parti per totum biduum vacauit, ac

tertio plenissime die (die *del. Eberhard, del. Shackleton Bailey*) diligentissimeque auditis testibus ita pronuntiauit: ‚Cum Silanum (Syllanum *ed. Bade 1510*) filium meum pecunias (pecunias *text. recept.*: pecuniam *ed. Bade 1510*) a sociis accepisse (accepisse a sociis *ed. Bade 1510*) probatum mihi sit (mihi sit *text. recept.*: sit mihi *ed. Bade 1510*), et re publica eum et domo mea indignum iudico protinusque e conspectu meo abire iubeo'".

761 *Decio Syllano* D. Iunius Silanus, Sohn des Manlius Torquatus, des Konsuls von 165 v. Chr.; bekleidete 141 v. Chr. das Amt des Prätors der Provinz Macedonia. Wurde nach seiner Rückkehr wegen korrupter Amtsführung angeklagt, vom *consilium* des eigenen Vaters verurteilt und beging Selbstmord. Vgl. F. Münzer: X, 1 (1918), Sp. 1089, s.v. „Iunius (Silanus)", Nr. 161; P.C. Nadig, *DNP* 6 (1999), Sp. 64, s.v. „Iunius", Nr. I, 29.

767 *AVLVS FVLVIVS* In dieser Form im Index personarum.

*Apophth.* VI, 298 datiert auf d.J. 62 v. Chr., als Catilina den offenen Kampf gegen den Staat wagte und im Feldlager bei Pistoria eine Armee aufbaute. M. Fulvius Nobilior brach auf, um sich Catilina im Feldlager anzuschliessen, wurde aber vom Vater unterwegs ergriffen und getötet.

769–771 *Aulus ... genui* Im erzählenden Teil stark gekürzte und paraphrasierende, im Spruchteil jedoch wörtliche Wiedergabe von Val. Max. V, 8, 5: „Nec minus animose A. Fuluius vir senatorii ordinis euntem in aciem filium (filium in aciem *ed. Bade 1510*) retraxit quam Scaurus e proelio fugientem increpuit (increpauit *ed. Bade 1510*): namque (nam *ed. Bade 1510*) iuuenem et ingenio et litteris et forma inter aequales nitentem, prauo consilio amicitiam Catilinae secutum inque castra eius temerario impetu ruentem, medio itinere abstractum supplicio mortis adfecit, praefatus non se Catilinae illum aduersus patriam, sed patriae aduersus Catilinam genuisse".

769 *filium* Bei „Fuluius filius" muss es sich um M. Fulvius Nobilior handeln, der an der catilinarischen Verschwörung teilnahm und von Sallust zweimal namentlich genannt wird, einmal im Zusammenhang mit der Tötung durch den Vater: vgl. Sall. *Cat.* 19, 1: „eo conuenere senatorii ordinis P. Lentulus Sura ... M. Porcius Laeca ..., praeterea ex equestri ordine M. Fuluius Nobilior, L. Statilius, P. Gabinius Capito ..."; 39, 5: „Fuere tamen extra con-

iurationem complures, qui ad Catilinam initio profecti sunt. In iis erat Fuluius, senatoris filius, quem retractum ex itinere parens necari iussit". Für diesen M. Fulvius Nobilior vgl. F. Münzer, *RE* VII, 1 (1910), Sp. 267–268, s.v. „Fulvius", Nr. 94. Dafür, daß der Vater dieses M. Fulvius Nobilior den Vornamen Aulus getragen haben soll, gibt es keine weitere Information abgesehen von der nämlichen Val.-Max.-Stelle. Da der Vorname „Aulus" in der *gens Fulvia* überhaupt nicht vorkommt, könnte ein Überlieferungsfehler des Valerius-Maximus-Textes vorliegen.

**Marcus Castricius**, oberster Magistrat von Placentia, der 85 v. Chr. den Anordnungen des Konsuls Papirius Carbo nicht nachkam. Vgl. F. Münzer, *RE* III, 2 (1899), Sp. 1776, s.v. „Castricius", Nr. 5.

772 *M. CASTRITIVS* So auch im Index personarum.

774–776 *Placentiae ... annos* Im Anfangsteil gekürzte, im Spruchteil wörtliche Wiedergabe von Val. Max. VI, 2, 10: „M. etiam Castricii (Castritii *ed. Bade. 1510, fol. CCXLᵛ, edd. vett.*) libertate inflammatus animus. Qui cum (dum *ed. Bade 1510*) Placentiae magistratum gereret, Cn. Carbone consule iubente decretum fieri, quo sibi obsides a Placentinis darentur, nec summo eius imperio obtemperauit nec maximis viribus cessit; atque etiam dicente multos se gladios habere respondit ‚Et ego annos'".

774 *Placentiae* Placentia, röm. Stadt (*colonia*) in der westl. Po-Ebene gelegen (heute Piacenza). Piacenza hatte den Status einer *colonia* mit latinischem Recht schon vor der Invasion Hannibals nach Italien inne. Placentia liegt am Endpunkt der von Rom aus herangeführten Via Aemilia (schon 187 v. Chr.); 90 v. Chr. erhielt die *colonia* den Status eines *municipium*. Vgl. Z. Végh, *DNP* 9 (2000), Sp. 1058–1059, s.v. „Placentia".

774 *Cn. Carboni* **Cn. Papirius Carbo** (ca. 135–82 v. Chr.), Anhänger des Marius, nahm an der Blockade Roms i.J. 87 teil; Consul i.J. 85, 84, 82; kämpfte gegen Sullas Armeen in Mittel- und Norditalien; bei Faventiae wurde er von Sullas Feldherrn Quintus Caecilius Metellus Pius geschlagen; floh daraufhin in die röm. Provinz Africa; wurde proskribiert, gefangen genommen und dem Sullaner Pompeius in Lilybaeum vorgeführt, der ihn hinrichten liess. Vgl. K.-L. Elvers, *DNP* 9 (2000), Sp. 290, s.v. „Papirius", Nr. I, 9; W. Kroll, *RE* XVIII, 3 (1949), Sp. 1024–1031, s.v. „Papirius", Nr. 38.

„*Multos habeo gladios*", respondit „*Et ego annos*", declarans se senectutis praesidio
fretum non metuere gladios.


## CAESELLIVS [i.e. CASCELLIVS]

VI, 300                        FIDVCIA AETATIS ET ORBITATIS              (Caesellius, i.e.
780                                                                      Cascellius, 3) [15]

Ceselius [i.e. Cascellius] quum nec triumuiris obtemperaret et *multa libere de* C.
*Caesaris temporibus loqueretur,* ad*monentibus amicis,* vt sibi caueret, „*Duae*", inquit,
„*res* sunt, *quae* caeteros reddunt formidolosos, mihi maximam suppeditant fiduciam,
*senectus et orbitas*". Senex cito periturus est, etiamsi nemo occidat. Et orbus nec habet,
785    quos curet, nec habet, quibus timeat. Solet enim vltio in liberos propagari.


## GRANIVS PRAETORIVS [i.e. PETRO]

VI, 301                        ANIMOSE    (Granius Praetorius, i.e. Petro) [16]

*Quum nauis, qua Granius praetorius* [i.e. Petro] *quaestor vehebatur, in Scipionis Metelli
potestatem* venisset *Scipioque caeteris direptis quaestori salutem polliceretur, quaestor*

---

781  Ceselius *A-C (*Caeselius *LB)*: Casselius *Val.*
     *Max. ed. Bade 1510*, Cascellius *Val. Max. text.*
     *recept.*

788  praetorius *A-C (*Praetorius *LB)*: Petronius
     *versio Iacobi Angeli, scribendum erat* Petro.

778  *CAESELLIVS*  In dieser Form im Index
     personarum.
778  *Ceselius*  Mit „Ceselius" ist der bedeutende
     röm. Jurist **Gaius Aulus Cascellius** (geb. um
     104 v. Chr.) gemeint, der noch in augustei-
     scher Zeit lebte. Vgl. oben Komm. zu VI, 187.
     Er. hatte im sechsten Buch der *Apophthegmata*
     bereits zwei Aussprüche des Cascellius präsen-
     tiert (VI, 187 und 200).
*Apophth.* VI, 300 datiert auf die Zeit des Zweiten
     Triumvirats (Nov. 43 Herbst d.J. 32 v. Chr.);
     es bezieht sich auf einen Zeitpunkt, an dem
     die herrschenden Triumvirn ihm anscheinend
     bereits mehrfach Vorschläge zu Gesetzesände-
     rungen gemacht hatten, was weniger gut zu 43
     oder 42 v. Chr., sondern eher zu den dreissiger
     Jahren als Datum paßt.
781  *triumuiris*  Die Bündnispartner des Zweiten
     Triumvirats, Octavianus, Marcus Antonius
     und Lepidus.
781–784  *triumuiris … orbitas*  Gekürzte, frei

paraphrasierende Wiedergabe von Val. Max.
VI, 2, 12 („De Casselio viro sapiente", *ed. Bade
1510, fol. CCXL^v*): „Age, Cascellius (Casselius
*ed. Bade 1510*), vir iuris ciuilis scientia clarus,
quam periculose contumax! Nullius enim aut
gratia aut auctoritate conpelli potuit, vt de aliqua earum rerum, quas triumuiri dederant,
formulam conponeret, hoc animi iudicio vni-
uersa (victoriae *ed. Bade 1510*) eorum bene-
ficia extra omnem ordinem legum ponens.
Idem cum multa de temporibus Caesaris liberius loqueretur amicique, ne id faceret, mone-
rent, duas res, quae hominibus amarissimae
viderentur, magnam sibi licentiam praebere
respondit, senectutem et orbitatem".
781–782  *de C. Caesaris temporibus*  i.e. 48–44 v.
     Chr., die Zeit der Alleinherrschaft des Dikta-
     tors Caesar nach seinen Siegen im Bürgerkrieg.
786  *Granius*  **Granius Petro** („Granius Petro-
     nius" nach Jacopo d'Angelo), von Caesar zum
     Quaestor designiert; geriet auf der Überfahrt

der Truppen Caesars im Dez. d.J. 47 von Italien nach Afrika in die Gefangenschaft der Republikaner. Vgl. F. Münzer, *RE* VII, 2 (1912), Sp. 1818, s.v. „Granius", Nr. 9; in *CWE* 38, S. 679 nicht identifiziert; in der Übers. angegeben mit „The ship in which Granius, a quaestor in the service of the praetor, was travelling".

*Apophth.* VI, 301 datiert auf die letzten Dezembertage d.J. 47 v. Chr., als Caesar mit seinen Truppen von Italien nach Afrika übersetzte, um mit dem republikanischen Heer, das sich dort verschanzt hatte, den Kampf aufzunehmen. Caesar landete mit seinen Truppen bei Hadrumetum (heute Sousse in Tunesien). Die Republikaner versuchten die Invasion abzuwehren. Das von Granius Petro befehligte Schiff fiel in die Hände des dem Quintus Caecilius Metellus als Imperator Africae unterstehenden Heeres, das auch über eine Flotte verfügte. Man muss sich die Szene mit dem Selbstmord wohl so vorstellen, daß die Soldaten von Granius' Schiff sämtlich getötet wurden und zunächst Granius gefangen genommen, an Land gebracht und Metellus vorgeführt wurde, der anscheinend Granius das Leben schenken wollte. Merkwürdig ist allerdings, daß Granius in dieser Situation über einen Dolch verfügt haben soll, mit dem er sich das Leben nehmen konnte.

788–791 *Quum nauis … confodit* Plut. *Caes.* 16, 4. Leicht gekürzte, leicht variierende, jedoch durch einen Übertragungs- und einen Verständnisfehler entstellte Wiedergabe der latein. Übers. des Jacopo d'Angelo de Scarparia: „In Africa quum Caesarianorum nauis, qua Granius Petronius quaestor designatus vehebatur, in Scipionis potestatem redacta fuisset, direptis caeteris Scipio quaestori incolumitatem pollicebatur. Cui Granius ‚Caesarianos', inquit, ‚milites non suscipere, verum praestare salutem solere'. Quo dicto seipsum pugione transfixum exanimauit" (Paris, 1514, fol. 259ᵛ). Vgl. den griech. Text: ἐν δὲ Λιβύῃ ναῦν ἑλόντων (ἑλόντες *ed. Perrin,* ἔχοντες *ed. Ald. fol. 234ʳ*) οἱ περὶ Σκηπίωνα Καίσαρος, ἐν ᾗ Γράνιος Πέτρων ἐπέπλει ταμίας ἀποδεδειγμένος, τοὺς μὲν ἄλλους ἐποιοῦντο λείαν, τῷ δὲ ταμίᾳ διδόναι τὴν σωτηρίαν ἔφασαν. ὁ δὲ εἰπὼν ὅτι τοῖς Καίσαρος στρατιώταις (στρατιώταις *ed. Perrin,* στρατιώτας *ed. Ald.*) οὐ λαμβάνειν, ἀλλὰ διδόναι σωτηρίαν ἔθος ἐστί, ἑαυτὸν τῷ ξίφει πατάξας ἀνεῖλε. Das Apophthegma findet sich bereits in Brusonis Sammlung d.J. 1518, in der Rubrik „De constantia et fortitudine in rebus agendis" (II, 1): „Granius Petronius quaestor designatus captus vna cum naue, in qua vehe-

batur, a Scipionis Pompeii soceri militibus, pollicenti incolumitatem Scipioni, constanti animo Caesarianos dixit milites non accipere ab aliis, sed praestare solere salutem, quo dicto se pugione confecit".

788 *praetorius* Durch einen Fehler bei der Übernahme des Textes, d.h. der lateinischen Plutarch-Übersetzung des Jacopo d'Angelo de Scarperia, schrieb Er. „praetorius" statt „Petronius", wodurch die kuriose kontaminierte Wortkombination „praetorius quaestor" („der Quaestor, der schon/früher das Amt des Praetors bekleidet hatte" oder „der Quaestor im Rang eines Praetors") entstand. Diese Funktionsangabe ist in sich selbst widersinnig. Die Quaestur ist das erste senatoriale Amt, das immer vor der Praetur bekleidet wird – wer Quaestor ist, kann niemals schon Praetor gewesen sein. Im Index personarum wird die Person als „Granius praetor" („Granius, der Praetor") wiedergegeben, was ebenfalls unrichtig ist. Granius hat nie das Amt eines Praetors erreicht. Jacopo d'Angelos „Granius Petronius" ist ein mißlungener Versuch, Γράνιος Πέτρων zu latinisieren; korrekt wäre gewesen: „Granius Petro". Er. hat in diesem Fall jedoch den griech. Text nicht beachtet, sondern verhaspelte sich, indem er Jacopo d'Angelos Fehlübersetzung „Granius Petronius" verdrehte mit „Granius praetorius" wiedergab.

788 *quaestor* Er. war bei der Übernahme des Textes schlampig. Granius übte, als sich der Vorfall ereignete, noch nicht das Amt des Quaestors aus, er war nur designierter Quaestor für das Folgejahr, wie sowohl in Jacopo d'Angelos Übers. als im griech. Text klar steht (quaestor designatus; ταμίας ἀποδεδειγμένος).

788 *Scipionis Metelli* **Q. Caecilius Metellus Pius Scipio** (um 100–46 v. Chr.), leiblicher Sohn P. Cornelius Scipio Nasica, der von Q. Caecilius Metellus Pius adoptiert wurde; Redner, Advokat, bedeutender Politiker und General der späten Republik; Volkstribun i.J. 59, Praetor 55, Interrex 53, Suffektkonsul 52; Schwiegervater des Pompeius, der Metellus Pius' Tochter Cornelia heiratete. Sein Antrag, daß Caesar sein Heer nach Vollendung der Amtszeit in Gallien entlassen müsse, löste den Bürgerkrieg aus, in dem er als einer der wichtigsten Generäle des Pompeius agieren sollte. Bei der Schlacht von Pharsalus (48) befehligte er das Zentrum des republikanisch-pompejanischen Heeres; nach der Niederlage bei Pharsalus und der Ermordung des Pompeius in Ägypten organisierte er die Überfahrt der verbliebenen Truppen von

790     ita respondit: *„Caesaris milites salutem dare, non accipere solent".* Tantum loquutus
        *pugione sese confodit.* Hos animos Caesar suis inspirauerat.


                                    GRANIVS PRAECO

        VI, 302                        PATRONVS MALVS                (Granius praeco, 1) [17]

        *Granius [C] praeco [A] patrono malo, quum dicendo vocem obtudisset, suasit, vt simul*
795     *ac domum redisset, frigidum mulsum biberet;* quum is respondisset *„Perdam vocem, si*
        *id fecero",* „Melius est", inquit Granius, „perdere vocem *quam reum".*

        VI, 303                                                     (Granius praeco, 2) [18]

        [C] Item quum *P. Nasica,* tum *consul,* cuius iussu *iustitium in medio foro* edixerat
        *praeco Granius, rogaret* eum *domum descendentem, quid tristis esset; an quod auctiones*

---

794   praeco C: *deest in A B.*                 798–802   Item … praeconi C: *desunt in A B.*
798   Item *scripsi*: Idem *C.*

Griechenland und Kleinasien nach Afrika. In
Afrika war er der Oberbefehlshaber der pom-
pejanischen Truppen in *Africa*; nach seiner
Niederlage gegen Caesar bei Thapsus beging
er in Hippo Regius Selbstmord (46 v. Chr.).
Vgl. W. Will, *DNP* 2 (1996), Sp. 891, s.v. „Caecilius", Nr. I, 34; F. Münzer, *RE* III, 1 (1897),
Sp. 1224–1228, s.v. „Caecilius", Nr. 99; J. Lin-
derski, „Q. Scipio Imperator", in: *Imperium
sine fine: T. Robert S. Broughton and the Roman
Republic,* Stuttgart 1996, S. 144–185. Er. widmete ihm *Apophth.* V, 422 und VI, 318.

791   *Hos animos … inspirauerat* Keine eigenständige Erklärung, sondern Paraphrase einer
kommentierenden Bemerkung des Plutarch,
in der Übers. des Jacopo d'Angelo (a.a.O.):
„Huiusmodi tam feroces militum spiritus et
tam elatas animi magnitudines ipse Caesar
instruxit, ipse Caesar aluit".

792   *GRANIVS PRAECO* **Quintus Granius,**
Auktionator/Ausrufer (*praeco*) in der ersten
Hälfte des 1. Jh. v. Chr., bekannt für sei-
nen Witz und seine Schlagfertigkeit. Cicero,
der ihn noch persönlich gekannt hat, über-
liefert einige seiner Bonmots und Anekdoten
über ihn (*De or.* II, 244; 282 ff.; *Att.* VI, 3, 7;
*Planc.* 33). Vgl. K.-L. Elvers, *DNP* 4 (1998),
Sp. 1205, s.v. „Granius", Nr. I, 2; F. Münzer,
*RE* VII, 2 (1912), Sp. 1818, s.v. „Granius", Nr.

8. „Granius, der Ausrufer" („Granius praeco")
fehlt im Index personarum von *B* und *C*, wo
stattdessen nur „Granius, der Praetor" steht.
Die Tatsache, daß Er. in vorl. Apophthegma
„praeco" erst in der Ausgabe *C* hinzusetzte,
weist darauf hin, daß er die beiden Granii in
*A* und *B* noch *nicht* unterschied. Der Zusatz
„praeco" in *C* geht auf Cic. *Planc.* 33 zurück,
wo die Person als „praeco Granius" bezeichnet
wird: Diese Stelle nahm Er. ebenfalls zum ersten Mal in *C* auf.

792   *PRAECO* Die nähere Spezifizierung des
Namens Granius mit „praeco" („Granius, der
Ausrufer") geht auf einen Zusatz des Er. in *C*
zurück; in *A* und *B* machte Er. offensichtlich
noch keinen Unterschied zwischen den beiden Granii. Im Index personarum von C findet sich keine Eintragung „Granius praeco",
sondern nur das falsche „Granius praetor".

794–796   *patrono … reum* Weitgehend wörtliche Wiedergabe von Cic. *De or.* II, 282: „Huic
similis est etiam admonitio in consilio dando
familiaris, vt cum patrono malo, cum vocem in
dicendo obtudisset, suadebat Granius, vt mulsum frigidum biberet, simulac domum redisset: ,Perdam', inquit, ,vocem, si id fecero':
,Melius est', inquit, ,quam reum'"; vgl. Brusonis Sammlung d.J. 1518, Kap. V, 18 („De patro-
nis et aduocatis"): „Granius quum patrono

malo, qui vocem in discendo obtuderat, suaderet, vt mulsum frigidum biberet, simulac
domum redisset, ‚Perdam vocem, id si fecero'
quum patronus dixisset, vrbanissime Granius:
‚Melius est', inquit, ‚quam rem' ".

794 *vocem obtudisset* „vocem obtundere", durch
den Vortrag die Stimme heiser machen; vgl.
Komm. Leeman-Pinkster-Rabbie II, S. 321.

795 *Perdam vocem* Wegen der Kälte des Ge-
tränks; normalerweise wurde *mulsum* warm
getrunken; vgl. Komm. Leeman-Pinkster-
Rabbie II, S. 321; Hug, *RE* XVI (1935), Sp. 513–
514, s.v. „mulsum" und Mau, *RE* III (1899), Sp.
1346, s.v. „calda".

*Apophth.* VI, 303 (Granius praeco, 2) ist ein Zusatz
des Er. in der Ausgabe letzter Hand (*C*). Der
Spruch selbst datiert auf das Jahr 111 v. Chr., das
Jahr des Konsulats des P. Cornelius Scipio
Nasica Serapio (= *RE*, „Cornelius", Nr. 355;
*DNP*, „Cornelius", Nr. I, 85), und zwar auf den
Anfang dieses Jahres. Er. hat dem Spruch keinen Titel gegeben; aus seiner Interpretation
geht hervor, daß er ihn als *libere dictum* betrachtete. Seine Quelle Cicero reiht ihn unter
die „aspere et ferociter dicta" ein (*Planc.* 33).

798–799 *quum P. Nasica ... domum descenden-
tem* Er. verwechselte die Akteure: Bei Cicero
steht nicht „als Granius nach Hause ging",
sondern als „jener (nml. Nasica) nach Hause
abging". Hinzu kommt (Granius befindet sich
auf dem Forum), daß „vom Forum zu seinem Haus hinabsteigen" widersinnig ist; wenn
man sich im alten Rom *zum* Forum *hinbegab*,
war die Redewendung „descendere" – „hinabsteigen" gebräuchlich, da das Forum im Vergleich zu den umringenden Hügeln den nied-
rigsten Ort repräsentierte. Vom Forum kommend, gibt es kein „hinabsteigen" mehr. Er.
hatte das offensichtlich nicht berücksichtigt;
er hatte einen verderbten Text Ciceros vor sich
(„domum decendentem"; richtig ist „domum
decedentem", „nach Hause abgehen"). In
*CWE* 38, S. 680 wurde der kuriose Text, den Er.
vorlegte, wie folgt übersetzt: „Seeing him (sc.
Granius) going down to his house from there
(sc. the Forum), Nasica asked him …".

798 *P. Nasica* **P. Cornelius Scipio Nasica Serapio** (geb. c. 153 v. Chr.), Sohn des gleichnamigen Konsuls d. J. 138 v. Chr.; Prätor 118, Konsul 111 v. Chr., starb während seines Konsulats. Über sein Leben ist kaum etwas bekannt.
Vgl. F. Münzer, *RE* IV, 1 (1900), Sp. 1504 f., s.v.
„Cornelius", Nr. 355. In *CWE* 38, S. 680 wurde
„P. Nasica" zu Unrecht als Schwiegersohn des
Scipio Africanus d. Ä., d.h. jener Scipio Nasica,
der i. J. 162 und 155 Konsul war, identifiziert.
Das verträgt sich chronologisch nicht mit der

Lebenszeit des Granius praeco, den Cicero
(geb. 106 v. Chr.) noch gekannt hat.

798–800 *P. Nasica ... legiones* Cic. *Planc.* 33:
„Consuli P. Nasicae praeco Granius medio in
foro, cum ille edicto iustitio domum decedens
(decedens *ed. Clark, Schol. Bobien.*: descen-
dens *edd. vett.*) rogasset Granium, quid tristis
esset; an quod reiectae auctiones (auctores *in
quibusdam edd. vett.*) essent (cessent *Faernus*):
‚Immo vero', inquit, quod legationes (legationes *Schol. Bobien.*, *text. recept.*: legiones *edd.
vett.*)' ".

798–799 *in medio foro edixerat praeco Granius*
An dieser Stelle fängt eine Aneinanderreihung
von Missverständnissen an, die zu einer völ-
ligen Fehlinterpretation des Apophthegmas
von Seiten des Er. geführt haben. Er. hat die
Akteure verwechselt. Bei Cicero steht nicht,
daß es Granius war, der das *iustitium* (d.h.
die vorläufige Einstellung aller Rechtshand-
lungen und geschäftlichen Transaktionen) verkündete; sonst müßte man eine dahingehende
Frage des Scipio Nasica ausschliessen. Vielmehr begegnete Scipio Nasica, als er sich nach
verrichteten Amtsgeschäften auf den Heim-
weg machte, *zufällig* dem Auktionator Granius; als er dessen betrübte Miene bemerkte,
fragte er ihn, ob sie daher rühre, daß es vorläu-
fig keine Auktionen mehr geben werde. Granius war weder der Amtsdiener des Konsuls
noch auch sonst ein mit der Aufgabe Betrau-
ter, ein Edikt vorzutragen; hinzukommt, daß
Edikte bzw. öffentliche Bekanntmachungen
des Konsuls (wie eben ein *iustitium*) in Rom
nicht einfach verlesen bzw. mündlich vorge-
tragen wurden. Das wäre ungenügend gewesen, weil ein einmaliges Verlesen ja viele Leute
nicht erreicht hätte. Die Bekanntmachung
eines Ediktes bestand im wesentlichen darin,
daß sie auf einer weissen Holztafel vor dem
Amtssitz des Magistraten (*album*) schriftlich
ausgehängt wurde (vgl. R. Willvonseder, *DNP*
3 (1996), Sp. 876–877, s.v. „Edictum"). Granius war also schlicht Auktionator bei Ver-
steigerungen, die in einer der Markthallen auf
dem Forum stattfanden, z. B. in der Basilica
Sempronia, ein Ort ökonomischer Transaktionen, der mit den ihm vorgelagerten „Alten
Läden" (*tabernae veteres*) verbunden war (zum
röm. Auktionswesen vgl. J. Andreau, *DNP* 2
(1996), Sp. 264–265, s.v. „Auctiones"). Granius hielt sich eben aus diesem Grund auf dem
Forum auf, in dessen Mitte ihm der Konsul
begegnete, d.h. zwischen den „Alten" und den
„Neuen Läden".

799–800 *an quod auctiones essent?* Das kann der
Konsul den Auktionator nicht gefragt haben,

800    essent?, „*Imo vero*“, *inquit* Granius, „*quod legiones* [i.e. legationes]“, notans eum, quod
       armis rem gereret. Libera sane vox praeconis in consulem; sed eximiae moderationis
       exemplum, hoc impune licuisse praeconi.

VI, 304                                                                  (Granius praeco, 3) [19]

       *Idem M. Druso tribuno plebis homini potentissimo, sed multa in rempublicam molienti,*
805    *quum ab eo, vt fit, salutaretur* his verbis „*Quid agis, Grani?*“, „*Imo vero*“, inquit,
       „*tu, Druse, quid agis?*“. Vtrunque refertur a M. Tullio in oratione pro Cn. Plan-
       cio. [*A*]

---

804–807  Idem … Plancio *C*: *desunt in A B*.           806–807  Plancio *BAS LB*: Plaucio *C*.

da die Auktionen gerade bis auf weiteres
eingestellt worden waren. Er. hat entweder das
Wort „reiectae“ irrtümlich ausgelassen oder er
hatte einen verderbten Cicero-Text vor sich, in
dem das zum rechten Verständnis notwendige
Wort „reiectae“ fehlte.

800  *quod legiones*  In Er.’ Textwiedergabe sagte
Granius „Vielmehr, weil es Legionen gibt (bin
ich traurig)“. Nach Er. soll Granius dem Konsul vorgeworfen haben, er wolle nunmehr
statt mit friedlichen mit kriegerischen Mitteln Politik betreiben. Er. hatte einen verderbten Cicero-Text („legiones“) vor sich; zu
lesen ist: „legationes“. Die Lesart „quod legiones essent“ ergibt keinen Sinn, ebenso wenig
wie die Erklärung des Er.: Der Konsul Scipio
Nasica hatte keine Legionen zur Verfügung.
Der Ausspruch „quod legationes essent reiectae“ wird im Rahmen der politischen Ereignisse in den ersten Wochen d.J. 111 v. Chr.
verständlich: Die „Gesandtschaft“, die damals
gerade „abgewiesen“ worden war, war jene
des numidischen Herrschers Iugurtha. Sie war
nach Rom geschickt worden, um die Konsuln und den Senat von dem ins Haus ste-
henden Krieg gegen den Numider abzubrin-
gen, und zwar mit jenen Mitteln, die Iugurtha auch sonst erfolgreich anwendete, Beste-
chungsgeldern. Röm. senatoriale Amtsträger
hatten die Gewohnheit entwickelt, auswär-
tige Angelegenheiten v.a. als Einkommensquelle zu betrachten. Militärische Hilfe und
politische Unterstützung wurde gegen Bezah-
lung geboten, während die Provinzen von den
Statthaltern ausgebeutet wurden, um ihre horrenden Schulden zu begleichen, die sie bei
ihren Wahlkampagnen gemacht hatten. Um
die Jahreswende 112/111 v. Chr. entstand ein

grosser Zorn bei der römischen Bürgerschaft
über den Senat und seine höchsten Beamten. Der Numider Iugurtha hatte alle Abspra-
chen und Bündnisverpflichtungen geschun-
den und römische Bürger hingemordet: Die
Stadt Cirta, in der sich zahlreiche röm. Bürger, v.a. Kaufleute, aufhielten, hatte sich Iugurtha gegen das Versprechen der Schonung des
Lebens der Bewohner ergeben; Iugurtha ging
darauf ein, liess daraufhin jedoch alle Männer ohne Unterschied töten. Die röm. Amtsträger und der Senat, bestochen von Iugurtha,
reagierten kaum, während die römische Volks-
seele kochte. Der neue Volkstribun von 111,
Gaius Memmius, zwang daraufhin den Senat
durch vehementen Druck zu einer Kriegs-
erklärung an Iugurtha, die in den ersten
Wochen d.J. abgegeben wurde. Der Konsul
L. Calpurnius Bestia erhielt den Oberbefehl
in Afrika. Das *iustitium*, das sein Kollege Scipio Nasica Anfang 111 verkündete, ist in diesem Kontext zu verstehen. Der säuerliche Witz
des Granius, den Cicero überlieferte, ist wie
folgt zu verstehen: Der Konsul hatte Granius gefragt, ob er denn bedaure, daß seine
Einkommensquelle, die Auktionen, bis auf
weiteres „reiectae“, d.h. „zurückgesetzt worden“ seien; Granius replizierte: „Aber nein,
vielmehr weil die Gesandtschaften, „reiectae“,
d.h. abgewiesen worden sind“. Da nunmehr
Krieg ist, gibt Granius zu verstehen, ver-
lierst du bis auf weiteres deine Einkommensquelle, nämlich die auswärtigen Gesandtschaften.

800–801  *quod armis rem gereret*  Diese Erklärung ist auch deswegen falsch, weil der Konsul P. Scipio Nasica keine Legionen zur Verfügung hatte oder befehligte. Als man 111 v.

Chr. Iugurtha den Krieg erklärt hatte, wurde mit dem Afrika-Feldzug nicht Scipio Nasica, sondern sein Amtskollege Calpurnius Bestia betraut. Nasica war gerade für die friedlichen inneren Aufgaben zuständig.

*Apophth.* VI, 304 ist ein Zusatz des Er. in der Ausgabe von letzter Hand (*C*). Er. hat dem *Apophthegma* keinen Titel beigegeben. Lycosthenes brachte es in der Kategorie „De libere dictis et parrhesia loquendi" unter (S. 600). Der Kommentator der Scholia Bobiensia zu Ciceros Reden schrieb es der Kategorie „asperitas" zu.

804–806 *Idem … Druse quid agis* Wörtliche Wiedergabe von Cic. *Planc.* 34: „Idem tribuno plebi potentissimo homini (homini *deest in Schol. Bobien.*) M. Druso, sed multa in re publica (re publica *ed. Clark:* rem publicam *omnes edd. vett., Schol. Bobiens.*) molienti, cum ille eum salutasset (et *ed. Clark:* sed *omnes edd. vett.*), vt fit, dixisset: ‚Quid agis, Grani?', respondit: ‚Immo vero tu, Druse, quid agis?'".

804 *M. Druso* **M. Livius Drusus** (um 124– 91 v. Chr.), Volkstribun 91 v. Chr.; in seiner Amtszeit als Tribun versuchte Livius Drusus ein umfangreiches Reform- und Gesetzespaket durchzusetzen, daß einschneidende Mass-

nahmen vorsah, wie die Neuverteilung des Ackerlandes in Italien, eine Neuformierung des Senates durch Hinzuziehung von 300 Rittern, ein Monopol der Sitze in den Gerichtshöfen für Senatoren, Gesetze der Getreideversorgung für den römischen *plebs* und die Verleihung des römischen Bürgerrechts an die Bundesgenossen. Für diese weitreichenden Massnahmen, die politisch in verschiedene Richtungen gingen, konnte er weder den Senat noch die Ritter noch das römische Volk gewinnen; er machte sich damit bei allen verhasst, was dazu führte, daß er noch während seiner Amtszeit ermordet wurde. Vgl. F. Münzer, *RE* XIII 1 (1926), Sp. 859–884, s.v. „Livius (Drusus)", Nr. 17. Er. widmete dem Livius Drusus oben VI, 294 ein Apophthegma, in dem seine Arroganz thematisiert wird.

805–806 *Imo vero … quid agis?* Er. bleibt hier eine Erklärung des Spruches schuldig. Diese liefert der Kommentator der *Scholia Bobiensia* (*ad loc*): „‚Immo tu, Druse, quid agis?', hoc est: ‚Quae et quam periculosa et quam patriae metuenda agis?'".

806 *Vtrunque* „vtrunque" bezieht sich auf VI, 304 und das vorhergehende *Apophthegma* VI, 303.

## VOLVMNIVS

VI, 305                              [A] AMICE                              (Volumnius) [20]

810    *M. Lucullum, quod Bruti et Cassii partes sequutus fuerat, M. Antonius* occidit. Huius
mortem quum Volumnius, qui viuum *familiariter coluerat*, sine fine deploraret, *ad
Antonium pertractus* ait: *„Iube me protinus ad Luculli corpus ductum occidi. Neque enim
illi* extincto *superesse debeo, quum ei infelicis militiae autor extiterim"*.

## C. FVRIVS CRESINVS [i.e. CHRESIMVS]

815    VI, 306                    INDVSTRIA LVCROSA            (C. Furius Cresinus, i.e.
                                                                   Chresimus) [21]

*C. Furius Cresinus e seruitute liberatus, quum* e *paruo admodum agello largiores multo
fructus perciperet quam ex amplissimis vicini, in magna inuidia erat*, quasi *fructus
pelliceret veneficiis. Quamobrem* illi *dicta dies* est *a Sexto Albino Curuli* [i.e. Spurio
820    Albino]. Reus *metuens damnationem, quum in suffragium oporteret ire tribus, omnia*

---

817  Cresinus *A-C ut in Plin. Nat. edd. vett.*:
Chresimus *Plin. edd. recentiores*, Ctesinus *Lycosthenes (p. 515)*, Brusoni *(1518, III, 7)*.

819  S. (= Sexto) *A-C*: Sp. (= Spurio) *BAS LB
Lycosthenes (p. 515)*.

819  Curuli *A-C Brusoni (III,7)*: curuli *BAS LB*.

**P. Volumnius**, röm. Ritter (1. Jh. v. Chr.), der
sich den Caesar-Mördern anschloss; war eng
mit dem gleichaltrigen M. Licinius Lucullus
befreundet; nachdem dieser in der Schlacht
bei Philippi das Leben verloren hatte, beging
Volumnius Selbstmord. Vgl. H. Gundel, *RE*
IX, A1 (1961), Sp. 876–877, s.v. „Volumnius",
Nr. 9; J. Bartels, *DNP* 12, 2 (2002), Sp. 319, s.v.
„Volumnius", Nr. 1.

808  *VOLVMNIVS*  In dieser Form im Index
personarum.

809  *Amice*  In der Wahl des Titels schliesst
sich Er. seiner Quelle Val. Max. an, der das
Apophthegma in der Rubrik „De amicitia"
präsentierte (IV, 7). Der Spruch datiert auf d.J.
42 v. Chr., als Licinius Lucullus, Volumnius,
Brutus und Cassius den Tod fanden.

810  *M. Lucullum*  M. Licinius Lucullus (um
64–42 v. Chr.); schloss sich den Caesar-
Mördern an und gewährte ihnen einen sicheren Zufluchtsort auf seinen Besitztümern am
Golf von Neapel; starb i.J. 42 v. Chr. bei
der Schlacht bei Philippi. Vgl. H. Miltner,
*RE* XIII, 1 (1926), Sp. 418–419, s.v. „Licinius

(Lucullus)", Nr. 110; Th. Frigo, *DNP* 7 (1999),
Sp. 168, s.v. „Licinius", Nr. I, 28.

810–813  *M. Lucullum quod … extiterim*  Im
narrativen Teil stark gekürzte und paraphrasierende, im Spruchteil wörtliche Wiedergabe von Val. Max. IV, 7, 4: „Recognosce
enim, quousque Volumnii constantem erga
amicum suum caritatem sine vlla reipublicae iniuria euexeris: qui ortus equestri loco,
cum M. Lucullum familiariter coluisset eumque M. Antonius, quia (quod *ed. Bade 1510,
fol. CLXXVII*ʳ) Bruti et Cassii partes secutus
fuerat, interemisset, in magna fugiendi licentia exanimi amico adhaesit hucusque in lacrimas et gemitus profusus, vt nimia pietate causam sibi mortis arcesseret. Nam propter prae-
cipuam et perseuerantem lamentationem ad
Antonium pertractus est. Cuius postquam in
conspectu stetit, ‚Iube me', inquit, ‚imperator, protinus ad Luculli corpus ductum occidi.
Neque enim absumpto illo superesse debeo,
cum ei infelicis militiae auctor exstiterim'".

810  *Bruti*  i.e. der Caesar-Mörder M. Iunius
Brutus (85–42 v. Chr.). Er hatte ihm im

fünften Buch der *Apophth.* die abschliessende Sektion gewidmet (V, 469–474). Für seine Person vgl. oben Komm. zu V, 469.

810 *Cassii* Zu dem Caesar-Mörder C. Cassius Longinus vgl. oben Komm. zu V, 455.

810 *M. Antonius* Für den Triumvir Marcus Antonius (82–31 v. Chr.), dem Er. im fünften Buch eine Sektion von Sprüchen widmete (V, 449–554), vgl. oben Komm. zu V, 449.

**C. Furius Chresimus**, ein freigelassener Grieche, der sich in der ersten Hälfte des 2. Jh. v. Chr. in Italien sehr erfolgreich als Landwirt betätigte, obwohl er nur ein kleines Grundstück besaß; neidische Nachbarn bewirkten, daß er der Zauberei angeklagt wurde. Außer der bei Plin. d.Ä. überlieferten Anekdote ist von ihm nichts bekannt. Vgl. K.-L. Elvers, *DNP* 4 (1998), Sp. 716, s.v. „Furius", Nr. I, 15; F. Münzer, *RE* VII, 1 (1910), Sp. 351, s.v. „Furius", Nr. 52; S. Treggiari, *Roman Freedman During the Late Republic*, Oxford 1969, S. 103. Die richtige Schreibweise seines Cognomens ist „Chresimus" – der ehemalige Sklave war griechischer Herkunft.

814 *C. FVRIVS CRESINVS* In dieser Form im Index personarum.

*Apophth.* VI, 306 Die Anekdote datiert auf d.J. 185 v. Chr., als Spurius Albinus das Amt des Ädils bekleidete. Er. präsentiert die Anekdote als exemplum der Allerweltsweisheit „Fleiß lohnt sich", Brusoni 1518, III, 7 jedoch als Instanz von „inuidia".

817–824 *C. Furius … sudores* Plin. *Nat.* XVIII, 41–43: „C. Furius Chresimus (Cresinus *edd. vett.*) e seruitute liberatus, cum in paruo admodum agello largiores multo fructus perciperet, quam ex amplissimis vicinitas, in inuidia erat magna (magna erat *ed. Venet. 1507 fol. 153ʳ, quaedam edd. vett.*), ceu fruges alienas pelliceret veneficiis. Quamobrem ab Spurio Albino curuli aedile (aedile *om. ed. Venet. 1507*) die dicta metuens damnationem, cum in suffragium tribus oporteret ire, instrumentum rusticum omne in forum attulit et adduxit familiam suam validam atque, vt ait Piso, bene curatam ac vestitam, ferramenta egregie facta, graues ligones, vomeres ponderosos, boues saturos. Postea dixit: ‚Veneficia mea, Quirites, haec sunt, nec possum vobis ostendere aut in forum adducere lucubrationes meas vigiliasque et sudores'. Omnium sententiis absolutus itaque est". Vgl. Piso, Fr. 33 *HHR*. Er. hat in diesem Fall (jedenfalls auch) Brusonis Sammlung d.J. 1518 als Textvorlage benutzt (III, 7): „Caius Furius Ctesinus e seruitute liberatus, quum in paruo admodum

agello largiores multo fructus acciperet (perciperet *Plin. Nat. XVIII, 41*) quam ex amplissimis vicinitas, inuidiamque cocitauit (inuidia erat magna *Plin.*), ceu veneficiis fruges pelliceret alienas (fruges alienas pelliceret veneficiis *Plin.*). Quamobrem a (ab *Plin.*) Spurio Albino **Curuli** die dicta metuens damnationem, cum in suffragium tribus oporteret ire, instrumentum rusticum omne in forum attulit adduxitque (et adduxit *Plin.*) **filiam** (familiam *Plin.*) **validam** (suam validam *Plin.*) atque, vt ait Piso, bene curatam ac vestitam, ferramenta egregie facta, graues ligones, vomeres ponderosos, boues saturos. Postea dixit: ‚Veneficia mea, Quirites, haec sunt, nec possum ostendere vobis (vobis ostendere *Plin.*) aut in forum adducere **lucubrationes** (lucubrationes meas *Plin.*) vigiliasque et sudores'. Ac tandem absoluitur (Omnium sententiis absolutus itaque est *Plin.*)". Aus vier charakteristischen Textabweichungen geht hervor, daß Er. in diesem Fall Brusonis Sammlung als Textvorlage benutzte: Die irrtümliche Wiedergabe von „Curuli" (großgeschrieben) (1); die Lesart „filiam" statt „familiam" (2); sowie die Auslassungen von „suam" nach „filiam" (3) und von „meas" nach „lucubrationes" (4).

817 *liberatus* Chresimus war ein *libertus*, Freigelassener eines Mitglieds des röm. Geschlechts der „Furii". Vgl. dazu S. Treggiari, *Roman Freedman During the Late Republic*, Oxford 1969, S. 103.

819 *Sexto* Die Baseldrucke *A-C* weisen sämtlich „S." (= Sextus) statt „Sp." (= Spurius) auf; sowohl bei Plinius, *Nat.* XVIII, 41 (ebenso ältere Ausgaben) als auch bei Brusoni (III, 7) findet sich jedoch das richtige „Sp.". Bei „Sexto" handelt es sich somit sich um einen Textübertragungsfehler.

819 *Curuli* Wie die einheitliche Grossschreibung in den Baseldrucken von *A-C* zeigt, sah Er. „Curuli" für das Cognomen des Spurius Albinus an, während es das Amt desselben (kurulischer Ädil) bezeichnet. Er. benutzte Brusonis Spruchsammlung d.J. 1518, die denselben Fehler aufweist (III, 7), als Textvorlage. Friedrich Münzer (*RE* XXII, 2) identifizierte den a.a.O. bei Plin. erwähnten „Spurius Albinus" als Spurius Postumius Albinus Paullulus, der i.J. 185 v. Chr. das Amt eines kurulischen Ädils bekleidete. Vgl. F. Münzer, *RE* XXII, 2 (1953), Sp. 930–932, s.v. „Postumius Albinus", Nr. 49; ebenso P.C. Nadig, *DNP* 10 (2000), Sp. 224, s.v. „Postumius", Nr. I, 12; nicht identifiziert in *CWE* 38, S. 680–681.

*instrumenta rustica in forum attulit, adduxit et filiam* [i.e. familiam] *validam, bene curatam ac vestitam, ferramenta egregie facta, graues ligones, vomeres ponderosos, boues saturos, postea dixit, „Veneficia mea, Quirites, haec sunt, nec possum vobis ostendere aut in forum* pro*ducere lucubrationes vigiliasque et sudores". Omnium sententiis absolutus*
825   *est.* [C] Meminit huiuset Plinius libro decimo octauo capite sexto. [A]

## C. VALERIVS

VI, 307                              IRA IMPOTENS                          (C. Valerius) [22]

*Quintus [i.e. Marcus] Flauius apud populum reus actus* accusante *C. Valerio, quum quatuordecim tribuum suffragiis damnatus esset, proclamauit se innocentem opprimi.*
830   *Cui Valerius aeque clara voce respondit nihil sua* referre, *nocens an innocens periret.* Ea vox tam *violenta reliquas tribus* reo conciliauit: itaque reus, quem prostratum *credebat*, absolutus est.

## POMPONIVS ATTICVS

VI, 308                              TRANQVILLITAS                        (Pomponius Atticus) [23]

835   Pomponius Atticus *in funere matris, quam extulit nonagenariam, ipse* natus *annos sexaginta septem, gloriatus est*, quod *nunquam cum matre in gratiam redisset, nunquam cum sorore fuisset in simultate, quam prope aequalem habuit.* Hanc vocem se ab ipso audisse scripsit Cornelius Nepos. Plus autem est *non redisse in gratiam*, quam *non fuisse in simultate.* Matrem nunquam offenderat; inter ipsum et sororem, etiamsi
840   quid incidit offensarum, nunquam exierunt in simultatem, quae tamen inter fratres et sorores frequenter acerrimae solent existere.

---

821 filiam validam *A-C Brusoni 1518 (III, 7)*: familiam suam validam *Plin. loc. cit.*

824 lucubrationes *A-C Brusoni 1518 (III, 7)*: lucubrationes meas *Plin. loc. cit.*

825 Meminit … sexto *C: desunt in A B.*

---

821 *filiam* Die älteren wie die neueren Plinius-Ausgaben lesen hier korrekt „familiam", *A, B, C, BAS, LB* haben jedoch einhellig „filiam". Er. übernahm hier die falsche Lesart „filiam" aus Brusonis Sammlung (a.a.O.), obwohl ihm auch der Plinius-Text vorlag. Von Brusoni übernahm Er. an derselben Stelle die Auslassung von „suam".

825 *Meminit … sexto* Es handelt sich um einen Zusatz des Er. in der Ausgabe von letzter Hand (*C*); Er. vermittelt jedoch nicht die Quellenangabe, die Plinius machte und auch

Brusoni tradierte, nml. den Verweis auf Piso Frugi (Fr. 33 *HHR*).

**C. Valerius** klagte (vermutlich i.J. 329 v. Chr.) als Ädil seinen persönlichen Feind M. Flavius wegen Unzucht an, verursachte jedoch durch seine öffentlich bezeigte Wut selbst den Freispruch des Angeklagten seitens der Tributkomitien. Vgl. H. Volkmann, *RE* VII, A2 (1948), Sp. 2302, s.v. „Valerius", Nr. 51.

826 *C. VALERIVS* In dieser Form im Index personarum.

828 *Quintus Flauius* Es handelt sich um **Mar-**

cus **Flavius**, vgl. F. Münzer, *RE* VI, 2 (1909), Sp. 2528–2529, s.v. „Flavius", Nr. 19. Marcus Flavius teilte bei dem Leichenbegängnis seiner Mutter Fleisch aus (dies ist die erste bezeugte *visceratio*), um auf diese Weise dem Volk für die Freisprechung von der Anklage wegen Unzucht, die durch die Aedilen erhoben worden war, zu danken. Bei Val. Max. VIII, 1, 7 trägt der Angeklagte Flavius fälschlich den Vornamen Quintus.

828–832 *Quintus Flauius … credebat* Weitgehend wörtliche Wiedergabe von Val. Max. VIII, 1, 7 (Titel in *edd. vett.* „De Quinto Flauio"): „Quintus Flauius a C. Valerio aedile apud populum reus actus, cum XIIII tribuum suffragiis damnatus esset, proclamauit se innocentem (innocentem se *ed. Bade 1510, fol. CCCIX*) opprimi. Cui Valerius aeque clara voce respondit nihil sua interesse, nocens ne an innoxius periret, dummodo periret. Qua violentia dicti reliquas tribus aduersario donauit. Abiecerat inimicum; eundem, dum pro certo pessum datum credidit, erexit victoriamque in ipsa victoria perdidit".

829 *quatuordecim tribuum* Es gab insgesamt 35 Tribus.

**T. Pomponius Atticus** (110–32 v. Chr.), Freund und Korrespondenzpartner Ciceros, Herausgeber von dessen Werken. Vgl. O. Perlwitz, *Titus Pomponius Atticus: Untersuchungen zur Person eines einflussreichen Ritters in der ausgehenden Römischen Republik*, Stuttgart 1992; W. Kierdorf, *DNP* 10 (2001), Sp. 119–120, s.v. „Pomponius", Nr. I, 5; R. Feger, *RE* Suppl. VIII (1956), Sp. 503–526, s.v. „Pomponius", Nr. 102.

833 *POMPONIVS ATTICVS* In dieser Form auch im Index personarum (s.l. „P").

834 *Tranquillitas* Er. präsentiert das Apophthegma des Atticus unter der Kategorie „tranquillitas", während Nepos es der Tugendrubrik „pietas" zugeschrieben hatte; Lycosthenes ordnete den Spruch der Kategorie „De pace" zu. Der Spruch datiert auf 43 v. Chr., als Atticus 67 Jahre alt war. VI, 309 stellt den einzigen Atticus gewidmeten Spruch in Er.' Sammlung dar.

835–837 *in funere … habuit* Nep. XXV, 17, 1–2: „De pietate autem Attici quid plura commemorem? Cum hoc ipsum vere gloriantem audierim in funere matris suae, quam extulit annorum nonaginta, cum esset (esset *ed. Winstedt, edd. vett.*; ipse esset *ed. Dietsch*) septem et sexaginta, se numquam cum matre in gratiam redisse, numquam cum sorore fuisse in simultate, quam prope aequalem habebat".

838 *Cornelius Nepos* **Cornelius Nepos** (um 100– nach 28 v. Chr.), Biograph und Freund des Pomponius Atticus. In seinen Viten nimmt die Atticus-Biographie eine besondere Rolle ein: Sie ist die längste, am besten ausgearbeitete und lebendigste. Nicht zufällig bildet sie den Schlussstein der erhaltenen Viten. Zu dieser Biographie vgl. H. Lindsay, „The Biography of Atticus: Cornelius Nepos on the Philosophical and Ethical Background of Pomponius Atticus", in: *Latomus* 57. 2 (1998), S. 324–336; F. Millar, „Cornelius Nepos, ‚Atticus' and the Roman Revolution", in: *Greece & Rome* 35, 1 (1988), S. 40–55; M.M. Pryzwansky, „Cornelius Nepos: Key Issues and Critical Approaches", in: *The Classical Journal* 105, 2 (2010), S. 97–108; S.R. Stem, *The Political Biographies of Cornelius Nepos*, Ann Arbor MI 2012; F. Titchener, „Cornelius Nepos and the Biographical Tradition", *Greece & Rome* 50, 1 (2003), S. 85–99.

## SCIPIO ASINA ET AVLVS ATILIVS CAIATINVS

VI, 309                     Fides hostivm legatis servata      (Scipio Asina et Aulus
                                                                Atilius Caiatinus) [24]

845   Amissa *classe circa Siciliam* Poeni de *pace* cum Romanis ineunda consultabant. *Amil-*
      *car negabat se audere ire ad consules, ne idem* accideret *ipsi a* Romanis, quod Poeni
      fecerant *Cornelio Asinae consuli,* cui legato *catenae sunt iniectae. Hanno,* melius sen-
      tiens de fide *Romana,* profectus est. Cui liberius exponenti causam *tribunus mili-*
      *tum* minitans *dixit, et illi posse* accidere, *quod accidisset Cornelio consuli.* Hic *vterque*
850   *consul tribuno* silere *iusso, „Isto“, inquit, „metu, Hanno, te fides nostrae ciuitatis libe-*
      *rat“.*

*Apophth.* VI, 309 Im Index personarum wurde
*Apophth.* VI, 309 irrtümlich Hanno zuge-
schrieben. In der bei Val. Max. überlieferten
Anekdote findet sich jedoch kein Spruch des
Hanno. Lycosthenes versuchte den Irrtum zu
bereinigen, indem er dem Apophthegma die
Überschrift „Hannonis et Romanorum consulum" verlieh (S. 355).
*Apophth.* VI, 309 datiert auf das Jahr 254 v.
Chr. (im Ersten Punischen Krieg), nachdem die römische Flotte unter den Konsuln
Gnaeus Cornelius Scipio Asina und Aulus
Atilius Caiatinus der karthagischen Armada
vor Sizilien eine peinliche Niederlage zugefügt und durch eine erfolgreiche Seeblockade
mit gleichzeitigem Angriff zu Lande die Stadt
Panormus (phönizisch Ziz, heute Palermo, an
der westl. Nordküste Siziliens) erobert hatten. Der Verlust von Panormus wurde als
umso schwerer erfahren, weil es ursprünglich
eine phönizische Gründung war, die nie unter
griech. Herrschaft gekommen war, und es im
Ersten Punischen Krieg (seit 264 v. Chr.) als
wichtigstes Bollwerk und Flottenstützpunkt
gegen die Römer diente. Den Puniern gelang
es nachher trotz einiger Versuche nicht mehr,
Panormus zurückzuerobern. Gnaeus Cornelius Scipio Asina bekleidete i.J. 254 zum zweiten Mal das Konsulat.

845 *Amissa classe* „amissa" ist eine Qualifikation, die aus der Feder des Er. stammt und
die historisch nicht richtig ist. Die Karthager erlitten bei Panormus eine doppelte Niederlage, zu See und zu Lande, jedoch verloren sie dabei nicht ihre Flotte, wie Er. angibt.
Vielmehr war es eine Überraschung, daß sich
die Römer gegen die zahlenmässig überlegene

karthagische Flotte durchsetzen konnten. In
der Quelle, Val. Max. VI, 6, 2, steht dann
auch nicht „amissa classe", sondern „ingenti
… classe … deuicta".
845–851 *classe … liberat* Val. Max. VI, 6, 2
(„De ciuitate Romana et consulibus Romanis" Titel in *edd. vett.*): „Speciosa quoque illa
Romana fides. Ingenti Poenorum classe circa
Siciliam deuicta (deducta *ed. Bade 1510,* fol.
*CCLVII^r*) duces eius fractis animis consilia
petendae pacis agitabant. Quorum Hamilcar
(dux Hamilcar *ed. Bade 1510*) ire se ad consules negabat audere, ne eodem modo catenae
sibi inicerentur, quo ab ipsis Cornelio Asinae
consuli fuerant iniectae. Hanno autem, certior
Romani animi aestimator, nihil tale timen-
dum ratus maxima cum fiducia ad conlo-
quium eorum tetendit. Apud quos cum de fine
belli (belli fine *ed. Bade 1510*) ageret et tribunus militum ei dixisset posse illi merito euen-
ire, quod Cornelio accidisset, vterque consul,
tribuno tacere iusso, ‚Isto te', inquit, ‚metu,
Hanno, fides ciuitatis nostrae liberat'".
845–846 *Amilcar* **Hamilkar Barkas** (um 270–
229 v. Chr.), einer der grössten punischen
Generäle, Vater der bedeutenden Feldherren
Hannibal, Hasdrubal und Mago. Hardliner
gegen die Römer, vertrat unter den Puniern die
‚antirömische' Partei, insbes. politischer Gegner des römerfreundlichen Hanno. Hamilkar Barkas war im Ersten Punischen Krieg
Oberbefehlshaber des karthagischen Heeres
auf Sizilien; schlug in der Folge den langjährigen Aufstand der iberischen Söldner nieder und eroberte grosse Teile Spaniens. Militärisch Erfinder von einer Art des ‚Blitzkrie-
ges' bzw. ‚Überraschungskrieges', mit in gros-

ser Geschwindigkeit ausgeführten, vom Feind unerwarteten Operationen. Daher erhielt er seinen punischen Beinamen „Brq" (= „Blitz"), den auch seine Söhne übernahmen, von denen sich besonders Hannibal durch ähnliche Strategien auszeichnete. Trotz des hohen Lobes für seine militärische Genialität waren seine Erfolge unter dem Strich gerechnet, eher bescheiden. Vgl. W. Huß, *Die Geschichte der Karthager*, München 1985, S. 246–274; L.M. Günther, *DNP* 5 (1998), Sp. 104–105, s.v. „Hamilkar", Nr. 3; Th. Lenschau, *RE* VII, 2 (1912), Sp. 2303–2308, s.v. „Hamilkar", Nr. 7.

847 *Cornelio Asinae* **Cn. Cornelius Scipio Asina** (geb. um 295 v. Chr.), röm. Politiker und General im Ersten Punischen Krieg (264–241 v. Chr.); 260 und 254 Konsul; 254 in der Schlacht bei Lipara von den Karthagern gefangengenommen, später im Gefangenentausch freigekommen. Für weiteres s. Komm. unten. Vgl. K.-L. Elvers, *DNP* 3 (1997), Sp. 183, s.v. „Cornelius", Nr. I, 74; F. Münzer, *RE* IV, 1 (1900), Sp. 1485–1487, s.v. „Cornelius", Nr. 341.

847 *cui legato catenae sunt iniectae* „cui legato" ist ein Zusatz des Er., der historisch unrichtig ist: Der Konsul Cornelius Scipio Asina war keineswegs als Gesandter zu den Puniern geschickt worden; das wäre auch gegen die herkömmliche Vorgehensweise der Römer gewesen, die sich hüteten, ihre höchsten Amtsträger derartigen Gefahren auszusetzen. Die Gefangennahme des Scipio Asina fand i.J. 260 v. Chr. im Zuge der kriegerischen Auseinandersetzungen zwischen den Karthagern und den Römern statt und stellte keinen Fall eines diplomatischen Vertrauensbruches dar. Scipio Asina, der die römische Flotte befehligte, erhielt, in der Strasse von Messina fahrend, die Nachricht, daß die Bewohner Liparas (heute Lipari auf den Liparischen Inseln) bereit wären, auf die Seite der Römer überzutreten. Daraufhin fuhr Scipio Asina hoffnungsvoll mit einigen Schiffen kurzerhand Richtung Lipara. Dort angekommen, wurden die röm. Schiffe von der karthagischen Flotte unter dem Kommando des Hannibal Gisko angegriffen; die röm. Matrosen flohen in Panik an Land und liessen ihren Kapitän Scipio auf seinem Schiff zurück, dcr von den Karthagern gefangengenommen wurde. Diese erste Konfrontation der noch jungen röm. Flotte mit der karthagischen ging in die Annalen als die „Schlacht bei den Liparischen Inseln" ein. Scipio soll für seine damals bezeigte Unfähigkeit als Seekommandant den Beinamen „Eselin" („Asina") bekommen haben. Später wurde er freigelassen und konnte seine Karriere fortsetzen. Wie der Zusatz „cui legato" zeigt, hatte Er. kein richtiges Bild der historischen Situation, hatte aber auch keine Bedenken, in freier Erfindung geschichtliche Vorgänge unrichtig wiederzugeben. Die Erfindung des Er. veranlaßte Lycosthenes, noch stärker in diese Kerbe zu hauen und den Karthagern eine Völkerrechtsverletzung anzuhängen: „Cornelio Asinae consuli Ro. qui contra ius gentium catenis vinctus est …" (S. 355).

847 *Hanno* **Hanno „der Große"**, karthagischer Politiker und General im Ersten Punischen Krieg; Vertreter der römerfreundlichen Partei in Karthago, politischer und strategischer Gegner von Hamilkar Barkas. Vgl. L.M. Günther, *DNP* 5 (1998), Sp. 155–156, s.v. „Hanno", Nr. 6; H. Daebritz, *RE* VII, 2 (1912), Sp. 2355–2357, s.v. „Hanno", Nr. 14.

848 *Cui liberius exponenti causam* Daß Hanno bei seinem Besuch im römischen Senat untaktisch vorgegangen sein soll, beruht auf der freien Erfindung des Er.

849–850 *vterque consul* i.e. Scipio Asina und sein Kollege **Aulus Atilius Caiatinus**; daß die beiden Konsuln den zitierten Spruch gewissermaßen ‚im Duett' gesprochen haben sollen, steht so bei Val. Max., ist jedoch ein Kuriosum, das kaum mit der historischen Realität übereinstimmen kann. Er. kannte den Namen des zweiten Konsuls nicht. Zu Aulus Atilius Caiatinus vgl. E. Klebs, *RE* II, 2 (1896), Sp. 2079–2081, s.v. „Atilius", Nr. 36.

## HERENNIVS PONTIVS

VI, 310            HOSTIS AVT PERDENDVS AVT DEMERENDVS            (Herennius
                                                                 Pontius) [25]

855   Samnitibus *consultantibus, quid de legionibus Romanis apud furcas Caudinas inclusis
      fieri deberet, Herennius Pontius* suasit, vt *inuiolatae dimitterentur. Postero die eadem de
      re consultus,* respondit *ad vnum vsque delendas,* sentiens aut clementer *magno beneficio*
      demerendos *hostes aut* irreparabili *iactura vires* illorum comminuendas. Neutrum
      sequutus est exercitus, *sed sub iugum missos* contumelia magis illos in se prouocauit.


860                                          BIBVLVS

VI, 311                             MODERATE            (M. Calpurnius Bibulus) [26]

M. Bibulus *in Syria duos egregiae indolis filios* amisit *a Gabinianis militibus Aegypti
occisos.* Horum *interfectores Cleopatra ad* illum *vinctos misit, vt* in eos pro *arbitratu*


**Herennius Pontius**, der Vater des samnitischen
Feldherren Gavius oder Gaius Pontius, der das
samnitische Heer i.J. 321 v. Chr. befehligte und
die Römer in die Falle lockte. Für diesen vgl.
F. Münzer, *RE* XXII, 1 (1953), Sp. 31–33, s.v.
„Pontius", Nr. 4.
852 *HERENNIVS PONTIVS* In dieser Form
auch im Index personarum (s.l. „H"). Er.
übernahm diese Namensform unverändert
aus seiner Quelle, Val. Max. VII, 2, ext.
17.
*Apophth.* VI, 310 datiert auf d.J. 321 v. Chr., als
das röm. Heer an den Kaudinischen Pässen (in
der Nähe der Stadt Caudium, zwischen Capua
und Benevento gelegen) von den Samniten
eingeschlossen wurde. Livius erzählt die Ereignisse ausführlicher, wobei er die Kriegslist der
Samniten betont, die ein starkes röm. Heer
mitsamt den beiden Konsuln (Titus Veturius
Calvinus und Spurius Postumius Albinus) in
die Falle gelockt hätten (Liv. IX, 2, 6–6, 4). Als
die Römer eingeschlossen waren, wurden sie
von den Samniten ausgehungert. In der Zwi-
schenzeit beriet sich der samnitische General Gavius Pontius, wie mit den Römern zu
verfahren sei; so schickte er einen Gesand-
ten in seine Heimatstadt Caudium (heute
Montesarchio) zu seinem Vater Herennius mit
der Frage um Rat. Dieser riet, die Römer

unversehrt abziehen zu lassen. Diese Antwort
gefiel dem triumphierenden Gavius Pontius
gar nicht, weswegen er den Vater am nächsten Tag um einen besseren Rat fragte. Daraufhin gab Herennius den Rat, die Römer bis
zum letzten Mann zu töten. Val. Max. fasst
diese Ereignisse, die jedoch zum Verständnis
des Spruchs unverzichtbar sind, zusammen;
Er. lässt sie jedoch weg, wodurch unklar ist,
was hier genau stattfindet und welche die Rolle
des Herennius ist. In Er.' Wiedergabe scheint
es, als ob Herennius einer der siegreichen Samniten an den Kaudinischen Pässen wäre und
als ob er im Rahmen der militärischen Berat-
schlagungen vor Ort zweimal total gegensätz-
liche Stellungnahmen abgegeben hätte. Der
maßgebliche Feldherr, Gavius Pontius, wird
von Er. nicht einmal erwähnt; Er. tut so, als
ob das samnitische Heer („exercitus") selbst-
ständig die unkluge Entscheidung getroffen
hätte, die Römer durch einen schmählichen
Abzug „unter dem Joch" zu erniedrigen. Zu
der Niederlage der Römer bei Caudium vgl.
L. Grossmann, *Roms Samnitenkriege. Historische und historiographische Untersuchungen
zu den Jahren 327 bis 290 v. Chr.*, Düssel-
dorf 2009, S. 54–83. Das „Kaudinische Joch"
wurde sprichwörtlich, vgl. Quint. *Inst.* III, 8,
3.

855–859 *consultantibus … missos* Im Hinblick auf den Kontext gekürzte, sonst weitgehend wörtliche Wiedergabe von Val. Max. VII, 2, ext. 17 („De Herennio Pontio Samnite", Titel in *edd. vett.*): „Nec Samnites quidem paruas poenas consimilis erroris perpenderunt, quod Herenni Pontii salutare consilium neglexerant, qui auctoritate et prudentia ceteros praestans, ab exercitu et duce eius, filio suo, consultus, quidnam fieri de legionibus Romanis apud furcas Caudinas inclusis deberet, inuiolatas dimittendas respondit. Postero die eadem de re interrogatus, deleri eas oportere dixit, vt aut maximo beneficio gratia hostium emeretur aut grauissima iactura vires confringerentur. Sed improuida temeritas victorum, dum vtramque partem spernit vtilitatis, sub iugum missas in perniciem suam accendit"; vgl. Liv. IX, 3, 4–7: „Ne Samnitibus quidem consilium in tam laetis suppetebat rebus; itaque vniuersi Herennium Pontium, patrem imperatoris, per litteras consulendum censent. Iam is grauis annis non militaribus solum, sed ciuilibus quoque abscesserat muneribus; in corpore tamen adfecto vigebat vis animi consiliique. (6) Is vbi accepit ad furculas Caudinas inter duos saltus clausos esse exercitus Romanos, consultus ab nuntio filii censuit omnes inde quam primum inuiolatos dimittendos. (7) Quae vbi spreta sententia est iterumque eodem remeante nuntio consulebatur, censuit ad vnum omnes interficiendos".

857 *ad vnum* Der Ausdruck „ad vnum" wurde von Liv. IX, 3, 7 in seiner Erzählung der Geschichte verwendet.

**M. Calpurnius Bibulus** (um 103–48 v. Chr.), führender republikanischer Politiker, Schwiegersohn des jüngeren Cato, Gegner von Caesar; Praetor i.J. 62 und Konsul 59. Ende 52 wurde er zum Statthalter (*pro consule*) der Provinz Syria ernannt. Im Bürgerkrieg stand Bibulus auf der Seite des Pompeius; leitete die republikanische Flotte, starb aber i.J. 48 noch vor der Schlacht von Dyrrhachium. Vgl. K.-L. Elvers, *DNP* 2 (1996), Sp. 942–943, s.v. „Calpurnius", Nr. I, 5; F. Münzer, *RE* III, 1 (1897), Sp. 1368–1370, s.v. „Calpurnius", Nr. 28.

860 *BIBVLVS* In dieser Form im Index personarum.

*Apophth.* VI, 311 datiert auf d.J. 50, als Calpurnius Bibulus Statthalter in Syria war und seine beiden Söhne in Ägypten den Tod fanden. Tatsächlich hatte Bibulus die Befehlsgewalt; es ist fraglich, ob die bei Val. Max. überlieferte Anekdote stimmt. Das Apophthegma passt weniger gut in die Kategorie der „moderatio" als jene der „clementia", in der sie Lycosthenes unterbrachte (S. 155). Den historischen

Hintergrund bilden die sog. „Gabiniani", die sich aus den röm. Soldaten rekrutierten, mit denen der ehemalige Statthalter Syriens, Aulus Gabinius, i.J. 55 v. Chr. den vertriebenen Pharao Ptolemaios XII. gewaltsam wieder auf den Thron zurückführte. Nach dem Gelingen der Operation liess Gabinius 2500 Soldaten als Schutzmacht für Ptolemaios zurück in Ägypten, 2000 Fusssoldaten und 500 Reiter, die in der Folge als vom Pharao finanzierte Söldner ihr Leben fristeten; diese Soldaten standen nicht mehr unter römischem Oberbefehl, festigten sich permanent in Ägypten, heirateten ägyptische Frauen und assimilierten mit der ägyptischen Kultur. Die „Gabiniani" waren für ihre Kampfkraft, ihren Mut und für ihre tödliche Effizienz gefürchtet. Nach Ptolemaios' XII. Tod kämpften sie für seinen Nachfolger, Ptolemaios XIII., gegen Kleopatra VII. Die in *Apophth.* VI, 311 angesprochenen Ereignisse setzen den Tod des Ptolemaios XII. (51) und den Geschwisterkonflikt im ptolemäischen Haus voraus. Nach dem Tod Ptolemaios' XII. sollten Ptolemaios XIII. und Kleopatra gemeinsam regieren; formal geschah dies auch, jedoch übte bald Kleopatra die Macht praktisch alleine aus. Dadurch geriet sie in Konflikt mit den Gabiniani. Kleopatra setzte sich mit dem röm. Stadthalter Syriens, M. Calpurnius Bibulus, in Verbindung, der gerade eine vernichtende Niederlage gegen die Parther eingefahren hatte. Sie bot ihm an, in Ägypten die kampfstarken Gabiniani zu rekrutieren, freilich v.a., um diese loszuwerden. Bibulus schickte daraufhin zwei seiner Söhne nach Ägypten, um die Gabiniani zu mustern. Diese hatten jedoch überhaupt keine Lust, für die Römer zu kämpfen, und brachten die Söhne des Bibulus kurzerhand um. Für die Gabiniani und ihre Rolle im Konflikt im ptolemäischen Haus vgl. Ch. Schäfer, *Kleopatra*, Darmstadt 2006, S. 28, 41–43, und 50–51.

862–865 *in Syria … debere* Im erzählenden Teil variierende, im Spruchteil wörtliche Wiedergabe von Val. Max. IV, 1, 15: „Qui cum in Syria prouincia moraretur, duos egregiae indolis filios suos a Gabianis militibus Aegypti occisos cognouit. Quorum interfectores ad eum vinctos regina Cleopatra misit, vt grauissimae cladis vltionem arbitrio suo exigeret. At ille, oblato beneficio quo nullum maius lugenti tribui poterat, dolorem moderationi cedere coegit, carnificesque sanguinis sui intactos e vestigio ad Cleopatram reduci iussit, dicendo potestatem huius vindictae non suam, sed senatus esse debere".

863 *Cleopatra* Kleopatra VII. Philopator (ca. 70/69–30 v. Chr.), letzte Ptolemäerkönigin

*suo* animaduerteret: *at ille* eos protinus *intactos ad Cleopatram reduci iussit, dicens* eius
865   *vindictae potestatem non suam, sed senatus esse debere.*

## C. SVLPITIVS GALLVS

VI, 312                         Severitas in vxorem          (C. Sulpitius Galus) [27]

*C. Sulpitius Gallus vxorem* repudiauit, *quod aperto capite* fuisset *foris, „Lex", inquiens,*
*„tibi meos* vnius *praefinit oculos, quibus formam tuam approbes. His* ornamenta *com-*
870   *parato, his esto speciosa!* Aliis velle videri formosam *in suspitione et* in *crimine haereat*
*necesse est".*

## C. SEVERVS [i.e. CASSIVS SEVERVS]

VI, 313                         Advlans libertas          (Caius Seuerus, i.e. Cassius
                                                           Severus, 4) [28]

875   *Tiberio senatum* ingrediente *surgens adulator quidam* exclamauit *esse libere loquendum*
*nec reticenda, quae ad* rem*publicam attinerent.* Erectis ad hanc vocem omnibus, *ipso*
*etiam Tiberio* attento, *„Audi", inquit, „Caesar, in quo te* reprehendimus *omnes, licet*
*nullus audeat palam* fateri. Impendis te ipsum *nobis, corpus tuum* diurnis *nocturnisque*
*laboribus* et curis pro republica conficiens". *Huiusmodi multa quum diceret,* sub
880   libertatis praetextu turpiter adulans, *C.* [i.e. Cassius] *Seuerus subiecisse* fertur, *„Ista*
tanta *libertas hunc hominem dabit exitio".*

---

868  Sulpitius Gallus *A-C ut in Val. edd. vett.*:
     Sulpicius Gallus *LB, Val. ed. Kempf,* Sulpicius
     Galus *Val. Max. text. recept.*
870  in *A-C BAS: om. LB.*
875  Tiberio *B C BAS:* Tiberio Graccho *A.*

880  C. [= Caius]  Seuerus *A-C ut in Plut.*
     *vers. Erasmiana 1530:* Cassia Seuera *Plut. vers.*
     *Erasmiana 1514,* Cassius Seuerus *scribendum*
     *erat sec. Plut. text. Graec.*

und Pharaonin Ägyptens. Kleopatra figurierte
in *Apophth.* V, 451 und 453. Zu ihrer Person vgl.
oben Komm. zu V, 451.

**C. Sulpicius Galus** (gest. 149 v. Chr.), röm.
Politiker und General; i.J. 166 Konsul; 168
nahm er als Militärtribun am makedonischen
Krieg gegen König Perseus teil. Im hohen
Alter liess er sich von seiner Frau scheiden, angeblich, weil sie sich unverschleiert
in der Öffentlichkeit gezeigt haben soll. Val.
Max. präsentiert Galus' Vorgehen als Exempel überzogener altrömischer Sittenstrenge,

jedoch ist fraglich, ob der angegebene der
tatsächliche Scheidungsgrund war. Denn es
war in der 2. Hälfte des 2. Jh. v. Chr. nicht
mehr obligatorisch, daß Frauen sich nur ver-
schleiert in der Öffentlichkeit zeigen durften. Nach Münzer ließ sich Sulpicius Galus
scheiden, um noch ein zweites Mal heiraten
zu können, was auch unverzüglich geschah;
seine zweite, viel jüngere Frau, schenkte ihm
noch einen Sohn. Vgl. F. Münzer, *RE* IV,
A1 (1931), Sp. 808–811, s.v. „Sulpicius", Nr.
66.

866  *C. SVLPITIVS*  In dieser Form im Index
personarum von *B* (s.l. „C") und *C* (s.l. „S").

*Apophth.* VI, 312 datiert auf die letzten Lebensjahre des Sulpicius Galus (gest. 149).

868–871  *vxorem … necesse est*  Leicht gekürzte
und variierende Wiedergabe von Val. Max.
VI, 3, 10: „Horridum C. quoque Sulpicii
(Sulpicii *text. recept.*: Sulpitii *edd. vett.*) Gali
(Galli *ed. Bade 1510 fol. CCXLVI*, *edd. vett.*,
*ed. Kempf*,) maritale supercilium (supplicium
*ed. Bade 1510*): nam vxorem dimisit, quod
eam capite aperto foris versatam cognouerat,
abscisa (abscissa *ed. Bade 1510*) sententia, sed
tamen aliqua ratione mota (munita *ed. Kempf*,
*ed. Bade 1510*): ‚Lex enim', inquit, ‚tibi meos
tantum praefinit oculos, quibus formam tuam
adprobes (approbes et placere desideres *ed.
Bade 1510*). His decoris instrumenta compara,
his esto speciosa, horum te certiori crede notitiae. Vlterior tui conspectus superuacua inritatione arcessitus in suspicione et crimine haereat necesse est'". Zur Person des bedeutenden, kaiserkritischen Redners z.Z. des Augustus, **Cassius Severus** (40 v.–32 n. Chr.), vgl.
oben Komm. zu VI, 217. Er. widmete ihm
mehrere Sprüche: VI, 217–218; VIII, 55; 244;
254 und 320. Nicht identifiziert in *CWE* 38,
S. 683 (dort in der Übers. als „Gaius Severus"
bezeichnet).

872  *C. SEVERVS*  In dieser Form im Index
personarum von *A*, *B* (s.l. „C": C. Seuerus)
und *C* (s.l. „S"). Zur Person des bedeutenden,
kaiserkritischen Redners z.Z. des Augustus,
**Cassius Severus** (40 v.–32 n. Chr.), vgl. oben
Komm. zu VI, 217. Er. widmete ihm mehrere
Sprüche: VI, 217–218; VIII, 55; 244; 254 und
320. Nicht identifiziert in *CWE* 38, S. 683 (dort
in der Übers. als „Gaius Severus" bezeichnet).

*Apophth.* VI, 313 Die Anekdote muß ursprünglich auf die Regierungszeit des Kaisers Augustus datieren, genauer vor 12 n. Chr., als Cassius Severus nach Kreta verbannt wurde. Die
unrichtige Angabe des Namens als „Caius
Severus" stellt eine „Verbesserung" des Er.
gegenüber der ersten Ausgabe seiner Übers.
von Plutarchs Traktat *Quomodo adulator ab
amico internoscatur* (1514) dar; dort stand urspr.
„Cassiam Seueram", eine weibliche Namensform, die nicht gut auf eine Person, die als
*orator* bezeichnet wird, paßt. Er. hätte mit
Hilfe der Aldus-Ausgabe „Cassiam Seueram"
zu „Cassium Seuerum" korrigieren können.

875  *Tiberio*  Der Fehler in der Erstausgabe
(„Tiberio Graccho") ist kurios, da Plutarch

die Person hier klar mit Τιβερίου δὲ Καίσαρος,
Kaiser Tiberius (reg. 14–37 n. Chr.), benennt.
Dennoch muss sich Plutarch in Bezug auf den
Namen des Kaisers geirrt haben. Unter Kaiser Tiberius war Cassius Severus niemals in
Rom, sondern stets am Ort seiner Verbannung, zunächst auf Kreta, dann auf der Strafinsel Seriphos. Cassius Severus wurde bereits
unter Kaiser Augustus verbannt, darbte ca. 20
Jahre im Exil, und starb i.J. 32. Die Anekdote
muß sich also, wenn Severus in Rom zugegen war, auf Kaiser Augustus bezogen haben;
andernfalls ist der Spruchspender nicht mit
Cassius Severus identisch.

875–881  *Tiberio … hominem*  Plut. *Quomodo
adulator ab amico internoscatur*, 18, *Mor.* 60C–
D. Er. bearbeitete seine eigene Übers. d.J.
1514 (*ASD* IV, 2, S. 140): „Sed quum aliquando Tiberius Caesar in senatum venisset, surgens adulator quidam ait hominibus
liberis libere loquendum esse nihilque metu
dissimulandum neque quicquam reticendum
eorum, quae ad publicam vtilitatem pertinerent. His verbis quum omnes excitasset factoque silentio et ipso etiam auscultante Tiberio,
‚Audi Caesar', inquit, ‚in quo te quidem culpamus omnes, etiamsi nemo palam audet dicere:
Negligis teipsum corpusque tuum exponis pro
nobis, solicitudinibus et laboribus illud conficiens, nec interdiu nec noctu quiescens'. Huiusmodi multa quum ille dixisset, aiunt oratorem Cassium (Cassium *ed. Koster*: Caium
*ed. Cratander 1530 fol. 175A*; *ed. Vascosan*: Cassiam *ed. Froben 1514, fol. 10*) Seuerum (Seuerum *ed. Koster, ed. Cratander 1530*: Seueram
*ed. Froben 1514*) subiecisse: ‚Ista libertas hunc
hominem exitio dabit'". Vgl. den griech. Text:
Τιβερίου δὲ Καίσαρος εἰς τὴν σύγκλητόν ποτε
παρελθόντος εἷς τῶν κολάκων ἀναστὰς ἔφη δεῖν
ἐλευθέρους ὄντας παρρησιάζεσθαι καὶ μηδὲν ὑπο
στέλλεσθαι μηδ᾽ ἀποσιωπᾶν τῶν συμφερόντων·
ἀνατείνας δὲ πάντας οὕτως, γενομένης αὐτῷ σιω
πῆς καὶ τοῦ Τιβερίου προσέχοντος, „ἄκουσον",
ἔφη, „Καῖσαρ ἅ σοι πάντες ἐγκαλοῦμεν, οὐδεὶς δὲ
τολμᾷ φανερῶς λέγειν. ἀμελεῖς σεαυτοῦ καὶ προ
ΐεσαι τὸ σῶμα καὶ κατατρύχεις ἀεὶ φροντίσι καὶ
πόνοις ὑπὲρ ἡμῶν, οὔτε μεθ᾽ ἡμέραν οὔτε νυκτὸς
ἀναπαυόμενος." πολλὰ δ᾽ αὐτοῦ τοιαῦτα συνεί
ροντος, εἰπεῖν φασι τὸν ῥήτορα Κάσσιον Σευῆρον
„αὕτη τοῦτον ἡ παρρησία τὸν ἄνθρωπον ἀποκτε
νεῖ" (ed. Ald. p. 52). In *CWE* 38, S. 683 wird
Plut. *Mor.* 49C–D als Quelle angegeben, was
jedoch nicht stimmig ist.

## CATO VTICENSIS

VI, 314                          Decorvm personae          (Cato Vticensis, 20) [29]

*Quum* in senatu variantibus sententiis, *Cato censeret* perpetuam *dictaturam* vt *tyran-*
885   *nicam potentiam e republica tollendam, Bibulus, quum esset Pompeio inimicus, primus
in senatu rogationem tulit, vt vnicus consul Pompeius decerneretur.* „*Aut enim*“, *inquit,*
„*respublica ab imminente procella* per illum liberabitur *aut optimo parendum erit*“.
Egregius animus, qui priuatam simultatem posthabuit reipublicae commodis! *Eam
sententiam Cato dixit, se ab alio dictam comprobare,* licet ab ipso non debuerit profi-
890   cisci.

## MVSONIVS RVFVS

VI, 315                                              (P. Rutilius, i.e. Musonius Rufus) [30]

*Rutilius quum aliquando Romae* adisset *Musonium,* rogauit, „Dic mihi, *Musoni: Iupiter Seruator, quem tu imitaris, num foeneratur?*“, notans illius inopiam, qui cogere-

893–894 Iupiter Seruator *B C*: Iuppiter seruator
*A.*

882 *CATO VTICENSIS* In dieser Form im
Index personarum sowie als Überschrift der
Sektion der Cato-Sprüche im fünften Buch.
Er. hatte M. Porcius Cato Uticensis (95–46 v.
Chr.) bereits im fünften Buch, der Könige und
Herrscher, eine Sektion von Sprüchen gewidmet (V, 383–399), wobei er über seine Vorlage,
Plut. *Reg. et imp. apophth.* hinausgegangen
war, in der eine derartige Sektion fehlte. Abgesehen von dieser Sektion und dem vorl. Spruch
widmete Er. Cato d.J. noch *Apophth.* VIII,
185. Cato agierte in der späten Röm. Republik als Anführer der Optimatenpartei, die sich
den mächtigen Einzelpersönlichkeiten Pompeius und Caesar, die die Verfassung zu spren-
gen versuchten, widersetzte. Nach der Ausrufung des Staatsnotstandes i.J. 52 bekämpfte
Cato besonders erbittert Caesar, der für ihn der
Tyrann schlechthin war. Zur Person Catos d.J.
vgl. Komm. oben zu V, 383.
*Apophth.* VI, 314 datiert auf Anfang d.J. 52 v. Chr.,
als der römische Staat sich in einer schweren Krise befand. Aufgrund innerer Unruhen
mit Strassenkämpfen konnten die regulären
Konsulwahlen nicht stattfinden. Die Anhänger des Pompeius, der bereits vom Senat zum
Interrex ernannt worden war, forderten, daß

dieser zum Dictator erhoben werde, um die
Ordnung wiederherzustellen. Die Optimaten,
unter der Leitung von Cato d.J. und Calpurnius Bibulus, widersetzten sich dem; da sie
aber von Pompeius abhängig waren, kamen
sie auf den Gedanken einer verfassungsmäs-
sigen Neuerung, ihn unter Missachtung des
universalen Kollegialitätsprinzips der römischen Staatsämter zum *consul sine collega* zu
ernennen. Seit Einführung des Kollegialitätsprinzips im 4. Jh. v. Chr. hatte es in Rom
noch nie einen Konsul ohne Kollegen gegeben. Pompeius akzeptierte den Vorschlag und
trat sein drittes Konsulat an. Nachdem es ihm
gelungen war, die Ordnung wiederherzustellen, ernannte er – im August d.J. 52 – seinen
Schwiegervater Metellus Scipio zum Amtskollegen und kehrte damit zum verfassungsgemä-
ßen Kollegialitätsprinzip zurück.
884–889 *Cato censeret … comprobare* Plut.
*Pomp.* 54, 4–5. Er. bearbeitete die latein. Übers.
des Antonio Pacini, wobei er den einleitenden Satz stark kürzte und paraphrasierend
zusammenfaßte, den Spruchteil eher wörtlich wiedergab: „Sed cum postea res ad inter-
regnum redisset sermonesque multi de dic-
tatore iterum excitarentur, vim extimescens

Cato censuit legitimum quendam magistratum Pompeio dandum et impuram illam dictatoris potentiam atque tyrannidem abolendam. Qua in re Bibulus, Pompeio inimicus, prior in senatu rogationem tulit, vt *vnicus consul Pompeius decerneretur*: ‚Aut enim', inquit, ‚res publica ab instante turbine salua fiet aut optimo parendum erit'. Haec sententia quum propter oratorem monstrosa videretur, surgens Cato, expectationem praebens, quod Bibulo contradicturus esset, silentio acto, eidem innixus est, a sese illam inquiens minime afferendam fuisse, sed ab alio illatam comprobare iubereque in ipsam iri: quencumque magistratum magis eligens quam neminem Pompeiumque existimans ea tempestate salubrius quam alium esse praefecturum" (Paris 1514, fol. 239ʳ). Vgl. den griech. Text des Kernteils des Zitats: Καὶ Βύβλος (Βύβλος *ed.* Perrin Βίβλος *Ald. fol. 212ᵛ*) ἐχθρὸς ὢν Πομπηΐῳ πρῶτος ἀπεφήνατο γνώμῃ ἐν συγκλήτῳ Πομπήϊον μόνον ἑλέσθαι ὕπατον· ἢ γὰρ ἀπαλλαγήσεσθαι τῆς παρούσης τὴν πόλιν ἀκοσμίας, ἢ δουλεύσειν τῷ κρατίστῳ. φανέντος δὲ παραδόξου τοῦ λόγου διὰ τὸν εἰπόντα, Κάτων ἀναστὰς ... εἶπε τὴν προκειμένην γνώμην αὐτὸς μὲν οὐκ ἂν εἰσενεγκεῖν, εἰσενηνεγμένῃ δὲ ὑφ' ἑτέρου πείθεσθαι κελεύειν, πᾶσαν μὲν ἀρχὴν μᾶλλον αἱρούμενος ἀναρχίας, Πομπήϊου δὲ μηδένα βέλτιον ἄρξειν ἐν ταραχαῖς τηλικαύταις νομίζων.

885   *Bibulus* Der Konsular **M. Calpurnius Bibulus**, Catos Schwiegersohn, gehörte wie dieser der Optimatenpartei zu; als solcher Gegner von Caesar und Pompeius. Zu seiner Person vgl. oben Komm. zu VI, 312.

886   *vnicus consul* Die ungelenke Formulierung „vnicus consul" für „consul sine collega" übernahm Er. aus Pacinis Übers. von Plutarchs Pompeius-Biographie.

888   *Egregius animus* Er. lobt hier, wie auch sonst, Cato d.J. in den höchsten Tönen und betrachtet ihn als das größte Tugendvorbild schlechthin, gleichsam als Personifikation der Tugend, die vom Himmel gesandt worden sei (vgl. *Adag.* 789 „Tertius Cato", *ASD* II, 2, S. 312: „Nam duorum Catonum ... grauitas pariter atque integritas vulgo celebratissima quondam fuit, adeo vt e coelo demissi dicerentur, vt bellum cum vitiis gererent; *Collect.* 314, *ASD* II, 9: „Nam duos Catones coelo demissos creditum est, vt bellum cum viciis gererent"). Sogar den Selbstmord, der für Christen verpönt war, stufte Er. als heroische Hingabe seines Lebens für das Vaterland ein (vgl. *Adag.* 1715 „Cur non suspendis te", *ASD* II, 4, S. 160).

*Apophth.* VI, 315   **C. Musonius Rufus** (30 n. Chr. – ca. 100 n. Chr.), aus dem Ritterstand stammender, in Rom tätiger stoischer Philosoph; hielt sich zweimal längere Zeit im Exil auf, einmal unter Nero, der ihn im Anschluss an die Pisonische Verschwörung d.J. 65 auf die Zykladeninsel Gyaros verbannte, ein zweites Mal unter Vespasian. Musonius genoss als Philosoph grosses Ansehen, obwohl er keine Schriften verfasste; es zirkulierten jedoch Vorlesungsmitschriften. Vgl. B. Inwood, *DNP* 8 (2000), Sp. 553, s.v. „Musonius", Nr. 1; K. v. Fritz, *RE* XVI, 1 (1933), Sp. 893–897, s.v. „Musonius", Nr. 1; G. Reydams-Schils, *RAC* 25 (2013), Sp. 345–357, s.v. „Musonius Rufus"; M.-O. Goulet-Cazé, „Musonius Rufus", in: R. Goulet (Hrsg.), *Dictionnaire des philosophes antiques*, Bd. 4, Paris 2005, S. 555–572; *C. Musonii Rufi Reliquiae*, hrsg. von O. Hense, Leipzig 1990 (= Neudr. der Ausg. von 1905). Nach dem Index personarum wurde *Apophth.* VI, 315 fälschlich dem „P. Rutilius" zugeschrieben; der Spruch mit der Pointe stammt jedoch von dem Philosophen C. Musonius Rufus. Der Stoiker Musonius Rufus wird unten, im ‚Buch der Philosophen' (VII), nicht vermeldet.

893–895   *Rutilius ... foenerat quidem* Plut. *De vitando aere alieno, Mor.* 830B. Er. gab im wesentlichen die latein. Übers. des Willibald Pirckheimer wieder: „Rutilius ille Romae aliquando Musonium quum conuenisset, ‚Musoni', inquit, ‚Iupiter seruator, quem tu imitaris ac sequeris, nunquid foeneratur?'; et Musonius subridens ‚Nec foenerat quidem', respondit". Vgl. den griech. Text: Ὁ Ῥουτίλιος ἐκεῖνος ἐν Ῥώμῃ τῷ Μουσωνίῳ προσελθὼν „Μουσώνιε", εἶπεν, „ὁ Ζεὺς ὁ σωτήρ, ὃν σὺ μιμῇ καὶ ζηλοῖς, οὐ δανείζεται", καὶ ὁ Μουσώνιος μειδιάσας εἶπεν „οὐδὲ δανείζει" (vgl. ed. Ald. p. 604).

893   *Rutilius* **Q. Iulius Cordinus C. Rutilius Gallicus** (ca. 24/26–ca. 92 n. Chr.), Senator aus Turin in der Transpadana, i.J. 85 Konsul. Vgl. W. Eck, *DNP* 10 (2001), Sp. 1171, s.v. „Rutilius", Nr. II, 3; Groag, *RE* I, A1 (1914), Sp. 1255–1263, s.v. „Rutilius", Nr. 19.

893–894   *Iupiter Seruator, quem tu imitaris* Mit „quem tu imitaris" witzelt Rutilius über das Gottesbild des Musonius Rufus, der lehrte, daß der Mensch in seinem Wesen, d.h. aufgrund seiner Befähigung zur Tugendhaftigkeit, gottähnlich sei (μίμημα θεοῦ).

894   *foeneratur* foenerari" im Sinn von „Geld von einem ausleihen gegen Zinsen"; vgl. *DNG* I, Sp. 2094, s.v. „feneror", nr. II.

895   tur interdum accipere mutuum. Ad hoc ar*ridens Musonius*, „At *nec foenerat quidem,
Rutili*". Turpius est ad foenus dare quam accipere. At Rutilius, quum ipse faceret,
quod grauius est, obiecit illi quod erat leuius.

## VALERIVS PVBLICOLA [i.e. HORATIVS PVLVILLVS]

VI, 316                                   FORTITER                         (Valerius Publicola, i.e.
900                                                                         M. Horatius Puluillus) [31]

Valerio Publicolae [i.e. M. Horatio Puluillo] Iouis aedem dicanti *iamque ex more
postem tenenti* Marcus, illius *frater*, derepente funestum *nuncium* ingessit dicens: „*O
consul, filius tuus morbo periit in castris*". Ob eum nuncium moestis omnibus *Publicola nihil commotus*, „*Cadauer*", inquit, „*quo*libet *abiicite*", simulque *dedicationem*
905   solenni ritu *peregit*. Nec tamen *verum erat* perisse filium, sed data opera factum est,
vt a dedicatione reuocaretur atque is honos ad alium transiret. [*C*] Quanquam Liuius
libro ab vrbe condita secundo hoc aliquanto diuersius narrat. [*A*]

---

895   nec *scripsi coll. Plut. vers. ab Pirckheim.*: ne *A–*
      *C.*

906–907   Quanquam … narrat *C: desunt in A B.*

896   *Turpius est ad foenus dare quam accipere* Er.
erklärte das *Apophthegma* aus der Perspektive christlicher Moral, nach der der Beruf
des Geldverleihers verwerflich war, der aus
der Notsituation eines anderen wissentlich
und willentlich schnöden Gewinn bezieht. Im
sozialen Wertesystem der römischen Oberschichte (der Senatoren und Ritter) galt jedoch
Armut im Allgemeinen als schändlich und
nicht vorzeigbar; Geldverleih oder ähnliche
Geschäfte kamen zwar für Senatoren nicht in
Betracht, jedoch durften Ritter ohne weiteres gewinnbringende Geldgeschäfte machen.
Die Retourkutsche des Musonius bezog sich
nicht darauf, daß man, wie Er. behauptet, in
der römischen Antike Geldverleih als verwerflicher als Geldausleihen betrachtet hätte, sondern darauf, daß sein Gegenüber Rutilius ein
Senator war, dem der Philosoph somit die Ausübung einer unstandesgemässen Erwerbstätigkeit unter die Nase rieb. Rutilius häkelte den
armen Philosophen Musonius mit der Bemerkung: „Sag, leiht dein Iupiter Servator auch
Geld von jemandem gegen Zinsen?"; Musonius antwortete: „Nein, und übrigens verleiht
er auch kein Geld gegen Zinsen".

896   *ad foenus dare* Die Phrase „ad foenus dare"
ist kurios; gebräuchlich ist „in foenus dare",

„foenori dare" oder „foenore dare" (vgl. *DNG*
I, Sp. 2096, s.v. „fenus").

**M. Horatius Pulvillus**, Konsul 509 v. Chr.; nach
Polybius gemeinsam mit Iunius Brutus überhaupt der erste röm. Konsul; 507 v. Chr.
zum zweiten Mal Konsul. Ihm wurde die
Weihung des Jupitertempels auf dem Kapitol
zugeschrieben (Weiheinschrift). Unsicher ist
in der Überlieferung, ob die Weihe des Jupitertempels während des ersten oder des zweiten Konsulats des Horatius Pulvillus stattgefunden hat. Vgl. Ch. Müller, *DNP* 5 (1998), Sp.
719, s.v. „Horatius", Nr. 6; F. Münzer, *RE* VIII,
2 (1913), Sp. 2401–2404, s.v. „Horatius", Nr. 15.

901   *Valerio Publicolae* Mit der Zuschreibung
des Apophthegmas an P. Valerius Puplicola
ist Er. ein grober Fehler unterlaufen; möglicherweise ist er darauf zurückzuführen, daß
sich die Anekdote in Plutarchs Biographie
des Publicola findet, vielleicht auch darauf,
daß der Gesprächspartner des (eigentlichen
Sprechers) Horatius der Bruder des berühmten Publicola, Marcus Valerius Publicola, ist.
Der Fehler ist deswegen auffällig, da in Er.'
Quelle Plutarch (in der latein. Übers. des
Lapo da Castiglionchio) unmissverständlich
und zudem mehrfach angegeben wird, daß
der Spruch-Spender Horatius ist, nochmals

hervorgehoben durch die Marginalie: „Horatius audita filii morte non commotus" (Paris 1514, fol. XXXIIII$^r$). Auch alle anderen antiken Quellen schreiben den Spruch dem M. Horatius Pulvillus zu (Liv. II, 8, 6–8; Val. Max. V, 10, 1). Mit der irrtümlichen Zuschreibung an „Valerius Publicola" meint Er. den legendären Publius Valerius Publicola, den viermaligen Konsul, der wesentlich zum Sturz des Königtums beigetragen haben soll.

901 *Iouis aedem* Es handelt sich um den Tempel des Iupiter Optimus Maximus und der Trias Capitolina auf dem Kapitol in Rom. Der erste Bau des Tempels soll v.a. unter Tarquinius Superbus errichtet worden sein; eingeweiht wurde der Tempel aber erst nach der Vertreibung der Könige, durch den Konsul M. Horatius Pulvillus, entweder 509 oder 507 v. Chr.; dieser Tempel wurde i.J. 83 v. Chr., während der Bürgerkriegswirren, zerstört und von Sulla wieder aufgebaut. Zu dem Tempel vgl. S. Ball Platner, *Aedes Iovis Optimi Maximi Capitolini*, in: idem, *A Topographical Dictionary of Ancient Rome*, London 1929, S. 297–302; F. Coarelli, *Rom. Ein archäologischer Führer*, Mainz 2000, S. 48–51; J. Stamper, *The architecture of Roman temples: the republic to the middle empire*, New York 2005, S. 6–33; E. Aust, „Der capitolinische Kult", in: W.H. Roscher (Hrsg.), *Ausführliches Lexikon der griechischen und römischen Mythologie*, Bd. II, 1, Leipzig 1894, Sp. 705–744.

901–905 *ex more ... verum erat* Plut. *Pobl.* 14, 4–5. Er. bearbeitete die latein. Übers. des Lapo da Castiglionchio: „Idibus igitur Septembribus, quo tempore luna plena est, congregatis in Capitolio Romanis, maxima frequentia. indicto silentio, postem iam ex more tenenti Horatio, frater Publicolae Marcus, quum iampridem iuxta portas mansisset, obseruato tempore, foedum nuntium incussit: ,O consul', inquiens, ,filius tuus ex morbo in castris interiit'. Ea res omnibus molestiae fuit. At Horatius nihil commotus: ,Cadauer igitur', inquit, ,quo vultis proiicite. Ego enim minime fletus admitto'. Sic postem tenens consecrationem peragit et dedicat templum. Fuerat autem id

nuntium haud verum; sed id Marcus ementitus, quo Horatium ab eo munere deterreret. Mirifice igitur constantem se praebuit, siue non crediderit factum confictamque rem breui cognouerit, siue tantum roboris animo fuit, vt credita re non moueretur" (Paris, 1514, fol. 34$^r$). Vgl. den griech. Text des Hauptteiles des Zitats: ὁ μὲν Ὡράτιος σιωπῆς γενομένης τά τ᾽ ἄλλα δράσας καὶ τῶν θυρῶν ἁψάμενος, ὥσπερ ἔθος ἐστίν, ἐπεφθέγγετο τὰς νενομισμένας ἐπὶ τῇ καθιερώσει φωνάς· ὁ δ᾽ ἀδελφὸς τοῦ Ποπλικόλα Μᾶρκος ἐκ πολλοῦ παρὰ τὰς θύρας ὑφεστὼς καὶ παραφυλάττων τὸν καιρόν, „ὦ ὕπατε", εἶπεν, „ὁ υἱός σου τέθνηκεν ἐν τῷ στρατοπέδῳ νοσήσας". τοῦτο πάντας ἠνίασε τοὺς ἀκούσαντας· ὁ δ᾽ Ὡράτιος οὐδὲν διαταραχθείς, ἀλλ᾽ ἢ τοσοῦτον μόνον εἰπών, „ῥίψατε τοίνυν ὅποι βούλεσθε τὸν νεκρόν, ἐγὼ γὰρ οὐ προσίεμαι τὸ πένθος", ἐπέραινε τὴν λοιπὴν καθιέρωσιν. ἦν δὲ τὸ προσηγγελμένον οὐκ ἀληθές, ἀλλ᾽ ὁ Μᾶρκος ὡς ἀποστήσων τὸν Ὡράτιον ἐψεύσατο (vgl. ed. Ald. fol. 33$^r$); vgl. weiter Val. Max. V, 10, 1 (Kap. „De parentibus, qui obitum liberorum forti animo tulerunt"): „Horatius Puluillus, cum in Capitoli Ioui Optimo Maximo aedem pontifex dedicaret interque nuncupationem solemnium verborum postem tenens mortuum esse filium suum audisset, neque manum a poste remouit, ne tanti templi dedicationem interrumperet, neque vultum a publica religione ad priuatum dolorem deflexit, ne patris magis quam pontificis partes egisse videretur. Clarum exemplum ...".

902 *Marcus* Marcus Valerius Poblicola, der Bruder des Publius Valerius Poblicola; Konsul 505 v. Chr.; besiegte die Sabiner; Marcus Valerius fiel in der Schlacht am Lacus Regillus 499 oder 496. Vgl. C. Müller, *DNP* 12.1 (2002), Sp. 1092, s.v. „Valerius", Nr. I, 6.

906–907 *Quanquam Liuius ... diuersius narrat* Liv. II, 8, 6–8. Tatsächlich erzählt Livius die Geschichte auf sehr ähnliche Weise. Er. meint mit „aliquanto diuersius" wohl, daß bei Livius das Apophthegma Horatius zugeschrieben wird; das ist jedoch kein Unterschied zu Plutarch, der Quelle des Er., sondern nur der Fehlzuschreibung des Er. geschuldet.

## CESETIVS

910  VI, 317  [*A*] PIETAS IN FILIVM  (Cesetius, i.e. Caesetius pater) [32]

*Cesetius eques Romanus, quum a Caesare filium abdicare iuberetur, quod is tribunus plebis cum Marullo collega ei inuidiam* mouisset *regni affectati,* „Citius", inquit, „*Caesar, tu mihi omnes filios meos* arripies *quam ego ex* his *vnum nota pellam mea*".

## METELLVS SCIPIO

915  VI, 318  HONOR PRECIO PRIOR  (T. Labienus, i.e. Metellus Pius Scipio, 2) [33]

*Titus Labienus equiti strennuo* de *praeda Gallica aurum* donauit. Id videns *Scipio* dixit *equiti,* „*Habebis donum viri diuitis*". Hac voce audita eques *aurum* ad *pedes Labieni* abiecit. *Idem* quum *audiret Scipionem dicentem „Imperator te armillis argenteis donat*",
920  *alacer gaudio abiit.* Miles aurum contempsit, honorem amplexus est.

---

911 Cesetius *A-C ut in Val. edd. vett.*: Caesetius *LB, Val. text. recept.*

913 arripies *correxi*: accipies *A-C*, eripies *Val. loc. cit.*

C. **Caesetius**, Vater von L. Caesetius Flavus; weigerte sich, seinen Sohn, wie Caesar es forderte, zu verstoßen. Vgl. F. Münzer, *RE* III, 1 (1897), Sp. 1310, s.v. „Caesetius", Nr. 1 (nicht in *DNP*).

908 *CESETIVS* In dieser Form im Index personarum.

*Apophth.* VI, 317 datiert auf Anfang d.J. 44 v. Chr., vor den Iden des März und nach der offiziellen Absetzung der beiden Volkstribunen Lucius Caesetius Flavus und Gaius Epidius Marullus. Sie entfernten von der auf den Rostren aufgestellten Statue des Diktators Caesar das Diadem, das seinem Haupt aufgesetzt war, als verfassungswidrigen Gegenstand; zudem verhafteten sie jene Personen, die für die Aufsetzung des Diadems verantwortlich waren, sowie jene, die Caesar als „König" begrüßt hatten. Caesar rächte sich, indem er die Absetzung der beiden Volkstribunen durch einen Volksbeschluss (Plebiszit) durchsetzte. Die beiden mussten ins Exil gehen. Vom Vater des Caesetius forderte Caesar, daß er den Sohn enterbe.

911–913 *Cesetius … pellam mea* Val. Max. V, 7, 2 („De Ceseto [sic] Romano", Titel in *ed. Bade 1510*.): „Qui (sc. Caesetius/Cesetius eques Romanus) (Quum *edd. vett.*) ab (a *ed. Bade 1510, fol. CCXXIII*ʳ) Caesare omnium iam et externorum et domesticorum hostium victore cum abdicare filium suum iuberetur, quod is tribunus plebis cum Marullo (Marulo *ed. Bade 1510, quaedam edd. vett.*) collega inuidiam ei tamquam regnum adfectanti fecerat, in hunc modum respondere (respondendo *ed. Bade 1510*) sustinuit: ,Celerius tu mihi, Caesar, omnes filios meos eripies quam ex iis (his *ed. Bade 1510*) ego vnum nota mea pellam (pellam mea *ed. Bade 1510*)' ".

911 *Caesare* i.e. der Diktator C. Iulius Caesar.

911 *filium* L. Caesetius Flavus, 44 v. Chr. Volkstribun. Bekannt nur wegen der „Diademaffäre". Vgl. F. Münzer: III, 1 (1897), Sp. 1310–1311, s.v. „Caesetius", Nr. 4 (nicht in *DNP*).

912 *Marullo* C. Epidius Marullus, 44 v. Chr. Volkstribun, der Amtskollege von L. Caesetius Flavus. Vgl. F. Münzer, *RE* VI, 1 (1907), Sp. 59–60, s.v. „Epidius". Nr. 3 (nicht in *DNP*).

**913** *arripies* Hier liegt ein Irrtum vor. Das genaue Gegenteil von in den Baseldrucken überlieferten „accipies" ist erforderlich. Gemeint ist: „Eher, Caesar, wirst du mir alle meine Söhne rauben als daß ich einen enterbe".

*Apophth.* VI, 318 Nach dem Index personarum von *A, B* (s.l. „T") und *C* (s.l. „L") wurde *Apophth.* VI, 318 irrtümlich dem Titus Labienus zugeschrieben.

*Apophth.* VI, 318 Die Anekdote ist auf 46/7 v. Chr. zu datieren, als die Generäle T. Labienus und Metellus Scipio in der Provinz Africa die republikanischen Truppen befehligten. Metellus war der Oberbefehlshaber, Labienus einer der ihm unterstellten Generäle. Die Anekdote zeigt deren Konkurrenzverhältnis; Labienus, der unter Caesar während des Gallischen Krieges der massgebliche General gewesen war, tat sich schwer, sich Metellus unterzuordnen. Als Metellus die Truppen dekorierte, mahnte er ihn vorlaut, er solle doch einen bestimmten Reitersoldaten für sein tapferes Auftreten mit Gold beschenken, dieser weigerte sich freilich kategorisch, das zu tun, mit dem Hinweis auf die Moral der Truppe; in einer überheblichen Trotzhaltung schenkte Labienus dem tapferen Reiter selbst einen Gegenstand aus Gold. Da erteilte Metellus dem Labienus eine Lektion: Indem er das Armband als bloßen Reichtum bezeichnete, brachte er den Soldaten dazu, das Goldgeschenk abzulehnen. Stattdessen verlieh er dem Reiter ein Silberarmband, das er jedoch betont als *militärische* Auszeichnung überreichte und das dieser gerne annahm. Er. versäumt, die wesentlichen Rahmenelemente der Anekdote zu erzählen, sodaß es unklar bleibt, was hier genau stattfindet und worum es geht. In der Wiedergabe des Er. scheint es, als ob es um eine Dekorierung ging, die Labienus bei seinen Truppen nach einer in Gallien erfolgreich geschlagenen Schlacht vornahm, weil er ja aus der gallischen Kriegsbeute ein goldenes Armband vergab; tatsächlich war es aber Metellus, der seine Truppen in Afrika inspizierte und dekorierte, während der ihm untergebene Labienus zugegen war. Vgl. auch den Komm. *CWE* 38, S. 685: „Erasmus has so truncated this anecdote as to make it obscure".

**917–920** *Titus … abiit* Verworrene, mißverständliche, jedoch in den Spruchteilen wörtliche Wiedergabe von Val. Max. VIII, 14, 5 („De Scipione et quodam equite", Titel in *edd. vett.*): „Atque vt imperatoribus militis gloriosum (gloriosum militis *ed. Bade 1510, fol. CCCXLIII*ᵛ) spiritum subnectam, Scipionem dona militaria his, qui strenuam operam ediderant, diuidentem T. Labienus, vt forti equiti aureas armillas tribueret, admonuit, eoque se negante id facturum, ne castrensis honos in eo, qui paulo ante seruisset, violaretur, ipse ex praeda Gallica aurum equiti largitus est. Nec tacite id Scipio tulit. Namque (Nam *ed. Bade 1510*) equiti ‚Habebis', inquit, ‚donum viri diuitis'. Quod vbi ille accepit, proiecto ante pedes Labieni auro voltum demisit. Idem, vt audiit (audiuit *ed. Bade 1510*) Scipionem dicentem ‚Imperator te argenteis armillis donat', alacer gaudio abiit. Nulla est ergo tanta humilitas, quae dulcedine gloriae non tangatur".

**917** *Titus Labienus* **Titus Labienus** (ca. 100–17. 3. 45 v. Chr.), röm. Politiker und General; Anhänger Caesars: i.J. 63, als Volkstribun, klagte er auf Caesars Wunsch C. Rabirius als Mörder des Lucius Appuleius Saturninus an und erwirkte er ein Plebiszit, das Julius Caesar zum Pontifex Maximus ernannte. Während Caesars Krieg in Gallien (58–50) hatte er die Stelle des *legatus pro praetore* inne, war Caesars wichtigster General und zudem Stellvertreter in jenen Monaten, in denen sich dieser in Rom aufhielt. Nach Ausbruch des Bürgerkriegs i.J. 49 wechselte er jedoch die Seiten und kämpfte für die Republikaner. Vgl. W. Will, *DNP* 6 (1999), Sp. 1032–1033, s.v. „Labienus", Nr. 3; F. Münzer, *RE* XII, 1 (1924), Sp. 260–270, s.v. „Labienus", Nr. 6.

**917** *Scipio* Für den Politiker und General **Q. Caecilius Metellus Pius Scipio** (um 100–46 v. Chr.), den Schwiegervater des Pompeius, der im J. 47 und 46 das Oberkommando der republikanischen Truppen in der Provinz Africa innehatte, vgl. oben Komm. zu VI, 301. Er. widmete ihm abgesehen von vorl. Spruch auch *Apophth.* V, 422.

## Q. FABIVS MINVTIVS [i.e. Q. FABIVS MAXIMVS]

VI, 319                          VITAM NEMO CONTEMNIT          (Fabius Minutius, i.e. Q.
                                 (= Dublette von V, 423)       Fabius Maximus, 13) [34]

*Q. Fabius Minutius [i.e. Maximus] hortante filio, vt locum idoneum paucorum iactura*
925 *caperet, „Vis ne", inquit, „tu ex illis paucis esse?", admonens non esse boni ducis, vllius
militis incolumitatem contemnere.*

## C. FABRITIVS

VI, 320                          AVRI CONTEMPTVS                (Fabritius, 6) [35]
                                 (= Dublette von V, 264)

930 *Fabritius Cineae Epirotarum legato magnam auri* vim *dono offerenti recusauit accipere,
dicens se malle imperare aurum habentibus quam habere aurum.*

---

930  Fabritius *C*: Fabricius *A B*.

930  Cineae *A-C BAS LB*: Cyneae *plures Frontini edd. vett.*

921 *Q. FABIVS MINVTIVS* In dieser entstellten Form findet sich der vermeintliche Apophthegma-Spender „Minutius" auch im Index personarum von *B* (s.l. „Q") und *C* (s.l. „F"). Der von Er. angegebene Name beruht auf einem Irrtum: Eine Person dieses Namens hat nie existiert. Gemeint ist **Q. Fabius Maximus Cunctator**, dem Er. bereits im fünften Buch eine Sektion von Apophthegmen gewidmet hatte (V, 270–280). Der Name „Minutius/Minucius" kommt in der *gens Fabia* nicht vor. „Minutius" ist vielmehr der Name von Fabius' Gegenspieler, Marcus Minucius Rufus (um 260–216 v. Chr.), der für das Jahr 217 zum *Magister equitum* (Generaloberst der Kavallerie) mit aussergewöhnlichen Vollmachten ernannt und mit denselben Befugnissen wie der Diktator Fabius Maximus ausgestattet worden war; trat im schroffen Gegensatz zu Fabius stets für eine offensive Vorgehensweise gegen Hannibal ein. Nach militärischen Teilerfolgen geriet er in eine Falle, die seinen Untergang bedeutet hätte, wäre ihm nicht Fabius zu Hilfe gekommen. Mit dem Ende d.J. 217 erloschen die diktatorialen Vollmachten des Minucius und des

Fabius wieder. Minucius Rufus fand schon im Folgejahr in der Schlacht von Cannae den Tod. Vgl. F. Münzer, *RE* XV, 2 (1932), Sp. 1957–1962, s.v. „Minucius", Nr. 52. Er. verwendet hier wie auch sonst die nicht ganz richtige Form „Minutius". Der irrige, kontaminierte Name „Quintus Fabius Minutius" ist einem Textüberlieferungsproblem von Frontin. *Strat.* geschuldet: Einige ältere Ausgaben hatten „Q. Fabius Minutius". Der Spruchspender wurde nicht identifiziert in *CWE* 38, S. 685. Hinzu kommt, daß es sich bei *Apophth.* VI, 319 um eines der sog. Wanderapophthegmen handelt: In *Apophth.* V, 423 „Argute" hatte Er. denselben Spruch dem Quintus Caecilius Metellus Macedonicus (190/85–115 v. Chr.) zugeschrieben (wobei er allerdings aus der Quelle Plut. *Reg. et imp. apophth.* (Plut. *Mor.* 202A [Caecilius Metellus, 1]) schöpfte: „Caecilius Metellus, quum loco munito cogitaret admouere exercitum ac centurio dixisset ipsi, „Si decem modo hominum iacturam facere velis, capies locum", interrogauit eum, num ipse de numero decem vnus esse vellet. Hoc et alteri tribuitur". Die in *Apophth.* VI, 319 erzählte Anekdote datiert auf die Zeit zwischen 217–203 v. Chr., am ehesten vielleicht auf d. J. 217.

924–925 *Q. Fabius … paucis esse* Frontin. *Strat.* IV, 6, 1: „Q. Fabius (Fabius Minucius *ed. Roman. et Bonon.*; Fabius Mutius *siue* Mucius *quidam mss.*) hortante filio, vt locum idoneum paucorum iactura caperet, ‚vis ne‘, inquit, ‚tu ex illis paucis esse?‘“; für die Anekdote vgl auch Cass. Dio, *Frag.* 56, 11; Sil. Ital. VII, 539ff.

924 *filio* Quintus Fabius Maximus filius (gest. zw. 207 und 203 v. Chr.), Sohn des Cunctators. Der Sohn Fabius trat zum ersten Mal während der Diktatur seines Vaters, 217 v. Chr., mit militärischen Einsätzen hervor. Die Anekdote könnte sich auf dieses Jahr beziehen. Der Sohn erreichte das Konsulat i.J. 213 v. Chr., wobei ihm Apulien als Aufgabenbereich zugewiesen wurde und er seinen Vater im Kampf gegen Hannibal ablöste. Daran knüpft sich die Anekdote, daß er damals seinem Vater die ihm zustehende Ehre als Konsul aberlangt habe. Diese Anekdote hatte Er. oben als V, 277 in seine *Apophthegmata*-Sammlung aufgenommen. Für Q. Fabius, den Sohn vgl. F. Münzer, *RE* VI, 2 (1909), Sp. 1789–1790, s.v. „Fabius“, Nr. 108; K.-L. Elvers, *DNP* 4 (1998), Sp. 368, s.v. „Fabius“, Nr. I, 21.

927 *C. FABRITIVS* Zu dem bedeutenden republikanischen Politiker und General Gaius Fabricius Luscinus, der sich im Krieg gegen Pyrrhos auszeichnete, vgl. oben Komm. zu V, 265. Er. hatte ihm im fünften Buch eine Sektion von Sprüchen gewidmet (V, 265–269).

*Apophth.* VI, 320 „Auri contemptus“ ist eine Dublette von V, 264 „Aurum spretum“; dort hatte Er. den Spruch dem Manius Curius Dentatus zugeschrieben: „Samnites posteaquam ab illo fuerant deuicti, venerunt ad Manium Curium ac magnam auri vim offerebant, atque id temporis forte rapula coquebat ollis fictilibus. Respondit autem Samnitium legatis hunc in modum, nihil opus esse auro talem coenanti coenam; *sibi vero potius esse aurum possidentibus imperare quam aurum habere*“. In VI, 320 erinnerte sich Er. offensichtlich nicht mehr daran, daß er den Spruch bereits im fünften Buch präsentiert hatte. In der antiken literarischen Tradition findet sich die Zuschreibung des Spruchs an Fabricius (Luscinus) nur bei Frontin. *Strat.* IV, 3, 2 und Gellius I, 14; in allen übrigen Instanzen fungiert als Spruchspender

Manius Curius Dentatus (vgl. oben Komm. zu V, 264).

930–931 *Fabritius … aurum* Frontin. *Strat.* IV, 3, 2: „Fabricius, cum Cineas legatus Epirotarum grande pondus auri dono ei daret, non accepto eo dixit malle se habentibus id imperare quam habere“; derselbe Spruch wird von Valerius Maximus dem Manlius Curius in den Mund gelegt, den Gesandte der Samniten mit Gold zu bestechen versuchten, IV, 3, 5: „Nam cum (sc. Samnites) ad eum (sc. Curium) magnum pondus auri publice missum attulissent …, inquit ,… Narrate Samnitibus Manlium Curium malle locupletibus imperare quam ipsum fieri locupletem …‘“; Brusoni gab in seiner Sammlung von 1518 die Cyneas-Anekdote in vereinfachter Form und ohne Bezug auf Fabricius wieder: „Cyneas Pyrrhi legatus, missus Romam cum ingentibus donis, neminem, cuius domum muneribus peteret, inuenit“ (I, 9 „De abstinentia et continentia“).

930 *Cineae* Kineas (um 350–nach 278 v. Chr.), Gesandter und Unterhändler im Dienst des Königs Pyrrhos von Epirus; Schüler des Demosthenes und selbst hervorragender Redner. Kineas hatte den Ruf, „mehr Städte mit Worten als Pyrrhos mit Waffen gewonnen zu haben“ (Plut. *Pyrrh.* 14, 3); während des Krieges des Pyrrhos in Italien unternahm er mehrere Gesandtschaften nach Rom, u.a. nach dem Sieg des Pyrrhos bei Herakleia, wobei er den Senatoren Geschenke überreicht haben soll (Plut. *Pyrrh.* 18,4). Plinius überliefert, daß Kineas bei seinem (ersten) Besuch in Rom schon einen Tag nach der Ankunft sich die Namen sämtlicher Senatoren gemerkt haben soll (Plin. *Nat.* 7,24). Kineas trat auch als Autor hervor, er verfaßte eine Geschichte Thessaliens und einen Auszug aus den militärischen Werken des Aineias Taktikos. Vgl. F. Stähelin, *RE* XI, 1 (1921), Sp. 473–476, s.v. „Kineas“, Nr. 3; J. Engels, *DNP* 6 (1999), Sp. 470, s.v. „Kineas“, Nr. 2; M. Ducos, „Cinéas“, in: R. Goulet (Hrsg.), *Dictionnaire des philosophes antiques*, Bd. 2, Paris 1994, S. 399. Der Darstellung der ausgezeichneten Fähigkeiten des Kineas als Redner und Unterhändler widmete Er. oben *Apophth.* V, 124 „Eloquentiae vis“, wo er das Bonmot aus Plut. *Pyrrh.* 14, 3 bringt; als klugen Ratgeber stellt Er. Kineas in V, 129 (in einem Zwiegespräch mit Pyrrhos) dar.

## M. LIVIVS [i.e. LIVIVS SALINATOR]

VI, 321                          Clementer          (M. Liuius Salinator, 1) [36]

935    *M. Liuius fuso Asdrubale*, nonnullis suadentibus, *vt hostes ad internecionem inseque-*
*retur, „Aliqui"*, inquit, *„et supersint, qui de victoria nostra nuncium hostibus* perfe-
rant".

## VARRO PAVLI COLLEGA [i.e. C. TERENTIVS VARRO]

VI, 322                          Virtvs infelix          (Varro Pauli collega, i.e.
C. Terentius Varro) [37]

940    *Varro* Pauli *collega*, quoniam ex Cannensi pugna, quae Romanis fuit infelicissima,
superfuit, *honores a populo delatos* recusauit, *dicens felicioribus magistratibus opus*
*esse reipublicae.* Quum animum gereret inculpatum, fortunae suae reipublicae vltro
poenas dare voluit, vir ob hoc ipsum summis dignus honoribus.

## MANIVS CVRIVS

945    VI, 323                          Aeqvalitas          (Manius Curius Dentatus) [38]

*Curius* de*uictis Sabinis, quum ex senatus consulto ei ampliaretur agri modus, quem*
*consummati milites accipere* solebant, recusauit et *gregalium portione contentus fuit,*
*dicens* esse *malum ciuem, cui non esset satis* id, quod *caeteris* esset *satis.*

---

934 Asdrubale *scripsi ut in Apophth. VI, 356*:
    Hasdrubale *A-C.*
934 internecionem *B C ut plures Front. edd.*

*vett.*: internitionem *A, quaedam Front. MSS.*
    (internicionem *ed. Gundermann*).
947 solebant *LB*: solent *A-C.*

**M. Livius Salinator** (geb. 254 v. Chr.), bedeutender Feldherr im Zweiten Punischen Krieg;
zweimaliger Konsul 219 und 207; als Konsul d.J. 207 gelang ihm in der „Schlacht am
Metaurus" (Fluss südöstl. von Rimini) ein ver-
nichtender Sieg über Hasdrubal Barkas, der
eine Wende zu Gunsten der Römer herbei-
führte. Hasdrubal verlor in dieser Schlacht
sein Heer und sein Leben. Die Römer brachten Hasdrubals Haupt zu Hannibal und liessen es in sein Heereslager schleudern. Zu
Livius Salinator vgl. K.-L. Elvers, *DNP* 7
(1999), Sp. 372–373, s.v. „Livius", Nr. I, 13;

F. Münzer, *RE* XIII, 1 (1926), Sp. 891–899, s.v.
„Livius", Nr. 33. Abgesehen von vorl. Spruch
widmete ihm Er. noch zwei weitere Apophthegmen, VI, 355 und 356.
932 *M. LIVIVS* In dieser Form im Index perso-
    narum von *A, B* (s.l. „M") und *C* (s.l. „L").
932 *LIVIVS* Die Namensform „Livius Salina-
    tor" verwendet Er. unten, *Apophth.* VI, 355–
    356; „M. Liuius" steht in den Quellen, die Er.
    benutzte. Vgl. unten Komm. zu VI, 355.
*Apophth.* VI, 321 datiert auf d.J. 207 v. Chr.,
    nach der Schlacht am Metaurus, in der Livius
    Salinator Hasdrubal besiegte. Hasdrubal hatte

zehn Jahre nach seinem Bruder Hannibal mit seinem Heer ebenfalls die Alpen überquert. Für die Schlacht am Metaurus vgl. Liv. XXVII, 43–51; Polyb. XI, 1–3; App. *Hannibalica* 52–53; Zonaras IX, 9. Er. bewertete den Spruch als Ausdruck der *clementia* des Livius Salinator, während dieser eher Zeichen einer Art des Utilitarismus ist. Lycosthenes folgte Er. in der Bewertung des Spruches nach, indem er ihn in der Kategorie „De clementia" druckte (S. 155).

934–935 *M. Liuius … hostibus* Weitgehend wörtliche, nur leicht variierende Wiedergabe von Frontin. IV, 7, 15: „M. Liuius, fuso Hasdrubale, hortantibus eum quibusdam, vt hostem ad internicionem persequeretur, respondit: ‚Aliqui et supersint, qui de victoria nostra hostibus nuntient'"; vgl. Liv. XXVII, 49: „‚Supersint', inquit, ‚aliqui nuntii et hostium cladis et nostrae virtutis'".

934 *Asdrubale* Hasdrubal Barkas (gest. 207 v. Chr.), Sohn des Hamilkar, Bruder Hannibals. Nach Hannibals Aufbruch nach Italien Oberbefehlshaber der karthagischen Einheiten in Spanien, 218–208 v. Chr.; rekrutierte von Anfang an ein grösseres Heer, um seinem Bruder nach Italien nachzufolgen, wurde aber jahrelang von den Scipio-Brüdern in Schach gehalten, die ihm in Spanien den Durchmarsch versperrten und ihm mehrere Niederlagen zufügten. Erst 208 gelang Hasdrubal der Durchbruch. Vgl. L.M. Günther, *DNP* 5 (1998), Sp. 172–173, s.v. „Hasdrubal", Nr. 3; TH. Lenschau, *RE* VII, 2 (1912), Sp. 2470–2478, s.v. „Hasdrubal", Nr. 7.

**C. Terentius Varro**, Konsul 216 v. Chr. Die Niederlage gegen Hannibal bei Cannae wurde ihm von Senat und Volk verziehen. In der darauffolgenden Krisensituation bot man ihm die Diktatur an, die er jedoch in Anbetracht der Schmach ablehnte (vgl. Liv. XXII, 41, 14–15; Val. Max. III, 4, 4 und IV, 5, 2). Vgl. F. Münzer, *RE* V, A1 (1934), Sp. 680–690, s.v. „Terentius Varro", Nr. 83; T. Schmitt, *DNP* 12.1 (2002), Sp. 145–146, s.v. „Terentius", Nr. I, 14.

937 *VARRO PAVLI COLLEGA* In dieser Form im Index personarum.

*Apophth.* VI, 322 datiert auf die Zeit nach der vernichtenden Niederlage der Römer bei Cannae (216 v. Chr.).

940 *Pauli* **L. Aemilius Paullus** (um 255–216 v. Chr.), röm. Politiker und Feldherr, Vater des L. Aemilius Paullus Macedonicus; 219 und 216 Konsul; i.J. 219 triumphierte er über die Illyrer; während seines zweiten Konsulats verlor er in der Schlacht bei Cannae das Leben. Vgl. E. Klebs, *RE* I, 1 (1893), Sp. 581, s.v. „Aemilius", Nr. 118; J. Seibert, *Hannibal*, Darmstadt 1993, S. 158, 189.

940–942 *collega … reipublicae* Gekürzte und paraphrasierende, im Spruchteil jedoch wörtliche Wiedergabe von Frontin. IV, 5, 6: „Varro, collega eius, vel maiore constantia post eandem cladem vixit, gratiaeque ei a senatu et populo actae sunt, quod non desperasset rem publicam. Non autem vitae cupiditate, sed rei publicae amore se superfuisse reliquo aetatis suae tempore adprobauit; et barbam capillumque summisit, et postea numquam recubans cibum cepit; honoribus quoque, cum ei deferrentur a populo, renuntiauit, dicens felicioribus magistratibus rei publicae opus esse".

944 *MANIVS CVRIVS* So lautete die Überschrift der dem **Manius Curius Dentatus** gewidmeten Sektion im fünften Buch. Im Index personarum nur als „Curius" eingetragen. Für den sprichwörtlich bescheidenen röm. Helden Manius Curius Dentatus, der i.J. 290 v. Chr. als Konsul die Samniten und Sabiner unterwarf, vgl. Komm. oben zu V, 263. Aufgrund der bedeutenden Gebietsgewinne im Samnitenkrieg konnten große Flächen Ackerland verteilt werden; der siegreiche Feldherr bezeigte sich dabei als äußerst zurückhaltend. Er. widmete Curius Dentatus im fünften Buch zwei Sprüche (V, 263–264). In *Apophth.* VI, 189 wird Curius Dentatus zusammen mit Gaius Fabricius Luscinus als Paradebeispiel eines Römers aus der alten Zeit erwähnt.

*Apophth.* VI, 323 datiert auf d.J. 290 v. Chr., d.h. auf jene Zeit, die unmittelbar auf die Niederwerfung der Samniten folgte. Für Manius Curius' Haltung in der Ackerverteilung vgl. oben, V, 263.

946–948 *Curius … caeteris esset satis* Frontin. IV, 3, 12: „Manius Curius, cum victis ab eo Sabinis ex senatus consulto ampliaretur ei modus agri, quem consummati milites accipiebant, gregalium portione contentus fuit, malum ciuem dicens, cui non esset idem, quod ceteris, satis".

## HORTENSIVS ORATOR

950  VI, 324                    Affabilitas                    (Hortensius, 1) [39]

*Hortensius* orator ob cultum *mundi*orem ac *gesti*culationes in dicendo molliores crebro male audiebat *in ipsis etiam iudiciis. Sed quum Lucius Torquatus, homo subagres-
tibus et infestiuis* moribus, *quum apud concilium de causa Syllae quaereretur, non
iam histrionem* illum *diceret, sed gesticulatricem Dionysiamque notissimae saltatriculae*

955  *nomine compellaret, tum voce molli demissaque* Hortensius „*Dionysia*", inquit, „*Dionysia malim equidem esse quam quod tu, Torquate,* ἄμουσος, ἀγροδίαιτος, ἀπρόσιτος, id est,
inelegans, agrestis, aditu difficilis". Periculose maledicit alteri, cui vel idem vel simile
vel diuersum, sed deterius vitium potest obiici.

VI, 325                                                        (Hortensius, 2) [40]

960  [C] Idem *gloriari solebat, quod nunquam bello ciuili interfuisset.* Refert M. Tullius
epistola ad Celium libro secundo. [A]

---

953  concilium *A-C ut in Gellii edd. vett.*: consilium *Gellii text. recept.*
953  quaereretur *A-C*: quereretur *BAS LB.*
956  ἀγροδίαιτος, ἀπρόσιτος *A-C plures Gellii edd.
vett.*: ἀναφρόδιτος, ἀπροσδιόνυσος *Gellii ed. Hosius, text. recept.*

960–961  Idem gloriari … secundo *C*: *desunt in A
B.*
960  solebat *LB*: solet *C.*
961  Celius *A-C*: *scribendum erat* Caelius.

Q. **Hortensius Hortalus** (114–50 v. Chr.), Advokat und Politiker (Konsul 69); bedeutendster
Redner Roms vor Cicero; anfänglich Rivale,
seit Mitte der 60er Jahre Verbündeter Ciceros.
Als Anwalt war Hortensius für seinen kunst-
vollen Vortrag, seine vom Asianismus geprägte
rhetorische Virtuosität und seine hohe Bildung bekannt; des weiteren für seinen kultivierten Lebensstil, den Besitz von grandio-
sen Palästen, Parks und Kunstsammlungen.
Vgl. F. Vonder Mühll, *RE* VIII, 2 (1913),
Sp. 2470–2481, s.v. „Hortensius"; G. Calboli,
*DNP* 5 (1999), Sp. 734–735, s.v. „Hortensius",
Nr. 7. Von Hortensius' Reden sind nur Fragmente überliefert (*ORF*). Hortensius figurierte schon im fünften Buch in einem dialo-
gisierend angelegten *Apophthegma* (V, 290), in
dem er zunächst um die Hand der Frau des
Bibulus, dann jener Catos d.J. anhält.
949  *HORTENSIVS ORATOR*  In dieser Form
im Index personarum.
951–956  *mundiorem … ἀπρόσιτος*  Im einleitenden Teil stark gekürzte, sonst wörtliche Übernahme von Gell. I, 5, 2–3: „Ad eundem

modum Q. (Q. *om. quaedam edd. vet.*) Hortensius, omnibus ferme oratoribus aetatis suae,
nisi M. Tullio, clarior, quod (qui quum *edd.
vett.*) multa munditia et circumspecte com-
positeque indutus et amictus esset manus-
que eius inter agendum forent argutae admodum et gestuosae, maledictis compellationi-
busque (appellationibusque *edd. vett.*) pro-
brosis iactatus est multaque in eum, quasi
in histrionem, in ipsis causis atque iudiciis
dicta sunt. Sed cum L. Torquatus, subag-
resti homo ingenio et infestiuo, grauius acer-
biusque apud concilium iudicum, cum de
causa Sullae (Syllae *edd. vett.*) quaereretur, non
iam histrionem eum esse diceret, sed gesti-
culariam, Dionysiamque eum notissimae saltatriculae nomine appellaret, tum voce molli
atque demissa Hortensius ‚Dionysia', inquit,
‚Dionysia malo equidem esse quam quod
tu, Torquate, ἄμουσος, ἀναφρόδιτος (ἀναφρόδιτος *ed. Hosius, textus recept.*: ἀγροδίαιτος *plures edd. vett.*), ἀπροσδιόνυσος (ἀπροσδιόνυσος
*ed. Hosius, text. recept.*: ἀπρόσιτος *plures edd.
vett.*)'".

952 *Lucius Torquatus* L. Manlius Torquatus (ca. 108 v. Chr.–50 v. Chr.), 65 v. Chr. Konsul, der sich 58 vergeblich für Cicero einsetzte und der wiederum von Cicero mit Lobsprüchen aufgrund seines Mutes, seiner Treue und seiner eleganten Redeweise bedacht wurde. Vgl. F. Münzer, *RE* XIV, 1 (1928), Sp. 1199–1203, s.v. „Manlius". Nr. 79; J. Fündling, *DNP* 7 (1999), Sp. 826, s.v. „Manlius", Nr. I, 17.

953 *concilium* Er. schrieb „concilium" („Versammlung"), wie in den älteren Gellius-Ausgaben; der moderne *text. recept.* „consilium" („Rat") ist vorzuziehen, da es sich nicht um eine lockere Versammlung, sondern um einen regulären Gerichtshof handelte.

953 *Syllae* „Syllae", wie in den älteren Gellius-Ausgaben; gemeint ist Publius Cornelius Sulla (um 105–46 v. Chr.), ein Verwandter des Diktators, der sich bei den Proskriptionen bereicherte. Als er zum Konsul für das Jahr 65 v. Chr. gewählt worden war, wurde er, noch bevor er sein Amt antreten konnte, von L. Manlius Torquatus angeklagt; da er verurteilt wurde, kam er für das Konsulat d.J. nicht mehr in Frage und wurde stattdessen aus dem Senat gestossen. 62 v. Chr. klagte ihn derselbe L. Manlius Torquatus noch ein zweites Mal an, diesmal der Teilnahme an der Katilinarischen Verschwörung. Sulla wurde jedoch, von Cicero und Hortensius verteidigt, freigesprochen; Ciceros Rede liegt in redigierter Form noch vor (*Pro Sulla*). Vgl. K.-L. Elvers, *DNP* 3 (1997/9), Sp. 185–186, s.v. „Cornelius", Nr. I, 89; F. Münzer, *RE* IV, 1 (1900), Sp. 1518–1521, s.v. „Cornelius", Nr. 386.

954 *Dionysiamque* Dionysia, berühmte, hoch dotierte Tänzerin im Rom des 1. Jh. v. Chr. Vgl. F. Münzer, *RE* V, 1 (1903), Sp. 881, s.v. „Dionysia", Nr. 2.

956 ἀγροδίαιτος, ἀπρόσιτος Wie in den meisten älteren Gellius-Ausgaben (statt ἀναφρόδιτος, ἀπροσδιόνυσος).

*Apophth.* VI, 325 ist ein Zusatz des Er. in der Ausgabe von letzter Hand. Ciceros an Caelius gerichteter Brief wurde am 2. oder 3. Mai d.J. 49 verfasst. Cicero zitiert darin den nämlichen Ausspruch des Hortensius', weil er sich mit dessen Haltung im Bürgerkrieg identifiziert. Hortensius selbst hatte zu diesem Zeitpunkt bereits das Zeitliche gesegnet.

960 *gloriari ... interfuisset* Cic. *Fam.* II, 16, 3: „Etenim memini in hoc genere gloriari solitum esse familiarem nostrum Q. Hortensium, quod numquam bello ciuili interfuisset".

961 *Celium* i.e. Marcus Caelius, Ciceros jüngerer Freund, den er in einem Prozess *de vi* i.J. 56 v. Chr. verteidigte.

## L. CRASSVS ORATOR

VI, 326                              [A] Praelongi              (L. Crassus orator, 3) [41]

L. Crassus orator de Menenio [i.e. homine praelongo dixit, quod quoties *in forum*
965  *descenderet, caput ad Fabii fornicem offenderet*. Iocus est ab hyperbole: nam arcus
Romae tam alti sunt, vt vix hasta possis contingere curuaturae summum.

VI, 327                              Retortvm                  (L. Crassus orator, 4) [42]

Idem *censor Cn. Domitio* collegae exprobranti, quod ob *murenam in viuario mortuam
lachrymasset*, „At *tu*", inquit, „*quum vxores tres extuleris,* nullam emisisti lachrymam".
970  Scite retorsit conuitium. Notauit illum, quasi ⟨non⟩ curasset vxorum mortem. Et
alioqui turpius est in vxoris funere non flere quam ob murenam emittere lachrymas.

---

964  Menenio *A-C BAS LB*: Memmio *scriben-*        969  tres *A-C*: treis *Plut. vers. Erasmiana 1514.*
     *dum erat ut in Ciceronis loco cit.*            970  non *supplevi.*

962    *L. CRASSVS ORATOR,* um ihn von
dem gleichnamigen Triumvir zu unterscheiden; „Crassus orator" ebenfalls in *Adag.* 4120,
*ASD* II, 8, S. 325. Für **Lucius Licinius Crassus**
(140–91 v. Chr.), einen der größten Redner der
röm. Republik, vgl. oben Komm. zu VI, 202.
Er widmete ihm *Apophth.* VI, 202, 202, 326–
332 und VI, 364.

964  *Menenio*  Hier ist Er. ein Fehler bei der
Textübertragung unterlaufen. „Menenius" ist
keine Variante älterer Cicero-Ausgaben; allerdings findet sich in der *ed. pr.* der *Adagia*
ein ähnlicher Fehler: „Memimus" für „Memmius". Vgl. *Adag.* 899 „Lacerat lacertum Largi
mordax Memmius", *ASD* II, 2, S. 409, app.
crit. ad lin. 758. *CWE* 38, S. 687 (Nr. 327)
gibt als Namen „Menenius" an, ohne die Person zu identifizieren. C. Memmius (gest. 104
v. Chr.); Politiker und Redner; i.J. 111 Volkstribun, der den Kampf mit der Nobilität aufnahm und gegen ihre Bestechlichkeit vorging.
Vgl. F. Münzer, *RE* XV, 1 (1931), Sp. 604–607,
s.v. „Memmius", Nr. 5. Er. präsentiert mit der
Angabe des richtigen Namens einen Spruch
des Memmius in *Apophth.* VI, 362.

964  *quoties*  „quoties" ist ein überflüssiger, narrativ ungelenker Zusatz des Er.

964–965  *in forum … fornicem*  Im Spruchteil
wörtliche Wiedergabe von Cic. *De or.* II,
267: „Etiam illa, quae minuendi aut augendi
causa ad incredibilem admirationem efferun-

tur; velut tu, Crasse, in contione, ita sibi ipsum
magnum videri Memmium, vt in forum de-
scendens caput ad fornicem Fabianum demit-
teret'".

965  *Fabii fornicem*  Es handelt sich um den Triumphbogen des Q. Fabius Maximus Allobro-
gicus, der i.J. 121 v. Chr. errichtet worden war
und der am östlichen Rand des Forums die
Via sacra überwölbte. Im J. 121 v. Chr. bis
in die späte Republik hinein war dieser der
wichtigste Triumphbogen des Forums. Später wurde er von den kaiserlichen Triumphbögen übertroffen, u. a. dem Triumphbogen des
Augustus neben dem Caesar-Tempel und dem
Titus-Bogen.

965  *offenderet*  „offenderet" bezog Er. aus Quintilians Version des Witzes; Cic. hatte „demit-
teret", d.h. Memmius sei so lang, daß er beim
Betreten des Forums durch den Fabius-Bogen
seinen Kopf „einziehen" musste, um sich nicht
zu stossen. Quintilian änderte den Witz variierend ab: „jemand" sei „so gross gewesen, daß er
beim Betreten des Forums durch den Fabius-
Bogen sich den Kopf stieß"; Quint. *Inst.* VI, 3,
67: „An non plurima dicuntur ⟨per hyperbo-
len ridicula? Vt⟩ quod refert Cicero de homine
praelongo, ,caput eum ad fornicem Fabium
offendisse' …".

965–966  *arcus Romae*  Er. scheint hier eine
empirische Beobachtung zu den damals noch
erhaltenen Triumphbögen in Rom abzugeben,

nml. daß sie so hoch seien, daß man ihre Wölbung „kaum mit einer Lanze" erreichen könne. Er., der Rom besucht hat, kannte wohl die Bögen des Titus, Septimius Severus und Konstantin. Der Titusbogen war damals das Eingangstor des Klosters S. Maria degli Angeli. „Kaum mit einer Lanze erreichen" meint eine Höhe von etwa 4 Metern: Die obere Decke der Wölbung des Titusbogens ist freilich an die 10 Meter hoch, mit Miteinbeziehung der Schuttschicht immerhin noch ca. 9 Meter. Ähnliches gilt für den Konstantinsbogen: Trotz der Schuttschicht war der Bogen immerhin noch etwa 8,5 Meter hoch. Etwas anders gestaltete sich die Situation allerdings für den Bogen des Septimius Severus, der unter einer besonders hohen Schuttschicht lag. Er. mag sich mit seiner Bemerkung auf den Bogen des Septimius Severus bezogen haben, andernfalls hat ihn sein Gedächtnis im Stich gelassen.

*Apophth.* VI, 327 datiert auf d.J. 92 v. Chr. Der Spruch nimmt die Zucht der sündhaft teuren Muränen (wohl die Mittelmeermuräne, *Murena Helena*) als Speisefische in den Blick, die in der zweiten Hälfte des 2. Jh. v. Chr. aufkam. Licinius Crassus war laut Plinius der erste, der die Zucht von Muränen und von allerlei anderen Fischen in Rom einführte. Das betrachtete man als so auffällig, daß man ihm den Beinamen „Murena" gab. Columella teilt mit, daß Licinius Crassus auf seinen Beinamen nicht weniger stolz gewesen sei als Scipio über seinen Triumphatornamen Numantinus, was er in der damals schon luxusversessenen Kultur der römischen Oberschichte kontextualisiert (Colum. VIII, 16, 5; Vgl. Plin. *Nat.* IX, 170: „Eadem aetate prior Licinius Murena reliquorum piscium viuaria inuenit, cuius deinde exemplum nobilitas secuta est Philippi, Hortensi. …"). Der mit dem Ehrennamen dekorierte „L. Licinius Murena" soll mit seiner Muränenzucht auch andere Mitglieder der Nobilität angesteckt haben, wie z. B. den kultivierten und luxushungrigen Redner Q. Hortensius Hortalus oder den Genussspecht Licinius Lucullus. Über Hortensius wurde in der Folge derselbe Witz wie über Licinius Crassus gerissen: „Apud Baulos in parte Baiana piscinam habuit Hortensius orator, in qua murenam adeo dilexit, vt exanimatam flesse credatur" (Plin. *Nat.* IX, 172). Die Fischteiche des Hortensius kamen offensichtlich in den Besitz des Drusus, des Bruders des späteren Kaisers Tiberius; die Frau des Drusus, Antonia, soll in diesem Fischteich einer Muräne Ohrringe angelegt haben. L. Licinius Lucullus, den Konsul d.J. 74, der bei Neapel einen riesigen Fischteich mit Verbindung zum Meer ausstechen liess, bezeichnete Pompeius im Witz als „Xerxes togatus". Schon aus diesem Kontext wird klar, daß es bei dem Ausspruch des Domitius Ahenobarbus wohl nicht um eine ernstgemeinte zensoriale Rüge ging, sondern um einen Witz. Licinius Crassus selbst war ja stolz auf seine Muränenzucht. Er. selbst, hat, wie seine Plutarch-Übers. zeigt, den Angriff des Domitius als Witz empfunden: „Domitius in Crassum ad hunc iocatus est modum …" (*ASD* IV, 2, S. 178). Den Hintergrund des Witzes können natürlich auch tatsächliche Meinungsverschiedenheiten bilden. Angeblich sollen die Zensoren Crassus und Ahenobarbus stets miteinander gestritten haben.

968 *Idem censor* Licinius Crassus bekleidete das Amt des Zensors i.J. 92 v. Chr, gemeinsam mit Domitius Ahenobarbus.

968 *censor … mortuam* Macr. *Sat.* III, 15, 4–5: „Is tamen Crassus, vir censorius – nam cum Cn. Domitio censor fuit – cum supra ceteros disertus haberetur essetque inter clarissimos ciues princeps, tamen murenam in piscina domus suae mortuam atratus tamquam filiam luxit. Neque id obscurum fuit, quippe collega Domitius in senatu hoc ei quasi deforme crimen obiecit: neque id confiteri Crassus erubuit, sed vltro etiam, si dis placet, gloriatus est censor, piam affectuosamque rem fecisse se iactitans (iactans *ed. Ald. fol. 182ʳ*)".

968 *Cn. Domitio* Cn. Domitius Ahenobarbus (ca. 145–um 89 v. Chr.), 104 und 103 Volkstribun; 103 *pontifex maximus*; i.J. 100 schloss er sich den Gegnern des Volkstribunen L. Appuleius Saturninus an; 96 Konsul; 92 Censor zusammen mit L. Licinius Crassus. Vgl. F. Münzer, *RE* V, 1 (1903), Sp. 1324–1327, s.v. „Domitius", Nr. I, 14; F. Münzer, *RE* V, 1 (1903), Sp. 1324–1327, s.v. „Domitius", Nr. 21.

968–969 *murenam … extuleris* Plut. *De capienda ex inimicis vtilitate*, 5, *Mor.* 89A. Er. verwendete die von ihm selbst angefertigte Übers., die er i.J. 1514 publiziert hatte (*ASD* IV, 2, S. 178): „Domitius in Crassum ad hunc iocatus est modum: ‚Non fleuisti murena, quam in viuario alueras, mortua?' At Crassus ita retorsit conuicium: ‚Num tu lachrymabas, cum treis extuleris vxores?'" (*ed. Froben 1514, fol. 24ᵛ; ed. Cratander 1530, fol. 182D*). Vgl. den griech. Text: πρὸς τὸν Κράσσον ὁ Δομίτιος, „οὐ σὺ

VI, 328                      Crimen retortvm                (L. Crassus orator, 5) [43]

Idem *Cn. Domitius L. Crasso collegae* exprobrauit, *quod censor tanti habitaret*, eo *quod
in porticu domus haberet columnas Hymettias, pro domo eius milia nummum identidem
975   promittens.* Crassus, *vt erat* [C] *praesenti* ac [A] *festiuo ingenio, rogauit* collegam,
*quanti ipse domum suam aestimaret.* Is *respondit, „Sexagies sestertio".* Rursum Crassus,
*„Quanto* igitur", inquit, *„eam minoris aestimas, si decem arbusculas succidero?".* Eae
*fuerunt loti patula ramorum opacitate lasciuae.* Quum *Domitius* respondisset *„tricies
sestertio": „Vter",* inquit *Crassus, „*nostrum *luxuriosior? Egone, qui decem columnas
980   centum milibus nummum emi, an tu qui decem arbuscularum vmbram tricies sestertium*
aestimas?". Ita est ingenium hominum, ad aliena vitia perspicax, ad sua caecum.

---

974   milia *A-C*: millia *LB, dubito ne scribendum*          975   praesenti ac *C: deest in A B.*
      *sit* milies.                                                                              978   tricies *A-C LB*: trities *BAS.*

μυραίνης ἐν ζωγρείῳ σοι τρεφομένης εἶτ᾽ ἀπο-
θανούσης ἔκλαυσας;" καὶ ὁ ἕτερος „οὐ σὺ τρεῖς
γυναῖκας ἐκκομίσας οὐκ ἐδάκρυσας; (*ed. Ald. om.*
οὐκ)"; Plut. erzählt dieselbe Anekdote auch in
*Praec. ger. reip.*, 14, *Mor.* 811A, in der latein.
Übers. des Sagundino: „Crassus orator obiec-
tanti Domitio, quod murena (Murena *ed. Bade
1514, fol. VII*ᵖ) mortua, quam in piscina nu-
tricaret, plorasset, occurrit excipiens: ‚Atqui tu
tribus elatis vxoribus ne lachrymatus quidem
es‘. Haec et eiusmodi etiam ad vitam priuatam usui esse possunt"; außerdem in *De solertia animalium*, 7, *Mor.* 976A.
*Apophth.* VI, 328 datiert auf d.J. 92 v. Chr. Es
bezieht sich auf eine zensoriale Anmerkung
des Domitius Ahenobarbus über das luxu-
riöse Haus des Redners Crassus auf dem Palatin, insbesondere über dessen eindrucksvolle
Marmorsäulen. Es handelte sich um insgesamt sechs Säulen (Plin. *Nat.* XVII, 6; während Val. Max. unrichtig von „zehn" redet) aus
hymettischem Marmor, d.h. jenem mit einer
bläulich-weisslichen Maserung; dieser wurde
in Attika, vom Berge Hymettos, gewonnen
und war ein überaus teures, luxuriöses Import-
produkt, das von Übersee herangeschafft werden musste. Marmor wurde zu jener Zeit überhaupt nur für öffentliche Gebäude verwendet.
In dieser Baupraktik hatten die sechs hymet-
tischen Marmorsäulen des Crassus auch ihren
Ursprung: Er hatte sie, als er das Amt eines
kurulischen Ädils ausübte, 100 v. Chr., nach
Rom bringen lassen, wo sie als die Scaena einer
Schauspielbühne verwendet wurden, welche
offenbar einen ephemeren Charakter hatte:

Die Bühne wurde, nachdem die Spiele beendet
waren, wieder abgebaut. Crassus überbrachte
die Säulen in sein Privathaus auf dem Palatin,
wo er sie im Atrium aufstellte. Cicero, der in
Crassus' Palast eine Zeitlang wohnte, hat die
Säulen gesehen, und dasselbe gilt wohl auch
für Plinius d.Ä., der „in seiner Jugend", während er sich schon in Rom aufhielt (also etwa
zwischen 42 und 50 n. Chr.), Crassus' Haus
besichtigen durfte, das sich damals im Besitz
des Senators Caecina Largus (dieser bekleidete 42 das Konsulat und starb vor d.J. 57)
befand (*Nat.* XVII, 1, 6: „Caecina Largo e pro-
ceribus crebro iuuenta nostra eas [sc. arbo-
res Crassi] in domo sua ostentante …"). Plinius d.Ä. hatte sich die Säulen genau angesehen: nach seiner Schätzung sollen sie etwa 3,5
Meter hoch gewesen sein (Plin. *Nat.* XXXVI,
7). Mit der Aufstellung von Säulen aus aus-
ländischem Marmor entfaltete Crassus eine
für ein Privathaus ungekannte *magnificentia*,
wie sie bis dato eigentlich nur für öffentliche Gebäude als zulässig empfunden wurde.
Überhaupt waren sie zu seiner Zeit die ersten Marmorsäulen auf dem Palatin. In diesem Sinn lässt sich die rügende Anmerkung
des Zensors Domitius Ahenobarbus verstehen; allerdings hatte der Zensor auch eine
ganz andere Agenda: Er beneidete Crassus
und wollte ihm das schöne Haus abkaufen.
Für Crassus' Marmorsäulen im Kontext der
baulichen Gebarungen der zeitgenössischen
römischen Nobilität vgl. B. Russel, *The Eco-
nomics of Roman Stone Trade*, Oxford 2013,
S. 14.

973 *Cn. Domitius* Derselbe Cn. Domitius Ahenobarbus wie in dem vorhergehenden Apophthegma.

973–980 *Cn. Domitius … sestertium* Val. Max. IX, 1, 4 („De Cn. Domitio et L. Crasso" Titel in *ed. Bade 1510, fol. CCCLV^v*): „Cn. Domitius L. Crasso collegae suo altercatione orta, obiecit, quod columnas Hymettias in porticu domus haberet. Quem (Quem cum *ed. Bade 1510 et plures edd. vett.*) continuo Crassus, quanti ipse domum suam aestimaret, interrogauit (interrogaret *ed. Bade 1510*), atque, vt respondit ‚Sexagiens sestertio', ‚Quanto (Quo *ed. Bade 1510*) ergo eam', inquit, ‚minoris fore existimas (aestimas *ed. Bade 1510 et plures edd. vett.*), si decem arbusculas inde succidero?', ‚Ipso (succidero ipse? *ed. Bade 1510*) triciens sestertio', Domitius (inquit Domitius *ed. Bade 1510*). Tunc Crassus: ‚Vter igitur luxuriosior est: egone, qui decem columnas centum milibus nummum emi, an tu, qui decem arbuscularum vmbram triciens sestertii summa compensas?'"; Vgl. Plin. *Nat.* XVII, 2–6. Er. war sich der Tatsache bewusst, daß Valerius Maximus und Plinius d.Ä. die Anekdote in zwei unterschiedlichen Versionen präsentierten (vgl. sein Vw. zu den *Apophth.*); dennoch zögerte er nicht, die beiden Versionen miteinander zu verknüpfen, was zu weiterer Verwirrungen führte.

973–975 *quod censor tanti habitaret … identidem promittens* Plin. *Nat.* XVII, 1, 3: „Tum Cn. Domitius … grauiter increpit tanti censorem habitare (sc. Crassum), LX HS (= sexagies/sexaginta sestertium = 6 Mio. Sesterzen; *milia nummorum ed. Venet. 1507, fol. 120^r; sexagies/sexaginta om. ed. Venet. 1507 et aliae edd. vett.*) pro domo eius identidem promittens". Der Zensor Domitius Ahenobarbus tadelte den Bauluxus des Crassus und wollte ihm zugleich sein Haus abkaufen, indem er ihm *wiederholt* (identidem) ein Anbot machte. Nach dem modernen *textus receptus* belief sich das Anbot auf 60 Millionen Sesterzen („sexaginta sestertium").

974 *in porticu* Die Angabe des Valerius Maximus, daß die Marmorsäulen in einer „Säulenhalle" („porticus") des Hauses gestanden habe, ist ungenau; es handelte sich vielmehr um das Atrium, den Innenhof, mit *impluvium*; vgl. Plin. *Nat.* XVII, 6: „Iam columnas sex Hymetii marmoris, aedilitatis gratia ad scae-

nam ornandam aduectas, in atrio eius domus statuerat …".

974 *milia nummum* „milia nummum" = milia sestertiorum: 1000 Sesterzen.

975 *vt erat praesenti ac festiuo ingenio* Plin. *Nat.* XVII, 4: „… et Crassus, vt praesens ingenio semper et faceto lepore …".

976 *Sexagies sestertio* „Sexagies sestertio" = 60 mal 100.000 Sesterzen: 6 Mio. Sesterzen (Äquivalent von ca. 2 Mio. Euro/USD).

977–978 *Eae fuerunt … opacitate lasciuae* Plin. *Nat.* XVII, 5: „… Eae fuere lotoe (loti *edd. vett.*, e.g. *ed. Venet. 1507, fol. 120^v*) patula ramorum opacitate lasciuae".

978 *loti* „lotos" oder „lotus", der Südliche Zürgelbaum (*Celtis australis*), ein 10–20 Meter hoher, ulmenartiger Baum mit breiter, ausladender Krone (daher der von Plinius angesprochene „üppige" Schatten); der Südl. Zürgelbaum wird auf Italienisch „arcidiavolo" oder „spacasassi" („Steinspalter") genannt. Vgl. Georges II, Sp. 705, s.v. „lotos" und „lotus", Nr. III. Der Südliche Zürgelbaum war eigentlich v.a. in Nordafrika einheimisch, kam aber auch in Italien häufig vor, wenngleich in etwas anderer Form. Der Namen „celthis" ist wahrscheinlich afrikanischer Herkunft; vgl. Plin. *Nat.* XIII, 104: „Eadem Africa, qua vergit ad nos, insignem arborem loton gignit, quam vocat ‚celthim', et ipsam Italiae familiarem, sed terra mutatam". Plinius d.Ä. hat die Zürgelbäume im Garten des Stadtpalastes des Crassus noch selbst gesehen, und zwar in seiner Jugend, ca. 42–50 n. Chr. Damals müssen sie etwa 145–150 Jahre alt gewesen sein, obwohl sie, wie Plinius angibt, noch stets in jugendfrischem Grün glänzten (Plin. *Nat.* XVII, 6); durch den Brand Roms unter Nero (64 n. Chr.) sollen sie sehr gelitten haben (ebd.). Nach Plin. a.a.O. soll es sich um 6 Bäume gehandelt haben (ebenso viele wie die Marmorsäulen), nach Val. Max. um 10, der irrtümlich auch angibt, daß Crassus 10 Marmorsäulen aufgestellt hatte.

978–979 *tricies sestertio* „tricies sestertio" = 30 mal 100.000 Sesterzen: 3 Mio. Sesterzen (Äquivalent von ca. 1 Mio. Euro).

979–980 *decem columnas centum milibus nummum* Die 10 Säulen (in Wirklichkeit 6) sollen nach Val. Max. zusammen 100.000 Sesterzen gekostet haben.

VI, 329 POTESTAS SPRETA (L. Crassus orator, 6) [44]

*Lucius Philippus consul Lucio Crasso, summae dignitatis et eloquentiae viro, manum iniici iusserat,* eo quod vocem illius indigne ferret [sc. Crassus], qua *dixerat* [sc. Philippus] *sibi alio senatu opus esse.* At Crassus *reiecto lictore „Non es",* inquit, *„mihi tu, Philippe, consul,* quando *ego tibi non sum senator".*

VI, 330 EX NOMINE IOCVS (L. Crassus orator, 7, i.e. Iulius Caesar Strabo, 2) [45]

L. Crassus [i.e. Iulius Caesar Strabo] *Mummium* cognomento *Diuisorem,* dixit ita sibi *nomen inuenisse in campo Martio,* quemadmodum *Neoptolemus inuenerat ad Troiam.*

VI, 331 FESTIVITER (L. Crassus orator, 8) [46]

L. *Crassus* cuidam *roganti, num molestus esset* illi *futurus, si bene* mane *ante lucem ad* eum *veniret,* quum respondisset *„Non eris molestus",* et ille sub-iecisset, *„Iubebis igitur te suscitari?",* Crassus *„At tu certe negaras te fore molestum".*

989 Mummium *A-C:* Nummium *scribendum erat sec. Cic. loc. cit.*
989 Diuisorem *A-C:* diuisorem *scribendum erat sec. Cic. loc. cit.*

995 negaras *A-C ut in De or. edd. vett.:* negaram *De or. text. recept.*

*Apophth.* VI, 329 datiert auf d.J. 91 v. Chr., in dem Marcius Philippus das Konsulat bekleidete. Es figuriert im Rahmen der heftigen Auseinandersetzungen um das Gesetzespaket, das der Volkstribun M. Livius Drusus vorlegte. Licinius Crassus befürwortete dieses Paket, während sich ihm der Konsul Gaius Marcius Philippus mit aller Macht und auch mit unlauteren Mitteln entgegenstemmte. Licinius Crassus erlitt infolge der Aufregung bei den heftigen Debatten einen Infarkt oder Schlaganfall, dem er erlag.
983–986 *Lucius … senator* Verworrene Wiedergabe von Val. Max. VI, 2, 2: „L. vero Philippus consul aduersus eundem ordinem libertatem exercere non dubitauit: nam segnitiam pro rostris exprobrans alio sibi senatu opus esse dixit, tantumque a paenitentia dicti afuit, vt etiam L. Crasso summae dignitatis atque (et *ed. Bade 1510 fol. CCXXXVII' et plures edd. vett.*) eloquentiae viro id in curia grauiter ferenti manum inici iuberet. Ille, reiecto lictore, ,Non es', inquit, ,mihi, Philippe, consul, quia ne

(nec *ed. Bade 1510*) ego quidem (quidem *om. ed. Bade 1510*) tibi senator sum'". Durch die verworrene Art, in der Er. den Satz aufbaut, wird unklar, was welchem Akteur zuzuordnen ist.
983 *Lucius Philippus* Für den Redner und Politiker Lucius Marcius Philippus (geb. ca. 136, Konsul 91 v. Chr.) siehe oben Komm. zu *Apophth.* VI, 186. Er betrachtete den „Philippus orator" von VI, 186 und den „Philippus" von VI, 204 als ein und dieselbe Person (so auch der Index personarum von *C, s.l.* „P": „Philip. orator 586, 590"). Jedoch hielt Er. den „L. Philippus" des vorl. *Apophth.* VI, 329 zu Unrecht für eine andere Person, die durch eine separate Eintragung im Index personarum als solche markiert wurde, siehe den Index von *C,* ebd.: „L. Philippus 620".
983 *et* Er.' Val.-Max.-Text wies, wie viele ältere Ausgaben, die Lesart „et" (statt „atque") auf.
984 *vocem illius … qua dixerat* Die Art, in der Er. den Satz gestaltet, führt zu Verwirrung, sodaß nicht mehr ganz klar ist, wer was sagt.

985 *reiecto lictore* Es handelt sich um einen Lictor des Konsuls, der im Begriff war, gegen Crassus Gewalt anzuwenden.

989 *L. Crassus* Er. hat sich hier in der Zuschreibung des Ausspruchs geirrt: Es ist nicht Crassus, der diese Worte in Ciceros *De oratore* spricht, sondern **C. Iulius Caesar Strabo Vopiscus**. Die Dialogperson Caesar Strabo ist in diesem Fall mit der historischen Person identisch: Die Dialogperson zitiert sich als historische Person Caesar Strabo, nämlich einen Satz aus einer Rede, die er „unlängst" gehalten habe. C. Iulius Caesar Strabo Vopiscus (um 130–87 v. Chr.) war ein erfolgreicher Redner, Anwalt und Politiker, der sich zudem als Dichter und Schriftsteller betätigte (Tragödien); Quaestor 96, kurulischer Ädil 90, Konsul 88 oder 87; Anhänger Sullas, der ihn bei der regelwidrigen Erwerbung des Konsulats unterstützte (vor dem Konsulat musste man die Prätur bekleidet haben, was für Caesar Strabo nicht zutraf); als Marius' Truppen i.J. 87 Rom stürmten, verlor Caesar Strabo in den Strassenkämpfen das Leben. Vgl. W.-L. Liebermann, *DNP* 6 (1999), Sp. 21–22, s.v. „Iulius", Nr. I, 11; E. Sterck, „C. Iulius Caesar Strabo", in: W. Suerbaum (Hrsg.), *Die archaische Literatur. Von den Anfängen bis Sullas Tod*, München 2002, S. 167–168. Zu dem Irrtum des Er. vgl. auch Komm. *CWE* 38, S. 688.

989 *Mummium* Für den hier genannten Nummius vgl. F. Münzer, *RE* XVII, 2 (1937), Sp. 1408, s.v. „Nummius", Nr. 1. Er war als Schmiergeldverteiler („divisor") bei den Wahlen bekannt. Für derartige Schmiergeldverteiler vgl. Liebenam, *RE* V (1905), Sp. 1237–1238, s.v. „divisor", Nr. 2; daß Nummius wegen seiner Tätigkeit als Schmiergeldverteiler diesen Namen trug, ist eine witzige etymologische Erklärung seiner Zeitgenossen, hat aber natürlich mit der tatsächlichen Herkunft des Namens nichts zu tun. „Nummius" war im republikanischen Rom ein redlich häufig vorkommender Familienname einer plebejischen gens. Vgl. Komm. Leeman-Pinkster-Rabbie II, S. 278.

989 *Mummium cognomento Diuisorem* Das in den Baseldrucken einhellig überlieferte „Mummium" stellt einen Textübertragungsfehler dar; in seiner weiteren Gestaltung des Textes ging Er. von dem unrichtigen Text „Mummium" aus. Aus dem Kontext der Cicero-Stelle war klar, daß es um einen „iocus ex nomine" ging. Der eigentliche Witz, „Nummius" von „nummus" (Geld, Münze), war durch die fehlerhafte Übernahme des Namens zunichte gemacht worden. Deshalb kam Er. auf den – freilich irrigen – Gedanken, daß die Funktionsbezeichnung des Nummius, „diuisor" (= Geldverteiler) sein *cognomen* bilde. Der Witz war nach Er., dass der Schmiergeldverteiler Mummius Divisor heisse: „Mummium cognomento Diuisorem".

989–991 *Diuisorem … Troiam* Versuchte wörtliche, jedoch durch einen Textübertragungsfehler und ein Mißverständnis entstellte Wiedergabe von Cic. *De or.* II, 257: „Vt ego nuper Nummium diuisorem, vt Neoptolemum ad Troiam, sic illum in campo Martio nomen inuenisse".

990 *in campo Martio* Nummius „fand" seinen Namen auf dem Marsfeld, weil dort die Wahlen stattfanden.

990 *Neoptolemus* Neoptolemos, der Sohn des Achilleus und der Deidameia wurde nach dem Tod seines Vaters als dessen Ersatz in den Kampf um Troja herbeigerufen; er gehörte zu jenen tapferen, die sich im hölzernen Pferd einschließen liessen; Neoptolemos war es schließlich auch, der den trojanischen König Priamos tötete (vgl. J. Scherf, *DNP* 8 (2000), Sp. 830–832, s.v. „Neoptolemos", Nr. I). Seinen Namen leitete man in der Antike in der Tat von νέος („jung") und πόλεμος („Krieg") ab: vgl. z. B. Paus. X, 26, 4; Leeman-Pinkster-Rabbie II, S. 278.

993–995 *Crassus … molestum* Größtenteils wörtliche, jedoch durch ein Überlieferungs- und ein Verständnisproblem entstellte Wiedergabe von Cic. *De or.* II, 259: „… illud, quod tu, Crasse, nuper ei, qui te rogasset, num tibi molestus esset futurus, si ad te ante lucem venisset, tu vero inquisti ‚molestus non eris'. ‚Iubebis igitur te', inquit, ‚suscitari?', et tu: ‚Certe negaram (negaram *text. recept.*: negaras *edd. vett.*) te molestum futurum'".

995 *At tu certe negaras* Die Antwort „Aber du wirst sicherlich leugnen, daß du störst" ergibt überhaupt keinen Sinn. Er. übernahm hier die in den älteren Ausgaben vielfach auftretende Lesart „negaras". Diese kann nicht richtig sein, weil der Besucher des Crassus dies nicht behauptet hatte, sondern eben Crassus selbst. Deshalb müsste unbedingt „negaram" gelesen werden. Weiter haben die betreffenden älteren Ausgaben „et tu" als Teil des Spruchs des Crassus gelesen, was ebenfalls nicht richtig ist. Er. schließt sich dieser irrigen Interpretation an, indem er sie durch „at" statt „et" verschlimmert.

Venire non erat molestum, sed suscitari molestum. At percontator hoc ipsum quaerebat, an si mane veniret consulturus, futurus esset molestus. Crassus per iocum sic
interpretatus est, vt si veniret mane, ne molestus esset.

VI, 332                        Irrisio                    (L. Crassus orator, 9) [47]

1000   Idem *apud Perpennam* [i.e. Perpernam] *iudicem* defendebat *Aculeonem*, quem accu-
       sabat *L. Aelius Lamia* homo *deformis*. Is *quum interpellaret odiose*, „*Audiamus*", *inquit*
       *Crassus*, „*pulchellum puerum*". Huic dicto *quum esset arrisum*, „*Ingenium*", *inquit*
       *Aelius*, „*ipse mihi fingere potui, formam non potui*". *Tum* Crassus „*Audiamus* igitur",
       *inquit*, „*disertum*". *Multo arrisum est vehementius.*

1000  Perpennam *A-C ut in De or. edd. vett.*:        1 Aelius *A-C (ut De or. text. recept.)*: Heluius
      Perpernam *De or. text. recept.*                  *plures De or. edd. vett.*

996–998 *Venire … molestus esset* Er.' Erklärung zeigt, daß er den Witz überhaupt nicht verstanden hat.

*Apophth.* VI, 332 datiert auf die letzten Lebensjahre des Crassus, zwischen 95 und 91 v. Chr.

1000–4 *Apud Perpennam iudicem … vehementius* Cic. *De or.* II, 262: „Inuertuntur autem verba, vt Crassus apud M. Perpernam (Perpernam *text. recept.*: Perpennam *quaedam edd. vett.*) iudicem pro Aculeone cum diceret, aderat contra Aculeonem Gratidiano L. Aelius (Aelius *text. recept., quaedam edd. vett.*: Heluius *maior pars edd. vett.*) Lamia, deformis, vt nostis. Qui cum interpellaret odiose, ‚Audiamus‘, inquit, ‚pulchellum puerum‘, Crassus. Cum esset adrisum, ‚Non potui mihi‘, inquit Lamia, ‚formam ipse fingere, ingenium potui‘. Tum hic (sc. Crassus) ‚Audiamus‘, inquit, ‚disertum‘. Multo etiam arrisum est vehementius".

1000 *Perpennam* M. Perperna (ca. 147 v. Chr.–49 v. Chr.), der als Richter einen Prozess zu entscheiden hatte, den **L. Aelius Lamia** als Anwalt des M. Marius Gratidianus gegen den von L. Crassus verteidigten C. Visellius Aculeo führte. Vgl. F. Münzer, *RE* XIX (1939), Sp. 896–897., s.v. „Perperna", Nr. 5. Vgl. Komm. Leeman-Pinkster-Rabbie II, S. 287.

1000 *Aculeonem* C. Visellius Aculeo (1. Jh. v. Chr.), römischer Ritter, Freund des L. Licinius Crassus, der ihn in einem Rechtsstreit mit unbekanntem Ausgang gegen M. Marius Gratidianus, einen Angehörigen einer verschwägerten Familie in Arpinum, verteidigte. Vgl. H. Gundel, *RE* XI, A1 (1961), Sp. 354, s.v. „Visellius", Nr. 1.

1 *L. Aelius Lamia* Für L. Aelius Lamia vgl. E. Klebs, *RE* I, 1 (1893), Sp. 522, s.v. „Aelius", Nr. 74.

5 ## L. PORTIVS [i.e. L. NASICA]

VI, 333          Iocvs intempestivvs      (L. Portius Nasica [?]) [48]

*L. Portius Nasica* quum *ex more conceptis verbis a Catone censore* rogaretur „*Habes* ne *vxorem ex animi tui sententia?*", „*Habeo*", inquit, „*at Hercle non ex animi tui* [i.e. mei] *sententia*". Verum *ob eum iocum intempestiuum* mulcta illi dicta est.

---

7 Portius *A-C*: Porcius *LB, Ciceronis De or. text. recept., maior pars edd. vett.*

8 tui *A-C ut in pluribus Gellii edd. vett.*: mei *De or., Gell. text. recept.*

5 *L. PORTIVS* In dieser Form im Index personarum; ebenso Lycosthenes' Titel: „L. PORTII" (S. 559).

*Apophth.* VI, 333 datiert auf das Jahr 184 v. Chr., das Jahr von Catos Censoramt. Gellius' ultimative Quelle für den Witz ist eine Rede des Scipio Africanus d.J. aus d.J. 142 v. Chr., als dieser ebenfalls das Zensoramt ausübte (*ORF*, 4. Aufl., 124–125). Er. hat den Witz verdreht, indem er in der Antwort (fälschlich) „tui" für „mei" schrieb. Den Titel, „Iocus intempestiuus", leitete Er. aus Gellius IV, 20, 5 („eum, quod intempestiue lasciuisset") ab. Cic. hingegen ging es nicht um diesen Aspekt, weswegen er auch keine desbetreffende Qualifikation liefert. Quintilian war von dem Witz offensichtlich nicht sehr angetan, da er ihn nicht in sein Kapitel „De risu" aufnahm, wie das sonst bei der Mehrzahl der im zweiten Buch von *De oratore* überlieferten Witzen der Fall ist. Lycosthenes setzte Er.' Titel „Iocus intempestiuus" nicht in eine bestimmte Kategorie von Witzen um, sondern druckte das Apophthegma in der allgemeinen, umfänglicheren Kategorie „De iocose dictis".

7–8 *L. Portius … sententia* Cic. *De or.* II, 260: „Ridicule etiam illud L. Porcius Nasica censori Catoni; cum ille ‚Ex tui animi sententia tu vxorem habes?', ‚Non hercule', inquit, ‚ex mei (mei *text. recept.*: tui *edd. vett.*) animi sententia'"; Gell. IV, 20, 1–6 und 10: „Inter censorum (censorias *edd. vett.*) seueritates tria haec exempla in litteris sunt castigatissimae disciplinae. (2) Vnum est huiusmodi: (3) Censor agebat de vxoribus sollemne iusiurandum; verba (verba haec *ed. Petr. Mosellanus 1537*) erant ita concepta: ‚VT (ET *edd. vett.*) TV EX ANIMI TVI SENTENTIA VXOREM (VXOREM *text. recept., edd. vett.*: VXORES *ed. Petr. Mosellanus 1537*) HABES?' Qui iurabat, cauillator quidam et canicula (canalicola *Lipsius Var. lect.*

I, 1) et nimis ridicularius fuit. (4) Is locum esse sibi ioci dicundi ratus, cum ita, vti mos erat, censor dixisset, ‚Vt (Et *edd. vett.*) tu ex animi tui sententia vxorem habes?', (5) ‚Habeo equidem', inquit, ‚vxorem, sed non hercle ex animi mei (tui *edd. vett.*; mei *corr. Lipsius Var. lect. I, 1*; *text. recept. rec.*) sententia'. (6) Tum censor eum, quod intempestiue lasciuisset, in aerarios rettulit causamque hanc ioci scurrilis apud se dicti subscripsit. … (10) Publius Scipio Africanus, Pauli filius, vtramque historiam posuit in oratione, quam dixit in censura, cum ad maiorum mores populum hortaretur" (= *ORF*, 4. Aufl., 124–125). Er. hat seinen Text des Apophthegmas aus beiden Quellen zusammengestellt. Die Namen „L. Porcius Nasica" und „censor Cato" sind nur bei Cicero überliefert, die Folgen des Witzes (Bestrafung durch den Censor) und die Qualifikation („intempestiue") nur bei Gellius.

7 *L. Portius Nasica* Der von den *De-oratore*-Handschriften tradierte Name „L. Porcius Nasica" kann in dieser Form nicht stimmen, da in der *gens Porcia* das Cognomen „Nasica" nicht vorkommt. „Porcius" ist vielmehr der Familienname von dem in demselben *Apophth.* figurierenden Cato Censorius. Daraus könnte man ableiten, daß „Porcius" unrichtig ist und als Glosse in den Cicero-Haupttext gerutscht ist, somit als Bestandteil des Namens zu streichen wäre, wie im Komm. Leeman-Pinkster-Rabbie II, S. 284 suggeriert wird. In diesem Fall würde „L. Nasica" als relevanter Name übrigbleiben. Eine Person dieses Namens ist, abgesehen von der vorl. Textstelle bei Cicero, freilich unbekannt (vgl. F. Münzer, *RE* XVI, 2 (1935), Sp. 1788, s.v. „Nasica", Nr. 1). Das Cognomen Nasica kommt häufig in der *gens Cornelia* vor (es gibt in der Republik mehrere Scipiones Nasicae); vielleicht existierte es um 184 auch als Cognomen von Personen, die

anderen *gentes* zugehörten; diese sind jedoch nicht belegt. Horaz nimmt in *Sat.* II, 5, 57 und 65 einen Zeitgenossen mit dem Namen „Nasica" aufs Korn, der kein Mitglied der *gens Cornelia* war (für diesen vgl. K.-L. Elvers, *DNP* 8 (2000), Sp. 723, s.v. „Nasica"). Wenn an vorl. Stelle der Name „Nasica" bzw. „L. Nasica" richtig ist, so kann diese Person nicht den Scipiones Nasicae zugehören: Diese tragen sämtlich den Vornamen Publius (*CW* 38, S. 689 suggeriert, daß mit Lucius Porcius Nasica Publius Cornelius Nasica gemeint sein könnte). Es könnte jedoch auch der Fall sein, daß das Cognomen „Nasica" durch eine Verschreibung in der Textüberlieferung von *De oratore* zustandegekommen ist; in diesem Fall wäre der relevante Name der Person „L. Porcius". Die *gens Porcia* hat mehrere Zweige (Licini, Catones, Laecae): Im Zweig der Porcii Licini kommt der Vorname mehrfach vor. Es kann sich jedoch nicht um den bekanntesten, den Konsul L. Porcius Licinus, gehandelt haben: Dieser war just im Jahr 184 Konsul und als solcher sakrosankt, d.h. der Censor Cato hätte ihn nicht ins Aerarium schleppen und ihm eine Strafe auferlegen können.

7 *Portius* Gemeint ist der Familienname der römischen *gens Porcia*; eine „gens Portia" existiert nicht. Er.' „Portia" ist durch einen Textübertragungs- oder Textüberlieferungsfehler zustandegekommen.

7 *ex more conceptis verbis* Gell. IV, 20, 3 und 4: „… verba erant ita conccpta: … cum ita, vti mos erat, censor dixisset".

7 *Catone* Cato d.Ä., M. Porcius Cato Censorius (234–149 v. Chr.), Censor 184 v. Chr.; Er. hatte ihm im fünften Buch eine Sektion von Sprüchen gewidmet (V, 326–382). Zu seiner Person vgl. oben Komm. zu V, 326.

7 *Habes ne* Da Er. für die Erstellung seines Textes Gell. IV, 20 benutzte, lag ihm der originale Wortlaut der feierlichen Formel des Censors vor: ‚VT (oder ET in der Ausg. des Petrus Mosellanus, Köln 1537, S. 191) TV EX ANIMI TVI SENTENTIA VXOREM HABES?'. Es läge auf der Hand, daß Er. diese Formel wörtlich zitierte; stattdessen entschied Er. sich kurioserweise für eine Variation, bei

der kein Wort an seiner ursprünglichen Stelle stehen blieb: „Habes ne vxorem ex animi tui sententia?".

8–9 *Habeo … sententia* Hier gab Er. Gell. wieder, IV, 20, 5: „„Habeo equidem', inquit, ‚vxorem, sed non hercle ex animi tui (tui *ed. Petr. Mosellanus 1537, p. 191;* mei *plures edd. vett., text. recept. rec.*) sententia'".

8 *tui* In Er.' Wiedergabe erscheint der Witz verdreht, dadurch, daß er „tui" für „mei" schrieb. Die Formel lautete „ex tui/ mei sententia" und bedeutete so viel wie „Erklärst du nach Wahrheit/ in aller Form, daß du …". Es geht bei der Frage des Zensors um die Registrierung des bürgerlichen Standes des Befragten; der Zensor stellt die formelhafte Frage: „Erklärst du nach Wahrheit/ in aller Form, daß du verheiratet bist (eine Ehefrau hast)?". Darauf sollte folgen: „Das erkläre ich in aller Form" (oder eben das Gegenteil). Stattdessen fasste der Witzbold die Formel „ex mei sententia" im Sinn von „zu deiner Zufriedenheit" auf, als ob die zensoriale Frage lautete: „Hast du eine Frau, mit der du zufrieden bist (bzw. die dir gefällt)?". Diese Frage verneint der Witzbold nun. In Er.' Wiedergabe („tui" für „mei") bekam der Spruch eine andere Bedeutung. Der Witzbold antwortet bei Er.: „Ich habe zwar eine Frau, aber keine, die *dir* gefällt". Damit kann der Witzbold gemeint habe: „Ich erfülle zwar die Erwartungen der Obrigkeit, indem ich verheiratet bin, jedoch bin ich arm dran; meine Frau ist so furchtbar, daß sie dir nicht gefallen würde". Damit impliziert er: „Sogar du als Censor würdest mich nicht dafür rügen, daß ich unverheiratet bin, wenn du meine Frau kennen würdest". Diese Verdrehung des Witzes rührt daher, daß Er. die älteren Cicero- und Gellius-Ausgaben benutzte, die zumeist „tui" statt „mei" lasen. Die Lesart „tui" wurde erst von Lipius in seinen *Variae lectiones* (1569) verbessert, jedoch hat sich sie sich noch in Antonius Thysius' Gellius-Ausgabe (Leiden, 1666) erhalten (S. 314).

9 *ob eum iocum intempestiuum* Gell. IV, 20, 5: „Tum censor eum, quod intempestiue lasciuisset … subscripsit".

10                              SCIPIO NASICA

VI, 334                        Lepide        (Scipio Nasica [cos. 191], 1) [49]

Scipio *Nasica quum ad poetam Ennium venisset eique ab ostio quaerenti Ennium
ancilla dixisset* eum *domi non esse, Nasica sensit illam* hoc *domini iussu dicere et illum
intus esse.* Ac tum quidem dissimulans abiit. At *paucis post diebus, quum ad Nasicam*
15  *venisset Ennius eumque a ianua quaereret, exclamat* ipse *Nasica se domi non esse.
Tum Ennius: „Quid? Ego“, inquit, „non agnosco vocem tuam?“. Hic Nasica: „*Nae tu
homo es impudens. Ego quum te quaererem, ancillae tuae credidi. Tu mihi non credis
ipsi?“*.


                    SCIPIO NASICA [i.e. SCIPIO NASICA CORCVLVM]

20  VI, 335                      Ocivm invtile      (Scipio Nasica, 2, i.e. Scipio
                                                      Nasica Corculum) [50]

Idem *Nasica* [i.e. Scipio Nasica Corculum] *quibusdam* dicentibus *res Romanas iam
in tuto esse, extinctis Carthaginensibus et Graecis in seruitutem redactis, „Immo“,* inquit,
*„nunc* demum *summo in periculo sumus, posteaquam nulli supersunt, quos vel timeamus
25  vel reuereamur“.* Sensit inimicos per occasionem vtiles esse nobis, per quos non licet
impune secureque negligentes esse.


                              SCIPIO NASICA SERAPIO

VI, 336                       Iocvs intempestivvs    (Scipio Nasica Serapio, 3)
                                                                    [51]

30  Idem [i.e. Scipio Nasica Serapio] *quum aedilitatem curulem adolescens peteret* ac,
vt *candidati* solebant, *manum cuiusdam* ⟨rustico⟩ *opere duratam prensaret, rogauit*
hominem, *num manibus ambularet.* Hoc *dicto rustica*nae tribus suspicantes *sibi exprobratam paupertatem,* effecerunt, vt *repulsam ferret.* Tantum obfuit iocus intempestiuus.


16  nae *A B LB*: ne *C.*                        31  rustico *supplevi ex Val. loco cit.*
31  solebant *scripsi*: solent *A-C.*

10  *SCIPIO NASICA*  In dieser Form auch im      wurde; 194 Praetor in Hispania citerior, wo er
Index personarum. Es handelt sich um **P. Cor-**   die Lusitaner in der Schlacht bei Ilipa besiegte.
**nelius Scipio Nasica**, den Konsul d.J. 191      Vgl. K.-L. Elvers, *DNP* 3 (1996), Sp. 184, s.v.
v. Chr.; Scipio Nasica unterwarf als Konsul       „Cornelius“, Nr. I, 81. Nicht identifiziert in
die Boier, wofür ihm ein Triumph zuerkannt        *CWE* 38, S. 689.

12–18 *Nasica … credis ipsi* Ganz wörtliche, mit einigen kleineren erklärenden Zusätzen angereicherte Wiedergabe von Cic. *De or.* II, 276: „Vt illud Nasicae, qui cum ad poetam Ennium venisset eique ab ostio quaerenti Ennium ancilla dixisset domi non esse, Nasica sensit illam domini iussu dixisse et illum intus esse. Paucis post diebus cum ad Nasicam venisset Ennius et eum ad ianuam (*a ianua edd. vett.*) quaereret, exclamat Nasica se domi non esse. Tum Ennius ‚Quid? Ego non cognosco vocem‘; inquit, ‚tuam?‘. Hic Nasica: ‚Homo es impudens. Ego cum te quaererem, ancillae tuae credidi te domi non esse: tu mihi non credis ipsi?‘“.

12 *Ennium* Q. Ennius (239–169 v. Chr.), der bedeutendste Dichter der vorklassischen latein. Literatur. Vgl. W. Suerbaum, *DNP* 3 (1997), Sp. 1040–1046, s.v. „Ennius“, Nr. 1; O. Skutsch, *RE* V, 2 (1905), Sp. 2589–2628, s.v. „Ennius“, Nr. 3.

15 *a ianua* „a ianua“ statt „ad ianuam“, wie in ‘ den älteren *De oratore*-Ausgaben.

**P. Cornelius Scipio Nasica Corculum** (gest. 141 v. Chr.) kämpfte 168–167 unter Aemilius Paullus gegen Perseus von Makedonien; Konsul 162 und 155; Censor 159, Pontifex maximus 150, Princeps senatus 147 und 142; er besiegte in seinem zweiten Konsulat die Delmaten und wurde dafür mit einem Triumph geehrt. Hatte eine lange andauernden Meinungskonflikt mit Cato d.Ä., der immerzu dafür plädierte, Karthago gänzlich zu zerstören. Scipio Nasica Corculum war aus dem im vorliegenden Apophthegma angegebenen Gründen dagegen. Vgl. K.-L. Elvers, *DNP* 3, s.v. „Cornelius“, Nr. I, 83. Nicht identifiziert in *CWE* 38, S. 689.

22 *Idem Nasica* Er. irrt sich, es handelt sich nicht um denselben Scipio Nasica, sondern um Scipio Nasica Corculum, den Sohn des Scipio Nasica von VI, 334, den Konsul d.J. 162 und 155. Das Apophthegma setzt die Niederwerfung Griechenlands durch Aemilius Paullus i.J. 167 und die Zerstörung Karthagos i.J. 149 v. Chr. voraus. Scipio Nasica, der Konsul d.J. 191, hat diese Ereignisse nicht mehr erlebt.

22–25 *Nasica … reuereamur* Plut. *De capienda ex inimicis vtilitate*, 3, *Mor.* 88A. Er.

gab größtenteils seine eigene Übers. wieder, die er i.J. 1514 publiziert hatte (*ASD* IV, 2, S. 176): „Proinde Nasica, quum quidam existimarent res Romanas (Romanas *ed. Cratander 1530 fol. 182B*: Rhomanas *ed. Froben 1514*) iam in tuto esse, nimirum Carthaginensibus extinctis, Graecis in seruitutem subactis: ‚Imo nunc‘, inquit, ‚summo in periculo sumus, posteaquam nulli supersunt, quos vel timeamus vel reuereamur‘“. In Frobens Ausgabe hat Er. die Stelle mit dem marginalen Vermerk „Apophthegma Nasicae“ ausgestattet. Vgl. den griech. Text: ὅθεν ὁ Νασικᾶς, οἰομένων τινῶν καὶ λεγόντων ἐν ἀσφαλεῖ γεγονέναι τὰ Ῥωμαίων πράγματα Καρχηδονίων μὲν ἀνηρημένων Ἀχαιῶν δὲ δεδουλωμένων, „νῦν μὲν οὖν“, εἶπεν, „ἐπισφαλῶς ἔχομεν, μήθ᾿ οὓς φοβηθῶμεν μήθ᾿ οὓς αἰσχυνθῶμεν ἑαυτοῖς ἀπολελοιπότες“.

**Publius Cornelius Scipio Nasica Serapio** (\* um 183–132 v. Chr.), den Sohn des Publius Cornelius Scipio Nasica Corculum, den Konsul d.J. 138 v. Chr. und Führer der Optimaten im Kampf gegen den Volkstribunen Tiberius Gracchus 133 v. Chr. Vgl. K.-L. Elvers, *DNP* 3 (1996), Sp. 185, s.v. „Cornelius“, Nr. I, 84; F. Münzer, *RE* IV (1901), Sp. 1501–1504, s.v. „Cornelius“, Nr. 354. Scipio Nasica Serapio erlitt bei der Bewerbung zum kurulischen Ädil eine peinliche Wahlniederlage (Cic. *Planc.* 51; Val. Max. VII, 5, 2).

30 *Idem* Er. irrt sich erneut. Es handelt sich nicht um denselben Scipio von VI, 334 (und auch nicht von VI, 335), sondern um Publius Cornelius Scipio Nasica Serapio.

30–33 *quum aedilitatem … ferret* Val. Max. VII, 5, 2: „P. autem Scipio Nasica, togatae potentiae clarissimum lumen, qui consul Iugurthae bellum indixit, … cum aedilitatem curulem adulescens peteret manumque cuiusdam rustico opere duratam more candidatorum tenacius adprehendisset, ioci gratia interrogauit eum, num manibus solitus esset ambulare. Quod dictum a circumstantibus exceptum ad populum manauit, causamque repulsae Scipioni attulit: omnes namque rusticae tribus paupertatem sibi ab eo exprobratam iudicantes, iram suam aduersus contumeliosam eius vrbanitatem destrinxerunt“.

35                                              MILITES CAESARIS

VI, 337                          Impvdicitia                         (milites Caesaris) [52]

In *Gallico triumpho milites* hos versiculos *iactabant* in Caesarem:

> „*Vrbani seruate vxores, moechum caluum adducimus.*
> *Auro in Gallia stuprum emisti, hic sumpsisti mutuum*".

40    Notabant, quod in prouincia agens alienas vxores auro corruperit; Romae non eme-
rit, sed mutuum sumpserit, quod vxor ipsius male audiret de Clodio. Nisi forte
quiddam obscoenius intelligi voluerunt. Nam Suetonius aliquanto post commemorat, quod *Curio pater* in *oratione quadam appellat* illum *omnium mulierum virum et
omnium virorum mulierem.*

45                                              C. GRACCHVS

VI, 338                          Pietas in matrem                         (C. Gracchus) [53]

*C.* Gracchus ad quendam Corneliae matri obtrectantem, „*Tu*", inquit, „*Corneliam
vituperare audes, quae Tiberium peperit?*" et adiecit: „*Qua fronte te Corneliae comparas?*

---

43  appellat *A-C, Suet. loc. cit. ab Erasmo*: appellabat *BAS LB*.

*Apophth.* VI, 337 datiert auf August/September 46
v. Chr., als Caesars Gallischer Triumph im
Rahmen seines vierfachen Triumphes stattfand.
37–39 *Gallico … mutuum* Suet. *Caes.* 51, 1:
„Ne prouincialibus quidem matrimoniis absti-
nuisse vel hoc disticho apparet iactato aeque a
militibus per Gallicum triumphum: ,Vrbani,
seruate vxores: moechum caluom (caluum
*edd. vett.*: Caluum *ed. Erasm. 1518, p. 14*) addu-
cimus./ Auro (Aurum *ed. Ihm, text. recept.*:
Auro *ed. Erasm. 1518, 1533, ed. Egnat. 1516,
omnes edd. priscae*) in Gallia stuprum emisti
(stuprum emisti *ed. Erasm. 1518, 1533; ed.
Egnat. 1516*: effutuisti *ed. Ihm, lectio varia in
ed. Erasm. 1518, deest in ed. 1533*: effutuisti
*Burmannus*): hic sumpsisti mutuum'"; *FPR*
p. 330.
38–39 *Vrbani … mutuum* Versmaß: trochäi-
scher katalektischer Tetrameter (– u – x/ – u –
x/ – u – x/ – u – x).
40–44 *Notabant … mulierem* Er.' Erklärung
der Stelle ist nicht stimmig. Mit den Lesar-

ten „auro" und „stuprum emisti" ergibt sich
folgender Sinn: „In Gallien hast du mit Gold
(Goldmünzen) die Unzucht/Hurerei bezahlt,
hier (nml. in Rom) hast du's geliehen (Gold)".
Er. bezog in seiner Erklärung das „Leihen"
jedoch kurioserweise auf die Unzucht, in dem
Sinn, daß Caesar Unzucht (= Ehebruch) „aus-
lieh", um das Ausgeliehene wieder zurückzubekommen: Seine Frau, meint Er., soll Caesar also in Rom dem Clodius „ausgeliehen"
haben, daß er mit ihr Ehebruch treibe, um
selbst mit allerlei anderen römischen Frauen
Ehebruch begehen zu können. Der Gedanke,
daß die Soldaten i.J. 46 v. Chr. mit ihren Spott-
versen auf Clodius' Ehebruch mit Caesars Frau
angespielt hätten, ist schon deshalb abwegig,
weil sie Caesars damalige Frau, Pompeia, gar
nicht kannten. Caesar war mit ihr zwischen
ca. 67–62/1 verheiratet, 62/1 ließ er sich von ihr
scheiden eben wegen des Bona-Dea-Skandals.
Caesars Soldaten kannten ihren General entweder aus dem Gallischen Krieg oder dem
Bürgerkrieg. Seit Anfang des Gallischen Krie-

ges war Caesar mit Calpurnia verheiratet und dies war noch stets aktuell. Die falsche Bezugnahme auf Clodius ist von Er.' irriger Zuordnung von „sumpsisti mutuum" abhängig.

41   *vxor ipsius*   Es handelt sich um Caesars zweite Frau, Pompeia; vgl. H. Stegmann, *DNP* 10 (2001), Sp. 88, s.v. „Pompeia", Nr. 1.

41   *Clodio*   Publius Clodius Pulcher (um 93–52 v. Chr.) war wegen seiner Affären berüchtigt; Cicero beschuldigte ihn sogar der Inzucht mit seiner älteren Schwester Clodia (*Cael.* passim) und besorgte ihm einen ähnlichen Leumund wie Curio dem Diktator: „qui (sc. Clodius) contra fas et inter viros saepe mulier et inter mulieres vir fuisset" (*dom.* 59; vgl. Suet. *Caes.* 52, 3). Das Gerücht, Clodius habe ein Verhältnis mit Caesars (zweiter) Frau Pompeia gehabt, geht auf den Bona-Dea-Skandal d.J. 62 zurück. Im Hause Caesars, der seit 63 das Amt des Pontifex Maximus bekleidete, wurde am 4. Dezember 62 das Fest der Bona Dea gefeiert, ein Fest, zu dem nur Frauen zugelassen waren. Clodius, der sich verkleidet als Frau ins Haus geschlichen hatte, wurde unter den Frauen entdeckt. Als Folge liess sich Caesar von Pompeia scheiden.

43   *Curio pater*   Der aus Suet. *Caes.* 52, 3 stammende Curio läßt sich nicht eindeutig identifizieren.

43–44   *Curio pater … mulierem*   Wörtliche Wiedergabe von Suet. *Caes.* 52, 3: „At (Ac *ed. Erasm. 1518, p. 14; 1533, p. 13*; Atque *ed. Egnat. 1516, fol. 15ʳ*) ne cui dubium omnino sit, et impudicitiae et (eum et *ed. Erasm. 1518, 1533; ed. Egnat. 1516*) adulteriorum flagrasse infamia, Curio pater quadam eum oratione omnium mulierum virum et omnium virorum mulierem appellat". Cf. C.A. Williams, *Roman Homosexuality*, 2. Aufl. Oxford 2010, S. 191.

**Gaius Sempronius Gracchus** (153–121 v. Chr.). Nach dem Tod seines älteren Bruders Tiberius (133) erbte er dessen riesiges Vermögen, politisches Vermächtnis sowie die Verpflichtung, für seinen Tod Rache zu üben. War zunächst mit militärischen Aufgaben betraut: Er diente als Militärtribun unter seinem Schwager Scipio Aemilianus in dessen Spanienfeldzug und wirkte bei der Belagerung Numantias mit, die im Sommer d.J. 133 erfolgreich abgeschlossen wurde. 123 wurde Gaius Gracchus zum ersten Mal zum Volkstribunen gewählt; sofort machte er sich an die Umsetzung eines popularen Programms, das dem seines Bruders Tiberius ähnelte. Ohne die erforderliche Abstimmung mit dem Senat vorzunehmen brachte er bei der Volksversammlung eine

neue Ackergesetzgebung (*lex agraria*) durch, wobei Staatsgründe an Plebejer verteilt wurden, sowie eine *lex frumentaria*, welche den Getreidepreis staatlich regulierte und durch staatliche Subventionen auf einem konstant niedrigen Niveau halten sollte, sowie eine *lex militaria*, welche die Versorgung der Soldaten durch die Römische Staatskasse festsetzte. Sein unmittelbar folgendes zweites Volkstribunat war umstritten, wurde aber aufgrund des Willens des Volkes durchgesetzt. Als er sich ein drittes Mal in Folge zum Volkstribunen bewerben wollte, kam es zu Gewalttätigkeiten, die zu seinem Tod führten. Vgl. K. Bringmann, *DNP* 11 (2001), Sp. 388–391, s.v. „Sempronius", Nr. I, 11; D. Stockton, *The Gracchi*, Oxford 1979; F. Münzer, *RE* II, A2 (1923), Sp. 1375–1400, s.v. „Sempronius", Nr. 47.

45   *C. GRACCHVS*   In dieser Form im Index personarum.

*Apophth.* VI, 338 datiert zwischen ca. 126 und 121 v. Chr.; Gaius Gracchus wurde im Jahr nach dem Tod seines Vaters geboren als das jüngste der zwölf Kinder der Cornelia. Das *Apophthegma* setzt voraus, daß Gaius bereits mit seiner Laufbahn in Rom angefangen hatte und Prozesse führte.

47–49   *C. Gracchus … vt illa*   Plut. *C. Gracch.* 4, 3–4. Er. gab größtenteils die latein. Übers. des Leonardo Bruni wieder: „Narrantur autem multa venuste et oratorie de Cornelia matre a Caio dicta aduersus quendam inimicorum. ,Tu', inquit, ,Corneliam vituperare audes, quae Tyberium peperit?'. Quumque inimicus ille de mollitie notaretur, ,Qua ratione', inquit, ,te cum Cornelia comparas? An tu peperisti vt illa? Atqui nemo ciuis ignorat: diutius illam sine viro fuisse quam te virum'" (*ed. Bade 1514, fol. 153ʳ*): ἀπομνημονεύεται δὲ καὶ τοῦ Γαΐου πολλὰ ῥητορικῶς καὶ ἀγοραίως ὑπὲρ αὐτῆς εἰρημένα πρός τινα τῶν ἐχθρῶν· „Σὺ γάρ", ἔφη, „Κορνηλίαν λοιδορεῖς τὴν Τιβέριον τεκοῦσαν;" ἐπεὶ δὲ διαβεβλημένος ἦν εἰς μαλακίαν ὁ λοιδορηθείς· „Τίνα δέ", εἶπεν, „ἔχων παρρησίαν συγκρίνεις Κορνηλίᾳ (Κορνηλίᾳ *Perrin*, Κορνηλίαν *ed. Ald. fol. 267ʳ*) σεαυτόν (σεαυτόν *ed. Perrin*, σεαυτῷ *ed. Ald.*); ἔτεκες γὰρ ὡς ἐκείνη; Καὶ μὴν πάντες ἴσασι Ῥωμαῖοι πλείω χρόνον ἐκείνην ἀπ᾽ ἀνδρὸς οὖσαν ἢ σὲ τὸν ἄνδρα".

47   *Corneliae*   Cornelia (um 190–100 v. Chr.), die zweite Tochter des Scipio Africanus d.Ä.; Frau des Tib. Sempronius Gracchus (des Konsuls d.J. 177 und 163), dem sie 12 Kinder gebar. Ihr Mann starb i.J. 154 v. Chr., seitdem blieb sie Witwe, obwohl sie bedeutende Männer umwarben; zu diesen soll sogar

*An tu peperisti, vt illa? Atqui nemo ciuis ignorat diutius illam sine viro fuisse quam te*
50  *virum*". Is, in quem haec dicebantur, male audiebat *de mollicie*.

## POPVLVS ROMANVS ET MENANDER POETA

VI, 339                              DIFFIDENTIA                    (Populus Romanus) [54]

*Populus Romanus Carbone pollicente quippiam et addente iusiurandum cum execra-*
*tione,* populus vicissim *iurauit se illi* non credere. Probis viris et iniuratis habenda
55  *fides,* leuibus ne iuratis quidem. Refertur ad id versus Menandricus:

„*Τρόπος ἐσθ᾽ ὁ πείθων τοῦ λέγοντος, οὐ λόγος*", id est

„Suadet loquentis vita, non oratio".

der ägyptische Pharao Ptolemaios VII. gehört
haben. Nach dem Tod ihrer Söhne Tiberius
und Gaius (121) zog sie sich aus dem öffentlichen Leben in Rom zurück. Die hochge-
bildete, gebärfreudige Cornelia wird in der
röm. Literatur als Vorbild einer sittenstrengen
Römerin geführt. Cornelia war die erste Frau,
die in Rom ein Standbild erhielt (Plin. *Nat.*
34,31. Plut. *C. Gracch.* 4,2–4). Vgl. F. Münzer, *RE* IV, 1 (1900), Sp. 1592–1595 s.v. „Cornelius", Nr. 407; H. Stegmann, *DNP* 3 (1997/9),
Sp. 166, s.v. „Cornelia", Nr. I, 1; L. Burck-
hardt und J. von Ungern-Sternberg, „Cornelia, Mutter der Gracchen", in: M.H. Dettenhofer (Hrsg.), *Reine Männersache? Frauen in*
*Männerdomänen der antiken Welt,* München
1996, S. 97–132; E.-T. Meineke, „Cornelia", in:
*DNP, Suppl.* 8 (2013), Sp. 329–336; W. Suerbaum, „Cornelia, die Mutter der Gracchen",
In: Werner Suerbaum (Hrsg.): *Die archaische*
*Literatur. Von den Anfängen bis Sullas Tod,*
München 2002, S. 456–458.

49  *diutius illam sine viro* Cornelias Gemahl
starb i.J. 154 v. Chr., demnach war sie zum
Zeitpunkt des Apophthegmas ca. fünfund-
zwanzig Jahre ohne Ehegatten. Dem stellt
Gaius Gracchus den stadtbekannten Homosexuellen gegenüber, der wohl nie lange „ohne
Mann" war.

53–56 *Populus … λόγος* Er. gibt eine kurze, paraphrasierende Zusammenfassung der Stelle
Plut. *Praec. ger. reip.*, 4–5, *Mor.* 801B–C: ὁ δὲ
Ῥωμαίων δῆμος, ὑπισχνουμένου τι Κάρβωνος καὶ
προστιθέντος ὅρκον δή τινα καὶ ἀράν, ἀντώμοσεν
ὁμοῦ μὴ πιστεύειν. … οὕτω (οὕτω *Fowler,* οὕτως

*Ald.*) μεγάλην ἔχει ῥοπὴν ἐν πολιτείᾳ πίστις ἤθους
καὶ τοὐναντίον. οὐ μὴν ἀμελητέον γε διὰ τοῦτο
τῆς περὶ τὸν λόγον χάριτος καὶ δυνάμεως ἐν ἀρετῇ
θεμένους τὸ σύμπαν, ἀλλὰ τὴν ῥητορικὴν νομί-
σαντας μὴ δημιουργὸν ἀλλά τοι (τοι *Fowler,* τι
*Ald.*) συνεργὸν εἶναι πειθοῦς, ἐπανορθωτέον τὸ
τοῦ Μενάνδρου „τρόπος ἐσθ᾽ ὁ πείθων τοῦ λέγοντος, οὐ λόγος." Vgl. die latein. Übers. des Niccolò Sagundino: „At populus Romanus pollicente nescio quid Carbone et iurisiurandi
adiectione id affirmante, fore adiurauit contra asseuerauitque fidem se illi non habiturum.
… Tantum momenti in rebus publicis probita-
tis opinio possidet. Ad haec vero ciuilius et
gratia eloquentiae non in postremis ducenda
est, virtute magistra et principe. Non enim
rhetoricam suadendi opificem, sed adiutricem
esse debemus existimare. Qua ratione illud est
corrigendum Menandri: ‚Mores dicentis sunt,
qui persuadent, non oratio'" (ed. Bade 1514,
fol. IIᵛ; ed. Cratander 1530, fol. 3ʳ).

53  *Carbone* Der hier genannte Carbo gehörte
der *gens Papiria* an, lässt sich jedoch nicht
mit letzter Sicherheit identifizieren. Aus den
einleitenden Worten wird allerdings klar, daß
er das Amt eines Volkstribunen ausübte. Wir
haben es also mit einem Volkstribunen der *gens*
*Papiria* zu tun, der das Vertrauen des Volkes
einbüsste. Es könnte sich somit vielleicht am
ehesten um P. Papirius Carbo handeln, den
Volkstribunen d.J. 131 v. Chr., der zunächst der
Partei der Gracchen angehörte und Mitglied
der gracchischen Ackerkommission war, später jedoch die Seiten wechselte; i.J. 119 wurde
er von dem Redner L. Licinius Crassus des

Opportunismus bezichtigt (Cic. *De or.* II, 170) und angeklagt, wobei er sich der Verurteilung durch Selbstmord entzog (vgl. K. Bringmann, *DNP* 9 [2000], Sp. 289–290, s.v. „Papirius", Nr. I, 5). In Frage kämen auch Gaius Papirius Carbo Arvina, der Sohn des vorgenannten, Volkstribun d.J. 90 v. Chr., der als „scurra" verschrien war und 82 v. Chr. von den Marianern ermordet wurde (vgl. K.-L. Elvers, *DNP* 9 [2000], Sp. 291, s.v. „Papirius", Nr. I, 11; F. Münzer, *RE* XVIII, 3 [1949], Sp. 1020–1021, s.v. „Papirius", Nr. 34); Gn. Papirius Carbo, der Sohn des gleichnamigen Konsuls von 113 v. Chr., der das Volkstribunat 92 v. Chr. bekleidete (K.-L. Elvers, *DNP* 9 [2000], Sp. 290, s.v. „Papirius", Nr. I, 9); Gaius Papirius Carbo, der jüngere Bruder des vorgenannten Gnaeus Papirius, der i.J. 89 v. Chr. Volkstribun war und als Legat Sullas bei der Belagerung von Volterra von den eigenen Soldaten gesteinigt wurde (K.-L. Elvers, *DNP* 9 [2000], Sp. 290, s.v. „Papirius", Nr. I, 6) oder auch Gaius Papirius Carbo, der Volkstribun d.J. 67 v. Chr., der wegen Erpressung angeklagt und verurteilt worden war (J. Fündling *DNP* 9 [2000], Sp. 290, s.v. „Papirius", Nr. I, 7).

56 τρόπος ... λόγος Ein Vers des athen. Komödiendichters **Menander** (341–292/3 v. Chr.): *PGC* 362.7, Fr. 472; *Comicorum Atticarum fragmenta*, Kock III, 135, Fr. 472.

## SILENVS SENEX

VI, 340                          Vita misera                          (Silenus) [55]

60   *Silenus* senex, *a Mida captus, rogatus est, quid esset homini optimum. Diu silentium*
     *tenuit, tandem* adactus, vt diceret, *respondit optimum esse nunquam nasci, proximum*
     *quam ocyssime aboleri*, atque hoc precio dimissus est. [*C*] Huius dicti praeter alios
     meminit Ouidius libro Metamorphoseon XI.

62–63  Huius dicti … Metamorphoseon XI. *C:*
       *desunt in A B.*

58 *SILENVS SENEX*  In dieser Form im Index
personarum. **Silenos**, die mythologische Figur
des weisen Walddämonen, der den phrygischen König Midas die Nichtigkeit des
menschlichen Daseins lehrte. Vgl. A. Hartmann, *RE* III, A1 (1927), Sp. 40, s.v. „Silenos
und Satyros“, Nr. 1c.
*Apophth.* VI, 340 ist das Gegenstück zu *Adag.*
1249 „Optimum non nasci“ (*ASD* II, 3, S. 264–
269) und *Coll.* 699 „Optimum non nasci
aut ocyssime aboleri“ (*ASD* II, 9, S. 238):
„Plinius in septimi libri praefatione collectis
innumerabilibus tum natiuitatis tum vitae
nostrae incommodis prouerbialem sententiam
vrsurpauit. „Itaque multi extitere“, inquit,
„qui non nasci optimum censerent aut quam
ocyssime aboleri“ …“.
60–62  *a Mida captus … aboleri*  Plut. *Consolatio*
*ad Apollonium*, 27, *Mor.* 115A–D, in der latein.
Übers. von Stephanus Niger: „Hoc autem,
inquit Aristoteles, et Silenum captum Midae
indicasse. Sed melius est sua ipsius philoso-
phi verba apponere. Ait autem in eo volu-
mine, quod Eudemus siue de anima inscri-
bitur: ‚Omnium optime ac beatissime, non
modo beatos, verum etiam felices esse defunc-
tos arbitramur … Ferunt vtique illi Midae
Silenum iam captum post venationem percontanti ac sciscitanti, quidnam esset hominibus optimum quidque omnium maxime optabile, primum quidem nihil voluisse dicere,
sed silentium tenuisse. Postquam vero omnes
machinatus machinas, vix ad loquendum adegit, sic coactum dixisse: „… Quid me ea cogi-
tis dicere, quae vobis melius est ignorare? …
Optimum est enim omnibus non nasci. Quod
tamen post hoc aliorum omnium est potissimum ac factu facile, sed secundum, hoc
est scilicet, genitos quam celerrime interire.
Constat igitur Silenum his verbis indicasse,

longe esse homini melius mortem obire quam
vitam agere‘“; Cic. *Tusc.* I, 114: „Adfertur etiam
de Sileno fabella quaedam; qui cum a Mida
captus esset, hoc ei muneris pro sua mis-
sione dedisse scribitur: docuisse regem non
nasci homini longe optimum esse, proximum
autem quam primum mori“; idem, *Consola-*
*tio*, Frg. 9: „Ex quo intelligi licet non nasci
longe optimum esse nec in hos scopulos incidere vitae; proximum autem, si natus sis,
quam primum mori …. Sileni quae fertur
fabula, si grauioribus ludicra interdum admis-
cere liceat, idem certe confirmat: qui captus
a Mida missionem doctrina redemit; docuit
autem regem numquam nasci optimum esse,
sed celeritatem mortis proxime accedere“; Lac-
tantius, *Div.* III, 19, 13–14; Aelian. *Var.* III,
18; Theop. *FGrH* 115F75c; Aristoteles *Eudemos*
Fr. 6 W.-R.; Athen. III, 124B; in *Adag.* 1249
„Optimum non nasci“ (*ASD* II, 3, S. 264–
269) hat Er. eine veritable Quellensammlung
zu dem Gedanken „Am besten ist es, nicht
geboren zu sein …“ angefertigt, in der bemerkenswerter Weise jene Stelle, die für das vorl.
*Apophth.* VI, 340 die wichtigste ist, nämlich
Plut. *Consolatio ad Apollonium*, 27, *Mor.* 115A–
D, fehlt.
60  *Mida*  Midas, mythischer Vorfahre des phry-
gischen Königshauses. Figuriert in der Mytho-
logie als Exemplum menschlicher Torheit und
Gier nach Reichtum (*avaritia*). Vgl. W. Kroll,
*RE* XV, 2 (1932), Sp. 1526–1536, s.v. „Midas“,
Nr. 1; W. Drexler, „Midas“, in: W.H. Roscher
(Hrsg.): *Ausführliches Lexikon der griechischen*
*und römischen Mythologie*, II, 2, Leipzig 1897,
Sp. 2954–2968.
62  *quam ocyssime aboleri*  Plin. *Nat.* VII, 4:
„Itaque multi extitere, qui non nasci optimum
censerent aut quam ocissime aboleri“; Er.
*Coll.* 699 „Optimum non nasci aut ocyssime

aboleri" (*ASD* II, 9, S. 238); Er. zitiert dort und *Adag.* 1249 „Optimum non nasci" (*ASD* II, 3, S. 264) die nämliche Plinius-Stelle.

63 *libro Metamorphoseon XI.* Die Quellenangabe des Er. ist nicht richtig. Im 11. Buch der *Metamorphosen* erzählt Ovid zwar die Geschichte von dem Empfang, den Midas dem Silenos bereitet, jedoch der Spruch wird nicht erwähnt. Die unrichtige Quellenangabe ist insofern kurios, als Er. in *Adag.* 1249 „Optimum non nasci" die antiken Dichter-Quellen zu dem Spruch mit Fleiß gesammelt hat und die Metamorphosen dort nicht aufscheinen.

## IVLIVS [i.e. LIVIVS] DRVSVS

65  VI, 341                          [*A*] Vita pvra      (Iulius Drusus, i.e. M. Livius
                                                                    Drusus, 2) [56]

[*A*] *Iulii* [i.e. Liuii] *Drusi* aedes Publicolae [i.e. tribuni plebis] *pluribus ex partibus*
*patebant vicinorum* prospectui. Hoc incommodum *faber se quinque talentis* correcturum *pollicebatur* effecturumque, ne pars aliqua esset obnoxia prospectui. *Tum Dru-*
70  *sus,* „Decem", inquit, „dabo, si talem reddas domum meam, vt vndiquaque pateat
omnium oculis, quo *non vicini* tantum, sed omnes *ciues perspicere possint*, quomodo
*domi meae viuatur".

---

67  Iulii *A–C ut in vers. Sagundini*: Liuii *BAS LB.*          68  faber se *A–C*: se faber *BAS LB.*
67  Publicolae *C Lycosthenes (p. 181)*: publicolae *A*          69  effecturumque *A–C*: effecturum *BAS LB.*
B: publicae *BAS LB.*

---

64  *IVLIVS DRVSVS* Der Name „Iulius Drusus" bzw. „Iulius Drusus Publicola" hat keinen Bezug zu einer realen Person in der
röm. Antike. Das altrepublikanische *cogno-*
*men* „Publicola" gehört ausschliesslich der *gens*
*Valeria* zu (vgl. oben Komm. zu *Apophth.*
VI, 316). Das *cognomen* „Drusus" kommt
in der *gens Iulia* – trotz der breiten Streu-
ung von *cognomina* in dieser Familie – niemals vor (vgl. *DNP* 6 [1999], Sp. 19–55, s.v.
„Iulius"). Der Name „Iulius Drusus Publicola"
ist somit als solcher ein Adynaton. Daß Er. ihn
bringt, erklärt sich dadurch, daß er die latein.
Plutarch-Übersetzung des Nicolao Sagundino
verwendet hat, welche diesen Namen fälschlich aufwies und zusätzlich mit einer Marginalnote auf ihn hinwies (fol. II^r: „Iulius
Drusus"). Sagundinos „Iulius" geht auf einen
Überlieferungsfehler in seiner griech. Textvorlage zurück; jedenfalls scheint dieser Fehler
auch später in der griech. Plut.-Ausgabe des
Aldus auf. Des weiteren ist Sagundinos „Publicola" auf ein Missverständnis oder eine Verlesung von ὁ δημαγωγός (z. B. als ὁ δημοτικός)
zurückzuführen. Die richtige latein. Übers.
von ὁ δημαγωγός wäre „tribunus plebis" gewesen. Vielleicht war dem Griechen Sagundino
die römische Terminologie für ὁ δημαγωγός
nicht geläufig, vielleicht auch hat er sich einfach verlesen. Hinter dem durch einen mehr-
fachen Irrtum entstellten Namen „Iulius Drusus" bzw. „Iulius Drusus Publicola" verbirgt
sich der röm. Politiker **M. Livius Drusus**
(um 124–91 v. Chr.), der Volkstribun d.J. 91
v. Chr. Das Volkstribunat des Livius Dru-

sus war durch einen leidenschaftlichen Versuch, ein grundlegendes Reformpaket durchzusetzen, sowie durch einen ebenso beherzten Widerstand gegen die Reformen gekennzeichnet. Während der heftigen Kämpfe und
Unruhen, die dadurch entstanden, wurde der
Tribun noch während seiner Amtszeit ermordet. Er hatte Livius Drusus als Apophthegma-
Spender bereits oben in *Apophth.* VI, 294,
zudem als Figuranten in VI, 304 präsentiert.
Zu seiner Person und seinen Gesetzeseingaben
vgl. oben Komm. zu VI, 304.

*Apophth.* VI, 341 bezieht sich aller Wahrscheinlichkeit nach auf 91 v. Chr., das Jahr von Livius
Drusus' Volkstribunat.

*67–72  Iulii Drusi … viuatur* Plut. *Praec. ger.*
*reip.*, 4, *Mor.* 800F. Er. benutzte ausschließlich die latein. Übers. des Nicolao Sagundino, in der der Name des Apophthegma-
Spenders durch einen Überlieferungs- und
einen Übersetzungs- bzw. Lesefehler irrtümlich als „Iulius Drusus Publicola" angegeben wurde, die er paraphrasierend wiedergab:
„Eam ob rem Iulius Drusus Publicola haud
immerito claruit, quod domus eius ex pluribus partibus vicinis conspicua quum pateret,
et quinque eam talentorum omnino sumptu
faber quidam auersurum atque commodius
directurum reciperet: ‚Decem', inquit, ‚dabo,
si totam ita exponas conspicuam, vt vniuersi
ciues, nedum vicini, perspicere queant, qua
domi meae ratione viuatur'" (ed. Bade 1514,
fol. II^{r–v}; ed. Cratander 1530, fol. 2^v). Im
griech. Text des Aldus findet sich ebenfalls der
Überlieferungsfehler von Ἰούλιος statt Λιούιος,

jedoch nicht das irrige „Publicola" für ὁ δημα-
γωγός· εἰκότως οὖν Λιούιος (Λιούιος *Fowler* Ἰούλιος *ed. Ald. p. 580*) Δροῦσος ὁ δημαγωγὸς εὐδοκί-
μησεν ὅτι, τῆς οἰκίας αὐτοῦ πολλὰ μέρη κάτοπτα
τοῖς γειτνιῶσιν ἐχούσης καὶ τῶν τεχνιτῶν τινος
ὑπισχνουμένου ταῦτ᾽ ἀποστρέψειν καὶ μεταθή-
σειν ἀπὸ πέντε μόνων ταλάντων, „δέκα", ἔφη,
„λαβὼν ὅλην μου ποίησον καταφανῆ τὴν οἰκίαν
(καταφανῆ τὴν οἰκίαν *Fowler* τὴν οἰκίαν καταφανῆ *Ald. p. 580*), ἵνα πάντες ὁρῶσιν οἱ πολῖται
πῶς διαιτῶμαι".

67 *Publicolae* Die Wortstellung und die Kleinschreibung von „publicolae" in *A* und *B* weisen darauf hin, daß Er. dort das Wort als mit
„aedes" verbundenes Adjektiv aufgefasst hat,
etwa als „das volksfreundliche Haus"; anzu-
merken ist jedoch, daß „publicola" in der
latein. Literatur immer nur als *cognomen* verwendet wurde. Vielleicht stellt die Großschreibung in *C* den Versuch einer Textkorrektur
dar. In der Ausgabe der *Apophth.* bei Froben aus d.J. 1538 wurde das unrichtige „Publicolae" der Ausgabe *C* zu „publicae" (= „der
öffentliche Amtssitz des Drusus") ‚verbessert',
und fortan in die folgenden Basel-Ausgaben
aufgenommen: Auch diese ‚Verbesserung' ist
unhaltbar, sowohl philologisch als auch in
inhaltlicher Hinsicht.

68 *faber se* „se faber" ist ein Wortstellungsfeh-
ler, der sich in die *Opera-omnia*-Ausgabe *BAS*
eingeschlichen hat und von *LB* übernommen
wurde. Er hat sich jedoch nicht auf die posthumen Basel-Ausgaben der *Apophth.* ausge-
wirkt.

68–69 *quinque talentis correcturum* Es geht
um Umbaumassnahmen an einem römischen
Stadthaus ca. 91 v. Chr.; der Kostenvor-
anschlag des unbekannten Architekten war
eher kein „Freundschaftspreis". Ein Talent
(= 25,8 kg in Silber = 1500 Silbertetradrach-
men) entspricht, was die Kaufkraft angeht, in
etwa einem Segelschiff.

## M. PINARIVS

VI, 342                  MALEDICVS MALE AVDIT                 (M. Pinarius) [57]

75   *M. Seruilius dissuasurus legem,* quam *ferebat* Marcus Pinarius, *„Dic mihi, Marce*
     *Pinari",* inquit, *„si contra te dixero, num mihi maledicturus es, vt caeteris* soles?". *„Vt*
     *sementem",* inquit Pinarius, *„feceris, ita et metes",* per allegoriam minitans illum male
     auditurum, si malediceret.

## SERVILIVS GALBA [i.e. SERVIVS SVLPICIVS GALBA]

80  VI, 343                    RETORTVM CONVICIVM   (Seruilius Galba, i.e. Seruius
                                                         Sulpicius Galba) [58]

    *Libo* quum *Seruilio* [i.e. Seruio] *Galbae dixisset, „Quando tandem, Galba, exibis de*
    *triclinio tuo?",* mox audiit, *„Quum tu de cubiculo alieno".* Libo notauit Galbam,
    quod L. Scribonio tribuno plebis iudices ferret familiares suos et conuiuiis corruptos.
85  Galba vicissim illum notauit adulterii.

---

82  Seruilio *A-C: scribendum erat* Sergio *ut in De*
    *or. edd. vett. sive* Seruio *ut in De or. texto recept.*

**M. Pinarius Rusca,** Antragsteller der *Lex anna-*
*lis* bei Cic. *De or.* II, 261. Die *Lex anna-*
*lis* regulierte die Reihenfolge, das Mindestal-
ter und die Mindestintervalle der kurulischen
Ämter. Diese Fragen wurden durch einen von
dem Volkstribunen L. Villius eingebrachten
und ratifizierten Gesetzesentwurf, die *Lex Vil-*
*lia annalis* aus d.J. 180 v. Chr., geklärt. Dazu
vgl. Th. Mommsen, *Römisches Staatsrecht,* Bd.
I, 2. Aufl., Leipzig 1876, S. 531–532; das Verhältnis zwischen der *Lex Villia annalis* und jener
des Pinarius Rusca ist nicht ganz klar (vgl.
Komm. Leeman-Pinkster-Rabbie II, S. 286).
Der an dieser Stelle genannte M. Pinarius
Rusca ist wahrscheinlich der Praetor d.J. 181
v. Chr., so nach den Angaben von F. Münzer, *RE* XX, 2 (1950), Sp. 1404, s.v. „Pinarius", Nr. 21, und K.-L. Elvers, *DNP* 9 (2000),
Sp. 1027, s.v. „Pinarius", Nr. I, 7. Das *cogno-*
*men* „Rusca" ist nicht völlig gesichert. Liv. XL,
18, 2 überliefert es als „Pusca"; K.-L. Elvers
a.a.O. gibt „Posca" als *cognomen* an. Nach
Elvers soll Marcus Pinarius die Eingabe der
*Lex annalis* i.J. seiner Prätur, also 181 v. Chr.,
gemacht haben. Nicht identifiziert in *CWE* 38,
S. 692.

73  *M. PINARIVS* Im Index personarum wird
    der Spruch fälschlich dem M. Seruilius zuge-
    schrieben.
*Apophth.* VI, 342 ist ein Gegenstück zu *Adag.*
    778 „Vt sementem feceris, ita et metes" (*ASD*
    II, 2, S. 297–298) und *Coll.* 84 „Malam mes-
    sem facere". Er. konstruierte *Adag.* 778 auf-
    grund der auch hier zitierte Stelle Cic. *De or.* II,
    261: „Elegantissima metaphora dixit Cicero: *Vt*
    *sementem feceris, ita et metes,* id est, reportabis
    praemium tuis factis dignum. … Haec meta-
    phora communis est etiam sacris literis: Qui
    *seminant in lachrymis, in exultatione metent.* Et
    diuus Paulus: *Qui seminat in carne, de carne*
    *metet corruptionem. Qui seminat in spiritu, de*
    *spiritu metet vitam aeternam …".* Mit dem
    Titel von VI, 342, „Maledicus male audit",
    schuf Er. ein verwandtes Sprichwort, welches
    jedoch statt von der Metapher vom konkreten
    Fall ausgeht.
75  *M. Seruilius* **M. Servilius Pulex Geminus,**
    Konsul d.J. 202 v. Chr., Politiker und General,
    als Redner war er für seine Vorliebe für das
    Pathos bekannt. Vgl. A. Stein, *RE* II, A2
    (1923) 1805–1807 s.v. „Servilius", Nr. 78. Nicht
    identifiziert in *CWE* 38, S. 692.

75–77  *M. Seruilius dissuasurus … metes*  Cic. *De or.* II, 261: „Ex inmutatione, vt olim Rusca, cum legem ferret annalem, dissuasor M. Seruilius ‚Dic mihi‘, inquit, ‚M. Pinari (Pinnari *pars edd. vett.*), num, si contra te dixero, mihi male dicturus es, vt ceteris fecisti?‘, ‚Vt sementem feceris, ita metes‘, inquit".

76–77  *Vt sementem … metes*  = Titel von *Adag.* 778 (*ASD* II, 2, S. 297).

77  *et*  „et" steht nicht in Cic. *De or.* II, 261, sondern ist ein Zusatz von Er., den er schon im Titel seines *Adag.* 778 angebracht hatte, hier somit als zitierter Text zu werten.

77  *per allegoriam*  Vgl. *Adag.* 778 (*ASD* II, 2, S. 297) „elegantissima metaphora".

*Seruilius Galba*  Nach dem Index personarum wird *Apophth.* VI, 343 dem „Libo" zugeschrieben; da es, wie der Titel angibt, um eine ‚Retourkutsche‘ geht, ist der eigentliche Apophthegma-Spender jedoch Servius Sulpicius Galba, dessen Namen Er. freilich fälschlich mit „Seruilius Galba" angibt. Seinen Kontrahenten nennt Er. nur „Libo", während Cicero an der nämlichen Stelle seinen kompletten Namen anführt. Jedoch verstand Er. die Namensnennung nicht richtig: Er verkehrte in der irrigen Meinung, daß „Libo" und der „Volkstribun L. Scribonius" zwei verschiedene Personen wären.

*Apophth.* VI, 343 ist d.J. 149 v. Chr. zuzuordnen, als der Volkstribun L. Scribonius Libo, unterstützt von Cato d.Ä., versuchte, den ehemaligen Statthalter der Provinz Hispania citerior, Servius Sulpicius Galba, wegen der Kriegsverbrechen, die er im vorhergehenden Jahr an den Lusitanern begangen hatte, zu belangen. Als Sulpicius Anfang 150 Lusitanien verheerte, schickten die Lusitaner eine Gesandtschaft zu dem Praetor mit dem Angebot, sich bei entsprechender schonender Behandlung freiwillig zu unterwerfen. Sulpicius Galba nahm ihr Angebot an, konkretisierte die Bedingungen und versprach, ihnen Land zuzuweisen. Sie sollten sich an drei verschiedenen Orten einfinden und dort die Waffen niederlegen. Als dies geschehen war, liess Galba jedoch die wehrlosen Lusitaner niedermetzeln und den Rest in die Sklaverei verkaufen, wobei er den Ertrag in die eigene Tasche steckte, wie er sich auch sonst die Kriegsbeute zueignete. Libo stellte den Antrag, die von Galba in die Sklaverei verkauften Lusitaner freizukaufen und den Völkerrechtsbruch des Ex-Prätors vor einem neu zu konstituierenden Strafgerichtshof zu ahnden. In den diesbezüglichen Debatten wurde eine Reihe von Reden

gehalten, von Scribonius Libo, von Cethegus, der Libos Antrag unterstützte, des weiteren eine von Cato d.Ä., der diese in seinen *Origines* publizierte, eine von Galbas Verteidiger Q. Fulvius Nobilior sowie drei von Sulpicius Galba selbst, die dieser ebenfalls herausgab. Es gab i.J. 149 v. Chr. noch keinen Gerichtshof, der sich mit derartigen Fragen beschäftigte; aus dem Apophthegma wäre zu schliessen, daß Galba als Richter, die beurteilen sollten, ob ein diesbezüglicher Prozess stattzufinden habe, Personen vorschlug, die Scribonius Libo als seine Freunde entlarvte oder mindestens hinstellte. So ist die Frage zu verstehen „Wann endlich, Galba, wirst du von deinen Saufkumpanen Abschied nehmen?".

82–83  *Libo … alieno*  Cic. *De or.* II, 263: „… vt Seruius (Sergius *edd. vett.*) ille Galba, cum iudices L. Scribonio tribuno plebis ferret familiaris suos et dixisset Libo ‚Quando tandem, Galba, de triclinio tuo exibis?‘, ‚Cum tu‘, inquit, ‚de cubiculo alieno‘". Vgl. Komm. Leeman-Pinkster-Rabbie II, S. 288–289.

82  *Libo*  Zu dem Volkstribunen **Lucius Scribonius Libo** vgl. K.-L. Elvers, *DNP* II (2001), Sp. 303, s.v. „Scribonius", Nr. I, 6; F. Münzer, *RE* II, A1 (1921), Sp. 881, s.v. „Scribonius", Nr. 18.

82  *Seruilio*  Hier ist Er. ein Textübernahmefehler unterlaufen, der möglicherweise mit dem im vorhergehenden Apophthegma genannten „M. Seruilius" zusammenhängt.

82  *Seruilio Galbae*  Servius Sulpicius Galba, 144 v. Chr. Konsul; galt als einer der besten Redner seiner Zeit. Vgl. T. Schmitt, *DNP* II (2001), Sp. 303, s.v. „Sulpicius", Nr. I, 10; F. Münzer, *RE* IV, A1 (1931), Sp. 759–767, s.v. „Sulpicius", Nr. 58; W. Suerbaum, „Ser. Sulpicius Galba", in: ders. (Hrsg.), *Die archaische Literatur. Von den Anfängen bis Sullas Tod* (= *Handbuch der lateinischen Literatur der Antike*, Bd. 1), München 2002, S. 494–496.

83–84  *Libo … plebis*  Aus Er.' Erklärung („Libo notauit Galbam, quod L. Scribonio tribuno plebis …") geht hervor, daß er in der irrigen Meinung verkehrte, „Libo" und „Lucius Scribonius" seien zwei verschiedene Personen. Der vollständige Name Libos lautet „Lucius Scribonius Libo".

84  *iudices ferret*  „iudices ferre" = „als Richter vorschlagen". Vgl. Komm. Leeman-Pinkster-Rabbie II, S. 289.

84  *et conuiuiis corruptos*  In diesem Teil („et conuiuiis corruptos") verleiht Er. seiner Erklärung des Spruches eine christlich-asketische Färbung. Scribonius Libo wollte nicht behaupten, daß durch die Gastgelage die Sit-

# GLAVCIAS [i.e. GLAVCIA]

VI, 344                                              (C. Seruilius Glaucia, 2) [59]

Celebratur et *Glauciae* dictum in *Metellum*, „*Villam habes in Tiburte, cortem in Palatio*". At cors villae solet esse contigua. Notauit autem illum, quod multos sibi
90 cibo largitionibusque deuinxerit, quod idem aliis verbis Libo obiecit Galbae. In corte aluntur animalia domestica.

---

86  Glaucias *secundum ind. pers. scribendum erat*      89  Palatio *scripsi cum LB*: palatio *A-C*.
    Glaucia.                                             90  deuinxerit *BAS LB*: deuinciret *A-C*.
88  Tiburte *A-C ut in De or. edd. vett*.: Tiburti *De
    or. text. recept.*

---

ten der Leute, die Galba vorschlug, verdorben wären, sondern lediglich, daß es sich um seine engen Freunde handelte.

86  *GLAVCIAS*  Der Index personarum gibt als Nominativform des Namens „Glaucias" statt „Glaucia", wie u.a. die von Er. zitierte Stelle Cic. *De or.* II, 263 ausweist.

*Apophth.* VI, 344, Das Apophthegma spiegelt die Auseinandersetzungen zwischen dem radikalen popularen Politiker **C. Servilius Glaucia** (ca. 145–100 v. Chr.; 101 Volkstribun, 100 Prätor) und den *nobiles* bzw. dem konservativen Teil des Senats. Der im *Apophth.* genannte Kontrahent, Q. Caecilius Metellus Numidicus, der Konsul d.J. 109 v. Chr., war einer dieser *nobiles*. Während seiner Amtsperiode als Censor hatte er versucht, Glaucia und den mit ihm kooperierenden radikalen Popularpolitiker L. Appuleius Saturninus aus dem Senat zu stossen. Dieser Versuch misslang, weil sich Metellus' Amtskollege widersetzte. Dadurch stand der Weg für Glaucia offen, der sich noch im selben Jahr um das Amt des Volkstribunen für 101 erfolgreich bewarb. 101 gelang es ihm, unterstützt durch Saturninus, eine Reihe von Gesetzesänderungen gegen den Senat durchzusetzen. Im J. 100 nahmen Glaucia und Saturninus Rache an Metellus; die Auseinandersetzungen zwischen den *nobiles* und den radikalen Popularen eskalierten: Am 10.12. wurde Appuleius Saturninus erneut zum Volkstribunen gewählt, Glaucia bewarb sich für das Konsulat (was ungesetzlich war) und setzte seine Kandidatur mit Gewalt durch: Den Gegenkandidaten Gaius Memmius ließ er von Handlangern töten. Daraufhin verfügte der Senat das *consultum ultimum* – Glaucia, Saturninus und manche ihrer Anhänger

fanden den Tod. Vgl. K.-L. Elvers, *DNP* 11 (2001), Sp. 467, s.v. „Servilius", Nr. I, 22; F. Münzer, *RE* II, A2 (1923), Sp. 1796–1798, s.v. „Servilius", Nr. 65; F.W. Robinson, *Marius, Saturninus und Glaucia*, Jena 1912. Er. hatte bereits oben VI, 208 einen Spruch des Glaucia gebracht, diesen jedoch fälschlich einem anonymen Sprecher („quidam") zugeschrieben. Glaucia nicht identifiziert in *CWE* 38, S. 692.

88–89  *Glauciae … Palatio* Cic. *De or.* II, 263: „A quo genere ne illud quidem plurimum distat, quod Glaucia Metello: ‚Villam in Tiburti (Tyburte *plures edd. vett.*) habes, cohortem (cortem *edd. vett.*) in Palatio'".

88  *Metellum* Q. Caecilius Metellus Numidicus (um 155–91 v. Chr.), röm. *nobilis* und konservativer Politiker, Feldherr, Führer der Optimatenpartei. 109 Konsul, 108 Prokonsul, 102 Censor; besiegte Iugurtha, eroberte Thalas (108); aufgrund seiner milit. Leistungen in Numidien erhielt er den Triumphatornamen „Numidicus". Bekämpfte die Popularen Glaucia und Saturninus, die sich i.J. 100 rächten, indem sie mit Erfolg die Verbannung des Metellus durchsetzten. Vgl. K.-L. Elvers, *DNP* 2 (1996), Sp. 890, s.v. „Caecilius", Nr. I, 30; F. Münzer, *RE* III, 1 (1897), Sp. 1218–1221, s.v. „Caecilius", Nr. 97. Nicht identifiziert in *CWE* 38, S. 692.

88  *Tiburte* Tibur war ein Lustort in der Umgebung Roms, wo die Reichen und Mächtigen ihre Villen hatten. Die Villa, die Metellus Numidicus in Tibur besass, war für ihre prächtige Ausstattung berühmt. Sein Sohn Q. Metellus Pius erbte sie, in der Folge dessen Adoptivsohn Q. Metellus Scipio. Später war sie das Eigentum des Triumvirn Mar-

cus Antonius. Vgl. Komm. Leeman-Pinkster-Rabbie II, S. 290.

88 *cortem* „cortem" = „cohortem" in der doppelten Bedeutung von „Hof einer Villa" und dem dort wohnhaften „Hofgesinde" (vgl. *DNG* I, Sp. 969–970, s.v. „cohors"), wobei Glaucia seinem Gegner dessen zahlreiches Hofgesinde ankreidete, wie es bei reichen und mächtigen röm. Villenbesitzern gang und gebe war (ca. 30–120 Personen, mehrheitlich Sklaven). Dabei kritisiert Glaucia die als absurd empfundene Sachlage, daß das Gesinde (Dienstpersonal) eines Stadthauses den Umfang eines Villengesindes hat. Der *popularis* Servilius Glauca wirft dem reichen *nobilis* Metellus Numidicus dessen überzogenen, protzig-luxuriösen Lebensstil vor. Wie die Erklärung des Er. zeigt, hat er weder die Doppelbedeutung von „cors" noch die Zielrichtung von Glaucias bösartiger Bemerkung verstanden.

89 *Palatio* „Palatio" bezeichnet einen Eigennamen: Gemeint ist das *Palatium*, der Palatin, der an das Forum grenzte und der in der Römischen Republik das prestigeträchtigste Wohnviertel der Stadt war, der Ort, an dem die *nobiles* bzw. die Angehörigen der ältesten und edelsten Familien wohnten. In den Baseldrucken wird „palatium" einhellig kleingeschrieben: Er. fasste es offensichtlich als Bezeichnung für „Palast" auf.

89 *At cors … contigua* Wie dieser Teil der Erklärung zeigt, hat Er. „cors" einfach lokal, als Hof eines römischen Landwirtschaftsbetriebes, aufgefasst.

89 *Notauit* In der Erklärung des Er. soll der Vorwurf sich darauf beziehen, daß Metellus Numidicus über euergetische Speisungen in seinem Stadtpalast römische Bürger an sich gebunden habe („cibo largitionibus deuinxerit"). Dies ist nicht richtig: Öffentliche Abspeisungen, Bankette oder Verteilungen von Nahrungsmitteln fanden niemals in den Privathäusern oder Palästen der Euergeten statt, sondern an öffentlichen Örtern. Für diese Abspeisungen, Verteilung von Nahrungsmitteln u.Ä. vgl. oben Komm. zu VI, 276 „largitio".

90 *quod idem aliis verbis Libo obiecit Galbae* Auch dieser Zusammenhang, den Er. mit dem vorhergegangenen Apophthegma herstellt, ist nicht richtig: Der Volkstribun **L. Scribonius Libo** hatte dem früheren Statthalter von Hispania citerior, Seruius Sulpicius Galba, nicht vorgeworfen, daß er massenhafte Abspeisungen, Nahrungsmittelverteilungen oder ähnliche *largitiones* in seinem Hause vorgenommen habe, sondern daß er seine persönlichen Freunde als Richter in einer Angelegenheit vorschlug, die ihn selbst betraf.

90–91 *corte … domestica* Er. faßt „cors" einseitig als „Hof" eines röm. Landwirtschaftsbetriebes auf, den er sich offensichtlich so vorstellte wie jenen eines Bauernhofs des 16. Jh., auf dem Hühner, Enten, Schweine und anderes Vieh herumliefen. Er war anscheinend nicht klar, daß die prunkvollen römischen Villen in Tibur (heute: Tivoli), nichts mit Bauernhöfen gemeinsam hatten. Tibur war ein idyllischer Lustort, der, an einem Hügelrücken gelegen, eine wunderbare Aussicht in Richtung der Stadt Rom bot, sowie Erholung in schattiger Kühle während der Sommermonate, in denen die Hitze in Rom unerträglich wurde. Die Villen dieser Art hatten zwar einen Innenhof (*atrium*), jedoch diente dieser keineswegs der Viehhaltung, sondern wurde zu einem angenehmen Aufenthalt im kühlen Schatten in der zum Atrium gehörigen Säulenhalle genutzt.

## MARCVS ANTONIVS ORATOR

VI, 345                        Iocvs e fabvla        (Marcus Antonius Orator, 1)
                                                                            [60]

95    Quum Sextus *Titius se Cassandram esse diceret,* ob coniecturam opinor, [B] quod illa
      esset fatidica, [A] *„Multos",* inquit Antonius, *„poss*es *Aiaces tuos Oileos nominare",*
      notans illius impudicitiam. Nam Aiax Cassandram de templo Palladis raptam vi
      constuprauit.


## TESTIS QVIDAM GALLVS

100  VI, 346                    Correctvm in peivs     (Anonymus testis Gallus)
                                                                            [61]

*Quum Gallus,* qui *testi*monium ferebat contra *Pisonem, dixisset innumerabilem pecu-*
*niam Magio praefecto datam idque Scaurus tenuitate Magii redargueret, „Erras",* inquit,
*„Scaure; ego enim Magium non conseruasse* [sc. pecuniam] *dico, sed tanquam nudus*
105  *nuces legeret, in ventrem abstulisse".* Correxit sermonem suum Gallus, sed ita, vt cri-
      mini corruptelae crimen adderet luxus.


## M. CICERO M. TVLLII PATER [i.e. AVVS]

VI, 347                        Graecorvm mores         (M. Cicero M. Tullii pater,
                                                                i.e. auus) [62]

110  *Marcus Cicero,* Marci Tullii *pater* [i.e. auus] dicebat Italos *similes esse Syrorum vena-*
      *lium,* quorum *vt quisque sciret optime Graece, ita esse nequissimum,* sentiens vna cum

---

95–96  quod … fatidica *B C: desunt in A.*        96  Aiaces tuos Oileos *A-C: scribendum erat* tuos
                                                        Aiaces Oileos.

**M. Antonius orator** (geb. 143 v. Chr.), Konsul        Chr., in dem Sextus Titius Volkstribun war
  99, Censor 97. Antonius galt neben L. Licinius         und in Streit mit dem amtierenden Konsul
  Crassus als größter Redner Roms (Quint. *Inst.*        M. Antonius geriet.
  II, 17, 6). Vgl. K.-L. Elvers, *DNP* I (1996), Sp.    95  *Sextus Titius* **Sextus Titius,** 99 v. Chr. Volk-
  810, s.v. „Antonius", Nr. I, 7; P. Groebe, *RE* I, 2    tribun, Freund und Nachfolger des L. Appu-
  (1894), Sp. 2590–2594, s.v. „Antonius", Nr. 28.        leius Saturninus, dessen Werk er dadurch fort-
  Nicht identifiziert in *CWE* 38, S. 692.                setzte, daß er erneut ein Ackergesetz bean-
92  *MARCVS ANTONIVS ORATOR* Im Index                    tragte und in Konflikt mit dem Senat und
  personarum wird zu Unrecht Sextus Titius als           den Konsuln geriet. Vgl. F. Münzer, *RE* VI,
  Spruchspender angegeben.                               A2 (1937), Sp. 1563–1565, s.v. „Titius", Nr. 23;
*Apophth.* VI, 345 datiert auf das Jahr 99 v.            K.-L. Elvers, *DNP* 12.1 (2002), Sp. 631, s.v.

„Titius", Nr. I, 6. Nicht identifiziert in *CWE*
38, S. 692.

95–96 *Titius … nominare*  Wörtliche, jedoch
durch einen Wortfolgefehler getrübte Wiedergabe von Cic. *De or.* II, 265: „Trahitur etiam
aliquid ex historia: vt cum Titius se Cassandram esse diceret, ‚Multos‘, inquit Antonius,
‚possum tuos Aiaces Oileos nominare‘ ".

96 *Aiaces*  Der griech. Held Aiax, Sohn des
Oileus, soll die Seherin Kassandra, eine leibliche Tochter des trojanischen Königs Priamos, aus dem Tempel der Athena geraubt und
vergewaltigt haben. Diese Geschichte wurde
dem Mythos erst in hellenistischer Zeit hinzugefügt; u. a. taucht sie in Vergils *Aeneis* auf,
II, 403–406: „Ecce trahebatur passis Priameia
virgo/ Crinibus a templo Cassandra adytis-
que Mineruae/ Ad caelum tendens ardentia
lumina frustra,/ Lumina, nam teneras arce-
bant vincula palmas"; vgl. *CWE* 38, S. 693.

96 *Aiaces tuos Oileos*  Er. ist hier ein Textübertragungsfehler unterlaufen, wodurch der Sinn
des Spruches getrübt wird.

102–105 *Quum … abstulisse*  Cic. *De or.* II, 265:
„Conlationis ⟨est⟩ (collationem *edd. vett.*), vt
ille Gallus olim testis in Pisonem, cum innumerabilem Magio praefecto pecuniam dixisset
datam, idque Scaurus tenuitate Magi (Magii
*quaedam edd. vett.*) redargueret, ‚Erras‘, inquit,
‚Scaure; ego enim Magium non conseruasse
dico, sed tamquam nudus nuces legeret, in
ventre (ventrem *edd. vett.*) abstulisse‘ ".

102 *Gallus*  „Gallus", ein gallischer Zeuge in
dem Prozess gegen L. Piso Caesoninus. Vgl.
F. Münzer, *RE* XIV, 1 (1928), Sp. 438, s.v.
„Magius", Nr. 1.

102 *Pisonem*  Nach Komm. Leeman-Pinkster-
Rabbie II, S. 293 wohl L. Calpurnius Piso
Caesoninus (gest. 107 v. Chr.), der nach seiner Statthalterschaft in Gallien (112) angeklagt und von M. Aemilius Scaurus verteidigt
wurde. Vgl. F. Münzer, *RE* S I (1903), Sp. 271,
s.v. „Calpurnius"; *RE* XIV, 1 (1930), Sp. 438,
s.v. „Magius", Nr. 1.

103 *Magio*  Dieser Magius ist sonst unbekannt.

103 *Scaurus*  **M. Aemilius Scaurus** (geb. 163/2 v.
Chr.), Ädil 122, Prätor 119, Konsul 115; avan-
cierte in der nachgracchischen Zeit zu einem
der einflussreichsten römischen Politiker. Vgl.
K.-L. Elvers, *DNP* 1 (1996/9), Sp. 182–183, s.v.
„Aemilius", Nr. I, 37; E. Klebs, *RE* I, 1 (1893),
Sp. 584–588, s.v. „Aemilius", Nr. 140. Nicht
identifiziert in *CWE* 38, S. 692.

103 *tenuitate*  „tenuitas" = Armut, vgl. Komm.
Leeman-Pinkster-Rabbie II, S. 293.

107  *M. CICERO M. TVLLII PATER*  In dieser

Form wird der Name im Index personarum
angegeben. Es handelt sich jedoch um **Ciceros
Großvater**, s. Komm. unten.

110–111 *Marcus Cicero … nequissimum*  Cic. *De
or.* II, 265: „Vt illud M. Cicero senex, huius viri
optimi nostri familiaris pater, nostros homines
similes esse Syrorum venalium: vt quisque
optime Graece sciret, ita esse nequissimum".

110 *Marci Tullii pater*  Die Angabe des Er. ist
unrichtig: Er. hat nicht verstanden, was mit
„huius viri optimi nostri familiaris" gemeint
ist: Dies ist der Vater des berühmten Cicero,
nicht, wie Er. dachte, Cicero selbst. Der
„pater" von Ciceros Vater, somit sein Großvater, hieß ebenfalls M. Tullius Cicero (ca. 150–
ca. 80 v. Chr.) und war ein röm. Ritter aus
Arpinum, nach Münzer „ein Mann von altem
Schrot und Korn". Sein Enkel, der berühmte
Cicero, charakterisierte ihn in seinem Traktat
*De legibus* als bescheiden und bildungsskep-
tisch, was sich mit dem in *De oratore* überlieferten Ausspruch reimt, der in seiner morali-
stischen Orientierung an Cato d.Ä. erinnert.
Die Nähe des Apophthegmas zu Cato d. Ä.
wurde bereits von den frühen Kommentatoren
wie Orsini und Turnebus festgestellt; Orsini
schlug sogar den textkritischen Eingriff vor,
„Cicero" durch „Cato" zu ersetzen. Zu Ciceros
Großvater vgl. K.-L. Elvers, *DNP* 12.1 (2002),
Sp. 902, s.v. „Tullius", Nr. I, 7; F. Münzer,
*RE* VII.A1 (1948), Sp. 824, s.v. „Tullius", Nr.
27; Leeman-Pinkster-Rabbie II, S. 294. Nicht
richtig identifiziert in *CWE* 38, S. 693.

110 *Italos*  „Italos" hat Ciceros Großvater nicht
gesagt; er bezog den Spruch auf seine Kom-
patrioten („nostros homines"), d.h. auf die
Römer bzw. die römischen Bürger, „Romanos". Die meisten italischen Stämme besassen im 2. Jh. v. Chr. noch nicht das römische Bürgerrecht; das gilt auch noch für d.J. 91
v. Chr., als der Bundesgenossenkrieg ausbrach
und sich die italischen Stämme südl. (Samniten), nördl. und östlich der Stadt Rom (Mar-
ser) zusammenschlossen und sogar eine Republik mit einem eigenen Senat gründeten. Die
italischen Stämme gingen aus dem Bundesgenossenkrieg als Sieger hervor, die Römer wurden gezwungen ihnen durch die Lex Plautia
Papiria aus d.J. 89 v. Chr. sämtlich das römische Bürgerrecht zu verleihen.

110–111 *Syrorum venalium*  Es gab im 2. Jh. v.
Chr. bereits zahlreiche Sklaven syrischer Herkunft in Rom, der Sklavenname „Syrus" war
weit verbreitet. Vgl. F. Münzer, *RE* IV.A (1932),
Sp. 1829, s.v. „Syrus"; Leeman-Pinkster-Rabbie II, S. 294.

literis Graecorum mores ad Latinos demigrare. Vnde quod M. Tullius fuit iniquior Graecae nationi, propemodum videri possit illi fuisse haereditarium.

## QVIDAM [i.e. C. IVLIVS CAESAR STRABO]

115    VI, 348                          RIDICVLE              (Anonymus, i.e. C. Iulius
                                                              Caesar Strabo, 3) [63]

*Testio* [i.e. testi] *Penario* [i.e. Pinario] mos erat *in dicendo mentum intorquere*. Is quum aduersarium vrgeret, *vt diceret, si quid vellet*, „Dicam", inquit, *„si nucem fregeris"*.

## VESPASIANI SCVRRA

120    VI, 349                          IOCVS EX SPECIE CORPORIS     (scurra Vespasiani, ) [64]

Huic simillimum est, quod de Vespasiano patre narrat Suetonius. Quum scurram multa in alios iacientem prouocasset, *vt in se* quoque *diceret aliquid*, *„Dicam"*, inquit, „vbi *ventrem exonerare desieris"*, alludens ad formam Caesaris, qui faciem habebat *nitentis*. In cuiusmodi hominem iocus extat Martialis,

125         „*Vtere lactucis* ac *mollibus vtere maluis*,
            *Nam faciem durum, Phoebe, cacantis habes"*.

---

121  Vespasiano *C*: Tito *A B*.                    126  durum *A B err. C*: duram *C LB*.

112–113  *Vnde quod M. Tullius fuit iniquior Grae-*       tore als Dialogperson das Wort und zitiert hier
cae nationi ... *prope haereditarium*  Die Erklä-        einen Witz, den er (= der historische Caesar
rung des Er., daß sich aus diesem Vorurteil              Strabo) in einer Prozessrede unlängst gemacht
die Abneigung des berühmten Cicero gegen                hatte. Ein ganz ähnliches Mißverständnis war
die Griechen erkläre, ist kurios. Das genaue             Er. in VI, 330 unterlaufen, wo er angab, daß
Gegenteil ist wahr: Cicero hat die griechi-              Crassus der Sprecher der betreffenden Stelle
sche Kultur und Literatur umfassend in sich             in Ciceros *De oratore* wäre, während es sich
aufgenommen; jahrelang Rhetorikunterricht               tatsächlich um Caesar Strabo handelt (vgl.
bei griechischen Rhetorikern bezogen, war zu            oben Komm. ad loc.). VI, 348 ist bereits der
Bildungszwecken nach Griechenland gereist               dritte Spruch, der Iulius Caesar Strabo zuge-
und hat sich dort lange aufgehalten, unterhielt         hört (vgl. VI, 191 als „C. Iulius" und VI, 330 als
in Rom einen griechischen Hausphilosophen,              „L. Crassus orator"). Zu Iulius Caesar Strabo
nicht zuletzt: Cicero vermittelte in seinen             vgl. Komm. oben zu VI, 191; E. Diehl, *RE* X,
innovativen Dialogen dem röm. Publikum die              1 (1918), Sp. 428–431, s.v. „Iulius (Caesar)", Nr.
griechische Philosophie und Rhetorik.                   135 und K.-L. Elvers, *DNP* 6 (1999), Sp. 21–22,
114  *QVIDAM*  Er. hat nicht verstanden, daß der        s.v. „Iulius", Nr. I, 11.
Sprecher und der Apophthegma-Spender des          117–118  *Testio ... fregeris*  Verdrehte, durch die
*Apophth.* VI, 348 der Politiker C. Iulius Caesar       falsche Zuordnung eines Spruchteiles ent-
Strabo (ca. 130–87 v. Chr.) ist. Dieser führt in        stellte Wiedergabe von Cic. *De or.* II, 266:
der nämlichen Textpassage von Ciceros *De ora-*         „Valde autem ridentur etiam imagines, quae

fere in deformitatem aut in aliquod vitium corporis ducuntur cum similitudine turpioris: … vt cum testi (testi *coni. Pearce, text. recept.*: Testio *edd. vett.*: Sestio *cod. L*) Pinario (Pinario *Ursinus, text. recept.*: Penario, Peuario, Pauario, Paeuario *edd. vett.*) mentum in dicendo intorquenti tum, vt diceret, si quid vellet, si nucem fregisset". Er. schrieb einen Teil der indirekten Rede zu Unrecht dem Pinarius zu, während beide Teile dem einzigen Spruchspender dieses Apophthegmas, Iulius Caesar Strabo, zugehören. Dieser macht den Zeugen der Gegenpartei (oder ev. Kontrahenten) lächerlich, der ein ‚fliehendes', quasi zurückgezogenes Kinn hatte, was vom Bild her an den Kopf eines Eichhörnchens erinnerte. Caesar Strabo sagte: „Sage doch, was du zu sagen hast – wenn du wenigstens die Nuss geknackt hast".

117 *Testio Penario* Der Name ist handschriftlich und in den frühen Ausgaben unsicher überliefert (Penario, Peuario, Pauario, Paeuario). Nach Fulvio Orsinis Korrektur dürfte klar sein, daß das richtige *nomen gentile* „Pinario" lautet. Für die röm. *gens Pinaria* vgl. *DNP* 9 (2000), Sp. 1026–1028, s.v. „Pinarius". Eine gens Penaria, Peuaria, Pauaria oder Paeuaria gab es nicht. Es handelt sich also um eine der *gens Pinaria* zugehörige männliche Person, einen Zeitgenossen des Caesar Strabo, der in einem weiter unbekannten Prozess in irgendeiner Form auf Seiten der Prozessgegner Strabos agierte, sei es als Zeuge oder als Anwalt. Dafür kommt das Zeitfenster 105–87 v. Chr. in Frage. Unter den republikanischen Mitgliedern der Familie *Pinaria*, die in *DNP* vermeldet werden, findet sich kein einziger, der mit dem hier genannten „Pinarius" identifiziert werden könnte. Das überlieferte „Testius" kommt als *cognomen* der Familie Pinaria nicht vor; Pearces Konjektur „testi" hat sich im modernen *textus receptus* durchgesetzt. Vgl. Leeman-Pinkster-Rabbie II, S. 297.

117–118 *Is quum aduersarium vrgeret … Dicam* „Is quum aduersarium vrgeret" ist dem Mißverständnis des Apophthegmas von Seiten des Er. geschuldet und hat kein Äquivalent im Quellentext. Die Worte „vt diceret, si quid vellet" sind nicht an die Adresse des Apophthegma-Spenders gerichtet. Ebenso ist „dicam" der Phantasie des Er. entsprungen.

119 *QVIDAM SCVRRA* Im Index personarum Kaiser Vespasian zugeschrieben.

120 *Iocus exspecie corporis* Der Witz bezieht sich auf den Gesichtsausdruck des Kaisers Vespasian mit den charakteristischen zusammengepressten Lippen.

121 *Vespasiano* Für Kaiser **Titus Flavius Vespasianus** (reg. 69–79) vgl. oben Komm. zu VI, 67. Er hatte ihm im selben Buch eine Sektion von Sprüchen gewidmet (VI, 67–83); in VI, 349 ist er nicht der Apophthegma-Spender, sondern die Zielscheibe des Witzes. In *A* und *B* schrieb Er. das weniger geläufige „Tito patre".

121 *Vespasiano patre* Die Namensform „Vespasianus pater" scheint so auch im Index personarum auf sowie in der Überschrift der Kaiser Vespasian gewidmeten Sektion in *Apophth.* VI, 67–83.

121–124 *Quum scurram … nitentis* Im einleitenden Teil paraphrasierende, im Spruchteil wörtliche Wiedergabe von Suet. *Vesp.* 20: „Statura fuit quadrata, compactis firmisque membris, vultu veluti nitentis: de quo (vnde *ed. Erasm. 1518 et 1533*) quidam vrbanorum non infacete, siquidem petenti, vt et in se aliquid diceret: ‚Dicam', inquit, ‚cum ventrem exonerare desieris'.

125–126 *Vtere … habes* **Martial**. III, 89.

125 *lactucis* Lattich (*latuca*, Kopfsalat) galt in der Antike als verdauungsfördernd. Vgl. Plin. *Nat.* XX, 64: Lattich soll „den Magen reinigen …, Blähungen vertreiben, das Aufstoßen lindern und die Verdauung unterstützen, ohne selbst jemals den Magen zu überlasten".

125 *maluis* Malven wurden in der Antike u. a. als Abführmittel verwendet. Zur Anwendung von Malven vgl. Plin. *Nat.* XX, 222–230; eine Gattung der Malven wurde nach Plin. nach dem Griechischen „malachen", „die weiche" genannt, „weil sie den Leib erweiche" (222: „alteram (sc. maluam) ab emolliendo ventre dictam putant malachen"); diese Art Malven hat Martial in vorl. Epigramm vor Augen, da er sie „molles" nennt. Wie Plin. weiter ausführt, sollen „Malven bei Stuhlzwang … als Einlauf, ebenso als warmer Umschlag", benutzt werden, und soll „der Saft der Malven gegen Steinleiden, Blähungen, Leibschmerzen … helfen" (XX, 227).

126 *durum* „duram" in *C* ist entweder ein mißlungener Textverbesserungsversuch oder ein Druckfehler; „durum" (mit „cacantis" zu konstruieren) ist der richtige Text. Das falsche „duram" wurde von *BAS* verbessert, jedoch übernahm es *LB* zu Unrecht wieder.

## C. FABRITIVS

VI, 350                          Compilari, venire                          (C. Fabritius, 7) [65]

*C. Fabritius P. Cornelium hominem, vt* putabatur, *auarum et furacem, sed egregie for-*
130 *tem ac bonum imperatorem, suo suffragio fecerat consulem.* Huic quum Cornelius ex
more *gratias ageret,* quod immemor simultatis ipsum *fecisset consulem, bello praeser-*
*tim magno et graui, „Nihil est", inquit, „quod mihi gratias agas, si malui compilari quam*
*venire".* Compilamur furto, veneunt bello capti. Proinde inimico fauit, cuius dexteritate sperabat fore, ne Romani venirent in manus hostium.


135 SCAEVOLA [i.e. SCAEVOLA AVGVR]

VI, 351                          Fvrax magistratvs                          (Scaevola augur) [66]

*Scaeuola Septumuleio Anagnino, cui pro capite C. Gracchi aurum erat repensum, ro-*
*ganti, vt se in Asiam praefectum duceret, „Quid tibi vis", inquit, „insane? Tanta malorum*
*est multitudo ciuium, vt tibi hoc confirmem, si Romae manseris, te paucis annis ad maxi-*
140 *mas pecunias esse* peru*enturum".* Notauit auaritiam hominis, praefecturam non ob

---

129   Fabritius *A C*: Fabricius *B*.

127 *C. FABRITIVS* Zu dem bedeutenden röm.
General **Gaius Fabricius Luscinus**, der sich im
Krieg gegen Pyrrhos auszeichnete, vgl. oben
Komm. zu V, 265. Er. hatte ihm im fünften
Buch eine Sektion von Sprüchen gewidmet (V,
265–269).

129–133 *C. Fabritius … venire* Weitgehend
wörtliche, leicht variierende Wiedergabe von
Cic. *De or.* II, 268: „… vt cum C. Fabricio
P. Cornelius, homo, vt existimabatur, auarus
et furax, sed egregie fortis et bonus imperator, gratias ageret, quod se homo inimicus
consulem fecisset, bello praesertim magno et
graui: ‚nihil est, quod mihi gratias agas', inquit,
‚si malui compilari quam venire'". Das Element „suo suffragio" bezog Er. aus Quint. *Inst.*
XII, 1, 43: „Certe Fabricius Cornelium Rufi-
num, et alioqui malum ciuem et sibi inimicum, tamen, quia vtilem sciebat ducem, imminente bello palam consulem suffragio suo fecit
atque id mirantibus quibusdam respondit, a
ciue se spoliari malle quam ab hoste venire".
Die Anekdote findet sich auch bei Gell. IV,
8, 1–8. Der Spruch wird dort wie folgt zitiert:
„⟨‚Malo', inquit, ‚ciuis me⟩ compilet quam

hostis vendat'".

129 *P. Cornelium* **P. Cornelius Rufinus**, bedeutender General und Politiker des 3. Jh. v. Chr.;
Konsul 290 und 277, Dictator 285; beendete
gemeinsam mit seinem Kollegen M. Curius
Dentatus den Samnitenkrieg, wofür ihm ein
Triumph zuerkannt wurde; war jedoch wegen
seiner Habgier berüchtigt; i.J. 275 wurde er
deswegen vom Censor C. Fabricius Luscinus
aus dem Senat gestoßen (er soll 10 Pfund sil-
bernes Tafelgeschirr besessen haben). Vgl. K.-
L. Elvers, *DNP* 3 (1997/9), Sp. 176–177, s.v.
„Cornelius", Nr. I, 62; F. Münzer, *RE* IV, 1
(1900), Sp. 1422–1424, s.v. „Cornelius", Nr.
302.

135 *SCAEVOLA* Es ist unklar, als welche Person Er. den in VI, 351 auftretenden Scaevola
identifizierte (tatsächlich handelt es sich um
„den Augur", den Konsul d.J. 117 v. Chr.); es
scheint, daß er ihn mit dem „Q. Scaevola"
des nächstfolgenden Apophthegmas identifizierte (vgl. den Index personarum von *C*, der
eine einzige Person mit dem Namen „Q. Scaeuola Publii filius" angibt). Die beiden in VI,
351 und 352 figurierenden „Scaeuolae" tra-

gen zwar denselben Namen, nml. „Q. Mucius Scaeuola", jedoch handelt es sich um zwei verschiedene Personen. Der Scaevola von VI, 351 ist „der Augur" (der Konsul d.J. 117 v. Chr.), jener von VI, 352 „der Pontifex" (der Konsul d.J. 95 v. Chr.). Scaevola der Augur und Scaevola der Pontifex waren Vettern. Zur Unterscheidung dient auch ihr Vatersname: Der Vater des Augurs hieß Quintus, jener des Pontifex Publius. Es handelt sich um **Quintus Mucius Scaevola** Q. f. **der Augur** (ca. 170–87 v. Chr.), spielte als Dialogperson in Ciceros *De or.* eine wichtige Rolle; Politiker und bekannter Jurist; Konsul 117; 120 Prätor in Asia; Vgl. B. Kübler, *RE* XVI, 1 (1933), Sp. 430–436, s.v. „Mucius", Nr. 21. K.-L. Elvers, *DNP* 8 (2000), Sp. 426–427, s.v. „Mucius", Nr. I, 8; R. Goulet, „Scaevola (Q. Mucius) Augur", in: idem (Hrsg.), *Dictionnaire des philosophes antiques*, Bd. VI, Paris 2016, S. 144–147; Komm. Leeman-Pinkster-Rabbie II, S. 303.

*Apophth.* VI, 351 Die Anekdote datiert auf das Jahr 121 v. Chr., als Scaevola „der Augur" sich aufmachte, um seine Statthalterschaft in der Provinz Asia anzutreten. Septumuleius hoffte, ihn dabei als Präfekt begleiten zu können. Scaevola referiert in seiner Antwort auf die Ermordung des Gaius Gracchus, die im selben Jahr stattgefunden hatte.

137–143 *Scaeuola … fuerit iron* Wörtliche Wiedergabe von Cic. *De or.* II, 269: „Vt noster Scaeuola Septumuleio illi Anagnino, cui pro C. Gracchi capite erat aurum repensum, roganti, vt se in Asiam praefectum duceret: ‚Quid tibi vis', inquit, ‚insane? Tanta malorum ciuium est multitudo, vt tibi ego hoc confir-

mem, si Romae manseris, paucis annis te (te paucis annis *quaedam edd. vett.*) ad maximas pecunias esse venturum'. In hoc genere Fannius in annalibus suis Africanum hunc Aemilianum dicit fuisse, et eum Graeco verbo appellatus εἴρωνα"; vgl. Val. Max. IX, 4, 3: „Ceterum auaritia ante omnes L. Septimulei praecordia possedit, qui, cum C. Gracchi familiaris fuisset, caput eius abscidere et per vrbem pilo fixum ferre sustinuit, quia Opimius consul auro id se repensurum edixerat. Sunt qui tradant liquato plumbo eum caruatam partem capitis, quo ponderosius esset, explesse"; Plut. *C. Gracch.* 17, 4–5.

137 *Septumuleio* **L. Septumuleius**; abgesehen von der Anekdote, daß er dem Konsul L. Opimius den Kopf des Gaius Gracchus überbracht haben soll, ist von ihm nichts bekannt. Vgl. F. Münzer, *RE* II, A2 (1923), Sp. 1621–1622, s.v. „Septumuleius".

137 *Anagnino* Aus Anagnia (heute Anagni), einer Stadt in Latium, die urspr. den Hernikern zugehörte, aber bereits 306 v. Chr. in den röm. Staat eingegliedert worden war.

137 *C. Gracchi* C. Sempronius Gracchus, der als Volkstribun d.J. 123 und 122 ein umfängliches Reformprogramm durchzusetzen versuchte; nachdem der Konsul L. Opimius den Befehl zur Niederschlagung des gracchischen Aufruhrs erteilte, wurde er zusammen mit 2000 seiner Anhänger getötet. Er. hatte C. Sempronius Gracchus oben VI, 338 ein Apophthegma gewidmet; zu seiner Person vgl. oben Komm. ad loc.

138 *vt se in Asiam praefectum duceret* Q. Mucius Scaeuola war der *praetor designatus* der Provinz Asia.

aliud ambientis, nisi vt spoliaret prouinciales, ac ludens finxit id citius consequutu-
rum Romae. *Hoc dictum Fannius in Annalibus* asscribit *Africano Aemiliano, qui dictus
fuerit iron.*

## SCAEVOLA PONTIFEX

145   VI, 352                          IVSTE                    (Scaeuola Pontifex) [67]

*Q. Scaeuola Publii filius, quum postulasset, vt fundus, cuius emptor erat, sibi semel
indicaretur, idque fecisset venditor, dixit se pluris aestimare*, et adiecit precio *centum
milia*. Exemplum integritatis vix hoc seculo credibile.

## C. PVBLICIVS

150   VI, 353                                                     (C. Publicius) [68]

C. Publicius *solitus est dicere P. Mummium cuiuis tempori hominem esse*, sentiens illum
dexteritate facilitateque ad omnem vitae statum esse *accommod⟨at⟩um*. Eodem sensu

---

141  ac *B C*: alter *A*.
143  iron *scripsi*: Iron *A-C BAS LB*, εἴρων secun-
     dum *Cic. loc. cit.*

142  *Fannius*  Der Annalist C. Fannius, der nach
     Cic. *Brut.* 99 ff. von dem Politiker und Red-
     ner C. Fannius, dem Konsul d.J. 122 v. Chr.,
     zu unterscheiden ist. Atticus stimmte Cic. in
     dieser Angelegenheit nicht zu. Nach F. Mün-
     zer (*RE*) sind der Annalist und der Konsul
     d.J. 122 gleichzusetzen. Von dem Geschichts-
     werk mit dem Titel *Annales* sind lediglich
     acht Fragmente erhalten. Brutus (der Caesar-
     Mörder) hatte einen Auszug angefertigt, der
     ebenfalls verloren ist (*HRR*, Bd. I², S. 139–
     141; H. Beck und U. Walter (Hrsg.), *Die frü-
     hen römischen Historiker*, Bd. 1: *Von Fabius Pic-
     tor bis Cn. Gellius*, Darmstadt 2001, S. 340–
     346). Zu C. Fannius vgl. W. Kierdorf, *DNP* 4
     (1998), Sp. 424, s.v. „Fannius", Nr. I, 1; F. Mün-
     zer, *RE* VI, 2 (1909), Sp. 1987–1991, s.v. „Fan-
     nius", Nr. 7; W. Suerbaum, „C. Fannius", in:
     idem (Hrsg.), *Die archaische Literatur. Von den
     Anfängen bis Sullas Tod* (= *Handbuch der latei-
     nischen Literatur der Antike*, Bd. 1), München
     2002, S. 425–427.
142  *Africano Aemiliano*  Scipio Africanus d.J.

151  Publicius *A-C*: Publitius *sec. ind. person.*
152  accomodatum *scripsi (coll. Cic. loc. cit. et
     Adag. 286)*: accomodum *A-C*.

(185/4–129 v. Chr.). Zu seiner Person s. oben
Komm. zu V, 400. Er widmete ihm im fünften
Buch der *Apophth.* eine Sektion von Sprüchen
(V, 400–420).
143  *iron*  Er faßte die von Cicero im Griechi-
     schen überlieferte Form εἴρωνα als Eigenname
     auf, den er, ins Lateinische transkribierte und
     mit einem großen Anfangsbuchstaben wieder-
     gab.
**Quintus Mucius Scaevola der Pontifex** (ca. 140–
82 v. Chr.), Politiker, Redner und bedeutender
Jurist und Verfasser des ersten systematischen
Handbuches über das röm. Recht, Lehrmeis-
ter Ciceros; Volkstribun 106, Konsul 95 zusam-
men mit L. Licinius Crassus; 94 Statthalter der
Prov. Asia; seit 89 v. Chr. *Pontifex maximus.* 86
entging er einem Mordanschlag (durch Flavius
Fimbria); 82 fand er den Tod im Bürgerkrieg
als vermeintlicher Anhänger Sullas (ermordet
von L. Iunius Brutus Damasippus). Vgl. K.-
L. Elvers, *DNP* 8 (2000), Sp. 427–428, s.v.
„Mucius", Nr. I, 9; B. Kübler, *RE* XVI, 1 (1933),
Sp. 437–446, s.v. „Mucius", Nr. 22; D. Liebs,

„Q. Mucius Scaevola (Pontifex)", in: W. Suerbaum (Hrsg.), *Die archaische Literatur. Von den Anfängen bis Sullas Tod* (= *Handbuch der lateinischen Literatur der Antike*, Bd. 1), München 2002, S. 569–571.

144 *SCAEVOLA PONTIFEX*   Im Index personarum als „Q. Scaeuola Publii filius" angegeben.

*Apophth.* VI, 352 ist kein Apophthegma im eigentlichen Sinn, sondern ein *exemplum*. Cicero bringt dieses als Exempel jener moralischen Integrität, die er als Grundlage eines gut funktionierenden Staates erforderlich hält. Cicero kritisiert dabei den Zynismus seines eigenen Zeitalters, d.h. der späten Republik, insbesondere den Umstand, daß man ständig einen Unterschied zwischen moralisch „gutem" und „vernünftigem" Handeln machte. Die Vorgehensweise des Q. Mucius Scaevola, des Pontifex Maximus, ist das Beispiel, anhand dessen er dies erläutert. Q. Mucius Scaevola hatte für ein Grundstück, das er zu kaufen beabsichtigte, ein Preisgutachten eingefordert: Das Resultat war, daß es höher als der ursprüngliche Preis eingeschätzt wurde. Da legte Scaevola freiwillig ca. 30.000 Euro hinzu. Dieses Verhalten, sagt Cicero, würde wohl jedermann als „gut" („bonum"), die meisten jedoch nicht als „klug" („sapiens") einstufen: Genau das sei das Übel seiner Zeit.

146–148 *Q. Scaeuola … milia*   Er. übernahm das *exemplum* wörtlich aus Cic. *Off.* III, 15, 62: „Quintus quidem Scaeuola Publi filius cum postulasset, vt sibi fundus, cuius emptor erat, semel indicaretur idque venditor ita fecisset, dixit se pluris aestumare: addidit centum milia".

147 *indicaretur*   i.e. „daß ihm (für das Grundstück, das er zu kaufen beabsichtigte) ein Preisgutachten erstellt werde".

147–148 *centum milia*   100.000 Sesterzen entspricht etwa 30.000 Euro, eine stolze Summe, die Scaevola freiwillig dazulegte.

148 *hoc seculo*   Mit „hoc seculo" meint Er. sein eigenes Jahrhundert, d.h. das 16., während Cicero in der Textvorlage schon Jhs., d.h. das I. Jh. v. Chr., als verdorben indizierte.

149 *C. PVBLICIVS*   Im Index personarum scheint der Name als „C. PVBLITIVS" auf, während im Text des Apophthegmas in *A, B* und *C* die Namensform „C. Publicius" verwendet wird. Dieser „C. Publicius" ist nicht mit letzter Sicherheit identifizierbar; es handelt sich möglicherweise um dem Volkstribunen d.J. 209 v. Chr., C. Publicius Bibulus; vgl.

Komm. Leeman-Pinkster-Rabbie II, S. 307. Für diesen s. F. Münzer, *RE* XXIII, 2 (1959), Sp. 1897–1898, s.v. „Publicius", Nr. 14.

*Apophth.* VI, 353   Das in den Basel-Editionen ohne Titel überlieferte *Apophth.* VI, 353 ist ein Gegenstück zu *Adag.* 286 „Omnium horarum homo" (*ASD* II, 1, S. 389–390) und *Collect.* 760A. Er. hatte das *Adagium* 286 aus denselben Quellen wie den in *Apophth.* VI, 353 genannten entwickelt, nml. Quint. *Inst.* VI, 3,110 und Suet. *Tib.* 42, 1. *Collect.* 760A „Omnium horarum homo" (*ASD* II, 9, S. 252): „*Omnium horarum homo* est iocis seriisque pariter accomodatus, idque de Asinio Pollione olim dictum fuisse Fabius est auctor". Für das Sprichwort vgl. auch Otto 830.

151 *solitus … hominem esse*   Cic. *De or.* II, 271: „Nam sicut (sicut *deest in edd. vett.*), quod apud Catonem est, qui multa rettulit, ex quibus a me exempli causa complura ponuntur, per mihi scitum videtur, C. Publicium solitum esse (esse *deest in edd. vett.*) dicere P. Mummium cuiusuis temporis (cuiuis tempori *edd. vett.*: cuiusuis temporis *coniec. Lambinus*) hominem esse; sic profecto res se habet, nullum vt sit vitae tempus, in quo non deceat leporem humanitatemque versari".

151 *P. Mummium*   Für diesen sonst unbekannten P. Mummius vgl. F. Münzer, *RE* XVI, 1 (1935), Sp. 525, s.v. „Mummius", Nr. 10. Der Name „P. Mummium" ist nicht völlig gesichert; es gibt auch die Variante „P. Marium"; auch der Vorname hat Anlaß zu Diskussionen gegeben: Lambinus schlug „Sp." vor – Sp. Mummius ist der Bruder des L. Mummius, des Zerstörers von Korinth. Jedoch muss der in Cic. *De or.* II, 271 genannte Mummius in der Zeit (oder vor der Zeit) gelebt haben, in welcher Cato d. Ä. (234–149 v. Chr.) seine Apophthegmen sammelte. Für Sp. Mummius (geb. um 185 v. Chr.) könnte das gerade noch aufgehen. Für das gesamte Problem der Identifizierung vgl. Komm. Leeman-Pinkster-Rabbie II, S. 307. Zu „P. Mummius" gibt es kein Lemma in *DNP*. Nicht identifiziert in *CWE* 38, S. 695.

152–153 *accommod⟨at⟩um … horarum*   Quint. *Inst.* VI, 3,110: ⟨vt⟩ (vt *deest in edd. priscis, add. Regius*) de Pollione Asinio, seriis iocisque pariter accomodato, dictum est esse eum omnium horarum"; vgl. *Adag.* 286 „Omnium horarum homo" (*ASD* II, 1, S. 389–390): „Qui seriis pariter ac iocis esset accommodatus et quicum assidue libeat conuiuere, eum veteres *omnium horarum hominem* appellabant. Atque ita vocatum Asinium Pollionem autor est Fabius …".

*Pollionem Asinium omnium horarum hominem* legimus. Et Tiberius Caesar duos
familiarius ab ipso dilectos *omnium horarum amicos* vocare solet.

155                      SCIPIO MINOR [i.e. AEMILIVS PAVLLVS]

VI, 354                          SALSE                        (Scipio minor, 25, i.e.
                                                              Aemilius Paullus) [69]

*Africanus* [i.e. Africani pater Paulus] *censor tribu mouebat centurionem, qui in Pauli
pugna non adfuerat. Ille quum diceret se custodiae causa in castris remansisse* rogaret-
160  que, *quur ab eo notaretur*, „*Non amo*", *inquit* Africanus [i.e. Africani pater Paulus],
„*nimium diligentes*". Dissimulauit centurionis ignauiam et accusauit nimium dili-
gentem custodiam.

153 *Pollionem Asinium*  C. Asinius Pollio (76. v.
  Chr.–5 n. Chr.), röm. Ritter und Schriftsteller,
  gehörte zum Kreis des Maecenas. Vgl. P. Groebe, *RE* II, 2 (1896), Sp. 1589–1602, s.v. „Asinius",
  Nr. 25; P.L. Schmidt, *DNP* 2 (1997/9), Sp. 82–
  83, s.v. „Asinius", Nr. I, 4.

153 *hominem*  „hominem" ist ein Zusatz des Er.
  zum Text des Quintilian, den er bereits in
  *Collect.* 760A und *Adag.* 286 angebracht hatte.

153 *Tiberius Caesar*  Zu Kaiser Tiberius (reg. 14–
  37 n. Chr) vgl. oben Komm. zu VI, 1.

153–154 *Caesar … vocare*  Suet. *Tib.* 42, 1: „Postea princeps in ipsa publicorum morum cor-
  rectione (correptione *ed. Erasm. 1518, 1533*) cum
  Pomponio Flacco et L. Pisone noctem conti-
  nuumque biduum epulando potandoque con-
  sumpsit, quorum alteri Syriam prouinciam,
  alteri praefecturam Vrbis confestim detulit,
  codicillis quoque iucundissimos et *omnium
  horarum amicos* professus"; *Adag.* 286 „Omnium horarum homo" (*ASD* II, 1, S. 390):
  „Apud Suetonium Tiberius duos quosdam
  combibones suos iucundissimos et omnium
  horarum amicos profiteri solet, etiam codicillis".

153–154 *duos … amicos*  Bei diesen zwei Freunden handelt es sich um Lucius Pomponius
  Flaccus und Lucius Calpurnius Piso. L. Pomponius Flaccus (gest. 35 n. Chr.) war Konsul
  i.J. 17 n. Chr., 19 Statthalter in Moesien, ab
  32 Statthalter der kaiserl. Provinz *Syria*, wo er
  starb (zu ihm vgl. W. Eck, *DNP* 10 (2001), Sp.
  123, s.v. „Pomponius", Nr. II, 10); Lucius Calpurnius Piso war Konsul d.J. 27, 36–39 Stadtpräfekt in Rom; er war einer der engen Ver-

trauten des Kaisers, obwohl sein Vater, Statthalter der Provinz Syria, aufgrund der zwei-
  deutigen Rolle, die er im Zusammenhang mit
  dem Ende des Germanicus spielte, sich 20 n.
  Chr. das Leben nehmen musste.

*Apophth.* VI, 354  Der in Cic. *De or.* überlieferten Anekdote liegt bezüglich des Spruchspenders ein historischer Irrtum zugrunde.
  Dieser soll, wie Cicero angibt, Scipio Africanus d.J. (185/4–129 v. Chr) gewesen sein.
  Dieser bekleidete das Zensoramt i.J. 142/1–
  136 v. Chr.; „Pauli pugna" bezieht sich auf
  eine Schlacht des Lucius Aemilius Paullus
  Macedonicus, womit wohl Pydna, die Entscheidungsschlacht im Makedonischen Krieg,
  gemeint ist (168 v. Chr.) oder eventuell eine
  noch ältere Schlacht (Aemilius Paullus starb
  i.J. 160). Der Zenturio wurde aufgrund der
  Feigheit, die er bei dieser Schlacht an den
  Tag gelegt hatte, zur Strafe aus der Zensus-
  liste entfernt. Es ist völlig ausgeschlossen, daß
  man diese Strafe erst 26–30 Jahre nach dem
  Delikt auferlegt hätte. Das bedeutet, daß sich
  Cicero in Bezug auf den Namen des Zensors geirrt hat. Die Bestrafung durch Aus-
  schluß muß von den Zensoren d.J. 164–160 v.
  Chr., d.h. **Aemilius Paullus** selbst und Quintus Marcius Philippus, vorgenommen worden sein. Der Spruchspender muß somit einer
  der beiden sein, am ehesten Aemilius Paullus, der leibliche Vater Scipios d.J. Er. war die
  historische Problematik, die V, 354 zugrunde
  liegt, nicht bewußt. Zur Person des Aemilius
  Paullus Macedonicus vgl. Komm. oben zu V,
  315.

158  *Africanus censor*  Die Zensur Scipio Africanus' d.J. fällt in die Jahre 142/1–136 v. Chr.
Dadurch kommt dieser als Spruchspender
nicht in Frage. Vgl. Komm. oben. Er hatte
ihm im Buch der Könige und Herrscher eine
Sektion von Sprüchen gewidmet (V, 400–
420).

158–161  *Africanus censor … diligentes*  Wörtliche
Wiedergabe von Cic. *De or*. II, 272: „Est huic
finitimum dissimulationi, cum honesto verbo
vitiosa res appellatur; vt cum Africanus censor tribu mouebat eum centurionem, qui in
Pauli pugna non adfuerat, cum ille se custodiae causa diceret in castris remansisse, quaere-
retque, cur ab eo notaretur, ‚Non amo', inquit
‚nimium diligentis (diligentes *edd. vett.*)'".

# FABIVS MAXIMVS

VI, 355                        Ex verbis aliter exceptis        (Fabius Maximus, 14)
                               (= Dublette von V, 276)

*Liuius Salinator* [i.e. Liuius Macatus] *quum Tarentum amisisset, arcem tamen retinuit multaque ex ea praelia praeclare* gessit. *Quum* autem *post aliquot annos Fabius Maximus id oppidum recepisset, rogauit eum Salinator, vt meminisset se opera* ipsius *Tarentum recepisse.* „*Quid ni*", inquit Maximus, „*meminerim? Nunquam enim ego recepissem,*
170    *nisi tu perdidisses*". Iocus hinc est, quod Maximus diuersum *ex alterius* verbis excepit, quam ille volebat. [*C*] Refert Marcus Tullius libro de Oratore secundo et Plutarchus in Vita Fabii Maximi, tametsi hic M. Lucium appellat nec addit Salinatoris cognomen. [*A*]

---

167  ex ea *supplevit C ex Cic. loco cit.*: *om. A B.*
168  id oppidum *A-C (cf. Cic. loc. cit.)*: eam
     vrbem *BAS LB.*

171–173  Refert Marcus … Salinatoris cognomen
         *C*: *deest in A B.*

163  *FABIVS MAXIMVS*  Im Index personarum wurde das Apophthegma dem „Liuius Salinator", dem Sieger gegen Hasdrubal in der Schlacht am Metaurus, zugeschrieben; der wirkliche Apophthegma-Spender ist jedoch Q. Fabius Maximus. Vgl. Komm. zu V, 276. Für **Q. Fabius Maximus Verrucosus** (um 275–203 v. Chr.), den bedeutendsten röm. Feldherrn in der ersten und zweiten Phase des 2. Punischen Krieges (218–211), den sprichwörtlichen Cunctator, vgl. oben Komm. zu V, 270. Er. hatte ihm im fünften Buch der *Apophthegmata* eine Sektion von Sprüchen gewidmet (V, 270–280), zudem VI, 287 und 319.
*Apophth.* VI, 355 datiert auf d.J. 209, in dem Fabius Maximus die Stadt Tarent wieder in seine Hände bekam (Liv. XXVII, 15, 9–16, 9), nachdem sie 212 durch Verrat von Hannibal besetzt worden war (Liv. XXV, 17 ff.; Pol. VIII, 26, 1–36, 13). Die Rückeroberung Tarents 209 löste eine Debatte im Senat aus, bei der die Rolle, die der Stadtverteidiger M. Livius Macatus spielte, diskutiert wurde. Von verschiedenen Seiten wurde ihm die Schuld am Verlust der Stadt gegeben, während er es als sein Verdienst herausstellte, die Stadtburg bis ins J. 209 gehalten zu haben, und hervorkehrte, daß er auch einen Anteil an der Wiedereroberung gehabt hätte. Die letzte Behauptung veranlaßte Fabius Maximus zu dem nämlichen Witz. Vgl. Komm. Leeman-Pinkster-Rabbie II, S. 308–309. Zu M. Livius Macatus

vgl. P.C. Nadig, *DNP* 7 (1999), Sp. 371–372, s.v. „Livius", Nr. I, 10. In der Senatsdebatte wurde letztlich entschieden, daß die Schuld und die Verdienste des Livius Macatus gegeneinander aufwogen. Er. vermeldet nicht, daß *Apophth.* VI, 355 eine Dublette von V, 276 ist (= Sektion des Fabius Maximus). Obwohl Er. nicht auf V, 276 hinweist, war ihm bekannt, daß es für den Spruch verschiedene Quellen gab; vgl. den Widmungsbrief zu den *Apophth.*: „Nonnunquam nec de re nec de nomine conuenit inter autores. Velut qui Fabio Maximo exprobrauit, quod ipsius opera recepisset Tarentum, Marco Tullio est Liuius Salinator, Tito Liuio Marcus Liuius, Plutarcho Marcus Lucius, siue, vt Graeci codices habent, Μάρκιος Λούκιος". In V, 276 hatte Er. nach Plut. *Mor.* 196A (Fabius Maximus, 7), gearbeitet, in VI, 355 arbeitete er nach Cic. *De or.* II, 273. In *C* setzte er als weiteren Quellenvermerk Plut. *Fab. Max.* hinzu (= 23, 3–4).
166–170  *Liuius … perdidisses*  Er. zitiert wörtlich Ciceros Darstellung der Anekdote in *De or.*, während er von der zweiten von ihm genannten Quelle, Plutarchs Biographie des Fabius Maximus (23, 3–4), nichts übernimmt. Cic. *De or.* II, 273: „Acutum etiam illud est, cum ex alterius oratione aliud excipias atque ille vult; vt Salinatori Maximus, cum Tarento amisso arcem tamen Liuius illius (illius *deest in edd. vett.*: illius *ed. Kumaniecki cum cod. M*: ille eius *ed. Friederich*) retinuisset multaque ex ea proe-

lia praeclara fecisset, cum aliquot post annis (annos *edd. vett.*) Maximus id oppidum recepisset rogaretque eum Salinator, vt meminisset opera sua se Tarentum recepisse, ‚Quidni‘, inquit, ‚meminerim? Numquam enim (enim ego *edd. vett.*) recepissem, nisi tu perdidisses‘ “. Weitere Quellen, in denen der Spruch überliefert wird, sind Plut. *Mor.* 196A (Fabius Maximus, 7), Liv. XXVII, 25, 3–5 und Cic. *Cato* 11: „Cum quidem me audiente Salinatori, qui amisso oppido fuerat in arce, glorianti atque ita dicenti ‚mea opera, Q. Fabi, Tarentum recepisti‘, ‚Certe‘, inquit ridens, ‚Nam nisi tu amisisses, numquam recepissem‘ “.

166  *Liuius Salinator … arcem tamen retinuit* Cicero irrte sich in Bezug auf den Namen des Stadtkommandanten von Tarent: Es handelte sich *nicht* um M. Livius Salinator, sondern seinen weniger bekannten Verwandten **M. Livius Macatus**. Für diesen vgl. P.C. Nadig, *DNP* 7 (1999), Sp. 371–372, s.v. „Livius“, Nr. I, 10 und F. Münzer, *RE* XIII (1927), Sp. 885–887, s.v. „Livius“, Nr. 24; für das Problem der Zuschreibung Leeman-Pinkster-Rabbie II, S. 308–309.

167  *multaque ex ea praelia praeclare* Diese Kämpfe beschreibt Liv. XXVI, 39, 20–22.

171–172  *Plutarchus in Vita Fabii Maximi* Damit weist Er. auf die Stelle Plut. *Fab. Max.* 23, 3–4 hin, die er allerdings zur Erstellung des Textes von VI, 355 nicht benutzt hat: Ἦν δὲ Μάρκος Λίβιος (Λίβιος *Perrin*, Λεύκιος *ed. Ald. fol. 59ᵛ*), οὗ τὸν Τάραντα φρουροῦντος ὁ Ἀννίβας ἀπέστησεν· ὅμως δὲ τὴν ἄκραν κατέχων οὐκ ἐξεκρούσθη, καί διεφύλαξεν ἄχρι τοῦ πάλιν ὑπὸ Ῥωμαίοις γενέσθαι τοὺς Ταραντίνους. τοῦτον ἡνία Φάβιος τιμώμενος, καί ποτε πρὸς τὴν σύγκλητον ὑπὸ φθόνου καί φιλοτιμίας ἐξενεχθεὶς εἶπεν ὡς οὐ Φάβιος, ἀλλ᾿ αὐτὸς αἴτιος γένοιτο τοῦ τὴν Ταραντίνων ἁλῶναι. γελάσας οὖν ὁ Φάβιος, „Ἀληθῆ λέγεις“, εἶπεν, „εἰ μὴ γὰρ σὺ τὴν πόλιν ἀπέβαλες, οὐκ ἂν ἐγὼ παρέλαβον“.

172  *tametsi hic M. Lucium appellat* Der Name „M. Lucius“ findet sich in Guarino da Verona’s latein. Übers. der Biographie, über die Er. verfügte: „Marcus quidam Lucius Tarentum obtinebat, quo tempore ad Annibalem defecit. Qui amissa vrbe arcem retinuit, quoad Romani eam receperunt. Hic Fabii gloria vehementer augebatur (angebatur *ed. Bade 1514 fol. LXXVIᵛ*) …“. Der Name „Marcus Lucius“ wird ebd. durch eine Marginalnote zusätzlich hervorgehoben; Λεύκιος in Aldus’ griech. Ausgabe von Plutarchs Viten.

## LIVIVS SALINATOR

175   VI, 356                        [A] Vltio                    (Liuius Salinator, 2) [71]

*Idem quum bellum aduersus Asdrubalem gesturus Vrbem egrederetur, monitus est a Fabio*
*Maximo, ne* prius cum *hoste* consereret, *quam vires animumque* illius *cognosceret.* Is
*respondit se primam* quanque *occasionem pugnae* arrepturum. Percontantibus, quid
ita properaret, *„Vt quam celerrime“, inquit, „aut gloriam ex hostibus victis aut ex ciuibus*
180   *prostratis gaudium capiam“. Virtus et ira sermonem* hominis *inter se* partitae sunt, *illa*
*triumphi* auida, *haec iniustae damnationis memor.*

## MANCIA

VI, 357                        Salse                    (Heluius Mancia, 2) [72]

*Mancia quum audisset Antonium censorem,* cui male volebat, *a M. Duronio de ambitu*
185   *postulatum, „Aliquando“, inquit, „tibi tuum negocium agere licebit“.* Censores in
aliorum mores inquirunt; at qui reus est, habet, ex se quod agat.

## AEGILIVS

VI, 358                  Ab imitatione personae                    (Aegilius) [73]

*Q. Opimius consularis, quum esset adolescentulus, male audiuit.* Is *Aegilio homini*
190   *festiuo, qui videbatur mollior nec erat,* sic exprobrauit molliciem: *„Quid tu, Aegilia*

---

184  Mancia *A-C ut in ind. person. A B*: Mantia          189  Aegilio *C*: Egilio *A B.*
sec. *ind. person. C.*

174  *LIVIVS SALINATOR* Zu **Marcus Livius**          Val. Max. IX, 3, 1 („De Liuio Salinatore“ Titel
**Salinator** (254–204 v. Chr.), dem erfolgrei-          in *edd. vett., ed. Bade 1510, fol. CCCLXVII‘*):
chen General im Zweiten Punischen Krieg,          „Cum aduersus Hasdrubalem Liuius Salina-
vgl. oben Komm. zu VI, 321. Livius Salina-          tor bellum gesturus Vrbe egrederetur, monente
tor besiegte und tötete Hasdrubal Barkas in          Fabio Maximo, ne ante descenderet in aciem,
der Schlacht am Metaurus, die die Wende im          quam hostium vires animumque cognosset
Zweiten Punischen Krieg bedeutete. Er. wid-          (cognosceret *edd. vett.*), primam occasionem
mete Livius Salinator bereits oben *Apophth.*          pugnandi non omissurum se respondit, inter-
VI, 321. In VI, 355 liegt eine Verwechslung von          rogatusque ab eodem, quid ita tam festinanter
M. Livius Salinator mit M. Livius Macatus          manum conserere vellet, ‚Vt quam celerrime‘,
vor.          inquit, ‚aut gloriam ex hostibus victis aut ex
176–181  *Idem quum bellum … memor*  Er. ge-          ciuibus prostratis gaudium capiam‘. Ira tunc
staltete seinen Text auf der Grundlage von Val.          atque virtus sermonem eius inter se diuiser-
Max. IX, 3, 1, wobei er ein Element der Ver-          unt, illa iniustae damnationis memor, haec tri-
sion von Liv. XXVII, 40, 8–9 miteinflocht.          umphi gloriae intenta“; Liv. XXVII, 40, 8–9:

„Memoriae proditum est plenum adhuc irae in ciues M. Liuium ad bellum proficiscentem monenti Q. Fabio, ne priusquam genus hostium cognosset (cognosset *Walsh*, nosset *ed. Froben 1531, II p. 172*), temere manum consereret, respondisse, vbi primum hostium agmen conspexisset, pugnaturum. Cum quaereretur, quae causa festinandi esset, ‚Aut ex hoste egregiam gloriam‘, inquit, ‚aut ex ciuibus victis gaudium meritum certe, etsi non honestum, capiam‘“. In *CWE* 38, S. 696 wird als Quelle nur Liv. XXVII, 40, 8–9 angegeben.

176 *Asdrubalem* Oben VI, 321, überlieferten die Baseldrucke die Namensform „Hasdrubal“. Zu Hasdrubal Barkas, dem Bruder Hannibals, vgl. oben Komm. zu VI, 321.

176–177 *Fabio Maximo* Zu **Q. Fabius Maximus Verrucosus** (um 275–203 v. Chr.), dem bedeutendsten röm. Feldherrn in der ersten und zweiten Phase des 2. Punischen Krieges (218–211), dem sprichwörtlichen Cunctator, s. oben Komm. zu V, 270. Er widmete ihm im fünften Buch der *Apophth.* eine längere Sektion (V, 270–280) und zudem die Sprüche VI, 287, 319 und 355.

177 *cognosceret* Er. verwendet „cognosceret“, die Lesart der älteren Valerius-Maximus-Ausgaben.

178–179 *Percontantibus, quid ita properaret* Diese Frage stellte bei Val. Max. Quintus Fabius Maximus; Er. folgt hier Liv. nach, bei dem die Frage ohne die Angabe eines Fragestellers formuliert wird („Cum quaereretur, quae causa festinandi esset …“).

180 *ira* Der Zorn des Livius Salinator gegen seine römischen Mitbürger geht auf d.J. 219 zurück, in dem Salinator als Konsul Demetrios von Pharos besiegte. Salinator erhielt zwar einen Triumph, jedoch wurde er wegen Unterschlagung der Kriegsbeute verurteilt. Er zog sich damals erbittert aus der Politik zurück und nahm ostentativ nicht am Zweiten Punischen Krieg teil. Erst als ihn die Konsuln 210 zurückriefen, beteiligte er sich wieder an der Leitung des Gemeinwesens. Vgl. dazu K.-L. Elvers, *DNP* 7 (1999), Sp. 372, s.v. „Livius“, Nr. I, 13.

182 *MANCIA* „Mancia“ im Index personarum von *A* und *B*, „Mantia“ in jenem von *C*. Für den Prozeßredner **Helvius Mancia** (geb. um 130-nach 55/0 v. Chr.) vgl. Komm. oben zu VI, 191. Er präsentierte von Helvius Mancia zwei Sprüche, neben vorl. *Apophth.* VIII, 159, des Weiteren ist seine Person Hauptgegenstand von VI, 191, wo Er. seinen Namen aller-

dings in entstellter Form mit „Helius manceps“ („Helius, der Aufkäufer/Unternehmer staatlicher Aufgaben“) wiedergibt.

*Apophth.* VI, 357 datiert auf d.J. 97–92 v. Chr., die Zeit von Antonius’ Zensur.

184–185 *Mancia quum audisset … licebit* Wörtliche Wiedergabe von Cic. *De or.* II, 274: „Vt tibi, Antoni, Mancia, cum audisset te censorem a M. Duronio de ambitu postulatum ‚Aliquando‘, inquit, ‚tibi tuum negotium agere licebit‘“.

184 *Antonium* Zu Marcus Antonius orator (143–87 v. Chr.) vgl. oben Komm. zu VI, 345. Er widmet ihm neben vorl. Spruch auch VIII, 306.

184 *M. Duronio* Der Volkstribun M. Duronius wurde von den Zensoren M. Antonius und L. Valerius Flaccus aus dem Senat gestossen; aus Rache klagte er den Zensor M. Antonius wegen Wahlbetrug (*de ambitu*) an. Vgl. F. Münzer, *RE* V, 2 (1905), Sp. 1862–1863, s.v. „Duronius“, Nr. 3.

185–186 *Censores … agat* Er. irrt sich in seiner Erklärung des Ausspruchs. Die scheinbar gutmütige Bemerkung „Es wird eine Zeit kommen, in der es dir vergönnt ist, dich um deine Privatangelegenheiten zu kümmern“ bedeutet: „Wahrscheinlich wirst du verurteilt werden. Dann wird die Zeit anbrechen, in der du dich um deine Privatangelegenheiten kümmern kannst“; dahinter steckt der Gedankengang: Durch die Verurteilung wirst du keine weiteren politischen Ämter ausüben können.

*Apophth.* VI, 358 Nach dem Index personarum wird *Apophth.* VI, 358 dem Q. Opimius zugeschrieben, während die eigentliche, schärfere Pointe der junge Mann „Egilius“ (oder „Decillus“ nach der Nonius-Marcellus-Überlieferung) setzt. **Q. Opimius** (geb. ca. 200 v. Chr.), Konsul 154; kämpfte als Konsul erfolgreich gegen die Ligurer. Vgl. F. Münzer, *RE* XVIII, 1 (1939), Sp. 678–679, s.v. „Opimius“, Nr. 10. Nicht identifiziert *CWE* 38, S. 696.

189–192 *Q. Opimius consularis … accedere* Cic. *De or.* II, 277: „Est bellum illud quoque, ex quo is, qui dixit, inridetur in eo ipso genere, quo dixit; vt, cum Q. Opimius consularis, qui adulescentulus male audisset, festiuo homini Egilio (Aegilio *edd. vett.*), qui videretur mollior nec esset, dixisset ‚Quid tu, Egilia (Aegilia *edd. vett.*) mea? Quando ad me venis cum tua colu et lana?‘, ‚Non pol‘, inquit, ‚audeo, nam me ad famosas vetuit mater accedere‘“.

189 *Aegilio* **Aegilius**, bei Cic. *De or.* II, 277 korrupt überlieferter Name (Egilio *L*, Eci-

mea? Quando ad me venies cum tua lana et colu?". Lepide retorsit Aegilius: „Non pol",
inquit, „audio. Nam me ad famosas vetuit mater accedere". Alter simulabat orationem
velut ad foeminam, alter accepta persona simulationem vertit in irrisionem.


## PATER QVIDAM EX NEVIO [i.e. NOVIO]

195    VI, 359                          SVBMOROSVS IOCVS        (Anonymus pater ex Neuio,
                                                                        i.e. Nouio) [74]

Inter *salsa* commemorat et illud Marcus Tullius ex *Neuio, apud* quem filius dicit patri

[…] „*Quid ploras, pater?*", isque respondet:

„*Mirum, ni cantem; condemnatus sum*".

200    Indignatur senex submorosus rogari, quur ploret, quasi damnatus magis cantare
debuisset. Perinde quasi si quis interroget aegrotum „Quur suspiras?" aut „Quur
decumbis?".


## C. CANINIVS [i.e. CANIVS]

        VI, 360                         LITERARVM INTERPRETATIO         (Caninius, i.e.
205                                                                      Canius, 1) [75]

*Scaurus accusabat Rutilium ambitus, quum ipse consul esset factus, ille repulsam tulisset,*
*et in tabulis eius ostendebat literas A.F.P.R.* easque sic interpretabatur: „*Actum Fide*
*P. Rutilii*". Contra Rutilius dicebat illis significari „*Ante Factum, Post Relatum*".
Tum *C. Caninius* [i.e. Canius] *eques, qui Rutilio aderat, exclamabat neutrum illis*
210    *literis declarari.* Quum *Scaurus* dixisset, „*Quid igitur?*", festiuiter in ipsum torsit:
„*Aemylius Fecit, Plectitur Rutilius*". Probabilius enim erat illum ambitum conmisisse,
qui obtinuerat quam qui repulsus erat.
    Simile quiddam memoratur de Beda, quem Venerabilem dicunt. Huic Romam
profecto quum ostendissent has literas saxo insculptas „*S.P.Q.R.*", quibus significari
215    volunt „Senatus populusque Romanus", ac, velut hospes, rogaretur, quid sibi vellent
illae literae, dissimulans dixit:

„*Stultus populus quaerit Romam*".

191  colu *A B (cf. Cic. loc. cit.)*: colo *C BAS LB*.          209  Caninius *A-C: scribendum erat* Canius *ut in*
191  pol *A B*: Pol *C*.                                            *De or. text. recept. siue* Cannius *ut in De or. edd.*
192  vetuit *A-C ut sec. Cic. loc. cit.*: vetat *BAS LB*.           *vett.*
197  Neuio *A-C ut plures De or. edd. vett.* (Naeuio          211  Aemylius *C*: Aemilius *A B LB*.
     *LB*): Nouio *De or. text. recept.*                      213  memoratur *B C BAS LB*: memorant *A*.

lio *M*; Aegilio *Coberger, Nürnberg 1497*); vgl.
F. Münzer, *RE* V, 2 (1905), Sp. 1987–1988,
s.v. „Egilius". Bei Nonius Marcellus, der die
*De-oratore*-Stelle zitiert, wird der Name des
jungen Mannes als „Decilla" überliefert; nach
C. Cichorius, *Untersuchungen zu Lucilius*, Berlin 1908, S. 310, soll sich hinter „Decilla/Decil-
lus" der Name „(P.) Decius" verbergen, ein
Römer, der den Sohn des Q. Opimius, L. Opimius, i.J. 120 v. Chr. anklagte. Klotz schlug
„Caecilius" und „Caecilia" vor.

194  *NEVIVO* Es handelt sich um den Atellanendichter **Novius** aus dem 1. Jh. v. Chr., der für
seine oskischen Volksspossen bekannt war. Von
ihm sind ca. 40 Titel von Stücken bekannt,
die nur in spärlichen Fragmenten (insgesamt
etwas mehr als 100 Verse) überliefert sind;
vgl. G. Manuwald, *Römisches Theater von den
Anfängen bis zur frühen Kaiserzeit*, Tübingen
2016, S. 200–202. Es ist somit nicht um ein
Fragment von Naevius, dem *Palliata*-Dichter
des 3. Jh. v. Chr., wie Er. fälschlich angibt.
Der Fehler geht auf eine „Korrektur" zurück,
die zuerst in der römischen Ausgabe von *De
oratore* aus d.J. 1469 präsentiert wurde und
die „Nouium" zu „Naeuium" verschlimmbesserte. Diese Verschlimmbesserung findet sich
in zahlreichen alten Ausgaben.

197–199  *Neuio … condemnatus sum* Cic. *De or.*
II, 279: „In quo, vt mihi videtur, persalsum
illud est apud Nouium (Naeuium *plures edd.
vett.*): ‚Quid ploras pater?' – ‚Mirum, ni cantem? condemnatus sum'".

198–199  *Quid ploras … condemnatus sum* No-
vius, *Atell.* 113–114 R (= Fr. 108–109); *CRF
Nouii incerta* fr. 10. Es handelt sich um den
Schluss eines jambischen Senars und um den
Anfangsteil eines zweiten.

203  *CANINIVS* Im Index personarum wird
„Scaurus" als Spruchspender von *Apophth.* VI,
360 aufgeführt; jedoch wird der Witz von
einem gewissen **Canius** auf Kosten des Aemilius Scaurus gemacht. Er. gibt, wahrscheinlich aufgrund eines Textübertragungsfehlers,
den Namen dieses Canius in nur in entstellter
Form („Caninius") wieder.

*Apophth.* VI, 360 datiert auf d.J. 115 v. Chr.
(Scaurus' Konsulat) und entstammt einem
Prozess, der sich auf die Konsulwahlen bezieht,
die Ende d.J. 116 stattfanden.

206  *Scaurus* **M. Aemilius Scaurus** (163/2–88 v.
Chr.), einer der bedeutendsten Politiker seiner
Zeit: Ädil 122, Prätor 119, Konsul 115, Princeps
senatus 115–88, Censor 109. Triumphierte über

die Ligurer und Gantisker. Vgl. K.-L. Elvers,
*DNP* 1 (1996/9), Sp. 182–183, s.v. „Aemilius",
Nr. I, 37; E. Klebs, *RE* I, 1 (1893), Sp. 584–588,
s.v. „Aemilius", Nr. 140.

206  *Scaurus accusabat … Plectitur Rutilius* Cic.
*De or.* II, 280: „Mouent illa etiam, quae coniectura explanantur longe aliter atque sunt, sed
acute atque concinne: vt cum Scaurus accusaret Rutilium ambitus, cum ipse consul esset
factus, ille repulsam tulisset et in eius tabulis
ostenderet litteras A.F.P.R. idque diceret esse:
‚Actum fide P. Rutili', Rutilius autem: ‚Ante
factum, post relatum'; C. Canius (Cannius
*edd. vett.*) eques Romanus, cum Rufo adesset,
exclamat neutrum illis litteris declarari. ‚Quid
ergo?', inquit Scaurus; – ‚Aemilius fecit, plectitur Rutilius'".

206  *Rutilium* P. Rutilius Rufus (geb. 158 v.
Chr.) Politiker, Jurist, Redner, Stoiker; Prätor
118. Bewarb sich für das J. 115 v. Chr. um
das Konsulat, unterlag aber dem M. Aemilius
Scaurus, woraufhin sich beide gegenseitig *de
ambitu* anklagten. Vgl. F. Münzer, *RE* I, A1
(1914), Sp. 1269–1280, s.v. „Rutilius", Nr. 34;
W. Kierdorf, *DNP* 10 (2001), Sp. 1169–1170,
s.v. „Rutilius", Nr. I, 3. Nicht identifiziert in
*CWE* 38, S. 697.

207  *in tabulis eius* „tabulae eius" = die privaten Rechnungsbücher des P. Rutilius. Anscheinend gelang es dem Aemilius Scaurus, gerichtlich die Offenlegung dieser Rechnungsbücher
zu erwirken. Er versuchte, die Abkürzung
„A.F.P.R.", die er in den Rechnungsbüchern
antraf, als belastendes Beweismaterial gegen
Rutilius zu verwenden.

207–208  *actum fide P. Rutilii* „actum fide P.
Rutilii" = diese Eintragung soll nach Scaurus besagen: „Aufwendung auf Kredit zu
Lasten des P. Rutilius"; d.h. Rutilius hat
einen bestimmten Betrag als Darlehen genommen. Scaurus suggerierte, daß dieses Darlehen
Bestechungsgelder, die zum Wahlbetrug eingesetzt werden sollten, betraf. Rutilius hingegen sagte aus, die Abkürzung bedeute „früher
ausgeführte Transaktion, die später eingetragen wurde", d.h. er behauptet, die nämliche
Eintragung beziehe sich nicht auf das Datum,
das in dem Rechnungsbuch angegeben wurde,
somit auch nicht auf den ihm zu Lasten gelegten Wahlbetrug.

217  *Stultus populus quaerit Romam* Diese witzige Auslegung der Buchstaben S.P.Q.R. geht
nicht auf einen authentischen Ausspruch des

## AEMILIVS SCAVRVS

VI, 361                          AVTORITAS PERSONAE          (Aemilius Scaurus, 1) [76]

220     M. Scaurus *quum pro rostris accusaretur, quod a rege Mithridate ad prodendam rempu-*
*blicam pecuniam accepisset, ita causam suam egit: „Iniquum est, Quirites, quum inter*
*alios vixerim, apud alios me rationem vitae reddere. Sed tamen audebo vos interrogare:*
*Varius Sucronensis ait M. Aemilium Scaurum mercede corruptum populum Romanum*

---

223  Sucronensis *B C BAS LB*: Sucroniensis *A*.

223  Aemilium *A-C, sed cf. supra VI, 360 „Aemy-*
*lius"*.

englischen Mönchs Beda Venerabilis (ca. 672–
735) aus Northumberland zurück, von dem
nicht bezeugt ist, daß er je nach Rom gereist
ist und der über sich selbst sagt, niemals das
Meer überquert zu haben (vgl. u. a. C. Plummer, „Bede's Life and Works", in: Beda V.,
*Opera historica*, ed. C. Plummer, Oxford 1896,
S. XVI–XVII); sie gehört dem späten Mit-
telalter zu, in dem sie weithin bekannt und
verschiedenen Spruchspendern zugeschrieben
wurde: u. a. anonymen Rompilgern; Leuten,
die diese Wallfahrten kritisierten; einem Priester namens Hieronimus; Beda Venerabilis, der
Rom besucht haben soll; Protestanten, die
entweder die papstgläubige katholische Kirche oder Pilgerfahrten nach Rom verspotteten.
Die nämliche Auslegung von S.P.Q.R. taucht
u. a. in der *Cronica von der hilliger stat von
Coellen*, die 1499 von Johan Koelhoff gedruckt
wurde, auf, und zwar in drei Varianten – neben
„Stultus populus querit Romam" auch „Senex
populus querit Romam" und „Sapiens populus querit Romam" (in: *Die Chroniken der
deutschen Städte vom 14. bis ins 16 Jh.*, Bd. XIII,
Leipzig 1876, S. 366–367). Johannes Adelphus
verbindet in seinen 1508 verfassten *Facetiae
Adelphinae* die lustige Auslegung mit einem
Priester namens Hieronimus, der anlässlich
des Jubeljahres 1500 nach Rom gepilgert und
an den dortigen sittlichen Zuständen Anstoß
genommen haben soll; statt innerlich erbaut
kehrte er angeekelt von der Pilgerreise zurück
und schwur, niemals mehr nach Rom zu reisen. Als er einmal ein Buch aufschlug, fielen
seine Augen auf die Buchstaben S.P.Q.R.; da
fragte er einen zufällig anwesenden Schriftge-
lehrten, was diese denn bedeuteten. Als ihm
die Auflösung mitgeteilt wurde, interpretierte
sie der schlaue Priester aus dem Stegreif als:

„Stultus populus querit Romam" (Johannes
Adelphus, *Margarita facetiarum*, Strassburg
1508, fol. Pv^r, „De quodam solerti sacerdote
Romae scandalisato").

John Jewel, Bischof von Salisbury (1522–
1571), schrieb die Anekdote Beda Venerabilis zu, der anlässlich seiner (vermeintlichen)
Romreise sich über den gewaltigen Zustrom
von Pilgern und Touristen aufgeregt haben
soll: „… Beda, being there [i.e. in Rome], and
seeing the multitude of strangers that came
only to gaze and to see news, expounded these
four solemn letters S.P.Q.R. in this wise: ‚Stultus populus quaerit Romam' – ‚Foolish Folk
Fly to Rome'" (J. Ayre (Hrsg.), *The Works of
John Jewel*, Bd. 1, Cambridge 1845, S. 421). Wil-
liam Camden verbindet die Anekdote ebenfalls mit Beda, kritisiert jedoch die Historizität der sich um Bedas Romreise rankenden
Legenden. Vgl. Camden, *Remaines of a grea-
ter worke, concerning Great Britaine …*, London 1870, S. 256: „Some write that he [sc.
Bede] went to Rome, and interpreted there
„S.P.Q.R." *in derision of the Gothes swarming
to Rome* „Stultus populus quaerit Romam";
and that in his return, he died at Genua,
where they shew his tomb. But certain is
that he was sent for to Rome by Sergius, the
Pope, and more certain that he died at Were-
mouth, and from thence was translated to
Durham" (emphasis mine). Eine andere, noch
unglaubwürdigere Variation der Geschichte
ist, daß Beda in Rom den Ehrentitel „Venerabilis" für seine witzige Erklärung von S.P.Q.R.
bekommen haben soll (vgl. A.H. Thompson,
*Bede, his Life, Times, and Writings*, Oxford
1935, S. 13–14). In der antikatholischen Streit-
schrift *A True Narrative of the Inhumane posi-
tions and practices of the Jesuits and Papists*

*towards all good Protestant Christians* …, London 1680, prangt Bedas „Stultus populus quaerit Romam" als Motto des Buches auf der Titelseite. In Wolffgang Krügers *Catalogus et Historologia mille virorum* …, Erfurt 1616, wird die nämliche Deutung von S.P.Q.R. dem Kirchenlehrer Beda zugeschrieben, der sich damit gegen den päpstlichen Brauch, Jubeljahre auszurufen, und den damit verbundenen massiven Ablaßverkauf ausgesprochen haben soll (S. 25): „Von den Römischen Jubeljahren: Da das Volck vor Zeiten aus allen Ländern gen Rom gelauffen ist, Ablaß zu holen, hat Beda der alte Kirchenlehrer recht gesagt … ‚Stultus populus quaerit Romam' das ist ‚Viel Volcks nur aus lauter Thorheit/ Gen Rom nach Ablaß leufft und reit'". Der Nürnberger Arzt Johannes Paulus Wurffbainius schrieb die Deutung „Stultus populus quaerit Romam" ebenfalls Beda zu („ex mente Bedae", *Salamandrologia*, Nürnberg, 1683, S. 132 [recte 131]); Tobias Lohner S.J. erklärt in seiner *Bibliotheca manualis concionatoria* (c. 308, z. B. Venedig, J.J. Hertz, 1700) Bedas Deutung von S.P.Q.R. als Vorhersage des Unterganges, der den Goten zuteil werden sollte, und zwar als Strafe, daß sie das Römische Reich erobern wollten: „Beda praesagit inde Gothorum stragem Romanum imperium affectantium: ‚Stultus populus quaerit Romam'. Haeretici nostri temporis contra Pontificem sic explicarunt: ‚Sublato papa quietum regnum'. Contra catholici pro Pontificem exposuere: ‚Salus Papae quies Romae'". Vgl. auch *Badisches Magazin* 2 (1812), S. 179: „Verschiedene Auslegungen der Buchstaben S.P.Q.R.": „In der Mitte des 16. Jh. wurde in Rom eine Pasquinade bekannt, nach welcher jene Buchstaben folgendes bedeuteten: ‚Sancte Petre, quid rides!'. [Pasquino schrieb] zurück: ‚Rideo quia Papa sum!'. In den älteren Zeiten, wo noch viele Wallfahrten nach Rom geschahen, machte ein witziger Kopf folgende Auslegung: ‚Stultus populus quaerit Romam'. Ein anderer hingegen deutete sie also: ‚Sanctus Petrus Quiescit Romae'". Die genaue Quelle, aus der Er. den Witz, der zu seiner Zeit zirkulierte, bezog, liess sich nicht ausfindig machen.

*Apophth.* VI, 361 datiert auf 90–89 v. Chr., die Zeitspanne, in der die *lex Varia de maiestate* Gültigkeit hatte. Sie wurde von dem Volkstribunen Q. Varius Severus (Hybrida) durchgesetzt und zu einigen Schauprozessen gegen bestimmte *nobiles* genutzt, u.a. M. Aemilius Scaurus. Daraufhin wurde sie noch i.J. 88 wieder abgeschafft. Der Korruptionsvorwurf gegen Scaurus bezieht sich auf die Zeit,

die dem Ersten Mithridatischen Krieg (88–84) unmittelbar vorherging. Mithridates von Pontus stachelte die griech. Städte gegen Rom auf; i.J. 88 richtete der König unter den Italikern, die sich in der griech. Stadt Ephesos aufhielten (meistens Händler), ein Blutbad an. Aemilius Scaurus selbst hat den Ersten Mithridatischen Krieg nicht mehr miterlebt, er starb noch i.J. 88 v. Chr.

220–225 *quum pro rostris … repulit* Wörtliche Wiedergabe von Val. Max. III, 7, 8: „Qui cum pro rostris accusaretur quod ab rege Mithridate ob rem publicam prodendam pecuniam accepisset, causam suam ita egit: ‚Est enim iniquum, Quirites, (Quirites iniquum *ed. Bade 1510 fol. CXXIX*ʳ) cum inter alios vixerim, apud alios me rationem vitae reddere; sed tamen audebo vos, quorum maior pars honoribus et actis meis interesse non potuit, interrogare: Varius Seuerus (Seuerus *om. quaedam edd. vett.*) Sucronensis Aemilium (Aemylium *edd. vett.*) Scaurum regia mercede corruptum imperium populi Romani prodidisse ait; M. Aemilius (M. Aemylius *edd. vett.*; M. *deest in text. recept.*) Scaurum huic se adfinem esse culpae negat – vtri creditis?'. Cuius (cuius dicti *edd. vett.*) admiratione populus commotus Varium ab illa dementissima actione pertinaci clamore depulit".

220 *accusaretur* Keine Anklage im engeren, technischen Sinn, sondern eine Anschuldigung des Volkstribunen während einer Volksversammlung auf dem Comitium in Rom. Aufgrund der Reaktion des Volkes wurde der Volkstribun Varius Severus gezwungen, von einer gerichtlichen Verfolgung des Aemilius Scaurus abzusehen.

220 *Mithridate* Zu Mithridates VI. Eupator Dionysos, König von Ponto (reg. 120–63 v. Chr.) vgl. oben Komm. zu V, 437.

223 *Varius Sucronensis* **Q. Varius Severus** (Hybrida) (geb. ca. 125 v. Chr.) aus Sucro in Spanien, erster aus Spanien stammender Senator in Rom. Volkstribun i.J. 90; anscheinend guter Redner; Urheber des berüchtigten Gesetzes gegen Hochverrat (*lex Varia de maiestate*), i.e. gegen die Beihilfe fremder Mächte von Seiten römischer Senatoren bei jedwedem politisch-militärischen Machenschaften gegen das Imperium Romanum. Vgl. H.G. Gundel, *RE* VIII, A1 (1955), Sp. 387–390, s.v. „Varius", Nr. 7. Er läßt das *cognomen* „Seuerus" aus, wie einige ältere Ausgaben. Nicht identifiziert in *CWE* 38, S. 698.

223 *Aemilium* Die Baseldrucke überliefern in diesem *Apophthegma* einhellig „Aemilium" und „Aemilius", während im vorhergehenden

*prodidisse; M. Aemilius Scaurus huic culpae se affinem esse negat – vtri creditis?"*. Nomi-
225 nato tantum *acto*re et reo *populus* accusationem re*pulit.*

## C. MEMMIVS

VI, 362                                    Haeredipeta                        (C. Memmius) [77]

*C. Memmius,* quum accusaret *Bestiam reum,* cui patronus erat Scaurus, ac forte *funus
quoddam duceretur, „Vide", inquit, „Scaure, mortuus rapitur – si potes esse possessor",*
230 notans *Scaurum,* qui male audiebat, *quod Phrygionis Pompeii bona sine testamento
possideret.*

## L. CRASSVS ORATOR

VI, 363                                    Ab inexpectato                (L. Crassus orator, 10) [78]

*Quum Silus testis laesisset Pisonem* reum, cui Crassus aderat, prolato crimine, *quod*
235 *se in eum* dictum *audisse dicebat, „Potest fieri, Sile", inquit* Crassus, *„vt is, vnde te
audisse dicis, iratus dixerit?". Annuit Silus. „Potest etiam",* inquit, *„fieri, vt tu non recte
intellexeris?". Quum id quoque toto capite annuisset Silus, vt se Crasso daret,* subiecit
Crassus: *„Potest etiam fieri, vt omnino, quod te audisse dicis, nunquam audieris?".* Hoc
adeo *praeter expectationem ⟨accidit⟩, vt* Silum *testem omnium risus obrueret.*

---

239 accidit *supplevi ex Cic. loc. cit.*

Apophthegma in *C* „Aemylius" verwendet
wurde.

**C. Memmius** (gest. 104 v. Chr.); Politiker und
Redner; III Volkstribun. Vgl. F. Münzer, *RE*
XV, 1 (1931), Sp. 604–607, s.v. „Memmius",
Nr. 5. In *Apophth.* VI, 326 „Praelongi" hatte Er.
einen Witz gebracht, der sich auf C. Memmius
bezog, der sehr groß gewachsen war, nämlich
daß er beim Betreten des Forums durch den
Triumphbogen den Kopf einziehen musste;
allerdings war Er. dort bei der Textübernahme
aus der Quelle ein Fehler unterlaufen, sodaß
der Name des Volkstribuns irrtümlich als
„Menenius" angegeben wurde. Dem Gaius
Memmius widmet Er. auch *Adag.* 899 „Lacerat
lacertum Largi mordax Memmius" (*ASD* II, 2,
S. 408–409); Quelle desselben ist ebenfalls das
zweite Buch von Ciceros *De oratore* (II, 240).
C. Memmius nicht identifiziert in *CWE* 38,
S. 698.

226 *C. MEMMIVS* In dieser Form im Index
personarum.

227 *Haeredipeta* „haeredipeta", „Erbschlei-
cher", ein sehr seltenes Wort, das in den
Juvenal-Scholien (ad *Sat.* 3, 129) und im
Horaz-Kommentar des Porphyrio aus dem 3.
Jh. n. Chr. (ad *Ep.* II, 2, 191) auftritt. Vgl. *DNG*
I, Sp. 2339, s.v. „heredipeta".

*Apophth.* VI, 362 datiert auf die Zeit, in der
Calpurnius Bestia nach dem Feldzug gegen
Iugurtha aus Africa zurückkehrte (III v. Chr.).

228–231 *C. Memmius … possideret* Im Spruchteil wörtliche Wiedergabe von Cic. *De or.*
II, 283: „Bellum etiam est, cum quid (quod
*quaedam edd. vett.*) cuique sit consentaneum
dicitur, vt cum Scaurus nonnullam haberet inuidiam ex eo, quod Phrygionis Pompei
(Pompeii *edd. vett.*) locupletis hominis bona
sine testamento possederat, sederetque aduo-
catus reo Bestiae, cum funus quoddam duce-

retur, accusator C. Memmius ‚vide‘, inquit, ‚Scaure, mortuus rapitur, si potes esse possessor‘ ".

228 *Bestiam* L. Calpurnius Bestia, Volkstribun 121 v. Chr., Konsul III. Calpurnius Bestia führte als Konsul Krieg gegen Iugurtha, liess sich jedoch von ihm bestechen und gewährte ihm einen günstigen Frieden, der nicht vom Senat und Volk von Rom ratifiziert worden war. Memmius klagte ihn nach seiner Rückkehr an und setzte seine Verurteilung durch, obwohl Bestia vom Princeps senatus M. Aemilius Scaurus verteidigt wurde. Vgl. F. Münzer, *RE* III, 1 (1897), Sp. 1366–1367, s.v. „Calpurnius", Nr. 23. Nicht identifiziert in *CWE* 38, S. 698.

228 *Scaurus* Scaurus, i.e. M. Aemilius Scaurus, der in den beiden vorhergehenden Apophthegmen figurierende Konsul d.J. 115 v. Chr. Es ist unklar, auf welche Weise sich Scaurus das Erbe des Pompeius Phrygio angeeignet haben soll. Vgl. Komm. Leeman-Pinkster-Rabbie II, S. 322.

230 *Phrygionis Pompeii* Pompeius Phrygio, reicher (sonst unbekannter) Mann, dessen Vermögen der Konsul M. Aemilius Scaurus an sich reißen konnte. Vgl. F. Miltner, *RE* XXI, 2 (1952), Sp. 2250, s.v. „Pompeius", Nr. 37. Nicht identifiziert in *CWE* 38, S. 698.

232 *L. CRASSVS ORATOR* Im Index personarum wurde *Apophth.* VI, 363 irrtümlich dem Zeugen „Silus" zugeschrieben, während dieser als Zielscheibe von Crassus' spöttischer Zeugenbefragung dient. In *Apophth.* VI, 326–332 hatte Er. dem Redner L. Licinius Crassus eine Sektion von Sprüchen gewidmet, in der er ihn als „Crassus orator" (im Unterschied zu dem gleichnamigen Triumvir) bezeichnete.

233 *Ab inexpectato* Den Titel hat Er. dem Schlusssatz, mit dem Cicero die Erzählung der Anekdote beendete, entnommen. Jedoch interpretierte Er. Ciceros Bemerkung irrtümlich als analytische Angabe in Bezug auf die Art des Witzes. Tatsächlich wollte Cicero nur sagen, daß der Zeuge Piso auf diese

Weise unerwartet „untergegangen" sei, d.h. unschädlich gemacht worden sei.

234–239 *Quum Silus ... obrueret* Ganz wörtliche Wiedergabe von Cic. *De or.* II, 285: „Ab hoc vero Crasso nihil facetius; cum laesisset testis Silus Pisonem, quod se in eum audisse dixisset, ‚Potest fieri‘, inquit, ‚Sile, vt is, vnde te audisse dicis, iratus dixerit?‘ Adnuit Silus. ‚Potest etiam, vt tu non recte intellexeris?‘. Id quoque tot capite annuit, vt se Crasso daret. ‚Potest etiam fieri‘, inquit, ‚vt omnino, quod te audisse dicis, numquam audieris?‘ Hoc ita praeter expectationem accidit, vt testem omnium risus obrueret".

234 *Silus testis* Läßt sich nicht mit Sicherheit identifizieren; möglicherweise L. Sergius Silus, der Vater Catilinas, der in ärmlichen Verhältnissen lebte (für diesen vgl. F. Münzer, *RE* II, A2 [1923], Sp. 1719, s.v. „Sergius", Nr. 39), oder dessen älterer Bruder M. Sergius Silus, Quästor um d.J. 94 v. Chr. (vgl. Leeman-Pinkster-Rabbie II, S. 327).

234 *Pisonem* L. Calpurnius Piso Caesoninus (gest. 107 v. Chr.), der Erpressung angeklagt, der er sich als Statthalter Galliens i.J. 112 schuldig gemacht haben soll, von M. Aemilius Scaurus verteidigt (vgl. F. Münzer, *RE* S I [1903], Sp. 271, s.v. „Calpurnius", Nr. 88; *RE* XIV, 1 [1928], Sp. 438, s.v. „Magius", Nr. 1). Ein Hinweis auf die Anekdote aus Cic. *De or.* II, 285 wird in diesem Artikel nicht gegeben, jedoch gibt der Artikel über L. Crassus (Vgl. F. Münzer, *RE* XIII, 1 [1926], Sp. 252–267, s.v. „Licinius", Nr. 55, bes. Sp. 265) Informationen über den Prozess, bei dem es sich um eine Bestechungsklage handelte, in die auch der Präfekt des angeklagten Piso, Magius, verwickelt gewesen sei. In dem Artikel über Magius (Vgl. F. Münzer, *RE* XIV, 1 [1938], Sp. 438, s.v. „Magius", Nr. 1) findet sich die Angabe, daß es sich bei den Angeklagten in diesem Prozess um L. Piso Caesoninus handelte. L. Calpurnius Piso Caesoninus nicht identifiziert in *CWE* 38, S. 698.

237 *vt ... daret* „vt se Crasso daret", i.e. „um sich Crassus gefällig zu erweisen".

240                                    C. LELIVS

VI, 364                    EX IISDEM VERBIS RETORTVM        (C. Laelius minor) [79]

*C. Lelius cuidam malo genere nato* obiicienti sibi, quod *indignus esset suis maioribus,*
*„At Hercle“,* inquit, *„tu tuis dignus* es“. Id si dicas bono viro ex bonis prognato, laus
est; sin malo ex malis prognato, graue conuitium est.


245                                   M. CINCIVS

VI, 365                           IRRISIO RETORTA                  (M. Cincius) [80]

*M. Cincius, quo die legem de donis ac muneribus tulit, C. Centoni prodeunti* ac *satis con-*
*tumeliose* interroganti *„Quid fers, Cinciole?“, „Vt emas“,* inquit, *„si vti velis“,* notans
illum, quod donatis et commodaticiis rebus vti gauderet. Allusit autem ad illud
250   decantatum in primis, *„Emere malo quam rogare“.* [*B*] Adhaec, amphibologia est in
verbo „ferre“: fert enim, qui promulgat legem, et fert, qui portat aliquid venale.


                                  [*A*] M. LEPIDVS

VI, 366                            AB IMPOSSIBILI                  (M. Lepidus) [81]

*M. Lepidus quum ⟨caeteris⟩ in campo se*se *exercentibus ipse in herba recubuisset, „Vel-*
255   *lem“,* inquit, *„hoc esset laborare!“.* Huius generis est Terentianum illud:


242   Lelius *A-C:* Laelius *BAS LB.*
247   Centoni *A-C ut in De or. edd. vett.:* Centhoni
      *De or. text. recept.*
247   prodeunti *B C:* prodienti *A.*

249   commodaticiis *C:* commodatitiis *A B.*
250–251   Adhaec … venale *B C: deest in A.*
254   caeteris *supplevi ex Cic. loc. cit.*

240   *C. LELIVS* Jedoch „Laelius“ im Index
      personarum von *B* (s.l. „C“) und *C* (s.l.
      „L“). Es handelt sich um **C. Laelius d.J.,**
      den Freund des jüngeren Scipio Africanus
      (Aemilianus), den Konsul d.J. 140 v. Chr., der
      den Beinahmen Sapiens erhielt und der als
      Dialogperson in mehreren Schriften Ciceros
      auftritt. Vgl. F. Münzer, *RE* XII, 1 (1924), Sp.
      404–410, s.v. „Laelius“, Nr. 4; K.-L. Elvers,
      *DNP* 6 (1999), Sp. 1055–1056, s.v. „Laelius“,
      Nr. I, 2.
242–243   *C. Lelius … dignus* Weitgehend wört-
      liche Wiedergabe von Cic. *De or.* II, 286:
      „Saepe etiam facete concedas aduersario id

ipsum, quod tibi ille detrahit, vt C. Laelius,
cum ei quidam malo genere natus diceret indignum esse suis maioribus, ‚At hercule‘, inquit,
‚tu tuis dignus‘ “; *ORF*, 4. Aufl., 122.
245   *M. CINCIVS* **M. Cincius Alimentus,**
      Volkstribun 204 v. Chr., brachte während sei-
      nes Tribunats die *Lex Cincia de donis et mune-*
      *ribus* durch. Vgl. F. Münzer, *RE* III, 2 (1899),
      Sp. 2557, s.v. „Cincius“, Nr. 6.
*Apophth.* VI, 365 datiert auf das Jahr 204 v. Chr.
      Er. präsentiert es als Gegenstück von *Adag.* 220
      „Emere malo quam rogare“ (*ASD* II, 1, S. 334),
      wie seine – nicht ganz stichhaltige – Erklärung
      zeigt.

247–248 *M. Cincius quo die … velis* Cic. *De or.* II, 286: „Saepe etiam sententiose ridicula dicuntur, vt M. Cincius, quo die legem de donis et muneribus tulit, cum C. Centho (Cento *edd. vett.*) prodisset et satis contumeliose ‚Quid fers, Cinciole?‘ quaesisset, ‚vt emas‘, inquit, ‚Gai, si vti velis‘ ".

247 *legem de donis ac muneribus* Die durch ein Plebiszit zustande gekommene *Lex Cincia de donis et muneribus* regelte zivilrechtlich Schenkungen an Dritte, die nicht mit dem Geschenkgeber verwandt waren. Offensichtlich fühlte man ein Bedürfnis, derartige Übertragungen grossen Reichtums oder bedeutender Besitzungen einzuschränken, vielleicht auch, um Korruption entgegenzuwirken. Die genauen finanziellen Bestimmungen sind unbekannt. Schon in der Zeit Ciceros wurde dieses Gesetz als überholt betrachtet. Vgl. J.-D. Harke, *Römisches Recht. Von der klassischen Zeit bis zu den modernen Kodifikationen*, München 2008, S. 173–174.

247 *C. Centoni* Es handelt sich höchstwahrscheinlich um **C. Claudius Centho**, den Konsul d.J. 240 v. Chr. (Censor 217 und Diktator 213). Vgl. F. Münzer, *RE* III, 2 (1899), Sp. 2694, s.v. „Claudius", Nr. 104. Es könnte sich theoretisch auch um dessen gleichnamigen Sohn handeln; dieser kommt jedoch in minderem Masse in Betracht, da er keine nennenswerte politische Karriere gemacht hat und deswegen kaum Aufmerksamkeit erregte. Für diesen Sohn vgl. F. Münzer, *RE* III, 2 (1899), Sp. 2694–2695, s.v. „Claudius", Nr. 105. Vgl. auch Komm. Leeman-Pinkster-Rabbie II, S. 329.

247–248 *satis contumeliose* Die Herabsetzung, die Centho dem Cincius zuteil werden lässt, liegt einerseits darin, daß er ihn indirekt der Korruption bezichtigt, indem er ihn wie einen Händler darstellt, der ein „käufliches" Gesetz „anbietet", andererseits darin, daß er seinen Namen durch eine Deminutivform schmälert.

248 *Quid fers?* „Quid fers?" hat die doppelte Bedeutung „Welches Gesetz bringst du ein?" (von *legem ferre*) und „Was bietest du an?" (wie etwa ein Händler Waren); letztes bezieht sich wohl auf die weit verbreitete und tief verwurzelte Korruption, welche die römische Republik zu dieser Zeit kennzeichnete.

249 *commodaticiis rebus* „geliehene Sachen" trifft von der Sache her auf die *Lex Cincia de donis et muneribus*, die Schenkungen an Dritte regulierte, nicht zu.

249–250 *Allusit … rogare* Die erste Erklärung, die Er. dem *Apophthegma* beigab, ist nicht plausibel. Das *Adagium* ist in inhaltlicher Hinsicht nicht die Grundlage der *Lex Cincia*. Die zweite Erklärung, die Er. erst in der Ausgabe letzter Hand hinzusetzte, ist jedoch stichhaltig.

250 *Emere malo quam rogare* Vgl. *Adag.* 220 „Emere malo quam rogare" (*ASD* II, 1, S. 334), das besagt, daß „Bittkauf" teurer Kauf ist, weil er Abhängigkeiten und Verpflichtungen mit sich bringt. Daher das sprichwörtliche „lieber kaufe ich als ich um etwas bitte". Er. hat das Sprichwort aus Cic. *Verr.* IV, 6, 12 bezogen (vgl. Otto 597). Er. erklärt das *Adagium* a.a.O. wie folgt: „Quo significatum est haudquaquam gratis accipi, quod precibus emitur: imo nihil emi charius quam quod roganti datur. Durum enim illud verbum ingenuis animis ‚rogo‘ …. Translatum a veterum consuetudine, qua vicinus a vicino suppelectilem commodato rogabat, quam ipse forte domi non habebat".

252 *M. LEPIDVS* In dieser Namensform im Index personarum, wonach der in VI, 366 genannte Lepidus mit jenem von VI, 367 identisch wäre. Das ist jedoch unwahrscheinlich, da Er.’ Quelle, Ciceros *De oratore*, den ersten nur als M. Lepidus, den zweiten jedoch als M. Lepidus den Zensor bezeichnet. Letzter läßt sich klar als M. Aemilius Lepidus, Konsul d.J. 187 und 175, identifizieren. Der Sprecher von VI, 366 ist wohl eine andere Person, die diesen Namen trägt, die jedoch nicht mit letzter Sicherheit identifizierbar ist. Vgl. Komm. von Leeman-Pinkster-Rabbie II, S. 329.

254–255 *M. Lepidus quum in campo … laborare* Wörtliche Wiedergabe von Cic. *De or.* II, 287: „Saepe etiam salse, quae fieri non possunt, optantur, vt M. Lepidus, cum ceteris se (se *om. quaedam edd. vett.*) in campo exercentibus ipse in herba (in herba ipse *quaedam edd. vett.*) recubuisset, ‚Vellem hoc esset‘, inquit, ‚laborare‘ ".

254 *in campo sese exercentibus* Es handelt sich zweifellos um Übungen von Soldaten; der M. Lepidus von VI, 366 muss also ein militärisches Amt ausgeübt oder ein *imperium* innegehabt haben. Da dieser „M. Lepidus" sich nicht an den soldatischen Übungen beteiligt, sondern sich ins Gras legt, wird er durch das *Apophthegma* als ein Faulenzer charakterisiert.

„*Quam vellem, mos esset amicis etiam noctu operam dare!*".

Optat enim adolescens, quod fieri non potest.


## M. LEPIDVS CENSOR

VI, 367                                    Salse     (M. Aemilius Lepidus Censor) [82]

260    Quum M. *Lepidus censor M. Antistio Pyrgensi equum* ignominiae causa *ademisset* et
*amici vociferantes quaererent, quid ille patri sui responsurus esset, quur ademptum sibi
equum diceret, quum optimus colonus, parcissimus, modestissimus* ac *frugalissimus esset,*
„dicat", *inquit,* „*me nihil* horum *credere*". In simili argumento lusit Augustus, sed
ciuilius: „*dic me tibi displicuisse*".


265                                          POMPONIVS

VI, 368               Fides erga patriam                          (Pomponius) [83]

*Pomponius vir insignis* multis *vulneribus* in bello *acceptis quum ad Mithridatem adductus ab eo* quaereretur, *an, si curaret eum,* vellet *sibi esse amicus,* „*Si tu*", inquit, „*Romanis
amicus fueris,* me quoque amicum habebis".

---

256 *Quam vellem … dare* Ter. *Ad.* 532 (IV,
  1): „SYRUS: Vah, quam vellem etiam noctu
  amicis operam mos esset dari!".
257 *Optat enim adolescens* Er. irrt sich: Die
  zitierten Worte spricht nicht der *adolescens*
  Ctesipho (der Sohn des Demea), der sich
  in die Sklavin Bacchis verliebt hat, sondern
  der schlaue Sklave Syrus. In der Szene IV,
  1 sucht Ctesipho verzweifelt ein Alibi, um
  seinem strengen Vater zu erklären, warum er
  in der nämlichen Nacht nicht nach Hause
  gekommen ist. Syrus schlägt ihm vor zu sagen,
  er hätte einem Freund oder Klienten einen
  Dienst erwiesen. Der wenig einfallsreiche,
  blauäugige Ctesipho sagt, das geht ja gar nicht,
  weil man nicht in der Nacht einem Freund
  oder Klienten einen Dienst erweisen könne.
  Das würde ihm der Vater niemals abnehmen.
  Da ruft Syrus aus: „Uff, wie gerne wollte
  ich, daß es der Brauch wäre, Freunden (und
  Klienten) auch in mitten der Nacht Dienste
  zu erweisen!". Da sich Er. in der Zuschreibung
  des Verses irrt, ruht auch seine Erklärung
  des Apophthegmas auf tönernen Füssen. Der

Ausruf des Sklaven Syrus ist natürlich kein
ernst gemeinter Wunsch, sondern ein komisch
gemeintes Aufstöhnen über die Blödigkeit des
Ctesipho, dem er helfen will, während dieser
es nicht zulässt. Vgl. auch Komm. in *CWE* 38,
S. 699.
**M. Aemilius Lepidus** (ca. 235–153/2 v. Chr.),
  Konsul d.J. 187 und 175 und Censor i.J. 179
  v. Chr.; sechsmal Princeps senatus, seit 199
  Pontifex, 180 zum Pontifex maximus gewählt.
  Bauherr der Via Aemilia von Placentia (Piacenza) nach Ariminum (Rimini), Gründer der
  röm. Kolonien von Parma und Modena, Bauherr des Diana-Tempels am Circus Flami-
  nius und der Basilica Aemilia auf dem Forum.
  Während seiner Zensur errichtete er nicht
  nur die nämliche Basilica, sondern auch den
  Pons Aemilius und das Apollo-Theater. Vgl.
  E. Klebs, *RE* I, 1 (1893), Sp. 552–553, s.v. „Aemilius", Nr. 68.
258 *M. LEPIDVS CENSOR* „M. Lepidus" im
  Index personarum.
*Apophth.* VI, 367 datiert auf d.J. 179–175 v. Chr.,
  die Zensur des M. Lepidus.

**260–263** *Lepidus … credere* Cic. *De or.* II, 287: „Salsum est etiam quaerentibus et quasi percontantibus lente respondere, quod nolint (nollent *edd. vett.*), vt censor Lepidus, cum M. Antistio Pyrgensi equum ademisset amicique cum vociferarentur et quaererent, quid ille patri suo responderet, cur ademptum sibi equum diceret, cum optimus colonus, cum (cum *deest in edd. vett.*) parcissimus, modestissimus, frugalissimus esset; ‚Me istorum‘, inquit, ‚nihil credere‘ “.

**260** *M. Antistio Pyrgensi* M. Antistius, ein weiter unbekannter Ritter aus dem Städtchen Pyrgi, dem M. Aemilius Lepidus als Censor im Jahre 179 sein Standessymbol, das Ritterpferd, abnahm. Vgl. E. Klebs, *RE* I, 2 (1894), Sp. 2547, s.v. „Antistius“, Nr. 17.

**263** *Augustus* Er. verschweigt die Zielscheibe von Augustus' zynischem Witz, den Präfekten Herennius.

**264** *dic … displicuisse* Macr. *Sat.* II, 4, 6: „Vrbanitas eiusdem (sc. Augusti) innotuit circa Herennium deditum vitiis iuuenem. Quem cum castris excedere iussisset et ille supplex hac deprecatione vteretur ‚Quomodo ad patrias sedes reuertar? Quid patri meo dicam?‘, respondit: ‚Dic me tibi displicuisse‘ “ (Vgl. ed. Ald. fol. 158r); Quint. *Inst.* VI, 3, 64: „… dixit Augustus praefecto, quem cum ignominia mittebat, subinde interponenti precibus ‚quid respondebo patri meo?‘ ‚dic, me tibi displicuisse‘ “. Er. kannte beide Quellen und benutzte sie auch im sechsten Buch der *Apophth.*

**265** *POMPONIVS* In dieser Form im Index personarum. Der hier genannte **Pomponius** diente unter L. Lucullus als Reiteranführer im Dritten Mithridatischen Krieg (74–63 v. Chr.). Die Anekdote bezieht sich auf d.J. 71 v. Chr., in dem Pomponius in einem Reitergefecht schwer verletzt wurde und in die Gefangenschaft des Mithridates geriet. Seine Standhaftigkeit erregte bei dem König große Bewunderung und bewirkte seine Begnadigung. Vgl. H.-G. Gundel, *RE* XXI 2 (1952), Sp. 2325 s.v. „Pomponius“.

**267–268** *Pomponius … Romanis* Im Spruchteil unvollständige Wiedergabe von Plut. *Luc.* 15, 2, wobei Er. ausschliesslich von der latein. Übers. des Leonardo Giustiniani ausging: „Captus est in eo congressu Pomponius vir insignis. Qui cum acceptis vulneribus ad Mithridatem ductus fuisset rogareturque ab eo, si curatus ⟨esset⟩, ei foret amicus, ‚Si tu‘, inquit Pomponius, ‚Romanis amicus fueris; sin autem, me quoque inimicum habebis‘. Mithridates clarissimi viri constantiam admiratus ab omni penitus in eum iniuria temperauit“ (ed. *Bade 1514, fol. CCr*). Vgl. den griech. Text: Πομπώνιος δ' ἀνὴρ οὐκ ἄδοξος ἑάλω τετρωμένος καὶ πρὸς τὸν Μιθριδάτην ἀνήχθη κακῶς ὑπὸ τραυμάτων διακείμενος. πυθομένου δὲ τοῦ βασιλέως, εἰ σωθεὶς ὑπ' αὐτοῦ γενήσεται φίλος, „Ἂν γε δή“, ἔφη, „Ῥωμαίοις διαλλαγῆς (διαλλαγῆς *Perrin*, διαλλαγῆς *Ald.*)· εἰ δὲ μή, πολέμιος“.

**267** *Mithridatem* Zu Mithridates VI. Eupator Dionysos, König von Pontos 120–63 v. Chr. vgl. oben Komm. zu V, 437.

**268** *si curaret eum* Giustiniani hatte εἰ σωθεὶς („wenn er ihm das Leben schenke“) etwas unglücklich mit „wenn er geheilt werde“ übersetzt. Diese Fehlübersetzung übernahm Er. und verschlimmbesserte sie zu dem etwas kuriosen: „wenn er (der König Mithridates) ihn heile“.

**269** *amicum habebis* Er. hat das Apophthegma einigermassen schlampig wiedergegeben, weil er den zweiten Teil desselben – der gleichwohl für die *constantia* des Pomponius besonders bezeichnend ist – ausliess: „Wenn du mit den Römern nicht Frieden schliesst, wirst du mich weiterhin zum Feind haben“, d.h. Pomponius bezeigte sich in keiner Weise gesonnen, das Gnadenangebot des Königs anzunehmen.

270                                    SPVRINA ARVSPEX

VI, 369                          DIVINATIO                 (Spurinna haruspex) [84]

*Spurina aruspex admonuit* C. Caesarem, *caueret* discrimen ingens, *quod vltra* Calendas [i.e. Idus] *Martias non proferretur.* Eo die quum iret in senatum, Spurinae forte
obuio, „Quid ais?", inquit, „Nonne venere Calendae [i.e. Idus] *Martiae?". „Venere",*
275  inquit, *„sed non*dum *praeteriere".* Nam eodem die caesus est Caesar.

                                       SPARTACVS

VI, 370                          BARBARICE                        (Spartacus) [85]

*Spartaco* in Crassum *omnes* mouenti *copias* quidam *equum* dono obtulit. At ille, „*Si
vicero",* inquit, *„plurimos ex hoste equos habiturus sum.* Si *victus* fuero, *nec hic mihi*
280  futurus est vsui", simulque *cum dicto equum gladio transuerberatum interemit.*

---

272  Spurina *A-C ut in Suet. Div. Iul. ed. ab Erasmo 1518*: Spurinna *Suet. text. recept.*

272  aruspex *A-C ut in Suet. Div. Iul. ed. ab Erasmo 1518.*

**Spurinna**, etruskischer Haruspex, der großen
Ruhm dadurch erlangte, daß er den Diktator
Caesar vor der ihm bis zu den Iden des März
drohenden Gefahr warnte. Vgl. F. Münzer,
*RE* III, A2 (1929), Sp. 1888, s.v. „Spurinna",
Nr. 2; J. Bartels, *DNP* 11 (2001), Sp. 872, s.v.
„Spurinna".
270  *SPVRINA ARVSPEX*   In dieser Form im
Index personarum.
*Apophth.* VI, 369 datiert auf den 15. März 44
v. Chr., den Tag der Ermordung Caesars
im Theater des Pompeius. Ein unglücklicher
Flüchtigkeitsfehler brachte mit sich, daß Er.
selbst in dem nämlichen Apophthegma die
Ermordung Caesars auf dem 1. März („Calendas Martias", 2 mal) datierte. Der Fehler des
Er. war folgenreich: Er hat sich in der Gesamtausgabe *BAS* sowie in den künftigen Ausgaben der *Apophthegmata* hartnäckig gehalten
und tritt sogar noch in *LB* auf. Auch Lycosthenes entdeckte den kuriosen Fehler nicht:
Er druckt das zweimalige falsche „Calendas
Martias"/„Calendae Martiae" (S. 258), wobei
er sich auch noch unglücklicherweise auf
Brusoni als Quelle beruft. Brusoni hatte sich
diesen Fehler nicht zuschulden kommen lassen. Vgl. Brusoni (1518) VII, 20: „Spurina,
quum praedixisset Caesari, vt XXX illos dies

sibi caueret, quorum vltimus erat Idus Martiae, atque vterque domum Caluini venisset, Caesar ait: ‚Ecquid scis Idus Martias iam
venisse?', et is ‚Ecquid scis illas non preteri-
isse?'. Atque omen non vanum fuit, subsecuta
Caesaris morte".
272–275  *Spurinna … praeteriere*  Stark gekürzte,
paraphrasierende Wiedergabe von Suet. *Caes.*
81, 1–2: „Sed Caesari futura caedes euidentibus
prodigiis denunciata est. … (2:) Et immolan-
tem haruspex (Aruspex *ed. Erasm. 1518 p. 22*)
Spurinna (Spurina *ed. Erasm. 1518*) monuit,
caueret periculum, quod non vltra Martias
Idus proferretur. Pridie autem easdem Idus
auem regaliolum cum laureo ramulo Pompei-
anae Curiae se inferentem volucres varii generis ex proximo nemore persecutae ibidem dis-
cerpserunt. Ea vero nocte, cui inluxit dies caedis, et ipse sibi visus est per quietem interdum supra nubes volitare, alias cum Ioue dex-
tram (dextras *ed. Erasm. 1518*) iungere; et Calpurnia vxor imaginata est conlabi (collabi *ed.
Erasm. 1518*) fastigium domus maritumque in
gremio suo confodi; ac subito cubiculi fores
sponte patuerunt. Ob haec simul et ob infir-
mam valitudinem diu cunctatus, an se con-
tineret et quae apud senatum proposuerat,
agere differret, tandem Decimo Bruto adhort-

ante, ne frequentis (frequentes *ed. Erasm. 1518*) ac iam dudum opperienteis (opperientes *ed. Erasm. 1518*) destitueret, quinta fere hora progressus est libellumque insidiarum indicem ab obuio quodam porrectum libellis ceteris, quos sinistra manu tenebat, quasi mox lecturus commiscuit. Dein pluribus hostiis caesis, cum litare non posset, introiit curiam spreta religione Spurinnamque (Spurinamque *ed. Erasm. 1518*) irridens et vt falsum arguens, quod sine vlla sua noxa Idus Martiae adessent, quamquam is venisse quidem eas diceret, sed non praeterisse". Für das Apophthegma vgl. auch Plut. *Caes.* 63, 5–6 und Val. Max. VIII, 11, 2: „Spurinnae quoque in coniectandis deorum monitis efficacior scientia apparuit quam vrbs Romana voluit. Praedixerat C. Caesari, vt proximos xxx dies quasi fatales caueret, quorum vltimus erat Idus Martiae. Eo cum forte mane vterque in domum Caluini Domiti ad officium conuenisset, Caesar Spurinnae ‚Ecquid scis Idus iam Martias venisse?', at is ‚Ecquid scis illas nondum praeterisse?' abiecerat alter timorem …".

272–273 *Calendas* „Calendas Martias" ist ein kurioser Irrtum des Er.' nicht nur angesichts der Tatsache, daß die „Iden des März" sprichwörtlichen Charakter hatten. In Er.' Textvorlage, Sueton, stand das richtige „Martias Idus"; hinzu kommt, daß Er. seine Textvorlage, Suetons Kaiserbiographien, selbst ediert hatte. Bemerkenswert ist auch, daß Er. in VI, 369 denselben Fehler gleich zweimal macht.

276 *SPARTACVS* Der Gladiator **Spartacus** entfloh i.J. 73 v. Chr. in Capua aus der Gladiatorenschule des Gn. Cornelius Lentulus Batiatus zusammen mit 70 Kollegen; er sammelte in der Folge ein Heer von Sklaven aus den Latifundien Süditaliens und zettelte eine Rebellion an, die erstaunlich lange dauerte und anfänglich erfolgreich war (73–71 v. Chr.). Rom griff letztlich zu schweren Mitteln: M. Licinius Crassus (Dives, cos. 70 v. Chr.) wurde mit einem Sonderkommando ausgestattet, um den Aufstand niederzuschlagen. Vgl. B. Onken, *DNP* 11 (2001), Sp. 795–796, s.v. „Spartacus"; F. Münzer, *RE* III, A2 (1929), Sp. 1528–1536, s.v. „Spartacus".

*Apophth*. VI, 370 datiert auf die Entscheidungsschlacht des Sklavenkrieges, die im J. 71 v. Chr. stattfand, nachdem Marcus Licinius Crassus mit acht Legionen das Sklavenheer in den äussersten Süden abgedrängt und bei Rhegium eingeschlossen hatte. Als Spartacus vernahm, daß Pompeius mit weiterer Verstärkung herankam, stellte er sich zur Schlacht, in der sein Sklavenheer gänzlich aufgerieben wurde und er sein Leben verlor.

278–280 *Spartaco … interemit* Plut. *Crass.* 11, 6. Er gestaltete den Text nach der latein. Übers. des Guarino da Verona: „Tandem vrgente necessitate Spartacus copias omnes in aciem deduxit. Quumque sibi ex astantibus quidam equum adduceret, gladium educens, ‚victor', inquit, ‚plurimos et optimos ex hostibus equos habiturus sum; victo autem ne huius quidem mihi opus erit'. His dictis equum gladio transuerberatum interemit" (*ed. Bade 1514, fol. CCXVIII*ᵛ). Vgl. den griech. Text: τὴν ἀνάγκην (τὴν ἀνάγκην *Perrin*, ὁρῶν τὴν ἀνάγκην *ed. Ald. fol. 180*ᵛ) ὁ Σπάρτακος ἅπαν παρέταξε τὸ στράτευμα. καὶ πρῶτον μὲν τοῦ ἵππου προσαχθέντος αὐτῷ σπασάμενος τὸ ξίφος καὶ εἰπὼν ὅτι νικῶν μὲν ἔχοι πολλοὺς ἵππους καὶ καλοὺς τῶν πολεμίων, ἡττώμενος δὲ οὐ δεῖται, κατέσφαξε τὸν ἵππον.

278 *Crassum* Für den Triumvir Marcus Licinius Crassus (ca. 115–53 v. Chr.), einen der bedeutendsten Feldherren und Politiker des 1. Jh. v. Chr., vgl. oben Komm. zu V, 457. Er widmete ihm im fünften Buch eine Sektion von Sprüchen (V, 457–465). Crassus hatte gerade die Prätur bekleidet, als man ihm ein besonderes proconsularisches Imperium zur Niederwerfung des Sklavenaufstandes erteilte.

278 *dono obtulit* „dono obtulit" entsprang der Phantasie des Er., und ist in der Sache abwegig. Wer hätte ihm kurz vor der Entscheidungsschlacht ein Pferd „schenken" können? Der Mann, der zweifellos selbst zum Sklavenheer gehörte, brachte dem Anführer das Pferd aus praktischen Gründen. Spartacus hatte offensichtlich den Verstand verloren; er war nicht mehr in der Lage, einzusehen, daß ihm das Pferd in der Schlacht sehr nützlich sein könnte.

## QVIDAM [i.e. M. FAVONIVS]

VI, 371                          POTENTIA INVIDIOSA                    (Anonymus, i.e. M.
                                                                        Fauonius) [86]

Quum Pompeius graui laboraret inuidia propter immodicam potentiam et ob vulnus
285  *fascia* linea tibiam vinctam haberet, dixit aliquis: „Quid *refert,* vbi gestet *diadema*, in
capite an in *crure*?“. Nam candidum amiculum [i.e. fascia] olim erat insigne regum.

## QVIDAM [i.e. POSSIDONIVS]

VI, 372                          AMICITIAE FIDVCIA                     (Anonymus, i.e.
                                                                        Possidonius) [87]

290  Quoniam Fabius contando eludebat hostem, quum Marcellus viribus vrgeret Annibalem, ille dictus est clypeus Romanorum, hic ensis, quod illi praecipuum studium
fuit, ne quid cladis acciperent Romani, alteri, vt hostem perimeret.

286  candidum amiculum *A-C*: fascia *BAS LB*.        288  Amicitiae fiducia *C*: Clypeus Gladius *A B*.

281 *QVIDAM* Er. verschweigt hier den Namen des Apophthegma-Spenders, während er in seiner Quelle, Valerius Maximus, klar angegeben wird: der Senator **Marcus Favonius**, der Anhänger des Pompeius, der oben in *Apophth.* VI, 253 eine wichtige Rolle gespielt hatte. Vgl. Komm. ad loc.

284 *Pompeius* Cn. Pompeius Magnus (106–48 v. Chr.).

285–286 *refert … crure* Val. Max. VI, 2, 7 („De Fauonio" *ed. Bade 1510, fol. CCXXXVIII*ᵛ): „Cui (sc. Pompeio) candida fascia crus alligatum habenti Fauonius ‚Non refert', inquit (inquit refert *ed. Bade 1510*), ‚qua in parte sit corporis (corporis sit *ed. Bade 1510*) diadema', exigui panni cauillatione regias ei vires exprobrans".

286 *amiculum* Die Bezeichnung der Schienbeinbinde als „Mantel" oder „Überwurf" ist kurios und läßt sich nicht recht nachvollziehen. Er. war mit dem Brauch der Haarbinde als Diadem und Symbol königlicher Würde vertraut (vgl. *Apophth.* VI, 274). In *BAS* wurde „amiculum" sinngemäß richtig durch „fascia" ersetzt.

287 *QVIDAM* Auch hier verschweigt Er. den Namen des Apophthegma-Spenders (**Possidonius**), während er in der Quelle klar angegeben ist.

290 *Fabius* Für Q. Fabius Maximus Verrucosus, den bedeutenden General im 2. Pun. Krieg und sprichwörtlichen Cunctator, vgl. oben Komm. zu V, 270.

290–292 *Fabius … alteri* Er. hat hier Plut. *Fab. Max.* 19, 3 in freier, stark gekürzter Form wiedergegeben: διὸ τοῦτον μὲν ὁ Ποσειδώνιός φησι θυρεόν, τὸν δὲ Μάρκελλον ξίφος ὑπὸ τῶν Ῥωμαίων καλεῖσθαι, κιρναμένην δὲ τὴν Φαβίου βεβαιότητα καὶ ἀσφάλειαν τῇ Μαρκέλλου συνηθείᾳ σωτήριον γενέσθαι τοῖς Ῥωμαίοις. Vgl. die latein. Übers. des Guarino da Verona: „Idcirco Possidonius hunc ait scutum, illum vero ensem a Romanis nuncupatum esse. Tolerantiam etiam Fabii, ac tute pugnandi morem, audaciae et promptitudini Marcelli admistum, ferunt Romanis salutarem fuisse" (*ed. Bade 1514, fol. LXXVI*ᵛ).

290 *Marcellus* Für M. Claudius Marcellus, röm. Politiker und General im 2. punischen Krieg vgl. oben Komm. zu V, 270.

## DIVERSORVM GRAECORVM APOPHTHEGMATA

### ANYTVS

295   VI, 373                        Amicitiae fidvcia                        (Anytus) [88]

*Anytus, amicorum Alcibiadis* vnus, *eum ad coenam rogarat. Ille recusauit, sed domi*
bene potus, cum famulis [i.e. amicis] comessabundus irrupit, stansque *ad ostium*
coenaculi *iussit famulos* vasa diripere et *ad suas aedes deferre.* Qui fere dimidium
asportarunt. *Aliis conuiuis Alcibiadis* violentam *superbiam* criminantibus *Anytus dixit*
300   *illum humaniter egisse, cui quum totum auferre licuerit, dimidium ipsi reliquisset.*

### HIPPOMACHVS ALIPTES

VI, 374                           Institvtio          (Hippomachus aliptes, 1) [89]

*Hippomachus aliptes quum aliquando videret adolescentes, quos exercebat, e foro carnes*
ef*ferentes, dicebat se procul agnoscere suos esse discipulos,* quod institutio reluceat in
305   omnibus dictis ac factis hominis.

---

303  aliptes *C (cf. ind. person. C et Plut. De cupidi-*
*tate vers. ab Erasmo 1530)*: Aliptes *A B.*

Er. übertitelt die letzte Abteilung des sechsten
Buches (VI, 373–594) mit „Sprüche verschiedener Griechen". Die Mehrzahl der Spruchspender sind griechischer. Herkunft, jedoch
weicht Er. in einer Reihe von Fällen davon ab.
Die Spender von nicht weniger als 25 Apophthegmen sind Römer, jene von 10 weiteren
entstammen verschiedenen Nationen (Perser,
Ägypter, Kelten). Ein Apophthegma durch-
bricht Er.' Prinzip, daß die Sprecher historische Personen sein sollen, insofern die Spruchspender Tiere, Vögelchen („auiculae"), sind
(VI, 594). In VI, 424–440 werden die „Sprüche verschiedener Griechen" von einer längeren Sektion mit römischen Spruchspendern
unterbrochen, die sowohl aus der Römischen
Republik als auch aus der Kaiserzeit stammen,
von Appius Claudius Caecus aus dem 3. Jh. v.
Chr. bis zu Kaiser Nero. Die *Apophthegmata*
VI, 392–398 bilden eine Sequenz von Sprüchen, die orientalischen Herrschern gewidmet
ist (Pharaonen, König Kroisos von Lydien,
etc.). Auffällig ist die lange Sektion mit den

Sprüchen des Kitharöden Stratonikos (insgesamt 44, VI, 442–485), somit die längste Sektion, die im sechsten Buch einem individu-
ellen Spruchspender zugeteilt wird. Er.' Vorliebe für Stratonikos geht auch aus den *Ada-*
*gia* hervor, wo er zahlreiche seiner Sprüche
aufgenommen hat (vgl. unten Komm. zu VI,
442). Die Hauptquelle für die Stratonikos-
Sektion sind Athenaios' *Deipnosophistae,* die
auch sonst im letzten Abschnitt des sechsten Buches eine vorrangige Rolle spielen (VI,
373–594). Das gilt auch für einen längeren
Abschnitt, der griech. Parasiten (VI, 498–
518), und einen weiteren, der griech. Hetären („meretrices") gewidmet ist (VI, 558–582).
Weiter springt ein Abschnitt ins Auge, der
die Sprüche griechischer und römischer Dichter, v.a. Schauspieldichter, enthält (VI, 399–
408). Weiter gibt es einen längeren Abschnitt
mit den Sprüchen bildender Künstler, insgesamt 27 (VI, 519–535), in dem Er. das
35. Buch von Plinius' *Naturalis historia* als
Hauptquelle benutzt. In den letzten beiden

Abschnitten des sechsten Buches bekommen die Frauen das Sagen, mit insgesamt 45 Apophthegmen (VI, 558–593). Der erste und längere Teil der Frauensprüche ist Hetären gewidmet (VI, 558–581), etwa ein Viertel anderen Frauen (VI, 582–593). Dieser letzte Abschnitt führt eine bunte Palette von persischen, makedonischen, römischen, athenischen und keltischen Damen vor. Das Schlußapophthegma des sechsten Buches ist gewissermassen ein ‚Kuckucksei‘: Statt einer historischen Person sprechen überraschenderweise die kleineren Vögel zu ihrem argwöhnisch beäugten Feind, dem Kuckuck, der das Sinnbild des Tyrannen darstellt.

294 *ANYTVS* In dieser Form im Index personarum von *C*; in jenem von *B* jedoch als „ANITUS“. **Anytos** (4./3. Jh. v. Chr.); Stratege im peloponnesischen Krieg; einer der einflussreichsten Politiker Athens. Er gehörte zu den Liebhabern des Alkibiades und verkehrte mit Sokrates, zählte aber später zu dessen Anklägern. Vgl. M. Meier, *DNP* 1 (1996/9), Sp. 820, s.v. „Anytos“; J. Kirchner, *RE* I, 2 (1894), Sp. 2656, s.v. „Anytos“, Nr. 3.

296–300 *Anytus ... reliquisset* Gekürzte und ungenaue Wiedergabe von Plut. *Alcib.* 4, 4–5 (*Vit.* 193), wobei Er. den griech. Text selbst ins Lateinische übertrug: τοῖς δ᾽ ἄλλοις ἐρασταῖς χαλεπὸν ὄντα καὶ δυσχείρωτον, ἐνίοις δὲ καὶ παντάπασι σοβαρῶς προσφερόμενον, ὥσπερ Ἀνύτῳ τῷ Ἀνθεμίωνος. ἐτύγχανε μὲν γὰρ ἐρῶν τοῦ Ἀλκιβιάδου, ξένους δε τινας ἑστιῶν ἐκάλει κἀκεῖνον ἐπὶ τὸ δεῖπνον. ὁ δὲ τὴν μὲν κλῆσιν ἀπείπατο, μεθυσθεὶς δ᾽ οἴκοι μετὰ τῶν ἑταίρων ἐκώμασε πρὸς τὸν Ἄνυτον, καὶ ταῖς θύραις ἐπιστὰς τοῦ ἀνδρῶνος καὶ θεασάμενος ἀργυρῶν ἐκπωμάτων καὶ χρυσῶν πλήρεις τὰς τραπέζας, ἐκέλευσε τοὺς παῖδας τὰ ἡμίση λαβόντας οἴκαδε κομίζειν πρὸς αὐτόν, εἰσελθεῖν δ᾽ οὐκ ἠξίωσεν, ἀλλὰ ταῦτα πράξας ἀπῆλθε. τῶν οὖν ξένων δυσχεραινόντων καὶ λεγόντων ὡς ὑβριστικῶς καὶ ὑπερηφάνως εἴη τῷ Ἀνύτῳ κεχρημένος ὁ Ἀλκιβιάδης, „ἐπιεικῶς μὲν οὖν“, ὁ Ἄνυτος ἔφη, „καὶ φιλανθρώπως· ἃ γὰρ ἐξῆν αὐτῷ (αὐτοῦ *ed. Ald.*) λαβεῖν ἅπαντα, τούτων ἡμῖν τὰ μέρη καταλέλοιπεν“.

296 *Alcibiadis* Zu Alkibiades (ca. 450–404/3 v. Chr.) siehe oben Komm. zu V, 184.

**Hippomachos**, Olympiasieger im Faustkampf, später Sportlehrer. Vgl. J. Sundwall, *RE* VIII, 2 (1912), Sp. 1878, s.v. „Hippomachos“, Nr. 1.

301 *HIPPOMACHVS ALIPTES* In dieser Form im Index personarum von *B*, „aliptes“ kleingeschrieben in jenem von *C*.

303–304 *Hippomachus ... discipulos* Plut. *Dio* 1, 4 (*Vit.* 958). Leicht variierende Wiedergabe der lat. Übers. des Guarino da Verona: „Nam sicut Hippomachus Aliptes, quum exercitatos instructosque ab se adolescentes ferentes e foro carnes aliquando vidisset, se illos ex suis esse procul agnoscere dictitauit“ (*ed. Bade 1514, fol. CCLXXXV*ᵛ). Vgl. den griech. Text: ὡς γὰρ Ἱππόμαχος ὁ ἀλείπτης ἔλεγε τοὺς γεγυμνασμένους παρ᾽ αὐτῷ (αὐτοῦ *ed. Ald. fol. 310*ʳ) καὶ κρέας ἐξ ἀγορᾶς ἰδὼν φέροντας ἐπιγνῶναι πόρρωθεν.

303 *aliptes* Wie aus der Großschreibung in *A* und *B* abzuleiten ist, hat Er. „Aliptes“ dort als Eigennamen aufgefasst. ἀλείπτης bedeutet jedoch schlicht „Trainer“. Die Fehldeutung hat Er. im vorl. Fall von Guarino da Veronas gedruckter Übers. übernommen, in der „Aliptes“ ebenfalls unübersetzt geblieben war und großgeschrieben wurde (ed. Bade 1514, fol. CCLXXXV ᵛ). In seiner eigenen Übers. von Plutarchs Traktat *De cupiditate diuitiarum* (ed. 1514 bei Froben) faßte Er. „Aliptes“ ebenfalls als Eigennamen auf (fol. 22ᵛ: „Hippomachus Aliptes ...“), jedoch kleingeschrieben in der zweiten Ausgabe i.J. 1530 (ed. Cratander, fol. 196D) und in der *C*-Ausgabe der *Apophthegmata*. Das griech. Lehnwort „aliptes“ kommt in der latein. Literatur hin und wieder vor, bedeutet dort jedoch stets einen bestimmten Typus eines Sklaven im Dienst eines römischen Herren: jenen, der für die körperliche Versorgung zuständig war, vom Abreiben nach dem Bade bis zur Diät (vgl. *DNG* I, Sp. 242, s.v. „alipta“). Hippomachus war freilich ein freier Mann. Dennoch weist der Befund der Kleinschreibung von „aliptes“ in *C* und der zweiten Ausgabe der Übers. von *De cupiditate diuitiarum* darauf hin, daß Er. sich in zweiter Instanz dafür entschied, das Wort nicht als Eigennamen aufzufassen.

304–305 *quod institutio ... hominis* Er.’ Auslegung ist im Grunde eine stark gekürzte Wiedergabe der Erklärung des Plutarch, a.a.O., in Guarino da Veronas Übers.: „Sic et doctorum hominum studia ac disciplinae res eorum gestas pari virtutis ratione prosequantur est necesse, quae concretum quendam et similem eis aptitudinem afferant cum decore“ *(ed. Bade 1514, fol. CCLXXXV*ᵛ).

VI, 375 (Hippomachus aliptes, 2) [90]

[B] *Quibusdam laude* vehentibus procerum *quempiam ac praelongis manibus homi-*
*nem, tanquam ad pugilum certamen idoneum, „Sane", inquit, „si pendens in alto corona*
*esset detrahenda".*

310 ## [A] DEMADES

VI, 376 TVRBA SINE DVCE (Demades, 1) [91]

*Demades orator* vita defuncto *Alexandro dixit se videre exercitum Macedonum* principe orbatum *Cyclopi similem*, sentiens turbam militum, nisi adsit dux cordatus ac
vigilans, nulli esse vsui. Quemadmodum Polyphemus adempto oculo frustra vastum
315 corpus ac vires habebat immanes.

VI, 377 ARTE TRACTATA PLEBS (Demades, 2) [92]

Idem *quaestor populo* huc persuaso, *vt iis, qui ab Alexandro desciuerant, triremes*
*auxiliares mitterent, iubentique, vt ilico pecunias depromeret, „Paratae sunt", inquit,*
*„pecuniae, o viri Athenienses, quas in congios deposueram, vt singuli minae dimidium*
320 *acciperetis. Verum si has mauultis* in hunc vsum *erogari, per me quidem, vt vestris, sicuti*
*lubet, vtamini licet".* Hoc sermone fregit impetum populi nolentis illa distributione
spoliari. Sic interdum, vt indomitae beluae, arte ad meliora consilia auocandus est
populus.

VI, 378 SOBRIETAS (Demades, 3) [93]

325 *Prandens apud Phocionem quum apparatum* admodum tenuem *videret, „Demiror",*
*inquit, „o Phocion, te rempublicam administrare, quum possis ad istum prandere mo-*

---

307–309 Quibusdam ... detrahenda B C: *desunt*    317 huc *A B BAS LB:* huic *C.*
*in* A.

307–309 *Quibusdam ... detrahenda* Plut. *De*
*cupiditate diuitiarum* 1, 1, *Mor.* 523C–D. Er.
wiederholte im Wesentlichen seine eigene
Übers.: „Hippomachus aliptes (Aliptes *ed. Fro-*
*ben 1514 fol. 22ᵛ*: aliptes *ed. Cratander 1530,*
*fol. 196D, ASD*), quibusdam laude efferentibus
praelongum quempiam ac praelongis manibus hominem, tanquam ad pugilum certamen
ideoneum, ‚Sane', inquit, ‚si suspensa in alto
corona foret detrahenda'" (*ASD* IV, 2, S. 251).
Vgl. den griech. Text: Ἱππόμαχος ὁ ἀλείπτης

ἐπαινούντων τινῶν ἄνθρωπον εὐμήκη καὶ μακρὰς
ἔχοντα χεῖρας ὡς πυκτικόν, „εἴπερ", ἔφη, „καθε-
λεῖν ἔδει τὸν στέφανον κρεμάμενον" (vgl. ed. Ald.
p. 509).
**Demades** (um 380–319 v. Chr.), bedeutender
Redner aus Athen, Konkurrent und politischer Gegner des Demosthenes, nach 338 füh-
rendes Mitglied der promakedonischen Partei in Athen, erreichte eine milde Behandlung
Athens durch Alexander d.Gr.; vermittelte
den Frieden mit Antipatros nach dem Lami-

schen Krieg, was u. a. zu der Verbannung des Demosthenes führte. Als Redner war Demades für seine Improvisationskunst berühmt. Vgl. M. Weissenberger, *DNP* 3 (1999), Sp. 415–416, s.v. „Demades"; M. Marzi, „Demade politico e oratore", *Atene e Roma* 36 (1991), S. 70–83. Demades figuriert mehrfach in Er.' *Apophthegmata* und *Adagia*; vgl. *Adag.* 28 (*ASD* I, 142); 40 (*ASD* II, 1, S. 156); 373 (*ASD* II, 1, S. 458); 2386 (*ASD* II, 5, S. 284); 2642 (*ASD* II, 6, S. 447); *Apophth.* I, 105; IV, 261; 271; 365; 371; VI, 376–381. Er. beurteilte an diesen Stellen – in der Nachfolge Plutarchs – Demades jeweils sehr unvorteilhaft. Er tadelte seine Habsucht, Bestechlichkeit, Neigung zu Tafelluxus und Trunksucht (*Apophth.* VI, 381: „Demades … largius bibebat"). In *Apophth.* IV, 271 prangert Antipatros seine Bestechlichkeit an. Für Demades als Vertreter eines luxuriösen Lebensstils vgl. oben *Apophth.* V, 378 „Sobrietas".

312–313 *Demades … similem* Plut. *Reg. et imp. apophth.*, *Mor.* 181F. Wie die Übernahme der im Lateinischen ungelenken Konstruktion „dixit se videre exercitum … similem" zeigt, bearbeitete Er. die lat. Übers. des Raffaele Regio, die er leicht variierte: „Posteaquam vero mortuus est Alexander, Demades orator aiebat se videre Macedonum exercitum duce fraudatum Cyclopi similem excaecato" (ed. Basel, Cratander, 1530, fol. 61A). Vgl. den griech. Text: Τελευτήσαντος δὲ αὐτοῦ Δημάδης ὁ ῥήτωρ ὅμοιον ἔφη διὰ τὴν ἀναρχίαν ὁρᾶσθαι τὸ στρατόπεδον τῶν Μακεδόνων ἐκτετυφλωμένῳ τῷ Κύκλωπι (ed. Ald. p. 158). Ähnlich ist Plut. *Galb.* I, 4: Δημάδης μὲν γὰρ Ἀλεξάνδρου τελευτήσαντος εἴκαζε τὴν Μακεδόνων στρατιὰν ἐκτετυφλωμένῳ τῷ Κύκλωπι, πολλὰς κινουμένην ὁρῶν κινήσεις ἀτάκτους καὶ παραφόρους (ed. Ald. fol. CCCXXXV$^r$); vgl. die lat. Übers. des Francesco Filelfo: „Itaque Demades Alexandro mortuo similem esse dicebat Macedonum exercitum excaecato Cyclopi: quippe qui illum intueretur multis moueri motibus per turbatis et prauis" (ed. Bade 1514, fol. CCCLI$^v$). *CWE* 38, S. 701 weist Plut. *Galb.* 1 als Er.' Quelle an.

312 *Alexandro* Alexander der Große.

317–320 *vt … erogari* Plut. *Praec. ger. reip.*, *Mor.* 818E–F. Er. übernahm im Wesentlichen die lat. Übers. des Niccolò Sagundino (wobei er den einleitenden Satz kürzte): „Erit quandoque ob rem, quod populum intelligas nimio flagitare (flagitare *ed. Cratander 1530, fol. 12B*: flagitate *ed. Bade 1514 fol. XII$^r$*) studio, id aliorsum traducere; quod Demadem fecisse accepimus.

Ei Quaestorem agenti et prouentus ciuitatis curanti Athenienses visi sunt studio quodam inducti, auxiliares triremes iis velle mittere, qui modo ab Alexandro desciuerant. Iubentibus itaque pecunias depromeret et sine mora repraesentaret, ,Sunt', inquit, ,vobis, viri Athenienses, paratae pecuniae, quas equidem (iam *add. in ed. Bade 1514*) in congiis deposueram, quo singuli dimidium mnae (mnae *ed. Bade 1514, ed. Cratander 1530*) acciperetis. Verum si ad ista mauultis erogari eas, per me liceat, vestris abutamini et, ad quae complacitum est, impendatis'". Vgl. den griech. Text: οὐ χεῖρον δὲ καὶ μετάγειν ἐπ᾽ ἄλλα χρειώδη τὸ σπουδαζόμενον, ὡς ἐποίησε Δημάδης, ὅτε τὰς προσόδους εἶχεν ὑφ᾽ ἑαυτῷ τῆς πόλεως· ὡρμημένων γὰρ ἐκπέμπειν τριήρεις βοηθοὺς τοῖς ἀφισταμένοις Ἀλεξάνδρου καὶ χρήματα κελευόντων παρέχειν ἐκεῖνον, „ἔστιν ὑμῖν", ἔφη, „χρήματα· παρεσκευασάμην γὰρ εἰς τοὺς χόας, ὥσθ᾽ ἕκαστον ὑμῶν λαβεῖν ἡμιμναῖον· εἰ δ᾽ εἰς ταῦτα βούλεσθε μᾶλλον, αὐτοὶ καταχρῆσθε τοῖς ἰδίοις" (ed. Ald. p. 596).

*Apophth.* VI, 378 ist ein Gegenstück zu V, 114 (Antipater, 2) „Venter et lingua", einen Spruch, den Er. aus dem nämlichen Traktat Plutarchs bezog.

325–326 *Prandens … prandere* Plut. *De cupiditate diuitiarum* 5, *Mor.* 525B–C. Er. variierte seine eigene latein. Übers. aus d. J. 1514: „Itaque quum Demades adesset aliquando Phocioni prandenti videretque mensam illi parcam ac frugalem esse, ,Demiror te, Phocion (Phocion *om. ASD IV, 2*)', inquit, ,qui rempublicam administres, quum possis ad istum prandere modum'" (*ASD* IV, 2, S. 254; Basel, Froben, 1514, fol. 23$^v$; Basel, Cratander, 1530, fol. 197$^v$). Vgl. den griech. Text: ὁ γοῦν Δημάδης ἐπιστὰς ἀριστῶντί ποτε Φωκίωνι καὶ θεασάμενος αὐτοῦ τὴν τράπεζαν αὐστηρὰν καὶ λιτήν, „θαυμάζω σε, ὦ Φωκίων", εἶπεν, „ὅτι οὕτως ἀριστᾶν δυνάμενος πολιτεύῃ" (ed. Ald. p. 511).

325 *Phocionem* Der bedeutende athenische Politiker und General Phokion (402/1–318 v. Chr.) war zusammen mit Demades Anführer der Oligarchen und Vertreter einer promakedonischen Politik; Er. hatte Phokions Aussprüche bereits im vierten Buch der *Apophthegmata* dargeboten (IV, 257–279; *CWE* 37, S. 418–425; *ASD* IV, 4, S. 346–351). Im Gegensatz zu Demades betrachtete Er., in der Nachfolge Plutarchs, Phokion als Tugend-Exempel. Er. teilte Phokion am Ende des „Buches der Philosophen" zwei weitere Sprüche zu (VII, 393 und 394), was anzeigt, daß Er. Phokion auch als Philosophen hochschätzte.

*dum"*, bis errans, et quod lucri tantum causa putaret adeundam rempublicam et quod luxum probaret in eo, cui maxime conueniebat sobrietas. Sed Demades alios e suis moribus aestimabat. Erat enim et pecuniarum auidus et luxui deditus.

330   VI, 379                        LIBERA MONITIO                (Demades, 4) [94]

Quum vidisset Philippum *largius potum cum amicis saltasse per mediam captiuorum turbam eisque petulanter* exprobrasse suam *calamitatem, libere dixit*: *„Quum, o rex, fortuna tibi Agamemnonis personam* im*posuerit, non pudet te factis agere Thersiten?"*. *Ea vox* totum *regem in diuersum vitae genus immutauit.*

335   VI, 380                        [*B*] LIBERE                   (Demades, 5) [95]

[*B*] Quum *Athenienses* vellent [i.e. nollent]*Alexandro diuinos honores decernere, „Videte"*, inquit, *„ne, dum coelum custoditis, terram amittatis!"*. Alexander enim ambiebat monarchiam. Absurdum autem erat eos sic alium donare coelo, vt ipsi terra sua pellerentur.

340   VI, 381                        LEPIDE                        (Demades, 6) [96]

*Iocari* solet in Demosthenem, *quod caeteri quidem oratores dicerent ad aquam, ipse vero et scriberet*, taxans eum, quod nunquam nisi de scripto diceret, dum esset ὑδροπότης. Contra Demades vt largius bibebat, ita valebat extemporali dictione. Rhetores olim dicebant ad clepsydram.

345               [*A*] ONOMADEMVS [i.e. DEMVS] CHIVS

VI, 382                           INIMICI VTILES          (Onomademus Chius, i.e.
                                                           Demus Chius) [97]

*Onomademus* [i.e. Demus] *Chius* posteaquam *aduersam factionem superasset*, quibusdam censentibus *omnes diuersae factionis* vrbe pellendos negauit expedire, *dicens se*
350 *vereri, ne omnibus* inimicis *ad vnum eiectis, inter amicos existerent dissidia*, sentiens sic esse multorum ingenium, vt, si desint inimici, in quos naturae malitiam exerceant, amicos impetant.

336–339  Quum *Athenienses* ... pellerentur *B C*:          341–344  Iocari ... Clepsydram *B C*: *desunt in A.*
    *desunt in A.*                                         342  dum *scripsi*: tum *B C*.
336   vellent *B C*: nollent *BAS LB.*                    344  clepsydram *BAS LB*: Clepsydram *B C*.
338   alium *B C*: alii *BAS LB.*                         348  Onomademus *A-C BAS LB*: Demus *scriben-*
338   donare coelo *B C*: negare *BAS LB.*                    *dum erat.*

331 *Philippum* Philippos II von Makedonien (reg. 359–336 v. Chr.).

332–333 *libere ... Thersiten* Stark gekürzte und paraphrasierende Wiedergabe von Diod. XVI, 87, 1–2: Λέγουσι δέ τινες ὅτι καὶ παρὰ τὸν πότον πολὺν ἐμφορησάμενος ἄκρατον καὶ μετὰ τῶν φίλων τὸν ἐπινίκιον ἄγων κῶμον διὰ μέσων τῶν αἰχμαλώτων ἐβάδιζεν ὑβρίζων διὰ λόγων τὰς τῶν ἀκληρούντων δυστυχίας. Δημάδην δὲ τὸν ῥήτορα κατ' ἐκεῖνον τὸν καιρὸν ἐν τοῖς αἰχμαλώτοις ὄντα χρήσασθαι παρρησίᾳ καὶ λόγον ἀποφθέγξασθαι δυνάμενον ἀναστεῖλαι τὴν τοῦ βασιλέως ἀσέλγειαν. φασὶ γὰρ εἰπεῖν αὐτόν, „βασιλεῦ, τῆς τύχης σοι περιθείσης πρόσωπον Ἀγαμέμνονος αὐτὸς οὐκ αἰσχύνῃ πράττων ἔργα Θερσίτου;". Τὸν δὲ Φίλιππον τῇ τῆς ἐπιπλήξεως εὐστοχίᾳ κινηθέντα τοσοῦτο μεταβαλεῖν τὴν ὅλην διάθεσιν ...

333 *Thersiten* Thersites, griechischer Trojakämpfer aus der Ilias; Homer stellt ihn als körperlich missgebildeten, streitsüchtigen Charakter dar. Vgl. E. Fiesel, *RE* V, A2 (1934), Sp. 2456–2458, s.v. „Thersites"; R. Nünlist, *DNP* 12. 1 (2002), Sp. 433, s.v. „Thersites".

336–337 *Athenienses ... amittatis* Mißverstandene und verdrehte Wiedergabe von Val. Max. VII, 2, ext. 13 („De Demade", *ed. Bade 1510, fol. CCLXXXI*ᵇ): „Demadis quoque dictum sapiens: nolentibus enim Atheniensibus diuinos honores Alexandro decernere ‚Videte‘, inquit, ‚ne, dum caelum custoditis, terram amittatis‘".

336 *vellent* Erasmus hat sich wohl hier verlesen, indem er das „nolentibus" des Valerius-Maximus-Textes für „volentibus" ansah; in der Folge hat er das *Apophthegma* völlig missverstanden. Demades gehörte in Athen der promakedonischen Partei zu und von daher ist es verständlich, daß er dafür eintrat, daß Athen dem Alexander göttliche Ehren zuerkannte. Die Athener weigerten sich aber, dies zu tun. Da drohte ihnen Demades, daß sie, während sie sich als „Wächter des Himmels" aufspielten, bald ihre „Erde", d.h. ihr Grundgebiet, verlieren würden. Er. waren die historischen politischen Verhältnisse offensichtlich nicht recht bekannt. Er dachte, daß die Athener für die Vergöttlichung wären, Demades aber dagegen. Auf diese Weise erzeugte er einen konträren Sinn.

*Apophth.* VI, 381 ist ein Gegenstück zu *Adag.* 373: „Inaniter aquam consumis" (*ASD* II, 1, S. 458–459): „Inaniter consumis aquam. In eos quadrabit, qui frustra suadent. A prisco more

iudiciorum sumptum, in quibus ad clepsydrae modum dicebatur. ... [*F*] Demades iocabatur in Demosthenem ὑδροπότην, quod caeteri quidem ad aquam dicerent, Demosthenes ad aquam scriberet". Das Apophthegma ist in *Adag.* 373 ein Zusatz der Ausgabe d.J. 1526.

341–342 *Iocari ... ὑδροπότης* Wörtliche Wiedergabe von Lucian. *Demosth. encom.* 15: ἦ καὶ τὸν Δημάδην παῖξαί φασιν εἰς ταύτην αὐτοῦ τὴν ὑδροποσίαν, ὡς οἱ μὲν ἄλλοι πρὸς ὕδωρ λέγοιεν, τὸν Δημοσθένην δὲ πρὸς ὕδωρ γράφειν.

341 *Demosthenem* Demosthenes (384/3–322 v. Chr.) war politisch einer der Hauptgegner des promakedonischen Demades.

342 *taxans ... diceret* Die Erklärung des Er., daß Demades den Demosthenes dafür kritisiert habe, daß er nur vom Blatt lesen könne („taxans eum, quod nunquam nisi de scripto diceret"), ist nicht plausibel. Vielmehr verspottete Demades den Demosthenes, weil er sich (vielleicht nach seinem Geschmack zu ostentativ) des Weines enthielt. Andere Redner, meint Demades, bereiten ihre Reden vor, während sie ein Glas Wein trinken – Demosthenes dagegen schreibe „beim Wasser". Kein antiker Redner las vom Blatt, das war völlig jenseits des Akzeptierten. Demosthenes war im Gegenteil als Gedächtniskünstler und „mnemotechnischer Hochleistungssportler" berühmt. Zosimus sagt in seiner Demosthenes-Biographie dem athenischen Redner sogar nach, er sei imstande gewesen, den gesamten Thukydides auswendig zu rezitieren. Vgl. H. Weinrich, *Lethe. Die Kunst und Kritik des Vergessens*, München, 1997, S. 23–26.

345 *ONOMADEMVS CHIVS* In dieser Form im Index personarum. Nur von Plutarch erwähnter Poliker und Demagoge, der auf seiner Heimatinsel tätig war; sein Name war **Demos**, von Er. fälschlich als „Onomademus" angegeben. Der kuriose Name „Onomademus" war durch eine unglückliche Lektüre des Plutarchtextes entstanden, wo der Demagoge als πολιτικὸς ἀνὴρ ὄνομα Δῆμος („ein Politiker namens Demos") vorgestellt wird. Er. traf den irrigen Namen „Onomademus" sowohl in Niccolò Sagundinos latein. Übers. von Plut. *Praec. ger. reip.*, 16, *Mor.* 813A als auch in der Aldus-Ausgabe derselben Stelle (S. 591) sowie jener von Plut. *De capienda ex inimicis vtilitate*, 10, *Mor.* 91F–92A (S. 80) an.

348–350 *Onomademus ... dissidia* Plut. *Praec. ger. reip.*, 16, *Mor.* 813A–B. Er. ging von der latein. Übers. des Niccolò Sagundino aus,

## SIMONIDES

VI, 383                            LIBERA ADMONITIO                    (Simonides, 1) [98]
                                   (= Dublette von VIII, 191)

*Simonides Pausaniae Lacedaemoniorum regi* subinde *de rebus a se gestis glorianti, tandem et Simonidem per irrisionem* hortanti, *vt aliquid sapienter ipsum* admoneret,
„Moneo, *inquit, „vt te memineris hominem esse".*

VI, 384                                    MERCEDIS AMOR                (Simonides, 2) [99]

360   Idem reprehendentibus, quod ad quaestum scriberet, iocari solet sibi duas *arcas*
      esse domi, alteram pecuniae, alteram *gratiarum*: priorem *se reperire plenam*, alteram
      *semper vacuam.*

VI, 385                                        STVPIDI                    (Simonides, 3) [100]

      Idem quum caeteros laudando venaretur, vt aliquid darent, *interrogatus, quur* non et
365   *Thessalos* captaret, *„Stupidiores sunt", inquit, „quam vt a me falli possint".* Qui quae-
      runt, cui imponant, ad stupidos eunt. At qui tam erant stupidi, vt non sentirent
      ingenium poematum illius nec tangerentur amore nominis in posteros transmit-
      tendi, non poterant ab illo falli.

die er variierte: „… Chii illius Onomademi, viri sane popularis, qui, vt se autore ac duce aduersa in ciuitate factio superata et victa fuit, omnes aduersarios eiicendos non censuit, vereri se inquiens, ne aduersae factionis hominibus ad vnum ciuitate exactis, inter amicos dissdidia fieri inciperent" (*ed. Bade 1514, fol. VIII^v; ed. Cratander, 1530, fol. 9^r*). Vgl. den griech. Text: ἀληθινὴν μὲν ἔχθραν ἢ διαφορὰν οὐδεμίαν ἑαυτοῖς ὑπολειπτέον, ὡς ὁ τῶν Χίων δημαγωγὸς Ὀνομάδημος οὐκ εἴα τῇ στάσει κρατήσας πάντας ἐκβάλλειν τοὺς ὑπεναντίους „ὅπως", ἔφη, „μὴ πρὸς τοὺς φίλους ἀρξώμεθα διαφέρεσθαι, τῶν ἐχθρῶν παντάπασιν ἀπαλλαγέντες" (ed. Ald. p. 591). Er. gestaltete *Apophth.* VI, 382 nach Plut. *Praec. ger. reip.*, 16, nicht nach der ähnlichen Stelle Plut. *De capienda ex inimicis vtilitate*, 10, *Mor.* 91F–92A: Καὶ τοῦτο, ὡς ἔοικε, συνιδὼν πολιτικὸς ἀνὴρ ὄνομα Δῆμος, ἐν Χίῳ τῆς κρατούσης μερίδος ἐν στάσει γενόμενος, παρήνει τοῖς ἑταίροις μὴ πάντας ἐξελάσαι τοὺς ἀντιστασιάσαντας, ἀλλ᾽ τινάς, „ὅπως", ἔφη, „μὴ πρὸς τοὺς φίλους ἀρξώμεθα διαφέρεσθαι, τῶν ἐχθρῶν παντάπασιν ἀπαλλαγέν-

τες", eine Stelle, die Er. in seiner Plutarch-Ausgabe d.J. 1514 selbst übersetzt hatte: „Id quod intellexisse videtur Onomademus, vir vrbanus, qui quum orta in Chio seditione, in iis esset partibus, quae vicerant, admonebat suos, ne cunctos expellerent, qui diuersarum fuissent partium, verum sinerent superesse nonullos, ‚ne cum amicis', inquit, ‚incipiamus dissidere, si prorsus desint inimici'" (*ASD* IV, 2, S. 182; ed. Basel, Froben, 1514, fol. 27^r; Basel, Cratander, 1530, fol. 184^r). Er. präsentierte das Apophthegma auch in *Parab. ASD* I, 5, S. 184; (dort nach Plut. *Mor.* 91F): „Vt Onomademus noluit omnes tolli, qui diuersarum fuissent partium, ne sublatis inimicis omnibus, ‚Cum amicis', inquit, ‚incipiamus digladiari; ita consumptis in hostes eiusmodi affectibus, magis comes sumus erga amicos'".

**Simonides von Keos** (556/3–468/5 v. Chr.), bedeutender griech. Lyriker, gehörte zum alexandrinischen Kanon der neun lyrischen Dichter. Stammte aus aristokrat. Familie, frühe Ausbildung und Anfänge als Dichter in Keos; war z.Z. des kulturbeflissenen Tyrannen Hipparchos (reg. 527–514) in Athen tätig, darnach an diversen Fürstenhöfen in Thessalien; z.Z. der Perserkriege (490–479) wieder in Athen; es folgte eine Einladung von Hieron I., dem Tyrannen von Sizilien, wo er den Rest seines Lebens verbrachte. Simonides soll der Gründer der Gattung des Siegesliedes (Epinikion), der Erfinder der Mnemotechnik (Cic. *De or.* II, 352–353; vgl. unten *Apophth.* VI, 532) und des Dichtens gegen Entlohnung gewesen sein (vgl. ebd.). Neben Epinikien dichtete Simonides Dithyramben, Threnoi, Paiane und Monodien. Sein dichterisches Werk ist nur in Fragmenten überliefert: O. Poltera (Hrsg.), *Simonides lyricus. Testimonia und Fragmente*, Basel 2008; O. Werner (Hrsg.), *Simonides. Bakchylides*, München 1969. Vgl. D. Boedeker und D. Sider (Hrsg.), *The New Simonides: Contexts of Praise and Desire*, New York-Oxford 2001; J.H. Molyneu, *Simonides: A Historical Study*, Wauconda, IL 1992; S. Goldmann, „Statt Totenklage Gedächtnis – zur Erfindung der Mnemotechnik durch Simonides von Keos", in: *Poetica* 21 (1989), S. 43–66; J. Geffken, *RE* III, A1 (1927), Sp. 186–197, s.v. „Simonides", Nr. 2.

*Apophth.* VI, 383 ist eine Dublette von VIII, 191. Vgl. Komm. ad loc. Es bezieht sich auf die Zeit nach Pausanias' Sieg als Anführer des Hellenenheeres bei Plataiai i.J. 479 v. Chr.

356–358 *Simonides … esse* Plut. *Consolatio ad Apollonium, Mor.* 105A. Er. gestaltete den Text nach der latein. Übers. des Stefano Negri, die er leicht variierte: „Simonides autem poeta, quum Pausanias, Lacedaemoniorum rex, rebus a se gestis quam saepissime gloriaretur et quadam irrisione iuberet, vt sibi aliquid sapienter praeciperet, eius cognito fastu, ne se hominem esse obliuisceretur, consuluit" (ed. Basel, Cratander, 1530, fol. 108ʳ). Vgl. den griech. Text: Σιμωνίδης δ' ὁ τῶν μελῶν ποιητής, Παυσανίου τοῦ βασιλέως τῶν Λακεδαιμονίων μεγαλαυχουμένου συνεχῶς ἐπὶ ταῖς αὑτοῦ πράξεσι καὶ κελεύοντος ἀπαγγεῖλαί (ἐπαγγεῖλαί ed Ald. p. 91) τι αὑτῷ σοφὸν μετὰ χλευασμοῦ, συνεὶς αὐτοῦ τὴν ὑπερηφανίαν συνεβούλευε μεμνῆσθαι ὅτι ἄνθρωπός ἐστι.

356 *Pausaniae* **Pausanias I. von Sparta**, Sohn des Kleombrotos (gest. 370 v. Chr.), i.d.J. 479–470 Regent in Sparta für Pleistarchos, den minderjährigen Sohn des gegen die Perser gefallenen Königs Leonidas; Pausanias war in den Perserkriegen Anführer des griech. Landheeres, später auch der Flotte; ruhmreicher Sieger gegen die Perser in der Schlacht von Plataiai (479). Pausanias wird in den antiken Quellen als arroganter und überheblicher orientalischer Despot hingestellt, der die vaterländischen Sitten verriet und dem orientalischen Herrscherkult zuneigte (vgl. Thukydides I, 132). Vgl. K.W. Welwei, *DNP* 9 (2000), Sp. 443–444, s.v. „Pausanias", Nr. 1; H. Schaefer, *RE* XVIII, 4 (1949), Sp. 2563–2578, s.v. „Pausanias", Nr. 25. Vgl. auch Komm. unten zu VIII, 191.

*Apophth.* VI, 384 ist ein Gegenstück zu *Adag.* 1812 „Simonidis cantilenae" (*ASD* II, 4, S. 224–225): „De vafris ac subdolis dictum est. Hunc (sc. Simonidem) tradunt primum astutiam et quaestum in artem induxisse. Erant illi duo scrinia, alterum gratiarum, alterum praemiorum, quae cum post tempus aliquantum aperuisset, gratiarum arculam semper offendebat inanem, praemiorum semper plenam, hoc commento significans se nolle gratis donare carmina: Meminit huius rei Plutarchus in libello Περὶ τῆς πολυπραγμοσύνης (= *De cur.*)".

361–362 *pecuniae … vacuam* Plut. *De sera numinis vindicta, Mor.* 555F–556A: ὥσπερ γὰρ ὁ Σιμωνίδης ἔλεγε παίζων τὴν τοῦ ἀργυρίου κιβωτὸν εὑρίσκειν ἀεὶ πλήρη τὴν δὲ τῶν χαρίτων κενήν …. Das Apophthegma wird ausserdem in Plut. *De cur.*, 10, *Mor.* 520A überliefert: ἂν γάρ, ὥσπερ ὁ Σιμωνίδης ἔλεγε τὰς κιβωτοὺς ἀνοίγων διὰ χρόνου τὴν μὲν τῶν μισθῶν ἀεὶ μεστὴν τὴν δὲ τῶν χαρίτων εὑρίσκειν κενήν, οὕτως τις (οὕτως τις *Helmbold*, οὕτως ἂν *ed. Ald. p. 462*) τῆς πολυπραγμοσύνης τὴν ἀποθήκην ἀνοίγῃ διὰ χρόνου καὶ κατασκέπτεται πολλῶν ἀχρήστων καὶ ματαίων καὶ ἀτερπῶν γέμουσαν, ἴσως ἂν αὑτῷ τὸ πρᾶγμα προσσταίη, φανὲν ἀηδὲς παντάπασι καὶ φλυαρῶδες. Diesen Text hatte Er. selbst i.J. 1514 übersetzt: „Etenim si, quemadmodum Simonides dixit, se, quum ex interuallo temporis aperiret scrinia, alterum quidem, quod mercedibus erat dicatum, inuenire plenum, alterum, quod gratiis erat sacrum, vacuum, ita, si quis ex interuallo curiositatis penum aperiat inspiciatque multis inutilibus, superuacuaneis et inamoenis rebus plenum, fortassis ipsum rei facies offendet, quum apparuerit modis omnibus inamabilis ac nugatoria" (*ASD* IV, 2, S. 298; ed. Basel, Froben, 1514; Basel, Cratander, 1530, fol. 211ᵛ).

*Apophth.* VI, 385 nimmt Bezug sowohl auf Simonides' Periode als Sänger an thessalischen Fürstenhöfen (ab ca. 514–490 v. Chr.) als auch auf die ihm zugeschriebene „Erfindung", seine Siegeslieder zu „verkaufen".

364–365 *interrogatus … possint* Freie Wiedergabe von Plut. *Quomodo adolescens poetas*

VI, 386                          CALLIDE                          (Simonides, 4) [1]

370   [B] Idem *interrogatus quam ob rem, quum esset extremae senectutis, tamen attentus esset ad rem* [i.e. pecuniam], *„Quoniam"*, inquit, *„malim moriens inimicis relinquere, quam viuus carere amicis"*, *taxans instabiles* hominum *amicitias*, qui consequuti, quod volunt, negligunt amicum, iidem, dum sperant, obseruiunt.


## [A] LYCVRGVS ORATOR

375   VI, 387                       INTEGRITAS                       (Lycurgus orator, 1) [2]
                              (= Dublette von VIII, 148)


Lycurgus orator obiiciente quodam, quod se [i.e. vxorem] pecunia redemisset a calumnia, non est inficiatus, sed clarissima voce populum appellans, „Bene habet", inquit, „viri Athenienses, quandoquidem tot annos in republica versatum *dedisse* me,
380   *non accepisse* pecuniam criminantur obtrectatores".


## THVCYDIDES ATHENIENSIS [i.e. MELESIAE]

VI, 388                 ELOQVENTIAE CERTAMEN        (Thucydides Melesiâe) [3]

*Thucydides ab Archidamo, Lacedaemoniorum rege, interrogatus, vter esset in palaestra superior, ipse an Pericles, „Posteaquam", inquit, „ego hominem pugnando deieci, ille*

---

370   Idem interrogatus … obseruiunt *B C*: *desunt in A.*

383   palaestra *A C*: palestra *B.*

*audire debeat*, Mor. 15D: διὸ καὶ Σιμωνίδης μὲν ἀπεκρίνατο πρὸς τὸν εἰπόντα „τί δὴ μόνους οὐκ ἐξαπατᾷς Θετταλούς;" „ἀμαθέστεροι γάρ εἰσιν ἢ ὡς ὑπ᾽ ἐμοῦ ἐξαπατᾶσθαι" (vgl. ed. Ald. P. 13). Vgl. die latein. Übers. des Ottmar Luscinius: „Adeo vt Simonides poeta, qua ratione fraudem poesi sua non strueret Thessalis, dementiores ait esse illos, quam vt a se queant decipi" (Basel, Cratander, 1530, fol. 222ᵛ).

370–372 *interrogatus … amicitias* Stob. Περὶ ἀδικίας, *Flor.* III, 10, 61: Σιμωνίδης ἐρωτηθεὶς (ἐρωτηθεὶς *deest in ed. Trincavelli fol. F IIIIʳ*) διὰ τί ἐσχατογήρως ὢν φιλάργυρος εἴη, „ὅτι", εἶπε, „βουλοίμην ἂν ἀποθανὼν τοῖς ἐχθροῖς μᾶλλον ἀπολιπεῖν ἢ ζῶν δεῖσθαι τῶν φίλων", κατεγνωκὼς τῆς τῶν πολλῶν φιλίας τὸ ἀβέβαιον (Meineke I, 240).

**Lykurgos von Athen** (ca. 390–324 v. Chr.), Politiker, Redner und Logograph; stammt aus dem athenischen Hochadel, soll ein echter Butade, d.h. Abkömmling des Butes, des Bruders des mythischen Königs Erechtheus, gewesen sein. In der Rhetorik war er ein Schüler des Isokrates, in der Philosophie des Platon. Bekleidete u.a. die Ämter des Polizeichefs und des Vorstehers der Kasse für die Schauspielgelder; in der letzten Funktion ließ er das Dionysostheater fertigstellen. Er war ein Parteigänger des Demosthenes, der dessen radikale antimakedonische Politik mittrug. Seine Reden sind verloren mit Ausnahme jener *Gegen Leokrates* aus d.J. Jahr 331. Weiter brachte Lykurgos eine Reihe von Gesetzen ein, die Ps.-Plut. *Vitae decem oratorum*, VII, 10–14, *Mor.* 841F–842A auflistet. Zu Lykurgos von Athen vgl.

M. Weißenberger, *DNP* 7 (1999), Sp. 581–582, s.v. „Lykurgos", Nr. 9; K. Kunst, *RE* XIII, 2 (1927), Sp. 2446–2465, s.v. „Lykurgos", Nr. 10. Er. widmet ihm, im Abschnitt von den „kanonischen Redners Attikas" im achten Buch, eine Sektion von vier Sprüchen (VIII, 145–148). Für weitere Angaben zu seiner Person vgl. unten Komm. zu VIII, 145.

374 *LYCVRGVS ORATOR* In dieser Form im Index personarum, so gewählt, um den Unterschied zu Lycurgus, dem Gesetzgeber Spartas, anzugeben.

377–378 *quod se pecunia redemisset … appellans* Er. gibt hier den bei Ps.-Plut. beschriebenen Sachverhalt nicht richtig wieder: Der Redner Lykurgos hatte nicht sich selbst von einer drohenden Anklage freigekauft, sondern seine Frau, die gegen ein Gesetz verstoßen hatte, das er selbst eingebracht und durchgesetzt hatte. Dabei handelte es sich konkret um das Verbot, daß Frauen bei der Prozession von Athen nach Eleusis (ca. 30 km) den Weg in einer Kutsche zurücklegten, d.h. sie waren dazu verpflichtet, wie die übrigen Teilnehmer, auch zu Fuß zu gehen. In *Apophth.* VIII, 148 brachte Er., offensichtlich ohne dies zu bemerken, eine Dublette von VI, 387, aus der hervorgeht, daß Lykurgos die Strafsumme für die Gesetzesübertretung seiner Frau zahlte: „Inter leges, quas tulisse fertur, haec erat vna: Ne qua mulier maritata [sic] proficisceretur Eleusinem. Id statuit veritus, ne a diuitibus dato precio corrumperentur. Addita est poena drachmarum sex milia. Ei legi quum vxor Lycurgi non obtemperasset, sycophantis, qui deprehenderant ac detulerant, dedit talentum. Ea res quum illi postridie vitio daretur apud populum, ‚Atqui ego', inquit, ‚dare conspectus sum, non accipere' …". Allerdings hat Er. auch dort den Inhalt und Sinn des Gesetzes nicht richtig verstanden. Dieser war nicht, verheirateten Frauen zu verbieten, sich von Athen nach Eleusis zu begeben oder sie von prostitutionsähnlichen Praktiken abzuhalten, sondern die Frömmigkeit bei den zum athenischen Staatskult gehörigen Mysterien von Eleusis zu garantieren. Vgl. Komm. unten zu VIII, 148.

379–380 *dedisse … accepisse* Freie, den eigentlichen Sachverhalt verschleiernde und den urspr. Sinn entstellende Wiedergabe von Ps.-Plut. *Vitae decem oratorum*, VII, 15, *Mor.* 842A–B: τῆς δὲ γυναικὸς αὐτοῦ μὴ πεισθείσης,

τῶν συκοφαντῶν φωρασάντων, τάλαντον αὐτοῖς ἔδωκε· κατηγορούμενος δ᾽ ἐν ὑστέρῳ ἐν τῷ δήμῳ, ἔφη „ἀλλ᾽ οὖν ἐγὼ μὲν διδοὺς οὐ λαμβάνων ἑώραμαι" (ed. Ald. p. 842). Vgl. unten VIII, 148 mit Komm. ad loc.

**Thukydides, Sohn des Melesias** (5. Jh. v. Chr.). Nicht der berühmte Geschichtsschreiber, sondern der Sohn des Melesias und Schwiegersohn des Kimon, der athen. Politiker und Repräsentant der Oligarchen. Plutarch stilisiert ihn als Verkörperung der politischen Kräfte, die Perikles bekämpften. Vgl. W. Will, *DNP* 12.1 (2002), Sp. 505–506, s.v. „Thukydides", Nr. 1; K. Fiehn, *RE* VI, A2 (1936), Sp. 625–627, s.v. „Thukydides", Nr. 2.

381 *THVCYDIDES ATHENIENSIS* In dieser Form im Index personarum. Gleichwohl ist diese Namensangabe unzureichend, da auch der Geschichtsschreiber aus Athen stammte.

383–388 *Thucydides … Pericli* Plut. *Per.* 8, 4. Er. bearbeitete die latein. Übers. des Lapo Birago, die er leicht kürzte und variierte: „Est enim Thucydidis Milesii in Periclis vim dicendi salse vrbaneque dictum. Erat enim Thucydides nobilis vir, qui diu in re publica Pericli est aduersatus. Archidamo enim Lacedaemoniorum rege rogante, vter alteri palaestra, Pericles ne an ipse, praestaret, ‚Vbi ego', inquit, ‚hominem pugnando deieci, ipse se non cecidisse defendens vicit intuentesque ⟨d⟩e sententia deiicit'" (*ed. Bade 1514, fol. LXVII*). Vgl. den griech. Text: ἦν μὲν γὰρ ὁ Θουκυδίδης τῶν καλῶν καὶ ἀγαθῶν ἀνδρῶν, καὶ πλεῖστον ἀντεπολιτεύσατο τῷ Περικλεῖ χρόνον· Ἀρχιδάμου δὲ τοῦ Λακεδαιμονίων βασιλέως πυνθανομένου πότερον αὐτὸς ἢ Περικλῆς παλαίει βέλτιον, „ὅταν", εἶπεν, „ἐγὼ καταβάλω παλαίων, ἐκεῖνος ἀντιλέγων ὡς οὐ πέπτωκε, νικᾷ καὶ μεταπείθει τοὺς ὁρῶντας".

383 *Archidamo* Archidamos II. (ca. 469–427 v. Chr.), spartanischer König (469–427 v. Chr.), Hauptfeind der Athener z.Z. des Peloponnesischen Krieges. Zwischen 431 und 427 fiel er jedes Jahr in Attika ein, um die Ernte zu verwüsten und den Feind auf diese Weise zu schwächen. Natürlich hatte er ein Interesse daran, welcher Politiker in Athen der stärkste sei. Vgl. W. Will, *DNP* 1 (1996), Sp. 991, s.v. „Archidamos", Nr. 1; J. Kirchner, *RE* II, 1 (1895), Sp. 467, s.v. „Archidamos", Nr. 3.

384 *Pericles* Zu Perikles, der Athen in den Peloponnesischen Krieg führte, vgl. Komm. oben zu V, 174. Er. widmete ihm im fünften Buch die Sektion V, 174–183.

385  *se* negat *cecidisse. Itaque vincit et* spectatores a sua [i.e. de] *sententia deiicit"*, sentiens
     se bonis rationibus esse superiorem, sed Periclem eloquentia vincere et, quocunque
     velit, agere multitudinem. Nam *Thucydides vir* praepotens *diu in administranda repu-*
     *blica aduersatus est Pericli.* Eam contentionem Archidamus palaestram appellauit.


# DARIVS

390  VI, 389                          *PIETAS IN PARENTES*                    (Darius, 5) [4]


     *Dario totius regni viribus subinde impetum faciente Scythae paulatim cedentes ad vltimas*
     *solitudines peruenerant. Interrogati* tandem *ab eo, quem fugiendi finem essent facturi,*
     *responderunt se nec agros* nec villas *nec vrbes, pro quibus dimicarent, habere; caete-*
     *rum quum ad parentum suorum monumenta* per*uentum esset,* tum denique *sciturum*
395  Darium, *quomodo Scythae* soleant *praeliari.*


# ANAXIMENES

     VI, 390                          INGENIOSE                         (Anaximenes) [5]


     Alexander statuerat *Lampsacum* diruere. Ad id tendenti quum *Anaximenes, Alexandri*
     *praeceptor*, veniret obuiam *extra* muros, deprecaturus suae ciuitatis perniciem, Ale-

---

387   velit *A*: vellet *B C*.

385   *a sua sententia deiicit*  Die idiomatische
      Redewendung, die sich z. B. bei Cicero findet,
      ist „aliquem de sententia deiicere", „jemanden
      von seiner Meinung abbringen" (vgl. *DNG*
      I, Sp. 1546, s.v. „deicio", II. A); Lapo Birago
      setzte diese Redewendung geschickt zur Über-
      tragung von μεταπείθειν (etwa: „jemanden zu
      einer anderen Ansicht überreden") ein; statt
      „de" steht in dem Pariser Druck „e", was ent-
      weder auf einen Übertragungsfehler oder auf
      einen Flüchtigkeitsfehler des Birago zurück-
      zuführen ist. Er. verschlimmbesserte „e" zu „a
      sua".
385–386   *sentiens se bonis rationibus ... superiorem*
      Er. interpretierte die Anekdote in metaphori-
      schem Sinn, s. unten.
388   *Eam contentionem Archidamus palaestram*
      *appellauit*  Er.' Erklärung „Diesen politischen
      Machtstreit nannte Archidamus palaestra
      (Ring)" zeigt erstens an, daß er ausschließlich
      von Biragos latein. Übers. ausgegangen ist (im

388   palaestram *A C*: palestram *B*.

      griech. Original kommt das Wort „Ring" nicht
      vor), zweitens daß Er. eine gewisse Vorliebe
      für metaphorische Interpretationen hatte. Im
      griech. Text findet sich kein Hinweis darauf,
      daß der spartanische König die Frage in meta-
      phorischem Sinn stellte, noch daß die Antwort
      des Thukydides so gemeint war.
**Dareios I.** (der Große), Großkönig von Persien,
      (549 geb., reg. 521–486 v. Chr.). Der Feldzug
      gegen die Skythen fällt in die Anfangsphase
      der Eroberungen des Dareios. Nach der Rück-
      eroberung Ägyptens, die i.J. 518 abgeschlos-
      sen war, wendete sich der Großkönig Thra-
      kien und Skythien zu. 513 fing Dareios mit der
      Eroberung des europäischen Festlandes (Thra-
      kien) an, indem er den Bosporus überquerte.
      Dem König gelang eine Eroberung Thrakiens
      bis zur Donaugrenze, wo er auf die Saken traf,
      die ihn vom Überschreiten der Donau abhiel-
      ten. Dareios ließ daraufhin die Donaugrenze
      befestigen. Die Saken betrachtete er weiterhin

als Bedrohung des Persischen Reiches an der Nordgrenze, ohne sie niederwerfen zu können. Es ist nicht bekannt, daß er sich weiter ins Gebiet der Saken (oder Skythen) vorwagte. Dareios I. widmete sich in der Folge dem Griechenland-Feldzug, der mit einer Niederlage endete. Zur Person des Dareios I. vgl. oben Komm. zu V, 4. Er widmete ihm im fünften Buch eine Sektion von vier Sprüchen (V, 4–7).

390 *Pietas in parentes* Diesen Titel übernahm Er. aus der betreffenden Kapitelüberschrift des Val. Max. („De pietate erga parentes").

391–395 *Dario totius ... praeliari* Wörtliche, jedoch durch eine Auslassung und eine Verlesung beeinträchtigte Wiedergabe von Val. Max. V, 4, ext. 5 („De Scythis" *in edd. vett.*): „Dareo (Dario *edd. vett.*) enim totis regni sui viribus in eorum regionibus subinde impetum facienti paulatim cedentes ad vltimas iam solitudines peruenerant. Interrogati deinde ab eo per legatos, quem finem fugiendi (fugiendi finem *edd. vett., e.g. Paris. 1510 fol. CCXIIII^r*) aut quod initium pugnandi facturi essent, responderunt se nec vrbes vllas nec agros cultos, pro quibus dimicarent, habere: ceterum, cum ad parentum (parentium *ed. Kempf*, parentum *ed. Bade 1510*) suorum monumenta venisset (venissent *edd. vett., e.g. ed. Bade 1510*), sciturum quemadmodum Scythae proeliari solerent". *CWE* 38, S. 705 gibt als Quelle Hdt. IV, 126–127 an, wo die Anekdote jedoch auf sehr unterschiedliche Weise erzählt wird. Er. hat *Apophth.* VI, 389, wie die wörtliche Wiedergabe zeigt, aus Val. Max. V, 4, ext. 5 bezogen; es findet sich kein Hinweis darauf, daß Er. zusätzlich Elemente aus Hdt. IV, 126–127 eingearbeitet hätte.

392 *Interrogati tandem ab eo* Er. hat hier unglücklicherweise das in seiner Quelle vorhandene „per legatos" ausgelassen oder vergessen, wodurch es scheint, als ob Dareios die Skythen selbst gefragt hätte, was natürlich ein Ding der Unmöglichkeit ist, da er ihrer nicht habhaft werden konnte. Aus demselben Grund ist „tandem" kein glücklicher Zusatz des Er.

392 *fugiendi finem* Er. benutzte eine Valerius-Ausgabe vom Typ der Pariser Edition d. J. 1510, wo sich diese Wortfolge findet (gegenüber „finem fugiendi" des *text. recept.*).

393 *nec villas* Nach Er. sollen die Skythen gesagt haben, daß sie keine „Villen" besitzen würden. Das stand jedoch nicht im Text des Valerius Maximus. Er. hat sich hier verlesen, indem er „vllas" für „villas" ansah.

**Anaximenes aus Lampsakos** (2. H. des 4. Jh. v. Chr.), Historiker und Rhetoriklehrer, Schüler des kynischen Philosophen Diogenes von Sinope und des Homerkritikers Zoilos. Verf. historiographischer Werke, u.a. einer Geschichte Philipps von Makedonien (*Philippika*) und Alexanders d.Gr., sowie fiktiver Übungsreden und wohl auch einer Rhetorik, die früher Aristoteles zugeschrieben wurde (*Rhetorica ad Alexandrum*). Als Historiker hat er wahrscheinlich Alexander auf seinem Asienfeldzug begleitet. Er soll Alexander davon abgehalten haben, Lampsakos als Strafe für seine Perserfreundlichkeit mit dem Erdboden gleichzumachen; jedoch war er nicht, wie in vorl. *Apophthegma* vermeldet, ein Lehrmeister von Alexander d.Gr.; die *Rhetorica ad Alexandrum* ist erhalten, von den übrigen Werken des Anaximenes sind nur Fragmente überliefert. Vgl. M. Weißenberger, *DNP* I (1996/9), Sp. 674, s.v. „Anaximenes", Nr. 2; J. Brzoska, *RE* I, 2 (1894), Sp. 2086–2098, s.v. „Anaximenes", Nr. 2; L. Pearson, *The Lost Histories of Alexander the Great*, New York 1960, S. 243–245; K. Meister, *Die griechische Geschichtsschreibung. Von den Anfängen bis zum Ende des Hellenismus*, Stuttgart u.a. 1990, S. 93–94.

396 *ANAXIMENES* In dieser Form im Index personarum. Er. übergeht Anaximenes im „Buch der Philosophen" (*Apophth.* VII), wo er ihm keinen einzigen Spruch widmet, während sich in seiner Vorlage, Diogenes Laertius, ein entsprechender Abschnitt findet.

*Apophth.* VI, 390 bezieht sich auf d. J. 334 v. Chr., als die griech. Stadt Lampsakos (an den Dardanellen) von Alexander d.Gr. erobert wurde.

398–401 *Lampsacum ... diruas* Im erzählenden Teil paraphrasierende, im Spruchteil wörtliche Wiedergabe von Val. Max. VII, 3, ext. 4 („De Anaximene praeceptore Alexandri" Titelüberschrift in *ed. Bade 1510, fol. CCLXXXVIII^r*): „Lampsacenae vrbis vero (vero vrbis *ed. Bade 1510*) salus vnius vaframenti beneficio constitit: nam cum ad excidium eius summo studio Alexander ferretur progressumque extra moenia Anaximenem praeceptorem suum vidisset, quia manifestum erat futurum, vt preces suas irae eius opponeret, non facturum se quod petisset iurauit. Tunc Anaximenes, ,Peto', inquit, ,vt Lampsacum diruas'. Haec velocitas sagacitatis oppidum vetusta nobilitate inclytum exitio, cui destinatum erat, subtraxit".

400 xander suspicans, quid esset petiturus, „*Iuro*", inquit, „me *non facturum, quod petet* Anaximenes". Tum *Anaximenes, „Peto", inquit, „vt Lampsacum diruas"*. Captus erat Alexander, et iureiurando compulsus est seruare, quos demoliri statuerat.

## ALEXANDER MAGNVS

VI, 391                               SOLERTER                    (Alexander Magnus, 68) [6]

405 *Alexander* consulto oraculo *monitus* est, *vt eum, qui sibi porta[m] egresso primus occur-risset, interfici iuberet*. Occurrit agaso, iussus est *arripi*. Roganti, quid commeruisset, responsum est ita iussisse deum. *„Si ita est"*, inquit, „o *rex, alium* designauit oracu-lum. *Nam asinus tibi prior occurrit"*. Agaso enim sequitur asinum, vt impellat alioqui non secuturum. *Alexander delectatus* hoc commento asinum pro homine occidit.

## 410 AMASIS AEGYPTI REX

VI, 392                            RELAXANDVS ANIMVS                          (Amasis, 1) [7]

Amasis Aegypti rex *ab amicis admonitus*, quod perfunctus negociis forensibus *potaret* omnique voluptatum genere solueretur, *respondit, qui arcus* habent, *eos* non *inten-dere*, nisi *quum opus est*; *quos si semper intendant, rumpendos esse ac ne tum quidem fore* 415 *vsui*, quum exigit vsus. Ita qui nulla relaxatione curas suas soluunt, aut mente captos aut corpore male affectos euadere.

VI, 393                                                                          (Amasis, 2) [8]

[B] Conspiciens *quendam amisso filio* lugentem, „*Si tunc"*, inquit, „*quum nondum esset, non dolebas, nec nunc quidem doleas, quum non est"*. [A]

---

405  porta *scripsi*: portam *A-C*.                418–419  Conspiciens … est *B C: desunt in A.*

403  *ALEXANDER MAGNVS*  In dieser Form im Index personarum. Er. hatte Alexander im vierten Buch eine Sektion von Apophthegmen gewidmet, insgesamt 67 (*ASD* IV, 4, S. 294–309).

405–409  *Alexander … occidit*  Paraphrasierende Wiedergabe von Val. Max. VII, 3, ext. 1 („De quodam asinario" Kapitelüberschrift in *ed. Bade 1510, fol. CCLXXXVIIʳ*): „Cum Alexander Macedonum rex sorte monitus, vt eum, qui sibi porta egresso primus occurrisset, interfici iuberet, asinarium forte ante omnis (omnes

*plures edd. vett.*) obuiam factum ad mortem abripi imperasset, eoque quaerente, quidnam se immerentem capitali supplicio innocentemque (que *om. ed. Bade 1510*) addiceret, cum ad excusandum factum suum oraculi praeceptum retulisset, asinarius, ‚Si ita est', inquit, ‚rex, alium sors huic morti destinauit: nam asellus, quem ego ante me agebam, prior tibi occurrit'. Delectatus Alexander et (et *om. ed. Bade 1510*) illius tam callido dicto et quod ipse (ipse *om. ed. Bade 1510*) ab errore reuocatus (reuocatus ipse *ed. Bade 1510*) erat, occasionem in aliquanto viliore (viliori *ed. Bade 1510*) animali expiandae religionis rapuit".

*Apophth.* VI, 392–398 Hier schiebt Er. eine Sektion von Sprüchen ein, die orientalischen Herrschern gewidmet sind (VI, 392–398); eine ähnliche Sektion, die allerdings von Plutarchs *Reg. et imp. apophth.* ausging, bildete den Anfang des fünften Buches.

**Amasis** (auch **Ahmose II**., reg. 570–526 v. Chr.), urspr. aus einfachen Verhältnissen stammender Offizier im ägypt. Heer; stürzte als Usurpator den Pharao Apries. Behauptete sich gegen die Aggression des babylonischen Königs Nebukadnezar II.; verstärkte die Beziehungen zu den griech. Stadtstaaten auf politischer, kultureller und wirtschaftlicher Ebene. Die intensive Förderung des Handels mit den Griechen führte zu einer wirtschaftlichen Blüte Ägyptens. Der letzte Abschnitt seiner Regierung war von der Bedrohung durch das aufkommende Perserreich gekennzeichnet. Um die Person dieses Pharaos ranken sich in der antiken Überlieferung zahlreiche Anekdoten, die ihn als weisen, unkonventionellen und gewitzten Herrscher darstellen. Vgl. K. Jansen-Winkeln, *DNP* 1 (1996/9), Sp. 572, s.v. „Amasis", Nr. 2; R. Pietschmann, *RE* I, 2 (1894), Sp. 1745–1747, s.v. „Amasis", Nr. 2.

410 *AMASIS AEGYPTI REX* In dieser Form im Index personarum.

*Apophth.* VI, 392 ist ein Gegenstück zu *Adag.* 3477 „Arcus tensus rumpitur" (*ASD* II, 7, S. 281–282): „*Arcus tensus rumpitur*", „Plutarchus in libello, cui titulum fecit *An sit seni administranda respublica*: ‚Τόξον μέν', inquit, ‚ὥς φασιν, ἐπιτεινόμενον ῥήγνυται, ψυχὴ δὲ ἀνιεμένη', id est ‚Arcus, quemadmodum aiunt, quum intenditur, rumpi solet, contra animus quum remittitur'".

412–415 *ab amicis … vsus* Stark gekürzte, frei paraphrasierende Wiedergabe von Hdt. II, 173, 1–3: … τὸ δὲ ἀπὸ τούτου ἔπινέ τε καὶ κατέσκωπτε τοὺς συμπότας καὶ ἦν μάταιός τε καὶ παι-

γνιήμων. ἀχθεσθέντες δὲ τούτοισι οἱ φίλοι αὐτοῦ ἐνουθέτεον αὐτὸν τοιάδε λέγοντες: „ὦ βασιλεῦ, οὐκ ὀρθῶς, σεωυτοῦ προέστηκας, ἐς τὸ ἄγαν φαῦλον προάγων σεωυτόν. σὲ γὰρ ἐχρῆν ἐν θρόνῳ σεμνῷ σεμνὸν θωκέοντα δι' ἡμέρης πρήσσειν τὰ πρήγματα, καὶ οὕτω Αἰγύπτιοί τ' ἂν ἠπιστέατο ὡς ὑπ' ἀνδρὸς μεγάλου ἄρχονται, καὶ ἄμεινον σὺ ἂν ἤκουες: νῦν δὲ ποιέεις οὐδαμῶς βασιλικά". ὁ δ' ἀμείβετο τοῖσιδε αὐτούς: „τὰ τόξα οἱ ἐκτημένοι, ἐπεὰν μὲν δέωνται χρᾶσθαι, ἐντανύουσι: εἰ γὰρ δὴ τὸν πάντα χρόνον ἐντεταμένα εἴη, ἐκραγείη ἄν, ὥστε ἐς τὸ δέον οὐκ ἂν ἔχοιεν αὐτοῖσι χρᾶσθαι". Vgl. die latein. Übers. des Lorenzo Valla: „Deinde potabat et inter compotores iocabatur morionem agens ac scurram. Quibus rebus offensi amici talibus eum verbis castigabant: ‚Rex', dicentes, ‚non e dignitate tua degis, qui ad tantam te dimittis nequitiam. Nam deberes augusto in solio sedens auguste interdiu res administrare. Ita et Aegyptii cognoscerent a magno sibi viro praesideri, et tu melius audires. Nunc haud quamquam facis e regia dignitate'. His ille respondit: ‚Arcus ab his, quorum sunt, cum est opus, intendi; eos, si semper intenti sint, ruptum iri nec posse eis illos cum indigeant vti …'" (*ed. Paris. 1510, fol. 53ʳ*). Für die sprichwörtliche Weisheit vgl. auch Phaedr. *Fab. Aes.*, III, 14, 10–11.: „Cito rumpes arcum semper si tensum habueris; / At si laxaris, cum voles erit vtilis".

418 *Conspiciens quendam* In den älteren Ausgaben ist die Bemerkung des Amasis als Spruch gekennzeichnet (πρός τινα … εἶπεν), aus der neueren Ausgabe Henses geht hervor, daß es sich um eine briefliche Mitteilung handelt (Ἄμασις … γράφων ἐπιστολὴν εἶπεν).

418–419 *quendam … non est* Stob. Παρηγορικά, *Flor.* IV, 56, 32: Ἄμασις, ὁ τῶν Αἰγυπτίων βασιλεύς, γράφων ἐπιστολὴν (*ed. Hense, deest in ed. Trincavelli fol. qq IIᵛ*) πρός τινα ἀναβαλόντα τὸν υἱὸν (τὸν υἱὸν ἀναβαλόντα *ed. Trincavelli*) εἶπεν: „εἰ ὅτε μηδέπω ἦν οὐκ ἐλυποῦ, μηδὲ νῦν λυπτηθῇς, ὅτε μηκέτ' ἐστίν".

420                        [*A*] PSAMMENITVS AEGYPTIORVM REX

VI, 394                          Fortiter, amanter                (Psammetichus III) [9]

*Psammenitus Aegyptiorum rex a Cambyse* regno pulsus est. *Eius filiam* ancillari *veste
indutam* cum aliquot nobilium virginibus Cambyses *mitti iusserat ad hauriendam
aquam*, vt hoc spectaculo parentum captiuorum animos discruciaret. *Caeteris indi-*
425 *gne ferentibus solus Psammenitus demisit oculos. Mox iussit duci filium illius cum* aliis
plurimis *eiusdem aetatis, vinctis ceruicibus et ore frenato.* Atque hoc etiam spectaculo solus *Psammenitus* ad lachrymas commotus non est. Idem quum vidisset familiarem quendam exutum opibus mendicantem obambulare, hoc spectaculo adeo
commotus est, *vt ingenti fletu hominem amicum compellans, caput suum* barbarico
430 more *caederet.* Ea re cognita quum *Cambyses per nuncium* causam sciscitaretur, quur
in liberorum calamitate tacitus, vnius seniculi calamitatem tam impotenter ferret,
*respondit, „Fili Cyri, domestica mala* grauiora sunt, *quam vt* lachrymas recipiant; *at
amicus* deplorandus erat, *qui e multis opibus ad summam inopiam* redactus est, idque
*in extremo senectutis limine“.*


435                         CROESVS LYDORVM REX

VI, 395                          Pax bello potior                  (Croesus, 1) [10]

Croesus Lydorum rex, a Cyro captus, hoc argumento *pacem bello praetulit, quod pacis
tempore filii sepelirent patres, in bello* contra *patres sepelirent liberos.*


426  Atque hoc etiam *C*: Ne hoc quidem *A B*.        427  non *C*: *deest in A B*.

**Psammetichos III.**, Sohn des Amasis (reg. nur
wenige Monate 526/5 v. Chr.); wurde von dem
persischen König Kambyses gefangen genommen und getötet. Vgl. K. Jansen-Winkeln,
*DNP* 10 (2001), Sp. 505, s.v. „Psammetichos“,
Nr. 3.
420  *PSAMMENITVS AEGYPTIORVM REX*
In dieser Form im Index personarum.
422–434  *Psammenitus … limine*  Stark gekürzte, frei paraphrasierende Wiedergabe von Hdt.
III, 14, 1–10: κατίσας ἐς τὸ προάστειον ἐπὶ λύμῃ
τὸν βασιλέα τῶν Αἰγυπτίων Ψαμμήνιτον, βασι-
λεύσαντα μῆνας ἕξ, τοῦτον κατίσας σὺν ἄλλοισι
Αἰγυπτίοισι διεπειρᾶτο αὐτοῦ τῆς ψυχῆς ποιέων
τοιάδε· στείλας αὐτοῦ τὴν θυγατέρα ἐσθῆτι δου-
ληίῃ ἐξέπεμπε ἐπ᾽ ὕδωρ ἔχουσαν ὑδρήιον, συνέ-
πεμπε δὲ καὶ ἄλλας παρθένους ἀπολέξας ἀνδρῶν
τῶν πρώτων, ὁμοίως ἐσταλμένας τῇ τοῦ βασιλέος.

ὡς δὲ βοῇ τε καὶ κλαυθμῷ παρήισαν αἱ παρθένοι
παρὰ τοὺς πατέρας, οἱ μὲν ἄλλοι πάντες ἀντεβόων
τε καὶ ἀντέκλαιον ὁρῶντες τὰ τέκνα κεκακωμένα,
ὁ δὲ Ψαμμήνιτος προϊδὼν καὶ μαθὼν ἔκυψε ἐς τὴν
γῆν. παρελθουσέων δὲ τῶν ὑδροφόρων, δευτέρα
οἱ τὸν παῖδα ἔπεμπε μετ᾽ ἄλλων Αἰγυπτίων δισ-
χιλίων τὴν αὐτὴν ἡλικίην ἐχόντων, τούς τε αὐχέ-
νας κάλῳ δεδεμένους καὶ τὰ στόματα ἐγκεχαλινω-
μένους· ἤγοντο δὲ ποινὴν τίσοντες Μυτιληναίων
τοῖσι ἐν Μέμφι ἀπολομένοισι σὺν τῇ νηί. ταῦτα
γὰρ ἐδίκασαν οἱ βασιλήιοι δικασταί, ὑπὲρ ἀνδρὸς
ἑκάστου δέκα Αἰγυπτίων τῶν πρώτων ἀνταπόλ-
λυσθαι. ὁ δὲ ἰδὼν παρεξιόντας καὶ μαθὼν τὸν
παῖδα ἡγεόμενον ἐπὶ θάνατον, τῶν ἄλλων Αἰγυπτίων τῶν περικατημένων αὐτὸν κλαιόντων καὶ
δεινὰ ποιεύντων, τὠυτὸ ἐποίησε τὸ καὶ ἐπὶ τῇ
θυγατρί. παρελθόντων δὲ καὶ τούτων, συνήνεικε
ὥστε τῶν συμποτέων οἱ ἄνδρα ἀπηλικέστερον,

ἐκπεπτωκότα ἐκ τῶν ἐόντων ἔχοντά τε οὐδὲν εἰ μὴ ὅσα πτωχὸς καὶ προσαιτέοντα τὴν στρατιήν, παριέναι Ψαμμήνιτόν τε τὸν Ἀμάσιος καὶ τοὺς ἐν τῷ προαστείῳ κατημένους Αἰγυπτίων. ὁ δὲ Ψαμμήνιτος ὡς εἶδε, ἀνακλαύσας μέγα καὶ καλέσας ὀνομαστὶ τὸν ἑταῖρον ἐπλήξατο τὴν κεφαλήν. ἦσαν δ᾽ ἄρα αὐτοῦ φύλακοι, οἳ τὸ ποιεύμενον πᾶν ἐξ ἐκείνου ἐπ᾽ ἑκάστῃ ἐξόδῳ Καμβύσῃ ἐσήμαινον. θωμάσας δὲ ὁ Καμβύσης τὰ ποιεύμενα, πέμψας ἄγγελον εἰρώτα αὐτὸν λέγων τάδε. „δεσπότης σε Καμβύσης, Ψαμμήνιτε, εἰρωτᾷ δι᾽ ὅ τι δὴ τὴν μὲν θυγατέρα ὁρέων κεκακωμένην καὶ τὸν παῖδα ἐπὶ θάνατον στείχοντα οὔτε ἀνέβωσας οὔτε ἀπέκλαυσας, τὸν δὲ πτωχὸν οὐδέν σοι προσήκοντα, ὡς ἄλλων πυνθάνεται, ἐτίμησας.“ ὁ μὲν δὴ ταῦτα ἐπειρώτα, ὁ δ᾽ ἀμείβετο τοῖσιδε. „ὦ παῖ Κύρου, τὰ μὲν οἰκήια ἦν μέζω κακὰ ἢ ὥστε ἀνακλαίειν, τὸ δὲ τοῦ ἑταίρου πένθος ἄξιον ἦν δακρύων, ὃς ἐκ πολλῶν τε καὶ εὐδαιμόνων ἐκπεσὼν ἐς πτωχηίην ἀπῖκται ἐπὶ γήραος οὐδῷ“. Wie einige Übereinstimmungen auf der Wortebene zeigen, benutzte Er. dabei wohl auch die latein. Übers. des Lorenzo Valla, ohne diese jedoch in grösseren Teilen wörtlich zu wiederholen.

422  *Cambyse*  Kambyses II., persischer Großkönig (reg. 530–522 v. Chr., ältester Sohn Kyros᾽ II.), der 525 v. Chr. Ägypten eroberte und den Pharao Psammetichos II. besiegte, gefangen nahm und tötete. Für Kambyses II. vgl. unten, *Apophth.* VI, 497 „Impius adulator“.

425  *demisit oculos*  „die Augen senken“, „auf den Boden blicken“, ist hier gemeint als Gestus des Wegschauens bzw. Etwas-Nicht-Sehen-Wollens.

425–426  *aliis plurimis*  Nach Herodot ließ Kambyses zweitausend junge ägyptische Männer als dem Tode verschriebene Gefangene vorüberziehen; Er. fasste diese Zahl als symbolischen Wert auf.

426  *vinctis ceruicibus*  Sie trugen einen Strick um den Nacken und ein Hölzstöckchen im Munde (wie Zugtiere), sodaß sie ihn nicht schliessen konnten, beides als Symbole der äußersten Herabsetzung und Schmach.

432  *Cyri*  Kyros II., der Große (ca. 590–530), erster Großkönig des Persischen Reiches. Ihm hatte Er. die ersten drei Sprüche des Buches der „Könige und Feldherren“ gewidmet (V, 1–3). Weitere Sprüche werden im achten Buch hinzugesetzt (VIII, 167, 209). Zu seiner Person vgl. oben Komm. zu V, 1.

**Kroisos** (um 590–um 541 v. Chr.), letzter König Lydiens (reg. um 555–541), der älteste Sohn des Alyattes II.; setzte die Grossmachtpolitik seines Vaters fort; herrschte über grosse Teile Kleinasiens, u. a. über die Phryger, Thraker, Bithyner, Karer, Ionier, Dorer und Aitoler, einschliesslich der griech. asiatischen Städte, denen er Tributzahlungen auferlegte. Nach einer erfolgreichen Regierungszeit fing er einen Krieg gegen den persischen König Kyros d.Gr. an: Er wurde bei Sardes von Kyros geschlagen und verlor sein Königreich. Kroisos wurde wegen seines Reichtums und Glückes sprichwörtlich und wegen seines jähen Absturzes zum Exempel für die Wechselhaftigkeit des Glückes. Vgl. Ch. Schmidt, *DNP* 6 (1999), Sp. 858–860; F.H. Weissbach, *RE* Suppl. V (1931), Sp. 455–472, jeweils s.v. „Kroisos“ (vgl. *Apophth.* VI, 396); Otto 468; Diogenes 8, 53 = Apostol. 17, 17. Er. war mit der sprichwörtlichen und exemplarischen Bedeutung des Kroisos gut vertraut; so widmete er ihm zwei Adagien, *Adag.* 574 „Croeso, Crasso ditior“ (*ASD* II, 2, S.100: „Apud Graecos opulentia Croesi, Lydorum regis, in prouerbium abiit, nobilitata dicto Solonis“) und 3948 „Croesi pecuniae teruncium addere“ (*ASD* II, 8, S. 247). Vgl. weiter *ASD* II, 1, S. 80 „Croeso ditior“; 1672 (*ASD* II, 4, S. 134): „Sumptum a Croeso Lydorum rege, qui antea felix rebusque florentissimis vtens Cyrum in se prouocauit“. Für Kroisos als Inbegriff des Reichen vgl. *Adag.* 2396 (*ASD* II, 5, S. 286). In *Adag.* 2201 (*ASD* II, 5, S. 182) figuriert Kroisos als Musterbeispiel eines schlechten Herrschers, der auf einer Stufe mit den grossen Verbrechern gegen die Menschheit steht: Caesar, Alexander d.Gr. und Xerxes.

435  *CROESVS LYDORVM REX*  In dieser Form im Index personarum.

*Apophth.* VI, 395 datiert auf 541 v. Chr., als Kroisos von Kyros besiegt und gefangengenommen worden war.

437–438  *pacem … liberos*  Hdt. I, 87, 4: οὐδεὶς γὰρ οὕτω ἀνόητός ἐστὶ ὅστις πόλεμον πρὸ εἰρήνης αἱρέεται· ἐν μὲν γὰρ τῇ οἱ παῖδες τοὺς πατέρας θάπτουσι, ἐν δὲ τῷ οἱ πατέρες τοὺς παῖδας. Vgl. die latein. Übers. des Lorenzo Valla: „Neque enim quispiam ita amens est, vt bellum quam pacem preoptet. Nam in pace filii patres, in bello patres filios sepeliunt“ (*ed. Paris. 1510, fol. 15$^r$*).

VI, 396                                    Prvdenter                                    (Croesus, 2) [11]

440   Idem quum *videret* Cyri milites per *vrbem* captam discurrentes, *percontatus est Cyrum, quid agerent.* Quumque is respondisset, *„Diripiunt vrbem tuam opesque tuas populantur“, „Nequaquam“, inquit, „o rex. Nihil iam hic meum est, tuum est,* quod diripiunt“. Ea vox commouit Cyrum, vt suos a direptione reuocaret.

VI, 397                                Proles debetvr patriae                          (Croesus, 3) [12]

445   Quum *Cambyses* se cum patre Cyro conferret, amicis illum patre praestantiorem affirmantibus Croesus respondit illum nondum *patri aequandum,* qui *nondum reliquisset filium,* sentiens et hoc esse non infimum erga rempublicam meritum, si non solum ipse te praestiteris egregium virum, sed aliquem tui similem gignas educesque patriae.

450                  MEGABYZES [i.e. MEGABYZVS]

VI, 398                              Locvs eligendvs vrbi                        (Megabyzus II) [13]

*Megabyzes* [i.e. Megabyzus] *quum apud* Hellespontios *agens audisset, quod Chalcedonii decem et septem annis vrbem condidissent ante Byzantios, dixit Chalcedonios id temporis fuisse caecos, qui, quum adesset locus vrbi condendae multo* commodior, dete-
455   riorem *elegissent. Hoc* dicto scribit Herodotus *Megabyzen apud Hellespontios immortalem sui memoriam reliquisse.* Quod si verum est, erat tum temporis mira dictorum caritas.

                              SIMONIDES

VI, 399                                  [*B*] Divitiae                              (Simonides, 5) [14]

460   *Simonides interrogatus, vtra res esset optabilior, diuitiae an sapientia, „Dubito“, inquit, „vt qui videam sapientes frequentare diuitum fores“,* innuens philosophos verbis quidem contemnere diuitias, sed re tamen eas captare.

452  Megabyzes *A-C*: Megabizes *ind. person. B C*,     459–462  Diuitiae … captare *B C: desunt in A.*
     Megabyzus *sec. Herodot. (cf. vers. Laurentii*
     *Vallae).*

*Apophth.* VI, 396 datiert ebenfalls auf 541 v. Chr.     2–89, 1: μετὰ δὲ ἐπιστραφείς τε καὶ ἰδόμενος τοὺς
440–443 *videret … reuocaret*  Leicht gekürzte     Πέρσας τὸ τῶν Λυδῶν ἄστυ κεραΐζοντας εἶπε
    und vereinfachte Wiedergabe von Hdt. I, 88,     „ὦ βασιλεῦ, κότερον λέγειν πρὸς σὲ τὰ νοέων

τυγχάνω ἢ σιγᾶν ἐν τῷ παρεόντι χρή?" Κῦρος δέ μιν θαρσέοντα ἐκέλευε λέγειν ὅ τι βούλοιτο. ὁ δὲ αὐτὸν εἰρώτα λέγων „οὗτος ὁ πολλὸς ὅμιλος τί ταῦτα πολλῇ σπουδῇ ἐργάζεται?" ὁ δὲ εἶπε „πόλιν τε τὴν σὴν διαρπάζει καὶ χρήματα τὰ σὰ διαφορέει." Κροῖσος δὲ ἀμείβετο „οὔτε πόλιν τὴν ἐμὴν οὔτε χρήματα τὰ ἐμὰ διαρπάζει: οὐδὲν γὰρ ἐμοὶ ἔτι τούτων μέτα: ἀλλὰ φέρουσί τε καὶ ἄγουσι τὰ σά." Κύρῳ δὲ ἐπιμελὲς ἐγένετο τὰ Κροῖσος εἶπε: μεταστησάμενος δὲ τοὺς ἄλλους, εἴρετο Κροῖσον ὅ τι οἱ ἐνορῴη ἐν τοῖσι ποιευμένοισι. Vgl. die latein. Übers. des Lorenzo Valla: „Mox conuersus ac cernens Persas Lydorum diripientes vrbem, ‚Vtrum debeo‘, inquit, ‚rex, tibi loqui, quod sentio, an tacere hoc tempore?‘. Cyrus eum vero, quaecumque liberet, audacter perloqui iussit. Tunc ille Cyrum perconctatur, ‚Quidnam‘, inquiens, ‚tanta frequentia properat agere?‘. Cui Cyrus: ‚Tuam‘, inquit, ‚vrbem diripere, tuasque opes absumere‘. Atqui Croesus excipit: ‚Neque vrbem meam diripis neque meas opes. Nihil enim mihi iam cum istis rebus est, sed tua ferunt aguntque‘. His verbis iniecta cura Cyrus Croesum semotis arbitris interrogat, quidnam in his, quae fierent, sibi constituendum censeret" (*ed. Paris. 1510, fol. 15ᵛ*).

445–447 *Cambyses… filium* Stark gekürzte und frei paraphrasierende Wiedergabe von Hdt. III, 34, 4–5: πρότερον γὰρ δὴ ἄρα, Περσέων οἱ συνέδρων ἐόντων καὶ Κροίσου, εἴρετο Καμβύσης κοῖός τις δοκέοι ἀνὴρ εἶναι πρὸς τὸν πατέρα τελέσαι Κῦρον, οἳ δὲ ἀμείβοντο ὡς εἴη ἀμείνων τοῦ πατρός: τά τε γὰρ ἐκείνου πάντα ἔχειν αὐτὸν καὶ προσεκτῆσθαι Αἴγυπτόν τε καὶ τὴν θάλασσαν. Πέρσαι μὲν ταῦτα ἔλεγον, Κροῖσος δὲ παρεών τε καὶ οὐκ ἀρεσκόμενος τῇ κρίσι εἶπε πρὸς τὸν Καμβύσεα τάδε. „ἐμοὶ μέν νυν, ὦ παῖ Κύρου, οὐ δοκέεις ὅμοιος εἶναι τῷ πατρί: οὐ γὰρ κώ τοι ἐστὶ υἱὸς οἷόν σε ἐκεῖνος κατελίπετο". Vgl. die latein. Übers. des Lorenzo Valla: „Nam senatum Persarum (Persas consiliarios suos), cui intererat Croesus, aliquando interrogarat Cambyses, qualis ipse videretur esse vir ad patrem Cyrum adaequandum. Et illi responderant eum patre esse praestantiorem, qui et omnia illius haberet et Aegypti ac maris adcessionem adiecisset. Haec quidem Persae dicebant. Sed Croesus, qui aderat, displicente ei, quae dicebatur, sententia ad Cambysem inquit: ‚Mihi tu quidem, Cyro genite, non videris adaequandus esse patri: quippe cui nondum est filius, qualem ille te reliquit‘" (*ed. Paris. 1510, fol. 60ʳ*).

445 *Cambyses* Für den persischen Großkönig Kambyses II. siehe unten, *Apophth.* VI, 497 „Impius adulator".

**Megabyzos II., d.J.** (um 516-um 440 v. Chr.), Sohn des Zopyros, Schwiegersohn Xerxes' I. (verheiratet mit Prinzessin Amytis), persischer Feldherr unter Xerxes I. beim Griechenlandfeldzug. Unter Artaxerxes I. schlug er 456–454 den ägyptischen Aufstand nieder. Vgl. W: Kroll, *RE* XV, 1 (1931), Sp. 122–123, s.v. „Megabyzos", Nr. 2; J. Wiesehöfer, *DNP* 7 (1999), Sp.1132, s.v. „Megabyzos", Nr. 2.

450 *MEGABYZES* Nach dem Index personarum „MEGABIZES".

*Apophth.* VI, 398 datiert auf das J. 480 v. Chr., als sich Megabyzos im Gefolge des Xerxes am Hellespont aufhielt, um mit dem Heer anlässlich des Griechenlandfeldzuges nach Europa überzusetzen.

452–455 *Megabyzes … elegissent* Hdt. IV, 144, 1–2. Leicht variierende, sonst wörtliche Wiedergabe der latein. Übers. des Lorenzo Valla: „Megabyzus autem hic immortalem sui memoriam apud Hellespontios reliquit. Hoc dicto, quod, cum apud Byzantium agens audisset Calchedonios decem et septem annis ante Byzancios vrbem condidisse, inquit Chalcedonios eo tempore caecos fuisse, qui, cum pulchrior adesset locus ad vrbem condendam, nequaquam turpiorem elegissent, nisi caeci fuissent" (*ed. Paris. 1510, fol. 97ᵘ*). Vgl. den griech. Text: οὗτος δὲ ὁ Μεγάβαζος εἴπας τόδε τὸ ἔπος ἐλίπετο ἀθάνατον μνήμην πρὸς Ἑλλησποντίων. γενόμενος γὰρ ἐν Βυζαντίῳ ἐπύθετο ἑπτακαίδεκα ἔτεσι πρότερον Καλχηδονίους κτίσαντας τὴν χώρην Βυζαντίων, πυθόμενος δὲ ἔφη Καλχηδονίους τοῦτον τὸν χρόνον τυγχάνειν ἐόντας τυφλούς: οὐ γὰρ ἂν τοῦ καλλίονος παρεόντος κτίζειν χώρου τὸν αἰσχίονα ἑλέσθαι, εἰ μὴ ἦσαν τυφλοί.

*Apophth.* VI, 399–409 In dem nunmehr folgenden Abschnitt sammelt Er. die Aussprüche von Dichtern, vornehmlich von griechischen, aber auch von dem römischen Dichter Accius, den er als Actius bezeichnet.

*Apophth.* VI, 399 Zu dem Lyriker **Simonides von Keos** vgl. oben Komm. zu VI, 383.

460–461 *Simononides … fores* Wörtliche Übers. von Stob. Περὶ πλούτου, *Flor.* IV, 31, 32: Σιμωνίδης ἐρωτηθεὶς πότερον αἱρετώτερον πλοῦτος ἢ σοφία, „ουκ οἶδα", ἔφη, „ὁρῶ μέντοι γε (γὰρ *ed. Trincavelli fol. hh IIᵛ*) τοὺς σοφοὺς ἐπὶ τὰς τῶν πλουσίων θύρας φοιτῶντας". Vgl. Aristot. *Rhet.* II, 1391a2: „ὅθεν καὶ τὸ Σιμωνίδου εἴρηται περὶ τῶν σοφῶν καὶ πλουσίων πρὸς τὴν γυναῖκα τὴν Ἱέρωνος ἐρομένην πότερον γενέσθαι κρεῖττον πλούσιον ἢ σοφόν· πλούσιον εἰπεῖν· τοὺς σοφοὺς γὰρ ἔφη ὁρᾶν ἐπὶ ταῖς τῶν πλουσίων θύραις διατρίβοντας".

## [*A*] EVRIPIDES

| VI, 400 | FIDVCIA ARTIS | (Euripides, 1) [15] |
|---|---|---|

465 *Euripides, quum populus* Atheniensis tumultuaretur, offensus *sententia quadam* in illius tragoedia, quae tum agebatur, et autorem efflagitaret, vt eam mutaret, *progressus in scenam dixit se, vt populum doceret, non vt ab eo disceret, fabulas solere componere.* Eruditio sibi conscia contempsit multitudinis iudicium.

| VI, 401 | FIDVCIA ARTIS | (Euripides, 2) [16] |
|---|---|---|

470 Idem *apud Alcestidem, tragoediarum* scriptorem, aliquando questus est, quod summo *tridui labore* adnixus *non potuisset* nisi *tres versus* absoluere. Contra Alcestidi *glorianti,* quod ipse *perfacile centum* absoluisset vno die, „At *tui*", inquit, „*ad triduum modo, mei in omne* aeuum duraturi sunt".

| VI, 402 | TEMPERANTIA | (Euripides, 3) [17] |
|---|---|---|

475 [*Euripides cuidam dicenti* „*Carmen* condidisti ex modis ad *tripudium* accommodis", *alio* dictum hoc *ridente,* „*Ni stupidus esset*", inquit, „*non risisset, quod res serias Lydiis modis temperarim*"]. Quum Euripides choream agentibus succinuisset cantionem quandam modulatam, vnus illorum risit. Cui poeta, „Ni stupidus esses", ⟨inquit⟩, „et expers affectuum, haudquaquam risisses me canente Mixolydium". ⟨Refert hoc
480 Plutarchus in libello περὶ τοῦ ἀκούειν.⟩. Lydii modi lasciuiores sunt. Porro quae per se tristia sunt, ea decet arte exhilarare.

---

475–477 Euripides cuidam … modis temperarim *delevi.*

477–479 Quum Euripides … Mixolydium *B C:* desunt in A.

478 esses *B C LB:* esset *BAS.*

478 inquit *supplevi sec. Plutarchi loc. cit. (εἶπε).*

479–480 Refert hoc … τοῦ ἀκούειν (*B C*) transposui.

**Euripides**, der Tragödiendichter (ca. 480–406/7 v. Chr.).

464 *Fiducia artis* Den Titel erstellte Er. im Hinblick auf seine Quelle, Valerius Maximus' Kapitel „De fiducia sui" (= III, 7).

465–467 *Euripides, quum … componere* Im narrativen Teil paraphrasierende, im Spruchteil wörtliche Wiedergabe von Val. Max. III, 7, ext. 1 („De Euripide poeta", Überschrift in *ed. Bade 1510, fol. CXXX*ʳ): „Ne (Nec *ed. Bade 1510*) Euripides quidem Athenis arrogans visus est, cum postulante populo, vt ex tragoedia quandam sententiam tolleret, progressus in scaenam dixit se, vt eum doceret, non vt ab eo disceret, fabulas conponere solere. Laudanda pro

fecto fiducia est, quae aestimationem sui certo pondere examinat …".

466 *vt eam mutaret* Das Volk forderte nicht, daß Euripides eine bestimmte Sentenz/ Weisheit änderte, sondern daß er sie strich („tolli").

470 *Alcestidem* Alkestis (bzw. vielleicht Alkestides), weiter unbekannter athenischer Tragödiendichter des 5. Jh. v. Chr.

470–473 *Alcestidem tragoediarum … in omne* Paraphrasierende Wiedergabe von Val. Max. III, 7, ext. 1: „Itaque etiam, quod Alcestidi tragico poetae respondit, probabile. Apud quem cum quereretur, quod eo triduo non vltra tres versus maximo inpenso labore deducere potuisset, atque is se centum perfacile scrip sisse gloriaretur, ‚Sed hoc‘, inquit, ‚interest, quod tui in triduum tantum modo, mei vero in omne tempus sufficient‘ “.

VI, 402 ist ein sehr merkwürdiges Apophthegma, weil Er. die Anekdote (in *B* und *C*) in einem Lemma zweimal erzählt: einmal nach der latein. Übers. des Ottmar Luscinius, ein zweites Mal nach dem griech. Original. Die Situation des Textes ist in *B, C, BAS, LB* ist durchaus verwirrt. Wahrscheinlich hatte Er. beabsichtigt, daß ab der Ausgabe *B* die zweite Version der Anekdote jene von *A* ersetze.

475–477 *Euripides cuidam … temperarim* Plut. *De recta ratione audiendi*, *Mor.* 46B, Er. hatte hier (in der urspr. Ausgabe von *A*) zur Erstellung seines Textes die Übers. von Ottmar Luscinius verwendet: „Euripides igitur poeta, dicente illi quodam, ‚Carmen edidisti ex harmonia tripudiis idoneum‘, subrisit alius. At poeta ait: ‚Nisi stupidus esses, ac nullo tangereris affectu, non risisses, quia res serias Lydii modulis temperaui‘ “ (ed. Cratander 1530, fol. 242ʳ). Luscinius hat die Stelle auf mehrfache Weise missverstanden, u. a. hat er eine dritte Person hinzugesetzt, die im griech. Original nicht vorhanden ist; auch er hat falsch verstanden, was mit μιξολυδιστὶ gemeint ist: Luscinius verkehrte in der Annahme, daß es um ausgelassen-fröhliche, ekstatische Musik geht, während damit in Wirklichkeit eine zurückgenommene, nachdenkliche Modulation gemeint ist; zudem bezieht er die Angabe auf den Tanz im Dreischritt („tripudium“), also auf den Rhythmus (= den Rhythmus des Bacchischen Tanzes oder des Waffentanzes; vgl. Georges II, Sp. 3226, s.v. „tripudium“), nicht auf die Modulation. Er. hatte in *A* die unsinnigen Angaben des Luscinius übernommen; bei der Vorbereitung des Ausgabe *B* hat er sich offensichtlich noch einmal den griech. Text angeguckt, woraufhin er zu dem Schluss kam, daß es besser wäre, das Apophthegma neu zu übersetzen. Bei der Einpflegung der neuen Übersetzung kam es zu der Verwirrung.

477–480 *Quum Euripides … τοῦ ἀκούειν* Diese, von der in *A* benutzten latein. Übers. des Ottmar Luscinius stark abweichende Übers. stellte Er. selbst nach dem griech. Plutarch-Text her, vgl. *De recta ratione audiendi* 15, *Mor.* 46B: Εὐριπίδης μὲν οὖν ὁ ποιητής, ὡς ὑπολέγοντος αὐτοῦ τοῖς χορευταῖς ᾠδήν τινα πεποιημένην ἐφ᾽ ἁρμονίας εἰς ἐγέλασεν, „εἰ μή τις ἦς (τις ἦς *Babbit*, „… τις“, ἔφη, „ἦς …“ *ed. Ald. p. 39*) ἀναίσθητος“, εἶπε, „καὶ ἀμαθὴς (ἀπαθής *ed. Ald.*), οὐκ ἂν ἐγέλασας ἐμοῦ μιξολυδιστὶ ᾄδοντος“.

479 *expers affectuum* Mit „expers affectuum“ übersetzte Er. den Text der Aldus-Ausgabe, ἀπαθής.

479 *Mixolydium* Er. hat in seiner eigenen Übers. „Mixolydium“ aus dem griech. μιξολυδιστὶ ins Lateinische transkribiert. Der *mixolydische Modus* ist eine der Oktavgattungen der griechischen Musik (neben der dorischen, ionischen, phrygischen, lydischen, hypolydischen und hypophrygischen). Diese Tonleitern unterscheiden sich von einander durch die jeweils verschiedene Lage der Halbtonschritte. Der mixolydische Modus bezeichnet eine Tonleiter, die ebenso läuft wie eine Dur-Tonleiter, jedoch am Ende eine kleine Septim statt einer großen aufweist. Der Effekt des anders gesetzten Halbtonschrittes ist jener der zurückgenommenen, gebremsten Fröhlichkeit, die ins Nachdenkliche, Bittersüße, latent Traurige hinüberleitet. Anscheinend gefiel einem Chormitglied Euripides’ anders gesetzter Halbtonschritt nicht; vielleicht erachtete er ihn als affektiert und gekünstelt. Euripides quittierte dies mit der säuerlichen Bemerkung, daß die betreffende Person zu blöde sei, um seine subtile Kunst der Modulation zu verstehen.

480–481 *Lydii modi … exhilarare* Er.’ Erklärung zeigt, daß er nicht verstanden hat, worum es beim mixolydischen Modus ging. Dieser ist nicht dazu da, etwas an sich trauriges fröhlich zu gestalten (wie Er. meint), sondern läßt im Gegenteil ins Fröhliche einen Tropfen Bitterkeit fließen.

# ALEXIS

VI, 403                          Lvxvs                          (Alexis, 1) [18]

*Alexis* poeta *Callimedontem rhetorem* vt delitiis deditum taxauit his versibus

485    ὑπὲρ πάτρας μὲν πᾶς τις ἀποθνήσκειν θέλει,
       ὑπὲρ δὲ μήτρας, Καλλιμέδων ὁ Κάραβος, ⟨id est⟩,

       „Pro patria vel quilibet velit mori;
       At metrae amore, Callimedon solus cupit".

Perit Latinis ioci gratia, nam πάτρα patriam significat, μήτρα non matrem, sed vuluam
490    aut piscem sonat. Pisces olim erant in delitiis.

VI, 404                                                        (Alexis, 2) [19]

Cuidam videnti ipsum iam senio fessum aegre lenteque incedere ac roganti, quid
ageret, „*Paulatim*", inquit, „*morior*, siue *pedetentim morior*", significans senes non
viuere, sed lente mori.

---

486  id est *supplevi*.
489–490  vuluam aut piscem sonat. Pisces olim
    erant *A-C*: vuluam sonat, quae olim erat *BAS
    LB*.

492–494  Cuidam … mori *B C: desunt in A*.

**Alexis**, aus Thurioi in Unteritalien stammender, jedoch in Athen tätiger Schauspieldichter der 2. H. d. 4. Jh. v. Chr., wichtigster Vertreter der Mittleren Komödie; erster bezeug-
ter Sieg bei den großen Dionysien i.J. 347;
bedeutend für die Entwicklung der Charak-
tertypen, die für die Neue Komödie bezeichnend werden sollten (Koch, Parasit usw.).
Vgl. H.G. Nesselrath, *Die attische Mittlere
Komödie*, Berlin-New York 1990, S. 198ff.;
ders., *DNP* 1 (1996/9), Sp. 488, s.v. „Alexis";
G. Kaibel, *RE* I, 2 (1894), Sp. 1468–1471, s.v.
„Alexis", Nr. 9; R. Kassel und C. Austin, *Poetae comici Graeci*, Bd. II, Berlin 1991, S. 21–
195.
484–486  *Alexis … ὁ κάραβος* Athen. III, 100C.
Ἄλεξις γὰρ ἐν τῷ Ποντικῷ ἐπιγραφομένῳ δρά-
ματι Καλλιμέδοντα τὸν ῥήτορα, Κάραβον (καίρα-
βον *ed. Ald. 1514 p. 14*) δὲ ἐπικαλούμενον κωμῳ-
δῶν ἦν δ᾿ οὗτος εἷς τῶν κατὰ Δημοσθένη τὸν
ῥήτορα πολιτευομένων φησὶν „ὑπὲρ πάτρας μὲν
πᾶς τις ἀποθνήσκειν θέλει,/ ὑπὲρ δὲ μήτρας Καλλιμέδων ὁ Κάραβος (κάραβος *ed. Ald. 1514 p. 14*)
ἐφθῆς ἴσως προσεῖτ᾿ ἂν ἀποθανεῖν".

484  *Callimedontem* Kallimedon, attischer Redner und Politiker des 4. Jh. v. Chr., dessen per-
sönliche Eigenschaften den Komikern Anlass
zu Spott gaben. Vgl. H. Swoboda, *RE* X,
2 (1919), Sp. 1647, s.v. „Kallimedon", Nr. 1;
W. Schmitz, *DNP* 6 (1999), Sp. 196, s.v. „Kallimedon".
486  *Καλλιμέδων ὁ Κάραβος* Alexis spielte mit
dem Spitznamen des Redners Kallimedon,
den man „die Krabbe"/„den Krebs" nannte,
wohl aufgrund der Tatsache, daß er sowohl
ein Schlemmer war als auch schielte – Krab-
ben (Meereskrebse) galten als gefräßig und
ihre Augen scheinen in verschiedene Richtungen (nach Außen hin) zu blicken. Aus ὁ κάραβος geht nicht hervor, welche Art Schalentier
genau gemeint ist: Es kann sich um diverse
Arten von Meereskrabben und -krebsen handeln. Auffällig ist, daß Er. ὁ κάραβος in seiner
latein. Übersetzung des Verses nicht wiedergab. Es könnte sein, daß er nicht genau
verstanden hat, worum es ging; jedenfalls
hielt er, wie seine Erklärung zeigt, μήτρα
für eine Fischart und dachte, daß der Witz

des Alexis von dem Verspeisen von Fischen (*pisces*) handelte.

489  μήτρα  μήτρα bezeichnet die Gebärmutter bzw. den Mutterkuchen, v.a. einer Sau, der als besonderer Leckerbissen betrachtet wurde: Für einen gedünsteten Mutterkuchen einer Sau ist der Schlemmer Kallimedon bereit sein Leben hinzugeben (vgl. Passow II, 1, S. 242 s.v.). Das Wortspiel ist im Lateinischen nicht ausgeschlossen (wie Er. behauptet), sondern ließe sich eventuell mit „… patriam … sed matricem" nachspielen („matrix" in der Bedeutung von Gebärmutter, vgl. *DNG* II, Sp. 3017, s.v. I c; so auch die Bezeichnung in der medizin. Literatur).

490  *aut piscem … sonat*  Er.' Behauptung, daß das griech. μήτρα („Mutterkuchen") eine Fischart bezeichnet, ist unrichtig; die Herausgeber der Basler Gesamtausgabe entdeckten diesen Fehler, tilgten „aut piscem" und richteten den nachfolgenden Satz grammatisch so ein, daß er nichts mehr mit Fischen zu tun hatte, sondern sich auf den Mutterkuchen bezog. Möglicherweise dachte Er. bei μήτρας an das Tier, das als Ματρέου θηρίον bezeichnet (Athen. 19D) und mit dem Polypen gleichgesetzt wurde. Polypen galten als Fische (*pisces*) und von ihnen wurde fälschlich behauptet, daß sie ihre eigenen Arme annagen würden (Plin. *Nat.* IX, 87; Ael. *Nat. an.* I, 27). Ματρέου θηρίον (eig. „Tier des Matreas") geht auf den alexandrinischen fahrenden Gaukler Matreas zurück, der in der Römischen Kaiserzeit dieses Tier als Rätseltier entwarf; er sagte: „Ich halte mir zuhause ein Tier, das sich selbst auffrisst". Hadrianus Iunius entwarf in seiner Weiterführung von Erasmus' Adagien das Sprichwort „Matreae beluam alit"; vgl. Hadrianus Iunius, *Adagiorum centuriae octo cum dimidia … Basel* 1558, S. 510.

*Apophth*. VI, 404 ist ein Gegenstück zu *Collect.* 613 „Pedetentim. Κατὰ ποδὸς βάσιν" und *Adag.* 1002 „Pedetentim" (*ASD* II, 3, S. 28). *Collect.* 613 „Pedetentim. Κατὰ ποδὸς βάσιν. A caute glaciem ingredientibus tractum …"; *Adag.* 1002: „Κατὰ ποδὸς βάσιν Graecis prouerbio dicitur, quod Latini reddiderunt *pedetentim*, vbi quis non praecipitanter atque inconsiderate, sed sensim atque cunctanter aggreditur negocium atque arte rem gerit magis quam impetu. Translatum ab his, qui cautim ac praetentantes per glaciem locumue lubricum ingrediuntur"; Diogen. V, 95; Otto 1372.

492–493  *Cuidam … morior*  Vgl. *Adag.* 1002 „Pedetentim" (*ASD* II, 3, S. 28): „[*H*] Alexis comoediarum scriptor iam extremae senectutis, quum lento incessu inambulans rogaretur a quodam, ,Quid ageret', ,Κατὰ ποδὸς βάσιν', inquit, ,ἀποθνῄσκω', id est ,Pedetentim morior' " („Schrittweise sterbe ich"); Er. hat dieses Lemma in die Ausgabe *H* der *Adagia* aufgenommen (1533), nachdem es zuerst in der zweiten Ausgabe der *Apophthegmata* (*B*) publiziert worden war. Es geht auf Stob. Περὶ γήρως, *Flor.* IV, 50, 83, zurück: Ἄλεξις ὁ τῶν κωμῳδιῶν ποιετής, ἐπειδή τις αὐτὸν ὄντα πρεσβύτην ἑώρα (ἑώρα Hense, ἑώρακε ed. Trincavelli fol. oo III᷂) μόλις πορευόμενον καὶ ἐρώτα ,τί ποῖς;", ἔφη „κατὰ σχολὴν ἀποθνῄσκω" (aus dem *Gnomologium Frobenianum*; *PGC*, Alexis, Fr. 15). Freilich antwortet Alexis dort auf die Frage nicht κατὰ ποδὸς ἀποθνῄσκω, sondern κατὰ σχολὴν ἀποθνῄσκω („gemächlich sterbe ich"). „κατὰ ποδὸς" hat Er. wohl nach dem Vorbild der Suda = Diogen. V, 95 hinzugesetzt. In *Apophth.* VI, 405 bietet Er. beide Versionen an: „paulatim morior" für κατὰ σχολὴν ἀποθνῄσκω, „pedetentim morior" für κατὰ ποδὸς ἀποθνῄσκω.

495                                        MENANDER

VI, 405                         POPVLI IVDICIA                    (Menander) [20]

*Menander* centum et *quinque* fabulas *scripsisse* traditur, ex quibus tantum *octo vicit.*
Itaque quum *a Philemone* longe im*pari* fauore populi *saepenumero vinceretur, forte*
illi factus *obuiam* dixit: „*Quaeso Philemon, bona venia dic mihi, quum me vincis, non*
500    *erubescis?*". Victi solent erubescere, at sic vincere Menander iudicabat erubescen-
dum.


                                   PHILOXENVS POETA

VI, 406                         POPVLI IVDICIA              (Philoxenus poeta, 1) [21]

*Philoxenus* poeta *quum audisset suos versus a laterariis perperam recitari, lateres ipsorum*
505    comminuit *dicens, „Vos mea corrumpitis, ego* vicissim *vestra".*

**Menander** (342/1–291/0 v. Chr.), der wichtigste
Vertreter der Neuen Komödie in Athen. Vgl.
B. Zimmermann, *Die griechische Komödie*,
Frankfurt 2006, S. 177–206; C. Scardino
und G. Sorrentino, „Menander", in: B. Zimmermann und A. Rengakos (Hrsg.), *Handbuch der griechischen Literatur der Antike*, Bd.
2: *Die Literatur der klassischen und hellenistischen Zeit*, München 2014, S. 1061–1087;
H.G. Nesselrath, *DNP* 7 (1999), Sp. 1215–
1219, s.v. „Menandros", Nr. 4; A. Körte,
*RE* XV, 1 (1931), Sp. 707–761, s.v. „Menandros", Nr. 9; Menander, *Komödien. Griechisch und Deutsch*, 2 Bde., herausg., übers.
und komm. von P. Rau, Darmstadt 2013–
2014.
497–500 *Menander … erubescis* Im erzählenden Teil paraphrasierende, im Spruchteil wörtliche Wiedergabe von Gell. XVII, 4, 1–4:
„Menander a Philemone, nequaquam pari
scriptore, in certaminibus comoediarum ambitu gratiaque et factionibus saepenumero vin-
cebatur. Eum cum forte habuisset obuiam,
‚Quaeso', inquit, ‚Philemo (Philemon *edd.
vett.*), bona venia dic mihi, cum me vincis, non
erubescis?' … Menandrum autem alii centum octo, partim centum nouem reliquisse
comoedias ferunt … Ex istis tamen centum
et quinque omnibus, solis eum octo vicisse
idem Apollodorus eodem libro [i.e. Chronica]
(eodem in libro *quaedam edd. vett.*) scripsit".

497 *centum et quinque* Wie aus der von Er.
zitierten Gellius-Stelle hervorgeht, hat Menander nach der Überlieferung bei Apollodor 105, nach einer anderen 108 und wieder einer anderen 109 Theaterstücke hinterlas-
sen. Er beschränkt sich auf die Angabe des
Apollodor, wohl um die Erzählung zu verein-
fachen. Überliefert sind 96 Titel von Menanders Schauspielen sowie zahlreiche Fragmente. Nur sechs Werke sind vollständig
oder in umfänglichen Bruchstücken erhalten.
498 *Philemone* Philemon (um 360–um 264
v. Chr.), bedeutender Dichter der attischen
Neuen Komödie, der zu Lebzeiten ein erfolg-
reicherer Dichter als Menander war, dessen
Werke aber später für die Lektüre als geeig-
neter galten als für die Aufführung auf der
Bühne. Vgl. H.G. Nesselrath, *DNP* 9 (2000),
Sp. 784–785, s.v. „Philemon", Nr. 2; A. Körte,
*RE* XIX, 2 (1938), Sp. 2137–2145, s.v. „Philemon", Nr. 7.
**Philoxenos der Dichter** bzw. **Philoxenos von
Kythera** (435/4–380/79 v. Chr.). Dithyrambendichter am Hofe des Dionysios I. von
Syrakus; Hauptvertreter der „Neuen Musik".
Vgl. P. Maas, *RE* XX, 1 (1941), Sp. 192–194,
s.v. „Philoxenos", Nr. 23; E. Robbins, *DNP* 9
(2000), Sp. 897, s.v. „Philoxenos", Nr. 2. Für
weitere Angaben zur Person des Philoxenos
siehe Komm. zu VI, 504.

502 *PHILOXENVS POETA* „Philoxenus poeta“, um ihn von dem gleichnamigen Parasiten Philoxenos (Philoxenos Pernokopis) zu unterscheiden. Im Index personarum wurde er als „Philoxenus“ ohne Zusatzqualifikation angegeben.

504–505 *Philoxenus … vestra* Eigenständige und gekürzte Wiedergabe des Er. von Diog. Laert. IV, 6, 36: Πρὸς Ἀλεξίνειόν (Ἀλεξίνειόν *Hicks;* Ἀλεξῖνον *ed. Frob., p. 198*) τινα διαλεκτικὸν μὴ δυνάμενον κατ᾽ ἀξίαν τῶν Ἀλεξίνου τι διηγήσασθαι τὸ Φιλοξένῳ πρὸς τοὺς πλινθιακοὺς πραχθὲν εἶπεν· ἐκεῖνος γὰρ τὰ αὑτοῦ κακῶς ᾄδοντας τούτους καταλαβὼν αὐτὸς τὰς (τοὺς *ed. Frob.*) πλίνθους αὐτῶν συνεπάτησεν, εἰπών, „ὡς ὑμεῖς τὰ ἐμὰ διαφθείρετε, οὕτω (οὕτω *deest in ed. Frob.*) κἀγὼ τὰ ὑμέτερα“. Vgl. Curios Ausgabe der latein. Übers. des Ambrogio Traversari: „Alexinum (sic) quendam dialecticum, Alex-ini quaedam commode ac pro merito enarrare non valentem, quid Philoxenus aduersus latericios operarios egisset, admonuit. Ille enim cum hos carmen ipsius male cantantes offendisset, lateres illorum conculcare coepit ac dicere, Vos mea corrumpitis, ego vestra dissipabo‘ “ (ed. Basel, 1524, p. 141). Bei Diogenes Laertius wird das Apophthegma des Dithyrambendichters Philoxenos von dem Philosophen Arkesilaos vermittelt, der die Worte des Philoxenos benutzt, um einen nicht namentlich bekannten dialektischen Philosophen aus der Schule des Alexinos zu maßregeln, der etwas aus dem dialektischen System seines Lehrmeisters nicht recht verstanden hatte. Er. strich in seiner Wiedergabe des Apophthegmas diesen Kontext, wohl der Einfachheit halber.

## PHILIPPIDES POETA

VI, 407                          Secreta regvm                          (Philippides) [22]

*Philippides poeta comicus* Lysimacho cum primis charus fuit ac *familiaris*. Cui quum
Lysimachus offerret liberalitatem suam *diceret*que „*Quid vis tibi impartiam rerum*
510    *mearum?*", „*Quodcunque voles*", inquit, „*modo ne arcani quippiam*", significans esse
periculosum nosse magnatum arcana, quorum si quid effutias, actum est de capite;
quanquam et alioqui solent odisse conscios eorum, quae nolint efferri.

## ACTIVS POETA [i.e. ACCIVS]

VI, 408                          Poetica fictio                          (Actius, i.e. Accius) [23]

515    *Actius* poeta *interrogatus, quur non ageret causas, quum in tragoediis optime* tractaret
argumenta, „Quoniam", inquit, „in tragoediis *ea dicuntur, quae ipse volo, in foro
aduersarii dicturi essent, quae minime vellem*". Idem fit in dialogis, vbi qui scribit opus,
vnicuique tribuit orationem, qualem putat esse commodam: in iudiciis secus fit.

---

510   Quodcunque *B C*: Quod *A*.
515   Actius *A-C ut in ind. person. B C et Quint.
    edd. priscis*: Accius *Quint. ed. Bas. 1529*.

**Philippides**, attischer Dichter der Neuen Komö-
    die im 4. Jh. (*floruit* 336–311 v. Chr., erreichte
    ein hohes Alter). Politisch ambitioniert, war
    er aufgrund seiner engen Beziehung zu König
    Lysimachos politisch einflussreich; wurde vom
    Volk Athens für seine Verdienste geehrt. Die
    Titel von 16 Komödien sind bekannt, 41 kür-
    zere Fragmente überliefert. Vgl. A. Körte, *RE*
    XIX, 2 (1938), Sp. 2204–2206, s.v. „Philippi-
    des", Nr. 7; Th. Hibder, *DNP* 6 (2000), Sp.
    794, s.v. „Philippides", Nr. 3.
506   *PHILIPPIDES POETA*   In dieser Form im
    Index personarum.
*Apophth*. VI, 407 Er.' Hauptquelle war Plutarchs
    Apophthegmata-Sammlung, *Mor*. 183E. Dort
    war das Apophthegma dem Diadochen Lysi-
    machos zugeordnet worden. Er. ließ es aber
    an der betreffenden Stelle (V, 111–112) bewußt
    aus, mit dem Hinweis, daß er es am rechten
    Ort bringen werde: „De Philippide quod hic
    habebatur, referetur suo loco. Neque enim hoc
    est apophthegma Lysimachi, sed Philippidis".
    Ebenso merkt Er. in dem einleitenden Wid-
    mungsbrief zu den *Apophthegmata* an, daß

517   dicturi essent *scripsi ut in Fabii loco cit.,
    Erasmi exemplari*: dicerent *A-C*.

Plutarch Sprüche zuweilen Personen zugeordnet habe, an welche diese gerichtet waren, statt
den eigentlichen Spruchspendern, wobei er als
Beispiel vorl. Apophthegma anführt; *ASD* IV,
4, S. 40: „Vt iam ignoscamus apophthegma
referri sub eius nomine, cui dictum est, non
a quo dictum est, vt de Lysimacho et Philippide. [C] Nam in Plutarchi collectaneis, quod
a Philippide responsum est, Lysimacho sub
titulo Lysimachi refertur". Vgl. Komm. *CWE*
38, S. 709.
508–510 *Philippides ... quippiam* Plut. *Reg. et
imp. apophth., Mor*. 183E: Πρὸς δὲ Φιλιππίδην τὸν κωμῳδιοποιὸν (κωμῳδοποιὸς *ed. Ald.
p. 160*) φίλον ὄντα καὶ συνήθη, „τίνος σοι", εἶπε,
„τῶν ἐμῶν μεταδῶ;" κἀκεῖνος, „οὗ βούλει, πλὴν
τῶν ἀπορρήτων". Er. hat an dieser Stelle den
griech. Text selbst ins Lateinische übersetzt,
während er im fünften Buch meist die latein.
Übers. des Regio und/ oder Filelfo bearbeitet
hatte. Bereits Brusoni hatte das Apophthegma
in seine Sammlung d.J. 1518 aufgenommen (I,
5 und VI, 10), wobei er in VI, 10 die Übers. des
Regio verwendete („Philippidi comico poe-

tae ac familiari, quum Lysimachus dixisset
‚Cuius te rerum mearum participem facio?‘,
‚Cuiusuis‘, inquit Philippides, ‚praeterquam
secretarum‘“) und I, 5 eine eigenständige
Übertragung lieferte, die im ersten Teil jener
des Er. ähnelt: „Philippidi Atheniensi, qui ob
virtutem maxime charus ac perquam familiaris Lisymacho regi erat, Lysimachus quum
dixisset ‚Nunquid aliquid rerum suarum expe-
teret?‘, respondit: ‚Solum, o rex, ne arcanorum tuorum quicquam mihi credas‘“. Das
Apophthegma des Philippides war zudem von
Plutarch in *De cur.* 4, *Mor.* 517B, überliefert
worden, in Er.’ eigener Übers.: „Itaque Philippides, comoediarum scriptor, cum rex Lysimachus ipsi dixisset, ‚Quid e rebus meis tibi
impertiam?‘, ‚Quiduis‘, inquit, ‚o rex, modo
ne quid arcanorum‘“ (*ASD* IV, 2, S. 294). Aus
dem Wortlaut ergibt sich, daß Er. in *Apophth.*
VI, 407 von Plut. *Mor.* 183E ausging.

508　*Lysimacho*　Zu dem Diadochen Lysimachos
(um 360–281 v. Chr.) vgl. oben Komm. zu
V, 111. Lysimachos bezeichnete sich seit 305 v.
Chr. als König von Thrakien und seit 287/6
als König von Makedonien. Vgl. F. Geyer, *RE*
XIV, 1 (1928), Sp. 1–31, s.v. „Lysimachos“, Nr. 1.

510–511　*significans esse periculosum*　Für den
Kommentar des Er. vgl. Plutarchs Erläuterungen zu dem Apophthegma in *De cur.*, a.a.O.,
in Er.’ eigener Übers.: „Verum, siquid arca-
num est, ne adeas neue moueas. … Quod
occultatur, formidabile est, triste, … suppura-

turae cuiusdam iracundiae thesaurus aut vltionis profunda in animo versatio aut zelotypia
… Fuge nigram istam et condensantem se
nubem“ (*ASD* IV, 2, S. 294).

**Lucius Accius** (um 170–um 80 v. Chr.), bedeutendster lateinischer Tragödiendichter der Republik; erreichte ein hohes Alter: Noch Cic.
(geb. 106 v. Chr.) hat sich mit ihm über Literatur unterhalten (cf. *Brut.*). Erhalten sind
ca. 700 Fragmente von ca. 50 Tragödien. Vgl.
J. Dangel (Hrsg.), *Accius: Œuvres (fragments)*,
Paris 1995; V. D’Antò (Hrsg.), *L. Accio: I
frammenti delle tragedie*, Lecce 1980; E. Stärk,
„L. Accius“, in: W. Suerbaum (Hrsg.), *Die
archaische Literatur. Von den Anfängen bis Sullas Tod* (= *Handbuch der lateinischen Literatur der Antike*, Bd. 1), München 2002, S. 158–
166; F. Marx, *RE* I, 1 (1893), Sp. 142–147, s.v.
„Accius“, Nr. 1; S. Faller und G. Manuwald
(Hrsg.), *Accius und seine Zeit*, Würzburg 2002.

513　*ACTIVS POETA*　In dieser Form im Index
personarum.

515–517　*Actius … vellem*　Leicht variierende
Wiedergabe von Quint. *Inst.* V, 13, 43: „Aiunt
Accium (Accium *ed. Bas. 1529 fol. 84ʳ*: Actium
*ed. Campano et edd. priscae*: Attium *ed. Ald.*)
interrogatum, cur causas non ageret, cum
apud eum in tragoediis tanta vis esset optime
respondendi (optime respondendi *seclus. in
texto recept.*), hanc reddidisse rationem, quod
illic ea dicerentur, quae ipse vellet, in foro dicturi aduersarii essent quae minime vellet“.

## ANTIGENIDAS

520  VI, 409                    FIDVCIA ARTIS                    (Antigenidas) [24]

*Antigenidas* Thebanus, Ismeniae *discipulo*, quum scite canens *populo* minus *probaretur*, „*Mihi*“, inquit, „*cane et Musis*“, admonens prorsus esse contemnendum imperitae multitudinis iudicium, quum artis abunde magnum praemium sit ipsa conscientia.

## LEO BYZANTIVS

525

VI, 410                    PIETAS IN PATRIAM                    (Leo Byzantius, 1) [25]

*Leo Byzantius* quum a *ciuibus* accusaretur, adhortantibus nonnullis, vt ad hostes confugeret, in *concionem* prodiens, „*Ego*“, inquit, „*a vobis, ciues mei, quam vobiscum interfici malo*“.

530  VI, 411                    RECRIMINATIO                    (Leo Byzantius, 2) [26]
                        (= Dublette von VIII, 3)

Cuidam *obiicienti oculorum infirmitatem,* quum exprobrator esset *gibbo deformatus,* „*Humanum*“, inquit, „*obprobrasti vitium, quum ipse Nemesim in tergo portes*“. Nemesim appellauit vitium, quo vicissim ipse possit redargui.

---

521  Antigenidas *scripsi sec. Valerii loc. cit. et ind.*
*person. C (cf. etiam Adag. 2480)*: Antigenides *A-*
*C ind. person. B.*

**Antigeneidas** aus Theben, berühmter Aulet, Komponist und Lehrer, dessen Blütezeit zwischen 400–370 v. Chr. liegt. Vgl. K. Von Jan, *RE* I, 2 (1894), Sp. 2400–2401, s.v. „Antigenidas“, Nr. 3.

519  *ANTIGENIDAS*  In dieser Form im Index personarum von *C*; „Antigenides“ in jenem von *A, B.*

*Apophth.* VI, 409 ist ein Gegenstück zu *Collect.* 348 und *Adag.* 2480 „Sibi canere“ (*ASD* II, 5, S. 336–337): „... *Sibi ipsi canere,* dicitur, qui non ad alienum arbitrium facit quippiam, sed animo obsequens suo. In Platonis Conuiuio iubent tibicinam sibi ipsi canere. Et cantor quispiam, Antigenidas opinor, iubet discipulum, quod populo non admodum gratus esset, sibi canere et Musis. [*F*] M. Tullius in Bruto: ...“; vgl. Otto 1178. Den Titel „Fidu-

cia artis“ entwarf Er. nach dem Titel der Quelle Val. Max., III, 7 „De fiducia sui“.

521–522  *Antigenides ... Musis*  Gekürzte und freie Wiedergabe von Val. Max. III, 7, ext. 2 („De Antigenida“, Titel in *ed. Bade 1510, fol. CXXXI^r*): „Antigenidas tibicen discipulo suo magni profectus, sed parum feliciter populo se adprobanti cunctis audientibus dixit ,*Mihi cane et Musis*‘, quia videlicet perfecta ars fortunae lenocinio defecta iusta fiducia non exuitur, quamque se scit (scit se *ed. Bade. 1510*) laudem mereri (meritam *edd. vett.*) eam si (et si *edd. vett.*) eam ab aliis non impetrat, domestico tamen acceptam iudicio refert“. Vgl. Cic. *Brut.* 187: „Quare tibicen Antigenidas dixerit discipulo sane frigenti ad populum: ,*Mihi cane et Musis*‘“; Hier. *Epist.* 50, 2, 3: „Cuius nemo scripta intellegeret, qui sibi tantum caneret et Musis"; ders. *Adv. Ruf.* II, 27 (hier irrtümlich dem Ismenias zugeschrieben): „Mihimet ipsi et Musis iuxta Ismeniam canens …"; Plat. *Symp.* 176E; Vgl. Otto Nr. 1178. Er. hat dem Ausspruch des Antigenidas „Mihi cane et Musis" sowohl ein *Adagium* als auch ein *Apophthegma* gewidmet: *Adag.* 2480 „Sibi canere" (*ASD* II, 5, S. 336): „*Sibi canere* … dicitur, qui non ad alienum arbitrium facit quippiam, sed animo obsequens suo … Et cantor quispiam, Antigenidas opinor, iubet discipulum, quod populo non admodum gratus esset, *sibi canere et Musis*"; Collect. 348 „Sibi canere" (*ASD* II, 9, S. 152): „Est ad suam voluptatem, non aliorum iudicium quippiam facere. Hieronymus: *Dignus qui sibi tantum canat et Musis.* Et in Platonis Conuiuio tibicina sibi iubetur canere"; sowie vorl. *Apophth.* VI, 409.

521 *Ismeniae* Der bekannte Aulosspieler Ismenias von Theben figuriert als Spruchspender in VIII, 94 und 223, und einige Male als beteiligte Person: V, 42, VI, 409, VII, 100 und VIII, 61. Vgl. Komm. zu V, 42.

**Leon aus Byzantion** (gest. um 339 v. Chr.), in Byzantion tätiger Politiker, Redner und Geschichtsschreiber; Vertreter der proathenischen bzw. antimakedonischen Partei in Byzantion; in Athen ausgebildet, Schüler Platons, Freund des Politikers Phokion; schlagfertiger Redner, geschickter Diplomat; Gesandter Byzantions in Athen, brachte ein gegen Philipp II. von Makedonien gerichtetes Bündnis zustande. 440/39 verteidigte Leon Byzantion zunächst erfolgreich gegen eine Belagerung Philipps. Über seine Mittelsmänner ließ Philipp Leon der versuchten Korruption beschuldigen; als eine wütende Menge sich vor Leons Haus zusammenrottete, beging dieser Selbstmord. Vgl. W. Eder und H. Volkmann, *DNP* 7 (1999), Sp. 55, s.v. „Leon", Nr. 7; E. Bux, *RE* XII, 2 (1925), Sp. 2008–2012, s.v. „Leon", Nr. 23. Im achten Buch widmete Er. dem Leon von Byzantion eine weitere Sektion von Sprüchen (VIII, 1–3), worunter sich allerdings zwei Dubletten finden.

525 *LEO BYZANTIVS* In dieser Form im Index personarum.

527–529 *Leo Byzantinus … malo* Plut. *Nic.* 22, 3. Er. bearbeitete die latein. Übers. des Guarino da Verona, die er im Spruchteil wörtlich wiedergab: „… non eadem sentiens (sc. Nicias), quae posteris temporibus Leonem Byzantium in concione dixisse ferunt: ‚Ego quidem a vobis, ciues mei, quam vobiscum interfici malo'" (*ed. Bade, 1514, fol. CCXIII^v*). Vgl. den griech. Text: … οὐχ ὅμοια φρονῶν οἷς

ὕστερον ὁ Βυζάντιος Λέων εἶπε πρὸς τοὺς ἑαυτοῦ πολίτας· „βούλομαι γὰρ", ἔφη, „μᾶλλον ὑφ᾽ ὑμῶν ἢ μεθ᾽ ὑμῶν ἀποθανεῖν" (ed. Ald. fol. 177ʳ).

*Apophth.* VI, 411 stellt ein Gegenstück zu *Adag.* 2121 „Loripedem rectus derideat" (*ASD* II, 5, S. 117–118) und eine Dublette von *Apophth.* VIII, 3 („Conuicium retortum" = Leo Byzantius Sophista, 5) dar: „Pasiadi obiicienti lippitudinem oculorum, ‚Corporis', inquit, ‚vicium exprobras, haud videns filium tuum Nemesim humeris baiulantem'. Erat enim Pasiadi filius contractis humeris. Nemesim autem dixit redargutionem insolentiae, quam veteres fingebant esse deam. Imprudenter in alterum torquet conuicium, si in promptu sit, quod ipsi vicissim obiiciatur". Als Er. am achten Buch arbeitete, hatte er offensichtlich vergessen, daß er den Spruch bereits VI, 411 gebracht hatte. Das Auftreten der Dublette ist insofern besonders merkwürdig, als Er. die Quelle von VI, 411, Plutarchs Traktat *De capienda ex inimicis vtilitate*, selbst ins Lateinische übersetzt hatte und ihm der Text von daher geläufig gewesen sein müsste. Im achten Buch arbeitete er nach einer anderen Quelle, Plut. *Quaest. conv.* II, 9, *Mor.* 633D, vgl. unten Komm. zu VIII, 3.

532–533 *oculorum … portes* Plut. *De capienda ex inimicis vtilitate* 5, *Mor.* 88F. Er. gab im Wesentlichen seine eigene latein. Übers. d.J. 1514 wieder: „Quin magis in totum ridiculum est in alterum iacere conuicium, in quem conuicium aliquod vicissim torqueri possit, sicuti Leo Byzantinus (Byzantinus *ed. Cratander, Basel 1530, fol. 182ᵛ, ASD*: Bicontinus *ed. Froben 1514, fol. 24ᵛ*), quum oculorum infirmitatem obiecisset sibi quidam gibbo deformis, ‚Humanum', inquit, ‚opprobrasti vitium, quum ipse Nemesim (Nemesim *ed. Cratander, Basel 1530:* nemesin *ASD, ed. Froben 1514*), hoc est reprehensionem (reprehensionem *ed. Cratander, Basel 1530, ASD:* representionem *ed. Froben 1514*), in tergo portes'" (*ASD* IV, 2, S. 177–178). Vgl. den griech. Text: … ὡς Λέων ὁ Βυζάντιος ὑπὸ κυρτοῦ λοιδορηθεὶς εἰς τὴν τῶν ὀμμάτων ἀσθένειαν, „ἀνθρώπινον", ἔφη, „πάθος ὀνειδίζεις, ἐπὶ τοῦ νώτου φέρων τὴν νέμεσιν". Vgl. weiter Plut. *Quaest. conv.* II, 9, *Mor.* 633D: Λέων (Λέων *Clement – Hoffleit: om. ed. Ald.*) ὁ Βυζάντιος, εἰπόντος Πασιάδου πρὸς αὐτὸν ὀφθαλμισθῆναι δι᾽ αὐτοῦ τοὺς ὀφθαλμούς, „ἀσθένειαν", ἔφη, „σώματος ὀνειδίζεις, νέμεσιν οὐχ ὁρῶν ἐπὶ τῶν ὤμων βαστάζοντά σου τὸν υἱόν"· εἶχε δὲ κυρτὸν ὁ Πασιάδης υἱόν. *Adag.* 2121 „Loripedem rectus derideat" (*ASD* II, 5, S. 117–118): „Oportet enim quam

535                                    AESCHYLVS

VI, 412                        PRAEPOSTERI MORES                        (Aeschylus) [27]

*Aeschylus* poeta tragicus aliquando *spectans Isthmia certamina, quum alter pugilum esset caesus totumque theatrum exclamaret,* „O *Chium Iouem* [i.e. Ionem Chium] *fudisti* “, „ *Vide*“, inquit, „*cuiusmodi sint hominum* mores [i.e. quam efficax sit exercitatio]: *caesus silet et spectatores vociferantur*“. Solent icti ob dolorem exclamare. Hic contra, qui dolebat, silebat; qui laesi non erant, clamabant.

540

536  Praeposteri *A B*: Praeposteriori *C*.

maxime vacare culpa, qui in alium paratus est dicere, et stultissimum est in alium iacere, quod in ipsum possit retorqueri… Celebratur illud Leonis Byzantii, cui, cum maledicus quispiam opprobrasset vitium oculorum, ipse gibbo deformatus, ‚Humanum‘, inquit, ‚conuicium in me iecisti, cum ipse Nemesim in dorso portes‘“.

*Apophth*. VI, 412 Der Spruchspender der große athenische Tragödiendichter **Aischylos** (525/ 4–456/5 v. Chr.), hier als Zuschauer bei den Isthmischen Spielen.

537–540 *Aeschylus … vociferantur* Völlig missverstandene und verdrehte Wiedergabe von Plut. *Quomodo quis suos in virtute sentiat profectus, Mor.* 79E: Αἰσχύλος μὲν γὰρ Ἰσθμοῖ θεώμενος ἀγῶνα πυκτῶν, ἐπεὶ πληγέντος τοῦ (τοῦ *deest Ald. p. 69*) ἑτέρου τὸ θέατρον ἐξέκραγε, νύξας Ἴωνα τὸν Χῖον „ὁρᾷς“, ἔφη, „οἷον ἡ ἄσκησίς ἐστιν; ὁ πεπληγὼς σιωπᾷ, οἱ δὲ θεώμενοι βοῶσι“. Wie aus dem griech. Text hervorgeht, präsentierte Plutarch die Anekdote als Exempel für die Bedeutung von Training und Übung. Bei einem Boxkampf erhielt einer der Kontrahenten einen harten Treffer, wobei das Publikum laut aufschrie. „Siehst du“, sagte der anwesende Dichter Aischylos zu seinem Kollegen Ion von Chios, den er mit dem Ellbogen anstieß, „was Training vermag: Er, der einen harten Treffer bekommen hat, steckt ihn ohne einen Muckser weg; das Publikum hingegen schreit laut auf“. Otmar Luscinius hatte den Text falsch verstanden; er nahm irrtümlich an, daß Ion von Chios einer der beiden Boxer gewesen sei („totumque theatrum exclamaret ‚Iouem [i.e. Ionem] Chium fudisti‘“ – „und als das ganze Theater ausrief ‚Du hast den Zeus [i.e. den Ion] aus Chios zu Boden gestreckt‘“). Das Aoristpartizip νύξας

ist dem Subjekt Αἰσχύλος zuzuordnen und besagt, daß Aeschylos seinen Kollegen anstieß, um seine Aufmerksamkeit zu erwecken (vgl. Passow II, 1, S. 373, s.v. νύσσω „mit dem Ellbogen anstossen, um einen … aufmerksam zu machen“). Luscinius übersetzte νύξας jedoch mit „fudisti“, als ob dort ἔνυξας gestanden hätte. Er. übernahm die Missverständnisse und Fehler des Luscinius, indem er in VI, 412 ausschließlich von dessen Übers. ausging: „Aeschylus enim spectans Isthmia, dum in pugilum certamine alter caesus esset totumque theatrum exclamaret, ‚Iouem [sic] Chium fudisti‘, ‚Vide‘, inquit, ‚quale sit hominum studium: caesus silet, spectatores vociferantur‘“ (ed. Basel, Cratander, 1530, fol. 235ʳ). Luscinius hat auch nicht verstanden, daß es in der Anekdote um die Bedeutung des Trainings ging, wie seine Übers. „quale sit hominum studium“ zeigt: ἡ ἄσκησίς hätte mit „exercitatio“ oder „exercitium“ übersetzt werden müssen. Eine sinngemäß richtige latein. Übersetzung der Stelle *Mor.* 79E hatte bereits i.J. 1516 Ludovico Ricchieri in seinen *Lectiones antiquae*, einem Werk, das Er. kannte, dargeboten (VIII, 7): „siquidem quum apud Isthmum pyctarum, id est pugilum certamen spectaret Aeschylus, cognouit ex duobus concertantibus alteri vehementi impacta plaga, ab vniuerso theatro maximum aedi clamorem, quum tamen percussus nil admodum quereretur. Id admiratus Ionem Chium, qui forte astabat, leniter tangens, ‚Aduertis‘, inquit, ‚quam efficax meditatio sit et consuetudo? Plagis affectus non clamat, clamant spectantes‘“. Das Apophthegma findet sich in etwas vereinfachter Form, wobei der Name des Ion von Chios nicht erwähnt wird, auch in Plut. *Quomodo adolescens poetas audire debeat, Mor.* 29F. Eine

Berichtigung der fehlerhaften Wiedergabe der Anekdote in *Apophth.* VI, 412 findet sich in Paulus Leopardus, *Emendationum et miscellaneorum lib. XX*, Antwerpen 1568, II, 21 (S. 56–57).

537  *Isthmia certamina*  Alle zwei Jahre (d.h. im zweiten und vierten Jahr einer Olympiade) stattfindende panhellenische Spiele zu Ehren des isthmischen Poseidon; sie setzten sich aus denselben Bestandteilen zusammen wie die übrigen panhellenischen Festspiele: Wettlauf, Ring- und Faustkampf, Pankration, Pentathlon; Wagen- und Pferderennen; Dichterwettkampf, musikalische Vorträge.

538  *totumque theatrum*  Gemeint ist damit lediglich die Gesamtheit der Zuschauer bei dem Boxkampf, der jedoch keineswegs im Theater der Isthmischen Spiele, d.h. in jenem Korinths, stattfand. Dieses war für die musischen Wettkämpfe reserviert, während die Wettkämpfe der Boxer und Ringer im dafür bestimmten Gymnasion, dem Kraneion, bewundert werden konnten.

538  *Chium Iouem*  Es gab keinen Ringer mit dem Namen „Zeus von Chios". Er übernahm die fehlerhafte Übers. des Otmar Luscinius; bei „Iouem" handelt es sich aber wohl um einen Druckfehler in der Übers. des Luscinius, wobei „n" und „u" verwechselt wurden. Gemeint ist der Tragödiendichter Ion von Chios (490–423/1 v. Chr.) aus Athen. Von ihm sind lediglich Fragmente erhalten. Ion von Chios war ein Bekannter bzw. Freund von Kimon, Themistokles, Perikles, Sophokles, Euripides und Aeschylos. Vgl. E. Diel, *RE* IX, 2 (1916), Sp. 1861–1868, s.v. „Ion", Nr. 11; B. Zimmermann, *DNP* 5 (1998), Sp. 1075–1076, s.v. „Ion", Nr. 2; A. von Blumenthal, *Ion von Chios: Die Reste seiner Werke*, Stuttgart 1939; V. Jennings und A. Katsaros (Hrsg.), *The World of Ion of Chios*, Boston-Leiden 2007; B. Zimmermann, „Die attische Tragödie", in: Ders. (Hrsg.): *Handbuch der griechischen Literatur der Antike*. Bd. 1: *Die Literatur der archaischen und klassischen Zeit*, München 2011, S. 484–610, insbesondere S. 606–607. Er widmet dem Ion von Chios im achten Buch der *Apophthegmata* einen Spruch (VIII, 4), bezeichnet ihn dort aber fälschlich als „Ion Sophista". Vgl. unten Komm. ad loc.

539  *hominum mores*  Lycosthenes übernahm VI, 412 mit allen Fehlern; aufgrund der Fehlinterpretation „hominum mores" druckte er es in der Kategorie „De moribus" (S. 721).

## PYTHO RHETOR BYZANTIVS

VI, 413                                CONCORDIA                              (Pytho rhetor
                              (= Dublette von VIII, 1)                    Byzantius) [28]

545  *Pytho rhetor Byzantius* quum esset *supra modum obeso corpore* prodissetque in con-
    cionem *suasurus concordiam Byzantiis seditione ciuili tumultuantibus, statim populi*
    *risus* obortus est *ex ipso corporis habitu.* At ille risum vertit in rem seriam: „Ridetis“,
    inquit, „ciues? Quum tale *corpus habeam, vxorem habeo multo me obesiorem*, et tamen
    *concordes* quoduis *grabbatulum capit* ambos, *discordes ne tota quidem domus*“. Hoc
550  prooemio vsus ingressus est orationem.

## PYTHO RHETOR BYZANTIVS [i.e. PYTHO PLATONICVS]

VI, 414                          DEO DEBETVR GRATIA      (Pytho rhetor Byzantius, i.e.
                                                              Pytho Platonicus) [29]

    *Pytho Atheniensibus* ob res feliciter gestas ipsum *admirantibus* ac praedicantibus, *quod*
555 *Cotyn* regem *interemisset, „Diis“*, inquit, „*habenda est gratia, quibus autoribus hoc*
    *facinus praeclare* gestum est. Nam ipse nihil aliud quam *manum et operam meam*

**Python aus Byzanz** (4. Jh. v. Chr.), Politiker und bedeutender Redner in Byzantion, Zeitgenosse von Demosthenes und Aischines; Schüler des Atheners Isokrates; befand sich seit d.J. 346 v. Chr., als er in Pella an den Verhandlungen teilgenommen hatte, die zum Frieden von Philokrates führten, im Dienst des Königs Philipps II. von Makedonien. Seine Aufgabe war es, in Byzantion eine promakedonische Politik durchzusetzen. Als Gesandter Philipps besuchte er mehrere Male Athen, wo er sich Rededuelle mit dem Makedonenfeind Demosthenes lieferte. Vgl. H.H. Schmitt, *DNP* 10 (2001), Sp. 671–672, und F. Stoessl, *RE* XXIV (1963), Sp. 611–613, jeweils s.v. „Python“, Nr. 4.

542  *PYTHO RHETOR BYZANTIVS*  In dieser Form im Index personarum.

*Apophth*. VI, 413 ist eine Dublette von VIII, 1 („Solerter“ = Leo Byzantius Sophista, 3): „Leo Byzantius venit Athenas populo dissidiis tumultuanti concordiam suasurus. Vbi prodisset in suggestum, corpore admodum pusillo, omnium risus obortus est. Ille fortuitam occasionem vertens in prooemium, ‚Quid‘, inquit, ‚o viri Athenienses, si conspiceretis vxorem meam, quae tam pusilla est, vt

vix pertingat ad genua mea‘. Ad hanc vocem quum maior etiam populi risus sublatus esset, subiecit: ‚At nos tam pusillos, si quando dissidemus, vix ciuitas Byzantium capere potest‘. Ita ferme Plutarchus in praeceptis politicis. …“. Vgl. unten Komm. *ad loc*. Als Er. am achten Buch arbeitete, war ihm offenbar entfallen, daß er das Apophthegma bereits im sechsten Buch gebracht hatte und daß er es an dieser Stelle dem Sophisten Python zugeschrieben hatte. Mit der Zuschreibung an Python, die vorzuziehen ist, datiert *Apophth*. VI, 413 auf die Jahre 345 ff.; der schwere politische Konflikt in Byzantion bezieht sich auf die makedonische Frage. Byzantion hatte sich i.J. 356 vom Attischen Seebund losgesagt und lavierte in der Folge zwischen den mächtigsten politischen Spielern, Philipp II. und Athen. In der Situation von VI, 413 war ein Teil der Bürger von Athen zu einem Aufstand gegen die Philipp-Anhänger aufgestachelt worden. Python versuchte diesen zu unterdrücken, indem er die Bürger zu Ordnung und Eintracht mahnte, konkret freilich zu einer einheitlichen promakedonischen Politik überreden wollte. Er. hat diesen politischen Hintergrund des Apophthegmas nicht verstanden.

545–549 *Pytho … domus* Kontamination von
Athen. 550F (Python Byzantius als Spruchspender) und Philostr. *Vit. soph.* 2, 485 (Leon
Byzantius als Spruchspender); Athen. a.a.O.:
καὶ Πύθων δ᾿ ὁ Βυζάντιος ῥήτωρ, ὡς Λέων ἱστορεῖ ὁ πολίτης αὐτοῦ, πάνυ ἦν παχὺς τὸ σῶμα·
καὶ τοῖς πολίταις ποτὲ στασιάζουσι πρὸς ἀλλήλους
παρακαλῶν εἰς φιλίαν ἔλεγεν „ὁρᾶτέ με, ἄνδρες
πολῖται, οἷός εἰμι τὸ σῶμα· ἀλλὰ καὶ γυναῖκα ἔχω
πολλῷ ἐμοῦ παχυτέραν. ὅταν οὖν ὁμονοῶμεν, καὶ
τὸ τυχὸν ἡμᾶς σκιμπόδιον δέχεται· ἐὰν δὲ στασιά-
σωμεν, οὐδὲ ἡ σύμπασα οἰκία᾿ πόσω“. Die Kontamination des Er. ist auf die divergente Überlieferung in den Quellen (einerseits Athenaios, andererseits Flavius Philostratus) zurückzuführen. Die richtige Zuschreibung liefert
sicherlich Athenaios, da die anekdotische Bei-
spielhaftigkeit des persönlichen Lebens nur
richtig zieht, wenn sie der Redner in der Heimatstadt seinen Mitbürgern vorhält (d.h. der
Byzantiner Python überredet mit seinem Beispiel die Byzantiner) und da Athenaios des
Weiteren die Ursache für die Verwechslung
vermittelt: Die Anekdote war von Leon von
Byzanz als Historiker überliefert worden (ὡς
Λέων ἱστορεῖ ὁ πολίτης αὐτοῦ). Zudem spielten die Athener auch in der Redesituation eine
wichtige Rolle: Sie waren es, die die Byzantiner zum Aufstand gegen Philipp aufgestachelt
hatten. Für das Fragment des Leon von Byzanz
vgl. *FGH* II, 329, J. B 677; Sudas, s.v. Λέων
Λέοντος. Die Verwechslung des Python mit
Leon von Byzanz ist insofern höchst unglücklich, als sie politische Gegner waren: Python
vertrat die Politik Philipps, Leon die antimakedonische Partei.

546–549 *statim populi risus … tota quidem domus*
Daß das Volk Python wegen seines fetten
Körpers ausgelacht haben soll, steht nicht in
Athen. 550F, sondern in Philostr. *Vit. soph.* 2,
485, der das Bonmot jedoch Leon von Byzanz
zuschreibt, der als Abgesandter von Byzanz
zur Volksversammlung der Athenischen Bürger spricht: … καὶ πρεσβεύων δὲ παρ᾿ Ἀθη-
ναίους οὗτος ὁ Λέων, … παρελθὼν δ᾿ ἐς τὴν
ἐκκλησίαν προσέβαλεν αὐτοῖς ἀθρόον γέλωτα ἐπὶ
τῷ εἴδει, ἐπειδὴ πίων ἐφαίνετο καὶ περιττὸς τὴν
γαστέρα, ταραχθεὶς δὲ οὐδὲν ὑπὸ τοῦ γέλωτος
„τί“ ἔφη, „ὦ Ἀθηναῖοι, γελᾶτε; ἢ ὅτι παχὺς ἐγὼ
καὶ τοσοῦτος; ἔστι μοι καὶ γυνὴ πολλῷ παχυ-
τέρα, καὶ ὁμονοοῦντας μὲν ἡμᾶς χωρεῖ ἡ κλίνη,
διαφερομένους δὲ οὐδὲ ἡ οἰκία“. Er. gibt diese
Stelle in *Apophth.* VIII, 1 wie folgt wieder: „…
Nempe quum prodisset (sc. Leon) ad populum (sc. Atheniensium) dicturus de concordia, ipsa statim specie risum mouit populo,

quod obesus esset ac ventre praegrandi. At
ille nihil turbatus risu multitudinis, ‚Quid‘,
inquit, ‚ridetis, viri Athenienses? Vxor mihi
est me multo obesior, et tamen concordes
vnus capit lectulus, discordes ne tota quidem
domus‘ “.

549 *grabbatulum* σκιμπόδιον bezeichnet eine
einfache, provisorische, zusammenklappba-
re Liege für Reisende bzw. für vergleich-
bare Zwecke (vgl. Pape II, S. 899), ähnlich wie κράββατον, welches als Lehnwort
ins Lateinische übernommen worden war;
Er.᾿ Wiedergabe mit. „grabbatulum“ (neutrum) ist im Kern adäquat, obwohl
„grabbatulus“ äußerst selten und nur als mas-
kuline Form auftritt (vgl. Georges I, Sp. 2952,
Lewis-Short, S. 820, jeweils s.v. „grabbatulus“).

*Apophth.* VI, 414 Im Index von *B* und *C* findet sich nur der Hinweis auf „Pytho rhetor
Byzantinus“. Bei dem Spruchspender des vorl.
*Apophth.* VI, 414 handelt es sich jedoch um
**Python aus Ainos**, den Schüler des Platon, den
zusammen mit seinem Bruder Herakleides i.J.
359 v. Chr. den Odrysenkönig Kotys I. ermordete. Die Brüder flohen daraufhin nach Athen,
wo sie als Tyrannentöter gefeiert wurden und
zur Belohnung das Bürgerrecht erhielten. Vgl.
H.H. Schmitt, *DNP* 10 (2001), Sp. 671, s.v.
„Python“, Nr. 3; F. Stoessl, *RE* XXIV (1963),
Sp. 610–611, s.v. „Python“, Nr. 3; K. Tram-
pedach, *Platon, die Akademie und die zeitgenössische Politik*, Stuttgart 1994, S. 90–92. Er.
hat Python aus Ainos und Python von Byzantion wohl als ein und dieselbe Person betrachtet.

554–556 *Pytho … manum* Plut. *Praec. ger. reip.*,
*Mor.* 816E. Er. stellte seinen Text nach der
latein. Übers. des Nicolao Sagundino zusammen: „Sic Pytho admirantibus eum Atheniensibus et honore ac laude prosequentibus,
quod Cotyn (Cotyn *ed. Cratander 1530*; Eotym
*ed. Bade 1514*) interemisset, ‚Diis‘, inquit,
‚habenda est gratia, quibus autoribus (autho-
ribus *ed. Bade 1514*) patratum facinus egregie
est, manu dumtaxat, et opera mea commodato
accepta‘“ (*ed. Cratander 1530, fol. 11ʳ*). Vgl. den
griech. Text: καὶ Πύθων ἐπὶ τῷ (τῷ *ed. Fowler*, ᾧ *ed. Ald. p. 594*) Κότυν (Κότυν *ed. Fowler*, Κόττυν *ed. Ald.*) ἀποκτεῖναι θαυμαζόμενος
καὶ τιμώμενος ὑπὸ τῶν Ἀθηναίων „ὁ θεός“, ἔφη,
„ταῦτ᾿ ἔπραξε, τὴν χεῖρα παρ᾿ ἐμοῦ χρησάμε-
νος“.

555 *Cotyn regem* Kotys, König der Odrysen
(383/2–360/59 v. Chr.). Nach anfänglich guten
Beziehungen führte Kotys einen langen, wech-

commodaui". Euentus rei in manu dei est, et huic debetur gratia, si quid feliciter cesserit. Sed interim vult nostram operam accedere.


## LYSANDER

560   VI, 415                    INTEGRITAS MILITIS                    (Lysander) [30]

*Lysander Lacedaemonius* militem, qui de *via* deflexerat, *castigauit. Ei dicenti ad nullius rei rapinam se ab agmine recessisse, „Ne speciem quidem"*, inquit, „*rapturi praebeas volo"*.


## THRASYBVLVS

565   VI, 416                     PIETAS IN PATRIAM                    (Thrasybulus) [31]

*Thrasybulus quum* moliretur exigua *manu* ciuitatem *Atheniensium a triginta tyran-norum dominatu liberare, cuidam e consciis dicenti, „Quantas gratias tibi debebunt Athenae per te libertatem consequutae!"*, „*Dii* faxint", inquit, „*vt quantas ipse illis debeo, videar retulisse"*, significans neminem patriae parem referre gratiam, etiam si vitam
570   impendat.

[*CWE* VI, 418]                [SILENTII FIDES]                      (Anaxarchus)

Anaxarchus Abderites philosophus … eius ira patens expuit]


## MELANTHVS

VI, 417                        PAX DOMESTICA                         (Melanthus) [32]

575   *Quum Gorgias* sophista *recitaret in Olympiacis* ludis *apud Graecos orationem de con-cordia, Melanthus quidam, „Hic", inquit, „de concordia totius* Graeciae disserit, *qui sibi, vxori et ancillae, tribus* duntaxat, *vt concorditer* viuant, *non*dum *persuasit"*.

566  Thrasybulus *A ut in Val. loco cit. et ind.*        576  Melanthus *A-C ut in versione Valgulii et Plut.*
     *personarum B C*: Thrasibulus *B C.*                     *ed. Ald.*: Melanthius *Plut. text. recept.*
574  Pax *A C*: Pars *B.*

   selvollen Krieg mit Athen, bis er von Bürgern       **Lysandros** (gest. 395 v. Chr.), einer der größten
   aus Ainos ermordet wurde. Vgl. U. Perter,           Feldherren Spartas; Flottenkommandant im
   *DNP* 6 (1999), Sp. 783, s.v. „Kotys", Nr. I, 1;    Peloponnesischen und Korinthischen Krieg.
   U. Kahrstedt, *RE* XI, 2 (1922), Sp. 1551–1552,    407/6 schlug er die athen. Flotte bei Notion,
   s.v. „Kotys", Nr. 1.                                405 bei Aigospotamoi; 404 zwang er die Athe-

ner durch eine Blockade des Piräus zur Kapitulation. In Athen schaffte er die Demokratie ab und setzte die Oligarchie ein. Unterstützte in der Folge die Herrschaft der Dreißig. Vgl. K.W. Welwei, *DNP* 7 (1999), Sp. 596–597, s.v. „Lysandros", Nr. 1; U. Kahrstedt, *RE* XIII.2 (1927), Sp. 2503–2506, s.v. „Lysandros", Nr. 1. Er hat ihm im ersten Buch der *Apophthegmata* eine Sektion von Sprüchen gewidmet (I, 288–303, *ASD* IV, 4, S. 135–138; *CWE* 37, S. 132–138).

559  *LYSANDER*  In dieser Form im Index personarum.

561–563  *Lysander Lacedaemonius … volo* Wörtliche Wiedergabe von Frontin. *Strat.* IV, 1, 9: „Lysander Lacedaemonius egressum via quendam castigabat. Cui dicenti ad nullius rei rapinam se ab agmine recessisse respondit: ‚Ne speciem quidem rapturi praebeas volo'".

**Thrasybulos** (um 440–388 v. Chr.), athenischer Politiker, Feldherr und Flottenkommandant während des Peloponnesischen Krieges; Gegner der Oligarchen in Athen und der Herrschaft der Dreißig. Vgl. W. Schmitz, *DNP* 12.1 (2002), Sp. 493–494, s.v. „Thrasybulos", Nr. 3; E. Bernert, *RE* VIA1 (1936), Sp. 568–574, s.v. „Thrasybulos", Nr. 3.

564  *THRASYBVLVS*  In dieser Form im Index personarum.

In *Apophth.* VI, 416 wird ein Versuch des Thrasybulos dargestellt, in Athen die Herrschaft der Dreißig zu stürzen. Dieser Versuch misslang. Die Herrschaft der Dreißig wurde durch einen politischen Kompromiss beendet, der von dem König Spartas, Pausanias, zustandegebracht wurde (404 v. Chr.).

566–569  *manu … retulisse* Val. Max. V, 6, ext. 2 („De Thrasybulo", Titel in *ed. Bade 1510, fol. CCXXI*r): „Ab eodem fonte pietatis Thrasybuli quoque animus manauit. Is, cum Atheniensium vrbem triginta tyrannorum taeterrima dominatione liberare cuperet paruaque manu maximae rei molem adgrederetur, et quidam e consciis dixisset ‚Quantas tandem tibi Athenae per te libertatem consecutae gratias debebunt?', respondit ‚Di faciant, vt quantas ipse illis debeo, videar retulisse'. Quem affectum inclytum destructae tyrannidis laude cumulauit".

Das Apophthegma *CWE* 38 VI, 418 darf an dieser Stelle nicht gedruckt werden. Es stand hier zwar in *A* und *B*, jedoch nicht mehr in *C*, *BAS* und *LB*. Erasmus hatte es in der Ausgabe *C* ins siebente Buch verschoben (= VII, 378) und an der vorl. Stelle gestrichen. Demzufolge scheint der Spruch „Anaxarchus Abderites philosophus … eius ira patens expuit" in unserer *ASD*-Ausgabe im siebten Buch

auf (VII, 378). Der zu Unrecht vorgenommene Zweifachdruck dieses Spruches in *CWE* bringt mit sich, daß unsere Zählung ab diesem Punkt von *CWE* abweicht (minus 2).

573  *MELANTHVS*  Im Index personarum wird irrtümlich GORGIAS LEONTINVS SOPHISTA als Spruchspender angegeben; der wirkliche Spruchspender ist jedoch **Melanthos**. Der hier genannte Melanthos läßt sich nicht mit Sicherheit identifizieren. Es könnte sich um Melanthios, einen Tragödiendichter aus Athen (5. Jh. v. Chr.), handeln (zu diesem vgl. B. Zimmermann, *DNP* 7 [1999], Sp. 1172, s.v. „Melanthios aus Athen"); zu berücksichtigen ist aber, daß die Namen „Melanthos" bzw. „Melanthios" ziemlich häufig vorkommen. Die Quellen, die Er. zur Verfügung standen, hatten einhellig „Melanthus"/ Μελάνθος. F. Cole Babbitt (Loeb, Plutarch, *Moralia* II, S. 332) druckt Μελάνθιος.

575  *Gorgias* Gorgias von Leontinoi (um 480–um 380), Vater der Sophistik. Er. widmete ihm die Apophthegmen VI, 547; VIII, 27–28; 216 und 223. Für seine Person vgl. oben Komm. zu VI, 547.

575–577  *Gorgias … persuasit* Plut. *Coniugalia praecepta* 43, *Mor.* 144B–C. Leicht variierende Wiedergabe der latein. Übers. des Carlo Valgulio (= *Connubalia praecepta* 45): „Gorgia oratore in Olympia Graecis orationem de concordia recitante Melanthus quidam ‚Iste', inquit, ‚de concordia disputat, qui sibi, vxori et ancillae, tribus solis, vt concordes essent, non persuasit'" (*ed. Bade 1514, fol. XXIIII*r; *ed. Cratander 1530, fol. 24*v). Vgl. den griech. Text: Γοργίου τοῦ ῥήτορος ἀναγνόντος ἐν Ὀλυμπίᾳ λόγον περὶ ὁμονοίας τοῖς Ἕλλησιν ὁ Μέλανθος, (Μελάνθιος *ed. Babbitt*: Μελάνθος *ed. Ald. p. 125*), „οὗτος ἡμῖν", ἔφη, „συμβουλεύει περὶ ὁμονοίας, ὃς αὑτὸν καὶ τὴν γυναῖκαν καὶ τὴν θεράπαιναν ἰδίᾳ (ἰδίᾳ *Babbitt*, ἰδία *Ald.*) τρεῖς ὄντας ὁμονοεῖν οὐ πέπεικεν". Vgl. Hier. *Adv. Iov.* I, 48: „Gorgias rhetor librum pulcherrimum de concordia Graecis inter se dissidentibus recitauit Olympiae. Cui Melanthius inimicus eius: ‚Hic nobis', inquit, ‚de concordia nobis praecipit, qui se et vxorem et ancillam tres in vna domo concordare non potuit'".

577  *tribus … persuasit* Der Anekdote fehlt in der Wiedergabe des Er. der dazugehörige Hintergrund. Wie Plutarch a.a.O. angibt, soll Gorgias mit seiner Magd ein Verhältnis gehabt haben, was seine Frau mit Eifersuchtsszenen quittierte. In der Übers. des Carlo Valgulio, die Er. benutzte: „Nam Gorgiae amor quidam, et vxori zelotypia aduersus ancillam esse videba-

## THEODORVS ATHEOS

VI, 418                    ⟨Interpretatio sinistra⟩        (Theodorus Atheos, 1)
580                        (= Dublette von VIII, 7)                        [33]

*Theodorus* Atheniensis [i.e. Cyrenaeus], *cognomento ἄθεος, dicere solitus est se* doctri-nam *auditoribus dextra porrigere, sed illos sinistra accipere*, sentiens illos benedicta in malam accommodare partem.

## STRATOCLES ATHENIENSIS

585    VI, 419                      Volvptas temporaria      (Stratocles Atheniensis) [34]

*Stratocles* Atheniensis *quum de parta victoria nuncium accepisset*, protinus ad popu-lum *retulit, vtque supplicatio diis immortalibus decerneretur, persuasit.* Aliquanto *post quum certior nuncius* adferretur *acceptae cladis, populo indignante*, quod delusus esset, „Ecquis“, inquit, „vestrum quicquam damni accepit, *quod totum hoc triduum* mea
590    opera hilares *laeti*que fuistis?“.

## THERAMENES

VI, 420                            Fortvna                    (Theramenes, 1) [35]

*Theramenes, vnus triginta tyrannorum, domo, in qua multi* accumbebant, in *coenantes* illapsa *solus* incolumis *euasit.* Hanc ob rem *quum ab* aliis felix *praedicaretur*, ille
595    *magna exclamans voce, „O Fortuna“, inquit, „cui me occasioni seruas?“.* Sensit vir prudens se non esse seruatum, sed maiori malo reseruatum. Nam aliquanto post interfectus est.

---

595  Fortuna *scripsi*: fortuna *A-C.*                   597  interfectus *A-C*: necatus *BAS LB.*

tur“ (*ed. Bade 1514, fol. XXIIII^r; ed. Cratander 1530, fol. 24^v*).

578  *THEODORVS ATHEOS*  In dieser Form im Index personarum. Für **Theodoros von Kyrene, ‚den Gottlosen‘** (vor 335-nach 270 v. Chr.) vgl. Komm. zu VII, 134. Er. widmete ihm in den *Apophthegmata* die Sprüche VII, 134 (im Rahmen von: Stilpon Megarensis, 4), 292 (im Rahmen von: Hipparchia Metroclis Soror, 2), VIII, 7 und 136.

579  *Interpretatio sinistra*  Unten, *Apophth.* VIII, 7, hat Er. demselben Spruch diesen Titel

verliehen. Vgl. Komm. *ad loc.; Apophth.* VI, 418 ist eine Dublette von VIII, 7.

581–582  *Theodorus … accipere* Plut. *De tranq. an.* 5, *Mor.* 467B–C. Wörtliche, jedoch durch einen irrtümlichen Zusatz verschlimmbesserte Wiedergabe der latein. Übers. des Guillaume Budé: „Theodorus ille cognomento Atheus dictitare solebat verba se auditoribus dextera porrigere manu, sed illos sinistra accipere“ (ed. Cratander, Basel 1530, fol. 120^v). Vgl. den griech. Text: Θεόδωρος μὲν γὰρ ὁ κληθεὶς ἄθεος ἔλεγε τῇ δεξιᾷ τοὺς λόγους ὀρέγοντος αὐτοῦ τῇ ἀριστερᾷ δέχεσθαι τοὺς ἀκροωμένους (vgl. ed. Ald. S. 468). Vgl. die Dublette *Apophth.* VIII, 7, wo Er. allerdings den Text frei paraphrasierend präsentierte: „Theodorus Atheniensis cognomento ἄθεος obiicientibus, quod doctrina ipsius multi redderentur deteriores, respondit, id aliorum vitio accidere, qui doctrinam ipsius sinistra exciperent, quum ipse dextra porrigeret … Refert Plutarchus libro de animi tranquillitate“.

581 *Atheniensis* Theodoros stammte nicht aus Athen, sondern aus Kyrene (im heutigen Lybien). Er.' Überzeugung, daß Theodoros ein Athenienser sei, beruht auf seiner irrtümlichen Annahme, daß die Athener Theodoros ins Exil geschickt hätten, wie aus *Apophth.* V, 112 hervorgeht. Vgl. dazu Komm. *ad loc.*

**Stratokles** (geb. ca. 350 v. Chr.), Athener, der nach der Schlacht bei Amorgos i.J. 323, in der die athenische Flottenmacht durch den makedonischen Admiral Kleitos vernichtet wurde, durch eine falsche Siegesmeldung bekannt wurde. Vgl. K. Fiehn, *RE* IV, A1 (1931), Sp. 269–271, s.v. „Stratokles“, Nr. 5; kein Lemma in *DNP*, nicht identifiziert in *WC* 38, S. 713.

584 *STRATOCLES ATHENIENSIS*  In dieser Form im Index personarum.

586–590 *Stratocles … mea opera* Plut. *Praec. ger. reip.* 3, *Mor.* 799F–800A. Im Anfangsteil wörtliche, im Spruchteil paraphrasierende Wiedergabe der latein. Übers. des Nicolao Sagundino: „Is enim (sc. Stratocles) perinde ac re optime gesta victoriae partae nuncium accepisset, supplicatio diis immortalibus vt publice decerneretur retulit persuasitque. Non multo post cladis acceptae certo nuncio, proque eo, illius factum populo, vt par erat, indigne ferente singulos rogitabat, num iacturae quippiam fecissent, quod totum triduum per se illa fuissent laetitia et opinione affecti“ (*ed. Bade 1514, fol. II^v; ed. Cratander 1530, fol. 2B–C*). Vgl. den griech. Text: … τὴν Στρατοκλέους ὕβριν … πείσαντος μὲν αὐτοὺς εὐαγγέλια θύειν ὡς νενικηκότας, ἐπεὶ δέ, τῆς ἥττης ἀληθῶς ἀπαγγελθείσης, ἠγανάκτουν, ἐρωτῶντος τὸν δῆμον τί ἠδίκηται, τρεῖς ἡμέρας δι᾽ αὐτὸν ἡδέως γεγονώς (vgl. ed. Ald. p. 579).

**Theramenes** (um 455–404 v. Chr.), athenischer Politiker und Feldherr, Schüler des Sophisten Prodikos. Ursprünglich oligarchischer Gesinnung, entpuppte er sich als ruchloser Opportunist. Er beteiligte sich an dem oligarchischen Umsturz in Athen i.J. 411 und wurde

Mitglied im Rat der Vierhundert. Im selben Jahr schlug er sich auf die Seite der Demokraten, wobei er seine oligarchischen Freunde verriet, von denen er Archeptolemos, Onomakles und Antiphon sogar des Hochverrates anklagte. Nach der Niederlage Athens gegen die Spartaner im Peloponnesischen Krieg (405/4) führte er die Verhandlungen mit dem Spartaner Lysandros: Das politische Resultat war die von Lysandros befürwortete oligarchische Herrschaft der Dreißig, zu denen auch Theramenes gehörte. Die Diktatur der Dreißig war von Terror, Verfolgungen und politischen Morden gekennzeichnet. Während ihrer nur 8 Monate dauernden Regierungszeit (August 404–März 403) ließen die dreißig „Tyrannen“ nicht weniger als 1500 politische Gegner töten. Theramenes wurde auf Betreiben des Kritias im Oktober d.J. 404 des Verrats an der Oligarchie beschuldigt und hingerichtet. Vgl. W. Schmitz, *DNP* 12.1 (2002), Sp. 408–409, s.v. „Theramenes“; W. Schwahn, *RE* V, A2 (1934), Sp. 2304–2320, s.v. „Theramenes“, Nr. 1; G. Németh, *Kritias und die Dreißig Tyrannen. Untersuchungen zur Politik und Prosographie der Führungselite in Athen 404/403 v. Chr.*, Stuttgart 2006.

591 *THERAMENES*  In dieser Form im Index personarum.

*Apophth.* VI, 420 datiert auf die Anfangsphase der Diktatur der Dreißig, Aug. /Sept. 404 v. Chr., kurz vor dem Tod des Theramenes, der bereits im Oktober d.J. hingerichtet wurde. Den Titel „Fortuna“ hat Er. von der Anrufung der Göttin durch Theramenes abgeleitet.

593–595 *Theramenes … seruas* Plut. *Consolatio ad Apollonium* 6, *Mor.* 105B. Er. bearbeitete die latein. Übers. des Stefano Negri: „Theramenes, qui vnus Athenis de triginta tyrannis fuit, quum domus ruinam, in qua cum multis coenabat, solus euasisset ac propterea ab omnibus beatus praedicaretur, magna voce clamans ‚O fortuna‘, inquit, ‚ad quam me igitur seruas occasionem?‘“ (ed. Cratander, Basel 1530, fol. 108^t). Vgl. den griech. Text: Θηραμένης δ᾽ ὁ γενόμενος Ἀθήνησι τῶν τριάκοντα τυράννων, συμπεσούσης τῆς οἰκίας ἐν ᾗ μετὰ πλειόνων ἐδείπνει, μόνος σωθεὶς καὶ πρὸς πάντων εὐδαιμονιζόμενος, ἀναφωνήσας μεγάλη τῇ φωνῇ, „ὦ τύχη“, εἶπεν, „εἰς τίνα με καιρὸν ἄρα φυλάττεις;“ (vgl. ed. Ald. p. 91).

595 *Fortuna* Fortuna ist personifiziert gedacht, es handelt sich um eine Anrufung der Göttin.

VI, 421                          FORTITER                          (Theramenes, 2) [36]

Idem quum *iussu tyrannorum porrectam veneni potionem* fortiter *hausisset, quod ex ea*
600  *superfuerat,* sic *illisit* solo, vt *clarum sonum aederet,* reddens*que seruo publico, qui eam*
*tradiderat, „Critiae“,* inquit, *„propino. Vide igitur, vt hoc poculum continuo ad* illum
*perferas“. Erat is* Critias *e triginta tyrannis crudelissimus.*


## IASON THESSALVS

VI, 422                                                  (Iason Thessalus, i.e. Pheraeus) [37]

605  *Celebratur Iasonis Thessali* dictum, quo se purgare *solet iis, quibus molestiam aut*
*vim attulisset: „Qui magnis in rebus se iustitiae cultorem habere velit, eum in paruis*
*interdum illam violare oportet“.* Velut in bello, quo tuta sit respublica, agri aut aedificia
quorundam ciuium interdum perduntur.


## CLEON

610  VI, 423                          PRIVATVS AFFECTVS                          (Cleon) [38]

*Cleon posteaquam reipublicae* administrationem *capessere destinasset,* testatus est se
iam omnium *amicitiarum vincula velle soluere, quod amici plerunque* obstant, ne
liceat vbique *rectum tenere clauum.*

---

*Apophth.* VI, 421 datiert auf Theramenes' Hinrichtung im Okt. d.J. 404 v. Chr. Den Titel
hat Er. aus der Kapitelüberschrift des Valerius Maximus abgeleitet, III, 2 = „De fortitudine“.

599–602 *iussu ... crudelissimus* Größtenteils
wörtliche Wiedergabe von Val. Max. III, 2, ext.
6 („De Theramene“ Titel in *ed. Bade 1510*): „Ac
ne Theramenis quidem Atheniensis in publica
custodia mori coacti parua mentis constantia,
in qua triginta tyrannorum iussu porrectam
veneni potionem non dubitanter hausit quod-
que ex ea superfuerat, iocabundus inlisum
humo clarum edere sonum coegit renidensque
seruo publico, qui eam tradiderat, ‚Critiae‘,
inquit, ‚propino: vide igitur vt hoc poculum ad
eum continuo perferas‘. Erat autem is ex triginta tyrannis crudelissimus“; die Geschichte
findet sich weiter in Xen. *Hell.* II, 3, 56 und Cic.
*Tusc.* I, 96.

599–600 *quod ex ea superfuerat* Theramenes

war dazu verurteilt, den Schierlingbecher „aus-
zutrinken“; mit „quod ex ea superfuerat“ ist
der Bodensatz gemeint.

600 *illisit solo* Für den antiken Symposion-
brauch, den Bodensatz gezielt auszuschütten,
vgl. Komm. in *CWE* 38, S. 714; Athen. XV, 1
(665D–668F).

601 *Critiae* Kritias aus Athen (ca. 460–403
v. Chr.), aus dem alten athenischen Hochadel, Onkel von Platon. Nach der demokratischen Restauration hielt er sich in Thessalien
auf, nach der athenischen Niederlage i.J. 404
spielte er eine führende Rolle im Terrorregime
der 30 Tyrannen. Kam bei der Machtübernahme 403 durch die Demokraten unter Thrasybulos zu Tode. Vgl. B. Zimmermann, *DNP*
6 (1999), Sp. 851–852, s.v. „Kritias“; E. Diehl,
*RE* XI, 2 (1922), Sp. 1901–1912, s.v. „Kritias“,
Nr. 5.

603 *IASON THESSALVS* In dieser Form im
Index personarum.

603 *IASON THESSALVS* Für **Jason**, den Tyrannen **von Pherai** (gest. 370 v. Chr.) vgl. oben Komm. zu V, 232. Es gelang ihm, fast das gesamte Thessalien als Führer (Tagos) des Thessalischen Bundes unter seine Herrschaft zu bringen; er verfügte auf diese Weise über eines der stärksten Heere Griechenlands (ca. 20000 Hopliten und 8000 Reiter).

605–607 *Celebratur … oportet* Plut. *Praec. ger. reip.* 24, *Mor.* 817F–818A. Variierende Wiedergabe der latein. Übers. des Nicolao Sagundino: „Celebratur vbique gentium Iasonis illa Thessalorum tyranni sententia, quam vsurpasse in eos solitus traditur, quibus vllam molestiam aut vim intulisset: ‚Qui magnis in rebus iustitiae se cultorem haberi vult, eum ius aliquando in paruos violare necesse esse‘ “ (*ed. Bade 1514, fol. XIᵛ; Cratander 1530, fol. 11D–12A*). Vgl. den griech. Text: Ἰάσονος τοῦ Θεσσαλῶν μονάρχου γνώμην ἀπομνημονεύουσιν, ἐφ᾿ οἷς ἐβιάζετο καὶ παρηνώχλει τινάς, ἀεὶ λεγομένην, (τινάς, ἀεὶ λεγομένην *ed. Fowler,* τινάς ἀεὶ λεγομένην *ed. Ald. p. 595*) ὡς ἀναγκαῖον ἀδικεῖν (ἀδικεῖν *ed. Fowler,* ἀδεκεῖν *ed. Ald.*) τὰ μικρὰ τοὺς βουλομένους τὰ μεγάλα δικαιοπραγεῖν.

**Kleon** (gest. 422 v. Chr.), urspr. Gerber, einflussreicher Politiker in Athen zwischen 430–422, Demagoge. Befürworter einer antispartanischen Politik; fand in der Schlacht von Amphipolis (gegen sie Spartaner) den Tod.

Vgl. W. Schmitz, *DNP* 6 (1999), Sp. 582, s.v. „Kleon“, Nr. 1; U. Kahrstedt, *RE* XI, 1 (1921), Sp. 714–717, s.v. „Kleon“, Nr. 1.

*Apophth.* VI, 423 In *A* und *B* wurde *Apophth.* VI, 423 irrtümlicherweise nicht als eigenständiges Lemma gezählt, während es durch die übrigen Gestaltungsmittel des Layouts sehr wohl als solches markiert war; in *C* wurde zudem die fehlende Zählung ergänzt [38].

611–612 *Cleon … soluere* Paraphrasierende Wiedergabe von Plut. *Praec. ger. reip.*, *Mor.* 806F: ὁ μὲν γὰρ Κλέων, ὅτε πρῶτον ἔγνω τῆς πολιτείας ἅπτεσθαι, τοὺς φίλους συναγαγὼν εἰς ταὐτὸ διελύσατο τὴν φιλίαν πρὸς αὐτούς, ὡς πολλὰ τῆς ὀρθῆς καὶ δικαίας προαιρέσεως μαλάσσουσαν ἐν τῇ πολιτείᾳ καὶ παράγουσαν· (vgl. ed. Ald. p. 585).

613 *rectum … clauum* Vgl. *Adag.* 2028 „Dum clauum rectum teneam“ (*ASD* II, 5, S. 56): „… id est dum meo fungar officio … Quintilianus libro secundo Institutionum prouerbiale fuisse demonstrat: ‚Nam et gubernator‘, inquiens, ‚vult salua naue in portum peruenire; si tamen tempestate fuerit abreptus, non ideo minus erit gubernator dicetque notum illud, *dum clauum rectum teneam*‘ (Quint. *Inst.* II, 17, 24) … [*F*] Nonnulli citant ex Ennio: ‚Dum clauum rectum teneam nauimque gubernem‘ …“; Enn. *Ann.* 483 Vahlen (Isid. *Orig.* XIX, 2, 12); Otto 396, s.v. „clauus“.

# DIVERSORVM ROMANORVM APOPHTHEGMATA

615                                    NERO IMPERATOR

VI, 424                    Testimonivm inimici          (Claudius Nero, 34) [39]

*Inter Neronem et Thraseam graues* intercedebant *inimicitiae; verum cuidam multa criminose iactanti de Thrasea* dicentique *causam ab illo perperam esse iudicatam,* obstitit Nero exclamans, *„Vtinam me tam Thrasea diligat quam est iudex rectus et aequus!".*
620   Hostis hosti testimonium perhibuit de fama periclitanti. Nullum autem grauius testimonium quam inimici de inimico.

## SENECA

VI, 425                    Mediocritas                    (Seneca, 1) [40]

*Nero* sibi *compararat aulaeum quoddam* insigne, *tum precio tum pulchritudine.* Id
625   videns *Seneca, „Declarasti", inquit, „te esse pauperem".* Causam rogante Nerone, „Quoniam *si* istuc *amiseris",* inquit, *„non poteris aliud parare simile".* Euenit, vt illud *aulaeum naufragio-periret.* In hoc autem profecerat Senecae admonitio, vt *Nero* iacturam adamatae rei *ferret moderatius.* Qui nummum habet vnicum, quo amisso non queat alterum promere, pauper est. Tutissimum igitur est mediocribus ac parabilibus
630   delectari.

---

620  Hostis hosti *A-C:* Inimicus inimico *BAS LB.*
624  aulaeum *scripsi sec. Plut. vers. Erasmianam:* auleum *A-C.*

627  aulaeum *scripsi sec. Plut. vers. Erasmianam:* auleum *A-C.*

*Apophth.* VI, 424 bis VI, 440 ist eine längere Sektion römischen Spruchspendern gewidmet, die sich chronologisch von Appius Claudius Caecus aus dem 3. Jh. v. Chr. bis zu Kaiser Nero im 1. Jh. n. Chr. erstreckt. Diese Sektion wurde in den Baseldrucken nicht als solche gekennzeichnet, obwohl sie klar aus dem Rahmen der Abteilung „DIVERSORVM GRAECORVM APOPHTHEGMATA" fällt.

615  *NERO IMPERATOR* In dieser Form im Index personarum. Merkwürdigerweise wird dieses Apophthegma dem „Nero Imperator" zugeschrieben, während die 33 Sprüche, die demselben Kaiser zugehören, unter dem Namen „Sextus Nero" laufen; zu dieser falschen Namenszuschreibung in der Sektionstitelei und in den Texten von VI, 31–62 vgl. oben

Komm. zu VI, 31. Für Kaiser **Nero** (reg. 54–68) vgl. oben Komm. zu VI, 31. Er. widmete ihm *Apophth.* VI, 31–62.

*Apophth.* VI, 424 datiert auf die Zeit unmittelbar vor der Hinrichtung des Thrasea Paetus i.J. 66. Er. leitete den Titel. aus seiner eigenen Erklärung des Spruches ab: „Nullum autem grauius testimonium quam inimici de inimico".

617–619  *Inter Neronem … rectus et aequus* Plut. *Praec. ger. reip., Mor.* 810A. Größtenteils wörtliche, leicht gekürzte Wiedergabe der Übers. des Nicolao Sagundino: „Exercebantur miris modis inter ipsum atque Thrasean inimicitiae; verum cuidam multa criminose iactanti atque Thrasean perperam iudicasse causam suam aienti obstitit Nero tantumque abfuit, vt criminibus de inimico contra veritatem assentiretur, vt exclamarit: ‚Vtinam tam me Thraseas diligat, quam iudex aequus et rectus est!‘ “ (*ed. Bade 1514, fol. VII*[r]*; ed. Cratander 1530, fol. 7B–C*). Vgl. den griech. Text: ὥσπερ ὁ Νέρων ἐκεῖνος ὀλίγον ἔμπροσθεν ἢ κτεῖναι τὸν Θρασέαν μάλιστα μισῶν καὶ φοβούμενος, ὅμως ἐγκαλοῦντός τινος ὡς κακῶς κεκριμένου καὶ ἀδίκως, „ἐβουλόμην ἄν“, ἔφη, „Θρασέαν οὕτως ἐμὲ φιλεῖν, ὡς δικαστὴς ἄριστός ἐστιν“ (vgl. ed. Ald. p. 588). Daß Er. hier ausschließlich nach dem latein. Text des Sagundino arbeitete, ist leicht ersichtlich, zumal dessen Übers. frei und ungenau ist. So steht im griech. Original, (1) daß Nero diese Worte ausrief, kurz bevor er Thrasea zu Tode brachte (ὀλίγον ἔμπροσθεν ἢ κτεῖναι τὸν Θρασέαν); (2) daß Nero vor Thrasea Angst hatte (τὸν Θρασέαν μάλιστα … φοβούμενος): Von beiden Aspekten findet sich in Sagundinos Übertragung ebenso wie in Er.’ Apophthegma keine Spur; jedoch fügte Sagundino zum griech. Originaltext hinzu, (3) daß der Kontrahent Thrasea mit einer langen Scheltrede überzog (‚cuidam multa criminose iactanti‘), während es in der Anekdote nur um den Vorwurf geht, Thrasea sei ein ungerechter Richter gewesen; Er. übernahm diesen unglücklichen Zusatz („cuidam multa criminose iactanti de Thrasea …“); schließlich explizitierte Sagundino, (4) daß der Vorwurf ungerechten richterlichen Handelns sich *in concreto* auf einen Prozeß des Kontrahenten beziehe („perperam iudicasse causam suam“).

617  *Thraseam*  P. Clodius Thrasea Paetus (ca. 14 n. Chr.–66), röm. Politiker und Stoiker; Suffektkonsul 56 n. Chr.; wurde ab dem Jahr 59 zur Galionsfigur der senatorialen, stoischen Opposition gegen Kaiser Nero. I.J. 62 zog er sich ins Privatleben zurück. Dennoch ließ ihn Nero i.J. 66 anklagen und zum Tode verurteilen. Tacitus erhob Thrasea zum Prototyp eines aufrichtigen, stoischen und republikanisch eingestellten Kritikers eines tyrannischen Kaisers. Vgl. W. Eck, *DNP* 3 (1997), Sp. 41–42, s.v. „Clodius“, Nr. II, 15; H. Kunnert, *RE* IV, 1 (1900), Sp. 99–103, s.v. „Clodius“, Nr. 58. E. widmete ihm die Sprüche VIII, 83 und 139.

*Apophth.* VI, 425 ist der erste **Seneca d.J.** gewidmete Spruch; im den Philosophen gewidmeten siebenten Buch kommt er jedoch nicht zum Zug.

624–628  *Nero … moderatius*  Plut. *De cohibenda ira* 13, *Mor.* 461F–462A. Leicht variierende, mit Zusätzen angereicherte Wiedergabe von Er.’ eigener Plutarch-Übersetzung d.J. 1525: „Itaque quum Nero aulaeum quoddam apparasset, magnificum spectaculum, tum pulchritudine, tum precio, ‚Declarasti‘, inquit Seneca, ‚te esse pauperem. Nam si hoc amiseris, non possis alterum parare simile‘. Et sane euenit, vt naue demersa periret aulaeum. At Nero reminiscens Senecae, moderatius tulit“ (*ASD* IV, 2, S. 282; ed. Cratander, Basel 1530, fol. 208B). Vgl. den griech. Text: διὸ καὶ τοῦ Νέρωνος ὀκτάγωνόν τινα σκηνὴν ὑπερφυὲς κάλλει καὶ πολυτελείᾳ θέαμα κατασκευάσαντος, „ἤλεγξας“, ἔφη ὁ Σενέκας, „πένητα σεαυτόν· ἐὰν γὰρ ταύτην ἀπολέσῃς, ἑτέραν οὐ κτήσῃ τοιαύτην“. καὶ μέντοι καὶ συνέπεσε τοῦ πλοίου καταδύντος ἀπολέσθαι τὴν σκηνήν· ὁ δὲ Νέρων ἀναμνησθεὶς τοῦ Σενέκα μετριώτερον ἤνεγκεν (ed. Ald. p. 456). Er. hatte σκηνή, das Wort für „Zelt“ (vgl. Passow II, 2, S. 1447, s.v.) unspezifisch mit „aulaeum“ übersetzt (das auch einfach „Decke/ Teppich/ Vorhang“ bedeutet) und dabei das wichtige Wort ὀκτάγωνόν vergessen (vgl. Komm. *ASD* IV, 2, S. 283). Es handelte sich in Wirklichkeit um ein *achteckiges* Zelt aus kostbaren Stoffen, das für ein Schiff bestimmt war und gewissermaßen als Luxuskabine für den Kaiser diente (vgl. W.C. Helmbold in Loeb, Plutarch, *Moralia* VI, S. 145: „when Nero had an octogonal tent built, a huge structure which was a sight to be seen because of its beauty and costliness“). Durch Er.’ unbestimmtes „aulaeum“ für ὀκτάγωνόν τινα σκηνὴν statt „tabernaculum octangulum“ geht auch der Zusammenhang mit dem in der Anekdote angesprochenen Schiffbruch („naufragium“) verloren, bei dem das kostbare Zelt mit unterging.

628–630  *Qui … delectari*  Er.’ verwirrende Erklärung trägt im Grunde nichts zum Verständnis der Anekdote bei. Nero ist natürlich nicht geeignet als Sinnbild für den Mann, der nur einen Pfennig hat. In Plutarchs Traktat figuriert Nero als Exemplum eines Mannes, der zum Zorne neigt: Plutarch argumentiert, daß jähzornige Leute den Besitz kostbarer Gegenstände vermeiden sollten, um nicht bei dem Verlust derselben einem Zornausbruch zum Opfer zu fallen.

## DOLOBELLAE SERVVS

VI, 426                     Lvxvs                     (Seruus Dolabellae) [41]

*Seruus Dolobellae quum interrogaretur, an dominus eius auctionem proposuisset, „Do-*
*mum", inquit, „vendidit",* luxum heri notans, quum id falsum esset: qui domum
635   vendidit, non opus habet, vt serum exponat auctioni.

## TESTIS QVIDAM

VI, 427                     Arte retortvm convitivm                     (Anonymus testis) [42]

*Plancus quum in* causa quadam adesset *amico velletque testem molestum* perturbare,
*interrogauit, quo se artificio tueretur. Sciebat* enim illum esse *sutorem. At ille* lepide
640   retorquens in Plancum, „Gallam", inquit, „subigo". *Id* quidem *sutorium habetur*
*instrumentum,* sed tecte *exprobrabat* illi *adulterium* cum *Meuia Galla,* quo nomine
Plancus *male audiebat.*

---

633 Dolobellae *A-C ut in Quint. ed. Bas. 1529:*
Dolabellae *BAS LB.*

**P. Cornelius Dolabella** (69–43 v. Chr.), röm. Politiker und Feldherr; Volkstribun 47, nach Caesars Ermordung Suffektkonsul d.J. 44.; im selben Jahr zum Prokonsul von Syria mit fünf-
jährigem *imperium proconsulare* ernannt; starb
während dieser Mission 43 v. Chr. Dolabella
hatte einen aufwendigen, luxuriösen Lebensstil, der seine finanziellen Verhältnisse über-
stieg und war bereits in jungen Jahren hoch
verschuldet. Um seine Schulden zu sanieren,
heiratete er zunächst eine dreißig Jahre ältere
Witwe, Fabia (cf. Quint. *Inst.* VI, 3, 73), ließ
sich von ihr jedoch bald scheiden, um i.J.
50 Ciceros Tochter Tullia zur Frau zu nehmen. Die Ehe verlief unglücklich, führte zu
einer Todgeburt und 46 v. Chr. zur Scheidung.
Während des Bürgerkrieges hatte sich Dolabella auf die Seite Caesars geschlagen, während sein Schwiegervater sich im Lager des
Pompeius befand. Dolabella erhoffte sich von
Caesar eine Sanierung seiner Schulden, was
jedoch i.d.J. 49–46 nicht stattfand. 47 bekleidete er das Volkstribunat, das er v.a. dazu aus-
nützen wollte, um einen allgemeinen Schul-
denerlass zu erwirken, wodurch auch seine
finanziellen Probleme bereinigt sein würden.

641 Meuia *A-C ut in Macrob. ed. Ald. 1528:*
Maeuia *Macrob. text. recept.*

Dolabella wurde in der Folge immer mehr von
seinen Gläubigern bedrängt. Caesar versuchte
die Lage in Rom zu beruhigen, indem er Dolabella aus der Hauptstadt entfernte und ihn auf
seine militärische Kampagne nach Afrika mitnahm. Im Sommer 46 kehrte Dolabella wieder nach Rom zurück, wo er der Scheidung
seiner Ehe mit Tullia zustimmte, jedoch im
Verzug blieb, die Mitgift zurückzuzahlen. Vgl.
F. Münzer, *RE* IV, 1 (1900), Sp. 1300–1308,
s.v. „Cornelius", Nr. 141; K.L. Elvers, *DNP* 3
(1997/9), Sp. 172–173, s.v. „Cornelius", Nr. I,
29.

631 *DOLOBELLAE SERVVS* In dieser Form
im Index personarum.

633–634 *Seruus … vendidit* Wörtliche, jedoch
durch eine irrige grammatische Zuordnung
missverstandene Wiedergabe von Quint. *Inst.*
VI, 3, 99: „Sed illa similia absurdis sunt acria
…: vt seruus Dolabellae (Dolobellae *ed. Bas.*
*1529, fol. 98ʳ*) cum interrogaretur, an dominus eius auctionem proposuisset, ‚Domum',
inquit, ‚vendidit'".

634–635 *qui … auctioni* Er.' Erklärung zeigt,
daß er den Witz missverstanden hat. „Eius"
gehört grammatisch nicht zu „auctionem",

sondern zu „dominus". Die Frage des Unbekannten an den Sklaven des hochverschuldeten Dolabella lautete: „Plant dein Herr eine Versteigerung?", ausgehend von der Annahme, daß dies wohl bald der Fall sein werde. Mit Versteigerung meinte der Unbekannte natürlich eine Versteigerung der beweglichen Güter, des Mobiliars. Der Sklave geht darauf gewissermaßen wörtlich ein, indem er antwortet: „Er hat sein Haus verkauft", womit auf der wörtlichen Ebene gemeint ist: Eine Versteigerung kann nicht stattfinden, denn der Ort, wo diese abgehalten werden müßte (Dolabellas Haus), steht nicht mehr zur Verfügung. Implizit wird damit natürlich gesagt: Es gibt kein Mobilar mehr zu versteigern, alles ist verloren gegangen. Er. jedoch fasste den Spruch anders auf, indem er „eius" grammatisch statt mit „dominus" (was auf der Hand liegt) mit „auctionem" verband (was kurios ist) und irrtümlich meinte, der Unbekannte habe den Sklaven gefragt: „Will dich dein Herr versteigern?". Vgl. auch *CWE* 38, S. 715.

**L. Munatius Plancus** (um 87-um 15 v. Chr.), Redner, Politiker und Feldherr; Legat Caesars in Gallien i.J. 54. Im Bürgerkrieg auf Seiten Caesars, nahm auch an dessen Feldzügen in Afrika und Spanien teil; Prätor 45, Konsul 42 v. Chr. Im Bürgerkrieg nach Caesars Tod die längste Zeit auf der Seite des Marcus Antonius (als Prokonsul in Asia und Legat von Syria), i.J. 32 jedoch wechselte er die Seiten. Bekannter und Freund des Cicero und des Horaz. Vgl. R: Hanslik, *RE* XVI, 1 (1933), Sp. 545–551, s.v. „Munatius", Nr. 30; W. Eck, *DNP* 8 (2000), Sp. 469–471, s.v. „Munatius", Nr. I, 4.

636 *TESTIS QVIDAM* Im Index personarum wird *Apophth.* VI, 427 fälschlich dem L. Munatius Plancus zugeschrieben („Plancus").

638–642 *amico … audiebat* Macr. *Sat.* II, 2, 6: „Post hunc Caecina (Cecinna *ed. Ald. fol. 155ʳ*) Albinus: ‚Plancus in iudicio forte amici, cum molestum testem destruere vellet, interrogauit, quia sutorem sciebat, quo artificio se tueretur. Ille vrbane respondit: ‚gallam (Gallam *ed. Ald.*) subigo". Sutorium hoc habetur instrumentum, quod non infacete in adulterii exprobrationem ambiguitate conuertit. Nam Plancus in Maeuia (Meuia *ed. Ald.*) Galla nupta male audiebat" (Es fehlt ein Anführungszeichen, unsicher, wo es gesetzt werden muss).

640 *Gallam … subigo* „galla", der Gallapfel, ein pathologisches Gewächs an der Unterseite von Eichenblättern, das durch den Anstich der Gallwespe entsteht und zu 60% aus Gallussäure (Tannin) und Gerbsäure besteht; der Gallapfel wurde in der röm. Antike zum Gerben von Leder verwendet (vgl. Plin. *Nat.* XVI, 26–27). Die witzige Ambiguität entsteht dadurch, daß „Gallam subigo" sowohl bedeutet „Ich mache die Gerbsäure an" (durch Zerkleinern und Abkochen der Galläpfel) als auch „Ich ficke Galla"; für die Bedeutung „anmachen/ abkochen" vgl. *DNG* II, Sp. 4542, s.v. „subigo", Nr. II, 1, c (z.B. „rosae folia ex passo subacta"); für die obszöne Bedeutung ebd., Nr. II, 1, d; für die im Doppelsinn verwendete obszöne Bedeutung vgl. Suet. *Caes.* 49, 4: „Gallias Caesar subegit, Nicomedes Caesarem".

641 *Meuia Galla* Maevia Galla, verheiratete Frau, mit der Plancus ein außereheliches Verhältnis gehabt haben soll. Vgl. W. Kroll, *RE* XV, 2 (1932), Sp. 1511, s.v. „Mevius", Nr. 15.

## QVIDAM FAMILIARIS ANTONII

VI, 428                                BIBIT ET FVGIT                (Antonii familiaris) [43]

645  *Post Mutinensem fugam* percontantibus, *quid ageret Antonius,* quidam e *familiaribus eius respondisse fertur:* „Id *quod canis* in Nilo: *bibit et fugit".* Constat enim in Aegypto *canes* e Nilo *currentes bibere:* nimirum metu *crocodilorum* eo in flumine regnantium.

## LVCIVS CAECILIVS

VI, 429                                LEPIDE                         (Lucius Caecilius) [44]

650  *Lucius Caecilius, quum C. Caesar aliis, qui secum pila lusitabant,* centum [i.e. centena] *sestertia daret, illi vni* eius summae dimidium, „Quid?", *inquit,* „Num *ego vna manu ludo* ac non duabus?". Si officium erat colludere, non minus praestiterat ille quam caeteri.

## LABERIVS

655  VI, 430                           LIBERE                         (Laberius, 1) [45]

*Laberius* ex equite Romano factus mimus annos iam natus sexaginta, huc adigente *Caesare, in actione* quadam *induxit habitum Syri, qui veluti flagris caesus ac praeripienti se similis exclamabat:*

650  centum *A–C*: centena *BAS LB ut in Macrob.*        657  praeripienti *scripsi sec. Macrob. locum cit.*:
       *loc cit.*                                                      proripienti *A–C.*
657  Caesare *A B*: Cesare *C.*

643  *FAMILIARIS ANTONII*  Für den Triumvir        Chr. statt. Der Caesarianer Marcus Antonius
       Marcus Antonius (um 83–30 v. Chr.) vgl. oben      belagerte Mutina, wo er den Caesar-Mörder
       Komm. zu V, 449. Er hat Antonius im fünften       Brutus mit einem Teil des Senatsheeres ein-
       Buch eine Sektion von Apophthegmen gewid-         geschlossen hatte; Antonius wurde seinerseits
       met (V, 449–454).                                  von einem Senatsheer unter Aulus Hirtius
645–647  *Post Mutinensem … crocodilorum*               (dem früheren Feldherren Caesars) und Octa-
       Macr. *Sat.* II, 2, 7: „Secutus est Furius Albi-   vian bedrängt. In der Schlacht erlitt Anto-
       nus: ‚Post Mutinensem fugam quaerentibus,          nius eine Niederlage, konnte aber mit dem
       quid ageret Antonius, respondisse familiaris       Rest seines Heeres fliehen. In der Schlacht
       eius ferebatur: „quod canis in Aegypto: bibit et   bei Mutina fielen beide Konsuln (Hirtius und
       fugit", quando (quoniam *ed. Ald.*) in illis regio-  Vibius Pansa). Dadurch blieb Oktavian als
       nibus constat canes raptu crocodilorum exter-      einziger Feldherr des Senatsheeres übrig, mit
       ritos currere et bibere [i.e. bibere et currere]‘ "  dem er nunmehr seine persönliche Agenda
       (vgl. ed. Ald. fol. 155$^r$).                       durchsetzte.
645  *Mutinensem fugam*  Die Schlacht bei Mu-          646  *bibit et fugit*  Der Witz kombiniert wohl
       tina (heute: Modena) fand am 21. 4. 43 v.          eine Anmerkung zu Antonius' übermäßigem

Weingenuß mit der aktuellen Lage, nml. daß er sich auf der Flucht befand.

**646–647** *in Aegypto canes e Nilo currentes bibere* Daß in Ägypten die Hunde im Laufen trinken sollen, ist eine kuriose biologische Erklärung des Er., recht eigentlich ein zoologisches Adynaton: Hunde können natürlich nicht im Laufen trinken. Gemeint ist, daß die Hunde, wenn sie aus dem Nil trinken, sehr vorsichtig sind, nur kurz trinken und sogleich wieder weiterlaufen.

**648** *LVCIVS CAECILIVS* Im Index personarum „L. Caecilius", s.l. „L" (*A, B*) et „C" (*C*). Der hier genannte L. Caecilius konnte nicht genau identifiziert werden. Unter den bekannten kaiserzeitlichen „Caecilii" gibt es keinen, der den Vornamen Lucius trägt und chronologisch zu Caligula passen würde.

**650–652** *Lucius Caecilius … ludo* Macr. *Sat.* II, 6, 5: „L. (Lucius *ed. Ald. 1528*) Caecilius, cum C. Caesar aliis, qui secum pila lusitabant centena sestertia, illi vni quinquaginta dari iussisset, ‚Quid? Ego', inquit, ‚vna manu ludo et non duabus, vt plus habere possim?'" (vgl. ed. Ald. 1528, fol. 162ʳ).

**650** *C. Caesar* i.e. Kaiser Caligula. Er hat ihm oben eine Sequenz von Sprüchen gewidmet (VI, 14–24). Zu seiner Person vgl. Komm. oben ad. VI, 14.

**650** *centum* Er. hat sich in der Zahlenangabe („centum" statt „centena", wie in seiner Quelle) geirrt: „centum sestertia" bedeutet 100.000 Sesterzen, „centena sestertia" 100 Sesterzen. Daß der letzte Betrag richtig ist, ergibt sich klar aus Macrobius' Angabe, daß Caecilius 50 Sesterzen, die Hälfte des Betrages, erhielt.

**D. Laberius** (106–43 v. Chr.), römischer Ritter, wurde als der größte Mimenautor seiner Zeit betrachtet. Von ihm sind ca. 100 Fragmente aus 40 Stücken erhalten. Laberius wurde für seine ausgefallene, witzige und sorgfältige Wortwahl mit vielen Neologismen, Archaismen, aber auch Vulgarismen gepriesen. Für die Fragmente seiner Mimen vgl. *CRF*, 3. Aufl., 1898, 339–367; M. Bonaria, *Romani mimi*, Rom 1965, S. 5–9; 38–77; 103–130; F. Giancotti, *Mimo e gnome: studio su Decimo Laberio e Publilio Siro*, Messina u.a. 1967; zu Laberius W. Kroll, *RE* XII, 1 (1924), Sp. 246–248, s.v. „Laberius", Nr. 3; P.L. Schmidt, *DNP* 6 (1999), Sp. 1030–1031, s.v. „Laberius", Nr. I, 4. Er. schätzte Laberius für seine gesalzenen Aussprüche, aus denen er diverse Adagien bastelte: u.a. *Adag.* 602 „Duabus sedere sellis" (*ASD* II, 2, S. 128–129);

*Adag.* 979 „Caput sine lingua" (*ASD* II, 2, S. 478) aus dem Laberius-Vers „Caput sine lingua pedaria est sententia" (Decimus Laberius Fr. 88 Ribbeck, *CRF*, S. 357); *Adag.* 1372 (*ASD* II, 3, S. 380: „Laberius mimographus apud Nonium Marcellum ‚bipedem' et ‚bliteam beluam' appellat insulsum et vecordem"; Laberius fr. 92 Ribbeck, *CRF*, S. 358); *Adag.* 1792 „Transuersum agere" (*ASD* II, 4, S. 208, Laberius fr. 98 Ribbeck, *CRF*, S. 359); *Adag.* 3083 „Iuuenari" (*ASD* II, 7, S. 88: „Laberius citante Nonio pro eodem dixit ‚adolescenturire': ‚Incipio adolescenturire et nescio quid nugarum facere'", Laberius, fr. 137 Ribbeck, *CFR*, S. 363) und *Adag.* 3519 „Manuari" (*ASD* II, 8, S. 28).

**654** *LABERIVS* In dieser Form im Index personarum.

*Apophth.* VI, 430 Das vorl. Laberius-Lemma VI, 430 bildet eine Einheit, wie in der Erstausgabe (*A*; S. 633) ersichtlich ist und wie auch aus der benutzten Quelle, Macr. *Sat.* II, 7, 2–6, hervorgeht; damit stimmt überein, daß es nur einen einzigen Titel („Libere") gibt. In *B* wurde das Laberius-Lemma irrtümlich als zwei Apophthegmata gezählt, wohl wegen des Einzugs der zitierten Verse. Der Fehler in der Zählung wurde von *C, BAS* und *LB* übernommen; so auch in *CWE* 38, S. 716. Ab dieser Stelle daher die Zählung in unserer Ausgabe: *CWE* minus 3.

**656** *Laberius … sexaginta* Macr. *Sat.* II, 7, 3 (der Autor Laberius über sich selbst im Prolog): „Ego bis tricenis annis actis sine nota/ Eques Romanus e Lare egressus meo/ Domum reuertar mimus …".

**657–659** *Caesare … perdidimus* Macr. *Sat.* II, 7, 2; 4–6: „Laberium asperae libertatis equitem Romanum Caesar quingentis milibus inuitauit, vt prodiret in scaenam et ipse ageret mimos, quos scriptitabat. Sed potestas non solum, si inuitet, sed et si (sed etiam *ed. Ald. 162ʳ*) supplicet, cogit, vnde se et Laberius a Caesare coactum in prologo testatur his versibus: … (4:) In ipsa quoque actione subinde se, qua poterat, vlciscebatur, inducto habitu Syri, qui velut flagris caesus praeripientique se similis exclamabat: ‚Porro Quirites libertatem perdimus'; et paulo post adiecit: ‚Necesse est multos timeat, quem multi timent'. (5:) Quo dicto vniuersitas populi ad solum Caesarem oculos et ora conuertit, notantes impotentiam eius (eius impotentiam *ed. Ald. fol. 163ʳ*) hac dicacitate lapidatam".

**657–658** *praeripienti se* „se praeripere", „sich unversehens aus dem Staube machen", „plötz-

*„Porro, Quirites, libertatem perdidimus".*

660 Ac *paulo post adiecit:*

*„Necesse est multos timeat, quem multi timent".*

Ad has voces *populus vniuersus oculos et ora conuertit in Caesarem,* intelligens illius *impotentiam* his dictis *lapidatam.* Hoc modo, qua licuit, *Laberius vltus est* sortem suam.

665                                           TERENTIVS VESPA

VI, 431                      Ex ambigvo tecte              (Terentius Vespa) [47]

*Titius* quidam *studiose pila ludere* solebat et *idem noctu signa sacra frangere putabatur.*
Hunc *quum gregales in campo* desiderarent, *Vespa Terentius* hoc colore *excusauit,* vt
*diceret illum fregisse brachium.* Nam diuorum imagines brachiis gestabant donaria.
670 Huc allusit Vespa.

                                          PYLADES HISTRIO

VI, 432                      Rex cogitabvndvs             (Pylades histrio, 1) [48]

*Pylades histrio Augusti temporibus* celebris, quum *Hylas discipulus,* quem *ad aequali-*
*tatis contentionem prouexerat,* in scena *canticum quoddam saltaret, cuius clausula erat*
675 *„τὸν μέγαν Ἀγαμέμνονα",* id est, „Magnum illum Agamemnonem", ac *sublimem veluti*
*metiretur, e cauea proclamauit: „Σὺ μακρὸν, οὐ μέγαν ποιεῖς",* id est, „Tu longum facis,
non magnum". *Tunc populus* efflagitauit, vt Pylades *idem canticum saltaret* iterum.

---

667  solebat *LB*: solet *A-C.*

667  et *scripsi sec. Cic. loc. cit.*: sed *A-C.*

lich davonrennen" (vgl. *DNG* II, Sp. 3802, s.v.,
Nr. II). Das in den Baseldrucken überlieferte
„proripienti" ist ein Textübertragungsfehler.
**Terentius Vespa,** sonst unbekannt. Vgl. F. Münzer, *RE* V, A1 (1934), Sp. 710, s.v. „Terentius",
Nr. 93.
665  *TERENTIVS VESPA* Im Index personarum wurde *Apophth.* VI, 431 irrtümlich einem
„gewissen Titius" zugeschrieben; der aktuelle Spruchspender ist jedoch Terentius Vespa.
Richtig zugeschrieben bei Lycosthenes (S. 40:
„Vespae Terentii").
666  *Ex ambiguo tecte* Er. bildete den Titel von
*Apophth.* VI, 431 aufgrund der Witzkategorie,

die seine Quelle Cicero angibt. Vgl. *De or.* II,
253: „Ambigua sunt in primis acuta atque in
verbo posita, non in re …". Dem Titel entsprechend druckte Lycosthenes das Apophthegma
in seinem Kapitel „De ambigue dictis" (S. 40).
667  *Titius* Sextus Titius, der Volkstribun d.J.
99 v. Chr., ein Anhänger und Freund des
L. Appuleius Saturninus, dessen politisches
Vermächtnis er nach dessen Tod weiterver-
waltete; Titius ist nur durch sein Auftreten
i.d.J. 99 und 98 bekannt. Er brachte in der
Nachfolge des Saturninus ein Ackergesetz ein,
das jedoch abgelehnt wurde. I.J. 98 wurde er
in einem Hochverratsprozess verurteilt, weil

er ein Standbild des Appuleius Saturninus in seinem Hause aufbewahrte, woraufhin er ins Exil gehen mußte. Bei Cicero sind eine Reihe von Anwürfen seiner politischen Gegner überliefert: Er soll bei Nacht Statuen (aus Marmor oder Stein) beschädigt (oder: gestürzt?) haben, in seinen Reden mit „weibischen" Körperbewegungen aufgetreten sein, sich „rebellisch und aufständisch" betragen haben usw. Z. B. in *Brut.* 225 behauptet Cicero, der „seditiosus tribunus plebus" sei ein „geschwätziger Zeitgenosse" („homo loquax") und ein Weichling gewesen, der sich so weibisch bewegte, daß man diese Bewegungen den „Titius-Tanz" („saltatio Titius") genannt habe. Vgl. F. Münzer, *RE* VI, A2 (1937), Sp. 1563–1565, s.v. „Titius", Nr. 23; K.L. Elvers, *DNP* 12.1 (2002), Sp. 631, s.v. „Titius", Nr. I, 6; G. Doblhofer, *Die Popularen der Jahre 111–99 vor Christus. Eine Studie zur späten römischen Republik*, Wien-Köln 1990, S. 101–103.

667 *quidam* Während Er.' Vorlage, Cicero, Titius als *bekannten* Mann („illum") bezeichnet, charakterisiert ihn Er. als Unbekannten („quidam"); vgl. „Titus quidam" im Index personarum. Er. war über die politischen Ereignisse der Jahre 101–98 nicht recht im Bilde. Das zeigt sich u.a. oben in *Apophth.* VI, 208 (s. Komm. ad loc.), wo er den Namen von Saturninus' Verbündeten Glaucia, der an den schweren Ausschreitungen des J. 100 v. Chr. hauptschuldig war, verballhornt („de Caluinio Glaucia claudicante" – Glaucia hieß nicht Calvinius und er hinkte nicht).

667–669 *studiose … brachium* Cic. *De or.* II, 253: „Ambigua … magis vt belle, vt litterate dicta laudantur; vt in illum Titium, qui cum studiose pila luderet et idem signa sacra noctu frangere putaretur gregalesque eum, cum in campum non venisset, requirerent, excusauit Vespa Terentius, quod eum bracchium fregisse diceret".

667 *et* Das in den Baseldrucken überlieferte „sed" ergibt keinen Sinn; es liegt ein Textübertragungsfehler vor.

668 *gregales* „seine Kumpanen", pejorative Bezeichnung für Kameraden.

668 *in campo* sc. Martio. Das Marsfeld in Rom war der Ort, wo man Ball spielte; vgl. Strab. V, 3, 8 und Komm. Leeman-Pinkster-Rabbie II, S. 271.

668 *hoc colore* „unter dem Vorwand"; „colore" hier als „Anstrich", „Beschönigung"; Georges I, Sp. 1283, s.v. „color", Nr. II, B, b). Für diese seltene Verwendungsweise von „color" siehe Iuv. 6, 279–280: Ein braver römischer

Bürger kommt abends nach Hause und trifft seine Frau in den Armen eines Sklaven oder eines römischen Ritters an – „Nenne mir doch jetzt, Quintilian, (sagt Juvenal) einen beschönigenden Vorwand" („Dic aliquem, sodes, his, Quintiliane, colorem!").

669 *illum fregisse brachium* Der Doppelsinn des Ausspruchs liegt darin, daß er sowohl bedeuten kann, daß Titius sich den Arm gebrochen habe als auch, daß er „einen" Arm (nämlich den einer Götterstatue) abgebrochen habe.

669 *Nam … donaria* Er. gibt dem Spruch eine kuriose archäolog. Erklärung bei. Es stimmt nicht, daß die antiken Götterstatuen Votivgeschenke („donaria") in den Händen gehalten hätten, deren sie jemand beraubt hätte, indem er ihnen die Arme abbrach.

**C. Iulius Pylades**, Pantomime, Freigelassener des Augustus; Rivale des Bathyllos von Alexandreia; legte sich als Pantomime besonders auf die Darstellung tragischer Mythenstoffe zu. Der Tanz des Pylades war künstlerisch ausgefeilt und legt höchsten Wert auf die Verbildlichung tragischer Leidenschaften. Vgl. R: Hanslik, *RE* XXIII, 2 (1959), Sp. 2082–2084, s.v. „Pylades", Nr. 2; H.D. Blume, *DNP* 10 (2001), Sp. 611–612, s.v. „Pylades", Nr. 2; Y. Hunt, *Roman Pantomime Libretti and their Greek Themes*, in: E. Hall und R. Wyles (Hrsg.), *New Directions in Ancient Pantomime*, Oxford 2008, S. 177 ff.

671 *PYLADES HISTRIO* In dieser Form im Index personarum.

673–679 *Pylades histrio … cogitare* Größtenteils wörtliche Wiedergabe von Macr. *Sat.* II, 7, 12–14: „Sed quia semel ingressus sum scaenam loquendo, nec (non ed. Ald. fol. 163ᵛ) Pylades histrio nobis omittendus est, qui clarus in opere suo fuit temporibus Augusti, et Hylam discipulum vsque ad aequalitatis contentionem eruditione prouexit. Populus deinde inter vtriusque suffragia diuius est, et cum canticum quoddam saltaret Hylas, cuius clausula erat τὸν μέγαν Ἀγαμέμνονα, sublimem ingentemque Hylas, velut metiebatur. Non tulit Pylades et exclamauit e cauea: ,σὺ μακρὸν οὐ μέγαν ποιεῖς' (μεταποιεῖς ed. Ald.). Tunc eum populus coegit idem saltare canticum, cumque ad locum venisset, quem reprehenderat, expressit cogitantem, nihil magis ratus magno duci conuenire quam pro omnibus cogitare".

673 *Hylas* **Hylas**, Schüler des Pylades. Vgl. A. Stein, *RE* IX, 1 (1914), Sp. 115–116, s.v. „Hylas", Nr. 3.

*Quumque ad locum venisset, quem reprehenderat, expressit* Agamemnonem *cogitabun-dum, nil magno duci magis conuenire ratus quam pro omnibus cogitare.* Ea res magnum
680   ducem facit, non proceritas corporis.

VI, 433                                IMITATIO MALA                (Pylades histrio, 2) [49]

Idem *Hylam* negligenter *saltantem Oedipodem hac voce castigauit,* „Σὺ βλέπεις", id est,
„Tu vides", quum ille Oedipodem iam caecum exprimere debuerit.

VI, 434                                DECORVM                      (Pylades histrio, 3) [50]

685   Idem Pylades *quum* saltans *Herculem furentem nonnullis incessum histrioni conue-
nientem* minus *seruare videretur, deposita persona ridentes increpuit* dicens, „Μωροὶ,
μαινόμενον ὀρχοῦμαι", id est, „Stulti, furentem salto", significans hoc ipsum, quod
videbatur indecorum, maxime decorum esse.


## C. SEXTIVS

690   VI, 435                              AB INEXPECTATO                 (C. Sextius) [51]

*Appius,* homo *dicax* vsque ad *scurrilitatem, Caio Sextio* dixit „*Coenabo apud te.* Nam
*vni locum esse video*", notans illum, quod luscus esset. Cui *Sextius ex tempore, „Manus*", inquit, „*laua, et coena*", tecte obiiciens illi impudicitiam aut certe rapacitatem.

692   Sextius *B C*: Sextio *A*.

682   *Hylam ...* βλέπεις Wörtliche Wiedergabe
      von Macr. *Sat.* II, 7, 15: „Saltabat Hylas
      Oedipodem, et Pylades hac voce securitatem
      saltantis castigauit: ‚Σὺ βλέπεις' " (vgl. ed. Ald.
      fol. 163ᵛ).
685–687   *Herculem ...* ὀρχοῦμαι Wörtliche Wie-
      dergabe von Macr. *Sat.* II, 7, 16: „Cum in
      Herculem furentem prodisset et nonnullis
      incessum histrioni conuenientem non seru-
      are videretur, deposita persona ridentes incre-
      puit: μωροὶ, μαινόμενον ὀρχοῦμαι" (vgl. ed. Ald.
      fol. 163ᵛ–164ʳ).
689   *C. SEXTIVS* Der eigentliche Spruchspen-
      der von *Apophth.* VI, 435 ist, wie auch der
      Titel zeigt, C. Sextius. Der Index persona-
      rum gibt als Spruchspender jedoch zu Unrecht
      „Appius" an; zudem wird im Index perso-
      narum der in VI, 435 genannte „Appius"
      nicht von dem „Appius maior" des folgen-

den Apophthegmas (vielleicht Appius Claudius Pulcher, Konsul d.J. 130 v. Chr.) und
Appius Claudius Caecus (Konsul d.J. 296 v.
Chr.) von VI, 437–438 unterschieden. Es läßt
sich zwar nicht mit letzter Sicherheit feststellen, welcher C. Sextius hier gemeint ist,
jedoch muss es sich um einen Zeitgenossen
und Freund des Caesar Strabo Vopiscus (um
130–87 v. Chr.), des Redners in Ciceros *De
or.*, handeln. Daraus ergibt sich, daß es wohl
am ehesten um **C. Sextius Calvinus** gehen
mag, den Freund des Caesar Strabo und Gegner des Volkstribunen L. Appuleius Saturninus. Vgl. F. Münzer, *RE* II, A2 (1923), Sp.
2045–2046, s.v. „Sextius", Nr. 21; K.L. Elvers,
*DNP* 11 (2001), Sp. 491, s.v. „Sextius", Nr. I,
4.
691   *Appius* Es läßt sich nicht – auch nicht
      mit einiger Plausibilität – ausmachen, welcher

Appius gemeint ist; vgl. Komm. Leeman – Pinkster – Rabbie II, S. 255.

691–693 *Appius … coena* Cic. *De or.* II, 246: „… vt iste, qui se vult dicacem, et me hercule est, Appius, sed non numquam in hoc vitium scurrile delabitur. ‚Cenabo‘, inquit, ‚apud te‘, huic lusco familiari meo, C. Sextio, ‚Vni enim locum esse video‘. Est hoc scurrile, et quod sine causa lacessiuit et tamen id dixit, quod in omnis luscos conueniret; ea, quia meditata putantur esse, minus ridentur: illud egregium Sexti, et ex tempore: ‚Manus laua‘, inquit, ‚et cena‘“.

692 *vni locum esse video* Die Bemerkung jenes weiter unbekannten Appius ist nicht sehr witzig, wie schon der Vorwarnung Ciceros zu entnehmen ist. Wenn Appius sagt „Denn da ist noch Platz für einen weiteren“, so ergibt sich im Lateinischen die Ambiguität, was mit „einem weiteren“ gemeint sei. Das kann sowohl „oculus“ (lat. maskulin) als auch Gast („hospes“) sein.

693–694 *obiiciens illi impudicitiam aut certe rapacitatem* Er. liefert hier zwei Erklärungen für die gefasste Replik des Sextius: Erstens, daß Appius unzüchtige sexuelle Handlungen begangen habe; zweitens, daß er ein Dieb sei. Dabei erachtet Er. die zweite Erklärung für plausibler („aut certe“). Allerdings ist nicht überliefert, auf welchen konkreten Tatbestand sich Sextius' Replik bezogen hat. Es muss diesbezüglich bei Spekulationen bleiben. Die beiden Möglichkeiten, die Er. präsentiert, lassen sich beliebig erweitern. Allerlei Formen des Fehlverhaltens eines Politikers (oder römischen Bürgers), der Korruption, moralischen Entgleisung, ja von Verbrechen sind denkbar. Für diverse Erklärungsversuche vgl. Komm. Leeman – Pinkster – Rabbie II, S. 256.

695

## APPIVS MAIOR

VI, 436                    AB INEXPECTATO                    (Appius maior) [52]

*Appius maior quum in senatu ageretur de agris publicis ac premeretur Lucilius ab* his, *qui a pecore eius depasci publicos agros dicerent, „Non est"*, inquit, *„Lucilii pecus illud; erratis"*. Hactenus *defendere videbatur*, sed adiecit: *„Ego liberum puto: qua lubet pascitur"*.

700 Iocus est ab inexpectato. Expectabatur enim, vt probaret hoc pecus non esse Lucilii, sed alterius cuiuspiam, ac reum [sic] subleuaret; nunc irrisum grauabat.

## VOLVMNIVS

VI, 437                    [C] FACTA DICTIS POTIORA                    (Volumnius) [53]

*Appius* populo Romano exprobrabat *sibi acceptum ferri debere, quod ex muto* et
705 *elingui facundum haberet consulem*, de L. Volumnio collega sentiens. Ibi L. *Volumnius, „Quam mallem"*, inquit, *„tu a me strennue facere quam ego abs te scite loqui dedicissem"*.

703–706 Facta dictis … dedicissem *C: in A et B post VI, 284.*

695 *APPIVS MAIOR* Die in VI, 436 angegebene Namensform „Appius maior" ist im Index personarum nicht vorhanden. Die Identität jenes „Appius des Älteren" läßt sich nicht mit letzter Sicherheit feststellen. Die Auswahl der Appii engt sich insofern ein, als von dem Datierungsansatz der *lex Thoria* auszugehen ist, eines Agrargesetzes, das sich auf die Nutzung des *Ager publicus* in Italien zwischen den Flüssen Rubicon und Macra bezog, und zwar nach den gracchischen Agrargesetzen; der Legislator war der damalige Volkstribun Spurius Thorius. Das Gesetz ist auf einer Bronzetafel überliefert, die aus dem J. 111 v. Chr. stammt; daraus geht hervor, daß die lex Thoria i.J. 111 oder (etwas) früher angenommen wurde. Vgl. H.B. Mattingly, „The Agrarian Law of the tabula Bembina", *Latomus* 30 (1971), S. 281–293, insb. 285–286; K. Johannsen, *Die lex agraria des Jahres 111 v. Chr. Text und Kommentar*, Diss. München 1971; E.F. D'Arms, „The Date and Nature of the Lex Thoria", in: *American Journal of Philology* 56 (1935), S. 232–245; A.A. Rudorff, *Das Ackergesetz des Spurius Thorius*, Berlin 1839; Komm. Leeman – Pinkster – Rabbie II, S. 324. Der in *De or.* II, 284 genannte Appius Claudius Pulcher muss also

um d.J. 111 politisch tätig gewesen sein. Das trifft am ehesten auf Appius Claudius Pulcher, den Suffektkonsul d.J. 130 v. Chr., zu; für diesen vgl. F. Münzer, *RE* III (1899), Sp. 2667–2668, s.v. „Appius", Nr. 11; Komm. Leeman – Pinkster – Rabbie II, S. 324, für weitere Details bez. der Zuschreibungsfrage vgl. ebd.; wenn diese Zuschreibung richtig ist, so müsste es sich bei dem in „Appius maior" implizierten „Appius minor" um Appius Claudius Pulcher, den Konsul d.J. 77 v. Chr., Vater des Clodius Pulcher (Ciceros Erzfeind), handeln. Für diesen Appius Claudius Pulcher vgl. K.-L. Elvers, *DNP* 3 (1996), Sp. 11, s.v. „Claudius", Nr. I, 23.

696 *Ab inexpectato* In *A, B* und *C* wurde dem Apophthegma kein eigener Titel zugeteilt, weil jener des vorhergehenden Apophthegmas weiter gültig sein sollte. Dieser Titel nimmt direkten Bezug auf die in VI, 436 zitierte Quelle, Cic. *De or.* II, 284, in der die Witzkategorie „praeter exspectationem" behandelt wird: „Sed ex his omnibus nihil magis ridetur quam quod est *praeter exspectationem*, cuius sunt innumerabilia exempla, vel Appii maioris illius …". Dem entspricht auch die Erklärung des Er. im Kommentarteil: „Iocus est ab inexpectato".

697–699 *Appius maior … pascitur* Cic. *De or.* II, 284: „… praeter exspectationem, cuius innumerabilia sunt exempla, vel Appi (Appii *edd. vett.*) maioris illius, qui in senatu, cum ageretur de agris publicis et de lege Thoria et peteretur (peteretur *text. recept.*: premeretur *plures edd. vett.*) Lucullus (Lucullus *text. recept., pars edd. vett.*: Lucilius *pars edd. vett., ed. Wilkins*) ab eis (iis *edd. vett.*), qui a pecore eius depasci agros publicos dicerent, ‚Non est‘, inquit, ‚Luculli (Luculli *text. recept., pars edd. vett.*: Lucilii *pars edd. vett., ed. Wilkins*) pecus illud; erratis‘; – defendere Lucullum videbatur – ‚Ego liberum puto esse, qualibet (lubet *plures edd. vett.*) pascitur‘ “.

697 *quum in senatu ageretur de agris publicis* Es handelt sich um eine Senatssitzung, die auf irgendeine Weise mit der *lex Thoria* verbunden war, sich vielleicht auf ihre Implementierung und Anwendung bzw. Adjustierung bezog. Sie muß im Zeitraum von 111–103 v. Chr. stattgefunden haben.

697 *Lucilius* Der Name der hier bezeichneten Person ist auf mehrfache Weise mit Schwierigkeiten verbunden. Erstens liegt eine gespaltene Überlieferung vor: Ein Teil der Textzeugen liest „Lucilius“, ein anderer Teil „Lucullus“. Verschiedentlich wurde geäußert, daß es sich um den berühmten Gaius Lucilius (148–103 v. Chr.), den Begründer der Satire, handle (vgl. Komm. Leeman – Pinkster – Rabbie II, S. 325). Dies ist jedoch auszuschließen, da der in *De or.* II, 284 genannte „Lucilius“ oder „Lucullus“ ein röm. Senator gewesen sein muß, während der Satiriker dem Ritterstand zugehörte. Wenn die überlieferte Namensform „Lucilius“ richtig ist, so läßt sich keine plausible Identifikation liefern: Es ist kein Senator „Lucilius“, der um das Jahr 111 v. Chr. politisch tätig war, bekannt. Jedoch läßt sich ein Senator mit dem Namen „Lucullus“ ausfindig machen, nml. L. Licinius Lucullus, der Prätor d.J. 104 v. Chr. und Sohn des gleichnamigen Konsuls von 151 v. Chr.; für Licinius Lucullus, den Prätor d.J. 104 v. Chr. vgl. F. Münzer, *RE* XIII (1927), Sp. 375–376, s.v. „Licinius“, Nr. 103; P.C. Nadig, *DNP* 7 (1999), Sp. 166, s.v. „Licinius“, Nr. I, 25.

701 *reum* Er. hat bei seiner Erklärung des Apophthegmas nicht gut aufgepasst: Der oben genannte Lucilius war keinesfalls ein Angeklagter (*reus*) und es handelte sich auch nicht um eine Gerichtsverhandlung, sondern um eine Senatssitzung, wie im Übrigen aus der Einleitung des Apophthegmas selbst hervorgeht („quum in senatu ageretur de agris publicis“).

*Apophth.* VI, 437 Der Spruchspender ist Volumnius, während der Index personarum „Appius“ als Sprecher angibt. Gemeint ist **L. Volumnius Flamma Violens**, der bedeutende Feldherr und Politiker zur Zeit der Samnitenkriege; war 307 und 296 v. Chr. Konsul, jeweils mit Appius Claudius Caecus. Vgl. T. Schmitt, *DNP* 12.2 (2002), Sp. 320, s.v. „Volumnius“, Nr. 5; F. Münzer und H. Gundel, *RE* IX, A1 (1961), Sp. 879–882, s.v. „Volumnius“, Nr. 13.

703–706 *Facta … dedicissem* Er. hat dieses *Apophthegma* in der letzten Ausgabe zu Lebzeiten (*C*) umgestellt. In *A* und *B* war es nach VI, 284 platziert. Die Umstellung geht auf Er.' Konto. Sie beruht auf einem zweifachen Irrtum: Erstens geht sie zu Unrecht davon aus, daß der Spruchspender Appius Claudius ist: Der eigentliche Spruchspender ist jedoch Volumnius Flamma. Zweitens liegt der Umstellung zugrunde, daß Er. offensichtlich den Spender des vorhergehenden *Apophth.* VI, 436, „Appius maior“ mit dem Appius der zitierten Livius-Stelle, also Appius Claudius Caecus, identifizierte. Dies ist jedoch schon aus chronologischen Gründen unmöglich: die Appii von VI, 436 und 437 sind durch etwa zwei Jahrhunderte getrennt.

*Apophth.* VI, 437 datiert auf d.J. 296 v. Chr., das zweite Jahr, in dem Appius Claudius Caecus und Volumnius Flamma gemeinsam das Konsulat bekleideten.

704–706 *Appius … dedicissem* Gekürzte und durch mehrere Missverständnisse entstellte, jedoch in den Spruchteilen wörtliche Wiedergabe von Liv. X, 19, 6–8: „et cum Volumnio, causa superior, ne infacundus quidem aduersus eximiam eloquentiam collegae visus esset, cauillansque Appius sibi acceptum referre diceret debere, quod ex muto atque elingui facundum etiam consulem haberent; priore consulatu, primis vtique mensibus, hiscere eum nequisse, nunc iam popularis orationes serere, ‚Quam mallem‘, inquit Volumnius, ‚tu a me strenue facere quam ego abs te scite loqui didicissem‘ “.

704 *Appius* **Appius Claudius Caecus** (ca. 340–273 v. Chr.), einer der bedeutendsten Politiker der römischen Republik; Konsul 307 und 296, jeweils mit L. Volumnius Flamma Violens als Kollegen; Erbauer der Via Appia und der Aqua Appia. Vgl. K.L. Elvers, *DNP* 3 (1997), Sp. 8 s.v. „Claudius“, Nr. I, 2; F. Münzer, *RE* III, 2 (1899), Sp. 2681–2685, s.v. „Claudius“, Nr. 91.

704 *populo Romano exprobrabat* Er. hat die Stelle nicht richtig verstanden. Seine Dar-

## APPIVS CLAVDIVS CAECVS

VI, 438                          [*C*] Ocivm     (Appius Claudius Caecus, 2) [54]
                                 invtile

710  *Appius Claudius dicere solitus est, populo Romano* longe *melius committi negotium*
     *quam ocium*, sentiens multitudinem bellis *excitari ad virtutem*, in pace defluere ad
     voluptates ac luxum, ex quibus nascitur rerum publicarum ac regionum exitium.


## [*A*] ISCHOMACHVS MIMVS

VI, 439                          Ridicvle     (Ischomachus mimus, 1) [55]

715  Ischomachus mimus cum primis celebris, *medico percontante rusticum, qui* ob ingur-
     gitationem *male habebat, num ad vomitum coenasset, „Nequaquam“, inquit, „sed in*
     *ventrem“.* Iocus Graecis festiuior est, quod „εἰς“ sonat pariter [et] „in“ et „vsque ad“:
     εἰς ἔμετον, εἰς κοιλίαν.


VI, 440                          Ab ambigvo     (Ischomachus mimus, 2) [56]

720  Item, *quum mendica quaedam ventris tormina pateretur ac medicus percontaretur, num*
     *haberet in ventre, „Qui potest“, inquit* [sc. Isomachus qui rusticum agebat], *„quum*
     *triduo nihil comederit?“.* Et huius dicti festiuitas iucundior est Graecis, quibus „in
     ventre habere“ dicitur, quae fert vterum. Nam id medicus percontabatur, an esset
     grauida.

---

708–712  Ocium … exitium *C: desunt in A B.*        717  *et seclusi.*
717  Graecis *A B:* Grecis *C.*

stellung, daß Appius Claudius Caecus dem römischen Volk vorgehalten habe („populo Romano exprobrabat“), es sei schuld daran, daß es jetzt einen beredten Konsul habe, ist unrichtig. Appius richtet sich nicht an das römische Volk; das Rededuell mit Volumnius Flamma findet auch nicht vor dem römischen Volk, sondern im Rahmen einer Heeresversammlung statt. Weiter gibt Appius nicht dem anwesenden Publikum (den Soldaten) die Schuld, sondern sich selbst: Er, Appius, habe es sich zuzuschreiben, daß Volumnius Flamma nunmehr beredt geworden sei: Als Konsulkollege habe er den Volumnius das kunstvolle Reden gelehrt. Diesbezüglich läßt Er. eine Information aus, die gleichwohl zum Verständnis des Arguments des Appius Claudius

erforderlich ist: „Denn“, sagt Appius, „während seines ersten Konsulats konnte er noch nicht einmal den Mund aufmachen, jedenfalls in den ersten Monaten nicht“ („priore consulatu, primis vtique mensibus, hiscere eum nequisse“).

707  *APPIVS CLAVDIVS CAECVS*  Im Index personarum ist lediglich die Namensform „Appius“ verzeichnet.

710–711  *Appius … ad virtutem*  Wörtliche Wiedergabe von Val. Max. VII, 2, 1 („De Appio Claudio“, Titel in *edd. vett.*): „Appium Claudium crebro solitum dicere accepimus negotium populo Romano melius quam otium committi …“.

711–712  *sentiens … exitium*  Der Kommentar des Er. ist eine inhaltlich parallele, jedoch gekürzte und simplifizierte Wiedergabe der Erklärung, die Valerius Maximus dem Spruch a.a.O. beigegeben hat: „non quod ignoraret quam iucundus tranquillitatis status esset, sed quod animaduerteret praepotentia imperia agitatione rerum ad virtutem capessendam excitari, nimia quiete in desidiam resolui. Et sane negotium nomine horridum ciuitatis nostrae mores in suo statu continuit, blandae appellationis quies plurimis vitiis respersit". Dabei hat Er. den Ausspruch des Appius Claudius, der sich auf das römische Volk bezog, verallgemeinert („multitudinem") und insofern für den zeitgenössischen Leser brauchbarer gemacht. Dennoch ging es ihm nicht um eine Neuperspektivierung des Spruchs im Sinn christlicher Moral, da er, kurioserweise anders als Valerius Maximus, *virtus* als soldatische Tugend geführte, die sich nur im Krieg beweisen könne. Nach Valerius Maximus war unter *virtus* die Aufrechterhaltung des *mos maiorum*, die Fortsetzung der alten guten römischen „mores", die bei lange anhaltender Untätigkeit verlorengehen würden, zu verstehen.

713 *ISCHOMACHVS MIMVS* In dieser Form im Index personarum. Für den Mimenschauspieler **Ischomachus**, der ehemals den Beruf eines Ausrufers bei Auktionen ausübte, vgl. H. Reich, *Der Mimus. Ein literar-entwicklungsgeschichtlicher Versuch*, Berlin 1903, S. 420, 526; nicht in *DPN*.

715–717 *medico … ventrem* Verworrene und missverstandene Übers. des Er. von Athen. 453A: οἷον ἀγροίκου τινὸς ὑπερπλησθέντος καὶ κακῶς ἔχοντος, ὡς ἠρώτα αὐτὸν ὁ ἰατρὸς μὴ εἰς ἔμετον ἐδείπνησεν, „οὐκ ἔγωγε", εἰπεῖν, „ἀλλ᾽ εἰς τὴν κοιλίαν" (vgl. ed. Ald. p. 135). Er. verkehrte in der irrigen Annahme, daß der Mime Ischomachus einer Begebenheit des täglichen Lebens beiwohne, wo ein Bauerntölpel, dem übel geworden ist, einen Arzt besuchte und dieser den Bauern fragte, ob er zu viel („bis zum Brechreiz/ Völlegefühl/ Erbrechen") gegessen habe. Auf diese Frage, meint Erasmus, habe Ischomachus die witzige Antwort gegeben („Nein, bis zum Bauch"). Tatsächlich liegt ein Dialog von nur zwei Personen

vor: Gemeint war, daß der Mime Ischomachus (in einer Posse) einen Bauerntölpel spielte, der sich überfressen hat.

715–716 *ingurgitationem* Er. setzt hier das im Sinn christlicher Moral aufgeladene Wort „ingurgitatio" („Völlerei") ein, das von den Kirchenvätern stammt; vgl. z. B. Augustin. *Ep.* 29, 11 und 36, 11; *DNG*, II, Sp. 2597, s.v.

717 *Iocus Graecis festiuior est* Mit Er.' Verständnis von εἰς τὴν κοιλίαν als „in ventrem" geht im Lateinischen der Witz völlig unter; fasst man εἰς τὴν κοιλίαν jedoch als „bis zum Stuhlgang/ Durchfall" auf (vgl. Passow I, 2, Sp. 1766, s.v. κοιλία), so läßt sich der Witz auch im Lateinischen nachahmen: „num *ad vomitum* coenasset … ‚Nequaquam, *ad sellas*‘ ". Vgl. „per vomitum et sellas" bei dem Arzt Marcellus Empiricus, *DNG* II, Sp. 5070, s.v. „vomitus".

720–722 *quum mendica … comederit* Athen. 453A: καὶ πτωχῆς τινος τὴν γαστέρα πονούσης, ἐπεὶ ὁ ἰατρὸς ἐπυνθάνετο μὴ ἐν γαστέρα (γαστρὶ *ed. Ald. p. 135*) ἔχει (ἔχῃ *ed. Ald.*), „πῶς γάρ;", εἶπε (εἰπεῖν *ed. Ald.*), „τριταία μὴ βεβρωκυῖα".

720 *mendica … ac medicus* In dem Mimus von VI, 440 wird offensichtlich eine Szene zu Dritt dargestellt: die schwangere Bettlerin, der Arzt und der Bauerntölpel (von Isomachus gespielt).

720 *tormina* Er. verwendet hier das seltene, nur von den Medizinern (z. B. von Celsus) benutzte Wort für das von den Gedärmen herrührende Bauchschneiden (vgl. *DNG* II, Sp. 4765, s.v.), während im griechischen Text unspezifisch steht, daß die Frau Schmerzen hatte. Die unspezifische Angabe für Bauchschmerzen ist jedoch für die Wirkung des Witzes erforderlich.

720–721 *num haberet in ventre* Mit „num haberet in ventre" hat Er. das Griechische wörtlich übersetzt, jedoch ergibt dies keine sinnvolle, syntaktisch richtige Satzkonstruktion: Diese würde den Zusatz von „quid" erfordern.

723 *fert vterum* Die idiomatischen Ausdrucksweisen für „schwanger sein" sind „ventrem ferre", „partum ferre" und „vterum gerere". Er. hat sie an vorl. Stelle kontaminiert.

725          # DIVERSORVM GRAECORVM APOPHTHEGMATA

## POLYBIVS

VI, 441                        Nominis depravatio                    (Polybius) [57]

Antiocho, cui cognomen erat Ἐπιφανὴς, id est, Illustris , *Polybius* inuertit nomen,
*appellans illum Ἐπιμανῆ*, id est, Insanum, quod cum infimis quibusdam plebeiis atque
730   etiam cum hospitibus praeter regiam dignitatem voluptatibus indulgeret.

---

728  Ἐπιφανὴς *LB*: ἐπιφανὴς *A-C BAS.*          729  Ἐπιμανῆ *LB*: ἐπιμανῆ *A-C BAS.*
728  Illustris *LB*: illustris *A-C BAS.*          729  Insanum *LB*: insanum *A-C BAS.*

Nach der Abteilung verschiedener römischer
Spruchspender kehrt Er. ab VI, 441 zu der
Kategorie der DIVERSORVM GRAE-
CORVM APOPHTHEGMATA zurück.

726 *POLYBIVS* Im Index personarum wurde
das Apophthegma versehentlich Antiochos IV.
zugeschrieben. Es handelt sich jedoch um
den Historiographen **Polybios** (ca. 200–120 v.
Chr.), dessen Werk die Geschichte der Zeit
von ca. 220 bis zur Eroberung der Weltherr-
schaft durch Rom in 40 Büchern beschreibt.
Vgl. B. Dreyer, *DNP* 10 (2001), Sp. 41–48, s.v.
„Polybios", Nr. 2; K. Ziegler, *RE* XXI, 2 (1952),
Sp. 1440–1578, s.v. „Polybios", Nr. 1.

728 *Antiocho* Antiochos IV. Epiphanes (ca. 215–
164 v. Chr.), der jüngste Sohn des Antiochus
III. d.Gr.; vgl. P.F. Mittag, *Antiochos IV. Epiphanes. Eine politische Biographie*, Berlin 2006;
A. Mehl, *DNP* 1 (1996), Sp. 769, s.v. „Antiochos", Nr. 6; U. Wilcken, *RE* I, 2 (1894), Sp.
2490–2491, s.v. „Antiochos", Nr. 40. Antiochos IV. spielte eine wichtige Rolle in *Apophth.*
V, 433; dem „Antiochus quartus" widmete Er.
*Apophth.* V, 117, jedoch verwechselte er ihn
dort mit Antiochos VII. Accipiter. Vgl. dazu
und zu Er.' Problemen mit den Antiochiden
oben Komm. zu V, 117.

728 *ἐπιφανὴς … ἐπιμανῆ* Athen. 439A: Πολύβιος
δ᾽ ἐν τῇ ἕκτῃ καὶ εἰκοστῇ τῶν ἱστοριῶν καλεῖ
αὐτὸν Ἐπιμανῆ καὶ οὐκ Ἐπιφανῆ διὰ τὰς πρά-
ξεις: οὐ μόνον γὰρ μετὰ δημοτῶν ἀνθρώπων κατέ-
βαινεν εἰς ὁμιλίας, ἀλλὰ καὶ μετὰ τῶν παρεπι-
δημούντων ξένων καί τῶν εὐτελεστάτων συνέπι-
νεν (vgl. ed. Ald. p. 175). Das 26. Buch von
Polybius' Geschichtswerk ist nur fragmentarisch überliefert; der nämliche Abschnitt des
26. Buches wurde nur in der hier zitierten

Textpassage von Athenaios überliefert. Athenaios hat die Textpassage jenem Abschnitt
des 26. Buches entnommen, in dem Polybius
den Anfang der Regierungsperiode des Antiochos IV. beschrieb. Vgl. die latein. Wiedergabe des Frg. in Joh. Schweighäusers Polybius-
Ausgabe, Leipzig 1790, Bd. IV, SS. 353–354:
„Hunc Polybius libro vicesimo sexto *Histo-
riarum* Ἐπιμανῆ vocat, non Ἐπιφανῆ, ob ea,
quae ab illo sunt acta. Scribit enim de eo Polybius haecce: Ex regia nonnumquam elapsus
insciis ministris, quaecumque in parte vrbis
oberrans cum vno aut duobus comitibus con-
spiciebatur. Maxime vero in argenti sculpto-
rum aut auri fusorum officinis deprehendeba-
tur, cum caelatoribus aliisque artificibus con-
fabulans et de artis subtilitate disserens. Praeterea in plebeiorum hominum conuersationem
se demittens, cum his, quicumque fuissent,
sermones conserebat et cum vilissimis adue-
nis et peregrinis compotabat. Si quando iuuenes quosdam quocumque in loco vna conui-
uari intellexisset, nullo aduentus sui facto indicio, cum tibia et symphonia aderat lasciuiens
et comessabundus; vt inexspectato eius aduentu territi plerique surgentes de conuiuio pro-
fugerent. Saepius etiam exuta regia veste toga
indutus in foro obambulabat, veluti candidatus in comitiis; nunc hos dextra prensans, nunc
illos etiam amplectens…".

728 *id est, Illustris* Er.' Übersetzung von Ἐπιφανὴς mit „Illustris" ist unrichtig: Ἐπιφανὴς
bezieht sich auf den göttlichen Herrscherstat-
tus des Antiochos und bedeutet „der Erschienene (nml. Gott)". Diesen Herrschertitel verwendete Antiochos IV. auch auf seinen Münzprägungen, wobei Ἐπιφανὴς auch durch θεός

ergänzt wurde. Der göttliche Status war von besonderer propagandistischer Bedeutung für die Herrschaft Antiochos' IV.: Er lebte während der Regierung seines Bruders Seleukos IV. in Athen. Er kam durch einen Umsturz an die Macht, bei dem sein Bruder ermordet wurde. Daraufhin sollte Antiochos die Vormundschaft über den Sohn seines Bruders übernehmen und für die Zeit, in der dieser minderjährig war, für diesen regieren. Antiochos nahm die Vormundschaft über seinen Neffen an, jedoch lief dann alles anders. Als Antiochos von Athen kommend, den Boden des Seleukidenreiches betrat, verwandelte er sich in eine Göttergestalt. Er nahm den Beinamen „der erschienene Gott" an und ließ sich als Gott verehren. Er dachte auch nicht daran, die Macht zum gegebenen Zeitpunkt an seinen Neffen abzutreten. Stattdessen ließ er ihn im zweiten Jahr seiner Regierung ermorden.

## STRATONICVS

VI, 442                       Sitim praevenire                    (Stratonicus, 1)

*Stratonicus citharoedus* natione Atheniensis, non minus festiuis dictis quam arte
musica celebris, *ad quietem iturus assidue iubebat puerum sibi* infundere *vinum, „Non*
735   *quod sitiam", inquit, „sed ne sitiam".*

VI, 443                       Moleste                      (Stratonicus, 2, i.e. anicula
                         (= Dublette von 457)                              Corinthia)

Idem quum se contulisset *Corinthum, anicula quaedam* diu attente *illum inspexit nec*
*dimouebat ab illo oculos* admiranti similis, quumque ille *dixisset, „Quid vis, mater?", et*
740   *„Quam ob causam me* sic *aspicis?", „Demiror", inquit, „si te mater decem menses pertulit*
*in vtero, quum haec ciuitas vnicum tantum diem habens te doleat".*

736   Moleste *C*: Molesti *A*: Modeste *B*.

**Stratonikos aus Athen**, Kitharöde d. 4. Jh. v.
Chr., lebte noch z.Z. Alexanders d.Gr. (336–
223); erlangte durch mehrere Konzerttouren
durch die griechischsprachigen Länder bis
nach Thrakien und Süditalien Berühmtheit;
zahlreiche Aufenthalte in div. Städten und
Fürstenhöfen; soll der erste gewesen sein, der
Musikunterricht (im engeren Sinn) erteilte,
zugleich auch der erste, der Musiktheorie
lehrte; bekannt als Witzbold, der v.a. seine
Musikerkollegen und die „Kunstbanausen"
seiner Zeit aufs Korn nahm. Eine Sammlung seiner Witze findet sich bei Athen. VIII,
40–46, 347F–352D. Vgl. P. Maas, *RE* IV, A1
(1931), Sp. 326–327, s.v. „Stratonikos", Nr. 2;
H.A. Gärtner, *DNP* 11 (2001), Sp. 1047, s.v.
„Stratonikos". Er. widmet ihm eine lange Sektion von insgesamt 44 Sprüchen (VI, 442–
485). Dabei verwendet Er. prinzipiell Athen.
VIII, 40–46, 347F–352D als Quelle. Er. verfügte über die gedruckte Ausgabe des griech.
Textes, die von Aldus Manutius und Marcus
Musurus besorgt worden war (Venedig 1514),
sein annotiertes Handexemplar befindet sich
in der Bodleian Library. Eine lateinische Übersetzung des griech. Textes lag zu Er.' Lebzeiten
nicht vor (eine solche verfertigte erst Natale
Conti, Venedig 1556). Er. übersetzte die jeweiligen Apophthegmata selbst ins Lateinische.
Dabei kam es mehrfach zu Missverständnissen (zu Er.' Benutzung von Athenaios vgl.
auch *CWE* 38, S. XXI). Daß Er. eine Vor-

liebe für die Sprüche des Kitharöden hatte,
ergibt sich nicht nur aus der Tatsache, daß er
ihm die längste einer einzelnen Person gewidmete Sektion im sechsten Buch zuteilte, sondern auch daraus, daß er aus den Sprüchen
des Stratonikos eine Reihe von Adagien gebas-
telt hatte, z.B. *Adag.* 335 „Asinus ad lyram"
(*ASD* II, 1, S. 434–436; vgl. *Apophth.* VI, 484
„Bos lyrae"); *Adag.* 1039 „Bos ad praesepe"
(*ASD* II, 3, S. 62; vgl. *Apophth.* VI, 483); *Adag.*
1292 „Nullus malus magnus piscis" (*ASD* II,
3, S. 307–308; vgl. *Apophth.* VI, 478 „Magnus
stultus"); *Adag.* 1869 „Sponsi vita" (*ASD* II,
4, S. 256–257; vgl. *Apophth.* VI, 485); *Adag.*
2130 „Carcini poemata" (*ASD* II, 5, S. 122; vgl.
*Apophth.* VI, 470 „A nomine"); *Adag.* 3020
„Semper Ilio mala" (*ASD* II, 7, S. 54–55; vgl.
*Apophth.* VI, 458 „Ilio mala") und *Adag.* 3056
„Alia res sceptrum, alia plectrum" (*ASD* II,
7, S. 74; vgl. *Apophth.* VI, 451 „Decorum").
Überhaupt ergeben sich gerade im Hinblick
auf die Stratonicus-Sektion zahlreiche Überschneidungen mit den *Adagia*, abgesehen von
den genannten u.a. mit *Adag.* 2801 „Alia dantur, alia negantur" (*ASD* II, 6, S. 517; vgl.
*Apophth.* VI, 452); *Adag.* 1098 „In Beatam"
(*ASD* II, 3, S. 122–124, vgl. *Apophth.* VI, 463
„In Macedoniam"); *Adag.* 1182 „Quam quisque norit artem, in hac se exerceat" (*ASD* II,
3, S. 196–198; vgl. *Apophth.* VI, 466); *Adag.*
1096 „Ad coruos" (*ASD* II, 3, S. 120–122; vgl.
*Apophth.* VI, 477 „Ex mutata litera"); *Ada-*

*gium*, 3528 „Abderitica mens" (*ASD* II, 8, S. 34; vgl. *Apophth*. VI, 481 „Praeconum turba") und *Adag*. 516 „Ne sutor vltra crepidam" (*ASD* II, 2, S. 40–42; vgl. *Apophth*. VI, 459 „Vltra malleum"). Er schätzte die geistreichen Späße des Stratonikos sehr. Z. B. bedachte Er. Stratonikos' witzige Abwandlung des Sprichwortes „asinus ad lyram" zu „Bos ad lyram" mit dem lobenden Prädikat „festiuiter" (*ASD* II, 1, S. 436: „Festiuiter inuertit adagium Stratonicus"); ebenso seine zweischneidige Antwort, daß er „mit den Göttern zwölf Schüler" besitze (*Adag*. 2078 „Cum deo quisque et gaudet et flet", *ASD* II, 5, S. 84: „Festiuum est, quod de Stratonico refert Athenaeus libro viii …"); ähnlich beurteilt Er. Stratonikos' metaphorische Anwendung der sprichwörtlichen Redensart „Bos ad praesepe" auf seine eigene Person als „non illepidum" (*ASD* II, 2, S. 62). In *Adag*. 3950 „Vestigium ponere" (*ASD* II, 8, S. 248) qualifizierte er die Anekdote über Stratonikos, der auf den Zehenspitzen durch Abdera läuft (vgl. *Apophth*. VI, 481), als „perquam facetum", wobei er sie aus dem Gedächtnis zitiert.

731  *STRATONICVS* In dieser Form in *A, B* und *C* als Überschrift ad. loc., um die nunmehr folgende Abteilung der *Apophth*. zu markieren; im Index personarum hingegen „Stratonicus citharoedus".

733–735 *Stratonicus … sitiam* Athen. VIII, 42, 349F: Κλέαρχος δ' ἐν δευτέρῳ περὶ φιλίας „Στρατόνικος", φησίν, „ὁ κιθαριστὴς ἀναπαύεσθαι μέλλων ἐκέλευεν ἀεὶ τὸν παῖδα προσφέρειν αὐτῷ (αὐτῷ *ed. Ald. p. 133*) πιεῖν": „οὐχ ὅτι διψ"', φησίν, „ἵνα δὲ μὴ διψήσω". Die urspr. Quelle war der Traktat des peripatetischen Philosophen Klearchos *Über die Freundschaft*, Περὶ φιλίας, wie Athen. angibt. Er ließ, wie auch sonst in der Stratonikos-Sektion, alle konkreten Quellenangaben aus. Klearchos (geb. vor 340 v. Chr.) war ein Schüler des Aristoteles, der sich v.a. der popular-

philosophischen Ethik widmete; von seinem Werk sind nur Fragmente erhalten. Klearchos hatte kein Lemma in Diog. Laert.' Geschichte der Philosophie erhalten. Vgl. H. Gottschalk, *DNP* 6 (1999), Sp. 502, s.v. „Klearchos", Nr. 6.

*Apophth*. VI, 443 Die tatsächliche Apophthegma-Spenderin ist eine unbekannte alte Frau aus Korinth, Stratonikos ist nur die Zielscheibe ihres zynischen Witzes. Gemeint ist, daß der Kithröde Stratonikos, wo er auch hinkommt, sofort Ärgernis erweckt, wegen seiner Auftritte, was sich sowohl auf sein Spiel als auch auf seine Arroganz als Musiker beziehen kann. Die alte Frau wundert sich, wie diesen lästigen Menschen seine Mutter „zehn" Monate im Bauch ertragen konnte. Er. bearbeitete in dieser Sektion die Spruchsammlung des Stratonikos, die Athenaios zusammengestellt hatte (VIII, 40–46, 347F–352D), in dem Sinn, daß er sie möglichst vollständig übernahm. Im Übrigen soll Stratonikos denselben Witz auch selbst, zum Nachteil des Sophisten Satyros, gemacht haben (mit einer leichten Variation). Vgl. *Apophth*. VI, 457 (Stratonicus, 16): „Idem Stratonicus aiebat se vehementer demirari Satyri sophistae matrem, quae illum decem menses tulisset, quem nulla ciuitas decem dies ferre posset". Der Witz bildet somit eine Dublette.

738–741 *Corintum … doleat* Athen. VIII, 41, 349E: ἐν τῇ Κορίνθῳ παρεπεδήμησέν ποτε/ Στρατόνικος ὁ κιθαρῳδός, εἶτα γράδιον/ ἐνέβλεπεν αὐτῷ κοὐκ ἀφίστατ' οὐδαμοῦ/. κᾷθ' ὁ Στρατόνικος „πρὸς θεῶν, μῆτερ"/, φράσον „τί ἔσθ' ὃ βούλει (βούλη *ed. Er. p. 133*) καὶ τί μ' εἰσβλέπεις ἀεί;"/ διηπόρησα φησίν, „εἰ μήτηρ σε μὲν (μὲν *deest in ed. Ald.*) / δέκα μῆνας εἶχε κἀκράτει (ἐκράτει *ed. Ald.*) τῆς κοιλίας, / πόλις δ' ἔχουσά σ' ἡμέραν ἀλγεῖ μίαν".

740 *decem menses* Obwohl hier 10 Monate angegeben werden, meint die alte Frau schlicht die normale Dauer einer Schwangerschaft.

VI, 444                               Facete                          (Stratonicus, 3)

Idem *nauigarat in Pontum ad regem Berisadem; vbi diu moratus voluit* illinc *in Grae-*
*ciam aufugere. Quum id rex videretur non passurus*, „Bene“, inquit Stratonicus, „cogi-
745  tas, o rex, qui *statueris hic manere*“, suam fugam subindicans ac regis consilium pro-
bans, quasi et ille de migrando cogitasset, et ipse non nisi grauibus causis commotus
pararet abitum.

VI, 445                            Initivm bellvm                     (Stratonicus, 4)

Idem *Byzantii quum citharoedus* quispiam *belle cecinisset prooemium, caetera minus*
750  *feliciter, surrexit* ac praeconis in morem *pronunciauit: „Quisquis indicaritcitharoedum,*
*qui* bene *cecinisset prooemium, drachmas accipiet mille“.*

VI, 446                                                               (Stratonicus, 5)

Item *interrogatus, qui*nam *essent* in Pamphylia *miserrimi*, „*Phaselitae*“, *inquit*, sed
[C] addebat [A] *in toto orbe miserrimos esse Sidetas.* Vtraque gens est in Pamphylia.
755  Phaselitarum sordes prouerbio notatae sunt „*Phaselitarum sacrificium*“, *quod salsis*
*pisciculis sacrificarent diis.* Miseros dixit parcos.

754  addebat *B C: deest in A.*

Apophth. VI, 444 datiert auf d.J. 359–357 v. Chr.,
    die kurze Regierungsperiode des Berisades
    als Herrscher über die westliche Hälfte des
    Odrysenreiches.
743–745 *nauigaret … manere* Athen. VIII, 41,
    349D: Στρατόνικος ὁ κιθαρῳδὸς ὡς Βηρισάδην/
    ἔπλευσεν εἰς τὸν Πόντον ὄντα βασιλέα./ πολλοῦ
    χρόνου δ᾽ ἤδη γεγονότος ἀποτρέχειν/ ἠβούλετο
    Στρατόνικος εἰς τὴν Ἑλλάδα./ ὡς δ᾽ αὐτὸν,
    ὡς ἔοικεν, οὐ προσίετο (προσίετο *text. recept.*:
    προσίτος *ed. Ald. p. 133)*/, τοῦτ᾽ ἀποκριθῆναί
    φασι (φησι *ed. Ald.*) τῷ Βηρισάδῃ:/ „σὺ (σὺ *corr.*
    *Abresch, ed. Gulick, text. recept.*: εὐ *ed. Ald.*)
    γὰρ διανοεῖ (διανοῇ *ed. Ald.*)“, φησίν, „αὐτοῦ
    καταμένειν;“.
743 *in Pontum ad regem Berisadem* Er. über-
    nahm die Angabe, daß Berisades' Reich am
    Schwarzen Meer lag, aus seiner Quelle Athen-
    aios; die Angabe ist jedoch unrichtig: Berisades
    regierte über die westliche Hälfte des Odrysen-
    reiches, eben jene, die nicht an das Schwarze
    Meer grenzten.
743 *Berisadem* Berisades, thrakischer Fürst, der
    nach der Ermordung des Kotys i.J. 359 v. Chr.
    kurze Zeit über die westliche, an Makedonien

grenzende Hälfte des Odrysenreiches regierte,
    während Amadokos die östliche Hälfte be-
    herrschte. 358/7 verlor Berisades einen Teil
    des Reiches an König Philipp II. von Make-
    donien. Bereits 357/6 übernahmen Berisades'
    Söhne die Regierung über den verbliebenen
    Teil seines Herrschaftsgebietes. Wie Kotys war
    Berisades mit Athen verbunden, seine Toch-
    ter war mit dem athenischen Söldnerführer
    Athenodoros verheiratet. Vgl. W. Judeich, *RE*
    III, 1 (1897), Sp. 294, s.v. „Berisades“; U. Peter,
    *DNP* 2 (1997/9), Sp. 574, s.v. „Berisades“.
743 *diu moratus* Aus seiner Quelle Athenaios
    übernahm Er. die Angabe, daß sich Stratoni-
    kos „lange Zeit“ (πολλοῦ χρόνου δ᾽ ἤδη γεγονό-
    τος) am Hof des Odrysenfürsten aufgehalten
    haben soll; diese Angabe kann kaum stimmen:
    Berisades' Regierungsperiode dauerte nur zwei
    Jahre.
743 *illinc* „illinc“ ist ein überflüssiger Zusatz des
    Er.
744–745 *Bene … cogitas* Hier liegt ein Miss-
    verständnis vor. Der Witz liegt darin, daß
    Stratonikos den König, der ihm die Abreise
    nicht gönnt, scheinbar naiv fragt: „Gedenkst

denn *du* hier (nml. in Thrakien) zu bleiben?",
mit der Implikation, daß man es in einer
so schrecklichen Umgebung doch unmöglich
lange aushalten könne. *CWE* 38, S. 720 suggeriert richtig, daß die griech. Textvorlage des
Er. εὐ aufwies. In der Athenaios-Ausgabe des
Aldus und Musurus aus dem J. 1514, welche Er.
benutzte, steht (S. 133) εὐ. Er. hatte nicht die
Mittel, den Fehler in der Textüberlieferung des
Athenaios zu verbessern. Die folgende Erklärung des Er. ist eine argumentative Kapriole,
mit der er versucht, den verwirrenden Ausspruch irgendwie zu verstehen.

749–751 *Byzantii … mille* Athen. VIII, 42,
350A: ἐν δὲ Βυζαντίῳ κιθαρῳδοῦ τὸ μὲν προοίμιον
ᾄσαντος εὖ, ἐν δὲ τοῖς λοιποῖς ἀποτυγχάνοντος,
ἀναστὰς ἐκήρυξεν „ὃς ἂν καταμηνύσῃ τὸν τὸ
προοίμιον ᾄσαντα κιθαρῳδόν, λήψεται χιλίας
δραχμάς" (vgl. ed. Ald. p. 133).

750 *indicarit* Gemeint ist: eine Anklage einreichen gegen den Kitharöden, ihn bei den
Behörden anzeigen (nämlich für sein ‚Verbrechen' des schlechten Vortrags). Für diese
Bedeutung von καταμηνύω vgl. Passow I, 2,
S. 1631, s.v., Nr. 2; für „indicare" in dieser
Bedeutung vgl. *DNG* II, Sp. 2540, s.v. „indico"
Nr. 1, II.A. „gerichtlich … anzeigen". *CWE*
38, S. 720 übersetzt „Anyone who points out
the musician … will receive a thousand drachmas". Da der Kitharöde ja gerade seinen Vortrag gehalten hat, kann Stratonikos unmöglich
gesagt haben: „Jeder, der mir zeigt, wer der Kitharöde ist (oder: wo der Kitharöde ist), erhält
1000 Drachmen Belohnung".

753–754 *interrogatus … Sidetas* Athen. VIII,
42, 350A: ἐρωτηθεὶς δ᾽ ὑπό τινος τίνες εἰσὶν
οἱ μοχθηρότατοι, τῶν ἐν Παμφυλίᾳ Φασηλίτας
(μοχθηρότατοι τῶν ἐν Παμφυλίᾳ, Φασηλίτας *ed.
Ald. p. 133*) μὲν ἔφησε μοχθηροτάτους εἶναι,
Σιδήτας δὲ τῶν ἐν τῇ οἰκουμένῃ.

753 *Pamphylia* Pamphylien: Landstrich an der
mittleren Südküste Kleinasiens (heute Türkei), der sich von der Seestadt Antalya bis zum
Taurusgebirge hin erstreckt.

753 *miserrimi* Er.' Übers. von μοχθηρότατοι mit
„miserrimi" (eine Mischung von elend und fil-
zig) ist gewagt, jedoch nicht überzeugend, weil
sowohl Phaselis als auch Side reiche, blühende
Handelsstädte waren. Gemeint war wohl eher:
„Wer sind die schlechtesten/ übelsten Leute
in Pamphylien?" (mit den schlechtesten Sitten, somit Leute, mit denen man lieber keine
Geschäfte machen sollte, weil sie nicht vertrauenswürdig sind). Die Antwort ist, wenn
es nur um Pamphylien gehen soll, die Leute
von Phaselis; wenn's um die ganze Erde geht,
jedoch jene von Side. Ähnlich ist die Frage des
nachfolgenden Apophthegmas: Welche Leute
sind am wenigsten zivilisiert? Eine passendere
latein. Übers. von μοχθηρότατοι wäre „pessimi"
gewesen. Gulick (Loeb, Athenaeus IV, S. 85)
übersetzt „the most god-forsaken people".

753 *Phaselitae* Die griech. Stadt Phaselis, eine
Gründung von Rhodos, liegt auf einer Halbinsel am Fuße des Taurusgebirges und war in der
Antike eine blühende Handelsstadt. Weder
Phaselis noch die Region galten in der Antike
als arm, ökonomisch rückständig oder provin-
ziell. Die griech. Städte in Pamphylien pro-
fitierten vom Handel mit den Persern, liefen
aber auch Gefahr, ihre Unabhängigkeit zu verlieren.

754 *Sidetas* Auch Side („Granatapfel"), eine
äolische Neugründung aus dem 7. Jh., war
eine blühende Hafenstadt in Pamphylien (zwischen dem heutigen Antalya und Alanya gelegen). Zur Geschichte Sides im Altertum vgl.
J. Nollé, *Side im Altertum. Geschichte und
Zeugnisse*, Bd. 1, Bonn 1993, Bd. 2, Bonn 2001.

755–756 *Phaselitarum sacrificium … diis Adag.*
1633 „Phaselitarum sacrificium" (*ASD* II, 4,
S. 108): „Φασηλιτῶν θῦμα, id est Phaselitarum
sacrificium, tanquam vile citraque sanguinem.
Sordidum ac tenuem sumptum hoc adagio
significabant. Tradunt enim apud Phaselitas,
Pamphyliae gentem, moris esse, vt pisciculi
salsi diis sacrificentur. Autor Zenodotus".

VI, 447                          BARBARIES                          (Stratonicus, 6)

Idem *interrogatus vtri essent barbariores, Boeoti an Thessali*, nominauit *Elaeos* [i.e. Elios], significans hos vtrisque barbariores, quum illi haberentur barbarissimi. Hoc
760  erat lepidius, si ab Elaeo [i.e. Elio] fuisset proposita quaestio, vt forte fuit.

VI, 448                       CITHAROEDI MALI                       (Stratonicus, 7)
                            (= Dublette von VI, 469)

Idem *aliquando trophaeum* quum *erexisset, hunc inscripsit titulum*: „*Aduersus male canentes cithara*", notans tales vbique quamplurimos esse, quos ipse vicisset.

765  VI, 449                     AB INEXPECTATO                      (Stratonicus, 8)
                            (= Dublette von VII, 113)

Idem percontanti, quod *nauigiorum* genus *esset tutissimum*, longorum an contra, respondit *„Ea, quae subducta sunt"*, significans nullum vectorem in vlla naui tutum esse, [B] nisi quum nauis protracta est in siccum, [C] quod olim hybernis mensibus
770  fieri solebat.

VI, 450                     [A] APPLAVSVS                          (Stratonicus, 9)

Idem *Rhodi* quum artis suae specimen edidisset *neque quisquam* plausu alioue gestu *signum fauoris dedisset*, abscessit illinc dicens: „*Quum id, quod nullo constet impendio, non praestetis, qui sperem me a vobis praemium accepturum?*".

---

758  Elaeos *A-C*: Eleos *LB*: *scribendum erat* Elios.
760  lepidius *A B*: lepidus *C*.
760  Elaeo *A-C*: Eleo *LB*: *scribendum erat* Elio.
767  nauigiorum *C*: nauigii *A B*.
767  longorum *C*: longi *A B*.

769  nisi quum … siccum *B C*: *desunt in A*.
769–770  quod olim … fieri solebat *C*: *desunt in A B*.
770  solebat *scripsi*: solet *A-C*.

758  *interrogatus … Elaeos* Athen. VIII, 42, 350A: πάλιν δ᾽ ἐπερωτηθείς, ὥς φησιν Ἡγήσανδρος, πότερα Βοιωτοὶ βαρβαρώτεροι τυγχάνουσιν ὄντες ἢ Θετταλοί, Ἠλείους ἔφησεν. Er. vermeldet nicht die bei Athenaeus angegebene urspr. Quelle des *Apophth.*, Hegesander.

758  *Boeoti* Die Boioter galten als ungebildet, unzivilisiert und dumm. Er. hatte aus diesen Klischees mehrere *Adagia* gebildet: *Adag.* 906 „Boeotica sus", 1207 „Boeoticum ingenium", 1208 „Boeotica cantilena" und 2148 „Boeotia auris". Vgl. *Adag.* 906 (*ASD* II, 2, S. 418): „Qui priscis temporibus Boeotiam regionem incolebant ὕαντες appellabantur, gens barbara et agrestis: proinde quidam deprauata voce pro ὕαντας ὗας, id est *sues* appellabant. Idque scomma cessit in prouerbium, vt primum in Boeotos diceretur, ab his in quosuis indoctos, inconditos moribusque rusticanis homines torqueretur …".

758  *Elaeos* Mit Ἠλείους sind die Bewohner der Landschaft Elis auf der nördlichen Peloponnes gemeint (vgl. Passow I, 2, S. 1336, s.v. Ἠλεῖος, auf Lateinisch „Elius", und *DNG* I, Sp. 1843, s.v. „Elis" A). Er. übertrug sie nicht korrekt ins Lateinische – die Form „Elaeus", „Elaei" existiert nicht, sie suggeriert einen Zusammenhang mit „Elaea", einer griech. Stadt in der Aeolis, deren Bewohner jedoch auf Latein

„Elaites" heissen (vgl. *DNG* I, Sp. 1833, s.v. „Elaea").

763–764 *trophaeum … cithara* Athen. VIII, 42, 350B: ἀναστήσας δέ ποτε καὶ τρόπαιον ἐν τῇ διατριβῇ ἐπέγραψε „κατὰ τῶν κακῶς κιθαριζόντων" (vgl. ed. Ald. p. 133).

763 *Aduersus* Die griechische Inschrift besagt, daß er, Stratonikos, die schlechten Kitharöden besiegt hatte.

*Apophth.* VI, 449 stellt eine Dublette von VII, 113 (Anacharsis) dar. Dies fiel Er. allerdings erst bei der Vorbereitung der dritten Ausgabe (1535) auf, wo er zu VII, 113 die Anmerkung hinzusetzte: „Hoc idem ante Stratonico tribuitur".

767–768 *nauigiorum … subducta sunt* Athen. VIII, 42, 350B: ἐρωτηθεὶς δὲ ὑπὸ τινος τίνα τῶν πλοίων ἀσφαλέστατά ἐστι, τὰ μακρὰ ἢ τὰ στρογγύλα, „τὰ νενεωλκημένα" εἶπεν (vgl. ed. Ald. p. 133).

767 *an contra* Im griech. Originaltext steht στρογγύλα, rundlich und kompakt, als Gegensatz zu groß und geräumig, was Er. mit „longus" wiedergibt.

769 *quum … in siccum* Bei Anbruch der kalten Jahreszeit wurden in der mediterranen Welt die leichteren Wasserfahrzeuge (Biremen, Kähne, Fischerboote) an Land gezogen. In der römischen Zeit verwendete man dazu Seilwinden bzw. Flaschenzüge, mit denen man das auf einen Aufsatz mit Rädern gehievte Boot an eine sichere Stelle manövrieren konnte. Er. kommentierende Erklärung stellt eine Lesefrucht aus Horaz dar. In Ode I, 4, 1–2 beschrieb dieser die umgekehrte Prozedur, nml. wie im Frühling die Kähne wieder ins Wasser gezogen wurden: „Solvitur acris hiems grata vice veris … / *Trahuntque siccas machinae carinas*". Diese Lesefrucht hatte Er. zunächst bei seinem Kommentar zu VII, 113 (zuerst in der Ausg. d.J. 1532) verwendet. Bei der Vorbereitung von *C* fügte Er. sie auch in seine Erklärung von VI, 449 ein. In der Antike wurde die Seeschifffahrt zwischen Mitte November und Anfang März unterbrochen, vgl. Veg. *Mil.* IV, 29: „ex die igitur tertio Idus Nouembres vsque ad diem sextum Idus Martias maria clauduntur". Für die Verwendung von Seilwinden und Flaschenzügen beim An-Land-Ziehen von Booten vgl. A.G. Drachmann, *The Mechanical Technology of Greek and Roman Antiquity*, Kopenhagen 1963, S. 95ff.

772–774 *Rhodi … accepturum* Athen. VIII, 42, 350B: ἐν Ῥόδῳ δ' ἐπίδειξιν ποιούμενος, ὡς οὐδεὶς ἐπεσημήνατο, καταλιπὼν τὸ θέατρον ἐξῆλθεν εἰπὼν „ὅπου τὸ ἀδάπανον οὐ ποιεῖτε, πῶς ἐγὼ ἐλπίζω παρ' ὑμῶν ἔρανον λήψεσθαι;" (vgl. ed. Ald. p. 133).

775    VI, 451                                     DECORVM                              (Stratonicus, 10)

Idem *Ptolemaeo rege de* musica *cum ipso contentiosius disserente, „Aliud est", inquit,*
*„o rex, sceptrum, aliud plectrum"*, significans non esse regium de musica cum musico
disputare.

VI, 452                              ALIVS ALIO PRAESTAT                        (Stratonicus, 11)

780    Idem *inuitatus aliquando, vt audiret citharoedum* canentem, *posteaquam audierat,*
recitauit illum versiculum Homericum:

„Τῷ δ' ἕτερον μὲν ἔδωκε πατὴρ, ἕτερον δ' ἀνένευσεν", id est,

„Huic dedit hoc pater altitonans, verum abnuit illud".

*Cuidam roganti, quo pacto, exposuit: „Male cithara canere dedit, bene canere negauit".*

785    VI, 453                           EX VOCVM AFFINITATE                         (Stratonicus, 12)

Idem quum *trabes delapsa quendam e conuiuis occidisset, dixit:* „ἄνδρες, δοκῶ εἰσὶ θεοὶ,
εἰ δὲ μὴ εἰσὶ, δοκῶ εἰσὶ". Id Latine reddi non potest; iocus est ex amphibologia: δοκῷ
sonat „trabi", si subscribas iota, et sine hac sonat „opinor": „Viri, opinor, dii sunt;
quod si non sunt, trabi sunt". Nisi forte „δοκοί" legendum acuto accentu, vt intelligas
790    „trabes sunt".

VI, 454                              EXILIVM OPTABILE                          (Stratonicus, 13)

Idem *Seriphi* agens *hospitem* suum *percontatus est, ob quam causam illic* homines
iuberentur vertere solum. Quum ille respondisset *flagitiosos* [i.e. fraudatores] *apud*

---

789  δοκοί *scripsi:* δοκὼ *A-C BAS LB.*

*Apophth.* VI, 451 ist ein Gegenstück zu *Adag.* 3056
    „Alia res sceptrum, alia plectrum" (*ASD* II, 7,
    S. 74), *Adag.* 1182 „Quam quisque norit artem,
    in hac se exerceat" (*ASD* II, 3, S. 196–198),
    *Adag.* 516 „Ne sutor vltra crepidam" (*ASD*
    II, 2, S. 40–42) und *Collect.* 153 (*ASD* II, 9,
    S. 96–97) mit demselben Titel. Vgl. unten
    die gleichläufigen *Apophth.* VI, 459 „Vltra
    malleum", VI, 466 und VI, 526 „Iudicare de
    arte aliena".
776  *Ptolemaeo* Daß Stratonikos sich an den Hof
    des Ptolemaios I. Soter begeben haben soll,
    der seit Alexanders Tod Satrap von Ägypten
    war (323 v. Chr.), reimt sich nicht gut mit
    den übrigen bekannten Lebensdaten des Kit-
    haröden. Vgl. P. Maas, *RE* IV, A1 (1931), Sp.

327, s.v. „Stratonikos", Nr. 2 und Komm. von
    *CWE* 38, S. 721. Der Inhalt des Apophtheg-
    mas legt nahe, daß es sich um ein „Wandera-
    pophthegma" handelt bzw. eines, daß sich
    auf verschiedene Könige und Musiker (oder
    Künstler) anwenden läßt, wie ja schon aus
    der Tatsache hervorgeht, daß Stratonikos den
    Spruch nur zitiert, den eigentlich der Epiker
    Kapiton ausgesprochen haben soll. Jedenfalls
    besitzt das Apophthegma mit den Akteuren
    Stratonikos und Ptolemaios I. keine Historizi-
    tät.
776–777  *Ptolemaeo … plectrum* Athen. VIII,
    42, 350C: Πτολεμαίου δὲ τοῦ βασιλέως περὶ κιθα-
    ριστικῆς πρὸς αὐτὸν διαλεγομένου φιλονικότερον
    (*φιλονεικότερον ed. Ald. p. 133*), „ἕτερόν ἐστιν"

εἶπεν, „ὦ βασιλεῦ, σκῆπτρον, ἕτερον δὲ πλῆκτρον" (ἕτερον δὲ πλῆκτρον *suppleuit Musurus
in ed. Ald.*), ὥς φησι Καπίτων ὁ ἐποποιὸς ἐν τετά-
πρτωι τῶν πρὸς Φιλόπαππον ὑπομνημάτων. Er.
hatte den Spruch bereits in *Adag.* 1182 und
3056 übersetzt; vgl. *Adag.* 1182 „Quam quisque norit artem, in hac se exerceat" (*ASD* II, 3,
S. 198: „Cum Ptolemaeus cum Stratonico citharoedo contentiosius disputaret de citharistica, … ,Aliud est', inquit, ,rex, sceptrum, aliud
plectrum'"); *Adag.* 3056 „Alia res sceptrum,
alia plectrum" (*ASD* II, 7, S. 74): „Quod Stratonicus citharoedus regi Ptolemaeo respondit,
pertinacius secum de arte canendi disputanti:
,Ἕτερόν ἐστιν, ὦ βασιλεῦ, σκῆπτρον, ἕτερον δὲ
πλῆκτρον', id est ,alia res est, o rex, sceptrum,
alia vero plectrum'".

777–778 *significans … disputare* Er. interpretiert, wie schon der Titel zeigt, den Spruch
im Sinn des (königlichen) *decorum.* Es ist
jedoch fraglich, ob diese Engführung berech-
tigt ist. Der Spruch bedeutet in erster Linie:
„Schuster, bleib bei deinen Leisten" (= Maße
dir kein Urteil auf Gebieten an, auf denen
du dich nicht auskennst). Er. selbst hat ihn
so interpretiert in *Adag.* 1182 „Quam quisque norit artem, in hac se exerceat" (*ASD*
II, 3, S. 196–198): „Est autem senarius iambicus admonens, vt, quarum rerum sumus
periti, in his duntaxat disputandis tracandisque versemur; quarum vero sumus rudes, eas
doctioribus concedamus, neque professionem
alienam nobis vindicemus, neque in messem
alienam mittamus falcem, neue sutores vltra
crepidam iudicemus …. [*E*] Is est eiusmodi:
,Ἔρδοι τις ἣν ἕκαστος εἰδέη τέχνην', id est
Quam quisque nouit artem, in hac se exer-
citet", quo quidem loco interpres admonet
inter prouerbia celebrari. … [*G*] Athenaeus
libro octauo: cum Ptolemaeus cum Stratonico citharoedo contentiosius disputaret de
citharistica, Ἕτερον" ἔφη, ,ἐστίν, ὦ βασιλεῦ,
σκῆπτρον, ἕτερον δὲ πλῆκτρον', id est ,Aliud
est', inquit, ,rex, sceptrum, aliud plectrum'".
In *Adag.* 3056 „Alia res sceptrum, alia plectrum" (*ASD* II, 7, S. 74) deutete Er. den
Spruch wie folgt: „Locus erit vtendi quoties
diues aut potens, fortuna sua fretus, velut ex
aequo disputat cum erudito, cum multo aliud
sit diuitem aut fortunatum esse, aliud litera-
tum".

*Apophth.* VI, 452 ist ein Gegenstück zu *Adag.* 2801
„Alia dantur, alia negantur" (*ASD* II, 6, S. 517).

780–782 *inuitatus … ἀνένευσεν* Athen. 350C:
παρακληθεὶς δ' ἀκοῦσαί ποτε κιθαρῳδοῦ μετὰ
τὴν ἀκρόασιν ἔφη: „τῷ δ' ἕτερον μὲν ἔδωκε

πατήρ, ἕτερον δ' ἀνένευσε" … (vgl. ed. Ald.
p. 133). Vgl. *Adag.* 2801 „Alia dantur, alia
negantur" (*ASD* II, 6, S. 517): „Festiuiter
abusus est hoc carmine Stratonicus citharoedus, qui cum audisset quendam cithara
canentem, subiecit hunc Homeri versum: ,Τῷ
δ' ἕτερον μὲν ἔδωκε πατήρ, ἕτερον δ' ἀνένευσε'; ac mox alio quodam rogante, cur
ita diceret, ,Quoniam', inquit, ,male canere
cithara dedit, caeterum bene canere voce
abnuit'".

782 *Τῷ … ἀνένευσεν* Hom. *Il.* XVI, 250.

786 *trabes … εἰσί* Athen. VIII, 42, 350D: δοκοῦ
δέ ποτε καταπεσούσης καὶ ἀποκτεινάσης ἕνα τῶν
πονηρῶν „ἄνδρες", ἔφη, „δοκῶ, εἰσὶ θεοί: εἰ δὲ μὴ
εἰσι, δοκοί (δοκῶ *ed. Ald. p. 133*) εἰσιν".

786 *quendam e conuiuis* Er. folgt hier bemerkenswerter Weise nicht der Lesart der Aldus-
Ausgabe, ἕνα τῶν πονηρῶν („einer der Schurken"), sondern ersetzt diese mit dem weniger
signifikanten „einer der Gäste".

787 *δοκῶ* Er. gibt hier die fehlerhafte Lesart der
Aldus-Ausgabe, δοκῶ, wieder; der richtige Text
lautet: δοκοί. Die Bedeutung des Wortspiels
ist: „Ich meine, daß es Götter gibt (i.e. die
imstande sind, die Schurken zu bestrafen);
wenn dem nicht so ist, gibt es Balken".

792–795 *Seriphi agens hospitem … angustiis emigres* Plut. *De exilio* 7, *Mor.* 602A–B. Er. bearbeitete die latein. Übers. des Angelo Barbato:
„Stratonicus autem non infacetus, hospitem
percontatus in Seripho, cui crimini apud ipsos
exilium indiceretur, audiens homines nequam
illic exilio mulctari, ,Cur non tu quoque',
inquit, ,nefarii aliquid patrasti, quo ex istis
locorum angustiis emigrares'" (ed. Cratander,
Basel 1530, fol. 116A). Vgl. den griech. Text:
Στρατόνικος δὲ τὸν ἐν Σερίφῳ ξένον ἠρώτησεν
ἐφ' ὅτῳ τῶν ἀδικημάτων φυγῇ τέτακται παρ'
αὐτοῖς ἐπιτίμιον· ἀκούσας δ' ὅτι τοὺς ῥᾳδιουργοὺς
φυγαδεύουσι, „τί οὖν", εἶπεν, „οὐκ ἐρᾳδιούργη-
σας, ὅπως ἐκ τῆς στενοχωρίας ταύτης μεταστῇς;"
(vgl. ed. Ald. p. 634).

793 *vertere solum* „vertere solum", stehende
Redewendung für „das Land verlassen", „sich
außer Landes begeben", die insb. im Zusammenhang mit Verbannung verwendet wurde;
z. B. „vertere solum exilio" (Amm. XV, 3, 12;
vgl. *DNG* II, Sp. 4988, s.v. „vertere", Nr. I. B
.2. d).

793–794 *flagitiosos … exilio mulctari* Hier liegt
eine mißverständliche Interpretation des
griech. Textes vor. Das Wort ῥᾳδιουργός bezeichnet zwar im allgemeinen Sinn nachläs-
sig, leichtfertig, bequem aber auch leicht und
gewandt handelnde Leute, jedoch, wenn es

*Seriphios exilio mulctari,* „*Quin tu quoque*", inquit, „*aliquid* flagitii committis, *vt*
795  *ex his locorum angustiis emigres?*", notans regionem esse incommodam, et oppidum
frigidum.


VI, 455                              Lvxvs                         (Stratonicus, 14)


Idem, quum *Rhodi* ageret, *taxans eius gentis luxum* delitiasque *dicebat illos aedificare*
*perinde quasi essent immortales, obsonare quasi breue tempus victuros.* Auidius enim
800  fruimur his, quae breui scimus auferenda.


VI, 456                         Citharoedvs malvs                  (Stratonicus, 15)


De *Phaone* malo tibicine *dixit, quod non caneret harmoniam, sed Cadmum. Phaon*
*autem quum se gereret pro tibicine* iactaretque *se Megaris habere chorum,* „*Nugaris*",
inquit Stratonicus, „*Non habes* [i.e. ducis], *sed haberis* [i.e. duceris] ", significans illum
805  discipulum esse potius quam magistrum, aut chorum ipso doctiorem esse.


VI, 457                              Moleste                       (Stratonicus, 16)
                            (= Dublette von VI, 443)


Idem Stratonicus aiebat se vehementer *demirari Satyri sophistae matrem,* quae *illum*
*decem menses tulisset, quem nulla ciuitas decem dies ferre posset.*

---

799  obsonare *C*: opsonare *A B*.                    806  Moleste *scripsi (cf. VI, 443)*: Molesti *A-C*.
802  Cadmum *scripsi cum LB et Lycosthene (p.*
      *768)*: cadmum *A-C*.

um juridische Aspekte geht – und das ist
hier der Fall – Betrüger und Fälscher von
Dokumenten (vgl. Pape II, S. 831, s.v. „ῥᾳδιο
υργός"). Auf Seriphos war somit gesetzlich
vorgesehen, daß Fälschung von Dokumenten mit Exil bestraft wurde. Indem Er. τοὺς
ῥᾳδιουργοὺς ganz unbestimmt mit „flagitiosi"
(etwa „verdorbene", „liederliche", „verwerfli-
che", „verbrecherische" Leute) übersetzt, trifft
er nicht die richtige Bedeutung; mit „flagitiosi" folgte er Barbatos nicht recht passender
Übers. „homines nequam".

795–796  *oppidum frigidum* Er.' Erklärung, in
welcher Hinsicht Stratonikos' Kritik an der
„Stadt" Seriphos zu verstehen ist („kaltes
Klima"), zeigt, daß ihm die geographische
Lage der Insel nicht geläufig war. Seriphos,
eine der westlichen Zykladen, zeichnet sich im
Gegenteil durch ein angenehm-warmes Klima
aus. Daß es dort kalt gewesen sei, genauso
wie die Annahme, daß es um eine bestimmte

Stadt ginge, entstammt lediglich der Phantasie des Er.; bei Plutarch ist von den Bewohnern
der *Insel* Seriphos die Rede, nicht von einer
bestimmten Stadt. Die schon in der Antike
bekannten Nachteile der Insel waren anderer Art: Sie war relativ klein und öde, der
Boden nicht fruchtbar, die Bewohner armse-
lige Leute. In der römischen Kaiserzeit wurde
Seriphos deshalb als Verbannungsort für politisch gefährliche Personen verwendet (vgl.
A. Külzer, *DNP* 11 [2001], Sp. 457, s.v. „Seriphos"). Wenn Er. nach dem griech. Plutarch-
Text gearbeitet hätte, wäre ihm diese Information gewissermassen automatisch zugeflogen:
Plutarch weist darauf hin, daß auf der Insel
nur Feigen wachsen und daß sie sonst Mangel an fast allen Nahrungsmitteln habe. Da
Er. hier jedoch ausschließlich mit der latein.
Übers. arbeitete, fehlte ihm diese Information,
weil Barbato die Stelle irrtümlich im konträren Sinn verstanden hatte: Er sagt, daß auf der

Insel „süße Feigen geerntet werden" und daß dort „alles erhältlich sei, was man auf einer Insel brauche" („omniaque haberi, quibus in insula sit opus", ed. Cratander, Basel 1530, fol. 116ʳ).

798–799 *dicebat … victuros* Plut. *De cupiditate diuitiarum* 5, *Mor.* 525B. Er. variierte seine eigene Übers. aus dem J. 1514 (*ASD* IV, 2, S. 254; cf. ed. Cratander 1530, fol. 197C): „Stratonicus igitur Rhodiensium luxuriem taxauit, quum diceret eos aedificare tanquam immortales, obsonare tanquam breui tempore victuros". Vgl. den griech. Text: τοὺς μὲν οὖν Ῥοδίους ὁ Στρατόνικος ἐπέσκωπτεν εἰς πολυτελειαν, οἰκοδομεῖν μὲν ὡς ἀθανάτους λέγων, ὀψωνεῖν δὲ ὡς ὀλιγοχρονίους· (Vgl. ed. Ald. p. 511). Dieser Spruch betrifft eines der sog. „Wanderapophthegmen". Nach Aelian. *Var. Hist.* XII, 29 und Diog. Laert. VIII, 63 sollen Platon und Empedokles Ähnliches im Bezug auf die Einwohner von Akragas (Agrigent) gesagt haben. Vgl. *Apophth.* VII, 361 (Empedocles): „Quum videret ciues suos deliciis deditos, sumptuose tamen aedificare, dixit: ‚Agrigentini sic indulgent voluptatibus, quasi postridie morituri; sic aedificant, quasi semper victuri‘ ". Vgl. auch Komm. von *CWE* 38, S. 723.

802 *Phaone* Phaon, weiter unbekannter Aulos-Spieler aus Megara (4. Jh. v. Chr.).

802–804 *caneret … haberis* Versuchte wörtliche, jedoch nicht gelungene Übers. von Athen. VIII, 43, 350F: Τὸν Φάωνα δὲ ἔφη αὐλεῖν οὐχ ἁρμονίαν, ἀλλὰ τὸν Κάδμον. προσποιουμένου δὲ εἶναι Φάωνος αὐλητικοῦ καὶ ἔχειν φάσκοντος Μεγαροῖ χορόν, „ληρεῖς", ἔφη, „ἐκεῖ μὲν γὰρ οὐκ ἔχεις, ἀλλ᾿ ἔχει (ἔχῃ ed. Ald. p. 133)".

802 *harmoniam* Zunächst noch kleingeschrieben, weil von der musikalischen Produktion des Kitharöden die Rede ist; erst wenn Kadmos genannt wird, der Gatte der Harmonia, ergibt sich der Doppelsinn mit der mythischen Gestalt, der Tochter des Ares und der Aphrodite und Personifikation von Verbindung, Einklang und Eintracht. Vgl. K. Waldner, *DNP* 5 (1998), Sp. 160, s.v. „Harmonia"; E. Sittig, *RE* VII, 2 (1912), Sp. 2379–2388, s.v. „Harmonia", Nr. 1.

802 *Cadmum* Zu dem phönizischen mythischen Helden Kadmos, vgl. Th. Heinze, *DNP* 6 (1999), Sp.129–130, s.v. „Kadmos", Nr. 1;

K. Latte, *RE* X, 2 (1919), Sp. 1460–1472, s.v. „Kadmos", Nr. 4. Der Witz des Stratonikos, der von Kadmos ausgeht, der einen auffälligen Gegensatz zu Harmonia bilde, bezieht sich auf die Geschichte vom Säen der Drachenzähne: Nachdem Kadmos den Drachen getötet hatte, säte er dessen Zähne aus; die Saat eines jeden Drachenzahnes ging sofort auf: Aus jedem Zahn wuchs aus der Erde ein schwer bewaffneter Krieger und die aus dem Boden hervorsprießenden Krieger fingen sofort an, einander zu bekämpfen und zu töten. Wenn Stratonikos sagt, seine Musik bringe Kadmos hervor, so meint er, seine Klänge stellen eine Art Krieg jeder gegen jeden dar – die totale Disharmonie. Vgl. auch Komm. zu *CWE* 38, S. 723.

804 *Non habes, sed haberis* Wörtliche, jedoch inadäquate Übers. des Er. von οὐκ ἔχεις, ἀλλ᾿ ἔχει; gemeint ist: „Non ducis (chorum), sed duceris (a choro)". Vgl. die ausgezeichnete Übers. in *CWE* 38, S. 723: „You don't conduct, but you're conducted".

806 *Moleste* „Moleste" ist im Hinblick auf die Textgeschichte vorzuziehen, die oben im Duplikat VI, 443 ersichtlich ist: Dort schrieb Er. zunächst (in *A*) „Molesti", das er jedoch in *C* zu „Moleste" verbesserte.

808–809 *demirari … posset* Athen. VIII, 43, 350F: μάλιστα δὲ θαυμάζειν ἔφη τὴν τοῦ σοφιστοῦ Σατύρου μητέρα, ὅτι ὃν οὐδεμία πόλις ἐνεγκεῖν οἵα τε δέκα ἡμέρας, ἐκείνη δέκα μῆνας ἤνεγκε (vgl. ed. Ald. p. 133).

808 *Satyri sophistae* Die Bezeichnung des Satyros als „Sophist" stammt aus Athenaios. Jedoch läßt sich kein Satyros dingfest machen, der ein Zeitgenosse des Stratonikos und zugleich Sophist gewesen ist. Möglicherweise liegt ein Irrtum von Seiten des Athenaios vor. Es gibt Zeitgenossen des Stratonikos mit dem Namen Satyros, die jedoch anderen Professionen nachgingen. Vielleicht handelt es sich um den Komödienschauspieler Satyros aus Olynth, der in seiner Jugend Demosthenes in der Vortragskunst unterrichtet haben soll. Dafür könnte sprechen, daß dieser an Spielen teilnimmt, wie an jenen von Troja (vgl. nächstes Apophth.). Zu diesem Satyros vgl. M. Fluß, *RE* II, A1 (1921), Sp. 227, s.v. „Satyros", Nr. 13; H.D. Blume, *DNP* 11 (2001), Sp. 123, s.v. „Satyros", Nr. 5.

810 VI, 458 *ILIO MALA* (Stratonicus, 17)

Idem quum Satyrum *accepisset apud Ilium* peregrinari, festiuiter in illum torsit illud
prouerbio iactatum, „*In Ilio semper mala*", ludens ex ambiguo vocis. Aliter enim mala
dicuntur, quae misera tristiaque sunt, aliter homines mali.

VI, 459 *VLTRA MALLEVM* (Stratonicus, 17)

815 Idem *Minnaco* fabro [i.e. sutore], vt opinor, *secum de musica disceptanti*, „*Non anim-
aduertis*", inquit, „*te supra* malleum [i.e. talum] *loqui?*". Simillimum est huic illud
Apellis, „*Ne sutor vltra crepidam*".

VI, 460 LAVDANDO VITVPERARE (Stratonicus, 18)

Idem *quum quendam* sibi *notum haberet obuium calceis pulchre* extersis, specie lau-
820 dantis vituperauit dicens, *nunquam calceos tam belle potuisse abstergi, nisi abstersisset
ipse.*

VI, 461 CONVENAE (Stratonicus, 19)

Idem quum forte venisset *Miletum* [i.e. Tichiusam], quae tum a conuenis inhabi-
tabatur, *vidissetque omnia sepulchra titulos habere peregrinorum*, „*Abeamus*", inquit,
825 „*hinc, puer, nam hic hospites videntur mori, ciuium nullus*".

---

815 Minnaco *A–C ut in Athen. ed. Ald.*: Mynnaco
*sec. Athen. text. recept.*

*Apophth.* VI, 458 ist ein Gegenstück zu *Adag.*
3020 „Semper Ilio mala" (*ASD* II, 7, S. 54–
55): „Ἀεὶ Ἰλίῳ κακά, id est *Semper Ilio mala.*
De vehementer calamitosis et afflictis. Troia-
norum excidium poetis multa tragoediarum
argumenta ministruit, atque hinc prouerbium. Refertur ab Eustathio in quartum Ilia-
dos librum. [C] Stratonicus, rogatus, cur nollet apud Ilienses viuere, respondit: Ἀεί Ἰλίῳ
κακά', id est ‚Semper Ilio mala'. Autor Athenaeus libro Dipnosophistarum octauo. Quanquam is locus non vacat mendo". Vgl. Eusta-
tius p. 444, 22, ad Il. IV, 48: παροιμία λέγουσα
τὸ ἀεί Ἰλίῳ κακά; *Adag.* 226 „Ilias malorum"
(*ASD* II, 1, S. 338): „De calamitatibus maximis
simul et plurimis, propterea, quod in Iliade
Homerica nullum mali genus non recensetur"
(*Collect.* 193; Otto 849).
811–812 *accepisset … mala* Im Spruchteil wörtliche, sonst freie Übers. von Athen. VIII, 43,

351A: πυνθανόμενος δὲ ἐν Ἰλίῳ ἐπιδημεῖν (ἐπιδη-
μεῖω *ed. Ald. p. 133*) αὐτὸν ἐν τοῖς Ἰλιείοις „ἀεί",
ἔφησεν, „Ἰλίῳ κακά". Vgl. Er. *Adag.* 3020 „Semper Ilio mala" (*ASD* II, 7, S. 54–55): „Ἀεί Ἰλίῳ
κακά, id est *Semper in Ilio mala*".
*Apophth.* VI, 459 ist ein Gegenstück zu *Adag.* 516
(*ASD* II, 2, S. 40–42): „Ne sutor vltra crepidam" und *Collect.* 153 „Ne sutor vltra crepidam" (*ASD* II, 9, S. 96–97); in *Adag.* 516 wird
zusätzlich das Stratonikos-Apophthegma als
gleichwertiges Adagium *in extenso* zitiert. Er.
bringt das *Adagium* „Ne sutor vltra crepidam"
noch ein zweites Mal in den *Apophthegmata*,
als Spruch des Apelles (VI, 527), wobei er *in
extenso* Plin. *Nat.* XXXV, 85 zitiert. Der Titel
„Vltra malleum" beruht jedoch auf einer Fehl-
übers. des Er.
815–816 *Minnaco … loqui* Durch einen Übersetzungsfehler entstellte Wiedergabe von
Athen. VII, 43, 351A: Μυννάκου (Μιννακοῦ *ed.*

*Ald. p. 133*) δ᾽ αὐτῷ περὶ μουσικῆς διαμφισβητοῦντος οὐ προσέχειν αὐτῷ ἔφη, ὅτι ἀνώτερον τοῦ
σφυροῦ λέγει. Vgl. *Adag.* 516 (*ASD* II, 2, S. 41):
„[H] … Stratonicus citharoedus fabro secum
de musica contendenti, ‚Non sentis‘, inquit,
‚Te vltra malleum loqui‘“.

816 *supra malleum* „supra malleum“ ist eine
Fehlübersetzung des Er.: Seine Textvorlage,
Aldus’ Athenaios-Ausgabe, hatte das richtige „ἀνώτερον τοῦ σφυροῦ“, „oberhalb des
Knöchels“. Denn der Handwerksmann, mit
dem Stratonikos über Kunst diskutierte, war,
ebenso wie der Kritiker des Apelles, ein Schuster. Er. verwechselte jedoch σφυρόν (Knöchel,
vgl. Pape II, S. 1052, s.v.) mit σφύρα (Ham-
mer, ebd., s.v.) und setzte ebenso irrig den
vermeintlichen Beruf des Handwerksmannes,
„Schmied“ bzw. „Zimmermann“ („faber“)
hinzu. In *Adag.* 516 (*ASD* II, 2, S. 41) findet
sich derselbe Irrtum.

817 *Apellis* **Apelles aus Kolophon** (4. Jh.), der
berühmteste Maler des Altertums, Hofmaler
Alexanders d.Gr; Er. widmet ihm unten zwei
Sektionen von Sprüchen (VI, 519–527; VIII,
195–197). Zu seiner Person vgl. unten Komm.
zu VI, 519.

817 *sutor … crepidam* Er. präsentiert dieses
Sprichwort als Apophthegma unten, in der
dem Apelles gewidmeten Sektion, VI, 526,
mit dem Titel „Iudicare de arte aliena“; vgl.
*Collect.* 153 „Ne sutor vltra crepidam“ (*ASD*
II, 9, S. 96–97) und *Adag.* 516 (*ASD* II, 2,
S. 40–42): „… *Ne sutor vltra crepidam*, id est
‚Ne quis de his iudicare conetur, quae sint ab
ipsius arte professioneque aliena‘. Quod quidem adagium natum est ab Apelle nobilissimo pictore. … Eodem postero die superbe
emendationem pristinae admonitionis cauil-
lante circa crus, indignatum prospexisse de-
nunciantem, *ne supra crepidam sutor* iudicaret. Quod et ipsum in prouerbium venit“ (vgl.
Otto 462). Vgl. unten, Komm. zu *Apophth.*
VI, 526. In der Ausg. d.J. 1533 legt Er. ebenfalls
Apelles’ „Ne sutor vltra crepidam“ mit dem
Stratonicus-Spruch „Te vltra malleum loqui“
zusammen.

819–821 *quum quendam … ipse* Leicht gekürzte und ungenaue Übers. des Er. von Athen.
VIII, 43, 351A: ἀπαντήσας δέ τινι τῶν γνωρίμων
ὡς εἶδεν (ἴδεν ed. *Ald. p. 133*) ἐσπογγισμένα
τὰ ὑποδήματα καλῶς συνηχθέσθη ὡς πράττοντι

κακῶς, νομίζω οὐκ ἂν οὕτως ἐσπογγίσθαι καλῶς,
εἰ μὴ αὐτὸς ἐσπόγγισεν.

819 *calceis … extersis* Der latein. Ausdruck für
die „Schuhe putzen/ polieren“ ist „calceos
detergere“ (nicht *extergere*); vgl. *DNG* I, Sp.
1622, s.v. „detergeo“, Nr. II.A; Georges *D-L* II,
Sp. 943, s.v. „Schuhputzer“.

819–820 *specie laudantis vituperauit* Eine Inter-
pretation des Er.; im griech. Text steht, daß
Stratonikos Mitleiden mit der Armut des
Mannes, dem er begegnete, bezeigte.

823 *Idem quum forte venisset Miletum* Die Angabe des Er. stimmt nicht ganz: Stratonikos
besuchte, wie der Quelle zu entnehmen ist,
Teichius bzw. Teichiussa (heute Kazikli in der
Türkei), ein kleines Städtchen an der ionischen
Küste, ca. 20 km südöstlich von Milet gelegen;
der Besuch der Begräbnisstätte findet dort
statt, nicht in Milet. Vgl. H. Lohmann, *DNP*
12,1 (2002), Sp. 81, s.v. „Teichiussa“.

823–825 *Miletum … nullus* Etwas ungenaue
Übers. des Er. von Athen. VIII, 43, 351A–B:
ἐν Τειχιοῦντι δὲ τῆς Μιλήτου μιγάδων οἰκούντων
ὡς ἑώρα πάντας τοὺς τάφους ξενικοὺς ὄντας
„ἀπίωμεν“, ἔφη, „παῖ· ἐνταῦθα γὰρ οἱ ξένοι
ἐοίκασιν ἀποθνῄσκειν, τῶν δ᾽ ἀστῶν οὐδείς“ (vgl.
ed. Ald. pp. 133–134).

823 *conuenis* Mit μιγάδες οἰκοῦντες sind Einwohner gemischter ethnischer (= nicht-
griechischer) Herkunft gemeint (vgl. z.B. Eur.
*Bacch.* 1353 μιγάδα βάρβαρον στρατόν). Stratonikos sprach den Umstand an, daß man
schon den Namen der Verstorbenen, die in die
Grabsteine eingemeisselt waren, entnehmen
konnte, daß es um nicht-griechische Fremd-
linge ging, die den verschiedenen Völkerschaften Kleinasiens, Thraziens und der Schwarzmeerküste entstammten, d.h. Leute fremder
ethnischer Herkunft, die oft auch von weit
her kamen. Diese Anziehungskraft war dem
ökonomischen Sog geschuldet, den Handelsstädte wie Milet schon in archaischer Zeit
als Umschlagplätze für den Handel im östlichen Mittelmeerraum mit der Schwarzmeerregion spielten. Der latein. Wort „conuenae“
mit seiner auf das lokale Umland einer Stadt
ausgerichteten Bedeutung deckt diesen Sinn
nicht recht: für „conuenae“ „[von der umliegenden Gegend] zusammengelaufenes Volk“
(vgl. Georges I, Sp. 1653; *DNG* I, Sp. 1278, je
s.v. „conuena“).

VI, 462                          A NOMINE                          (Stratonicus, 20)

Idem *Zetho* de musica *disserenti „Te vnum“*, inquit, *„nequaquam oportet de musica loqui, qui tibi nomen omnium a Musis alienissimum elegeris, te ipsum pro Amphione appellans Zethum“*. Amphion, vt est in fabulis, cantu citharae condidit Thebas, at Zethus frater rusticus fuit. Apparet illum sibi mutasse nomen.

VI, 463                          MACEDONIA                          (Stratonicus, 21)

Idem *quum doceret Macedonem quendam nec ille quicquam* proficeret, exasperatus in discipulum, *„In Macedoniam!“*, inquit, pro eo, quod alii dicunt εἰς Μακαρίαν, si cui precantur exitium. Obiter notauit et Macedonicae gentis barbariem.

VI, 464                          BALNEVM SORDIDVM                          (Stratonicus, 22)

Idem *quum videret sacellum malo sordidoque balneo vicinum*, anathematibus *pulchre exornatum, posteaquam e balneo exiit male lotus, „Non miror“*, inquit, *„hic multas pendere tabulas. Quisquis enim hic lauit, illic suspendit tabulam veluti seruatus“*, indicans magnum esse, si quis e tali balneo exisset incolumis. Allusit autem ad morem nautarum aut militum e mari belloque seruatorum.

VI, 465                          CIVITAS LVPANAR                          (Stratonicus, 24)

Idem *quum egrederetur Heracleam* ciuitatem, portas ac moenia *circunspiciebat; percontanti vero cuidam, quid circunspiceret, „Pudet“*, inquit, *„si videar exire e lupanari“*, notans corruptos eius ciuitatis mores. Sunt eius nominis ciuitates multae, sed de Heraclea Thraciae sensit opinor.

---

833 Μακαρίαν *scripsi:* μακαρίαν *A-C.*          839 exisset *B C*: exierit *A.*

827 *Zetho* Zethos, nur aus Athenaios bekannter Kitharaspieler, Zeitgenosse des Stratonikos. Vgl. K. Abel, *RE* X, A (1972), Sp. 247, s.v. „Zethos“, Nr. 3; R. Harmon, *DNP* 12.2 (2002), Sp. 780, s.v. „Zethos“, Nr. 2.

827–829 *Zetho … Zethum* Wörtliche Übers. des Er. von Athen. VIII, 43, 531B: Ζήθου δὲ τοῦ κιθαριστοῦ διεξιόντος περὶ μουσικῆς, † … † μόνῳ δὲ (δὴ *ed. Ald.*) οὐκ ἔφη προσήκειν περὶ μουσικῆς λαλεῖν, „ὅς γε“, ἔφη, (ἔφη *deest in ed. Ald.*) „τὸ ἀμουσότατον τῶν ὀνομάτων εἵλου, εἰ σεαυτὸν ἀντ’ Ἀμφίονος Ζῆθον καλεῖς“.

829–830 *Zethum … rusticus fuit* Die Zwillingsbrüder Zethos und Amphion, Söhne des Zeus und der Antiope, erbauten gemeinsam die Mauern von Theben: Charakteristischer-

weise bewegte der starke und rohe Zethos die Steine mit seiner Muskelkraft, der musische Amphion hingegen durch das Spiel seiner Leier. Aufgrund dieser mythischen Erzählung wurden die Zwillingsbrüder in der antiken Literatur als Personifikationen der philosophischen Lebensweise oder *vita contemplativa* (Amphion) und der praktischen Lebensweise oder *vita activa* (Zethos) verwendet; vgl. Plat. *Gorg.* 458E; 506B; *Rhet. Her.* II, 43. Zu der mythischen Gestalt Zethos vgl. H. v. Geisau, *RE* X, A (1972), Sp. 245–247 und N. Johannsen, *DNP* 12,2 (2002), jeweils s.v. „Zethos“, Nr. 1. Er gibt den Mythos hier etwas irreführend wieder: Nicht nur Amphion, sondern beide Brüder gründeten Theben; durch den Gegensatz, den Er. anbringt, suggeriert er, daß der „Landmann" (*rusticus*) Zethos mit der Stadt (Theben) nichts zu tun hatte.

*Apophth.* VI, 463 ist ein Gegenstück zu *Adag.* 1098 „In Beatam" (*ASD* II, 3, S. 122–124): „Βάλλ᾽ εἰς μακαρίαν … [S. 124; G = Ausg. d.J. 1528] Huc allusit Stratonicus citharoedus apud Athenaeum libro octauo, qui iratus discipulo Macedoni, quod nihil recte faceret, ‚Εἰς Μακεδονίαν', inquit, ex Macaria faciens Macedoniam, simul alludens ad illud prouerbium: *Domi, non hic, Milesia*"; Zenob. II, 61.

832–833 *quum doceret … Macedoniam* Athen. 351B: Μακεδόνα δέ τινα κιθαρίζειν διδάσκων ἐκπικρανθεὶς ἐπὶ τῷ μηδὲν αὐτὸν ποιεῖν τῶν δεόντων „εἰς Μακεδονίαν" ἔφη.

833–834 *quod alii … barbariem* Μακαρία ist in Er.' Interpretation der sprichwörtlichen Redewendung als Eigenname gedacht: entweder als Name der Tochter des Herakles, die sich freiwillig für den Sieg gegen Eurystheus opferte, oder einer Quelle in der Ebene von Marathon (die nach der Heraklestochter benannt war). Vgl. *Adag.* 1098 „In Beatam" (*ASD* II, 3, S. 122–124): „Βάλλ᾽ εἰς μακαρίαν, id est *Aufer te in beatam*. Quibusdam placet dictum κατ᾽ εὐφημισμόν, pro eo, quod est ‚in rem malam'. Fingunt enim apud inferos locum esse quendam, cui nomen Μακαρία. Aristophanes in Equitibus: Ἄπαγ᾽ ἐς Μακαρίαν ἐκποδῶν, id est *Aufer te hinc procul in Macariam.* [C] (S. 123:) Caeterum Athenienses Macariae (i.e. Herculis filiae) tumulum floribus et coronis decorantes dicebant: ‚Βάλλ᾽ εἰς Μακαρίαν, id est *Mitte in Macariam.* … (S. 124:) Pausanias refert Macariam esse paludem in Marathone, in qua magna vis Persarum perierit, ignoratione viarum in ipsam prolapsa, qua ex re natum videri potest prouerbium'"; *DNP* 7 (1999), Sp. 723, s.v. „Makaria"; Aristoph. *Equ.* 1151; Plat. *Hipp. Mai.* 293A; Paus. I, 32, 6–7. Bei Aristophanes war μακαρία jedoch nicht als Eigen-

name gedacht, sondern als Wort für „Seligkeit", mit der scherzhaften Bedeutung „Hol dich Gott!" (d.h. „Verschwinde von hier!" oder echt eigentlich „Zum Teufel mit dir!"), vgl. Passow II, 1, S. 111, s.v. μακαρία.

836–838 *quum videret … seruatus* Wörtliche Übers. des Er. von Athen. VIII, 44, 351C: πρὸς βαλανείῳ ψυχρῷ καὶ φαύλῳ κεκοσμημένον ἰδὼν ἡρῷον λαμπρῶς ὡς ἐξῆλθεν λελουμένος κακῶς „οὐ θαυμάζω", ἔφη, „ὅτι πολλοὶ ἀνάκεινται πίνακες· ἕκαστον γὰρ τῶν λουμένων ὡς σωθέντα ἀνατιθέναι" (vgl. ed. Ald. p. 134).

836 *malo sordidoque balneo* Im Griechischen steht βαλανείῳ ψυχρῷ καὶ φαύλῳ, womit ein Bad mit kaltem und stinkendem bzw. schmutzigem Wasser gemeint ist.

838 *tabulas* Votivtafeln; Er. war mit dieser antiken religiösen Praktik vertraut.

842–843 *quum egrederetur … lupanari* Athen. VIII, 44, 351D: ἐκ τῆς δ᾽ Ἡρακλείας ὡς ἐξῄει τὰς πύλας καὶ περιεσκόπει, ἐρομένου τινὸς τί περισκοπεῖ, αἰσχύνεσθαι ἔφη μὴ ὀφθῇ, ὥσπερ ἐκ πορνείου ἐξιών (vgl. ed. Ald. p. 134).

845 *Heraclea Thraciae* Er. identifiziert das im *Apophthegma* genannte Heraclea mit Herakleia in Thrakien, jedoch kann dies nicht richtig sein, weil diese Stadt erst ab ca. 300 v. Chr. zu Herakleia umbenannt worden war. Es gibt in der griech.-röm. Antike wenigstens elf Städte, die den Namen Herakleia trugen. Zu berücksichtigen ist, daß es bei dem Herakleia des vorl. Apophthegmas um eine Großstadt (nach dem Massstab der Antike) gegangen sein muss, mit großstädtisch-verdorbenen Sitten, die Stratonikos anprangerte. Diesbezüglich bietet sich am ehesten Herakleia Pontike an der südlichen Schwarzmeerküste an, eine der wichtigsten Handelszentren und Hafenstädte im weiten Umkreis, das sich in einem regen Austausch mit Athen befand. Es wäre nicht verwunderlich, wenn sich der Kitharöde aus Athen auf seiner Tour dorthin begeben hätte.

VI, 466                                                                    (Stratonicus, 25)

Idem *in eum, qui, quum prius fuisset olitor,* postea factus *musicus de arte secum* contenderet, pronunciauit senarium Graecum vulgo celebrem

> „ἄιδοι τις ἦν ἕκαστος εἰδέη τέχνην", id est,
850     „*Quam quisque nouit artem,* eam canat licet".

Mutato verbo detorsit ad iocum, quod est in prouerbio, ἔρδοι τις, etc.

VI, 467                        A N T V V E R P I A                        (Stratonicus, 26)

Idem *quum in Maronia potaret cum quibusdam, dicebat se* posse scire, *ad quem locum*
spectaret *ciuitatis, si tecta facie ipsum ducerent. Quum* duxissent *rogassentque,* quo
855     spectaret, „*Ad cauponam*", inquit, sentiens *totam* ciuitatem nihil aliud esse quam
*cauponam.* Itaque quocunque verteretur, tectis oculis sciebat se spectare cauponam.
Maronia Ciconum ciuitas est dedita negociationi.

---

849 ἄιδοι *scripsi sec. Athen. ed. Ald.:* ἄδοι *A-C:*
ἔρδοι *Cic. Tusc., Aristoph. Vesp. text. recept. (cf.*
*Adag. 1182).*

*Apophth.* VI, 466, das in den Basel-Editionen keinen Titel bekommen hat, ist ein Gegenstück
zu *Adag.* 1182 „Quam quisque norit artem,
in hac se exerceat" (*ASD* II, 3, S. 196–198),
*Collect.* 32 mit demselben Titel (*ASD* II, 9,
S. 61: „Hanc sententiam Graecis in prouerbio
fuisse vel Cicero ipse testis est in Tusculanarum disputationum primo libro .... Simili-
mum est illi, quod alio loco posuimus: *Ne sutor*
*vltra crepidam*'"), weiter von *Adag.* 516 (*ASD*
II, 2, S. 40–42) „Ne sutor vltra crepidam" und
*Collect.* 153 mit dem nämlichen Titel (*ASD* II,
9, S. 96–97). Vgl. auch die inhaltlich ähnlichen *Apophth.* VI, 451 „Decorum"; 459 „Vltra
malleum" und 526 „Iudicare de arte aliena".
847–849 *in eum ...* τέχνην Wörtliche Wiedergabe von Athen. VIII, 44, 351D: πρὸς δὲ ἁρμο-
νικόν τινα, κηπουρὸν ὄντα πρότερον, ἀμφισβη-
τοῦντ' αὐτῷ περὶ ἁρμονίας, ἔφη: „ἄρδοι (ἄρδοι
*ed. Gulick, Coraes, Meinecke:* ἄιδοι *ed. Ald.*
*p. 134, edd. vett.)* τις ἦν ἕκαστος εἰδέη τέχνην".
847 *olitor* „olitor", das latein. Wort für „Gemü-
segärtner", „Küchengärtner", vgl. *DNG* II, Sp.
3398, s.v. „olitor".
848 *senarium Graecum vulgo celebrem* Er. vermeldet nicht, daß der Autor des bekannten
Verses der Komödiendichter Aristophanes ist;
im Gegensatz dazu macht Er. in *Adag.* 1182 die

850 nouit *A-C (cf. Adag. 1182):* norit *versio*
*Ciceronis in Tusc. frequenter cit. ab Erasmo, e.g.*
*in Adag. 1182 et Collect. 32.*

erforderlichen Angaben: „Porro versus, quem
Latine refert M. Tullius, est apud Aristophanem in fabula, cui titulus Σφῆκες. Is est eiusmodi: Ἔρδοι τις ἦν ἕκαστος εἰδείη τέχνην'"
(*ASD* II, 3, S. 196–197).
849 *ἄιδοι ...* τέχνην Aristoph. *Vesp.* 1431: Ἔρδοι
τις ἦν ἕκαστος εἰδέη τέχνην".
849–851 *ἄιδοι ... etc.* Aus Er.' Übersetzung
(„canat") geht hervor, daß die in den Baseldrucken vorhandene Lesart ἄδοι nicht stimmig ist
(ἀδέω, sättigen), sondern daß er von der Lesart ἄιδοι ausging, die sich auch in Aldus' und
Musurus' Edition d.J. 1514 findet. In *Apophth.*
VI, 466 akzeptierte Er. diese Lesart als die
richtige, und in diesem Sinn deutete er den
Spruch des Stratonikos als bewusstes Wortspiel im Hinblick auf den ‚normalen' Text
der Sentenz in Aristoph. *Vesp.* 1431 mit dem
Anfangswort ἔρδοι. Stratonikos änderte nach
dieser Interpretation des Er., um einen Witz
zu erzeugen, ἔρδοι („Jeder soll die Kunst ausüben ...") zu ἄιδοι („Jeder soll die Kunst singen ..."). Jedoch ist „Jeder soll die Kunst singen ..." als Witz nicht überzeugend. Dessen muß sich Er. bewusst gewesen. Aufgrund dessen hatte Er. in der *Adagia*-Ausgabe
d.J. 1528 (*G*) die Lesart von Aldus' Athenaios-
Ausgabe, ἄιδοι, zu ἔρδοι emendiert (*ASD* II, 3,

S. 197: „… quanquam in aeditione Aldina legitur ἄιδοι pro ἔρδοι"). Nach der Emendation in
der *Adagia*-Ausgabe d.J. 1528 machte Stratonikos kein Wortspiel, sondern zitierte einfach
den Vers aus Aristophanes' *Wespen*. Der *textus
receptus* von Aristoph. *Vesp.* 1431 weist ἔρδοι
auf, jene Lesart, welche auch Cicero zitierte
und ins Lateinische übersetzte. Während der
Aristophanes-Text feststeht, hat sich in den
neueren Athenaios-Ausgaben die Lesart ἄρδοι
durchgesetzt (von ἄρδω, „bewässern", vgl. Passow I, 1, S. 384, s.v.); demnach hat Stratonikos
ein witziges Wortspiel hervorgebracht, womit
er den ‚Kollegen' veräppelt, der früher Gärtner
war („Jeder bewässere die Kunst …").

850 *Quam … artem* Cic. *Tusc.* I, 17, 41: „bene
enim illo Graecorum prouerbio praecipitur:
‚Quam quisque norit artem, in hac se exerceat'"; *Adag.* 1182 „Quam quisque norit artem,
in hac se exerceat" (*ASD* II, 3, S. 196–198):
„M. Tullius Tusculanarum quaestionum libro
primo: … *Quam quisque norit artem, in hac
se exerceat* … Est autem senarius iambicus
admonens, vt, quarum rerum sumus periti, in
his duntaxat disputandis tracandisque versemur; quarum vero sumus rudes, eas doctioribus concedamus, neque professionem alienam
nobis vindicemus, neque in messem alienam
mittamus falcem, neue sutores vltra crepidam iudicemus …. [E] Porro versus, quem
Latine refet M. Tullius, est apud Aristophanem in fabula, cui titulus Σφῆκες. Is est eiusmodi: „Ἔρδοι τις ἦν ἕκαστος εἰδείη τέχνην", id
est *Quam quisque nouit artem, in hac se exer-
citet*", quo quidem loco interpres admonet
inter prouerbia clebrari. [G] Vsurpauit Stratonicus citharoedus apud Athenaeum libro viii,
qui musico cuipiam, qui prius fuerat holitor,
de harmonia cum ipso disputanti respondit:
Ἔρδοι τις, ἦν ἕκαστος εἰδείη τέχνην". (198:) [G]
Athenaeus libro octauo: cum Ptolemaeus cum
Stratonico citharoedo contentiosius disputaret
de citharistica, Ἕτερον', ἔφη, ‚ἐστίν, ὦ βασιλεῦ,
σκῆπτρον, ἕτερον δὲ πλῆκτρον', id est ‚Aliud est',
inquit, ‚rex, sceptrum, aliud plectrum' ".

852 *Antuuerpia* Der Titel, den Er. dem
*Apophth.* gab, ist insofern auffällig, als er eine
Aktualisierung des Spruchs liefert, durch die
Identifizierung der thrakischen Handelsstadt
Maroneia mit dem frühneuzeitlichen Antwer-
pen, einer der bedeutendsten Handels- und
Hafenstädte Europas im 16. Jh.

853–856 *quum in Maronia… cauponam* Athen.
VIII, 44, 351E: ἐν Μαρωνείᾳ δὲ συμπίνων τισὶν
ἐθέλειν ἔφη γνῶναι κατὰ τίνα τόπον ἐστὶ τῆς
πόλεως, ἐὰν κατακαλύψαντες ἄγωσιν. εἴθ᾽ (εἴτοι
*ed. Ald. p. 134*) ὡς ἤγον καὶ ἠρώτων, „κατὰ
τὸ καπηλεῖον", ἔφη, ὅτι καπηλεῖα ἐδόκει εἶναι ἡ
Μαρώνεια.

853 *Maronia* Maroneia (heute: Maronia in
Griechenland) war eine nordägäische Hafenstadt an der thrakischen Küste auf den südwestlichen Hängen des Ismaros, südlich der
modernen griechischen Stadt Komotini; sie
war nach dem Mythos von Maron, einem
Sohn des Dionysos, in Wirklichkeit jedoch als
Kolonie von Chios gegründet worden. Odysseus soll, als er die thrakische Küste plün-
derte, den dort ansässigen Maron verschont
haben, der ihm zum Dank den schweren Wein
verschaffte, mit dem er Polyphem einschlä-
ferte. Seit etwa 420 v. Chr. kam die Hafenstadt
Maroneia durch den Handel mit den thrakischen Odrysen und mit Athen zu großem
wirtschaftlichem Reichtum, im 4. Jh. v. Chr.
wurde der Hafen stark erweitert. Vgl. *DNP* 7
(1999), Sp. 943–944, s.v. „Maroneia".

857 *Maronia Ciconum ciuitas* Vgl. Raffaele
Maffei, *Commentaria vrbana*, Rom 1506, VIII,
Kap. „De Thracia", fol. CXII^v: „Maronea
Ciconum vrbs, … cuius memint Homerus";
Hom. *Od.* IX, 198 vermeldet den Ort Isma-
ros, der mit Moroneia assoziiert wurde. Die
Kikonen stellen einen Stammesverband an der
nordägäischen Küste dar, der zwischen dem
Nestos und dem Hebros ansässig war. Vgl I.
von Bredow, *DNP* 6 (1999), Sp. 454, s.v. „Kiko-
nes". Jedoch weder bei Plinius (*Nat.* IV, 42)
noch bei Pomponius Mela (II, 28) wird die
Stadt Maronea den Cicones zugeordnet.

VI, 468                                                                 (Stratonicus, 27)

Idem quum in [Ar]*Ca⟨r⟩dia malam terram ac salsam aquam balneator exhiberet,*
860   iocatus est, *se terra marique obsideri.* Apparet in balneis terrae fuisse vsum, qui nunc
est fullonibus.

VI, 469                          (= Dublette von VI, 448)                (Stratonicus, 28)

Idem quum apud *Sicyonios vicisset* aduersum se cithara certantes, *consecrauit in Aescu-*
*lapii templo trophaeum cum hac inscriptione: „Stratonicus a male cithara canentibus".*
865   Hoc si idem est [*C*] cum eo, [*A*] quod paulo ante memorauimus, miror ab eodem
autore eodem in loco bis idem referri. Referuntur enim haec apud Athenaeum.

VI, 470                              A NOMINE                            (Stratonicus, 29)

Idem *quendam, qui male cecinerat, rogauit, cuius esset cantio. Quum ille respondisset,*
*„Carcini", „Multo magis", inquit, „quam hominis".* Carcinus enim Graece cancrum
870   sonat. Est autem eadem vox cantoris cuiusdam nomen, quem notant Graecorum
prouerbia.

VI, 471                             PHASELITAE                           (Stratonicus, 30)

Idem quum *puer illius in balneo cum balneatore litigaret de pecunia – nam mos erat, vt*
*hospites pluris lauarent* quam ciues, *„Scelerate",* inquit puero, *„ob aes me propemodum*

---

859  Cardia *scripsi sec. Athenaei locum cit. (cf. ed.*
      *Ald.* Καρδίᾳ*):* Arcadia *A-C BAS LB.*

860  obsideri *A-C:* oppugnari *BAS LB.*
865  cum eo *B C: deest in A.*

859   *Ca⟨r⟩dia*  Das in den Baseldrucken einhel-
      lig überlieferte „Arcadia" stellt einen Textüber-
      tragungsfehler dar. In der von Er. benutzten
      Athenaios-Ausgabe des Aldus stand ἐν Καρδίᾳ
      (S. 134).
859   *Ca⟨r⟩dia*  Kardia, ursprünglich von Milet
      aus gegründete Kolonie, an der Nordostküste
      des thrakischen Chersonessos gelegen, eine
      der wichtigsten Hafen- und Handelsstädte
      in der Region; im 4. Jh. im Einflußbereich
      Athens. Wurde i.J. 309 v. Chr. von Lysimachos
      völlig zerstört; die Einwohner wurden an einen
      Ort umgesiedelt, der den Namen Lysimachea
      erhielt.
859–860  *malam … obsideri*  Wörtliche, jedoch
      durch einen Textübernahmefehler und die
      Auslassung eines wichtigen Wortes getrübte
      Übers. von Athen. VIII, 44, 351E: τοῦ δὲ

βαλανέως ἐν Καρδίᾳ ῥύμμα γῆν μοχθηρὰν καὶ
ὕδωρ ἁλμυρὸν παρέχοντος, πολιορκεῖσθαι ἔφη
κατὰ γῆν καὶ κατὰ θάλατταν (vgl. ed. Ald.
p. 134).
859   *malam terram ac salsam aquam*  Wörtliche Übers. von γῆν μοχθηρὰν καὶ ὕδωρ ἁλμυρὸν, wobei Er. allerdings das zum Verständnis wichtige Wort ῥύμμα („Reinigungsmittel", vgl. Passow II, 2, S. 1351, s.v.) ausläßt.
Als Reinigungsmittel/ ῥύμμα (statt der neueren Seife) verwendete man in der griech.-
röm. Antike entweder aus feinen Sedimenten
gebildete, mineralhaltige pulverisierte Tonerde, die einen laugenartigen Effekt hatte, oder
eine Lauge aus mit mineralischem Sodasalz
(*nitrum*) gesättigtem Wasser. In den öffentlichen Bädern der Antike wurden diese Reinigungsmittel zur Verfügung gestellt. Gemeint

war somit, daß die Reinigungsmittel, die der betreffende Bademeister aushändigte, von schlechter Qualität waren: Anstatt hochwertiger Tonerde bekam der Badegast gcwöhnliche schmierige Erde, statt der Sodasalzlauge gewöhnliches Salzwasser, das den erwünschten reinigenden Effekt natürlich nicht hatte. In seiner Erklärung geht Er. nur auf die „Erde" ein, woraus man wohl schließen muß, daß Er. den Gebrauch des als Sodalauge angereicherten Wassers nicht recht verstand. Vgl. R. Hurschmann, *DNP* 6 (1999), Sp. 627–629, s.v. „Körperpflege und Hygiene".

860–861 *Apparet … fullonibus* Er. hat seine Erklärung aktualisierend angelegt. Die Angabe, daß die zeitgenössischen Walker pulverisierte Tonerde verwendeten, ist richtig; die *fullones* der römischen Antike verwendeten demgegenüber vornehmlich Urin.

*Apophth.* VI, 469 ist im Grunde ein Duplikat von VI, 448: „Idem aliquando trophaeum quum erexisset, hunc inscripsit titulum: ‚Aduersus male canentes cithara', notans tales vbique quamplurimos esse, quos ipse vicisset." Er. merkt dies an, nimmt das Duplikat jedoch nichtsdestoweniger in seine Sammlung auf.

863–864 *Sicyonios … canentibus* Athen. VIII, 45, 351E–F: νικήσας δ᾿ ἐν Σικυῶνι τοὺς ἀνταγωνιστὰς ἀνέθηκεν εἰς τὸ Ἀσκληπιεῖον τρόπαιον ἐπιγράψας: „Στρατόνικος ἀπὸ τῶν κακῶς κιθαριζόντων" (vgl. ed. Ald. p. 134).

863 *Sicyonios* Gemeint ist, daß Stratonikos bei einem in Sikyon organisierten musischen Agon den Sieg davongetragen habe; an derartigen Wettkämpfen nahmen Musiker verschiedener Herkunft teil. Der Stadtstaat Sikyon lag in der nördlichen Ecke des Korinthischen Golfes, sein Grundgebiet grenzte an jenes von Korinth.

863–864 *in Aesculapii templo* Sikyon war eine der Hauptverehrungsstätten des Gottes Asklepios; es gab Asklepios-Heiligtümer in der Stadt Sikyon selbst (Paus. II, 10, 3) und in dem nahegelegenen Titane (Paus. II, 11, 5), einem Städtchen, das ebenfalls auf dem Grundgebiet des Stadtstaates Sikyon lag. Bezüglich des Asklepios-Heiligtumes in Sikyon teilt Pausanias a.a.O. mit, daß dort kleine Figuren als Votivgeschenke am Dach aufgehängt waren. Für Votivgeschenke im Asklepiosheiligtum in Sikyon vgl. W.H. Denham Rouse, *Greek Votive Offerings*, Cambridge 1902, S. 112 und 193.

865 *quod paulo ante memorauimus* i.e. *Apophth.* VI, 451.

*Apophth.* VI, 470 ist ein Gegenstück zu *Adag.* 2130 „Carcini poemata" (*ASD* II, 5, S. 122): „Καρκί-

νου ποιήματα … dicebantur ea, quae viderentur obscurius et instar aenigmatis dicta. Carcinus poeta quispiam fuit, cuius et alias memnimus in hoc opere [i.e. *Adag.* 168 „Fortunatior strobilis Carcini"], in quem iocatur Aristophanes in [*B* = Ausg. d. Adag. d.J. 1515] comoedia, cui titulus [*A*] Εἰρήνη: … , [*G* = Ausg. d. Adag. d.J. 1528] Stratonicus apud Athenaeum libro viii., cum audisset quendam imperite canentem …".

868–869 *quendam … cancrum* Wörtliche Übers. von Athen. VIII, 45, 351F: ᾄσαντος δέ τινος, ἤρετο τίνος (τίνος *deest in ed. Ald. p. 134*) τὸ μέλος, εἰπόντος δ᾿ ὅτι Καρκίνου, „πολύ γε μᾶλλον", ἔφη, „ἢ ἀνθρώπου". Vgl. *Adag.* 2130 „Carcini poemata" (*ASD* II, 5, S. 122): [*G* = Ausg. d. *Adag.* d.J. 1528] Stratonicus apud Athenaeum libro viii., cum audisset quendam imperite canentem, rogauit, cuius esset cantio …; cum is respondisset ‚Carcini', Πολύ γε μᾶλλον, ἔφη, ἢ ἀνθρώπου', id est ‚Multo sane magis', inquit, ‚quam hominis'. Nam καρκίνος Graecis et cancrum animal significat. Itaque iocus ex ambiguo captatus est".

869–870 *Carcini … sonat* Karkinos, sonst unbekannter Sänger, Zeitgenosse des Stratonikos; unter Bezugnahme auf diesen Karkinos bastelte Er. gleich zwei *Adagia*, 2130 „Carcini poemata" (*ASD* II, 5, S. 122) und 168 „Fortunatior strobilis Carcini" (*ASD* II, 1, S. 284–285): „… Ironia prouerbialis in infelicem et improbum … Iocus autem sumptus est a nominum allusione. Nam Graece Carcinus cancrum … significant…. extat apud Aristophanem in Pace".

870–871 *quem notant Graecorum prouerbia* Suid. Καρκίνου ποιήματα 397; εὐδαιμονέστερος 3402; Στρόβιλοι 1208; Zenob. Ald. col. 89. Vgl. *Adag.* 168 (*ASD* II, 1, S. 285): „Adagium recensetur apud Suidam et Zenodotum".

872 *Phaselitae* Im Hinblick auf die Filzigkeit der Phaseliten hatte Er. *Adag.* 1633 „Phaselitarum sacrificium" (*ASD* II, 4, S. 108) geschmiedet: „Φασηλιτῶν θῦμα, id est Phaselitarum sacrificium, tanquam vile citraque sanguinem. Sordidum ac tenuem sumptum hoc adagio significabant. Tradunt enim apud Phaselitas, Pamphyliae gentem, moris esse, vt pisciculi salsi diis sacrificentur. Autor Zenodotus".

873–875 *puer … Phaselide* Wörtliche Übers. von Athen. VIII, 45, 351F–352A: ἐν Φασήλιδι δὲ πρὸς τὸν παῖδα διαμφισβητοῦντος τοῦ βαλανέως περὶ τοῦ ἀργυρίου ἦν γὰρ νόμος πλείονος λούειν τοὺς ξένους „ὦ μιαρέ", ἔφη, „παῖ, παρὰ χαλκοῦ με μικροῦ Φασηλίτην ἐποίησας" (vgl. ed. Ald. p. 134).

875   *Phaseliten reddideras"*. Nam hoc accidit *in Phaselide*, de qua gente male sentiebat
        tanquam sordida. Proin ministrum obiurgans, notat gentis malitiam.


        VI, 472                                    MENDICVS A MENDICO                              (Stratonicus, 31)


        Idem cuidam *laudanti* ipsum, *vt aliquid* ab eo *acciperet, „Ego"*, inquit, *„maior men-*
        *dicus sum"*, sentiens non esse musicorum dare laudanti, sed accipere a laudatis.


880   VI, 473                                      DEPRAVATIO NOMINIS                            (Stratonicus, 32)


        Idem *quum doceret in ciuitat*ula perquam *exigua*, iocatus est mutatione literae, *„non*
        *est πόλις, sed μόλις"*, id est, *„non est ciuitas, sed vix"*, sentiens vix dignam nomine
        ciuitatis.


        VI, 474                                      RES VERBIS CONTRARIA                          (Stratonicus, 33)


885   Idem *quum* esset *Pellae, et in* [i.e. ad] *puteum* descendisset [i.e. venisset], *rogauit,*
        *num esset* aqua *potabilis; quum dixissent, qui* aquam *hauriebant, „Nos istam bibimus",*
        *„Non est igitur", inquit, „potabilis", quod* illos *videret pallidos* luridosque. Nam id
        interpretabatur malae valetudinis argumentum, quam ex aqua contraxerant.


        VI, 475                                      REGVM NATIVITAS                               (Stratonicus, 34)


890   Idem *quum audisset* nixus matris Timothei regis, *„Si", inquit, „opificem peperisset,*
        *non deum, quales emisisset voces?"*, irridens quorundam foedam adulationem, qui
        regum filiis tribuebant diuinitatem, quum vox parientis regem aeque miserabilis sit
        ac parturientis quemlibet plebeium. Ipse autem Stratonicus filius erat opificis.

---

875   Phaseliten *A-C*: Phaselitem *LB*.
885   in *A-C (cf.* εἰσελθὼν *Athen. ed. Ald.)*: ad

*BAS LB (cf.* πρὸς φρέαρ προσελθὼν *Athen. text.*
*recept.).*

---

875   *Phaselide*  Phaselis, griechische Hafen- und
        Handelsstadt an der mittleren Südküste Klein-
        asiens (heute in der Türkei), ca. 53 km südöst-
        lich von Antalya; für die Filzigkeit der Phaseli-
        ten vgl. oben VI, 446.
878–879  *laudanti … sum*  Wörtliche Übers. von
        Athen. VIII, 45, 352A: πρὸς δὲ τὸν ἐπαινοῦντα,
        ἵνα λάβῃ τι, αὐτὸς ἔφη μείζων εἶναι πτωχός (vgl.
        ed. Ald. p. 134).
881–882  *doceret … μόλις*  Athen. VIII, 45, 352A:
        ἐν μικρᾷ δὲ πόλει διδάσκων ἔφη „αὕτη οὐ πόλις
        ἐστίν, ἀλλὰ μόλις" (vgl. ed. Ald. p. 134).
885   *Pellae*  Stratonikos besuchte auf einer seiner
        Konzertreisen Pella, den Regierungssitz des
        Königs von Makedonien, Philipps II.

885–887  *Pellae … pallidos*  Wörtliche, jedoch
        durch ein Überlieferungsproblem getrübte
        Übers. von Athen. VIII, 45, 352A: ἐν Πέλλῃ δὲ
        πρὸς φρέαρ προσελθὼν (εἰσελθὼν *ed Ald. p. 134*)
        ἠρώτησεν εἰ πότιμόν ἐστιν. Εἰπόντων δὲ τῶν
        ἱμώντων „ἡμεῖς γε τοῦτο πίνομεν", „οὐκ ἄρ'",
        ἔφη, „πότιμόν (πότιμών *ed. Ald.*) ἐστιν", ἐτύγχα-
        νον δ' οἱ ἄνθρωποι χλωροὶ ὄντες.
885   *in puteum descendisset*  Er. schrieb aufgrund
        der irrigen Lesart εἰσελθὼν in der Athenaeus-
        Ausgabe des Aldus „in … descendisset". Im
        griech. Original steht φρέαρ, „Ziehbrunnen"
        oder „Zisterne" bzw. „Wassercontainer" (vgl.
        Pape II, S. 1304, s.v.), das Er. mit „puteus"
        (= „Wasserloch", „Wassergrube") übersetzte.

Offensichtlich stellte er sich vor, daß Stratonikos in eine tief gelegene Wassergrube „hinabgestiegen" sei.

**889** *Regum natiuitas* Er. bestimmte den Titel „Regum natiuitas" aufgrund seines irrigen Verständnisses des Apophthegmas; tatsächlich ist darin nicht von der Geburt eines Königs die Rede; vgl. Komm. unten.

**890–891** *quum audisset … voces* Durch eine Personenverwechslung völlig mißverstandene Wiedergabe von Athen. VIII, 45, 352A: ἐπακούσας δὲ τῆς ὠδῖνος τῆς Τιμοθέου „εἰ δ᾿ ἐργολάβον", ἔφη, „ἔτικτεν καὶ μὴ θεόν, ποίας ἂν ἡφίει φωνάς" (vgl. ed. Ald. p. 134).

*Apophth.* VI, 475 und 476 beziehen sich auf dieselbe Person, Timotheos, den Dichter und Musiker aus Milet (um 450 – um 352 v. Chr.), der Nomoi und Hymnen komponierte, die er vortrug, während er sich auf der Kithara begleitete; Timotheos war ein bedeutender Vertreter des Neuen Dithyrambos (dem Dionysos gewidmeter Chorlieder). Seine Versuche, in seinen Liedern allerlei bildliche und akustische Elemente (Stöhnen, Schreien) zu imitieren, wurden von Zeitgenossen öfter aufs Korn genommen. Vgl. P. Maas, *RE* VI, A2 (1937), Sp. 1331–1337, s.v. „Timotheos", Nr. 9; E. Robbins, *DNP* 12.1 (2002), Sp. 596–597, s.v. „Timotheos", Nr. 2. Wie die Bezeichnung „regis" ausweist, verwechselte Er. in den beiden Apophthegmen Timotheos, den Musiker und Dichter, mit Timotheos, den Tyrannen von Herakleia Pontike (reg. 352–338 v.

Chr.). Er. meinte, daß es bei den Schreien um jene ging, welche die Mutter des Tyrannen bei seiner Geburt ausgestoßen habe („nixus matris Timothei regis"). Es lässt sich nicht leicht erklären, wie es zugegangen sein soll, daß Stratonikos bei der Geburt des Tyrannen Timotheos zugegen gewesen wäre. Er. setzt dies aber voraus. Selbst wenn Stratonikos sich am Tyrannenhof aufgehalten hätte, als Timotheos geboren wurde, so ist Er.' Erklärung des Spruches kurios: Stratonikos habe sich über die Schreie der Königsmutter lustig gemacht, indem er sie gegen den orientalischen Brauch, Könige zu vergöttlichen, ausspielta, im Sinn von: Wie kann es sein, daß sie einen Gott hervorbringt, während sie so menschliche Schreie ausstößt? Mit τῆς ὠδῖνος τῆς Τιμοθέου ist in Wirklichkeit ein Lied des Sängers und Dichters Timotheos von Milet gemeint, das den Titel Σεμέλης ὠδίς, *Die (schwere) Geburt der Semele*, trug. Darin imitierte Timotheos die Schreie der Semele bei den Geburtswehen, als sie den Gott Dionysos zur Welt brachte. Diese Schreie wurden von Stratonikos verspottet (vgl. *PMG* 792). Stratonikos sagt: wie hätte sie erst geschrieen, wenn sie statt eines Gottes einen (groben) Handwerksmann zur Welt gebracht hätte? Er. mißversteht diese ironische Anmerkung jedoch im Sinne einer autobiographischen Notiz des Stratonikos: Dessen Vater, behauptet Er., ohne diesbezüglich über konkretes Wissen zu verfügen, sei ein Handwerker gewesen.

VI, 476          Certare cvm rege          (Stratonicus, 35)

895  Idem *Polyidae* [i.e. Polyido] *glorianti, quod discipulus ipsius Philopas* [i.e. Philotas] *canendo vicisset Timotheum, „Miror"*, inquit, *„si ignoras, quod* discipulus tuus *condit* decreta, *Timotheus autem leges"*, iocum captans ex ambiguo vocis. Νόμος enim Graecis et legem sonat et modulum cantionis. Itaque periculosum est regem vincere.

VI, 477          Ex mvtata litera          (Stratonicus, 36)

900  Idem *psaltae* cuidam molestius *obstrepenti, „Ὕαλλ᾽ ἐς κόρακας" dixit*, pro „Βάλλ᾽ ἐς κόρακας", ⟨id est⟩ „Abi ad coruos", ludens vnius literae mutatione.

VI, 478          Magnvs stvltvs          (Stratonicus, 37)

Idem *quum vidisset Propin citharoedum Rhodium, corpore quidem magnum, sed arte pusillum, percontantibus, qualis* videretur, respondit prouerbiali dicto: *„Nullus, ma-*

---

895 Polyidae *A-C: scribendum erat* Polyido.
895 Philopas *A-C:* Philotas *scribendum erat (cf. Φιλωτᾶς Athen. ed. Ald.).*
897 Νόμος *scripsi:* Nomos *A-C.*

898 modulum *scripsi:* modulos *A-C BAS LB.*
901 id est *suppleui.*
903 Propin *A-C:* Porpin *BAS LB (cf. Adag. 1292).*

---

894 *Certare cum rege* Auch der Titel „Certare cum rege" beruht auf Er.' Fehlinterpretation des Timotheus als Tyrannen von Herakleia Pontike. Vgl. Komm. zu vorhergehendem Apophthegma.

895 *Polyidae* Er. hat aus der Genetivform Πολυίδου irrtümlich die Nominativform Πολυίδας konstruiert; der Nominativ dieses mehrfach vorkommenden Namens, der „Vielwissender" bedeutet, ist jedoch Πολύιδος, so schon des Sehers von Korinth bei Homer (*Il.* XIII, 663–668). Vgl. *DNP* 10 (2001), Sp. 61–62, s.v. „Polyidos", Nr. 1–5.

895–897 *Polyidae … leges* Athen. VIII, 45, 352B: Πολυίδου δὲ σεμνυνομένου ὡς ἐνίκησε Τιμόθεον ὁ μαθητὴς αὐτοῦ Φιλωτᾶς, θαυμάζειν ἔφη, „εἰ ἀγνοεῖς ὅτι αὐτὸς μὲν ψηφίσματα ποιεῖ, Τιμόθεος δὲ νόμους" (vgl. ed. Ald. p. 134).

895 *Polyidae* **Polyidos aus Selymbria** (geb. um 440 v. Chr.), neben Timotheos, Pholoxenos und Telestes vierter Hauptvertreter des neuen Dithyrambos, dessen Werke jedoch nicht überliefert sind. Vgl. W. Riemschneider, *RE* XXI, 2 (1952), Sp. 1659–1661, s.v. „Polyidos", Nr 9; B. Zimmermann, *DNP* 10 (2001), Sp. 62, s.v. „Polyidos", Nr. 5.

895 *Philopas* Er. hat sich an dieser Stelle verlesen; in der von ihm benutzten Athenaios-

Ausgabe des Aldus stand a.a.O. Φιλωτᾶς, wobei τᾶ als Ligatur gedruckt war. Für Philotas, einen nur in diesem Zusammenhang bekannten Schüler des Polyidos, vgl. W. Riemschneider, *RE* XXI, 2 (1952), Sp. 1659–1661, s.v. „Polyidos", Nr 9.

896–897 *condit … leges* Der Gegensatz, um den es geht, ist im *sensus proprius* zunächst der zwischen den schwankenden, ephemeren, oft wenig durchdachten „Volksbeschlüssen" (ψηφίσματα) und den gründlich und bedachtsam formulierten, auf unbeschränkte Gültigkeit hin ausgerichteten „Gesetzen" (νόμους). Vgl. Komm. von Ch.B. Gulick in Athenaeus, *The Deipnosophists* (Loeb), Bd. IV, S. 94: „Philotas produces what is ephemeral, Timotheus produces lasting νόμοι …". Ψηφίσματα hätte man auf Latein besser mit „populi scitum" bzw. „plebis scita" wiedergeben sollen; das latein. Wort „decretum" bezieht sich demgegenüber auf Beschlüsse von Regierungsorganen mit Machtfülle, nicht auf Volksbeschlüsse.

897–898 *Νόμος … modulum cantionis* Auf der metaphorischen Ebene spielt Stratonikos auf die Doppeldeutigkeit von νόμος als „Gesetz" und Fachausdruck der Musik an. Er. deutet den Fachausdruck der Musik als „Ton-

art" („modulus cantionis"), während Stratonikos damit wohl eher das bekannte archaische
Liedgenre mit Instrumentalbegleitung meint.
Die ersten νόμοι mit Kitharabegleitung wurden Terpandros von Lesbos (7. Jh. v. Chr.)
zugeschrieben; einer der berühmtesten νόμοι
war der Πυθικός νόμος des Sakadas zu Ehren
Apolls, der bei den ersten drei Pythischen Spielen in Delphi (586, 582 und 578 v. Chr.) den
Sieg davontrug. Z.Z. des Timotheos und des
Stratonikos (4. Jh. v. Chr.) war der νόμος ein
durch die Tradition geheiligtes, künstlerisch
hochentwickeltes, von Virtuosen beherrschtes
Liedgenre: (vgl. E. Robbins, DNP 8 [2000],
Sp. 985–986, s.v. „Nomos", Nr. 3; ders., DNP
12.1 [2002], Sp. 596 und 597, s.v. „Timotheos", Nr. 2). Von Timotheos ist ein νόμος
mit Kithara-Begleitung erhalten, der den Titel
„Die Perser" trägt und die Schlacht von Salamis aus der Sicht der unterlegenen Perser schildert, wobei sich Timotheos mit der elfsaitigen
Leier begleitete. Auf Timotheos, den Virtuosen des νόμος, spielt Stratonikos in vorl. Apophthegma an: Während Timotheos künstlerisch höchst anspruchsvolle, virtuose Götter-
lieder schuf, gab Philotas künstlerisch wert-
lose, jedoch dem einfältigen Volk gefällige
Ohrwürmer zum Besten.

898  *Itaque periculosum est regem vincere*  Der
letzte Teil von Er.' Erklärung ist völlig verfehlt,
da der Timotheos von Stratonikos' Ausspruch
nicht mit dem Tyrannen von Herakleia Pontike identisch ist.

*Apophth*. VI, 477 ist ein Gegenstück zu *Adag*.
1096 „Ad coruos" (*ASD* II, 3, S. 120–122), bsd.
Z. 560–563.

900  *psaltae … dixit*  Athen. VIII, 45, 352B: πρὸς
Ἄρειον δὲ τὸν ψάλτην ὀχλοῦντά τι αὐτὸν „ψάλλ᾿
ἐς κόρακας" ἔφη (vgl. ed. Ald. p. 134); *Adag*.
1096 „Ad coruos" (*ASD* II, 3, S. 120–122): „[*C*]
Stratonicus citharoedus apud Athenaeum [*G*]
libro octauo [*C*] detorquet in cantorem quendam. Is quum ei nescio quid molestus esset,
,ψάλλε', inquit, ,ἐς κόρακας', deprauata per
iocum voce ψάλλε pro βάλλε".

900  *psaltae*  Er. übernahm hier das griech. Wort
ψάλτης in seinen latein. Text. Dadurch ist nicht
ganz klar, wie er es verstand. ψάλτης ist die
Bezeichnung für denjenigen, der ein Saiten-
instrument spielt, einen Kithara- oder Leier-
spieler; vgl. Pape II, S. 1391, s.v., „der Spieler eines Saiteninstruments". Das griechische
Lehnwort „psaltes, -ae" war in der latein. Literatur bereits vorhanden, wenngleich es nur
selten verwendet wurde (Quint. *Inst*. I, 10,

18; Martian. Cap. IX, 924; vgl. Lewis-Short,
S. 1483, s.v. „psaltes"). Dort bezeichnet es,
ebenso wie im Griechischen, den Spieler eines
Saiteninstruments (Lewis-Short: „the player
on the cithara"). *CWE* 38, S. 728 übers. mit
„some harp-player".

900  *cuidam*  Er.' Vorlage, die Athenaios-Ausgabe des Aldus aus d.J. 1514, gab den Namen
des Musikers an: Ἄρειος. Dieser Name ist in der
Aldus-Ausgabe klar lesbar, wenngleich kleingeschrieben. In der Wiedergabe der Anekdote
in *Adag*. 1096 (*ASD* II, 3, S. 122) verschwieg Er.
ebenfalls den Namen des Kontrahenten („in
cantorem quendam").

901  *id est*  Vgl. *Adag*. 1096 (*ASD* II, 3, S. 120):
„Βάλλ᾿ ἐς κόρακας, id est *Abi ad coruos*".

*Apophth*. VI, 478 ist ein Gegenstück zu *Adag*.
1292 „Nullus malus magnus piscis" (*ASD* II, 3,
S. 307–308).

903–905  *quum vidisset … piscis*  Athen. VIII,
40, 347F–348A: πόθεν δὲ καὶ εἰδέναι δύναται
ἅπερ εἶπεν Στρατόνικος ὁ κιθαριστὴς εἰς Πρόπιν τὸν Ῥόδιον κιθαρῳδόν; Κλέαρχος γὰρ ἐν τοῖς
περὶ παροιμιῶν φησιν ὡς ὁ Στρατόνικος θεασάμενος τὸν Πρόπιν ὄντα τῷ μὲν μεγέθει μέγαν, τῇ
δὲ τέχνῃ κακὸν καὶ ἐλάττονα τοῦ σώματος, ἐπε-
ρωτώντων αὐτὸν ποῖός τίς ἐστιν, εἶπεν „οὐδεὶς
κακὸς μέγας ἰχθύς", αἰνισσόμενος ὅτι πρῶτον μὲν
οὐδείς ἐστιν, εἶθ᾿ ὅτι κακός, καὶ πρὸς τούτοις
μέγας μέν, ἰχθὺς δὲ διὰ τὴν ἀφωνίαν (vgl. ed.
Ald. p. 132); *Adag*. 1292 „Nullus malus magnus
piscis" (*ASD* II, 3, S. 307–308): „Οὐδεὶς κακὸς
μέγας ἰχθύς, id est, *Nullus malus magnus piscis*,
aenigma prouerbiale dici solitum in homines
praegrandi quidem corpore, caeterum ingenio
nullo. Clearchus in commentario De prouerbiis apud Athenaeum [*C*] lib. viii. [*A*] hinc
ortum scripsit: ,Stratonicus citharoedus cum
Porpin [sic] vidisset, Rhodium citharoedum
ingenti corporis mole, verum arte non perinde magnum, percunctantibus quibusdam,
quis nam is esset, hunc ad modum respondit:
Οὐδεὶς, κακὸς, μέγας, ἰχθύς, ancipiti dicto significans illum nullum, id est nullius esse precii, malum et improbum, magnum corpore,
denique piscem, quia mutus esset et infacundus ac male canorus …'"; Klearchos Fr. 80
Wehrli.

903  *Propin*  Propis, Kitharoede aus Rhodos.
Vgl. W. Aly, *RE* XXIII, 1 (1957), Sp. 822, s.v.
„Propis".

904  *prouerbiali dicto*  Weil der Ausspruch des
Stratonikos ursprünglich in Klearchos' Schrift
*De prouerbiis* überliefert worden war. Vgl.
Athen. a.a.O.

905   *lus, magnus, piscis", s*ingulis verbis hypostigme separatis alium efficiens sensum. De
quo nobis dictum est in Chiliadibus.


VI, 479                          CVM DIIS                          (Stratonicus, 38)


Idem *quum in ludo suo haberet* pictas *Musas nouem, Apollinem vnum, discipulos* autem
tantum *haberet duos, rogatus a quodam, quot haberet discipulos, „Cum diis", inquit,*
910   *„duodecim".* De huius ioci genere nobis alibi dictum est.


VI, 480                          TEMPLA VACVA                          (Stratonicus, 39)


Idem *versans* apud *Malissam* [i.e. Mylassam] *quum videret templa multa, homines*
*paucos, stans in medio foro clamauit: „Audite, templa".*


912  Malissam *A-C:* Mylassam *scribendum erat*
sec. Athen. ed. Ald. (Μύλασσα): Mylasa Athen.
text. recept.

905  *hypostigme*  Er. überträgt an dieser Stelle das
griech. ὑποστιγμή (= „Komma") als Lehnwort
ins Lateinische, wobei er den Ausgang unverändert beläßt. In der klass. Latein. Lit. kommt
„hypostigme" als Lehnwort nicht vor. An vorl.
Stelle nimmt „hypostigme" die Stelle eines
Ablativs ein.

*Apophth.* VI, 479 „Cum diis" ist ein Gegenstück
zu *Adag.* 2078 „Cum deo quisque gaudet et
flet" (*ASD* II, 5, S. 84): „[G] … Σὺν ταῖς Μού-
σαις, id est *Musis fauentibus,* Σὺν τοῖς θεοῖς, id
est *Diis bene iuuantibus.* Festiuum est, quod
de Stratonico refert Athenaeus libro viii.: Is
quum esset parum insignis citharoedus habe-
retque in ludo suo nouem Musarum imagines et Apollinis vnam, discipulos duos, rogatus a quopiam, quot haberet discipulos, ‚Σὺν
θεοῖς‘, inquit, ‚δώδεκα‘, ludens amphibologia.
Σὺν θεοῖς accipi potest annumeratis diis aut diis
fauentibus.

908–910  *quum in ludo … duodecim*  Athen.
VIII, 41, 348D: διδάσκων γὰρ κιθαριστάς, ἐπειδὴ
ἐν τῷ διδασκαλείῳ εἶχεν ἐννέα μὲν εἰκόνας τῶν
Μουσῶν, τοῦ δὲ Ἀπόλλωνος μίαν, μαθητὰς δὲ δύο,
πυνθανομένου τινὸς πόσους ἔχοι μαθητάς, ἔφη
„σὺν τοῖς θεοῖς δώδεκα" (vgl. ed. Ald. p. 132).

908  *pictas*  Es handelte sich um Statuen/ Stand-
bilder des Apoll und der Musen, was daraus
hervorgeht, daß im Text des Athenaios zehn
„Bilder" genannt werden. Es war in der Antike
nicht üblich, von den Musen neun gemalte
Einzelporträts herzustellen. Er. jedoch stellte

sich, jedenfalls im Text des vorl. Apophthegmas, vor, daß es um ein Gemälde ging, auf
dem die neun Musen und Apoll gemeinsam
dargestellt waren. Jedoch entspricht ein solches Gemälde nicht dem, was der Text des
Athenaios vorgibt: ἐννέα μὲν εἰκόνας τῶν Μουσῶν, τοῦ δὲ Ἀπόλλωνος μίαν sprechen. In den
Adagien (1528) hat Er. den Text besser übertragen, vgl. *Adag.* 2078 (*ASD* II, 5, S. 84): „[G]
Is quum … haberet … in ludo suo nouem
Musarum *imagines* et Apollinis vnam …"; aus
dieser Formulierung geht richtig hervor, daß es
sich um 10 einzelne *imagines* handelte. *Imago*
kann sowohl Standbild, Porträtstatue als auch
ein gemaltes Porträt bedeuten.

909  *Cum diis*  Der Witz beruht auf der Doppeldeutigkeit von „Cum diis" (Σὺν θεοῖς). Wie Er.
in *Adag.* 2078 (*ASD* II, 5, S. 84) selbst erklärt,
kann Σὺν θεοῖς sowohl „Diis bene iuuantibus"
bedeuten als auch den Umstand, daß die Götterstatuen mitgezählt werden.

910  *De huius ioci genere nobis alibi dictum est*
Damit meint Er. wohl seine Erklärung des
Witzes als „amphibologia" („Doppeldeutigkeit") in *Adag.* 2078 (*ASD* II, 5, S. 84). Nach
dem Komm. *CWE* 38, S. 728–729 soll sich
Er. auf die Witzkategorie „ex inopinato" beziehen. Die klare Parallele mit *Adag.* 2078 erweist
jedoch, daß „amphibologia" gemeint ist.

911  *Templa vacua*  Schon der Titel zeigt an,
daß Er. den Witz nicht recht verstanden
hat. Es geht nicht darum, daß die Tempel

der betreffenden Stadt voller Menschen sein hätten sollen. Er. war offensichtlich nicht klar, daß die griech. Tempel nicht dazu bestimmt waren, größere Mengen des gläubigen Volkes zur gemeinschaftlichen rituellen Verehrung aufzunehmen. Für das Weitere siehe Komm. unten.

912 *versans ... templa* Athen. VIII, 41, 348D: εἰς Μύλασα (Μύλασσα *ed. Ald. p. 132*) δὲ ἐπιδημή-σας καὶ κατιδὼν ναοὺς μὲν πολλούς, ἀνθρώπους δὲ ὀλίγους στὰς ἐν μέσῃ τῇ ἀγορᾷ ἔφη „ἀκούετε, ναοί (ναοί *ed. Ald. p. 132*)".

912 *Malissam* Er. unterlief hier ein Übertragungsfehler aus der von ihm benutzten Athenaios-Ausgabe, die klar lesbar *Μύλασσα* aufwies.

912 *Malissam* Mylasa ist eine griechische Stadt in Karien an der südwestlichen ionischen Küste (heute Milas in der Türkei); die Stadt war berühmt für ihre aus strahlend weissem Marmor erbauten Tempel, von denen jene dem Zeus Osogos und dem Zeus Labrandenos geweihten die schönsten waren. Das bei Athenaios überlieferte Apophthegma des Stra-tonikos spricht ebendiese Tempel an. Im 4. Jh. v. Chr. war Mylasa der Herrschaftssitz des karischen Königs Hekatomnos, jedoch verlegte Hekatomnos' Sohn Mausolos den Herrschaftssitz der Hekatomniden nach Halikarnassos. Als Folge dieser Maßnahme verringerte sich die Bevölkerung von Mylasa, und wahrscheinlich war es genau dieser Umstand, den Stratonikos in seinem Witz ansprach. Er. hat, wie auch aus dem Fehlen einer Erklärung abzuleiten ist, diesen Witz nicht recht verstanden. Für Mylasa vgl. H. Kaletsch, *DNP* 8 (1999), Sp. 590–591, s.v. „Mylasa".

913 *Audite, templa* An dieser Stelle bleibt Er. die Erklärung des Witzes schuldig, während diese unbedingt erforderlich gewesen wäre, da in der latein. Übersetzung der Witz völlig untergeht. Dieser liegt darin, daß im Griechischen der übliche Anfang einer Verlautbarung oder Darbietung ἀκούετε λαοί („Hört, Leute") lautete; dies wandelte Stratonikos durch die Änderung eines Buchstabens witzig zu ἀκούετε ναοί („Hört, Tempel") um. Vgl. Komm. *CWE* 38, S. 729.

VI, 481                          PRAECONVM TVRBA                    (Stratonicus, 40)

915  Idem apud *Abderitas agens, conspicatus illic singulis ciuium* singulos *esse praecones*,
adeo vt propemodum maior esset praeconum numerus quam ciuium, a coena coepit
*per ciuitatem summis pedum digitis ingredi*, demissis *in terram* oculis. *Percontantibus*
autem Abderitis [i.e. percontante quodam peregrino], quid mali repente accidisset
*illius pedibus, ita* respondit: „Caetera quidem belle valeo toto corpore *et ad coenam*
920  *curro celerius* ipsis *adulatoribus;* illud vnum *metuo, ne ingrediens praeconis* pedem
offendam", sentiens illic praeconum plena omnia.

VI, 482                          CITHAROEDVS MALVS                  (Stratonicus, 41)

Idem *quum in sacrificio malus quidam tibicen esset cantaturus, „Bene ominandum est",*
inquit, *„Libantes precemur deos",* significans opus deorum auxilio, vt bene caneret.

925  VI, 483                      ⟨BOS AD PRAESAEPE⟩                 (Stratonicus, 42)

*Citharoedus* quidam *malus Stratonicum excipiebat conuiuio* atque super coenam *ostentabat illi artem suam. Erat* autem *apparatus splendidus. Itaque Stratonicus quum illo*

---

925  Bos ad praesepe *supplevi sec. Adag. 1039.*

915–921 *Abderitas … offendam* Gekürzte, paraphrasierende, jedoch durch Fehlübersetzun-
gen entstellte Wiedergabe von Athen. VIII, 41,
349B–C, auch an der entscheidenden Stelle,
wodurch der Witz des Spruches mißverstanden wurde: Στρατόνικος εἰς Ἄβδηρ᾽ ἀποδημή-
σας ποτὲ/ ἐπὶ τὸν ἀγῶνα τὸν τιθέμενον (τιτέ-
μενον *ed. Ald. p. 133*) αὐτόθι,/ ὁρῶν ἕκαστον
τῶν πολιτῶν κατ᾽ ἰδίαν/ κεκτημένον κήρυκα
κηρύττοντά τε/ ἕκαστον αὐτῶν, ὅτε θέλοι, νουμηνίαν,/ σχεδόν τε τοὺς κήρυκας ἐν τῷ χωρίῳ/
ὄντας πολὺ πλείους κατὰ λόγον τῶν δημοτῶν,/
ἐπ᾽ ἄκρων ἐβάδιζε τῶν ὀνύχων (ὀνάχων *ed. Ald.*)
ἐν τῇ πόλει/ σχέδην, δεδορκὼς ἀτενὲς εἰς τὴν
γῆν κάτω./ πυνθανομένου (πυνθανομένων *ed.
Ald.*) δὲ τῶν ξένων αὐτοῦ τινος/ τὸ πάθος τὸ
γεγονὸς ἐξαπίνης περὶ τοὺς πόδας,/ τοῦτ᾽ εἶπε:
„τοῖς ὅλοις μὲν ἔρρωμαι, ξένε,/ καὶ τῶν κολάκων πολὺ μᾶλλον ἐπὶ δεῖπνον τρέχω:/ ἀγωνιῶ δὲ
καὶ δέδοικα παντελῶς,/ μὴ ποτ᾽ ἐπιβὰς κήρυκι
τὸν πόδ᾽ ἀναπαρῶ". In den Adagien zitierte Er.
die Anekdote aus dem Stegreif, wobei ebenfalls das rechte Verständnis des Witzes fehlt;
vgl. *Adag.* 3950 „Vestigium ponere" (*ASD* II, 8,
S. 248): „Refertur quiddam perquam facetum
cuiusdam, Stratonici, ni fallor, qui in oppido
quodam summis pedibus ingrediebatur, cir-

cumspectans interim. Rogantibus, quid ageret, respondit se timere, ne quem calcaret praeconem, innuens illic esse praeconum immodicam turbam".

915 *Abderitas* Abdera ist eine griech. Handels-
stadt an der thrakischen Küste auf Kap Bulus-
tra (Neugründung von Teos aus um 545 v.
Chr.), deren Lebensader der florierende Han-
del zwischen dem griech. Mutterland und der
Schwarzmeerregion war. 478–411 war Abdera
Mitglied des Attisch-Delischen Seebundes,
von 352 bis 198 v. Chr. gehörte es dem Make-
donischen Königreich zu. Vgl. I. von Bredow,
*DNP* I (1996), Sp. 12, s.v. „Abdera", Nr. 1. Die
Abderiten waren in der Antike als einfältige
Schildbürger verrufen (vgl. Otto, 1; *Adag.* 1353
„Abdera pulchra Teiorum colonia", *ASD* II,
3, S. 364–366, insb. 366); der Dümmlichkeit
der Abderiten widmete Er. weiter *Adag.* 3528
„Abderitica mens" (ASD II, 8, S. 34): „Abderi-
tae in stuporis insaniaeque fabulam abiere …".
In seiner Wiedergabe der Anekdote läßt Er. die
Angabe des Anlasses weg, zu dem sich Strato-
nikos in Abdera aufhält: Er nahm mit einer
Musikdarbietung an den Spielen von Abdera
teil, die dort zu Ehren des Heros Abderos abgehalten wurden (vgl. B.H. Isaac, *The Greek Sett-*

*lements in Thrace Until the Macedonian Conquest*, Leiden 1986, S. 78).

915　*esse praecones*　Im griech. Text wird angegeben, was die Herolde ausriefen, nml. den Neumond (νουμηνίαν = Anfang eines Monats), und zwar kurioserweise zu verschiedenen Zeitpunkten, je nach den Wünschen ihrer Herren. Die Bestimmung des Neumondes war in Bezug auf den Anlaß der Anekdote, die Spiele von Abdera, von Bedeutung, weil der griechische Lunisolarkalender mit dem Festkalender im Einklang stand, wobei die jeweiligen Monate nach den darin stattfindenden religiösen Festen genannt wurden Er. läßt die betreffenden Angaben weg. Zu dem griech. Kalender vgl. C. Trümpy, *Untersuchungen zu den altgriechischen Monatsnamen und Monatsfolgen*, Heidelberg 1997.

916　*a coena*　Ein Zusatz, der der Phantasie des Er. entsprungen ist.

917–918　*Percontantibus autem Abderitis*　Er. folgte Aldus' Ausgabe, in der πυνθανομένων steht, während im *text. recept.* nur von einer Person die Rede ist, nämlich von einem gewissen „Fremden" oder Gast bei den Spielen von Abderos (τῶν ξένων αὐτοῦ τινος, „einer der dortigen Fremden"); die Art der Formulierung zeigt an, daß mit τῶν ξένων αὐτοῦ die Gäste gemeint waren, nicht die „Gastfreunde", die Abderiten. Er. übersetzt jedoch konträr: „Als ihn die Abderiten fragten …".

920–921　*metuo, ne ingrediens praeconis pedem offendam*　„fürchte ich, daß ich beim Gehen einem Herold auf die Füße trete": Er. hat an dieser Stelle das Griechische falsch übersetzt, die Bedeutung des Spruchs und den Witz insgesamt nicht verstanden. ἀναπαρῶ von ἀναπείρω bedeutet „anspießen", τὸν πόδ' ἀναπείρειν „sich den Fuß anspießen", „sich etwas (einen scharfen Gegenstand, etwa einen Nagel oder ein Scherbe) in den Fuß treten" (vgl. Passow I, 1, S. 188, s.v. ἀναπείρω, der auch die nämliche Stelle aus Athen. zitiert). Er. hat τὸν πόδ' fälschlich auf den Fuß eines der überall auftretenden Herolde bezogen, zudem ist „offendere" keine richtige Wiedergabe von ἀναπείρειν. Er. hat weiter nicht verstanden, daß der Witz in der Doppeldeutigkeit des griechischen Wortes κῆρυξ liegt: κῆρυξ ist einerseits die Bezeichnung für „Herold, Bote", andererseits für gewundene, mit spitzen Zacken oder Stacheln versehene Meerschneckenarten (vgl. Passow I, 2, S. 1726, s.v. κῆρυξ, Nr. 2). Der absurde Witz, den Stratonikos macht, ist, daß er so tut, als würden in Abdera überall κήρυκες, stachelige Meerschnecken, identisch mit den Ausrufern, herumliegen, sodaß er unglaublich

aufpassen müßte, sich nicht eine in den Fuß zu treten.

921　*illic praeconum plena omnia*　Er. vergisst zu erwähnen, daß sich dies bei den Spielen ereignete, vgl. *CW*, 38, S. 729 Anm. 484.

923–924　*quum in sacrificio … deos*　Athen. VIII, 41, 349C: αὐλεῖν ἐπὶ τοῖς ἱεροῖσιν αὐλητοῦ κακοῦ/ μέλλοντος ὁ Στρατόνικος „εὐφήμει, μέχρι (εὐφημεῖν με χρὴ ed. Ald. p. 133)/ σπείσαντες εὐξώμεσθα (εὐξώμεθα ed. Ald.)", φησί, „τοῖς θεοῖς".

923–924　*Bene … caneret*　Er. hat den Witz des Stratonikos falsch verstanden. Er übertrug den Text der Aldus-Ausgabe, εὐφημεῖν με χρὴ, in „Bene ominandum est", „(Jetzt) geziemt es sich, Worte von guter Vorbedeutung zu gebrauchen", gefolgt von „Lassen wir zu den Göttern beten …". Dies interpretierte Er. in dem Sinn, daß Stratonikos die Götter im Gebet anflehte, der Aulet möge ordentlich spielen („significans opus deorum auxilio, vt bene caneret"). Gemeint war aber das genaue Gegenteil, nämlich daß Stratonikos dem Auleten *verbot zu spielen*. Entscheidend ist die rituelle Formel εὐφήμει bzw. εὐφημεῖτε, die zu Anfang von Opfern gesprochen wurde: „Schweige(t) andachtsvoll", womit den Anwesenden Schweigen auferlegt wurde, um die Heiligkeit des Geschehens zu betonen und sicher zu stellen (vgl. Passow I, 2, S. 1269, s.v. εὐφημέω). Mit der Lesart εὐφήμει, μέχρι besagt der Spruch: „Schweige still, auf daß wir den Göttern das Opfer darbringen können". Indem sich Stratonikos mit εὐφήμει gewissermaßen persönlich an den Auleten richtete, erzeugte er den wunderschönen Doppelsinn, daß der schlechte Aulet still bleiben soll, auf daß das Opfer stattfinden kann, mit der Implikation, daß er, falls er spielen würde, das heilige Geschehen stören oder ungültig machen würde. Das lateinische Äquivalent der rituellen Formel εὐφήμει/ εὐφημεῖτε ist „Fauete linguis".

*Apophth.* VI, 483 ist ein Gegenstück zu *Adag.* 1039 „Bos ad praesepe" (*ASD* II, 3, S. 60). In den Baseldrucken wurde vergessen, das Apophthegma mit einem Titel zu versehen. Im Hinblick auf den Titel des nächstfolgenden Apophthegmas und auf den Titel des Adagiums „Bos ad praesepe", der auch im Text von *Apophth.* VI, 483 angeführt wird, ist wahrscheinlich „Bos ad praesepe" zu ergänzen; eine andere Möglichkeit ist, daß der Titel des vorhergehenden Apophthegmas, „Malus citharoedus" weitergeführt werden sollte. Dieser wäre jedoch nicht geeignet, die spezifische Aussage des Spruchs auszudrücken.

926–934　*Citharoedus … occidit*　Leicht gekürzte, anfänglich sinngemäß richtige, sodann

*canente non haberet, quicum loqueretur, confregit poculum et poposcit maius. Id quum*
*accepisset cum multis cyathis, Soli calicem ostendit, moxque sese vino ingurgitauit et*
930 *obdormiit.* Quum forte superuenissent aliquot *comessabundi,* cantori, qui conuiuium
exhibebat, *noti,* Stratonicus expergiscens *factus est ebrius.* At illi quum intellexissent,
quod *multum assidueque bibendo fuisset inebriatus,* Stratonicus compendio *respondit:*
„*Hic insidiator et sceleratus cantor, me veluti bouem ad praesepe dum coena accepit,*
*occidit*". Boues multo cibo saginantur, priusquam mactantur.

935   VI, 484                          *BOS LYRAE*                          (Stratonicus, 43)

Idem in *citharoedum* imperitum, *cui nomen* erat *Cleon,* sed vulgo *dicebatur Bos,*
„*Olim*", inquit, „*asinus lyrae dictum est, nunc bos* [*est*] *lyrae*".

VI, 485                                                                  (Stratonicus, 44)

*Idem Rhodios quum videret delitiis dissolutos et calido potu vtentes, appellauit albos*
940 *Cyrenaeos,* et ciuitatem illorum *appellauit Procorum ciuitatem, quod colore quidem*
*differrent a Cyrenaeis,* qui nigri sunt, *luxu et voluptatum studio similes.* Sic hodie
quidam appellant albos Mauros.

928  quicum *LB*: qui cum *A-C*.                    933  accepit *scripsi*: accipit *A-C*.
929  Soli *scripsi*: soli *A-C*.                       937  est *deleui*.

jedoch durch einen Verständnis- und einen
Übersetzungsfehler getrübte Wiedergabe von
Athen. VIII, 41, 348F–349A: ψάλτης κακὸς
Στρατόνικον (Στρατόνικος *ed. Ald. p. 132*) ἐσ-
τιῶν ποτε ἐπεδείκνυτ᾽ αὐτῷ τὴν τέχνην παρὰ
τὸν πότον. οὔσης δὲ λαμπρᾶς καὶ φιλοτίμου τῆς
δοχῆς, ψαλλόμενος ὁ Στρατόνικος, οὐκ ἔχων δ᾽
ὅτῳ διαλέξεθ᾽ ἑτέρῳ, συγκατέθλα τὸ ποτήριον.
ᾔτησε μεῖζον καὶ κυάθους πολλοὺς λαβὼν τῷ θ᾽
ἡλίῳ τὴν κύλικα δείξας συντόμως πιὼν καθεῦδε
(ἐκαθεῦδε *ed. Ald.*), τἆλλ᾽ ἐπιτρέψας τῇ τύχῃ.
ἐπὶ κῶμον ἐλθόντων δὲ τῷ ψάλτῃ τινῶν ἑτέ-
ρων κατὰ τύχην, ὡς ἔοικε, γνωρίμων (τινῶν
γνωρίμων *ed. Ald.*) ἔξοινος ὁ Στρατόνικος ἐγέ-
νετ᾽ εὐθέως. προσπυνθανομένων δ᾽ ὅ τι πολὺν
(πολὺ *ed. Ald.*) πίνων ἀεὶ οἶνον ἐμεθύσθη συντόμως, ἀπεκρίνατο: „ὁ γὰρ ἐπίβουλος κἀναγὴς
ψάλτης", ἔφη, „ὡς βοῦν ἐπὶ φάτνῃ δειπνίσας
ἀπέκτονεν". Er. hatte die Anekdote bereits in
den *Adagia* zur Gänze übersetzt: *Adag.* 1039
„Bos ad praesepe" (*ASD* II, 3, S. 62): „Athenaeus lib. viii. refert quiddam non illepidum
nec alienum ab hoc prouerbio. Cantor quidam imperitus, quum Stratonicum excepisset
conuiuio, inter pocula ostentabat illi artem.

Quum autem esset splendidum ac magnificum conuiuium ac Stratonicus eo frustraretur
non habens alterum, quicum sermocinaretur,
confregit poculum ac poposcit maius. Multos-
que cyathos quum accepisset solique calicem
ostendisset, affatim bibens obdormiit, caetera fortunae committens. Quum autem forte
comessabundi quidam superuenissent cantori
ex notis, Stratonicus ilico factus est sobrius.
Ii quum audissent, quod semper multum vini
bibens fuisset inebriatus, compendio respondit: ‚Insidiator enim et sceleratus ille cantor,
tanquam bouem ad praesepe, data coena occidit'. ... Congruet et in illos, qui in suum aluntur exitium, quemadmodum ii, qui se voluptatibus mundi explent. Orco quid aliud quam
victimae nutriuntur, veluti bos ad praesepe?".
931 *expergiscens* Dieses Wort findet sich nicht in
der griech. Textvorlage. Der Zusatz geht auf
Er.' irrige Übers. in *Adag.* 1039 (*ASD* II, 3,
S. 62) zurück: „Quum autem forte comessabundi quidam superuenissent ..., Stratonicus
ilico factus est *sobrius* (statt *ebrius*)".
931–932 *At illi ... inebriatus* Den Teil des griech.
Textes προσπυνθανομένων δ᾽ ὅ τι πολὺν πίνων

ἀεὶ οἶνον ἐμεθύσθη συντόμως hat Er. falsch wiedergegeben. Dort steht nicht „Als sie bemerkt hatten, daß er durch vieles und beständiges Trinken betrunken geworden war", sondern: „Als sie fragten, wie es komme, daß ein Mann, der gewohnt ist, viel und lang zu trinken, plötzlich vom Alkohol übermannt worden sei …", (vgl. Komm. in *CWE* 38, 730). In *Adag.* 1039 hatte Er. besser übersetzt: „Ii quum audissent, quod semper multum vini bibens fuisset inebriatus, …".

933 *bouem ad praesepe* Aus dem Vergleich, den Stratonikos a.a.O. anstellte, bastelte Er. *Adag.* 1039 „Bos ad praesepe" (*ASD* II, 3, S. 60–62): „… *Bos ad praesepe* in emeritos dici consueuit, quique iam ob aetatem ocio vitaeque molliori indulgent. Effertur et ad hunc modum: … Bos in stabulo. Congruit et in eos, qui nullis honestis negociis exercentur, sed turpi ocio atque abdomini seruiunt …".

*Apophth.* VI, 484 ist ein Gegenstück zu *Adag.* 335 „Asinus ad lyram" (*ASD* II, 1, S. 434–436): „Ὄνος λύρας … In eos, qui propter imperitiam nullo sunt iudicio crassisque auribus … Ὄνους λύρας appellat indociles bonarum artium atque intractabiles". Als Titel des Apophthegmas wählte Er. das Sprichwort in der von Stratonikos im Witz abgeänderten Form.

936–937 *citharoedum … lyrae* Athen. VIII, 41, 349C–D: Κλέων τις ἦν (Κλέων ἦν *ed. Ald. p. 133*) κιθαρῳδός, ὃς ἐκαλεῖτο Βοῦς, δεινῶς ἀπᾴδων τῇ λύρᾳ παραχρώμενος (λύρᾳ τε οὐ χρώμενος *ed. Ald.*). τούτου διακούσας ὁ Στρατόνικος εἶφ' ὅτι „Ὄνος λύρας ἐλέγετο, νῦν δὲ βοῦς λύρας". Vgl. *Adag.* 335 „Asinus ad lyram" (*ASD* II, 1, S. 434–436): „Festiuiter inuertit adagium Stratonicus apud Athenaeum libro Dip-

nosophistarum viii. Erat Cleon quispiam, cui nomen inditum boui. Is cum scite caneret voce, caeterum lyra non perinde vteretur, Stratonicus, vbi canentem audisset ‚Olim', inquit, ‚*asinus ad lyram* dictus est, nunc vero *bos ad lyram*'".

936 *imperitum* Er. läßt die Information der Quelle weg, daß Kleon zwar ein guter Sänger gewesen sei, aber die Leier nicht ebenso gut spielen konnte.

936 *Cleon* Ein weiter unbekannter Kitharöde namens Kleon, der den Spitznamen „Rind" (Βοῦς) trug.

939–941 *Idem Rhodios … similes* Athen. VIII, 45, 352B: τοὺς δὲ Ῥοδίους ὁ αὐτὸς Στρατόνικος σπαταλῶνας καὶ θερμοπότας θεωρῶν ἔφη αὐτοὺς λευκοὺς εἶναι Κυρηναίους. καὶ αὐτὴν δὲ τὴν Ῥόδον ἐκάλει μνηστήρων πόλιν, χρώματι μὲν εἰς ἀσωτίαν διαλλάττειν ἐκείνων ἡγούμενος αὐτούς, ὁμοιότητι δ' εἰς καταφέρειαν ἡδονῆς τὴν πόλιν μνηστήρων εἰκάζων (ed. Ald. p. 134); vgl. *Adag.* 1869 „Sponsi vita" (*ASD* II, 4, S. 256–258): „… *Sponsi vita*, pro molli ac delicata. … [G] Apud Athenaeum libro octauo Stratonicus citharoedus Rhodios λευκοὺς Κυρηναίους καὶ μνηστήρων πόλιν, id est ‚*albos Cyreneos et procorum ciuitatem*', appellat. [A] Nisi malumus ad Homericos illos Penelopes sponsis referre, quibus nihil cordi erat praeter conuiuia, citharam, choream, talos, discum, parasitos atque id genus voluptates …".

942 *albos Mauros* Im 15./16. Jh. wurden die Genueser ‚albi Mauri' genannt; dafür, daß auch die Rhodier mit diesem abschätzigen Namen bedacht wurden, ließ sich kein Beleg finden.

Eiusdem feruntur et alia libere *salseque dicta, in quibus* dicitur *imitatus Simonidem*
et Philoxenum. Si rogas, quod *libertatis* praemium tulerit, *offenso Nicocle Cypriorum*
945  *rege venenum bibit* et mortuus est. Hic *primus* fertur auxisse *chordarum* numerum *et*
*harmonias docuisse et diagramma reperisse.*

## PHOENICIDES

VI, 486                          Ἐμπτα                    (Phoenicides poeta) [45]

*Phoenicides, quum apponeret pisces* in conuiuio, *sed his duntaxat, qui dedissent sym-*
950  *bolum,* dixit *mare quidem esse commune, sed pisces* in eo natos *eorum esse, qui*
*emissent".*

943–946 *Eiusdem feruntur … reperisse* Dieser
Abschnitt gehört eigentlich nicht zu *Apophth.*
VI, 485; er stellt einen die Stratonikos-Sektion
beendenden, kurzen Epilog dar, der jenem
ähnelt, mit dem Athenaios seine Sammlung
der Apophthegmata des Stratonikos abgeschlossen hat (352D).

943–946 *salseque dicta … diagramma reperisse*
Stark gekürzte, paraphrasierende Wiedergabe
von Athen. VIII, 46, 352C–D: ζηλωτὴς δὲ τῶν
εὐτραπέλων λόγων τούτων ἐγένετο ὁ Στρατόνικος Σιμωνίδου τοῦ ποιητοῦ, ὥς φησιν Ἔφορος ἐν
δευτέρῳ περὶ εὑρημάτων, φάσκων καὶ Φιλόξενον
τὸν Κυθήριον περὶ τὰ ὅμοια ἐσπουδακέναι. Φαι-
νίας (Φανίας *ed. Ald. p. 134)* δ᾽ (δὲ *ed. Ald. p. 134)*
ὁ περιπατητικὸς ἐν δευτέρῳ περὶ ποιητῶν, „Στρατόνικος", φησίν, „ὁ Ἀθηναῖος δοκεῖ τὴν πολυχορδίαν εἰς τὴν ψιλὴν κιθάρισιν πρῶτος εἰσενεγκεῖν
καὶ πρῶτος μαθητὰς τῶν ἁρμονικῶν ἔλαβε καὶ
διάγραμμα συνεστήσατο. ἦν δὲ καὶ ἐν τῷ γελοίῳ
οὐκ ἀπίθανος. φασὶ δὲ καὶ τελευτῆσαι αὐτὸν διὰ
τὴν ἐν τῷ γελοίῳ παρρησίαν ὑπὸ Νικοκλέους τοῦ
Κυπρίων βασιλέως φάρμακον πιόντα διὰ τὸ σκώπτειν αὐτοῦ τοὺς υἱούς".

943 *dicitur* Die urspr. Quelle dieser Nachricht
ist der Traktat *Über Erfindungen* (Περὶ εὑρημάτων) des Historikers Ephoros (2. Buch), wie
Athenaios a.a.O. mitteilt. Er. streicht diese
genaue Quellenangabe.

943–944 *dicitur imitatus Simonidem et Philo-*
*xenum* Er. gibt hier den griech. Text nicht
korrekt wieder, in dem Athenaios den Historiker Ephoros zitiert. Dort steht lediglich,
daß Ephoros berichtet, daß Philoxenos von
Kythera ebenfalls ein Liebhaber von Witzen
und geistreichen Aussprüchen gewesen sei,

jedoch nicht, daß Stratonikos den Philoxenos
nachgeahmt habe.

943 *Simonidem* Für den bedeutenden Lyriker
Simonides von Keos (556/3–468/5 v. Chr.),
der zum alexandrinischen Kanon der neun
lyrischen Dichter gehörte, vgl. oben Komm.
zu VI, 383. Erasmus widmete Simonides im
sechsten Buch der *Apophth.* eine Sequenz von
vier Sprüchen (VI, 383–386).

944 *Philoxenum* Philoxenos von Kythera
(435/4–380/79 v. Chr.), Dithyrambendichter
und Hauptvertreter der „neuen" Musik am
Hof des Dionysios I. v. Syrakus. Für seine Person vgl. Komm. zu *Apophth.* VI, 406.

944 *libertatis* Hier „Redefreiheit", als vereinfachte Wiedergabe des griech. τὴν ἐν τῷ γελοίῳ
παρρησίαν.

944 *offenso Nicocle* Bei Athenaios steht, daß
König Nikokles darüber erzürnt gewesen sei,
daß Stratonikos seine Söhne verspottet habe
(διὰ τὸ σκώπτειν αὐτοῦ τοὺς υἱούς); Er. strich
diese Information.

944 *Nicocle* Nikokles, König des Stadtstaates
Salamis auf Zypern (reg. 374/3–ca. 361 v. Chr.);
Isokrates widmete ihm seinen panegyrischen
Fürstenspiegel *Ad Nicoclem.* Nikokles zeichnete sich durch seine Bildungsbeflissenheit
und philhellenische Kulturpolitik aus. Vgl.
P. Högemann, *DNP* 8 (2000), Sp. 917–918,
s.v „Nikokles", Nr. 1; H. Schaefer, *RE* XVII,
1 (1936), Sp. 350–351, s.v. „Nikokles", Nr. 2.
Der Bericht, daß Stratonikos von Nikokles
mit einem Giftbecher zu Tode gebracht worden sei, bei Athen. a.a.O., geht auf den Peri-
patetiker Phainias zurück, der in seinem lite-
raturgeschichtlichen Übersichtswerk *Über die*

*Dichter* die musikhistorischen Errungenschaften des Stratonikos vermeldete. Von Nikokles, der griech. Gelehrte und Künstler verehrte, ist sonst nicht bekannt, daß er sich an diesen vergriffen hätte. Die Historizität der Geschichte ist fraglich. So vermeldet H.A. Gärtner, *DNP* 11 (2001), Sp. 1047, s.v. „Stratonikos", den gewaltsamen Tod, den Stratonikos auf Zypern erlitten haben soll, nicht.

945–946 *Hic primus … reperisse* Athen. 352C–D zählt, seinem Gewährsmann Phainias folgend, die drei musikhistorisch bedeutendsten Leistungen des Stratonikos auf: Dieser hätte ein System von Akkorden eingeführt (τὴν πολυχορδίαν), wäre der erste gewesen, der Schülern Musikunterricht erteilt hätte, und ebenfalls der erste, der Musik diagrammatisch „auf einer Skala" festgehalten habe. Vgl. Gärtner, *DNP* 11 (2001), Sp. 1047.

945 *fertur* Athenaios vermittelte die konkrete Quelle: das zweite Buch des Traktats *Über die Dichter* des Philosophen Phoenias (im Athenaios-Text). Er. strich, wie auch sonst in der Stratonikos-Sektion, die reichen und klaren Quellenverweise des Athenaios. Phainias (oder Phanias) von Eresos auf Lesbos (ca. 375–300) war ein Schüler des Aristoteles; von seinen Werken, die ein breites Spektrum von Gegenständen aufweisen, sind nur Fragmente bekannt; die häufigsten Fragmente entstammen historischen Schriften. Von seinem Werk *Über die Dichter* sind insgesamt nur zwei Fragmente bekannt. Vgl. H. Gottschalk, *DNP* 9 (2000), Sp. 719, s.v. „Phainias". Phainias hatte kein Lemma in Diog. Laert.' Philosophiegeschichte erhalten.

945 *auxisse chordarum numerum* Er. hat an dieser Stelle den Text des Athenaios nicht recht verstanden. Dort steht nicht, daß Stratonikos die Anzahl der Saiten (der Kithara) vermehrt hätte, sondern daß er ein System von Akkorden (τὴν πολυχορδίαν) eingeführt hätte.

**Phoinikides** (3. Jh. v. Chr.) aus Megara, in Athen tätiger Dichter der neuen Komödie. Von ihm sind nur einige wenige Fragmente und Titel erhalten. Vgl. A. Körte, *RE* XX, 1 (1941), Sp. 380, s.v. „Phoinikides"; B. Bäbler, *DNP* 9 (2000), Sp. 936, s.v. „Phoinikides"; *PCG* VII, 1989, 388–392.

947 *PHOENICIDES* In dieser Form im Index personarum.

949–951 *Phoenicides … emissent* Wörtliche Übers. von Athen. 345E: Φοινικίδης δὲ τοὺς ἰχθῦς παρατιθεὶς τοῖς τὰς συμβολὰς δεδωκόσι τὴν μὲν θάλασσαν ἔλεγε κοινὴν εἶναι, τοὺς δ᾽ ἐν αὐτῇ ἰχθῦς τῶν ὠνησαμένων (ed. Ald. p. 131); Fr. Kock III, 335.

949 *Phoenicides* Es ist fraglich, ob es der Komödiendichter selbst ist, der seine Gäste auf diese Weise behandelt, oder eine Person, die in einer seiner Komödien auftritt.

## THEOCRITVS CHIVS

VI, 487                          Lvxvs                    (Theocritus Chius, 1) [46]

*Theocritus Chius, posteaquam Diocli lurconi perisset vxor et in funebri coena, quam*
955  *illi parabat,* nihilo secius *opsonia* voraret *flens interim, „Desine, miser", inquit, „nihil*
*profeceris opsoniis* indulgens", sentiens illi semper flendi fore materiam, si pergeret
deliciari. Olim vesci piscibus pro delitiis habebatur, et infami vocabulo dicebantur
*opsophagi*: nunc ea res magna est sanctimonia.

VI, 488                          [*B*] Loqvacitas              (Theocritus Chius, 2) [47]

960  Idem, *quum Anaximenes esset dicturus,* ita praefatus est: „*Incipit verborum flumen,*
*mentis gutta",* significans, illum esse multiloquum, sed minime sapientem.

VI, 489                          Iocvs intempestivvs          (Theocritus Chius, 3) [48]

Idem *quum* duceretur *ad Antigonum* regem atque hi, qui ducebant, iuberent hominem bono esse animo – fore enim incolumem, *simul atque venisset ad oculos* regis –

959–961  Loquacitas … minime sapientem *B C*:       962–966  Iocus intempestiuus … in crucem *B C*:
    *desunt in A.*                                    *desunt in A.*
961  multiloquum *C*: multiloquium *B.*

**Theokritos aus Chios** (365-nach 323 v. Chr.),
griech. Politiker und Sophist; Gegner Alexander d.Gr., den er nach der Eroberung von
Chios scharf angriff. Der Diadoche Antigonos I. Monophthalmos, ließ Theokrit hinrichten. Vgl. R. Laqueur, *RE* V, A2 (1934), Sp.
2025–2027, s.v. „Theokritos", Nr. 2; K. Meister, *DNP* 12.1 (2002), Sp. 359, s.v. „Theokritos",
Nr. 1. Er hatte eine dem Theokritos gewidmete
Sektion bereits in *Apophth.* IV, 130 (*ASD* IV, 4,
S. 314; *CWE* 37, S. 376) angekündigt.
952  *THEOCRITVS CHIVS*  In dieser Form im
Index personarum, sowie in *Apophth.* IV, 130
(*ASD* IV, 4, S. 314; *CWE* 37, S. 376). Der
Zusatz „Chius" dient dazu, diesen Theokritos
von dem gleichnamigen hellenistischen Dichter zu unterscheiden.
954–956  *Theocritus … profeceris* Athen. 344A:
Θεόκριτος δ᾽ ὁ Χῖος τελευτησάσης τῆς γυναικὸς
Διοκλεῖ τῷ ὀψοφάγῳ, ἐπειδὴ ποιῶν αὐτῇ τὸ περί-
δειπνον πάλιν ὀψοφάγει κλαίων ἅμα, „παῦσαι",
φησί, „κλαίων, ὦ πόνηρε: οὐδὲν γὰρ πλέον ὀψο-
φαγῶν ποιήσεις" (ed. Ald. p. 130).
954  *lurconi* Er. überträgt das mit einer spezifischen Bedeutung behaftete ὀψοφάγος („Fein-

schmecker, der Zukost verschmäht", „Fisch-
schlemmer") an dieser Stelle mit „lurco", ein
Wort, das v.a. die Menge des Verzehrten hervorkehrt und als Schimpfwort verwendet wird
(z. B. Suet. *Gramm.* 15; Plaut. *Pers.* III, 3, 16):
„Vielfraß", „Fresssack"; insb. Für Leute, die
soviel verschlingen, daß sie ihr gesamtes Vermögen verzehren (Paulus ex Festo, p. 120 „lur-
cones capacis gulae homines et bonorum suorum consumptores"); vgl. *DNG* II, Sp. 2941,
s.v. „lurco", Nr. 2; Lewis-Short, S. 1086, s.v.
„lurco (lurcho)".
955  *Desine*  Er. ließ in seiner Übers. das Wort
κλαίων aus („παῦσαι", φησί, „κλαίων, ὦ πόνηρε"), wodurch offen bleibt, womit Diokles
aufhören soll, mit dem Weinen oder dem
Schlemmen.
957–958  *Olim vesci piscibus … nunc ea res magna*
*est sanctimonia*  Er. bringt hier eine bissige
kulturkritische Anmerkung an, bei der er die
seiner Meinung zurechte Kritik, die man in
der Antike an den „Fisch-Schlemmern" hatte,
der zeitgenössischen (seiner Meinung nach
zu unrechten) christlichen Hochschätzung
der Fischspeisen als Fastenmahlzeit gegenüber.

Dabei mag eine Rolle gespielt haben, daß sich Er. vor Fisch ekelte. Für Er.' Abneigung gegen Fisch vgl. Komm. *CWE* 38, S. 731.

957–958 *infami vocabulo dicebantur opsophagi* Nachdem Er. oben ὀψοφάγος mit „lurco" übersetzt hatte, bringt er hier einen Neologismus an, indem er das Wort durch Transkription latinisierte; ebenso geht Er. unten in *Apophth.* VII, 302 („opsophagiam") vor. ὀψοφαγία und ὀψοφάγος bezeichnen eine spezifische Art luxuriösen Eßverhaltens, bei dem ausschließlich feine und wertvolle gekochte Speisen gegessen werden, wobei alle Zukost verschmäht wird. Normal war, daß man zu den feinen Speisen (ὄψα) immer Brot, die wichtigste Beilage der antiken Küche, aß. Unter ὄψα bzw. ὀψώνια (latein. „obsonia" bzw. „opsonia") verstand man prägnant Fischspeisen (vgl. Plut. *Symp.* IV, 4, 2; Athen. *Deipn.* VII, 276E–F; 288D; XIV, 648F). Er. behauptet, daß man „opsophagi" in der Antike pejorativ als eine Art Schimpfwort verwendete; jedoch geht das nur für einige Stellen auf, v.a. in der attischen Komödie (vgl. Aristoph. *Pax* 810, *Eccl.* 781; Eub. *Frgm.* 88).

960–961 *quum Anaximenes … gutta* Wörtliche Übersetzung von Stob. *Flor.* III, 36, 20: Θεόκριτος Ἀναξιμένους λέγειν μέλλοντος „ἄρχεται", εἶπεν, „λέξεων μὲν ποταμός, νοῦ δὲ σταλαγμός" (vgl. ed. Trincavelli, fol. M IIʳ; Stob. Meinecke II, 39).

960 *Anaximenes* Für den Historiker und Rhetoriklehrer **Anaximenes von Lampsakos** (2. H. des 4. Jh. v. Chr.), den Verfasser der Geschichte Philipps von Makedonien (*Philippika*) und einer Alexanders d.Gr., vgl. Komm. oben zu VI, 390. Anaximenes soll Alexander Rhetorikunterricht erteilt haben. Theokritos von Chios hasste Anaximenes schon aufgrund seiner Hinneigung zu Alexander.

961 *gutta* Gemeint ist eher „stillicidium", die „Traufe", da der Schwall und Überschwang der Worte kritisiert wird.

*Apophth.* VI, 489 Er. hatte den vorl. Spruch bereits im vierten Buch der *Apophth.* angekündigt, wo er eine Anekdote präsentierte, die sich auf die Einäugigkeit des Königs Antigonos I. bezog (IV, 130, *ASD* IV, 4, S. 314: „Idem (sc. Antigonus rex) quum accepisset instrumentum praegrandis literis descriptum, ,Hae', inquit, ,vel caeco perspicuae sunt', iocans in vicium oculorum; erat eim luscus. Idem alius magno capitis sui periculo dixisset, quod vsu venit Theocrito Chio, de quo postea dicetur").

963 *Idem quum duceretur ad Antigonum* Es trübt die Erzählung, daß Er. bei der Über-

nahme von Macrobius' Erzählung anzugeben vergißt, erstens, weshalb man Theokritos dem König vorführte – nämlich zur Bestrafung, und zweitens, daß Antigonos schon im Vorfeld versprochen hatte, er werde Theokritos am Leben lassen.

963–965 *ad Antigonum … mihi* Gekürzte und paraphrasierende Wiedergabe von Macr. *Sat.* VII, 3, 12: „Antigonus rex Theocritum Chium, de quo iurauerat, quod ei parsurus esset, occidit propter scomma ab eodem de se dictum. Cum enim quasi puniendus ad Antigonum raperetur, solantibus eum amicis ac spem pollicentibus, quod omni modo (omnino *ed. Ald.*) clementiam regis experturus esset, cum ad oculos eius venisset, respondit: (Leerzeile von ca. 4 Wörtern in *ed. Ald.*) ,Ergo impossibilem mihi dicitis spem salutis'. Erat autem Antigonus vno orbatus oculo, et importuna vrbanitas male dicacem luce priuauit" (vgl. ed. Ald. fol. 263ʳ). Da Er. den Kontext strich, den Macrobius angab, ist seine Wiedergabe der Anekdote weniger klar und ansprechend als die des römischen Grammatikers. Ganz klar und auf den Punkt gebracht findet sich die Geschichte bei Plut. *Quaest. conv.* II, 8, *Mor.* 633C, wo er einen kurzen Dialog zwischen einem Höfling des Antigonos und Theokritos wiedergibt. Der Höfling verspricht: „Geh hin und begebe dich vor die Augen des Königs, und du wirst gerettet sein", worauf Theokritos antwortete: „Die Rettung, die du versprichst, ist unmöglich": Θεόκριτον δὲ τὸν Χῖον ἀπέκτεινεν, ὅτι φήσαντός τινος, „εἰς ὀφθαλμοὺς ἂν βασιλέως παραγένῃ, σωθήσῃ" „ἀλλά μοι," εἶπεν, „ἀδύνατόν τιν᾽ ὑποφαίνεις τὴν σωτηρίαν". Mit einem ganz anderen Narrativ stattet Plutarch die Geschichte von Theokritos' Verspottung der Einäugigkeit des Antigonos in *De educatione puerorum* 14, *Mor.* 11B–C aus: Antigonos schickte seinen Koch Eutropion zu Theokritos von Chios, um ihn an den Königshof zu einer gelehrten Diskussion einzuladen; Theokritos schlug das Angebot mehrere Male aus. Als Eutropion jedoch immer wieder zu ihm kam, sagte er: „Mir ist schon klar, daß du mich dem Zyklopen lebend vorsetzen willst". Eutropion berichtete dies dem König, der Theokritos daraufhin töten ließ. In VI, 489 findet sich jedoch kein Hinweis darauf, daß Er. die Stellen, die ihm zweifellos bekannt waren, miteinbezogen hätte.

963 *Antigonum* Antigonos I. Monophthalmos (ca. 382–301 v. Chr.), Hetairos Alexanders d.Gr. und einer der Diadochen. Vgl. E. Badian, *DNP* 1 (1996), Sp. 752–753, s.v. „Anti-

965 „Omnem", inquit, *spem salutis mihi* adimitis", mordens regem, quod luscus esset. Rex audito ioco iussit hominem agi in crucem.

## [*A*] CHIROSOPHVS DIONYSII ADVLATOR

VI, 490 [*A*] EX AMBIGVO (Chirosophus) [1]

*Chirosophus Dionysii adulator, quum videret regem cum aliquot familiaribus ridentem,*
970 ipse *quanquam longo abesset interuallo nec audiret, pariter risit.* Rogauit *Dionysius,*
num audiret, quae dicerentur. Negauit. „*Quur* igitur", inquit, „*rides?*" – „Quoniam
persuasum habeo, *quicquid istuc* est, quod inter vos agitis, *esse* aliquid *ridiculum".*
Ridicula Graecis dicuntur interdum non deridenda, sed festiua.

## ARCADION ADVLATOR

975 VI, 491 (Arcadion) [2]

*Arcadion adulator odio Philippi Macedonis sponte deseruit patriam. Euenit autem,*
*vt Philippo Delphis agente adesset.* Eum rex *accersitum* rogauit, „*Quousque fugies,*
*Arcadion?*", „Donec", inquit, „peruenero, vbi nemo *norit Philippum".* Quis non
miretur eam libertatem in adulatore? Sed hac libertate delectatus rex, *vocauit illum*
980 *ad coenam,* itaque cum eo in gratiam rediit. Quanquam libertati suberat adulatio,
subindicans Philippum nusquam non esse celebrem.

gonos", Nr. 1; J. Kaerst, *RE* I, 2 (1894), Sp. 2406–2413, s.v. „Antigonos", Nr. 3. Er. hatte ihm bereits im vierten Buch eine Sektion von Sprüchen gewidmet (IV, 103–132; *ASD* IV, 4, S. 308–314; *CWE* 37, S. 366–376).

967 *CHIROSOPHVS DIONYSII ADVLATOR* In dieser Form im Index personarum. **Cheirisophos,** ein nur aus der zitierten Athenaeus-Stelle bekannter Höfling und Schmeichler, Zeitgenosse König Philipps II. von Makedonien. Vgl. B. Niese, *RE* III, 2, 1899, Sp. 2221, s.v. „Cheirisophos", Nr. 2.

*Apophth.* VI, 490–517 Hier folgt ein längerer Abschnitt, der den Sprüchen verschiedener Schmeichler (*adulatores*) bzw. Parasiten gewidmet sein soll. Jedoch wird er VI, 493–494 dadurch unterbrochen, daß Er. Melanthius, den Parasiten, mit Melanthius, dem athenischen Tragiker, verwechselt, VI, 504, 505 und 508 dadurch, daß Er. den Parasiten Philoxe-

nos Pternokopis mit Philoxenos, dem attischen Komödiendichter, durcheinanderwirft, und VI, 506 dadurch, daß Er. den Parasiten Philoxenos Pternokopis mit dem Tragödiendichter Euripides verwechselt.

969–972 *Chirosophus ... ridiculum* Athen. VI, 55, 249E: ὁ δ' αὐτός φησι καὶ Χειρίσοφον τὸν Διονυσίου κόλακα ἰδόντα Διονύσιον γελῶντα μετά τινων γνωρίμων (ἀπεῖχεν δ' ἀπ' αὐτῶν πλείω τόπον, ὡς μὴ συνακούειν) συγγελᾶν. ἐπεὶ δ' ὁ Διονύσιος ἠρώτησεν αὐτὸν διὰ τίνα αἰτίαν οὐ συνακούων τῶν λεγομένων γελᾷ, „ὑμῖν", φησί, „πιστεύω διότι τὸ ῥηθὲν γέλοιόν ἐστιν". Er. verschweigt an dieser Stelle, wie auch in ähnlichen Fällen, die ursprüngliche Quelle der Anekdote, die *Hypomnemata* (*Memorabilia*) des hellenistischen Schriftstellers Hegesandros von Delphi.

969 *Dionysii* Wohl eher nicht Dionysios I. (430–367 v. Chr.), Tyrann von Syrakus (reg.

405–367 v. Chr.), sondern dessen Sohn Dionysios II. (um 396–um 337 v. Chr.); zu diesem vgl.
oben Komm. zu V, 77.

973  *Ridicula … festiva*  Er.' sprachliche Erklärung ist kurios, da sie das griech. Wort γέλοιον
zu erläutern vorgibt, jedoch faktisch das lateinische Wort „ridiculum" erklärt. Es ist das
lateinische Wort „ridiculum", das eine klare –
jedoch hier unerwünschte – negative Konnotation hat (auch als Schimpfwort, z. B. „ridiculum caput"; vgl. *DNG* II, S. 4189, s.v.,
Nr. II), während für γέλοιον dieses Problem
im Grunde nicht relevant ist (vgl. Passow I,
1, S. 544, s.v. γελοῖος). Um das Problem der
pejorativen Bedeutung von „ridiculum" auszuschließen, wäre es besser gewesen, γελοῖον
mit „facetum" zu übersetzen.

**Arkadion von Achaia**, Feind Philipps II., nur aus
Athenaios bekannt. Vgl. F. Stähelin, *RE* Band
Suppl. I (1903), Sp. 137, s.v.; nicht in *DNP*.

974  *ARCADION ADVLATOR*  In dieser Form
im Index personarum. Der von Er. auf diese
Weise gebildete Name beruht auf einem Mißverständnis der Quelle. Bei Athenaios steht,
daß Arkadion eben *kein* Schmeichler Philipps
war.

*Apophth.* VI, 491 – Der Spruch, der in den
Baseldrucken keinen Titel erhalten hat, datiert
auf das Frühjahr von 330 v. Chr., als der
Makedonenkönig Philipp II. Delphi besuchte.

976–980  *Arcadion … coenam*  V.a. in Bezug auf
die Quellenangaben gekürzte, freie und durch
ein grobes Mißverständnis entstellte Wiedergabe von Athen. 249C–D: ἀλλ᾽ οὐκ Ἀρκαδίων
ὁ Ἀχαιὸς κόλαξ ἦν περὶ οὗ ὁ αὐτὸς ἱστορεῖ Θεό-
πομπος καὶ Δοῦρις ἐν πέμπτῃ (πέμπτῳ *ed. Ald.*
*p.* 85) Μακεδονικῶν οὗτος δὲ ὁ Ἀρκαδίων μισῶν
τὸν Φίλιππον ἑκούσιον ἐκ τῆς πατρίδος φυγὴν
ἔφυγεν. ἦν δὲ εὐφυέστατος καὶ πλείους ἀποφά-
σεις αὐτοῦ μνημονεύονται, ἔτυχεν δ᾽ οὖν ποτε ἐν

Δελφοῖς ἐπιδημοῦντος Φιλίππου παρεῖναι καὶ τὸν
Ἀρκαδίωνα· ὃν θεασάμενος ὁ Μακεδὼν καὶ προσ-
καλεσάμενος „μέχρι τίνος φεύξῃ", φησίν, „Ἀρκαδίων" (Ἀρκαδίων. *ed. Ald.*);˙ καὶ ὅς· „ἕς τ᾽ ἂν
τοὺς ἀφίκωμαι οἳ οὐκ ἴσασι Φίλιππον". Φύλαρχος
δ᾽ ἐν τῇ πρώτῃ καὶ εἰκοστῇ τῶν ἱστοριῶν γελά-
σαντα τὸν Φίλιππον ἐπὶ τούτῳ καλέσαι (ἐκάλε-
σέν *ed. Ald.*) τε ἐπὶ δεῖπνον τὸν Ἀρκαδίωνα καὶ
οὕτω τὴν ἔχθραν διαλύσασθαι. Er. verschweigt
die von Athenaios genau angegebenen Quellen der Anekdote: Theopompos' (geb. ca. 378 v.
Chr.) *Historiae Philippicae*, welche die Regierungszeit Philipps II. von Makedonien (360–
336 v. Chr.) beschreibt (*FGrH* 115 F 280), und
Duris' von Samos (geb. um 340 v. Chr.) *Mace-
donica*, 5. Buch (*FGrH* 76 F 3) und Phylarchos'
*Historiae*, die den Zeitraum von ca. 278–220
beschreiben (*FGrH* 81 F 37).

976  *Arcadion adulator*  Falsch verstanden, konträr zu Athenaios' Angabe ἀλλ᾽ *οὐκ* Ἀρκαδίων ὁ
Ἀχαιὸς κόλαξ ἦν …

978  *Donec … Philippum*  Er. war nicht aufgefallen, daß Arkadion hier einen Vers zitie-
rend adaptierte, Hom. *Od.* 11, 122. An der
nämlichen Odyssee-Stelle legt der Seher Tei-
resias dem Odysseus dar, welche Leistungen
er erbringen müsse, um sein Leben wieder ins
rechte Lot zu bringen. Dazu gehörte, einen
Ort – wohl am Rande der bewohnten Welt –
aufzusuchen, an dem Schiffahrt unbekannt ist.
Der Vers lautete ursprünglich: εἰς ὅ κε τοὺς ἀφί-
κηαι οἳ οὐκ ἴσασι θάλασσαν.

978–981  *Quis non … celebrem*  Die Erklärung
des Er. ist verfehlt, weil sie von der falschen Annahme ausgeht, Arkadion sei ein
Schmeichler gewesen. Lycosthenes übernahm
die fehlerhafte Übers. und Erklärung des Er.
und bildete auf dieser Grundlage sein Kapitel
„De adulantium libertate" (S. 16).

## MELANTHIVS PARASITVS

VI, 492                      Ventris stvdivm        (Melanthius parasitus, 1) [3]

*Melanthius, Alexandri Pheraei parasitus, interrogatus, quomodo fuisset interfectus Alex-*
985   *ander, „per* costam", *inquit, „in meum ventrem"*, sentiens idem vulnus etiam suo
inflictum ventri, cui iam erat esuriendum mortuo, qui consueuerat alere.


## MELANTHIVS PARASITVS [i.e. POETA]

VI, 493                                              (Melanthius poeta, 2) [4]

[*B*] In *Archippum Atheniensium ducem,* contractis et incuruis humeris, *iecit scomma,*
990   *dicens eum* οὐ προεστάναι τῆς πόλεως, ἀλλὰ κεκυφέναι. Nam iocus Latinis verbis reddi
non potest. Quanquam legendum arbitror προκεκυφέναι, id est, non „antestetisse",
sed „antecubuisse". Stat enim, qui erecto est corpore; προκύπτει, qui se ante alium
incuruat.

---

984  Melanthius *scripsi sec. Plut. ed. Ald. (Μελάν-*
     *θιον)*: Melanthus *A–C.*
984  Pheraei *A–C:* Pherei *Plut. vers. ab Erasmo*
     *1514.*

985  costam *scripsi sec. Plut. vers. ab Erasmo 1514 et*
     *1530:* coxam *A–C.*
989–993  In Archippum … incuruat *B C: desunt*
     *in A.*

**Melanthios**, Parasit am Hofe des Tyrannen
Alexander von Pherai. Vgl. F. Stähelin, *RE*
XV, 1 (1931), Sp. 428, s.v. „Melanthios", Nr.
8.
982  *MELANTHIVS PARASITVS*  Im Index
personarum mit der unrichtigen Namensform
„Melanthus parasitus" angegeben.
*Apophth.* VI, 492 datiert auf das J. 358 v. Chr., in
dem Alexander von Pherai von seinen Brüdern
ermordet wurde.
984  *Melanthius*  „Melanthus" ist ein Textübertragungsfehler, der bei der Übernahme wahrscheinlich von Er.' früherer Übers. zustandegekommen ist. Die falsche Namensform
„Melanthus" wurde auch von Lycosthenes
(S. 13 und 27) übernommen.
984–985  *Melanthius … ventrem*  Weitgehend
wörtliche, jedoch durch Textübernahmefehler entstellte Wiedergabe von Plut. *Quomodo
adulator ab amico internoscatur 3, Mor.* 50D.
Er. hatte den Plutarch-Text bereits für seine
Sammlung d.J. 1514 übersetzt: „Neque enim
opus fuit Melanthium (Melanthium *deest in
ed. Froben, Basel 1514, fol. 3ᵛ*: Melanthium *ed.*

*Cratander 1530, fol. 170ᵛ, text. recept.*), Alexandri Pheraei (Pheraei *ed. Cratander, ASD IV,
2:* pherei *ed. Froben, Basel 1514*) parasitum
deprehendere, qui interrogantibus, quomodo
fuisset interfectus Alexander, ‚Per costam',
inquit, ‚in meum ventrem'". Vgl. den griech.
Text: οὐ γὰρ δήπου Μελάνθιον (so auch *ed. Ald.
p. 43*) ἔδει τὸν Ἀλεξάνδρου τοῦ Φεραίου παράσιτον ἐξελέγχειν, ὃς τοῖς ἐρωτῶσι πῶς Ἀλέξαν-
δρος ἐσφάγη „διὰ τῆς πλευρᾶς" ἔλεγεν, „εἰς τὴν
γαστέρα τὴν ἐμήν". Bereits Brusoni hatte das
Apophthegma in seine Sammlung d.J. 1518
aufgenommen, im Übrigen in einer sprachlich ansprechenderen lateinischen Übersetzung
als jene des Erasmus (V, 9): „Melanthius Alexandri Pheraei parasitus, rogantibus, quomodo
Alexander occisus esset: ‚Transfixis', inquit,
‚lateribus, vsque ad meum ventrem'".
984  *Alexandri Pheraei*  Alexander von Pherai,
nach dem Mord an seinem Onkel Polyphron
im Jahre 369 Tyrann von Pherai und Tagos der
Thessalier, gegen den sich die Einwohner von
Thessalien zunächst Hilfe von Alexander II
von Makedonien, dann von den Thebanern

erbaten, die Alexander von Pherai 364 bei Kynoskephalai besiegten und ihn zur Aufgabe der
Herrschaft zwangen. Im Jahre 358 wurde er von
den Brüdern seiner Gemahlin auf ihr Anra-
ten hin ermordet. In allen Erzählungen wird
Alexander einhellig als Inbegriff eines grausamen und argwöhnischen Tyrannen bezeichnet. Vgl. J. Kaerst, *RE* I, 1 (1893), Sp. 1408–
1409, s.v. „Alexander", Nr. 5; W. Schmitz,
*DNP* 1 (1996/9), Sp. 476–477, s.v. „Alexander", Nr. 15.

985 *costam* Das von den Baseldrucken einhellig
überlieferte „coxam" ist ein Textübertragungsfehler, der wohl bei der Übernahme von Er.'
früherer Übers., „costa", zustandegekommen
ist; „per costam" („Rippe") ist eine richtige
Übers. für διὰ τῆς πλευρᾶς; „coxam" („Hinter-
bein", „Hüfte") wahrscheinlich eine Verschreibung von „costam". Die als solche unhaltbare
Lesart „per coxam" wurde von Lycosthenes
(S. 13) übernommen.

*Apophth.* VI, 493 Es kann sich hier nicht um
Melanthios, den Höfling des Tyrannen von
Pherai handeln, da sich dieser nicht in Athen,
sondern im weit entfernten Thessalien auf-
hielt; gemeint ist **Melanthios, der athenische
Dichter** des 5. Jh. v. Chr. von u.a. Tragö-
dien und Elegien. Vgl. E. Diehl, *RE* XV, 1
(1931), Sp. 428–429, s.v. „Melanthios", Nr. 10;
B. Zimmermann, *DNP* 7 (1999), Sp. 1172, s.v.
„Melanthios".

989 *Archippum* Es handelt sich hier um den
athenischen Demagogen **Archippos** (vgl. Plutarchs Text: Ἄρχιππος ὁ δημαγωγός). Für diesen s. J. Kirchner, *RE* II, 1 (1895), Sp. 543, s.v.
„Archippos", Nr. 4; nicht in *DNP*; nicht identifiziert in *CW*, 38, S. 733: „Archippus is unk-
nown elsewhere".

989–990 *Archippum ... κεκυφέναι* leicht gekürzte, freie Wiedergabe von Plut. *Quaest.
conv.* 9, *Mor.* 633D: ἠγανάκτησε δὲ καὶ Ἄρχιππος ὁ δημαγωγὸς τῶν Ἀθηναίων ὑπὸ Μελανθίου
σκωφθεὶς εἰς τὸ κυρτόν· ἔφη γὰρ αὐτὸν ὁ Μελάνθιος οὐ προεστάναι τῆς πόλεως ἀλλὰ προκεκυφέναι (προκεκυφέναι *Hoffleit*, κεκυφέναι *ed. Ald.*
p. 804).

990 *οὐ προεστάναι ... κεκυφέναι* Der Witz ist,
daß der bucklige Demagoge, wie Melanthios

sagte, nicht dem Staat „vorstehe" (προεστάναι, wie es sich für einen Staatsmann gehört
hätte), sondern sich zu ihm hinabbeuge bzw.
vor ihm einen Buckel (oder eine Verbeugung)
mache (κεκυφέναι), mit dem Doppelsinn, daß
der Demagoge Archippos sowohl dem Volk zu
Willen ist als auch physisch einen Buckel hat.
Vgl. Pape II, 732, s.v. „προκύπτω": „sich vor-
wärts oder vornüber bücken, beugen, neigen".

991 *προκεκυφέναι* Er.' Textverbesserungsvor-
schlag ist insofern reizvoll, als er den Gleichklang, auf dem der Wortwitz beruht, noch
stärker hervorkehrt. Jedoch konnte das zweite
προ- im griech. Text auch hinzugedacht werden.

991–992 *antestetisse ... antecubuisse* Er. sagt
zwar, daß der griech. Witz im Latein. nicht
wiedergegeben werden könne, übersetzt dann
dennoch beide griechische Wörter ins Lateinische. Beide Übersetzungen geben jedoch
den vom Griechischen her erforderlichen Sinn
nicht richtig wieder: προεστάναι τῆς πόλεως
wäre, richtig übersetzt, auf Latein „praefuisse
reipublicae", während das von Er. verwendete
„antistare" oder „antestare" + Dativ „jeman-
den/ übertreffen" bedeutet (vgl. Georges I, Sp.
477–478, s.v. „antisto"). Προκύπτειν bedeutet „sich vermeigen vor"; auf Latein ist das
nicht „antecubuisse", sondern „caput sum-
mittere", „ceruicem inclinare" oder „sum-
missa ceruice", bzw., wenn man nur die Körperhaltung beschreiben wollte, „incuruari".
„cubare (cubui)" bedeutet „liegen", „speisen"
oder „schlafen" (Georges I, Sp. 1783–1784, s.v.
„cubo") und „accumbere (accubui)" „sich hin-
legen" (zum Speisen oder Schlafen); das von
Er. präsentierte Wort „antecubare" („antecubuisse") kommt m.W. in der latein. Sprache
sonst nicht vor.

992–993 *qui se ante alium incuruat* Er. will
sagen „wer sich vor einem andern verbeugt/
verneigt". Er.' Formulierung ist hier abermals
ungeschickt, da für diesen Sinn im Lateinischen stets die mediale Form verwendet wird
(„qui incuruatur"); vgl. Georges I, Sp. 183–
184, und Lewis-Short, S. 932, beide s.v. „incu-
ruo".

VI, 494                          *VERBORVM AMPVLLAE*         (Melanthius poeta, 2) [5]

995  *Interrogatus, quid sentiret de tragoedia Diogenis,* negauit *se vidisse, quod esset obtecta*
     *verborum inuolucris,* notans ambitiosa verborum copia rem obscurari. Refert Plutar-
     chus Περὶ τοῦ ἀκούειν.

## [*A*] AGIS ARGIVVS ADVLATOR

VI, 495                          [*A*] LIBERTAS ADVLATRIX                          (Agis) [6]

1000  *Agis Argiuus* adulator videns *Alexandrum ingentia munera dedisse cuidam ridiculo,*
      exclamauit: „*O* rem *vehementer absurdam!*“. *Quum Alexander* hac voce excitatus
      dixisset, „*Quid tu ais?*“, „*Fateor*“, inquit Agis, „*me pati non posse, quum videam vos*
      *e Ioue prognatos omnes pariter assentatoribus delectari. Siquidem* et Iupiter Vulcanum
      habet pro morione, et *Hercules Cercopibus* et Bacchus *Silenis deleclari* consueuit. *Tales*
  5   *videmus et apud te magni fieri*“. Pestilentissimum adulationis genus, sub libertatis
      imagine blandiri.

---

994–997 Verborum ampullae … τοῦ ἀκούειν      3 Iupiter *C*: Iuppiter *A B*.
B C: *desunt in A.*                          4 morione *BAS LB*: Morione *A-C*.

*Apophth.* VI, 494  Auch für *Apophth.* VI, 494
gilt, daß Er. den Melanthius seiner Quelle,
Plutarchs *De recta ratione audiendi,* fälschlich
für den Parasiten vom Hofe Alexanders von
Pherai hält.

994 *Verborum ampullae*  Den Titel „Verborum
ampullae“ leitete Er. aus der *Ars poetica* (Z.
97) ab, wo Horaz den richtigen Stil in Bezug
auf die Wortwahl für Tragödien diskutiert.
Nach Horaz sind hochtrabende, lange Kompositwörter in Tragödien unbedingt zu vermeiden, weil sie das Publikum nicht „rüh-
ren“, sondern gekünstelt und weithergeholt
wirken. Stattdessen sollte der Tragiker einfache, gewöhnliche Wörter (im *sermo pedes-*
*tris*) verwenden. Die von ihm abgelehnten langen, „hohlen“ Kompositwörter nennt Horaz
„ampullas et sesquipedalia verba“ – „hohle
Tongefässe und eineinhalb Fuß lange Wörter“.
„Sesquipedalia“ ist als witzige Übertreibung
gemeint. Eineinhalb röm. Fuß sind ca. 45 cm,
während ein geschriebenes Wort normalerweise 1–3 cm in Anspruch nehmen würde. Ein
Wort, das etwa 45 cm lang ist, ist natürlich
mehr als ein Unding: Es bedeutet, daß hier ein
Kompositwort gebildet wird, das mehr als eine

ganze Zeile in Anspruch nimmt (eine Papyrus-
Rolle ist in etwa 30 cm breit). Vgl. Hor. *A.P.*
95–98: „Et tragicus plerumque dolet sermone
pedestri/ Telephus et Peleus, cum pauper et
exul vterque,/ Proicit ampullas et sesquipedalia verba,/ Si curat cor spectantis tetigisse querella“. Für hohle, bombastische Sprachampho-
ren vgl. auch Verg. *Cat.* 5–6: „Ite hinc inanes,
ite rhetorum ampullae/ Inflata rhoezo verba“,
und N. Rudd's Kommentar zu *A.P.* 95–98
(Horace, *Epistles* …, Cambridge 1989, S. 166–
167).
995–996 *Interrogatus … verborum*  Plut. *De*
*recta ratione audiendi 7, Mor.* 41D: ὁ μὲν γὰρ
Μελάνθιος, ὡς ἔοικε, περὶ τῆς Διογένους τρα-
γῳδίας ἐρωτηθείς, οὐκ ἔφη κατιδεῖν αὐτὴν ὑπὸ
τῶν ὀνομάτων ἐπιπροσθουμένην (ἐπιπροσθουμένην ed. *Babbitt,* ὑποπροσθουμένην ed. *Ald.*
*p. 35*). Er. verbesserte die latein. Übers. des
Otmar Luscinius, der den Spruch falsch verstanden hatte: „Atque eam ob causam Melanthius rogatus, quid de Diogenis tragoedia
sentiret, consulto respondit, se illam haudquaquam despicere, quae diuinis nominibus illustraretur“ (ed. Cratander, Basel 1530,
fol. 240A).

995 *tragoedia Diogenis* Diogenes, Tragiker aus Athen (um 400 v. Chr.), von dem nur Fragment mit Sicherheit erhalten ist (*TrGF* 45). Auf Grund seiner Vorliebe für bombastische, hochtrabende Worte hatte er den Beinamen „Oinomaos" (Οἰνόμαος), „der Wortreiche". Vgl. A. Dietrich, *RE* V, 1 (1903), Sp. 737, s.v. „Diogenes", Nr. 36; F. Pressler, *DNP* 3 (1997/9), Sp. 605, s.v. „Diogenes", Nr. 22.

995 *vidisse* Im Griechischen liegt ein Mehrfachsinn von „wahrnehmen/sehen", „von oben her sehen" und „verstehen" vor (vgl. Pape I, S. 1289, s.v. „καθοράω"): Im griech. Theater sitzt das Publikum höher als die Bühne, auf der die Schauspieler aktieren, und blickt insofern auf das Schauspiel „hinab": Das Spiel der Akteure wird auf diese Weise „wahrgenommen" (gesehen), und zudem im geistigen Sinn „verstanden". Schall und Rauch bombastischer, hochtrabender, großartiger und auch der Schwall zu vieler Worte kann dem Verständnis im Wege stehen und bewirken, daß dem Zuschauer unklar wird, was Sache ist, wie Plutarch in seiner Einleitung des Spruches darlegt.

998 *AGIS ARGIVVS ADVLATOR* In dieser Form im Text des Lemmas; im Index personarum fälschlich als „Agis Argiuus adolescens" angegeben. **Agis**, ein **Schmeichler Alexanders d.Gr.** Vgl. G. Wissowa, *RE* I, 1 (1893), Sp. 821, s.v. „Agis", Nr. 8.

1000–5 *Agis … fieri* Plut. *Quomodo adulator ab amico internoscatur* 18, *Mor.* 60B–C. Er. bearbeitete variierend seine eigene latein. Übers. d.J. 1514 (*ASD* IV, 2, S. 140; ed. Cratander, Basel 1530, fol. 174D): „Agis Argiuus, quum Alexander ridiculo cuidam ingentia daret munera, prae inuidia ac dolore exclamauit: ‚O rem vehementer absurdam!'. At postquam Alexander ira percitus conuersus ad illum dixisset, ‚Et quid tu tandem ais?', ‚Fateor', inquit, ‚me moleste ferre et indignari, quum videam vos omnes e Ioue prognatos aeque (aeque *ed. Cratander*: eque *ASD*) adula-

toribus et ridiculis hominibus delectari. Siquidem et Hercules Cercopibus quibusdam et Bacchus Silenis delectabatur, et apud te videre licet, huiusmodi magni fieri'". Vgl. den griech. Text: καθάπερ Ἆγις ὁ Ἀργεῖος, Ἀλεξάνδρου γελωτοποιῷ τινι μεγάλας δωρεὰς διδόντος (διδόντος *ed. Babbitt*, δόντος *ed. Ald. p. 52*) ὑπὸ φθόνου καὶ λύπης ἐξέκραγεν ‚ὦ τῆς πολλῆς ἀτοπίας", ἐπιστρέψαντος δὲ τοῦ βασιλέως πρὸς αὐτὸν ὀργῇ καί ‚τί δὴ σὺ λέγεις;" εἰπόντος ‚ὁμολογῶ", φησὶν, ‚ἄχθεσθαι καὶ ἀγανακτεῖν, ὁρῶν ὑμᾶς τοὺς ἐκ Διὸς γεγονότας ἅπαντας ὁμοίως κόλαξιν ἀνθρώποις καὶ καταγελάστοις χαίροντας· καὶ γὰρ Ἡρακλῆς Κέρκωψί τισι, καὶ Σειληνοῖς ὁ Διόνυσος ἐτέρπετο, καὶ παρὰ σοὶ τοιούτους ἰδεῖν ἔστιν εὐδοκιμοῦντας".

1000 *videns Alexandrum* Alexander d.Gr.

4 *morione* Für „morio", „Hofnarr", vgl. Georges II, Sp. 1008, *DNG* II, 3151, jeweils s.v.

4 *Cercopibus* Cercopes, sprichwörtliche Diebe, Betrüger und Schurken der griechischen Mythologie, die in waldreichen Gebieten wohnten (Waldgeister?). Sie sollen dem Herakles, als er bei Omphale diente, die Waffen und Rüstung gestohlen haben. Der Held verfolgte sie und konnte ihrer bei Ephesos habhaft werden. Er fesselte sie, hängte sie kopfüber auf einen Tragestock auf und nahm sie mit sich. Unterwegs mussten die Cercopes laut über den schwarzen Rücken des Herakles lachen; dieser nahm die Sache mit Humor, lachte mit und liess sie frei. Er widmete ihnen *Adag.* 1635 „Cercopum coetus" (*ASD* II, 4, S. 110); 1637 „Cercopissare" (*ASD* II, 4, S. 111) und 1043 „Ne in Melampygum incidas" (*ASD* II, 3, S. 64). *Adag.* 1635: „Narrant enim Cercopes quosdam in Epheso fuisse notae fraudulentiae viros, qui suis dolis conati sint, ipsi Ioui imponere. Hos admonuerat mater, ne in Melampygum (Mann mit dem schwarzen Hintern) inciderent, id quod euenit. Nam post ab Hercule vincti sunt iussu Omphales".

## AETHIOPS MILES SEVERI IMPERATORIS

VI, 496                    OMEN        (Aethiops miles Seueri imp.) [7]

Seuerus imperator quum e *Britannia rediret, non solum victor, sed etiam in aeternum*
10  *pace fundata, voluens animo, quid ominis sibi occurreret, Aethiops quidam e numero*
*militari, clarae inter scurras famae,* ac *iocorum celebrium, cum corona e cupressu facta ei*
*occurrit.* Caesar et *coloris et coronae tactus omine* – nam cupressus funebris est – *iratus,*
iussit hominem sub*moueri.* At scurra discedens peius omen addidit lingua, dicens:
„*Totum fuisti, totum vicisti, iam deus esto victor*“. Scurrae iocus vaticinium erat. Nam
15  Caesar aliquanto post periit.

[*CWE* VI, 500]              [ADVLANTER              (Anaxarchus)

Anaxarchus quum … sustinebat]

## PRAXASPES

VI, 497            IMPIVS ADVLATOR    (Praxaspes, i.e. Praexaspes) [8]

20  *Praxaspes Cambysen regem admonuit, vt parcius* vino indulgeret: *turpem* enim *esse*
*in rege ebrietatem,* in *quem* vnum *omnium* essent coniecti *oculi.* Cui rex, „*Vt scias*“,
inquit, „quam *mihi nunquam excidam, approbabo* etiam *post vinum et oculos et manus*

---

16–17 Adulanter. Anaxarchus quum … sustinebat *(A B)* transposuit *C in lib. VII (379), in Ana-*
*xarchi sectionem.*
20 Praxaspes *A-C:* Prexaspes *LB (cf. nomen*
*Graec. ex Herodoto)*: Praexaspes *text. recept. Sen.*

*De ira:* Prasaspes *Lycosthen. p. 1048*: Traxhexa-
tipes *Sen. ed. Venet. 1492.*
20 Cambysen *BAS LB sec. Sen. De ira (ita etiam*
*edd. vett.)*: Cambyzen *A-C.*

---

8 *Omen* Das vorl. Apophth. gehört dem letzten
Abschnitt der Regierungszeit des Septimius
Severus zu und datiert auf das Ende des Kale-
donenfeldzugs, kurz bevor der Kaiser starb (4.
2. 211).
9 *Seuerus imperator* Für Kaiser Septimius
Severus (reg. 193–211) vgl. oben Komm. zu VI,
124. Er. widmete ihm ebd. eine Sektion von
sechs Sprüchen.
9 *e Britannia rediret* Er. gibt die historische
Situation falsch wieder: Septimius Severus
kehrte nicht aus Britannien nach Rom zurück;
vielmehr starb er auf der Insel in seinem
Hauptlager in York (Eboracum) am 4. 2. 211.
Die Situation des vorl. Apophthegmas ist,
daß Severus, nach dem erfolgreich verlaufenen

Feldzug gegen die Kaledonen Hadrian's Wall
inspektierte und von dort in das nächstgele-
gene Lager zurückkehrte („in Britannia cum
ad proximam mansionem rediret …“).
9 *Britannia … victor Hist. Aug., Seuerus* 22, 4.
Er. gibt den Text nach seiner eigenen Ausg.
d. J. 1518 wieder: „Post m[a]urum (Maurum *ed.*
*Er. p. 262*) apud Luguuallum visum (vallum
missum *ed. Er., cod. P, ed. Peter*) in Brittan-
nia cum ad proximam mansionem rediret non
solum victor, sed etiam in aeternum pace fundata, vol⟨u⟩ens (voluens *ed. Er., text. recept.*)
animo, quid [h]ominis (ominis *ed. Er.*) sibi
occurreret, Aethiops quidam e numero militari, clarae inter scurras famae et celebratorum
semper iocorum, cum corona e cupressu facta

⟨e⟩idem (eidem *text. recept.*) occurrit. Quem cum ille iratus remoueri ab oculis praecepisset et coloris eius tactus [h]omine[s] (omine *ed. Er., text. recept.*: hominis *cod. P*) et coron⟨a⟩e (coronae *text. recept.*: coxisse *ed. Er.*) dixisse (dixisse *om. Er.*) ille dicitur ioci causa: ,Totum fuisti (fuisti *ed. Er., cod. P, ed. Peter*: fudisti *ed. Hirschfeld*), totum vicisti iam deus esto victor'".

14   *deus esto*   Der Spruch bezieht sich auf die Vergöttlichung, die den verstorbenen Kaisern zuteil wurde.

Nach *Apophth.* VI, 496 druckt *CWE* 38, S. 734 *Apophth.* VI, 500 „Adulanter". Er. hat dieses Apophthegma jedoch in der Ausgabe *C* ins siebente Buch verschoben: VII, 379 (*C* S. 769). In *CWE* wird das Apophthegma zu Unrecht zweimal gedruckt, sowohl als VI, 500 als auch als VII, 378 (S. 860). Das Apophthegma darf jedoch nur einmal gedruckt werden, und zwar an der von Erasmus in der Ausgabe letzter Hand festgesetzten Stelle. Folglich gilt ab dem nächsten Apophthegma: unsere *ASD*-Zählung = *CWE* minus 4.

18   *PRAXASPES*   In dieser Form im Index personarum. **Prexaspes** (6. Jh. v. Chr.; gest. 522 v. Chr.), persischer Edler, ergebenster Diener des Großkönigs Kambyses II., bis zur Selbstaufgabe, sogar als der König im Zorn einen der Söhne des Prexaspes tötete. Vgl. P. Kübler, *RE* XXII, 2 (1954), Sp. 1840, s.v. „Prexaspes", Nr. 1; J. Wiesenhöfer, *DNP* 10 (2001), Sp. 304, s.v. „Prexaspes", Nr. 1; K. Gaiser, „Die Treue des Prexaspes (Herodot III 74–75)", in: *Navicula Tubingensis. Studia in honorem Antonii Tovar*, Tübingen 1984, S. 133–143.

*Apophth.* VI, 497 Er. präsentiert die Anekdote als Musterbeispiel der gottlosen und schändlichen Heuchelei des Prexaspes, der es nachlässt, die Tötung seines Sohnes anzuprangern. Diesbezüglich geht Er. konträr zu der von ihm wörtlich zitierten Quelle Sen. *De ira* III, 14, 1–2, vor: Seneca stellt die Anekdote als Exemplum der furchtbaren Folgen dar, welche der Zorn Mächtiger hervorbringt, während zur gleichen Zeit die vom Zorn der Mächtigen Geschädigten sehr wohl imstande sind, ihren eigenen Zorn zu unterdrücken. So der Großkönig Kambyses und sein Höfling Prexaspes: Kambyses läßt seinem Zorn freien Lauf bis zum Totschlag, Prexaspes hingegen unterdrückt ihn, obwohl gerade sein eigener Sohn durch die Hand des Königs den Tod gefunden hatte. Vgl. Sen. *De ira* III, 13, 7: „Id fieri posse apparebit, si pauca ex turba ingenti exempla protulero, ex quibus vtrumque discere licet, quantum mali habeat ira, vbi hominum prae-

potentium potestate tota vtitur, quantum sibi imperare possit, vbi metu maiore compressa est".

20–27   *Praxaspes … certius mittere*   Sen. *De ira* III, 14, 1–2: „Cambysen regem nimis deditum vino Praexaspes (Thraxhexatipes *ed. Venet. 1492*) vnus ex carissimis monebat, vt parcius biberet, turpem esse dicens ebrietatem in rege, quem omnium oculi (oculi hominum *ed. Venet. 1492*) auresque sequerentur. Ad haec (hoc *ed. Venet. 1492*) ille: ,Vt scias', inquit, ,quemadmodum numquam excidam mihi, approbabo iam et oculos post vinum in officio esse et manus'. Bibit deinde liberalius quam alias, capacioribus scyphis, et iam grauis ac vinolentus (vinolentus ac violentus *ed. Venet. 1492*) obiurgatoris sui filium procedere vltra limen iubet alleuataque super caput sinistra manu stare (staret *ed. Venet. 1492*). Tunc intendit arcum et ipsum cor adulescentis – id enim petere se (se petere *ed. Venet. 1492*) dixerat – figit rescissoque (recisoque *ed. Venet. 1492*) pectore haerens in ipso corde spiculum (speculum *ed. Venet. 1492*) ostendit ac respiciens patrem interrogauit, satisne certam haberet manum (an satis certum haberet manum interrogauit *ed. Venet. 1492*). At ille negauit Apollinem potuisse certius mittere (dimittere *ed. Venet. 1492*)". Die Geschichte wird auch von Herodot erzählt (III, 34–35), jedoch hat Er. als Quelle klar Senecas *De ira* verwendet, dessen Text er zum größten Teil wörtlich, mit nur geringfügigen Variationen, wiedergibt. Es sind einige Unterschiede zwischen Herodots und Senecas Version zu verzeichnen: Deren wichtigste sind, daß es bei Herodot nicht Prexaspes selbst ist, der Kambyses' Trunksucht kritisiert, sondern das persische Volk, und daß Herodot die Geschichte als Beleg dafür auswertet, daß Kambyses den Verstand verloren hatte. Dementsprechend deutet er die Reaktion des Prexaspes auf die Ermordung seines Sohnes: „Prexaspes aber bemerkte, daß der König irrsinnig war …" (III, 35, 4).

20   *Cambysen regem*   **Kambyses II.**, persischer Großkönig (529–522 v. Chr.), ältester Sohn Kyros' II. Eroberte 525 Ägypten und tötete den Pharao Psammetichos II. Nach dreijährigem Aufenthalt in Ägypten wollte Kambyses in seine persischen Kernlande zurückkehren, um den Aufstand des Priesters Gaumata niederzuschlagen, der während seiner Abwesenheit den persischen Thron usurpiert hatte und sich als Kambyses' Bruder Bardiya ausgab, fand jedoch unerwartet den Tod. Kambyses wird von den griechischen Quellen seit Herodot

*in officio esse"*. *Bibit deinde* solito largius, *iamque vinolentus iubet obiurgatoris filium*
produci *alleuataque supra caput sinistra manu stare. Tunc in cor adolescentis figit* sagit-
25  tam – nam *id dixerat se petiturum – recisoque pectore* iaculum *cordi* infixum *ostendit
patri, rogans,* num *satis certam haberet manum. At ille negauit Apollinem potuisse certius mittere.*


# NICESIAS

VI, 498                         Mvscae regvm                              (Nicesias, 1) [9]

30  *Nicesias Alexandro abigenti muscas, quod ab illis* diceret *se morderi,* „Magis", inquit,
„ab aliis, quae plus tui habent, *gustato sanguine".* Adulator adulatores notauit, vt
omnibus muscis plus sugentes.

---

25  recisoque *A-C:* rescissoque *scribendum erat.*      31  Adulator *A: om. B C.*

als orientalischer Despot, der dem Wahnsinn
verfallen war, dargestellt, von den ägyptischen
jedoch als König, der sich den einheimischen
Traditionen verpflichtet fühlte und politisch
mit Verstand agierte. Herodot zählt die zahlreichen Verbrechen des Kambyses auf, u. a. die
Ermordung seines Bruders. Vgl. A. Kurt, *DNP*
6 (1999), Sp. 219–221, s.v. „Kambyses", Nr. 2;
F. Lehmann-Haupt, *RE* X, 2 (1919), Sp. 1812–
1823, s.v. „Kambyses", Nr. 3.

26  *num satis certam*  Er. änderte hier etwas
unglücklich Senecas „ne" zu „num". Klarer-
weise erwartete Kambyses von Prexaspes eine
bejahende Antwort.

26–27  *At ille negauit Apollinem potuisse certius
mittere*  Daß Kambyses so zielsicher schieße
wie Apoll, kann der Perser Prexaspes freilich
nicht gesagt haben; der kuriose Anachronis-
mus ist einer Idee Senecas entsprungen, der
an den Pfeile schießenden Apoll dachte. In
Senecas Quelle Herodot findet sich der Spruch
dann auch als „Ich glaube, daß nicht einmal *Gott selbst* (αὐτὸν τόν θεὸν) so gut schie-
ßen kann". Mit „Gott selbst" ist wohl der
persische Ober-, Schöpfer- und Himmelsgott
Ahura Mazda, der Gott des Lichtes und der
Fruchtbarkeit, gemeint.

28  *NICESIAS*  In dieser Form im Index personarum; unten VI, 517 jedoch fälschlich „Cinesias". **Nikesias** oder **Nikesios**, griechischer
Höfling und *adulator* aus dem Gefolge – nach
Berve – Alexanders d.Gr., nach Douglas Olson

Alexanders II., des Königs der Molosser; nach
Berve war sein Name Nikesias, nach Douglas Olson Nikesios; vgl. H. Berve, *RE* XVII,
1 (1936), Sp. 316, s.v. „Nikesias"; S. Douglas Olson, Kommentar zu Athenaeus, *The
Learned Banqueters* (Loeb, 2008), S. 144–145,
Anm. 217. Douglas Olson weist auf die parallele Vermeldung des Alexander-Schmeichlers
Nikesias bzw. Nikesios in Athen. 251C hin
(wo er die Namensform Νικησίαν druckt):
Die dortige Anekdote zitiert Athenaios, wie
er angibt, aus Phylarchos' *Historiae,* welche
die Jahre 272–220 v. Chr. beschreiben; daraus
ergibt sich, daß mit „Alexander" Alexander II.,
König der Molosser, gemeint sein muß. In der
*Adagia*-Ausgabe d.J. 1528, in der Er. die Anekdote zum ersten Mal präsentierte (*Adag.* 3643,
*ASD* II, 8, S. 92), nennt er den Schmeichler irrtümlich „Cinesias". Unten, *Apophth.* VI, 517,
bringt Er. einen weiteren Spruch des *adulator*
Nikesias, dort ebenfalls irrtümlich „Cinesias"
genannt.

*Apophth.* VI, 498 ist ein Gegenstück zu *Adag.*
3643, *ASD* II, 8, S. 92 „Muscae".

30–31  *Nicesias … sanguine*  Versuchte wörtliche, jedoch mißverstandene Übersetzung von
Athen. 249D–E: περὶ δὲ Νικησίου (Ἡγησίου
Νικησίου *ed. Ald. p. 85)* τοῦ Ἀλεξάνδρου κόλακος
Ἡγήσανδρος τάδ᾽ ἱστορεῖ· Ἀλεξάνδρου δάκνε-
σθαι φήσαντος ὑπὸ μυιῶν καὶ προθύμως (προ-
θύμης *ed. Ald. p. 85)* αὐτὰς ἀποσοβοῦντος τῶν
κολάκων τις Νικησίας παρὼν „ἦ που τῶν ἄλλων

μυιῶν", εἶπεν, „αὗται πολὺ κρατήσουσι τοῦ σοῦ γευσάμεναι αἵματος". Die Anekdote geht, wie Athenaios angibt, auf den Historiker Hegesander zurück (Fr. 6, *FHG* IV, S. 414).

30  *Alexandro* **Alexander II., König der Molosser** und Hegemon von Epirus (geb. 294/3; reg. 272–ca. 242 c. Chr.), Sohn Pyrrhos I. und Nachfolger als König der Molosser und Hegemon von Epirus; griff 263/2 im Chremonideischen Krieg Antigonos II. Gonatas an und eroberte den größten Teil Makedoniens; in der Folge übte Antigonos' Sohn Demetrios II. Rache, nahm Alexander II. die Eroberungen, und zusätzlich dessen Kernland Epirus ab; Alexander II. mußte sich ins Exil zu den Arkarnaniern begeben. Mit ihrer Hilfe und durch die Unterstützung der Ätolier konnte er Epirus wieder zurückgewinnen. Vgl. L.-M. Günther, *DNP* I (1996), Sp. 475–476, s.v. „Alexandros", Nr. 10. Da Er. Alexander nicht näher spezifizierte, ging er zweifellos davon aus, daß es sich um Alexander d.Gr. handelt. Dies wird in *Apophth.* VI, 517 evident, wo Er. den König als „Alexandrum Magnum" bezeichnet. Vgl. Komm. *ad loc.*

30–31  *Magis ... sanguine* Er. hat das Apophthegma falsch verstanden: Mit „ἦ που τῶν ἄλλων μυιῶν αὗται πολὺ κρατήσουσι τοῦ σοῦ γευσάμεναι αἵματος" trug der *adulator* die folgende Schmeichelei vor: Diese Fliegen, die Alexander II. gerade gebissen haben, werden dadurch, daß sie sein – königliches – Blut zu sich genommen haben, fortan über die anderen Fliegen (die Alexanders Blut nicht in sich tragen) herrschen. Nach Er. sagte der Schmeichler: „Du wirst von andern Schmeichlern, wenn sie dein Blut gekostet haben, noch mehr belästigt werden". Damit, so dachte Er., wie sein Kommentar zeigt, habe der Schmeichler andere Schmeichler bei Hofe gemeint. Dieselbe falsche Interpretation findet sich in *Adag.* 3643, *ASD* II, 8, S. 92 „Muscae": „Apud eundem (sc. Athenaeum) Hegesander narrat, quum Alexander dixisset se morderi a muscis – sic vocabat parasitos – iamque conaretur illas abigere, Cinesias, vnus eius ordinis, qui forte aderat: ,Profecto aliae muscae siticulosae magis vrgebunt te, semel gustato tuo sanguine'". Vgl. dazu Komm. *ASD* II, 8 *ad loc.*

31–32  *adulatores notauit, vt omnibus muscis plus sugentes* In seiner Erklärung geht Er. von seinem irrigen Verständnis des Spruchs aus. Wie in *Adag.* 3643 bewertet er den Spruch als allgemeine Warnung an die Adresse Alexanders vor Schmeichlern: „Hüte dich vor Schmeichlern, denn sie beißen heftiger als die Fliegen und sie werden dir mehr Blut abnehmen als die (vergleichsweise harmlosen) Fliegen".

31  *Adulator* Die Formulierung in *A* „Adulator adulatores" ergibt einen in Bezug auf Er.' – im Übrigen irrige – Interpretation spezifischen Sinn und ist deshalb vorzuziehen. Es scheint, daß „Adulator" in der Ausgabe *B* irrtümlich ausgelassen wurde. Die Verdoppelung „Adulator adulatores" betont, daß die (übrigens vermeintliche) Warnung vor Schmeichlern absurderweise von einem der schlimmsten Schmeichler vorgebracht wurde.

## CLISOPHVS ATHENIENSIS ADVLATOR

VI, 499                              Petax        (Clisophus Athen. adulator, 1) [10]

35 *Clisophus* Atheniensis *adulator Philippo increpanti, cur semper aliquid peteret, „Obli-*
*uiscor* [i.e. mei obliuisceris]*", inquit.* Lepidus iocus, sed pugnans cum laudatissima
sententia *„Beneficii accepti meminisse, dati obliuisci oportet".*

VI, 500                              Petax        (Clisophus Athen. adulator, 2) [11]

Idem a *Philippo* donatus *equo saucio* vendidit, *et ab eo post interrogatus, vbinam esset*
40 *equus, „Ex vulnere", inquit, „illo confectus est",* ludens ex ambiguo. Nam πέπρακται
sonat „venditus est" et „confectus est".

VI, 501                                   Ex       (Clisophus Athen. adulator, 3 [12]
                                   INVERSIONE

Idem *Philippo* iacienti *in ipsum scommata* et admodum hilari „Ergo *post hac",* inquit,
45 *„te non alam?",* lepide inuertens rem. Nam reges in hoc alunt parasitos, vt illorum
dictis exhilarentur. Quod si ipsi reges per se norint ludere et in alios ridicula dicere,
nihil opus sit parasitis, quum ipsi norint parasitos agere. Alioqui parasiti magis alunt
reges quam reges parasitos. [*B*] Quanquam Plutarchus in Symposiacis ita refert,
„Οὐκ ἐγώ σε τρέφω", id est, *„Non ego te alo",* notans regem, quod versa rerum vice,
50 pro rege ageret morionem: „Tu me alis, vt ridiculis dictis te exhilarem, non ego
te". [*A*]

48–49  Quanquam … ego te *B C: deest in A.*

33 *CLISOPHVS ATHENIENSIS ADVLATOR*
In dieser Form im Index personarum. **Kleiso-**
**phos**, Höfling und Schmeichler des Makedo-
nenkönigs. Vgl. P. Schoch, *RE* S IV (1924), Sp.
909, s.v. „Kleisophos", Nr. 2.
35 *Clisophus … peteret* Durch einen Übersetzungsfehler völlig mißverstandene Wiedergabe von Athen. 248D: Κλείσοφος ὁ Φιλίππου παράσιτος ἐπιτιμῶντος αὐτῷ τοῦ Φιλίππου διότι ἀεὶ αἰτεῖ, „ἵν", ἔφη, „μὴ ἐπιλανθάνωμαι" (αἰτεῖ, ἔφησεν: „ἐπιλανθάνωμαι" *ed. Ald.*
*p. 84).* Er. verschweigt die von Athenaios
angegebene Quelle der Anekdote, die *Hypo-*
*mnemata* des Lynkeus von Samos (Fr. 31
Dalby).
35 *Philippo* Philipp II. von Makedonien (reg.
356–336).
35–36 *Obliuiscor* Er. hatte hier die Lesart der
Aldus-Ausgabe, ἔφησεν: „ἐπιλανθάνωμαι", vor

sich, die er zu übersetzen versuchte. Jedoch
unterlief ihm dabei der Fehler, daß er das Pas-
siv des griechischen ἐπιλανθάνωμαι („ich werde
vergessen") mit dem lateinischen Deponens
„obliuiscor" („Ich vergesse [es]") übersetzte.
Dadurch hat er den Sinn des Spruchs völlig mißverstanden. Er. meinte, daß der Witz
darin lag, daß der Höfling/ Parasit vorgab, er
leide unter Gedächtnisschwäche und wende
sich deshalb immer wieder aufs neue mit Bitten an Philipp II.; der Höfling/ Parasit hat
jedoch sein ständiges Betteln damit begrün-
det, daß er keine Geschenke erhielt. Die Lesart des *textus receptus* verleiht diesem Gedanken eine etwas schärfere Kontur: „ἵν", ἔφη, „μὴ
ἐπιλανθάνωμαι" – Kleisophos sagt: „damit ich
nicht vergesse werde" – der Parasit gibt somit
zu verstehen, er müsse stets auf sich aufmerksam machen, da ihn der König sonst vergesse

würde. „Obliuiscor" wurde nicht als Übersetzungsfehler angemerkt in *CWE* 38, S. 735.

36–37 *sed pugnans ... oportet* Er.' Kommentar ist ebenso verworren wie die durch einen Übersetzungsfehler entstellte Wiedergabe des Apophthegmas. Er meint, daß der Spruch des Parasiten im Widerspruch zu der allgemeinen Maxime für Empfänger von Wohltaten „Beneficii accepti meminisse, dati obliuisci oportet" stünde. Der Spruch hat jedoch nichts damit zu tun, da ἐπιλανθάνωμαι sich gar nicht auf die Haltung des Empfängers von Wohltaten bezieht, sondern auf jene des Spenders.

37 *Beneficii ... oportet* Hier zitiert Er. wörtlich seine eigene Paraphrase zu *Disticha Catonis* I, 15: „Officium alterius multis narrare memento/ Atque aliis cum tu benefeceris, ipse sileto". In seiner Ausgabe der *Disticha Catonis* kommentiert Er.' dies wie folgt: „Beneficii accepti meminisse, dati obliuisci oportet. Qui dat beneficium, eius est dissimulare se dedisse, ne commemorando videatur opprobare (exprobare). Eius, qui accepit, est passim praedicare, ne videatur ingratus et immemor".

39–40 *Philippo ... confectus est* Athen. 248D–E: τοῦ δὲ Φιλίππου δόντος αὐτῷ ἵππον τραυματίαν ἀπέδοτο. καὶ μετὰ χρόνον ἐπερωτηθεὶς ὑπὸ τοῦ βασιλέως ποῦ ἐστιν, „ἐκ τοῦ τραύματος", ἔφη, „κείνου πέπραται (πέπρακται *ed. Ald. p. 84*)".

40 πέπρακται Er. zitiert hier die Lesart der Aldus-Ausgabe; der moderne *textus receptus*, z.B. die Ausgabe von Douglas-Olson, hat πέπραται.

44–45 *Philippo ... alam* Athen. 248E: σκώπτοντος δ᾽ αὐτὸν τοῦ Φιλίππου καὶ εὐημεροῦντος „εἶτ᾽ οὐκ ἐγὼ σέ", ἔφη, „θρέψω" (vgl. ed. Ald. p. 84).

48–49 „Quanquam ... ego te" ist ein Zusatz in *B*, wobei Er. den Spruch in Athen. 248E mit jenem in Plut. *Quaest. conv.*, *Mor.* 632B (der Spruchspender wird dort nicht mit Namen genannt) wohl zurecht identifizierte. Aus der Identifikation, der syntaktischen Weiterführung durch „quamquam" und durch die Tatsache, daß kein Absatz gemacht wurde, ergibt sich, daß die beiden Stellen ein einziges Lemma bilden, obwohl die zweite Stelle eine eigene marginale Etikette („Salse") erhalten hat.

49 Οὐχ ... τρέφω Plut. *Quaest. conv.*, *Mor.* 632B: ὥσπερ ὑπὸ Φιλίππου σκωφθεὶς ὁ παράσιτος εἶπεν· „οὐκ ἐγὼ σε τρέφω;" (vgl. ed. Ald. p. 803).

49 *Non ego te alo* Er. hat den bei Plutarch überlieferten Ausspruch insofern falsch verstanden, als er ihn für eine Mitteilung hielt („Ich ernähre dich nicht"), während er als ironische Frage gemeint war („Ernähre ich dich denn nicht?").

## BITHYS PARASITVS

VI, 502        [*A*] Parsimonia exprobata        (Bithys) [13]

*Bithys parasitus, quum Lysimachus rex vesti ipsius* curasset affigendum *scorpium ligneum* aut, vt Plutarchus ait, rubetam, pulchre assimulatum vero, *perturbatus resiliit.* Ridentibus omnibus *vbi* dolum *sensit, „Et ego",* inquit, *„te* vicissim *terrebo, rex".* Quum ille dixisset, „Fac", *„Da mihi",* inquit, *„talentum",* exprobrans regi sordes et parsimoniam.

## PHILOXENVS PTERNOCOPIS

VI, 503        Ex nomine        (Philoxenus Pternocopis, 1) [14]

*Philoxenus, cui cognomen Pternocopis,* patria Corinthius, *orto sermone, quod turdi magno venderentur, quum forte adesset Corydus, qui* male audiebat, quod *corpus suum* ad quaestum *prostituisset, „Atqui ego",* inquit, *„memini fuisse tempus, quo corydus obolo parabatur",* ludens ex ambiguo. Nam „corydus" etiam auiculae nomen est.

---

63 corydus *scripsi:* Corydus *A-C.*        64 corydus *scripsi:* Corydus *A-C.*

52 *BITHYS PARASITVS* In dieser Form im Index personarum. **Bithys**, Parasit am Hofe des thrakischen Königs Lysimachos. Vgl. U. Wilcken, *RE* III, 1 (1897), Sp. 543, s.v. „Bithys", Nr. 6.

53 *Parsimonia exprobata* Der Titel „Parsimonia exprobata" leitet sich wörtlich von Er.' Interpretation des Ausspruches ab: „exprobrans regi sordes et parsimoniam".

54–57 *Bithys ... talentum* Im Schlußteil narrativ erweiterte, im ersten Teil durch einen Übersetzungsfehler irreführende Wiedergabe von Athen. 246E: Ἀριστόδημος δ' ἱστορεῖ Βίθυν τὸν Λυσιμάχου τοῦ βασιλέως παράσιτον, ἐπεὶ αὐτοῦ εἰς τὸ ἱμάτιον ὁ Λυσίμαχος ἐνέβαλε ξύλινον σκορπίον, ἐκταραχθέντα ἀναπηδῆσαι, εἶτα γνόντα τὸ γεγενημένον „κἀγὼ σέ", φησίν, „ἐκφοβήσω, βασιλεῦ· δός μοι τάλαντον" (vgl. ed. Ald. p. 83). Die Attrappe war nicht dem Mantel des Parasiten angenäht oder angeheftet worden.

54 *Lysimachus* Für Lysimachos (um 355–281 v. Chr.), König von Thrakien (ab 305) und Makedonien (ab 287/6 v. Chr.), der sparsam und geizig war, vgl. oben Komm. zu *Apophth.* V, 111.

54 *curasset affigendum* An dieser Stelle übersetzt Er. den Text des Athenaios nicht richtig: Lysimachus ließ nicht die hölzerne Skorpionattrappe an Bithys' Gewand anheften oder annähen, sondern er *warf* (ἐνέβαλε) den Skorpion im Beisein des Parasiten auf dessen Mantel, als ob er mit dem giftigen Tier einen Anschlag auf sein Leben vorhabe.

55 *aut, vt Plutarchus ait, rubetam* Die Anekdote wird in der Tat auch von Plutarch in den *Quaest. conv. Mor.* 633B erzählt, jedoch ohne Erwähnung des Namens des Spruchspenders; weiter wird in der von Er. benutzten Aldus-Ausgabe als Name des Herrschers statt Lysimachos „Lysios" angegeben. Jedoch ist die Behauptung des Er., Plutarch habe erzählt, daß der König dem Parasiten eine Kröte („rubeta") statt eines Skorpions „anheftete", unrichtig: Genau wie Athenaios erzählt Plutarch a.a.O., daß der König einen hölzernen Skorpion (σκορπίον ξύλινον) auf den Mantel (αὐτοῦ ... εἰς τὸ ἱμάτιον) des Parasiten warf (ἐμβαλόντος ...). Der Irrtum ist kurios; vielleicht kam er dadurch zustande, daß Er. die Plutarch-Stelle aus dem Gedächtnis zitierte. Die falschen Angaben wurden von Lycosthe-

nes (S. 823) nicht berichtigt. Vgl. Plut. *Quaest.*
*conv.* II, 1, 8, *Mor.* 633B: ἀηδῶς δ᾽ ὁ τοῦ Λυσιμάχου (Λυσίου *Ald. p. 803*) παράσιτος, ἐμβαλόντος αὐτοῦ σκορπίον ξύλινον εἰς τὸ ἱμάτιον ἐκτα-
ραχθεὶς καὶ ἀναπηδήσας, ὡς ᾔσθετο τὴν παιδιάν,
„κἀγώ σε“, φησὶν, „ἐκφοβῆσαι βούλομαι, ὦ βασι-
λεῦ· δός μοι τάλαντον“.

*Apophth.* VI, 503 ist ein Gegenstück zu *Adag.* 1192
(*ASD* II, 3), S. 204 „Inter indoctos etiam corydos sonat“: „... inter amusos etiam corydus
sonat. ... Corydus vilissimum auiculae genus
minimeque canorum strepit tamen vtcunque inter aues mutas, apud lusciniam canens
ferri nequaquam posset. [*C*] Huc adscriben-
dum arbitror, quod, vt refert Athenaeus libro
sexto, non illepide dixit Philoxenus parasitus,
cognomento Pternocopis, in alterum parasitum nomine Corydum ...“.

61–64 *Philoxenus ... parabatur* Er.' Übers. von
Athen. 241E: Φιλόξενος δ᾽ ἡ Πτερνοκοπὶς ἐμπεσόντος λόγου ὅτι αἱ κίχλαι τίμιαί εἰσι καὶ τοῦ
Κορύδου παρόντος, ὃς ἐδόκει πεπορνεῦσθαι,
„ἀλλ᾽ ἐγώ“, ἔφη, „μνημονεύω ὅτε ὁ κόρυδος ὀβο-
λοῦ ἦν“ (vgl. ed. Ald. p. 81). Vgl. *Adag.* 1192
(*ASD* II, 3), S. 204: „Quum enim incidisset
sermo, quod turdi magno emerentur, praesente Corydo, de quo rumor erat obscoeni
obsequii, ‚At ego‘, inquit, ‚memini Corydum
obolo fuisse aestimatum‘ “.

61 *Philoxenus, cui cognomen Pternocopis* Für
**Philoxenos Pternokopis**, einen Parasiten mit
dem Beinamen Pternokopis, siehe K. Fiehn,
*RE* XX, 1 (1941), Sp. 194, s.v. „Philoxenos“, Nr.
25. Dieser war ein Zeitgenosse des gleichnamigen Dichters, den Er. mehrfach mit jenem verwechselte (vgl. Komm. *CWE* 38, S. 736). Der
Beiname Pternokopis (ἡ Πτερνοκοπίς) bedeutet „die Fleischhauerei“ oder „Metzgerei“ (von
πτέρνα/ Schinken und κόπτω/hauen), vgl. Passow II, 1, S. 1271, s.v. πτερνοκοπίς. Philoxenos,
der somit als „die Fleischhauerei“ auf zwei Füssen bezeichnet wurde, hatte den Ruf, riesige
Mengen Fleisch (bzw. Schinken) verschlingen

zu können. Fleisch war üblicherweise viel teurer als Brot oder Gemüse, weswegen es riskant
war, „die Metzgerei“ zu einem Gelage einzuladen. Für den Beinamen ἡ Πτερνοκοπίς vgl.
Athen. 239F, 241E und 246A, der dafür weitere Quellen zitiert, wie die Komödiendichter
Menander und Macho.

61 *turdi* „turdus“, die Drossel, war in der Antike
ein beliebter und deshalb manchmal relativ
teurer Speisevogel.

62 *Corydus* **Corydus**, athenischer Parasit des
4. Jahrhunderts v. Chr.; für seine witzigen
Sprüche vgl. unten *Apophth.* VI, 511–515.

64 *corydus* κόρυδος (bzw. κόρυδαλος), das
griech. Wort für die Lerche, meist die Hau-
benlerche (*Galerida cristata*), latein. *alauda*
(Plin. *Nat.* XI, 121) oder mit dem latinisier-
ten griechischen Wort *corydalus* (Serv. *Comm.
Ecl.* 2, 1). Aufgrund eines von der Sudas (ἐν
γάπ ἀμούσοις ... 1112) und den Paroimio-
graphen (Zenob. 3) überlieferten Sprichwortes, nach dem er *Adag.* 1192 „Inter indoctos
etiam corydus sonat“ (*ASD* II, 3, S. 204) bildete, und eines Gedichtfragmentes des Alexis
war Er. davon überzeugt, daß die Lerche
eine schlechte Sängerin sei („corydum auem
minime canorum esse testatur Graecum epigramma ...“, a.a.O.). Er leitete daraus auch
ab, daß sie eine winzige, ganz billige Vogel-
art sei („vilissimum auiculae genus“, ebd.).
Das Sprichwort geht an der Tatsache vorbei,
daß die Lerche eine kundige Sängerin ist, die
mit ihrem süßtönenden Tirilieren eine fröhliche (Frühlings)Stimmung erzeugt. Auch in
*Apophth.* VI, 503 bezeichnet Er. die Lerche als
„winziges Vögelchen“ („auicula“): Darin irrt
sich Er.: Die Lerche ist (mit ca. 18 cm) in etwa
so groß wie die Drossel und gehört damit
nicht zu den kleinen Singvogelarten. Auch
war die Lerche in der Antike nicht „ganz billig“, da sie ein beliebter Speisevogel war. Vgl.
Ch. Hünemörder, *DNP* 7 (1999), Sp. 81, s.v.
„Lerche“.

65          PHILOXENVS PTERNOCOPIS [i.e. PHILOXENVS POETA]

VI, 504                                    Mediocritas grata        (Philoxenus Pternocopis, 2,
                                                                         i.e. Philoxenus poeta, 2) [15]

Idem [i.e. Philoxenus poeta], opinor, dixit *„Eas esse iucundissimas carnes, quae carnes
non sunt, et suauissimos pisces, qui pisces non sunt".* Item dixit *amoenissimam esse
nauigationem iuxta terram, et ambulationem iuxta* aquam.

Philoxenos v. **Kythera** (435/4–380/79 v. Chr.).
Dithyrambendichter und, mit Timotheos von
Milet, Telestes von Selenus und Plydios
Hauptvertreter der „Neuen" Musik; verbrachte zunächst einige Zeit auf Melos, wo er als
Kriegsgefangener im Besitz des Musikers Me-
lanippides war; dieser bildete ihn zum Musiker aus und ließ ihn frei. Nachher war Philoxenos eine Zeit lang in Syrakus am Hof des
Dionysios I. tätig. Dieser Aufenthalt verlief
für den Dichter nicht in jeder Hinsicht glücklich: Dionysios liess ihn zweimal zur Strafe
in die berüchtigten Steinbrüche von Syrakus
(Lautomiae) werfen. Der Grund für die Strafe
ist nicht völlig klar. Obwohl in den Quellen häufig betont wird, daß sie der freizügigen Kritik des Philoxenos an den Dichtungen des Tyrannen geschuldet sei, könnte die
Ursache auch darin liegen, daß der Dichter
einer der Geliebten des Dionysios den Hof
machte. Philoxenos rächte sich für die Bestrafung, indem er auf den Tyrannen ein Schmäh-
gedicht, *Kyklops* oder *Galathea*, verfasste. In
dem Gedicht figuriert der Tyrann als Zyklop,
seine Geliebte als Galathea und der Dichter
als Odysseus. Vgl. P. Maas, *RE* XX, 1 (1941),
Sp. 192–194, s.v. „Philoxenos", Nr. 23; E. Robbins, *DNP* 9 (2000), Sp. 897, s.v. „Philoxenos",
Nr. 2. Er. bringt einen Spruch, der eigentlich
dem Dichter Philoxenos zugehört, in der Sektion, die dem Parasiten Philoxenos gewidmet
ist (VI, 504). Andererseits schreibt er Sprüche, die von dem Parasiten Philoxenos stammen, irrtümlich Philoxenos dem Dichter zu
(VI, 507–508). Bereits oben, VI, 406, hatte
Er. dem Dichter Philoxenos ein Apophthegma
gewidmet; hinzu kommen drei Apophthegmen des achten Buches, VIII, 196, 231 und 271,
die Er. korrekt Philoxenos dem Dichter zuordnet.
*Apophth.* VI, 504 ist ein Gegenstück zu *Adag.*
191 (*ASD* II, 1, S. 296) „Iucundissima na-

uigatio iuxta terram, ambulatio iuxta mare";
auch dort werden beide Aussprüche miteinander verbunden: „Simillimum est huic, quod ex
Philoxeno poeta citat idem in commentario,
quem inscripsit *Quomodo sint audiendi poetae*:
Τῶν κρεῶν τὰ μὴ κρέα ἥδιστά ἐστι καὶ τῶν ἰχθύων
οἱ μὴ ἰχθύες, id est ‚Ex carnibus, quae carnes
non sunt suauissimae, item ex piscibus, qui
non sunt pisces'". A.a.O. erklärt Er. den Ausspruch wie folgt: „Recte torquebitur ad eam
sententiam, vt dicamus ita demum esse iucun-
dissimum vunumquodque, si diuersi generis admixtu temperatum adhibeatur, veluti si
in lusibus nonnihil eruditionis aspergas, rursum in studiis aliquid ludicrum admisceas. …
Itidem philosophia admixta poematis magis
delectat et poesis admixta philosophiae magis
capit animum".

68  *Idem, opinor, dixit*  Er. irrt sich: Der Ausspruch stammt nicht von Philoxenos Pternokopis, sondern von Philoxenos dem Dichter;
die Verwechslung ist insofern auffällig, als die
Quelle des Spruchs, Plut. *Mor.* 14E, unmissverständlich angibt, daß es sich um *den Dichter* Philoxenos handelt (ὡς Φιλόξενος ὁ ποιητὴς ἔλεγεν …) und als Er. selbst in *Adag.* 191
(*ASD* II, 1, S. 296) den Ausspruch richtig dem
Dichter zuschreibt („quod ex Philoxeno poeta
citat"). Jedoch ist gerade in der Verwertung des
Spruches als Adagium die Ursache der Fehlzuschreibung zu suchen: Er. zitierte ihn in
*Apophth.* VI, 504 aus dem Gedächtnis.

68–69  *carnes … sunt* hat Er. aus dem Gedächtnis zitiert, wobei er auf sein eigenes *Adag.*
191 rekurrierte. Dort hatte er ihn mit „Ex carnibus, quae carnes non sunt, suauissimae, item
ex piscibus, qui non sunt pisces" wiedergegeben. Die urspr. Quelle ist der einleitende Satz
von Plut. *Quomodo adolescens poetas audire
debeat* 1, *Mor.* 14E: Εἰ μέν, (Εἰ μέν *Babbitt,* Ὅτι
μὲν ed. *Ald. p. 13*) ὡς Φιλόξενος ὁ ποιητὴς ἔλεγεν, ὦ Μάρκε Σήδατε (Σήδατε *Babbitt,* Σήδαπε

*Ald.*), τῶν κρεῶν τὰ μὴ κρέα ἥδιστά ἐστι καὶ τῶν ἰχθύων οἱ μὴ ἰχθύες.

69  *Item dixit*  Diese Zuschreibung des Er. ist doppelt falsch, da der Spruchspender weder Philoxenos der Parasit noch Philoxenos der Dichter ist. Vielmehr handelt es sich um eine allgemeine Weisheit, die, wie Plutarch ausdrücklich vermeldet, damals in vieler Munde war; vgl. Plut. *Quaest. conv.* I, 4, *Mor.* 621D: ἀκούων οὖν πολλῶν λέγοντων …; die Ursache der Fehlzuschreibung war, daß Er. in *Apophth.* VI, 504 aus dem Gedächtnis zitierte und dabei auf sein eigenes *Adag.* 191 rekurrierte. *Adag.* 191 ist eine Kombination der Sprüche von Plut. *Quaest. conv.* I, 4, *Mor.* 621D und idem, *Quomodo adolescens poetas audire debeat* 1, *Mor.* 14E. Letzterer gehörte Philoxenos dem Dichter zu. Er. hatte die Sprüche in seinem Gedächtnis ganz eng verbunden und sie, als er *Apophth.* VI, 504 zusammenstellte, beide Philoxenos zugeschrieben, jedoch erneut irrtümlich, Philoxenos Pternocopis. Lycosthenes gibt in seinem Druck des Apophthegmas, ebenfalls irrtümlich, unspezifisch „Philoxenus" als Spruchspender an.

69–70  *amoenissimam … iuxta*  Er. zitierte aus dem Gedächtnis den Titel von *Adag.* 191: „Iucundissima nauigatio iuxta terram, ambulatio iuxta mare" (*ASD* II, 1, S. 296). Diesem Umstand ist auch die Tatsache geschuldet, daß Er. die Angabe „mare" („Meer") durch „Gewässer" („aquam") ersetzte. Die urspr. Quelle ist Plut. *Quaest. conv.*, *Mor.* 621D: πλοῦς μὲν ὁ παρὰ γῆν περίπατος δ' ὁ παρὰ θάλατταν ἥδιστός ἐστιν (vgl. ed. Ald. p. 793; ἐστιν *deest in Adag. 191*). Gemeint ist, daß die schönste und vergnüglichste Seefahrt grosse Gefahren mit sich bringt.

## PHILOXENVS POETA

VI, 505                    LIBERE                    (Philoxenus poeta, 3) [16]

Philoxenus poeta Dionysio recitante sua carmina, quum alii per assentationem lau-
darent, exclamauit *„Abducite me in lapicidinas"*, subindicans hoc esse tolerabilius
75  quam audire laudareque tam mala poemata. Nam antea rex offensus miserat illum
in lapicidinas.

## PHILOXENVS POETA [i.e. EVRIPIDES]

VI, 506                    [*B*] ARGVTE    (Philoxenus poeta, i.e. Euripides)
                                                                          [17]

80  Idem [i.e. Euripides] interrogatus, quur in tragoediis induceret mulieres malas,
quum *Sophocles* eas induceret bonas, argutissime respondit: „Quoniam", inquit, „ille
tales inducit, *quales* esse *deberent*, ego *quales sunt"*.

## [*A*] PHILOXENVS POETA [i.e. PHILOXENVS PTERNOCOPIS]

VI, 507                    [*A*] A CARMINE HOMERI            (Philoxenus poeta, i.e.
85                                                          Philox Pternocopis, 2) [18]

Idem [i.e. Philoxenus Pternocopis] *apud Pythonem prandens, appositis oleis, quum
paulo post inferretur patina piscium, percusso vasculo,* quod habebat oleas, Homericum
hemistichium *dixit:* „Μάστιξεν δ' ἐλάαν", id est „Scutica incitauit, vt traherent".
Nam de auriga dictum est. Sensit autem Philoxenus oleas quamprimum auferendas,

---

73  Philoxenus poeta *B C*: Philoxenus quidam *A*.        78–82  Argute ... quales sunt *B C*: *desunt in A*.

*Apophth.* VI, 505 „Libere" ist ein Gegenstück zu
   *Adag.* 1031 (*ASD* II, 3, S. 54) „In lapicidinas".
73  *poeta*  Es liegt hier eine Berichtigung vor,
   die Er. in der zweiten Ausgabe der *Apophthegmata* (*B*) anbrachte: Während er in der Erstausgabe (*A*) unsicher war, um welchen Philoxenos es ging („Philoxenus quidam"), setzte
   er in *B* als Spruchspender richtig „Philoxenus poeta" fest. Offensichtlich hatte Er. in *A*
   den Spruch des Philoxenos aus dem Gedächtnis zitiert, wobei er auf sein eigenes Ada-
   dium 1031 „In lapicidinas" rekurrierte. Dort

hatte Er. den Spruch nach der schriftlichen
Quelle (*Suda* Eι 1291, s.v. „Εἰς λατομίας"; *Suda*
A 2862, s.v. „Ἄπαγέ με εἰς τὰς λατομίας") zitiert,
wo klar angegeben wurde, daß es sich um
den Dichter handelte (Φιλόξενος ὁ διθυραμ-
βοποιός). Bei der Durchsicht der *Apophthegmata* für die zweite Ausgabe erinnerte sich Er.
daran.
73  *Dionysio*  Dionysios I. (430–367 v. Chr.),
   Tyrann in Syrakus (405–367 v. Chr.). Er.
   hat ihm eine längere Sektion von Sprüchen
   im fünften Buch der *Apophth.* gewidmet (V,

54–76). Für nähere Angaben zur Person des Dionysios I. vgl. oben Komm. zu V, 54.

74 *Abducite … lapidicinas* Freie Wiedergabe sowohl der Anekdote als von Philoxenos' Spruch, wobei Er. aus dem Gedächtnis arbeitete und auf sein eigenes *Adag.* 1031 „In lapicidinas" (*ASD* II, 3, S. 54) rekurrierte: „Εἰς λατομίας, id est *In lapicidinas.* … Natum a Philoxeno poeta dithyrambico, qui cum Dionysii tyranni poemata non probaret, vtpote indocta, in lapicidinas ab eo detrusus est; deinde reuocatus illinc amicorum precibus, vbi denuo Dionysium sua carmina pronunciantem audisset, surrexit et rogatus a Dionysio, quid esset rei, respondit satius ac potius esse in lapicidinis vitam degere quam illius audire poemata …". *Suid.* A 2862, s.v. „Ἄπαγέ με εἰς τὰς λατομίας": παροιμία ἐπὶ τῶν μὴ ὑποφερόντων τὰ ἀνάξια. φασὶ γὰρ ὅτι Φιλόξενος ὁ διθυραμβοποιὸς Διονυσίῳ τῷ τυράννῳ συνῆν. ἕωλα δὲ αὐτοῦ ποιήματα ἀναγινώσκοντος οὐκ ἐπήνει. ἐφ᾽ οἷς ὀργισθεὶς ἐκέλευσεν αὐτὸν βληθῆναι εἰς τὰς λατομίας. εἶτα πάλιν μετεκαλέσατο αὐτόν, ἐλπίζων ἐπαινέσαι αὐτοῦ τὰ ποιήματα. ὁ δὲ μὴ θέλων ἐπαινεῖν ἔλεγε τὸ προκείμενον; Vgl. *Suid.* 291, s.v. „Εἰς λατομίας"; mit einem anderen Narrativ stattet Plutarch die Anekdote in *De Alexandri magni fortuna aut virtute, Mor.* 334C aus: Dionysios soll eine Tragödie verfaßt haben, die er dem Philoxenos zur Durchsicht bzw. Korrektur geschickt habe; Philoxenos habe dies damit quittiert, daß er die Tragödie zur Gänze expungierte (zitiert in *Adag.* 1031, *ASD* II, 3, S. 54); in *De tranq. an.* 12, *Mor.* 471E berichtet Plutarch, daß Dionysios den Philoxenos in die Steinbrüche geworfen habe, weil es ihm nicht gelang, bessere Gedichte als dieser zu verfassen (der Spruch des Philoxenos fehlt dort jedoch); vgl. weiter *CPG* I Appendix II, 26; Apost. 17, 5; Cic. *Att.* IV, 7 (6), 2; Stob. *Περὶ παρρησίας, Flor.* III, 13, 32; *Suid.* s.v. „Φιλοξένου γραμματίον"; *Adag.* 2601 (*ASD* II, 6, S. 408); 2195 „Philoxeni non" (*ASD* II, 5, S. 154); 3520 (*ASD* II, 8, S. 28). Brusoni hatte den Spruch in seine Sammlung d.J. 1518 (II, 1) aufgenommen, dabei allerdings *Adag.* 1031 benutzt.

74 *lapicidinas* Damit sind die Steinbrüche (Latomiai, latein. Lautumiae) gemeint, die in unmittelbarer Nähe des Theaters von Syrakus am Stadtrand, am Südhang der Kalkterrasse Epipolai gelegen sind; sie waren berüchtigt, weil sie Dionysios I. als Gefängnis benutzte, wo er Kriegsgefangene und andere Häftlinge Zwangsarbeit verrichten ließ. Noch im 1. Jh. v. Chr. galten die Latomiai als sicherstes Gefäng-

nis Siziliens, das nicht nur von Syrakus, sondern auch von den anderen Städten benutzt wurde. Vgl. H.P. Drögemüller und G. Falco, *DNP* 6 (1999), Sp. 1179–1180, s.v. „Latomiai".

80–82 *Idem … quales sunt* Er. irrt sich erneut: Der Spruchspender ist ein Tragödiendichter, nicht Philoxenos, der schon deshalb auszuschließen ist, da er keine Tragödien schrieb. Zugrunde liegt der Konkurrenzstreit zwischen den großen Tragikern Sophokles und Euripides, den Aristoteles in seiner Poetik thematisiert. Dort berichtet Aristoteles, daß Sophokles gegen den Vorwurf, er stelle in seinen Tragödien keine wirklichkeitsgetreuen Personen dar, sich mit dem Argument zur Wehr setzte, er stelle Menschen so dar, wie sie *sein sollten*, sein Konkurrent Euripides hingegen so, wie sie *seien* (Aristot. *Poet.* 1460b). Er. zitierte in *Apophth.* VI, 506 die Anekdote aus dem Gedächtnis, wobei einerseits die Rollen von Angriff und Verteidigung und andererseits Euripides mit Philoxenos verwechselte.

80 *mulieres malas* Damit muß insbesondere die Medea des Euripides gemeint sein.

81 *Sophocles* Sophokles, der berühmte Tragiker des 5. Jh. v. Chr.

81–82 *Sophocles … sunt* Freie und verdrehte Wiedergabe aus dem Gedächtnis von Aristot. *Poet.* 1460B: οἷον καὶ Σοφοκλῆς ἔφη αὐτὸς μὲν οἵους δεῖ ποιεῖν, Εὐριπίδην δὲ οἷοι εἰσίν.

81 *bonas* Damit mögen insbesondere die Iphigenie-Gestalten des Sophokles gemeint sein.

86 *Idem* Er. irrt sich abermals: *Apophth.* VI, 507 gehört nicht Philoxenos dem Dichter, sondern dem Parasiten zu. Der Irrtum ist merkwürdig, da Er.' Quelle, Athen. 246A, unmissverständlich angibt, daß der Parasit gemeint ist: Φιλόξενος δὲ ὁ παράσιτος, Πτερνοκοπας … Vielleicht hat sich Er. dadurch täuschen lassen, daß der Sprecher den Dichter Homer zitierte.

86–88 *apud Pythonem … ἐλάαν* Athen. 246A: Φιλόξενος δὲ ὁ παράσιτος, Πτερνοκοπάς (Πτορκόπης *ed. Ald. p. 83*) δ᾽ ἐπίκλην, παρὰ Πύθωνι ἀριστῶν παρακειμένων ἐλαῶν καὶ μετὰ μικρὸν προσενεχθείσης λοπάδος ἰχθύων πατάξας τὸ τρύβλιον ἔφη „μάστιξεν δ᾽ ἐλάαν".

86 *Pythonem* Der hier genannte Gastherr Python lässt sich nicht näher identifizieren. Vgl. Komm. von Douglas Olson ad Athen. 246A, Loeb 224, S. 124.

88 *Μάστιξεν δ᾽ ἐλάαν* Hom. *Od.* III, 484; *Il.* V, 366.

89 *Sensit* Der Witz mit dem Gleichklang der griech. Wörter für „Oliven" und „ziehen" ist

90  alludens interim ad Graecam vocem ἐλαιῶν, quae sonat „olearum", et ἐλάαν quod
sonat „trahere currum" aut aliquid simile.

VI, 508                                                        (Philoxenus poeta, i.e. Philoxenus
Pternocopis, 3) [19]

Idem [i.e. Philoxenus Pternocopis] *vocatus* ad *conuiuium*, quum *esset appositus ater*
95  *panis, „Caue", inquit, „multos apponas, ne facias tenebras"*. Nigra enim obscurant;
et atras tenebras dicimus, quum color albus plurimum habeat lucis, vnde et oculis
noxius.

## CORYDVS PARASITVS

VI, 509                                                              (Corydus parasitus, 1) [20]

100  *Corydus* parasitus *compotante* ipsi *meretricula, cui nomen erat Gnome, quum vinum*
*deficeret, ipse iussit imponi duos* supra *centum obolos, Gnomen autem conferre, quantum*
*populo videretur,* notans illam e populo quaestum facere.

VI, 510                                                              (Corydus parasitus, 2) [21]

Idem, *quum P⟨o⟩lyctor citharoedus lentem* sorberet *ac lapidem* lenti admixtum *man-*
105  *deret, „O miser", inquit, „etiam lenticula te ferit"*, significans illum dignum, qui ab
omnibus lapidaretur, posteaquam lens illi lapidem incusserat.

VI, 511                        SPECTATOR CONVIVII        (Corydus parasitus, 3) [22]

Idem, *quum apud Ptolemaeum mattya* cibi laudatissimi genus *circunferretur*, sed *apud*
Corydum *semper deficeret, „Vtrum", inquit, „Ptolemaee, sum ebrius an videor mihi*
110  *videre ista circunferri?"*, admonens se nihil aliud quam spectatorem esse mattyae.
Ebriis autem videntur omnia versari in gyrum.

---

104  Polyctor *scripsi*: Plyctor *A-C*.            110  mattyae *scripsi*: Mattyae *A-C*.
108  mattya *scripsi*: Mattya *A-C*.

etwas spröde. ἐλάα als „Oliven" (miß)verstan-        Erasmus. Der Sprecher ist nicht Philoxenus
den ergibt etwa den Sinn „Er peitschte die          der Dichter, sondern der Parasit.
Oliven fort", wodurch eine Art Philologen-      94–95  *vocatus … tenebras* Athen. VI, 246A: ἐν
witz entsteht. Er.' Erklärung „Sensit autem          δείπνῳ δὲ τοῦ καλέσαντος αὐτὸν μέλανας ἄρτους
Philoxenus oleas quamprimum auferendas"              παρατιθέντος „μὴ πολλούς", εἶπε, „παρατίθει, μὴ
trifft wohl das Richtige. Vgl. Komm. von             σκότος ποιήσῃς" (vgl. ed. Ald. p. 83).
Douglas Olson ad Athen. 246A, Loeb 224,         95–97  *Nigra enim obscurant … vnde et oculis*
S. 124.                                                  *noxius* Er.' Erklärung ist etwas kurios und
94  *Idem* Erneut eine falsche Zuordnung des         trägt wenig zum Verständnis des Witzes bei,

insbesondere die Bemerkung, daß die weiße Farbe den Augen schade. Die Bemerkung des Parasiten über die großen Schwarzbrotleibe ist als Kritik am Gastherren zu verstehen: Brot war billig, während die Feinschmecker gerne teure, erlesene Speisen zu sich nehmen wollten, wie etwa große, leckere Fische und Fleischspeisen. Ein Gastherr, der viel Brot auftragen läßt, wird als knausrig betrachtet. Zudem mochte man lieber helles Brot aus feinem Mehl. Für Kritik eines Parasiten an Schwarzbrot vgl. unten *Apophth.* VI, 515.

98 *CORYDVS PARASITVS* In dieser Form im Index personarum. Für **Corydus**, einen Parasiten aus dem Athen des 4. Jh. v. Chr. vgl. oben Komm. zu VI, 503.

100–102 *Corydus … videretur* Wörtliche Übers. von Athen. VI, 245D: Κορύδῳ συμπινούσης τινὸς ἑταίρας, ᾗ ὄνομα ἦν Γνώμη, καὶ τοῦ οἰναρίου ἐπιλιπόντος εἰσφέρειν ἐκέλευσεν ἕκαστον (ἑκατὸν *ed. Ald. p. 83*) δύο ὀβολούς, Γνώμην δὲ συμβάλλεσθαι ὅ τι δοκεῖ τῷ δήμῳ. Er. streicht in seiner Wiedergabe die bei Athenaios angegebene Quelle des Spruchs, die Anekdotensammlung (*Apomnemoneumata*) des Lynkeus von Samos (4./3. Jh. v. Chr.), Fr. 29 Dalby.

100 *Gnome* Gnome ist eine nur aus Athenaios bekannte griechische Hetäre des 4. Jh. v. Chr.

101 *duos supra centum obolos* Die Aldus-Ausgabe des Athenaios, die Er. vorlag, hatte an dieser Stelle irrtümlich die Lesart ἕκατον („hundert") statt ἕκαστον („jeder"). Der Vorschlag des Parasiten, daß jeder Symposiumsteilnehmer 102 Obolen einlegen solle, um zusätzlichen Wein zu beschaffen, ist absurd. Schon bei ein paar Gästen hätte man dafür Wein für mehr als einen Monat kaufen können. Vgl. Komm. *CWE* 38, S. 738.

102 *notans illam e populo quaestum facere* Er.' Erklärung „notans illam e populo quaestum facere" trifft nicht das Richtige; der Witz liegt in dem Doppelsinn, der sich aus dem Namen der Hetäre ergibt, der zugleich das griech. Wort für „Beschluss/ Entscheidung/ Urteil" ist, v.a. in der demokratischen Politik (Volksbeschluss); die Formulierung des Parasiten „ὅ τι δοκεῖ τῷ δήμῳ" bedeutet einerseits „Volksbeschluss", andererseits „was der Hetäre Gnome gut dünkt".

104–105 *quum P⟨o⟩lyctor … ferit* Wörtliche Übers. von Athen. 245D: Πολύκτορος δὲ τοῦ κιθαρῳδοῦ φακῆν ῥοφοῦντος καὶ λίθον μασησα-

μένου „ὦ ταλαίπωρε", ἔφη, „καὶ ἡ φακῆ σε βάλλει" (*ed. Ald. p. 83*). Er. läßt auch hier die bei Athenaios angegebene Quelle des Spruchs, die *Apomnemoneumata* des Lynkeus von Samos, weg (Fr. 29 Dalby).

104 *P⟨o⟩lyctor* Polyktor, nur aus Athenaios bekannter Kitharöde des späten 4. Jh. v. Chr.

104 *P⟨o⟩lyctor* Es mag sich um einen Druckfehler handeln, vielleicht auch um einen Übertragungsfehler; in der von Er. benutzten Aldus-Ausgabe findet sich die korrekte Namensform Πολύκτορος.

105–106 *significans … lapidaretur* Die Erklärung des Er., daß Polyktor es verdiene, gesteinigt zu werden, ist etwas missverständlich. Von einer tatsächlichen Steinigung ist nicht die Rede. Corydos bezieht sich in seinem Witz auf den Brauch, dass das Publikum bei schlechten Theateraufführungen oder musikalischen Darbietungen kleine Gegenstände auf die Interpreten warf. Vgl. Komm. von Douglas Olson *ad loc*.

108–110 *apud Ptolemaeum … circunferri* Athen. 245F: παρὰ Πτολεμαίῳ δὲ ματτύης περιφερομένης καὶ κατ' ἐκεῖνον ἀεὶ λειπούσης, „Πτολεμαῖε", ἔφη, „πότερον ἐγὼ μεθύω ἢ δοκεῖ μοι ταῦτα περιφέρεσθαι;" (*ed. Ald. p. 83*).

108 *Ptolemaeum* Der Name Ptolemaios war weit verbreitet; der hier genannte Ptolemaios ist nicht identifizierbar, da er von Athenaios nicht mit näheren Angaben versehen wird.

108 *mattya* „mattya" wurde in den Baseldrucken irrtümlich großgeschrieben und als Eigenname markiert. Die Schreibweise „mattya" deutet darauf hin, daß Er. nicht im Bilde war, um welche Speise es konkret ging und daß er folglich das griechische Wort ματτύη einfach transkribierte. Das griech. Wort ματτύη bezeichnete ein feines Fleisch- oder Geflügelragout; vgl. Passow II, 1, S. 136: „ein leckeres Gericht, aus Geflügel oder anderem Fleisch bestehend, das mit Kräutern gekocht, zerschnitten und kalt als Nachtisch zum Weine gegeben ward, … Das Gericht war makedonischer oder thessalischer Erfindung und kam in Athen besonders unter makedonischer Herrschaft auf"; Athen. 662F–664F, bsd. 664E–F; Komm. von Douglas Olson ad Athen. 245F, Loeb 224, S. 123. In der klass. latein. Literatur war das Wort bereits vorhanden, jedoch in der Form „mattea" (vgl. Varro *Ling. Lat.* V, 112; *DNG* II, Sp. 3018, s.v. „mattea").

VI, 512                          Ex ambigvo                    (Corydus parasitus, 4) [23]

Idem *Chaerephonti parasito dicenti non possum ferre vinum*, „Ne id *quidem*", inquit,
„*quod in vinum*", sentiens illi non esse, quod impenderet in vinum. Fert autem, qui
115  tolerat, et fert, qui confert precium.

VI, 513                          Voracitas                     (Corydus parasitus, 5) [24]

Idem, *quum Chaerephon nudus in conuiuio distenderetur*, „O Chaerephon", inquit,
„nunc *te veluti lecythos intueor, quousque plenus sis*". In lecythis vitreis apparet, quousque plenae sunt, si eximantur e thecis. Ita in cute illius apparebat expletio totius
120  corporis.

VI, 514                          Mvnera                        (Corydus parasitus, 6) [25]

Idem, *quum Demosthenes ab Harpalo poculum* ingens dono *accepisset*, „Hic", inquit,
„*alios Acrocothonas* , hoc est, bibulos, *appellat, quum ipse magnam* pateram *attraxerit*". Cothon cyathus est fictilis. Attrahit, qui accipit donum, et attrahit, vinum qui
125  bibit.

VI, 515                          Vmbra                         (Corydus parasitus, 7) [26]

Idem *solitus* nigros *panes inferre in conuiuium, quum alius intulisset nigriores, dixit
illum non inferre panes, sed panum vmbras*, ob immodicam nigredinem.

---

119   sunt *C B*: sint *A*.
123   Acrocothonas *A-C BAS LB: scribendum erat
      Acratocothonas sec. Athen. (ut in ed. Ald.).*

113   *Chaerephonti* **Chairephon von Athen**, ein
      in der Neuen Komödie vielfach verspotteter
      Parasit. Vgl. M. Wellmann, *RE* III, 2 (1899),
      Sp. 2029, s.v. „Chairephon", Nr. 4.
113   *Chaerephonti … vinum* Athen. 245F: Χαιρε-
      φῶντος δὲ τοῦ παρασίτου φήσαντος οὐ δύνασθαι
      τὸν οἶνον φέρειν, „οὐδὲ γὰρ τὸ εἰς τὸν οἶνον", ἔφη
      (vgl. ed. Ald. p. 83).
114   *sentiens illi non esse, quod impenderet in vinum*
      Douglas Olson (Loeb 224, S. 123) erklärt den
      Witz anders als Erasmus: Das, was *in den
      Wein* kommt, ist Wasser; somit, sagt Corydos,
      hat sich Chairephon nicht über die spezifische
      Beschaffenheit des kredenzten Weines beklagt,
      sondern darüber, daß dieser stark verwässert
      war.
117–118   *quum Chaerephon … sis* Athen. 245F:
      τοῦ δὲ (τοῦ γὰρ *ed. Ald. p. 83*) Χαιρεφῶντος

      γυμνοῦ ἔν τινι δείπνῳ διαναστάντος (διαστάντος
      *ed. Ald.*) „Χαιρεφῶν", εἶπεν, „ὥσπερ τὰς ληκύ-
      θους ὁρῶ σε μέχρι πόσου μεστὸς εἶ".
118–119   *In Lecythis vitreis apparet, quousque ple-
      nae sunt* Er.' Erklärung des Witzes ist nicht
      richtig. Er. meinte, daß Korydos den Chaire-
      mon deshalb mit Lekythen verglichen habe,
      weil diese aus Glas gemacht seien und man
      deshalb genau sehen könne, wie viel Öl drin-
      nen sei. Lekythen (kleine Salb- oder Duftöl-
      gefäße für die Toilette von Frauen und Män-
      nern, mit enger, trichterförmiger Mündung)
      sind in der griech. Kultur jedoch prinzipiell
      Tongefäße. Korydos' Vergleich geht in eine
      andere Richtung: Da Chairemon fast unbe-
      kleidet ist, war sein von der Völlerei auf-
      geschwollener, kugelrunder Bauch sichtbar;
      das Gewand (Überwurf, Mantel) hätten ihn

bedeckt. Das Tertium comparationis ist einerseits die bauchige Form der Lekythen, andererseits die Tatsache, daß das Öl in die Tonwand vordrang und man deshalb auch von außen sehen konnte, wie voll das Gefäß war. Für den Gefäßtypus der Lekythos vgl. I. Scheibler, *DNP* 7 (1999), Sp. 37–38, s.v. „Lekythos".

*Apophth.* VI, 514 datiert auf das Jahr 324 v. Chr.

122–124   *quum Demosthenes… attraxerit*   Athen. VI, 245F–246A: καθ᾽ ὃν δὲ καιρὸν Δημοσθένης παρ᾽ Ἁρπάλου τὴν κύλικα εἰλήφει „οὗτος", ἔφη, „τοὺς ἄλλους ἀκρατοκώθωνας (*ita etiam in ed. Ald. p. 83*) καλῶν αὐτὸς τὴν μεγάλην ἔσπακεν".

122   *Demosthenes*   Der athenische Redner Demosthenes (384/3–322 v. Chr.), Feind der Makedonen; wurde verdächtigt, 324 v. Chr. von Harpalos bestochen worden zu sein.

122   *Harpalo*   Harpalos (✝ 323 v. Chr.), jüngerer Bruder des Königs Philippos von Makedonien, Freund Alexanders d.Gr. und dessen Schatzmeister während des Asienfeldzugs, der u. a. für die Versorgung der Truppen zuständig war. Nach der Schlacht von Gaugamela ernannte Alexander Harpalos zum Verwalter des Kronschatzes von Ektabana, wo dieser verblieb, während er selbst Dareios III. nachsetzte. Während Alexanders Indienfeldzug hielt sich Harpalos in Babylon auf, wo er große Mengen Geldes verschwendete bzw. veruntreute. Als Alexander zurückkehrte, versuchte Harpalos der Bestrafung zu entgehen: Er raubte aus der Staatskasse 5000 Talente und floh mit 6000 Soldaten nach Athen, wo er sich durch die Bestechung bedeutender Politiker die Aufnahme erkaufte. Einer der von Harpalos bestochenen Politiker war Demosthenes, der dafür verurteilt wurde. Vorl. *Apophth.* bezieht sich auf diese Episode. Vgl. F. Stähelin, *RE* VII, 2 (1912), Sp. 2397–2401 s.v. „Harpalos", Nr. 2; E. Badian, *DNP* 5 (1998), Sp. 161–162, s.v. „Harpalos"; ders., „Harpalus", *Journal of Hellenic Studies* 81 (1961), S. 16–43; Ch.W. Blackwell, *In the Absence of Alexander: Harpalus and the Failure of Macedonian Authority*, New York 1999.

122   *Hic*   i.e. Demosthenes.

123   *Acrocothonas, hoc est, bibulos*   Er.' Erklärung „hoc est, bibulos" erscheint zu vage, um den zugrundeliegenden Witz zu begreifen. Der griech. Kothon war zunächst ein einfaches Trinkgefäß (ca. 10 cm hoch). Das kreative Kompositwort, das Demosthenes gebildet hatte, lautete nach der Athenaiosausgabe des Aldus ἀκρατοκώθωνας und bezeichnete

somit Kothone, die mit purem, nicht (wie in der Antike gebräuchlich) mit Wasser gemischtem Wein gefüllt waren (ἀκρατοκώθωνας von ἀκρατο/ unvermischt + κώθων; etwa: „Purweinbecher"). Er. verschlimmbesserte jedoch die richtige Lesart der Aldus-Ausgabe zu ἀκροκώθωνας (von ἄκρος + κώθων; etwa: „Superbecher" bzw. „Extrembecher"). Mit der Wortschöpfung „Purweinbecher" (oder nach Er.' „Superbecher") prangerte Demosthenes seine Mitbürger als Trunkenbolde und Säufer an, während er es sich selbst zugutehielt, Wasser zu trinken. Nachdem sich Demosthenes von Harpalos mit einer wertvollen Trinkschale hatte bestechen lassen, griff Korydos seine Wortschöpfung auf, um sie gegen ihn selbst auszuspielen. *Acrocothonas* ist kein Textübertragungsfehler, sondern Er. bevorzugte diese Lesart (dafür, daß er sich des Problems bewußt war, vgl. *Adag.* 3569 „Cothonissare", *ASD* II, 8, S. 60).

123   *pateram*   Trinkschalen (κύλικες) wurden nicht nur aus Ton, sondern oft aus hochwertigem Material, z. B. Silber und Gold, hergestellt.

124   *Cothon cyathus est fictilis*   Er.' erklärende Definition des Kothons ist verworren. Es handelt sich um unterschiedliche Gefäßtypen, die von ihrer Grundfunktionalität her ähnlich sind (Trinkbecher). Der Unterschied liegt in Form, Ausführung, Anwendung und Prestige. Der Kothon ist ein einfacher, anspruchsloser Trinkbecher, so einfach, daß ihn Wanderer auf Reisen, Soldaten auf Feldzügen bei sich hatten; der Kyathos hingegen besitzt eine elegantere Form, ist oft künstlerisch wertvoll ausgestattet und kommt bei Trinkgelagen der Reichen und Mächtigen zur Anwendung. Sowohl Kothone als Kyathone sind meist aus Ton gefertigt. Es stimmt nicht, daß der Kyathon die allgemeinere Form ist und der Kothon eine Unterart des Kyathon, die etwa, wie Er. behauptet, im Gegensatz zu den übrigen Kyathonen, aus Ton gefertigt wäre.

127–128   *solitus … vmbras*   Athen. 246A: εἰωθότος δ᾽ αὐτοῦ ῥυπαροὺς ἄρτους ἐπὶ τὰ δεῖπνα φέρεσθαι, ἐνεγκαμένου τινὸς ἔτι μελαντέρους, οὐκ ἄρτους ἔφη αὐτὸν ἐνηνοχέναι, ἀλλὰ τῶν ἄρτων σκιάς (Vgl. ed. Ald. p. 83).

127   *nigros*   Das griech. Wort ῥυπαρός bedeutet eigentlich „schmutzig"; „schmutzige Brote" bezieht sich sicherlich auf Schwarzbrot, *in concreto* wohl auf den auf den Ruß, der beim Brotbacken entsteht.

## PAVSIMACHVS

130    VI, 516              VETVLAE CONCVBINVS              (Pausimachus) [27]

*Pausimachus in parasitum, qui ab anicula alebatur, dicebat illi, qui cum anu consuetudi-*
*nem habebat, diuersum quiddam accidere atque ipsi vetulae; nam illum semper aliquid*
*ventre concipere,* illam nunquam, sentiens illum subinde fieri saturum, illam manere
sterilem.

135    ## CINESIAS [i.e. NICESIAS]

VI, 517                        DII MISERI          (Cinesias, i.e. Nicesias, 2) [28]

*Cinesias* [i.e. Nicesias] *videns* Alexandrum Magnum [i.e. regem Molossorum] *a phar-*
*maco, quod sumpserat,* vehementer *turbatum,* „Quid“, inquit, „nobis faciendum est,
quum vos dii talia patiamini?“. Quum Alexander aegre sustulisset oculos, „Quales“,
140    inquit, „dii sumus? Metuo, ne diis inuisi“.

137  Cinesias *A-C BAS LB*: Nicesias *scribendum*
     *erat sec. Athen. loc. cit. (ut et in ed. Ald.).*

**Pausimachos**, Name eines nur aus Athenaios bekannten Parasiten. Vgl. Th. Lenschau, *RE* XVIII, 4 (1949), Sp. 2422, s.v. „Pausimachos", Nr. 7.

129    *PAVSIMACHVS*    In dieser Form im Index personarum.

131–133    *Pausimachus … concipere*    Athen. 246B: τὸν δ᾽ (δ᾽ *deest in ed. Ald. p. 83*) ὑπὸ τῆς γραὸς τρεφόμενον παράσιτον Παυσίμαχος ἔλεγεν τοὐναντίον πάσχειν τῇ γραίᾳ (γραὶ *ed. Ald.*) συνόντα αὐτὸν γὰρ ἐν γαστρὶ λαμβάνειν ἀεί.

135    *CINESIAS*    Im Index personarum findet sich der Name „Cinesias", der zu „Nicesias" korrigiert werden müsste. Für **Nikesias** oder **Nikesios**, den Schmeichler Alexanders II., des Königs der Molosser, vgl. oben Komm. zu VI, 498. In der von Er. benutzten Athenaios-Ausgabe des Aldus findet sich klar lesbar der Name „Νικησίαν". Er., der „Cinesian" schrieb, hat sich offensichtlich bei der Übernahme des Namens geirrt. Derselbe Fehler war ihm schon in *Adag.* 3643 (*ASD* II, 8, S. 92) unterlaufen. Vgl. oben Komm. zu VI, 498. *CWE* 38, S. 739 scheint als Möglichkeit zu inkludieren, daß Er. ein anderer Text vorlag („Modern texts have ‚Nicesias' ").

137–140    *Cinesias … inuisi*    Versuchte wörtliche, jedoch durch einen Textübernahmefehler und die Verwechslung einer Person entstellte Wiedergabe von Athen. 251C–D: Φύλαρχος δὲ ἐν σ᾽ ἱστοριῶν᾽ Νικησίαν φησὶ τὸν Ἀλεξάνδρου κόλακα θεασάμενον τὸν βασιλέα σπαρασσόμενον ὑφ᾽ οὗ εἰλήφει φαρμάκου εἰπεῖν „ὦ βασιλεῦ, τί δεῖ ποιεῖν ἡμᾶς, ὅτε καὶ ὑμεῖς οἱ θεοὶ τοιαῦτα πάσχετε;" καὶ τὸν Ἀλέξανδρον μόλις ἀναβλέψαντα, „ποῖοι θεοί;", φῆσαι, „φοβοῦμαι μή τι (μὴ τοῖς *ed. Ald. p. 86*) θεοῖσιν ἐχθροί". Er. verschweigt die bei Athenaios angegebene Quelle der Anekdote, Phylarchos' *Historiae* (*FGrH* 81 F 11), eine Fortsetzung des Geschichtswerkes des Duris. Phylarchos' *Historiae* beschreiben die Jahre 272–220 v. Chr.; wenn Er. dies berücksichtigt hätte, hätte ihm klar sein müssen, daß der in der Anekdote genannte Alexander unmöglich Alexander d.Gr. sein kann.

137    *Alexandrum Magnum*    Er. irrt sich: Es handelt sich nicht um Alexander d.Gr., sondern um Alexander II., den König der Molosser und Hegemon von Epirus. Vgl. oben Komm. zu VI, 498. Zu der Verwechslung findet sich keine Anmerkung in *CWE* 38, S. 739.

## PANTALEON [i.e. TELESPHORVS]

VI, 518                  Libertas infelix       (Pantaleon, i.e. Telesphorus)
                                                                          [29]

Pantaleon [i.e. Telesphorus] in *Arsinoen Lysimachi vxorem vomere solitam* torsit hunc
145  versiculum,

„κακῶν κατάρχεις τήν δ᾽ ἐμοῦσαν εἰσάγων“, id est,

„Dominare prauis [i.e. malum excitas], qui hanc vomentem induxeris“.

Quod vbi resciuit *Lysimachus, in* mustelae *cauea inclusit* hominem *ac tanquam feram
circumferri iussit aluitque vsque ad mortem.* Huic certe bonum dictum male cessit.

146  ἐμοῦσαν *A B C:* ἐμούσαν *BAS LB*

141  *PANTALEON* „Pantaleon" findet sich in
dieser Form im Index personarum, jedoch
beruht der Name auf einem Fehler des Erasmus.

*Apophth.* VI, 518  Der General, der die Ehegattin
des Königs Lysimachos verspottete, hieß **Telesphoros** (von Rhodos), wie aus Er.᾽ Quelle,
Athen. 616C, unmissverständlich hervorgeht
(Τελέσφορον γὰρ ἕνα τῶν ὑπάρχων αὐτοῦ …).
Er. verwechselte ihn mit dem Witzbold Pantaleon, wohl weil dieser bei Athenaios zwei Paragraphen oberhalb (616A) als Urheber lustiger
Aussprüche zitiert wird. Vgl. Komm. *CWE*
38, S. 740. Für Pantaleon vgl. Th. Lenschau,
*RE* XVIII, 3 (1949), Sp. 688, s.v. „Pantaleon",
Nr. 2. Über den von Lysimachos so grausam
bestraften General ist weiter nichts bekannt;
er ist wohl nicht identisch mit dem makedonischen Feldherrn und Antigoniden Telesphoros
(+ nach 312), der vermutlich ein Neffe des Antigonos Monophthalmos war. Für diesen vgl.
E. Badian, DNP 12,1 (2002), Sp. 97, s.v. „Telesphoros", Nr. 3.

144  *Arsinoen* Arsinoë II. (ca. 316–270 v. Chr.),
Tochter des Ptolemaios I. Soter und der Bere-
nike, 300/299 mit Lysimachos verheiratet.
Nachdem Lysimachos 281 in der Schlacht
gegen Seleukos gefallen war, heiratete sie ihren
Halbbruder Ptolemaios Keraunos (ca. 320–
279), den ältesten Sohn des Ptolemaios I.,
der aus Ägypten verstoßen worden war, sich
am Hof des Lysimachos aufgehalten hatte
und sich nunmehr als Nachfolger desselben
zum König von Thrakien ausrufen ließ. Ptolemaios Keraunus ließ nach kurzer Regierung

im Kampf gegen die Kelten das Leben. Arsinoë floh daraufhin nach Ägypten und heiratete ihren Bruder, Pharao Ptolemaios II. Phil-
adelphos. Vgl. W. Ameling, *DNP* 2 (1996),
Sp. 38–39, s.v. „Arsinoe", Nr. II, 3; R. Pietschmann, *RE* II, 1 (1895), Sp. 1282–1287, s.v. „Arsinoë", Nr. 26.

144–149  *Arsinoen … mortem* Athen. 616C: ὑπὸ
δὴ τῶν τοιούτων πολλάκις ὁ Μυρτίλος σκω-
φθέντα (σκωφθεὶς *ed. Ald. p. 262*) καὶ ἀγανα-
κτήσαντα εἶπεν καλῶς Λυσίμαχον τὸν βασιλέα
πεποιηκέναι. Τελέσφορον γὰρ ἕνα τῶν ὑπάρχων
αὐτοῦ, ἐπειδὴ ἔσκωψέ ποτε ἐν συμποσίῳ τὴν
Ἀρσινόην γυνὴ δ᾽ ἦν τοῦ Λυσιμάχου ὡς ἐμετικὴν οὖσαν, εἰπὼν „κακῶν κατάρχεις τήνδ᾽ ἐμοῦσαν εἰσάγων", ὁ Λυσίμαχος ἀκούσας ἐμβληθῆ-
ναι αὐτὸν ἐκέλευσεν εἰς γαλεάγραν καὶ δίκην
θηρίου περιφερόμενον καὶ τρεφόμενον, κολαζόμενον (κολαζόμενον *deest in ed. Ald.*) οὕτως
ἐποίησεν ἀποθανεῖν. Die Geschichte wird auch
von Plutarch und Seneca erzählt, die weitere
Details liefern, woraus die Grausamkeit des
Despoten Lysimachos hervorgeht. Er soll seinen General Telesphoros nicht nur in einen
Käfig eingesperrt haben, sondern ihm auch das
Gesicht verstümmelt, Nase und Ohren abge-
schnitten haben. Dadurch soll er ihn zu einem
halb menschlichen, halb tierischen Schauob-
jekt degradiert haben. Vgl. Sen. *de Ira* III,
17, §3: „Nam Telesphorum Rhodium amicum suum vndique decurtatum, cum aures illi
nasumque abscidisset, in cauea velut nouum
aliquod animal et inuisitatum diu pauit, cum
oris detruncati mutilatique deformitas humanam faciem perdidisset; accedebat fames et

squalor et inluuies corporis in stercore suo destituti", Sen. *Ep.* 70, 6: „Nam effeminatissimam vocem illius Rhodii existimo, qui cum in caueam coniectus esset a tyranno et tamquam ferum aliquod animal aleretur, suadenti cuidam, vt abstineret cibo, ‚Omnia‘, inquit, ‚homini, dum viuit, speranda sunt‘", sowie Plut. *De exilio* 16, *Mor.* 606B, wo Lysimachos' Unverträglichkeit gegenüber der Freizügigkeit des Theodoros mit der Geschichte des armen Telesphoros verbunden wird. Nach Plutarch soll Lysimachos dem Theodoros den verstümmelten General gezeigt haben, der in erbärmlichem Zustand in einem Käfig saß, und gesagt haben: „So werden die bestraft, die mir Böses zufügen". In der latein. Übers. des Willibald Pirckheymer: „Nec exterritus est (sc. Theodorus), licet illi in ferrea caua Telesphorum ostenderet (sc. Lysimachus), cui oculos effoderat, nares amputarat, aures et linguam absciderat, illudque adderet: ‚His afficio supplicijs, qui de me male merentur‘ " (ed. Vascosan, Paris 1544, fol. 296D). Er. widmete dem General noch ein zweites Apophthegma (VIII, 224), dem er Sen. *Ep.* 70, 6 zugrunde legte. Dort nennt er ihn „einen gewissen Mann aus Rhodos", wobei ihm allerdings dessen eigentlicher Name nicht geläufig war. Vgl. auch Komm. unten, ad VIII, 224, und Komm. in *CWE* 38, S. 740.

144 *Lysimachi* **Lysimachos** (361/60–281 v. Chr.) Hetairos und Diadoche Alexanders d.Gr., nach dem Tod Alexanders König von Thrakien (ab 305) und Makedonien (ab 287/6), seit 300/299 mit Arsinoë verheiratet. Er. widmete ihm im fünften Buch zwei Apophthegmen (V, 111–112). Für nähere Angaben zur Person des Lysimachos vgl. oben Komm. zu V, 111.

Er. zeichnet insgesamt ein negatives Bild dieses hellenistischen Herrschers. Insbesondere schreibt er ihm die Charaktereigenschaften der despotischen Überheblichkeit, Unerträglichkeit gegenüber freier Meinungsäußerung und Grausamkeit zu.

144 *vomere solitam* Sinngemäß richtig für Ἀρσινόην … ὡς ἐμετικὴν οὖσαν; ein ἐμετικός war eine Person, die die Gewohnheit hatte, bei sich künstlich Brechreiz zu erwecken und sich zu übergeben, um möglichst viel essen zu können. Vgl. Passow I, 2, S. 888, s.v. ἐμετικός.

146 *κακῶν … εἰσάγων* Es handelt sich um einen Vers des Euripides, Fr. 183,1 Nauck: κακῶν κατάρχεις τήνδε μοῦσαν εἰσάγων (*incerta* Fr. 395), mit der Bedeutung „Du verursachst Übles, indem du diese Frau hereinführst". Er. hat diesen Vers missverstanden.

147 *Dominare prauis* „Dominare prauis" („Du herrscht über schlechte Menschen", *CWE* 38, S. 740: „A faulty houshold do you rule") für κακῶν κατάρχεις ist eine Fehlübersetzung des Er.; gemeint ist einfach „Du verursachst Übles", „Du stiftest Übel"; vgl. Douglas Olsons Übers. von Athen. 616C: „you are causing trouble" (Loeb 345, S. 115).

148 *mustelae cauea* Die Übersetzung des Er., die besagt, daß Lysimachos seinen spöttischen General in eine „Wieselfalle" (oder „Marderfalle") eingesperrt habe, ist kurios. Gemeint ist natürlich ein Tierkäfig von einer Größe, die für einen Menschen ausreicht. Γαλεάγρα wird zwar hin und wieder für „Wieselfalle" verwendet, jedoch ist die allgemeinere Bedeutung „Käfig für Tiere" grundlegend (vgl. Passow I/1, S. 532 s.v., der dafür Plut. *Mor.* 606B, idem, *Phoc.* 33, Athenaios und Diogenes Laertius zitiert).

150          APELLES PICTOR [i.e. APELLES PHILOSOPHVS]

VI, 519                          BENIGNE                  (Apelles pictor, i.e.
                          (= Dublette von VIII, 59)    Apelles philosophus) [30]

*Arcesilaus quum Apellem Chium aegrum* inuisens *etiam egere sensisset*, postridie *reuisit*
*illum* decem *drachmas secum adferens, et proxime assidens „Hic nihil est", inquit,*
155   *„praeter Empedoclis elementa,*

        *,ignem et aquam, terram atque* volubilis *aetheris* orbes'.

*Ac „Ne cubas quidem", inquit, „satis commode", simulque moto ceruicali furtim subiecit*
*pecuniam. Hanc quum anicula, quae aegrotanti ministrabat, reperisset et Apelli narras-*
*set, ille ridens „Dispeream", inquit, „nisi hoc Arcesilai furtum est".* Κλέμμα a κλέπτω,
160   quod Graecis et „celo" significat et „furor".

*Apophth.* VI, 519–527 Er. wendet sich nunmehr den Aussprüchen von berühmten bildenden Künstlern zu (VI, 519–535): Dabei fängt er mit dem berühmtesten Maler des Altertums, Apelles aus Kolophon, an, dem er eine Serie von 9 Apophthegmen widmet (VI, 519–527), von denen jedoch das erste (VI, 519) eine Fehlzuschreibung von Seiten des Er. darstellt. Das erste wirkliche Künstler-Apophthegma ist daher VI, 520.

150 *APELLES PICTOR* Im Index personarum wird Apelles der Philosoph nicht von dem Maler Apelles unterschieden. Die serielle Verbindung des vorl. Apophthegmas mit den folgenden, dem Maler gewidmeten Sprüchen könnte darauf hindeuten, daß Er. ihn mit diesem verwechselt hat. Der **Philosoph Apelles von Chios** (3. Jh. v. Chr.) gehörte der Akademie zu und war ein Schüler des Arkesilaos; H. von Arnim, *RE* I, 2 (1894), Sp. 2688, s.v. „Apelles", Nr. 9 (nicht in *DNP*). Chronologisch klaffen die Lebenszeiten der beiden Apelles auseinander: Arkesilaos, der Lehrmeister des Philosophen Apelles, war noch ein Kind (geb. 316/5 v. Chr.), als der Maler starb (310/300 v. Chr.). In der Zeit, als Arkesilaos seine Lehrtätigkeit in der Akademie ausübte (268/4–241/0 v. Chr.), also die Zeit, in der ihn der Philosoph Apelles in Athen hörte, war der Maler bereits etwa ein halbes Jahrhundert tot. Er. waren diese chronologischen Gegebenheiten offensichtlich nicht geläufig. In *Adag.* 1602 „Verecundia inutilis viro egenti" (*ASD* II, 4, S.S. 88) führt Er. dieselbe Anekdote wie in *Apophth.* VI, 519 an, wobei er sie einfach „Apel-

les" (ohne nähere Angaben) zuschreibt, woraus abzuleiten ist, daß er damit den bekannten Maler meint. Er. war über die Geburtsstätte des Malers (Kolophon zwischen Ephesos und Smyrna) nicht recht im Bilde. Bei Plin. *Nat.* 79, der für Er.' Apelles-Sektion grundlegenden Quelle, wird der Maler „Apelles Cous" (Apelles von Kos) statt „Apelles Colophonius" genannt, wobei die Stelle in einigen älteren Plinius-Ausgaben verderbt ist, u. a. zu „Apelles vsque" oder „Apelles Chius". In *CWE* 38 wird, wie aus dem Index personarum (S. 981) hervorgeht, *Apophth.* VI, 519 anscheinend Apelles dem Maler zugeordnet.

*Apophth.* VI, 519 ist eine Dublette von VIII, 59 mit dem fast gleichlautenden Titel „Benignitas". Dort ist der von Arkesilaos Beschenkte allerdings nicht der Philosoph Apelles von Chios, sondern der Philosoph Ktesibios aus Chalkis: „Arcesilaus quum inuiseret Ctesibium aegrotantem sensissetque hominem egere, clam crumenam pecuniis plenam subiecit ceruicali. Quam vt reperit Ctesibius, ait: ̓αρκεσιλάου τοῦτο παίγνιον", id est, „Arcesilai hic ludus".

153 *Arcesilaus* Zur Person des **Arkesilaos** (316/5–ca. 241/0 v. Chr.), des skeptischen Akademikers und Schulhauptes der Akademie (seit 268/4 v. Chr.), vgl. unten Komm. zu VII, 182. Er widmete dem Arkesilaos in den *Apophth.* im siebenten Buch eine Sektion (VII, 182–187).

153–159 *Arcesilaus … furtum est* Plut. *Quomodo adulator ab amico internoscatur* 22, *Mor.* 63D–E (*ASD* IV, 2, S. 145). Leicht variierende Wie-

dergabe von Er.' eigener Übers. d.J. 1514: „Huiusmodi fuit Arcesilaus tum in aliis, tum (tum
in aliis, tum *ed. Cratander 1530 fol. 176ʳ: desunt in ed. Bas. 1514 fol. 13ʳ et in ed. Koster
ASD*) erga Apellem Chium, quem aegrotantem quum egere quoque cognouisset, (denuo
*inseruit Koster*) reuisit hominem et decem
drachmas adferens et assidens proxime ‚Hic‘,
inquit, ‚nihil est praeter Empedoclis elementa,
videlicet haec: *Ignem et aquam terramque et
sphaeras aetheris alti*. At (At *Koster*: ac *ed. Bas.
1514, ed. Cratander 1530*) ne cubas quidem satis
commode‘, simulque mouens illius ceruical,
clanculum pecuniam subiecit. Quam simulatque repperisset anicula quae inseruiebat aegrotanti, et admirans, quid esset, Apelli retulisset, ridens ille ‚Arcesilai‘, inquit, ‚hoc furtum
est‘" (*ASD* IV, 2, S. 145). Vgl. den griech.
Text: τοιοῦτος Ἀρκεσίλαος περί τε τἆλλα (τἆλλα
*Babbitt*, τὰ ἄλλα ed. *Ald. p. 55*) καὶ νοσοῦν-
τος Ἀπελλοῦ τοῦ Χίου τὴν πενίαν καταμαθὼν
ἐπανῆλθεν αὖθις ἔχων εἴκοσι δραχμάς, καὶ καθί-
σας πλησίον „ἐνταῦθα μέν", εἶπεν, „οὐδὲν ἢ τὰ
Ἐμπεδοκλέους στοιχεῖα ταυτὶ / πῦρ καὶ ὕδωρ καὶ
γαῖα καὶ αἰθέρος ἤπιον ὕψος./ ἀλλ᾽ οὐδὲ κατάκει-
σαι σὺ δεξιῶς", ἅμα δὲ διακινῶν τὸ προσκεφά-
λαιον αὐτοῦ, λαθὼν ὑπέβαλε τὸ κερμάτιον. ὡς
οὖν ἡ διακονοῦσα πρεσβῦτις εὗρε καὶ θαυμάσασα
τῷ Ἀπελλῇ προσήγγειλε, γελάσας ἐκεῖνος „Ἀρκε-
σιλάου", εἶπε, „τοῦτο τὸ κλέμμα"; vgl. *Adag.*
1602 „Verecundia inutilis viro egenti" (*ASD*
II, 4, S. 88): „[G] Et videre est nonnullos hoc
inutili pudore praeditos, qui corporis incom-
moda celare malunt quam amicorum ope tolli.
Quo ingenio fuisse legitur Apelles, cui et morbum et inopiam dissimulanti candidus amicus furtim sub ceruicale pondus auri submi-
sit". Die Quelle der Dublette von VI, 519, die

Er. im achten Buch bringt, ist Diog. Laert. IV,
37.

153 *postridie* „postridie" ist ein der narrativen
Phantasie des Er. entsprungener Zusatz zu
Plutarchs Text, wo der Zeitpunkt des zweiten
Besuches unbestimmt bleibt.

155 *Empedoclis* Zu dem vorsokratischen Na-
turphilosophen Empedokles von Agrigent (ca.
495–435 v. Chr.) vgl. unten Komm. zu
*Apophth.* VII, 360.

156 *ignem … orbes* Empedokles' Lehrsatz ist
im Hexameter formuliert; vgl. Diels-Kranz
31B 17.18: πῦρ καὶ ὕδωρ καὶ γαῖα καὶ ἠέρας
ἄπελετον ὕψας. Plutarch (bzw. seine Quelle)
zitierte den Vers aus dem Gedächtnis, in
der am Ende abgewandelten und zugleich
inhaltlich inadäquaten Form αἰθέρος ἤπιον
ὕψος (Empedokles ging es um das Element
Luft, ἠέρ, nicht um den Äther). Er. gab sich
Mühe, den Lehrsatz im Lateinischen ebenfalls
im Hexameter wiederzugeben, wobei er die
inhaltliche Devianz des Stegreifzitats weiter
verschlimmerte, indem er die „Sphären" bzw.
Himmelskreise hinzusetzte („sphaeras aetheris
alti" in der Übers. d.J. 1514); diesen Zusatz
variierte er in *Apophth.* VI, 519 („volubilis
aetheris orbes").

157 *Ac* Wie schon in seiner Plutarch-Übersetzung gab Er. ἀλλ᾽ mit „ac" wieder, während
„at" die richtige Übers. gewesen wäre; Koster
in *ASD* IV, 2 druckt „at" (ohne nähere Angaben), während die Textzeugen „ac" aufweisen.

157 *inquit* Er. hat nach dem Verszitat die
direkte Rede unterbrochen, um einen erneuten Anlauf zu nehmen. Dies war in seiner
Übers. der Stelle aus d.J. 1514 nicht der Fall.

159 *Dispeream* Zusatz des Er. zu seiner eigenen
Übers. d.J. 1514.

## APELLES PICTOR

VI, 520 OPVS IMMORTALITATE DIGNVM (Apelles pictor, 1) [31]

*Apelles,* quum *vidisset tabulam* a *Protogene* pictam, quam Demetrius in bello seruarat *deprecantibus Rhodiis,* aliquandiu prae stupore *tacitus* eam est contemplatus, *tandem*
165 in hanc vocem erupit: „Ingens *labor ac mirandum opus! Desunt tamen Gratiae, quae hoc aliaque* eiusdem [i.e. Apellis] au*ferant atque in coelo reponant".* Eam tabulam Protogenes nondum absoluerat.

**Apelles aus Kolophon** (ca. 370–ca. 300 v. Chr.), wohl der berühmteste Maler des Altertums, dessen Werke jedoch nur durch schriftliche Quellen (Plin., Nat. XXXV, 91–92) bekannt sind. Apelles stammte aus der Stadt Kolophon an der Küste Ioniens (heute Türkei, Bez. Izmir), unweit von Ephesos, wo er seine erste Ausbildung zum Maler erhielt; sodann gründliche Schulung bei Pamphilos (ca. 390–ca. 350 v. Chr.) in Sikyon am Golf von Korinth. Nach vollendeter Ausbildung tätig in Pella am Hof der Makedonenkönige Philips II. (reg. 359–336 v. Chr.) und Alexanders d.Gr. (reg. ab 336 v. Chr., hielt sich seit 334 jedoch nicht mehr in Pella auf). Apelles wurde von Alexander das Monopol auf dessen gemaltes Porträt zuerkannt. Z.Z. der Tätigkeit für Alexander (332–329) setzt Plinius d.Ä. die Akme des Künstlers an. Bereits damals erzielten Apelles' Gemälde ungewöhnlich hohe Preise. Nach seiner Schaffensperiode in Pella war Apelles wieder in Kleinasien (Ephesos) tätig; auch reiste er nach Rhodos, um die Kunst seines Rivalen Protogenes genau kennenzulernen. In seinen letzten Lebensjahren arbeitete er auf Kos. Apelles war für seine *inventio* und Kunst der Zeichnung sowie für seine besonderen Maltechniken berühmt (z. B. sog. Vierfarbenmalerei). Mit der großen Hochschätzung, die ihm zuteil wurde, hängt sein ausgeprägtes Selbstvertrauen zusammen, das aus zahlreichen Anekdoten hervorgeht, die sich um seine Person ranken. Vgl. C. Dziatzko, *RE* I, 2 (1894), Sp. 2689–2692, s.v. „Apelles", Nr. 13; N. Hoesch, *DNP* I (1996/9), Sp. 829, s.v. „Apelles", Nr. 4; G. Bröker, *Künstlerlexikon der Antike*, München-Leipzig 2001, S. 62–64, s.v. „Apelles", Nr. I. Die Sektion von Apophthegmen, die Er. dem Künstler widmet (VI, 520–527), enthält zumeist solche, die einen sprichwörtlichen Status erlangt hatten und die Er. bereits in seinen *Adagia* gebracht hatte. Nach den acht Sprüchen im sechsten Buch (VI, 520–526) bringt Er. im achten Buch noch eine zweite Sektion von drei (VIII, 197–199), von denen er den letzten nicht Apelles zuschreibt („pictor quidam …"), obgleich er diesem zugehört.

*Apophth.* VI, 520 Er. hatte dem in vorl. *Apophth.* angesprochenen Gemälde des Protogenes bereits *Apophth.* V, 96 „Honos artibus" gewidmet (mit Demetrios Poliorketes als Spruchspender), ein so hervorragendes Kunstwerk, daß Demetrios seiner Erhaltung den militärischen Erfolg bei der Belagerung von Rhodos hintenangestellt haben soll. Das Thema des *Liebreizes,* den Apelles seinen eigenen Gemälden zuschrieb, anderen Malern aber aberkannte, hat Er. im vorl. *Apophthegma* jedoch missverstanden (vgl. Komm. unten).

163–166 *Apelles, quum vidisset … coelo reponant* Plut. *Demetr.* 22, 2–3. Er. bildete seinen Text nach der latein. Übers. des Donato Acciaiuoli: „Nam quum egregiam Ialysi figuram non omnino integram, mira tamen arte a Protogene Caunio depictam et in quibusdam aedibus publicis extra moenia vrbis locatam cepisset Demetrius, extemplo Rhodii praeconem ad eum miserunt multis precibus supplicantes, vt huis praeclaro operi pro sua ingenii clementia parceret. … Etenim septem annos in hac figura pingenda consumpsisse Protogenem aiunt. Addunt praeterea Apellem, quum ad eam visendam accessisset, adeo admiratum excellentiam operis, vt deficiente voce tacitus aliquandiu perstiterit, tandem dixisse magnum laborem et admirabile opus; gratias non habere, quae hoc atque alia, quae pinguntur ab illo, vsque ad astra ferant in coeloque reponant'" (ed. Bade, Paris 1514, fol. CCCXVIIIʳ). Vgl. den griech. Text (für den VI, 520 zitierten, Apelles betreffenden Teil):

ἑπτὰ γὰρ ἔτεσι λέγεται συντελέσαι (συντελέσαι
λέγεται *ed. Ald. fol. 286ᵛ*) τὴν γραφὴν ὁ Πρω-
τογένης. καί φησιν ὁ Ἀπελλῆς οὕτως ἐκπλαγῆ-
ναι θεασάμενος τὸ ἔργον ὥστε καὶ φωνὴν ἐπι-
λιπεῖν αὐτόν, ὀψὲ δὲ εἰπεῖν ὅτι (ὅτι *deest in ed.
Ald.*) „Μέγας ὁ πόνος καὶ θαυμαστὸν τὸ ἔργον,
οὐ μὴν ἔχειν γε χάριτας δἰ ἃς οὐρανοῦ ψαύειν
τὰ ὑπ᾽ αὐτοῦ γραφόμενα". Das Apophthegma
hatte bereits Brusoni in seine Sammlung aufgenommen (II, 25 „De diligentia ac studio").

163–164 *tabulam … Rhodiis* Es handelt sich um
das Gemälde, auf dem Ialysos, der Gründerhe-
ros der gleichnamigen Stadt auf der Insel Rhodos, als Jäger mit einem keuchenden Hund
dargestellt war (vgl. Plut. *Reg. et imp. apophth.*,
Demetrius, 1, *Mor.* 183A–B; Cic. *Orat.* II,
5; *Verr.* IV, 135; Plin. *Nat.* XXXV, 102–104).
Protogenes soll an dem Gemälde lange Jahre
gearbeitet haben. Seine Berühmtheit wurde
dadurch erhöht, daß es in der Kaiserzeit in
Rom ausgestellt war, wo es u.a. Plinius d.Ä.
gesehen hat. Er. verkehrte in der irrigen Meinung, daß auf dem Gemälde der Gott des Weines Bacchus dargestellt war, vgl. oben V, 96:
„Quum Rhodum obsideret Demetrius et in
suburbio cepisset tabulam quandam, Protogenis clarissimi pictoris opus, in qua pinxerat Ialysin, id est Bacchum [sic] …". Zu dem
Gemälde vgl. oben Komm. ad loc.

163–164 *tabulam … deprecantibus Rhodiis* Vgl.
Raffaele Regios Übers. von Plut. *Mor.* 183A–B:
„Rhodiis … per praeconem …, vtque tabulae
parceret, deprecantibus …" (fol. ⟨d iii⟩ᵛ).

163 *Protogene* Für den bedeutenden, auf der
Insel Rhodos ansässigen Maler Protogenes
(tätig ca. 330–290 v. Chr.), den Kollegen
und Konkurrenten des Apelles, vgl. oben
Komm. zu V, 96. Für den Wetteifer zwischen
Protogenes und Apelles vgl. *Adag.* 312 „Nullam
hodie lineam duxi" (*ASD* II, 1, S. 419–420),
wo Er. den verbissenen Wettstreit der beiden
um das Ziehen des feinsten Pinselstriches
schildert, indem er in extenso Plin. *Nat.*
XXXV, 81–84 zitiert.

163 *Demetrius* Dem Demetrios Poliorketes
(336–283 v. Chr.), König von Makedonien, hat
Er. im fünften Buch eine Serie von Sprüchen
gewidmet (V, 96–105). Zu seiner Person vgl.
oben Komm. zu V, 96.

165–167 *Desunt … absoluerat* Er. hat den
Spruch des Apelles mißverstanden und dazu
eine irrige kommentierende Erklärung gelie-
fert. Die Ursache liegt darin, daß Er. sich
nicht um den griech. Text kümmerte und nur

die Übers. des Donato Acciaiuoli benutzte,
deren Fehler er übernahm. Donato bezog ὑπ᾽
αὐτοῦ fälschlich auf Protogenes, wodurch der
Ausspruch des Apelles besagte, daß er den
Gemälden des Kollegen Protogenes im Allgemeinen einen außerordentlich hohen Liebreiz
zuschrieb, diesen aber auf dem Gemälde mit
Ialysos vermisste („gratias non habere, quae
hoc atque alia, quae pinguntur *ab illo*, vsque
ad astra ferant in coeloque reponant"). D.h.
Apelles habe bedauert, daß das Bild nicht
die normale Qualität der Gemälde des Protogenes erreichte. Tatsächlich aber sollte der
Spruch die abschätzige Kritik des Apelles an
seinem Kollegen Protogenes zum Ausdruck
bringen und bezieht sich ὑπ᾽ αὐτοῦ auf Apelles selbst, d.h. dieser sagte: „Das Gemälde
zeugt von ungeheurem Fleiß und es ist bewun-
dernswert; jedoch geht ihm *der Liebreiz ab,
der meine Werke unsterblich macht*" (vgl. die
richtige Übers. von Bernadotte Perrin in Plutarch, *Lives* [Loeb] IX, S. 53: „the graces which
made the fame of his own paintings touch
the heavens"). Die Anmerkung auf den Fleiß
bezieht sich auf die sieben Jahre, die Proto-
gens an dem Werk gearbeitet haben soll. Nachdem Er. durch die Übernahme von Donatos
Übers. den Spruch falsch verstand, setzte er
eine kommentierende Erklärung hinzu, weshalb das Gemälde nicht die normale Qualität der Werke des Protogenes erreicht habe:
Es war ja, behauptet Er. noch nicht vollendet („nondum absoluerat"). Diese Behauptung ist ebenfalls falsch: Wie aus z.B. Ael.
*Var. hist.* XII, 41 klar hervorgeht, hat Protogenes das Gemälde vollendet, wobei gerade die
Tatsache betont wird, daß er die ungewöhnlich lange Zeit von sieben Jahren daran arbeitete, bevor er es vollendete. Daß Protogenes
es als vollendet betrachtete, geht auch aus der
Tatsache hervor, daß es 305/4 auf Rhodos in
einem öffentlichen Gebäude ausgestellt war,
während Protogenes noch lebte (vgl. die von
Er. zitierte Stelle Plut. *Demetr.* 22, 2–3 in der
von Er. benutzten Übers. des Donato: „Ialysi
figuram non omnino integram, mira tamen
arte a Protogene Caunio depictam et *in* quibusdam *aedibus publicis* extra moenia *locatam*
…"). Dafür, daß Apelles den Liebreiz (Charis)
als die höchste Qualität seiner Werke betrachtete und daß er diese Qualität anderen Malern
in Abrede stellte, vgl. Plin. *Nat.* XXXV, 79:
„Praecipua eius in arte venustas fuit …". Er.
zitiert diese Stelle unten in *Apophth.* VIII, 197.

VI, 521                          DE ARTE ARTIFEX                    (Apelles pictor, 2) [32]

*Quum Megabyzes* aliquando *in officinam Apellis* venisset *coepissetque nescio quid de*
170  *pingendi arte loqui, Apelles non ferens* regem *de his* iudicantem, *quae non didicerat,*
„*Quamdiu*“, inquit, „*silebas,* omnes te *ob aurum, purpuram* ac diadema venerantes
magnum virum *esse* putabant: *nunc pueri mei, qui* colores *terunt,* ob inscitiam *te*
*rident*“. Plinius pro Megabyze ponit Alexandrum Magnum.

VI, 522                          CELERITAS INEPTA                   (Apelles pictor, 3) [33]

175  *Pictori* parum perito de celeritate glorianti et *ostensa tabula dicenti* „*Hanc modo*
*pinxi*“, „*Etiamsi* tacuisses“, *inquit* Apelles, „res ipsa loquitur, quod eam ex tempore
*subito pinxeris*“.

---

169  Megabyzes *A-C (cf. Apophth. VI, 398)*: Megabyzus *scribendum erat sec. Plut ed. Ald. (Μεγά-*
βυζος)*, Megabizes *ind. pers.*, Megabyza *Plut.
Quomodo adulator vers. ab Erasmo.*

*Apophth.* VI, 521 ist ein Gegenstück zu *Adag.* 1182
  „Quam quisque norit artem, in hac se exerceat“ (*ASD* II, 3, S. 196–198), wo als Besucher des Künstlers allerdings nicht Megabyzus,
  sondern Alexander d.Gr. figuriert: „Et apud
  Plinium libro trigesimoquinto, cap. decimo,
  Apelles Alexandro Magno in officina multa
  imperite disserenti de pictura comiter suasit
  silentium admonens illum rideri a pueris, qui
  colores terebant“.
169–173  *Quum Megabyzes … rident*  Teils wörtliche, teils freie, kontaminierende Wiedergabe
  von Plut. *De tranq. an.* 12, *Mor.* 471F–472A,
  wobei Er. zunächst „Quum Megabyzes …
  loqui“ Budés latein. Übers. folgte, dann den
  nachfolgenden griech. Text frei bearbeitete,
  wobei er auch Bausteine seiner eigenen Übers.
  von *Quomodo adulator ab amico internoscatur* 15, einsetzte und zudem die Besucherge-
  stalt mit der Plinius-Stelle *Nat.* XXXV, 85 ver-
  quickte; vgl. den griech. Text von *Mor.* 471F–
  472A: Μεγάβυζον δὲ τὸν Πέρσην εἰς τὸ ζωγρα-
  φεῖον ἀναβάντα τὸ (τὸ *Helmbold*: τοῦ *ed. Ald.*
  *p. 472*) Ἀπελοῦ καὶ λαλεῖν ἐπιχειρήσαντα περὶ
  τῆς τέχνης ἐπεστόμισεν ὁ Ἀπελλῆς εἰπών, „ἕως
  μὲν ἡσυχίαν ἦγες, ἐδόκεις τις εἶναι διὰ τὰ χρυσία
  καὶ τὴν πορφύραν, νυνὶ δὲ καὶ ταυτὶ τὰ τρίβοντα
  τὴν ὤχραν παιδάρια καταγελᾷ σου φλυαροῦν-
  τος“; die latein. Übers. des Guillaume Budé:
  „Megabysus Perses quum in officinam Apellis aliquando conscendisset, loquitari nescio
  quid de arte pictoria coepit. Huius ineptias
  non ferens Apelles: ‚Priusquam‘, inquit, ‚ser-

mone te proderes, nonnullam de te opinionem praebuisti, auro scilicet isto cum purpura
  silentium honestantibus. Nunc vero officina-
  rii etiamnum pueri, qui pigmenta mihi terunt,
  tua ista blacteramenta rident‘“ (Basel, Cratander, 1530, fol. 123ʳ); Plut. *Quomodo adulator ab
  amico internoscatur* 15, *Mor.* 58E, in Er. eigener Übers.: „Nam Apelles (Apelles *ed. Cratander, Basel 1530*: Appelles *ed. Froben, Basel 1514,
  fol. 9ᵛ*) pictor assidenti sibi Megabyzae (Megabyze *ed. Cratander 1530, fol. 174ʳ*: Megabycae
  *ed. Froben 1514*: Megabyzo *ASD*) et (et *ed.
  Cratander 1530, ASD*: vt *ed. Froben 1514*) nescio
  quid de lineis et vmbris loqui conanti, ,Vides‘,
  inquit, ,hos pueros Melidem colorem teren-
  tes? Hi tacentem te suscipiebant, purpuram et
  aurum admirabantur, at iidem nunc derident,
  posteaquam de his loqui coeperis, quae non
  didicisti‘“ (*ASD* II, 2, S. 137).
169  *Megabyzes*  Plutarch gibt sowohl in *De tranquillitate animi* 12 als auch in *Quomodo adulator ab amico internoscatur* 15 als Besucher des
  Apelles den Perser Megabyzos an, Plinius d.Ä.
  jedoch, der dieselbe Anekdote erzählt, Alexander d.Gr. (Plin. *Nat.* XXXV, 85). Von Alexander d.Gr. ist bekannt, daß er Apelles hochschätzte, sich von ihm gerne (und oft) porträtieren ließ und in diesem Zusammenhang
  auch sein Atelier besuchte (Plin. a.a.O.). Die
  Person des Megabyzos ist weniger bekannt;
  nach Erasmus war er ein König („regem“), der
  ein Diadem trug, was jedoch unrichtig ist und
  auf der Kontamination verschiedener Quel-

len von Seiten des Er. beruht (vgl. unten). Es gibt jedoch einen Artemis-Priester aus Ephesos mit dem Namen Megabyzos, der sich ebenfalls von Apelles porträtieren ließ; im Verzeichnis der Werke des Apelles vermeldet Plinius dieses Gemälde, das den Auftritt des Priesters zum Anlaß einer Opferfeier darstellte (Plin. *Nat.* XXXV, 93; vgl. Strab. XIV, 1, 23). Vgl. W. Kroll, *RE* XV, 1 (1931), Sp. 123, s.v. „Megabyzos", Nr. 4. Dieser Megabyzos war ein Bekannter Alexanders d.Gr., der an Opferfeiern zu Ehren der Artemis in Ephesos teilnahm. Nach *CWE* 38, S. 741 soll sich Plutarch im Hinblick auf den Künstler geirrt haben; dieser sei nicht Apelles, sondern Zeuxis gewesen: „Plutarch is mistaken – Megabyzes visited Zeuxis". Diese Zuschreibung findet sich bei Ael. *Var. hist.* II, 2, jedoch ist sie mit Sicherheit falsch: Die Schaffensperiode des Zeuxis (ca. 435/25–390 v. Chr.) paßt weder zu der Akme des Artemispriesters Megabyzos (ca. 330 v. Chr.) noch zu jener irgendeines der historisch bezeugten Megabyzoi. Der Index personarum suggeriert, daß der Megabyzes von VI, 521 mit jenem von VI, 398 identisch sei, d.h. Megabyzos II. d.J. (um 516-um 440 v. Chr.), dem Schwiegersohn Xerxes' I. Zwischen Apelles' Akme (330–325) und jener des Megabyzos II. d.J. (475) liegen jedoch ca. 150 Jahre.

170 *de his … quae non didicerat* Dies sind Textbausteine aus Er.' Übers. von *Quomodo adulator ab amico internoscatur* 15.

171 *ac diadema* Daß der Besucher ein Diadem getragen habe, ist ein Zusatz, der der Phantasie

des Er. entsprungen ist. Wahrscheinlich kam Er. darauf, indem er von der alternativen Version der Anekdote bei Plinius ausging.

173 *Plinius pro Megabyze ponit Alexandrum Magnum* Plin. *Nat.* XXXV, 85: „Fuit enim et comitas illi (sc. Apelli), propter quam gratior Alexandro Magno frequenter in officinam venitanti – nam, vt diximus, ab alio se pingi vetuerat edicto – sed in officina imperite multa disserenti silentium comiter suadebat, rideri eum dicens a pueris, qui colores tererent". In *Adag.* 1182 (*ASD* II, 3, S. 198), wo Er. die Anekdote ebenfalls präsentierte, ging er von der Version des Plinius aus und stellte Alexander als Besucher des Apelles dar.

174 *Celeritas inepta* Lycosthenes reiht das Apophthegma dem Titel folgend in der Kategorie „De celeritate atque velocitate agendi" (S. 145) ein.

175–177 *Pictori … pinxeris* Freie und im Spruchteil unvollständige Wiedergabe von Plut. *De lib. educ.*, *Mor.* 7A: ζωγράφος φασὶν ἄθλιος Ἀπελλῇ δείξας εἰκόνα „ταύτην", ἔφη, „νῦν γέγραφα", ὁ δὲ „καὶ ἦν μὴ λέγῃς" εἶπεν „οἶδ' ὅτι ταχὺ γέγραπται· θαυμάζω δὲ πῶς οὐχὶ τοιαύτας πλείους γέγραφας" (vgl. ed. Ald. p. 6); vgl. die latein. Übers. des Guarino Guarini: „Miser quidam pictor, quum suam Apelli ostenderet imaginem: ‚Hanc modo pinxi', dixit. Cui Apelles: ‚Et si tu taceas', inquit, ‚hanc subito depictam esse intelligo. Demiror autem quonam pacto non plures huiusmodi depinxeris'" (Basel, Cratander, 1530, fol. 153ʳ).

VI, 523       Spes boni fvtvri       (Apelles pictor, 4) [34]

180 *Apelles quum Laidem adhuc virginem vidisset ex Pireaeo* [i.e. Pirene] *ferentem aquam, admiratus insignem formam duxit illam in conuiuium sodalium.* Caeterum *irrisus ab* illis, *quod pro meretrice virginem adduxisset in conuiuium, „Ne miremini!", inquit, „Ego eam alo, vt aliquando fruar. Nam priusquam totum excesserit triennium, eam formosam* reddam".

VI, 524       Morosa diligentia       (Apelles pictor, 5) [35]

185 Idem *dicere* solet *sibi cum Protogene omnia esse paria aut illi* etiam *meliora, vno se prae-stare, quod ille manum de tabula nesciret tollere,* sentiens Protogenem peccare *nimia diligentia, quam morosam* appellant, quae frequenter officit, non pictori tantum, sed et oratori. Huic vitio affinis fuit vir eximie doctus Paulus Aemilius Veronensis, qui

---

179 Pireaeo *A-C*: Pirene *scribendum erat sec. Plut. ed. Ald. (ἀπὸ τῆς Πειρήνης).*

179–183 *Apelles … formosam reddo* Versuchte wörtliche, jedoch durch einen Übertragungs-fehler und ein Mißverständnis entstellte Übers. des Er. von Athen. XIII, 588C–D: Ἀπελ-λῆς δὲ ὁ ζωγράφος ἔτι (ὅτι *ed. Ald. p. 248)* παρθέ-νον οὖσαν τὴν Λαΐδα θεασάμενος ἀπὸ τῆς Πειρή-νης ὑδροφοροῦσαν καὶ θαυμάσας τὸ κάλλος ἤγα-γέν (ἤγαγέ *ed. Ald.)* ποτε αὐτὴν εἰς φίλων συμπό-σιον. χλευασάντων δ᾽ αὐτὸν τῶν ἑταίρων ὅτι ἀνθ᾽ ἑταίρας παρθένον εἰς τὸ συμπόσιον ἀγάγοι, „Μὴ θαυμάσητε", εἶπεν, „ἐγὼ γὰρ αὐτὴν μέλλουσαν εἰς ἀπόλαυσιν μετ᾽ οὐδ᾽ (οὐδὲ *ed. Ald.)* ὅλην τριετίαν καλὴν δείξω".

179 *Laidem* Lais d.J., ebenso wie Lais d.Ä. (gest. 392 v. Chr.) eine berühmte Kurtisane in Korinth. Athenaios 588C–E liefert zu ihr zahlreiche Angaben, die im Zusammenhang mit der Apelles-Anekdote jedoch auch Wider-sprüchliches enthalten. Nach Athen. 588C–589B soll Lais aus Hykkara in Sizilien stammen (geb. 422); 415 v. Chr. soll sie als Kriegsgefan-gene nach Korinth verbracht worden zu sein. Vgl. F. Geyer, *RE* XII, 1 (1924), Sp. 515–516, s.v. „Lais", Nr. 2; M. Strothmann, *DNP* 6 (1999), Sp. 1068, s.v. „Lais", Nr. 2. Diese chronologi-schen Angaben bringen jedoch mit sich, daß Apelles dem noch jungen Mädchen dort nicht begegnet sein kann. Ca. 415 v. Chr. war Apel-les noch nicht einmal geboren (erst um 370); in seiner Jugend und ersten Ausbildungszeit ver-blieb er in Kleinasien (Kolophon und Ephe-

185 solet *A-C*: solebat *LB*.
188 Aemilius *B C*: Aemylius *A*.

sos); in der Nähe Korinths hielt er sich frü-hestens um 350 v. Chr. auf (vgl. oben Komm. zu VI, 519). Zu diesem Zeitpunkt hatte Lais aus Hykkara, die noch als junge Frau ermor-det wurde, längst das Zeitliche gesegnet. Wie Athen. 589A–B berichtet, verliebte sie sich in jugendlichem Alter in einen Thessalier, dem sie in sein Vaterland folgte. Dort soll sie von eifersüchtigen Frauen in einem Tempel der Aphrodite erschlagen worden sein. Wenn der Spender des – nicht sehr geistreichen – Spru-ches der Maler Apelles gewesen sein soll, so muß es sich um ein anderes Mädchen mit dem Namen Lais gehandelt haben, nicht um jene in Hykkara geborene, wie Athenaios angibt.

179 *Pireaeo* In Er.' Quelle stand keineswegs, daß die junge Frau Wasser aus dem Hafen Athens (Piräus) holte; das wäre im Übrigen absurd gewesen, da niemand aus dem Meer Wasser holt. Er. hat sich verlesen, indem er Πειρή-νης, wie es richtig in der Plutarch-Ausgabe des Aldus steht, für Πειραιέως angesehen hat. Peirene war eine berühmte, den Musen hei-lige Quelle auf dem Burgfelsen Korinths, die auf dem Abhang der Terrasse gelegen war, auf der sich die Agora befindet; die Quelle war für die besonders gute Qualität ihres Was-ser bekannt. Vgl. C. Lienau und E. Meyer, *DNP* 9 (2000), Sp. 477–478, s.v. „Peirene", II Topographie. Vgl. auch Komm. in *CWE* 38, S. 741.

182 *Ego eam alo, vt aliquando fruar* Ein Zusatz des Er., der zeigt, daß er den Spruch des Apelles mißverstanden hat und ihn noch um einiges banaler macht als er schon ist: Er. meinte, daß Apelles die Jungfrau nunmehr in seinen Haushalt als Konkubine aufgenommen habe und daß er sagte: „Ich ernähre sie nun bei mir (in meinem Haus), um sie in Zukunft als Freudenmädchen zu gebrauchen („fruar"): In weniger als drei Jahren mache ich aus ihr ein superschönes Weib, ihr werdet es sehen". Davon war aber in Er.' Quelle Athenaios nicht die Rede. Apelles hatte dort Lais nur zu einem Symposion eingeladen. Zu den Symposiongästen sagte er: „Ihr werdet sehen, daß sie in drei Jahren so schön geworden ist, daß sie als Freudenmädchen geeignet sein wird (daß sie den Männern Freude bringen wird)" (vgl. die Athenaios-Übers. von Ch.B. Gulick a.a.O.).

*Apophth.* VI, 524 ist ein Gegenstück zu *Adag.* 219 (*ASD* II, 1, S. 334) „Manum de tabula" („Allusum autem apparet ad Apellis nobilissimi pictoris dictum …"; vgl. Otto Nr. 1038) sowie zu *Adag.* 811 (*ASD* II, 2, S. 330) „Celerius elephanti pariunt" und *Coll.* 780 (*ASD* II, 9, S. 258) „Celerius elephanti pariunt" (vgl. Otto 594; Polyd. Verg. 62). Das *Apophthegma* besitzt durch die Miteinbeziehung von zwei Er. bekannten Zeitgenossen, Paolo Emilio und Thomas Linacre, einen besonderen, persönlichen Charakter, der sich auch in der fast essayartigen Darstellungsweise spiegelt. Der Gegenstand des Apophthegmas ist der Perfektionismus in Literatur und bildender Kunst. Dabei ist die Haltung des Vielschreibers Er. ausschlaggebend: Er lehnte den Perfektionismus als übertrieben und fruchtlos ab. Dabei wendet er sich sowohl gegen jahrelanges Schleifen an Texten (Emilio) als auch gegen Zurückhaltung in Bezug auf die Publikation von Texten (Linacre). Ständiges Hinzufügen, Streichen und Ändern des Wortlautes sind Er. seine Erklärung des Sprichworts „Manum de tabula" in *Adag.* 219 (*ASD* II, 1, S. 334): „Peculiariter autem conueniet in quosdam scriptores plus satis accuratos et morosae cuiusdam diligentiae, qui sine fine premunt suas lucubrationes semper aliquid addentes, adimentes, immutantes, et hoc ipso maxime peccantes, quid nihil peccare conantur".

185–187 *dicere … diligentia, quam* Plin. *Nat.* XXXV, 80: „Et aliam gloriam vsurpauit, cum Protogenis (*Prothogenis ed. Venet. 1507*) opus inmensi laboris ac curae supra modum anxiae

miraretur; dixit enim omnia sibi cum illo paria esse aut illi meliora, sed vno se praestare: quod manum de tabula sciret tollere (quod manum ille de tabula nesciret tollere *edd. vett., e.g. ed. Venet. 1507, fol. 259ʳ*), memorabili praecepto: *nocere saepe nimiam diligentiam*"; vgl. *Adag.* 219 (*ASD* II, 1, S. 334): „Manum de tabula": „Allusum autem apparet ad Apellis nobilissimi pictoris dictum. Qui cum Protogenis opus immensi laboris ac curae supra modum anxiae miraretur, ait omnia sibi cum illo paria esse aut illi meliora, sed vno se praestare, quod manum ille de tabula nesciret tollere, memorabili praecepto nocere saepe nimiam diligentiam. Haec Plinius, libro xxxv., cap. x. Proinde si quando admonebimus, vt recedat aliquis ab opere negocioue, quod in manibus habet, iubebimus illum manum de tabula tollere …".

186 *ille … tollere* Der von Er. verwendete Wortlaut stammt aus den älteren Plinius-Ausgaben.

187 *diligentia, quam morosam appellant* Er. suggeriert, daß es bei „diligentia morosa" um eine feste, bekannte Redensart ginge, jedoch ist unklar, auf welche Quellen er sich bezieht. Es scheint, als ob er auf seine eigene Erklärung des Sprichwortes „Manum de tabula" in *Adag.* 219 (*ASD* II, 1, S. 334) verweist: „quosdam scriptores plus satis accuratos et *morosae cuiusdam diligentiae*". „Morosus" im Sinne von „pedantisch", „übergenau" wird in der klassischen latein. Literatur auf den Schaffensprozess rhetorischer Werke angewendet, vgl. Gell. XV, 7, 3: „elegantia orationis neque morosa neque anxia"; Cic. *Orat.* 104: „vsque eo difficiles ac morosi sumus, vt nobis non satis faciat ipse Demosthenes"; Suet. Tib. 70: „Affectatione et morositate nimia obscurabat stilum". Diesen extremen Perfektionismus in der Rhetorik nennt Quintilian „molestissima diligentiae peruersitas" (*Inst.* I, 6, 17) und Sueton „morositas nimia"; jenen in der bildenden Kunst Plinius d.Ä. „diligentia nimia" (*Nat.* XXXV, 80). Leibnitz jedoch verwendet „morosa diligentia" in seiner Schrift über die Quadratur des Kreises im positiven Sinn für methodisch konsequentes, sorgfältiges, mathematisches Denken (*Sämtliche Schriften und Briefe*, 7. Reihe, 6. Bd., Berlin 2012, S. 489).

188 *Paulus Aemilius Veronensis* Paolo Emilio (oder Emili) aus Verona (ca. 1455–1529), humanistischer Gelehrter, Theologe und Historiker. Begab sich 1483 zum Theologiestudium nach Paris und gewann als Patron Kardinal Charles de Bourbon; nach Abschluß des Studiums wurde er Kanoniker von Notre-Dame in Paris. Wurde vor 1489 vom Charles VIII. zum

sibi nunquam satisfaciebat, sed, quoties recognoscebat sua, mutabat pleraque: diceres opus non correctum, sed aliud, idque subinde faciebat. Quae res in causa fuit,
vt citius *elephanti pariant* quam ille quicquam *aedere* posset. Nam historiam, quam
aedidit, plusquam triginta annis habuit prae manibus. Et suspicor huc adactum, vt
euulgaret. Nec multum abfuit ab hoc vitio Thomas Linacrus Anglus, vir vndequaque
doctissimus.

195    VI, 525                          ARTIS EXERCITATIO                    (Apelles pictor, 6) [36]

*Nunquam tam occupatus fuit*, vt *diem* praetermitteret, in quo nihil omnino pingeret,
*artem exercens.* Vnde subducens sese a negociis dicere solebat, „*Hodie nullam lineam
duxi*". Quae vox abiit *in prouerbium*, de quouis officio praetermisso.

197  solebat *LB*: solet *A-C.*

„Königlichen Historiker" ernannt, eine Stelle,
die er unter Louis XII. behielt. Seit seiner
Ernennung zum Königlichen Historiker war
er mit einer monumentalen Geschichte Frankreichs (die er bis auf seine Zeit weiterfüh-
ren wollte) beschäftigt. Die ersten vier Bücher
seiner *De rebus gestis Francorum* erschienen
nach einer äußerst langen, etwa zwei Dezennien dauernden Vorbereitungszeit 1516/7. Er.
hatte Paolo Emilio wohl zuerst während seines Paris-Aufenthaltes 1495–1500 kennenge-
lernt. Im Jahre 1517 erwartete Er. sehnsüch-
tig Emilios Geschichtswerk (vgl. *Ep.* 734); im
Januar d.J. 1518 bekam er ein Exemplar in seinen Besitz (*Ep.* 564). Im J. 1519 erschienen zwei
weitere Bücher von *De rebus gestis Francorum*,
während das Werk tatsächlich erst 1539, in zehn
Büchern, vollendet war. Vgl. Th.B. Deutscher,
*CE* I, S. 429, s.v. „Emilio"; R. Zaccaria, Art.
„Emili, Paolo", in *Dizionario Biografico degli
Italiani* 42 (1993), http://www.treccani.it/en-
ciclopedia/paolo-emili_(Dizionario-Biografi-
co)/; E. Fueter, *Histoire de l'historiographie
moderne*, trans. by E. Jeanmaire, Paris 1914,
S. 170–172; P. Desan, „Nationalism and history
in France", *Rinascimento* 24 (1984), S. 75–76.
Vgl. *CWE* 38, S. 742.

190–191  *Quae ... aedere posset*  Die metaphorische Inbezugsetzung der Tragzeit von Elefanten mit dem Entstehungsprozess eines literarischen oder wissenschaftlichen Werkes geht
von dem Volksglauben aus, daß diese 10 Jahre
dauere; vgl. Er.' eigene Erklärung in *Adag.* 811
und *Collect.* 780. Tatsächlich dauert die Tragzeit von Elefanten 20–23 Monate, wie es schon
Aristoteles korrekt angegeben hat (*Hist. an.*

VI, 546B 11–12); auch Plinius d.Ä. gibt an der
von Er. zitierten Stelle klar an, daß die vermeintliche Tragzeit von 10 Jahren nicht mehr
als Volksglaube ist (*Nat.* VIII, 28: „Decem
annis gestare in vtero *vulgus existimat*, Aristoteles biennio …").

191  *citius elephanti*  Vgl. Er. *Adag.* 811 (*ASD*
II, 2, S. 330): „Celerius elephanti pariunt":
„Sunt quibus hoc quoque inter adagia videtur adnumerandum, quod scriptum est apud
Plinium Secundum in praefatione Historiae
mundi. ,Nam de grammaticis', inquit, ,sem-
per expectaui parturiri aduersus libellos meos,
quos de grammatica aedidi (edidi *Collect.* 780)
et subinde abortus fecere iam decem annis,
cum celerius etiam elephanti pariant'. Hactenus Plinius. Itaque cunctationem immodicam et quorundam nimis lenta molimina his
verbis licebit significare. Porro de elephanto-
rum partu Plautus in Sticho: ,Audiui saepe
hoc vulgo dicier/ Solere elephantum grauidam
perpetuo decem/ Esse annos'. Huic astipula-
tur Plinius libro octauo: ,Decem annis gestare
in vtero vulgus existimat'. Etiamsi Aristoteles
biennio parere putat nec saepius quam semel
singulos gignere. … Proinde licebit adagium
etiam in hanc vertere formam: ,Quando tandem paries, obsecro, quod tot iam annos par-
turis, vt nec elephanti diutius?'"; *Coll.* 780
„Celerius elephanti pariunt", *ASD* II, 9, S. 258;
Otto 594; Polyd. Verg. 62; Plin. *Nat.*, praef. 28:
„Ego plane meis (sc. libris) adici posse multa
confiteor, nec his solis, sed et omnibus, quos
edidi, vt obiter caueam istos Homeromasti-
gas (ita enim verius dixerim), quoniam audio
et Stoicos et dialecticos Epicureosque – nam

de grammaticis semper expectaui – parturire (parturiri *edd. vett.*) aduersus libellos, quos de grammatica edidi, et subinde abortus facere (fecere *edd. vett.*) iam decem annis, cum celerius etiam elephanti pariant".

191 *citius* Die Verwendung von „citius" statt „celerius" zeigt an, daß Er. sein *Adag.* 811 aus dem Gedächtnis zitiert.

192 *plusquam triginta annis habuit prae manibus* Daß Paolo Emili dreißig Jahre an seinem Geschichtswerk *De rebus gestis Francorum* gefeilt habe, bevor er es publizierte, ist eine Übertreibung; tatsächlich hatte Emilio etwa 20 Jahre daran gearbeitet, bevor es 1516 publizierte. Vgl. Komm. *CWE* 38, S. 742.

193 *Thomas Linacrus Anglus* Thomas Linacre (1460–1524), englischer Humanist, Gräzist, Arzt, latein. Philologe und Grammatiker und Universalgelehrter. Wie Er. angibt, zeichnete sich Linacre durch eine hervorragende Gelehrsamkeit aus, die er sich im Laufe eines langjährigen (über 18 Jahre!) Studiums in England (Oxford 1481–1487) und Italien (1487–1499) erworben hatte. Besondere Kenntnisse besaß er in der Gräzistik, Medizin und Grammatik. 1509 wurde er zum Leibarzt Heinrichs VIII. ernannt, 1523 zum Tutor von Mary I. Linacre trat als Übersetzer Galens hervor, publizierte aber selbst kaum. Das war auch noch der Fall, nachdem Linacre das 60. Lebensjahr bereits überschritten hatte. In einem Brief d.J. 1521 hielt ihm Er. dies freimütig vor; *Ep.* 1230, d.d. 24. 8. 1521: „At tu, si mihi permittis, vt libere tecum agam, sine fine premis tuas omnium eruditissimas lucubrationes, vt periculum sit, ne pro cauto modestoque crudelis habearis, qui studia huius seculi tam lenta torqueas expectatione tuorum laborum, ac tam diu fraudes desideratissimo fructu tuorum voluminum. Fortasse te terret nostrum exemplum …". Für Er.' Hochschätzung von Linacres Gelehrsamkeit vgl. *Ep.* 118, 971, 1005, 117, 1175

und 1558*; ASD* I, 2, S. 676–677; *ASD* IX, 1, S. 196; *Adag.* 3552 (*ASD* II, 8, S. 52: „… Thomas Linacer, vir incomparabili doctrina …"). Zu Lebzeiten publizierte Linacre, abgesehen von den Übersetzungen, nur einige grammatische Werke, *Progymnasmata grammatices vulgaria*, London 1515; *Rudimenta grammatices*, London 1423 und *De emendata structura Latini sermonis*, ebd. 1524. Für Linacre vgl. F. Maddison, M. Pelling und C. Webster (Hrsg.), *Linacre Studies: Essays on the Life and Work of Thomas Linacre*, Oxford 1977; Ch.B. Schmitt, *CE* II, S. 331–332, s.v. „Linacre"; J.B. Trapp, *LMA* 5 (1991), Sp. 1995–1996, s.v. „Linacre".

*Apophth.* VI, 525 ist ein Gegenstück zu *Adag.* 312 „Nullam hodie lineam duxi" (*ASD* II, 1, S. 419–420) und der gleichnamigen Redensart in *Collect.* 152, *ASD* II, 9, S. 96; vgl. Otto 957; Apost. 16, 44C; Polydor. Verg. 60.

196–198 *Nunquam … prouerbium* Freie Wiedergabe von Plin. *Nat.* XXXV, 84 aus dem Gedächtnis bzw. der zitierten Plinius-Stelle aus *Collect.* 152, *ASD* II, 9, S. 96; Plin.: „Apelli fuit alioqui perpetua consuetudo numquam tam occupatum diem agendi, vt non lineam ducendo exerceret artem, quod ab eo in prouerbium venit"; *Collect.* 152: „Ab artifice studiosoque dici potest, qui se significet eo die a studio artificioue prorsus cessasse. Id adagium vnde sit natum, Plinius Histo. Na. Lib. XXXV. refert his verbis: ‚Apelli … in prouerbium venit'"; vgl. Auch *Adag.* 312 (*ASD* II, 1, S. 419–420): „Nullam hodie lineam duxi". *Adag.* 312 ist freilich fast zur Gänze dem in-extenso-Zitat einer anderen Apelles-Anekdote gewidmet, die Er. in vorl. Sektion als *Apophth.* VI, 527 bringt (vgl. unten).

197–198 *Hodie … duxi* Gibt den Wortlaut von *Adag.* 312 (*ASD* II, 1, S. 419–420) und *Collect.* 152 (*ASD* II, 9, S. 96) „Hodie nullam lineam duxi" wieder, während Plin. „vt non lineam ducendo exerceret artem" hat.

VI, 526                    *IVDICARE DE ARTE ALIENA*            (Apelles pictor, 7) [37]

200    *Idem tabulas in pergula proponere* solebat *post*que eas *latitans*, quid *praetereuntes*
reprehenderent, *auscultabat. Sutor* quidam *reprehendit, quod in crepidis pauciores vna
intus fecisset ansas.* Tulit hoc tacitus Apelles. *Postridie*, quum idem *circa crus* aliquid
notaret, Apelles *indignatus prospexit denuncians* illi, *ne sutor vltra crepidam iudicaret.
Quod et ipsum in prouerbium venit.*

205    VI, 527                    E LINEA IVDICARE                (Apelles pictor, 8) [38]

*Protogenes Rhodi viuebat.* Eo *Apelles* videndi eius gratia profectus est, *continuo*que
*petit officinam*, in qua *tabulam magnae amplitudinis in machina aptatam picturae, anicula* quaedam *custodiebat. Ea Protogenem* negauit esse domi, *rogauitque a quo quaesitum diceret* reuerso. „*Ab hoc*", inquit *Apelles, arreptoque peniculo lineam ex colore duxit*
210    *summae tenuitatis per tabulam. Reuerso Protogeni, quae gesta erant, anus indicauit.* Ac
lineam ille *contemplatus*, continuo *dixit*, „Profecto *Apelles* Rhodum *venit. Nec enim
in alium cadit tam absolutum opus*". Mox in*duxit alio colore lineam illa* subtiliorem
anuique mandauit, vt *si rediret* hospes, *diceret ostensa* linea „*Hic est, quem quaeris*".
*Reuersus Apelles et vinci erubescens tertio colore lineas secuit, nullum relinquens amplius*
215    *subtilitati locum. Protogenes victum se confessus in portum deuolat, hospitem quaerit,*
domumque ducit victus victorem. Ex minimo vestigio artifex agnoscit artificem.

---

200  solebat *LB*: solet *A-C.*                    206  gratia *A B, Lycosthenes (p. 873)*: gratia *om. C,*
                                                         causa *BAS LB.*

*Apophth.* VI, 526 ist ein Gegenstück zu *Adag.* 516        de his iudicet, quae non didicit'. Natum et
(*ASD* II, 2, S. 40–42) „Ne sutor vltra crepi-        hoc ex Apellis verbo, de quo eodem in loco
dam" und *Collect.* 153 (*ASD* II, 9, S. 96–97)        continenter meminit Plinius. ,Idem', inquit,
mit demselben Wortlaut (vgl. Otto 462). Den        (nempe Apelles) perfecta opera proponebat in
Titel von Apophthegma VI, 526 hat Er. aus        pergula transeuntibus atque post ipsam (ipse
*Adag.* 516 übertragen, vgl. *ASD* II, 2, S. 40:        post *Plin.*) tabulam latens vicia, qui notabant
„… *Ne sutor vltra crepidam*, id est ‚Ne quis de        (quae notarentur *Plin.*), auscultabat, vulgum
his iudicare conetur, quae sint ab ipsius arte        diligentiorem iudicem quam se praeferens. Fe-
professioneque aliena'". Er. hat das Sprich-        runtque a sutore reprehensum (a sutore repre-
wort bereits in VI, 459 (Stratonicus, 17) ange-        hensum *edd. vett.*: reprehensum a sutore *text.
führt, wo er die inhaltlich verwandte Redens-        recept.*), quod in crepidis vna intus pauci-
art („Vltra malleum") brachte, die er auch in        res (intus pauciores *edd. vett.*: pauciores intus
*Adag.* 516 mit „Ne sutor vltra crepidam" ver-        *text. recept.*) fecisset ansas. Eodem postero die
knüpft hatte. Auch Brusoni hat „Ne supra        superbe (*edd. vett.*: superbo *text. recept.*) emen-
crepidam sutor" in seine Sammlung d.J. 1518        dationem (emendationem *edd. vett.*: emenda-
aufgenommen (I, 10 „Artem quam quisque        tione *text. recept.*) pristinae admonitionis ca-
norit, in ea se exerceatur").        uillante circa crus, indignatum prospexisse de-
200–204 *Idem tabulas … prouerbium* Leicht        nunciantem, *ne supra crepidam sutor iudica-
gekürzte und variierende Bearbeitung von Er.'        ret*, quod et ipsum in prouerbium venit (abiit
früherer Wiedergabe der Plinius-Stelle *Nat.*        *Plin.*)"; vgl. *Adag.* 516 „*Ne sutor vltra crepi-
XXXV, 85 in *Collect.* 153 „Ne sutor vltra crepi-        dam*" (*ASD* II, 2, S. 40–42): „… *Ne sutor
dam" (*ASD* II, 9, S. 96–97): „Id est ‚Ne quid        vltra crepidam*, id est ‚Ne quis de his iudi-

care conetur, quae sint ab ipsius arte professioneque aliena'. Quod quidem adagium natum
est ab Apelle nobilissimo pictore. De quo Plinius libro xxxv. cap. x. (= *Nat.* XXXV, 85) scri-
bit in hunc modum: ‚Idem (sc. Apelles) perfecta opera proponebat in pergula transeuntibus atque post ipsam tabulam latens vitia, quae
notarentur, auscultabat …"; Val. Max. VIII,
12, ext. 3 präsentiert die Anekdote, ohne sie mit
Apelles zu verbinden.

202 *Tulit … Apelles* „Tulit hoc tacitus Apelles"
ist ein narrativer Zusatz des Er.

203 *vltra* „Ne sutor vltra crepidam" ist die
Form, in der Er. das Sprichwort in *Adag.* und
*Collect.* anführte; seine Quelle, Plin. *Nat.*, hat
jedoch „supra".

204 *venit* Er. verwendet hier „venit" wie in
seiner Wiedergabe des Textes in *Collect.* 153
(*ASD* II, 9, S. 97).

*Apophth.* VI, 527 ist verwandt mit *Adag.* 4145
(*ASD* II, 8, S. 336) „E neuo cognoscere", vgl.
Er.' Definition a.a.O.: „*E neuo cognoscere est
ex re quapiam minima totum hominis ingenium aestimare, quemadmodum … Protogenes e linea agnouit Apellem*". Vom *in extenso*
zitierten Text her (Plin. *Nat.* XXXV, 84–85) ist
*Apophth.* VI, 527 ein Gegenstück von *Adag.*
312 (*ASD* II, 1, S. 419–420), das fast zur Gänze
aus dem nämlichen auch dort zitierten Plinius-
Text gebildet ist. Eigentlich hätte *Adag.* 312
denselben Titel tragen sollen wie *Apophth.* VI,
527; kurioserweise hatte Er. *Adag.* 312 jedoch
den Titel „Nullam hodie lineam duxi" gegeben.

206 *Protogenes* Für den auf Rhodos tätigen
Maler **Protogenes**, Apelles' Konkurrenten,
vgl. oben Komm. zu VI, 520.

206–215 *Protogenes Rhodi … hospitem quaerit*
Etwas gekürzte, jedoch sonst größtenteils
wörtliche Wiedergabe von Plin. *Nat.* XXXV,
81–83: „Scitum, inter Protogenen et eum quod
accidit. Ille Rhodi viuebat; quo cum Apelles adnauigasset, auidus cognoscendi opera

eius fama tantum sibi cogniti, continuo officinam petiit. Aberat ipse, sed tabulam amplae
(magnae *edd. vett., Er. in Adag. 312*) magni-
tudinis in machina (machinam *Er. in Adag.
312*) aptatam (aptatam picturae *edd. vett., Er.
in Adag. 312*) vna custodiebat anus (anus vna
custodiebat *edd. vett., Er. in Adag. 312*). Haec
foris esse Protogenen (Prothogenem foris esse
*edd. vett., Er. in Adag. 312*) respondit interro-
gauitque, a quo quaesitum diceret. ‚Ab hoc',
inquit Apelles, adreptoque penicillo lineam
ex colore duxit summae tenuitatis per tabulam. Et reuerso (et *deest in edd. vett., Er. in
Adag. 312*) Protogeni (Protogene *Er. in Adag.
312*), quae gesta erant, anus indicauit. Ferunt
artificem protinus contemplatum subtilitatem
dixisse, Apellen venisse, non cadere (Non enim
cadere *edd. vett., Er. in Adag. 312*) in alium tam
absolutum opus; ipsumque (Ipsum tunc *edd.
vett., Er. in Adag. 312*) alio colore tenuiorem
lineam in ipsa illa duxisse abeuntemque prae-
cepisse (praecepisseque abeuntem *edd. vett.,
Er. in Adag. 312*), si redisset ille, ostenderet
adiiceretque hunc esse, quem quaereret. Atque
ita euenit. Reuertit (Reuertitur *edd. vett., Er.
in Adag. 312*) enim Apelles et (sed *edd. vett.,
Er. in Adag. 312*) vinci erubescens tertio colore
lineas secuit nullum relinquens amplius subtilitati locum. At Protogenes victum se confessus in portum deuolauit hospitem quae-
rens; placuitque (Placuit *Er. in Adag. 312*) sic
eam tabulam posteris tradi omnium quidem,
sed artificum praecipuo miraculo". Er. hatte
die Plinius-Stelle bereits *in extenso* in *Adag.*
312 „Nullam hodie lineam duxi" (*ASD* II, 1,
S. 419–420) zitiert, wobei er einen Plinius-
Text benutzte, der dieselbe Textkonstitution
aufwies wie jener, den er in *Apophth.* VI, 527
zugrundelegte.

206 *videndi eius gratia* „videndi eius gratia" ist
eine freie Variation des Er.; bei Plinius steht,
daß Apelles nach Rhodos gereist sei, um die
Werke („opera") des Protogenes zu betrachten.

## ZEVXIS

VI, 528                    CITO NATA NON DVRANT                    (Zeuxis, 1) [39]

*Agatharchus pictor se*se iactabat de *pingendi celeritate*, quum *Zeuxis* diutius immora-
220  retur operi. At Zeuxis respondit ea, quae cito fiunt, cito perire; contra, quae paulatim
exacta cura absoluerentur, aetatem ferre. Iuxta Valerium [i.e. Plutarchum] ita respondit: „Diu *pingo, quia pingo aeternitati*“. Cito nata cito pereunt, diu elaborata ferunt
aetatem. Beta cito nascitur, buxus paulatim.

VI, 529                    ⟨IMITATIO⟩                    (Zeuxis, 2) [40]

225  *Zeuxis certamen* artis exercuit cum Parrhasio. *Quum* enim Zeuxis tam scite effinxisset
*vuas, vt in scenam aues aduolarent*, Parrhasius *detulit linteum pictum, ita veritate
repraesentata, vt Zeuxis alitum iudicio tumens, flagitaret tandem remoto linteo ostendi*

---

224  Imitatio *suppleui.*

**Zeuxis von Herkleia**, einer der größten griech.
Maler, aktiv zwischen ca. 430 und 397 v. Chr.;
seine Gemälde und seine Kunst sind nur über
Schriftquellen bekannt. Um sein Schaffen und
Leben ranken sich zahlreiche Anekdoten. Vgl.
N. Hoesch, *DNP* 12.2 (2003), Sp. 792–794, s.v.
„Zeuxis“, Nr. 1; K. Geschwantler, *RE* S: XV
(1978), Sp. 1481–1488, s.v. „Zeuxis“, Nr. 1.
218  *Cito nata non durant*  Der sentenzartige
Titel, den Er. dem Lemma gab, reproduziert
den – vermeintlichen – Spruch des Zeuxis im
Haupttext: „ea, quae cito fiunt, cito perire“.
Jedoch handelt es sich um einen Irrtum des Er.
219  *Agatharchus*  **Agatharchos**, griech. Maler
**aus Samos**, wirkte in Athen in der 2. H. des
5. Jh. v. Chr. Er wurde im Zusammenhang
mit der Bühnenmalerei als der „Erfinder“ der
Perspektive in der Malerei bezeichnet. Man
vermutet, daß er Architekturordnungen für
Wände und bewegliche Bühnenbilder malte.
Vgl. N. Hoesch, *DNP* 1 (1996), Sp. 234–
235, s.v. „Agatharchos“; O. Rossbach, *RE* I, 1
(1893), Sp. 741–742, s.v. „Agatharchos“, Nr. 14.
219–222  *Agatharchus … diu*  Er.’ Wiedergabe
dieses Apophthegmas ist in Bezug auf die Verwendung der Quellen verworren, schlampig
und mißverständlich. Er. präsentiert zwei Versionen desselben Ausspruchs, für die er nach
eigener Aussage Valerius Maxius und eine weitere Quelle benutzt habe. Jedoch kommt die
Anekdote bei Val. Max. nicht vor. Tatsächlich hat Er. zwei Quellen miteinander kon-

taminiert, die er zudem nicht richtig wiedergab, Plut. *Per.* 13, 2 (*Vit.* 159) und Plut. *De
amicorum multitudine* 5 (*Mor.* 94F); weiter
ist Er. jeweils von den latein. Übersetzungen
dieser Werke ausgegangen. In Plut. *Per.* 13,
2 wird das kurze Streitgespräch des Zeuxis
mit Agatharchos wiedergegeben. Allerdings ist
nicht richtig, daß Agatharchos darauf stolz
war, daß er überhaupt rasend schnell arbeitete (wie Er. angibt), sondern daß er *Tiere* (τὰ
ζῷα, animalia) *mit schneller Zeichnung perfekt
wiedergeben* konnte. In Er.’ Wiedergabe fehlt
diese zum Verständnis des Spruchs wesentli-
che Information. In seiner Reaktion darauf,
daß Agatharchos Tiere schnell treffsicher erfas-
sen konnte, hat Zeuxis nicht geantwortet (wie
bei Er. steht), daß „alles, was schnell gemacht
wird, schnell zugrunde geht“ und auch nicht,
„daß das, was langsam und sorgfältig gemacht
wird, die Zeit überdauert“, sondern lediglich: „Ich brauche dazu viel Zeit (nml. um
Tiere zu malen)“. Vgl. den griech. Text: καίτοι ποτέ (τότε *ed. Ald. fol. 50ᵛ*) φασιν Ἀγαθάρ-
χου τοῦ ζωγράφου μέγα φρονοῦντος ἐπὶ τῷ ταχὺ
καὶ ῥαδίως τὰ ζῷα ποιεῖν ἀκούσαντα τὸν Ζεῦ-
ξιν εἰπεῖν· „ἐγὼ δ’ ἐν πολλῷ χρόνῳ“. Zu seiner mißverständlichen Wiedergabe des Spruches kam Er. dadurch, daß er von der Übers.
des Lapo da Castiglionchio ausging („At labori
tempus impensum robur ad conseruationem
et perpetuitatem operis affert“, ed. Bade, Paris
1514, fol. LXVIIIʳ), die er mißverstand, als

ob damit gemeint wäre, daß eine langsame Arbeitsweise Kunstwerken beständiges Fortbestehen (*perpetuitas*), auch nach dem Tode des Künstlers, sichere. Er. schreibt in VI, 528 diese mißverstandenen Worte irrigerweise dem Zeuxis zu, tatsächlich stellen sie jedoch einen Kommentar des Plutarch dar. Plutarch meinte damit jedoch etwas anderes, nämlich, daß sich die Arbeitsweisen auf den Erhaltungszustand von Kunstwerken auswirken, die, wenn sie schnell und schlampig produziert wurden, schwer konserviert werden können, jedoch gut, wenn sie sorgfältig produziert wurden. Den Kontext von Plutarchs Überlegungen zur Konservierung (σωτηρία) von Kunstwerken bildete die ungezügelte Bauwut des Perikles, der mit unglaublicher Geschwindigkeit Großbauten wie die Tempel auf der Akropolis aus dem Boden stampfen ließ. Langsames, sorgfältiges Bauen, meinte Plutarch, trägt zur Erhaltung der Gebäude bei, flüchtiges, schusseliges Bauen bringt Einsturzgefahr mit sich.

Die Stelle Plut. *Per.* 13, 2 kontaminierte Er. mit *De amicorum multitudine* 5, *Mor.* 94F, wo allerdings der Maler Agatharchos nicht vorkommt. Die Stelle gibt eine Rechtfertigung des Zeuxis wieder, der für seine langsame Arbeitsweise kritisiert wurde. Allerdings sagt Zeuxis dort nicht, wie Er. angibt, daß er „deswegen langsam male, weil er für die Ewigkeit (*aeternitas*) male“, sondern weil er möchte, daß seine Gemälde lange gut erhalten bleiben sollen (εἰς πολύν sc. χρόνον). Er. hat den Spruch mißverstanden, weil er die latein. Übers. des Ottmar Luscinius reproduzierte, der den Spruch ebenfalls missverstand; der *aeternitas*-Anspruch stellt einen erklärenden Einschub des Luscinius dar: „Itaque vt Zeuxis pictor quaerentibus, cur tardius longoque tempore pingeret, respondit: ‚ego longo tempore haud dubie pingo, *id est aeternitati*‘ “ (ed. Cratander, Basel 1530, fol. 221A). Er. war von dem Gedanken des Ewigkeitsanspruchs großer Kunstwerke so fasziniert, daß er die Anekdote aus Plut. *Per.* 13, 2 in diesem Sinn umänderte, sodass es nicht mehr um die Darstellung von Tieren ging, wie im Übrigen auch aus Lapos Übers. klar hervorgeht: „.... Agatharcho se efferente celeritate et facilitate *pingendi animalia* ... (ed. Bade, Paris 1514, fol. LXVIIIᵛ). Den ersten Spruch des Zeuxis hatte bereits Brusoni in seiner Sammlung d.J. 1518 – korrekt – publiziert: „Idem Zeusis Agatharcho se laudante, quod animalia facile celeriter-

que pingeret, damnans celeritatem, ‚Ego vero‘, inquit, ‚diu‘ “ (V, 23).

222–223 *Cito nata ... paulatim* Erklärender Kommentar des Er.

223 *Beta cito nascitur, buxus paulatim* In diesem kommentierenden Vergleich stellt Er. den relativ wertlosen Mangoldspinat (ein Allerweltsgemüse) dem teuren Buchsbaum (*Buxus sempervirens*) gegenüber. Buchsbaumholz wurde als erlesen und wertvoll betrachtet, weil es hart war; in der frühen Neuzeit wurden Plastiken aus Buchsbaumholz hergestellt, z.B. von Konrad Meit, einem Zeitgenossen des Erasmus, der ca. 1510 Adam und Eva aus diesem Holz schnitzte (Gotha, Schloßmuseum). Kunstwerken aus hartem Holz ist eine lange Erhaltungszeit beschert, weiches Holz ist anfällig für Beschädigungen. Für die Verwendung von Buchsbaumholz für Schnitzereien und Plastiken in der Antike vgl. Ch. Hünemörder, *DNP* 2 (1996), Sp. 818, s.v. „Buchsbaum“. Der Buchsbaum ist dafür bekannt, daß er nur sehr langsam wächst, was u.a. auch die Dichte seines Holzes bedingt.

224 ⟨*Imitatio*⟩ Der Titel fehlt in *A, B, C* und *BAS*; er ist vermutlich weggefallen, weil VI, 529 und 530 denselben Gegenstand behandeln und auch sonst zueinander gehören.

225–229 *Zeuxis ... artificem* Wörtliche Wiedergabe von Plin. *Nat.* XXXV, 65: „Descendisse hic (sc. Parrhasius) in certamen cum Zeuxide (Zeuside *quaedam edd. vett.*) traditur et, cum ille detulisset vuas pictas tanto successu, vt in scaenam aues aduolarent, ipse detulisse linteum pictum ita veritate repraesentata, vt Zeuxis (Zeusis *quaedam edd. vett.*) alitum iudicio tumens flagitaret tandem remoto linteo ostendi picturam atque intellecto errore concederet palmam ingenuo pudore, quoniam ipse volucres (aues *edd. vett.*) fefellisset, Parrhasius autem se artificem“.

225 *Parrhasio* **Parr(h)asios**, bedeutender Maler der griech. Antike. Er stammte aus Ephesos und wirkte um 440 bis 380 v. Chr., vornehmlich in Athen. Er wird für die ausgewogene Komposition, in der er den passenden Maßverhältnissen der dargestellten Personen und Gegenstände besondere Aufmerksamkeit widmete, die Genauigkeit und Treffsicherheit seiner Umrißzeichnung und für die räumliche Tiefenwirkung, die er auf seinen Gemälden erzielte, gelobt. Vgl. N. Hoesch, *DNP* 9 (2000), Sp. 356–357, s.v. „Parrhasios“; G. Lippold, *RE* XXIII, 4 (1949), Sp. 1874–1880, s.v. „Parrasios“, Nr. 3.

*picturam.* Mox *intellecto errore* „Vicisti", inquit, „Parrhasi. Nam ego aues *fefelli, tu artificem".* Rari candoris inter artifices exemplum.

230 VI, 530                      IMITATIO                      (Zeuxis, 3) [41]

*Idem postea pinxit puerum vuas ferentem, ad quas quum aues aduolassent, processit iratus operi, „Vuas", inquit, „melius pinxi quam puerum. Nam si hoc consummassem, aues puerum timere debuerant".* Ingenuitatis exemplum. At aues viderunt in puero nullum esse motum, itaque aut mortuum aut dormientem arbitratae sunt.

235                    SCOPAS STATVARVM ARTIFEX
                       [i.e. NOBILIS THESSALVS]

VI, 531                      SVPERVACVA      (Scopas statuarum artifex, i.e.
                                              Scopas nobilis Thessalus, 1) [42]

*Scopas Thessalus,* statuarum artifex, demiranti, cur in aedibus suis tantum *haberet*
240 *rerum superuacanearum et inusitatarum, „Imo his",* inquit, „*superuacaneis felices sumus ac beati, non illis necessariis".* Quum ea, quae sunt vitae necessaria, sint suapte natura preciosissima, tamen, quia quotidiana sunt multisque communia, contemnuntur. Caeterum quanti sint precii, declarat extrema necessitas, quae si incidat, quilibet libens omnes gemmas, aulea et aurum suum vno pane commutet; caetera magis ad
245 ostentationem pertinent quam ad salutem. [C] Suspicor hunc eundem esse, de quo refert M. Tullius libro de Oratore secundo.

---

239 statuarum artifex *A-C: secludendum erat,*
   homo praediues *BAS LB.*

244 suum *B C:* suum dans *A.*

245–246 Suscipor … secundo *C: deest in A B.*

---

231–233 *postea pinxit … Ingenuitatis* Wörtliche
   Wiedergabe von Plin. *Nat.* XXXV, 66: „Fertur
   et postea Zeuxis (Zeusis *quaedam edd. vett.*)
   pinxisse puerum vuas ferentem, ad quas cum
   aduolassent (aduolarent *quaedam edd. vett.*)
   aues, eadem ingenuitate processit iratus operi
   et dixit: ,Vuas melius pinxi quam puerum.
   Nam si et hoc consummassem, aues timere
   debuerant'"; die Anekdote findet sich auch in
   Sen. *Contr.* X, 5, 27.
239–241 *Scopas … necessariis* Gekürzte, durch
   einen Übersetzungs- und einen Verständnisfehler entstellte Wiedergabe von Plut. *De cupiditate diuitiarum* 8, *Mor.* 527C–D, wobei Er.
   von seiner eigenen Übersetzung ausging, die
   bereits diese Fehler aufwies: „Quod si ea,
   quae natura requirit, etiam diuitum sunt com-

munia, diuitiae vero sese iactant de super-
fluis, Scopamque Thessalum laudaueris, qui
rogatus, cur domi tantum haberet rerum
superuacanearum et inusitatarum, ,Imo his',
inquit, ,superuacaneis (superuacaneis *ed. Cratander, 1530, fol. 198C, ASD:* superuacaneis *deest
in ed. Froben 1514, fol. 25ʳ*) foelices sumus ac
beati, non illis necessariis'" (*ASD* IV, 2, S. 257–
258). In dieser Übers. hat Er. den griech. Text
von ὃς αἰτηθείς τι τῶν κατὰ τὴν οἰκίαν ὡς περιττὸν οὕτω καὶ ἄχρηστον nicht richtig übersetzt,
wobei er eine an Skopas gerichtete Bitte (αἰτηθείς) als Frage mißverstand: Es ist nicht der
Fall, daß einer seiner Gäste den Skopas gefragt
hätte (wie Er. meinte), warum er denn so viele
überflüssige und unnütze Sachen in seinem
Haus habe (was ein Affront gewesen wäre);

vielmehr erbat sich ein Gast einen Gegenstand zum Geschenk, wobei er als Argument anführte, Skopas verwende ihn ja doch nicht. Die richtige Übers. des betreffenden Textabschnitts hätte lauten müssen: „… Scopa Thessalus, qui petenti aliquid de eius supellectile, quod id diceret superuacaneum ac inutile esse …“ (Dübner, *Moralia* I, S. 638). Vgl. den griech. Text: τὸν Σκόπαν τὸν Θεσσαλὸν ἐπαινεῖς (ἐπαινεῖς *De Lacy/Einarson*, ἐπαινέσαις *Ald. p. 513*), ὃς αἰτηθείς τι τῶν κατὰ τὴν οἰκίαν ὡς περιττὸν οὕτω καὶ ἄχρηστον, „ἀλλὰ μήν,“ ἔφη, „τούτοις ἐσμὲν ἡμεῖς εὐδαίμονες καὶ μακάριοι τοῖς περιττοῖς, ἀλλ᾽ οὐκ ἐκείνοις τοῖς ἀναγκαίοις“; Plut. erzählt dieselbe Anekdote ganz ähnlich in *Cat. Mai.* 18, 4 (*Vit.* 346F–347A): Σκόπας δὲ ὁ Θετταλὸς αἰτουμένου τινὸς τῶν φίλων παρ᾽ αὐτοῦ τι τοιοῦτον (τι *deest in ed. Ald. fol. 251ʳ*), ὃ μὴ σφόδρα ἦν χρήσιμον ἐκείνῳ, καὶ λέγοντος, ὡς οὐδὲν αἰτεῖ τῶν ἀναγκαίων καὶ χρησίμων, „Καὶ μὴν ἐγὼ τούτοις“, εἶπεν, „εὐδαίμων καὶ πλούσιός εἰμι, τοῖς ἀχρήστοις καὶ περιττοῖς“, was Francesco Barbaro, anders als Er. *Mor.* 527C, sinngemäß richtig wiedergab: „Vnde Scopas Thessalus, quum quispiam familiaris ab eo quicquam assequi contenderet, quod neque necessarium sibi neque valde commodum esset, ‚Huiuscemodi rebus‘, inquit, ‚et felix sum et locuples, superuacuis inquam et vsui minime necessariis“ (ed. Bade, Paris 1514, fol. CXXIIIIʳ).

239 *Scopas … artifex* Abgesehen von der Tatsache, daß eine Fehlzuschreibung vorliegt, zeigt die Angabe „Scopas Thessalus, statuarum artifex“ an, daß Er. nicht wußte, daß es mindestens drei Bildhauer gab, die diesen Namen trugen: einen aus dem 4. Jh., einen „Skopas von Paros“ aus der zweiten Hälfte des 4. Jh. („Scopas maior“) und einen „Skopas von Paros“ aus dem 2. Jh. v. Chr. („Scopas minor“); vgl. R. Neudecker, *DNP* II (2001), Sp. 635–637, s.v. „Skopas“, Nr. 1 und Nr. 2 und P. Mingazzini, „Sui quattro scultori di nome Scopas“, *Rivista dell' Istituto nazionale d'archeologia e storia dell'arte* 18 (1971), S. 69–90. In *A* und *B* verwechselte Er. den reichen **thessalischen Adeligen Skopas** aus dem 6. Jh. v. Chr. mit Skopas dem Bildhauer („Scopas … statuarum artifex“). Die Identifikation von „Scopas Thessalus“ mit einem der Bildhauer namens Skopas verbietet sich schon deswegen, weil diese von Paros stammten. Der Spruch-

spender von VI, 531, ein Thessalier, gehörte dem Adelsgeschlecht der Skopadai aus Krannon an, das mehrere Familienmitglieder dieses Namens aufwies, u.a. Skopas I. und Skopas II. Als Er. die Ausgabe *C* vorbereitete, fügte er hier einen Spruch hinzu, wobei er die Vermutung äußerte, daß dessen Spender, Skopas II., mit dem erstgenannten Skopas von VI, 532 zu identifizieren sei („Suspicor hunc eundem esse, de quo refert M. Tullius libro de Oratore secundo“). Da diese neue Identifizierung mit dem thessalischen Edelmann die alte des „statuarum artifex“ ausschließt, wäre es im Grunde notwendig gewesen, daß Er. die Verwirrung bereinigt hätte, d.h. die alte Angabe „statuarum artifex“ getilgt oder adaptiert hätte. Dies unterblieb jedoch, wodurch ein eigentlich unhaltbarer Textzustand entstand. Das empfanden auch die Editoren der *Opera-omnia*-Ausgabe: Sie entschieden sich dafür, die neue Identifikation für beide Sprüche gültig zu machen und ersetzten „statuarum artifex“ durch „homo praedicues“. Für die adelige Familie Skopiadai aus Thessalien, die durch den Einsturz der Decke des Familienpalastes um d.J. 510 v. Chr. nahezu ausgelöscht wurde, vgl. H. Swoboda, *RE* III, A1 (1927), Sp. 567–569, s.v. „Skopadai; H. Beck, *DNP* II (2001), Sp. 635, s.v. „Skopadai“.

244 *suum* Die Tilgung von „dans“ stellt eine Korrektur des Er. für die zweite Ausgabe dar.

245–246 *Suscipor hunc … secundo* Er. hat diesen Text aus Ciceros *De oratore* erst in der Ausgabe *C* hinzugefügt; im Layout von *C* entstand ein außergewöhnlich langes Lemma, das fast eine ganze Seite (670) in Anspruch nimmt und zwei Apophthegmen vereinigt, die inhaltlich nichts miteinander zu tun haben; der Anlaß für den Einschub liegt in der Vermutung des Er., die Spender der zwei Sprüche seien identisch. Die Zusammenlegung inhaltlich nicht zusammengehöriger Sprüche entspricht jedoch nicht der Methode, die Er. in den *Apophthegmata* anwendet. Es ist daher nicht davon auszugehen, daß das in *C* vorliegende Layout der Vorstellung des Erasmus entsprach. Beabsichtigt war wahrscheinlich, daß die Anmerkung bezüglich der Identifizierung des Scopas („Suspicor … secundo“) dem Text von VI, 531 hinzugesetzt werden sollte. Der neue Spruch sollte sodann als separates Lemma an der vorl. Stelle eingesetzt werden.

## SCOPAS NOBILIS THESSALVS

VI, 532                                                        (Scopas nobilis Thessalus, 2)

250

[C] *Quum coenaret Gramnone* [i.e. Crannone] *in Thessalia Simonides apud ⟨Scopam⟩ fortunatum hominem et nobilem, cecinissetque id carmen, quod in eum scripsisset, in quo multa de* laudibus *Castoris et Pollucis* admiscuerat – *quod ornandi* gratia *poetae* solent facere, Scopas *dixit dimidium se eius, quod pactus esset, pro carmine daturum; reliquum peteret a suis Tyndaridis, quos aeque laudasset.* Quidam soli volunt laudari. *Euocatus est Simonides* per *duos iuuenes*, qui nusquam postea visi sunt; interim *ruina*

255 *conclauis* Scopas obtritus est *cum suis* conuiuis, incolumi Simonide.

## [A] POLYCLETVS

VI, 533                              [A] Philosophia ars                    (Polycletus, 1) [43]

*Polycletus* statuarius dicere solet eorum opificium esse molestissimum, *quibuscunque lutum perueniret ad vngues,* plastas opinor ac figulos notans. Admonuit autem eas

260 artes exercendas, vnde non conspurcaretur opifex. Tale nimirum philosophiae studium.

---

249–255  Quum coenaret … incolumi Simonide
  C: deest in A B.

249  Gramnone C: Cranone BAS LB: *scribendum erat* Crannone: Cranonae *Lycosthenes p. 1027.*

249  Scopam *suppleui collato loco ab Erasmo citato.*

---

249–255  *Quum coenaret … cum suis*  Bis zum Ende des Spruchteiles wörtliche und leicht variierende, im abschließenden Teil gekürzte und paraphrasierende Wiedergabe von Cic. *De or.* II, 352–353: „Dicunt enim, cum cenaret Crannone (Grannone *pars edd. vett., text. recept.*: Cranone *altera pars edd. vett.*) in Thessalia Simonides apud Scopam fortunatum hominem et nobilem cecinissetque id carmen, quod in eum scripsisset, in quo multa ornandi causa poetarum more in Castorem scripta et Pollucem fuissent, nimis illum sordide Simonidi dixisse se dimidium eius ei, quod pactus esset, pro illo carmine daturum; reliquum a suis Tyndaridis, quos aeque laudasset, peteret, si ei videretur. [353] Paulo post esse ferunt nuntiatum Simonidi, vt prodiret; iuuenis (iuuenes *edd. vett.*) stare ad ianuam duo (duos *edd. vett.*) quosdam, qui eum magno opere euocarent; surrexisse illum, prodisse, vidisse neminem: hoc interim spatio conclaue illud, vbi epularetur Scopas, concidisse; ea ruina ipsum

cum cognatis oppressum suis (ipsum oppressum cum suis *edd. vett.*; cognatis *om. edd. vett.*) interisse". Quintilian erzählt dieselbe Anekdote mit einigen Zusätzen und Reflexionen (Quint. *Inst.* XI, 2, 11–16); Quintilian nennt als weitere Gewährsmänner der Geschichte Apollodoros, Erastothenes, Euphorion, Eurypylos aus Larissa und Apollas.

249  *Gramnone*  Damit ist die Stadt Krannon (Κραννών) in Mittelthessalien gemeint, die ca. 22 km südwestlich von Larisa liegt. Im 6. Jh. v. Chr. gehörte Krannon zu den acht mächtigsten Städten Thessaliens; Krannon wurde in dieser Zeit von dem Adelsgeschlecht der Skopidai beherrscht. Vgl. H. Kramolisch, *DNP* 6 (1999), Sp. 804–804, s.v. „Krannon".

249  *Simonides*  Der lyrische Dichter **Simonides** von Keos (556/3–468/5 v. Chr.), dichtete als Edelmann vorzüglich für Mitglieder seines Standes. Er soll der Gründer der Gattung des Siegesliedes, der Erfinder der Mnemotechnik (Cic. *De or.* II, 352–353) und des Dichtens

gegen Entlohnung gewesen sein. Er. hat ihm oben im selben Buch eine Serie von vier Apophthegmen gewidmet (VI, 383–386), von denen drei den Dichter zeigen, der seine Lieder für Geld verkaufte, u.a. in Thessalien. Zu Simonides vgl. oben Komm. zu *Apophth.* VI, 383. Jedoch gab es bezüglich der Person des Dichters verschiedene Versionen; vgl. Quint. *Inst.* XI, 2, 14: „Est autem magna inter auctores dissensio, Glaucone Carystio an Leocrati an Agatharcho an Scopae scriptum sit id carmen …".

249 ⟨*Scopam*⟩ „Scopam" wurde von Er. bei der Übertragung des Textes aus Ciceros *De oratore* irrtümlich ausgelassen, darf jedoch nicht fehlen.

253 *Tyndaridis* Die göttlichen Zwillinge, die Dioskuroi, Söhne des Zeus bzw. des Tyndareos und der Leda. Mit „von seinen Tyndariden holen" meinte Skopas, daß Simonides doch die Hälfte seines Lohnes bei Kastor und Pollux einfordern solle, da er sie ja in dem für Skopas bestimmten Siegeslied so schön verherrlicht habe.

253 *Quidam … laudari* „Quidam soli volunt laudari" gehört nicht dem Zitat zu, sondern ist ein eingeschobener Kommentar des Er.

254 *duos iuuenes* In der Erzählung wird suggeriert, daß es sich bei den beiden Jünglingen um ein Erscheinen der Dioskuren handelte. Er. verstärkte die Suggestion der Epiphanie durch den narrativen Zusatz „qui nusquam postea visi sunt"; Quintilian stellt die Epiphanie der Dioskuren als erfundene Geschichte dar (*Inst.* XI, 2, 16: „Quamquam mihi totum de Tyndaridis fabulosum videtur, neque omnino huius rei meminit vsquam poeta ipse, profecto non taciturus de tanta sua gloria").

255 *conclauis* „conclaue" (jede „geschlossene", mit vier Wänden und einer Decke versehene Räumlichkeit) bedeutet in vorl. Fall konkret den „Speisesaal" des Palastes des Skopas.

255 *cum suis conuiuis* In den älteren *De oratore*-Texten, die Er. vorlagen, fehlte „cognatis", wodurch klar war, daß das Unglück die Sippe des Skopas auslöschte; das überlieferte „suis" ist offener; Er. faßte es als „Skopas und seine Gäste" auf.

**Polykleitos** von Argos, Bildhauer, Erzgießer, Toreut und Goldelfenbeinkünstler im 5./4. Jh. v. Chr., einer der größten Künstler der Antike. Seine Statuen waren Abbild eines in sorgfälti-

ger Detailarbeit ausgearbeiteten Idealtypus des schönen Menschen. Gilt er als Vollender der Klassik, seine Werke waren beliebtes Vorbilder für Kopien. Vgl. G. Lippold, *RE* XXI, 2 (1952), Sp. 1707–1718, s.v. „Polykleitos", Nr. 10; R. Neudecker, *DNP* 10 (2001), Sp. 66, s.v. „Polykleitos", Nr. 2.

257 *Philosophia ars* Der Titel hat mit dem Spruch, wie er im griech. Original vorliegt, nichts zu tun; er ist der Tatsache geschuldet, daß Er. ihn mißverstanden hat (vgl. Komm. unten).

258–259 *Polycletus … vngues* Völlig missverstandene und verworrene Wiedergabe des Schlusssatzes von Plut. *Quomodo quis suos in virtute sentiat profectus, Mor.* 86A, mit dem Apophthegma des Polykleitos. Polykleitos meinte, daß die letzte Feinarbeit bei der Herstellung der tönernen Gussform, bei der der Künstler seine Fingernägel gebrauchen müsse, das Schwierigste sei. Plutarch bezog dies paradigmatisch auf den Gegenstand seines Traktates, den Fortschritt in der Erlangung der Tugendhaftigkeit. Er wollte damit sagen: Die letzten Schritte, die zur Vollendung führen sollen, sind die schwierigsten. Er. jedoch fasste den Spruch des Polykleitos als abschätzige Kritik an Bronzegießern und Töpfern auf; Polykleitos würde abraten, diese Berufe auszuüben, weil es sich um unwürdige Schmutzarbeit handle; stattdessen wäre es besser, sich mit Philosophie zu beschäftigen. Die Interpretation des Er. ist absurd, ganz besonders natürlich in Anbetracht der Tatsache, daß Polykleitos selbst Bronzegießer war. Er. kam zu dieser völlig falschen Interpretation, weil er von der latein. Übers. des Ottmar Luscinius ausging, der den Spruch falsch wiedergegeben hatte: Männer, die auf dem Weg der Tugend voranschreiten, sollen sich diesen Spruch vor Augen halten: „dictum hoc … animo reputantes: non esse videlicet laborem magis contemptibilem eo, qui sordes relinquat in vnguibus" (ed. Basel, Cratander, 1530, fol. 238A). Vgl. den griech. Text: ὑπὲρ οὗ τὸν Ἰ Ιολύκλειτον οἰόμεθα (οἰόμεθα *ed. Babbitt*: οἰόμενοι *ed. Ald. p. 75*) λέγειν ὡς ἔστι χαλεπώτατον (χαλεπώτατον *ed. Babbitt*, χαλεπώτατον αὐτῶν *ed. Ald.*) τὸ ἔργον οἷς ἂν εἰς ὄνυχα ὁ πηλὸς ἀφίκηται. Der Spruch findet sich auch in Plut. *Quaest. conv.* II, 3, 2, *Mor.* 636B–C.

VI, 534                              Popvli ivdicia                              (Polycletus, 2) [44]

Idem *duas statuas* eodem argumento *fecerat, alteram ad artis iudicium, alteram ad*
opinionem *vulgi* et ad cuiusuis praetereuntis iudicium. Ambabus perfectis admittit
265   turbam. Prior illa, quam ex arte fecerat, magnopere *laudata est, altera* non item.
*Tum Polycletus,* „Atqui scitote", *inquit,* „quod hanc, quam tantopere laudatis, *ego feci;*
*eam quam vituperatis, vos fecistis*". A populo factam dixit, quam ad iudicium populi
fecerat. Vicit tamen artis species imprudentes. Si moniti fuissent, vtram ad illorum
iudicium finxisset, eam praetulissent.


270                                      NEALCES


VI, 535                              Honos artis                              (Nealces) [45]

*Arato* destinanti *tyrannorum communi odio* abolere tabulam insignis *artificii,* quae
*Aristratum in curru victorem* habebat, *Nealces supplex* intercessit, vt opus incolume
seruaretur, *dicens cum tyrannis, non cum tyrannorum imaginibus belligerandum esse.*

---

263–267 *duas statuas ... fecistis* Gekürzte, paraphrasierende Wiedergabe von Ael., *Var. hist.*
14, 8: δύο εἰκόνας εἰργάσατο Πολύκλειτος κατὰ τὸ
αὐτό, τὴν μὲν τοῖς ὄχλοις χαριζόμενος, τὴν δὲ κατὰ
τὸν νόμον τῆς τέχνης. ἐχαρίζετο δὲ τοῖς πολλοῖς
τὸν τρόπον τοῦτον. καθ᾽ ἕκαστον τῶν ἐσιόντων
μετετίθει τι καὶ μετεμόρφου, πειθόμενος τῇ ἑκάστου ὑφηγήσει. προὔθηκεν οὖν ἀμφοτέρας· καὶ ἡ
μὲν ὑπὸ πάντων ἐπηνεῖτο (ἐπηνεῖτο *ed. Wilson*:
ἐθαυμάζετο *ed. Victorius fol. 67ʳ*), ἡ δὲ ἑτέρα ἐγε-
λᾶτο. ὑπολαβὼν οὖν ἔφη ὁ Πολύκλειτος· „ἀλλὰ
ταύτην μὲν ἣν ψέγετε ὑμεῖς ἐποιήσατε, ταύτην δὲ
ἣν θαυμάζετε ἐγώ".
**Nealkes** aus Sikyon (Akme um 250 v. Chr.),
Maler, der der berühmten Schule von Sikyon
angehörte; Plutarch stellt ihn als Freund des
Aratos dar. Seine Bilder sollen sich durch
die minutiöse Wiedergabe von Details ausgezeichnet haben. Vgl. G. Lippold, *RE* XVI,
2 (1935), Sp. 2105–2106, s.v. „Nealkes"; N.
Hoesch, *DNP* 8 (2000), Sp. 771–772, s.v.
„Nealkes".
270 *NEALCES* In dieser Form im Index personarum.
*Apophth.* VI, 535 datiert auf das Jahr 251 v. Chr., als
Aratos den Tyrannen Nicokles aus Sikyon ver-
trieb. Für den Titel vgl. *Apophth.* V, 96 „Honos
artibus", wo die Anekdote erzählt wird, daß
Demetrios Poliorketes bei der Belagerung von

Rhodos ein berühmtes Bild des Protogenes
schonte.
272 *Arato* Für Aratos von Sikyon (271/70–213 v.
Chr.) s. unten Komm. zu VI, 536.
272–274 *Arato ... belligerandum esse* Stark gekürzte und paraphrasierende Wiedergabe von
Plut. *Arat.* 13, 1–3, bei der Er. Wesentliches
wegließ, u. a. auch die eigentliche Pointe (auf
den Vorschlag des Nealkes, daß er den por-
trätierten Tyrannen übermalen wolle, erlaubte
Aratos, daß das Bild erhalten blieb), und
eine inkorrekte Beschreibung des Bildes lieferte; wie wörtliche Übernahmen zeigen, ging
Er. von der latein. Übers. des Lapo da Castiglionchio aus: „Itaque Aratus alias tyrannorum imagines statim libera ciuitate sustulit. De Aristrati vero imagine, qui Philippi
aetate floruerat, tollenda diu deliberauit. Fuit
enim Melanthi discipulorum opus Aristratus
in curru victor. ... Erat opus nobile atque
admirandum. Proinde angebat Aratum tanti
artificii interitus; sed communi odio, quo
in tyrannos flagrabat, deleri simulacrum iussit. Tradunt praeterea Neaclam (sic) picto-
rem collachrymasse et Arato pro salute operis
se supplicem praebuisse, atque vbi impetrare
non potuit, dixisse bellum cum tyrannis, non
cum tyrannorum imaginibus esse gerendum"
(Paris, 1514, fol. CCCXLVʳ, *recte* CCCLXVIʳ).

272 *tyrannorum communi odio*   Der Satz ist verworren, weil Er. hier zu stark kürzte. Zudem
vergaß er, den Kontext der Anekdote zu vermelden: Im Rahmen einer politischen Säuberungsaktion, die Aratos sofort nach Antritt seines Amtes vornahm, ließ er alle in der Öffentlichkeit auf – oder ausgestellten Porträts der
früheren Tyrannen von Sikyon vernichten; in
Frage kommen jene von Euphron d.Ä., Aristratos (4. Jh. v. Chr.), Euthydemos, Timo-
cleidas und Nikokles (3. Jh. v. Chr.).

272 *tabulam insignis artificii*   Die Rede ist von
einem um 350 in der Werkstätte des Malers
Melanthios entstandenen Bild, auf dem der
Tyrann Aristratos von Sikyon als Wagenlenker
neben dem Wagen mit Nike porträtiert ist.
Vgl. G. Lippold, *RE* XV, 1 (1931), Sp. 431, Z.
51, s.v. „Melanthios", Nr. 14.

273 *Aristratum*   Aristratos, Tyrann von Sykion
(reg. ca. 346–336). Vgl. F. Cauer, *RE* II, 1 (1895),
Sp. 1065, s.v. „Aristratos", Nr. 2.

273 *Aristratum in curru victorem*   Die Bildbe-
schreibung, die Er. liefert, ist nicht korrekt:
Aristratos stand nicht auf einem Wagen; das
griech. Original berichtet, daß der Tyrann

*neben* dem Wagen *stand*, auf dem eine Statue der Göttin Nike (in feierlichem Umzug)
mitgeführt wurde (ἅρματι νικηφόρῳ παρεστὼς
ὁ Ἀρίστρατος); vgl. die Übers. von Bernadotte
Perrin in Plutarch, *Lives* (Loeb), XI, S. 29:
„Aristratus was painted standing by a chariot
in which was a Victory". Das Missverständnis geht darauf zurück, daß Er. von der Übers.
des Lapo da Castiglionchio ausging, der sich
das Bild nicht anders vorstellen konnte als das
eines römischen Triumphators, der auf dem
Wagen stehend („Aristratus in curru victor",
a.a.O.) zum Kapitol fuhr.

274 *non cum tyrannorum imaginibus*   Er. hat
den Ausspruch missverstanden, da er von der
Übers. Lapos ausging und diese reproduzierte.
Im griech. Text steht nicht „wir müssen mit
den Tyrannen Krieg führen, nicht mit den
*Bildern von Tyrannen*", sondern „… mit den
Tyrannen, nicht mit ihren *Besitzungen* (οὐ τοῖς
τῶν τυράννων)". Nealces brachte das Argument ein, daß der Sieg über einen Tyrannen
nicht notwendig bedeuten müsse, daß man
seine Besitzungen zerstöre: Diese solle man
erhalten und dem eigenen Nutzen zuführen.

275

# ARATVS

VI, 536                                 DIVINATIO                                 (Aratus, 1) [46]

Quum Philippus [i.e. quintus] *locum* quendam *Ithomatam* [i.e. templum Iouis Itho-
matae] *non minus munitum, si praesidium* imponeretur, *quam* erat *Acrocorinthus*,
occupasset et *sacrificio* peracto *per vatem ad ipsum exta essent delata, accepta Arato*
280    *ac Demetrio Phario* demonstrauit et ipse animi dubius *rogabat eos, quid exta* por-
tenderent: *vtrum Messeniis locum redderet an retineret. Hic Demetrius arridens, „Si
animum"*, inquit, *„vatis geris, locum dimittes: sin regis, vtroque cornu bouem* retine-
*bis"*, *Peloponnesum* bouis *aenigmate signans*, quam *facile* tueretur, si duas arces praesidio tueretur. *Aratus* autem rogatus *a Philippo suam sententiam* dicere, post *diutinum*
285    *silentium* hunc in modum respondit: *„Permulti sunt, o Philippe, Cretensium montes,
permulti Boeotiorum ac Phocensium tumuli terra* prominentes, *item plurimi Acarnaniorum* [i.e. Acarnanorum], *partim in mediterraneis*, *partim in oris maritimis siti, qui*

---

283  Peloponnesum *C*: Peloponesum *A B*.                *Lapi Florentini*: *scribendum erat* Acarnanorum
287  Acarnaniorum *B C*: Acharnanaeorum *versio*        *sive* Arcananum.

**Aratos von Sikyon** (271/70–213 v. Chr.), 245–213
sechzehnmal Strategos des Achaischen Bundes; zunächst war seine Strategie auf Bekämpfung des makedonischen Königreiches ausgerichtet (ca. 243–233), wobei er bedeutende
militärischen Erfolge erzielte, u. a. die Eroberung Korinths. Nach der Niederlage d.J. 233
bemühte er sich um diplomatische Beziehungen zu Makedonien; 225/4 verbündete er den
Achaiischen Bund mit Makedonien (unter
König Antigonos III. Doson) gegen Sparta,
wodurch es ihm i.J. 222 gelang, die Spartaner in der Schlacht von Sellasia entscheidend zu besiegen. In dieser Zeit fungierte Aratos auch als Prinzenerzieher des makedonischen Thronfolgers Philippos. Nach der Niederlage des Achaiischen Bundes gegen den
Aitolischen Bund i.J. 220 v. Chr. verlor Aratos seine Machtstellung und suchte Zuflucht
am Hof des jungen Königs Philippos V., als
dessen Ratgeber er nunmehr wirkte. 213 ließ
ihn der König jedoch vergiften. Vgl. B. Niese,
*RE* II, 1 (1895), Sp. 383–390, s.v. „Aratos", Nr.
2; L.M. Günther, *DNP* 1 (1996/9), Sp. 956,
s.v. „Aratos", Nr. 2; F.W. Walbank, *Aratos of
Sicyon*, Cambridge 1933.
277 *Philippus* **König Philipp V. von Makedonien** (238–179 v. Chr.), reg. seit 221 als
Nachfolger seines Großonkels Antigonos III.
Doson; verteidigte im Bundesgenossenkrieg

(221–217) die Vormachtstellung Makedoniens. Philippos' Bündnis mit Hannibal im
Zweiten Punischen Krieg führte zum ersten
Makedonisch-Römischen Krieg, der mit einer
Niederlage, jedoch ohne wesentlichen Macht-
verlust endete. Im Zweiten Makedonisch-
Römischen Krieg unterlag Philipp V. Titus
Quinctius Flamininus in der Entscheidungsschlacht von Kynoskephalai 197 v. Chr. Seitdem sank Makedonien zu einem Vasallenstaat
der Römer herab. Sein Nachfolger Perseus war
der letzte König Makedoniens (gest. 165 v.
Chr.). Vgl. P. Treves, *RE* XIX, 2 (1938), Sp.
2306–2331, s.v. „Philippos", Nr. 10; E. Badian,
*DNP* 9 (2000), Sp. 803–805, s.v. „Philippos", Nr. 7; H. Bengtson, *Herrschergestalten
des Hellenismus*, München 1975, S. 211–233;
E. Badian, *Foreign Clientelae*, Oxford 1958,
S. 55–95; E. Gruen, *The Hellenistic World and
the Coming of Rome*, Los Angeles-London
1984, S. 132–157 und 373; E. Badian, *DNP* 9
(2000), Sp. 803–805, s.v. „Philippos", Nr. 7.
277–279 *locum quendam Ithomatam … occupasset* Diese Formulierung liefert ein missver-
ständliches Bild der historischen Lage: Es ist
nicht richtig, daß Philipp V. gerade einen Ort
mit dem Namen Ithomata erobert („occupasset") hätte; er hielt sich in Messene auf, wo
es ihm gelungen war, die Parteien gegeneinander aufzuhetzen. Er.' Formulierung zeigt,

daß ihm die geographischen, kulturgeschichtlichen und archäologischen Gegebenheiten nicht klar waren: Er wußte nicht, daß „Ithomata" den „Zeus Ithomatas", d.h. das Zeusheiligtum auf der Spitze des Berges Ithome (Ithomi, heute Vurkano, ca. 800 m) bezeichnet, an dessen Fuß die antike Stadt Messene (heute Mavromati) lag. Die Bergspitze des Ithome, der die messenische Ebene überragt, diente Messene als Akropolis; Messene war von einer ca. 9 km langen Stadtmauer geschützt, in die die Akropolis miteinbezogen war, die von großer strategischer Bedeutung war. Die Tatsache, daß König Philippos vom Theater Messenes zum Tempel des Zeus Ithomatas hinaufstieg, um dem Gott ein Opfer darzubringen, war von großer territorialpolitischer und militärischer Bedeutung: Dort entschied sich die Frage, ob der Makedonenkönig die bedeutendste Bergfestung Arkadiens in Besitz nehmen würde oder nicht. Das Resultat der Entscheidungsfindung ist, daß Philipp V. sich entschließt, Messene nicht zu besetzen. Zu Ithome und Messene vgl. Y. Lafond, *DNP* 5 (1999), Sp. 1178, s.v. „Ithome"; P.G. Themelis, *Das antike Messene*, Athen 2003; S. Müth, *Eigene Wege: Topographie und Stadtplan von Messene in spätklassisch-hellenistischer Zeit*, Rahden 2007.

278–290 *Acrocorinthus … esse potest* Leicht gekürzte, leicht variierende Wiedergabe der latein. Übers. des Lapo da Castiglionchio von Plut. *Arat.* 50, 3–6: „At seniorem (sc. Aratum) … ex theatro egressus ad Ithomatam perduxit (sc. Philippus), immolaturus Ioui ac locum cogniturus. Est enim is non minus quam Acrocorinthus munitus et clausus ac, si praesidium collocatum in eo sit, graue et infensum propugnaculum accolis futurus. Vbi vero conscendit et sacrificio instituto vates ad eum exta detulit, ambabus manibus suscipiens Arato ac Phario Demetrio separatim demissa ostendit ac percontatus est, quid in sacris perspicerent, retinendamne sibi arcem an Messeniis reddendam. Hic arridens Demetrius ‚Si animum', inquit, ‚vatis geris, locum dimittes; sin regis, vtroque cornu bouem detinebis'. Peloponnesum per aenigma significare volens, quasi, si Ithomanta (*recte* Ithomata) et Acrocorinthum custodiat, facilem atque obsequentem futuram. At Aratus diu silentium tenuit: orante autem Philippo, vt sententiam suam proferret: ‚Permulti', dixit, ‚ac magni, Philippe, Cretensium montes, permulti Boeotiorum (sic) ac Phocensium tumuli ex terra efferuntur. Item plurimi Acharnaeorum (sic)

partim mediterranei, partim in oris maritimis siti, qui natura munitissimi sunt, et tamen, quum horum nullum ceperis, omnes tamen sponte imperata faciunt. Latrones enim rupes ac saxa incolunt et praecipitiis se tutantur. Regi autem nihil fide et beniuolentia firmius nec munitius esse potest. Haec tibi Creticum pelagus, haec Peloponnesum aperuit' " (ed. Bade, Paris 1514, fol. CCCL^v).

278 *Acrocorinthus* Die Burgfeste und Akropolis Korinths.

280 *Demetrio Phario* **Demetrios von Pharos** (gest. 214 v. Chr.), stammte aus Pharos, i.e. der Insel Hvar an der dalmatinischen Küste; über seinen Stützpunkt Hvar konnte er Teile der Küsten Illyriens und Dalmatiens kontrollieren; deswegen war er als Verbündeter für mehrere Parteien interessant; stand zunächst auf Seiten des Königreichs Illyrien unter der Regentin Teuta, die ihn als Statthalter von Korfu einsetzte; als die Römer Korfu angriffen, lief Demetrios zu ihnen über. Unternahm mit seiner Flotte Raubzüge im griechischen Raum und verhielt sich auch sonst nicht als treuer Bundesgenosse der Römer; 219 griffen die Römer Pharos an und eroberten es, Demetrios floh an den makedonischen Hof und wurde ein Ratgeber König Philippos' V., wo er dessen Hass gegen die Römer schürte; 214 v. Chr. kam er bei dem Versuch, Messene zu erobern, ums Leben. Vgl. Th. Büttner-Wobst, *RE* S I (1903), Sp. 342–345, s.v. „Demetrios", Nr. 44a.

283–284 *si duas arces praesidio tueretur* Er.' Formulierung „si duas arces praesidio tueretur" ist kryptisch; Er. vergaß hier zu vermelden, daß die zweite Festung, die Demetrios nannte, Akrokorinth war (so auch in Lapos Übers.) und daß Philipp V. Akrokorinth damals bereits im Besitz hatte, wie aus dem griech. Text hervorgeht (εἰ προσλάβοι [προσλάβοι *Perrin*: προσβάλοι *ed. Ald.*] τὸν Ἰθωμάταν τῷ Ἀκροκορίνθῳ); vgl. die Übers. von Bernadotte Perrin in Plutarch, *Lives* (Loeb), XI, S. 117: „if Philip added the Ithomatas to Acrocorinthus …". Er. benutzte im Fall von VI, 536 allerdings den griech. Text nicht. Bei dem Bild des Rindes, das Demetrios verwendet, sind die beiden Hörner entscheidend: Sie sind die Mittel, den Stier in die Knie zu zwingen; damit sind die beiden Burgfesten Akrokorinth und Ithome gemeint.

286 *Boeotiorum* Er. übernahm hier die Namensform „Boeotiorum", die er in Lapos Übers. antraf; sonst verwendete Er. „Boeti".

287 *Acarnaniorum* Die Landschaft Akarnanien lag an der Küste Westgriechenlands gegenüber

*natura munitissimi sunt, et tamen, quum horum nullum ceperis, omnes tamen sponte imperata faciunt. Latrones rupes et saxa incolunt ac praecipitiis se tuentur: regi autem*
290    *nihil beneuolentia firmius aut munitius esse potest"*.

VI, 537                                    REGVM AMICITIA                              (Aratus, 2) [47]

Philippus Arato venenum dandum curarat, quod non repente occideret, sed lenta *tabe* consumeret. Id vbi sensit Aratus nec inueniebatur remedium, dissimulauit et ingressus *cubiculum vni* tantum *ex familiaribus* dixit: „*O Cephale* [i.e. Cephalon],
295    *haec sunt praemia regiae amicitiae*". Non semper tutum regibus optima dare consilia.

## LACON QVIDAM CAPTIVVS

VI, 538                                                            (Lacon quidam captiuus) [48]

*Quum ex Atheniensium sociis quidam* contumeliae causa *rogasset captiuum* Laconem,
300    *num, qui* in praelio *occubuissent, fuissent strennui viri, „Magni profecto",* inquit Lacon, *„faciendum* fusum, *sagittam sentiens, si strennui ignauique discrimen nosset",* significans illic, vbi res sagittis aut saxis agitur, nullum esse fortis et ignaui discrimen. Sed vbi cominus res geritur, ibi demum apparet, qui sint viri, qui non.

## TVRBO ADRIANI PRAEFECTVS

305    VI, 539                          OCIVM           (Turbo Adriani praefectus) [49]

*Turbo Adriani* Caesaris praefectus, *admonitus* ab eo, vt curam haberet suae valetudinis sibique daret vacationem a negociis, respondit non decere Caesaris praefectos nisi *stantes mori*, ignauum esse sentiens in lecto decumbentem expirare.

---

288  tamen *A-C*: *delendum erat*.
293  inueniebatur *scripsi*: inueniretur *A-C*.

294  Cephale *A-C*: *scribendum erat* Cephalon, Cephaleon *versio Lapi Florentini*.

den Inseln Ithaka und Kephalenia und reichte vom Fluß Achelous im Süden bis zum Ambrakischen Golf im Norden. Er. versuchte, die Form, die er in Lapos Übers. antraf („Acharnaeorum"), zu verbessern: „Acarnaniorum" (im griech. Text, den Er. allerdings im Fall des vorl. Apophthegmas nicht verwendete, stand Ἀκαρνάνων). Der latein. Name für die Bewohner Akarnaniens lautet allerdings nicht „Acarnanii", sondern entweder „Acarnanes" oder

„Acarnani"; vgl. *DNG* I, Sp. 37, s.v. „Acarnanes". In *Adag.* 32 (*ASD* II, 1, S. 147) und 3170 (*ASD* II, 7, S. 129) verwendete Er. die Namensform „Acarnanes".
288  *tamen … tamen* Die irrtümliche doppelte Verwendung von „tamen" im selben Satzteil übernahm Er. von Lapo da Castiglionchios latein. Übers.; eines der beiden „tamen", am besten das zweite, hätte gestrichen werden müssen.

289 *Latrones ... incolunt* „Latrones rupes et saxa incolunt" ist eine Spitze des Aratos gegen den anderen Ratgeber Demetrios von Pharos: Dieser besaß zahlreiche Forts an der felsigen Küste Illyriens, von wo aus er emsig die Seeräuberei betrieb.

290 *beneuolentia* „beneuolentia" ist Lapos zu simpel ausgefallcnc Übers. von πίστις καὶ χάρις, das besser mit „fides et gratia" wiedergegeben werden hätte können.

*Apophth.* VI, 537 datiert auf d.J. 213 v. Chr.

292 *Philippus* Es handelt sich um Philipp V., den König von Makedonien. Zu seiner Person vgl. oben Komm. zu V, 536.

292–295 *venenum ... amicitiae* Stark gekürzte, frei paraphrasierende Wiedergabe von Plut. *Arat.* 52, 1–3, wobei Er. von Lapo da Castiglionchios Übers. ausging, aus der er den Spruchteil wörtlich übernahm: „Nam quum eum (sc. Aratum) delere cuperet (sc. Philippus), ... vi palam nihil tentare ausus est, sed Taurionem vnum ex ducibus et amicis subornauit, qui ex occulto se absente ac longe remoto veneficio rem conficeret. Is Arato factus familiaris ei venenum comparat non acutum et vehemens, sed eius generis, quod initio remissos calores et tenuem ventum in ventre excitat, deinde sensim tabe corpus inficit. Non tamen Aratum ea res latuit; sed vbi nullum deprehensae et manifestae cladi remedium est inuentum, vt communem aliquem et quottidianum morbum leniter ac silentio pertulit nec praeter vnum ex familiaribus quisquam resciuit. Quo in cubiculo praesente atque admirante: ‚O Cephaleon‘, inquit, ‚haec sunt praemia regiae amicitiae‘ " (*ed. Bade 1514, fol. 350ᵛ–351ʳ*). Für den zitierten Teil im engeren Sinn vgl. den griech. Text: οὐ μὴν ἔλαθέ γε τὸν Ἄρατον· ἀλλ᾽ ὡς οὐδὲν ἦν ὄφελος ἐλέγχοντι, πράως καὶ σιωπῇ τὸ πάθος, ὡς δή τινα νόσον κοινὴν καὶ συνήθη νοσῶν, διήντλει. πλὴν ἑνός γε τῶν συνήθων ἐν τῷ δωματίῳ παρόντος ἀναπτύσας δίαιμον, ἰδόντος ἐκείνου καὶ θαυμάσαντος, „ταῦτα", εἶπεν, „ὦ Κεφάλων, ἐπίχειρα τῆς βασιλικῆς φιλίας".

294 *Cephale* Kephalon, Vertrauter des Aratos. Dieser eröffnete dem Kephalon, daß Philipp V. ihm ein tödliches Gift verabreicht habe. Vgl. P. Schoch, *RE* S IV (1935), Sp. 882, s.v. „Kephalon".

299–301 *rogasset ... nosset* Leicht gekürzte Übers. des Er. von Thuc. IV, 40: ἀπιστοῦντές τε μὴ εἶναι τοὺς παραδόντας τοῖς τεθνεῶσιν ὁμοίους,

καί τινος ἐρομένου ποτὲ ὕστερον τῶν Ἀθηναίων ξυμμάχων δι᾽ ἀχθηδόνα ἕνα τῶν ἐκ τῆς νήσου αἰχμαλώτων εἰ οἱ τεθνεῶτες αὐτῶν καλοὶ κἀγαθοί, ἀπεκρίνατο αὐτῷ πολλοῦ ἂν ἄξιον εἶναι τὸν ἄτρακτον, λέγων τὸν οἰστόν, εἰ τοὺς ἀγαθοὺς διεγίγνωσκε, δήλωσιν ποιούμενος ὅτι ὁ ἐντυγχάνων τοῖς τε λίθοις καὶ τοξεύμασι διεφθείρετο. Es gibt keinen sicheren Hinweis darauf, daß Er. auch Lorenzo Vallas latein. Übers. benutzte.

301 *fusum, sagittam sentiens* „Fusus", das Wort für „Spindel" (*DNG* I, Sp. 2226, s.v.) als Übers. von ἄτρακτος, das die Spartaner jedoch in der Bedeutung von „Pfeil" benutzten (Passow I, 1, S. 436, s.v.), wie der Athener Thukydides seinen Lesern erklärt (τὸν ἄτρακτον, λέγων τὸν οἰστόν).

**Q. Marcius Turbo Fronto Publicius Severus**, Ritter aus Epidaurum in Dalmatien, enger Vertrauter Kaiser Hadrians. Vom Zenturio der zweiten Legion stieg er bis zum Prätorianerpräfekten und zum Rang des *praefectus Aegypti* auf. Vgl. W. Eck, *DNP* 7 (1999), Sp. 865, s.v. „Marcius", Nr. II, 14; A. Stein, *RE* XIV, 2 „(1930), Sp. 1597–1600, s.v. „Marcius", Nr. 106.

304 *TVRBO ADRIANI PRAEFECTVS* In dieser Form im Index personarum.

306–308 *Turbo ... mori* Ganz freie und ungenaue Wiedergabe von Dio. Cass. LXIX, 18,4: οἴκοι δὲ ὁ Τούρβων οὔποτε ἡμέρας, οὐδὲ νοσήσας, ὤφθη, ἀλλὰ καὶ πρὸς τὸν Ἀδριανὸν συμβουλεύοντα αὐτῷ ἀτρεμῆσαι εἶπεν ὅτι τὸν ἔπαρχον ἑστῶτα ἀποθνήσκειν δεῖ. Vgl. die latein. Übers. des Giorgio Merula: „Turbo nunquam domi per diem neque etiam, cum morbo laboraret, visus fuit; atque monenti olim Adriano, vt quiesceret, respondit, oportere praepositos rerum stantes mori" (ed. Froben, Basel 1518, p. 188). Die sprichwörtliche Sentenz findet sich auch bei Suet. *Vesp.* 24 in der Form „Imperatorem ait stantem mori oportere".

306 *Adriani* Er. widmete Kaiser Hadrian (reg. 117–138) im ersten Teil des sechsten Buches eine Sektion von Sprüchen (VI, 93–110). Zur Person Hadrians vgl. oben Komm. zu VI, 93.

307–308 *non ... mori* Er. hat die Sentenz des Turbo mit einer zu starken Konkretisierung wiedergegeben. Sie lautet nicht: „Die *kaiserlichen Präfekten* dürfen nur aufrechtstehend sterben" (für die nicht-kaiserlichen Präfekten gälte das nicht?), sondern *„Befehlshaber* (im Allgemeinen) müssen aufrechtstehend sterben"; vgl. Merulas „praepositos rerum".

## TVRBO ADRIANI PRAEFECTVS
310    [i.e. SIMILIS TRAIANI PRAEFECTVS]

VI, 540                                          MODESTE          (Turbo Adriani praefectus, i.e.
                                                                  Similis Traiani praefectus) [50]

Idem [i.e. Similis Traiani praefectus], *quum adhuc* nihil aliud *esset* quam *centurio* et
*ante praefectos* a Caesare [i.e. Traiano] *vocaretur in consilium*, „Turpe est", inquit, „o
315    Caesar, exclusis *praefectis cum centurione* agere".


## MILO CROTONIATES

VI, 541                                          ANIMI BONA            (Milo Crotoniates, 1) [51]
                                                 (= Dublette von VIII, 207)

*Milo Crotoniates* athleta, *iam senex quum vidisset athletas* alios *in curriculo se*se *exer-*
320    *centes*, fertur in*spexisse lacertos suos lachrymansque dixisse*, „At hi iam mortui sunt".
Merito fleuit, qui felicitatem corporis viribus metiebatur. Animi vigor serius senes-
scit, si tamen senescit vnquam.

---

313 *Idem* Der Sprecher an der zitierten Stelle
Cass. Dio LXIX, 19,1–2 ist nicht Turbo, sondern der Präfekt Similis (Servius Sulpicius
Similis), wie aus dem griech. Text von Cassius Dio klar hervorgeht (19, 1: Ὁ δὲ δὴ Σίμιλις …). Er. hat den Text jedoch aus seiner
eigenen Ausgabe des J. 1518 übertragen, in
der er Giorgio Merulas latein. Übers. herausgegeben hatte. An der betreffenden Stelle
(ed. Basel, Froben, S. 188) finden sich in dieser Ausgabe gleich mehrere Fehler, wodurch
der Sinn des Textes entstellt wird: Erstens
wurde der Name des Präfekten, Σίμιλις bzw.
Similis, als das lateinische Adjektiv „similis"
mit kleinem Anfangsbuchstaben wiedergegeben und mit „aetate" und „honore" verbunden, wodurch sich die Bedeutung ergibt: „Im
Übrigen übertraf er sie, obwohl er ihnen in
Bezug auf Alter und Rang gleichgestellt war
…". Dieser „er" war mit der im vorhergehenden Satz genannten Person zu identifizieren, d.h. mit dem Präfekten Turbo (LXIX, 18,
4). So kam Er. darauf, diesen Spruch Turbo
zuzuschreiben. Im Übrigen ist auch Merulas „eos" in „übertraf er sie" („eos antecedebat") fehl am Platz. Dieser Irrtum geht auf
ein Überlieferungsproblem des griech. Tex-

tes zurück (αὐτῶν statt αὐτόν). Richtig wäre
αὐτόν (= „eum") gewesen und damit war Turbo
gemeint, woraus sich der Sinn ergibt: Der Präfekt Similis übertraf Turbo in Bezug auf Alter
und Rang. Weiter änderten Merula/Erasmus
in der Edition den Namen des in dem betreffenden Satz angeführten Kaisers: Im griech.
Text stand Τραιανός – Merula/Erasmus schrieben jedoch „Adrianus". Vgl. auch Komm.
*CWE* 38, S. 747. **Servius Sulpicius Similis** (+
125 n. Chr.) machte eine glänzende Karriere
unter Kaiser Trajan und wurde von diesem in
den Ritterstand erhoben. Um 106 ernannte
ihn Trajan zum *praefectus annonae*, 107 zum
*praefectus Aegypti* und in der Folge zum Prätorianerpräfekten. Im ersten Jahr der Regierungsperiode Hadrians, 118, trat er in den
Ruhestand. Vgl. W. Eck, *DNP* 11 (2001), Sp.
1106–1107, s.v. „Sulpicius", Nr. II, 15; A. Stein,
*RE* IV A, 1 (1931), Sp. 871–872, s.v. „Sulpicius",
Nr. 104.

313–315 *adhuc … agere* Cass. Dio LXIX, 19,1–2.
Er. benutzte seine eigene Ausgabe der latein.
Übers. des Giorgio Merula: „Caeterum similis [sic] et aetate et honore eos antecedebat,
nulli praefectorum, vt ego existimo, cedens:
id, quod ex paucis coniectari licet. Olim

cum Adrianus [i.e. Traianus], cum Centurio esset, in consilium vocauit prius quam praefectos. Cui ille inquit: ‚Turpe est o Caesar, cum Centurione disserere, praefectos vero non admitti. Praefecturam deinde inuitus accepit" (ed. Basel 1518, p. 188).

**Milon aus Kroton** (um 555-nach 510 v. Chr.), Ringer, sechsfacher Olympiasieger, vielfacher Sieger (insgesamt 32 Mal) bei den panhellenischen Wettkämpfen, einer der erfolgreichsten Athleten der griechischen Antike. Den ersten Sieg errang er bei den 62. Olympischen Spielen (532): Zwischen 532 und 516 v. Chr. siegte er fünfmal in Serie. Vgl. W. Decker, *DNP* 8 (2000), Sp. 191–192, s.v. „Milon", Nr. 2. Erasmus widmete ihm *Adag.* 151 „Taurum tollet qui vitulum sustulerit" (*ASD* II, 1, S. 266) und 1210, „Bouem in faucibus portat" (*ASD* II, 3, S. 224–225). Milon muss sich durch ungeheure Muskelpakete ausgezeichnet haben. Er trainierte seine Muskeln, indem er jeden Tag ein Kalb einige Stadien trug, bis es zum Bullen

herangewachsen war. Die Klage des Athleten über den Schwund seiner Muskeln greift Er. zu einer kritischen Anmerkung auf, in der er den Primat des Geistes über den Körper behauptet.

316  *MILO CROTONIATES*  In dieser Form im Index personarum.

*Apophth.* VI, 541 ist eine Dublette von VIII, 207, wobei Er. dieselbe Quelle wiedergab.

319–320  *Milo Crotoniates … mortui sunt*  Größtenteils wörtliche Wiedergabe von Cic. *Cato* 27: „Quae enim vox potest esse contemptior quam Milonis Crotoniatae? Qui, cum iam senex esset athletasque se exercentes in curriculo videret, aspexisse lacertos suos dicitur inlacrimansque dixisse: ‚At hi quidem mortui iam sunt‘ ". Vgl. *Apophth.* VIII, 208: „Milo Crotoniates quum iam consenuisset, videns athletas in certamine exerceri, suos lacertos intuitus iam senio defectos, illacrymasse fertur ac dixisse: ‚At hi quidem iam mortui sunt‘. Corporis vigorem adimit aetas, animi vis ad extremam vsque durat aetatem".

## PHILIPPIDES ἡμερόδρομος

VI, 542                      NVNCIVS FIDELIS        (Philippides i.e. Phidippides
325                                                              nuntius) [52]

*Philippides* dictus ἡμερόδρομος, quod vno die mille quingenta stadia conficiens Lacedaemonem peruenit. Idem, ni fallor, quum victoriam Atheniensium aduersus Medos
in Marathone partam senatui de pugnae exitu solicito nunciaret, „Μέγα χαίρετε“,
inquit, „νικῶμεν“, id est, „Multum valete, vincimus“, moxque expirauit.


330                        PERSAEVS PHILOSOPHVS

VI, 543                      CAVTIO TVTA                    (Persaeus, 1) [53]

*Persaeus quum cuidam noto* ⟨mutuam⟩ daret *pecuniam, cautionem fecit in foro apud
mensarium.* Hanc diligentiam *quum* amicus *admirans diceret „Adeone legaliter, Persaee?“, „scilicet“, inquit, „vt amanter recipiam nec legaliter reposcam“.* Fit enim saepe-

---

326  vno die mille quingenta stadia *B C*: mille
   quingenta stadia vno die *A*.
326  conficiens *B C*: deest in *A*.
332  Persaeus *A B* sec. versionem ipsius Erasmi et

Plut. text. Graecum (Περσαῖος): Perseus *C*.
332  mutuam *supplevi sec. versionem ipsius Erasmi.*
333–334  Persaee *A-C* sec. versionem ipsius Erasmi
   et *Plut. text. Graecum:* Persee *BAS LB*.

---

323  *PHILIPPIDES* ἡμερόδρομος   Philippides
bzw. Philippides ἡμερόδρομος fehlt im Index
personarum. Hier als Philippides ἡμερόδρομος
bezeichnet, um ihn von Philippides poeta zu
unterscheiden. Sein richtiger Name war Pheidippides. **Pheidippides** war ein Meldeläufer
bzw. „Tagesläufer“ aus Athen, der nach der
Landung der Perser bei Marathon 490 v. Chr.
mit einem Hilfegesuch zu den Spartanern entsandt wurde (Hdt. VI, 105–106); wurde später fälschlich als Vorläufer des Marathonlaufs
betrachtet, wohl wegen einer irrigen Identifikation bei Lukian (*Pro lapsu inter salutandum*
39). In der Überlieferung wird sein Name auch
als Phidippus (Nep. *Milt.* 4,3) und Philippides (gewisse Herodot-HSS., Plin. *Nat.* VII, 84;
Plut. *De Herodoti malignitate, Mor.* 862A) wiedergegeben. Vgl. Th. Frigo, *DNP* 9 (2000), Sp.
763–764, s.v. „Pheidippides“.
*Apophth.* VI, 542 datiert auf das Jahr 490 v. Chr.,
als Dareios mit seinem Heer in Griechenland
an Land ging und die athenischen Feldherren
Boten nach Sparta schickten, um Hilfe herbei-
zurufen.
326  *Philippides ... ἡμερόδρομος*  Hdt. 6,105–106:

καὶ πρῶτα μὲν ἐόντες ἔτι ἐν τῷ ἄστεϊ οἱ στρατηγοὶ
ἀποπέμπουσι ἐς Σπάρτην κήρυκα Φειδιππίδην
(Φιλιππίδην *quaedam mss. et edd. vett.*) Ἀθηναῖ-
ον μὲν ἄνδρα, ἄλλως δὲ ἡμεροδρόμην τε καὶ τοῦτο
μελετῶντα. Er. stellte diesmal das Apophthegma nach der griech. Textvorlage zusammen.
326  *dictus ἡμερόδρομος ... conficiens*  Er.' Erklärung, daß Philippides ἡμερόδρομος genannt
wurde, weil er die Strecke von Athen nach
Sparta (= 221 km) an nur einem Tag („vno
die“) zurückgelegt habe, ist irrig. Das ist schon
von den physischen Möglichkeiten her völlig
ausgeschlossen. Die von Er. genannten „mille
quingenta stadia“ (1500 Stadien) = 225–270 km
(1 Stadion 150 bzw. 185 m; nach Plin. *Nat.* VII,
84 1140 Stadien) bzw. die tatsächliche Entfernung Athen – Sparta, 221 km, läßt sich natürlich nicht in einem Tag bewältigen. ἡμερόδρομος ist das Wort für Eilbote (= eine Person,
die den Tag über, nötigenfalls den ganzen Tag
lang unausgesetzt läuft); vgl. Passow I, 2, Sp.
1343. Für die Bedeutung des Wortes vgl. Nep.
*Milt.* 4, 3: „Hoc tumultu Athenienses tam pro-
pinquo tamque magno permoti ... Phidip-
pumque cursorem eius generis, qui hemero-

dromoe vocantur, Lacedaemonem miserunt, vt nuntiaret quam celerrimo opus esse auxilio". Nach den Darstellungen des Hdt. (VI, 106) und Plin. d.Ä. (*Nat.* VII, 84) soll der Bote zwei Tage benötigt haben.

327–329 *Idem, ni fallor ... expirauit* Der Bote, der nach der Schlacht von Marathon die Siegesmeldung nach Athen brachte, war ein Hoplit, der in der Mehrzahl der Quellen den Namen Eukles oder Euklees trägt. Lukian behauptet als einziger, daß es sich um Philippides (der kein Hoplit war) gehandelt haben soll (*Pro lapsu inter salutandum* 39). Die Entfernung zwischen Marathon und Athen beträgt ca. 42 km (42,195 m ist die Distanz des heutigen Marathonlaufes). Vgl. Th. Frigo, *DNP* 7 (1999), Sp. 846, s.v. „Marathonlauf".

328–329 Χαίρετε ... νικῶμεν Plut. *Bellone an pace clariores fuerint Athenienses* 3, *Mor.* 347C: οἱ δὲ πλεῖστοι λέγουσιν Εὐκλέα, δραμόντα σὺν τοῖς ὅπλοις (ὁπλίταις *ed. Ald. p. 628*) θερμὸν ἀπὸ τῆς μάχης καὶ ταῖς θύραις ἐμπεσόντα τῶν πρώτων, τοσοῦτο (τοσοῦτον *text. recept.*: τοσοῦτον *ed. Ald.*) μόνον εἰπεῖν, „χαίρετε νικῶμεν", (χαίρετε καί χαίρομεν *ed. Ald.*) εἶτ᾽ εὐθὺς ἐκπνεῦσαι.

*Apophth.* VI, 543–557 Er. bringt nunmehr eine Reihe von Aussprüchen von Philosophen (VI, 543–557). Dieser Kategorie von Spruchspendern widmete Er. in der erweiterten, zweiten Ausgabe (1532) noch ein ganzes Buch (VII), in dem er die Philosophenviten des Diogenes Laertius exzerpierte. Die vorl. Sektion wird in VI, 544–545 durch die Sprüche des legendären Menschenhassers Timon aus Athen (2. H. d. 5. Jh. v. Chr.), der eigentlich kein Philosoph war, den Er. jedoch mit dem skeptischen Philosophen Timon von Phleius verwechselte (vgl. Komm. unten zu VI, 544), unterbrochen, und nochmals durch die Sprüche VI, 553–555, die römischen Spruchspendern gewidmet sind.

**Persaios von Kition** (um 305–243 v. Chr.), stoischer Philosoph und Politiker. Geb. in Kition auf Zypern, erhielt seine Ausbildung als Philosoph durch Zenon von Kition; nach einem Aufenthalt in Athen begab er sich i.J. 276 nach Pella an den Hof des Antigonos Gonatas; dort Höfling, Ratgeber des Königs und Erzieher des Königssohnes Halkyoneus (276–244). Im J. 244 eroberte Antigonos Gonatas Korinth und ließ den militärisch wenig beschlagenen Persaios als Kommandanten zur Sicherung der Burgfeste Akrokorinth zurück, wo er im folgenden Jahr den Tod fand. Vgl. K. Deichgräber, *RE* XIX, 1 (1937), Sp. 926–931, s.v. „Persaios"; P. Steinmetz: „Persaios aus

Kition", in: H. Flashar (Hrsg.), *Grundriss der Geschichte der Philosophie. Die Philosophie der Antike*, Bd. IV, 2: *Die hellenistische Philosophie*, Basel 1994, S. 555–557; J.-P. Gourinat, „Persaïos de Kition", in: R. Goulet (Hrsg.), *Dictionnaire des philosophes antiques*, Bd. V, 1, Paris 2012, S. 234–243; B. Inwood, *DNP* 9 (2000), Sp. 509, s.v. „Persaios", Nr. 2. Von seinen Werken sind nur Fragmente erhalten: *SVF* I, S. 96–102.

330 *PERSAEVS* Im Index personarum versehentlich als „Persius" verzeichnet; in *C* wurde er bei der ersten Nennung des Namens irrtümlich „Perseus" genannt, wobei es sich wohl um einen Druckfehler handelt. Dieser setzte sich in *BAS* und *LB* durch, sodaß in der weiteren Texttradition der *Apophth.* der Philosoph Persaios mit dem Makedonenkönig Perseus verwechselt wurde.

332–334 *Persaeus ... reposcam* Gekürzte, jedoch größtenteils wörtliche Übers. von Er.' eigener latein. Übers. von Plut. *De vitioso pudore* 10, *Mor.* 533B: „Persaeus autem quum noto cuidam mutuam daret pecuniam, apud forum ac mensam fecit cautionem, memor videlicet illius Hesiodii dicti: ‚Et fratri testem ridens adhibere memento' [= Hes. *Erg.* 371]. Verum quum ille admirans dixisset ‚Adeone, Persaee legaliter?', ‚Scilicet', inquit ,vt amanter recipiam nec legaliter reposcam'. Multi siquidem ob immodicum pudorem initio non cauentes, ne fallantur, post cum amicitiae detrimento coguntur legibus experiri" (*ASD* IV, 2, S. 137–137; vgl. ed. Basel, Cratander, 1530, fol. 201ʳ). Vgl. den griech. Text: ὁ δὲ Περσαῖος ἀργύριόν τινι τῶν γνωρίμων δανείζων δι᾽ ἀγορᾶς καὶ τραπέζης ἐποιεῖτο τὸ συμβόλαιον μεμνημένος δηλονότι τοῦ Ἡσιόδου λέγοντος ‚καί τε κασιγνήτῳ γελάσας ἐπὶ μάρτυρα θέσθαι·' θαυμάσαντος δὲ ἐκείνου καὶ εἰπόντος, „οὕτως, ὦ Περσαῖε, νομικῶς;" „Ναί", εἶπεν, „ἵνα φιλικῶς ἀπολάβω καὶ μὴ νομικῶς ἀπαιτήσω". Πολλοὶ γὰρ ἐν ἀρχῇ διὰ δυσωπίαν προέμενοι τὸ πιστὸν ὕστερον ἐχρήσαντο τοῖς νομίμοις μετ᾽ ἔχθρας.

332 *mutuam* Er. hatte „mutuam" bei der Textübertragung irrtümlich ausgelassen; es darf jedoch nicht fehlen, da es ausdrücklich um eine Geldleihe, nicht um eine Schenkung geht.

332 *cautionem* Mit συμβόλαιον ist eine offizielle, rechtsgültige Verbriefung der Schuld gemeint. Vgl. Passow IV, S. 1622, s.v. συμβόλαιον, Nr. 2b: „die auf Verschreibung gegründete Schuldforderung, Darlehen"; „cautio" ist als lateinischer t.t. dafür eine adäquate Übersetzung.

333 *mensarium* d.h. bei einem Bankier/Geldverleiher.

335   numero, vt qui cum amico bona fide sine testibus ac syngraphis agunt, *post* cogantur
cum eo *legibus* agere. Dicti nonnulla gratia est in Graecis, νομικῶς et φιλικῶς.

## TIMON ATHENIENSIS

VI, 544                                                          (Timon Atheniensis, 4) [54]

*Timon* Atheniensis *dictus* μισάνθρωπος, *interrogatus, cur omnes homines odio* proseque-
340   retur, *„Malos"*, inquit, *„merito odi; caeteros ob id odi, quod malos non oderint"*, sentiens
non esse vere probos, qui non detestantur improbos.

VI, 545                               Malorvm fons            (Timon Atheninesis, 5) [55]

Eidem asscribunt, quod dicere solitus sit duo praecipua *esse malorum* omnium *elementa, auaritiam atque ambitionem*. Ambitio male profundit, quod male collegit
345   auaritia.

335 *syngraphis* „syngrapha", t.t. in der röm. Jurisprudenz für „Schuldverschreibung, Schuldschein, Wechsel", in feststehenden Wendungen wie „alicui pecuniam credere per syngrapham" oder „syngrapham facere cum aliquo". Vgl. *DNG* II, Sp. 4645, s.v.

337 *TIMON ATHENIENSIS* In dieser Form im Index personarum. Er., der gerade eine Sequenz von Philosophensprüchen eröffnet hat (VI, 543–552), fügt in sie die Sprüche des bekannten athenischen **Misanthropen Timon** (5. Jh. v. Chr.) ein, der eigentlich kein Philosoph war. Jedoch betrachtete ihn Er. als solchen, indem er ihn irrtümlich mit dem pyrrhonischen Philosophen Timon (= Timon von Phleius, um 320–um 230 v. Chr.), eines Schülers des Stilpon von Megara und des Pyrrhon von Elis, identifizierte: So schreibt er einen Ausspruch des Timon von Phleius (Diog. Laert. VII, 170; Timon, Fr. 41 Diels), mit dem er den stoischen Philosophen Kleanthes verspottete, in *Adag.* 2521 dem Misanthropen zu: „Timon Misanthropus Cleanthem ob ingenii tarditatem appellat … *pistillum* siue *mortarium ignauum*" (*ASD* II, 6, S. 356). Dem Misanthropen Timon hatte Er. bereits im fünften Buch eine Sektion von Sprüchen gewidmet (V, 192–194 = Timon Atheniensis, 1–3). I.J. 1506 hatte Erasmus Lukians Dialog *Timon* übersetzt (*ASD* I, 1, S. 489–505), wo der Athener als Prototyp des Menschenhassers geschil-

dert wird. Zu Timon vgl. A.M. Armstrong, „Timon of Athens – A Legendary Figure?", in: *Greece & Rome*, 2nd ser. 34,1 (1987), S. 7–11; D. Rohmann, *DNP* 12.1 (2002), Sp. 591–592, s.v. „Timon"; Th. Lenschau, *RE* VI, A2 (1937), Sp. 1299–1301, s.v. „Timon", Nr. 12 und oben Komm. zu V, 192.

339–340 *Timon … oderint* (Ps.)Maximus Confessor, *Loci communes*, PG 91, Sp. 761: Τίμων ὁ μισάνθρωπος ἐρωτηθεὶς διὰ τί πάντας ἀντηρώπους μισεῖ, Διοτὶ τοὺς μὲν πονηροὺς εὐλόγως μισῶ, τοὺς δέ λοιποὺς, ὅτι οὐ μισοῦσι τοὺς μὲν πονηρούς. Vgl. die latein. Übers. a.a.O.: „Timon ille, qui ab odio dictus est Μισάνθρωπος, interrogatus, cur omnes odisset homines, ‚Quia', inquit, ‚merito improbos odi; reliquos autem, quia improbos non oderunt'"; vgl. *Gnom. Vat.* 272 Sternbach (Eur.); *Gnom. Par.* 107 Sternbach, p. 148 (Timon); S. Ihm, *Pseudo-Maximus Confessor, erste kritische Edition einer Redaktion des sacro-profanen Florilegium Loci communes*, Stuttgart 2001, S. 152, Nr. 100/135; Quelle nicht identifiziert in *CWE* 38, S. 748–749. Lycosthenes, der den Spruch nicht von Er. übernahm, sondern die obige latein. Übers. desselben in (Ps.)Maximus Confessor zitiert, gibt als Quelle zu Unrecht die *Sermones* des Philosophen Maximus Tyrius an (S. 766, *recte* 799); in späteren Lycosthenes-Drucken wurde, ebenfalls zu Unrecht, Lukians *Timon* als Quelle genannt.

343–344 *esse malorum ... ambitionem* Stob. Περὶ ἀδικίας, *Flor.* 3, 10, 53 (Meineke I, S. 239; Gesner, Basel, 1543, Sermo VIII, S. 107): Τίμων ὁ μιςάνθρωπος στοιχεῖα ἔφη τῶν κακῶν εἶναι ἀπληστίαν καὶ φιλοδοξίαν (vgl. ed. Trincavelli fol. F IIIʳ). Vgl. Lycosthenes, S. 41 (im Kap. „De ambitione"): „Timon, qui cognomine Misanthropos dictus est, elementa malorum vocabat Auaritiam et Ambitionem, eo quod ex horum vitiorum fonte caetera vitia omnia prouenire a emanare viderentur. Timonis dicterium recitat Stobaeus Serm. 8 „De Iniustitia".

343 *omnium* „omnium" ist ein Zusatz des Er. zur Quelle, der auf den ersten Blick stimmig scheint, sich jedoch bei näherem Zusehen inhaltlich nicht aufrechterhalten lässt, da es Untugenden und schlechte Eigenschaften gibt, die sich eben nicht aus Unersättlichkeit und Ruhmsucht ableiten lassen, wie etwa Feigheit, Furchtsamkeit, Faulheit, Nachlässigkeit usw.; Timons Spruch hatte nicht den Anspruch logischer universaler Gültigkeit: Dem Menschenhasser ging es lediglich darum, grundlegende, fundamentale Schwächen des Menschengeschlechts zu benennen, welche dieses hassenswert machen.

344–345 *Ambitio ... auaritia* Er.' Erklärung „Ambitio male profundit (d.h. die geldverschlingende politische Ambition, die unter dem Einsatz großer Geldmittel um Ämter dingt), quod male collegit auaritia (d.h. Geiz, Geldgier bzw. Habsucht)" zeigt, daß er den Spruch des Timon nicht recht verstanden hat. Was Timon anprangern wollte, ist Maßlosigeit (ἀπληστία) und Ruhmsucht (φιλοδοξία). Es scheint, daß Er., als er den Spruch an vorl. Stelle zitierte, entweder den Text unrichtig übersetzt hat, oder daß er den Spruch aus dem Gedächtnis zitierte; ἀπληστία bezeichnet „Unersättlichkeit", „Heißhunger", „Ungenügsamkeit" (vgl. Passow I, 1, S. 326, s.v.) und nicht, wie latein. *avaritia*, „Geldgier" bzw. „Habsucht" und „Geiz" – jene Bedeutungen, die die Grundlage von Er.' Erklärung bilden. „Geldgier" bzw. „Geiz" wird im Griechischen nicht durch ἀπληστία bezeichnet, sondern durch φιλαργυρία (was im vorl. Apophth. nicht vorkommt). Da sich ἀπληστία auf allerlei Arten von Maßlosigkeit bezieht, auch von geldverschwendenden wie etwa Tafelluxus, Trunksucht, Zocken, Bauwut usw., geht Er.' Erklärung nicht auf.

## ALEXINVS SOPHISTA

VI, 546                    LAVS CONCILIAT AMICOS        (Alexinus Sophista, 1) [56]

*Alexinus sophista inter ambulandum multa mala dixit in Stilpon[t]em Megarensem.*
Caeterum, vbi *quispiam eorum, qui aderant, dixisset „Atqui ille te nuper laudauit!",*
350   *„Per Iouem!", inquit, „Vir enim optimus est ac praestantissimus".* Tam facile ex obtrec-
tatore factus est laudator, non ob aliud, nisi quod ab eo laudatus esset.

## GORGIAS SOPHISTA

VI, 547                    SENECTVS VIRILIS                  (Gorgias, 1) [57]

*Gorgias Leontinus* sophista, *centesimum septimum agens annum, rogatus,* quare *tandiu*
355   *vellet in vita manere, „Quia nihil", inquit, „habeo, quod accusem senectutem".*

## SOCRATES

VI, 548                                                         (Socrates, 102) [58]

*Socrates* dicitur *eum execrari solitus, qui primus vtilitatem* a natura [i.e. honesto]
seiunxisset. Naturam appellat honesti rationem homini a natura insitam.

---

348  Stilponem *scripsi ut in versione ipsius Erasmi:*          353  virilis *B C:* viridis *A.*
     Stilpontem *A-C BAS LB.*

**Alexinos aus Elis** (wirkte um 300 v. Chr.), Philosoph der megarischen Schule, Zeitgenosse
des Stilpon und des Menedemos, Schüler des
Eubulides; war für seine Streitsucht berühmt.
Er. bezeichnet ihn stets als Sophisten. Zu
seiner Gestalt, Philosophie und überlieferten
Aussprüchen vgl. H. v. Arnim, *RE* I, 2 (1894)
1465–1466, s.v. „Alexinos"; K. Döring, *DNP* I
(1996), Sp. 486, s.v. „Alexinos"; ders., „Alexinos aus Elis", in: H. Flashar (Hrsg.), *Grundriss der Geschichte der Philosophie. Die Philosophie der Antike,* Bd II, 1, Basel 1998, S. 218–
221; R. Muller, „Alexinos d'Élis", in: R. Goulet (Hrsg.), *Dictionnaire des philosophes antiques,* Bd. 1, Paris 1989, S. 149–151; K. Döring,
*Die Megariker. Kommentierte Sammlung der
Testimonien,* Amsterdam 1971; G. Giannan-
toni (Hrsg.), *Socratis et Socraticorum Reliquiae,*
Bd. 2, Neapel 1990, Abschnitt II–C; R. Muller

(Hrsg.), *Les mégariques. Fragments et témoigna-
ges,* Paris 1985, S. 33 ff.
346  *ALEXINVS SOPHISTA*  In dieser Form im
     Index personarum.
348–350  *Alexinus … praestantissimus*  Plut. *De
     vitioso pudore* 18, *Mor.* 536A–B. Er. wieder-
     holte seine eigene Übers. des Plutarchtrak-
     tates (mit dem Titel „De vitiosa verecun-
     dia") aus d. J. 1526: „Quemadmodum nar-
     rant Alexinum sophistam inter ambulandum
     multa mala dixisse in Stilponem Megarensem.
     Quum autem quispiam ex iis, qui aderant,
     dixisset „Atqui ille te nuper laudauit!" „Per
     Iouem!", inquit, „Vir enim optimus est ac
     praestantissimus" (ASD IV, 2, S. 321; ed. Basel,
     Cratander, 1530, fol. 202ᵛ). Vgl. Den griech.
     Text: ὥσπερ Ἀλεξῖνον ἱστοροῦσι τὸν σοφιστὴν
     πολλὰ φαῦλα λέγειν ἐν τῷ περιπάτῳ περὶ Στίλπω-
     νος τοῦ Μεγαρέως, εἰπόντος δέ τινος τῶν παρόν-

τῶν „ἀλλὰ μὴν ἐκεῖνός σε πρῴην ἐπῄνει“, „νὴ Δία“, φάναι· „βέλτιστος γὰρ ἀνδρῶν ἐστι καὶ γενναιότατος“. Bei Plutarch liegt ein Gutteil des Witzes in dem a.a.O. angeführten, reziproken Aussprüch des Menedemus; in Erasmus' Übers.: „Contra Menedemus quum audisset, quod frequenter ab Alexino laudaretur, ‚At ego‘, inquit, ‚semper vitupero Alexinum‘“. In den *Apophth.* hat Er. die beiden zusammengehörigen Aussprüche jedoch getrennt; den zweiten, Menedemus zugehörigen, bringt er unten VI, 552.

348 *Stilpon[t]em* Er. unterlief dieser Fehler bei der Übertragung seiner eigenen Übers. aus d.J. 1526; derselbe Fehler tritt in *Apophth.* V, 99 und 100 auf. Vgl. oben Komm. ad loc. und unten zu VII, 139. Es betrifft Stilpon von Megara (ca. 340–ca. 280/275 v. Chr.) aus der Megarischen Philosophenschule, die der Sokrates-Schüler Eukleides von Megara gegründet hatte. Er. widmet Stilpon im siebenten Buch eine Sektion von Aussprüchen (VII, 131–139). Zur Person und Philosophie des Stilpon vgl. unten Komm. zu VII, 131.

**Gorgias von Leontinoi** (um 480–um 380), ‚Vater der Sophistik‘, Schüler des Empedokles, Lehrer des Alkidamas und Isokrates; Gorgias genoß aufgrund seiner geistreichen und schlagfertigen Rhetorik ein hohes Ansehen, ebenso als Redner wie als Lehrmeister der neuen sophistischen Ideen. Vgl. M. Wellmann, *RE* VII, 2 (1912), Sp. 1598–1604, s.v. „Gorgias“, Nr. 8; M. Narcy, *DNP* 4 (1998), Sp. 1150–1152, s.v. „Gorgias“, Nr. 2. Ihm sind neben dem vorl. Spruch auch *Apophth.* VIII, 27–28, 216 und 223 gewidmet.

352 *GORGIAS SOPHISTA* Diese Namensform wird als Titel für den zweiten Gorgias gewidmeten Spruch in *Apophth.* VIII, 27 (für die Sektion VIII, 27–28) verwendet. Im Index personarum hingegen als „Gorgias Leontinus sophista“ angegeben.

354–355 *Gorgias Leontinus ... senectutem* Val. Max. VIII, 13, ext. 2: „Gorgias etiam (etiam *om. edd. vett., e.g. ed. Badius, Paris 1514, fol. CCCXL'*) Leontinus, Isocratis et conplurium magni ingenii virorum praeceptor, sua sententia felicissimus. Nam quum centesimum et septimum ageret annum, interrogatus, quapropter tandiu vellet in vita remanere, ‚Quia nihil‘, inquit, ‚habeo, quod senectutem meam accusem‘“. Vgl. Cic. *Cato* 13: „Cuius magister Leontinus Gorgias centum et septem compleuit annos neque vnquam in suo studio atque opere cessauit. Qui, cum ex eo quae-

reretur, cur tam diu vellet esse in vita, ‚Nihil habeo‘, inquit, ‚quod accusem senectutem‘“. Er. verwendete Val. Max. VIII, 13, ext. 2 als Grundlage seines Textes, mit einer Ausnahme: Er ließ zum Schluß „meam“ weg, wie es in der Version Cic. *Cato* 13 der Fall war. Nach Val. Max. stellten Gorgias' alte Tage keinen Grund zur Klage dar, nach Cicero das Alter als solches. Er entschied sich für letztere Bedeutung, während jene des Val. Max. einen klareren Sinn ergibt.

**Sokrates** aus Athen (469–399 v. Chr.); Er. hat ihm im dritten Buch eine lange Sektion von Apophthegmen gewidmet, III, 1–101, *CW* 37, S. 221–251; *ASD* IV, 4, S. 197–220.

358–359 *eum execrari ... honesti* Verdrehte und mißverstandene Wiedergabe von Cic. *Off.* III, 11: „Itaque accepimus Socratem exsecrari solitum eos, qui primum haec natura cohaerentia opinione distraxissent. Cui (i.e. Socrati) quidem ita sunt Stoici assensi, vt quicquid honestum esset, id vtile esse censerent, nec vtile quicquam, quod non honestum“. Cicero vertritt in *De officiis* die Lehrmeinung, dass die Grundlage der Ethik sei, daß das „Ehrbare“ (*honestum*) unauflöslich mit dem „Nützlichen“ (*vtile*) verbunden sei und deshalb keinesfalls von diesem getrennt werden dürfe; wer dies trotzdem tue, begäbe sich auf sittliche Abwege und mache einen Denkfehler. Dieser Denkfehler habe sich allmählich durch den umgangssprachlichen, unphilosophischen Sprachgebrauch eingeschlichen (vgl. *Off.* II, 9: „Hoc autem de quo nunc agimus, id ipsum est, quod vtile appellatur. In quo verbo lapsa consuetudo deflexit de via sensimque eo deducta est, vt honestatem ab vtilitate secernens constitueret esse honestum aliquid, quod vtile non esset, et vtile, quod non honestum, qua nulla pernicies maior hominum vitae potuit afferri“). Als Autorität für diese Grundlegung der Ethik, d.h. die Identifizierung von *vtile* und *honestum*, führt Cicero Sokrates an. Er.' Text gibt das Zitat aus *De officiis* verdreht wieder: Dort steht, daß das *honestum* und das *vtile* „durch die Natur bestimmt zusammenhängen“. In Er.' verworrener Textwiedergabe wird jedoch ausgesagt, daß das *vtile und die Natur* untrennbar miteinander verbunden sind, was völlig unsinnig ist, ebenso wie die hochtrabende, jedoch irrelevante Erläuterung „Naturam appellat *honesti* rationem homini a natura insitam“. Die Quelle wurde nicht identifiziert in *CWE* 38, S. 749.

360                    PHILOTIMVS [i.e. PHYLOTIMVS]

VI, 549                    Malvm dissimvlatvm                    (Phylotimus) [59]

*Philotimus medicus cuidam ostendenti digitum exulceratum, quum epar haberet tabi-*
*dum –* id enim *ex colore deprehendit –* „*Non est tibi*", inquit, „*o bone, periculum ab*
*vnguium vitio*". Idem fere fit ab hominibus, vt de leuioribus malis querantur, gra-
365   uiora dissimulent.


                                ARCHYTAS

VI, 550                         Volvptas                         (Archytas) [60]

*Archytas Tarentinus* Pythagoricus *dixit nullam pestem capitaliorem hominibus a natura*
*datam quam voluptatem.* Ex hoc enim fonte prodit, quicquid est in hominum vita
370   scelerum et calamitatum.


                    PRODICVS [i.e. HERODICVS]

VI, 551                        Frvgalitas            (Prodicus, i.e. Herodicus) [61]

*Prodicus* [i.e. Herodicus] *dicere* solet *optimum condimentum esse ipsum ignem*, sentiens bono stomacho satis esse opsonium esse coctum, etiamsi nihil accedat delitia-
375   rum.

---

368   Archytas *scripsi*: Archyta *A-C BAS LB.*

**Phylotimos von Kos** (1.H. d. 3. Jh. v. Chr.),
    Arzt der Schule von Kos, Schüler des Pra-
    xagoras. Phylotimos zählte zu den klassi-
    schen Autoritäten der griechischen Medi-
    zin, obwohl von ihm nur Fragmente überlie-
    fert sind; er verfaßte u.a. eine grundlegende
    Schrift über Diätetik in 13 Büchern: Seine
    darin entwickelten diätischen Lehren stehen
    in engem Zusammenhang mit der von ihm
    vertretenen Viersäftelehre. Phylotimos ver-
    sucht stets aufzuzeigen, wie sich bestimmte
    Nahrungsmittel auf die Säftezusammenstel-
    lung des Körpers auswirken. Vgl. H. Diller,
    *RE* XX, 1 (1941), Sp. 1030–1032, s.v. „Phyloti-
    mos"; V. Nutton, *DNP* 9 (2000), Sp. 987,
    s.v. „Phylotimos"; F. Steckerl, *The Fragments*
    *of Praxagoras of Kos and his School*, Leiden

1958.
360 *PHILOTIMVS*  In dieser Form im Index
    personarum.
*Apophth.* VI, 549 ist ein Gegenstück zu *Adag.* 3821
    „De reduuia queritur" (*ASD* II, 8, S. 188); vgl.
    Otto 1512.
362–364 *Philotimus … vnguium vitio*  Plut.
    *Quomodo adulator ab amico internoscatur* 35,
    *Mor.* 73B. Er. gab seine latein. Übers. d.J. 1514
    leicht variierend wieder: „Nam medicus Phi-
    lotimus, quum quidam epar habens inflam-
    matum (suppuratum *ASD*: inflammatum *Bas.*
    *1514 fol. 20'; Bas. 1530, fol. 180B, cf. ibidem anno-*
    *tationem marginalem explicantem „inflamma-*
    *tum": ἐμπύον, id est saniosum et impurum*),
    digitum ostendisset exulceratum, ‚Non est',
    inquit, ‚o bone, tibi negocium de vnguium

vitio'" (*ASD* IV, 2, S. 160). Vgl. den griech. Text: καὶ γὰρ ἰατρὸς Φιλότιμος ἐμπύου τὸ ἧπαρ ἀνθρώπου δείξαντος αὐτῷ τὸν δάκτυλον ἠλκωμένον "οὐκ ἔστι σοι", εἶπεν, "ὦ τᾶν, περὶ παρωνυχίας ὁ λόγος (ὁ λόγος *deest in ed. Ald.*)".

362 *exulceratum* „entzündeter Finger": Es handelte sich offensichtlich um eine Nagelbettentzündung, wie die Antwort des Arztes zeigt: „οὐκ ἔστι σοι … περὶ παρωνυχίας ὁ λόγος.

363–364 *ex colore … vitio* Er. flicht hier einen Teil der Textwiedergabe aus *Adag.* 3821 „De reduuia queritur" ein, wo er das Apophthegma ebenfalls präsentiert hatte (*ASD* II, 8, S. 188): „Narrat Plutarchus quendam consuluisse medicum de vicio vnguium, quum color argueret illum esse vitiato epate. At medicus intelligens ineptum hominis pudorem ‚Nihil', inquit, ‚tibi periculi est a reduuia, sed grauius malum vrget te'"; Er. benutzte dort, wie die Bemerkung über die auffällige (gelbe) Körperfarbe des Leberkranken zeigt, als Quelle Plut. *De recta ratione audiendi, Mor.* 43B, die ihm in der latein. Übers. des Ottmar Luscinius vorlag: „Atqui in illos apte competit Philotimi verbum ad Empium (sic) tabe laborantem. Dum enim compellaretur pharmaci gratia contra rediuiam (i.e. reduuiam), Philotimus ex colore vultus ac spiritus difficultate mox deprehenso hominis morbo ‚Non est', inquit, ‚vir bone, cur tempora teras in disputanto (sic) de rediuia'" (ed. Cratander, Basel 1530 fol. 240D). Vgl. den griech. Text: πρὸς οὓς ἔστιν εἰπεῖν τὸ ὑπὸ Φιλοτίμου πρὸς τὸν ἔμπυον καὶ φθισιῶντα ῥηθέν. ἐπεὶ γὰρ ἐλάλησεν αὐτῷ φαρμάκιον αἰτῶν πρὸς παρωνυχίαν, αἰσθόμενος ἀπὸ τῆς χρόας καὶ τῆς ἀναπνοῆς τὴν διάθεσιν „οὐκ ἔστι σοι", φησίν, „ὦ βέλτιστε, περὶ παρωνυχίας ὁ λόγος (ὁ λόγος *deest ed. Ald. p. 37*)".

**Archytas von Tarent** (435/10–355/0 v. Chr.), bedeutender Philosoph und Anhänger der pythagoreischen Lehre, politisch engagiert, Freund Platons. Beschäftigte sich eingehend u.a. mit Mathematik, Musik, Physik und Mechanik. Von seinen Werken sind nur Fragmente erhalten, aus denen sich kein klares Bild seiner Lehre gewinnen läßt. In überlieferten Anekdoten und Aussprüchen tritt große Selbstbeherrschung und ein hohes sittliches Verantwortungsbewußtsein hervor. Vgl. Ch. Riedweg, *DNP* 1 (1996/9), Sp. 1029–1030, s.v. „Archytas", Nr. 1; E. Wellmann und K. v. Jan, *RE* II, 1 (1895), Sp. 600–602, s.v. „Archytas", Nr. 3. Für seine Fragmente siehe C.A. Huffman, *Archytas of Tarentum. Pythagorean, Philosopher and Mathematician King*, Cambridge 2005.

366 *ARCHYTAS* „Architas Tarentinus" im Index personarum und in VIII, 86; jedoch „Archytas" in VIII, 322 und im Haupttext von VI, 550.

368–369 *Archytas Terentinus … voluptatem* Wörtliche, jedoch die Wortfolge variierende und leicht gekürzte Wiedergabe von Cic. *Cato* 39: „Accipite enim, optimi adulescentes, veterem orationem Archytae Tarentini, magni in primis et praeclari viri, quae mihi tradita est, cum essem adulescens Tarenti cum Q. Maximo. Nullam capitaliorem pestem quam voluptatem corporis hominibus dicebat a natura datam, cuius voluptatis auidae libidines temere et effrenate ad potiendum incitarentur".

371 *PRODICVS* In dieser Form im Index personarum. „Prodicus" ist eine mehrfach vorkommende falsche Überlieferung für den Namen des Arztes **Herodikos von Selymbria**, u.a. in den von Er. benutzten Schriften des Plutarch. Vgl. H. Diller, *RE* XXIII, 1 (1957), Sp. 89, s.v. „Prodikos", Nr. 4. Herodikos aus Selymbria (geb. um 500 v. Chr.), Lehrer des Hippokrates; beschäftigte sich besonders mit Diätetik, Gymnastik, die er mit der Heilkunde verband, und Erfinder der Iatraliptik (Salbung als medizinische Behandlung). In seiner Diätetik vertrat er den Grundsatz, daß zwischen der körperlichen Arbeit und der dem Körper zugeführten Nahrung ein symmetrisches Verhältnis zu bestehen habe, und daß jegliche Erkrankung ursächlich durch falsche Ernährung entstünde. Vgl. G. Beer, *RE* VIII, 1 (1912), Sp. 978–980, s.v. „Herodikos", Nr. 2; A. Touwaide, *DNP* 5 (1998), Sp. 468, s.v. „Herodikos", Nr. 1. Herodikos nicht richtig identifiziert in *CWE* 38, S. 750 und 997; im Index spezifiziert *CWE* 38, S. 997 den in *Apophth.* VI, 551 genannten „Prodicus" fälschlich als „Prodicus, sophist 5th century BC".

373 *Prodicus … ignem* Er. gibt im Wesentlichen seine eigene Übers. von Plut. *De tuenda sanitate praecepta* 8, *Mor.* 126D aus d. J. 1513 wieder: „Eleganter enim Prodicus visus est dixisse optimum condimentum esse ignem ipsum" (*ASD* IV, 2, S. 196; Basel, Cratander, 1530, fol. 186C). Vgl. den griech. Text: κομψῶς γὰρ ἔοικεν ὁ Πρόδικος εἰπεῖν ὅτι τῶν ἡδυσμάτων ἄριστόν ἐστι τὸ πῦρ." (ed. Ald. p. 109); vgl. auch Plut. *Quomodo adulator ab amico internoscatur, Mor.* 50A (dort ist der Spruchspender Euenos).

## MENEDEMVS

VI, 552                          LAVDE INCORRVPTVS                    (Menedemus) [62]

*Menedemus quum audisset, quod frequenter ab Alexino laudaretur, „At ego", inquit,*
„illum *semper vitupero"*, declarans se non posse corrumpi laudibus, quo minus eum
380  reprehenderet, qui reprehensione dignus erat.

## VIBIVS CRISPVS

VI, 553                            AB INEXPECTATO                    (Vibius Crispus) [63]

Cuidam *qui in foro* Romae *loricatus ambulabat, prae*texens *id se metu facere,* perquam scite *dixit Vibius Crispus, „Quis tibi sic timere permisit?"*, ludens *ex inopinato.*
385  Expectabatur enim, vt obiurgaret hominem, quod praeter consuetudinem Romanam armatus incederet. At ille increpuit hominem, quod sic timeret, quum liceret
manere domi, si quid timeret.

## QVIDAM QVI IN PVTEVM RVERAT

VI, 554                          COMMISERATIO IN MALIS                   (Anonymus) [64]

390  *Quidam* deciderat *in puteum* profundum. Eum quum *vidisset* quispiam, com*miserans* hominem dixit: „Miser, *quomodo* in puteum *decidisti?"*. Tum *ille*: „Quid refert,
*quomodo* in*ciderim*? Hoc potius agendum, *quomodo hinc* possim educi". Hoc refertur
a diuo Augustino.

---

**Menedemos aus Eretria** (350/45–265/60 v. Chr.),
Philosoph der Megarischen und Eleatischen
Schule; stammte aus ansehnlicher, jedoch ver-
armter Familie; sein Vater war Baumeister
und Bühnenbildner. Menedemos schloss sich
zunächst dem Stilpon in Megara an; dann
hielt er sich in Elis als Schüler von Anchi-
pylos und Moschos auf. Seit ca. 300 v. Chr.
zurückgekehrt in Eretria, gewann er großen
Einfluss auf die Politik seiner Heimatstadt.
Als er sie aus politischen Gründen verlassen
musste, begab er sich an den Hof des Make-
donenkönigs Antigonos Gonatas (reg. 277–
239 v. Chr.) in Pella, wo er sein Leben beendet haben soll. Seine Philosophie läßt sich
aus seinen Fragmenten nicht genau definieren.

Vgl. K. v. Fritz, *RE* XV, 1 (1931), Sp. 788–794,
s.v. „Menedemos", Nr. 9; K. Döring, *DNP* 7
(1999), Sp. 1225–1226, s.v. „Menedemos", Nr.
5; ders., „Phaidon aus Elis und Menedemos aus
Eretria", in: H. Flashar (Hrsg.), *Grundriss der
Geschichte der Philosophie. Die Philosophie der
Antike*, Bd. 2, 1, Basel 1998, S. 238–245. Im siebenten Buch widmet ihm Er. eine Sektion von
9 Sprüchen (VII, 141–149).

378–379 *Menedemus … vitupero* Plut. *De vitioso pudore* 18, *Mor.* 536A–B. Er. wiederholte
seine eigene Übers. aus d.J. 1526: „Contra
Menedemus quum audisset, quod frequenter
ab Alexino laudaretur: „at ego", inquit, „semper vitupero Alexinum" (*ASD* IV, 2, S. 321;
ed. Cratander, Basel 1530, fol. 202ᵛ). Vgl. den

griech. Text: ἀλλὰ Μενέδημος τοὐναντίον, ἀκούσας, ὡς Ἀλεξῖνος αὐτὸν ἐπαινεῖ πολλάκις, „ἐγὼ δέ", εἶπεν, „ἀεὶ ψέγω Ἀλεξῖνον". Der Ausspruch bildet ein Paar mit dem vorhergehenden des Alexinos. Vgl. oben *Apophth.* VI, 546 mit Komm.

378 *Alexino* Für den megarischen Philosophen **Alexinos aus Elis**, vgl. oben Komm. zu VI, 546.

*Apophth.* VI 553–555 Die Sektion mit Sprüchen von Philosophen (VI, 543–557) wird an dieser Stelle durch drei Sprüche unterbrochen, die verschiedenen römischen Spruchspendern gewidmet sind (VI, 553–555).

381 *VIBIVS CRISPVS* In dieser Form im Index personarum. **Lucius Iunius Quintus Vibius Crispus** (um 12 n. Chr.-ca. 95 n. Chr.), einflußreicher röm. Politiker und bekannter Redner, Suffektkonsul in d. J. 61, 74 und 83, Proconsul der Provinz Africa; *legatus Augusti pro praetore* in Hispania citerior. Vgl. W. Eck, *DNP* 12.2 (2002), Sp. 175, s.v. „Vibius", Nr. II, 3; R. Hanslik, *RE* VIII, A2 (1958), Sp. 1968–1970, s.v. „Vibius", Nr. 28.

*Apophth.* VI, 553 Den Titel bezog Er. aus dem Rhetorikhandbuch Quintilians, der mit „ab inexpectato" (*Inst.* VIII, 5, 15) eine Kategorie von Witzen bezeichnet.

383–384 *qui in foro … inopinato* Wörtliche Wiedergabe von Quint. *Inst.* VIII, 5, 15: „Iam haec magis noua sententiarum genera: ex inopinato, vt dixit Vibius Crispus in eum, qui, quum loricatus in foro ambularet, praetendebat id se metu facere: ‚Quis tibi sic timere permisit?'".

383 *loricatus* Die *lorica*, der Brustpanzer der röm. Legionäre. Es war von Alters her verboten, im Stadtgebiet (*pomerium*) Roms Waffen zu tragen, was natürlich *a fortiori* für das Herz der Stadt, das Forum, galt. Vibius Crispus sprach den Unbekannten wahrscheinlich in seiner Rolle als Amtsträger auf den Ordnungsverstoß an.

*Apophth.* VI 554–555 Es folgen nunmehr zwei Apophthegmen, welche Lesefrüchte aus den Werken des Augustinus darstellen, dessen Werke Er. kürzlich herausgegeben hatte (Basel, Froben, 1529). Vgl. auch Komm. *CWE* 38, S. 751.

389 *Commiseratio* Wie schon der Titel zeigt, interpretiert Er. die Anekdote im Sinn des Gegensatzes von Mitleid gegenüber physischer Hilfeleistung. Die Verfaßtheit der Anekdote bedingt, daß sie, wenn sie so interpretiert wird, die christliche Haltung des Mitleidens diskreditiert zugunsten tatsächlicher Hilfe. Er.' Interpretation von „commiseratio in malis" entsprach jedoch nicht jener des Augustinus, der das Brunnenloch allegorisch mit der Sündhaftigkeit des Menschen gleichsetzt. Jede Seele müsse man aus diesem Loch der Sünde retten; die Rettungstat ist das, worauf es ankommt; nicht sinnvoll sei es, sich mit dem Zustand der Sündhaftigkeit im Einzelnen zu beschäftigen: Über das frühere Leben eines Sünders soll man nicht nachforschen, meint Augustinus, weil ihm dies nicht hilft.

390–392 *Quidam … quomodo hinc* Gekürzte und paraphrasierende Wiedergabe von Augustin. *Epist.* 167, 2: „De agenda namque praesenti vita, quomodo ad vitam perueniamus aeternam, non de praeterita, scrutanda, quam penitus demersit obliuio, sicut est illud, quod de anima quaerendum putaui, haec vertitur quaestio. Eleganter autem dictum esse narratur, quod huic rei satis apte conuenit. Cum quidam ruisset in puteum, vbi aqua tanta erat, vt eum magis exciperet, ne moreretur, quam suffocaret, ne loqueretur, accessit alius, eoque viso miserans (et eo viso admirans *ed. Paris. 1886*) ait: ‚Quo modo huc cecidisti?'. At ille: ‚Obsecro', inquit, ‚cogita, quo modo hinc me liberes, non, quo modo huc ceciderim, quaeras'. Ita quoniam fatemur et fide catholica tenemus, de reatu peccati, tanquam de puteo, etiam paruuli infantis animam Christi gratia liberandam".

## MEDICVS QVIDAM [i.e. VINDICIANVS]

395   VI, 555                    Medicina a medico danda           (Medicus quidam, i.e.
                                                                    Vindicianus) [65]

Medicus quidam aegrotanti dederat pharmacum, eoque sumpto conualuit aegrotus.
Euenit, vt aliquanto post idem morbus recurreret. Aegrotus, quum ad idem pharmacum, quo prius conualuerat, confugeret nec sentiret remedium, accersit medi-
400   cum, admirans, qui factum esset, vt eadem medicina, quae prius depulisset morbum, postea magis aggrauaret. Huius rei causam sciscitanti medicus facete respondit:
„Fateor idem fuisse pharmacum, sed ideo non profuit, *quia ego non* dedi", sentiens
medicorum esse dare pharmaca, qui norunt quando et quomodo dandum. Quae
prosunt iuueni, nocent seni; et contra, quae iuuant coelo tepido, laedunt frigido. Et
405   hoc refertur ab Augustino.

## EVCLIDES SOCRATICVS

VI, 556                        Reconciliatio          (Euclides Socraticus, 1) [66]

Euclidi cum fratre simultas erat. *Is quum* minitans *dixisset „Dispeream, ni te vltus
fuero"*, Euclides contra „*Dispeream*", inquit, „*ni tibi persuasero*". Hoc dicto soluta est
410   simultas, et reditum est in gratiam.

---

395   Medicina a medico danda *A*: *om. B C.*

394   *MEDICVS QVIDAM*   In dieser Form im
Index personarum. Augustinus nennt den
Namen des Arztes, Vindicianus; Er. hat die
Anekdote anonymisiert. **Helvius Vindicianus** (4. Jh. n. Chr.; 379 *comes archiatrorum*,
382 Prokonsul) war sowohl ein berühmter
Arzt und medizinischer Schriftsteller als auch
ein bedeutender röm. Politiker; u.a. bekleidete er das Amt des Prokonsuls der Provinz
Africa, wodurch Augustinus ihn persönlich
kennen lernte (etwa 382 n. Chr.). Die hier
erzählte Anekdote stammt wohl von Vindicianus selbst, der sie Augustinus im persönlichen Gespräch erzählt haben mag. Vindicianus kombinierte sein politisches Amt mit
seiner Tätigkeit als Arzt. Er beherrschte perfekt Griechisch, wodurch sich ihm das riesige Corpus der griechischen medizinischen
Literatur erschloß. Von seinen in latein. Sprache verfaßten Werken haben sich nur Fragmente erhalten (*Epistula ad Valentinianum*,

eine Sammlung von Rezepten; *Epistula ad
Pentadium*, eine Abhandlung zur Physiologie;
*Expositio de natura hominis*; *Vindiciani gynae-
cia*, ein Werk zur Anatomie; *De semine*). Vgl.
W. Ensslin und K. Deichgräber, *RE* IX A, 1
(1961), s.v. „Vindicianus", Nr. 2; A. Touwaide,
DNP 12, 2 (2002), Sp. 229–230, s.v. „Vindicianus"; W. Wegner, *Enzyklopädie der Medizin-
geschichte*, Berlin-New York 2005, S. 1444, s.v.
„Vindicianus".
397–403   *Medicus … norunt*   Freie, paraphrasierende Wiedergabe von Augustin. *Epist.* 138,
3: „Nam magnus ille nostrorum temporum
medicus Vindicianus consultus a quodam
dolori eius adhiberi iussit, quod in tempore
congruere videbatur; adhibitum sanitas con-
secuta est. Deinde post aliquot annos eadem
rursus corporis causa commota hoc idem
ille putauit adhibendum; adhibitum vertit in
peius. Miratus recurrit ad medicum, indicat
factum; at ille, vt erat acerrimus, ita respon-

dit: ‚Ideo male acceptus es, quia non ego iussi‘, vt omnes, qui audissent parumque hominem nossent, non eum arte medicinali fidere sed nescio qua inlicita potentia putarent. Vnde cum esset a quibus postea stupentibus interrogatus, aperuit, quod non intellexerant, videlicet illi aetati iam non hoc se fuisse iussurum. Tantum igitur valet ratione atque artibus non mutatis, quid secundum eas sit pro temporum varietate mutandum‘ ".

406 *EVCLIDES* In dieser Form im Index personarum. Aus der zitierten Stelle, Plut. *De cohibenda ira* 14, *Mor.* 462C–D, geht nicht hervor, welcher Eukleides gemeint ist, jedoch aus der parallelen Überlieferung der Ankedote bei Plut. *De fraterno amore* 18, *Mor.* 498D (ὁ … Σωκρατικὸς Εὐκλείδες) wird klar, daß es um den **Sokratesschüler Eukleides aus Megara** (450–380 v. Chr.), den Begründer der Megarischen Philosophenschule, geht. In den Quellen erscheint Eukleides einerseits als sanftmütiger Mensch, andererseits als schroffer Dialektiker. Vgl. P. Natorp, *RE* VI, 1 (1907), Sp. 1000–1002, s.v. „Eukleides", Nr. 5; K. Döring, *DNP* 4 (1998), Sp. 237–238, s.v. „Eukleides", Nr. 2. Im „Buch der Philosophen" der *Apophthegmata*, VII, wird Euklid jedoch, im Gegensatz zu anderen Mitgliedern der Megarischen Schule, nicht bererücksichtigt.

408–409 *Euclidi … persuasero* Plut. *De cohibenda ira* 14, *Mor.* 462C–D. Er greift im Wesentlichen auf seine eigene Übers. d.J. 1525 zurück: „Contra morum facilitas … Vincit autem mansuetudine et iram et omnem morum difficultatem, quemadmodum de Euclide narrant, cui quum frater ob dissidium dixisset ‚Peream, ni te fuero vltus‘, ‚At ego‘, inquit, ‚peream, ni tibi persuasero‘. Hoc dicto mox vertit in diuersum fratris animum" (*ASD* IV, 2, S. 283; Basel, Cratander, 1530, fol. 208C). Vgl. den griech. Text: ὥσπερ Εὐκλείδης, τοῦ ἀδελφοῦ πρὸς αὐτὸν ἐκ διαφορᾶς εἰπόντος „ἀπολοίμην, εἰ μή σε τιμωρησαίμην", „ἐγὼ δέ", φήσας, „ἀπολοίμην, εἰ μή σε πείσαιμι", διέτρεψε παραχρῆμα καὶ μετέθηκε (ed. Ald. p. 456). Dieselbe Anekdote wird etwas genauer und detailreicher von Plut. *De fraterno amore* 18, *Mor.* 498D erzählt. Er hat jedoch nicht diese Version verwendet, wie eben das Fehlen der Details zeigt.

409 *ni tibi persuasero* In dieser kurzen Version des Plutarch geht dem Spruch ein wesentliches Informationselement ab; wie Plutarch in *De fraterno amore* 18, *Mor.* 498D angibt, sagte Eukleides: „Möge ich zur Hölle gehen, wenn ich dich nicht davon überzeugen werde, daß du deine Wut ablegst und mich wieder liebevoll behandelst, wie du dies gewöhnlich tust".

## ARISTO CHIVS

VI, 557                                                                    (Aristo Chius, 3) [67]

*Aristo* dicere solet *eos ventos esse nobis molestissimos, qui abstrahunt pallia*. Nam his contra ventos munimur. Ita grauissime laedunt amici, qui expiscantur arcana.

415                              GNATHAENA [i.e. GLYCERA] MERETRIX

VI, 558                           Philosophvs meretrici similis              (Gnathaena, i.e.
                                                                             Glycera meretrix) [68]

Gnathaena [i.e. Glycera] meretrix *reprehensa a Stilpone* philosopho, *quod adolescentes corrumperet, „Tu"*, inquit, *„egoque, Stilpon, in eodem haeremus crimine, qui adolescen-*
420  *tes tecum versantes inutilia quaedam et amatoria sophismata doces, vt nihil referat, cum philosopho versentur an cum meretrice"*.

---

413  Aristo *A-C ut in ind. pers. A-C*: Ariston *Plut. versio Erasmiana*.

**Ariston von Chios** (fl. ca. 260/70 v. Chr.), Schüler des Zenon von Kition, später sein Rivale. Ariston erkannte ausschliesslich die Ethik als Gegenstand der Philosophie an, wobei er insbesondere Physik und Logik, die von Zenon mit Eifer betrieben wurden, ablehnte, und sich der kynischen Schule annäherte. Ihm wird in der Geschichte der griechischen Philosophie gegenwärtig nur marginale Bedeutung zugeschrieben, während ihm in seiner Zeit viel Aufmerksamkeit entgegengebracht wurde. Ariston war u.a. wegen seiner großen rhetorischen Begabung, die ihm den Spitznamen „die Sirene" und den Unmut seines Lehrmeisters Zeno von Kition eintrug (vgl. *Apophth.* VII, 301), imstande, viele Leute für philosophische Fragen zu begeistern. Ariston gründete eine eigene, anfänglich sehr erfolgreiche Philosophenschule, jene der „Aristoneoi", in der er im Kynosarges-Gymnasium (am südl. Ufer des Ilissos) unterrichtete. Zu Aristons zahlreichen Schülern gehörten Eratosthenes, Chrysippos (vgl. *Apophth.* VII, 352), Apollophanes und Diphilos. Allerdings wurde die Schule nach dem Tod ihres Begründers nicht fortgesetzt. Vgl. H. v. Arnim, *RE* II, 1 (1895), Sp. 957–959, s.v. „Ariston", Nr. 56; K.-H. Hülser, *DNP* 1 (1996/9), Sp. 1117, s.v. „Ariston",

418  Gnathaena *A-C*: Glycera *scribendum erat (cf. Athen. loc. cit. Γλυκέρα).*

Nr. 7; J. von Arnim, *SVF* I, S. 88, Ariston, Nr. 389; Ch. Guérard und F. Queyrel, „Ariston de Chios", in: R. Goulet (Hrsg.), *Dictionnaire des philosophes antiques*, Bd. 1, Paris 1989, S. 400–404; A.M. Ippolo, *Aristone di Chio e lo Stoicismo antico*, Rom 1980. In Er.' *Apophth.* tritt Ariston von Chios mehrere Male als Spender von Sprüchen auf: III, 152; VI, 557, VII, 330C und VIII, 102–103. Einen Ausspruch des Ariston (VII, 330C, aus Plut. *De tuenda sanitate praecepta* 20, *Mor.* 133D) schreibt Er. VII, 250 fälschlich dem Aristoteles zu. In VII, 301 und 353 wird Ariston von Zenon bzw. Chrysippos für seine Hinneigung zur Rhetorik getadelt.

411  *ARISTO CHIVS*  In dieser Form im Index personarum.

413  *Aristo … pallia* Plut. *De cur.* 3, *Mor.* 516F. Er. bearbeitete seine eigene Übers. von Plutarchs Traktat aus d.J. 1525: „Atqui ventorum hi nobis sunt molestissimi, sicut ait Ariston, qui nobis reuellunt pallia" (*ASD* IV, 2, S. 293–294; ed. Cratander, Basel 1530, fol. 210B). Vgl. den griech. Text: καίτοι καὶ τῶν ἀνέμων μάλιστα δυσχεραίνομεν, ὡς Ἀρίστων φησὶν, ὅσοι τὰς περιβολὰς ἀναστέλλουσιν ἡμῶν (ed. Ald. S. 459–460); *SVF* I, S. 89–90 (Fr. 401).

*Apophth.* VI, 558–593 Der nunmehr das sechste Buch abschließende Abschnitt ist den Sprüchen von Frauen gewidmet. Dieser fängt mit den Apophthegmen griechischer Hetären an (VI, 558–582; für diese vgl. U. Auhagen, *Die Hetäre in der griechischen und römischen Komödie*, München 2009, 2014; K. Kapparis, *Prostitution in the Greek World*, Berlin-Boston 2018), die Er. aus Athenaios bezog und selbst aus dem Griech. übersetzte. Die erste Sektion (VI, 558–565) ist Gnathaina gewidmet, einer Hetäre, die im 4. Jh. v. Chr. in Athen tätig war. Allerdings schreibt Er. den ersten Spruch dieser Sektion dieser irrtümlich zu; die richtige Spruchspenderin ist Glykera.

418 *Gnathaena* Er. hat sich bei der Textübertragung geirrt: Er schrieb „Gnathaena", während in seiner Textvorlage, Aldus' Athenaios-Ausgabe, unmißverständlich Γλυκέρας steht. Der Irrtum kam wahrscheinlich dadurch zustande, daß bei Athenaios kurz vor der zitierten Stelle Apophthegmen der Gnathaina wiedergegeben werden (583E–F und 584B). Er.' Fehlzuschreibung der Spruchs wird in *CWE* 38, S. 752 nicht verzeichnet.

418–421 *reprehensa … meretrice* Wörtliche, jedoch durch eine Fehlzuschreibung, eine Auslassung und zwei Korruptelen der Aldus-Ausgabe beeinträchtigte Wiedergabe von Athen. 584A: κατηγοροῦντος γοῦν ποτε Στίλπωνος Γλυκέρας παρὰ πότον ὡς διαφθειρούσης τοὺς νέους, ὥς φησι Σάτυρος ἐν τοῖς Βίοις, ὑποτυχοῦσα ἡ Γλυκέρα „τὴν αὐτήν", ἔφη, „ἔχομεν αἰτίαν, ὦ Στίλπων. Σέ τε γὰρ λέγουσιν διαφθείρειν τοὺς ἐντυγχάνοντάς σοι ἀνωφελῆ καὶ ἐριστικά (ἐρωτικὰ *ed. Ald. p. 246*) σοφίσματα διδάσκοντα, ἐμέ τε ὡσαύτως ἐρωτικά (ἐρωτικά *deest in ed. Ald.*). Μηθὲν (μηδὲν *ed. Ald.*) οὖν διαφέρειν ἐπιτριβομένοις καὶ κακῶς πάσχουσιν ἢ μετὰ φιλοσόφου ζῆν ἢ ἑταίρας". Die ursprüngliche Quelle des Spruchs waren die Philosophenviten des Satyros (*FHG* III, 164), wie Athenaios präzise angibt (ὥς φησι Σάτυρος ἐν τοῖς Βίοις). Er. strich diese Quellenangabe.

418 *Stilpone* Stilpon von Megara (ca. 340–ca. 280/275 v. Chr.), Vertreter der Megarischen Philosophenschule, richtete sein Augenmerk besonders auf Logik und Dialektik; Spender schneidiger, zum Teil aggressiv-kritischer Sprüche, deren ethischer Gehalt zuweilen an die Kyniker erinnert, z. B. mit ihrer radikalen Gesellschaftskritik und Hervorkehrung der eigenen Bedürfnislosigkeit. Er. widmete ihm im siebenten Buch eine Sektion von Sprüchen (VII, 131 ff.). Zu seiner Person vgl. unten Komm. zu VII, 131. Erasmus richtete sein Augenmerk v.a. auf Stilpons Fähigkeiten als Dialektiker (vgl. *Apophth.* VII, 131; 133 und 134).

420 *amatoria* Die von Er. benutzte Athenaios-Ausgabe des Aldus litt an dieser Stelle an zwei Korruptelen: erstens ἐρωτικὰ statt ἐριστικά und zweitens, nach ὡσαύτως, die Lacuna von ἐρωτικὰ. Mit den richtigen Lesarten bedeutet der Spruch der Glykera: „daß du alle, die du ihr begegnen, die nutzlosen Kunstgriffe des Streitens lehrst, ich jene der Liebe (ἐρωτικὰ)". Der Witz kommt dabei durch den Gleichklang von ἐριστικά und ἐρωτικά bei konträrem Inhalt zustande. Durch die Korruptelen der Aldus-Ausgabe geht der Witz unter; es ist unklar, was damit gemeint sein sollte, daß der Philosoph den Passanten Kunstgriffe in der Liebe bzw. sexuelle Praktiken (ἐρωτικὰ σοφίσματα) beigebracht habe. Er. erläutert dies nicht in einem diesbezüglichen Kommentar.

420 *doces* An dieser Stelle vergaß Er., ἐμέ τε ὡσαύτως zu übersetzen („du … lehrst, und ich auf dieselbe Weise…"): Auch durch diese Omission geht der Witz unter.

## GNATHAENA MERETRIX

VI, 559                              Ab inexpectato        (Gnathaena meretrix, 1) [69]

Eadem [i.e. Gnathaena] *parasito, quem alebat anus – eratque* obeso *corpore –*, „Elegan-
425  ter *„, inquit, „o adolescens, es* affectus *corpore*". At ille: *„Quid igitur futurum putas, si
non* secundus in lecto dormirem*?". „Fame*", inquit Gnathaena, „*perisses*", subnotans
illum vetulae concubitu ali. [*B*] Iocus est ab inexpectato.

VI, 560                          [*A*] A nomine        (Gnathaena meretrix, 2) [70]

Eadem, *quum Pausanias* quidam nomine *Laccus, saltans in cadum incidisset, „Lacus*",
430  inquit, „*in cadum incidit*". Nam Graeci „laccum" vocant, quod nos „lacum". Cadus
in lacum incidere solet, lacum in cadum incidere absurdum est.

VI, 561                            Parsimonia        (Gnathaena meretrix, 3) [71]

Eadem, *quum quidam vini paulum infudisset in psycterium*, id est vasculi genus refri-
gerando vino paratum, *diceretque* „Hoc vinum *sedecim annorum est*", „*Pusillum est*",
435  inquit, „*pro tot annorum aetate*". Hoc ipsum asscribitur Phrynae.

VI, 562                    Certamen argentarivm        (Gnathaena meretrix, 4)
                                                                            [72]

Eadem [i.e. Gnathaena], quum *in conuiuio* duo *adolescentes pro ipsa inter se pugnarent,
victum ita* consolata est: *„Bono animo es, puer! Non enim est certamen coronarium,
440  sed argentarium*", sentiens in aliis certaminibus victorem ferre coronam, hic victori
numerandam pecuniam, vt melior sit conditio victi quam victoris.

---

424  Eadem *A-C*: Gnathaena *scribendum erat.*        429  Lacus *A B*: Laccus *C.*
427  Iocus est ab inexpectato *B C*: *desunt in A.*

422  *GNATHAENA MERETRIX*  In dieser
Form im Index personarum von *B*; in jenem
von *C* wohl irrtümlich „Gnathena meretrix".
424  *Eadem*  Da Er. sich in Bezug auf den
Namen der Spenderin des vorhergehenden
Apophthegmas geirrt hatte (es handelt sich
nicht um Gnathaina, sondern um Glycera), ist
der Textanschluss „eadem" unrichtig; Er.' Usus
ist, im ersten Apophthegma einer bestimmten
Sektion den Namen des Spruchspenders zu
nennen, während die nachfolgenden Sprüche
mit „idem", „eadem" oder „item" eingeleitet
werden.

424–426  *parasito … perisses*  Athen. 584B: παρασίτου γάρ τινος ὑπὸ γραὸς τρεφομένου καὶ τὸ
σῶμα εὖ ἔχοντος, „χαριέντως γ᾽ (γ᾽ *deest in ed.
Ald.*)", ἔφη, „ὦ νεανίσκε, τὸ σωμάτιον διάκεισαι".
„Τί οὖν οἴει, εἰ μὴ ἐδευτεροκοίτουν;" „τῷ λιμῷ
ἄν, ἔφη, ἀπέθανες" (ed. Ald. p. 246). Er. verschweigt wiederum die von Athenaios angegebene Quelle der Anekdote, die *Hypomnemata*
des Lynkeus von Samos (Γναθαίνης δὲ πολλὰς
ἀποκρίσεις ἀνέγραψεν ὁ Λυγκεύς …). Dasselbe
gilt für die folgenden sechs Sprüche.
425–426  *si … dormirem*  „si non secundus in
lecto dormirem" („wenn ich nicht als zweiter
im Bett schliefe") ist eine sehr ungelenke Über-

setzung von δευτεροκοιτέω, das „mit jemandem das Bett teilen" bedeutet (vgl. Passow I, 1,
S. 608, s.v. und Liddle-Scott-Jones, S. 381, s.v.
„to have a bedfellow"). Der Witz des jungen
Mannes liegt darin, daß er suggeriert, daß er
noch viel fülliger geworden wäre, hätte er nicht
das Bett teilen müssen.

429–430 *quum Pausanias … incidit* Athen.
584B: Παυσανίου δὲ τοῦ Λάκκου ὀρχουμένου καὶ
εἰς κάδον τινὰ ἐμπεσόντος, „ὁ λάκκος", ἔφη, „εἰς
τὸν κάδον ἐμπέπτωκεν" (ed. Ald. p. 246). Auch
dieser Spruch stammte aus den *Hypomnemata*
des Lynkeus von Samos.

429 *Pausanias* Pausanias, ein nur durch Athenaios bekannter athenischer Schlemmer und
Zecher des frühen 3. Jh. v. Chr.

429 *nomine* Strikt genommen nicht „nomine"
(„mit dem Namen"), sondern „cognomine",
„mit dem Beinamen bzw. Spitznamen".

429 *Laccus* Der Schlemmer Pausanias hatte den
Spitznamen „der Weintank", natürlich wegen
seiner bemerkenswerten Kapazität im Trinken; λάκκος in der eher seltenen, spezifischen
Bedeutung von „Weinbehälter", „Weintank",
„Weinreservoir", „Weinzisterne", womit ein
großer, im Boden versenkter Behälter zum
Aufbewahren des Weines, der sich im Keller
befand und eine gewisse Kühlung gewährleis-
tete, gemeint war, vgl. Passow II, 1, S. 10, s.v.
„λάκκος" und Liddel-Scott-Jones, S. 1025, s.v.
(„pit", „reservoir", „pit for storing wine, oil or
grain").

429 *cadum* „cadus" wie das griech. κάδος das
Wort für „Weinkrug", „Weinkanne", vgl.
*DNG* I, Sp. 692, s.v. „cadus".

429 *lacus* „lacus" kann im Latein. die Bedeutung von „Behälter", „Reservoir", „Zuber"
oder „Wanne" haben, vgl. *DNG* II, Sp. 2797,
s.v. „lacus".

433–435 *quum quidam vini … annorum aetate*
Athen. 584B–C: ἐπιδόντος δέ τινος οἶνον ἐν
ψυκτηριδίῳ μικρὸν εἰπόντος ὅτι ἐκκαιδεκαέτης,
„μικρός γε", ἔφη, „ὡς τοσούτων ἐτῶν" (ed. Ald.
p. 246). Die urspr. Quelle war, wie oben, die
*Hypomnemata* des Lynkeus von Samos.

433 *psycterium* „psycterium", ein Neologismus
des Er., gebildet nach dem nur für einen

speziellen Zweck verwendeten griech. Wort
ψυκτηρίδιον; nicht in Hoven.

433–434 *id … paratum* Er. hat hier eine archäologische Erklärung eingeschoben, in der er
ψυκτηρίδιον als generischen Gefäßtyp erläutert. Das Wort ψυκτηρίδιον bezeichnet jedoch
keinen eigenen Gefäßtyp, sondern ist ein
ganz seltenes, für den Ausnahmefall gebilde-
tes Deminutiv, das bei Athenaios nur zweimal vorkommt (230C und vorl. Stelle); sonst
bedeutet ψυκτηρίδιον „kühler, schattiger Ort"
(vgl. Passow II, 2, S. 2585, s.v.). Der Gefäßtyp, um den es geht, ist der Pyskter, den
Er. von seiner Funktion her völlig richtig als
Weinkühler erklärt. Allerdings irrte sich Er. in
Bezug auf die Größe des Gefäßtyps: Er definiert ihn als ein sehr kleines Gefäß, „Gefäss-
chen" („vasculi genus"). Der Psykter ist jedoch
im Normalfall ein großer, bauchiger Krug, der
etwa 32 cm hoch ist; der Wein wurde gekühlt,
indem man den Krug in einen noch größeren
Krater stellte, der mit Eiswasser oder Schnee
gefüllt war. Es gehört zum Witz, der den
Geiz des Gastherren verspottet, daß man dessen Weinkühler als Mini-Weinkühler (ψυκτηρίδιον) bezeichnete.

435 *Hoc ipsum asscribitur Phrynae* nämlich bei
Athen. 585E, in der Aufzählung der der Phryne
zugehörigen Apophthegmata; Er. widmet dieser Hetäre unten VI, 572–578 eine Sektion, in
der der hier vermeldete Spruch nicht aufgenommen wurde, wohl, um eine Dublette zu
vermeiden. In der der Phryne zugeschriebenen
Version des Bonmots ist der vom Gastherrn
gepriesene Wein zehn Jahre alt, wodurch der
Witz weniger griffig ist als in der Gnathaina-
Version.

435 *Phrynae* **Phryne**, bekannteste Hetäre des 4.
Jh. v. Chr., berühmt wegen ihrer Schlagfertigkeit. Für Phryne vgl. unten Komm. zu VI, 572.

438 *Eadem* „Eadem" ist hier eigentlich fehl am
Platze, die zuletzt genannte Person ist Phryne.

438–440 *quum in conuiuio … argentarium*
Athen. 584C: νεανίσκων δέ τινων παρὰ πότον
ὑπὲρ αὐτῆς τυπτόντων ἑαυτοὺς ἔφη πρὸς τὸν
ἡττώμενον· „θάρρει, παιδίον. Οὐ γὰρ στεφανίτης
ὁ ἀγών ἐστιν, ἀλλ' ἀργυρίτης" (ed. Ald. p. 246).

VI, 563                          PETAX MERETRIX        (Gnathaena meretrix, 5) [73]

Eadem ei, qui *filiae ipsius minam dederat nec postea quicquam adferebat* ipsi [i.e. filiae
ipsius], nihilo minus solito more ad eam *ventitans,* „Heus", *inquit,* „*puer, num putas*
445   *te, quemadmodum semel data mina ad Hippomachum paedotribam, ita semper* ad me
[i.e. eam] *commeaturum?".*

VI, 564                          CONVIVA VLTRONEVS     (Gnathaena meretrix, 6) [74]

Eadem adolescenti, qui sua sponte *venerat ad conuiuium, praebibit* his verbis: „*Cape*",
*inquit,* „*superbe*". Quum *ille* commotior dixisset „Qui *superbus?*", „Imo", *inquit*
450   *Gnathaena,* „*quis te superbior, qui nec vocatus venias*". Iocus est ex ancipiti: „nec
vocatus" venit, qui non vocatus venit, quod est impudentiae, et „nec vocatus venire"
dicitur, qui vocatus venire recusat, quod est superbiae.

VI, 565                                                (Gnathaena meretrix, 7) [75]

Eadem *a duobus conducebatur,* quorum alter erat *miles*, alter *mastigias* seruus. *Milite*
455   vero per contumeliam *illam appellante lacum*, „An", *inquit,* „quia duo amnes in me
influunt, *Lycus et Eleutherus?".* Lycus et Eleutherus fluuiorum nomina sunt, sed illa
allusit ad seruum amatorem et liberum. Lupus esurit, liber arrogans est.


## NICO MERETRIX

VI, 566                          AB INEXPECTATO        (Nico meretrix) [76]

460   *Nico* meretrix, *cui cognomen erat Capra, parasitum quempiam obuium habens a morbo*
*gracilem,* „*Quam macilentus!*", *inquit.* Quum is respondisset „*Quid me putas triduo*
*comedisse?*", „*aut lecythum*", *inquit,* „*aut soleas*". Parasitus sentiebat se nihil aut minimum edisse, illa respondet quasi de cibi genere interrogata.


460  Capra *LB*: capra *A-C*.

442  *Petax meretrix*  Der Titel des Er. ist irrefüh-
     rend; er beruht auf seinem Mißverständnis der
     Stelle.
443–446  *filiae … commeaturum*  Missverstan-
     dene und verworrene Wiedergabe von Athen.
     584C: ὡς δ' ὁ τὴν μνᾶν τῇ θυγατρὶ δοὺς αὐτῆς
     οὐδὲν ἔτι ἔφερεν, ἀλλ᾽ ἐφοίτα μόνον, „παιδίον",
     ἔφη, „ὥσπερ πρὸς Ἱππόμαχον τὸν παιδοτρίβην
     μνᾶν δοὺς οἴει αἰεὶ φοιτήσειν;" (ed. Ald. p. 246).
     Der Kunde besuchte nicht Phryne zu wieder-
     holten Malen, sondern ihre Tochter.

445  *Hippomachum*  Hippomachos war ein be-
     kannter Trainer im Faustkampf, früher Olym-
     piasieger in derselben Disziplin. Vgl. J. Sund-
     wall, *RE* VIII, 2 (1912), Sp. 1878, s.v. „Hippo-
     machos", Nr. 1. Er widmete ihm oben, im sel-
     ben Buch, zwei Sprüche (VI, 374–375).
445  *paedotribam*  Für „paedotriba" vgl. Hoven,
     S. 380 (verwendet von Budé). Im Griech.
     bezeichnet παιδοτρίβης einen Knabentrainer
     im Gymnasium in den verschiedenen Diszipli-
     nen, die dort geübt wurden (vgl. Passow II, 1,

S. 626). Ein Trainer wurde nicht für ein separates Training, sondern für eine längere Periode
bezahlt und selbstverständlich war er billiger
als Hetären.

445 *ad me* Im Griechischen wird dies nicht
spezifiziert, jedoch ist „ad me" keine sinngemäß richtige Übers., da der Freier die Tochter besucht, nicht die Mutter (vgl. oben richtig
„ad eam ventitans").

448 *adolescenti* Bei Athenaios ist der Name
des jungen Mannes überliefert, Chairephon.
Er. hat die Dialogperson des Apophthegmas
anscheinend bewußt anonymisiert.

448–450 *venerat … venias* Athen. 584E–F: Χαι-
ρεφῶντος δ' ἀκλήτου ἐπὶ δεῖπνον ἐλθόντος, προ-
πιοῦσα ποτήριον αὐτῷ ἡ Γνάθαινα „λαβέ", ἔφησεν, „ὑπερήφανε". καὶ ὃς „ἐγὼ ὑπερήφανος;" „τίς
δὲ μᾶλλον," εἶπεν ἡ Γνάθαινα, „ὃς οὐδὲ καλούμε-
νος ἔρχῃ;" (ed. Ald. p. 246).

448 *praebibit* Zur Übersetzung des Standard-
wortes προπίνειν für „zutrinken" verwendet Er.
hier überraschend das äußerst seltene „praebi-
bere" (Apul. *Met.* X, 16; vgl. *OLD* S. 1421 und
*DNG* II, Sp. 3762, s.v. „praebibo") statt des
vor der Hand liegenden „propinare" (*OLD*,
S. 1493, s.v. „propino").

454–456 *a duobus … Eleutherus* Athen. 585A:
Ἀριστόδημος δ' ἐν δευτέρῳ Γελοίων Ἀπομνη-
μονευμάτων Γνάθαιναν, φησί, δύο ἐμισθώσαντο,
στρατιώτης καὶ μαστιγίας: ἀναγωγότερον (ἀνα-
τωγότερον ed. Ald. p. 246) οὖν τοῦ στρατιώτου
λάκκον αὐτὴν εἰπόντος „πῶς;" ἔφησεν: „ἢ ὅτι δύο
ποταμοὶ ἐμβάλλετέ μοι, Λύκος (λύκκος ed. Ald.)
καὶ Ἐλεύθερος (ἐλεύθερος ed. Ald.);". Erasmus
streicht die genaue Angabe des Athenaios, daß
die ursprüngliche Quelle des Apophthegmas
die *Hypomnemata* des Aristodemos von Alexandrien sind (*FGH* III, 310).

454 *mastigias* „mastigias", ein fauler Sklave,
„der immer wieder die Peitsche verdient", vgl.
Passow II, 1, S. 133, s.v.

456 *Lycus et Eleutherus* Ein gelehrter Witz der
Hetäre (oder vielmehr des Grammatikers Aristodemos von Alexandrien), der mit geogra-
phischem Wissen spielt: Es gab in der Antike
mindestens zwei Flüsse mit dem Namen Ἐλεύθερος, z.B. in Libanon/Syrien den heutigen
Nahr-el Kebir (der Grenzfluß zwischen Libanon und Syrien, der nördl. von Tripolis ins
Mittelmeer mündet) und einen zweiten in
Süd-Syrien/Libanon (Unterlauf des Leontes;
vgl. Passow I, 2, S. 872, s.v. Ἐλεύθερος) und
mehr als zehn Flüsse, die den Namen Λύκος
trugen (vgl. vgl. *DNP* 7 (1999), Sp. 575–
576, s.v. „Lykos"). Der Witz zieht nur dann,
wenn die Flüsse Lykos und Eleutheros tatsächlich in dasselbe Wasser/Meer münden: Das
ist bei dem Nahr-el Kalb (früher Lykos) und
dem Nahr-el Kebir (früher Eleutheros) gegeben, die beide (in relativer Nachbarschaft)
an der Küste Libanons ins Mittelmeer fließen. Den Fluß Lykos identifiziert die Pros-
tituierte wohl mit Taugenichts und Sklaven, den Fluß Eleutheros mit dem Soldaten.

458 *NICO MERETRIX* In dieser Form im
Index personarum; eine athen. Hetäre, die nur
aus Athenaios bekannt ist.

460–462 *Nico … soleas* Athen. 584F: Νικὼ δὲ ἡ
Αἴξ ἐπικαλουμένη, φησὶν ὁ Λυγκεύς, παρασίτου
τινὸς ἀπαντήσαντος λεπτοῦ ἐξ ἀρρωστίας, „ὡς
ἰσχνός" ἔφη. „Τί γὰρ οἴει με ἐν τρισὶν ἡμέραις
καταβεβρωκέναι;" „ἤτοι τὴν λήκυθον," ἔφη, „ἢ
τὰ ὑποδήματα" (ὑπόματα ed. Ald. p. 246).

462 *lecythum* Ein „lecythus" ist ein Fläschchen
mit Salböl aus Ton, ca. 8–10 cm hoch.

## CALLISTION MERETRIX

465     VI, 567                                             (Callistion meretrix) [77]

*Callistion cognomento Ptochelena, quum a quodam esset conducta seruo isque, quoniam aestiuo tempore nudus accumbebat,* ostenderet in corpore *notas plagarum, „Vnde",* inquit, „illa, miser?".* Quumque is dixisset *se puerum iure fuisse perfusum, tum illa, „Nimirum vitulino",* sentiens esse flagrorum vestigia. Ex carnibus vitulinis coqui
470     faciunt ius, ex pelle vitulorum fiunt lora.

## THAIS MERETRIX

VI, 568                          Ex ambigvo                    (Thais meretrix) [78]

*Thais glorioso cuidam amatori, qui quum multa* [i.e. a multis] *pocula sumpsisset commodato, diceret se velle illa confringere aliaque parare, „Perdes",* inquit, „quod cuique
475     *proprium est",* ambiguo sermone notans esse commodatitia. Poterat autem intelligi, si conflentur, perire, quod cuique poculo proprium est.

## LAIS CORINTHIA MERETRIX

VI, 569                          Ex ambigvo        (Lais Corinthia meretrix, 1) [79]

*Lais Corinthia* cuidam *amatori, qui misso sigillo iubebat illam venire, „Non possum",*
480     inquit, „Lutum est".* Olim terrae genere signabant; at illa lutum esse dixit, quasi ob lutum viarum non posset accedere. Luteum sigillum nihil morabatur, argentum quaerebat.

464  *CALLISTION MERETRIX*  Im Index personarum ohne den Zusatz „meretrix".

466–469  *Callistion … vitulino*  Wörtliche Übers. von Athen. 585B–C: Καλλίστιον δὲ τὴν ἐπικληθεῖσαν Πτωχελένην μαστιγίας ἐμισθώσατο. θέρους δὲ ὄντος ἐπεὶ γυμνὸς κατέκειτο, τοὺς τύπους τῶν πληγῶν ἰδοῦσα „πόθεν οὗτοι, τάλαν;" εἶπε. Καὶ ὃς „παιδὸς ὄντος μου ζωμὸς κατεχύθη". ἡ δὲ „δηλαδὴ μόσχειος" (ed. Ald. p. 246–247).

466  *Ptochelena*  Er. übernahm den griech. Spitznamen der Prostituierten, Πτωχελένη, „Bettelhelene" oder „Bettelarme Helene", latinisiert etwa „Mendicelena".

Thais, berühmte athen. Hetäre aus der 2. H. des 4. Jh. v. Chr., die Titelheldin dreier Komödien,

von Afranius, Hipparchos und Menander; soll die Mätresse Alexanders d.Gr., später des Ptolemaios, gewesen sein, von dem sie drei Kinder bekam. Begleitete Alexander auf seinem Feldzug nach Persien, soll 330 den berauschten König dazu veranlasst haben, Persepolis in Brand zu stecken. Vgl. K. Fiehn, *RE* V, A1 (1934), Sp. 1184–1185, s.v. „Thais"; E. Badian, *DNP* 12.1 (2002), Sp. 233–234, s.v. „Thais"; A.B. Bosworth, *A Historical Commentary on Arrian's History of Alexander*, Oxford 1980, Bd. I, S. 330–332; R.L. Fox, *Alexander der Große*, Stuttgart 2004, S. 337–341.

471  *THAIS MERETRIX*  Im Index personarum ohne den Zusatz „meretrix".

473–475 *Thais … proprium est* Versuchte wörtliche, jedoch durch einen Übersetzungsfehler teilweise mißverstandene Übertragung von
Athen. 585C–D: Θαὶς ἐραστοῦ τινος αὐτῆς ἀλα-
ζόνος παρὰ πολλῶν ποτήρια χρησαμένου καὶ
λέγοντος θέλειν ταῦτα συγκόψαι, ἄλλα δὲ κατα-
σκευάσαι, „ἀπολεῖς“, ἔφη, „ἑκάστου τὸ ἴδιον“ (ed.
Ald. p. 247).

473 *multa* „multa pocula“ ist eine Fehlübersetzung des Erasmus für πολλῶν ποτήρια.
Gemeint ist, daß sich der Prahlhans von vielen Bekannten Trinkgefässe ausgeliehen hatte;
Thais war dies offensichtlich bekannt. In
der Aldus-Ausgabe des Athenaios, die Er.
benutzte, steht gut leserlich πολλῶν.

474 *aliaque parare* „aliaque parare“ im Sinn
von „conflari“, „umschmelzen“. Offensichtlich hatte sich der Aufschneider eine Menge
wertvoller Trinkgefässe aus Edelmetall ausgeliehen, um auf die Dame Eindruck zu machen;
dabei gebärdete er sich als Super-Reicher,
der mit seinem Reichtum demonstrativ läs-
sig umgeht: Er hat der Dame wohl wunder-
schön gearbeitete, preziöse Goldpokale gezeigt
und raunend zu ihr gesagt: „Wenn sie dir nicht
gefallen, lasse ich sie umschmelzen“.

**Lais die Ältere** (5. Jh. v. Chr., gest. 392), Nobel-
hure aus Korinth, wegen der horrenden Geldbeträge, die sie kassierte, berüchtigt; soll in
ihrer Jugend bis zu 10.000 Drachmen für eine
Nacht verlangt haben (Gell. I, 8, 3–6), was Er.
in *Adag.* 301 (*ASD* II, 1, S. 407–410) vermeldet.
Wegen ihres Lebensstiles verschiedentlich in
griech. Komödien aufs Korn genommen. Hin-
terließ ein auffälliges Grabmal mit der Skulp-
tur einer Löwin, die einen Widder reißt (Paus.
II, 2, 4), was Erasmus' Verehrer Alciato zu
einem Emblem umgestaltete. Vgl. F. Geyer,
*RE* XII, 1 (1924), Sp. 514–515, s.v. „Lais“, Nr.
1; M. Strothmann, *DNP* 6 (1999), Sp. 1067–
1068, s.v. „Lais“, Nr. 1.

477 *LAIS CORINTHIA MERETRIX* Im Index
personarum „Lais Corinthia“.

479–480 *Lais … Lutum est* Athen. 585D–E:
πρὸς Λαΐδα τὴν Κορινθίαν ἐραστὴς ἀποσφράγισμα πέμψας ἐκέλευε παραγίνεσθαι. ἡ δ᾽ „οὐ δύνα-
μαι“, εἶπε, „Πηλός ἐστι“ (ed. Ald. p. 147).

479 *misso sigillo* „sigillum“, d.h. den Abdruck
seines Siegelringes, was ἀποσφράγισμα wörtlich wiedergibt; damit ist gemeint, daß der
Liebhaber der Dame ein versiegeltes Papyrus-
Briefchen mit einer Einladung, zu ihm zu
kommen, geschickt hat.

480 *Lutum* „Lutum“ bezieht sich auf die damals
im östl. Mittelmeerraum gebräuchliche Art
des Versiegelns von Schriftstücken aus zusam-
mengefaltetem und mit einem Faden zuge-
bundenem Papyrus: Dazu verwendete man
feingeschlämmten, ungebrannten Ton, in den
das Bild des Siegelringes (Sphragis) einge-
prägt wurde. Den feuchten Ton ließ man luft-
trocknen; nachdem die Versiegelung lederhart
geworden war, konnte der Papyrusbrief auf
den Weg gebracht werden. Vgl. D. Berges,
*DNP* 11 (2001), Sp. 532–534, s.v. „Siegel“, Nr.
II.

VI, 570                                              (Lais Corinthia meretrix, 2) [80]

[*B*] Eadem Myronem salsissime repulit, sed praestat hoc Ausonii verbis referre:

485     *„Canus rogabat Laidis noctem Myron:*
        *Tulit repulsam protinus.*
        *Causamque sensit et caput fuligine*
        *Fucauit atra candidum.*
        *Idemque vultu, crine non idem Myron*
490     *Orabat oratum prius.*
        *Sed illa formam cum capillo comparans,*
        *Similemque non ipsum rata,*
        *Fortasse et ipsum, sed volens ludo frui,*
        *Sic est adorta callidum:*
495     *,Inepte, quid me, quod recusaui, rogas?*
        *Patri negaui iam tuo'"*.

Hoc videtur imitatus imperator.


## [*A*] LEONTIVM MERETRIX

VI, 571                                                    (Leontium meretrix, 1)

500     [*A*] *Leontium,* quoniam *ipsa cum amatore discumbente ingressa est Glycera et amator*
        *ad hanc videbatur procliuior, sedebat moesta.* Hanc quum notus quispiam appellasset
        dicens „Quur *moeres,* Leontium?", „*Vterus*", inquit, „*mihi dolet*". ὑστέρα Graecis
        „vterum" siue „vuluam" sonat, et eadem vox sonat „posterior⟨em⟩"; significabat
        autem posteriorem Glyceram magis placuisse, idque sibi dolere.

---

484–497 Eadem … imperator *B C BAS LB*: deest        503 posteriorem *scripsi*: posterior *A-C*.
in *A*.

VI, 570 hat keinen Titel, wie das zumeist der          nur der Witz der Lais (in den letzten beiden
Fall ist, wenn Er. in einer der beiden späteren        Versen des zitierten Gedichtes), den der Kai-
Ausgaben einen Spruch hinzugesetzt hat.                ser auf einen Bittsteller angewendet haben soll.
484 *Myronem* Myron, weiter unbekannter               Dieser Witz ist in *Hist. Aug., Hadr.* 21, 3 über-
Liebhaber der in Korinth tätigen Prostituier-          liefert; Er. hatte ihn in die Sektion von Sprü-
ten aus dem 5. Jh. v. Chr.                             chen, die er oben Kaiser Hadrian widmete,
485–496 *Canus … iam tuo* Wörtliche und               aufgenommen (VI, 100). Vgl. Komm. *CWE*
exakte Wiedergabe von Auson. *Epigr.* 38 (ed.         38, S. 755.
Peiper, p. 326; in den älteren Editionen findet       498 *LEONTIVM MERETRIX* Im Index per-
sich derselbe Text).                                   sonarum „Leontion". Für diese Hetäre, vgl.
497 *Hoc videtur imitatus imperator* Bei dem          F. Geyer, *RE* XII, 2 (1925), Sp. 2048, s.v. „Leon-
Kaiser handelt es sich um Hadrian; mit „hoc"          tion", Nr. 3.
ist nicht eine dichterische Darstellung des           500–504 *Leontium, quoniam … sibi dolere* Die-
schriftstellernden Kaisers gemeint, sondern           ser Textabschnitt wurde in *CWE* 38, S. 755 dem

vorhergehenden Apophthegma (dort VI, 573, in unserer *ASD*-Ausg. VI, 570) zugeordnet, hat jedoch mit diesem nichts zu tun. Es handelt es sich um ein eigenes Apophthegma, wie schon in *A* (S. 665) und *B* (S. 316) ersichtlich war, wo es durch Absatz und eigene Nummer als solches gekennzeichnet war (in beiden Fällen Nummer 79). Weiter ist die Apophthegma-spenderin nicht identisch mit jener von VI, 570 (Lais): Die Spruchspenderin ist Leontion. Zu guter Letzt ist auch die Quelle eine andere: Das Lais-Apophthegma stammt aus Ausonius, das Leontion-Apophthegma aus Athenaios. In *C* wurde durch einen der Druckfehler die Nummer ausgelassen (hätte 80 sein sollen), jedoch blieb der Abschnitt durch Absatz und

Einzug dennoch als eigenes Apophthegma gekennzeichnet. In *CWE* 38, S. 755 findet sich keine Identifizierung der Quelle des Leontion-Apophthegmas. Auch Lycosthenes hat „Leontium, quoniam … sibi dolere" richtig als eigenes Apophthegma verstanden und mit dem Titel „Leontii" versehen (S.692). Folge: ab 572 unsere *ASD*-Zählung = CW-Zählung minus 2.

500–502    *Leontium, quoniam … moeres … dolet* Athen. 585D: Λεόντιον κατακειμένη μετ᾽ ἐραστοῦ, ἐπεισελθούσης εἰς τὸ συμπόσιον Γλυκέρας καὶ τοῦ ἐραστοῦ αὐτῆς ταύτῃ μᾶλλον προσέχοντος, κατάστυγνος ἦν. ὡς δ᾽ ἐπιστρέψας ὁ γνώριμος αὐτὴν ἠρώτησε τί λυπεῖται, „ἡ ὑστέρα με λυπεῖ" ἔφη (ed. Ald. p. 147).

505                               LAMIA MERETRIX

VI, 572                                                    (Lamia meretrix) [81]

[B] *Adolescens quidam in Aegypto* deperibat in *Theonidem* [i.e. Thonidem] meretricem quumque illa *peteret* ingentem *mercedem*, tandem *adolescens somniauit* se rem
habere cum ea, atque ita liberatus est amore. *Petit illa mercedem. Negante* iuuene itum
510 est ad iudicem. *Bocchoris* pronunciat, vt iuuenis *in vas*culo *adferret tantum* pecuniae,
*quantum illa* postularat. Iubet adesse meretriculam et *vmbra* frui pecuniae circumlatae. *Hoc iudicium Lamia velut iniquum* reprehendit: „Iuuenis somnio liberatus est",
inquit, „ab amore: at *vmbra* pecuniae non exemit Theonidi [i.e. Thonidi] pecuniae
amorem".

515                               [A] PHRYNE

VI, 573                     Vetvla amata                    (Phryne meretrix, 1) [82]

*Phryne iam anus dixit a multis* [i.e. pluris] *fecem emi propter* vini *gloriam*, sentiens
multos ideo secum congredi, vt gloriari possent cum Phryne rem habuisse, sicut vini
magni nominis etiam fex emitur, vt iactare possint se tale vinum habere domi.

---

507–514 Adolescens … amorem  B C: deest in A.          507  Theonidem B C: Theognidem *versio Donati*,
                                                       Thonidem *sec. Plut. textum Graec.*

**Lamia** (um 310 v. Chr.), eine der berühmtesten
  Hetären, Geliebte des Demetrios Poliorketes
  (ca. 336–283), an dessen Seite sie wie eine Fürs-
  tin auftreten durfte. Die Stadt Athen errichtete
  ihr einen Tempel und verehrte sie als Aphrodite, um dem Demetrios einen Gefallen zu
  erweisen. Aus ihrer Verbindung mit dem Städ-
  teeroberer ging eine Tochter (Phila) hervor.
  Vgl. F. Geyer, *RE* XII, 1 (1924), Sp. 546–547,
  s.v. „Lamia", Nr. 5.
505 *LAMIA MERETRIX*   In dieser Form im
  Index personarum.
507–514 *Adolescens quidam in Aegypto … pecuniae amorem*  Gekürzte und paraphrasierende,
  zum Teil mißverstandene Wiedergabe von
  Plut. *Demetr.* 27, 5–6 (*Vit.* 901), wobei Er.
  die latein. Übers. des Donato Acciaiuoli als
  Vorlage benutzt hat: „Memoriae quoque traditum est quandam sententiam, quam Bocchoris iudicium vocant, hoc pacto redargutam
  fuisse a Lamia: adolescenti cuidam in Aegypto
  Theognidem amicam ardenti, quum illa ab

homine, quem sui amore irretitum videbat,
multum auri quottidie peteret. Forte euenit,
vt, quum adolescenti visum in somnio esset
cum ea muliere versari, omnis illa cupiditas qua antea vexabatur, extincta penitus fuerit. Quod quidem vbi animaduerterit Theo-
gnides, ob libidinem eius expletam mercedem
petens ab illo, quum sibi negaretur, adolescentem in iudicium traxit. Audita hac contro-
uersia, Bocchores subito hominem iussit tantum numerati auri, quantum illa petebat, in
vase quodam afferre atque deinde suis manibus spectante muliere aurum hinc inde versare.
Debere enim censuit, quemadmodum adolescens concupitae rei opinionem habuerat,
sic mulierem exoptati auri vmbram imagi-
nemque referre. Hoc [fol. CCCXIX^v] iudicium Bocchoris vt iniquum atque iniustum
ea ratione damnasse Lamiam tradunt, quia,
quum illud somnium adolescentis desyderium
sustulisset, non tamen auri vmbra Theogni-
dis cupiditatem restinxerat" (ed. Bade, Paris

1514, fol. CCCXIX^{r–v}). Daß Er. von Accaiuolis Text ausging, ergibt sich u. a. daraus, daß
sowohl bei Er. als auch bei Acciauoli die philosophische, platonische Urteilsbegründung des
Schiedsrichters fehlt, wodurch das Urteil erst
verständlich wird: „des Schattens teilhaftig zu
werden, da der Schatten ja die Vorstellung
der Wirklichkeit darstellt" (ἔχεσθαι τῆς σκιᾶς,
ὡς τὴν δόξαν τῆς ἀληθείας σκιὰν οὖσαν). Weiter hatte Acciauoli nicht recht verstanden,
welche Handlung genau der Schiedsrichter
anordnete: Im griech. Originaltext steht, daß
der junge Mann den eingeforderten Geldbe-
trag in einer Schatulle mitbringen, sodann die
Geldstücke einzeln mit der Hand herausneh-
men und langsam hin- und herbewegen sollte,
sodaß die jeweilige Münze gut wahrnehmbar
einen Schatten warf (ὁ Βόκχωρις ἐκέλευσε τὸν
ἄνθρωπον ὅσον ᾐτήθη χρυσίον ἠριθμημένον ἐν
τῷ ἀγγείῳ διαφέρειν δεῦρο (δεῦρο om. ed. Ald.
fol. 287^r) κἀκεῖσε τῇ χειρί, τὴν δὲ ἑταίραν ἔχεσθαι
τῆς σκιᾶς). In Acciauolis Übersetzung nimmt
der junge Mann jedoch das gesamte Häufchen
Goldmünzen in seine beiden Hände („suis
manibus"). Daraus zog Er. die irrige Schlußfolgerung, daß der junge Mann das Häufchen
Geld „herumtrug" („pecuniae circumlatae").

510 *Bocchoris* König von Unterägypten (reg.
ca. 720–715 v. Chr.), der sich als Gesetzgeber durch die Einführung von Schuldgesetzen
verdient gemacht haben soll. Sein Gerechtigkeitssinn war bei den Griechen sprichwörtlich.
Vgl. K. Sethe, *RE* III, 1 (1897), Sp. 666–667,
s.v. „Bokchoris"; K. Jansen-Winkeln, *DNP* 2
(1997/9), Sp. 739–740, s.v. „Bokchoris".

**Phryne** (um 316 v. Chr.), bekannte Hetäre des
4. Jh. v. Chr., gerühmt wegen ihrer Schlagfertigkeit; war u.a. die Geliebte des Bildhauers
Praxiteles. Vgl. A.E. Raubitschek, *RE* XX, 1
(1941), Sp. 893–907, s.v. „Phryne".

*Apophth.* VI, 573 hat ein Gegenstück in *Adag.*
3762 „Lecythum habet in malis" (*ASD* II, 8,
S. 160), das dem Umstand gewidmet ist, daß
die berühmte Hetäre Phryne auch noch im
Alter anschaffte.

517 *Phryne … gloriam* Wörtliche, jedoch durch
einen Übersetzungsfehler mißverstandene
Wiedergabe von Plut. *De tuenda sanitate
praecepta* 6, *Mor.* 125A–B, wobei Er. seine
eigene Übers. d.J. 1514 wiederholte, die schon
durch denselben Übersetzungsfehler entstellt

war: „Caeterum Phrynae Laidiue persoluto
argento, quum corpore sint aegro et ad coitum
ignauo, excitant tamen et irritant lasciuiam ad
voluptatem, idque inanis gloriae causa. Quo
factum est, vt ipsa Phryne iam anus facta dixerit a multis fecem emi propter gloriam" (*ASD*
IV, 2, S. 194; Basel, Froben 1514, fol. 4^r; ed.
Cratander, Basel 1530, fol. 186^r). In der Basler Ausgabe d.J. 1514 war die Stelle *in margine* bereits als Apophthegma gekennzeichnet:
„Phrynes dicterium". Vgl. den griech. Text des
Spruches: αὐτὴ γοῦν ἔλεγεν ἡ Φρύνη πρεσβυ-
τέρα γεγενημένη τὴν τρύγα πλείονος πωλεῖν διὰ
τὴν δόξαν (Vgl. ed. Ald. p. 108). 1533 nahm Er.
den Spruch der Phryne mitsamt dem Übersetzungsfehler in seine neue *Adagia*-Ausgabe
auf, vgl. *Adag.* 3762 „Lecythum habet in malis"
(*ASD* II, 8, S. 160): „Eadem (sc. Phryne) solita
est dicere multos bibere fecem ob vini nobi-
litatem, quod ad illam ἔξωρον propter scorti
celebre nomen commearent amantes, quo gloriari possent sibi cum Phryne fuisse rem".
Der Übersetzungsfehler wurde im Komm. von
*ASD* II, 8, S. 160 nicht angemerkt.

517–518 *a multis … multos* Im griech. Text steht,
daß man für Weinsatz (τρύξ) mehr (πλείονος)
zahlte (nml. als für Wein) wegen des Ruhmes
(nml. des Weines, von dem nur mehr der Satz
übrig ist). Die Tatsache, daß Satz manchmal
teurer war als Wein, ist einer frequent ange-
wendeten Produktionsweise geschuldet, nach
der man neuen Wein gärte, indem man ihm
den Satz von altem hinzufügte. Er. jedoch
übersetzte den Text, als ob dort πλείονας
gestanden hätte („viele Leute kaufen Satz …",
ebenso in *Adag.* 3761). *CWE* 38, S. 756 vermutet, daß seine Textvorlage πλείονας hatte; in
der von Er. verwendeten Aldus-Ausgabe steht
jedoch klar lesbar πλείονος (p. 108).

518 *multos* Er.' Erklärung geht von seiner Fehlübersetzung von πλείονος aus.

518–519 *sicut … habere domi* Er. hat, wie die
Erklärung „vt iactare possint se tale vinum
habere domi" zeigt, den Sinn von Phrynes
Spruch, der sich auf die Weinproduktion
durch den wertvollen alten Satz bezog, nicht
verstanden. Er. glaubte, daß gemeint sei, daß
die Leute alten, mit Satz durchzogenen Wein
einer berühmten Sorte kaufen würden, um
prahlen zu können, sie hätten in ihrem Keller
jenen berühmten Wein.

520   VI, 574                                    Fvcata                            (Phryne meretrix, 2) [83]

Eadem aetate florens *in conuiuio,* cui complures aderant foeminae, quum iuxta
morem ioci conuiuialis, quod vnusquispiam faceret, idem omnes facere cogeren-
tur, prior *man*um bis *aquae immersam admouit* fronti. Quoniam autem omnes erant
fucatae, aqua per lituram fucorum defluens, rugarum specie vultus omnium defor-
525   mabat, quum ipsa interim Phryne, quae naturali forma pollebat, speciosior etiam
*appareret* diluta facie.

VI, 575                                    Precivm expvgnat                     (Phryne, i.e. Gnathaena
                                                                                 meretrix, 8) [84]

Quum *amatores,* quoniam gratis non admittebantur, *filiae domum* expugnaturi ve-
530   ctes, *ligones* et ballistas admouerent, Phryne [i.e. Gnathaena] prodiit: *„Quum ista“,*
inquit, *„haberetis* domi, quin potius afferebatis *precium?“,* sentiens ita facilius expu-
gnari meretricum aedes, dando quam fodiendo.

530   ballistas *A B*: balistas *C.*

521–526   *in conuiuio … diluta facie  Apophth.* V,
574 ist eine Lesefrucht, die im Rahmen von
Er.' Galen-Übers. d.J. 1526 zustandegekommen ist. Er. bringt hier eine stark gekürzte,
freie Version von Galens *Protrepticus* 10, 26,
wobei er, wie die abweichende Wiedergabe
von Details und der Mangel an wörtlichen
Übereinstimmungen suggerieren, wohl aus
dem Gedächtnis gearbeitet hat. Er.' latein.
Übers.: „Vnde mihi non intempestiuum videtur commemorare, quod fecit Phryna. Haec
quum esset in quodam conuiuio, in quo ludus
hic agebatur, vt singuli per vices conuiuis
imperarent, quae vellent, vidissetque adesse
mulieres anchusa, cerussa et fuco pictas, iussit inferri aquam, moxque praecepit, vt omnes
aquae immersas manus semel admouerent ad
faciem, deinde, vt illico linteo extergerentur.
Atque hoc ipsa prima omnium fecit. Ac caeteris quidem omnibus foeminis facies maculis
opplebatur, diceres te videre quasdam ad terrorem arte factas imagines. Ipsa vero pulchrior apparebat quam antea. Sola enim carebat
artificio formae, sed speciem habebat natiuam,
nihil opus habens malis artibus ad formae
commendationem" (ed. Froben, Basel 1526,
fol. b5$^v$–b6$^r$). Vgl. den griech. Text: ὅτεν οὐδὲ
τὸ τῆς Φρύνης ἄκαιρον ἤδη μοι διηγήσασθαι.
αὕτη ποτ᾽ ἐν συμποσίῳ, παιδιᾶς τοιαύτης γενομένης ὡς ἕκαστον ἐν μέρει προστάξαι τοῖς συμ-

πόταις ὃ βούλοιτο, θεασαμένη παρούσας γυναῖκας ἀγχούσῃ τε καὶ ψιμυθίῳ καὶ φύκει κεκαλλωπι-
σμένας ἐκέλευσεν ὕδατος κομισθέντος ἀρυσαμένας ταῖς χερσὶ προσενεγκεῖν ἁπάσας τῷ προσώπῳ
καὶ μετὰ τοῦτο εὐθέως ἀπομάξασθαι σινδονίῳ, καὶ
αὐτὴ πρώτη τοῦτ᾽ ἔπαρξε. ταῖς μὲν οὖν ἄλλαις
ἁπάσαις σπίλου τὸ πρόσοπον ἐπληρώθη, καὶ ἦν
ὁμοιότατα ἰδεῖν τοῖς μορμολυκείοις, αὐτὴ δὲ ⟨καὶ⟩
καλλίων ἐφάνη· μόνη γὰρ ἦν ἀκαλλώπιστός τε καὶ
αὐτοφυῶς καλή, μηδεμιᾶς πανουργίας κομμωτι-
κῆς δεομένη.

523   *manum bis aquae immersam*  Die Angabe,
daß die Frauen ihre Hand (Einzahl, sic) *zweimal* (sic) ins Wasser eintauchen sollten, ist
kurios und stimmt mit der Quelle nicht überein, in der *expressis verbis* steht, daß Phryne
befohlen habe, die Frauen sollten ihre Hände
*einmal* ins Wasser eintauchen („vt omnes
aquae immersas manus *semel* admouerent ad
faciem"; die explizite Angabe „einmal" ist
ein Zusatz des Er. zum griech. Originaltext), um mit ihnen das Gesicht zu benet-
zen, und sich dieses dann sogleich mit einem
Tuch abzuwischen. Es entspricht der natürlichen Vorgehensweise, daß man, wenn man
sich das Gesicht wäscht, beide Hände verwendet (so auch im griech. Original: ὕδατος
κομισθέντος ἀρυσαμένας ταῖς χερσὶ). Sich mit
*einer* Hand *zweimal* das Gesicht zu benetzten,
ist hingegen unsinnig. Weiter vergißt Er. in

*Apophth.* V, 574 zu vermelden, daß die Frauen sich mit einem Tuch das Gesicht abtrocknen sollen („vt illico linteo extergerentur"); damit hängt der springende Punkt bei Galen zusammen, nämlich daß nach dem Abwischen des Gesichtes alle Makel sichtbar werden; Er. schildert in *Apophth.* V, 574 stattdessen als Resultat des Auftrags den gräßlichen Anblick der mit dem Wasser vermischten, herabfliessenden Schminke.

*Apophth.* V, 575 Er. hat dieses Apophthegma, VI, 575, der falschen Person zugeschrieben: Es handelt sich nicht um Phryne, sondern um Gnathaina, wie aus der Quelle, Athen. 585A, klar hervorgeht (εἶπεν ἡ Γνάθαινα). Zudem befindet sich der Spruch bei Athenaios mitten in einer längeren Sequenz von Gnathainas Apophthegmen.

527 *Precium expugnat* Der Titel, den Er. dem Apophthegma gab, „Precium expugnat", leitete er von seinem Mißverständnis ab, daß hier ein Versuch der Erstürmung des Hauses der Prostituierten („expugnatio") unter dem Einsatz schwerer Belagerungsgeräte stattgefunden habe.

529–531 *amatores ... precium* Durch Fehlzuschreibung des Spruchs, Übersetzungsfehler und Verständnisfehler entstellte, ganz verworrene Wiedergabe von Athen. 585A: ἐπὶ δὲ τὴν θυγατέρα τῆς Γναθαίνης πτωχῶν ἐραστῶν κωμαζόντων καὶ ἀπειλούντων κατασκάψειν τὴν οἰκίαν· ἐνηνοχέναι γὰρ δικέλλας καὶ ἄμας (καὶ ἄμας *deest in ed. Ald. p. 246*), „Εἰ ταῦτ᾽ εἴχεθ᾽ ὑμεῖς, εἶπεν ἡ Γνάθαινα, „ἐνέχυρα θέντες τὸ μίσθωμα ἂν ἀπεστείλατε".

529 *amatores* Er. läßt in seiner Übers. hier versehentlich das Wort πτωχῶν aus, das zum Verständnis der Anekdote erforderlich ist: Es handelte sich um arme Freier, die den Lohn der Hure nicht aufbringen konnten.

529 *domum expugnaturi* Er. gibt hier die Geschichte verdreht wieder: Die Freier waren nicht mit Geräten bewaffnet aufmarschiert, um das Haus der jungen Hure abzurcissen, sondern sie kamen bei einem Umtrunk in nicht mehr nüchternem Zustand vorbei,

wobei sie blödsinnige Drohungen äußerten. Natürlich hatten sie bei ihrem Umtrunk nicht (wie Er. behauptet) Belagerungsgeräte wie Brechstangen und Wurfmaschinen mit riesigen Steinschleudern bei sich; sie drohten lediglich damit, daß sie Schaufeln und Hacken bei sich hätten, wobei es sich um bloße Behauptungen handelte. Dies zeigt die Reaktion der Hurenmutter: „*Wenn* ihr *tatsächlich* Hacken und Spaten *besitzen würdet* (Εἰ ταῦτ᾽ εἴχεθ᾽ ὑμεῖς), hättet ihr sie ja auch verpfänden können (ἐνέχυρα θέντες) und so den Tarif (τὸ μίσθωμα) zahlen können".

529–530 *vectes, ligones et ballistas* Im griech. Text steht, daß die jungen Männer behaupteten, sie hätten zweizinkige Spitzhacken (δικέλλας) und Harken (ἄμας; möglicherweise auch Schaufeln oder Spaten; vgl. Passow I, 1, S. 128, s.v. ἄμη) bei sich. In der von Er. benutzten Athenaios-Ausgabe des Aldus fehlte καὶ ἄμας; Er. übersetzte δικέλλας ordentlich mit „ligones" (eine Spitzhacke zum Roden); jedoch ist merkwürdig, daß er *militärische Belagerungsgerätschaften* hinzuphantasierte: „vectes", „Hebebäume" bzw. „Brechstangen" (*DNG* II, Sp. 4941, s.v. „vectis") und – besonders kurios – Wurfmaschinen („ballistae", vgl. *DNG* I, Sp. 604, s.v. „ballista"), mit denen in der Antike bei Städtebelagerungen Steinkugeln und andere Geschosse geschleudert wurden. Es scheint, als ob sich Er. in seiner Phantasie eine Art antiker Stadtbelagerung vorgestellt hat.

530–531 *Quum ista ... precium* Er. gibt den Spruch verdreht und auf solche Weise wieder, daß er unsinnig und witzlos geworden ist, weil bei Er. der rechte Zusammenhang zwischen den Geräten und dem Hurenlohn fehlt: Er. hat nicht verstanden oder vergessen zu vermelden, daß die Hurenmutter den Freiern vorhielt, sie hätten doch ihre Geräte *verpfänden* können: Mit dem Ertrag hätten sie Einlaß bekommen. Nach *CWE* 38, S. 757 soll das Verpfänden im griech. Text nicht explizite vermeldet sein; der Athenaios-Text, auch jener, der Er. vorlag, hatte jedoch klar ἐνέχυρα θέντες (dadurch, daß ihr sie verpfändet").

VI, 576                                    Callide                    (Phryne meretrix, 4) [85]

*Phryne Praxitelem,* a quo deamabatur, *rogauit, vt ex operibus* quod haberet *pulcherri-*
535    *mum, sibi donaret. Promisit quidem amans,* sed illa sensit artificem dissimulare, *quod*
       *esset optimum.* Itaque subornauit *seruum,* qui *Praxiteli* in foro sua vendenti nunciaret,
       *incendium in officinam incidisse ac pleraque illius opera conflagrasse, non tamen omnia.*
       *Praxiteles exclamauit nihil sibi relictum, si Satyrum et Cupidinem flamma corripuisset".*
       *At Phryne* occurrens *iussit illum bono esse animo, nihil enim triste accidisse.* Sed hoc
540    commento deprehendit, in quod opus ille plurimum artis contulisset, *et Cupidinem*
       *abstulit.*

VI, 577                                                              (Phryne meretrix, 5) [86]

*Phryne* cuidam *iuueniliter iactanti, quod multas haberet, se studio tristem exhibebat*
*ac roganti causam „Ob hoc ipsum irascor",* inquit, *„quod multis* inuolutus fueris", de
545    plagarum notis sentiens, quas in illius corpore deprehendit. Erat enim seruus; at ille
       gloriabatur de puellis, quibus potitus fuerat.

VI, 578                                    Amator blandvs                (Phryne meretrix, 6) [87]

Eadem *auaro cuidam amatori blandienti dicentique „Tu Praxitelis Venuscula es", „et*
*tu",* inquit, *„Phidiae Cupido",* blandimentum blandimento pensans, et obiter auari-
550    tiam homini cupido exprobrans. Nam Phidias a parsimonia nomen habere videtur.

---

534–541 *Phryne … abstulit* Verworrene und
durch Mißverständnisse entstellte Wiedergabe
von Paus. I, 20, 1–2: καί ποτε Φρύνης αἰτούσης,
ὅ τι οἱ κάλλιστον εἴη τῶν ἔργων, ὁμολογεῖν μὲν
φασιν οἷα ἐραστὴν διδόναι μέν, κατειπεῖν δ᾽ οὐκ
ἐθέλειν ὅ τι κάλλιστον αὐτῷ οἱ φαίνοιτο. ἐσδραμὼν
οὖν οἰκέτης Φρύνης ἔφασκεν οἴχεσθαι Πραξιτέ-
λει τὸ πολὺ τῶν ἔργων πυρὸς ἐσπεσόντος ἐς τὸ
οἴκημα, οὐ μὲν οὖν πάντα γε ἀφανισθῆναι: Πραξιτέλης δὲ αὐτίκα ἔθει διὰ θυρῶν ἔξω καί οἱ καμόντι
οὐδὲν ἔφασκεν εἶναι πλέον, εἰ δὴ καὶ τὸν Σάτυρον
ἢ φλόξ καὶ τὸν Ἔρωτα ἐπέλαβε: Φρύνη δὲ μένειν
θαρροῦντα ἐκέλευε: παθεῖν γὰρ ἀνιαρὸν οὐδέν,
τέχνη δὲ ἁλόντα ὁμολογεῖν τὰ κάλλιστα ὧν ἐποίησε. Φρύνη μὲν οὕτω τὸν Ἔρωτα αἱρεῖται. Er. hat
die Geschichte, was den von Pausanias erzählten Hergang betrifft, völlig verdreht wiedergegeben: Praxiteles befand sich keineswegs auf
der Agora, Phryne schickte ihren Sklaven nicht
dorthin („seruum, qui Praxiteli in foro sua
vendenti nunciaret") und auch Phryne selbst
begab sich nicht auf die Agora, um ihm ent-
gegenzugehen („occurrit"). Vielmehr hielt sich

der Bildhauer *mit Phryne in ihrem Haus* auf,
da er ihr gerade einen Besuch abstattete; dort
rannte, wie im griech. Text steht, der Sklave der
Phryne plötzlich *herein* (ἐσδραμὼν οὖν οἰκέτης
Φρύνης …), um den Feuerausbruch im Atelier des Praxiteles zu melden; daraufhin rennt
Praxiteles wie ein Verrückter *„durch die Türflü-
gel hinaus"* (Πραξιτέλης δὲ αὐτίκα ἔθει διὰ θυρῶν
ἔξω …) und ruft laut aus, daß er alles verloren
habe. Die sehr verworrene Wiedergabe könnte
darauf hindeuten, daß Er. die Anekdote aus
dem Gedächtnis zitiert hat. Dagegen spricht
jedoch, daß es redlich viele wörtliche Anklänge
an die Quelle Pausanias gibt.

534 *Praxitelem* **Praxiteles** (ca. 390–320 v. Chr.)
aus Athen, einer der bedeutendsten Bildhauer
der Antike. Zu seinen berühmtesten Werken
zählt die Marmorstatue der Aphrodite von
Knidos, für die seine Geliebte, die Hetäre
Phryne, als Modell gedient haben soll. Vgl.
R. Neudecker, *DNP* 10 (2001), Sp. 280–283,
s.v. „Praxiteles"; G. Lippold, *RE* XXII, 2
(1954), Sp. 1788–1808, s.v. „Praxiteles", Nr. 5.

536 *in foro* Ein Irrtum des Er.; Praxiteles befand sich nicht auf dem Marktplatz, d.h. der Agora Athens.

538 *Satyrum* Vermutlich ist damit der *Ruhende Satyr* gemeint, von dem sich u. a. eine röm. Kopie in Marmor in den Kapitolinischen Museen in Rom erhalten hat; vgl. B. Vierneisel-Schlörb, *Glyptothek München. Katalog der Skulpturen*, Bd. 2: *Klassische Skulpturen des 5. und 4. Jahrhunderts v. Chr.*, München 1979, S. 353–369; B. Sismondo Ridgway, *Fourth-Century Styles in Greek Sculpture*, Madison, WI 1997, S. 265–267. Jedoch hat Praxiteles mehrere Skulpturen von Satyrn angefertigt, vgl. J.-L. Martinez, „Les satyres de Praxitèle", in: Ders., *Praxitèle. Catalogue de l'exposition au musée du Louvre, 23 mars–18 juin 2007*, Paris 2007, S. 236–291.

538 *Cupidinem* Vielleicht der Eros-Typ des Praxiteles, von dem u. a. im Nationalmuseum in Neapel eine römische Kopie erhalten ist.

543–544 *Phryne … multis* Größtenteils wörtliche Übers. von Athen. 585E–F: μαστιγίου δέ τινος μειρακιευομένου πρὸς αὐτὴν καὶ φαμένου πολλαῖς συμπεπλέχθαι, καθ᾿ ὑπόκρισιν ἐσκυθρώπασεν. ἐπερωτήσαντος δὲ τὴν αἰτίαν „ὀργίζομαί σοι", εἶπεν, „ὅτι πολλὰς ἔχεις (ed. Ald. p. 147)".

548–549 *auaro … Cupido* Athen. 585F: φιλάργυρος δέ τις ἐραστὴς ὑποκοριζόμενος αὐτὴν εἶπεν „Ἀφροδίσιον εἶ Πραξιτέλους", ἡ δὲ „σὺ δ᾿ Ἔρως Φειδίου" (ed. Ald. p. 147).

549 *Phidiae Cupido* **Pheidias** aus Athen (tätig ca. 460 bis 430 v. Chr.), einer der berühmtesten Bildhauer der Antike; schuf bedeutende Werke in Athen (auch als und Architekt) im Dienst des Perikles, dem er auch in politischer Hinsicht als Anhänger der Radikaldemokraten eng verbunden war. Vgl. R. Neudecker,

*DNP* 9 (2000), Sp. 760–763, s.v. „Pheidias"; G. Lippold, *RE* XIX, 2 (1938), Sp. 1919–1935, s.v. „Pheidias", Nr. 2. Von einer Eros-Statue des Pheidias haben sich weder Kopien erhalten noch ist darüber Näheres bekannt. Für den Werkkatalog des Pheidias vgl. C. Cullen Davison, *Pheidias. The Sculptures and Ancient Sources* (= *Bulletin of the Institute of Classical Studies*. Supplement 105), 3 Bde., London 2009.

550 *Phidias a parsimonia* Der Wortwitz, der dahinter steckt, ergibt sich zum einen aus der etymologischen Erklärung des Namens Pheidias, in dem das griech. φείδος steckt, das „sparsam", „geizig" bedeutet. Diese Erklärung des Er. ist korrekt (vgl. Komm. *CWE* 38, S. 758). Jedoch geht der Witz wohl noch weiter: Phryne (bzw. der Autor des Witzes) hatte mit Ἔρως Φειδίου wohl auch eine Spiegelung des vorhergehenden Ἀφροδίσιον εἶ Πραξιτέλους, im Sinn einer etymologischen Deutung des Namen des Praxiteles, vor Augen: Πραξιτέλης setzt sich aus πράσσειν, „ein Geschäft machen" und τέλος, „Abschluß eines Geschäftes" zusammen, bezeichnet somit denjenigen, der ein Geschäft vollendet, d.h. den Lohn kassiert; dies nimmt auf witzige Weise Bezug sowohl auf den Beruf der ‚Anschafferin' Phryne, die dafür berüchtigt war, horrende Beträge für ihre Dienst zu kassieren, und den Geiz des Liebhabers, der nicht gerne zahlen wollte. Phryne tut in ihrer hintersinnigen Antwort so, als ob der geizige Liebhaber gesagt habe „Du bist die kleine Venus des Geldkassierers", worauf sie zur Antwort gibt „und Du der Eros des Geizkragens". Vgl. Komm. von Gulick ad Athen. 585F, in *The Deipnosophists* (Loeb), Bd. VI, S. 158: „The name Praxiteles means ‚exacting a price'".

VI, 579                                                          (Phryne meretrix, 7) [88]

[*B*] Eadem quum insidiaretur pudicitiae Xenocratis et in easdem *aediculas* ab illo *esset admissa* ac *precibus* tandem impetrasset, vt *lectuli* partem, qui illic *vnicus* erat, ipsi *concederet*. Reuersa ad illos, qui eam subornauerant, ac *rogata*, quid profecisset,

555 „Ego", inquit, „*a statua* redeo, non *a viro*". Idem *elegantius* narrat Valerius Maximus: Pacta *cum adolescentibus*, vt Xenocratem ad coitum solicitaret, sese in illius probe *poti* lectulum coniecit. Postridie, quum *adolescentes* exprobrarent, quod *tam formosa* puella *poti senis animum pellicere non potuisset, pactumque victoriae precium flagitarent*, facete elusit, dicens *se de homine, non de statua cum* illis *pignus posuisse*.

560                            [*A*] DEMO MANIA MERETRIX

VI, 580                          AB INEXPECTATO    (Demo Mania meretrix, 1) [89]

*Lamiam* meretricem Demetrius rex adamabat parum sobrie. Ea quum *iam senescens in conuiuio tibiis cecinisset, Demo, quae et Mania dicta est, interrogata a Demetrio, quid videretur Lamia, „Anus"*, inquit, aliud respondens atque expectabat rex. Nam

565 ille sciscitabatur, quam scite videretur canere.

VI, 581                                                          (Demo Mania meretrix, 2) [90]

[*B*] *Rursus* appositis bellariis quum rex diceret, „*Vides, quam multa mihi mittat Lamia?"*, „*Plura"*, inquit, „*tibi mittentur a matre mea, si velis cum ea dormire"*, notans anus solere donare iis, a quibus subiguntur.

---

552–559  Eadem … posuisse *B C*: *deest in A*.        567–569  Rursus … subiguntur *B C*: *deest in A*.

---

552  *Xenocratis*  Für den Platoniker Xenokrates aus Chalkedon (um 396/5–314 v. Chr.), ab 339/8 Schulhaupt der Akademie, vgl. unten Komm. zu *Apophth*. VII, 172. Er widmete ihm a.a.O. eine Sektion von Sprüchen (VII, 172–180).

552–555  *in easdem aediculas … viro*  Im einleitenden Teil gekürzte, insgesamt paraphrasierende Wiedergabe von Diog. Laert. IV, 2, 7. Die Verwendung von „vnicus lectulus" und die Tatsache, daß Er. den Spruch der Phryne vollständig wiedergibt, deutet darauf hin, daß er die latein. Übers. Traversaris als Vorlage verwendete: „Phrynem denique nobile scortum illum aliquando tentasse, cum videlicet a quibusdam dedita opera insectaretur, ab eo intra aediculam admissam humanitatis causa, cum-

que solus illic et vnicus lectulus esset, oranti lectuli ipsius partem concessisse; demum, cum multa nequicquam orasset, infecto opere profectam esse ac dixisse percontantibus se non a viro, sed a statua exire" (ed. Curio, Basel 1524, p. 129). Vgl. den griech. Text: καί ποτε καὶ Φρύνην τὴν ἑταίραν ἐθελῆσαι πειρᾶσαι (πειρᾶσαι *Hicks*: πειρᾶσθαι *ed. Froben, Bas. 1533, p. 183*) αὐτόν, καὶ δῆθεν διωκομένην ὑπό τινων καταφυγεῖν εἰς τὸ (τὸ *Hicks*: τὸν *ed. Froben*) οἰκίδιον. τὸν δὲ ἕνεκα τοῦ ἀνθρωπίνου εἰσδέξασθαι, καὶ ἑνὸς ὄντος κλινιδίου δεομένῃ μεταδοῦναι τῆς κατακλίσεως· καὶ τέλος πολλὰ ἐκλιπαροῦσαν (ἐκλιπαροῦσαν *Hicks*: κλιπαροῦσα *ed. Froben*) ἄπρακτον ἀναστῆναι (ἀναστῆναι *Hicks*: ἀποστῆναι *ed. Froben*). λέγιν τε πρὸς τοὺς πυνθανομένους ὡς οὐκ ἀπ᾽ ἀνδρός, ἀλλ᾽ ἀπ᾽

ἀνδριάντος (ἀλλ᾽ ἀπ᾽ ἀνδριάντος *Hicks*: ἀλλ᾽ ἀπ᾽ ἀνδριάντος *om. ed. Froben*) ἀνασταίη. Im griech. Text, der in Basel vorlag, scheint die Hälfte des Bonmots der Phryne weggefallen zu sein.

554 *ad illos, qui eam subornauerant* Daß Phryne von anderen Leuten geschickt worden sei, die Xenokrates einen Streich spielen und ihn zu sexuellen Handlungen verführen wollten, steht nicht im Text des Diogenes Laertius; Er. hat dies aus der Version des Val. Max. hinzugefügt, die er für besser gelungen hielt. Bei Er. fehlt hingegen der im griech. Text des Diogenes beschriebene Trick, den Phryne anwendete, um in Xenokrates' Haus eingelassen zu werden: Sie schützte vor, verfolgt zu werden und dringend Zuflucht zu suchen. Möglicherweise ließ Er. diesen Trick aus, weil er in der latein. Übers. des Traversari undeutlich wiedergegeben worden war („cum videlicet a quibusdam dedita opera insectaretur").

555–559 *elegantius … posuisse* Stark gekürzte, paraphrasierende, jedoch im Spruchteil wörtliche Wiedergabe von Val. Max. IV, 3, ext. 3: „Aeque abstinentis senectae Xenocratem fuisse accepimus, cuius opinionis non parua fides erit narratio, quae sequitur: in peruigilio Phryne nobile athenarum scortum iuxta eum vino grauem accubuit, pignore cum quibusdam iuuenibus posito, an temperantiam eius corrumpere posset. Quam nec tactu nec sermone aspernatus, quoad voluerat, in sinu suo moratam proposito irritam dimisit. Factum sapientia imbuti animi abstinens, sed metriculae quoque dictum perquam facetum: deridentibus enim se adolescentibus, quia (quia *ed. Bade 1510, fol. CLXI*ᵛ: quod *text. recept.*) tam formosa tamque elegans poti senis animum illecebris pellicere non potuisset, pactumque victoriae precium flagitantibus de homine se cum his, non statua pignus posuisse respondit".

**Demo Mania**, Hetäre des Demetrios Poliorketes, die auch mit dessen Vater Antigonos ein Verhältnis gehabt haben soll. Vgl. J. Kirchner, *RE* IV, 2 (1901), Sp. 2863, s.v. „Demo", Nr. 4. Demo fehlt im Index personarum; *Apophth.* VI, 580 wird dort irrtümlich der Hetäre Lamia

zugeschrieben.

562–564 *Lamiam … inquit* Wörtliche Übernahme der latein. Übers. des Donato Acciaiuoli von Plut. *Demetr.* 27, 4, wobei Er. den Kontext der Anekdote wegließ: „Sed mirandum videtur Demetrium primo aspernatum coniugium Philae ob aetatem illius ad senectutem vergentem …, deinde amore iam senescentis Lamiae superatum tam diu tamque effraenata mente mulierem arsisse. At sane in conuiuio quodam canente tibiis Lamia, Demo, quae vocabatur Magnia, interrogata a Demetrio, quid sibi Lamia videretur, ,Anus', inquit, ,o Rex'" (ed. Bade, Paris 1514, fol. CCCXIXʳ). Vgl. den griech. Text: ἦν δὲ θαυμαστὸν ὅτι τῆς Φίλας (Φίλας *Perrin*: φίλλας ed. *Ald. 1519, fol. 287*ʳ) ἐν ἀρχῇ τὸ μὴ καθ᾽ ἡλικίαν δυσχεραίνων, ἥττητο τῆς Λαμίας, καὶ τοσοῦτον ἤρα χρόνον, ἤδη παρηκμακυίας. Δημὼ γοῦν, ἡ ἐπικαλουμένη Μανία, παρὰ δεῖπνον αὐλούσης τῆς Λαμίας καὶ τοῦ Δημητρίου πυθομένου, „τί σοι δοκεῖ;" „Γραῦς", εἶπεν, „ὦ βασιλεῦ". Da Er. den Spitznamen der Demo, Mania, der von Donato irrtümlich mit „Magnia" angegeben worden war, richtig mit „Mania" wiedergibt, wird er auch einen Blick auf den griech. Text geworfen haben.

562 *Lamiam* Für Lamia, eine der berühmtesten Hetären der Antike, Geliebte des Demetrios Poliorketes, vgl. oben Komm. zu VI, 572.

562 *Demetrius* Dem Demetrios Poliorketes (336–283 v. Chr.), dem König Makedoniens, hatte Er. im fünften Buch eine Serie von Sprüchen gewidmet (V, 96–105). Zur Person des Demetrios vgl. oben Komm. zu V, 96.

567–568 *Rursus … dormire* Plut. *Demetr.* 27, 4–5: πάλιν δὲ τραγημάτων παρατεθέντων κἀκείνου πρὸς αὐτὴν εἰπόντος, „ὁρᾷς ὅσα μοι Λάμια πέμπει;" „πλείονα", ἔφη, „πεμφθήσεταί σοι παρὰ τῆς ἐμῆς μητρός, ἐὰν θέλῃς καὶ μετ᾽ αὐτῆς καθεύδειν". Er. hat in diesem Fall wohl den ersten Teil des griech. Textes selbst übersetzt, da in der Übers. Donato Accaiuolis die Worte des Demetrios irrtümlich ausgelassen worden waren: „Rursus quum secundae afferebantur mensae, ,Plura', ait Demo, ,a matre mea mittentur, o Rex, si cubare cum illa volueris'" (Paris, 1514, fol. CCCXIXʳ).

570                          [*A*] ANICVLA QVAEDAM ATTICA

VI, 582                          [*A*] Affectatio                          (anicula Attica) [91]

*Anicula Theophrasto* licitanti quiddam, idque admodum Attice, „*Hospes*", inquit,
„non vendo tanti", notans illum, quasi non esset Atticus natura, qui supra modum
affectaret Atticismum. Id enim solent *hospites*, dum in aliena lingua volunt videri
575    diserti.


                                    PHOCIONIS VXOR

VI, 583                          Mvndvs matronae                          (Phocionis vxor) [92]

*Phocionis cognomento Probi vxor dicere solebat suum mundum esse* praeclara gesta
mariti. Ita frugalitatem suam excusauit aliis matronis obiicientibus, quod parum pro
580    dignitate culta esset.

---

*Apophth.* VI, 582–593 Es folgt nunmehr eine
Sektion von Sprüchen, die unterschiedlichen
Frauen gewidmet sind, sowohl den Ehefrauen
berühmter Männer, wie der Ehefrau des Pho-
kion (VI, 583) oder des Königs der Makedonen
(VI, 588–590), als auch einfachen Marktfrauen
(VI, 582) und Dienerinnen (VI, 585).

570 *ANICVLA QVAEDAM* In dieser Form im
Index personarum.

572–574 *Anicula … hospites* Stark gekürzte,
frei paraphrasierende Wiedergabe von Cic.
*Brut.* 172: „Isto ipso; sed Tincam non minus
multa ridicule dicentem Granius obruebat
nescio quo sapore vernaculo; vt ego iam non
mirer illud Theophrasto accidisse, quod dicitur, cum percontaretur ex anicula quadam,
quanti aliquid venderet, et respondisset illa
atque addidisset ,Hospes, non pote minoris',
tulisse eum moleste se non effugere hospitis
speciem, quom aetatem ageret Athenis optu-
meque loqueretur omnium. Sic, vt opinor,
in nostris est quidam vrbanorum sicut illic
Atticorum sonus"; vgl. Quint. *Inst.* VIII, 1,
2: „Multos enim, quibus loquendi ratio non
desit, inuenias, quos curiose potius loqui dixeris quam Latine, quo modo et illa Attica anus
Theophrastum, hominem alioqui disertissi-
mum, adnotata vnius adfectatione verbi hospitem dixit, nec alio se id deprendisse interrogata
respondit, quam quod nimium Attice loqueretur".

572 *Theophrasto* Theophrastos (ca. 371/0–287/6
v. Chr.), Schüler und Nachfolger des Aristoteles als Schulhaupt des Peripatos. Er. widmet
ihm unten, im siebenten Buch, eine Sektion
von Sprüchen (VII, 252–255). Zu seiner Person
vgl. unten Komm. zu VII, 252. Theophrastos
stammte aus Lesbos und sprach ursprünglich
den dortigen Dialekt, vgl. Komm. *CWE* 38,
S. 759.

576 *Phocionis uxor* Phokion (402/1–318 v. Chr.)
war ein bedeutender athenischer Politiker und
General, 35 Mal Strategos; zusammen mit
Demades Anführer der Oligarchen; vertrat
wie Demades eine promakedonische Politik;
von den Demokraten schließlich hingerichtet.
Vgl. J. Engels, *DNP* 9 (2001), Sp. 942–943,
s.v. „Phokion". Er. hatte Phokions Aussprüche
im vierten Buch der *Apophth.* dargeboten (IV,
257–279; *CWE* 37, S. 418–425; *ASD* IV, 4,
S. 346–351).

578 *Phocionis … esse* Größtenteils wörtliche
Wiedergabe des Einleitungssatzes von Plut.
*De musica* 1, *Mor.* 1131B, wobei Er. die latein.
Übers. des Carlo Valgulio leicht variierte:
„Vxorem Phocionis, eius cui Probo cognomentum fuit, dicere solitam accepimus, mundum suum esse consilia ac decora imperatoria viri" (ed. Cratander, Basel 1530, fol. 25C).
Vgl. den griech. Text: Ἡ μὲν Φωκίωνος τοῦ χρη-
στοῦ γυνὴ κόσμον αὐτῆς ἔλεγεν εἶναι τὰ Φωκίωνος στρατηγήματα (ed. Ald. p. 652). Vgl. Plut.

Phoc. 19, 3 (Vit. 750) und Stobaeus, III, S. 267, 4–7 (ed. Hense).

578–579　*praeclara gesta mariti*　„praeclara gesta mariti" stellt einen Versuch des Er. dar., die vage Formulierung des Carlo Valgulio, „consilia ac decora imperatoria", zu konkretisieren. Valgulio hatte damit τὰ Φωκίωνος στρατηγήματα übersetzt, womit jedoch die vielen Strategos-Anstellungen des Phokions – insgesamt 35, damals waren es ganze 20 – gemeint waren. Vgl. die konkretere Wiedergabe in der Phokionbiographie a.a.O.: „Mein Schmuck sind die zwanzig Male, daß Phokion Strategos war".

579–580　*Ita ... esset*　An der zitierten Stelle, Plut. *De musica* 1, wird der Spruch ohne Kontext oder weitere Motivation dargeboten. Die Erklärung des Er. beruht auf einer reinen Vermutung. Er. hatte hier offensichtlich nicht die Parallelstelle des Apophthegmas, Plut. *Phoc.* 19, 3 (*Vit.* 750) vor Augen, an der der diesbezügliche Anlaß geschildert wird: Phokions Frau soll das zu einer aus Ionien stammenden Frau gesagt haben, die bei ihr zu Gast war und reichlich Schmuckstücke aus Gold und Edelstein trug: Αὐτὴ δὲ ἡ γυνή, ξένης τινὸς Ἰωνικῆς ἐπιδειξαμένης χρυσοῦν καὶ λιθοκόλλητον κόσμον ἐν πλοκίοις καὶ περιδεραίοις, „Ἐμοὶ δέ," ἔφη, „κόσμος ἐστὶ Φωκίων εἰκοστὸν ἔτος ἤδη στρατηγῶν Ἀθηναίων".

## CYPRIORVM [i.e. PERSARVM] MVLIERES

VI, 584                          ANIMOSE                    (Cypriorum, i.e. Persarum
                                                                      mulieres) [93]

Quum Cyri Persae *aduersus Astyagem Medorum regem* infeliciter pugnassent, *mulieres*
585  *in vrbem fugientibus obuiam* ierunt, ac nudatis ventribus „*Quo*", inquiunt, „*ignauis-*
*simi*, ruitis? *An* nescitis *vos huc iterum intrare non* posse, *vnde semel naturae lege egressi*
fuistis?". Inuerso ordine matres animant mares, quae solent a periculis auocare.

---

584  Cyri Persae *scripsi*: Cyperii *A-C*, Cyprii *sec.*          585  in *A-C*: *om. BAS LB.*
*ind. pers.*

581  *CYPRIORVM MVLIERES*  In der Form           nis Übers. fängt der Abschnitt mit den Wor-
„Cypriorum mulieres" im Index personarum;        ten „Quum Cyrus aduersus Medos …" an.
nach der verderbten Namensform im Text           Vermutlich hat Er. dies zu „Quum Cyri Perdes Apophthegmas „Cyperiorum mulieres"; es       sae aduersus Astyagem …" umgebildet, was
handelt sich um ein zweifaches Versehen. (vgl.   bei der Textübertragung zu „Quum Cyperii
Komm. unten).                                    aduersus Astyagem" verderbt wurde. Gleich-
*Apophth*. VI, 584 datiert auf das J. 550 v. Chr., als   wohl ist zu vermerken, daß Er. der Fehler
Kyros II. den Astyages besiegte.                 auch bei mehrfacher Durchsicht der Druck-
584  *Cyri*  Der Großkönig Kyros d.Gr. (der II.),   fahnen nicht aufgefallen war und daß der Irr-
der Begründer des persischen Reiches (reg. bis   tum im Index personarum wiederholt wird
530 v. Chr.). Ihm hatte Er. die ersten drei Sprü-   („Cypriorum mulieres"), weiter, daß „Cyperii"
che des Buches der „Könige und Feldherren"       keine korrekte latein. Form für „Zyprioten"
gewidmet (V, 1–3). Weitere Sprüche werden im     darstellt. Diese hätte „Cyprii" oder „Cypri"
achten Buch hinzugesetzt (VIII, 167, 209). Zu    lauten müssen (vgl. *DNG* I, Sp. 1444, s.v.
seiner Person vgl. oben Komm. zu V, 1.           „Cypros/Cyprus").
584  *Cyri Persae*  Daß die Zyprioten („Cyprii"   584–586  *adversus Astyagem … vnde*  Gekürzte,
oder „Cypri") gegen den Mederkönig Astya-        variierende Wiedergabe von Plut. *Mulierum*
ges gekämpft haben sollen, wäre eine kuriose,    *virtutes*, *Mor.* 246A, wobei Er. von der latein.
historisch völlig absurde Behauptung, Tat-       Übers. des Alamanno Rinuccini ausging und
sächlich handelte es sich um die Perser, die     diese im abschliessenden Teil wörtlich repro-
unter der Anführung des Kyros II. gegen den      duzierte: „Quum Cyrus aduersus Medos atque
Mederkönig revoltierten. Die Revolte endete      eorum regem Astyagem bellum gerens ingenti
mit dem Sieg des Kyros und bedeutete das         pugna superatus fuisset, milites effusa fuga
Ende des Mederreiches. An der zitierten Stelle,  vrbem repetebant quumque iam iam haud
Plut. *Mulierum virtutes*, *Mor.* 246A, ist dies   procul abessent – tanta erat insequentium hos-
klar ersichtlich (Πέρσας Ἀστυάγου βασιλέως       tium celeritas –, vt palam constaret, eodem
καὶ Μήδων ἀποστήσας …), auch in der Über-        impetu victores victosque vrbem intraturos.
setzung des Plutarch-Traktates von der Hand      Fugientibus itaque mulieres facto agmine extra
des Alamanno Rinuccini, welche Er. benutzte.     vrbem obuiam procedentes ac vestibus ex infe-
Dort findet sich zudem die Überschrift „PER-     riori parte sublatis nudos vteros ostentantes
SIDES", sodaß im Grunde jeder Irrtum aus-        ,Quonam, ignauissimi, ruitis?' clamitabant,
geschlossen war (ed. Cratander, Basel 1530,      ,An vos latet non iterum vobis huc intrare
fol. 35C). Aus diesen Gründen ist es kaum        licere, vnde semel naturae lege egressi estis?' "
nachvollziehbar, wie Er. der obige sachli-       (ed. Cratander, Basel, 1530, fol. 35C). Vgl. den
che Irrtum tatsächlich unterlaufen sein sollte.  griech. Text: Πέρσας Ἀστυάγου βασιλέως καὶ
Vielleicht handelt es sich um einen Textüber-    Μήδων ἀποστήσας Κῦρος ἡττήθη μάχῃ· φεύ-
tragungsfehler, der auf das Konto des Ama-       γουσι δὲ τοῖς Πέρσαις εἰς τὴν πόλιν, ὀλίγον
nuensis oder des Setzers geht. In Rinucci-       ἀπεχόντων συνεισπεσεῖν τῶν πολεμίων, ἀπήν-

τησαν αἱ γυναῖκες πρὸ τῆς πόλεως καὶ τοὺς πέπλους ἐκ τῶν κάτω μερῶν ἐπάρασαι, „ποῖ φέρεσθε“, εἶπον, „ὦ κάκιστοι πάντων ἀνθρώπων; οὐ γὰρ ἐνταῦθά γε δύνασθε καταδῦναι φεύγοντες, ὅθεν ἐξεγένεσθε“ (*ed. Ald. p. 215*). Vgl. Iust. *Epit.* I, 6, 13–16: „Pulsa itaque cum Persarum acies paulatim cederet, matres et vxores eorum obuiam occurrunt; orant, in proelium reuertantur; cunctantibus sublata veste obscena corporis ostendunt rogantes, num in vteros matrum vel vxorum velint refugere. Hac repressi castigatione in proelium redeunt et facta inpressione, quos fugiebant, fugere

conpellunt. In eo proelio Astyages capitur, cui Cyrus nihil aliud quam regnum abstulit …“.

584 *Astyagem* Astyages (reg. 584–550 v. Chr.), letzter König der Meder. Er soll vergeblich versucht haben, Kyros, den Sohn seiner Tochter Mandane und des Persers Kambyses, durch Aussetzung zu töten. Der Sieg Kyros' II. und die Eroberung Ekbatanas bedeuteten das Ende des Mederreiches. Vgl. A. Kuhrt und H. Sancisi-Weerdenburg, *DNP* 2 (1996), Sp. 139, s.v. „Astyages“; Ed. Meyer, *RE* II, 2 (1856), Sp. 1865, s.v. „Astyages“, Nr. 2.

## ANCILLA QVAEDAM OCTAVIAE

VI, 585                                   Animose                          (ancilla Octauiae) [94]

590   *Poppea*, quae prius *adultera Neronis, mox* repudiata *Octauia mariti potens* facta, subornauit *quendam ex Octauiae ministris*, qui *ei seruilem amorem obiiceret. Ancillis* Octauiae ad *quaestiones* pertractis quaedam cruciatu *victae falsis annuerunt*, quaedam *per-
stiterunt dominae* suae *sanctitatem* praedicantes. *Ex his vna instanti Tigillino respondit
castiora esse Octauiae muliebria quam os eius*, significans illum esse fellatoribus obse-
595   quentem aut cunnilingum.

---

594   fellatoribus *C*: felatoribus *A B*.                    595   cunnilingum *C*: cunilingum *A B*.

*Apophth.* VI, 585 wird im Index personarum
irrtümlich der Poppaea zugeschrieben. Die
eigentliche Spruchspenderin ist eine der Mäg-
de der Octavia. Der Spruch datiert auf d.J. 62
n. Chr., als Octavia den Tod fand.

590   *Poppea* Poppaea Sabina (31–65 n. Chr.),
Geliebte und spätere Frau Neros; war zuerst
mit Rufrius Crispinus verheiratet, begann 58
n. Chr. ein Verhältnis mit Otho, der damals
am Hofe Neros eine wichtige Rolle spielte,
und heiratete ihn. Noch im selben Jahr wurde
sie die Geliebte des Nero. Einer Heirat mit
Nero stand dessen Ehe mit Octavia entgegen, die von den damals einflußreichen Personen, Neros Mutter Agrippina und Burrus,
dem Präfekten der Prätorianergarde, unterstützt wurde. Damit hängt zusammen, daß
Poppaea (jedenfalls in der Darstellung des
Tacitus) Nero zum Muttermord (März 59)
gedrängt haben soll. Jedoch dauerte es noch
drei Jahre, bis Nero die Scheidung von Octavia
durchsetzen und die von ihm schwangere Poppaea heiraten konnte. I.J. 65 starb diese unter
ungeklärten Umständen. Vgl. B. Goffin, *DNP*
10 (2001), Sp. 149–150, s.v. „Poppaea", Nr. 2;
R. Hanslik, *RE* XXII, 1 (1953), Sp. 85–91, s.v.
„Poppaea Sabina", Nr. 4.

590–594   *adultera … os eius* Gekürzte und paraphrasierende Wiedergabe von Tac. *Ann.* XIV,
60, 2–3: „Igitur … exturbat (sc. Nero) Octauiam, sterilem dictitans; exim (exin *edd. vett.*)
Poppaeae coniungitur. Ea diu paelex (pellex
*edd. vett.*) et adulteri (adultera *edd. vett.*) Neronis, mox mariti potens, quendam ex ministris
Octauiae impulit seruilem ei amorem obicere
(obiicere *edd. vett.*). Destinaturque (destina-
tusque *edd. vett.*) reus cognomento Eucaerus,
natione Alexandrinus (Alexandrina *quaedam*

*edd. vett.*), canere per tibias doctus. Actae ob id
de ancillis quaestiones, et vi tormentorum victis quibusdam, vt (si *edd. vett.*) falsa adnuerent,
plures perstitere sanctitatem dominae tueri; ex
quibus vna instanti Tigillino (Tigillino *edd.
vett.*) castiora esse muliebria Octauiae (Octauiae muliebria *quaedam edd. vett.*) respondit
quam os eius". Für den Ausspruch der Sklavin vgl. Cass. Dio LXII, 13, 4: „καθαρώτερον,
ὦ Τιγελλῖνε, τὸ αἰδοῖον ἡ δέσποινά μου τοῦ σοῦ
στόματος ἔχει". Er. läßt u. a. die Angaben vor-
weg, die Tacitus zu dem Sklaven macht, der
mit Octavia Ehebruch begangen haben soll
(Eucaerus aus Alexandrien).

590   *adultera Neronis* Er. gibt hier den Text der
älteren Tacitus-Ausgaben wieder; der neuere
*textus receptus* hat „adulteri Neronis".

590   *Neronis* Für Kaiser Nero vgl. Komm. oben
zu VI, 31. Er. widmete Nero im selben Buch
eine Sektion von Apophthegmen (VI, 31–62).

590   *Octauia* Octavia (40 n. Chr.–62 n. Chr.),
die Tochter des Claudius und dessen drit-
ter Ehefrau Messalina. Mit 13 Jahren (i.J. 53)
war sie auf Veranlassung der Agrippina mit
dem damals sechzehnjährigen Nero verheiratet worden. Obwohl Nero sie nicht leiden
konnte, wagte er es zu Lebzeiten der Agrippina nicht, sich von ihr scheiden zu lassen.
Die Scheidung veranlaßte er (erst) i.J. 62,
wobei er Octavia zunächst der Unfruchtbarkeit, sodann des Ehebruchs mit einem Sklaven beschuldigte. Trotz öffentlicher Proteste
bewerkstelligte er ihre Verbannung, zunächst
nach Kampanien, dann auf die Insel Pan-
dateria, wo sie noch im selben Jahr unter
ungeklärten Umständen den Tod fand. Vgl.
M. Strothmann, *DNP* 8 (2000), Sp. 1096,
s.v. „Octavia", Nr. 3; W. Eck, „Die iulisch-

claudische Familie. Frauen neben Caligula, Claudius und Nero", in: H. Temporini-Gräfin Vitzthum (Hrsg.), *Die Kaiserinnen Roms. Von Livia bis Theodora*, München 2002, S. 103–163.

591  *quendam ex Octauiae ministris*  Er. ließ den bei Tacitus angegebenen Namen dieses Mannes aus: Eucaerus, ein Aulet aus Alexandria.

593  *Tigillino* **Ofonius Tigellinus** aus Agrigentum (ca. 10–69 n. Chr.), i.J. 62 zum Praetorianerpräfekt (Nachfolger des Burrus) ernannt. Wird von den röm. Historikern der Kaiserzeit als böser Geist geschildert, der hinter den Untaten Neros gestanden haben soll, besonders der Ermordung der Octavia und dem Brand Roms. Hatte großen polit. Einfluß, zwischen 62 und 65 in enger Zusammenarbeit mit Poppaea Sabina; spielte bei der Aufdeckung der Pisonischen Verschwörung i.J. 65 führende Rolle und wurde mit den *ornamenta triumphalia* belohnt. Kaiser Otho ließ ihn 69 hinrichten. Vgl. W. Eck, *DNP* 8 (2000), Sp. 1120, s.v. „Ofonius"; E. Stein, *RE* XVII, 2 (1937), Sp. 2056–2061, s.v. „Ofonius Tigellinus".

594–595  *fellatoribus obsequentem*  Wirr formuliert für „fellatorem".

## CHIOMATHA [i.e. CHIOMARA] ORTIAGONTIS VXOR

VI, 586                    Pvdicitia matronalis          (Chiomata, i.e. Chiomara
                                                          Ortiagontis vxor) [95]

*Chiomatha* [i.e. Chiomara], *Orthiagontis vxor,* quum misso precio a suis reducere-
600  tur ac *tribunus illam* officii *gratia ad flumen prosequeretur,* clam *mandauit vni seruorum,* vt *Romanum illum se prosequentem* occideret. Ipsa vbi *caput praecisum sub veste*
tectum ad maritum detulit *et ad illius* [i.e. eius] *pedes* abiecit, marito admi
rante dicenteque, *num praeclarum* duceret *seruare fidem,* „Praeclarum" inquit,
„sed *hoc praeclarius, vnum duntaxat, qui mecum concubuerunt, viuere",* foe-

---

599  Chiomatha *C*: Chiomata *A-C, scribendum*        599  Orthiagontis *B C*: Ortiagontis *A ut in ind.*
*erat* Chiomara *sec. Plut. ed. Ald.* (Χιομάρα) *sive*        *person. et versione Alamanni.*
*versionem Alamanni.*                                601  Ipsa *scripsi coll. Plut. vers. per Alamannum*: Id
                                                      *A-C,* Is *BAS LB Lycosthenes (p. 924).*

---

**Chiomara** (Χιομάρα), keltischer Name der Gattin
des Tolistobogierkönigs. Sie geriet 189 v. Chr.
nach dem Sieg des Cn. Manlius Vulso über
die Galater am Olympos in Gefangenschaft
und wurde einem *centurio* als Kriegsbeute
zugeteilt. Als er bereit war, sie gegen ein
hohes Lösegeld freizulassen, ließ sie ihn bei der
Übergabe ermorden. Seinen Kopf überbrachte
sie ihrem Gatten. Plutarch führt sie als Beispiel
einer Heroine an. Vgl. W. Spickermann, *DNP*
2 (1996), Sp. 1124, s.v. „Chiomara".

596  *CHIOMATHA ORTIAGONTIS VXOR*
Im Index personarum „Chiomata Ortiagontis vxor". Das Apophthegma datiert auf d.J.
189 v. Chr. „Chiomata" ist zunächst ein Textübertragungsfehler, der bei der Übernahme
der latein. Übers. Rinuccinis entstand, wo ein
„r" für ein (im Schriftbild ähnliches) „t" angesehen wurde. Bei der Durchsicht des Textes
zum Zweck der Ausgabe *C* verschlimmbesserte
Er. „Chiomata" zu „Chiomatha".

599–604  *Chiomatha … viuere* Stark gekürzte,
verworrene und von Übersetzungsfehlern entstellte Wiedergabe von Plut. *Mulierum virtutes* 22, *Mor.* 258E–F, wobei Er. die Übers.
des Alamanno Rinuccini als Vorlage benutzte,
anscheinend ohne sich um den griech. Text zu
kümmern: „Ex eadem quoque Galatia et Chiomara orta est, Ortiagontis vxor, per id temporis
capta, quo Romani Galatas, qui in Asia sunt,
bello superauere. Hanc tribunus quidam in
diuidenda praeda sortitus, vt plerunque mili-
tarium hominum fert consuetudo, vitiauit. Is

erat cum propensus ad libidinem, tum vero
pecuniae auidissimus, vt facile auaritia libidinem superaret. Igitur quum Chiomarae affines
multum auri pro ipsa redimenda pollicerentur,
Tribunus diligentissime mulierem obseruabat.
Forte autem fluuius locum, in quo Chiomarae cognati habitabant, et Romanorum castra medius interfluebat; hunc postquam illi
promissum redemptionis praemium afferen-
tes transgressi sunt, iamque ea recepta domum
remearent, ipsa seruorum cuidam iubet, vt
Romanum, qui eam salutandi gratia vsque ad
fluuium prosequebatur, interficeret. Quumque eius mandatis seruus obtemperans cap-
tata opportunitate Tribunum occidisset, ipsa
desectum a cadauere caput propriis vestibus
inuoluens vna cum suis domum remeauit;
vtque primum in viri conspectum peruenit,
laxato sinu caput, quod gestabat, ante illius
pedes effudit. Quumque ille rei nouitate ac
magnitudine perculsus mulierem interrogaret, num fidem seruare praeclarum arbitra-
retur, ,Sane', inquit illa, ,verum hoc longe,
vt opinor, praeclarius est, vnum duntaxat ex
his, qui mecum concubuerint, viuere' " (ed.
Cratander, Basel 1530, fol. 42A–B). Vgl. den
griech. Text: Χιομάραν δὲ συνέβη τὴν Ὀρτιάγον-
τος αἰχμάλωτον γενέσθαι μετὰ τῶν ἄλλων γυναι-
κῶν, ὅτε Ῥωμαῖοι καὶ Γναῖος ἐνίκησαν μάχῃ τοὺς
ἐν Ἀσίᾳ Γαλάτας. ὁ δὲ λαβὼν αὐτὴν ταξίαρχος
ἐχρήσατο τῇ τύχῃ στρατιωτικῶς καὶ κατήσχυ-
νεν· ἦν δ᾽ ἄρα καὶ πρὸς ἡδονὴν καὶ ἀργύριον
ἀμαθὴς καὶ ἀκρατὴς ἄνθρωπος· ἡττήθη δ᾽ ὅμως

ὑπὸ τῆς φιλαργυρίας, καὶ χρυσίου συχνοῦ διομο-
λογηθέντος ὑπὲρ τῆς γυναικός, ἦγεν αὐτὴν ἀπο-
λυτρώσων, ποταμοῦ τινος ἐν μέσῳ διείργοντος.
ὡς δὲ διαβάντες οἱ Γαλάται τὸ χρυσίον ἔδωκαν
αὐτῷ καὶ παρελάμβανον τὴν Χιομάραν, ἡ μὲν
ἀπὸ νεύματος προσέταξεν ἑνὶ παῖσαι τὸν Ῥωμαῖον
ἀσπαζόμενον αὐτὴν καὶ φιλοφρονούμενον· ἐκείνου δὲ πεισθέντος καὶ τὴν κεφαλὴν ἀποκόψαντος,
ἀραμένη καὶ περιστείλασα τοῖς κόλποις ἀπήλαυ-
νεν. ὡς δ᾽ ἦλθε πρὸς τὸν ἄνδρα καὶ τὴν κεφαλὴν αὐτῷ προέβαλεν (προέβαλεν *ed. Babbitt*:
προὔβαλεν *ed. Ald. p. 227*), ἐκείνου θαυμάσαντος
καὶ εἰπόντος, „ὦ γύναι, καλὸν ἡ πίστις“, „ναί“,
εἶπεν, „ἀλλὰ κάλλιον ἕνα μόνον ζῆν ἐμοὶ συγγε-
γενημένον“. Die Geschichte wird, mit anderen Details narrativ ausgeschmückt, auch bei
Liv. XXXVIII, 24, 5–11 und Val. Max. VI, 1, 2
erzählt, allerdings fehlt dort jeweils das Apophthegma der Chiomara, bei Liv. auch ihr
Name. Er.᾽ Darstellung ist unklar und verworren, weil er den Anfang der Geschichte gänzlich weggelassen hatte und auch sonst ihren
Hergang verdreht wiedergibt. So vergisst Er. zu
vermelden, daß Chiomara dem röm. Offizier
als Kriegsbeute zugefallen war; daher bleibt
überhaupt unklar, welche Rolle dieser spielte.
Auch vergisst Er. anzugeben, daß der Offizier
Chiomara vergewaltigte, wodurch das Motiv
für die Ermordung des Offiziers wegfällt. In
der Darstellung des Er. scheint es, als ob der
Offizier die Chiomara aus dienstlichen Gründen („officii gratia“), etwa als Eskorte, zum
Gefangenenaustausch begleitete. Weiter läßt
Er. die Angabe des Plutarch weg, daß der Offi-
zier die Dame liebevoll behandelte und zärt-
lich zum Abschied küßte (τὸν Ῥωμαῖον ἀσπαζό-
μενον αὐτὴν καὶ φιλοφρονούμενον·), und daß die
Galater diese Gelegenheit ergriffen, ihm den
Kopf abzuhauen. Der zärtliche Abschied (mit
Gruß und Kuß) war auch schon in Rinuccinis
Übers. weggefallen. Auch den Spruchdialog
selbst hat Er. anders dargestellt als der griech.
Plutarch-Text: Dort steht nicht, daß Ortiagon
Chiomara gefragt habe, ob sie es etwa als etwas
Großartiges betrachte, die Treue zu halten (Er.:
„num praeclarum duceret seruare fidem“), was
im Grunde gleichbedeutend ist mit „Hast du
mir die (eheliche) Treue gehalten?“, sondern
daß er zu ihr (gerührt und zufrieden) sagte:
„Liebe Gattin, Treue ist etwas Schönes“ („ὦ
γύναι, καλὸν ἡ πίστις“). D.h. bei Plutarch leitete der Galaterkönig von dem abgeschlagenen
Haupt ab, daß seine Frau ihm die Treue gehalten habe. Chiomara gibt jedoch durch ihre
Antwort zu, daß sie mit dem Römer geschlafen
habe. Die Fehldarstellung des Spruchdialogs

ist dem Umstand geschuldet, daß Er. von der
latein. Übers. des Rinuccini ausging, aus der
er die Frage kopierte (dort: „mulierem interrogaret, num fidem seruare praeclarum arbitra-
retur“).

599 *Orthiagontis* Ortiagon (Ὀρτιάγων, reg.
189–183 v. Chr.), war einer der vier Galaterfürsten, die die keltischen Tolistobogier in Griechenland anführten; er verbündete sich mit
den Seleukiden gegen die Römer und das
Königreich Pergamon. U. a. am Olympos erlitt
er gegen Gn. Manlius Vulso i.J. 189 eine empfindliche Niederlage, konnte aber entkom-
men; jedoch wurde er i.J. 184/3 von Eume-
nes II., dem König von Pergamon, gefangen genommen und getötet. Polyb. XXII,
21 lobt ihn als hochherzig, klug und tapfer.
Vgl. W. Spickermann, *DNP* 9 (2000), Sp.
79, s.v. „Ortiagon“; Th. Lenschau, *RE* XVIII,
2 (1942), Sp. 1505–1506, s.v. „Ortiagon“. Bei
der Durchsicht des Textes für die zweite Ausgabe verschlimmbesserte Er. „Ortiagontis“ zu
„Orthiagontis“.

600 *tribunus* Den militärischen Rang des *tribunus* teilt Er. dem röm. Offizier zu, indem er
Alamannis Übers. kopierte. Im Griech. ist der
Rang unbestimmt: ταξίαρχος bezeichnet den
Anführer einer größeren Einheit von Soldaten. Nach den latein. Quellen Liv. XXXVIII,
24, 5–11 und Val. Max. VI, 1, 2 soll es sich um
einen *centurio* gehandelt haben. Ein röm. *tribunus* befehligte 480–600, ein *centurio* 80–100
Mann.

601 *Ipsa* Eine Korrektur ist an dieser Stelle
erforderlich: Das von *A, B* und *C* überlieferte „id“ ist unhaltbar, weil es keinen grammatischen Bezug hat. Das Haupt des Offiziers war noch nicht vermeldet worden. „Is“
ist eine Korrektur der *Opera-omnia*-Ausgabe;
ihr zufolge wäre derjenige, der das Haupt mit
seinem Kleide bedeckte, nicht Chiomara, sondern der Diener, der dem Römer das Haupt
abhackte. Das kann jedoch nicht stimmen,
da die syntaktische Konstruktion voraussetzt,
daß Chiomara die Person ist, die das Haupt zu
ihrem Gatten bringt und ihm dieses zu seinen
Füßen wirft („ad maritum detulit et ad illius
pedes abiecit“). „Ipsa“ ist auch deswegen die
richtige Korrektur, da es in Er.᾽ Textvorlage,
Rinuccinis Übersetzung, steht („ipsa desectum
a cadauere caput propriis vestibus inuoluens“).

602 *illius* Daß Er. hier „ille“ für den Ehegatten
verwendet, ist ungelenk und kommt der Klar-
heit der Erzählung nicht zugute: Noch einige
Worte zuvor hatte er mit „ille“ den römischen
Offizier bezeichnet.

605 mina aliquanto prudentior Lucretia, quae non sua, sed stupratoris nece testata est suam pudicitiam.

## CANNA [i.e. CAMMA]

VI, 587          Pvdica vxor          (Canna, i.e. Camma) [96]

Canna [i.e. Camma] Sinorito [i.e. Sinato] Galatae nupserat. Eam Synorix iuuenis
610 praepotens adamabat, et clam interfecto Sinorito, de nuptiis Cannam solicitare
coepit. Illa, quo coniugis mortem vlcisceretur, dissimulauit dolorem et coniugii spem
praebuit. Tandem *Synorigem ad se* venire *iubet in templum Dianae*, cui erat dicata,
*quasi* vellet hanc esse coniugii testem, et astans altari ceu deae libatura, e poculo
bibit [B] toxicum, [A] moxque tradidit *Synorigi*. Qui simulatque *reliquum ebibisset*,
615 venerata *deam, „Te“, inquit, „dearum praestantissima, testor me huius tantum diei
gratia hactenus Sinorito fuisse superstitem“.*

---

609 Canna *A-C*: Camma *scribendum erat sicut in Plut. vers. per Alamannum.*

609 Sinorito *A-C*: Sinato *scribendum erat ut in Plut. vers. per Alamannum.*

610 Sinorito *A-C*: Sinato *scribendum erat ut in Plut. vers. per Alamannum.*

610 Cannam *A-C*: Cammam *scribendum erat ut in vers. Alamanni.*

614 toxicum *B C: deest in A.*

---

605 *Lucretia* Die römische Heldin Lucretia, die Gattin des Collatinus, die von Sextus Tarquinius vergewaltigt wurde und sich aus Scham selbst tötete. Er. widmete ihr *Apophth.* VI, 282, wo er sie als Vorbild der Keuschheit präsentiert.

**Kamma** (Κάμμα), die Frau des Galaterfürsten Sinatos (2. Jh. v. Chr.) und Priesterin der Artemis. Plutarch erwähnt sie als Beispiel ehelicher Liebe und Treue, da sie, vom Mörder ihres Mannes, Sinorix, zur Ehe gezwungen, diesen auch selbst im Tempel durch Gift tötete. Vgl. W. Spickermann, *DNP* 6 (1999), Sp. 227, s.v. „Kamma“; P. Schoch, *RE* S IV (1924), Sp. 865, s.v. „Kamma“.

607 *CANNA* In dieser Form im Index personarum. as fehlerhafte „Canna“ ist einem Textübertragungsfehler geschuldet. Er. verhaspelte sich auch in Bezug auf den Namen des Ehegemahls der Camma.

609 *Sinorito* Der Name des Ehegatten der Kamma wurde in Er.' Text kurioserweise von „Sinatus“ zu „Sinoritus“ verderbt, obwohl dieser in den benutzten Quellen richtig angegeben war (Σινᾶτος im griech. Text, ed. Ald., und latinisiert „Sinatus“ bei Rinuccini). Sina-

tos (2. Jh. v. Chr.), Galaterfürst, einer der galatischen Tetrarchen, der Gemahl der Kamma. Er wurde Opfer eines Meuchelmordes durch Sinorix. Vgl. P. Schoch, *RE* III, A1 (1927), Sp. 222, s.v. „Sinatos“.

609 *Synorix* **Sinorix** (2. Jh. v. Chr.), ein weiterer galatischer Tetrarch. Vgl. P. Schoch, *RE* III, A1 (1927), Sp. 256, s.v. „Sinorix“. Die Schreibweise „Synorix“ übernahm Er. aus der Übers. des Alamanno; Σινόριξ im griech. Text.

609 *iuuenis* „iuuenis“ ist ein erklärender, jedoch irreführender Zusatz: Sinorix war nicht irgendein junger Mann, sondern ein anderer Fürst der Galater.

612–616 *Tandem … superstitem* Sehr stark gekürzte, paraphrasierende Wiedergabe von Plut. *Mulierum virtutes* 20, *Mor.* 257E–258B, wobei Er. die latein. Übers. des Alamanno Rinuccini als Textvorlage benutzte: „Galatae duo quidem fuere Sinatus et Synorix, cum potentia apud suos clari, tum familiaritate inter se et generis propinquitate coniuncti. E quibus Sinatus vxorem duxit virginem nomine Cammam, corporis forma et pulchritudine claram … Accedebat ad haec non parui apud eas gentes habitum ornamentum, Dianae sacratam esse, quae apud Galatas religiosissime colitur … Huius igitur captus amore Synorix, cum neque precibus ipsam flectere neque vlla vi cogere viuente Sinato posse animaduerteret, scelestissimum facinus ausus dolo Sinatum interemit. Nec ita multo post missis ad Cammam nunciis in Dianae templo degentem connubium eius petebat … Qui (sc. Synorix) maiore in dies studio petitionem vrgens rationes haud multum a veritate alienas afferebat … perpetratae vero caedis non odium aut auaritiam aut aliam omnino causam praeter nimium amorem Cammae fuisse testabatur … Quum iugiter Camma fatigaretur, primo non admodum aspere aut inhumaniter petentibus aduersata, paulatim deinde mollescere ac verbis animum flecti simulauit. … Quibus tot rebus tandem Camma permota Synorigem ad se in templum vocari iubet, quasi deam huius autorem connubii factura. Venientem deinde benigne atque humaniter excipiens ad aram perduxit et phialam tanquam deae libamen tenens ipsa primo partem ebibit, reliquum deinde Synorigi bibendum porrexit; erat autem venenatum mulsum, quod phiala continebatur. Idque postquam ebibisse illum animaduertit, clara voce exclamans et deae simulachrum venerata: ‚Te‘, inquit, ‚dearum praeclarissima, obtestor me huius tantum diei gratia Sinato superstitem hactenus fuisse …‘ " (ed. Cratander, Basel 1530, fol. 41C–D). Vgl. den griech. Text: Ἦσαν ἐν Γαλατίᾳ δυνατώτατοι τῶν τετραρχῶν καί τι καὶ κατὰ γένος προσήκοντες ἀλλήλοις Σινᾶτός τε καὶ Σινόριξ· ὧν ὁ Σινᾶτος γυναῖκα παρθένον ἔσχε Κάμμαν ὄνομα, περίβλεπτον μὲν ἰδέᾳ σώματος καὶ ὥρᾳ, θαυμαζομένην δὲ μᾶλλον δι᾽ ἀρετήν· οὐ γὰρ μόνον σώφρων καὶ φίλανδρος, ἀλλὰ καὶ συνετὴ καὶ μεγαλόφρων καὶ ποθεινὴ τοῖς ὑπηκόοις ἦν διαφερόντως ὑπ᾽ εὐμενείας καὶ χρηστότητος· ἐπιφανεστέραν δ᾽ αὐτὴν ἐποίει καὶ τὸ τῆς Ἀρτέμιδος ἱέρειαν εἶναι, ἣν μάλιστα Γαλάται σέβουσι, περί τε πομπὰς ἀεὶ καὶ θυσίας κεκοσμημένην ὁρᾶσθαι μεγαλοπρεπῶς. Ἐρασθεὶς οὖν αὐτῆς ὁ Σινόριξ, καὶ μήτε πεῖσαι μήτε βιάσασθαι ζῶντος τοῦ ἀνδρὸς δυνατὸς ὤν, ἔργον εἰργάσατο δεινόν· ἀπέκτεινε γὰρ δόλῳ τὸν Σινᾶτον, καὶ χρόνον οὐ πολὺν διαλιπὼν ἐμνᾶτο τὴν Κάμμαν ἐν τῷ ἱερῷ ποιουμένην διατριβὰς καὶ φέρουσαν οὐκ οἰκτρῶς καὶ ταπεινῶς ἀλλὰ θυμῷ νοῦν ἔχοντι καὶ καιρὸν περιμένοντι τὴν τοῦ Σινόριγος παρανομίαν. ὁ δὲ λιπαρὴς ἦν περὶ τὰς δεήσεις, καὶ λόγων ἐδόκει μὴ παντάπασιν ἀπορεῖν εὐπρέπειαν ἐχόντων, ὡς τὰ μὲν ἄλλα Σινάτου βελτίονα παρεσχηκὼς ἑαυτὸν ἀνελὼν δ᾽ ἐκεῖνον

ἔρωτι τῆς Κάμμης μὴ δι᾽ ἑτέραν τινὰ πονηρίαν. ἦσαν οὖν τὸ πρῶτον ἀρνήσεις οὐκ ἄγαν ἀπηνεῖς τῆς γυναικός, εἶτα κατὰ μικρὸν ἐδόκει μαλάττεσθαι· καὶ γὰρ οἰκεῖοι καὶ φίλοι προσέκειντο θεραπείᾳ καὶ χάριτι τοῦ Σινόριγος μέγιστον δυναμένου, πείθοντες αὐτὴν καὶ καταβιαζόμενοι· τέλος δὲ συνεχώρει καὶ μετεπέμπετο πρὸς ἑαυτὴν ἐκεῖνον (ἐκεῖνον *Babbitt*: ἐκεῖνος *ed. Ald. p. 226*), ὡς παρὰ τῇ θεῷ τῆς συναινέσεως καὶ καταπιστώσεως γενησομένης. ἐλθόντα δὲ δεξαμένη φιλοφρόνως καὶ προσαγαγοῦσα τῷ βωμῷ κατέσπεισεν ἐκ φιάλης, καὶ τὸ μὲν ἐξέπιεν αὐτὴ τὸ δ᾽ ἐκεῖνον ἐκέλευσεν· ἦν δὲ πεφαρμαγμένον μελίκρατον. ὡς δ᾽ εἶδε πεπωκότα, λαμπρὸν ἀνωλόλυξε καὶ τὴν θεὸν προσκυνήσασα (προσκυνήσασα *Babbitt*: προσκηνήσασα *ed. Ald.*), ‚μαρτύρομαί σε‘, εἶπεν, „ὦ πολυτίμητε δαῖμον, ὅτι ταύτης ἕνεκα τῆς ἡμέρας ἐπέζησα τῷ Σινάτου φόνῳ …". Für die Kamma-Erzählung vgl. auch Plut. *Amatorius* 22, *Mor*. 768B–D und Polyaen. *Strat*. VIII, 39.

612   *Synorigem*   „Synorigem" wie in Alamanno Rinuccinis Übers.

613   *ceu deae libatura*   Nach Er. schützte Kamma nur vor, ein Trankopfer bringen zu wollen. Aus dem griech. Text geht aber hervor, daß die *Heiratszeremonie*, deren Bestandteil ein Trankopfer war, vor dem Altar stattfand und Kamma „aus der Opferschale ein Trankopfer darbrachte" (κατέσπεισεν ἐκ φιάλης).

615–616   *Te … superstitem*   Er. hat die Worte, die Kamma zu der Göttin Artemis sprach, auf einen Satz zusammengestrichen. Sie sagte, in Rinuccinis Übers. a.a.O.: „ ‚Te‘, inquit, ‚dearum praeclarissima, obtestor me huius tantum diei gratia Sinato superstitem hactenus fuisse. Quid enim illo mortuo tanti temporis vsus afferre poterat praeter huiusce vltionis spem? Cuius iam compos tuo numine effecta libens volensque ad virum descendo. Tibi vero, omnium scelestissime, sepulchrum pro thalamo et pro nuptiis funus amici familiaresque parabunt‘ ". In Plut. *Amatorius* 22, *Mor*. 768B–D richtet Kamma jedoch ihren Ausspruch nicht an Artemis, sondern an den Schatten ihres ermordeten Ehegatten: „Ich habe bis zum jetzigen Augenblick, allerliebster Sinatos, das bittere Leben ohne dich nur in Erwartung dieses Tages ertragen; jetzt aber nimm mich freudig wieder in deine Arme, nachdem ich dich an diesem schändlichsten Menschen gerächt habe, mich, die ich, wie ich es auch im Leben war, so nunmehr im Tode liebend gerne deine Gefährtin werde".

## OLYMPIAS

VI, 588                          IOVIS FILIVS                          (Olympias, 1) [97]

Olympias, Alexandri mater, indigne ferens, quod Alexander pateretur se dici filium
620  Iouis, *„Non desinet"*, inquit, *„Alexander me Iunoni inuisam facere"*. Solent enim vxores
extremo odio persequi pellices.

VI, 589                          MORES PRO PHILTRIS                    (Olympias, 2) [98]

Eadem quum accepisset Alexandrum filium (vt alii, *Philippum* maritum) adamare
foeminam, *a qua putabatur* amatoriis venenis corruptus, accersiuit ad se mulierem;
625  quumque praeter insignem formam comperisset in ea mores liberales et ingenium
egregie dextrum, *„Valeant"*, inquit, *„qui te insimulant veneficii! Nam tute quidem
pharmacum in teipsa* ac philtrum *habes"*.

---

**Olympias** (geb. 375 v. Chr.), Mutter Alexanders
d.Gr., Gattin des Philipps II. von Makedonien
in dessen fünfter Ehe. Ihr Name geht auf
den Olympischen Sieg Philipps i.J. 356 v.
Chr. zurück. Nach Philipps Eheschließung
mit Kleopatra floh sie nach Epeiros. Nach
seinem Tod kehrte sie zurück und tötete
Kleopatra und deren Kind. Sie behauptete,
Alexander sei das leibliche Kind von Zeus, was
Ammon (Amun) anscheinend bestätigte. Vgl.
E. Badian, *DNP* 8 (2000), Sp. 1184–1185, s.v.
„Olympias", Nr. 1; H. Strasburger, *RE* XVIII, 1
(1939), Sp. 177–182. Im achten Buch bringt Er.
noch ein weiteres Apophthegma der Olympias
(VIII, 183).

*Apophth.* VI, 588 bezieht sich auf die Zeitspanne
zwischen der Thronbesteigung Alexanders i.J.
336 v. Chr. und dem Asienfeldzug, der im
Frühjahr 334 anfing.

620 *Non desinet … facere* Bruchstückhafte,
vom historischen Kontext und von Plutarchs
Argumentation losgelöste, dadurch verzerrte
Wiedergabe von Plut. *Alex.* 3, 2, wobei Er.
im Spruchteil die latein. Übers. des Guarino
Guarini wörtlich reproduziert: „Alii tradunt
ipsam (sc. Olympiam) … dicere solitam: ,Non
desinet Alexander inuisam me Iunoni facere'"
(ed. Bade, Paris 1514, fol. CCXLIIIIʳ); Vgl. den
griech. Text: „Οὐ παύσεταί με διαβάλλων Ἀλέ-
ξανδρος πρὸς τὴν Ἥραν" (ed. Ald. p. 218ʳ). Dieser Spruch, der jedoch nur eine alternative Tradition darstellt, soll keine Feststellung eines
Status quo bilden; gemeint ist vielmehr: „Alex-

ander soll endlich aufhören, Junos Haß gegen
mich zu schüren". An der von Er. wiedergegeben Stelle berichtet Plutarch, daß Olympias
Alexander beim Aufbruch zu dem großen Perserfeldzug zu motivieren versuchte, indem sie
ihm die Geschichte erzählte, er wäre eigentlich der Sohn von Zeus: Sie trägt ihm auf,
sich auf dem Feldzug so tapfer zu bezeigen,
wie es sich für einen Sohn des Zeus zieme.
Relativierend setzt Plutarch sodann die alternative Überlieferung hinzu, wonach Olympias
mit dem Anspruch, Alexander sei der Sohn
des Zeus, nicht einverstanden gewesen wäre.
Nach *CWE* 38, S. 761 war Er.' Textvorlage Gell.
XIII, 4, 2. Der Wortlaut und das Narrativ sind
dort jedoch wesentlich anders: In Gellius' Version soll Alexander in einem Brief an seine
Mutter den Absender als „REX ALEXAN-
DER IOVIS HAMMONIS FILIVS" angegeben haben, woraufhin die Mutter ihm zurück-
geschrieben habe: „Amabo, mi fili, quiescas;
neque deferas me neque criminere aduersum
Iunonem. Malum mihi prorsum illa dabit,
quum tu me litteris tuis pellicem illi esse con-
fiteris".

620–621 *Solent … pellices* Nachdem er die
Plutarchstelle *Alex.* 3, 2 verzerrt wiedergegeben
hat, fügt Er. eine Erklärung hinzu, die wenig
sinnvoll ist.

622 *Mores pro philtris* Den Titel hat Erasmus
seiner eigenen Interpretation der Anekdote
entnommen; in der ursprünglichen Quelle
Plut. *Coniugalia praecepta* 24, *Mor.* 141B–C

geht es nicht so sehr um die „mores" („Sitten, Umgangsformen") der Dame, sondern um ihre *Schönheit* und ihre *Klugheit* und *Keckheit (Gefaßtheit) in der* Konversation. Bereits in einer früheren Darbietung derselben Anekdote in der *Inst. christ. matrim.* hat Erasmus „mores compositi" angeführt (*ASD* V, 6, S. 188), obwohl sie im griech. Originaltext nicht vorkommen. Es sind aber gerade die Sitten und Umgangsformen der Frauen, die Er. im anschließenden Passus diskutiert. Der Titel von VI, 589 bedeutet „Sitten/Umgangsformen als Anziehungskraft".

623 *Alexandrum filium* Er. ist hier eine Fehlzuschreibung unterlaufen: Seine Behauptung, daß das *Apophthegma* der Olympias in erster Linie auf eine Geliebte ihres Sohnes Alexanders d.Gr. gemünzt gewesen sei, ist nicht korrekt. Er. war die Anekdote, ihre Quelle (Plutarchs *Coniugalia praecepta*) und deren inhaltliche Ausrichtung (Heiratssachen) bekannt, und er hat sowohl die Anekdote (*in extenso*) als auch andere Stellen aus Plutarchs *Coniugalia praecepta* wiederholt in seinem Werk zitiert. Wahrscheinlich hat Er. die Anekdote aus Plutarchs *Coniugalia praecepta* bezogen. Jedenfalls treten die Sprüche von VI, 589 und 590 in derselben Kombination und Reihenfolge wie in Plutarchs *Coniugalia praecepta* auf. Hingegen ist die von Er. behauptete – vermeintliche – Hauptüberlieferung mit Alexander als Objekt des Liebeszaubers nicht auffindbar. In *CWE* 38, S. 761 wird Hier. *Adv. Iov.* I, 46 als alternative Quelle angegeben, jedoch ist in diesem Kapitel, das römischen Frauen gewidmet ist, die Anekdote nicht vorhanden. Es könnte sein, daß Er., da er die Anekdote gut kannte, aus dem Gedächtnis zitierte, bzw. daß er auf seine Wiedergabe der Anekdote in *Inst. christ. matrim.* rekurrierte; dort nennt er, anders als Plutarch, zu Eingang Alexander: „Apud Olympiadem Alexandri magni matrem delata est muliercula quaedam …". Vielleicht ist der Irrtum auf diese Weise zustande gekommen.

623–627 *Philippum … habes* Freie, paraphrasierende Wiedergabe von Plut. *Coniugalia praecepta* 24, *Mor.* 141B–C: Ὁ βασιλεὺς Φίλιππος ἤρα Θεσσαλῆς γυναικὸς αἰτίαν ἐχούσης καταφαρμακεύειν αὐτόν. ἐσπούδασεν οὖν ἡ Ὀλυμπιὰς λαβεῖν τὴν ἄνθρωπον ὑποχείριον. ὡς δ᾿ εἰς ὄψιν ἐλθοῦσα τὸ τ᾿ εἶδος εὐπρεπὴς ἐφάνη καὶ διελέχθη πρὸς αὐτὴν οὐκ ἀγεννῶς οὐδ᾿ ἀσυνέτως, χαιρέτωσαν", εἶπεν ἡ Ὀλυμπιάς, „αἱ διαβολαί. σὺ γὰρ ἐν σεαυτῇ τὰ φάρμακα ἔχεις". Er.᾿ Ausgangspunkt in VI, 589 war wohl eher nicht

der griech. Text oder die Übers. des Carlo Valgulio („Philippus rex Thessalam mulierem amabat, a qua medicamentis magicis in amore teneri putabatur. Quare Olympias vxor operam dedit, vt eam in manibus haberet. Vbi in conspectum venit, liberalis forma visa est et sermo ingenuus ac prudens, ‚Valeant', inquit Olympias, ‚calumniae. Tu enim in te ipsa medicamenta habes'", ed. Cratander, Basel 1530, fol. 23C), sondern seine eigene Übers. d.J. 1526 in *Inst. christ. matrim.*: „Apud Olympiadem Alexandri magni matrem delata est muliercula quaedam, in quam deperibat Philippus, quasi medicamentis animum regis in amorem sui pertraheret. Itaque iussit accersi. Vbi venit coram, forma visa est liberalis, mores compositi, sermo comis. Tum Olympias: ‚Valeant', inquit, ‚veneficiorum calumniae, tu medicamentum habes in te ipsa'" (*ASD* V, 6, S.188). Dort fehlt wie in *Apophth.* VI, 589 der Satz, daß Olympias alles daransetzte, der Dame habhaft zu werden; hier wie dort werden die „mores" der Dame genannt, obwohl sie in Plutarchs Text nicht vorkommen; hier wie dort versieht er „calumniae" mit einem konkretisierenden Zusatz („veneficiorum" bzw. „venficii"). Das nämliche Apophthegma der Olympias findet sich auch in Ludovico Ricchieris *Lectiones antiquae* (XVI, 6; Basel 1516), wie bei Plutarch im Verein mit dem hier unmittelbar nachfolgenden Apophthegma aus *Coniugalia praecepta* 25. In diesem Werk, das Er. kannte, werden die beiden Apophthegmata durch eine eigene Kapitelüberschrift hervorgehoben: „Olympiadis apophthegma scitum de pellice. Itemque alterum in eum, qui formosam quidem duxerat, sed non illibati nominis. Interim quid oculis vel digitis vxorem ducere …". Jedoch zeigt ein Abgleich der Texte, daß Er. in VI, 589 nicht die Version Ricchieris als Textvorlage benutzte.

627 *philtrum* „Philtrum", das in der latein. Literatur sehr seltene Wort für „Liebestrank", „Aphrodisiacum" (vgl. Ov. *Art. am.* II, 106; Iuv. 6, 620; Apul. *Apol.* 30; *DNG* II, Sp. 3663 s.v. „philtrum"), hat Er. nicht seiner Quelle Plut. *Coniugalia praecepta* 24 entnommen; Er. verwendet es aber – im direkten Textsammenhang mit dem Apophthegma Olympias – in *Inst. christ. matrim.*: „Procul igitur absint a coniugio philtra, veneficia, medicamenta, picturae …." (*ASD* V, 6, S. 187). Eine wichtige Quelle für die metaphorische Bedeutung des griech. Wortes im Sinn von „Anziehungskraft", „Lockmittel", „Charme" ist Plut. *Pomp.* 55, wo πολλὰ φίλτρα die hohe

VI, 590                          Bona fama                          (Olympias, 3) [99]

Eadem quum accepisset *adolescentem quendam aulicum duxisse vxorem elegante qui-*
630   *dem forma, sed famae parum secundae, „Ille"*, inquit, *„non sapit, qui vxorem oculis,* non
etiam auribus *duxerit"*. Forma cernitur oculis, fama auribus deprehenditur. *Quidam*
autem nec auribus, nec *oculis*, sed *digitis ducunt*, solam *spectantes dotem*.


## INTAPHERNIS VXOR

VI, 591                      Frater marito potior               (Intaphernis vxor) [100]

635   *Intaphernis vxor, Dario* permittente, vt *vnum ex suis eligeret*, cuius vitam sibi donari
vellet, *fratrem elegit; demirante* rege causamque sciscitante *„Alius"*, inquit, *„maritus,*
*alii liberi, si deus volet, possunt* contingere; *alium fratrem parentibus vita defunctis* non
est, quod sperem".


## CORNELIA

640   VI, 592                     Matronae ornamenta                     (Cornelia) [101]

*Cornelia, Gracchorum mater, quum Campana matrona illius hospitio* vtens *ornamenta*
*sua*, quibus *illud seculum* nihil habebat *pulchrius*, ipsi *ostenderet, traxit eam sermone,*
*donec liberi redirent e schola.* Tum *„et haec"*, inquit, *„ornamenta mea sunt"*, sentiens
matronae nihil esse pulchrius neque preciosius quam liberos recte educatos.

---

634   marito *A-C*: multo *BAS*.

literarische, philosophische und mathemati-
sche Bildung, das musikalische Können (Lei-
erspiel) und die angenehmen, zurückhaltend-
diskreten Umgangsformen der Cornelia bezeichnen, mit der sie Pompeius zu betören ver-
mochte.

629–632 *adolescentem … spectantes dotem* Freie
Wiedergabe von Plut. *Coniugalia praecepta* 25,
*Mor.* 141C: Πάλιν ἡ Ὀλυμπιάς, αὐλικοῦ τινος
νεανίσκου γήμαντος εὐπρεπῆ γυναῖκα κακῶς
ἀκούουσαν, „οὗτος", εἶπεν, „οὐκ ἔχει λογισμόν· οὐ
γὰρ ἂν τοῖς ὀφθαλμοῖς ἔγημε" (ed. Ald. p. 122).
Grundlage für VI, 590 war Er.' frühere Wiedergabe des Spruchs in der *Inst. christ. matrim.*:
Bereits dort hatte Er. als Kern des Spruchs
den Gegensatz von Augen und *Ohren* („oculis, non auribus") hervorgehoben, während
Ohren im Text des Plutarch nicht vorkom-

men: „Iure notatus est ab Olympiade iuuenis ille, qui duxerat vxorem eleganti quidem
forma, sed fama parum secunda: ‚Demens',
inquit, ‚oculis duxit vxorem, non auribus'"
(*ASD* V, 6, S. 152). A.a.O. setzt Er. eine Diskussion hinzu, in der er den Wert der *Augen und*
*Ohren* bei der Partnerwahl im Vergleich diskutiert. Man müsse sowohl seine Augen als seine
Ohren gebrauchen; jedoch sei von großem
Vorteil, wenn man ein philosophisches Auge
und ein philosophisches Ohr besitze. Ein philosophisches Auge/Ohr nimmt nicht nur das
Körperliche wahr, sondern den Geist („animus"), d.h. es kann die geistigen und moralischen Eigenschaften der potentiellen Ehefrau beurteilen. Er. rekurriert auf die Textwiedergabe und die gedankliche Einbindung
der Anekdote in *Inst. christ. matrim.*, wäh-

rend er Carlo Valgulios latein. Übers. von Plut. *Mor.* 141C nicht heranzieht (vgl. ed. Cratander, Basel 1530, fol. 23C). Dasselbe gilt für die latein. Version in Ludovico Ricchieris *Lectiones antiquae* (XVI, 6; Basel 1516).

630–631 *non etiam auribus* Von den Ohren bzw. vom Hören ist im Spruch der Olympias nicht die Rede; sie sagt lediglich: „Der Mann hat keinen Verstand: Sonst hätte er nicht mit den Augen geheiratet". Er. leitete den Gegensatz wohl aus der Angabe ab, die nämliche Frau hätte einen schlechten Ruf gehabt.

631 *Forma … deprehenditur* Diese Erklärung des Er. ist sowohl überflüssig als einfältig.

631–632 *Quidam … dotem* Dieser Teil der Erklärung stammt nicht von Er., sondern von Plutarch: *Mor.* 141C–D, in der Übers. des Carlo Valgulio: „Oportet autem non oculis, non digitis vxorem capere, vt aliqui facere solent, reputantes, quam grandem dotem ferat, non quibus moribus sit cum ipsis victura" (ed. Cratander, Basel 1530, fol. 23C).

633 *INTAPHERNIS VXOR* In dieser Form im Index personarum.

*Apophth.* VI, 591 bezieht sich auf einen vermeintlichen Aufstand des Intaphernes gegen seinen Herren Dareios I., der niedergeschlagen worden sein soll; zur Bestrafung soll Dareios I. die gesamte Familie des Intaphernes ausgerottet haben mit Ausnahme von dessen Frau und einem weiteren Familienmitglied nach Wahl der Frau. Die Historizität dieses Ereignisses ist jedoch nicht gesichert. Vgl. A. Kuhrt, *DNP* 8 (1998), Sp. 1026, s.v. „Intaphernes".

635 *Intaphernis* Intaphernes oder Intaphrenes (altpers. Vindafarna), persischer Edler, Gefolgsmann und Höfling Dareios I. d.Gr., der eine entscheidende Rolle bei der erfolgreichen Usurpation i.J. 522 spielte. Zu der Person des Intaphernes vgl. A. Kuhrt, *DNP* 8 (1998), Sp. 1026, s.v. „Intaphernes".

635 *Dario* Dareios I., der Große, 522–486 v. Chr. König von Persien. Zu seiner Person vgl. oben Komm. zu V, 4; Er. widmete ihm im 5. Buch eine Sequenz von Sprüchen (V, 4–7).

636–638 *Alius … sperem* Stark gekürzte, vom historischen Kontext entblößte Wiedergabe von Hdt. III, 119, 2–6, der Ausspruch der Frau des Intaphrenes in 119, 6: ἡ δὲ γυνὴ τοῦ Ἰνταφρένεος … ἀμείβετο τοῖσιδε· „ὦ βασιλεῦ, ἀνὴρ μέν μοι ἂν ἄλλος γένοιτο, εἰ δαίμων ἐθέλοι, καὶ τέκνα ἄλλα, εἰ ταῦτα ἀποβάλοιμι· πατρὸς δὲ καὶ μητρὸς οὐκέτι μευ ζωόντων ἀδελ-

φεὸς ἂν ἄλλος οὐδενὶ τρόπῳ γένοιτο". Dadurch, daß Er. den historischen Kontext, nml. den Aufstand des Intaphernes und seine Niederschlagung, zur Gänze ausläßt, erschließt sich der Spruch nicht ohne weiteres dem Verständnis. Bereits Brusoni hatte ihn in seine Sammlung d.J. 1518 II, 39 (Kap. „De fratribus et sororibus") aufgenommen, jedoch so, daß klar wird, worum es eigentlich geht: „Itapherne capto omni cum familia a Dario in vinculaque coniecto Itaphernis vxor ad regias fores assidue lamentans lachrymansque ad misericordiam Darium induxit. Missusque ad eam nuncius ‚Rex', inquit, ‚Darius offert tibi, mulier, vnius electionem e vinctis domesticis, quem voles liberari'. Illa vero ‚Ex omnibus', ait, ‚fratrem eligo'. Admiranti regi de electione, quod viro filiisque fratrem praeposuisset, respondit: ‚Maritus mihi alius, si daemon voluerit, atque alii liberi, si hos amisero, esse possunt: alius frater, parentibus meis iam vita defunctis, nulla ratione potest contingere'".

**Cornelia** (190 v. Chr. geb.), **Frau des Tib. Sempronius Gracchus**, dem sie 12 Kinder gebar, von denen jedoch nur drei das frühe Kindesalter überlebten: Tiberius, Gaius und Sempronia; nach dem Tod ihres Gatten blieb sie unvermählt und widmete sich ganz der Erziehung ihrer Kinder; sie war hochgebildet und wird in vielen Zeugnissen als römische Matrone mit vorbildlicher Lebensführung beschrieben. Vgl. F. Münzer, *RE* IV, 1 (1900), Sp. 1592–1595 s.v. „Cornelius", Nr. 407; H. Stegmann, *DNP* 3 (1997/9), Sp. 166, s.v. „Cornelia", Nr. I, 1.

640 *Matronae ornamenta* Vgl. den Kommentar zu Val. Max. IV, 4, praefatio in der Ausgabe Paris 1510, fol. CLXIII^r: „Maxima ornamenta esse matronis".

641–643 *Cornelia, Gracchorum … mea sunt* Weitgehend wörtliche Wiedergabe von Val. Max. IV, 4, praefatio („De Cornelia Gracchorum matre" *titulus in ed. Bade 1510, fol. CLXIII^r*): „Maxima ornamenta esse matronis liberos apud Pomponium Rufum (Pompeium Ruffum *ed. Bade 1510*) collectorum libro * sic inuenimus: Cornelia, Gracchorum mater, cum Campana matrona apud illam hospita ornamenta sua pulcherrima illius saeculi (saeculi illius *ed. Bade 1510*) ostenderet, traxit eam sermone, donec (quousque *ed. Bade 1510*) e schola redirent liberi, et ‚Haec', inquit, ‚ornamenta sunt mea (mea sunt *ed. Bade 1510*)'".

645

## ANVS SYRACVSANA

VI, 593        In deterivs omnia        (anus Syracusana) [1]

*Omnibus Dionysio tyranno exitium* imprecantibus, vna foemina anus *quotidie* dilu-
culo *deos* comprecari solebat, *vt esset incolumis sibi*que *superstes. Accita* a rege mulier
*rogata* est, vnde tanta in regem *beneuolentia.* „Quoniam", inquit, „quum *puella* essem

650 et *grauem tyrannum haberemus*, optabam mortem illius. Eo *interfecto* deterior *arcem
occupauit.* Et huius exitium optabam. Nunc, quum te *habeamus superioribus* etiam
grauiorem, vereor, *ne, si tu* pereas, *succedat* etiam *deterior*, eoque *caput meum pro tua
salute deuoueo".Tam facetam audaciam Dionysius punire erubuit.*

648   solebat *LB*: solet *A-C.*

645 *FOEMINA ANVS* „Foemina anus" im Index personarum.

647–653 *Omnibus … erubuit* Paraphrasierende Wiedergabe von Val. Max. VI, 2, ext. 2 („De quadam foemina Syracusana" *titulus in ed. Bade 1510, fol. CCXLIʳ*): „Iam illa non solum fortis, sed etiam vrbana libertas: senectutis vltimae quaedam Syracusis omnibus Dionysii tyranni exitium propter nimiam morum acerbitatem et intolerabilia onera votis expetentibus sola quotidie matutino tempore deos, vt incolumis ac sibi superstes esset, orabat. Quod vbi is cognouit, non debitam sibi admiratus beniuolentiam arcessiuit eam et, quid ita hoc aut quo merito suo faceret, interrogauit. Tum illa ‚Certa est', inquit, ‚ratio propositi mei: puella enim, cum grauem tyrannum haberemus, carere eo cupiebam. Quo interfecto aliquanto taetrior (tetrior *ed. Bade 1510*) arcem occupauit. Eius quoque finiri dominationem magni aestimabam. Tertium te superioribus inportuniorem (Tertium te inportuniorem superioribus *ed. Bade 1510*) habere coepimus rectorem. Itaque (itaque timens *ed. Bade 1510*) ne (ne *om. ed. Bade 1510*), si tu fueris absumptus, deterior in locum tuum succedat, caput meum pro tua salute deuoueo'. Tam facetam audaciam Dionysius punire erubuit".

647 *Dionysio* **Dionysios I., d.Ä.** (reg. 405–367 v. Chr.), Tyrann von Syrakus. Zu seiner Person vgl. oben Komm. zu V, 54. Er widmete Dionysios d.Ä. im fünften Buch eine Sektion von Sprüchen (V, 54–76).

## CVCVLVS [i.e. AVICVLAE]

655  VI, 594                TYRANNI SPECIES              (Cuculus, i.e. auiculae) [2]

*Cuculo minores auiculas percontanti, quur* ipsam *fugerent, „quoniam", inquiebant,*
*„suspicamur te aliquando futurum accipitrem".* Coccyx enim specie non multum
differt ab accipitre. Cauendum ab his, qui tyrannidis specimen moribus aedunt. Hoc
ad Lysiadem accommodauit Plutarchus in vita Arati.

659  Lysiadem *A-C sec. vers. Lapi Florentini et*
*Plut. ed. Ald.*: Lydiadem *sec. Plut. text. recept.*

654  *CVCVLVS* „Cuculus" („Kuckuck") ist kurioserweise im Index personarum verzeichnet, während im Übrigen nicht der Kuckuck
der Spruchspender von VI, 594 ist, sondern
die kleineren Vögelchen („minores auiculae").
Wohlgemerkt zum Abschluß des gesamten
Werkes (in der ersten Ausgabe) präsentiert
Er. als Spruchspender Tiere, was im auffälligen Gegensatz zur Gesamtkonzeption der
*Apophth.* steht, in denen er sich auf Aussprüche
historischer Personen beschränken möchte.
Der plötzliche Auftritt von Tieren als Spruchspender ist Erasmus' Lieblingsautor Plutarch
geschuldet, der in seiner Aratos-Biographie
den Widersacher des Tugendhelden Aratos
im Achaiischen Bund, Lydiades, hinter dessen Fassade als Bundespolitiker sich seiner
Meinung ein genuiner Tyrann verbarg, mit
dem Kuckuck aus Äsops Fabeln vergleicht,
dem die anderen, kleineren Vögel, zu Recht
Mißtrauen entgegenbringen. Wie der Titel
des Apophthegmas angibt („Tyranni species"),
präsentiert Er. den trügerischen Kuckuck als
Sinnbild des Tyrannen, der – ebenso wie der
sich vermeintlich zum Habicht entwickelnde
Kuckuck – sich verstellt und harmlos gibt,
um unerwartet die arglosen Untertanen zu
zerfleischen. In *Apophth.* VIII, 68 präsentiert
Er. nochmals eine Tierfabel, in der ein Rind
(„bos") als Spruchspender auftritt und in dem
Rind und Kamel als Gleichnis für den Körper
und den Geist des Menschen verwendet werden. Die Quelle ist auch in diesem Fall Plutarch (*De tuenda sanitate praecepta*).

656–657  *Cuculo ... accipitrem* In Bezug auf
den historischen Kontext beschnittene Wiedergabe von Plut. *Arat.* 30, 4–5, wobei Er. die
latein. Übers. des Lapo da Castiglionchio als
Textvorlage benutzte: „Tertium igitur summa
cum laude Achaeis imperauit (sc. Lysiades,

sic), vicissim cum Arato quotannis commu-
tato imperio. Patefactis autem inimicitiis
quum Aratum apud Achaeos saepius accusas-
set (Lysiades), inuidia et offensione omnium
concidit. Etenim existimatus est ficto et simulato ingenio aduersus veram ac synceram virtutem (sc. Arati) certare. (5:) Et quemadmodum
scribit Aesopus, tenuiores aues cuculo cur se
fugerent, percontanti, respondisse, quod accipiter aliquando esset futurus, sic Lysiadi ex
tyrannide suspitio immutatae voluntatis con-
flata est, quae eius naturae permultum detra-
heret" (ed. Bade, Paris 1514, fol. CCCXLVIIᵛ).
Vgl. den griech. Text Μέχρι μὲν οὖν τρίτης στρα-
τηγίας ὁ Λυδιάδης εὖ φερόμενος διετέλει καὶ παρ'
ἐνιαυτὸν ἦρχεν ἐναλλὰξ τῷ Ἀράτῳ στρατηγῶν·
φανερὰν δὲ ἐξενεγκάμενος ἔχθραν καὶ πολλάκις
αὐτοῦ κατηγορήσας ἐν τοῖς Ἀχαιοῖς ἀπερρίφη καὶ
παρώφθη, πεπλασμένῳ δοκῶν ἤθει πρὸς ἀληθινὴν καὶ ἀκέραιον ἀρετὴν ἁμιλλᾶσθαι. καὶ καθάπερ τῷ κόκκυγί φησιν Αἴσωπος, ἐρωτῶντι τοὺς
λεπτοὺς ὄρνιθας ὅ τι (ὅ τι *Perrin*: ὅτι φεύγοιεν
αὐτόν *ed. Ald. fol. 331ᵛ*), εἰπεῖν ἐκείνους ὡς ἔσται
ποτὲ ἱέραξ, οὕτως ἔοικε τῷ Λυδιάδῃ παρακολου-
θεῖν ἐκ τῆς (τῆς *deest in ed. Ald.*) τυραννίδος ὑπο-
ψία βλάπτουσα τὴν φύσιν αὐτοῦ τῆς μεταβολῆς.
Für die äsopische Fabel vgl. Aesop, „Cuculus
et auiculae" (Halm 198): „Interrogabat cuculus
paruulas aues, quare consuetudinis suae vsum
confugerent. Respondent illae: ,Quia te noui-
mus generis accipitrum esse'".

657–658  *Coccyx ... ab accipitre* In seiner Erklärung von Äsops Fabel führt Er. an, daß es zwischen dem Kuckuck und dem Habicht kaum
Unterschiede gäbe. Tatsächlich überwiegen
aber die Unterschiede: Der Kuckuck (Cuculus canorus) ist nur etwa taubengroß (Flügel-
spannweite 55–60 cm) mit einem unauffälli-
gen Schnabel, der Habicht (Accipiter gentilis)
ein stattlicher und kräftiger Raubvogel (Flü-

gelspannweite von 90–122 cm, Körperlänge 46–63 cm) mit einem gekrümmten Schnabel und starken ausgeprägten Greifenfängen. Schon Plinius d.Ä. registrierte die erheblichen Unterschiede zwischen Kuckuck und Habicht. Jedoch geht die Fabel des Äsop auf einen weit verbreiteten Volksglauben zurück, nach dem sich ein Kuckuck im Laufe eines Jahres zu einem Habicht entwickle, ein Volksglauben, der in die antike *naturalis historia* Einzug gehalten hat. Vgl. Plin. *Nat.* X, 25: „Coccyx videtur ex accipitre (ex accipitre videtur *ed. Venet. 1507 fol. 71ᵛ*) fieri, tempore anni figuram mutans, quoniam tunc non apparent reliqui nisi perquam paucis diebus. Ipse quoque (Ipseque *ed. Venet. 1507*) modico tempore aestatis visus, non cernitur postea. Est autem neque aduncis vnguibus, solus accipitrum, nec capite similis illis neque alio quam colore, ac visu (rictu *ed. Venet. 1507*) columbi potius. Quin et absumitur ab accipitre, si quando vna apparuere, sola omnium auis a suo genere interempta"; Arist. *Hist. an.* VI, 7, 563B–564A; IX, 29, 618A.

659 *Lydiadem* Lydiadas von Megalopolis (3. Jh. v. Chr., gest. 227), ab 242 Tyrann seiner Heimatstadt Megalopolis. I.J. 235/4 führte er die Stadt in den Achaiischen Bund, der ihn zu seinem Leiter (Strategos) ernannte, ein Amt, in dem sich Lydiadas in der Folgezeit jährlich mit Aratos von Sikyon ablöste (234–229). In dieser Zeit befand sich der Bund im Krieg gegen Demetrios II., den König Makedoniens. Lydiadas fiel als Heerführer des Bundes 227 in der Schlacht von Ladokeia gegen die Spartaner. Vgl. L.-M. Günther, DNP 7 (1999), Sp. 547, s.v. „Lydiadas", Nr. 1.

659 *Arati* Zur Person des Tyrannenfeindes Aratos von Sikyon (271/0–213 v. Chr.) vgl. oben Komm zu VI, 535.